Friedrich Kraner

C. Iulii Caesaris Commentarii de bello gallico

Erklärt von Friedrich Kraner

Friedrich Kraner

C. Iulii Caesaris Commentarii de bello gallico
Erklärt von Friedrich Kraner

ISBN/EAN: 9783742868473

Hergestellt in Europa, USA, Kanada, Australien, Japan

Cover: Foto ©ninafisch / pixelio.de

Manufactured and distributed by brebook publishing software
(www.brebook.com)

Friedrich Kraner

C. Iulii Caesaris Commentarii de bello gallico

C. IULII CAESARIS

COMMENTARII

DE BELLO GALLICO.

ERKLAERT

VON

FRIEDRICH KRANER.

MIT EINER KARTE VON GALLIEN VON H. KIEPERT.

FÜNFTE AUFLAGE.

BERLIN,
WEIDMANNSCHE BUCHHANDLUNG.
1885.

SEINEN FREUNDEN

FRIEDRICH WILHELM HOFFMANN,

FRIEDRICH PALM

IN BAUTZEN

UND

GOTTHOLD MEUTZNER

IN PLAUEN.

EINLEITUNG.

1. Gallien und Rom bis zum Kriege Caesars.

Cicero bezeichnet in der Rede über die Consularprovinzen
13, 32 treffend die Verschiedenheit der Beziehungen, in denen
wir Jahrhunderte lang Rom dem stets gefürchteten Gallien gegenüber sehen, indem er sagt: *Bellum Gallicum C. Caesare imperatore gestum est, antea tantummodo repulsum. Semper illas nationes nostri imperatores refutandas potius bello quam lacessendas
putaverunt*; und ebendaselbst § 33: *Nemo sapienter de republica
nostra cogitavit iam inde a principio huius imperii, quin Galliam
maxime timendam huic imperio putaret; sed propter vim ac multitudinem gentium illarum numquam est antea cum omnibus dimicatum; restitimus semper lacessiti. Nunc denique est perfectum,
ut imperii nostri terrarumque illarum idem esset extremum.* Vgl.
Sall. Jug. 114, 2. Der Norden, gegen den Italien durch die
mächtige Vormauer der Alpen für immer geschützt schien, kam
mit den Römern in einer Zeit in Berührung, als sie noch damit
beschäftigt waren, ihre Nachbarn ringsherum zu unterwerfen,
und kaum eine Ahnung hatten, dass von jener Seite der werden-
den Macht eine Gefahr drohen könne, von der später so oft noch
Angriffe erfolgen und endlich das Verderben über das römische
Reich hereinbrechen sollte. (*Quoties Romam Fortuna lacessit,
Hac iter est bellis.* Lucan. Pharsal. 1. 256). Nachdem nach der
Wandersage, die Livius 5. 34 erzählt, schon unter Tarquinius
Priscus der Celtenkönig Ambiatus, gedrängt von der anwachsen-
den Menschenmenge, eine aus verschiedenen Stämmen gemischte
Schaar unter seinem Neffen Bellovesus nach dem Süden gesendet
hatte, welche die graischen Alpen (den kleinen St. Bernhard)
überstieg und die erste celtische Ansiedlung in der heutigen Lom-

bardei, den Gau der Insubrer mit der Hauptstadt Mediolanum
(Mailand) gründete (s. Mommsen Röm. Gesch. 1. S. 300 3. Aufl.),
folgten, gelockt von dieser ersten Wanderung, bald andere Völker,
die Cenomanen, Boier, Lingonen, und besetzten das ganze Land
zwischen den Alpen und dem Po. Endlich stiegen die Senonen
in die Ebene herab und führten, indem sie am weitesten vordrangen, den ersten Zusammenstoss Roms mit dem Norden
herbei. Ihnen gelang, was während der Republik keinem andern
Volke gelungen ist, sie legten Rom in Asche. Auch nachher
kamen die Römer oft wieder mit den Galliern in Berührung (361
— 346 v. Chr.), als das unbändige Volk, dem der Raum in Oberitalien zu eng geworden war, seine Heerfahrten bald gegen Etrurien, bald gegen Latium, ja zuweilen selbst bis gegen Campanien
und in das südliche Italien hinein ausdehnte und seinen Wander-
trieb und die wilde Lust an Abenteuern in diesen Unternehmungen austobte. Aber die Römer stählten sich durch diese Kämpfe,
und die ritterlichen Thaten beider Völker sind in zahlreichen
Sagen überliefert. Nach Verlauf von 30 Friedensjahren drangen
neue transalpinische Völker über die Berge; die Gallier in der
Ebene wagten keinen Kampf, sondern rückten mit ihnen nach
Süden; doch kehrten sie mit reicher Beute zurück, ohne dass
Rom in Gefahr gerieth. Im dritten samnitischen Kriege sehen
wir gallische Völker in Verbindung mit den Samniten, Etruskern
und Umbrern in der Schlacht bei Sentinum (295 v. Chr.), die
durch die Todesweihe des jüngern Decius Mus von den Römern
gewonnen wurde. Die Gallier zogen wieder nordwärts. Zehn
Jahre darauf lagerten sie wieder mit bedeutender Macht vor Arretium (Arrezzo); ein römisches Heer ward geschlagen und der
Prätor getödtet. Doch wandte sich das Glück von den Feinden,
als die römischen Gesandten getödtet wurden. Gerade die Senonen, die einst Rom zerstört hatten, mussten zuerst die Waffen
strecken. Ihr Land ward von Curius Dentatus genommen (283
v. Chr.) und in ihre Stadt Sena Gallica (Sinigaglia) die erste römische Colonie auf gallischem Boden geführt, um das Land zu
beherrschen. Sobald die Gallier diese Absicht erkannten, vereinigten sich die Boier und Senonen mit den Etruskern, und
schlugen ein gegen sie gesendetes Heer; aber der römische Feldherr Dolabella besiegte sie, und mehrere nachfolgende Siege brachen den Muth der Boier. Nach Beendigung des ersten punischen
Krieges, in welchem die Gallier mit den Carthagern besonders in
Sicilien gegen Rom gekämpft und durch die Furcht vor dem im
Rücken sitzenden Feinde ein entschiedenes Auftreten gegen die

in Spanien um sich greifenden Carthager verhindert hatten,
schritten die Römer zur Unterjochung des gallischen Landes.
Als nämlich die römischen Colonien immer weiter vorrückten,
fürchteten die Gallier, besonders die Insubrer und Boier, dass es
auf ihre gänzliche Austreibung abgesehen sei, und es begann ein
Krieg, der durch die Massen der aus dem Lande zwischen den
Alpen und der Rhone herbeigezogenen Völker gefährlicher zu
werden schien, als die früheren, und in Etrurien und der lombar-
dischen Ebene ausgefochten wurde. Nach einigen vorübergehenden Vortheilen erlitten die Gallier eine bedeutende Niederlage;
die Boier, deren Kraft gebrochen war, unterwarfen sich. Zum
ersten Male überschritten die Römer den Padus und schlugen
auch die Insubrer unter ihrem Fürsten Virodomar, worauf die
Hauptstädte des Landes, Mediolanum und Comum in ihre Gewalt
fielen (222 v. Chr.). Die Eroberung des oberen Italiens war
vollendet und die neuen Besitzungen durch die Militärcolonien
Placentia und Cremona befestigt; nur wenige Ortschaften am
Fusse der Alpen verblieben ihren alten Besitzern. Die Ueberzeugung, dass die rohe Gewalt und der ungestüme Muth der
nordischen Fremdlinge gegen römische Kriegskunst nichts vermögen, war nicht die geringste Frucht dieser Kämpfe, die für die
späteren Beziehungen zu Gallien nicht ohne Bedeutung war.

Hatten die Römer nämlich bisher nur gegen die in Italien
eingedrungenen gallischen Völkerschaften gekämpft und sie unschädlich gemacht, so drangen sie später selbst erobernd über
die Alpen. Die Erfahrung hatte gelehrt, welch' gefährliche Nachbarschaft die Völker jenseits der Alpen waren, gegen welche diese
längst schon eine Schutzwehr zu sein aufgehört hatten; der Umstand, dass Gallien die Verbindung mit Spanien unterbrach,
musste die Römer, die keine Schranke, die ihre Pläne hinderte,
duldeten, noch mehr auffordern, jenseits der Alpen festen Fuss
zu fassen. Doch griffen sie nicht sofort ein, sondern erwarteten,
wie immer, ihre Zeit, liessen aber selbst während des zweiten
punischen Krieges jene Länder nicht aus den Augen. Kurz vor
dem Ausbruche des dritten punischen Krieges fand sich eine er-
wünschte Gelegenheit, weiter zu gehen. Das frühzeitig mit Rom
verbündete Massilia hatte, als seine Colonien Nicäa (Nizza) und
Antipolis (Antibes) von räuberischen Oxybiern und Deceaten bedrängt wurden, die Römer zu Hülfe gerufen und durch ihren Beistand unter dem Consul Quintus Opimius die Feinde besiegt
(154), ohne dass diese auf einen Theil des besiegten Landes Anspruch machten. Als später (125) die Sallyer (Salluvier) diese

Angriffe erneuerten, bekämpfte sie der Consul Fulvius Flaccus
(Liv. Epitom. 60. Flor. 3, 2), und im J. 123 schlug der Proconsul C. Sextius Calvinus die Allobrogen in der Gegend, wo nachher
das erste römische Castell jenseits der Alpen, Aquae Sextiae (Aix),
entstand. Im nächsten Jahre wurden die Allobrogen und Arverner, die die Hegemonie über den grössten Theil des südlichen
Galliens hatten, von Calvinus Nachfolger Cn. Domitius Ahenobarbus bei Vindalium oberhalb Avignon (122) unter ihrem Anführer, dem Arvernerkönig Betuitus, der durch Verrätherei gefangen wurde, und im J. 121, als sie sich mit den Rutenern verbunden hatten, von Q. Fabius Maximus (Allobrogicus) am Zu-
sammenflusse der Isara (Isère) und des Rhodanus geschlagen
(Mommsen R. G. 2. S. 162 stellt die Schlacht an der Isara vor
die bei Vindalium). Die Allobrogen mussten sich der römischen
Herrschaft fügen, ohne jedoch zur römischen Provinz zu gehören,
die Arverner und Rutener wurden mild behandelt und blieben
frei. Das Land östlich vom Rhodanus bis an das südliche Ufer
des Lemansee's wurde römische Provinz. Endlich machte im
J. 118 der Consul Q. Marcius Rex, der noch weiter nach Westen
vordrang, noch einige Eroberungen im heutigen Languedoc und
gab dadurch der jenseitigen Provinz den Umfang, den sie bis auf
Caesar behielt. Zum Schutze der Küstenstrasse nach Spanien legte
er die Colonie Narbo Marcius an, von der die Provinz später den
Namen Gallia Narbonensis erhielt.

Kaum hatten die Römer sich in Gallien festgesetzt, als der
cimbrische Völkerschwarm sich plündernd und verheerend über
Gallien ergoss und die Verhältnisse der Völker und Staaten vielfach zerrüttete und den Wohlstand des Landes auf lange Zeit
zerstörte, aber eben dadurch den Siegen Caesars den Weg berei-
tete. Denn mit Ausnahme der Belgier, welche gegen die Cimbern
glücklich Stand hielten, wurden beinahe alle Völker des übrigen
Galliens besiegt und ihre Kraft gebrochen. Die Römer sahen sich
genöthigt, auf dieser Seite dem Vordringen der Barbaren Einhalt
zu thun; aber vergebens. Diese fanden in Gallien selbst Verstärkung an den Tigurinern, die im J. 107 das Heer des Consul Lucius Cassius Longinus aufrieben und ihn selbst mit seinem Legaten L. Piso tödteten (Caes. 1. 7, 4. 12, 5). Die Kämpfe wurden
zum Theil in der Provinz ausgekämpft, bis auf den raudischen
Feldern bei Vercellä Marius den Sturm beschwor. Das römische
Gallien hatte diesen Sturm überdauert: es blieb im Besitze der
Römer und genoss, wenn auch die Völker geheimen Groll bewahrten, längere Zeit der Ruhe. Die Gallier benutzten ihre Zeit

nicht und dachten bei der Zerrissenheit, die den Römern auch
später so sehr zu Statten kam, nicht daran, ihre unterjochten
Stammesgenossen zu befreien, obgleich die Römer damals durch
andere Kriege vielfach beschäftigt waren und die bedeutendsten
Feldherren den gefahrvollen Kampf in Gallien mieden. Zur Zeit
der catilinarischen Verschwörung (63) erschienen zu Rom Gesandte der Allobrogen, um Abhülfe gegen den Druck der Beamten
und die Habsucht der Wucherer zu erhalten. Sall. Cat. 40. 44.
Die catilinarische Partei suchte die Unzufriedenen in ihre Verschwörung hineinzuziehen; sie widerstanden der Lockung. Dennoch regte es sich jenseits der Alpen, und Catilina selbst suchte
sich mit seinem Heere dorthin zu ziehen. Als man aber in Rom
trotz dieser bewährten Treue den Beschwerden nicht abhalf, brach
der unter sie geworfene Funke in Flammen aus (61 v. Chr.); sie
bemächtigten sich der Stadt Vienna, drangen mit ihrem Führer
Catugnat bis über die Isara und konnten nur mit grosser Mühe
durch den Prätor Pomptinus zur Ruhe gebracht werden. (Caes.
1. 6, 2. Cic. de prov. consul. c. 13. Liv. Epit. 103.) Schon im
J. 60 hatte man in Rom Furcht vor einem neuen gallischen Kriege.
Es waren Nachrichten von unruhigen Bewegungen unter den gallischen Völkerschaften, und insbesondere von den Rüstungen der
Helvetier eingetroffen, die, jedenfalls nicht blos aus abenteuerlicher Wanderlust, dies zeigt ihr ganzes Verfahren (1. 3), sondern
weil sie sich durch zu enge Grenzen beschränkt sahen und besonders, weil sie durch die beständigen Angriffe der auf sie drän-
genden Germanen ermüdet waren, sich im südlichen Gallien neue
Wohnsitze suchen wollten. Die Erinnerung an frühere Einfälle
der Gallier war noch zu lebendig und die Gefahr, besonders für
die Provinz, zu naheliegend, als dass man in Rom diese Nachricht
hätte gleichgültig aufnehmen können. Die Consuln waren schon
beauftragt Truppen auszuheben, als beruhigendere Nachrichten
eintrafen, die für den Augenblick wenigstens nichts befürchten
liessen; der Ruhm, die Gefahr von Rom abgewendet zu haben,
sollte Caesar vorbehalten bleiben. Aber auch andere Umstände
hatten die Lage Galliens verwickelt und schwierig gemacht. Während nach alten Sagen früher der Stamm der Celten bis in das
Innere von Germanien hinein herrschend war, hatten sie unbekannte Ereignisse aus ihren früheren Sitzen verdrängt und germanische Schaaren waren bis zu den Ufern des Rheins und der
Donau vorgedrungen, und schon damals begann der weltgeschicht-
liche Kampf um den Besitz des ersteren Flusses. Die edleren
Stämme der Germanen, besonders die mächtige Genossenschaft

der suebischen Völker, hatten sich zu gemeinsamen Heerfahrten verbunden und drangen bis zu den rheinischen Gegenden vor, und besonders hatten die tapferen Helvetier, zwischen den Alpen und dem Jura, heftige Kämpfe zu bestehen. Die Uneinigkeit und Eifersucht, mit der die Arverner und Sequaner den durch Roms Freundschaft starken Häduern entgegenstanden, bot germanischen Völkern eine willkommene Gelegenheit, über den Rhein zu setzen. Von jenen beiden Völkern gegen die Häduer zu Hülfe gerufen, war, wie man annimmt, im J. 72 Ariovist, ein suebischer Heerfürst (1. 31, 10), mit bedeutender Streitmacht, die durch immer nachrückende, von dem gallischen Boden angelockte Schaaren verstärkt wurde, über den Rhein gegangen. Eine gewonnene Schlacht im J. 61 (1. 31, 12) sicherte ihm die Uebermacht, und bald wurden die, welche die Fremden gegen ihre eigenen Stammesgenossen herbeigerufen hatten, belehrt, dass sie verrathene Verräther waren. Sie mussten begreifen, dass der Besitz ihres eigenen Landes in Frage gestellt sei und dass nach und nach die über den Rhein kommenden Germanen das ganze Land in Besitz nehmen würden (1. 31, 11). Dies wusste man in Rom bestimmt genug: die Häduer hatten dringend um Hülfe gebeten; doch hielt man es nicht für gelegen, sofort einzugreifen; im Gegentheil wurde der Sieger und der Unterdrücker der Verbündeten nach einem wohlberechneten Plane und auf Caesars Veranstaltung (so sagt er selbst 1. 35, 2) mit dem Titel eines Königs und Freundes des römischen Volkes beehrt. Man wollte Zeit gewinnen und ihn durch diese Auszeichnung bei dem ersten Auftreten in Gallien, das in Aussicht stand, besonders bei dem Auftreten gegen die Helvetier durch das Vorgeben freundlicher Gesinnung fern und neutral erhalten, bis sich eine günstige Gelegenheit zeigen würde, auch ihn zu beseitigen. Mommsen R. G. 3. S. 232 Anm. legt diesem Hergang keine tieferen Motive unter, sondern betrachtet ihn nur als eine Folge 'staatsmännischer Unwissenheit und Faulheit', weil der Senat die wichtige transalpinische Angelegenheit nicht gehörig zu würdigen verstanden habe.

Dies war die Lage Galliens und in diese Verhältnisse griff Caesar entscheidend ein, als er nach seinem Consulate die Provinz Gallien im J. 58 übernahm. Er fand gleich bei seinem Eintreten den Krieg, den er wünschte, vorbereitet, und wusste, als die erste Veranlassung schnell beseitigt war, die Gelegenheit zu ausgedehnteren Kämpfen herbeizurufen: 'ein grosser Feldherr führt keinen kleinen Krieg'. Er war sich darüber klar, dass sein Beruf über die nächste Aufgabe, die Provinz vor den Helvetiern zu schützen, und die Verbündeten von der Last der Fremdherrschaft zu befreien, hinausgehe: *Non sibi solum cum iis, quos iam armatos contra populum Romanum videbat, bellandum esse duxit, sed totam Galliam in nostram ditionem esse redigendam* Cic. de prov. consul. c. 13. Vor seinen Augen stand als lockende Aussicht die Eroberung Galliens, und er eroberte es, um die Herrschaft Roms zu erlangen; und wie über die Alpen die erste Gefahr für Rom gekommen war, so kehrte auch er von dort zurück, um über sein eigenes Vaterland zu triumphiren.

Es kann hier nicht der Ort sein, das inhaltschwere Leben eines Mannes, der so nachhaltig in die Geschicke des Römerreichs eingriff, in allen seinen einzelnen Beziehungen zu verfolgen. Nur die wichtigsten Momente seines Lebens sollen, soweit sie zu einer richtigen Würdigung desselben und zur Auffassung und Beurtheilung der vorliegenden Schrift dienen können, zusammengestellt werden bis zum Beginn des gallischen Kriegs. Seine Stellung zu Rom im Bürgerkriege und die Verwickelungen, die denselben herbeiführten, sind in der Einleitung zum Bellum Civile geschildert.

2. Caesar bis zum Gallischen Kriege.

Caesar ist nach der gewöhnlichen Annahme*) geboren im J. 100 v. Chr. im Monat Quinctilis, der eben deshalb später Julius genannt wurde. Die nahe Verwandtschaft mit Marius, der die Schwester seines Vaters zur Frau hatte, ist in seinem Leben nicht ohne Bedeutung. Seine ersten Erinnerungen führten ihn auf den ruhmgekrönten Sieger der nordischen Schaaren und gaben ihm frühzeitig ein Vorbild, dem er nachstreben konnte. Im J. 87 liess ihn Marius zum Jupiterpriester (flamen dialis) wählen und führte ihn so früh in das öffentliche Leben ein. Schon im nächsten Jahre starb Marius, und dem gefürchteten Dictator Sulla schien der Jüngling bedeutend genug, um ihn zum Gegenstande seiner Verfolgung zu machen. Die im J. 83 mit Cornelia, der Tochter des Cinna, geschlossene Ehe schien eine Herausforderung und ein deutlicher Beweis von Selbstständigkeit zu sein, die Caesar auch dem Machthaber entgegensetzte, als er die Auf-

---

*) Mommsen Röm. Gesch. III. p. 15 (3. Ausg.) hat es wahrscheinlich gemacht, dass sein Geburtsjahr um zwei Jahre zurückzudatiren ist. Das Nähere s. in meiner Ausg. des Caesar (bei B. Tauchnitz 1859) p. XLIII Aum.

lösung der Ehe mit der Tochter seines Feindes befahl. Während
sich Pompeius einer ähnlichen Forderung fügte, widerstand
Caesar entschieden und liess sich lieber ächten, des Priesteramts,
der Aussteuer seiner Frau und seines eigenen Vermögens be-
rauben. Krank irrte er in dem Sabinergebirge umher und musste
sein Leben von einem Häscher erkaufen. Nur ungern begnadigte
ihn Sulla, und der bekannte Ausspruch, den er seinen Fürspre-
chern, die sich auf die Unbedeutendheit des jungen Proscribirten, die sich schon in seinem Aeussern zeige, beriefen, entgegen-
hielt, dass in Caesar mehr als Ein Marius lebe (Plut. Caes. c. 1),
und dass sich die Optimaten vor dem schlecht gegürteten Knaben hüten sollten (Suet. Caes. c. 45), beweist, was er in der
Seele des Jünglings schon zu der Zeit gelesen hatte, wo er noch
nicht durch öffentliches Auftreten Proben seines Geistes gegeben
hatte. Da für Caesar unter den bestehenden Verhältnissen nichts
zu hoffen war, ging er nach Asien und that unter dem Proprätor M. Minucius Thermus seine ersten Kriegsdienste. Er focht
im J. 80 mit Auszeichnung vor Mytilene und erwarb sich durch
Rettung eines römischen Bürgers eine Bürgerkrone. Nach kurzem Dienste auf der Flotte des Proconsul P. Servilius Isauricus,
der die cilicischen Seeräuber bekämpfte, kehrte er auf die Nachricht von Sullas Tode (78) nach Rom zurück. Er hoffte in dem
Parteikampfe, der zu erwarten war, eine Stellung zu finden; doch
schien der Consul Lepidus nicht geeignet, die Bewegung zu leiten, weswegen er sich an dem aussichtslosen Unternehmen nicht
betheiligte (Suet. c. 3). Er suchte vielmehr auf anderem Wege,
den junge Römer oft betraten, um sich auf eine dem Volke
angenehme Weise hervorzuthun, seine politische Laufbahn zu
beginnen. Er klagte den Cn. Dolabella, der im J. 80 die Provinz
Macedonien als Proconsul verwaltet hatte, wegen Erpressungen
(*repetundarum*) an. Die Rede des dreiundzwanzigjährigen An-
klägers erregte hohe Bewunderung; doch verhinderten die Optimaten die Verurtheilung. Die Missgunst, die ihn wegen dieser Anklage bei jener Partei traf, wie Sueton c. 4 meint, hauptsächlich
aber wohl der Wunsch, die bei dem ersten öffentlichen Auftreten
so glänzend erschienene Rednergabe weiter auszubilden, veranlasste ihn im Winter 76 nach Rhodus zu gehen, um den berühmten Rhetor Molo, der auch Ciceros Lehrer war, zu hören. Auf
der Reise bestand er in der Nähe von Milet das bekannte Aben-
teuer mit den Seeräubern, in deren Hände er fiel, das, wenn es
auch Plutarch Caes. c. 2 wohl sehr ausgeschmückt haben mag,
doch selbst auf einfachere Vorgänge zurückgeführt die frische

Genialität und die Ueberlegenheit seines Geistes zeigt. Sein Aufenthalt in Rhodus dauerte nicht lange Zeit. Da Mithradates wieder bedenklich in Kleinasien um sich griff, zog er als Privatmann Truppen zusammen, und hielt mit diesen die kleinasiatischen Städte in Gehorsam. Nach Rom zurückgekehrt wurde er Militärtribun, nachdem er abwesend an der Stelle seines Oheims C. Aurelius Cotta zum Pontifex ernannt worden war. In den nächsten Jahren durchlief er in der gewöhnlichen Ordnung die Stufenleiter der römischen Magistrate: im J. 68 war er Quästor, 65 Aedil, 62 Prätor. Im Jahre vorher war er durch Volkswahl Pontifex maximus geworden, obgleich die Optimaten Alles gethan hatten, um die Wahl ihrer Candidaten, des Catulus und Servilius Isauricus, durchzusetzen.

Wenn man vielleicht mit Unrecht in jedem seiner Schritte von der frühesten Jugend an einen bestimmt vorgezeichneten und wohlberechneten Plan, mit dem er einem klar erkannten Ziele entgegenging, hat finden wollen, so dass schon vor der Seele des Jünglings deutlich das Bild der Stellung gestanden hätte, die er einst einnehmen sollte, und jede einzelne Handlung ein Zug zu seiner Ausführung und Vervollständigung gewesen wäre, wenn man vielmehr anzunehmen hat, dass sein ganzes Wesen nur eben unbestimmt und allgemein auf Ruhm, Auszeichnung und Macht, zu der er sich berufen fühlte, gerichtet war, so tritt doch unverkennbar, als der Jüngling zum Manne herangereift war, eine bestimmte Richtung hervor, die er mit unverrückter Consequenz verfolgte.*) Er ergriff mit klarer Bestimmtheit die

---

*) Gleichsam als ein Wendepunkt in seinem Leben wird von Sueton c. 7 ein Vorfall berichtet, der wohl billig ins Reich der Anecdoten verwiesen wird. Als er als Quästor mit dem Prätor Antistius Vetus in Spanien war, soll er nach der Betrachtung einer Statue des Alexander im Tempel des Hercules zu Gades, beschämt über sein bisher geführtes ruhmloses Leben, 'quod nihildum a se memorabile actum esset in aetate, qua iam Alexander orbem terrarum subegisset', und nach einem Traum, den die Ausleger in seinem Sinne erklärten, keine Ruhe mehr gefunden haben, sondern sofort nach Rom geeilt sein. Schwerlich bedurfte es für den klaren Sinn des Caesar, der wohl wusste, was er wollte und wann er es konnte, eines solchen Impulses. Auch war zunächst in Rom nichts zu erwarten, wozu ihn Alexanders Lorbeeren hätten antreiben, am allerwenigsten ein Krieg, in dem er hätte glänzen können; vielmehr waren es die politischen Verhältnisse Roms, die ihn vor der Zeit zurückführten. (Anders und von anderer Zeit erzählt Plut. c. 11 u. 32 die Sache.) Auf der Rückreise soll er die Städte des transpadanischen Galliens, die das römische Bürgerrecht verlangten, in ihrem Verlangen bestärkt haben, um sich eine ihm ergebene Partei zu verschaffen und Unzufriedenheit zu erregen, und

Volkspartei, ohne, wie Marius, in sie zu versinken, sondern mit
der bewussten Absicht, sie zu den Zwecken seines Ehrgeizes zu
benutzen, weil er nur durch sie zu seinem Ziele gelangen konnte.
Seinem Scharfblicke war es nicht entgangen, dass die Republik
sich überlebt hatte; er beschloss, eine Partei durch die andere
zu stürzen, um über beide herrschen zu können, immer mit der
seltenen Kunst, die Zukunft langsam vorzubereiten und an sich
zu halten, bis der passende Augenblick gekommen war. An jeder Bewegung und allen Umtrieben gegen die Optimaten betheiligte er sich, und liess keine Gelegenheit vorübergehen, durch
die er denen, welche im Kampfe gegen die Marianer zu Reichthum und Ansehen gekommen waren, schaden konnte. Der Eifer,
mit dem er für Zurückberufung der verbannten Marianer thätig
war, die feierliche Bestattung der Wittwe des Marius, der Schwester seines Vaters, bei welcher er es wagte, die seit Marius Herrschaft nicht gesehenen Bilder desselben zur Schau zu stellen
(Plut. 5. Suet. 6), die im Jahre 65 während seiner Aedilität aus-
geführte Wiederherstellung der von Sulla 17 Jahre vorher weg-
genommenen Bilder und Tropäen des Marius vom numidischen
und cimbrischen Kriege sollte nur dazu dienen, die das Volk
begeisternde Erinnerung wieder heraufzubeschwören und die
Optimaten zu schrecken, und offen sprach es Lutatius Catulus
im Senate aus, dass Caesar nicht mehr mit Minen, sondern mit
offenen Belagerungswerken den Staat erobere (Plut. 6. Suet. 11).
Durch Getreidespenden suchte er sich in der Gunst der Masse
festzusetzen, und die Hoffnung seiner Gegner, dass mit seinem
Vermögen, das bei seiner königlichen Freigebigkeit nicht lange
nachhalten konnte, auch sein Einfluss schwinden werde (Plut.
Caes. c. 4), musste sich bald als falsch erweisen, da er frei über
fremde Cassen gebieten konnte, weil seine Zukunft genügende
Gewähr für Wiedererstattung leistete. Plutarch berichtet (c. 5),
dass seine Schulden, noch ehe er ein öffentliches Amt übernahm,
sich auf 1300 Talente beliefen. Er nahm es mit dem Geld-
erwerbe nicht genau, war aber so sehr von Geiz und Habsucht
entfernt, dass ihn die Rücksicht auf Geld und Besitz am allerwenigsten in seinen Plänen aufhalten konnte; er wusste, dass er
das Höchste, was er wünschte, damit erkaufte (ὠνούμενος τὰ
μέγιστα μικρῶν Plut. c. 5). Am meisten gab ihm seine Aedili-

Suet. c. 8 berichtet: *ad audendum aliquid concitasset* (colonias Latinas),
*nisi consules conscriptas in Ciliciam legiones paulisper ob id ipsum reti-
nuissent.*

tät Gelegenheit, das an sich schon verwöhnte Volk noch mehr
für sich einzunehmen. Er unternahm prächtige Bauten, gab
glänzende Spiele, und die Zahl der Gladiatoren, die er zu diesem
Zwecke hielt, war so gross, dass der Senat, aus Furcht vor so
gewaltigen Massen, ein Gesetz erliess, nach dem nur eine bestimmte Zahl solcher Sklaven zu halten verstattet war. Dennoch hatte er noch 320 Paare und die Fechter liess er in silber-
ner Rüstung auftreten. Kein Wunder, dass bei so grossartigem
Aufwande der wohl auch nicht unbegründete Vorwurf Glauben
fand, dass er, wie 65 bei dem ersten Versuch, so auch 63 an
der Verschwörung des Catilina Theil genommen habe, und es
würde seinen Gegnern gelungen sein, diesen Verdacht, der unter solchen Umständen nahe genug lag, zu erregen, auch wenn
er nicht für eine mildere Behandlung der Verschworenen gesprochen hätte (s. Mommsen 3. 180). Als Pompeius, von seiner eigenen Partei gefürchtet, sich dem Volke näherte, fand er bei
Caesar eifrige Unterstützung in Allem, was ihn auf falsche Bah-
nen leiten und ihn zu Massregeln treiben konnte, die ihm selbst
einst zu Gute kommen sollten, wie z. B. zur Wiederherstellung
der von Sulla beschränkten tribunicischen Gewalt. So unter-
stützte er als Prätor im J. 62 die Umtriebe des Tribuns Metellus, der darauf antrug, den Pompeius zur Constituirung des Staates nach Rom zurückzurufen; sie wurden beide ihres Amtes für
verlustig erklärt; doch wusste Caesar es bald wiederzuerlangen.
Die Verbindung zwischen beiden wurde auch durch Verschwä-
gerung befestigt; schon im J. 67 hatte sich Caesar mit Pompeia,
einer Enkelin des Sulla vermählt und war dadurch dem Hause
des Pompeius näher gekommen, so wie er selbst später seine
Tochter Julia dem Pompeius zur Frau gab — Ehen, die, wie ein
späterer Schriftsteller sagt, Bellona stiftete.

Nach seiner Prätur erhielt er Hispania ulterior als Provinz,
wo er schon als Quästor gewesen war, und unterwarf die An-
wohner des atlantischen Oceans, die Lusitaner und Galläker; er
begann gewissermassen mit diesem Feldzuge die auf die Eroberung des Westens gerichteten Unternehmungen. Bei seiner
Rückkehr bewarb er sich zugleich um einen Triumph und um
das Consulat. Da es dem Feldherrn nicht gestattet war, vor dem
Triumphe die Stadt zu betreten, die Bewerbung um das Consulat aber persönliche Anwesenheit erforderte, so bat er, ihn von
der gesetzlichen Bestimmung zu entbinden. Die Gegner im Senate, besonders Cato, der einen Beschluss, der von Vielen lebhaft
unterstützt wurde, zu hintertreiben wusste, verweigerten dies in

der falschen Hoffnung, dass er um des Triumphs willen, zu dem
schon kostspielige Vorbereitungen getroffen waren, das Consulat
aufgeben würde. Doch Caesar war nicht der Mann, der das Un-
wesentliche dem Wesentlichen vorzog; er gab den Triumph auf
und bewarb sich um das Consulat, das ihm wichtiger war, als
das Schaugepränge eines Triumphs. Er wurde, unterstützt von
Pompeius und Crassus, Consul, und nur mit Mühe und grossen
Opfern, die die Senatspartei, selbst den strengen Cato nicht ausgenommen (Plut. Cat. 31. Suet. Caes. 19), brachte, um die zur
Bestechung nöthige Summe aufzubringen, gelang es den Gegnern,
die Wahl ihres Candidaten Bibulus durchzusetzen, ohne Vortheil
für die Partei, da Caesar seinen Einfluss gänzlich zu nichte zu
machen wusste, indem er ihn sogar mit Gewalt bedrohte und zuletzt in seinem eigenen Hause festhielt, ein Verhältniss, das man
witzig damit bezeichnete, dass man die Consuln jenes Jahres
'Julius und Caesar' nannte. Nach der Wahl rächte sich der Senat auf kleinliche Weise dadurch, dass er den im Amte befindlichen Consuln des Jahres 60, Afranius und Metellus Celer, die
beiden Gallien, wo man einem bedeutenden Krieg entgegensah,
übertrug, den künftigen Consuln aber das untergeordnete Amt
der Aufsicht über die Waldungen und Triften anwies, eine Massregel, die natürlich nur gegen Caesar gerichtet war und nur dazu
führte, ihn zu noch entschiednerem Verfahren hinzudrängen. Die
nächste, wenn auch wohl schon vorher vorbereitete Folge war,
dass der Macht des Senats der noch mächtigere Geheimbund zwischen Caesar, Pompeius und Crassus entgegengesetzt wurde,
dessen Zweck war 'ne quid ageretur in republica, quod displi-
cuisset ulli e tribus' Suet. c. 19. *Sic igitur Caesare dignitatem comparare, Crasso augere, Pompeio retinere cupientibus omnibusque pariter potentiae cupidis de invadenda republica facile convenit* Flor. 4. 2. Es war ein diplomatisches Meisterstück des Caesar, das der Anstifter, wie er die grösste Thätigkeit entwickelte,
so auch am meisten für seine Interessen auszubeuten wusste.
Enger wurde der Bund geknüpft durch die Vermählung des Pompeius mit Caesars Tochter Julia, so wie auch der Tod derselben
im J. 54 wesentlich dazu beitrug, das Verhältniss zu Pompeius
anders zu gestalten. Die Folgen der Verbindung, die längere Zeit
geheim blieb, zeigten sich nach dem Antritt des Consulats. Dem
Pompeius verschaffte er die vom Senate verweigerte Bestätigung
der von ihm getroffenen Einrichtungen (*acta*) in Asien nach dem
mithradatischen Kriege; durch die lex Iulia agraria wies er 20,000
Veteranen und armen Bürgern das campanische Staatsland an;

die Ritter gewann er durch Erlassung eines Drittheils ihrer Pacht-
gelder, wozu noch andere den Einfluss des Senats beschränkende
Gesetzvorschläge kamen. Endlich brachte der ergebene Tribun
Vatinius den Vorschlag ein, dem scheinbar nichts für sich begeh-
renden Caesar die Statthalterschaft über das diesseitige Gallien
nebst Illyricum mit 3 Legionen auf fünf Jahre gegen Gesetz und
Herkommen zu übertragen. Das längst gewonnene Volk geneh-
migte mit lautem Beifall den Vorschlag, und der ohnmächtige
Senat, der keine Einrede wagte, fügte aus freien Stücken noch
das jenseitige Gallien und noch eine Legion hinzu, *ne si ipsi ne-
gassent, populus ei hanc daret* (Suet. c. 22). Vielleicht war dabei
auch der natürliche Gedanke nicht ohne Einfluss, dass ein Statthalter des cisalpinischen Galliens der Theilnahme an einem bevorstehenden transalpinischen Kriege sich kaum entziehen konnte.
Denn schon im März des vorigen Jahres waren drohende Nachrichten von Gallien, insbesondere von dem Auszuge der Helvetier
in Rom eingegangen (Cic. ad Att. 1. 19, 2), der auch auf die diesseitige Provinz voraussichtlich nicht ohne Einfluss bleiben konnte.
So war denn auf eine Reihe von Jahren, wie es noch nie geschehen war, die Verwaltung eines Landes von ungeheurer Ausdehnung in seinen Händen, das alle Länder nördlich von den Alpen,
das cisalpinische Gallien bis an die Romagna und den Fuss der
Apenninen (das Land der Ligurier gehörte nicht zu seiner Provinz) und Illyrien bis an die Grenzen von Macedonien umfasste
— ein Reich, das dem grössten im heutigen Europa nicht nachstand. Caesar hatte erreicht, was er kaum zu verlangen schien.
Die andern Triumvirn, die ihn in seinen Plänen eifrig unterstützt hatten, ahneten nicht, welch' mächtige Waffe sie in die
kräftige Hand des Nebenbuhlers gelegt hatten, und wenn sie auch
in seiner Abwesenheit, während sie selbst in Rom blieben, alle
Gefahren von Caesar hülfreich abwendeten und in seinem Interesse wirkten, so beweist dies ebenso ihre Verblendung wie Caesars Klugheit, der sie in dem Wahne erhielt, dass sie allein die
Leiter der Verhältnisse seien, während er selbst die Fäden der Ereignisse nie aus seiner Hand liess, was durch die Nähe der diesseitigen Provinz, durch die er Italien beherrschte, um so leichter
möglich war, so dass Pompeius umsonst gehofft hatte, ihn durch
die längere Entfernung von Rom unschädlich zu machen. Umsonst warnte der stets Schlimmes ahnende Cato (προλέγοντος
Κάτωνος, ὡς εἰς ἀκρόπολιν τὸν τύραννον αὐτὸν ταῖς ἑαυτῶν
ψήφοις ἱδρύουσι Plut. Cat. c. 33. Crass. 14). Auch die designirten Consuln Gabinius und Calpurnius Piso, mit dessen Toch-

ter Calpurnia nach Trennung der Ehe mit Pompeia sich überdies
Caesar vermählt hatte, sicherten ihm die Aufrechthaltung und
den Bestand seiner Einrichtungen. 'Auch die Alten, welche das
Ende über den Anfang belehren konnte, sahen in Caesars Leben
selten die Bedeutung des Einzelnen; sie lassen ihn im Geist gewöhnlicher Optimaten handeln; er zog Gallien vor, sagt Sueton
(c. 22), weil es Beute und Triumphe verhiess; diese waren aber
für ihn nur Mittel. Ein blutiger und langwieriger Krieg sollte
ihm ein Heer verschaffen, welches sich vom Staate ablöste und
nur ihm gehorchte; er sollte die nächsten Interessen des Volkes berühren, nur ein siegreicher gallischer war dazu geeignet,
denn ein cimbrischer Schrecken hatte sich der Gemüther von
neuem bemächtigt; er sollte auch nicht fern von Italien geführt
werden, damit Rom den Feldherrn und er Rom nicht aus den
Augen verlor, wie es Pompeius in Asien begegnet war. Deshalb
galten ihm beide Gallien als unzertrennlich; das eine hatte ohne
des andere nicht den halben Werth für ihn, sondern gar keinen.
Jenseits der Alpen war sein Schlachtfeld, seine Goldquelle und
sein Uebungsplatz für den Bürgerkrieg; diesseits sein Winterlager, wo er die Berichte seiner Freunde in Rom und seine Aufträge für sie durch mündliche Mittheilungen ergänzte, seine immer glänzenden Lorbeeren mit einem immer kräftigeren Druck
auf die Gegner in der Nähe zeigte und endlich sich zum Angriff
aufstellte, ohne die gesetzmässigen Schranken zu durchbrechen.
Solche Zeiten hatte man nicht vorgesehen, als man einen Theil
der Halbinsel zur Provinz machte, und Pompeius vergass, als er
Proconsul von Spanien wurde, und vor Rom blieb, dass der Nebenbuhler nun zwischen ihm und dem Kern seiner Truppen
stand.' Drumann Gesch. Roms 3. p. 217. Ueber die höhere ge-
schichtliche Bedeutung des Eroberungszuges und den höchsten
und letzten Zweck, dessen Erreichung Caesar als seine Aufgabe
betrachtete, s. Mommsen 3. p. 208.

Gleich hier mag die später erfolgte Verlängerung seiner
Statthalterschaft auf weitere fünf Jahre erwähnt werden. In dem
Winter des zweiten Jahres des Kriegs, 57—56, hielten die Triumvirn auf Caesars Veranstaltung eine Zusammenkunft in Luca, in
der sie sich noch einmal eng verbanden. Hier wurde verabredet,
dass Pompeius und Crassus das Consulat und die fünfjährige
Verwaltung der Provinzen, die sie wünschten, erhalten, dem
Caesar aber die Statthalterschaft auf fernere fünf Jahre verlängert
werden sollte. Der heftigste Widerstand, der diesem längere Zeit
geheim gehaltenen Plane entgegengesetzt wurde, war vergeb-

lich: Pompeius und Crassus wurden Consuln, und der Vorschlag des Volkstribun Trebonius, nach welchem diesen die Provinzen Spanien und Syrien auf fünf Jahre mit freier Verfügung über das Heer überlassen, und der Antrag der Consuln Pompeius und Crassus (nicht des Trebonius, s. Hofmann de origine belli civ. Caes. pag. 10, Mommsen: die Rechtsfrage zwischen Caesar und dem Senat p. 40), nach welchem dem Caesar Gallien auf neue fünf Jahre übertragen werden sollte, ging durch (im Jahre 55), und es war für Cicero eine traurige Nothwendigkeit, um Frieden zu erhalten, für diese Anordnung sprechen zu müssen. (Rede de provinciis consularibus.) Mit der Verlängerung der Verwaltung der Provinz wurde auch die Absendung von zehn Legaten von proprätorischem Rang beschlossen, was nicht nur in Bezug auf die noch nie dagewesene Zahl eine Auszeichnung, sondern auch insofern für Caesar von Bedeutung war, als dadurch die Anerkennung der von ihm gemachten Eroberungen ausgesprochen war. Cic. de prov. cons. 11, 28: *actum est de decem legatis, quos alii omnino non dabant, alii exempla quaerebant, alii tempus differebant, alii sine ullis verborum ornamentis dabant: in ea quoque re sic sum locutus, ut omnes intellegerent, me id, quod reipublicae causa sentirem, facere uberius propter ipsius Caesaris dignitatem.* Zugleich wurde eine grosse Summe zum Sold für die Truppen aus der Staatskasse verwilligt. Cic. a. a. O. So war also dem Caesar nach dem Vorschlage des Vatinius die Provinz von 58 bis 54, und durch den der Consuln von 53 bis 49 übertragen; er verwaltete sie aber nur 9 J., da im 10. der Bürgerkrieg begann. S. Einl. z. Bell. Civ.

Caesar war, um noch ein Wort über seine charakteristischen Eigenthümlichkeiten im Allgemeinen zu sagen, eine in jeder Hinsicht reich begabte Natur, und mit allen Vorzügen des Körpers und Geistes auf das Vollkommenste ausgestattet. Ueber sein Aeusseres sagt Sueton c. 45: *Fuisse traditur excelsa statura, colore candido, teretibus membris, ore paulo pleniore, nigris vegetisque oculis, valetudine prospera, nisi quod tempore extremo animo linqui atque etiam per somnum excitari solebat. — Circa corporis curam morosior, ut non solum tonderetur diligenter et raderetur, sed velleretur etiam, ut quidam exprobraverunt, calvitii vero deformitatem iniquissime ferret, saepe obtrectatorum iocis obnoxiam expertus. Ideoque et deficientem capillum revocare a vertice assuerat, et ex omnibus decretis sibi a senatu populoque honoribus non aliud aut recepit aut usurpavit libentius, quam ius laureae coronae perpetuo gestandae.* Dabei war er von

ungemeiner Spannkraft und unermüdlicher Ausdauer in Ertragung von Beschwerden. Suet. c. 57: *Armorum et equitandi peritissimus, laboris ultra fidem patiens erat: in agmine nonnumquam equo, saepius pedibus anteibat, capite detecto, seu sol, seu
imber esset. Longissimas vias incredibili celeritate confecit ex-
peditus, meritoria rheda, centena passuum milia in singulos dies:
si flumina morarentur, nando traiiciens, vel innixus inflatis utribus, ut persaepe nuntios de se praevenerit. In obeundis expeditionibus dubium, cautior an audentior.* Kurz er war zum grossen Feldherrn auch körperlich organisirt, wie irgend Einer. Er
lebte enthaltsam und mässig in Beziehung auf Speise und Trank.
*Verbum M. Catonis est: unum ex omnibus Caesarem ad everten-
dam rempublicam sobrium accessisse* Suet. c. 53. Vellei. 2. 41:
Magno illi Alexandro, sed sobrio neque iracundo simillimus. Die
Anstösse, die sein Privatleben gab, hat Sueton 49—53 in ihren
Einzelnheiten zu verzeichnen nicht versäumt. Wie sehr auch
politische Feindschaft und Parteihass seinen Charakter verdächtigt hat, der parteilose Beurtheiler wird sich der Pflicht nicht
entziehen, wie er die Fehler offen darlegt, so auch das Edle an-
zuerkennen, das in seinem Wesen unverkennbar hervortritt, und
nicht gehässig das Bild einer Menschennatur, die so viel Grösse
in sich schloss, durch kleinliche Verdächtigungen zu trüben. Von
Natur war er hochherzig und edel, offen, human und mild, und
das Urtheil Ciceros: *in Caesare haec sunt, mitis clemensque natura*, ist nicht durch Situationen bedingt, wie andere z. B. in der
Rede pro Ligario, sondern der zwanglose Ausdruck seiner Ansicht in einem Briefe (ad Fam. 6. 6). Seine Milde gegen seine
politischen Gegner im Bürgerkriege, die ihm die Herzen Aller
gewann, war nicht blos berechnende Klugheit, sondern lag in
seinem Wesen begründet. Consequent auf sein Ziel gerichtet,
war er doch nicht kleinlicher Intriguenmacher, wie Pompeius,
noch phrasenreicher Tugendheld, wie Augustus. Er war kein
herzloser Menschenverächter, wie ihm oft Schuld gegeben worden ist, so nahe für solche Naturen, die darauf angelegt sind, zu
gebieten, die Gefahr liegt, die Menschen entweder als Nieten zu
verachten oder als Mittel zu berechnen. (Ueber seinen Charakter
als Feldherr wird unten gesprochen werden.) Wer die Verhältnisse betrachtet, in denen er lebte und handelte, wird auch bei
Betrachtung seiner Fehler nicht übersehen, wie viel der unver-
meidliche Gang der Ereignisse, die damalige Lage des römischen Staates, wie viel überhaupt die nationale Eigenthümlichkeit
— er war Römer im vollen Sinne des Wortes — dazu beitrug,

sein Wesen gerade so zu gestalten, wie wir es kennen. Wenn
es nicht zu leugnen ist, dass der Ehrgeiz jede sittliche Richtung
in ihm überwog, so darf doch auch nicht verschwiegen werden,
dass er zur Befriedigung dieses Ehrgeizes so wenig als möglich
unerlaubte Mittel anwandte; er beging keine unnützen Grausam-
keiten. Die Worte, die er als Prätor beim Uebergang über die
Alpen auf der Reise in die Provinz Spanien ausgesprochen haben
soll: ich will lieber in einem Alpendorfe der Erste, als in Rom
der Zweite sein, sind, wenn er sie nicht wirklich gesprochen,
wenigstens gut erfunden, um sein Wesen zu charakterisiren. Er
war frei von dem kleinlichen Neide des Pompeius, aber er konnte
Anmassung, die sich nicht auf wahres Verdienst gründete, nicht
ertragen.*) Die Kraft seines Geistes war eminent und uner-
schöpflich; seine Talente vielseitig und von der mannigfaltigsten
Art. Unübertroffen als Staatsmann und Feldherr besass er die
vielseitigste wissenschaftliche Bildung. Die Harmonie zwischen
politischer und wissenschaftlicher Thätigkeit findet sich in jener
Zeit in gleichem Masse nur noch bei Cicero.**) Er besass eine
unvergleichliche Leichtigkeit in der Anwendung seiner Fähig-
keiten, sowie ungewöhnlichen Scharfsinn, der immer das Rechte
traf; daher trägt Alles, was er thut, den Charakter jener Leichtigkeit und Frische, nicht den Stempel der Arbeit und mühsamen
Studiums an sich. Er gehört zu den glücklichen Menschen, die
alle Erscheinungen des äusseren und geistigen Lebens immer
klar und bestimmt auffassen, und der Standpunkt, den er einnimmt, erleichtert den Ueberblick: er steht immer über den Ereignissen, nicht unter ihnen, und dies giebt ihm die Ruhe der
Betrachtung und Behandlung, die einen so ausgeprägten Zug in
seinem Wesen ausmacht. Bewusst und sicher in Allem, was er
will, weiss er stets die Umstände und Ereignisse zu benutzen

---

*) Treffend bezeichnet Lucan. Pharsal. 1. 120 das gegenseitige Ver-
hältniss: — — — *stimulos dedit aemula virtus,*
Tu, nova ne veteres obscurent acta triumphos,
Et victis cedat piratica laurea Gallis,
Magne, times: te iam series ususque laborum
Erigit impatiensque loci fortuna secundi.
Nec quemquam iam ferre potest Caesarve priorem,
Pompeiusve parem.

**) Plin. 7. 25: *Animi vigore praestantissimum genitum C. Caesarem
dictatorem. Nec virtutem constantiamque nunc commemoro, nec sublimi-
tatem omnium capacem, quae coelo continentur; sed proprium vigorem,
celeritatemque quodam igne volucrem. Scribere aut legere, simul dictare
et audire solitum accepimus, epistolas vero tantarum rerum quaternas
librariis dictare aut, si nihil aliud ageret, septenas.*

Caesar I. 5. Aufl.   2

und sich dienstbar zu machen. Wie alle grosse Geister, die die
Verhältnisse zu überschauen und über den gegenwärtigen Augenblick, der den beschränkten Sinn befangen macht, hinaus, die
kommende Entwickelung der Dinge zu berechnen verstehen, weiss
er immer seine Zeit zu erwarten und sich vor aller Hast und
Ueberstürzung zu hüten: er bemisst die Mittel genau nach dem
Zwecke, und die Fülle derselben, die ihm bei der Genialität seines
Geistes und der Höhe seiner Stellung zu Gebote steht, verleitet
ihn nicht zu Verschwendung seiner Kräfte. Gehoben durch das
beispiellose Glück, das alle seine Unternehmungen begünstigt,
schrickt er vor keiner Gefahr zurück. Keine kleinliche Leidenschaft stört ihn in seinen Bestrebungen; er ist nichts halb, sondern überall, im Grössten wie im Kleinsten, tritt uns der ganze
Mensch, der vollständig ausgeprägte Charakter entgegen.

Seine literarische Thätigkeit war sehr vielseitig und alle Gebiete der Literatur zog er in seinen Kreis; für alle Formen der
Kunst hatte er feinen Sinn. Schon frühzeitig verfasste er kleinere
poetische Arbeiten (Sueton c. 56) und ein grösseres Gedicht,
Iter, schrieb er auf einer eiligen Reise nach Spanien (Suet. a. a.
O.). Die trockenen Fragen der Grammatik und Astronomie be-
handelte er mit demselben Interesse, wie die praktischen Angelegenheiten des Tages. Als er zu seinen Legionen aus Oberitalien
nach Gallien zurückkehrte, verfasste er bei dem Uebergang über
die Alpen eine grammatische Schrift *de analogia ad M. Tullium
Ciceronem* (Suet. c. 56), nach Nipperdey p. 752 im J. 55 [*]).
Ein Resultat seiner Bestrebungen für Calenderverbesserung war
die Schrift *de astris* (vielleicht im J. 46). Seine Reden müssen
nach dem Zeugniss der Alten von höchster Vollkommenheit gewesen sein; die oratorische Gewalt, die Feinheit und Schärfe der
Behandlung, das Glänzende seiner Diction wird von Allen gleichmässig hervorgehoben.[**]) Die Thätigkeit als Redner war vom
J. 77 (s. oben p. 8) bis 58, also bis zu seinem Abgange nach
Gallien, der bedeutendste Theil seines öffentlichen Wirkens.

Es ist kein Wunder, dass ein Mann von solchen Geistesgaben

---

[*]) Köchly: Einleitung zu Caesar's Commentarien über den gallischen
Krieg S. 91 Anm. 59 setzt die Vollendung der Schrift in den Winter 53
bis 52. S. meine Einl. zu der Tauchnitz. Ausgabe des Caesar p. X.

[**]) Vergl. Cic. Brut. 72, 252. 74, 258. 75, 261. Sueton. c. 55. Quinctil.
1. 7, 34. 10. 1, 114. 2, 25. 12. 10, 11. Tac. Annal. 13. 3 nennt ihn *summis
oratoribus aemulus*. S. Tauchn. Ausg. p. VIII fgg. Zu den Reden können
die beiden Anticatones (Suet. Caes. 56) gerechnet werden, die gegen die
Vergötterung des Cato durch Cicero gerichtet waren, und wahrscheinlich
im J. 45 geschrieben sind. S. Tauchn. Ausg. p. XII fgg.

die Gemüther der Menschen an sich riss und eine Stellung im
Staate erlangte, vor der jeder Nebenbuhler zurückweichen musste.
Seine Talente und sein Unternehmungsgeist wirkten besonders
auf eine Menge kecker und feuriger Männer, und vorzüglich auf
die für solche Tugenden empfängliche Jugend; die grosse Masse
des Volkes war ohnehin für ihn gewonnen. Die Vornehmen, die
seine Pläne und das Ziel seiner Handlungen durchschauten,
schlossen sich an Pompeius an, nicht aus Zuneigung für dessen
Person, sondern weil sie ihn für ein nothwendiges Gegengewicht
hielten und weil sie ihm wenigstens edlere Absichten zutrauten.
Doch konnte selbst die höhere sittliche Bildung und Richtung
wenigstens eines Theils dieser Partei, die für die bessere Sache
zu kämpfen glaubte, die Vortheile nicht aufwiegen, die Caesar
durch seinen blendenden Geist, mit dem er siegesgewiss seinen
Nebenbuhlern entgegentrat, vor allen Anderen voraus hatte. 'Wäre
Caesar auf dem Throne geboren gewesen, oder hätte er in einer
Zeit gelebt, wo sich die Republik noch nicht in einem solchen
Zustande gänzlicher Auflösung befand und hätte beherrscht werden können — zum Beispiel in der Zeit der Scipionen —, er
würde den Zweck seines Lebens mit dem grössten Glanze erreicht
haben; hätte er in einem republikanischen Zeitalter gelebt, er
würde nie daran gedacht haben, sich über das Gesetz zu stellen;
er gehörte aber einer Periode an, wo er keine Wahl mehr hatte,
entweder der Amboss oder der Hammer zu sein. Es war nicht
Caesars Natur, wie es die Ciceros war, sich nach dem Winde zu
richten; er fühlte, dass er die Ereignisse ergreifen müsse, und
er konnte nicht umhin, sich dahin zu stellen, wo er stand; der
Strom der Begebenheiten führte ihn unwidersteblich dahin. Cato
konnte noch von der Möglichkeit, die Republik zu beleben, träu-
men; aber die Zeit war vorüber.' Niebuhr Vorträge über röm.
Gesch. von Schmitz und Zeiss 2. p. 46. 'So hatte er sich als den
vom Schicksal begünstigten, zur Herrschaft über die der Freiheit
unwürdige Welt Berufenen angesehen, und seine Schriften bestätigen, was seine Thaten und Reden bezeugen: er war ein ge-
borner König und wusste, dass er es war.' Schneider in Wachlers Philomathie 1. p. 200.

3. Caesar in Gallien.

Im Anfang des J. 58 blieb Caesar noch drei Monate vor
Rom; es waren noch manche Schwierigkeiten zu beseitigen, die

die erbitterte Gegenpartei ihm entgegenstellte, wie z. B. die Prätoren C. Domitius Ahenobarbus und C. Memmius den Antrag
im Senate stellten, ihn wegen seiner Verwaltung des Consulats
in Anklagestand zu versetzen (Suet. c. 23); man liess jedoch *triduo per irritas altercationes absumto* die Sache fallen. Er erwartete noch vor der Stadt die Verbannung Ciceros (Cic. p. Sest.
c. 18. p. redit. in sen. c. 13. Cassius Dio 38. 17) und die Entfernung Catos nach Cypern und ging dann auf die Nachricht,
dass die Helvetier am 28. März sich an der Rhone versammeln
würden, um ihren Zug durch die römische Provinz anzutreten
(1. 6. u. 7), im Anfange des April in seine Provinzen; nach
8 Tagen war er bereits bei Genf angelangt.

In welche Verhältnisse Caesar bei seiner Ankunft in Gallien
eingriff, ist oben erwähnt. Das Land bestand aus einer grossen
Zahl vereinzelter Völker und war in sich aufgelöst und ohne Einheit. Der Kern des Volkes, die Celten, Gallier im engeren Sinne,
war vom Liger bis zur Sequana und Matrona zwischen dem Atlantischen Ocean und den Alpen zusammengedrängt. Südlich
vom Liger wohnten in Aquitanien bis zum Rhodanus und den
Alpen iberische und ligurische Stämme. Das Land nördlich von
der Sequana und Matrona war Hauptsitz der Belgier, die grösstentheils aus Germanien eingedrungen waren (Caes. 2. 4. 6. 32), und
mit Stolz ihres Ursprungs gedachten (Tac. Germ. 28).*) Die
Völker erinnerten sich eher an ihre verschiedene Abstammung,
als an das gleiche Interesse, das sie hätte zusammenhalten sollen.
Die Celten theilten ungern das Land mit den beiden andern Völkern, und dieses gegenseitige Verhältniss verhinderte eine Vereinigung, durch die sie unwiderstehlich gewesen wären. Aber
auch die Völker desselben Stammes bildeten kein Ganzes. Die
Staaten des celtischen Galliens waren durch kein gesetzliches

---

*) S. das geographische Register unter Gallia. Die Frage über den
germanischen Ursprung der Belg. ist vielfach besprochen worden. Nach
den Einen waren die Bewohner Galliens lauter Germanen und selbst ihre
Sprache die germanische, welcher Annahme theils die Völkernamen (wie
Treveri, Eburones, Centrones), theils Einzelnamen (wie Ambiorix, Indutiomarus), welche offenbar celtisch sind, widersprechen. Caesar und Tacitus
zählen die von ihnen als ursprünglich germanisch bezeichneten Völker zu
den Galliern und setzen sie den Germanen gegenüber. Darum haben Andere den germanischen Ursprung ganz geleugnet. Roulez (*mélanges de
philologie, d'histoire et d'antiquités*, Bruxell. 1850. fasc. VI) sucht dagegen, indem er die germ. Abstammung festhält, wahrscheinlich zu machen,
dass die eingewanderten Germanen die Sprache, Sitten und Institutionen
der von ihnen besiegten Gallier angenommen haben.

Band zusammengehalten, sondern standen sich vielmehr feindlich gegenüber; das ganze staatliche Leben befand sich in fortwährender Gährung und Zerrüttung. Die Versuche einzelner Völker, sich an die Spitze zu stellen, und so durch überwiegende Macht ein Ganzes herzustellen und eine politische Einheit zu schaffen, wie z. B. der Arverner auf der einen, der Häduer auf der andern Seite (1. 31. 6. 12), führten meistens zum Gegentheil und machten den Riss noch grösser.*) Die Spaltung zeigte sich in ihrer vollen Grösse durch die Herbeirufung der Germanen (s. oben p. 6), um die Häduer zu unterdrücken, die durch ihre Freundschaft mit den Römern auch ihrerseits ein fremdes Element in Gallien heimisch gemacht und eine Spaltung herbeigeführt hatten. Aus Hass gegen sie schlossen sich später mehrere Völker lieber an die Remer an (6. 12. a. E.), die auch, um die Herrschaft ihrer Stammesgenossen, der Bellovaken, zu brechen, zu Caesar sich hinneigten (2. 3. 4. 14. 5. 54. 6. 12. 7. 63). Das Verhältniss der Clientel, in dem kleinere Staaten zu grössern standen (s. zu 1. 31), war, wenn auch weiter greifende Verbindungen daraus nicht hervorgingen, wenigstens eine Vereinigung bei der allgemeinen Zerrissenheit. In den Staaten selbst herrschten die ritterlichen Geschlechter mit ihrem Gefolge, hier in republikanischer Verfassung, dort mit Hinneigung zur Alleinherrschaft. Das Volk bestand aus Hörigen, die sich an die Mächtigen anschlossen, ohne Theilnahme an öffentlicher Berathung (s. zu 1. 4. 6. 15); einen ausgebildeten Bürgerstand gab es nirgends. Den Rittern und dem Adel gegenüber und über ihm stand die Hierarchie der Druiden mit ihrem mächtigen Einfluss in den Staaten, der, zumal da sie dem republikanischen Grundsatze freier Wahl huldigten, Kämpfe mit dem weltlichen Stande der Ritter herbeiführte und auch für Caesar gefährlich wurde. Das religiös-nationale Band, welches ganz Gallien und die brittischen Inseln umfasste, war das Einzige, was bei der grossen politischen Zersplitterung die Nation zusammenhielt. Um die Macht der Priesterschaft zu zerstören,

---

*) 'Der Wettstreit der mächtigeren Gaue entzweite nicht bloss diese, sondern in jedem abhängigen Clan, in jedem Dorfe, ja oft in jedem Hause setzte er sich fort, indem jeder Einzelne nach seinen persönlichen Verhältnissen Partei ergriff. Wie Hellas sich zerrieb nicht so sehr in dem Kampfe Athens gegen Sparta als in dem inneren Zwist athenischer und lakedämonischer Factionen in jeder abhängigen Gemeinde, ja in Athen selbst: so hat auch die Rivalität der Arverner und Häduer mit ihren Wiederholungen in kleinem und immer kleinerem Massstab das Keltenvolk zernichtet.' Mommsen 3. p. 224.

suchte daher Caesar wiederholt die militärische Herrschaft von
Häuptlingen zu begründen, wie durch Einsetzung des Commius
bei den Atrebaten (4. 21), des Cavarinus bei den Senonen (5. 54),
des Tasgetius bei den Carnuten (5. 25).

Diese inneren Verhältnisse Galliens waren es besonders, was
dem röm. Feldherrn die Unterjochung erleichterte. Ein Feldherr,
der, um ein Volk, die Eburonen, zu unterjochen, mit Erfolg zu
dem raffinirten Mittel greifen kann, die verwandten Nachbarvölker
zur Plünderung des Landes aufzufordern, *ut potius in silvis Gallorum vita quam legionarius miles periclitetur, simul ut magna
multitudine circumfusa stirps et nomen civitatis tollatur* (6. 34, 8),
hat leichtes Spiel. Wie sie in den früheren Jahrhunderten dadurch, dass sie die cisalpinischen Gallier ohne Unterstützung
liessen, bewirkt hatten, dass die für sie so wichtige Vormauer
gegen die Römer fiel, so liessen sie auch später ein Volk nach
dem andern unterwerfen, ohne an ihre eigene Gefahr zu denken.
War es beim Anfange des Krieges nicht zu erwarten, dass die
gallischen Völker sogleich zu dem Gedanken einer allgemeinen
Verbindung sich erheben würden, die bei den Heeresmassen,
über die sie gebieten konnten, von vornherein das Umsichgreifen
der Römer hätte unmöglich machen müssen, so kam es doch
auch in den folgenden Jahren, in denen die Absichten des römischen Eroberers Allen klar sein mussten, zu keiner gemeinsamen
Massregel, und es geschah, was Tacit. Agric. c. 12 von den Britannen sagt: *rarus duabus tribusque civitatibus ad propulsandum
commune periculum conventus: ita singuli pugnant, universi vincuntur.* Nur die Belgier standen gleich im zweiten
Jahre, als die römischen Winterlager im freien Gallien Verdacht
erregten, in Masse auf — doch wusste Caes. 'die gegen das röm.
Volk Verschworenen' (2. 1, 1) geschickt zu trennen — und erst
im 7. Jahre des Krieges fasste Vercingetorix, überhaupt der gallische Anführer, der dem Caesar am meisten ebenbürtig gegen-
überstand, den Plan einer allgemeinen Verbindung der Gallier,
und er würde vielleicht die Frucht der vorhergehenden Kriegsjahre zu nichte gemacht haben, wenn er durch den kleinen Krieg,
den er Anfangs geschickt eingeleitet hatte, den Caesar bis zum
Ablauf seiner Verwaltung hingezogen*) oder wenigstens nicht

---

*) Plut. Caes. 26: Οὗτος εἰς πολλὰ διελὼν τὴν δύναμιν μέρη καὶ
πολλοὺς ἐπιστήσας ἡγεμόνας ᾠκειοῦτο τὴν πέριξ ἅπασαν ἄχρι τῶν
πρὸς Ἄραρα κεκλιμένων διανοούμενος, ἤδη τῶν ἐν Ῥώμῃ συνισταμέ-
νων ἐπὶ Καίσαρα, σύμπασαν ἐγείρειν τῷ πολέμῳ Γαλατίαν. Ὅπερ εἰ
μικρὸν ὕστερον ἔπραξε, Καίσαρος εἰς τὸν ἐμφύλιον ἐμπεσόντος πόλε-

den grossen Fehler begangen hätte, eine grosse Heeresmasse in
einen befestigten Ort, Alesia, zu werfen, in dem er sich nicht
halten konnte. Ausserdem waren die Gallier, wenn auch tapfer,
für ihre Freiheit begeistert und an Stärke weit überlegen, doch
dem Angriff eines kriegsgeübten, regulären Heeres unter der Anführung eines solchen Feldherrn nicht gewachsen. Sie hatten
zwar befestigte Plätze; aber die Kunst, ihr Lager zu befestigen
(sie bedienten sich dazu nur der Wagenburg), Verschanzungen,
wie sie Caesar ihnen entgegensetzte, anzugreifen, lernten sie erst
im Kriege selbst, zum Theil durch Gefangene. Waren sie auch
durch immerwährende Kämpfe unter einander und gegen Nach-
barstaaten geübt, so hatten sie es doch immer mit gleichartigen
Gegnern zu thun; sie machten Streifzüge zum Angriff und zur
Abwehr gewöhnlich ohne Dauer über die blutige Entscheidung
einer Schlacht hinaus. Daher sorgten sie gewöhnlich nicht für
Vorräthe, die ein längeres Aushalten im Kampfe möglich gemacht
hätten, weswegen sie oft glücklich begonnene Unternehmungen
aufgeben mussten, weil sie sich in den verwüsteten Gegenden
nicht halten konnten. Bei aller feurigen Tapferkeit, die besonders ihren ersten Angriff furchtbar machte, fehlte es ihnen doch
an Ausdauer und besonders an einem klugen Sparen der Kräfte,
weswegen gewöhnlich die einzelnen Unternehmungen mit einer
blutigen Niederlage endigten; ein wohlgeordneter Rückzug, der
die Verluste wieder ersetzen konnte, war nicht ihre Kunst. Erst
Vercingetorix sah, dass der Krieg anders, als bisher, geführt werden müsse; er unternahm es, den Feind auf verschiedenen Seiten
zugleich anzugreifen, und ihm die Zufuhr abzuschneiden (7. 14
u. 64), und wusste sogar die Bituriger so für seinen Feldzugsplan
zu begeistern, dass sie ihre Städte niederbrannten, um dem Feinde
alle Hülfsquellen zu nehmen (7. 15). Bei dieser Art der Kriegführung kam ihnen die Ueberlegenheit an Reiterei zu Statten,
während die Römer in dieser Hinsicht stets schwach waren.

Trotz jener Verhältnisse war die Eroberung Galliens dennoch
eine schwere Aufgabe. Eben jene im Uebrigen so nachtheilige
Vereinzelung zog den Krieg in die Länge und liess die Römer nie
zur Ruhe kommen, da nach einem Siege auf der einen Seite
immer von einer andern der Aufstand sich erneuerte. Die Völker,
die fast in jedem Jahre 'pacati' schienen, mussten jährlich von
neuem unterworfen werden. Es war nicht mit einem oder einigen

---

μον, οὐκ ἂν ἐλαφρότεροι τῶν Κιμβρικῶν ἐκείνων φόβοι τὴν Ἰταλίαν
κατέσχον.

entscheidenden Schlägen abgethan; nach der Niederlage oder
gänzlichen Aufreibung des einen Volkes stand immer ein anderes
gerüstet wieder auf, so dass am Ende selbst die befreundeten
Häduer verdächtig wurden und dem offenen Aufstande sich anschlossen. Wer erwägt, wie grosse Heeresmassen Gallien aufzubringen im Stande war, wie sich aus der militärischen Statistik
2. 4 u. 7. 75 ergiebt, wird erkennen, dass es keine leichte Aufgabe war, ein solches Volk zu unterjochen. Auch zeigten ausser
dem Vercingetorix noch einige andere Anführer grosse Energie,
wie Indutiomarus 5. 55, und der Eburone Ambiorix 5. 26, der
durch die Vernichtung der 15 Cohorten des Titurius und Cotta
den Römern die empfindlichste Niederlage beibrachte und sich
den fortgesetzten Nachstellungen Caesars immer schlau zu entziehen wusste: 5. 26. 8. 24.

Caesar ging nach Gallien mit der bestimmten Absicht, über
den nächsten Beruf, den Einfall der Helvetier abzuwehren, hin-
auszugehen und einen Eroberungskrieg zu beginnen, für den er
mehr als bei irgend einem, den eine andere Provinz dargeboten
hätte, in Rom ein nationales Interesse voraussetzen konnte; er
war gerichtet gegen den uralten nordischen Feind, der einst Rom
zerstört und Jahrhunderte lang Italien beunruhigt hatte, und
dessen Unterwerfung schon durch die unvergängliche Erinnerung
an die cimbrischen Schrecken dem siegreichen Feldherrn grösseren Ruhm bringen musste, als auf irgend einem Schlachtfelde zu
erwerben war. Die Prophezeiung des Sulla (p. 8) sollte in einer
Weise zur Wahrheit werden, die jener nicht geabnet hatte. *)

---

*) Die Expeditionen über den Rhein, und noch mehr die über den
Ocean nach dem damals den Römern noch völlig unbekannten Britannien,
von dem man nicht einmal gewiss wusste, dass es eine Insel sei, mussten
seinen Unternehmungen noch höheren Glanz verleihen. Will man nun
auch auf die Motive, die er selbst angiebt (4. 16, 1. 20, 1), nicht viel Werth
legen, so würde man doch Unrecht thun, wenn man sie blos als ein Werk
abenteuerlicher Prunksucht betrachten wollte. Die häufigen Züge der Germanen nach Gallien, von denen erst im Winter 56—55 die Usipeten und
Tencterer den Rhein überschritten hatten, konnten für Caesar allerdings
Grund genug sein, ihnen durch Ueberschreiten ihrer eigenen Grenzen zu
imponiren und sie zu nöthigen, den Rhein als Grenze zu betrachten (*suis
quoque rebus eos timere voluit* 4. 16, 1). Der Grund für die britannische
Expedition, wie er 4. 20, 1 ausgesprochen wird, ist allerdings gewiss
nichtssagend. Indess standen doch die Celten der Insel und des Festlan-
des, zumal da Britannien der eigentliche Sitz des Druidenthums war, in
solcher Verbindung, dass Caes. sich aufgefordert fühlen konnte, bei dem
immer wiederkehrenden Widerstande der Celten den verwandten Insula-
nern zu zeigen, dass sie vor Rom in ihrem eigenen Lande nicht sicher

Die Antwort auf die Frage nach der Berechtigung zu dem vernichtenden Angriff auf das Leben und die Freiheit eines Volkes, das in seiner Gesammtheit zu jener Zeit aufgehört hatte, den Römern gefährlich zu sein, kann nicht zweifelhaft sein. Wenn man die Abwehr des Einfalls der Helvetier als durch die Rücksicht auf die Provinz geboten betrachten kann, so lässt sich schon bezweifeln, ob Caesar den Beruf hatte, den Krieg gegen Ariovist zu unternehmen, wenn er ihn auch 1. 35, 4 geschickt zu motiviren weiss. Jedenfalls ging er ohne Auftrag des Senats über seine Provinz hinaus, und wenn sein Heer Bedenken trug, gegen die Germanen zu ziehen, so war es vielleicht nicht blos die Furcht vor den Schrecken erregenden Barbaren, wie er es darstellt (1. 39), sondern auch, wenn man Cassius Dio 38. 35 glauben darf, das Bedenken, zu einem solchen Kriege (οὔτε προσήκοντα οὔτε ἐψηφισμένον) die Hand zu bieten. Die gesunde und praktische Antwort, die Ariovist den Forderungen des Caesar entgegenstellt (1. 44), zeigt, auf wessen Seite die grössere Berechtigung war.

Das Winterlager, das er im zweiten Jahre im Lande der Sequaner, also ausserhalb seiner Provinz im freien Gallien aufschlug, zeigte den Galliern, wie thöricht es gewesen war, um sich von der einen Fremdherrschaft zu befreien, die andere herbeizurufen und einen Fehler mit einem anderen gut zu machen. Die Belgier, aufgefordert *ab nonnullis Gallis, qui ut Germanos diutius in Gallia versari noluerant, ita populi Romani exercitum hiemare atque inveterascere in Gallia moleste ferebant* (2. 1, 2), erhoben sich, und es begann ein Krieg, den Caesar wünschte und der mit Unterwerfung Galliens enden sollte. Dass alle diese Aufstände zum Schutze der eigenen Freiheit von Caesar 'Empörungen und Verschwörungen gegen das römische Volk' genannt werden, liegt in der Auffassungsweise der Römer, die die Weltherrschaft als ihr gutes Recht betrachteten, und darf dem Caesar nicht speciell zur Last gelegt werden — es ist eine Auffassung, die alle Eroberer theilen und die sich zu allen Zeiten wiederholt hat.

Die Art der Kriegführung galt zu allen Zeiten, besonders bei gleichgesinnten Feldherrn, als ein Muster eines Offensiv-

seien. Die niedrigsten Gründe legten ihm seine Gegner unter: Sueton Caes. c. 47: *Britanniam petisse spe margaritarum.* Die ausdrückliche Versicherung Cicero's ad Att. 4. 16: *etiam illud iam cognitum est, neque argenti scripulum esse ullum in illa insula, neque ullam spem praedae, nisi ex mancipiis,* zeigt, dass man es anders erwartet hatte. Plut. Caes. c. 23.

krieges, und Napoleon, der unter den Neueren am meisten mit
Caesar verglichen wird, stellt ihn in dieser Hinsicht in eine
Reihe mit den grössten Anführern aller Zeiten.*) Mit wenigen
Worten schildert er treffend die Kunst, mit der er siegte: 'Die
Grundsätze Caesars waren dieselben, wie die von Alexander und
Hannibal: seine Kraft beisammen halten, sich keine Blösse geben,
sich mit Schnelligkeit nach den wichtigsten Punkten bewegen,
sich der moralischen Hebel bedienen, des Rufes seiner Waffen,
der Furcht die er einflösste, und der politischen Hülfsmittel, um
seine Verbündeten in der Treue und die unterworfenen Völker
im Gehorsam zu erhalten.'**) Sein Grundsatz, der ihn im gallischen wie im Bürgerkriege so sicher zum Ziele führte, war: nie
den Feind abzuwarten, sondern stets zuerst anzugreifen, ihn
nicht zur Ruhe und Besinnung kommen zu lassen. Dazu half
seine unermüdliche Thätigkeit, seine feste Körperkraft, die keiner Ruhe zu bedürfen schien, sein stets schaffender und vorwärts
strebender Geist. In unmittelbarer Folge sehen wir ein glücklich
berechnetes Unternehmen auf das andere folgen; mit Geistes-
gegenwart und Scharfblick übersieht er die jedesmalige Lage der
Dinge, so dass ihm kein Fehler der Gegner entgeht und keine
günstige Gelegenheit unbenutzt bleibt. Das Alles gab ihm eine
Ueberlegenheit, eine nie schwankende Sicherheit, die auch seinen
Legionen ein unbegrenztes Vertrauen einflösste. Das sprichwörtlich gewordene Glück des Caesar war, wenn er auch von ihm
begünstigt war, wie wenige, doch in den meisten Fällen eben
nur ein Ergebniss jener geistigen Vorzüge und der unbedingten
Hingebung seiner Soldaten, die unbesiegbar waren, weil sie sich
unter der Führung eines solchen Feldherrn dafür hielten. Kam
ihm schon der Vortheil zu Statten, dass er bei seiner mehrjäh-
rigen Verwaltung von Gallien immer dieselben Legionen bei sich

----

*) *Mémoires, notes et mélanges de Napoléon*, T. II p. 155. S. von
Lossau Ideale der Kriegführung, 1. Band, 2. Abth., Einleitung p. 1.

**) S. J. v. H. Vorlesungen über Kriegsgeschichte. Stuttg. 1852. 1. Thl.
2. Lieferung, p. 128. Das Interesse, das Napoleon an Caes. nahm, zeigen
seine *Précis des guerres de César* u. s. w. Stuttg. 1836. (Deutsch ebendas.)
Von Wellington wird erzählt, dass er bei dem Feldzuge in Indien stets
Caesars Commentare bei sich gehabt habe. 'Die Kunst, den Krieg zu führen, ist in allen Jahrhunderten und Jahrtausenden dieselbe gewesen und
wird es bleiben. Die Maschinerie, die Werkzeuge, die Armeen und Waffen
können sich ändern, allein die Conceptionen, welche darauf abzwecken,
den Feind zu schlagen, werden unaufhörlich denselben Ursprung haben
und aus der Geistesüberlegenheit der Feldherren, unterstützt durch ihre
Willenskräfte, abgeleitet werden müssen.' v. Lossau a. a. O. p. XVI.

hatte, die in jahrelanger Abgezogenheit von den heimischen Verhältnissen mit dem siegreichen Feldherrn völlig verwachsen und
mit ihm als ein Ganzes sich fühlen mussten, so wusste er auch
durch richtigen Takt in der Behandlung seiner Truppen sie an
sich zu fesseln und sich ihre unbedingte Hingebung zu sichern,
so dass sie die Sache ihres Feldherrn als mit ihrem eigenen Interesse und ihrer Ehre verknüpft betrachteten. Nur einmal gleich
am Anfange des Krieges hatte er mit seinen Truppen einen Kampf
wegen Mangels an Disciplin zu bestehen (1. 39); nachdem dieser
aber durch die Gewandtheit des Feldherrn schnell beseitigt war,
waren ihm seine Legionen das willigste und thätigste Werkzeug,
das je einem Feldherrn zur Verfügung stand. Deswegen konnte
er ihnen auch die grössten Anstrengungen zumuthen, und die
Eile, mit der er oft den entfernten Feind, der vor ihm sicher zu
sein meinte, überraschte, die Schnelligkeit und Energie, mit der
er die umfassendsten Belagerungswerke in der kürzesten Zeit
vollendete, durch welche die Angriffe meist sehr schnell zum
Ziele führten, war nur bei so hingebendem Eifer seiner Leute
möglich, mit dem sie Jahre lang ohne Widerstreben die grössten
Entbehrungen und Strapazen ertrugen. Man denke an die immerwährenden Märsche von einem Ende Galliens bis zum andern, die schwierigen Belagerungen mit Dämmen, Thürmen und
anderen umfassenden Werken, wie vor Alesia, die Brücken über
den Rhein, die Schiffsbauten im 3. und 5. Jahre des Krieges, dabei die immerwährende Gefahr in dem nie zur Ruhe kommenden Lande, und man wird staunen über das, was Caesar von
seinen Truppen fordern konnte und was er mit ihnen vermochte.
Er selbst war überall gegenwärtig und leitete alle militärischen
Geschäfte in eigener Person; seine Gegenwart in Gefechten, bei
denen er selbst auch, wenn die Gefahr grösser wurde, thätig eingriff, wirkte mächtig auf die Kämpfenden; die Legaten, die getrennt von ihm ein selbstständiges Commando führten, versäumen
nie, die Soldaten zu ermahnen, so zu kämpfen als wenn Caesar
sie sähe (6. 8, 1. 7. 62, 2). Ein Feldherr, dessen Untergebene
einer Aufopferung fähig sind, wie der Centurio Petronius vor Gergovia (7. 50), oder dessen Soldaten ein Ehrgeiz beseelt, wie den
Pulio und Vorenus (5. 44), kann immer des Sieges gewiss sein.
Die beruhigenden Worte, mit denen er sich bei vorgekommenen
Unglücksfällen (5. 52. 7. 52. 53) ausspricht, der schonende Tadel bei begangenen Fehlern (6. 42), die Art, wie er den Eifer
der Soldaten zügelt, wenn er sie nicht unnütz opfern will (7.
19, 4—6), Alles zeigt auch in der Kürze, mit der es referirt wird,

das Treffende seiner Behandlungsweise. Er legte daher viel Gewicht auf Anreden an die Truppen, weil er wusste, wie viel er damit wirkte. Die Kunst, mit der er das Heer, das angeblich aus Furcht nicht gegen Ariovist ziehen wollte, umstimmte, und besonders die Wendung, durch die er die 10. Legion, die gewiss ebenfalls die allgemeine Meinung getheilt hatte, für sich gewann, so dass die übrigen beschämt zu gleicher Tapferkeit angetrieben wurden, ist meisterhaft, und die bei dieser Gelegenheit gehaltene Rede — die einzige längere, die er ausführlich referirt — zeigt uns, was er als Redner vermochte (1. 40). Sueton c. 67 erzählt, dass er seine Soldaten in solchen Anreden nicht *milites*, sondern *blandiore nomine commilitones* genannt habe.*) Diese Truppen, die er sich geschaffen und herangebildet hatte, und so an sich zu fesseln wusste, waren ihm für den Bürgerkrieg ergebene Werkzeuge geworden, die ihre ganze Zukunft an Caesar und sein Glück geknüpft hatten und in diesem Sinne kämpften und siegten. Zum glücklichen Gelingen seiner Unternehmungen trug ohne Zweifel sehr viel die unumschränkte Gewalt bei, die sich Caesar nicht blos im Laufe der langjährigen Verwaltung aneignete, sondern gleich am Anfang derselben in einer Weise ausübte, wie es nicht leicht ein Proconsul vor ihm gethan hatte. Denn wenn auch die Römer ihren Feldherrn in der Kriegführung selbst stets freie Hand liessen, so blieb doch dem Senate und Volke immer die Bestimmung vorbehalten, mit wem Krieg geführt, wie viel Truppen ausgehoben, unter welchen Bedingungen Friede geschlossen werden sollte. Dagegen beruhte die Ausdehnung, die Caesar dem Kriege in Gallien gab, auf keinem Volks- oder Senatsbeschluss. Mit Ausnahme des Kriegs gegen die Helvetier lag für seine Bekämpfung der übrigen gallischen Völker, so wie für seinen Uebergang über den Rhein und nach Britannien kein specieller Auftrag vor. Er selbst sagt nur: *multis de causis Caesar statuit, sibi Rhenum esse transeundum* 4. 16, 1; vgl. 4. 20, 1. Eben so selbstständig verfährt er in Vermehrung sei-

---

*) Wie er mit einem einzigen Worte dieselbe 10. Legion bei einer andern Gelegenheit, vor dem afrikanischen Kriege 47 v. Chr., umstimmte, berichtet Sueton c. 70: *Decumanos (decimae legionis milites) Romae, cum ingentibus minis summoque etiam urbis periculo, missionem et praemia flagitantes, ardente tunc in Africa bello, neque adire cunctatus est, quamquam deterrentibus amicis, neque dimittere: sed una voce, qua Quirites eos pro militibus appellarat, tam facile circumegit et flexit, ut ei, milites esse, confestim responderint, et quamvis recusantem ultro in Africam sint secuti.*

ner Legionen, die er ohne besondere Autorisation von 4, die
ihm vom Senat gegeben waren, bis auf 11 brachte.

Als er nach Gallien ging, stand in der jenseitigen Provinz
eine Legion (1. 7, 2). Da sofort grössere Streitkräfte nöthig
wurden, ging er nach der diesseitigen Provinz zurück und holte
3 Legionen, die bei Aquileia im Winterquartier lagen (1. 10, 3).
Dies sind die ihm vom Volke und Senate gegebenen 4 Legionen.
Er ging aber noch in diesem Jahre über diese Bewilligung hinaus
und hob noch 2 Legionen aus, so dass er im ersten Jahre 6 Legionen hatte (1. 24, 2), nämlich die 7. 8. 9. (wahrscheinlich die
in Aquileia stehenden), die 10. (die, welche er in der jenseitigen
Provinz vorfand), die 11. und 12. (die neu ausgehobenen). Im
zweiten Jahre hob er wieder 2 Legionen im cisalpinischen Gallien aus (2. 2, 1), die 13. u. 14., und hatte demnach in diesem
Jahre 8 Legionen (2. 8, 5). Dieser Bestand blieb in den nächsten
Jahren. In der Aufzählung 5. 24, 1—5 werden 8 Legionen und
5 Cohorten genannt. Dies unterliegt verschiedener Auffassung:
entweder waren noch immer 8 Legionen mit 5 Cohorten über
die Zahl, oder 9 Legionen, nur dass die eine nicht mehr vollständig war, je nach dem man annimmt, dass die Legion, *quam
proxime trans Padum conscripserat*, eine neue war, oder, wie
Nipperdey p. 119 meint, die 14., die er im zweiten Jahre ausgehoben hatte. Durch den Verlust unter Titurius und Cotta (5.
26—38) wurden die Legionen auf 7 reducirt. Er hob daher im
Anfang des 6. Jahres 2 Legionen aus und eine erhielt er von
Pompeius, wodurch die verlorenen 15 Cohorten doppelt ersetzt
wurden und er nun 10 Legionen hatte (6. 1, 4. 32, 5). Von diesen zwei ausgehobenen trat die eine an die Stelle der vernichteten
vierzehnten mit demselben Namen (6. 32, 5. Nipperd. p. 119),
die andere hiess die funfzehnte; die vom Pomp. erhaltene behielt
den von diesem gegebenen Namen und hiess die erste (8. 54, 2).
Im Anfange des 7. Jahres stellte er eine Aushebung im cisalpinischen Gallien an (7. 1, 1), die jedoch zunächst nur den Abgang
ersetzte (7. 7, 5); denn auch nachher finden wir noch 10 Legionen (7. 23, 2). Doch muss im Sommer dieses Jahres noch eine
neue hinzugekommen sein, die sechste (s. Kriegsw. § 9), die 8.
4, 3 als unter Cicero mit der vierzehnten am Arar stehend erwähnt wird (Nipperd. p. 120). Demnach hatte er im 8. Jahre
11 Legionen. Eine von diesen, die funfzehnte (nach Nipperdey
z. d. St.), schickte er nach 8. 24, 3 *in togatam Galliam ad colonias civium Romanorum tuendas*, und in Gallien blieben 10 (8.
46, 3). Im 9. Jahre gab er diese nebst der von Pompeius ge-

liehenen ersten angeblich zum Parthischen Kriege ab, und schickte
statt jener die dreizehnte nach Italien (8. 54, 3), so dass im
transalpinischen Gallien 8 Legionen blieben (8. 54, 4). Für die
Legionen, die er, ohne den Senat befragt zu haben, ausgehoben
hatte, wurde erst später, im Jahre 56, nach heftigem Widerspruch Sold gegeben (p. 15).   Von allen Legionen stand dem
Caesar nach dem 1. 39 erzählten Vorfalle die zehnte am nach-
sten; sie zeichnete sich durch Ergebenheit und Muth vorzüglich
aus und trat oft in bedenklichen Augenblicken entscheidend ein.
2. 21. 23. 26. 4. 25. 7. 47. 51. (Plut. Caes. c. 19. Frontin. 1.
11, 3. Cassius Dio 38. 47).   Ausser den genannten Legionen
hatte C. noch gallische Hülfstruppen (*auxilia*) aus den verbündeten oder neu eroberten Ländern, die den Legionen nicht einverleibt wurden, sondern abgesonderte Cohorten bildeten und
meist auch nicht römische Waffen, sondern ihre eigene volksthümliche Rüstung trugen. Solche *cohortes auxiliares* sind auch
die 22 Cohorten, die L. Caesar 7. 65, 1 aus der Provinz bringt.
Illyrische Truppen, in ihrer Provinz selbst verwendet, werden 5.
1 erwähnt.   Ausserdem hatte er noch germanische leichte Truppen, 2. 7. 10. 24. 8. 13. 36, sowie Numidier, cretensische Bogenschützen und balearische Schleuderer, 2. 7. 10. 24. Römische Reiterei hatte Caes. nicht (s. Kriegsw. § 10 mit der
Anm.); seine Equites sind Auxiliartruppen, und zwar in der
Hauptsache Gallier (1. 15. 4. 6. 6. 4); sie leisteten nicht viel und
waren wenig zuverlässig (1. 24. 2. 19. 24. 27. 7. 13).   Mehr
leisteten die hispanischen (5. 26) und besonders die germanischen Reiter (7. 13. 70. 80; vgl. 1. 48).

Die Anführung der einzelnen Legionen übergab er den Legaten, deren ihm nach p. 15 zehn gegeben waren (wir finden, da
die Persönlichkeiten wechseln, gegen 20 Namen von Legaten in
Gallien); denn die Tribunen, die eigentlich den Legionen vor-
standen, waren ohne Bedeutung, da sie meist aus vornehmen, dem
Feldherrn befreundeten jungen Leuten gewählt wurden (1. 39).
Doch begnügte er sich nicht mit dieser grossen Zahl von Legaten, sondern er übertrug auch noch Anderen, die er selbst wählte,
die Anführung einzelner Heeresabtheilungen, wie dem jungen
Crassus, 1. 52. 2. 34. 3. 7, der allein fast ganz Aquitanien, wohin C. erst im 8. Jahre kam, unterwarf, dem C. Volcatius Tullus,
6. 29, L. Minucius Basilus (ebend.), D. Brutus, Anführer der
Flotte, 3. 11 u. öfter, Sempronius Rutilus, 7. 90. Der tüchtigste
unter seinen Legaten war T. Labienus, der im Bürgerkriege zur
pompeianischen Partei überging; s. zu 8. 52, 3; nächst diesem

zeichnete sich Q. Cicero, der Bruder des Redners, aus, der bis
Ende 52 bei C. war. — Ganz selbstständig verhandelt C. auch
mit den bekriegten und besiegten Völkern; er allein schliesst mit
ihnen Frieden und legt ihnen Strafen auf, ohne dass irgend einmal Gesandte nach Rom geschickt werden oder von einem Beschluss des Senats in dieser Hinsicht die Rede ist.

Dass bei einem Kriege gegen ein Volk, das nur seine Freiheit und sein gutes Recht gegen die Angriffe eines Eroberers
vertheidigte, unsere Theilnahme mehr den Unterdrückten als
dem Unterdrücker folgt, wenn er auch mit noch so grosser Gewandtheit sein Verfahren zu rechtfertigen weiss, ist natürlich.
Eben so offenbar ist, dass ein Krieg, der acht blutige Jahre auf
einem Lande lastete, manche ungerechte Handlung und Grausamkeit in seinem Gefolge hatte. Dennoch dürfte es ebenso ungerecht sein, Alles, was der Krieg mit sich brachte, dem Caesar
persönlich aufzubürden und ihn an und für sich grausam und
gefühllos zu nennen, als auf der andern Seite das Bestreben, Alles
zu beschönigen und dem Kriege irgend welche humane Tenden-
zen unterzulegen, verfehlt erscheinen muss. Es ist wahr, dass
er den Völkern, mit denen er kämpft, nicht immer Gerechtigkeit
widerfahren lässt, dass er die edelsten Kämpfer für die Unabhängigkeit ihres Vaterlandes und ihre Nationalität als ehrgeizige
Aufwiegler darstellt und kalt bei dem Unglück des Einzelnen wie
der Gesammtheit bleibt. Es lag dies aber in der ganzen Richtung
der Zeit und der römischen Denkweise überhaupt. Die Jahrhunderte lang fortgesetzte Arbeit der Eroberung und Begründung
der Weltherrschaft und die Ueberzeugung von der Alleinberech-
tigung ihrer Bildung und Civilisation gegenüber der Barbarei anderer Völker und von dem Beruf, der Welt 'den Frieden' zu geben, hatte ja überhaupt die Römer längst dahin gebracht, keine
natürliche Grenze und keine Anhänglichkeit an vaterländischer
Sitte und Verfassung zu achten; kein Wunder, wenn auch der
Einzelne so dachte, zumal wenn sein eigenstes Interesse mit jener allgemeinen Ansicht zusammentraf. Man thut Unrecht,
wenn man die wiederholt vorkommende Anerkennung der natürlichen Gründe, die die Gallier zur Behauptung ihrer Freiheit
auffordern mussten, ohne dass sie auf sein Verfahren irgend
einen Einfluss hat (3. 2, 5. 10, 3. 5. 7, 8. 54, 5. 7. 77, 15), für
Hohn und Ironie hält (Schneider in Wachlers Philomathie 1
p. 188 fgg.). Auch dies ist nur der Ausdruck durchaus römischer
Gesinnung, die die Ausdehnung ihrer Macht wie eine Naturnoth-
wendigkeit betrachtet, der auch die entschiedenste persönliche

Berechtigung sich fügen muss. Zu dem humanen Ausspruche
eines modernen Feldherrn, 'dass nichts, ausser einer verlorenen
Schlacht, so traurig sei, wie eine gewonnene', können sich nur
wenige Eroberer, am wenigsten ein römischer, erheben. Der
Schmerz, den Scipio vor dem brennenden Karthago zeigte, galt
nicht der unglücklichen Stadt, sondern dem künftigen Schicksale
des eigenen Vaterlandes. Diese politische Denkweise der Römer
überhaupt ist der Schlüssel zur Erklärung dieses Krieges und der
einzelnen Erscheinungen in demselben. Es ist möglich, dass
Caesar nicht alle Massregeln berichtet, die er in Gallien ergriffen
hat; er erwähnt aber auch viele ohne Scheu, als bedingt durch
die Sache selbst, und nicht immer hält er eine Motivirung oder
Beschönigung seines Verfahrens für nöthig. Im Anfange tritt er
mild auf; die Helvetier entlässt er nach ihrer Niederlage wieder
in ihr Land und befiehlt den Allobrogen, sie mit Lebensmitteln
zu versehen, freilich besonders deswegen, damit ihr Land nicht
verwüstet liegen bliebe und den vordrängenden Germanen zur
Beute würde, deren Nachbarschaft er nicht wünschen konnte.
Ebenso begnadigt er die Nervier, *ut in miseros ac supplices
usus misericordia videretur* 2. 28, 3. Doch bestraft er den Abfall im Verlaufe des Krieges immer härter. So liess er 53,000
Aduatuken verkaufen (2. 33); ebenso die Veneter, die angeblich
das Gesandtenrecht verletzt hatten: *in quos eo gravius vindicandum statuit, quo diligentius in reliquum tempus a barbaris ius
legatorum conservaretur. Itaque omni senatu necato reliquos
sub corona vendidit* 3. 16, 4. Den Dumnorix, der sich als
'freier Bürger eines freien Staates' seinen Befehlen nicht fügen
wollte, liess er niederhauen, 5. 8, 8.*) Von 40,000 Bewohnern
von Avaricum entkamen kaum 800, da die Soldaten, *Cenabi caede
et labore operis incitati non aetate confectis, non mulieribus, non
infantibus pepercerunt* (7. 28). In Uxellodunum befahl er Allen,

---

*) Bemerkungen wie die Lipperts zu den Worten: *liberum se liberas-
que civitatis esse:* 'Dumo. redet so, als ob er als Häduer auch Ungehö-
riges und Unerlaubtes thun könne, sagt aber, was sicher die meisten
gallischen nobiles dachten, die nur besonnener und klüger, denn Dumnorix
waren', können den Standpunkt nur verwirren. Dumnorix war wohl berechtigt, sich auf seine Unabhängigkeit zu berufen und sich dagegen zu
sträuben, dass er mit den übrigen Vornehmen mit nach Britannien geschleppt
wurde. Verlangte es Caesars Politik, sich desselben zu versichern, *quod
eum cupidum rerum novarum, cupidum imperii, magni animi, magnae inter Gallos auctoritatis cognoverat* (5. 6, 1), so scheint es wenigstens nicht
in dem Berufe des Erklärers zu liegen, dergleichen Handlungen in den
Schein des Rechts zu hüllen.

die Waffen getragen hatten, die Hände abzuhauen, 'vitamque
concessit, quo testatior esset poena improborum' 8. 14, 1, und
Hirtius weiss ganz in Caesars Sinne die That als nur durch die
Nothwendigkeit geboten darzustellen, *cum suam lenitatem cognitam omnibus sciret neque vereretur, ne quid crudelitate naturae
videretur asperius fecisse.**) Mit besonderem Hasse verfolgte er
die Eburonen wegen der durch Ambiorix dem Titurius zugefüg-
ten Niederlage (6. 34, 5), und als er ihn selbst nicht in seine
Gewalt bekommen konnte, *proximum suae dignitatis esse ducebat*, ihr Land zu verwüsten, 8. 24, 4. Am meisten ist von jeher
sein Verfahren gegen die Usipeten und Tencterer 4. 11—15 angegriffen worden. Nach Plut. Caes. c. 22. Cat. c. 51. Suet. c. 24
trug Cato, als der Senat ein zwanzigtägiges Dankfest anstellen
wollte, darauf an, den Caesar wegen seines Frevels am Völkerrecht den Germanen auszuliefern. Es ist schwer, die Wahrheit
zu ermitteln. Welche Nachrichten Cato hatte und inwieweit die
Parteiansicht ihn leitete, wissen wir ebensowenig, als ob Caesar,
dessen ausführliche Erzählung und Motivirung seines Verfahrens
offenbar auf einen möglichen Angriff seiner Gegner berechnet
ist, da er wohl wusste, welchen Eindruck sein Verfahren in Rom
gemacht hatte, und den Zweck hat, den Vorfall in einem möglichst günstigen Lichte darzustellen, die Wahrheit berichtet hat.
Wäre sein Bericht von dem unerwarteten Angriff der Germanen
— 800 gegen 5000 Reiter Caesars! — und ihrer ganzen listigen
Machination, die freilich zum Theil nur auf seiner Annahme beruht (c. 11, 4: *haec omnia eodem illo pertinere arbitrabatur*
etc.), wahr, so müsste wohl die Anwendung des Kriegsrechts gegen Abgesandte, die unmittelbar nach jenem Treubruche, wie es
wenigstens C. darstellt, ohne freies Geleite und ohne dass die
Urheber des Gefechtes ermittelt waren, zu ihm kamen (wiewohl
es sehr unwahrscheinlich ist, dass sie, wenn sie wirklich Schuld
hatten, dies gewagt haben würden), sowie der plötzliche, die Germanen vernichtende Ueberfall in einem anderen Lichte erscheinen, während, wenn jener Zwischenfall, was das wahrschein-
lichste ist, nur auf der wohlberechneten Darstellung des Caesar
beruht, das ganze Verfahren für eine entschiedene Treulosigkeit
gehalten werden muss, selbst wenn man die Handlungen eines
Krieg führenden Feldherrn nicht mit dem Massstabe der stren-

---

*) Dasselbe that Scipio, der Eroberer Carthagos, nach Einnahme von
Numantia an 400 Männern aus Lucia, die der belagerten Stadt zu Hülfe
gekommen waren.

gen Tugend eines Cato messen und zugeben will, dass bei jenem
Zusammenstoss mit den Germanen allerdings viel auf dem Spiele
stand. Je strenger er selbst Vergeben gegen völkerrechtliche
Unverletzlichkeit der Gesandten (*quod nomen ad omnes nationes
sanctum inviolatumque semper fuisset* 3. 9) bestraft (3. 16), um
so mehr muss bei ihm das Verfahren gegen die Abgesandten auffallen. Jedenfalls ist dieser Sieg der am wenigsten rühmliche im
ganzen Kriege.

Nach der Besiegung des Vercingetorix erhob sich Gallien
nicht wieder zu einem allgemeinen Unternehmen; nur einzelne
Völkerschaften suchten noch ihre Freiheit zu erkämpfen, aber
ohne Erfolg. Mit der Eroberung von Uxellodunum schloss die
Reihe der Kriegsthaten in dem verheerten Lande. Der Wunsch,
bei dem Ende seiner Verwaltung nicht den Keim zu neuen Kriegen zurückzulassen, bewog ihn, das eroberte Land durch Milde
im Gehorsam zu erhalten: *Itaque honorifice civitates appellando,
principes maximis praemiis afficiendo, nulla onera iniungendo
defessam tot adversis proeliis Galliam condicione parendi meliore
facile in pace continuit* 8. 49, 3. Die vollständige Organisation
der Provinz vollendete erst Augustus im Jahre 27. Von da an
hiess die südliche Provinz Gallia Narbonensis, das celtische Gallien nach der Hauptstadt Lugdunum Lugdunensis, das Land der
Sequaner, Helvetier und nördlich von der Seine Belgica, das Land
zwischen der Loire und den Pyrenäen Aquitania, das von eingewanderten germanischen Stämmen bewohnte linke Rheinufer
Germania superior und inferior. Zum Schluss mag hier noch
auf die vortreffliche Darlegung der welthistorischen Bedeutung
der Eroberung Galliens von Mommsen R. G. 3. S. 282 f. aufmerksam gemacht werden.

4. Die Commentare Caesars.

Die Frage nach der Art und Zeit der Abfassung und Herausgabe der Commentarii (Denkschriften, Memoiren) ist in sehr
verschiedenem Sinne beantwortet worden. Es kann hier nicht
der Ort sein, in die Einzelnheiten der Discussion einzugehen;
durch Nipperdey's gründliche Untersuchung haben viele Zweifel
ihre Erledigung gefunden. Wir geben daher im Folgenden die
hauptsächlichsten Resultate derselben, soweit sie hierher gehören. In Beziehung auf die Abfassung der Memoiren hat man an-

genommen*), dass bei derselben 'Tagebücher' Caesars zu Grunde
gelegen haben, d. i. die von einigen Schriftstellern**) erwähnten ἐφημερίδες, von denen man in den Commentaren einzelne
Spuren in Widersprüchen in der Darstellung historischer Thatsachen mit dem wirklichen Thatbestande zu finden meinte. Vor
Allem schien es unmöglich, dass Caesar ohne augenblickliche
Aufzeichnung so vieler Einzelnheiten im Stande gewesen sei,
später die Commentare abzufassen. Nipperdey hat jedoch überzeugend nachgewiesen, dass jene Widersprüche nur scheinbar
(p. 8) und dass die genannten ἐφημερίδες eben nur die uns
vorliegenden Commentarii sind, die man später mit diesem auch
ins Lateinische übergegangenen Worte bezeichnete, das sich
selbst auch in den besten Handschriften des Caesar findet (p. 6.
34. 35.) Wenn allerdings der Gedanke nahe liegt, dass sich
Caesar zum Zwecke späterer Ausführung Notizen machte, so nöthigt dies doch nicht, an 'Tagebücher' in jenem Sinne zu denken.
Dass diese Privatnotizen nicht bedeutend gewesen sein können,
zeigt Sueton Caes. c. 56: *Pollio Asinius parum diligenter pa-
rumque integra veritate compositos* [commentarios] *putat, quum
Caesar pleraque et quae per alios erant gesta, temere crediderit,
et quae per se, vel consulto vel etiam memoria lapsus, per-
peram ediderit, existimatque rescripturum et correcturum fuisse.*
Inwieweit dieses Urtheil, das sich überhaupt mehr auf die Commentare vom Bürgerkriege zu beziehen scheint — Asinius Pollio
hatte selbst eine Geschichte des Bürgerkrieges begonnen — wahr
ist, ist schwer zu bestimmen, da die späteren Schriftsteller, die
denselben Gegenstand behandeln, ihrer Natur nach wenig dazu
geeignet sind, über Irrthümer oder absichtliche Verfälschungen
von Thatsachen bei Caesar ein Urtheil festzustellen. Im Ganzen
ist anzunehmen, dass Caesar in den amtlichen Papieren der
Quästoren und Präfecten, in den Rapporten der Unterfeldher-
ren an ihn, sowie in seinen Berichten an den Senat und seinen
Briefen an seine Freunde so viel Stoff für die Abfassung der
Commentare hatte, dass es der Annahme ausgeführter Tagebücher nicht bedarf. Sicherlich lagen dergleichen Aufzeichnungen
dem Fortsetzer der Commentarien nicht vor, der in der Vorrede
zum 8. Buche § 8 nur von mündlichen Mittheilungen Caesars
spricht.

Nipperdey nimmt an, dass die Commentare vom gall. Kriege

---

*) Schneider in der Vorrede zu seiner Ausgabe.
**) Plut. Caes. 22. Appian. 1. 90. ed. Schweigh. Symmachus Epist. 4. 19.

nicht vor 50 geschrieben seien, da im J. 52 und 51 der allgemeine
Aufstand ihm nicht Zeit gelassen habe, während die Musse des
letzten Jahres, das er in Gallien zubrachte, wohl dazu geeignet
gewesen sei. Dagegen behaupten wohl mit Recht Schneider in
Wachlers Philomathie 1. S. 180 ff. und in der Vorrede zu seiner
Ausgabe des B. Gall. S. 31, Mommsen 3. S. 594, Köchly Einleitung S. 51, dass die Schrift im Winter 52—51 verfasst und im
Frühjahr 51 vor dem Bruche mit Pompeius publicirt worden sei,
was besonders aus Caesars Aeusserung über die Ausnahmegesetze
des Pompeius 7. 6, 1 hervorgehe, über welche er sich nach Ausbruch der Feindseligkeiten nicht in so anerkennender Weise habe
aussprechen können. (Das Weitere über diese Frage s. in meiner
Einl. zur Tauchn. Ausg. p. XVII fg.). Die Annahme, dass Caesar die
Commentare schnell und in einem Zuge hintereinander geschrieben hat, ist ebenso in der Gewohnheit des Alterthums, wie in
dem ganzen Wesen des Caesar begründet, und Hirtius bezeugt
dies ausdrücklich Praef. § 6: *ceteri enim, quam bene atque emendate, nos etiam, quam facile et celeriter eos confecerit, scimus.*
Dass die Commentare als ein Ganzes, nicht nach einzelnen Jahren
einzelne Bücher verfasst und herausgegeben worden sind, ist aus
mehreren Gründen gewiss (s. zu 1. 28, 5. 4. 21, 7). Die Stimmung
in Rom und die sich häufenden Angriffe auf seine Verwaltung veranlassten ihn, noch vor Ablauf seines Imperium, nach Besiegung
des allgemeinen Aufstands unter Vercingetorix, die Geschichte
der 7 ersten Jahre — jedes Buch umfasst ein Jahr: S. 48, 10 —
herauszugeben. Die Geschichte der beiden letzten ohnehin minder bedeutungsvollen Jahre hinzuzufügen, fand er unter den politischen Verhältnissen, die immer mehr zum Bürgerkriege hin-
drängten, weder Veranlassung noch Zeit, und nach dem Bürgerkriege war die Abfassung der Commentare über diesen für ihn
wichtiger, weswegen jene von ihm selbst nicht zu Ende geführt
wurden. Die 3 Bücher über den Bürgerkrieg scheinen nicht vor
46 geschrieben und erst nach seinem Tode herausgegeben zu
sein (Nipperd. p. 5, Einl. zur Tauchn. Ausg. p. XVIII).

Die Zeitgenossen Caesars haben die Meinung ausgesprochen,
dass er durch seine Commentare nur Stoff für eine Geschichte,
nicht Geschichte selbst geben wollte. Cic. Brut. 75, 262: *Atque
etiam commentarios quosdam scripsit rerum suarum. Valde quidem inquam probandos. Nudi enim sunt, recti et venusti, omni
ornatu orationis tamquam veste detracta. Sed dum voluit,
alios habere parata, unde sumerent, qui vellent scribere historiam, ineptis gratiam fortasse fecit, qui volent illa*

*calamistris inurere; sanos quidem homines a scribendo deterruit:
nihil enim est in historia pura et illustri brevitate dulcius.* In
ähnlicher Weise sagt Hirtius Praef. § 5: *qui sunt editi, ne scientia
tantarum rerum scriptoribus deesset, adeoque probantur omnium
iudicio, ut praerepta, non praebita facultas scriptoribus videatur.*
Will man nach diesen Zeugnissen auch annehmen, dass Caesar
zunächst nur von diesem harmlosen Standpunkte aus an die
Bearbeitung seiner Kriegsgeschichte ging, so liegt doch bei der
Stellung, die er zu seinem Gegenstande einnahm, gewiss auch
der Gedanke nicht fern, dass er nicht blos das Material zu einer
künftigen Geschichte geben, sondern auch einer Auffassung vor-
arbeiten wollte, wie er sie selbst wünschen musste, ohne dass
man so weit zu gehen braucht, dass man die Absicht, Schutz-
schriften zu schreiben, in den Vordergrund stellt. Wenn dieser
Gedanke von den Commentaren über den Bürgerkrieg sich von
selbst aufdrängt, bei welchen die klaffende Parteistellung eine
unbefangene Auffassung kaum denken lässt, so lässt sich doch
auch bei der Darstellung des gallischen Kriegs annehmen, dass
die Rücksicht auf die öffentliche Meinung nicht das Letzte und
Geringste war, was ihn zur Bearbeitung antrieb. Dass es ihm
am Ende seiner Verwaltung, die von der Gegenpartei stets mit
missgünstigen Augen angesehen wurde, in einer Zeit, wo er sich
wieder um das Consulat bewerben und in Rom selbst eine neue
Thätigkeit beginnen wollte, wo Alles aufgeboten wurde, um ihm
entgegenzuarbeiten und selbst Anklagen in Aussicht standen,
nicht gleichgültig sein konnte, wie man seine Thaten auffasste,
ist begreiflich.*) Er hätte nicht Caesar sein müssen, wenn er bei

---

*) Die Stimmung, die zu Rom in gewissen Kreisen herrschte, verdient
bei der Beurtheilung der Commentare gewiss Berücksichtigung. Dass sehr
verschiedenartige Berichte aus Gallien nach Rom kamen und dass selbst
Caesars Berichte an den Senat, die wohl auf jene Verhältnisse berechnet
und darauf eingerichtet waren, Entstellungen vorzubeugen, verschiedene
Auffassung und nicht immer Glauben fanden, ist gewiss. Cicero schreibt an
Trebatius (Fam. 7. 18): *Tu me velim de ratione Gallici belli certiorem facias; ego enim ignavissimo cuique maximam fidem tribuo.* Die
Gegenpartei war über Siegesnachrichten eben so wenig erfreut, als sie
Unfälle auszubeuten wusste und falsche Nachrichten zu verbreiten suchte.
Ein schlagender Beweis liegt in einem Briefe des Coelius an Cicero vor ad
Fam. 8. 1: *Quod ad Caesarem: crebri et non belli de eo rumores: sed su-
surratores duntaxat veniunt: alius equitem perdidisse, quod opinor certe
factum est, alius septimam legionem vapulasse; ipsum apud Bellovacos
circumsederi, interclusum ab exercitu* (geht auf 8. 6 — 23), *neque adhuc
certi quidquam est, neque haec incerta tamen vulgo iactantur,
sed inter paucos, quos tu nosti, palam secreto narrantur.*

Abfassung der Geschichte seiner Kriege nicht den Gedanken gehabt hätte, durch eine zusammenhängende Darstellung in der
Weise, wie er sie geben konnte, mit der verführerischen Leichtigkeit und Einfachheit, der nackten und unbefangenen Darlegung
der Thatsachen ohne hervortretende Absichtlichkeit und Berechnung, auf die Menge zu wirken und allen Angriffen entgegenzuarbeiten. Niemand konnte besser, als er, die Wahrheit sagen,
und dass er den Willen hatte, sie zu sagen, können wir nicht
zweifeln, ohne dass wir deswegen anzunehmen brauchen, dass er
ehrlich genug war, sie auch dann, wenn sein Interesse ins Spiel
kam, zu sagen, und seine eigenen Fehler und Schwächen bloss-
zulegen. (In den Anmerkungen sind an geeignet scheinenden
Stellen immer Andeutungen gegeben worden). Dass er in der
Auseinandersetzung seiner Pläne und Erfolge, in der Schilderung
dessen, was eine andere Auffassung weder vertrug noch forderte,
vollen Glauben verdient, ist gewiss; ob er aber in der Darstellung
der Gerechtigkeit und Nothwendigkeit aller seiner Unternehmungen, die mit sichtbarem Streben immer als unumgänglich dargestellt werden, in den Berichten über sein Verfahren gegen die
Besiegten u. dergl. immer die reine Wahrheit sagte, muss dahin
gestellt bleiben. Jedenfalls war die Kunst, zu verschweigen, nicht
die letzte, die er verstand.*) Ausserdem ist zu bedenken, dass
Caesar bei dem so ausgedehnten Schauplatze seiner Kriege sich
auf Berichte Anderer verlassen musste, sowie, dass er seine
Commentare schnell schrieb und wohl nicht Alles genau prüfen
konnte, wie er denn überhaupt keine pragmatische Geschichte
seiner Kriege, sondern nur Memoiren der Schicksale der von ihm
geleiteten Heere und Partei schreiben wollte, so dass auch der
anspruchslose Name seiner Schriften bei der Beurtheilung ihm
zu Gute kommen muss. Jedenfalls darf man aus einzelnen Fällen nicht den Schluss auf ein allgemeines Streben, die Wahrheit
zu entstellen, machen und seine Geschichtsbücher zu blossen
Parteischriften herabziehen, vielmehr muss man annehmen, dass
ein solches Verfahren seinem Charakter widersprach und dass ihn
sein Selbstbewusstsein über das kleinliche Bestreben, Alles zu
bemänteln, hinwegheben musste. Ein Streben, sich und seine

Wenn es wahrscheinlich ist, dass Ariovists Drohung 1. 44, 12 nicht leere
Prahlerei ist, so erkennt man leicht, welcher Auffassung bei so feindseli-
ger Gesinnung seine Unternehmungen unterlegen haben mögen.

*) Von seiner Habsucht weiss Sueton viel zu erzählen: *In Gallia fana
templaque deum donis referta expilavit, urbes diruit, saepius ob praedam,
quam ob delictum; unde factum, ut auro abundaret* u. s. w. c. 54.

Sache auf Unkosten der Gegner zu erheben, zeigt sich nirgends, sowie überhaupt seine Person hinter seiner Stellung zurücktritt. Seine Schriften sind der entschiedene Ausdruck durchaus römischen Wesens in der guten und schlimmen Bedeutung des Wortes, und in diesem Sinne hat man seine Commentare von jeher als ein Denkmal römischer Grösse betrachtet.*)

So sehr das Urtheil über das Materielle der Commentare immer geschwankt hat, so wenig sind die Meinungen über die stilistische Vortrefflichkeit derselben getheilt.**) Das Urtheil Ciceros ist oben p. 36 angeführt. War es gewiss nicht seine Absicht, ein historisches Kunstwerk zu liefern, und ist es unverkennbar, dass er Alles leicht und schnell hingeworfen hat, so haben doch seine Schriften als das unmittelbare Ergebniss seiner geistigen Eigenthümlichkeit und seiner Stellung Vorzüge, wie sie kein anderer römischer Historiker erreicht hat. Sein geistiges

---

*) Mehrere Schriften über die Glaubwürdigkeit des Caesar hat Bähr, Gesch. der Röm. Literatur § 180. Anm. 10 aufgeführt. Vergl. Dähne in seiner Ausg. p. 345. Das oben p. 35 angeführte Urtheil des Asinius Pollio ist das Thema, das vielfach besprochen worden ist. Am allerwenigsten können hierher die Nachweisungen gehören, dass einzelne Nachrichten Caesars über die Germanen und Gallier, sowie manche geographische Bemerkungen nicht streng richtig sind. Es war sicher nicht seine Schuld, wenn er nicht bessere Nachrichten erhalten hat und wenn seine Kenntniss z. B. von den Germanen oder von Britannien bei dem nur sehr flüchtigen Aufenthalte in den betreffenden Ländern nur sehr unsicher war. Dass er keinen Grund hatte, gerade hier seine Erkundigungen zu verfälschen, ist ohnehin klar. Dennoch ist man noch weiter gegangen, und hat bis auf die neueste Zeit herab auf Grund solcher Ausstellungen und vom militärischen Standpunkte aus an der Aechtheit der Commentare überhaupt gezweifelt. (Eine neuere Schrift eines Engländers führt Wex zu Tac. Agric. c. 10 an.) Wie viel Verfehltes, besonders in der letzteren Hinsicht, Unkenntniss, falsche Auffassung und ungeschickte Vergleichung des modernen Kriegswesens hervorrufen musste, liegt auf der Hand, und es zeigen dies unter andern die Ausführungen von Rösch: Commentar über die Commentarien des Caesar u. s. w. Halle 1763. Es gehören diese sich wiederholenden Zweifel an der Aechtheit zu den eigenthümlichen Schicksalen der Schriften Caesars, die früher selbst eine Umtaufe sich gefallen lassen mussten, indem sie erst dem Suetonius und im Mittelalter einem unbekannten Julius Celsus zugeschrieben worden, über welches Missverständniss Nipperdey p. 36 u. fgg. zu vergleichen ist.

**) Zu den Ausnahmen und Seltenheiten gehören capriciöse Urtheile, wie das von Lipsius Epistol. quaest. II. ep. 2, Elect. II. 7, Poliorcet. I. dial. 9. p. 53: *multa in Caesare isto legi, Caesare veteri parum digna. Pluscula notavi: sed universe, quam frigida aut hians et supina saepe tota scriptio est? quam conatur potius aliquid dicere, quam dicit? Itaque obscuritas et intricatio: denique nomen Caesaris nisi esset, in tanto pretio fortasse liber non esset.*

Uebergewicht, mit dem er immer über den Ereignissen stand,
der Scharfblick und die Klarheit, mit der er alle Verhältnisse
durchdrang und übersah, die Ruhe der Betrachtung, die ihn immer das Rechte finden liess und nichts übereilte, die feine wissenschaftliche Bildung und elegante Gelehrsamkeit, die er durch
seine vielseitigen Studien sich erworben hatte, kurz sein eigenstes
Wesen spricht sich in seinen Schriften aus. Sein Stil zeichnet
sich aus durch Schärfe und Klarheit der Gedanken, natürliche
Einfachheit und Leichtigkeit der Darstellung, die allen rhetorischen Schmuck verschmäht, ohne deswegen mager zu werden
und in leblose Nüchternheit zu verfallen, durch Gedrungenheit,
Frische, Lebendigkeit, die durch keine anderen Mittel, als durch
geschickte Zusammenstellung der wesentlichen Momente wirksam
wird, durch Fülle, Kraft und Unmittelbarkeit des Ausdrucks, der
immer den Gedanken erschöpft, weil er mit ihm zugleich entsteht, durch festen und gleichmässigen Gang und natürlichen
Fluss der Rede. Seine Sprache hat nichts Künstliches, Ueberla-
denes, Gesuchtes und Gemachtes (Cicero: *nudi enim sunt, recti
et venusti*), sie ist rein*) und gewählt ohne pedantische Aengst-
lichkeit, vor Allem auf Deutlichkeit und Verständlichkeit gerichtet, der oft selbst die Rücksicht auf Eleganz zum Opfer gebracht
wird; daher die so oft vorkommende Wiederholung derselben
Worte und Ausdrücke in unmittelbarer Nähe (die indess wohl
auch in der Eile der Abfassung ihren Grund hat), sowie zuweilen
besonders in Beschreibungen eine gewisse Ausführlichkeit, die
mit seiner sonstigen Kürze eigenthümlich contrastirt. Nur ein
gänzliches Verkennen der wahren Kunst des historischen Vor-
trags und eine Verwöhnung durch die Manier anderer Historiker
konnte jene nüchterne und anspruchslose Redeweise Caesars
auffallend und in derselben selbst einen Grund zu Zweifeln an
der Aechtheit finden lassen. Es ist, als hätte man nicht begreifen
können, wie ein Mann von Caesars Stellung und Bedeutung so
einfach und natürlich habe schreiben können. Die Kälte, die man
so oft in seiner Darstellung gefunden und als einen Charakter-
fehler getadelt hat, liegt zumeist in jener knappen Form des Stils,
in der rein objectiven Behandlung des Gegenstandes, bei der eben
nur Thatsachen sprechen, ohne Raisonnements, ohne Verbrä-

____

*) Es ist dies von einem Schriftsteller zu erwarten, dessen Grund-
satz Gellius N. A. 1. 10 wiedergiebt: *atque id, quod a C. Caesare in primo
de Analogia libro scriptum est, habe semper in memoria atque in pectore,
ut tamquam scopulum sic fugias inauditum et insolens
verbum.*

mung (*pura et illustris brevitas* bei Cic.) und Ausführung dessen, was der Leser selbst zwischen den Zeilen lesen kann. Bei einem Schriftsteller, der bei dem Berichte von dem Tode des Pompeius kein Wort weiter hat, als: *ibi ab Achilla et Septimio interficitur* (B. Civ. 3. 104, 3), kann man sich wenigstens nicht wundern, wenn er bei den Katastrophen im gallischen Kriege nicht über die Schilderung des Thatbestandes hinausgeht; auch seine eigenen Erfolge werden meist ohne subjective Bemerkungen oder Hervorhebung ihrer Bedeutung berichtet. Es ist der Stil eines Militärs (στρατιωτικοῦ λόγος ἀνδρός, Plut. Caes. c. 3, wie er selbst seine Sprache im Anticato bezeichnete) und eines Staatsmannes, der die bedeutendsten Ereignisse mit derselben geistigen Ruhe beschreibt, mit der er sie zu betrachten gewohnt ist. Das Urtheil, das Quinctilian zunächst über seine Beredtsamkeit fällt, 10. 1, 114: *ut illum eodem animo dixisse, quo bellavit, appareat*, lässt sich in mehrfacher Beziehung auch auf seine Commentare anwenden.

Die Vollendung des Bellum Gallicum verdanken wir nach der jetzt allgemein angenommenen Ansicht dem Aulus Hirtius, den auch Suet. c. 56 als Verfasser nennt.*) Er war ein persönlicher Freund des Caesar, und begleitete ihn auf seinen Feldzügen in Gallien (Cic. ad Attic. 7. 4). Im Bürgerkriege machte er wahrscheinlich den Krieg in Griechenland mit; nach der Schlacht bei Pharsalus war er in Achaia; auch an dem Kriege gegen Pharnaces scheint er Theil genommen zu haben. Im Jahre 46 war er Prätor, weswegen er den africanischen Krieg nicht mitmachte (Praef. § 8). Im J. 45 verwaltete er die Provinz Gallien. Als Caesar ermordet wurde (44), war er Consul designatus. Er ordnete seine Ansichten der Rücksicht auf das allgemeine Wohl unter, und wohl vorzüglich, weil Antonius, dessen Pläne er durchschaute, nicht der Mann war, dem er folgen wollte, schloss er sich den Resten der pompeianischen Partei an, fiel aber im Kampfe gegen Antonius im April 43 bei Mutina. Nach seiner Vorrede zum 8. Buche § 2 könnte es scheinen, dass er die ganze Geschichte des Bürgerkrieges bis zu Caesars Tod fortgesetzt habe. Doch hat Nipperdey (p. 32) wahrscheinlich gemacht, dass der Brief an Balbus,

*) In neuerer Zeit hat Forchhammer (Quaestiones criticae de vera commentarios de bello civili — emendandi ratione p. 54 fg.) die Autorschaft des Hirt. in Zweifel gezogen, weil er in der kurzen Zeit von Caesars Ermordung bis zu seinem Tode theils durch Krankheit, theils durch das Consulat nicht Musse gehabt habe, solche Werke zu schreiben. S. Einl. zur Tauchn. Ausg. p. XXXIII fg.

der die Beschreibung des ganzen Bürgerkrieges erwarten lässt,
gleich zu Anfang geschrieben, dass er aber durch den Tod an der
Vollendung des beabsichtigten Werkes gehindert worden sei. Daher wird angenommen, dass nur das 8. Buch des Bellum Gallicum
und das Bellum Alexandrinum von ihm verfasst, das Bellum
Africae aber und das Bellum Hispaniense vielleicht auf Antrieb
des Hirtius von untergeordneten Militärs niedergeschrieben sei,
deren Arbeiten er als Quellen benutzen wollte. Jene beiden
Bücher des Hirtius sind im Stil ziemlich übereinstimmend, nur
dass das letztere lebendiger, leichter und mit grösserer Abwechselung geschrieben ist, da die fortgesetzte Uebung und die wach-
sende Theilnahme an der Sache nicht ohne Einfluss auf den Stil
des vorher weniger geübten Schriftstellers bleiben konnte. Die
Eigenthümlichkeiten seines Stils hat Nipperdey p. 13 fg. gründ-
lich charakterisirt. Entbehrt derselbe auch mancher Vorzüge der
Caesarianischen Schreibart und zeigt sich auch fast durchgängig
eine gewisse Monotonie in der Satzbildung und Wortstellung, so
hat doch die Sprache im Allgemeinen nichts Abweichendes von
der gebildeten Redeweise der damaligen Zeit und des Caesar insbesondere (*res et commodo ordine habent dispositas et sermone
narratas urbano et polito, qui praestantissimorum optimae aetatis
scriptorum proprius est* Nipperd. p. 12), wenn man nur nicht
geflissentlich in Allem, selbst dem Richtigsten und Untadelhafte-
sten Mängel und Ungeschicktheiten finden will, wie dies besonders
Herzog thut. Man sieht daher auch keinen Grund, warum mehrere neuere Herausgeber dem 8. Buche entweder gar keine oder
nur geringe Berücksichtigung geschenkt haben. Wir wollen vielmehr den Versuch eines so anspruchslosen Schriftstellers, wie er
sich in der Vorrede zeigt, dankbar hinnehmen, ohne ihn durch
unnöthige Kleinmeisterei herabzuziehen. Es ist nicht zu befürchten, dass unsere Schüler am Hirtius sich ihr Latein verderben
werden. Die Vergleichung mit der Roheit der Darstellung, wie
sie sich besonders im Bellum Hispaniense findet, macht es uns
um so erfreulicher, dass die Fortsetzung der Schriften Caesars
gerade in solche Hand gefallen ist.

UEBERSICHT DES KRIEGSWESENS BEI CAESAR.*)

Von den drei Perioden **), die zuerst L a n g e in der unten
angeführten Schrift in der Geschichte des römischen Kriegswesens angenommen hat, nämlich 1. der Zeit des Bürgerheeres, und
zwar a) bis zu Servius Tullius, b) von Serv. Tull. bis Camillus,
c) von Camillus bis Marius, 2. der Zeit des Söldnerheeres, von
Marius bis Augustus (Verfall der Republik), 3. der Zeit des stehenden Heeres, Monarchie, kann selbstverständlich hier nur die
zweite und insbesondere nur das in Betracht kommen, was zur
Erklärung des Caesar dienen kann. Indess schien es zum richtigen Verständniss der Veränderungen, die das Kriegswesen in
dieser Zeit erfahren hat, unerlässlich, einen kurzen Ueberblick
der Einrichtungen der früheren Zeit vorauszuschicken und auch
sonst geeigneten Orts auf dieselben Rücksicht zu nehmen.

*) Benutzt worden sind vorzugsweise L a n g e: *Historia mutationum
rei militaris Romanorum inde ab interitu reipublicae usque ad Constanti-
num magnum.* Göttingen 1846. M a r q u a r d t, Handbuch der Römischen
Alterthümer 3. 2. M ü l l e r: *De re militari Romanorum quaedam e Caesaris commentariis excerpta.* Kiel 1844. R ü s t o w: Heerwesen und Kriegführung C. Julius Caesar's. Gotha 1855. v. G ö l e r: die Kämpfe bei Dyrrhachium und Pharsalus. Karlsruhe 1854 und: Caesar's gallischer Krieg,
Stuttgart 1858.

**) K ö c h l y und R ü s t o w: Griechische Kriegsschriftsteller II. 1. p. 36
bezeichnen die Hauptentwickelungsphasen, welche die römische Legion von
Romulus bis auf Marius und Caesar durchlaufen hat, in folgender Weise:
1. die ritterliche Geschlechtslegion des Romulus; 2. die phalangitische
Classenlegion des Servius; 3. die phalangitische Milizlegion des Camillus;
4. die erste Manipularlegion — von Livius beschrieben —; 5. die zweite
Manipularlegion — von Polybius beschrieben —; 6. die vollendete Cohor-
tenlegion des Marius.

§ 1. Das Heer des Romulus soll aus 300 *celeres*, Rittern — unter Anführung des *tribunus celerum* — und 3000 M. Fussvolk bestanden haben, so dass eine jede der 3 Tribus (Ramnes, Titienses, Luceres) eine gleiche Anzahl stellte, unter 3 aus den 3 Stämmen genommenen *tribuni militum*. Den Kern des ältesten Heeres bildete die patricische Reiterei, von Tullus Hostilius und Tarquinius Priscus zugleich mit dem Fussvolk vermehrt. Unter Servius Tullius wurde das Fussvolk Kern der Streitmacht.

Zum Kriegsdienst berechtigt und verpflichtet waren die Bürger der 5 Censusclassen (*assidui*, *locupletes*), die auf eigene Kosten dienten. (Die *proletarii* d. h. die unter 11000 As Censirten, waren frei und erhielten, wenn sie zugezogen wurden, die Rüstung vom Staate). Sie zerfielen in *iuniores*, vom 17. — 45. Jahre, und *seniores*, vom 46.—60. J., zur Besatzung der Stadt verwendet. Die Schlachtordnung ist die Phalanx, eine einzige ununterbrochene Reihe. Das 1. u. 2. Glied bildete die 1. Vermögensclasse — Rüstung: Helm, Panzer, runder eherner Schild (*clipeus*), Beinschienen, *ocreae* —; das 3. und 4. Glied die 2. Classe, ohne Panzer und mit *scutum*, langem viereckigen Schild; das 5. und 6. Gl. bildete die 3. Cl., ohne *ocreae*, sonst gleich bewaffnet; das 7. und 8. Gl. die 4. Cl., nur das *scutum* als Defensivwaffe führend. Alle 4 Classen waren mit dem Spiess: *hasta*, und Schwert bewaffnet. Die 5. Classe bildete das Corps der *rorarii*, leichte Truppen, nur mit dem Wurfspiess bewaffnet. Beigeordnet waren ihnen die *accensi velati* mit Schleudern. Marquardt a. a. O. p. 238—242.

§ 2. Die roem. Legion waehrend der Republik.

1. Eine wichtige, dem Camillus zugeschriebene Aenderung war die Aufhebung der Phalanx und Einführung der Manipularstellung, die bis zu Marius Zeit blieb. Normalzahl der Legion 4200 M. Fussvolk und 300 Reiter, doch finden sich auch nach Bedürfniss höhere Zahlen, bis über 6000 M.

2. An die Stelle der Classenunterschiede trat die Eintheilung in 4 Waffengattungen nach dem Dienstalter und der Kriegsübung der Soldaten. Während der punischen Kriege bilden die Legion:

1200 *hastati: flos iuvenum pubescentium*
1200 *principes: robustior aetas* } Liv. 8. 8.
 600 *triarii: veteranus miles spectatae virtutis*
1200 *velites:* Leichtbewaffnete aus den untersten Censusclassen
<u>4200</u>   (νεώτατοι καὶ πενιχρότατοι Polyb. 6. 21).

3. Die *manipuli* (über den Namen s. § 27) wurden, nachdem sie ursprünglich aus 100 M. bestanden hatten, der leichteren Bewegung wegen in 2 Züge, *centuriae*, getheilt und standen unter 2 Centurionen, von denen der des rechten Flügels (*centurio prior*) den ganzen Manipulus commandirte, und dem der des linken Flügels (*centurio posterior*) untergeben war. Das schwere Fussvolk der Legionen, d. h. die 3 ersten Waffengattungen, zerfiel in 30 Manipuli zu 120 M. und 60 Centurien zu 60 M., wobei zu bemerken, dass die Manipel der Triarier, da nur 600 in der Legion waren, nur 60 M., die Centurie also 30 M. enthielt.

Die Velites waren als leichte Truppen den Manipeln zugetheilt, 20 zu jeder Centurie. Wir erhalten daher folgende Eintheilung der Legion:

hastati	10 Manipuli zu 120 M.	= 20 Centurien zu 60 M.				= 1200
principes	10 -	- 120 -	= 20	-	- 60 -	= 1200
triarii	10 -	- 60 -	= 20	-	- 30 -	= 600
	30		60			3000

Zu jeder Centurie 20 Velites 1200

4200

§ 3. Die Legion stand in dieser Zeit in der Schlacht gewöhnlich in 3 Treffen, in Quincuncialstellung (schachförmig).

hastati — — — — — — — — —
principes — — — — — — — — —
triarii — — — — — — — — —

Die Velites bildeten die letzten Glieder der einzelnen Manipeln. Die Intervalle waren der Fronte der Manipeln gleich. Das erste Treffen zog sich nämlich, wenn es weichen musste, durch die Intervalle der *principes* zurück, während die *principes* durch die Intervalle der *hastati* vorrückten; wenn auch diese sich zurückziehen mussten, rückten die *triarii*, (*res ad triarios redit*), die vorher knieend sich mit ihren Schilden deckten, mit den in ihre Intervalle aufgenommenen *hastati* und *principes* in geschlossenen Gliedern auf den Feind los, der es also, nachdem er schon gesiegt zu haben glaubte, mit einer plötzlich sich erhebenden zahlreicheren Schlachtreihe zu thun hatte.

§ 4. Bewaffnung [*]).

a. Schutzwaffen. Alle 3 Truppengattungen hatten die voll-

---

[*]) Diese wird gleich hier mitgenommen, da es sich um die Eintheilung nach den Waffengattungen handelt. Die Beschreibung der Waffen selbst gilt zugleich für Caesars Zeit.

ständige Rüstung (πανοπλία) d. h. einen ehernen Helm, *cassis*
(*galea* ist ein Helm von Leder), mit hohem Federbusch von rothen
oder schwarzen Federn, *crista*, ein *scutum*, 2½ F. breit, 4 F.
und darüber lang, aus Brettern mit Rindshaut überzogen, oben
und unten mit einem Metallrande eingefasst, in der Mitte mit
einer gewölbten Erhöhung von Eisenblech mit einem Buckel
(*umbo*), um die Geschosse abprallen zu lassen; ferner Beinschienen, *ocreae*, bis zum Knie, später nur am rechten Fusse, der beim
Kampfe vorgesetzt wurde; endlich den Panzer, *lorica*, so genannt von den ledernen, über einander befestigten Riemen, aus
denen der gewöhnliche röm. Panzer bestand. Unter diesem war
eine ¾ F. hohe und breite Platte von Eisen zum Schutz der
Brust. Die Vornehmen aus der ersten Classe (hier zeigte sich
noch eine Spur der alten Classenunterschiede) trugen einen aus
Ringen zusammengesetzten Kettenpanzer, *lorica serta, hamata*,
oder einen Schuppenpanzer, *squamata*, wenn die Ringe noch mit
Schuppen bedeckt waren.

    h. Angriffswaffen. 1. Das kurze, etwa 2 F. lange, ge-
rade und zweischneidige spanische Schwert, *gladius hispanus*,
μάχαιρα, mehr zum Stoss, als Hieb verwendet. Es hing an
einem ledernen Bandelier, *balteus*, über der Schulter oder an
einem Gürtel, *cingulum*, an der rechten Seite, damit der Schild,
der am linken Arm getragen wurde, nicht hinderlich beim Her-
ausziehen war. Feldherrn und Offiziere, die keine Schilde führten, trugen es auf der linken Seite.

    2. Das *pilum*, Wurfspiess, Waffe der *hastati* und *principes*,
während die *triarii* den Speer, *hasta*, hatten (früher umgekehrt,
wie schon der alte Name der Triarier: *pilani* — die *hastati* und
principes=*antepilani* — und der Name *hastati* zeigt). Das *pilum*
hatte nach sicheren Zeugnissen (Polyb. 6. 23, 9—11 u. a.) einen
runden oder viereckigen, etwa 4 Finger (3 Zoll) dicken und 4
Fuss langen Schaft und ein eben so langes, an der Spitze ge-
stähltes, aber sonst weiches Eisen, von dem aber die Hälfte über
den Schaft gezogen und an demselben mit Nägeln befestigt war.
'Die ganze Länge der Waffe beträgt 6½ Fuss und ihre ungefähre
Schwere kann man nicht füglich auf weniger als 11 Pfund annehmen' Rüstow a. a. O. p. 13. Es wurde zum Kampf in der
Nähe (als Stosswaffe) und zum Wurfe gebraucht (B. G. 1. 25. 2.
3. 5. 44. 6. 8). Das Eisen bog sich leicht, wenn es in den Schild
oder Panzer eingedrungen war, und hinderte so, da es nicht
leicht herausgezogen werden konnte, die Bewegung und konnte
nicht zum Wiederwurf gebraucht werden. B. G. 1. 25.

Eine besondere, wohl vorzugsweise schwere Gattung zur Vertheidigung des Lagerwalls sind die *pila muralia*. B. G. 5. 40. 7. 82.
Curt. 8. 36.

Von Marius an waren alle Legionarii gleichmässig mit dem
pilum bewaffnet. Polybius sagt, dass ausserdem jeder noch einen
leichteren Wurfspiess hatte.

Die Velites trugen einen kleinen runden Schild, ein Schwert
und mehrere leichte Wurfspiesse, *hastae velitares*, *missilia*, als
Kopfbedeckung Kappen von Fellen oder Leder.

§ 5. Die 300 *equites* der Legion zerfielen in 10 *turmae* zu
30 M., jede unter 3 Decurionen und 3 ihnen als *administri* beigegebenen *optiones*. Bewaffnung: eherner Panzer, lederne Beinschienen, Helm, *scutum*, die Lanze oben und unten mit spitzem
Eisen versehen, langes Schwert.

Ueber die *equites* bei Caesar § 10.

§ 6. Die Bundesgenossen, *socii*, d. h. die föderirten italischen Städte und die latinischen Colonien, stellten Truppen, die
im Ganzen an Stärke den Bürgerheeren entsprachen und nur um
ein Fünftel, das Elitencorps, *extraordinarii*, stärker waren; an
Reiterei stellten sie das Dreifache. In der Schlacht nehmen sie
die Stellung auf den Flügeln der combinirten 2 consularischen
Legionen ein, *ala dextra* und *sinistra*, *cohortes alares*, *alarii*,
die *ala* zu 4200 M. Jede *ala* hatte 6 wechselnde Anführer *(praefecti socium)*, die von den Consuln gewöhnlich aus Römern gewählt wurden, im Range den Tribunen gleich. Die 10080 M.
Fusstruppen, die zu 2 Legionen gehörten, zerfielen in 20 *cohortes alares* zu 420 M. und 4 *cohortes extraordinariae* zu 420 M.
Die Reiterei der *socii* zerfiel in 4 Schwadronen (*alae* in engerem
Sinne) *equites alares* und 2 *alae extraordinariae*.

§ 7. *Auxilia*. Als die Kriege ausserhalb Italien geführt wurden, kam zu den beiden genannten Hauptbestandtheilen (Legionen und *socii*) noch ein dritter, die *auxilia*, d. i. nicht-römische
in den Provinzen und den Ländern, in denen der Krieg geführt
wurde, ausgehobene oder von verbündeten Königen und Völkern
als Bundesgenossen gestellte Truppentheile.

§ 8. Ausser den regelmässigen Bestandtheilen der Legion gab
es noch eine *delecta manus imperatoris*, seit dem jüngeren
Scipio *cohors praetoria* genannt, Leib- und Gardetruppen
des Feldherrn; zunächst gehörten dazu eine grosse Zahl junger
Leute aus vornehmen Familien, die sich dem Feldherrn freiwillig
anschlossen (*contubernales*, *comites praetorii*), um in
seiner Umgebung ihre Waffenschule zu machen (B. G. 1. 40. 42);

ferner aber bestanden diese Leibtruppen aus Legionaren, bes. Veteranen, die dem Feldherrn zu Liebe freiwillig dienten (*evocati* § 21), und aus Abtheilungen der *socii*; vergl. B. C. 1. 75, wo Petreius eine *praetoria cohors cetratorum* (aus Spanien) hat.

§ 9. VERAENDERUNGEN SEIT MARIUS, DIE HEERESEINRICHTUNG BEI CAESAR. Unter Marius verschwand der Einfluss des Census auf die Aushebung vollends gänzlich, da sich die besitzenden Stände dem gemeinen Kriegsdienste entzogen, die Legionen also, wenn auch aus Bürgern, doch grösstentheils nur aus den *capite censi* ausgehoben wurden, die den Kriegsdienst als Erwerbsquelle betrachteten, was für die Bürgerkriege von grosser Bedeutung ist: die Bürgerheere wurden zu Söldnerheeren. Am Ende der Republik bildeten auch die *libertini*, die früher nur auf der Flotte dienten, eigene Cohorten des Landheeres. So kam es, dass in den Bürgerkriegen selbst aus Sklaven Corps gebildet wurden; so unter Marius (Plut. Mar. 44), Pompeius (B. C. 1. 24. 3. 4). Gladiatoren, von deren Aufnahme Lentulus durch seine Freunde gewarnt absteht, *quod ea res omnium iudicio reprehendebatur* (B. C. 1. 14), hatte D. Brutus bei Mutina im Heere.

Auch aus Provincialen wurden in den Bürgerkriegen Legionen, die sonst nur römische Bürger bilden konnten, formirt. So von Pompeius (B. C. 3. 4) und von Caesar, die *legio quinta Alauda*, also mitzählend unter den Legionen, nachdem sie das Bürgerrecht erhalten hatten. [Nach Nipperdey p. 120 ist die B. G. 8. 4, 3 erwähnte 6. Legion identisch mit der von Suet. c. 24 genannten *leg. Alauda, ex transalpinis conscripta* und *leg. quinta Alauda* eine von Q. Cassius Longinus im jenseitigen Spanien ausgehobene, B. Alex. 50. 53.] Sie heissen *legiones vernaculae* B. C. 2. 20. Alex. 53. 54. 57.

§ 10. DIE REITEREI. Die Reiterei wurde längst nicht mehr aus römischen Rittern gebildet, die nur noch in der Cohors praetoria (§ 8) des Feldherrn oder als Tribunen und Präfecten dienten oder mit besonderen Commando's beauftragt wurden, wie B. G. 6. 40. 7. 60. Zunächst wurden zum Cavalleriedienst die italischen Bundesgenossen verwendet, was wohl auch noch fortdauerte, als sie das römische Bürgerrecht erlangt hatten; auch in den Bürgerkriegen finden sich Italiker unter der Reiterei (App. 2. 70). In Caesars Heer jedoch besteht die Hauptmasse der Reiterei aus Auxiliartruppen*) und zwar theils aus den gallischen

---

*) E. v. Wietersheim, welcher in dem an gründlichen Forschungen reichen Werke: Geschichte der Völkerwanderung I. p. 99 das gänzliche Aufgeben der bisherigen Verwendung der vormaligen italischen Bundes-

Aufgeboten (B. G. 1. 15. 42. 5. 5. u. ö.), theils aus geworbenen Spaniern 5. 26. B. C. 1. 38, und Germanen 7. 13. 65. 8. 13, entweder in heimischer Weise bewaffnet, oder, weil von Römern conscribirt, in römischer Weise disciplinirt. Tac. Ann. 3. 42: *alam equitum, quae conscripta e Treviris militia disciplinaque nostra utebatur.* Diese wurden wohl auch nach der älteren Weise den Legionen zugetheilt (daher B. Afr. 51 *legionarii equites*, Tac. Ann. 4. 73 *turmae sociales equitesque legionum*, Hist. 1. 57 *equites legionum auxiliorumque*), während die Uebrigen einen besonderen, von den Legionen getrennten Theil des Heeres ausmachten. Caes. hatte zuweilen 4000 — 5000, Pomp. (B. C. 3. 84) 7000 R. Der Reiterei stand ein römischer Anführer vor, B. G. 1. 52. 8. 48. B. C. 3. 60. Sie zerfiel in *alae* (B. Afr. 39. 78), die von *praefectis equitum* (*alarum* Cic. Off. 2. 13) commandirt wurden, gewöhnlich Römern, doch auch von Männern des Volks, aus dem sie waren, B. G. 8. 12. B. C. 3. 59. Die *alae* zerfielen in *turmae*, über deren Grösse nirgends etwas gesagt ist, und *decuriae* unter Anführung von *decuriones*, B. G. 1. 23. 6. 8. 7. 42. 8. 18.

> Den Gebrauch der Germanen (B. G. 1. 48), Fussvolk unter die Reiterei zu mischen, nahm auch C. an, B. G. 7. 65. 8. 13; ein ähnliches Manöver s. B. C. 3. 75. 84. Schon früher hatte man, um die unzureichenden Reiter zu verstärken, *velites* in den Rotten der Triarier aufgestellt. Liv. 26. 4.

§ 11. Die ITALISCHEN Socii treten, nachdem durch die lex Iulia und Plautia 89 v. Chr. allen Italikern das Bürgerrecht verliehen war, in die Legionen ein, und bilden nicht mehr eigene Bestandtheile des Heeres. Daher besteht nun das ganze Heer nur a. aus römischen Bürgern in den Legionen, b. aus Auxiliartruppen, § 7.

Die Fusstruppen der Auxilia behielten ihre nationale Kriegführung und Bewaffnung, oder wurden römisch disciplinirt. Nach

---

genossen zum Reiterdienste nicht für wahrscheinlich hält, bemerkt, dass der Mangel an römischer Bürgercavallerie in Caesar's gallischem Heere sich aus dessen politischer Stellung erklärt, nach welcher er römische Bürger ausserhalb seiner Provinz nicht auszuheben berechtigt war, also für sein fast durchaus erst selbstgeschaffenes Heer keine zum Cavalleriedienst geeigneten Recruten aus Süd- und Mittelitalien beziehen konnte. 'Nicht zu bezweifeln indess ist, dass der schon seit Caesar vorwirgende Gebrauch der Auxiliarcavallerie allmälig ein, zwar nicht unbedingt, doch immer mehr ausschliessender geworden ist, was sich durch die grössere Volkszahl und gewiss auch Tüchtigkeit der westlichen und nördlichen Provinzialen zum Reiterdienst hinlänglich erklärt.'

Abschaffung der *velites* (§ 12) waren keine Leichtbewaffneten im römischen Heere: alle *milites levis armaturae* im Heere Caesar's sind Auxiliartruppen. Von besonderer Wichtigkeit sind die *funditores*, die Steine, *lapides missiles*, oder Bleikugeln mit einer Spitze, *glandes*, warfen, und die *sagittarii* (B. G. 2. 10. 19. 8. 19. 40. B. C. 1. 83. 3. 45. 93), grösstentheils Balearen und Cretenser (B. G. 2. 7). Pomp. hatte *sagittarii* aus Creta, Lacedämon, Pontus und Syrien 3000 M. und 2 Cohorten *funditores* zu 600 M. B. C. 3. 4.

Der röm. Disciplin näher standen die in den Provinzen ausgehobenen Hülfstruppen, wie denn auch diese in Cohorten eingetheilt werden, nicht aber die übrigen *auxilia*. So die *cohortes cetratae* u. *scutatae* B. C. 1. 39; die *cohortes alariae* B. C. 1. 73. 83; 22 Cohorten *ex ipsa provincia* B. G. 7. 65; die *cohors Illurgavonensis* B. C. 1. 60. Von den *funditorum cohortes sexcenariae II* B. C. 3. 4 meint Lange p. 25, dass sie ihrer Wichtigkeit wegen in Cohorten eingetheilt worden seien.

Zu erwähnen sind noch die aus den Colonien conscribirten *cohortes colonicae* B. C. 2. 19.

Anm. Stehen auch die Hülfstruppen nicht mehr mit den Legionen verbunden auf den Flügeln derselben, wie die Socii (§ 6), sondern bilden getrennte Truppentheile, so heissen doch auch bei C. die Auxiliartruppen noch *alarae*, *alarii*, im Gegensatze zu den *legionariis*. B. G. 1. 51. B. C. 1. 73.

Weitere Veränderungen der Eintheilung, Bewaffnung und Aufstellung der Legion seit Marius.

§ 12. 1. Die Velites werden abgeschafft; zuletzt erwähnt Sall. Iug. 46. Die für den Angriff nothwendigen leichten Truppen (Tirailleure) werden durch Auxiliartruppen ersetzt. Alle Legionssoldaten sind *milites gravis armaturae*.

2. Die Unterschiede der Truppengattungen *hastati*, *principes*, *triarii* hören auf und bestehen nur noch dem Namen nach fort als Eintheilung der Cohorten. Die Caesarianischen Legionen bilden immer dieselbe Altersclasse: entweder *veteranae* (B. G. 1. 24. B. C. 1. 25) oder *legiones tironum*, *leg. proxime conscriptae* (B. G. 1. 24. B. C. 3. 28. 29. 34).

3. Das *pilum* ist die gemeinsame Waffe aller Legionssoldaten. S. § 4. 2.

§ 13. Die Cohortenstellung. Statt der Manipularstellung (§ 3), die wegen der häufigen Intervallen weniger geeignet schien, führt Marius die Cohortenstellung ein, die von nun an dauernd im Heere blieb.

Der Durchschnittsbestand der Caesarischen Legion ist zu

3000 bis höchstens 3600 Mann anzunehmen, wiewohl Caes.
selbst nichts Genaueres angiebt und die grössere oder geringere
Vollständigkeit durch besondere Verhältnisse bedingt war. Vgl.
B. G. 5. 49. B. C. 3. 2. 89. 106. Die Legion hatte 10 Cohorten
zu 300 — 360 M., jede Cohorte 3 Manipeln (Compagnien) von
100—120 M., jeder Manipel 2 Centurien (Züge) von 50—60 M.
Die Soldaten standen 10 M. tief. [Göler: Die Kämpfe bei Dyrrhachium und Pharsalus p. 102 nimmt nur 6 M. Tiefe an.]

> Die Centurie, welcher Name bei Caes. übrigens nur B. C. 1. 64 u. 3.
> 91 vorkommt, heisst gewöhnlich *ordo*. B. C. 1. 13: *ex primo or-
> dine pauci milites*. 1. 74. B. G. 1. 41. 5. 28. 37: *primorum ordi-
> num centuriones*; daher *ordinem ducere* = Centurio sein, B. C.
> 1. 13. 3. 104. Cic. Phil. 1. § 20; neben den *manipulis* genannt B.
> C. 2. 28. Ueber eine andere Bedeutung von *ordo* s. § 20 Anm. 2.

Die gewöhnliche Cohortenstellung in der Schlachtordnung war die dreifache, so dass von den 10 Cohorten
vier das erste, drei das zweite, drei das dritte Treffen bildeten.
Sie standen in frontgleichen Intervallen, d. h. die Intervallen der
Cohorten waren der Länge der Fronten einer Cohorte gleich, und
so wohl auch die Abstände der 3 Linien, die in der Form des
Quincunx hinter einander stehen. Also in folgender Weise:

4	3	2	1 Coh.

	7	6	5

10		9	8

Dies ist die bei Caesar so häufig vorkommende *triplex
acies*, B. G. 1. 24. 49. 51. 4. 14. B. C. 1. 41. 3. 89. Haupt-
stelle B. C. 1. 83, wo die *triplex acies* von 5 combinirten Legionen beschrieben wird (Vgl. Rüstow p. 115 fgg.).

> Anm. 1. Ausser der *tripl. acies* gab es unter besonderen Umständen auch
> andere Stellungen: eine *ac. simplex* B. Afr. 13, *duplex* B. C. 3. 67. B.
> G. 3. 24. B. C. 1. 83 formirt Afranius eine *duplex acies legionum V*,
> das dritte Treffen aber bilden *cohortes alariae*. Eine vierfache
> bildete Caes. B. C. 3. 89. 93. B. Afr. 81.
> Anm. 2. Abweichend von der gewöhnlichen Ansicht erklärt Göler a. a.
> O. p. 123 fg. *acies triplex* als Aufstellung des Heeres in drei Haupt-
> theilen, nämlich in drei nebeneinander aufgestellten Corps oder Divi-
> sionen, die ihre besonderen Commandirenden hatten, so dass sie ein
> Corps des rechten Flügels (*cornu dextrum*), ein Corps des Cen-
> trums (*media acies*) und ein Corps des linken Flügels (*cornu si-
> nistrum*) bildeten; *acies duplex*, wenn die Schlachtordnung nur aus
> zwei Haupttheilen, Corps des rechten und linken Flügels bestand, *acies
> simplex*, wenn nur ein Corps formirt wurde.
> Anm. 3. Die erste Cohorte enthielt den Kern der Legion. B. G. 5. 15:
> *duabusque missis subsidio cohortibus atque his primis legionum*

duarum. Wahrscheinlich war sie auch stärker als die übrigen (sowie in der Kaiserzeit die 1. Coh. 1000 M. enthielt). Vergl. B. C. 3. 91, wo dem Crastinus, *qui superiore anno primum pilum in legione X duxerat* (also Centurio der 1. Centurie der 1. Coh. gewesen war) auf seine Aufforderung an seine früheren *manipulares,* 120 M. derselben Centurie folgen, also mehr, als sonst in den Centurien enthalten waren. Anders fassen die Stelle Rüstow p. 30 u. Güler a. a. O. p. 96. [Gewiss falsch lässt Held z. B. C. 1. 13 die erste Centurie der Triarier in der ersten Cohorte nur aus 30 M. bestehen, weil er die Zeiten verwechselt und an die Triariercenturien zur Zeit der Manipularstellung denkt, s. § 3.]

§ 14. Die Marschordnung war natürlich nach den Umständen verschieden, gewöhnlich 1. so, dass das Heer in einer Colonne zog und die einzelnen Legionen ihr Gepäck unmittelbar hinter sich hatten (B. G. 2. 17: *inter singulas legiones impedimentorum magnum numerum intercedere*); die Reiterei entweder zur Seite oder hinten nach, wenn man einen Angriff im Rücken fürchten konnte. Caes. tadelt 5. 31, 6 den Titurius und Cotta, dass sie diese Marschordnung im Angesicht des Feindes gewählt hatten, *cum propter longitudinem agminis minus facile per se omnia obire possent* 33, 3.

Eine 2. Art des Marsches war folgende. Man liess das Heer in der *acies triplex* so aufmarschiren, dass die ersten 4 Cohorten die erste Colonne, die 5. 6. 7. Cohorte die 2. Colonne, die 8. 9. 10. Coh. die 3. Colonne formirten, so dass jede Cohorte ihren Train vor sich hatte, auf welche Weise sich das Heer in 3 parallelen Colonnen fortbewegte und immer in Schlachtordnung blieb. Denn wenn sich der Feind zeigte, traten die Coh. rechts und links aus dem Gepäck heraus und formirten die gewöhnliche Schlachtordnung. B. G. 1. 49. 4. 14. B. C. 1. 41. 64.

3. War man in der Nähe des Feindes, so marschirte auch wohl das Hauptcorps kampffertig (*legiones expeditae*) voran, hinter ihm folgte die gesammte Bagage, den Schluss bildete der Rest der Truppen, wie es C. macht B. G. 2. 19, wodurch er die Nervier überraschte, die die oben unter 1 angef. Marschordnung erwartet hatten. Vgl. B. G. 7. 67.

Anm. Aehnlich B. G. 8. 8: 3 Legionen vor dem Gepäck, den Schluss macht eine vierte, so dass das ganze Heer in gerader Front gerichtet die Form eines Rechtecks hatte (*quadrare* = 'richten', so *saxum quadratum* — B. Al. 2 — ein rechtwinklig bearbeiteter Stein). Daher a. a. O. § 4: *Hac ratione paene quadrato agmine instructo.*

4. Das eigentliche *agmen quadratum* ist ein wirkliches hohles Viereck, ein Quarré mit 4 Fronten, zum Zweck der Vertheidigung während des Zuges, besonders wenn Reiterei oder leichte Truppen den Zug angreifen. S. die Beschreibung bei

Sall. Iug. 46, 7. (Wie daraus die *acies* formirt wird, s. Jacobs zu Sall. ebend. 49, 6.) Vgl. c. 100, 1 und 2.

> A n m. *Agmen* ist das Heer in Marschordnung, Marschcolonne, *acies* das in Schlachtordnung gestellte schlagfertige Heer (*exercitus instructus*).

§ 15. Die Schlachtordnung. Von der *triplex acies*, der gewöhnlichen Aufstellung im Kampfe, ist bereits gesprochen. Besondere Formen der Schlachtordnung sind 1. die Aufstellung in gerader Linie, *fronte longa, quadro exercitu.* 2. Die schiefe Schlachtordnung, *obliqua*, wenn das Heer in einen Offensiv- und Defensivflügel getheilt ist: a. die rechte schiefe Schlachtordnung, wenn der rechte der Offensivflügel ist (s. zu B. C. 3. 91), b. die linke schiefe Schlachtordnung, wenn es der linke ist. 3. *Sinuata acies*, wenn beide Flügel den Angriff zugleich machen, das Centrum erst vorrückt, wenn die Flügel des Feindes geworfen sind. 4. *Cuneus*, die keilförmige Stellung ∧, um die feindliche Linie zu durchbrechen, B. G. 6. 40. — 5. *Testudo*, wenn einzelne Abtheilungen die Schilde über den Köpfen an einander legen, und so von oben gedeckt zum Sturme gegen Wälle und Mauern anrücken, während das dichtgeschlossene erste Glied sich vorn mit den Schilden deckt. B. G. 2. 6. 5. 9. — 6. *Orbis*, die Vertheidigungsmasse, d. i. ein volles Viereck, oder, bei kleineren Abtheilungen, voller runder Klumpen, in den man sich in freiem Felde vor der Uebermacht des Feindes zurückzieht, um von allen Seiten gedeckt zu sein und um nicht umzingelt zu werden, B. G. 4. 37. 5. 33. Sall. Iug. 97, 5: *Romani — orbis facere atque ita ab omnibus partibus simul tecti et instructi hostium vim sustentabant.*

Die Befehlshaber der Legion.

§ 16. Der Feldherr. In der ältesten Zeit stand der König selbst dem Heere vor, in der Republik die Consuln oder Prätoren, bei besonderer Veranlassung Dictatoren. Der ins Feld rückende Consul oder Proconsul u. s. w. erhielt durch eine *lex curiata* die Bestätigung des *imperium militare* und verliess, nachdem er auf dem Capitol Gelübde gethan hatte (*votis nuncupatis*), mit dem *paludamentum* (dem Feldherrnmantel von scharlachrother Wolle mit Gold gestickt) bekleidet (*paludatus*) unter Vortritt von 12 Lictoren die Stadt (B. C. 1. 6, 6), in der er *cum imperio* nicht bleiben durfte, so wie dasselbe auch erlosch, sobald er zurückkehrend das *pomoerium* überschritt, oder, wenn er triumphirte, sofort mit dem Ende des Triumphs (B. C. 1. 2, 1).

Aeussere Zeichen seiner Würde (*insignia imperatoria* B. C. 3. 96)
waren ausser dem Feldherrnmantel die mit langen, breiten Pur-
purstreifen versehene Tunica und eine mit Purpur verbrämte
Toga, ein elfenbeinernes Scepter mit einem Adler auf der Spitze
und die *sella curulis*. Er war *dux belli*, erhielt aber nach einem
Siege von den Soldaten den Titel *imperator* (B. C. 2. 26. 3. 31.
71. Tac. Ann. 3. 74: *prisco erga duces honore, qui bene gesta re
publica gaudio et impetu victoris exercitus conclamabantur*). Die
Bestimmung über Aushebung und Zahl der Legionen, über die
Ausdehnung des Kriegs und über Friedensschluss hing natürlich
vom Volk und Senat ab. Ganz selbstständig aber sehen wir Caesar in Gallien verfahren; s. oben Einl. p. 28. Vom Bürgerkriege
versteht sich dies ohnehin von selbst.

§ 17. Legati, Gehülfen des Feldherrn, Generaladjutanten,
quos comites et adiutores negotiorum dedit ipsa respublica, Cic.
ad Quint. fr. 1. 1, 3. Die Ernennung und Bestimmung der Zahl
gehörte dem Senate, doch galt dabei der Wunsch des Feldherrn.
Die gewöhnlichste Zahl war 3, Caesar hatte 10 in Gallien. S. Einl.
p. 15 und p. 30. Sie waren senatorischen Ranges. Sie waren
an die Befehle des Feldherrn gebunden und ihm verantwortlich,
B. G. 3. 17, 7, enthalten sich daher in der Regel auch selbstständiger Unternehmungen, s. B. C. 2. 17, 2. 3. 51, 4. Daher
werden auch ihre Erfolge immer dem Oberfeldherrn zugeschrieben (nur am Ende der Republik erlangten Legaten einigemal die
Ehre des Triumphs), so wie er auch für die Fehler seiner Legaten verantwortlich war. Sie commandirten Abtheilungen des
Heeres in der Schlacht, und hatten auf kürzere oder längere Zeit
selbstständige Commandos, B. C. 2. 17. B. G. 1. 10. 21. 54. 2.
5. 3. 17. 5. 1. 7. 90, überhaupt die Stellvertretung des Feldherrn, in welchem Falle sie *legati pro praetore* heissen, wie
Caesars gewöhnlicher Stellvertreter Labienus (B. G. 1. 10. 54.
5. 8. 7. 34. 8. 52) auch bei dessen Anwesenheit heisst B. G. 1.
21. Vergl. Sall. Iug. 36, 4. 103, 4 (B. Alex. 42 findet sich ein
quaestor pro praetore). Als solcher hatte er, da er *cum imperio*
war, Lictoren mit den *fasces*.

§ 18. Der Quaestor, Generalintendant, der den Proconsul in
die Provinz begleitete, hatte zwar vorzugsweise nur die finanziel-
len Geschäfte zu besorgen, im Kriege also die Führung der Casse,
die Verpflegung, Soldzahlung, die Verwerthung und Berechnung
der Beute (z. B. den Verkauf der Gefangenen, die an Sklaven-
händler — *mangones* —, die dem Heere folgten, verkauft wurden); er wurde aber auch auf Anordnung des Feldherrn mit

einem Commando betraut und als Legat verwendet. B. G. 1. 52.
5. 24. 25.

> Anm. Die Annahme Schneiders zu B. G. 1. 52, dass C. zu einer Zeit
> mehrere Quästoren in Gallien gehabt habe, ist entschieden falsch,
> und beruht auf einer falschen Lesart 5. 25, die von Nipperd. verbes-
> sert ist. Denn hätte er auch in seinen drei Provinzen 3 Quästoren ge-
> habt, so mussten diese doch selbstverständlich während der Abwesen-
> heit des Proconsul in ihren Provinzen bleiben und nur einer konnte
> ihm nach Gallien folgen. In verschiedenen Jahren werden allerdings
> aus begreiflichen Gründen verschiedene Namen genannt: 5. 24 M.
> Crassus, 8. 2 M. Antonius.

§ 19. TRIBUNI MILITUM, TR. MILITARES. Die Legion hatte
6 Tribunen, von denen jeder 2 Monate fungirte. Die Ernennung
geschah Anfangs durch die Consuln, dann durch das Volk in den
Tribus und durch beide gemeinsam. Die vom Volke gewählten
heissen *tribuni comitiati*, die von den Consuln, *tr. rufuli*. Am
Ende der Republik sind alle Tribunen ritterlichen Ranges, *an-
gusticlavii* (s. zu B. G. 3. 10. 7. 65. B. C. 1. 77) oder senatorischen, *laticlavii*, und tragen (schon in dem 3. pun. Kriege) den
annulus aureus. Obgleich in dieser Zeit Tribunen noch vom
Volke gewählt wurden (wie Caes. selbst *tribunus comitiatus* gewesen war, Suet. Caes. 5. Plut. Caes. 5), so geschah es doch öfter
von den Imperatoren und bes. von denen, die mehrere Jahre das
Imperium hatten. Caesars Tribunen sind von ihm selbst gewählt.
Es galt dabei mehr Familieneinfluss und persönliche Freundschaft, als militärische Befähigung (s. die significante Stelle B. G.
1. 39); es waren meist junge Leute aus dem Ritterstande, die
schon nach 1 oder 2 Dienstjahren (nicht als Gemeine, sondern
in der *cohors praetoria* — § 8 — als *comites imperatoris*) gewählt wurden. Daher sind auch die Leistungen der Tribunen im
Heere Caesars unbedeutend, mit Ausnahme des einzigen C. Volusenus Quadratus B. G. 3. 5. 4. 21. 6. 41, und sie werden im
Ganzen nur selten erwähnt. Die wichtigeren Geschäfte, wie die
Anführung der Legionen, die früher die Tribunen hatten, werden
den Legaten anvertraut, nur kleinere Detachements commandi-
ren sie (B. G. 6. 39. B. C. 2. 20. 21), wie auf der andern Seite
auch die Centurionen an Bedeutung gewinnen. Sie werden zu
administrativen Geschäften verwendet: Führung der Listen, Aufsicht über Disciplin im Lager, Revision der Wachen, Austheilung
der Parole, Sorge für Zufuhr (B. G. 3. 7. 6. 36. 39).

> Anm. Zu der Annahme der *tribuni cohortium* bei C., wie sie in der
> Kaiserzeit gewöhnlich waren, hat die falsche Erklärung von B. C. 2.
> 20 verführt. S. die Anm. z. d. St.

Die PRAEFECTI waren, wie die Tribunen, römische Ritter

und, wie diese, junge Leute (B. G. 1. 39); Praefecten waren Anführer von Abtheilungen der Auxiliartruppen und der Reiterei (*praefecti equitum*). Auch die *evocati* standen unter einem Praefectus (Cic. Fam. 3. 6, 5). Ausserdem gab es noch eine Menge *praefecti* zur Leitung kleinerer Geschäfte. Ueber den Praefectus fabrum s. § 22.

§ 20. CENTURIONES. Die 60 Centurionen der Legion (§ 13) wurden vom Feldherrn ernannt und befördert. Sie haben verschiedenen Rang, je nachdem sie den Hastaten, Principes oder Triariern angehören und die erste oder zweite Centurie im Manipulus führen, *centurio prior* und *posterior*, der jenem untergeordnet ist. Die Titel blieben auch in der Zeit der Cohortenstellung, wo es factisch keine Triarier, Principes und Hastati mehr gab, sondern die Namen nur zur Eintheilung der Cohorten dienen.

> Anm. Zum richtigen Verständniss des Modus des Avancements ist es nöthig, den Gebrauch zur Zeit der Manipularstellung vorauszuschicken, weil die Namen blieben, aber andere Bedeutung erhielten.

a. Avancement zur Zeit der Manipularstellung.

Jede der 3 Truppengattungen der Legion hatte nach § 13 10 Manipeln und 20 Centurien, also 20 Centurionen, d. h. 10 *priores*, 10 *posteriores*. Es musste also jeder erst in der 3. Gattung, den *hastatis*, die Reihe der *posteriores* durchlaufen und ging dann zu den *priores* über; dann kam er zu den *principes* und endlich zu den *triarii* in derselben Stufenfolge. Die ganze Reihe von der untersten Stufe ist also folgende:

Der letzte (60) Centurio ist der *decimus hastatus posterior*.

Der . . 59. 58—51 der . . . . . *non., octav. - prim. hastat. poster.*

  - 50. 49. 48—41 - *decim., non., octav. - prim. hastat. prior.*

  - 40. 39. 38—31 - *decim., non., octav. - prim. princ. poster.*

  - 30. 29. 28—21 - *decim., non., octav. - prim. princ. prior.*

  - 20. 19. 18—11 - *decim., non., octav. - prim. pilus post.*)

  - 10. 9. 8— 2 - *decim., non., octav. - secundus pil. prior.*

> *) Anm. 1. Man sagte nie *decimus, nonus triarius*, sondern *pilus*. Die Triarier hiessen *pilani*, jeder *ordo* derselben *pilus*, daher z. B. *primum pilum ducere* B. G. 5. 35.
>
> Anm. 2. *Ordo = centuria* s. § 13. Mit einer eigenthümlichen Kürze wird der Centurio, der *ductor ordinis*, selbst häufig *ordo* genannt. B. G. 5. 30: *cum a Cotta primisque ordinibus resisteretur*. 6. 7: *tribunis militum primisque ordinibus coactis = primorum ordinum centurionibus* (wie es heisst B. G. 1. 41. 5. 28. 37. B. C. 1. 74). Daher *ordo hastatus* oder blos *hastatus = centurio ordinis hastatorum* eigentl. *manipulus* oder *centuria hastatorum*, wie *primus pilus* eigentlich der erste Manipel der Cohorte ist). S. zu B. C. 1. 46.

Der erste Centurio des 1. Manipels, oder was dasselbe sagt: der Centurio der ersten Centurie der Triarier ist *primus pilus* (wo *prior* nicht erst hinzugefügt wird), *primipilus, primi pili centurio.*

b. Das Avancement seit Einführung der Cohortenstellung.

Mit dieser musste natürlich, wenn auch die Namen blieben, eine Veränderung der Beförderung eintreten; es geschah dieselbe innerhalb der Cohorten, die 3 Manipeln, 6 Centurien, also 6 Centurionen hatten. Die 6 Centurionen der 10. Cohorte hatten den niedrigsten Rang (*infimorum ordinum centuriones, infimi ordines,* B. C. 2. 35, *inferiores ordines* 1. 46), die 6 Cent. der 1. Coh. den höchsten (*primorum ordinum cent.* B. G. 1. 41. 5. 28. 37. B. C. 1. 74. *primi ordines* B. G. 5. 30. 6. 7). So wird der Rang immer nach den Cohorten, durch die sie der Reihe nach avanciren, bestimmt. S. z. B. B. C. 3. 53: *quem Caes. ab octavis ordinibus* (d. h. cum centurio octavae cohortis fuisset) *ad primum pilum se transducere pronuntiavit.* Demnach scheint, denn die Ansichten sind verschieden*), das Avancement von dem letzten Centurio der 10. Coh. aus in folgender Weise vor sich gegangen zu sein.

Centurie				Rangnummer des Centurio
	6.	*decimus hastatus posterior*		= 60
	5.	- *princeps*	-	= 59
	4.	- *pilus*	-	= 58
Coh. 10.	3.	- *hastatus prior*		= 57
	2.	- *princeps*	-	= 56
	1.	- *pilus*	-	= 55
	6.	*nonus hastatus posterior*		= 54
	5.	- *princeps*	-	= 53
	4.	- *pilus*	-	= 52
Coh. 9.	3.	- *hastatus prior*		= 51
	2.	- *princeps*	-	= 50
	1.	- *pilus*	-	= 49

u. s. w.

---

*) Nach der gegebenen Tabelle avancirte der Centurio innerhalb seiner Cohorte so, dass er erst die 3 Chargen der *posteriores* (6, 5, 4) durchmachte, und dann zu den *priores* überging, und also nicht vom *decimus hastatus posterior* zum *decimus hastatus prior* aufstieg, worauf er wieder die untergeordnete Stellung eines *posterior* als *decimus princeps posterior* hätte einnehmen müssen, was nicht wahrscheinlich ist. Dagegen kann es nicht auffallen, wenn er beim Aufrücken in eine höhere Cohorte wieder mit den *posteriores* begann, also der *decimus pilus prior*

	Centurie			Rangnummer des Centurio
Coh. 2.	6. *secundus hastatus posterior*		=	12
	5. -	*princeps*	-	= 11
	4. -	*pilus*	-	= 10
	3. -	*hastatus prior*		= 9
	2. -	*princeps*	-	= 8
	1. -	*pilus*	-	= 7
Coh. 1.	6. *primus hastatus posterior*		=	6
	5. -	*princeps*	-	= 5
	4. -	*pilus*	-	= 4
	3. -	*hastatus prior*		= 3
	2. -	*princeps*	-	= 2
	1. -	*pilus, primipilus*		= 1

Demnach wurde der 1. Centurio der 2. Cohorte der 6. der
1. Cohorte, trat also dann in die *primi ordines* ein. So kamen
die tüchtigsten und geübtesten Leute in die *primi ordines*, und
dies gab ihnen die Stellung, die sie im Heere einnahmen.

    Anm. 1. Aus der Vergleichung der beiden Tabellen ergiebt sich, dass
die Namen und Titel, die bei der Cohortenstellung blieben, doch einen
ganz andern Rang bezeichnen, als bei der Manipularstellung. So
würde z. B. der B. C. 1. 46 erwähnte *centurio ex primo hastato* (s.
die Anm.) nach der alten Ordnung der 41. Centurio sein, während er
hier der dritte in der Legion ist. Ausserdem nennt Caesar ausser dem
primus pilus den *princeps prior primae cohortis*, B. C. 3. 64, also den
2. Centurio der ganzen Legion (nach der alten Ordnung würde *primus
princeps prior* der 21. Centurio sein).

    Wenn nach B. C. 3. 53 der Cent. Scaeva *ab octavis ordinibus*, also
aus den Centurien der 8. Cohorte *primipilus* wird, so ist dies eine besondere Auszeichnung vorzüglicher Tapferkeit, wie man denn überhaupt anzunehmen hat, dass besondere Verdienste schneller durch die
lange Reihe führten. Ausserdem kam es auch vor, dass Centurionen
der unteren Stellen der einen Legion in eine höhere einer andern,
einer neuen, versetzt wurden. B. G. 6. 40, 7. — Wie viel Gewicht
auf das Avancement, und bes. auf den Eintritt in die *primi ordines*
gelegt wurde, sieht man aus dem Wetteifer des Pulio und Vorenus B.
G. 5. 44.

— *nonus hastatus posterior* u. s. w. wurde, da die Auszeichnung hier
in der höheren Cohorte lag (dies scheint auch die Ansicht Marquardts p.
284 u. 345 zu sein, ob er sich gleich über das Avancement der *posteriores*
zu den *priores* nicht genauer ausspricht). Dadurch erledigt sich vielleicht
das Bedenken Lange's (a. a. O. p. 22. not. 1), der meint, dass für die 9 ersten Cohorten die alte Art der Promotion fortbestanden habe. Eine ganz
andere Tabelle entwirft v. Göler a. a. O. p. 119, nach der z. B. der *secundus pilus prior* dem Range nach der 2. Centurio würde, wodurch die
primorum ordinum centuriones ganz andere würden, als sonst nachweislich ist.

Anm. 2. Die *primorum ordinum centuriones*, also alle 6 Centurionen der 1. Cohorte (nach anderen nur die *priores*) wurden mit den Tribunen zum Kriegsrath (*consilium*) gezogen, B. G. 1. 41. 5. 28 (früher nur der *primipilus*). Wenn B. G. 1. 40 *omnium ordinum cent. ad consilium adhibentur*, so geschah dies weniger zum Zweck einer Berathung, als um sie nach dem dort erzählten Vorfall zu ermahnen und ihren Muth zu heben.

Anm. 3. Die Centurionen hatten als *insigne* einen Rebstock, *vitis*, daher *vite donari*, und ein Unterscheidungszeichen am Helm (Veget. 2. 13).

Anm. 4. Caesars Centurionen waren tüchtige Leute und ihre Tapferkeit wird oft gerühmt. B. G. 2. 25. 7. 47. B. C. 3. 91. Bei Gergovia fielen 46 Cent. (B. G. 7. 51), bei Pharsalus 30 (B. C. 3. 99).

§ 21. Evocati. Ausgediente Leute, die als solche *aetatis excusationem* (B. C. 1. 85) hatten, wurden von den Feldherrn namentlich aufgefordert (*nominatim evocati*), da sie nicht mehr genöthigt werden konnten, gegen Belohnungen und Bevorzugung im Dienste (Befreiung von den gewöhnlichen Diensten ausser dem Kampfe, wie z. B. Schanzarbeit, Wachdienst — auf dem Marsche waren ihnen Pferde gestattet B. G. 7. 65 —), Erhöhung des Solds und Aussicht auf Avancement (B. C. 1. 3, 2) wieder in Dienst zu treten, ein Gebrauch, der besonders in den Bürgerkriegen die weiteste Ausdehnung erhielt. B. G. 3. 20. 5. 4. 7. 39. B. C. 1. 39. 2. 5. Sie standen im Range, jedenfalls auch im Solde den Centurionen gleich, werden daher oft mit diesen verbunden genannt. B. C. 1. 3. 17. 3. 53. Sie fechten entweder in der Legion zerstreut, wie in Pompeius' Heer in der Schlacht bei Pharsalus, oder treten als eine geschlossene Truppe auf, B. C. 3. 88. Ihre Bedeutung Veg. 2. 7: *eorum opera atque virtute excercitui vigens vis crescit.*

Anm. 1. Grössere Truppentheile, die nach Ablauf der Dienstzeit im Heere blieben, hiessen nicht *evocati*, sondern *veterani*. Im uneigentlichen Sinne hiessen ganze Legionen von ihrer längeren Dienstzeit und ihrer Kriegserfahrung *leg. veteranae*, im Gegensatz zu den *tirones*. S. § 12, 2.

Anm. 2. Beneficiarii sind diejenigen Soldaten, die auf Veranlassung eines höheren Officiers vom gemeinen Dienst der Soldaten befreit und jenem zu besonderer Dienstleistung zugeordnet sind. Sie werden nach dem Officier, dem sie die Auszeichnung verdanken, genannt: *benef. consulis, tribuni* u. a. B. C. 1. 75 von Petreius: *beneficiariis suis, quos suae custodiae causa habere consuerat.* Bei ihrer Entlassung erhalten sie Belohnungen (Veget. 2. 7) und folgen bei neuen Kriegen dem Feldherrn wieder als *evocati*, B. C. 3. 88.

§ 22. Die Fabri, Arbeitstruppen, das Corps der dem Heere beigegebenen Werkleute (*fabri ferrarii, lignarii*), Ingenieure, Pionniere (B. G. 5. 11) waren nicht in die Legion eingetheilt, und standen unter dem praefectus fabrum, Chef des Geniewesens, der die Besorgung der Belagerungsmaschinen und Geschütze hatte, die Belagerungsarbeiten leitete und die polizeiliche Aufsicht über den Tross hatte. Es gab keinen *praefectus fabrum legionis*, eben weil nicht jede einzelne Legion ihre Fabri hatte, sondern das ganze vereinigte Heer, was indess nicht hindert, dass einzelnen Legionen Abtheilungen von Arbeitstruppen beigegeben werden.

> Anm. Speculatores sind nicht besondere Abtheilungen der Legionen, Recognoscirungstruppen, sondern Kundschafter, einzelne Leute, die ausgeschickt werden, um 'auszusehen' (nach dem Wortlaute von einem hohen Punkte, *specula*, aus), was vorgeht, B. G. 5. 29. a. E. Exploratores sind nicht einzelne ausgesandte Leute, sondern Truppentheile, Detachements, welche um zu recognosciren die Gegend durchstreifen, meist wohl Reiter. B. G. 1. 17. 6. 10. 7. 16 u. a. [Müller: Bemerkungen zu Caesar's Gall. Krieg. Kiel 1854. p. 8.]

§ 23. Das Heer begleiteten noch *calones*, Trossknechte, Trainsoldaten, zur Besorgung der Bagage (*impedimenta*), wozu auch das schwere Geschütz gehörte (über *sarcinae* s. § 26); *Lixae*, Marketender, die auf eigene Hand das Heer begleiteten, und den Soldaten Lebensmittel verkauften.

§ 24. Die Feldmusik. a. *Tubicines*, die die Tuba bliesen, ein Instrument in gerader Form (Ov. Metam. 1. 98), unten in eine weite Oeffnung auslaufend, bestimmt zu Signalen zum Sammeln und Sichfertighalten, Angriff und Rückzug, B. G. 2. 20. B. C. 3. 46 (B. G. 7. 81. 8. 20 wird sie bei den Galliern erwähnt). b. *Bucinatores*; ihr Instrument, die *bucina*, Kuhhorn (*bos* und *canere*), eine stark gekrümmte Trompete von Metall oder Horn, zu Signalen der Vigiliae. c. *Cornicines*, die mit dem *cornu*, einem Horn, weniger gekrümmt, als die *bucina*, das Zeichen zum Aufbruch geben. d. Die *Liticines* geben mit dem *lituus*, einem nach Art des Augurstabes (*lituus*) am Ende gekrümmten Instrumente (*aes aduncum*) mit schrillendem Ton die Signale für die Reiterei.

> Anm. Das Zeichen zum Angriff, *classicum*, *classicum canere* (*signa canere* Sall. Iug. 99, 1), geht nur von dem Imperator aus und wird nur in seiner Gegenwart von dem Feldherrnzelte aus gegeben, B. C. 3. 82, wo Pompeius diese Ehre mit seinem Schwiegervater Scipio theilt. In der Schlacht gaben die *tubicines* und *cornicines* zusammen die Signale (Tac. Ann. 1. 68: *cornua ac tubas concinuere*). Zum Schrecken der Feinde und zur Anfeuerung der Truppen ertönen alle Instrumente B. G. 3. 92 a. E.
>
> Abbildungen der Instrumente bei Marquardt Taf. II. 15, 16, 17.

§ 25. Kleidung der Soldaten. An die Stelle der Toga, die ursprünglich auch der Soldat trug, trat bald der bequemere, bis an das Knie reichende Kriegsmantel, *sagum*, (B. C. 1. 75), oder *sagulum* (5. 41), der vorn offen war und mit einer Schnalle auf

der Schulter befestigt wurde. Unter diesem trug er die *tunica*,
und über dieser den Gürtel (*cingulum*), an dem das Schwerdt
hing. Fussbekleidung die *caligae*, bis an die Hälfte des Schien-
beins reichende Halbstiefel.

§ 26. GEPAECK DER SOLDATEN, *sarcinae*. Der röm. Soldat
hatte auf dem Marsche viel zu tragen, da er Alles, was er brauchte,
selbst fortschaffen musste, so dass das Gewicht seines Gepäcks
sich auf 60 röm. Pfund belief. Er war daher recht eigentlich
impeditus (B. G. 3. 19. 4. 26 u. ö.), und der Marsch gehörte zu
seinen grössten Beschwerden, Cic. Tusc. 2. 16, 37. Ausser seiner
schweren Rüstung hatte er einen Vorrath von Getreide, gewöhnlich auf einen halben Monat (*plus dimidiati mensis cibaria* Cic.
a. a. O.; bei Caes. B. C. 1. 78 einmal auf 22 Tage), mehrere Schanzpfähle (*valli*), ausserdem Sägen, Körbe, Spaten, Beile, Koch-
geschirr. B. C. 1. 78 sind Hülfstruppen zum Tragen solcher
Lasten unfähig. Erleichtert wurde die Last durch die seit Marius
gewöhnliche Sitte, die *vasa* und *cibaria* an einer Stange oder
einem der Schanzpfähle zu befestigen, und so auf der rechten
Schulter zu tragen (s. die Abbildung bei Marquardt Taf. 2. Fig.
6), während er in der linken Hand die Wurfwaffen hielt, am linken Arm den Schild und auf der Brust oder dem Rücken den
Helm hängen hatte, B. G. 2. 21.

> Anm. 1. Wenn ein Kampf bevorsteht, wird das Gepäck ab- und zusam-
> mengelegt, *sarcinas conferre*, B. G. 1. 24. 7. 15, zu dessen Schutz
> eine besondere Bedeckung, *praesidium*, commandirt wird. Wenn die
> Truppen zur Schlacht aus dem Lager rückten, liessen sie das Gepäck
> in demselben zurück. Daher waren die röm. Heere von ihrem Lager
> so sehr abhängig und mussten es durch Befestigung sichern. Der von
> Allem, was in der Bewegung u. im Kampfe hinderlich ist, befreite Sol-
> dat ist *expeditus*, schlagfertig, gefechtsbereit. (Göler a. a. O. p. 131.)
> Anm. 2. Die schwere Bagage des Heeres, *impedimenta*, Zelte, Hand-
> mühlen, Kriegsmaschinen u. dergl., wird durch Lastthiere und Wagen
> transportirt. Wenn sich das Heer auf den Marsch begab, wurden auf
> das erste Zeichen die Zelte abgebrochen und das Gepäck zurecht ge-
> legt, *vasa conclamare*, *colligere* B. G. 1. 66. 3. 37, beim zweiten wurde
> es auf die Lastthiere gelegt und beim dritten setzte sich das Heer in
> Bewegung.

§ 27. DIE FELDZEICHEN, *signa*.

1. Zur Zeit der Manipularstellung hatte jeder Manipulus
sein *signum*, und der Name *manipulus* selbst soll von dem Heu-
bündel als ältestem Feldzeichen herkommen (Ovid. Fast. 3. 115).
Die zu einem Manipel gehörigen Soldaten heissen *unius signi milites* (Liv. 25. 23). Die alten Signa waren Stangen mit einem
festen *insigne*, Thierbilder: Adler (bei dem 1. Manipulus; seit
Marius Legionszeichen), Wolf, Minotaurus, Pferd, Eber. Später

kamen statt der Thierbilder Spiesse auf, an der Spitze eine Hand (*manus* als Andeutung des Manipulus) mit Schildern von Metall darunter (Abbildung bei Marquardt Taf. 2. Fig. 9. 10. 11). Als die Cohortenstellung eingeführt wurde, blieben gleichwohl die *signa manipulorum* fortbestehen, signa der Centurien giebt es nicht: '*manipulos exercitus minimas manus, quae unum sequuntur signum*' Varro lingu. Lat. 5. 88. Es hatte also jede Cohorte 3 *signa*. Daher *manipuli* und *signa* oft als zusammengehörig genannt. B. G. 6. 34: *si continere ad signa manipulos vellet*. 6. 40: *se in signa manipulosque coniciunt*. Der Träger *signifer*.

2. Die Cohorten hatten zu Caesar's Zeit keine *signa*, wie man aus B. G. 2. 25, 1 (Liv. 27. 13) schliessen wollte. Vielleicht wurde das *signum* des 1. Manipulus durch besondere Abzeichen zum *signum* der Cohorten. Erst seit Hadrian finden sich besondere Zeichen der Cohorten, ein Drache.

3. Das *signum legionis*, von Marius in seinem zweiten Consulate eingeführt, war der Adler auf einem hölzernen Spiess mit ausgebreiteten Flügeln, in den Klauen zuweilen Blitze haltend, von Silber, später auch von Gold. Der Träger *aquilifer*. Diese wurden von den Centurionen aus den kräftigsten und muthigsten Soldaten ausgewählt. Sie pflegten über Helm und Harnisch ein Bärenfell zu tragen. (Marqu. Taf. 2. Fig. 14.)

4. *Vexillum*. Die Vexilla waren Fähnchen von viereckigen Stücken Zeug (nach der Heeresabtheilung verschieden, weiss, roth, purpurn), die an einem Querholz einer Stange befestigt waren. Der Träger *vexillarius*.

In weiterem Sinne ist *vexillum* = *signum* (daher *vexillarius* = *signifer*), so wie *signum* in weiterem Sinne auch die *vexilla* umfasst, welche Verwechselung um so leichter möglich war, da man beide Formen verband und das *signum* auch ein Fähnchen erhielt, wie sich auch später am Legionsadler noch ein *vexillum* befindet.

Das *vexillum* in engerem Sinne ist die Standarte der *equites*, von denen jede turma ein *vex.* hatte, und vielleicht der *auxilia*. So wird *vexillum* von den *signa* ausdrücklich unterschieden Tac. Hist. 2. 18. 43.

5. Ein rothes *vexillum* wurde als Signal zum Ausrücken in die Schlacht auf dem Feldherrnzelte aufgesteckt. B. G. 2. 20. B. C. 3. 89. Alex. 44.

6. Wenn Abtheilungen der Legion (Detachements, *electi*) zu besonderen Expeditionen ausgeschickt wurden, so erhielten sie besondere *vexilla*, da die *signa* bei den Legionen zurückblie-

ben, B. G. 6. 36. 40. Die Detachements selbst hiessen *vexilla*, *vexillarii* (Nipp. Tac. Ann. 1. 17), *vexillationes*.

7. Stand der Feldzeichen. Vor dem Beginn der Schlacht standen die signa der Manipeln vor den Manipeln und Cohorten. Beim Kampfe rückten die Soldaten der 1. Schlachtreihe, also die 4 ersten Cohorten, vor die signa, so dass diese in die Mitte kamen.

Der Legionsadler, der früher in der 3. *acies*, d. h. bei den Triariern stand, wurde von Marius in die prima acies versetzt, und stand, vom *aquilifer* getragen, unter dem Schutze des *primipilus*, also in der 1. Cohorte der Legion.

Im Lager standen die Aquilae bei dem Feldherrnzelt (*praetorium*) in die Erde gesteckt unter einer kleinen Kapelle (Cic. Cat. 1. 9. 24). Der Platz galt für heilig und war Asyl. In Friedenszeiten wurden sie im Aerarium unter dem Schutze der Quästoren aufbewahrt.

8. Die Signa galten für heilig und ihr Verlust war schimpflich für das Heer, besonders für den Signifer (B. G. 4. 25), und mit Enthauptung wurde er, wenn er sie im Stiche gelassen oder durch seine Schuld verloren hatte, bestraft. Um die Truppen anzufeuern, wurden zuweilen die Signa in die Reihen der Feinde getragen oder geworfen. B. G. a. a. O. Liv. 3. 70. 25. 14.

9. Die Bedeutung der Signa geht aus den häufigen Redensarten hervor, in denen die Bewegungen und dgl. der Legion bezeichnet werden: *signa convellere, efferre, tollere* = aufbrechen (B. G. 1. 39. 40); *s. proferre, promovere* vom Avanciren der ganzen Linie (Liv. 8. 23); *s. inferre* = angreifen (B. G. 2. 25); *s. statuere* = Halt machen; *s. convertere* = sich schwenken (B. G. 1. 25. 2. 26); *a signis discedere, s. deserere* = davon laufen (B. G. 5. 33. B. C. 1. 44); *s. referre* = sich zurückziehen (B. C. 3. 99); *s. conferre* = fechten, handgemein werden oder auch: sich sammeln; *legionem sub signis ducere* in Reih und Glied, in Schlachtordnung führen; *manipulos ad signa continere* beisammen halten (B. G. 6. 34).

§ 28. Antesignani. Mit diesem Namen mag in der Zeit der Manipularstellung wohl die erste *acies* bezeichnet worden sein, eben weil beim Angriff die Soldaten vor ihre *signa* traten, also die Soldaten der 1. *acies* vor allen *signis* kämpften. War diese geworfen, so rückten die *principes* vor, die nun *antesignani* wurden.

Bei Caesar jedoch bezeichnet dieses Wort ein in jeder Legion befindliches Elitencorps (nach Lange p. 20. 300 M. nach B. Afr. 75. 78), die indess nicht eine besondere Waffengattung bil-

deten, am allerwenigsten Leichtbewaffnete (etwa den *velites*
vergleichbar) waren; s. B.C. 1. 57: *electos ex omnibus legionibus
fortissimos viros*, *antesignanos*, wohl aber *expediti*. Sie treten aus der Reihe hervor, um die Reiter zu unterstützen, allerdings nach Art der Leichtbewaffneten (§ 10. Anm.) B. C. 3. 75.
84. Denn C. gewöhnte in Griechenland die Legionarii an diese
Kampfart, zu der sonst nur die *levis armaturae milites* verwandt
wurden. B. C. 1. 43 werden sie gebraucht, um wichtige Punkte
zu besetzen. Nach Ausführung ihrer Manöver ziehen sie sich *ad
sua signa* zurück. B. C. ebend.

§ 29. Das Lager. Die Einrichtung des röm. Lagers war zu
verschiedenen Zeiten, und nach dem Bedürfniss, das die Zahl
der combinirten Legionen und Hülfstruppen mit sich brachte,
verschieden. Wir haben zwei ausführliche Darstellungen aus dem
Alterthum, von Polybius (6. 27—32) aus der Zeit der punischen
Kriege und von Hyginus (*liber de munitionibus castrorum*) aus
der Zeit des Trajan. Für die dazwischenliegende Zeit fehlen genauere Nachweisungen und können nur durch einzelne Andeutungen der Historiker ergänzt werden. Indess kann man annehmen, dass in der Hauptsache die Grundverhältnisse dieselben
blieben. Für den nächsten Zweck der vorliegenden Skizze bedarf es einer genaueren Beschreibung um so weniger, da die
Stellen bei C., zu deren Verständniss dieselbe gefordert würde,
im Ganzen nicht häufig sind. Wir begnügen uns daher mit einer
Uebersicht der Hauptbestandtheile.

1. Das röm. Lager bildete zu Polybius Zeit ein Quadrat,
castra quadrata, später ein Rechteck, um ein Drittel länger als
breit, *castra tertiata*. (Doch gab es auch andere Formen, wie C.
selbst B. Afr. 80 ein halbmondförmiges Lager, *castra lunata*, hat.)

2. Die Auswahl des Platzes (als das passendste Terrain erschien ein Abhang eines sanft abfallenden Hügels — das entgegengesetzte Verfahren wird B. G. 8. 36, 3 als barbarisches bezeichnet: *castra eorum, ut barbarorum fere consuetudo est, relictis locis superioribus ad ripas fluminis esse demissa ——*, wobei
zugleich auf die Möglichkeit, Holz, Wasser und Futter zu erlangen, besonders gesehen wurde) und das Abstecken des Lagers
(*castra metari*) geschah durch ein vorausgeschicktes Detachement
unter Anführung von Tribunen und Centurionen, B. G. 2. 17:
exploratores (§ 22. Anm.) *centurionesque praemittit, qui locum
idoneum castris deligant*; später hatte man eigene technische
Vermesser, *metatores*.

3. Der Abmessende bezeichnete zunächst nach der vom

Feinde abgewendeten Seite sehend eine das Lager der Länge
nach durchschneidende Linie, *decumanus maximus*, und eine das
Lager in der Breite theilende, *cardo maximus*. Auf dem *decumanus* wurde eine Strasse von 50 F. Breite angelegt, welche an der
dem Feinde zugekehrten Seite in die *porta praetoria* (auch *extra-
ordinaria*), an der entgegengesetzten, dem Feinde abgewendeten,
in die *porta decumana* auslief. Auf dem *cardo* wurde die 100 F.
breite *via principalis* abgesteckt, die in die 2 Thore, *porta principalis dextra* und *sinistra* auslief.

Ein anderer, das Lager in der Breite durchschneidender
Weg zwischen der *via principalis* und *porta decumana* hiess *via
quintana*.

> Anm. Da der mensor mit dem Gesichte nach der *porta decumana* zu,
> und mit dem Rücken dem Feinde zugekehrt war, so nennt Polybius,
> für uns auffallend, den dem Feinde abgewendeten den v o r d e r e n
> Theil, πρόσωπον, *pars antica*, den dem Feinde zugewendeten τὴν
> ὄπισθεν πλευράν, *pars postica*. Nach dieser Stellung bestimmt sich
> auch die *porta principalis d e x t r a* und *s i n i s t r a*.

4. Zuerst wurde der Platz für das Feldherrnzelt bestimmt,
praetorium, d. i. ein Quadrat von 200 F. Seitenlänge, von dem
das Feldherrnzelt (*tabernaculum*) einen Theil einnahm. B. C. 1.
76: *fit celeriter concursus in praetorium*. Dieses lag Anfangs in
der *pars postica* (nach röm. Auffassung), später wurde der zur
porta decumana führende Mittelweg um 200 Fuss erweitert und
der zwischen der *via principalis* und *via quintana* liegende Raum
grösstentheils für das *praetorium* verwendet, die Fronte nach der
via principalis zu.

5. Vor dem *praetorium* lag ein freier Raum, *principium*,
principia, Versammlungsort der Truppen. Liv. 28. 25: *circum-
euntes tentoria, deinde in p r i n c i p i i s p r a e t o r i o q u e, ubi sermones inter se serentium circulos vidissent, alloquebantur*. Hier
lag zugleich die *ara*, das *augurale*, *auguratorium*, und das aus
Erde aufgeworfene, mit Rasen bedeckte *tribunal* (B. G. 6. 3 *sug-
gestus*) mit der *sella castrensis* des Feldherrn. Hinter dem *praetorium* nach der *porta decumana* zu lag das *forum quaestorium*,
der Marktplatz des Lagers, und hinter diesem am nächsten der
porta decum. das Quästorium, Zelt des Quästors.

> Anm. Die Vertheilung der Truppen im Lager, die Anordnung der Zelt-
> reihen, *strigae* u. dgl., worüber bei Caesar jede Angabe fehlt, wird
> hier, als zu unserem Zwecke nicht nöthig, übergangen. S. die Pläne
> bei Marqu. Taf. I, Lange p. 72 u. anderwärts.

6. Der ganze innere Raum des Lagers war von dem umgebenden Walle durch einen freien Raum von 200 F. Breite getrennt, um das Lager bei einem Angriff vor Geschossen und dem

Feuer der Feinde sicher zu stellen; zugleich diente der Raum
zum Aufmarsche der Truppen, zur Aufstellung der Gepäckwagen
und Unterbringung des erbeuteten Viehes. Die Marketender, *lixae*,
standen ausserhalb der *porta decumana* dem Wall entlang.

7. Das röm. Heer blieb keine Nacht ohne Lager und Wall,
und das selbst nach einem ermüdenden Marsch anlangende Heer
hat sofort die Befestigung des Lagers zu beginnen unter Leitung
der Centurionen und Oberaufsicht der beiden fungirenden Tribunen. Jede Verschanzung besteht aus einem Damme, Walle,
*agger, vallum**), und einem davor liegenden Graben. *fossa*, der
den grössten Theil des Materials zu dem Walle giebt. (Ueber
Höhe und Breite des Walls s. Anm. zu B. C. 3. 63, 1.) Die äussere
Böschung wird mit Rasen, *cespites*, und Strauchwerk bekleidet.
Oft wurde auch eine Brustwehr, *lorica, loricula*, von Pallisaden,
valli, unter einander verbundenen Baumästen, über welche der
Soldat das *pilum* schleudern konnte, aufgesetzt. Ausserdem erhielt der Wall oft noch hölzerne Thürme. Die *fossae* hatten nach
der Grösse der Werke verschiedene Dimensionen. Nach Veg. 1.
24 war das Normalmass 12 F. Breite und 9 F. Höhe, bei gewöhnlichen, vorübergehenden Lagerbefestigungen wohl noch geringer. Gewöhnlich wird nur die (obere) Breite angegeben, weil
diese die wichtigere ist (B. G. 2. 12: *id* (oppidum) *propter latitudinem fossae — expugnari non potuit*), weswegen bei C. bei
Angabe des Masses eines Grabens ohne bestimmte Bezeichnung
der Dimension (ob Breite oder Tiefe) allemal an die Breite zu
denken ist (B. G. 2. 5. 5. 42. 7. 36. 72. 8. 9. B. C. 1. 42. 3. 63);
ausserdem lässt sich annehmen, dass die Tiefe zur Breite in einem
bestimmten, als bekannt vorausgesetzten Verhältnisse stand. Als
von der Regel abweichend wird die Tiefe von 15 F. ausdrücklich
erwähnt B. G. 7. 72, 3. Nach Beendigung des Walls werden die
gewöhnlich aus Leder gemachten Zelte (*tentoria, pelles, sub pellibus esse, habere milites*) aufgespannt. Gewöhnlich lagen 10 M.
in einem Zelte zusammen und bildeten eine Zeltgenossenschaft,
contubernium, contubernales, unter einem *decanus*. Die Stand-
lager (*castra stativa*, entweder *aestiva* oder *hiberna*) wurden
nach aussen hin stark befestigt, namentlich durch festgebaute

---

*) *Agger* bedeutet auch das Material zu einem Damm, Dammerde.
Vallus ist Pallisade, *vallum* die Pallisadenwand, Brustwehr (in welchem
Sinne auch *vallus* collective gebraucht wird, B. C. 3. 63, 2. B. Alex. c. 2);
dann aber die Brustwehr mit dem Damm, auf dem sie steht, d. i. der mit
Pallisaden versehene Wall.

Dämme mit Pallisaden und Redouten, *castella**), d. h. aus der Linie der Lagerbefestigung oder (bei Belagerungen) aus der Contravallationslinie in möglichst gleichen Zwischenräumen hervorspringende, wohl gewöhnlich viereckige 'geschlossene Schanzen', die den Vertheidigern zu festen, die Linie zu beiden Seiten beherrschenden Stützpunkten dienten. S. B. C. 1. 18. 3. 44. B. G. 1. 8. 2. 8. 7. 69.

In Winterlagern (*castra hiberna*) wurden zu grösserer Bequemlichkeit und zum Schutz gegen die Witterung förmliche Hütten gebaut, Liv. 5. 2: *hibernacula aedificari*, und mit Fellen und Stroh bedeckt, *casae stramenticiae* B. Hisp. 16. G. 5. 43. 8. 5. Sie wurden in der Regel nicht in Städten, um die Berührung der Soldaten mit den Einwohnern zu vermeiden, sondern als eigene befestigte Plätze angelegt. B. G. 3. 1 lässt Galba, indem er in einem Flecken das Winterlager aufschlägt, die Einwohner denselben räumen.

8. Die Bewachung des Walls lag in früherer Zeit den *velites* ob, die, wenn der Feind nahe war, als Vorposten vor dem Lager bivouakirten *(procubitores)* und zugleich die Aussenwachen vor den Thoren versahen. Als man keine *velites* mehr hatte, wurden grössere Truppentheile zu den Aussenwachen beordert, B. C. 3. 50. Vor Avaricum *semper duae legiones pro castris excubabant* B. G. 7. 24. Gewöhnlich stand eine oder zwei Cohorten als Vorposten gegen den Feind vor den Thoren des Lagers, *in statione* (B. G. 6. 37. 4. 32), und eine *turma equitum*, die ursprünglich von Morgen bis Abend auf dem Posten stand, später aber um Mittag abgelöst wurde (Liv. 44. 33).

Excubiae (excubitores, excubare) werden gewöhnlich durch 'Tagwachen' erklärt, richtiger durch 'Wachposten' im Allgemeinen (Pikets), wenigstens liegt jener Begriff nicht in dem Worte *excubare*, das wiederholt von Posten während der Nacht gebraucht wird. S. B. G. 7. 11, 6: *veritus, ne noctu ex oppido profugerent, duas legiones in armis excubare iubet*; vgl. 7. 24, 2. 69, 7. Von Wachposten ausserhalb des Lagers B. C. 3. 50. 63.

Vigiliae sind Nachtwachen. Der Wachposten bestand in der Nacht jedesmal aus 4 Mann. Denn die Nachtwachen zerfallen in 4 Abtheilungen von Abends 6 Uhr bis früh 6 Uhr, also zu je

---

*) *Castellum* bedeutet ausserdem noch eine kleinere geschlossene Befestigung, eine verschanzte Stellung, wie B. C. 3. 36: *Favonium ad flumen Aliacmonem — praesidio impedimentis reliquit castellumque ibi muniri iussit.* B. G. 3. 1, 5.

3 Stunden, die man nach der Wasseruhr, *clepsydra*, bestimmte. Daher wird *vigilia* als Zeitbestimmung gebraucht, *secunda, tertia vigilia*, B. G. 1. 12. 40. 2. 11. 33. B. C. 2. 3. Das Zeichen zur Ablösung wurde durch den *bucinator* gegeben.

> Anm. *Vigiliae* sind immer kleinere Posten, *stationes* ganze Abtheilungen. *Custodiae, custodes* sind Wachen, denen ein einzelner bestimmter Gegenstand zur Bewachung übergeben ist, wie *custodiae portarum* u. dergl., Schildwachen, Vedetten. *Praesidium* ist ein Detachement zum Besetzen einer Oertlichkeit, z. B. die Besatzung einer Stadt, einer Schanze (B. G. 6. 33. 7. 36. B. C. 1. 15 u. a.); ferner der besetzte Ort selbst (B. G. 6. 34. 7. 34. B. C. 3. 36, 6. 45, 2); endlich eine Bedeckung, Escorte, z. B. des Gepäcks (B. G. 2. 19. B. C. 1. 80. 3. 36); *pabulatoribus praesidio esse* B. C. 1. 40 u. a.

Für die Nacht wurde die Parole, *tessera*, von dem Feldherrn an die Tribunen, Präfecten und Reiteranführer ausgetheilt und von diesen durch einen in jedem Corps dazu bestimmten *tesserarius* zur Kenntniss der Truppen gebracht.

§ 30. Belagerung und Belagerungswerke.

Ein fester Platz wird entweder durch sofortigen gewaltsamen Angriff genommen (*oppugnatio repentina* B. C. 3. 80), d. h. durch Ausfüllen der Gräben mit Erde und Faschinen (*crates*), *fossas aggere complere*, Erbrechen der Thore, Niederreissen der Mauer, indem die Angreifenden unter Schutzdächern (s. § 31) sich nähern und arbeiten, oder Ersteigung derselben; oder, wenn diese Erstürmung nicht möglich ist oder nicht gelingt, durch Einschliessung, Blokade (*obsidere, obsessio, obsidio, obsidione* oder *corona cingere, circumvallare urbem*), die in vielen Fällen hinreicht, die Uebergabe nach Abschneiden aller Zufuhr zu erzwingen, besonders bei stark besetzten und mangelhaft verproviantirten Plätzen, wie bei Alesia B. G. 7. 69 fgg. (*erat oppidum in colle summo admodum edito loco, ut nisi obsidione expugnari non posse videretur*; vgl. 7. 36, 1). In freiem Felde wird sie angewandt gegen Afranius B. C. 1. 72 fg., gegen Pompeius bei Dyrrhachium 3. 41 fg. Sie wird bewerkstelligt durch *circumvallatio*, Umwallung, Verschanzungslinien, (*munitiones, brachia*), welche die Redouten (*castella*) unter einander verbinden. Hinter diesen feldwärts befindet sich das Lager der Belagerungstruppen, die oft in mehrere Lager vertheilt werden, um Ausfälle gegen einzelne Theile der Linie abzuwehren. Ausser dieser Linie gegen die belagerte Stadt (Contravallationslinie) wird gegen ein zu erwartendes Entsatzheer eine nach aussen Front machende Linie (Circumvallationslinie; Caes. bezeichnet diesen Unterschied nicht) errichtet (B. G. 7. 74).

Die dritte Art ist der förmliche Angriff durch Belagerungswerke, *oppugnatio*, gegen stark befestigte und verprovian-
tirte Plätze, die weder durch Blokade noch durch *oppugnatio repentina* bezwungen werden können. Das Hauptwerk ist der Be-
lagerungs- oder Annäherungsdamm, *agger*, der in grösserer Entfernung von dem belagerten Platze begonnen allmählig
bis an die Mauer herangeführt wird. Er wird aus Erde, Flechtwerk und Baumstämmen in der Weise aufgeführt, dass man
die Seiten durch Holzgerüste zusammenhält, die zuweilen durch
Querbalken, die den Damm durchschneiden, verbunden sind.
So bei Massilia B. C. 2. 15. Er kann daher in Brand gesteckt
werden, B. C. 2. 2. 14. B. G. 7. 22. 24. Daher wird er vor
Massilia mit einer Steinmauer versehen. Er war gewöhnlich von
der Höhe der Mauer des belagerten Platzes, um die Belagerer zu
gleicher Kampfhöhe mit der Mauerbesatzung zu erheben. Vor
Massilia erreichte er die Höhe von 80 Fuss (B. C. 2. 1), ebenso
bei Avaricum, B. G. 7. 24. Ueber die daselbst angegebene, ausser-
gewöhnliche Breite von 330 F. s. die Anm. zu der Stelle. Ferner
baute man Thürme, *turres ambulatoriae*, *mobiles*, Wandel-
thürme, auf (B. G. 2. 30. 31. 7. 22 — von Rüstow p. 146 anders erklärt — 8. 4) oder neben dem *agger* (B. G. 7. 17; s.
Rüstow p. 145) von 3, 4—10 Stockwerken, *tabulata*; sie wurden
durch Rollen oder Walzen bis an die Mauer gebracht, B. G. 2.
12. 30 und 31. Gewöhnlich dienten sie als Batterien, indem die
oberen Stockwerke mit Geschützen besetzt waren, von denen
auch Fallbrücken, *sambucae*, auf die Mauern herabgelassen wurden; in dem untersten Stockwerke war der Mauerbrecher, *aries*,
angebracht, von dessen Anwendung sich indess bei C. kein Beispiel findet; doch wird er erwähnt B. G. 2. 32. 7. 23. Die Belagerten suchten diese Thürme durch Brandpfeile, grosse Stein-
massen und Balken (*sudes*, *asseres*), die mit Wurfmaschinen
geschleudert wurden (B. C. 2. 2), und durch bei einem Ausfall
angelegtes Feuer zu zerstören. B. C. 2. 14. Daher schützte man
die Thürme mit nassen Fellen und Decken.

§ 31. Frontschirme und Schutzdächer.

Sowohl bei Errichtung des Dammes, als bei den übrigen
Belagerungsarbeiten, so wie beim Angriff selbst schützte man
sich durch Blendungen und Schutzdächer.

I. *plutei*, Frontschirme, einfache Schutzwände aus Weidengeflecht, mit Häuten bedeckt, die man auf 3 Rollen vorschob.
Abbildung bei Marqu. p. 476. — *plutei* dienten auch zum Schutz

von Wällen und Mauern (B. G. 7. 41), Thürmen (7. 25) und
Schiffen (B. C. 3. 24).

II. Schutzdächer. Der allgemeine Name für Zimmerwerke
oder bewegliche Hütten, unter denen die Soldaten gedeckt sich
der Mauer näherten und sie einrissen oder einstiessen, war nach
dem Beispiel der Griechen, die überhaupt in den Belagerungsarbeiten Lehrer der Römer waren, Schildkröten, χελῶναι,
testudines[*]).

Darunter gehören 1. *vineae* (Weinlauben), Laufganghütten
(γερροχελώνη), leichtgebaute Holzgerüste, 8 F. hoch, 7 F. breit
und 16 F. lang, aus mindestens 4 Pfählen mit flachem Dach aus
Brettern oder Weidengeflecht (B. C. 2. 2: *contextae viminibus
vineae*), auch an den Seiten damit gedeckt, gegen Feuer durch
Felle und nasse Säcke oder Matratzen (*centones*) geschützt. *Vineas
agere*, sie vorrücken B. G. 2. 12. 30. 7. 17. B. C. 2. 1. *proferre*
B. C. 8. 41.

2. *musculus*, a. als Schüttschildkröte, χελώνη χω-
στρίς, *testudo, quae ad congestionem fossarum paratur* (Vitruv.
10. 14), stärker als die *vineae*. Beim Beginn der Belagerung
werden sie gegen die Stadt vorgeschoben, um den Soldaten Schutz
bei Ebenung des Terrains und Ausschütten der Gräben zu gewähren. Von vorn schützte ein Dach, das bis auf den Boden
reichte. Nach Vitruv. 25 F. lang und breit. Ungewöhnlich gross
und stark gebaut von Trebonius vor Massilia B. C. 2. 2. (Abbildung bei Marqu. p. 477.)

b. Der *musculus* als Minirhütte, deren man sich beim
Untergraben der Mauer und Anlegung von Minen, *cuniculi*, um
unterhalb der Mauer in die Stadt zu gelangen, bediente, wohl
dem vorhergehenden gleich, nur dass das Dach an der Vorder-
seite nicht nöthig scheint, da er bis dicht an die Mauer geschoben
werden musste. Er musste sehr stark sein, um den Steinblöcken
Widerstand zu leisten, die die Belagerten auf ihn schleuderten.
Beschreibung des Musculus vor Massilia B. C. 2. 10; 60 Fuss
Länge, wie im Texte steht, ist wohl zu viel. Nipperd. nimmt 40,
Göler p. 134 20 Fuss, Lipsius nur 9 Fuss an.

Die an der Mauer Arbeitenden wurden auch durch die
Breschschildkröte, χελώνη διορυκτίς, in der Form eines
Pultdaches auf Rädern, mit nassen Fellen belegt, geschützt. (Ab-
bildung bei Marqu. p. 474.)

---

[*]) Ueberhaupt werden Belagerungsmaschinen gewöhnlich mit Thier-
namen bezeichnet. Vergl. *aries, cuniculus, musculus, onager, scorpio, cor-
vus*, eine Art Mauerbrecher.

3. *Testudo arietaria*, χελώνη κριοφόρος, Widderschild-
kröte. Der *aries*, Widder, Mauerbrecher, ein starker, 60—180 F.
langer Balken mit eisenbeschlagenem Kopfe, der an einem hori-
zontalen Balken unter einem Dache, Schuppen (bei Vitruv. 10. 19
30 Ellen breit und bis an das Dach 16 Ellen hoch) an mehreren
Punkten aufgehängt und am hinteren Ende gegen die Mauer in
Bewegung gesetzt wird.

Andere Instrumente zum Einreissen der Mauern sind die
Mauersicheln, *falces murales, asseres falcati* B. G. 3. 14. 5. 42:
falcibus vallum rescindere, 7. 84. 86. Es waren sichelförmige
Haken, ebenfalls an Balken befestigt. Sie wurden von den Belagerten mit Schlingen oder eisernen Widerhaken, *ancorae ferreae*,
und vermittelst eines Krans, *tolleno*, und Winden, *tormenta*, hinaufgezogen. B. G. 7. 22. Ferner der Mauerbohrer, *terebra*, der
Widder mit scharfer Spitze, um einzelne Löcher einzuschlagen.

§ 32. Das schwere Geschütz, *tormenta*. Im Allgemeinen sind alle Geschütze Armbrüste in grossem Massstabe und
diesen nachgebildet, mit starken elastischen Strängen aus Sehnen
oder Haaren von Thieren (von Frauen B. C. 3. 9). Nach den
Geschossen, die sie vorzugsweise schleudern, zerfallen sie a. in
Pfeilgeschütz, *catapultae*, καταπέλται, auch *scorpio-
nes* (B. G. 7. 25), die in horizontaler Richtung oder mit nur
geringer Elevation ihre Geschosse schleudern. Wie jedoch im
Griechischen das schwere Geschütz überhaupt καταπέλται
heisst, so ist auch im Lateinischen *catapultae* allgemein für Wurfgeschoss gebraucht worden, wie B. C. 2. 9 *saxa ex catapultis*
geworfen werden.

b. *ballistae*, λιθοβόλοι, schleuderten gewöhnlich Steine,
doch auch Balken als Pfeile vom grössten Massstab in einem
Bogen von 45°. Abbildungen bei Marqu. p. 466.

Die Wurfmaschinen wendete man sowohl beim Angriff als
bei der Vertheidigung fester Plätze an; im Felde wurden sie nur
gebraucht, wenn man einen festen Platz inne hatte, von dem der
Feind abgehalten werden sollte. B. G. 2. 8. 8. 14. In der späteren Kaiserzeit wurden sie auch in der Feldschlacht angewendet.

Uebersicht:

Das römische Heer unter den Königen; die zum Kriegsdienst verpflichteten Bürgerclassen. Phalanx, Bewaffnung. § 1. — Die Legion während
der Republik. Die Manipularstellung. § 2. — Die drei Treffen der
Hastati, Principes, Triarii, die Velites. § 3. — Die Bewaffnung. a. Schutzwaffen. b. Angriffswaffen. § 4. — Die Equites. § 5. — Die Socii. § 6. —
Auxilia. § 7. — *Delecta manus imperatoris, cohors praetoria*. § 8. —

Veränderung seit Marius. Heereseinrichtung bei Caesar. § 9. — Die Reiterei. § 10. — Die Socii in den Legionen. Die Fusstruppen der Auxilia. § 11. — Weitere Veränderung seit Marius. Alle Legionssoldaten *milites gravis armaturae*. Die drei Truppengattungen hören auf. Das Pilum die Waffe aller Legionssoldaten. § 12. — Die Cohortenstellung. Die erste Cohorte der Legion. Die Manipeln und Centurien. *Ordo*. Kampfart der Glieder. § 13. — Die Marschordnung. § 14. — Die Schlachtordnung. § 15. — Die Befehlshaber der Legion. Der Feldherr. § 16. — Die Legaten. § 17. — Der Quästor. § 18. — Die Tribunen und die Praefecti. § 19. — Die Centurionen. a. Avancement zur Zeit der Manipularstellung. b. zur Zeit der Cohortenstellung. § 20. — *Evocati, veterani, beneficiarii*. § 21. — *Fabri, praefectus fabrum. Speculatores, exploratores*. § 22. — *Culones, lixae*. § 23. — Die Feldmusik. § 24. — Kleidung der Soldaten. § 25. — Gepäck der Soldaten; *milites expediti; impedimenta*. § 26. — Die Feldzeichen, *signa*. § 27. — Die *antesignani*. § 28. — Das Lager; Befestigung des Lagers, *agger, fossa, castellum*. § 29. — Belagerung und Belagerungswerke. § 30. — Frontschirme und Schutzdächer. § 31. — Das schwere Geschütz. § 32.

INHALTSANGABE DER EINZELNEN BÜCHER.

I.

Ethnographische und geographische Beschreibung Galliens, c. 1. Helvetischer Krieg, 2 — 29. Krieg mit Ariovist. Gesandtschaft der Gallier an Caesar und Klagen über das Umsichgreifen der von den Arvernern und Sequanern herbeigerufenen Germanen; Gesandtschaft des Caesar an Ariovist und vergebliche Verhandlung mit ihm, 30 — 36. Völlige Besiegung der Germanen, deren Ueberreste über den Rhein zurückgehen, 37 — 54. Ueber die Legionen, mit denen Caesar in jedem Jahre kämpfte, s. die Einleitung p. 29.

II.

Zweites Jahr des Kriegs, 57 v. Chr. Verschwörungsplan der belgischen Völker mit Ausnahme der Remer, deren Stadt Bibrax von jenen belagert und von Caesar entsetzt wird, c. 1 — 19. Die Suessionen, Bellovaken, Ambianer unterwerfen sich, 11 — 15. Nervischer Krieg, 16 — 28. Unterwerfung der Aduatuker, 29 — 33. Zug des P. Crassus gegen die aremorischen Staaten, 34. Gesandtschaft der Germanen an Caesar. Reise Caesars nach Italien. Winterlager. Dankfest zu Rom, 35.

III.

Drittes Jahr, 56 v. Chr. Vor Beginn des Jahres ein Kampf mit sich regenden Alpenvölkern; Sieg des Legaten Servius Galba. Rückkehr desselben in die Provinz, c. 1 — 6. Glücklicher Seekrieg Caesars gegen die Aremoriker, namentlich die Veneter, 7 — 16. Gleichzeitiger Kampf und Sieg des Legaten Titurius Sabinus über die Veneller und des P. Crassus über die Aquitanier, 17 — 27. Caesars Zug gegen die Moriner und Menapier, 28.

IV.

Ereignisse des 4. Jahres, 55 v. Chr. Uebergang der von den Sueben (deren Sitten c. 1 — 3 beschrieben werden) verdrängten Usipeter und Tencterer über den Rhein. Ihre Niederlage durch Caesar, Flucht über den Rhein zu den Sugambrern, c. 1 — 15. Caesars Uebergang über den Rhein, 16 — 19. Expedition nach Britannien, 20 — 36. Unterwerfung der Moriner und Verheerung des Landes der Menapier. Dankfest zu Rom, 37.

V.

Das 5. Jahr, 54 v. Chr. Züchtigung der Illyricum beunruhigenden Pirusten, c. 1. Massregeln zur Beruhigung der Treverer; Verfahren gegen den Häduer Dumnorix, 2 — 7. Zweite Expedition nach Britannien, die Flotte durch Sturm beschädigt und wiederhergestellt. Beschreibung Britanniens und seiner Bewohner. Cassivellaunus nach verschiedenen Unfällen unterworfen. Ergebung der Trinobanten und einiger anderen Völker, 8 — 23. Abfall der Eburonen unter Ambiorix und Catuvolcus. Vernichtung der 15 Cohorten der Legaten Qu. Titurius Sabinus und L. Aurunculeius Cotta, 23 — 37. Bestürmung des Lagers des Qu. Cicero durch die Eburonen, Nervier und Aduatuker, Vertreibung der Feinde durch den herbeieilenden Caesar, 38 — 51. Unruhige Bewegungen der Senonen und Treverer, niedergehalten durch den Legaten Labienus. Wiederherstellung der Ruhe in Gallien nach dem Tode des unruhigen Indutiomarus, 52 — 58.

VI.

Das J. 53 v. Chr. Unterwerfung der Nervier, Senonen, Carnuten
und Menapier durch Caesar, der Treverer durch Labienus, c. 1 — 8. Zweiter Uebergang über den Rhein gegen die Sueben, ohne Resultate; Schilderung und Vergleichung der Gallier und Germanen, 9 — 29. Verheerungs-
krieg gegen die Eburonen. Die zur Plünderung der Eburonen herbeigekom-
menen Sugambrer überfallen das Lager des Cicero, ziehen sich aber bei
Caesars Ankunft wieder zurück; vollständige Verwüstung des Landes der
Eburonen, 30 — 43. Untersuchung in dem von Caesar angesagten Landtage
der Gallier zu Durocortorum über die Verschwörung der Senonen und Carnuten; Hinrichtung des Acco. Caesar geht nach Italien, 44.

VII.

Das Jahr 52 v. Chr. Neue Kriegspläne der Gallier; die Carnuten greifen zuerst zu den Waffen und tödten die römischen Negotiatoren in Cenabum; der Arverner Vercingetorix tritt an die Spitze des Unternehmens
und bringt ein grosses Heer zusammen; Lucterius bedroht die Provinz,
1 — 7. Caesar eilt aus Italien herbei und trifft die nöthigen Massregeln zum
Schutze der Provinz; erobert Städte der Senonen, Carnuten und die feste
Stadt der Bituriger, Avaricum, und legt Verfassungsstreitigkeiten der Häduer bei, 7 — 32. Labienus geht mit 4 Legionen in das Gebiet der Senonen
und Parisier, Caesar setzt mit 6 Legionen über den Elaver und lagert bei
Gergovia; neue Unruhen der durch Litavicus zum Abfall gereizten Häduer,
während Caesar die Belagerung von Gergovia aufzuheben gezwungen wird;
er setzt über den Liger und vereinigt sich mit Labienus, nachdem dieser
bei Parisii glücklich gefochten hat, 33 — 62. Der Krieg gewinnt durch den
allgemeinen Abfall der gallischen Völker an Ausdehnung; nur die Remer,
Lingonen und Treverer nehmen nicht Theil. Auf dem Wege in das Gebiet
der Sequaner wird Caesar von Vercingetorix angegriffen, siegt aber, besonders durch die Tapferkeit der Germanen, 63 — 67. Vercingetorix zieht sich
nach Alesia zurück, das eingeschlossen wird; die Gallier müssen sich trotz
des zu Hülfe gekommenen starken Entsatzheeres ergeben und den Vercingetorix ausliefern, 67 — 90.

VIII.

Die Ereignisse der Jahre 51 u. 50 v. Chr. Vorrede des Hirtius. Neue
Befreiungsversuche gallischer Völker. Die Bituriger unterwerfen sich, die
Carnuten und Bellovaken werden besiegt, die übrigen Staaten stellen
Geiseln (nachträgliche Erzählung eines meuchelmörderischen Angriffs auf
Commius im vorigen Jahre), 1 — 23. Caesar vertheilt seine Armee und verwüstet wiederum das Gebiet der Eburonen. Labienus zieht gegen die Treverer. Die Legaten Caninius und Fabius besiegen den Dumnacus, Anführer
der Ander, 24 — 29. Der Legat Fabius verfolgt den Senonen Drappes und
den Cadurcer Lucterius, die in die Provinz einfallen wollen; diese bemächtigen sich der Stadt Uxellodunum; sie wird von dem Legaten Caninius belagert. Die feindlichen Anführer werden zweimal geschlagen, Drappes
wird gefangen. Ankunft Caes. vor Uxellodunum, Eroberung der Stadt,
30 — 44. Labienus besiegt die Treverer; Caesar geht nach Aquitanien, das
sich ihm unterwirft, hält sich kurze Zeit in der Provinz auf und überwin-
tert in Belgien. Endlich unterwirft sich auch der Atrebate Commius,
45 — 48. Das J. 50. Vorrede. Mildere Massregeln gegen die besiegten
Völker. Caesar in Italien, Rückkehr nach Gallien, Vereinigung des ganzen
Heeres. Die Vorgänge zu Rom und das Verfahren der pompeianischen
Partei gegen Caesar. Er muss, angeblich zum parthischen Kriege, 2 Legionen abgeben; die Anfänge des Bürgerkriegs, 49 — 58.

C. IULII CAESARIS

DE

BELLO GALLICO

COMMENTARIUS PRIMUS.

Gallia est omnis divisa in partes tres, quarum unam inco- 1
lunt Belgae, aliam Aquitani, tertiam qui ipsorum lingua Celtae,
nostra Galli appellantur. Hi omnes lingua, institutis, legibus in- 2
ter se differunt. Gallos ab Aquitanis Garumna flumen, a Belgis
Matrona et Sequana dividit. Horum omnium fortissimi sunt Bel- 3
gae, propterea quod a cultu atque humanitate provinciae longissime absunt, minimeque ad eos mercatores saepe commeant at-

1. 1. *Gallia omnis.* Caesar versteht unter *G. omnis,* d. i. Gallien in
seiner Gesammtheit, alles Land, das
man mit dem Gesammtnamen *Gallia*
umfasst, das noch uneroberte, freie
Land zwischen den Pyrenäen, Alpen und dem Rhein, also den eigentlichen Schauplatz seiner Kriege,
G. Transalpina mit Ausnahme der
bereits im J. 121 unterworfenen
Gallia provincia und der zu derselben Zeit besiegten Allobroger. S.
Einleitung p. 4. — Zur Hervorhebung des Begriffs der Gesammtheit, die C. deswegen für nöthig hält,
weil gleich darauf ein besonderer,
auch *Gallia* genannter Theil folgt,
dient auch die Stellung von *omnis,*
wörtlich: Gallien ist, wenn man alles so genannte Land nimmt, getheilt
(zerfällt) in drei Theile. Vgl. 6. 16,
1: *ratio est omnis Gallorum — de-*

dita religionibus. S. dagegen unten
c. 12, 4: *omnis civitas Helvetia
divisa est.*

unam — aliam: einen Theil —
einen anderen, *tertiam*: den
nach Nennung der beiden ersten
bestimmten dritten: keine Rangord-
nung durch Zahlbegriffe, primam,
secundam oder alteram, sondern
blosse Aufzählung der unter sich
verschiedenen Theile. B. C. 3. 21,
1: *duas leges — unam — aliam.* Cic.
Brut. c. 93: *genera Asiaticae dicti-
onis duo sunt: unum — aliud.*

nostra Galli appellantur: also, da
er das ganze Land *Gallia* nennt,
Galli in engerem Sinne, wie auch
§ 6. 30, 1. 31, 3. 2. 1, 2. 3, 1. u. ö.
das keltische Gallien blos *Gallia*
genannt wird, worauf bei der Lectüre des C. immer zu achten ist.

3. *longissime absunt* in eigent-

4 que ea, quae ad effeminandos animos pertinent, important, pro-
ximique sunt Germanis, qui trans Rhenum incolunt, quibuscum
continenter bellum gerunt. Qua de causa Helvetii quoque reliquos Gallos virtute praecedunt, quod fere cotidianis proeliis cum
Germanis contendunt, cum aut suis finibus eos prohibent, aut
5 ipsi in eorum finibus bellum gerunt. Eorum una pars, quam
Gallos obtinere dictum est, initium capit a flumine Rhodano;
continetur Garumna flumine, Oceano, finibus Belgarum; attingit
etiam ab Sequanis et Helvetiis flumen Rhenum; vergit ad septen-
6 triones. Belgae ab extremis Galliae finibus oriuntur: pertinent
ad inferiorem partem fluminis Rheni: spectant in septentrionem
7. et orientem solem. Aquitania a Garumna flumine ad Pyrenaeos
montes et eam partem Oceani, quae est ad Hispaniam, pertinet;
spectat inter occasum solis et septentriones.

licbem, nicht bildlichem Sinne, wie
es wegen 'a cultu atque humanitate' scheinen könnte: sie wohnen
am weitesten entfernt von der äusserlich verfeinerten (cultus) und
geistig gebildeten (humanitas) Provinz. Diese Eigenschaften werden,
wie dies häufig geschieht, durch die
Abstracta bezeichnet. Jene Bildung
verdankt die Provinz besonders der
griech. Pflanzstadt Massilia, wie
auch wohl unter mercatores (39, 1.
2. 15, 4. 4. 2, 1) hauptsächlich massilische Kaufleute, die die ausgebrei-
tetsten Handelsgeschäfte in Gallien
und bis zu den Germanen und Britannen trieben, zu verstehen sind.
— ad effeminandos animos pertinent: eig. sich dahin erstrecken,
dazu führen, dienen, B. C. 1. 9, 1:
ad levandas iniurias pertinere videbantur.

4. incolunt intransitiv = wohnen,
wie c. 5, 4. 54, 1 u. sonst oft. —
qui – quibuscum. Der erste Relativsatz ist Erklärung zu Germanis
= Germanis trans Rh. incolentibus,
der zweite gehört zu Germanis mit
dem Erklärungssatz, daher natürlich
ohne Verbindungspartikel.

cotidianis proeliis cum G. cont.
Schon das cotidianis zeigt die Art
der immer nur von Wenigen unter-
nommenen Befehdungen und Streifzüge. Vgl. 6. 23, 6–8. Daher c. 2,
4: his rebus fiebat, ut – minus facile finitimis bellum inferre possent kein Widerspruch. — cum prohibent = dann nämlich, wenn —.

5. Eorum: der gesammten Bewohner Galliens, auf die nach Aufzählung der einzelnen Völker und der
gelegentlichen, wegen des sogleich
zu beschreibenden Kriegs gemachten Bemerkung über die Helvetier,
das Pronom. zurückführt. — eorum
una pars kurz = ein Theil des von
den genannten Völkern bewohnten
Landes. — quam – dictum est. S.
zu c. 16, 2. — continetur: 'wird begrenzt'.

ab Sequanis: von der Seite aus,
nach unserer Auffassung: auf der
Seite, wo die Sequ. wohnen. c. 23,
3: a novissimo agmine insequi coeperunt. So a tergo, a fronte, ab
latere, a parte, a dextro, sinistro
cornu u. ähnl.

6. oriri in dieser Bedeutung des
Anfangens einer Ausdehnung im
Raume selten: s. 6. 25, 2. Sall. Iug.
c. 48, 3: collis oriebatur.

7. spectat inter occasum sol. et
sept., ist gerichtet nach der Seite,
Himmelsgegend, welche ist zwischen
— d. h. hat eine nordwestliche Lage.

Apud Helvetios longe nobilissimus et ditissimus fuit Orgeto- 2
rix. Is M. Messala et M. Pisone consulibus regni cupiditate inductus coniurationem nobilitatis fecit et civitati persuasit, ut de
finibus suis cum omnibus copiis exirent: perfacile esse, cum 2
virtute omnibus praestarent, totius Galliae imperio potiri. Id 3
hoc facilius eis persuasit, quod undique loci natura Helvetii continentur: una ex parte flumine Rheno latissimo atque altissimo,
qui agrum Helvetium a Germanis dividit; altera ex parte monte
Iura altissimo, qui est inter Sequanos et Helvetios; tertia lacu
Lemanno et flumine Rhodano, qui provinciam nostram ab Helvetiis dividit. His rebus fiebat, ut et minus late vagarentur et 4
minus facile finitimis bellum inferre possent; qua ex parte homines bellandi cupidi magno dolore afficiebantur. Pro multitu- 5
dine autem hominum et pro gloria belli atque fortitudinis angustos se finis habere arbitrabantur, qui in longitudinem milia passuum ccxl, in latitudinem clxxx patebant. His rebus adducti et 3
auctoritate Orgetorigis permoti constituerunt ea, quae ad proficiscendum pertinerent, comparare, iumentorum et carrorum

Alle diese Lagebestimmungen giebt Caesar vom Standpunkte der Provinz aus.

In der kurzen Schilderung des Landes zur Aufklärung der damals noch ziemlich dunklen Begriffe von demselben ist die Hervorhebung der Tapferkeit der einzelnen Völker und die Erwähnung der gefährlichen Nachbarschaft der Germanen ganz geeignet, von vornherein Aussicht auf bedeutende Kämpfe zu erregen.

2. 1. *M. Messala et M. Pis. cons.*, d. i. 693 d. St., 61 v. Chr. — Sonst wird in dieser Verbindung *et* gewöhlich weggelassen, wie c. 6, 4. 35, 4. 4. 1, 1. 5. 1, 1. — *inductus* = verleitet; c. 27, 4. — *de finibus exirent* 'eos in perpetuum relicturi. Nam ex finibus exeunt etiam redituri' Schneider. — *civitati* – *exirent.* 15, 1: *equitatum praemittit, qui videant.* 17, 2: *multitudinem – ne conferant.* — *cum omnibus copiis* von einer allgemeinen Auswanderung, mit der ganzen Mannschaft, Weib und Kind, πανδημεί.

3. *contineri* nicht wie c. 1, 5, sondern = eingeengt, beschränkt werden. B. C. 1. 51, 3: *hos omnes flumina continebant.*

4. *qua ex parte* = von welcher Seite her, in welcher Beziehung; so *ex omni parte*: in jeder Hinsicht. Die mit der natürlichen Beschränktheit zusammenhängenden Nachtheile sind ein Theil, eine Seite ihrer gesammten Verhältnisse, die von verschiedenen Gesichtspunkten aus betrachtet werden konnten, von diesem aus aber nur Schmerz erregten.

5. *pro multitudine.* Die Bevölkerungszahl s. c. 29, 2. — *angustos* nach *pro* (im Verhältniss zu, Zumpt § 312 u. 745) *multitudine* = zu enge Grenzen, wie der Positiv öfter gebraucht wird, um zu bezeichnen, dass eine Eigenschaft für ein besonderes Verhältniss oder eine bestimmte Handlung unangemessen sei (so auch im Griech. Thucyd. 1. 50: μὴ αἱ δέκα νῆες ὀλίγαι ἀμύνειν ὦσιν). Vgl. *longum est*: 6. 8, 1. — *milia pass. CCXL*, ungefähr 48 geogr. Meilen in die Länge, 36 in die Breite; denn die römische Meile, *milia passuum*

quam maximum numerum coëmere, sementes quam maximas
facere, ut in itinere copia frumenti suppeteret, cum proximis ci-
2 vitatibus pacem et amicitiam confirmare. Ad eas res conficiendas biennium sibi satis esse duxerunt: in tertium annum pro-
3 fectionem lege confirmant. Ad eas res conficiendas Orgetorix
4 deligitur. Is sibi legationem ad civitates suscepit. In eo itinere
persuadet Castico, Catamantaloedis filio, Sequano, cuius pater
regnum in Sequanis multos annos obtinuerat et a senatu populi
Romani amicus appellatus erat, ut regnum in civitate sua occu-
5 paret, quod pater ante habuerat; itemque Dumnorigi Haeduo,
fratri Divitiaci, qui eo tempore principatum in civitate obtinebat
ac maxime plebi acceptus erat, ut idem conaretur, persuadet ei-
6 que filiam suam in matrimonium dat. Perfacile factu esse illis
probat conata perficere, propterea quod ipse suae civitatis impe-
7 rium obtenturus esset: non esse dubium, quin totius Galliae plu-

oder blos *milia*, wie c. 15, 5. 21, 1
(das Wort *miliarium* ist erst spät
entstanden), ist = ⅛ geograph. Meile.
3. 2. *lege* = durch einen förmlichen Volksbeschluss. Die ganze
Veranstaltung zeigt eine bei Barbaren seltene Besonnenheit. — *ad
eas res conficiendas*. Ein eigenthümliches Beispiel von Wiederholung derselben Worte, die bei der
einfachen und schmucklosen Redeweise Caesars nicht befremden darf.

3. *sibi suscepit*, weil er mit der
Leitung des Ganzen beauftragt, für
sich zunächst die Gesandtschaft, wo
er durch seinen persönlichen Einfluss am meisten wirken konnte,
übernahm, und das Uebrige Anderen
überliess. Cic. Fam. 5. 8, 1: *sus-
cepique mihi perpetuam propu-
gnationem.*

4. *regnum*. In Gallien gab es
kein erbliches Königthum, sondern
mächtige Häuptlinge massten sich
oft unumschränkte Gewalt an. 2. 1,
4. 7. 4, 1. *Principatus, princeps civitatis* (c. 16, 5. 19, 3. 30, 1. 5. 6, 4.
7. 32, 2) bedeutet nicht eine vom
Volke übertragene amtliche Stellung, wie etwa die des c. 16, 5 erwähnten Vergobretus, sondern das
durch Geburt, Reichthum und per-

sönliche Tüchtigkeit bewirkte Uebergewicht im Staate, von *regnum* unterschieden 7. 4, 1, und den *magistratus* entgegengesetzt 1. 17, 1:
*esse nonnullos, quorum auctoritas
apud plebem plurimum valeat, qui
privatim plus possint, quam ipsi
magistratus*, womit auf Dumnorix hingedeutet wird, dessen Beispiel c. 18, 3—6 die Bedeutung und
Macht solcher Häuptlinge zeigt. —
amicus ein Titel, der nebst dem Königstitel (s. die unten angeführten
Stellen) zur Zeit der Macht Roms
von fremden Fürsten als Ehre eifrig
erstrebt und theils als Belohnung
für besondere Verdienste, theils,
wenn sie zu fürchten waren, um sie
zu gewinnen (vgl. über die Verleihung des Titels an Ariovist Einl. p.
6) vom Senat und nur von diesem ertheilt wurde; daher *a senatu
populi R.*, nicht *a senatu populoque R.* S. c. 35, 2. 43, 4. 4. 12, 4.
7. 31, 5.

6. *perfacile factu esse — perficere. factu* nach *facile*, da ein Infin.
folgt, für unsere Denkweise überflüssig. 7. 64, 2. Cic. de Nat. Deor.
3. 1, 1: *difficile factu est, me id
sentire.* Zumpt § 742 u. 743. —
totius Galliae plurimum = totius

rimum Helvetii possent; se suis copiis suoque exercitu illis regna
conciliaturum confirmat. Hac oratione adducti inter se fidem et 8
iusiurandum dant et regno occupato per tres potentissimos ac
firmissimos populos totius Galliae sese potiri posse sperant. Ea 4
res est Helvetiis per indicium enuntiata. Moribus suis Orgetori-
gem ex vinculis causam dicere coëgerunt; damnatum poenam
sequi oportebat, ut igni cremaretur. Die constituta causae di- 2
ctionis Orgetorix ad iudicium omnem suam familiam, ad hominum milia decem, undique coëgit et omnes clientes obaeratosque suos, quorum magnum numerum habebat, eodem conduxit:
per eos, ne causam diceret, se eripuit. Cum civitas ob eam rem 3

G. populorum plurimum. — copiis
= durch seine Mittel und Macht. 6.
15, 2: *eorum ut quisque est genere
copiisque amplissimus.*

8. *adducti - dant.* Eine etwas
nachlässige Verbindung, da *adducti*
nur auf *Casticus* u. *Dumnorix* gehen
kann, bei *inter se fidem dant* aber
auch *Orgetorix* mitgedacht werden
muss. — *firmus* von persönlichen
Begriffen = stark, kräftig. 5. 24, 2:
civitas f. Cic. Fam. 15, 4, 2: *evocatorum firma manus.* — *potiri* wie
in der Formel *rerum potiri,* die bei
C. nicht vorkommt, und in demselben
Sinne nur hier von C. mit dem Gen.
gebraucht. — *sese posse sperant.*
Wie überhaupt der Inf. Praes. nicht
selten für den Inf. Fut. oder *fore ut*
bei *sperare* und ähnl. vorkommt (s.
zu 4. 21, 5), so ist über *posse* zu
merken, dass es, weil es gewisser-
maassen schon eine Hinweisung auf
die Zukunft in sich schliesst, immer
im Inf. Praes. (nicht *fore ut possit*)
steht. S. 5. 26, 4. 36, 2. B. C. 1.
72, 1, u. ö.

4. 1. *ex vinculis:* gefesselt, also
aus den Fesseln heraus seine Sache
führen, sich verantworten (*causam
dicere*). So c. 43, 3: *ex equo colloqui.* — *coëgerunt - oportebat* s. zu
§ 2. — *ut igni cremaretur.* Beispiele der Strafe des Feuertodes bei
den Galliern s. c. 53, 7. 6. 16, 4. 7.
4, 10.

2. *familiam* = famulos, servos,
Leibeigene. — *ad:* Annäherung an
eine bestimmte Summe = gegen, ungefähr, gr. *εἰς διαχιλίους* Xen.
Anab. 1. 1, 10. — *clientes:* die Hörigen (*cluere*), die Gemeinfreien, die
durch die Steuerlast gedrückt dem
Adel als Schuldner verfallen und
als Hörige sich ihrer Freiheit begeben. S. 6. 13, 2: *plerique cum aut
aere alieno aut magnitudine tribu-
torum aut iniuria potentium premuntur, sese in servitutem
dicant nobilibus:* 6. 19, 4. 7. 40, 7.
Ueber das ähnliche Verhältniss der
soldurii s. 3. 22, 1. — *die constituta*
nicht Ablat. absol.

ne causam diceret, se eripuit:
durch die Furcht, die er durch diese
Massen einflösste, entzog er sich
und verhinderte, dass die Sache zur
Verhandlung kam, weil man es an
diesem Tage nicht wagte; es ist daher klar, wie oben *causam dicere
coëgerunt* zu verstehen und *damnatum* aufzulösen ist. [Sicherlich
heisst es nicht: er machte sich davon, und verhinderte dadurch, dass
u. s. w. Er starb jedenfalls im Gefängniss, als man eben im Begriff
war, ernstere Massregeln zu ergreifen, um die Abhaltung des Gerichts
durchzusetzen.] Der ganze Vorgang
zeigt, wie der Adel, gestützt auf
sein massenhaftes Gefolge, gesetzlichen Behörden Trotz bieten und
sich thatsächlich unabhängig machen
konnte.

incitata armis ius suum exsequi conaretur, multitudinemque hominum ex agris magistratus cogerent, Orgetorix mortuus est; 4 neque abest suspicio, ut Helvetii arbitrantur, quin ipse sibi mortem consciverit.

5 Post eius mortem nihilo minus Helvetii id, quod constitu- 2 erant, facere conantur, ut e finibus suis exeant. Ubi iam se ad eam rem paratos esse arbitrati sunt, oppida sua omnia, numero ad duodecim, vicos ad quadringentos, reliqua privata aedificia in- 3 cendunt, frumentum omne, praeterquam quod secum portaturi erant, comburunt, ut domum reditionis spe sublata paratiores ad omnia pericula subeunda essent, trium mensum molita cibaria 4 sibi quemque domo efferre iubent. Persuadent Rauricis et Tulingis et Latovicis finitimis, uti eodem usi consilio oppidis suis vicisque exustis una cum iis proficiscantur, Boiosque, qui trans

3. *incitata*: aufgereizt, erbittert. 4. 14, 3. 7. 28, 4. — *exsequi*: verfolgen, geltend machen.

4. *neque abest susp., quin.* So steht *quin*, wie nach *non dubitare*, auch nach anderen negativen, dem Sinne nach ähnlichen Ausdrücken. 7. 44, 4: *nec aliter sentire, quin.* Cic. p. Flacco 27: *quis ignorat, quin tria genera sint.*

5. 1. *nihilo minus conantur*, ein Beweis, dass es allgemein gefühltes Bedürfniss war, ein anderes Land zu suchen, mochte auch Orgetorix, nach Caes. aus egoistischen Gründen, den ersten Anstoss gegeben haben. Jedenfalls war das Andrangen der Germanen der wichtigste Grund. S. Einl. p. 5. — *ut exeant*, eine bei Caes. sehr häufige epexegetische Ausführung des im Vorherg. hinlänglich Bezeichneten. c. 7, 1: *cum id nuntiatum esset, eos conari.* 13, 2. 5. 4, 4. 6. 14, 4. 15, 1.

2. *oppida*, befestigte Plätze (6. 21, 2), entgegengesetzt den offenen Sitzen der Gemeinden, *vici*, d. i. eine grössere Anzahl beisammen liegender Wohnungen, aus mehreren Höfen bestehende Ortschaften (denn *vicus* bedeutet nie das Dorf als Gemeinde u. Einwohnerschaft, sondern nur als Wohnort und Verbindung von Häusern), denen dann die einzelnen, allein stehenden Häuser, *reliqua privata aedificia* (= omnia reliqua aedificia, quae privata erant), gegenüber gestellt werden. Es sollten also nicht blos Gemeinden, sondern alle Einwohner ohne Ausnahme auswandern.

3. *praeterquam* 'ausgenommen'. Bei C. nur noch 7. 77, 6. — *domum reditionis*: das Verbalsubstantiv wie das Verbum construirt, wie Cic. de divin. 1. 32, 68: *reditum ac domum itionem*, de legg. 1. 15, 42: *obtemperatio legibus.*

mensum ältere Form für *mensium*. Liv. 8. 2; 10. 5. Ovid. Metam. 8. 500. Fast. 5. 187. 424. — *trium mensum cibaria.* So oft bei C. die Zeit, für deren Dauer etwas berechnet ist, im Genit. 7. 71, 4. B. C. 1. 78, 1: *dierum XXII frumentum.* Bei *trium* ist zu beachten, dass, wenn die Vertheilung schon durch ein besonderes Wort bezeichnet ist, die Distributivzahl nicht zu stehen braucht. S. zu B. Civ. 1. 52, 2.

4. *cum iis*, nicht *secum*, wie es heissen könnte — und heissen würde, wenn *suadent*, nicht *persuadent* stände — hat C. gesetzt, weil der Sinn ist: sie überreden die

Rhenum incoluerant et in agrum Noricum transierant Noreiam-
que oppugnarant, receptos ad se socios sibi adsciscunt. Erant 6
omnino itinera duo, quibus itineribus domo exire possent: unum
per Sequanos, angustum et difficile, inter montem Iuram et flumen Rhodanum, vix qua singuli carri ducerentur; mons autem
altissimus impendebat, ut facile perpauci prohibere possent: alte- 2
rum per provinciam nostram, multo facilius atque expeditius,
propterea quod inter fines Helvetiorum et Allobrogum, qui nuper
pacati erant, Rhodanus fluit, isque nonnullis locis vado transitur.
Extremum oppidum Allobrogum est proximumque Helvetiorum 3
finibus Genava. Ex eo oppido pons ad Helvetios pertinet. Allobrogibus sese vel persuasuros, quod nondum bono animo in populum Romanum viderentur, existimabant, vel vi coacturos, ut
per suos fines eos ire paterentur. Omnibus rebus ad profectionem 4
comparatis diem dicunt, qua die ad ripam Rhodani omnes con-

Rour., dass (so dass) sie zugleich
mit ihnen fortziehen, die Worte also
ganz vom Standpunkte des Schriftstellers aus gesagt sind, nicht den
Gedanken des Subiects enthalten.

Boios. Ein Theil der Boier war
eben auch auf der Wanderung nach
vergeblicher Belagerung von Noreia
begriffen und wurde von den Helv.
aufgenommen (*recepti*) und als Theil-
nehmer am Zuge angenommen, *socios adsciscunt.*

6. 1. *itinera duo, quibus itineribus*, wie unten § 4 *diem, qua die*,
eine bes. bei Caes. (aber auch Cicero, zumal in den Reden) häufige
und der Genauigkeit seiner Darstellungsweise entsprechende Wiederholung des Substant. zum Relat.,
am gewöhnlichsten bei *dies*, mit
Anklang an die genaue Gründlich-
keit in Staatsschriften u. Gesetzen.
— *quibus possent*, nicht *poterant*:
der Art, dass —, wie nachher *ducerentur.* — *vix qua*, hervorhebende
Stellung wie 3. 4, 1: *vix ut iis rebus
- tempus daretur*; 1. 25, 4: *multi
ut praeoptarent.*

2. *qui nuper pacati erant*, zwei
Jahre vorher durch den Praetor C.
Pomptinus; s. Einleitung p. 5. —
pacati, ein bei den römischen Historikern sehr beliebter Ausdruck,

in Wahrheit = unterjocht, wie Cic.
de Prov. Cons. 13, 32 von derselben
Sache sagt: *C. Pomptinus — proeliis fregit eosque domuit.* Florus
4. 2: *Caes. in Gallia pacem fecit.*
Caes. B. C. 1. 7, 6.

vado transitur, 'kann durchschrit-
ten werden', wie das einfache Verb.,
bes. das Passiv., zuweilen übersetzt
werden kann (es geschieht, weil es
geschehen kann), insbes. nach Negationen. 3. 23, 7. Cic. Fam. 9. 16:
*non facile diiudicatur amor verus
et fictus. vado tr.* instrumentaler
Abl., der mit dem Verb. wie eine
adverbiale Bestimmung zu dem Begriff 'durchschreiten, durchwaten'
sich verbindet.

3. *coacturos* ohne *eos* wie 7. 81,
3: *dat tuba signum suis atque ex
oppido educit.* 5. 17, 3: *nostri in eos
impetu facto repulerunt.* — *eos.*
Die Rücksicht auf die Deutlichkeit
nach dem vorangegangenen *suos* veranlasste hier, von der Regel abzu-
weichen und die Worte *ut — eos
ire pat.* wie einen selbstständigen
Zusatz des Schriftstellers zu fassen.
Mit gleicher Deutlichkeit konnte es
heissen: *ut se per ipsorum fines
ire paterentur.*

4. *qua die — is dies*, zuerst der
festgesetzte Tag, Termin, dann der

veniant. Is dies erat a. d. V. Kal. Apr. L. Pisone, A. Gabinio
consulibus.

7 Caesari cum id nuntiatum esset, eos per provinciam nostram iter facere conari, maturat ab urbe proficisci et quam
maximis potest itineribus in Galliam ulteriorem contendit et ad
2 Genavam pervenit. Provinciae toti quam maximum potest militum numerum imperat (erat omnino in Gallia ulteriore legio una),
3 pontem, qui erat ad Genavam, iubet rescindi. Ubi de eius adventu Helvetii certiores facti sunt, legatos ad eum mittunt nobilissimos civitatis, cuius legationis Nammeius et Verucloetius principem locum obtinebant, qui dicerent, sibi esse in animo sine
ullo maleficio iter per provinciam facere, propterea quod aliud
iter haberent nullum: rogare, ut eius voluntate id sibi facere liceat.
4 Caesar, quod memoria tenebat, L. Cassium consulem occisum
exercitumque eius ab Helvetiis pulsum et sub iugum missum,

natürliche Tag: jener Termin fiel
auf diesen Tag. — *V. Kal. Apr.* der
28. März nach dem unberichtigten
Kalender, der 16. April nach dem
julianischen. *L. Pis., A. Gab. cons.*
58 v. Chr. Nur selten und nur bei
besonders wichtigen Ereignissen
giebt C. die Zeit so bestimmt an.
B. C. 1. 5, 4. 3. 6, 2.

7. 1. *Caesari cum id nuntiatum
esset*, als er nach Niederlegung seines Consulats im Anfange des Jahres noch vor Rom stand. S. Einl.
p. 20. — *id nuntiatum esset eos -
conari*: c. 5, 1. — *Gallia ulterior* =
transalpina. — *ad Genavam perv.*
= er kommt nach Genf hin, bei G.
an. 7. 41, 1. 79, 1 u. s. m. — Nach
Plut. Caes. c. 17 gelangte er in 8
Tagen an die Rhone.

2. *Provinciae toti*: nur der *Gallia ulterior*, von der hier die Rede
ist. — *quam maximum potest mil.
num.*: so viel er nach den Verhältnissen und der Leistungsfähigkeit
der Provinz auferlegen kann. (*potest* also nicht wegzulassen: dass
dieselbe Formel vorhergeht, ist bei
C. nicht anstössig.) — *legio una*,
die zehnte Legion, s. Einl. p. 29. —
imperat, pontem iubet resc., ohne
Copula, Asyndeton, zur Bezeichnung

der Eile, des Zusammenrückens und
der Gleichzeitigkeit verschiedener
Handlungen, wie z. B. c. 20, 6. 22,
3. 5. 40, 3.

3. *legatos mittunt*, bevor sie sich
an der Rhone concentrirt hatten. —
aliud iter hab. nullum. Stellung von
nullum, wie c. 18, 3: *audeat nemo*,
zu welchem Zwecke? — *mittunt, qui
dicerent.* Der Coni. Imperf. nach
dem histor. Präs. sehr häufig und
leicht erklärlich. Tritt ein anderes
regierendes Verbum oder ein neuer
Satz ein (*rogare*), so findet sich oft
Wechsel des Tempus (*liceat*); s. zu
6. 9, 7. 7. 20, 7. — *rogare*: sc. Ueber
die Auslassung des Subiectsaccus.
der Pron. *me, te, se* (selten *nos, vos*)
eum, eos s. Zumpt § 605. Madv.
§ 401.

4. *L. Cassius Longinus* wurde
von den Tigurinern (s. c. 12) und
Ambronen in der Nähe des Genfersee's im J. 107 v. Chr. gänzlich geschlagen und getödtet; der Legat
C. Popillius führte nach Stellung
von Geiseln die Ueberreste des
Heeres zurück. S. Einl. p. 4. — *iugum* Liv. 3. 28: *tribus hastis iugum fit, humi fixis duabus, super-
que eas transversa una deligata.*

concedendum non putabat; neque homines inimico animo data 5
facultate per provinciam itineris faciundi temperaturos ab iniuria
et maleficio existimabat. Tamen, ut spatium intercedere posset, 6
dum militos, quos imperaverat, convenirent, legatis respondit,
diem se ad deliberandum sumpturum: si quid vellent, ad Id.
April. reverterentur. Interea ea legione, quam secum habebat, 8
militibusque, qui ex provincia convenerant, a lacu Lemanno, qui
in flumen Rhodanum influit, ad montem Iuram, qui fines Sequanorum ab Helvetiis dividit, milia passuum decem novem murum
in altitudinem pedum sedecim fossamque perducit. Eo opere 2
perfecto praesidia disponit, castella communit, quo facilius, si se
invito transire conarentur, prohibere possit. Ubi ea dies, quam 3
constituerat cum legatis, venit, et legati ad eum reverterunt, negat
se more et exemplo populi Romani posse iter ulli per provinciam
dare et, si vim facere conarentur, prohibiturum ostendit. Hel- 4
vetii ea spe deiecti navibus iunctis ratibusque compluribus factis,
alii vadis Rhodani, qua minima altitudo fluminis erat, nonnumquam interdiu, saepius noctu, si perrumpere possent, conati

5. *temperaturos*: das rechte Mass
beobachtend, sich mässigend einer
Sache sich enthalten, *abstinere.*
Virg. Aen. 2. 8: *a lacrimis.* Liv. 7.
20, 9: *ab oppugnatione urbium.*
Unten c. 33, 7: *neque sibi homines
feros – temperaturos, quin —.*

6. *diem* = eine bestimmte Frist.
40, 14: *in longiorem diem collatu-
rus fuisset. — ad Idus.* 6. 33, 5: *ad
eundem diem revertantur.* B. C. 2.
19, 1: *ad quam diem magistratus
sibi esse praesto vellet.*

8. 1. *ea legione militibusque.*
Der Ablativ, wie im Griechischen
der Dativ, von Truppen, Soldaten
und dergl., die dann nur als Kriegs-
mittel und Werkzeuge aufgefasst
werden. — *a lacu Lemanno – murum perducit.* Der Erdwall (denn
an eine Mauer ist nicht zu denken)
ging auf dem linken allobrogischen
Ufer vom südlichen Ende des See's
längs der Rhone bis dahin, wo beim
Fort de l'Ecluse der Jura das rechte
Ufer berührt. — *qui in flumen Rh.
influit.* Die Rhone fliesst durch den
Genfersee hindurch; wenn daher C.
nach der Lesart der Handschriften

vom Ausfluss des Flusses aus dem
See sagt, dass dieser in den Fluss
fliesst, so beruht dies allerdings auf
eigenthümlicher Auffassung oder
nachlässiger Ausdrucksweise, wie
wir sie in geographischen Angaben
auch sonst bei Caes. finden. S. den
critischen Anhang. — *decem novem*
der gewöhnlichen Regel widerspre-
chende Stellung der Zahlbegriffe;
ebenso Liv. 10. 21. 34. 10: *decem
octo.* Vgl. unten 7. 9, 3: *fossam
pedum denum quinum.*

2. *castella* sind aus der Verschanzungslinie hervorspringende Bastio-
nen, Redouten. S. Kriegsw. § 29.
7. — *si conarentur – possit.*
Ueber den Coni. Imperf. für den Ind.
Fut. der directen Rede s. zu 3.
11, 5.

3. *ulli* selten substantivisch, häufiger *ullius* und *ullo.*

4. *Helvetii – alii.* Der Hauptmasse, die auf Schiffbrücken und
Flüssen übersetzte (*Helvetii*), werden noch andere, wenigere entgegengesetzt, die durchzuwaten versuchten. Daher nicht *Helvetiorum alii
– alii. — si* (= ob) *possent, conati.*

operis munitione et militum concursu et telis repulsi hoc conatu
9 destiterunt. Relinquebatur una per Sequanos via, qua Sequanis
2 invitis propter augustias ire non poterant. His cum sua sponte
persuadere non possent, legatos ad Dumnorigem Haeduum mit-
3 tunt, ut eo deprecatore a Sequanis impetrarent. Dumnorix gratia
et largitione apud Sequanos plurimum poterat, et Helvetiis erat
amicus, quod ex ea civitate Orgetorigis filiam in matrimonium
duxerat, et cupiditate regni adductus novis rebus studebat et quam
4 plurimas civitates suo beneficio habere obstrictas volebat. Itaque
rem suscipit et a Sequanis impetrat, ut per fines suos Helvetios
ire patiantur, obsidesque uti inter sese dent, perficit. Sequani,
ne itinere Helvetios prohibeant, Helvetii, ut sine maleficio et in-
10 iuria transeant. Caesari renuntiatur, Helvetiis esse in animo, per
agrum Sequanorum et Haeduorum iter in Santonum fines facere,
qui non longe a Tolosatium finibus absunt, quae civitas est in
2 provincia. Id si fieret, intellegebat magno cum periculo provinciae futurum, ut homines bellicosos, populi Romani inimicos, lo-
3 cis patentibus maximeque frumentariis finitimos haberet. Ob eas
causas ei munitioni, quam fecerat, T. Labienum legatum praefecit; ipse in Italiam magnis itineribus contendit duasque ibi
legiones conscribit et tres, quae circum Aquileiam hiemabant, ex

---

2. 9, 1: *si nostri transirent, exspectabant.*

9. 1. *Relinquebatur – poterant.*
Denn sie mussten durch die Engpässe zwischen dem rechten Rhoneufer und dem bis an dasselbe heran-
laufenden Gebirge, wo die Sequaner
leicht den Durchzug hindern konnten. — *una*: nur der eine Weg. S.
zu 3. 17, 5.

2. *sua sponte* hier = auf eigene
Hand, *per se*: 5. 28, 1. B. C. 3. 11,
4. — *eo deprecatore.* Durch seine
Fürsprache wollten sie die Zurückweisung abwenden. Das Obiect zu *impetrare* ergiebt sich aus
dem Zusammenhange.

3. *gratia* = Beliebtheit, Gunst,
in der er stand.

10. 1. *renunciatur*: ausgesendete
Kundschafter meldeten es zurück;
renunt. überhaupt = in Folge eines
Auftrags melden, oder etwas Ge-
hörtes (Geschehenes c. 22, 4. 4. 21,
9) wiedersagen, so dass es seine Bedeutung behält. (Vergl. *resciscere*
= etwas, besonders heimlich und
unerwartet Geschehenes wiederer-
fahren c. 28, 1).

*non longe a Tolosatium finibus
absunt.* Caesar hatte keinen Rechts-
grund, den Helv. den Zug durch die
Jurapässe und das Land der Sequaner zu verbieten; er sucht daher
seinen Entschluss, die Grenzen seiner Provinz und somit seine Vollmacht zu überschreiten, als nothwendig zum Schutz der Provinz darzustellen; übertreibt er nun auch
deswegen die Gefahr absichtlich etwas, indem er die Grenzen der Santones an der Westküste von Aquitanien (Saintonge) der Provinz etwas
näher rückt, so war doch immerhin
die Einwanderung für dieselbe bedenklich, zumal bei der Unsicherheit der Grenzen: *locis patentibus*:
weder durch Berge noch durch Befestigungen geschützt.

3. *in Italiam*: das diesseitige

hibernis educit et, qua proximum iter in ulteriorem Galliam per
Alpes erat, cum his quinque legionibus ire contendit. Ibi Cen- 4
trones et Graioceli et Caturiges locis superioribus occupatis itinere exercitum prohibere conantur. Compluribus his proeliis 5
pulsis ab Ocelo, quod est citerioris provinciae extremum, in fines
Vocontiorum ulterioris provinciae die septimo pervenit; inde in .
Allobrogum fines, ab Allobrogibus in Segusiavos exercitum ducit.
Hi sunt extra provinciam trans Rhodanum primi. Helvetii iam 11
per angustias et fines Sequanorum suas copias traduxerant et
in Haeduorum fines pervenerant eorumque agros populabantur.
Haedui, cum se suaque ab iis defendere non possent, legatos ad 2
Caesarem mittunt rogatum auxilium: Ita se omni tempore de po- 3
pulo Romano meritos esse, ut paene in conspectu exercitus nostri agri vastari, liberi eorum in servitutem abduci, oppida expugnari non debuerint. Eodem tempore Haedui Amharri, ne- 4
cessarii et consanguinei Haeduorum, Caesarem certiorem faciunt,

Gallien, Oberitalien, *citerior provincia* § 5. Aquileia war stark befestigt gegen die Gallier und Illyrier, weswegen auch einige Legionen dort standen. Die Winterquartiere waren gewöhnlich nicht in den
Städten, daher *circum Aqu. – duasque legiones conscr. et tres – educit.* Vier Legionen waren ihm vom
Senate übergeben, die c. 7, 2 erwähnte und die 3 in Aquileia stehenden, zwei hebt er aus eigener
Machtvollkommenheit aus, so dass
er gleich im Anfang des Kriegs 6
Legionen hat. S. Einl. p. 28 u. 29.

proximum iter: über die Graischen Alpen und den kleinen St.
Bernhard und dann von Ocëlum über
die Alpis Cottia (*Mont Genèvre*) in
das südöstliche Gallien, die *fines
Vocontiorum ulterioris provinciae*
= qui sunt oder quae est civitas ult.
prov. Von Aquileia bis zu den Se-
gusiaven hatte C. 80 geogr. Meilen
zurückzulegen.

5. *compluribus his proeliis pulsis.* Dergleichen Zusammenstellun-
gen gleicher Casus von verschiedener Beziehung sind häufig bei C. S.
zu 3. 6, 3: *copiis fusis armisque
exutis.* 7. 73, 2: *truncis arborum*

admodum firmis ramis abscissis. —
extra provinciam. Wie er oben
Legionen selbstständig aushebt, so
geht er auch jetzt ohne Auftrag des
Senats über seine Provinz hinaus.
Die Klagen und Bitten der Hädner
und Allobroger sind ihm ein zweiter
willkommener Grund, sich nicht auf
die Bewachung seiner Grenzen zu
beschränken.

11. 1. *per angustias* c. 6, 1. 9, 1.
3. *Ita se – meritos esse.* Strabo
4. p. 192: συγγενεῖς ᾽Ρωμαίων
ὠνομάζοντο καὶ πρῶτοι τῶν ταύ-
τῃ προσῆλθον πρὸς τὴν φιλίαν
καὶ συμμαχίαν. Schon im J. 121
v. Chr. heissen sie *amici populi Romani* Liv. Epit. 61. S. unten c. 31,
7. 33, 2: *fratres et consanguinei* (vielleicht von einer fingirten
Abstammung von den Troern, deren
auch die Arverner sich rühmten).
Tac. Ann. 11, 25: *soli Gallorum
fraternitatis nomen cum populo R.
usurpant.* Cic. Fam. 7. 10: *fratres
nostri Haedui.* — *liberi eorum.*
Auch hier, wie c. 6, 3, verlässt C.
den Standpunkt des Subiects (*liberos suos*) und spricht von seinem
eigenen aus.

4. *Haedui Ambarri.* Hat C. so

sese depopulatis agris non facile ab oppidis vim hostium pro-
5 hibere. Item Allobroges, qui trans Rhodanum vicos possessiones-
que habebant, fuga se ad Caesarem recipiunt et demonstrant,
6 sibi praeter agri solum nihil esse reliqui. Quibus rebus adductus
Caesar non exspectandum sibi statuit, dum omnibus fortunis so-
· ciorum consumptis in Santonos Helvetii pervenirent.

12 Flumen est Arar, quod per fines Haeduorum et Sequanorum in Rhodanum influit incredibili lenitate, ita ut oculis, in
utram partem fluat, iudicari non possit. Id Helvetii ratibus ac
2 lintribus iunctis transibant. Ubi per exploratores Caesar certior
factus est, tres iam copiarum partes Helvetios id flumen tradu-
xisse, quartam fere partem citra flumen Ararim reliquam esse,
de tertia vigilia cum legionibus tribus e castris profectus ad eam
3 partem pervenit, quae nondum flumen transierat. Eos impeditos
et inopinantes aggressus magnam partem eorum concidit: reliqui

geschrieben (man wollte eodem temp., quo *Haedui, Amb.* lesen, oder *Haedui* streichen), so müssen die Ambarri, die nicht zu den Häduern gehörten (s. c. 14, 3), wegen der freundschaftlichen und verwandtschaftlichen Verbindung so genannt worden sein, eine Bezeichnung, für die sich sonst keine Beispiele finden. — *depopulatis* passivisch, wie in klassischer Prosa (die *depopulo* nicht hat) nur das Part. Perf. mehrerer Deponentia oft gebraucht wird; s. 7. 77, 14.

6. *Santonos*, so 3. 11, 5. 7. 75, 3. Dagegen oben c. 10, 1: *Santonum* von *Santones*. Aehnlich *Teutoni* 1. 33, 4 und *Teutones* 7. 77, 12 u. a.

12. 1. *Flumen est Arar*, eine bei C. sehr beliebte Einfachheit der Verbindung und des Uebergangs; c. 43, 1. 2. 9, 1. 7. 19, 1. B. C. 3. 112, 1. — *quod*. Das Relat. wird von Caes. in solchen Verbindungen meist auf das Appellativum bezogen. 2. 5, 4. 2. 9, 3. Anders oben c. 2, 3. — Den Uebergang über die Saone nehmen die meisten bei Macon, Napoleon bei Chalons sur Saone, Göler (Cäsars Gall. Krieg p. 15) oberhalb Lyon zwischen Trevoux u. Ville-franche an.

2. *per exploratores*. S. Kriegsw. § 22 Anm. — *de tertia vigilia*. De von der Zeit, um anzugeben, dass von einem Zeitraume erst ein Theil verflossen ist, die Handlung also noch in diese Zeit fällt = noch während der 3. Nachtwache, d. h. zwischen 12 u. 3 Uhr Morgens; so *de media nocte* (7. 45, 1), *multa de nocte*: mitten in der Nacht, noch geraume Zeit vor Tagesanbruch, *de die*: schon am Tage. Die Nacht vom Sonnenuntergange bis zum Aufgange war in vier gleiche Theile getheilt, 2 vor und 2 nach Mitternacht. — *e castris*: im Gebiete der Segusiavi, c. 10, 5, nicht weit von Lyon.

3. *eos aggressus magnam partem eorum conc.*, in minder concinner Satzform das Object des Participiums wegen des Hinzutretens eines neuen Objects des Hauptverb. durch ein Pronomen wiederholt. S. c. 54, 1. 2. 10, 2. 11, 4. 23, 1. 3. 19, 4. B. C. 2. 38, 5: *hos adorti, magnum eorum numerum interficiunt.* Vergl. dagegen B. C. 3. 67, 4: *celeriter aggressus Pompeianos ex vallo deturbavit.* — *impeditos*: durch ihr Gepäck beschwert und mit dem Uebergange beschäftigt.

sese fugae mandarunt atque in proximas silvas abdiderunt. Is 4
pagus appellabatur Tigurinus: nam omnis civitas Helvetia in quattuor pagos divisa est. Hic pagus unus, cum domo exisset patrum 5
nostrorum memoria, L. Cassium consulem interfecerat et eius
exercitum sub iugum miserat. Ita sive casu sive consilio deorum 6
immortalium, quae pars civitatis Helvetiae insignem calamitatem
populo Romano intulerat, ea princeps poenas persolvit. Qua in 7
re Caesar non solum publicas, sed etiam privatas iniurias ultus
est, quod eius soceri L. Pisonis avum, L. Pisonem legatum, Tigu-
rini eodem proelio, quo Cassium, interfecerant.

Hoc proelio facto reliquas copias Helvetiorum ut consequi 13
posset, pontem in Arare faciendum curat atque ita exercitum
traducit. Helvetii repentino eius adventu commoti, cum id, quod 2
ipsi diebus xx aegerrime confecerant, ut flumen transirent, illum
uno die fecisse intellegerent, legatos ad eum mittunt; cuius legationis Divico princeps fuit, qui bello Cassiano dux Helvetiorum
fuerat. Is ita cum Caesare egit: Si pacem populus Romanus cum 3
Helvetiis faceret, in eam partem ituros atque ibi futuros Helvetios,
ubi eos Caesar constituisset atque esse voluisset; sin bello perse- 4
qui perseveraret, reminisceretur et veteris incommodi populi Romani et pristinae virtutis Helvetiorum. Quod improviso unum 5
pagum adortus esset, cum ii, qui flumen transissent, suis auxi-

---

4. *is pagus* = ea pars Helvetiorum; denn mit dem Nebenbegriff
der Bewohner wird *pagus*, Gau,
Canton, öfter von C. gebraucht: c.
13, 5. 37, 3.

5. *L. Cassium*, c. 7, 4; von ihm
bellum Cassianum c. 13, 2. — *sub
iugum*: c. 7, 4.

7. *eius* (Caesaris) *soceri L. Pisonis*, des c. 6, 4 erwähnten Consuls
von 58, dessen Tochter Calpurnia
er ein Jahr vorher geheirathet hatte.
— Plut. Caes. 18 und App. Celt. 1.
3 berichten, dass nicht Caesar, sondern Labienus die Tiguriner besiegt
habe. Es ist ebenso unwahrscheinlich, dass Caes. bei dem ersten Zusammentreffen mit dem Feinde, dem
er noch dazu eine so grosse persönliche Bedeutung beilegt, den Legaten
(der nach c. 10 bei Genf zurückgelassen worden war) habe eintreten lassen, als dass er in so auffäl-

liger Weise eine Thatsache, die hinlänglich bekannt sein musste, zu
verfälschen wagen konnte. Es ist
daher kein Zweifel, dass jene abweichende Nachricht falsch ist.

13. 2. *ut flumen tr.*: c. 5, 1.

4. *sin perseveraret* näml. Caesar,
mit Wechsel des Subiects, der an
sich bes. in lebhafter Rede nicht
selten, hier, wo C. eben vorherge-
gangen ist und überhaupt eine Rede
an ihn referirt wird, um so weniger
auffallend ist. — *incommodi* = cla-
dis Cassianae der mildere Ausdruck
im Gegensatz zu der unten gedroh-
ten *calamitas* und *internicio*.

5. *quod adortus esset. Quod* steht
häufig in Beziehung auf einen folgenden Satz in der Bedeutung: was
das betrifft, dass — oder kürzer:
'dass aber' oder 'wenn aber'. S.
c. 36, 6. 44, 6 u. 9. Zumpt § 627.

lium ferre non possent, ne ob eam rem aut suae magnopere vir-
6 tuti tribueret aut ipsos despiceret. Se ita a patribus maioribusque suis didicisse, ut magis virtute quam dolo contenderent, aut
7 insidiis niterentur. Quare ne committeret, ut is locus, ubi constitissent, ex calamitate populi Romani et internicione exercitus
14 nomen caperet aut memoriam proderet. His Caesar ita respondit: Eo sibi minus dubitationis dari, quod eas res, quas legati
Helvetii commemorassent, memoria teneret, atque eo gravius
2 ferre, quo minus merito populi Romani accidissent: qui si alicuius iniuriae sibi conscius fuisset, non fuisse diflicile cavere;
sed eo deceptum, quod neque commissum a se intellegeret, quare
3 timeret, neque sine causa timendum putaret. Quod si veteris
contumeliae oblivisci vellet, num etiam recentium iniuriarum,
quod eo invito iter per provinciam per vim temptassent, quod
Haeduos, quod Ambarros, quod Allobrogas vexassent, memoriam
4 deponere posse? Quod sua victoria tam insolenter gloriarentur,

Dass hier die Verbindung *ob eam rem*, *quod* = er solle nicht darauf so stolz sein, dass er —, nicht anwendbar ist, zeigt die Stellung von *ob eam rem*. — *ne magnopere virtuti tribueret*. *Tribuere* absolut gebraucht, daher nicht mit einem Acc. wie *multum*, *aliquid* (7. 23, 1), sondern mit einem Adverb. verbunden = auf etwas Werth legen, pochen. Schneid. vergl. Cic. Fam. 13. 9: *cum ordini publicanorum semper liberalissime tribuerim* = honorem habuerim. Tac. Ann. 1. 7: *dabat famae*: er gab auf den Ruf. Aehnlich das folgende *ita didicisse* = ita institutos esse, wie c. 14, 7. — Ueber *ut magis – niterentur* s. den Anhang.

7. *ubi constitissent*: Helvetii. Drohung, dass sie ohne Kampf nicht weichen würden. — *committere ut*: verschulden, Veranlassung geben, dass —; vergl. c. 46, 3. — *memoriam proderet* = memoriam calamitatis ad posteros propagaret. Mit dieser prahlenden Antwort, die eine Verständigung unmöglich machte, vergleiche die des Ariovist c. 36, 6. (Aehnlich die nach Italien kommenden Gallier Liv. 5. 36.)

14. 1. *His* sc. legatis (wie c. 34, 2: *ei legationi respondit*) nicht Neutrum, in welchem Falle C. *ad haec* gesagt haben würde, wie c. 36, 1. 2. 32, 1. u. ö. — *Eo – dari*: er könne um so weniger sich bedenken, wie er sich zu entscheiden habe. — *legati Helvetii*. Die Manchen auffällige Hinzufügung des Subiects ist durch die Form der indirecten Rede, in der C. am meisten nach Deutlichkeit strebt, veranlasst. Gerade die Erinnerung der helvetischen Gesandten an die Niederlage durch die Helvetier hatte bei ihm die entgegengesetzte Wirkung. — *eo gravius ferre* ohne Subiectsaccus. s. zu c. 7, 3. — *merito* = Verschulden. Liv. 40. 15: *nullo meo in se merito*: ohne dass ich etwas verschuldet habe.

2. *si alicuius* 'wenn auch nur irgend eines Unrechts'. (Zumpt § 708. Madv. 493. Anm. 1). — *commissum*, *quare* = propter quod, woraus sich zugleich das Subiect zu *commissum* ergiebt. Ueber *quare* s. c. 33, 2.

3. *eo invito* c. 6, 3. 11, 3. — *num – posse*. In der oratio obliqua werden Fragen durch den Accus. cum

quodque tam diu se impune tulisse iniurias admirarentur, eodem
pertinere. Consuesse enim deos immortales, quo gravius homines 5
ex commutatione rerum doleant, quos pro scelere eorum ulcisci
velint, his secundiores interdum res et diuturniorem impunitatem
concedere. Cum ea ita sint, tamen, si obsides ab iis sibi dentur, 6
uti ea, quae polliceantur, facturos intellegat, et si Haeduis de iniuriis, quas ipsis sociisque eorum intulerint, item si Allobrogibus
satisfaciant, sese cum iis pacem esse facturum. Divico respondit: Ita Helvetios a maioribus suis institutos esse, uti obsides 7
accipere, non dare consuerint: eius rei populum Romanum esse
testem. Hoc responso dato discessit. Postero die castra ex eo 15
loco movent. Idem facit Caesar equitatumque omnem ad numerum quattuor milium, quem ex omni provincia et Haeduis atque
eorum sociis coactum habebat, praemittit, qui videant, quas in

---

Inf. ausgedrückt, wenn in der directen Rede die erste oder dritte
Person stehen würde = *si volo, num
possum?* 5. 28, 6: *quid esse levius?*
= *quid est levius?* Dagegen durch
den Coniunctiv, wenn in der directen Rede die zweite Person
steht: c. 40, 4: *quid tandem vererem-
tur?* direct: *quid veremini?* Das bei
der ersten Person den Redenden bezeichnende *se* wird oft, wie hier,
weggelassen. Madvig § 405. —
Ueber *Allobrogas* s. c. 26, 6.

4. *quodque tam diu se* (Helvetios) *imp. tul. iniur. adm.* Wenn
dies auch Divico oben nicht ausgesprochen hat, so findet es doch C.
durch eine rhetorische Wendung
eben in jener stolzen Ueberhebung,
die darin, dass sie so lange, seit
jener Niederlage der Römer, ungestraft geblieben (*impune tulisse
iniurias*), ihren Grund hat.

eodem pertinere, 'gehöre eben
dahin,' näml. zu dem, was ihn auffordern müsse, gegen sie zu verfahren; zwei Gründe sind schon genannt. Der Zusammenhang ist: Da
die Götter, um die Menschen durch
den Wechsel des Glücks empfindlicher zu strafen, denen, die sie
strafen wollen, zuweilen dauerndes
Glück gewähren, so scheine, je

sicherer sie sich fühlten, und je
länger sie ungestraft geblieben, die
Strafe um so näher: ein Grund mehr,
nicht zu zögern. Dennoch wolle er
u. s. w. Der Gedanke findet sich
oft bei den Alten. Vergl. unter andern πολλοῖς ὁ δαίμων οὐ κατ'
εὔνοιαν φέρων Μεγάλα δίδωσιν
εὐτυχήματ', ἀλλ' ἵνα Τὰς συμφο-
ρὰς λάβωσιν ἐπιφανεστέρας (Ari-
stot. Rhet. 2, 23). Aehnlich Hirtius
B. Alex. 25, 4: *fortuna, quae plerumque eos, quos beneficiis ornavit,
ad duriorem casum reservat.*

6. *quae polliceantur,* c. 13, 3.

7. *eius rei pop. Rom. esse testem,*
s. zu c. 7, 4.

Man beachte in diesem Cap. den
bei C. häufigen Wechsel der Tempora in fortlaufender Orat. obl. In
dem allgemeinen Gedanken § 5 findet der Uebergang zum Praes. *doleant, velint* leicht Erklärung.

15. 1. Es darf nicht auffallen,
dass die Helvetier nach jenen Dro-
hungen (c. 13, 7) fortziehen. Darin
liegt eben der Trotz, dass sie, ohne
auf Caesars Erklärung zu achten,
sofort weiterziehen. — *equitatum
omnem - coactum habebat.* Caesar
hatte keine römische Reiterei in
Gallien. S. Kriegsw. § 10. — *ad
num.* s. zu c. 4, 2.

2 partes hostes iter faciant. Qui cupidius novissimum agmen inse-
. cuti alieno loco cum equitatu Helvetiorum proelium committunt;
3 et pauci de nostris cadunt. Quo proelio sublati Helvetii, quod
quingentis equitibus tantam multitudinem equitum propulerant,
. audacius subsistere nonnumquam et novissimo agmine proelio
4 nostros lacessere coeperunt. Caesar suos a proelio continebat ac
satis habebat in praesentia hostem rapinis, pabulationibus po-
5 pulationibusque prohibere. Ita dies circiter quindecim iter fecerunt, uti inter novissimum hostium agmen et nostrum primum
16 non amplius quinis aut senis milibus interesset. Interim cotidie
Caesar Haeduos frumentum, quod essent publice polliciti, flagi-
2 tare. Nam propter frigora, quod Gallia sub septentrionibus, ut
ante dictum est, posita est, non modo frumenta in agris matura
non erant, sed ne pabuli quidem satis magna copia suppetebat:
3 eo autem frumento, quod flumine Arare navibus subvexerat,
propterea minus uti poterat, quod iter ab Arare Helvetii averte-

2. *alieno loco* = iniquo: es war
gebirgiges Terrain. Sall. Iug. c. 54,
8: *qui sua loca defendere nequive-
rant, in alienis bellum gerere.* —
et pauci cadunt = und da. B. C. 3.
9, 5: *iamque hiems appropinquabat,
et — Octavius se recepit.* — *pauci*
= einige wenige; die übrigen waren
entflohen: c. 16, 10.

3. *nonnumquam*, von einigen Erklärern nur zum Folgenden gezogen,
wodurch *et* = etiam wäre, wie es
C. nicht braucht, gehört auch zu
subsistere. — *novissimo agmine*,
wie vorher *quingentis equitibus*, s.
zu c. 8, 1. — *in praesentia* = für
jetzt.

5. *non amplius quinis - milibus
interesset.* Man sagt *amplius* (plus,
minus) *quinque milia intersunt,*
ohne Einfluss des *amplius* auf den
Casus (8. 10, 4: *non amplius erant
quingenti*), oder *interest amplius
qu. milibus*, indem, wenn die Zah-
lengrösse Nominativ oder Accus.
ist, *amplius* als Nomin. oder Accus.
stehen und, wie andere Compara-
tive, die Grösse im Ablat. zu sich
nehmen kann; vergl. unten c. 23, 1.
2. 7, 4. — Warum steht die Distributivzahl?

16. 1. *quod essent publice poll.*
'was sie von Staatswegen, im Namen
des Staats (nicht *singuli privatim*)
versprochen hätten'. — *flagitare.*
Ueber den Inf. histor. s. Zumpt §
599. Anm. Madv. 392.

2. *frigora*: anhaltende Kälte oder
kaltes Klima, bei welchem in jener
Jahreszeit das Getreide in Gallien
noch nicht reif sein konnte. Ueber
den Plural s. zu 5. 12, 6. Ueber
das Klima Galliens s. den geograph.
Index unter Gallia. — *ut ante dictum est*: c. 1, 5. Bei Verweisungen
auf Vorhergehendes braucht C. entweder diesen (oder einen ähnlichen)
unpersönlichen Ausdruck oder den
den Begriff der Persönlichkeit ab-
schwächenden Plural: *ut supra diximus* u. ähnl., nicht *ut - dixi*, weil
im historischen Stil die Person des
Erzählers nicht in den Vordergrund
zu treten hat. Doch findet sich 2.
24, 1 *quod - dixeram*, 4. 27, 2 *quem
demonstraveram.* — *frumenta.* So
immer im Plural von dem Getreide
auf dem Felde; s. c. 40, 11. B. C.
1. 49, i. 3. 81, 3.

3. *iter averterant*: sie hatten sich
nordwestlich in das Loire-Thal gewendet.

rant, a quibus discedere nolebat. Diem ex die ducere Haedui: 4
conferri, comportari, adesse dicere. Ubi se diutius duci intellexit 5
et diem instare, quo die frumentum militibus metiri oporteret,
convocatis eorum principibus, quorum magnam copiam in castris
habebat, in his Divitiaco et Lisco, qui summo magistratui praeerat, quem vergobretum appellant Haedui, qui creatur annuus et
vitae necisque in suos habet potestatem, graviter eos accusat, 6
quod, cum neque emi neque ex agris sumi posset, tam necessario
tempore, tam propinquis hostibus ab iis non sublevetur; praesertim cum magna ex parte eorum precibus adductus bellum
susceperit, multo etiam gravius, quod sit destitutus, queritur.
Tum demum Liscus oratione Caesaris adductus, quod antea ta- 17
cuerat, proponit: Esse nonnullos, quorum auctoritas apud plebem plurimum valeat, qui privatim plus possint quam ipsi ma-

4. *diem ex die ducere.* Das Obiect zu *ducere* kann allerdings *diem*
sein, wie *diem ex die proferre, dif-
ferre, extrahere, prolatare,* aber sicherlich auch entweder *Caesarem,*
wie nachher *se duci,* oder die Sache
selbst, die Getreidelieferung (7. 11,
4: *longius eam rem ductum iri*),
zumal wenn man die Worte mit dem
Anfang des Cap., von dem sie durch
eine Abschweifung getrennt sind,
in Zusammenhang setzt = sie zogen es einen Tag nach dem andern
hin. Der Accus. *diem* ist dann un-
abhängiger Casus der Zeitbestimmung, wie Liv. 5. 48, 6 *diem de die
prospectans* = Tag für Tag in die
Ferne blickend, erklärt werden muss.
(Die Kürze passt ganz zu der gewählten Form der Rede, wie auch
nachher *conferri* ohne Subiectsaccusativ). — Ueber die Saumseligkeit
der Häduer klagt C. auch 7. 17, 2.
Es hatte sich die nationale, Rom
feindliche Partei geregt.

conferri, comportari. Gewöhnlich unterschieden durch 'Lieferung
von Einzelnen' und 'Ablieferung
der gesammelten Masse an Caes.'
Jedenfalls soll durch die Häufung
der Worte der angebliche Eifer bezeichnet werden.

5. *metiri* vom Zumessen der mo-
natlichen Ration (*menstruum,* Liv.
44. 2), 4 röm. Scheffel Waizen für
den Fusssoldaten, 12 Scheffel Waizen und 42 Scheffel Gerste für den
Reiter. — Es ist nicht nöthig, *metiri* als Passiv. zu fassen, da C.,
wenn er auch sonst immer den Acc.
c. Inf. bei *oportet* braucht, hier (wie
c. 23, 1), wo die ausdrückliche Angabe des Subiects nicht nöthig ist,
den blossen Infinitiv setzen konnte.
— *vergobretus* aus dem celtischen
guerg = efficax und *breth (breath)*
= indicium, also = iudicium exse-
quens [Zeuss Gramm. celt. p. 825]
'der Rechtwirker' Mommsen Röm.
Gesch. 3. 221.

6. *cum posset.* Wenn dem von
einem histor. Präs. abhängigen Satze
ein anderer Nebensatz untergeordnet ist, so steht in diesem häufig der
Coniunct. Impf. — *tam necessario
tempore*: bei solchem Drange der
Zeit, wie *necessarius* mehrmals bei
C. = drängend, nöthigend, Noth herbei führend. 7. 32, 3. 40, 4; s. zu
c. 17, 6. — Ueber die Worte *praesertim cum - queritur* s. den Anhang.

17. 1. *proponit*: bringt vor. —
privatim: in dem Verhältnisse als
Privatleute, dem Sinne nach = privati. S. zu 3. 2, 3. Liv. 6. 41: *et*

2 gistratus. Hos seditiosa atque improba oratione multitudinem
3 deterrere, ne frumentum conferant, quod praestare debeant: si
iam principatum Galliae obtinere non possint, Gallorum quam
4 Romanorum imperia praeferre, neque dubitare [debeant], quin,
si Helvetios superaverint Romani, una cum reliqua Gallia Hae-
5 duis libertatem sint erepturi. Ab eisdem nostra consilia quaeque
in castris gerantur hostibus enuntiari: hos a se coërceri non
6 posse. Quin etiam, quod necessariam rem coactus Caesari enun-
tiarit, intellegere sese, quanto id cum periculo fecerit, et ob eam
18 causam, quam diu potuerit, tacuisse. Caesar hac oratione Lisci
Dumnorigem, Divitiaci fratrem, designari sentiebat, sed, quod
pluribus praesentibus eas res iactari nolebat, celeriter concilium
2 dimittit, Liscum retinet. Quaerit ex solo ea, quae in conventu
3 dixerat. Dicit liberius atque audacius. Eadem secreto ab aliis
quaerit; repperit esse vera: Ipsum esse Dumnorigem, summa
audacia, magna apud plebem propter liberalitatem gratia, cupidum rerum novarum. Compluris annos portoria reliquaque omnia
Haeduorum vectigalia parvo pretio redempta habere, propterea
4 quod illo licente contra liceri audeat nemo. His rebus et suam
rem familiarem auxisse et facultates ad largiendum magnas com-

*privatim auspicia habeamus, quae
ne in magistratibus quidem habent.*
Zur Sache s. zu c. 3, 4.

3. *praeferre, neque dubitare,* als
Meinung der *nonnulli* (*s e praeferre*),
die zugleich massgebend für die Häduer sein und ihr Verfahren bestimmen soll. (Dies hat man durch *debeant* bezeichnen wollen.) Vergl.
7. 14, 10. S. den Anhang.

4. *superaverint* für den Conianct.
Fut. exact. (Zumpt § 496. 5). —
una cum reliqua Gallia = *et* und dem
Dativ, während sonst *una cum* gewöhnlich nur für *et* mit dem Nomin.
oder Accus. steht.

6. *necessariam rem* (gewöhnliche
Lesart: *necessario rem coactus*),
'dass er eine dringende Sache, die
er dem C. sagen musste, gezwungen
verrathen habe', so c. 39, 3: *causa
ad proficiscendum necessaria.* B.
C. I. 40, 5: *necessaria re coactus*
(wie man auch hier hat schreiben
wollen). Der Ausdruck entspricht
ganz der Gesinnung; die Liscus

zeigt.

18. 1. *iactare*: hin und her, ausführlich besprechen. — *conc. dimittit, Lisc. retinet.* Das zwischen beiden Sätzen obwaltende Gedanken-
verhältniss (Gegensatz) durch blosse
Gegenüberstellung, nicht durch eine
Partikel (aber) ausgedrückt: ad-
versatives Asyndeton. — *dicit*: Liscus.

3. *ipsum esse Dumnorigem.* Bestätigung der Vermuthung des C. =
eben jener *Dumn.*, *quem designari
sentiebat.* — *summa audacia* Apposition zu *Dumnorigem*; doch ist
der Ablat. ohne einen vorausgehenden allgemeinen Gattungsnamen
(*vir*, *homo*) angefügt. S. 2. 6, 4.
Ebenso beim Genit. Qualit. 5. 35, 7.
Liv. 22. 60, 5: *Manlius Torquatus,
priscae virtutis.* — *redempta habere*, nach Art der röm. Staatspäch-
ter, *publicani*, die die Einkünfte der
Provinzen in Pacht nahmen, *conducere, redimere publica.* — *audeat
nemo*: c. 7, 3.

parasse; magnum numerum equitatus suo sumptu semper alere 5
et circum se habere, neque solum domi, sed etiam apud finitimas 6
civitates largiter posse, atque huius potentiae causa matrem in
Biturigibus homini illic nobilissimo ac potentissimo collocasse,
ipsum ex Helvetiis uxorem habere, sororem ex matre et propin- 7
quas suas nuptum in alias civitates collocasse. Favere et cupere 8
Helvetiis propter eam affinitatem, odisse etiam suo nomine Caesarem et Romanos, quod eorum adventu potentia eius deminuta
et Divitiacus frater in antiquum locum gratiae atque honoris sit
restitutus. Si quid accidat Romanis, summam in spem per Hel- 9
vetios regni obtinendi venire; imperio populi Romani non modo
de regno, sed etiam de ea, quam habeat, gratia desperare. Repe- 10
riebat etiam in quaerendo Caesar, quod proelium equestre adversum paucis ante diebus esset factum, initium eius fugae factum
a Dumnorige atque eius equitibus (nam equitatui, quem auxilio
Caesari Haedui miserant, Dumnorix praeerat): eorum fuga reliquum esse equitatum perterritum. Quibus rebus cognitis, cum 19
ad has suspiciones certissimae res accederent, quod per fines
Sequanorum Helvetios traduxisset, quod obsides inter eos dandos
curasset, quod ea omnia non modo iniussu suo et civitatis, sed
etiam inscientibus ipsis fecisset, quod a magistratu Haeduorum
accusaretur, satis esse causae arbitrabatur, quare in eum aut ipse

6. *posse*, absolut (*potentem esse*);
daher mit einem Adverb. *largiter*
= in reichem Masse, selten in classischer Prosa; Bell. Afr. c. 72, 6:
*quibus ex rebus largiter erat con-
secutus*. S. zu 4. 21, 6: *liberaliter
pollicitus*.

7. *ex Helv. uxorem habere*: c. 3,
5. — *ex matre* = von mütterlicher
Seite. — *nuptum in alias civitat.
coll.*, wie *nuptum dare in* — mit dem
Begriff der Ortsveränderung, wie
auch wir sagen. Cic. p. Coel. 14:
*eum — in familiam clarissimam nup-
sisset*.

8. *suo nomine* 'für seine Person,
aus Privatrücksichten, nicht blos
des Staats und der Helv. wegen'.

9. *imperio pop. Romani*. Durch
einen Bedingungssatz aufzulösen
und dem *si quid accidat* (Euphemis-
mus für —?) entgegengesetzt. 2.
1, 4.

10. *initium eius fugae*. Da das
Reitertreffen durch die Flucht *adversum* geworden war (c. 15), lässt
er dem *proelium adversum* als bestimmter bezeichnende Wiederholung *eius fugae* entsprechen: was
das anlange, dass das Reitertreffen
unglücklich abgelaufen sei, so habe
den Anfang der (bei demselben vorgekommenen) Flucht Dumnorix gemacht. Die Satzform wie c. 13, 5:
*quod adortus esset, ne — ob eam
rem magnop. tribueret*. — *equestre
proelium adversum*. Das erste Ad-
ject. verbindet sich mit dem Subst.
zu einem Begriff = Reitertreffen.

19. 1. *quod traduxisset*: c. 9, 4.
Die Wiederholung des *quod* (Anaphora) zur Hervorhebung der einzelnen Strafgründe — in der Seele
des Caesar; daher der Coniunctiv.
— *inscientibus ipsis*: Caesare et civibus. — *a magistratu Haed.*, dem
Vergobreten Liscus, c. 16, 5. u. 17.

2 animadverteret aut civitatem animadvertere iuberet. His omnibus
rebus unum repugnabat, quod Divitiaci fratris summum in populum Romanum studium, summam in se voluntatem, egregiam
fidem, iustitiam, temperantiam cognoverat: nam, ne eius supplicio
3 Divitiaci animum offenderet, verebatur. Itaque prius, quam quicquam conaretur, Divitiacum ad se vocari iubet et cotidianis in-
terpretibus remotis per C. Valerium Procillum, principem Galliae
provinciae, familiarem suum, cui summam omnium rerum fidem
4 habebat, cum eo colloquitur: simul commonefacit, quae ipso
praesente in concilio Gallorum de Dumnorige sint dicta, et osten-
5 dit, quae separatim quisque de eo apud se dixerit. Petit atque
hortatur, ut sine eius offensione animi vel ipse de eo causa co-
20 gnita statuat, vel civitatem statuere iubeat. Divitiacus multis cum
lacrimis Caesarem complexus obsecrare coepit, ne quid gravius
2 in fratrem statueret: Scire se illa esse vera, nec quemquam ex eo
plus quam se doloris capere, propterea quod, cum ipse gratia
plurimum domi atque in reliqua Gallia, ille minimum propter
3 adolescentiam posset, per se crevisset; quibus opibus ac nervis
non solum ad minuendam gratiam, sed paene ad perniciem suam
uteretur. Sese tamen et amore fraterno et existimatione vulgi
4 commoveri. Quod si quid ei a Caesare gravius accidisset, cum
ipse eum locum amicitiae apud eum teneret, neminem existimaturum non sua voluntate factum; qua ex re futurum, uti totius
5 Galliae animi a se averterentur. Haec cum pluribus verbis flens
a Caesare peteret, Caesar eius dextram prendit; consolatus ro-
gat, finem orandi faciat; tanti eius apud se gratiam esse ostendit,

<hr>

3. *C. Valerium Procillum*: c. 47
u. 53. — *princeps.* S. zu c. 3. 4;
unten c. 53, 6: *homo honestissimus
Galliae provinciae.* — *cui omnium
rerum fidem habebat* = cuius fidei
omnes res credebat.

4. *simul* nicht an das vorhergehende *colloquitur* anzuschliessen (in
dem Sinne: er spricht mit ihm, und
zugleich, ausser dem, was er sonst
noch mit ihm sprach, erinnert er),
sondern mit dem folgenden *et ostendit* zu verbinden: Beides zusammen
ist Zweck und alleiniger Gegenstand
des Gesprächs.

5. *petit, ut* – *statuat* – *iubeat*
(Caesar). Eigenthümliche Kürze,
indem man bittet, dass man etwas
thue, oder dass etwas geschehe, was

nur durch Zugeständniss des Gebe-
tenen möglich wird, also = dass er
selbst gegen ihn erkennen dürfe.
B. C. 1. 26, 3: *ut ipse* (Caesar) *cum
Pompeio colloqueretur, postulat.*
Cic. p. Sest. 32, 69, *ut dicerent, fla-
gitabant* (= dicere liceret). Nipperdey zu Nep. Epam. 4, 4: *cum roga-
ret ut exiret* = per eum exire liceret. Ein wesentlicher Theil der Bitte
liegt übrigens in *sine eius offensione
animi* = ohne ihn in seinem Herzen
zu kränken, s. § 2; *offensione animi*
als ein Begriff zu denken, von dem
dann *eius* (Divitiaci) abhängt.

20. 3. *nervi* = vires, potentia.
Cic. Phil. 15. 12: *experietur senatus nervos atque vires.*

uti et rei publicae iniuriam et suum dolorem eius voluntati ac precibus condonet. Dumnorigem ad se vocat, fratrem adhibet; **6** quae in eo reprehendat, ostendit; quae ipse intellegat, quae civitas queratur, proponit; monet, ut in reliquum tempus omnes suspiciones vitet; praeterita se Divitiaco fratri condonare dicit. Dumnorigi custodes ponit, ut, quae agat, quibuscum loquatur, scire possit.

Eodem die ab exploratoribus certior factus hostes sub monte **21** consedisse milia passuum ab ipsius castris octo, qualis esset natura montis et qualis in circuitu ascensus, qui cognoscerent, misit. Renuntiatum est facilem esse. De tertia vigilia Titum Labie- **2** num, legatum pro praetore, cum duabus legionibus et iis ducibus, qui iter cognoverant, summum iugum montis ascendere iubet; quid sui consilii sit, ostendit. Ipse de quarta vigilia eodem iti- **3** nere, quo hostes ierant, ad eos contendit equitatumque omnem ante se mittit. P. Considius, qui rei militaris peritissimus habe- **4** batur et in exercitu L. Sullae et postea in M. Crassi fuerat, cum exploratoribus praemittitur. Prima luce, cum summus mons a **22** Labieno teneretur, ipse ab hostium castris non longius mille et

5. *iniuriam – eius voluntati condonet* = dass er die Unbill des Dumn. gegen den Staat dem Wunsche und der Fürbitte des Div. gleichsam schenke, also nicht räche, ungestraft lasse, wie nachher *praeterita Divitiaco condonare*.

6. *adhibere*, zur Unterredung ziehen. – *intellegat* = sciat. — *custodes* = heimliche Beobachter.

Dass Caes. den Dumnor. so mild behandelt, hat wohl neben der Rücksicht auf den Divitiacus besonders darin seinen Grund, dass er sah, seine Bestrafung würde die Häduer und alle Gallier erbittern. Später verfuhr er anders: 5. 7, 7.

21. 1. *ab exploratoribus.* S. Kriegsw. § 22 Anm.

2. *legatum pro praetore*: Titel der Legaten als Stellvertreter des Feldherrn, den hier Labienus, der mehrmals ein selbstständiges Commando hatte (c. 10. 54. 5. 8. 7. 34), auch in Anwesenheit des Feldherrn führt. S. Kriegsw. § 17. — *cognoscere* = auskundschaften.

quid consilii sui sit = *quid decreverit.* Die Vergleichung der Redensarten: *id consilii mihi est*, und *id consilii mei est*, mag zeigen, wie hier der Genit. zu fassen und wovon er abhängig zu denken sei. Ebenso 6. 7, 8. 7. 77, 12. B. C. 3. 109, 3: *quid esset suae voluntatis.* Caesars Plan war, dass Labienus den Berg, vor dem die Helv. standen, umgehen, den Gipfel desselben besetzen und so den Feind im Rücken nehmen sollte, während er ihn von vorn angreifen wollte.

4. *qui rei milit. perit. habebatur.* Diese günstige Meinung dem Missgriff im folgenden Cap. gegenüber in der unverkennbaren Absicht hinzugefügt, um zu zeigen, dass ein Mann, auf den er sich verlassen zu können glaubte (Erklärung der Wahl desselben), den wohl angelegten Plan zu nichte machte.

22. 1. *longius mille et quingentis passibus*, s. zu c. 15, 5; 5. 53, 7: *non longius milia passuum octo aberant.* 7. 19, 1: *palus non latior*

quingentis passibus abesset, neque, ut postea ex captivis compe-
2 rit, aut ipsius adventus aut Labieni cognitus esset, Considius
equo admisso ad eum accurrit, dicit montem, quem a Labieno
occupari voluerit, ab hostibus teneri: id se a Gallicis armis atque
3 insignibus cognovisse. Caesar suas copias in proximum collem
subducit, aciem instruit. Labienus, ut erat ei praeceptum a Caesare, ne proelium committeret, nisi ipsius copiae prope hostium
castra visae essent, ut undique uno tempore in hostes impetus
fieret, monte occupato nostros exspectabat proelioque abstinebat.
4 Multo denique die per exploratores Caesar cognovit et montem a
suis teneri et Helvetios castra movisse et Considium timore per-
5 territum, quod non vidisset, pro viso sibi renuntiasse. Eo die
quo consuerat intervallo hostes sequitur et milia passuum tria
ab eorum castris castra ponit.

23　　Postridie eius diei, quod omnino biduum supererat, cum exercitui frumentum metiri oporteret, et quod a Bibracte, oppido
Haeduorum longe maximo et copiosissimo, non amplius milibus
passuum xviii aberat, rei frumentariae prospiciendum existima-
2 vit: iter ab Helvetiis avertit ac Bibracte ire contendit. Ea res per

---

pedibus quinquaginta.

2. *equum admittere*: mit verhängtem Zügel dem Pferde freien
Lauf lassen. — *a Gall. armis cognovit.* Das Erkennen kommt von
den Waffen her, *ab*, ἀπό, sonst
nicht in classischer Prosa, gewöhnlich *ex* (4. 30, 1. B. C. 2. 6, 4) oder
der blosse Ablat. — *insignia*, nicht
Fahnen (*signa*), sondern Abzeichen
und Zierrathen der Rüstung und
bes. der Helme, wie sie die Gallier
liebten. Uebrigens zeigt die bestimmte Angabe eines Grundes und
Beweises für seine Meinung (*id se –
cognovisse*) noch deutlicher die wun-
derliche Bestürzung des Considius;
daher unten § 4: *cognovit – Considium quod non vidisset, pro
viso renuntiasse.* — Was drückt
das Asyndeton *subducit, aciem instruit* aus?

4. *multo denique die*: endlich (in
der Reihe der Vorfälle) oder erst
(*demum*) am hohen Tage. Wenn
der grössere Theil des Tages schon
zurückgelegt ist, ist er *multus*; so
multa nocte, ad multam noctem.

5. *quo consuerat intervallo*, c.
15, 5. — *milia – tria.* S. zu c.
43, 2.

23. 1. *Postridie eius diei*: eine
mit dem zu c. 6, 1 besprochenen
Sprachgebrauche zu vergleichende
Genauigkeit, durch welche bestimmt
der Tag angegeben werden soll, von
dem an gerechnet wird. S. c. 48,
2. — *biduum supererat*, bis zu dem
Tage, wo — *cum*, bei dem hier der
Coniunct. steht, nach Analogie der
Wendungen *fuit tempus, erit dies*,
in welchen nach *cum* fast immer
der Coniunctiv folgt. (Madvig § 358.
Anm. 4.) Der Gedanke wird von
einer berechnenden Vorstellung abhängig gemacht; vgl. 6. 24, 1. —
metiri oporteret. S. zu c. 16, 5. —
avertit ac – contendit gehören zusammen, so dass *existimavit, avertit ac contendit* nur 2, nicht 3 selbstständige Glieder bilden (weil dann
das letzte nach der Regel nicht mit
ac verbunden sein könnte). Das
2. Glied *iter avertit ac conten-

fugitivos L. Aemilii, decurionis equitum Gallorum, hostibus nun-
tiatur. Helvetii, seu quod timore perterritos Romanos discedere 3
a se existimarent, eo magis, quod pridie superioribus locis occu-
patis proelium non commisissent, sive eo, quod re frumentaria
intercludi posse confiderent, commutato consilio atque itinere
converso nostros a novissimo agmine insequi ac lacessere coepe-
runt. Postquam id animum advertit, copias suas Caesar in pro- 24
ximum collem subducit equitatumque, qui sustineret hostium
impetum, misit. Ipse interim in colle medio triplicem aciem in- 2
struxit legionum quattuor veteranarum, atque supra se in summo
iugo duas legiones, quas in Gallia citeriore proxime conscripse-
rat, et omnia auxilia collocavit ac totum montem hominibus com- 3
plevit; interea sarcinas in unum locum conferri et eum ab his,
qui in superiore acie constiterant, muniri iussit. Helvetii cum 4
omnibus suis carris secuti impedimenta in unum locum contule-

dit (das, was er that) folgt asyndetisch der Meinung, *existimavit*, als
Resultat derselben, so dass ein 'also'
hinzugedacht werden kann. S. 5.
49, 6. Vgl. 1. 31, 12. 46, 1. 50, 1.
7. 40, 6.

2. *per fugitivos*, flüchtige Scla-
ven, also in der eigentlichen Bedeutung des Wortes, nicht = *transfu-
gae*: 27, 3 verlangt C. *servos, qui
ad eos profugissent.* — *decurio*,
der Anführer einer Reiterdecurie,
der Unterabtheilung einer Turma.
S. Kriegsw. § 10.

3. *quod perterritos Rom. discedere existimarent*, eigentlich *quod
existimabant*, da nicht das Meinen, sondern der Inhalt der Meinung als fremde Ansicht bezeichnet
werden soll. Doch steht häufig so
quod mit dem Coniunct. der Verba
sagen, meinen; wir sagen: weil,
wie sie meinten, die Römer fortzö-
gen. Vergl. c. 27, 4. 5. 6, 3: *quod
religionibus impediri sese diceret.*

eo quod = propterea quod. 3. 13,
6. — *intercludi posse* sc. Romanos.
— *a novissimo agmine* (nostrorum),
s. c. 1, 5.

24. 1. *animum advertere aliquid* braucht Caesar (auch Cicero)
einige Male, häufig die Komiker und
Sallust. Die Construction wird durch
den Sinn (etwas durch — Hinwen-
den des Geistes — wahrnehmen),
nicht durch die grammatische Fassung bestimmt, wie dies auch sonst
noch geschieht, z. B. *venit mihi in
mentem alicuius rei = memini.* (So
steht es noch handschriftlich sicher
5. 18, 2. 8. 14, 4. B. C. 1. 69, 3. 80,
3 u. 4: *qua re animum adversa*).
— Mit der Stellung des dem Haupt-
und Nebensatze gemeinsamen Subiects *Caesar* vergl. die regelrechte:
c. 11, 2: *Haedui cum — non possent, legatos mittunt.* In anderer
Weise abweichend c. 50, 4: *cum
quaereret Caesar, - reperiebat.*

2. *triplicem aciem.* S. Kriegsw.
§ 13. — *supra se*, also über dieser
triplex acies, bei der er sich selbst
befand. — *auxilia* sind alle nicht-
römischen, theils in den Provinzen
und den Ländern, in denen der Krieg
geführt wurde, ausgehobenen, theils
von Verbündeten gestellten Truppentheile. S. Kriegsw. § 7 u. 11.

3. *ac - complevit*: 'und auf
diese Weise füllte er an', als
eine natürliche Folge seiner Aufstellung. *totum montem*: von der
Mitte an bis zum Gipfel. — *his*:
den eben genannten zwei neuen Legionen; daher *his*, nicht *iis*.

 5 runt; ipsi confertissima acie reiecto nostro equitatu phalange
25 facta sub primam nostram aciem successerunt. Caesar primum
   suo, deinde omnium ex conspectu remotis equis, ut aequato
   omnium periculo spem fugae tolleret, cohortatus suos proelium
 2 commisit. Milites e loco superiore pilis missis facile hostium
   phalangem perfregerunt. Ea disiecta gladiis destrictis in eos
 3 impetum fecerunt. Gallis magno ad pugnam erat impedimento,
   quod pluribus eorum scutis uno ictu pilorum transfixis et colli-
   gatis, cum ferrum se inflexisset, neque evellere neque sinistra
 4 impedita satis commode pugnare poterant, multi ut diu iactato
   brachio praeoptarent scutum manu emittere et nudo corpore pu-
 5 gnare. Tandem vulneribus defessi et pedem referre et, quod mons
 6 suberat circiter mille passuum, eo se recipere coeperunt. Capto
   monte et succedentibus nostris Boii et Tulingi, qui hominum
   milibus circiter xv agmen hostium claudebant et novissimis praesidio erant, ex itinere nostros latere aperto aggressi circumvenire,

5. Die *phalanx* ist eine auch den Germanen (c. 52) eigenthümliche Schlachtordnung, bei welcher die Schilde dicht an einander geschlossen worden, wie in der *testudo* (s. 2. 6, 2). Plut. Mar. c. 20 nennt sie συνασπισμός = Verschildung. Liv. 10. 29, 6: *cum Galli structis ante se scutis conferti starent.* S. unten c. 52, 4. — *reiecto equitatu phalange facta.* Ueber die Verbindung zweier Abl. abs. s. zu 2. 11, 5.

25. 1. *Caesar primum suo* (equo) etc. Plut. Caes. c. 18: ὡς ἵππος αὐτῷ προσήχθη, τούτῳ μέν, ἔφη, νικήσας χρήσομαι πρὸς τὴν δίωξιν, νῦν δ᾽ ἴωμεν ἐπὶ τοὺς πολεμίους, καὶ πεζὸς ὁρμήσας ἐνέβαλε. Aehnlich Catilina Sall. Cat. c. 59, 1: *quo militibus exaequato periculo animus amplior esset.* — *omnium equi,* nicht der Reiterei, sondern der berittenen Offiziere und seiner nächsten Umgebung; 7. 65, 5: *a tribunis militum reliquisque equitibus atque evocatis equos sumit et Germanis distribuit.*

3. *ad pugnam impedimento.* S. zu 2. 25, 1. — *pluribus scutis — transfixis,* eben weil die Schilde in der Phalanx theilweise übereinan-

der lagen. — *cum — se inflexisset.* Hier, wie 3. 12, 1. 7. 16, 3. B. C. 2. 41, 6. 3. 47, 7. 100, 4, der Coniunct. zum Ausdruck der Wiederholung bei Zeitpartikeln gegen die vorherrschende Gewohnheit Caesars. S. zu 3. 4, 2. — Die *pila* waren besonders darauf eingerichtet, dass die in den Schilden steckenbleibenden Spitzen sich leicht umbogen und so dem Feinde beschwerlich wurden. S. Kriegsw. § 4. 2. — *multi ut,* c. 6, 1. — *nudus,* γυμνός, ohne Schild.

5. *circiter mille passuum.* Mille ist substantivisch zu nehmen (1000 Schritt weit, s. c. 22, 5) und *mille passuum* nicht durch eine Ellipse von *spatio, intervallo* zu erklären; B. C. 3. 84, 4: *equitum mille.* Liv. 21. 61, 1: *mille equitum.* Nep. Milt. 5, 1: *mille misit militum.* Unmöglich kann *mons mille passuum,* d. i. ein Berg 1000 Schritt entfernt, als Genit. qualitatis gefasst werden.

6. *ex itinere,* unmittelbar vom Marsche aus, indem sie gleich in den Angriff übergingen. — *latere aperto aggressi:* 'an offener Flanke', 'durch einen Flankenangriff'; *latus apertum* ist nicht die 'vom Schilde nicht gedeckte rechte Seite' (s. 2.

et id conspicati Helvetii, qui in montem sese receperant, rursus instare et proelium redintegrare coeperunt. Romani conversa 7 signa bipartito intulerunt: prima ac secunda acies, ut victis ac submotis resisteret, tertia, ut venientes sustineret. Ita ancipiti 26 proelio diu atque acriter pugnatum est. Diutius cum sustinere nostrorum impetus non possent, alteri se, ut coeperant, in montem receperunt, alteri ad impedimenta et carros suos se contulerunt. Nam hoc toto proelio, cum ab hora septima ad vesperum 2 pugnatum sit, aversum hostem videre nemo potuit. Ad multam 3 noctem etiam ad impedimenta pugnatum est, propterea quod pro vallo carros obiecerant et e loco superiore in nostros venientes tela coniciebant, et nonnulli inter carros rotasque mataras ac tragulas subiciebant nostrosque vulnerabant. Diu cum esset 4 pugnatum, impedimentis castrisque nostri potiti sunt. Ibi Orgetorigis filia atque unus e filiis captus est. Ex eo proelio circiter 5

35, 5, wo es von der linken zu verstehen ist), sondern jede nicht durch Truppentheile (2. 23, 5) oder das Terrain gedeckte Seite. Da ihnen das Umgehen nicht gelang, ist *circumvenire* (*conperunt*) passender als *circumvenere*, zumal da C. diese Form in *re* sehr selten braucht.

7. *signa inferre* = angreifen; *conversa s. inf.* = sie griffen durch eine Schwenkung an, genauer durch *bipartito* bezeichnet: nach zwei Seiten hin (sie machten durch eine Schwenkung Front nach beiden Seiten), indem die *tertia acies* sich wendete. Hatte nun auch nur diese die Wendung zu machen, so kann doch vom ganzen Heere gesagt werden, dass es durch eine Schwenkung (die ein Theil machte, d. i. in veränderter Stellung, Winkelstellung) in 2 Schlachtreihen angriff. So ist *conversa* nicht anstössig. — *victis et submotis* sc. Helvetiis.

26. 1. *ancipiti proelio* in eigentlichem Sinne (7. 26, 6), da nach 2 Seiten hin gekämpft wurde.

2. *Nam – nemo potuit.* Erklärung des *se receperunt, contulerunt* (nicht *fugerunt*): es war ein geordneter Rückzug; *aversum* = fugientem. — *hora septima.* Der Tag war vom Aufgang bis zum Untergang der Sonne in 12 gleiche Stunden getheilt.

3. *Ad multam noctem*: s. c. 22, 4. — *pro vallo carros obiec.* Die Gallier, wie die Germanen (4. 14, 4), brauchten eine Wagenburg als Verschanzung (*pro vallo*). Dort waren während des Kampfes die Weiber und Kinder, die nach Plut. Caes. c. 18 niedergemacht wurden, was C. aus begreiflichen Gründen nicht erwähnt. Die Grösse des Blutbads ergiebt sich aus Caesars eigenen Angaben. Nach c. 29 waren im Ganzen 368,000, darunter 92,000 waffenfähige, ausgezogen und nach § 5 130,000 nach dem Treffen noch übrig, von denen 110,000 nach Hause zurückkehrten. — *subiciebant* im Gegensatz zu *conicere e loco superiore.* Ein für allemal mag hier bemerkt werden, dass wohl *conjicere* u. s. w. auszusprechen ist, die Alten aber nicht *ji*, sondern nur *i* schrieben.

matara (*mataris, materis*) eine den Galliern eigenthümliche Wurfwaffe, die mit den Händen geschleudert wurde; *tragula* auch den Hispaniern eigenthümlich; 5. 48, 5 mit einem Riemen, *amentum.*

milia hominum cxxx superfuerunt eaque tota nocte continenter ierunt: nullam partem noctis itinere intermisso in fines Lingonum [die quarto] pervenerunt, cum et propter vulnera militum et propter sepulturam occisorum nostri [triduum morati] eos sequi non

6 potuissent. Caesar ad Lingonas litteras nuntiosque misit, ne eos frumento neve alia re iuvarent: qui si iuvissent, se eodem loco, quo Helvetios, habiturum. Ipse triduo intermisso cum omnibus

27 copiis eos sequi coepit. Helvetii omnium rerum inopia adducti

2 legatos de deditione ad eum miserunt. Qui cum eum in itinere convenissent seque ad pedes proiecissent suppliciterque locuti flentes pacem petissent, atque eos in eo loco, quo tum essent,

3 suum adventum exspectare iussisset, paruerunt. Eo postquam Caesar pervenit, obsides, arma, servos, qui ad eos profugissent,

4 poposcit. Dum ea conquiruntur et conferuntur nocte intermissa,

---

5. *nullam partem noctis itin. intermisso.* Unter *noctis* können nach dem vorhergehenden *eaque tota nocte* unmöglich die nächstfolgenden Nächte (oder die Nachtzeit überhaupt), sondern eben nur die Nacht nach der Schlacht verstanden werden. Unmöglich aber kann C. sagen: da sie diese (erste) Nacht ununterbrochen marschirten, kamen sie am vierten Tage in das Gebiet der Lingonen, sondern nur 'am folgenden Tage'. Ferner können die Helvetier bei so anhaltender Flucht vom Schlachtfelde, nicht weit von Bibracte (Autun), der Hauptstadt der Häduer, bis zu den Lingonen, den Nachbarn derselben, nicht 4 Tage (und Nächte) gebraucht haben. Es ist daher *die quarto* verdächtig. [Hug vermuthet *die orto*. *Triduum morati* scheint aus dem folg. *triduo intermisso* hier eingeschoben.] Nach den neuesten Untersuchungen ist die Helvetier-Schlacht in der Ebene von Cussy-la-Colonne, namentlich auf den Chaumes-d'Auvenay (Côte d'Or) geschlagen worden.

6. *Lingonas.* Die griechische Endung in gallischen Völkernamen noch in Allobrogas 1. 14, 3. 7. 64, 7. B. C. 3. 63, 5. Atrebatas 8. 7, 4. Curiosolitas 2. 34, 1. 3. 7, 4.

Sallyas B. C. 1. 35, 4. — *nuntios misit, ne iuvarent.* 4. 19, 2. B. C. 1. 9, 3: *litteras miserit, ut – discederent.* 3. 102, 6. Die aus Substant. und Verb. gebildeten Redensarten erhalten die Rectionskraft eines einfachen Verbums. — *qui si iuvissent, se – habiturum,* das Relat. zum Nebensatz gezogen, statt sich dem Verbum des Hauptsatzes (*habiturum*) als Obiect anzuschliessen, das daher demselben fehlt. Gesetzt ist es c. 44, 11: *qui nisi decedat – sese illum – pro hoste habiturum.* (Zumpt § 612). — *eodem loco;* bei *locus* in uneigentlichem Sinne wird *in* gewöhnlich weggelassen, bes. wenn ein Genit. dazutritt; z. B. 6. 13, 1: *plebes servorum habetur loco;* doch von C. auch gesetzt: c. 42, 6. B. C. 2. 25, 6. Ebenso *numero* und *in numero, honore* und *in honore habere.* c. 28, 1. 6. 6, 3. 5. 54, 4. B. C. 1. 77, 2.

27. 2. *iussisset.* Schneller Wechsel des Subiects ohne besondere Bezeichnung desselben; c. 18, 1. B. C. 3. 21, 1: *cum resisteret Servilius – et minus efficeret* (Coelius). — *eos:* die von den Abgesandten vertretenen Helvetier.

4. *dum ea conqu. et conf.* – dies Alles, die *obsides* und *servi* mit inbegriffen (s. zu c. 29, 2), daher

circiter hominum milia vi eius pagi, qui Verbigenus appellatur,
sive timore perterriti, ne armis traditis supplicio afficerentur,
sive spe salutis inducti, quod in tanta multitudine dediticiorum
suam fugam aut occultari aut omnino ignorari posse existimarent,
prima nocte e castris Helvetiorum egressi ad Rhenum finesque
Germanorum contenderunt. Quod ubi Caesar resciit, quorum 28
per fines ierant, his, uti conquirerent et reducerent, si sibi purgati esse vellent, imperavit: reductos in hostium numero habuit;
reliquos omnes obsidibus, armis, perfugis traditis in deditionem 2
accepit. Helvetios, Tulingos, Latovicos in fines suos, unde erant 3
profecti, reverti iussit et, quod omnibus fructibus amissis domi
nihil erat, quo famem tolerarent, Allobrogibus imperavit, ut iis
frumenti copiam facerent; ipsos oppida vicosque, quos incen-
derant, restituere iussit. Id ea maxime ratione fecit, quod noluit 4
eum locum, unde Helvetii discesserant, vacare, ne propter boni-
tatem agrorum Germani, qui trans Rhenum incolunt, e suis finibus in Helvetiorum fines transirent et finitimi Galliae provinciae
Allobrogibusque essent. Boios petentibus Haeduis, quod egregia 5
virtute erant cogniti, ut in finibus suis collocarent, concessit;
quibus illi agros dederunt, quosque postea in parem iuris liber-

auch zwei entsprechende Verba. —
nocte intermissa: da inzwischen,
dum ea conferuntur, die Nacht eingetreten war; unten die specielle
Zeitangabe: *prima nocte egressi.*

in tanta multitudine = cum tanta
multitudo esset. Dieses *in* mit dem
Ablat. (= bei) vertritt einen, die
Lage der Dinge bezeichnenden Nebensatz. — *occultari*, so lange bis
sie einen hinlänglichen Vorsprung
hätten; *ignorari*: ganz unbemerkt
bleiben. — *quod existimarent*: c.
23, 3.

*ad Rhenum finesque Germano-
rum.* Eben deswegen war es für
C. wichtig, sie aufzugreifen, damit
sie nicht dort Zuflucht fänden und
der Krieg eine neue Wendung näh-
me. Die Besorgniss vor den Germanen zeigt das nächste Capitel.

28. 1. *resciit*, s. zu c. 10, 1.

sibi purgati 'bei ihm, in seinen
Augen gerechtfertigt'. 4. 13, 5. B.
C. 1. 8, 3. Cic. Fam. 12, 15: *quod
te mihi purgas — accipio excusationem.*

3. *Helvetios — reverti iussit.* Die
Raurici, die c. 5, 4 mit ausgezogen
waren, werden hier nicht unter den
Heimgekehrten erwähnt. Da sie 7.
75, 3 in Verbindung mit den Boiern
genannt werden, ist es nicht unmöglich, dass die Ueberreste derselben sich gleich den Boiern irgendwo in Gallien ansiedelten. —
fructus, gewöhnlich von Baum-
früchten, hier von Feldfrüchten,
fruges. Cic. de nat. deor. 2. 62:
*neque serendi neque demetendi
fructus — scientia est.*

5. *quod egregia virtute erant
cogniti.* Die Bedeutung des Ablat.
zeigt der ähnlich gebrauchte Genit.
5. 6, 1: *quod eum magni animi,
magnae auctoritatis cognoverant*
= als einen Mann von —. Aehnlich
7. 77, 3. Vergl. übrigens zu c.
18, 3. — Warum steht *Boios*, von
collocarent abhängig, an der Spitze
des Satzes? — *agros dederunt.*
Die Häduer wollten sich durch diesen kriegerischen Stamm verstärken und nahmen sie als freie An-

29 tatisque condicionem, atque ipsi erant, receperunt. In castris
Helvetiorum tabulae repertae sunt litteris Graecis confectae et ad
Caesarem relatae, quibus in tabulis nominatim ratio confecta
erat, qui numerus domo exisset eorum, qui arma ferre possent,
2 et item separatim pueri, senes mulieresque. Quarum omnium
rerum summa erat capitum Helvetiorum milia cclxiii, Tulin-
gorum milia xxxvi, Latovicorum xiiii, Rauricorum xxiii, Boiorum xxxii; ex his, qui arma ferre possent, ad milia nonaginta
3 duo. Summa omnium fuerunt ad milia ccclxviii. Eorum, qui
domum redierunt, censu habito, ut Caesar imperaverat, repertus
est numerus milium c et x.
30   Bello Helvetiorum confecto totius fere Galliae legati, prin-
2 cipes civitatum, ad Caesarem gratulatum convenerunt: Intellegere sese, tametsi pro veteribus Helvetiorum iniuriis populi Ro-

siedler auf, *in parem iuris liberta-
tisque condicionem* = in ein gleiches Verhältniss des bürgerlichen
Rechts, was sonst bei solchen Ue-
bersiedelungen nicht geschah. Indess heissen sie noch 7. 10, 1 *stipendiarii Haeduorum*. Ebendas. 9,
6: *quos ibi Caesar collocaverat Haeduisque attribuerat*. Jedenfalls erhielten sie gleiches Recht
mit ihren bisherigen Herren in Folge
ihres Verhaltens im Kriege mit
Vercingetorix. (Dass C. dieses hier
schon erwähnen konnte, beweist,
dass er die Commentare nicht einzeln, sondern auf einmal publicirt
hat. Mommsen Röm. G. 3. 594 Anm.
S. Einl. S. 36.)
29. 1. *tabulae litteris Graecis
confectae*. Die Gallier bedienten
sich des jedenfalls von der griechischen Colonie Massilia überkomme-
nen griechischen Alphabets; eine
Kenntniss der griech. Sprache darf
man daraus nicht folgern, zumal da
hier nur von einem blossen Namen-
verzeichniss die Rede ist. Vergl.
5. 48, 4. 6. 14, 3. — *pueri, senes
mulieresque*. Dem Schriftsteller
schwebte der Begriff 'es waren ver-
zeichnet, *perscripti erant*' vor, daher die sich locker anschliessenden
Nominative. — *mulieresque*. Bei

Aufzählung von 3 oder mehreren
selbstständigen Begriffen von gleicher Geltung steht entweder bei allen oder bei keinem *et, ac* (s. zu c. 23,
1), wohl aber wird *que* gebraucht,
um die beiden letzten Glieder zu
verbinden. S. 2. 35, 3. 4. 4, 2. B. C.
2. 1, 1: *aggerem vineas turresque*.
2. *Quarum omnium rerum*. Da
C. die Umschreibung durch *res* für
das einfache Pronom. sehr liebt, so
hat er es hier auch von Personen
gebraucht, da bei Aufzählung von
Massen der Begriff des Persönlichen leicht verschwindet; s. c. 27,
4 *ea*.
3. *Summa fuerunt ad milia* — .
Der Numerus des Verb. durch das
Prädicat bestimmt; anders § 2:
summa erat. S. zu 4. 12, 1. — *fuerunt* hier als Resultat der Zählung,
summa erat von der während der
Durchsicht der Listen sich ergebenden Summe. — *ad milia*: c. 4, 2.
30. 1. *totius fere Galliae*, des
Celtischen, zu dem die Helv. gehören, wie auch § 3 u. 4. c. 31, 3.
2. *tametsi* bei Caesar gewöhnlich mit folgendem *tamen*. — *Helvetiorum iniuriis populi Romani*;
zwei Genitive, ein subiectiver und
ein obiectiver, jeder für sich vom Nomen abhängig — eine etwas härtere

mani ab his poenas bello repetisset, tamen eam rem non minus
ex usu terrae Galliae quam populi Romani accidisse, propterea 3
quod eo consilio florentissimis rebus domos suas Helvetii reliquissent, uti toti Galliae bellum inferrent imperioque potirentur
locumque domicilio ex magna copia deligerent, quem ex omni
Gallia opportunissimum ac fructuosissimum iudicassent, reliquasque civitates stipendiarias haberent. Petierunt, ut sibi con- 4
cilium totius Galliae in diem certam indicere idque Caesaris voluntate facere liceret: sese habere quasdam res, quas ex communi
consensu ab eo petere vellent. Ea re permissa diem concilio 5
constituerunt . . . . et iureiurando, ne quis enuntiaret, nisi quibus
communi consilio mandatum esset, inter se sanxerunt. Eo con- 31
cilio dimisso idem principes civitatum, qui ante fuerant, ad Caesarem reverterunt petieruntque, uti sibi secreto in occulto de sua
omniumque salute cum eo agere liceret. Ea re impetrata sese 2
omnes flentes Caesari ad pedes proiecerunt: Non minus se id
contendere et laborare, ne ea, quae dixissent, enuntiarentur, quam
uti ea, quae vellent, impetrarent, propterea quod, si enuntiatum
esset, summum in cruciatum se venturos viderent. Locutus est
pro his Divitiacus Haeduus: Galliae totius factiones esse duas: 3

durch das Streben nach Kürze (für
welche Umschreibung?) veranlasste
Redeweise. Ebenso 7. 26, 2: *uni-
versae Galliae consensio libertatis
vindicandas*. Andere Beispiele von
Häufung der Genit. s. 2. 17, 2. —
terra Gallia 'das Land Gallien', *terra
Africa* B. Afr. c. 3, *mare Oceanus*
B. G. 3. 7, 2. Tac. Annal. 1. 9. Liv.
25. 7: *terra Italia*. Entsprechende
Form des Gegensatzes zu *populi
Romani*.

3. *florentissimis rebus*, so dass
also nach dieser Auffassung keine
Nothwendigkeit auszuwandern vor-
gelegen habe; vergl. dagegen c. 2.
— *ex magna copia* sc. locorum per
totam Galliam.

4. *concilium totius Galliae*.
Solche allgemeine Versammlungen,
Landtage des freien Gallien werden
häufig erwähnt. Einer eigentlichen
Genehmigung Caesars bedurfte es
wohl nicht; sie wollten es aber in
ihrer gegenwärtigen Lage nicht
ohne sein Vorwissen thun, um kei-

nen Verdacht zu erregen.

5. *diem conc. constituerunt . . . . et
— sanxerunt*. Das folgende *Eo concilio dimisso* lässt vermuthen, dass
die Erwähnung der wirklichen Abhaltung der Versammlung ausgefallen sei, in welchem Falle *et iureiurando, ne quis enuntiaret — sanxerunt* sich nicht, wie sonst erklärt
werde, auf die Geheimhaltung des
Plans, eine Versammlung zu halten,
sondern der in derselben gefassten
Beschlüsse beziehen würde. S. den
Anhang.

31. 1. *idem* = iidem. — *secreto*
'ohne Zeugen' (c. 18, 2), *in occulto*
'im Geheimen', so dass es Niemand
merkt; 3. 18, 3. Keine Tautologie,
da eins ohne das andere geschehen
kann. Sall. Cat. c. 20: *Cat. in ab-
ditam aedium partem secessit* (occulto) *atque ibi arbitris remotis* (secreto) *orationem habuit*. Die Vollständigkeit passt ganz zu der ängstlichen Vorsicht der Gallier.

3. *factiones duas*, beide mit dem

harum alterius principatum tenere Haeduos, alterius Arvernos.
4 Hi cum tantopere de potentatu inter se multos annos contenderent, factum esse uti ab Arvernis Sequanisque Germani mer-
5 cede arcesserentur. Horum primo circiter milia xv Rhenum
transisse: posteaquam agros et cultum et copias Gallorum homines feri ac barbari adamassent, traductos plures: nunc esse in
6 Gallia ad centum et xx milium numerum. Cum his Haeduos
eorumque clientes semel atque iterum armis contendisse; magnam
calamitatem pulsos accepisse, omnem nobilitatem, omnem sena-
7 tum, omnem equitatum amisisse. Quibus proeliis calamitatibus-
que fractos, qui et sua virtute et populi Romani hospitio atque
amicitia plurimum ante in Gallia potuissent, coactos esse Sequanis obsides dare nobilissimos civitatis et iureiurando civitatem
obstringere, sese neque obsides repetituros neque auxilium a populo Romano imploraturos neque recusaturos, quo minus per-
8 petuo sub illorum dicione atque imperio essent. Unum se esse
ex omni civitate Haeduorum, qui adduci non potuerit, ut iuraret
9 aut liberos suos obsides daret. Ob eam rem se ex civitate profugisse et Romam ad senatum venisse auxilium postulatum, quod
10 solus neque iureiurando neque obsidibus teneretur. Sed peius
victoribus Sequanis quam Haeduis victis accidisse, propterea quod
Ariovistus, rex Germanorum, in eorum finibus consedisset ter-

Streben, ganz Gallien in ihr Gebiet zu verwandeln und eine politische Einheit zu schaffen, was nie gelang und nur grössere Zerrissenheit herbeiführte. In der ersten Hälfte des zweiten Jahrh. v. Chr. waren die Arverner, die sich Nachkommen der Troer nannten, am mächtigsten, dann die Häduer. Vergl. 6. 12, 1. S. Einl. S. 21. — *potentatus* = principatus totins Galliae, nur hier von Caesar gebraucht, wie überhaupt dies Wort nur selten vorkommt.

6. *clientes*. Die kleineren Staaten hatten Schutzverbindungen, *clientelas*, mit den mächtigeren, unter deren Oberhoheit sie sich stellten, so dass sie von diesen nach aussen hin mit vertreten worden, während sie sich dagegen zur Heeresfolge, auch wohl zur Erlegung eines Tributs verpflichteten. Die Menge derselben bedingt mit die Macht der Staaten: 6. 12, 2: *summa auctoritas erat in Haeduis magnaeque eorum erant clientelae.* Durch diese Clientelen wurde bei der allgemeinen Zerrissenheit wenigstens einige Verbindung herbeigeführt. — *senatum.* S. 2. 5, 1.

7. *hospitio. Hospitium publicum* gehört zu den rechtlichen Verhältnissen, in denen unabhängige Staaten in Folge eines Vertrags zu einander stehen können (ausserdem das Freundschaftsverhältniss, *amicitia, amici p. R.,* und das wirkliche Bündniss); durch das Hosp. erhielten die Mitglieder einer Gemeinde ehrenvolle Aufnahme in der Stadt, Wohnung und Verpflegung auf öffentliche Kosten (*lautia*) und Gastgeschenke.

9. *Romam ad senatum venisse*: s. 6. 12, 5.

10. *Ariovistus*, gewöhnlich für einen König der Sueben gehalten, die auch den Kern seines Heeres bil-

tiamque partem agri Sequani, qui esset optimus totius Galliae,
occupavisset et nunc de altera parte tertia Sequanos decedere
iuberet, propterea quod paucis mensibus ante Harudum milia
hominum xxiv ad eum venissent, quibus locus ac sedes para-
rentur. Futurum esse paucis annis, uti omnes ex Galliae finibus 11
pellerentur atque omnes Germani Rhenum transirent: neque enim
conferendum esse Gallicum cum Germanorum agro, neque hanc
consuetudinem victus cum illa comparandam. Ariovistum autem, 12
ut semel Gallorum copias proelio vicerit, quod proelium factum
sit Admagetobrigae, superbe et crudeliter imperare, obsides nobilissimi cuiusque liberos poscere et in eos omnia exempla cruciatusque edere, si qua res non ad nutum aut ad voluntatem eius
facta sit. Hominem esse barbarum, iracundum, temerarium; non 13
posse eius imperia diutius sustinere. Nisi si quid in Caesare 14
populoque Romano sit auxilii, omnibus Gallis idem esse facien-

den (neue Suebenschaaren rücken
nach c. 37, 4). Er scheint vor dem
Einfall seinen Sitz am Oberrhein
(Baden) gehabt zu haben. — *Harudum* = ex Harudibus, von dem zusammengehörigen *mil. hom. XXIV*
abhängig.

11. *omnes* i. e. *Galli*, nicht blos
Sequani. Dasselbe fürchtet C. c. 33,
3. — *neque enim* zusammengehörig und mit dem Vorhergehenden
verbindend. Denn *neque – neque*
entsprechen sich nicht, wie schon
die Wortstellung zeigt. — *conferendum esse Gallicum agrum cum
German.* Da das germanische Land
das geringere, mit jenem nicht zu
vergleichende ist, würde es natürlicher heissen —? — *hanc consuet.*
i. e. *Gallorum.*

12. *Admagetobrigae.* S. Einl. S.
6. Ueber die Schreibart des Namens s. das geogr. Register. — *imperare – poscere et edere.* Auch
hier, wie c. 23, 1, nicht 3, sondern
2 Glieder: dem allgemeinen *crudeliter imperare* folgen asyndetisch
die speciellen Angaben, die erklären, worin das *crudele imperium*
besteht. — *exempla:* Strafbeispiele,
Strafen, die andern zur Warnung
dienen sollen, näher erklärt, wie

das C. sehr häufig thut, durch *cruciatusque.* Gewiss kein ἓν διὰ
δυοῖν. Vergl. 5. 27, 2: *in servitute
et catenis*; s. zu 3. 3, 1: *opus hibernorum munitionesque* u. zu 5.
11, 8. — *edere exempla,* wie *caedem, stragem, facinus edere* =
hervorbringen, verursachen, und so
gegen einen, *in aliquem,* ausüben.

13. *non posse sustinere,* wie
nachher *non dubitare,* s. c. 7, 3.

14. *idem esse f. – ut:* c. 5, 1. —
nisi si: Sie müssten bestimmt auswandern, ausgenommen wenn C.
ihnen hälfe; ohne *si* = wenn C. ihnen
nicht hälfe, müssten sie auswandern.
Die Lage der Gallier und ihre einzige Rettung auf jene Weise nachdrücklicher bezeichnet. — ʻDer Zustand der Sequaner warnte ihre
Stammgenossen nicht; durch einen
Fremden hatte man sich der Herrschaft bemächtigt, und durch einen
Fremden wollte man sich befreien.ʼ
Drumann, Gesch. Roms III. p. 248.

Man beachte, dass von § 12 an,
wie schon vorher § 8 einmal (*potuerit*) statt des Imperf. und Plusqu.
bis zum Schluss Praes. u. Perf. eintreten, um, nach Held's Bemerkung,
die Schilderung von Ariov. Herrschaft und der Lage der Gallier an-

dum, quod Helvetii fecerint, ut domo emigrent, aliud domicilium,
alias sedes, remotas a Germanis, petant fortunamque, quaecum-
15 que accidat, experiantur. Haec si enuntiata Ariovisto sint, non
dubitare, quin de omnibus obsidibus, qui apud eum sint, gra-
16 vissimum supplicium sumat. Caesarem vel auctoritate sua atque
exercitus vel recenti victoria vel nomine populi Romani deterrere
posse, ne maior multitudo Germanorum Rhenum traducatur,
32 Galliamque omnem ab Ariovisti iniuria posse defendere. Hac
oratione ab Divitiaco habita omnes, qui aderant, magno fletu au-
2 xilium a Caesare petere coeperunt. Animadvertit Caesar unos ex
omnibus Sequanos nihil earum rerum facere, quas ceteri facerent,
sed tristes capite demisso terram intueri. Eius rei quae causa
3 esset, miratus ex ipsis quaesiit. Nihil Sequani respondere, sed
in eadem tristitia taciti permanere. Cum ab his saepius quaereret
neque ullam omnino vocem exprimere posset, idem Divitiacus
4 Haeduus respondit: Hoc esse miseriorem et graviorem fortunam
Sequanorum quam reliquorum, quod soli ne in occulto quidem
queri nec auxilium implorare auderent absentisque Ariovisti crudelitatem, velut si coram adesset, horrerent, propterea, quod reli-
5 quis tamen fugae facultas daretur, Sequanis vero, qui intra fines
suos Ariovistum recepissent, quorum oppida omnia in potestate eius essent, omnes cruciatus essent perferendi.

33 His rebus cognitis Caesar Gallorum animos verbis confirmavit pollicitusque est sibi eam rem curae futuram: magnam se
habere spem, et beneficio suo et auctoritate adductum Ariovistum
2 finem iniuriis facturum. Hac oratione habita concilium dimisit.
Et secundum ea multae res eum hortabantur, quare sibi eam rem
cogitandam et suscipiendam putaret, imprimis quod Haeduos

---

schaulich als das zu bezeichnen,
was der Redner als gegenwärtige
Dinge und wichtige Momente dem
C. nahe legt.

32. 4. *horrere* mit dem Accus.
'vor etwas schaudern, sich fürchten', der eigentlich-klassische Gebrauch des Wortes in Prosa; bei
C. nur hier. — *coram adesse* =
persönlich gegenwärtig sein. — *tamen*: 'wenn auch nichts anderes,
doch wenigstens'.

33. 1. *beneficio suo*: c. 35. 40.
42. 44. Ueber die Verleihung des
Königstitels an Ariovist im J. 59 s.
Einl. S. 6. Der Königstitel bezog sich
nur auf die Germanen, und räumte
ihm in Gallien selbst nichts ein.

2. *secundum*, von dem in der
Reihe folgenden (von *sequor*) =
nächst dem, was er von Div. gehört
hatte. Cic. de orat. 3. 52: *in actione
secundum vocem vultus valet*. —
multae res, quare, ohne Beach-
tung der Zusammensetzung als blosses Adverb. (weswegen), nach einem Plural im Ganzen selten (s. zu
c. 14, 2); 5. 31, 5: *omnia - quare*.
Cic. pro Rosc. Am. 33, 9: *permulta
- quare*. An der Wiederholung *res
- quare - eam rem* nimmt Caesar
keinen Anstoss. — *cogitare* = in

fratres consanguineosque saepenumero a senatu appellatos in
servitute atque in dicione videbat Germanorum teneri eorumque
obsides esse apud Ariovistum ac Sequanos intellegebat; quod in
tanto imperio populi Romani turpissimum sibi et rei publicae
esse arbitrabatur. Paulatim autem Germanos consuescere Rhenum 3
transire et in Galliam magnam eorum multitudinem venire populo
Romano periculosum videbat; neque sibi homines feros ac bar- 4
baros temperaturos existimabat, quin, cum omnem Galliam occupavissent, ut ante Cimbri Teutonique fecissent, in provinciam
exirent atque inde in Italiam contenderent, praesertim cum Sequanos a provincia nostra Rhodanus divideret; quibus rebus
quam maturrime occurrendum putabat. Ipse autem Ariovistus 5
tantos sibi spiritus, tantam arrogantiam sumpserat, ut ferendus
non videretur. Quamobrem placuit ei, ut ad Ariovistum legatos 34
mitteret, qui ab eo postularent, uti aliquem locum medium utriusque colloquio deligeret: velle sese de re publica et summis utriusque rebus cum eo agere. Ei legationi Ariovistus respondit: Si 2
quid ipsi a Caesare opus esset, sese ad eum venturum fuisse; si
quid ille se velit, illum ad se venire oportere. Praeterea se neque 3

Erwägung ziehen. — *fratres consanguineosque*, c.11, 3.

4. *sibi temperaturos – quin*, s. c.
7, 5. — *Cimbri Teutonique*, vom J.
113 bis 101 vor Chr. S. Einl. S. 4.
C. braucht vorherrschend die Form
Teutoni; nur 7. 77, 12 *Teutones*.
S. übrigens zu 2. 4, 2. — *praes.
cum Rhod. divideret*, d. i. nur die
Rhone. Bei der Natur des Stroms
(c. 6, 3) war die Gefahr um so grösser.

5. *tantos spiritus*. Der aufgebla-
sene (vergl. *inflatus*) stolze Sinn,
Hochmuth, hohe Ton; bes. häufig
im Plural wie *animi*; 2. 4, 3. Cic.
de imp. Pomp. c. 22: *tribuni animos
ac spiritus*; B. C. 3. 72, 1: *tantum
ferociae ac spiritus* hat der Singular seinen guten Grund.

Die ausführliche Darlegung aller
Momente soll die Nothwendigkeit
des Kriegs beweisen. 'Die Römer
mussten begreifen, wenn es zu einem Kriege kam, um den Senat und
Volk nicht befragt wurden, dass
man nur zwischen ihm und einem
cimbrischen in der Provinz und in
Italien zu wählen hatte.' Drumann
a. a. O. p. 349.

34. 1. *placuit ei, ut mitteret*.
Bei gleichem Subiect sonst gewöhnlich der Infinit. Cic. ad Att. 8. 12,
4: *placitum est mihi, ut – mitte-
rem*. Es ist = *statuo, censeo ut*,
wie c. 35, 4. 6. 40, 2. — *locum medium utriusque* 'in der Mitte zwischen beiden gelegen' also ein
Punkt, der eines jeden von beiden
(durch seine Stellung bedingte)
Mitte der ganzen Entfernug ist,
demnach gewissermassen beiden gehört. Daher der Genitiv.

2. *Si quid se velit*. Ter. Phorm.
1. 2, 101: *numquid aliud me vis?*
Neben dem persönlichen Obiect das
der Sache, aber nur ein Neutrum
eines Pronom. oder Adiectivs (vergl.
χρῆσθαί τινί τι). 'Wenn er ihn zu
etwas', oder 'wenn er etwas von ihm
wollte'. — Uebrigens steht wiederum
abweichend das Praes. *velit*, weil der
Gedanke, dass C. wirklich etwas
will (da er ja zu ihm schickt), durch
vellet — nach *si quid opus esset,
venturum fuisse* — verwischt wer-

sine exercitu in eas partes Galliae venire audere, quas Caesar
possideret, neque exercitum sine magno commeatu atque moli-
4 mento in unum locum contrahere posse. Sibi autem mirum videri, quid in sua Gallia, quam bello vicisset, aut Caesari aut om-
35 nino populo Romano negotii esset. His responsis ad Caesarem
relatis iterum ad eum Caesar legatos cum his mandatis mittit:
2 Quoniam tanto suo populique Romani beneficio affectus, cum in
consulatu suo rex atque amicus a senatu appellatus esset, hanc .
sibi populoque Romano gratiam referret, ut in colloquium venire
invitatus gravaretur neque de communi re dicendum sibi et co-
3 gnoscendum putaret, haec esse, quae ab eo postularet: primum
ne quam hominum multitudinem amplius trans Rhenum in Galliam traduceret; deinde obsides, quos haberet ab Haeduis, redderet Sequanisque permitteret, ut, quos illi haberent, voluntate
eius reddere illis liceret; neve Haeduos iniuria lacesseret, neve
4 his sociisque eorum bellum inferret. Si id ita fecisset, sibi populoque Romano perpetuam gratiam atque amicitiam cum eo futuram: si non impetraret, sese, quoniam M. Messala, M. Pisone
consulibus senatus censuisset, uti, quicumque Galliam provinciam
obtineret, quod commodo rei publicae facere posset, Haeduos
ceterosque amicos populi Romani defenderet, se Haeduorum
36 iniurias non neglecturum. Ad haec Ariovistus respondit: Ius

den künnte.

3. *molimentum* = Anstrengung
(*moliri* = sich anstrengen), Umständ-
lichkeit. Liv. 37. 14: *eo minoris
molimenti ea claustra esse.* Ebenso
moles.

35. 2. *beneficio affectus*: c. 33,
1. — *cognoscere de*: Erkundigung
einziehen, sich in Kenntniss setzen
von dem, was C. wollte.

3. *multitudinem trans Rhenum
in G. traduceret.* Sonst, wie z. B.
c. 12, 2, steht der blosse Accus. bei
traducere u. ähnl., hier *trans*, weil
die Lat., wenn noch dabei steht,
wohin etwas übergesetzt wird, nicht
den doppelten Accusativ, sondern
entweder den Ablativ setzen oder
die Präpos. wiederholen. — *permitteret, ut – liceret*, nicht selten
vorkommender Pleonasmus. Cic. de
Offic. 3. 4 sagt selbst *licentiam dat,
ut – liceat.*

4. *Si ita fecisset* und gleich dar-

auf *si non impetraret*, s. zu c. 44,
13. B. C. 1. 17, 2. — Bei *impetraret* Wechsel des Subiects. — *M.
Messala, M. Pisone cons.* im J. 61
v. Chr. — *censuisset, uti.* S. zu 6.
40, 2. 8. C. 1. 2, 3. — *quod commodo reipubl. facere posset* = so
viel (*quantum*) oder in wie weit er
es mit dem Vortheile des Staats
thun könnte, soweit es sich mit dem
Staatswohl vertrüge, häufige Formel bei Aufträgen an Beamte, 5. 46,
4. 6. 33, 5. Cic. Fam. 1. 1, 3: *ut
regem reducas, quod commodo reipublicae facere possis.* Ebenso per
commodum; commodo ist Ablativ,
nicht Dativ, wie manche fälschlich
glauben; so auch *damno* 6. 44, 1. —
se wiederholt das *sese* wegen des
längeren Zwischensatzes. — Mit
diesen Worten lässt er sein Verfahren recht absichtlich als vom
Willen des Senats bedingt erscheinen.

esse belli, ut, qui vicissent, iis, quos vicissent, quemadmodum
vellent, imperarent: item populum Romanum victis non ad alterius praescriptum, sed ad suum arbitrium imperare consuesse.
Si ipse populo Romano non praescriberet, quemadmodum suo 2
iure uteretur, non oportere sese a populo Romano in suo iure
impediri. Haeduos sibi, quoniam belli fortunam temptassent et 3
armis congressi ac superati essent, stipendiarios esse factos.
Magnam Caesarem iniuriam facere, qui suo adventu vectigalia 4
sibi deteriora faceret. Haeduis se obsides redditurum non esse, 5
neque iis neque eorum sociis iniuria bellum illaturum, si in eo
manerent, quod convenisset, stipendiumque quotannis penderent;
si id non fecissent, longe iis fraternum nomen populi Romani
afuturum. Quod sibi Caesar denuntiaret, se Haeduorum iniurias 6
non neglecturum, neminem secum sine sua pernicie contendisse.
Cum vellet, congrederetur: intellecturum, quid invicti Germani, 7
exercitatissimi in armis, qui inter annos XIV tectum non subissent,
virtute possent.

37. Haec eodem tempore Caesari mandata referebantur, et **37**

36. 1. *qui vicissent, iis, quos vicissent.* Vergl. 4. 44, 2: *iure belli,
quod victores victis imponere consuerint.*

5. *neque iis, neque eorum sociis.*
Neque zugleich anknüpfend an das
Vorhergehende und correlativ: u n d
oder a b e r weder – noch. S. 3. 3,
2. 7. 52, 1. B. C. 1. 13, 1. — *quod
convenisset* = worüber man sich ge-
einigt hätte. 2. 19, 6: *quod tempus
inter eos convenerat. — fraternum nomen p. R.* = nomen fratrum
p. R. S. Zumpt § 684 u. § 425. Zur
Sache c. 11, 3. 33, 2. — *longe iis
afuturum*: für sie weit entfernt sein,
daher = ihnen nichts helfen, sie nicht
schützen. Vergl. Virg. Aen. 12,
52: *longe illi dea mater erit.*

6. *Quod – denuntiaret*, s. c. 13,
5. *denuntiare* = erklären, ankün-
digen, von amtlicher Anzeige und
Willenserklärung. Zum Verständniss des Nachsatzes supplire man
einen einleitenden Gedanken.

7. *invicti Germani*: c. 4, 7. — *qui
– tecta non subissent.* Der Schluss
aus dieser Stelle, dass der Uebergang der Germanen nach Gallien in
das J. 72 zu setzen sei, ist mindestens unsicher, da sie schon vorher
auf der Wanderung begriffen gewesen sein können. Jedenfalls ist der
Ausdruck *tectum non subissent* etwas hyperbolisch von dem unstäten
Umherschweifen ohne feste Sitze
und den immerwährenden Kriegen
zu verstehen. *inter* = während der
ganzen Zeit von 14 Jahren = *per.*
Cic. de imp. Pomp. 23, 68: *qui inter
tot annos unus inventus sit. intra*
= innerhalb einer gewissen Zeit,
und mit dieser abschliessend: *intra
annum vicesimum* 6. 21, 5: vor Ablauf von 20 Jahren.

37. 1. *Haec eodem tempore referebantur, et veniebant*: zu derselben Zeit wurde dies gemeldet und
(zu derselben Zeit) kamen d. G.
Passender würde *eodem temp.* vor-
anstehen. B. C. 1. 62, 3: *eodem
tempore pons effectus nuntiabatur,
et vadum reperiebatur.* Am einfachsten, wenn nur ein Verbum im
Satze ist. Nep. Milt. 3, 5: *non
idem ipsis expedire et multitudini.*

2 legati ab Haeduis et a Treveris veniebant: Haedui questum, quod
Harudes, qui nuper in Galliam transportati essent, fines eorum
popularentur: sese ne obsidibus quidem datis pacem Ariovisti
3 redimere potuisse; Treveri autem, pagos centum Sueborum ad
ripas Rheni consedisse, qui Rhenum transire conarentur; his
4 praeesse Nasuam et Cimberium fratres. Quibus rebus Caesar
vehementer commotus maturandum sibi existimavit, ne, si nova
manus Sueborum cum veteribus copiis Ariovisti sese coniun-
5 xisset, minus facile resisti posset. Itaque re frumentaria quam
celerrime potuit comparata magnis itineribus ad Ariovistum con-
38 tendit. Cum tridui viam processisset, nuntiatum est ei, Ariovistum cum suis omnibus copiis ad occupandum Vesontionem,
quod est oppidum maximum Sequanorum, contendere, triduique
2 viam a suis finibus profecisse. Id ne accideret, magnopere sibi
3 praecavendum Caesar existimabat. Namque omnium rerum, quae
4 ad bellum usui erant, summa erat in eo oppido facultas, idque
natura loci sic muniebatur, ut magnam ad ducendum bellum

— *a Treveris*. Durch die Wiederholung der Präposition werden die Gesandtschaften als verschieden aus einander gehalten.

2. *fines eorum*, c. 6, 3. 11, 3. — *pacem Ariovisti*. Da bei der Uebermacht des Ariovistus die Dauer des Friedens nur von diesem abhing recht eigentlich *pax Ariovisti*, den sie erkaufen mussten: *redimere*; so auch c. 44, 12, B. C. 1. 39, 4: *largitione militum voluntates redemit.*

3. *pagos centum Sueborum.* Vergleicht man 4. 1, 3 und Tacit. Germ. c. 39: *vetustissimos se nobilissimosque Sueborum Semnones memorant – centum pagis habitant*, so lässt sich vermuthen, dass unter diesen neuen suebischen Schaaren der Heerbann der Sueben – Semnonen gemeint sei, da jährlich je 1000 Bewaffnete von den 100 Gauen auszogen, während die Uebrigen das Feld bestellten. Indessen ist der Ausdruck *centum pagi* so kahl, dass Caesar es wohl kaum so gefasst, sondern wörtlich von einer Auswanderung genommen hat. — *ad ri-*

pas. Die Sueben setzten nicht über den Rhein, daher nur das rechte Ufer. Der Plural, den C. mit Vorliebe braucht, bezeichnet das Ufer in seiner Ausdehnung und an verschiedenen Orten, die Ufergegend; c. 54, 1. 2. 5, 5. 7. 58, 6.

38. 1. *Vesontio* wie Salmo, Narbo, Hippo Masculin.; andere Städtenamen auf o wie Tarraco, Barcino, sind Femin. — *quod est oppidum.* Ueber die Beziehung des Relativum auf das Prädicatssubst. s. Zumpt § 372. Vergl. 2. 1, 1. 7. 68, 1 u. ö. S. dagegen 5. 11, 8: *flumen, quod appellatur Tamesis. — a suis finibus.* S. c. 31, 10. — *proficere* = vor sich bringen, vorwärts kommen.

3. *facultas* eigentlich Gelegenheit, Möglichkeit zu erhalten = Vorrath, copia. 3. 9, 6: *facultas navium.* B. C. 1. 49, 2: *harum rerum facultates praebebat.* Cic. de Offic. 1. 3: *facultates rerum et copiae.*

4. *muniebatur* anders gedacht, als *munitum erat:* wurde geschützt, da die natürliche Beschaffenheit immer diese Thätigkeit äusserte und dauernden Schutz gewährte (eben-

daret facultatem, propterea quod flumen Dubis ut circino circum- ductum paene totum oppidum cingit; reliquum spatium, quod 5 est non amplius pedum sexcentorum, qua flumen intermittit, mons continet magna altitudine, ita, ut radices montis ex utraque parte ripae fluminis contingant. Hunc murus circumdatus arcem 6 efficit et cum oppido coniungit. Huc Caesar magnis nocturnis 7 diurnisque itineribus contendit occupatoque oppido ibi praesi- dium collocat. Dum paucos dies ad Vesontionem rei frumentariae 39 commeatusque causa moratur, ex percontatione nostrorum voci- busque Gallorum ac mercatorum, qui ingenti magnitudine cor- porum Germanos, incredibili virtute atque exercitatione in armis esse praedicabant (saepenumero sese cum his congressos ne vul- tum quidem atque aciem oculorum dicebant ferre potuisse), tantus subito timor omnem exercitum occupavit, ut non mediocriter omnium mentes animosque perturbaret. Hic primum ortus est a 2

so *locus munitur*). 2. 5, 5. 8. 14, 4. B. C. 3. 26, 4: *ab Africo tegeba- tur.* Aehnlich Cic. in Verr. 4. 55: *his tabulis parietes vestiebantur:* wurden (und waren) bekleidet. — *ad ducendum bellum.* Caes. fürch- tete, dass, wenn die Stadt von Ariov. besetzt würde, diese bei ihrer Lage und ihren Vorräthen es ihm möglich machen würde, den Krieg hinzuzie- hen (*ducere bellum*), bis neue Schaa- ren (c. 37) zu Hülfe kämen.

5. *qua flumen intermittit* 'wo der Fluss aussetzt, nicht fliesst', wel- chen Raum dann ein Berg einnimmt (an beiden Enden zusammenfasst), noch näher bezeichnet durch *ita, ut radices* (Accusativ) m. *ex utraque parte ripae* (Nominativ) *contingant.* — *non amplius pedum sexc.*: s. c. 15, 5.

7. *nocturnis diurnisque.* Dass er auch Nachtmärsche machte, wird durch die seltenere Stellung (ge- wöhnlich *dies noctesque*) hervorge- hoben. 5. 38, 1: *neque noctem ne- que diem.* B. C. 3. 11, 1: *continuato nocte ac die itinere.* Das Verhält- niss von *magnis* zu den beiden an- deren Adiectiven wird klar, wenn man *nocturnis* und *diurnis* mit *iti- neribus* zu einem Begriff verbindet

(Nachtmärsche) wie c. 18, 10: *proe- lium equestre adversum* (Reiter- treffen).

39. 1. *rei frumentariae com- meatusque*, ebenso 48, 2. 3. 23, 7. B. C. 3. 42, 2. 78, 3: *frumento ac commeatu.* Zur Erklärung s. unten 3. 3, 1: *cum neque de frumento re- liquoque commeatu satis esset provisum* = der übrige Kriegspro- viant. — *ex* (in Folge) *percontatione* sehr bezeichnend für die ängstliche Sorge, die gerade durch Fragen nach dem gefürchteten Gegenstande die Furcht vermehrt. — *vocibus* = Ge- rede. So Cic. Fam. 2. 16, 2 *voculae.* — *congressos* kann nur vom feind- lichen Zusammentreffen verstanden werden und nur auf *Galli*, nicht auf *mercatores* geben, da das Folgende *ne vultum quidem ferre potuisse* (man denke an den Gegensatz: ge- schweige denn —), vom Geschäfts- verkehr verstanden, wunderlich wäre. — *mentes*: das Denkvermö- gen, Verstand (indem sie sich fal- sche Vorstellungen machten); *ani- mos*: Gefühls-, Willensvermögen (indem sie gemüthlich ergriffen und zum Handeln unfähig wurden). 3. 19, 6. 6. 5, 1.

2. *a tribunis militum.* Dies

tribunis militum, praefectis reliquisque, qui ex urbe amicitiae
causa Caesarem secuti non magnum in re militari usum habe-
3 bant: quorum alius alia causa illata, quam sibi ad proficiscendum
necessariam esse diceret, petebat, ut eius voluntate discedere liceret; nonnulli pudore adducti, ut timoris suspicionem vitarent,
4 remanebant. Hi neque vultum fingere neque interdum lacrimas
tenere poterant: abditi in tabernaculis aut suum fatum querebantur, aut cum familiaribus suis commune periculum misera-
5 bantur. Volgo totis castris testamenta obsignabantur. Horum
vocibus ac timore paulatim etiam ii, qui magnum in castris usum
habebant, milites centurionesque quique equitatui praeerant, per-
6 turbabantur. Qui se ex his minus timidos existimari volebant,
non se hostem vereri, sed angustias itineris et magnitudinem
silvarum, quae intercederent inter ipsos atque Ariovistum, aut
rem frumentariam, ut satis commode supportari posset, timere
7 dicebant. Nonnulli etiam Caesari renuntiabant, cum castra moveri ac signa ferri iussisset, non fore dicto audientes milites ne-

stimmt zu der Stellung, die diese zu
Caesars Zeit im Heere einnahmen,
wo meist vornehme, dem Feldherrn
befreundete junge Leute nach kurzem Dienste in der *cohors praetoria* zu diesen Stellen befördert wurden. Sie wurden weniger zur Trup-
penführung, als zu administrativen
Geschäften verwendet. S. Kriegsw.
§ 19. — *praefectis.* Ueber die Praefecten (hier nicht die Anführer der
Reiterei, die § 5 besonders genannt
werden) s. ebend. § 19 (3. 7, 3. 4.
22, 3). — Die *reliqui, qui – secuti*
sind ebenfalls junge Leute aus vornehmen Familien, die in der nächsten Umgebung des Feldherrn (*contubernales, comites imperatoris*) in
der *cohors praetoria* (s. Kriegsw.
§ 8) sich für den Kriegsdienst aus-
bildeten.

3. *causa illata:* gleichsam 'einge-
bracht', *in medium prolata,* vorge-
geben. Phaedr. 1. 1, 4: *iurgii causam intulit. — necessariam:* c. 16,
6. Ueber den Coniunct. *diceret* c.
23, 3. — *vultum fingere:* eine die
Furcht verbergende Miene annehmen.

5. *Volgo* 'allenthalben, allgemein'.

5. 33, 6: *accidit, ut volgo milites a
signis discederent.*

6. *rem frumentariam, ut – supportari posset, timere dicebant.* Die
vorhergehenden Accusative haben
hier veranlasst, auch *rem frumentariam* zu setzen, das eigentliche
Subiect des Nebensatzes: *ut res
frumentaria supportari posset,* welcher griechische Sprachgebrauch im
Lateinischen mehr der Umgangs-
sprache angehört. Terent. Eun. 5.
9, 5: *scin' me, in quibus sim gau-
diis.* Cic. Fam. 8. 10, 3: *nosti Marcellum quam tardus sit.* Dagegen
ebendas. 4. 1, 2: *res vides quomo-
do se habeat.*

7. *cum iussisset.* Das folgende
fore zeigt, wie der Coniunct. Plusqu.
zu übersetzen ist, und welches Tempus er vertritt.

Die ganze Schilderung dieses Vor-
gangs im Heere selbst, dergleichen
wir überhaupt bei C. nur wenige
finden (man vergleiche dagegen Xe-
nophons Anabasis), ist in ihrer ganzen Fassung und der bis ins Einzelne gehenden Ausführlichkeit mit
unverkennbarer Ironie ausgemalt,
wobei zugleich die Ruhe und Ueber-

que propter timorem signa laturos. Haec cum animadvertisset, **40**
convocato consilio omniumque ordinum ad id consilium adhibitis
centurionibus vehementer eos incusavit: primum quod aut quam
in partem aut quo consilio ducerentur, sibi quaerendum aut cogitandum putarent. Ariovistum se consule cupidissime populi **2**
Romani amicitiam appetisse: cur hunc tam temere quisquam ab
officio discessurum iudicaret? Sibi quidem persuaderi, cognitis **3**
suis postulatis atque aequitate condicionum perspecta eum neque
suam neque populi Romani gratiam repudiaturum. Quod si fu- **4**
rore atque amentia impulsus bellum intulisset, quid tandem vererentur? aut cur de sua virtute aut de ipsius diligentia desperarent? Factum eius hostis periculum patrum nostrorum me- **5**
moria, cum Cimbris et Teutonis a Gaio Mario pulsis non minorem laudem exercitus quam ipse imperator meritus videbatur;
factum etiam nuper in Italia servili tumultu, quos tamen aliquid

legenheit des Feldherrn der allgemeinen Furcht gegenüber in helles
Licht tritt. Bei Cassius Dio 38. 35
ist es nicht blos die Furcht vor den
Germanen, was die Gemüther erregte, sondern es erhoben sich auch
die Stimmen derjenigen, welche den
von Senat und Volk nicht beschlossenen Krieg nicht wollten, und Caesar zu verlassen drohten. Ob dies
wahr ist, und C. diese ernstere
Wendung durch seine ganze Darstellung zu verhüllen sucht, stebt
dahin.

40. 1. *omnium ordinum cen-
tur.* Caesar lässt an der Versammlung (nicht Kriegsrath), die nicht
eine Berathung, sondern nur Er-
mahnung und Ermuthigung bei der
allgemeinen Furcht und Verwirrung
zum Zweck hat, alle Centurionen
(60 in jeder Legion) Theil nehmen,
während zum eigentlichen Kriegsrath nur die *primorum ordinum
centuriones* ausser den Legaten und
Tribunen gezogen wurden. Kriegsw.
§ 20b. Anm. 2. — *convocato consilio – ad id consilium*, die schon
öfter erwähnte Ausführlichkeit. 7.
72, 1: *fossam – ut eius fossae –*
u. öfter. — *incusare:* Vorwürfe
machen, verschieden von *accusare.*
C. hat es noch 2. 15, 5: *increpitare*

atque incusare, Cicero nie.

2. *ab officio*, der Dankbarkeit
gegen das römische Volk. — *sibi
persuaderi* = ihm werde, bei Erwägung der Sache, die Ueberzeugung.

4. *diligentia* oft von der sorgfältigen, umsichtigen und pünktlichen
Erfüllung der Feldherrnpflicht, der
temeritas entgegengesetzt. B. C. 2.
32, 11: *diligentiam nostram aut
fortunam. — quid vererentur*, s. zu
c. 14, 3.

5. *cum videbatur*, ein auffallender Uebergang in die directe Rede.
Statt die Sache als ein Argument
indirect anzuführen, giebt er den
wirklichen Thatbestand mit dem
temporellen *cum* = quo tempore. —
Plut. Caes. 19 benutzt diese Erwähnung des Marius so, dass er ihn geradezu sagen lässt, er sei kein geringerer Feldherr als Marius.

servili tumultu. Der Sklavenkrieg
(Spartacus) wurde besonders von
den von Marius gefangenen germanischen Sklaven geführt von 73 bis
71 v. Chr. *Tumultus* ist ein in der
Nähe Roms (in Italien oder der benachbarten Gallia cisalpina) ausge-
brochener Krieg. Der blosse Ablativ
wie unten § 13; *bello Cassiano c. 13*,
2. und dergl. als Zeitbestimmung.
— *quos* auf was zu beziehen? Liv.

6 usus ac disciplina, quae a nobis accepissent, sublevarent. Ex
quo iudicari posse, quantum haberet in se boni constantia, propterea quod, quos aliquamdiu inermos sine causa timuissent,
7 hos postea armatos ac victores superassent. Denique hos esse
eosdem, quibuscum saepenumero Helvetii congressi non solum
in suis, sed etiam in illorum finibus plerumque superarint, qui
8 tamen pares esse nostro exercitui non potuerint. Si quos adversum proelium et fuga Gallorum commoveret, hos, si quaererent, reperire posse diuturnitate belli defatigatis Gallis Ariovistum,
cum multos menses castris se ac paludibus tenuisset neque sui
potestatem fecisset, desperantes iam de pugna et dispersos subi-
9 to adortum magis ratione et consilio quam virtute vicisse. Cui
rationi contra homines barbaros atque imperitos locus fuisset,
10 hac ne ipsum quidem sperare nostros exercitus capi posse. Qui
suum timorem in rei frumentariae simulationem angustiasque
itineris conferrent, facere arroganter, cum aut de officio impera-
11 toris desperare aut praescribere viderentur. Haec sibi esse curae: frumentum Sequanos, Leucos, Lingones subministrare, iam-

42. 47: *calliditatis graecae, apud
quos fallere hostem gloriosius fuit.*
— *usus ac disciplina, quae.* Das
Neutrum auf zwei Substantive verschiedenen Geschlechts bezogen,
was bei C. sonst nicht vorkommt.
— *usus* (Kriegsübung) und *disciplina* (Kriegszucht) sind als verschiedene, getrennte Begriffe (nicht
= *usus disciplinae*) zu nehmen, wie
schon der Plural *sublevarent* zeigt.
[Madvig § 213]. — *sublevarent*
(nicht *sublevassent*), während der
Dauer des Kriegs; denn direct würde es heissen müssen —? S. zu 5.
10, 2. B. C. 3. 96, 1.
   6. *Ex quo iudicari posse*, selbstständige Fortführung und An-
knüpfung der Rede durch das Relat.,
nicht *posset*. 2. 4, 3: *qua ex re
fieri.* — *inermos* von der schlechten, unzureichenden Bewaffnung der
ungeordneten Massen. Flor. 3. 29,
6: *e viminibus pecudumque tegu-
mentis inconditos sibi clipeos, e
ferro ergastulorum recocto gladios
ac tela fecerant.* Die Form *iner-
mus* (B. C. 1. 68, 2) findet sich auch
bei Cicero.
   7. *quibuscum congressi — superarint* = *quos, cum iis congr., superarint.* Das Relativum von dem
zunächst stehenden *congressi* angezogen, so dass bei dem Hauptverbum das Obiect fehlt. S. zu c. 26, 6.
Zur Sache s. c. 1, 4. — *tamen* durch
einen zu ergänzenden Satz zu erklären. Ueber den Wechsel der
Tempora s. c. 31 a. E., vgl. auch §
12 u. 15.
   8. *sui potestatem facere* = Gelegenheit geben, ihn anzugreifen,
sich in einen Kampf einlassen. —
ratio = kluge Berechnung; *consilium* = wohlangelegter Plan, List.
Daher *capi* = in fraudem induci. —
ipsum, d. i. Ariovistum.
   10. *qui suum timorem — conferrent:* die ihre Furcht nicht auf
den wahren Grund (die Germanen),
sondern auf die vorgeschützte Verpflegung und Wege schöben, die
ihre Feigheit hinter jenen Vorwän-
den versteckten, und sich eben dadurch auf andere Weise am Feldherrn vergingen.

que esse in agris frumenta matura; de itinere ipsos brevi tempore iudicaturos. Quod non fore dicto audientes neque signa la- 12
turi dicantur, nihil se ea re commoveri: scire enim, quibuscumque exercitus dicto audiens non fuerit, aut male re gesta fortunam defuisse aut aliquo facinore comperto avaritiam esse convictam: suam innocentiam perpetua vita, felicitatem Helvetiorum 13
bello esse perspectam. Itaque se, quod in longiorem diem colla- 14
turus fuisset, repraesentaturum et proxima nocte de quarta vigilia castra moturum, ut quam primum intellegere posset, utrum
apud eos pudor atque officium, an timor valeret. Quod si prae- 15
terea nemo sequatur, tamen se cum sola decima legione iturum,
de qua non dubitaret, sibique eam praetoriam cohortem futuram.
Huic legioni Caesar et indulserat praecipue et propter virtutem
confidebat maxime. Hac oratione habita mirum in modum con- 41
versae sunt omnium mentes, summaque alacritas et cupiditas
belli gerendi innata est, princepsque decima legio per tribunos
militum ei gratias egit, quod de se optimum iudicium fecisset, 2
seque esse ad bellum gerendum paratissimam confirmavit. Deinde 3
reliquae legiones cum tribunis militum et primorum ordinum
centurionibus egerunt, uti Caesari satisfacerent: se neque umquam dubitasse neque timuisse neque de summa belli suum iudi-

---

12. *avaritiam esse convictam* =
manifesto cognitam et deprehensam.
Der Anschluss an das Vorhergehende und der Gegensatz zum Folgenden führt die Abweichung von
der gewöhnlichen Construction von
convincere (aliquem alicuius rei)
herbei. — Der Sinn von *innocentia*
wird klar durch *avaritia*.

14. *in longiorem diem*: längere
Frist, spätere Zeit. — *repraesentare* eigentlich = vergegenwärtigen,
daher etwas, was erst später geschehen sollte, gegenwärtig machen,
beschleunigen. Cic. Fam. 5. 16: *neque exspectare temporis medicinam, sed repraesentare ratione
possimus.* Phil. 2. § 118: *si repraesentari morte mea libertas civitatis potest.* — de quarta vig. S.
zu c. 12, 2.

15. *decima legione*, s. die Einleitung p. 29. — *praetoria cohors* war
das Elitencorps als Leibwache des
Feldherrn. S. Kriegsw. § 8. Diese
Hinweisung auf den Schutz seiner
Person musste vor allem wirksam
sein, so wie überhaupt durch die
geschickte Wendung nicht nur die
10. Leg. dauernd gewonnen, sondern
auch die übrigen beschämt wurden.
S. Einl. S. 27. Seine Truppen waren
ihm nach diesem ersten und einzigen
Zwischenfall immer treu ergeben.
— *confidere* steht bei C. mit dem
Dativ nur bei Personen, denen man
Vertrauen schenkt und bei persönlichen Begriffen, bei sachlichen Begriffen (wodurch man mit Vertrauen
erfüllt wird) vorherrschend mit dem
Ablativ.

41. 3. *cum tribunis - agerunt*:
sie verhandelten, besprachen sich mit
ihnen. — *primorum ord. centuriones* sind die 6 Centurionen der ersten
Cohorte der Legion. S. Kriegsw.
§ 20 b. S. 57. — *satisfacere* = se
excusare alicui. — summa belli:

4 cium, sed imperatoris esse existimavisse. Eorum satisfactione
accepta et itinere exquisito per Divitiacum, quod ex aliis ei maximam fidem habebat, ut milium amplius quinquaginta circuitu
locis apertis exercitum duceret, de quarta vigilia, ut dixerat, pro-
5 fectus est. Septimo die, cum iter non intermitteret, ab exploratoribus certior factus est, Ariovisti copias a nostris milibus passuum quattuor et xx abesse.

42　　　Cognito Caesaris adventu Ariovistus legatos ad eum mittit:
quod antea de colloquio postulasset, id per se lieri licere, quoniam propius accessisset, seque id sine periculo facere posse
2 existimare. Non respuit condicionem Caesar iamque eum ad sanitatem reverti arbitrabatur, cum id, quod antea petenti dene-
3 gasset, ultro polliceretur, magnamque in spem veniebat, pro suis
tantis populique Romani in eum beneficiis cognitis suis postulatis fore, uti pertinacia desisteret. Dies colloquio dictus est ex eo
4 die quintus. Interim saepe ultro citroque cum legati inter eos
mitterentur, Ariovistus postulavit, ne quem peditem ad colloquium Caesar adduceret: vereri se, ne per insidias ab eo circum-

die oberste Leitung des Kriegs.
B. C. 1. 36, 1: *summa belli administrandi. Summa* ist der Inbegriff
des Wesentlichsten und Höchsten
in einer Sache.

4. *ut duceret* von *itinere exquisito* abhängig: als der Weg durch
den der Gegend kundigen Divitiacus ausgesucht und angegeben war,
in der Weise, dass er (Caesar)
das Heer in offener Ebene (mit
Umgebung der zwischen ihm und
Ariovist liegenden Wölder) allerdings in einem grossen Umweg (*circuitus*) führen konnte. C. wollte
das Heer, welches *itinerum angustias* gefürchtet hatte, wie er versprochen (c. 40, 11), bessere Wege
führen, und traute wohl auch dem
neu erwachten Muthe noch nicht
recht, weswegen er den Umweg
vorzog. Caes. vermied das enge
Thal des Doubs (Dubis), den nächsten Weg in die Ebenen des Elsass,
und zog auf dem angegebenen Umwege über Vesoul und Belfort (Befort) in das Rheinthal [Göler p. 44].

5. *milibus.* Bei Angabe des Ab-
standes, bei *abesse, distare* ist der
Ablativ seltener, Cicero hat nur
den Accusativ; öfter braucht Caes.
den Ablativ von *spatium* und *intervallum.* S. c. 43, 1. B. C. 1. 18, 1:
*a Corfinio septem milium intervallo
abest.* Doch 2. 17, 2: *magnum spatium abessent.* S. zu B. C. 2. 39, 3.

42. 1. *de colloquio postulasset.*
Sehr häufig ist bei C. der Gebrauch
transitiver Verba mit *de* (in Betreff,
rücksichtlich), was sich im Deutschen
durch verschiedene, der absoluten
Fassung des Verb. entsprechende
Wendungen wiedergeben lässt: *post.
de* = Forderungen stellen in Betreff
—; *cognoscere de* Kunde erhalten,
7. 1, 1. B. C. 3. 101, 1; *recusare
de stipendio* c. 44, 4: Weigerungen
machen, sich weigern; *impetrare
de*: das Gewünschte erhalten rücksichtlich — 4. 13, 5; *excusare de
consilio* 4. 22, 1; *significare de fuga* u. ähnl. — *quoniam propius uc-
cessisset*, i. e. Caesar. Ariovist,
durch die plötzliche Ankunft überrascht, sucht durch diesen Grund den
Schein erzwungener Nachgiebigkeit
zu vermeiden.

2. *pro suis beneficiis*: c. 33, 1.

veniretur: uterque cum equitatu veniret; alia ratione sese non
esse venturum. Caesar, quod neque colloquium interposita cau- 5
sa tolli volebat neque salutem suam Gallorum equitatui committere audebat, commodissimum esse statuit omnibus equis Gallis
equitibus detractis eo legionarios milites legionis decimae, cui
quam maxime confidebat, imponere, ut praesidium quam ami-
cissimum, si quid opus facto esset, haberet. Quod cum fieret, 6
non irridicule quidam ex militibus decimae legionis dixit: plus
quam pollicitus esset, Caesarem facere: pollicitum se in cohortis praetoriae loco decimam legionem habiturum, ad equum rescribere. Planicies erat magna et in ea tumulus terrenus satis 43
grandis. Hic locus aequo fere spatio ab castris Ariovisti et Caesaris aberat. Eo, ut erat dictum, ad colloquium venerunt. Legio- 2
nem Caesar, quam equis vexerat, passibus ducentis ab eo tumulo
constituit. Item equites Ariovisti pari intervallo constiterunt.
Ariovistus, ex equis ut colloquerentur et praeter se denos ut ad 3
colloquium adducerent, postulavit. Ubi eo ventum est, Caesar 4
initio orationis sua senatusque in eum beneficia commemoravit,
quod rex appellatus esset a senatu, quod amicus, quod munera

5. *Gallorum equitatui*. Die Forderung des Ariovist konnte selbst
ein Einverständniss mit den ohnehin unzuverlässigen gallischen Reitern befürchten lassen. — *omnibus
equis Gallis equitibus detractis*. Er
nahm den gallischen Reitern (*Gallis
equitibus* ist Dativ) alle Pferde;
denn nach c. 15, 1 hatte er gegen
4000-gall. Reiter, deren Pferde daher alle nöthig waren, und nicht
einmal hinreichten, um eine ganze
Legion beritten zu machen. — *eo
imponere*: das Adverbium auf ein
Substantivum bezogen, = *in eos*;
eben so wir: darauf; c. 51, 3. 5. 14,
5. — *si quid opus facto esset*: wenn
etwas nöthig wäre zu thun. Der
Ablat. Part. Perf. Pass steht bei
opus est wie ein Verbalsubstantiv
od. der Infinitiv.

6. *non irridicule*: 'nicht unwitzig'
(Litotes), nur hier vorkommend und
eben nur für den Zweck jener Figur
gebildet, wie dies bei manchen ähnlichen Compositis der Fall ist. So
incallidus (nur bei Tac. Ann. 3. 8

ohne Litotes), *inceleber* und meistentheils wenigstens *improbabilis*.
So steht auch *absimilis* (3. 14, 5)
nur nach Negationen. — *pollicitum
- rescribere*. Der Scherz liegt in
dem Doppelsinn der W. *ad equum
rescribere*, die sowohl 'unter die
Reiter versetzen', als 'in den Ritterstand erheben' heissen können, was
in der früheren Zeit, wo die *equites
Romani* die Reiterei bildeten, allerdings dasselbe war, während es in
Caesars Heer keine römische Reiterei gab.

43. 1. *tumulus terrenus*. Das
Gegentheil Sall. Iug. c. 92, 5: *mons
saxeus*. — *ut erat dictum* = constitutum. — *aequo spatio aberat*:
s. c. 41, 5.

2. *passibus ducentis*. Der Abla-
tivus und Accusativus steht nicht
blos bei den Verbis der Entfernung
(c. 41, 5), sondern auch, wenn angegeben wird, in welcher Entfernung etwas geschieht; s. c. 43, 1.
Der Accusat. oben c. 22, 5.

4. *munera*. Nach Liv. 30. 15

amplissime missa; quam rem et paucis contigisse et pro magnis
5 hominum officiis consuesse tribui docebat; illum, cum neque
aditum neque causam postulandi iustam haberet, beneficio ac li-
6 beralitate sua ac senatus ea praemia consecutum. Docebat etiam,
quam veteres quamque iustae causae necessitudinis ipsis cum
7 Haeduis intercederent, quae senatusconsulta quotiens quamque
honorifica in eos facta essent, ut omni tempore totius Galliae
principatum Haedui tenuissent, prius etiam, quam nostram ami-
8 citiam appetissent. Populi Romani hanc esse consuetudinem, ut
socios atque amicos non modo sui nihil deperdere, sed gratia,
dignitate, honore auctiores velit esse: quod vero ad amicitiam
9 populi Romani attulissent, id iis eripi quis pati posset? Postulavit deinde eadem, quae legatis in mandatis dederat, ne aut Haeduis aut eorum sociis bellum inferret; obsides redderet; si nullam partem Germanorum domum remittere posset, at ne quos
44 amplius Rhenum transire pateretur. Ariovistus ad postulata
Caesaris pauca respondit, de suis virtutibus multa praedicavit:
2 Transisse Rhenum sese non sua sponte, sed rogatum et arcessitum a Gallis; non sine magna spe magnisque praemiis domum
propinquosque reliquisse: sedes habere in Gallia ab ipsis con-
cessas, obsides ipsorum voluntate datos; stipendium capere iure
3 belli, quod victores victis imponere consuerint. Non sese Gallis,
sed Gallos sibi bellum intulisse: omnes Galliae civitates ad se

erhielt Masinissa mit dem Königstitel eine *aurea corona, aurea patera,
sella curulis, scipio eburneus, toga
picta et palmata tunica.* — *amplissime missa* = in reichstem Masse
geschickt. Cic. Phil. 5. § 53: *ut quibus militibus amplissime dati essent.*

5. *aditus*: Zugang, Veranlassung,
Berechtigung. 5. 41, 1. Cic. Fam.
6. 10: *si quis mihi erit aditus de
tuis fortunis agendi.*

6. *quam veteres – appetissent*
S. c. 11, 3. 31, 7.

8. *consuetudinem, ut – velit esse.*
Liv 37. 35: *praeter consuetudinem
perpetuam populi Romani, augendi
omni honore regum sociorum maiestatem.* — *quod attulissent* als etwas, was sie schon besessen hätten,
nämlich die Unabhängigkeit und den
Principat. — *quis pati posset.* Fra-

gen, in denen in directer Rede der
Coniunctiv steht (*quis pati possit*),
behalten den Coniunctiv in indirecter
Rede mit Veränderung des Tempus.
5. 29, 5: *quis hoc sibi persuaderet?*
direct: *quis hoc sibi persuadeat?*
Ueber den Inf. in Fragen c. 14, 3.

9. *in mandatis dederat* = ut pro
mandatis, mandatorum loco haberent. Nicht 'unter den Aufträgen';
denn mehr hatte er auch vorher
(c. 35, 3) nicht aufgetragen. — *at* =
doch wenigstens.

44. 2. *non sine magna spe magnisque praemiis*, eben so verschiedene und getrennt zu fassende Begriffe, nicht Hendiadys, wie 3. 18, 2
u. B. C. 1. 56, 2: *praemiis pollicitationibusque.* — *ipsorum voluntate.*
Anders freilich die Gallier c. 31,
10–13.

oppugnandum venisse ac contra se castra habuisse; eas omnes copias a se uno proelio pulsas ac superatas esse. Si iterum experiri velint, se iterum paratum esse decertare; si pace uti velint, iniquum esse de stipendio recusare, quod sua voluntate ad id tempus pependerint. Amicitiam populi Romani sibi ornamento 5 et praesidio, non detrimento esse oportere, idque se ea spe petisse. Si per populum Romanum stipendium remittatur et dediticii subtrahantur, non minus libenter sese recusaturum populi Romani amicitiam, quam appetierit. Quod multitudinem Ger- 6 manorum in Galliam traducat, id se sui muniendi, non Galliae impugnandae causa facere: eius rei testimonium esse, quod nisi rogatus non venerit, et quod bellum non intulerit, sed defenderit. Se prius in Galliam venisse quam populum Romanum. Num- 7 quam ante hoc tempus exercitum populi Romani Galliae provinciae fines egressum. Quid sibi vellet? cur in suas possessiones 8 veniret? Provinciam suam hanc esse Galliam, sicut illam nostram. Ut ipsi concedi non oporteret, si in nostros fines impetum faceret, sic item nos esse iniquos, quod in suo iure se interpellaremus. Quod fratres a senatu Haeduos appellatos diceret, non 9 se tam barbarum neque tam imperitum esse rerum, ut non sciret, neque bello Allobrogum proximo Haeduos Romanis auxilium tulisse neque ipsos in his contentionibus, quas Haedui secum et cum Sequanis habuissent, auxilio populi Romani usos esse. De- 10 bere se suspicari simulata Caesarem amicitia, quod exercitum in Gallia habeat, sui opprimendi causa habere. Qui nisi decedat at- 11 que exercitum deducat ex his regionibus, sese illum non pro

3. *ac contra*, *ac* vor *c* noch B. C. 1. 48, 5. 4. 78, 2. — *uno proelio*: s. c. 31, 12.

4. *paratum esse decertare*. Der Infinitiv bei *paratus* = bereit, auf etwas gefasst, oft bei C. z. B. 2. 3, 3. B. C. 1. 7, 7. 20, 5. 3. 9, 5. Sonst *ad* (1. 5, 3. 41, 2. u. ö.) und in der Bedeutung gerüstet immer. — *de stip. recusare*, s. zu c. 42, 1.

5. *idque*, nicht *eamque*, weil es nicht auf das Wort, sondern den ganzen Umfang des Begriffs (*ut amicus p. R. esset*) geht. — *stipendium remittatur*, 'erlassen', die Nothwendigkeit, Tribut zu zahlen, aufgehoben würde, was durch die Forderung Caesars, die Geiseln, welche jene Nöthigung bedingten, herauszugeben (c. 35, 3), bewirkt worden wäre.

6. *defendere* eigentlich: wegstossen, abwehren. 2. 29, 5. 6. 23, 4. B. C. 2. 2, 4: *ignem defendere*.

8. *Quid sibi vellet – veniret?* S. zu c. 14, 3.

9. *bello Allobrogum*: c. 6, 2. — *Haedui* nach *ipsos* unnöthig, aber Caesars Streben nach Deutlichkeit ganz entsprechend.

11. *illum*, wie unten § 13 *se illum – remuneraturum*. Das *tu*, *vos* der directen Rede (*te pro hoste habebo*) wird bei dem Uebergang in die indirecte meistentheils durch *ille*, aber auch durch *is* bezeichnet, wie c. 14, 6: *si obsides ab iis sibi dentur*. — *non pro amico, sed hoste*. Durch

12 amico, sed hoste habiturum. Quodsi eum interfecerit, multis
sese nobilibus principibusque populi Romani gratum esse facturum: id se ab ipsis per eorum nuntios compertum habere, quorum omnium gratiam atque amicitiam eius morte redimere pos-

13 set. Quodsi discessisset et liberam possessionem Galliae sibi
tradidisset, magno se illum praemio remuneraturum et quaecumque bella geri vellet, sine ullo eius labore et periculo confecturum.

45 Multa ab Caesare in eam sententiam dicta sunt, quare negotio
desistere non posset, et neque suam neque populi Romani consuetudinem pati, uti optime merentes socios desereret, neque se
iudicare, Galliam potius esse Ariovisti quam populi Romani.

2 Bello superatos esse Arvernos et Rutenos ab Q. Fabio Maximo,
quibus populus Romanus ignovisset neque in provinciam rede-

die Auslassung der Präpos. im zweiten Gliede nach *non*, *non solum —
sed etiam* (auch nach *quam*) wird,
da die Begriffe näher an einander
rücken, der Gegensatz also sich unmittelbar anschliesst, dieser selbst
schärfer und nachdrücklicher. Liv.
10. 26: *similius vero, a Gallo hoste,
quam Umbro cladem acceptam.* Anders unten 6. 11, 2: *non solum in
omnibus civitatibus, sed paene etiam
in singulis domibus.*

12. *quodsi eum interfecerit.* Diese Drohung, die C. seinen Feinden
anzuhören giebt, war wohl nicht
leere Prahlerei des Ariovistus. S.
Einl. S. 37. Anm. 'Weder die Patricier noch die Nobilität haben je
eine Verbindung mit den Feinden
des Vaterlandes gescheut, wenn sie
sich dadurch von einem gefährlichen
Gegner befreien konnten. Dass
Sendlinge in Gallien waren, die
nicht erst Weisungen von Rom be-
durften, versteht sich von selbst.'
Drumann a. a. O. p. 250. — *redimere:* c. 37, 2.

13. *discessisset*, vorher *decedat*
= sich entfernend den Besitz aufgeben, *disced.* der blosse Begriff
des Weggebens, daher näher bestimmt durch *liberamque* etc. —
Man beachte auch in dieser längeren
Orat. obl. den Wechsel der Tempora und insbesondere die Verschie-

denheit der formell gleichen Sätze:
*nisi decedat — quodsi interfecerit —
quodsi discessisset. Decedat* als
einfache Angabe der Bedingung ohne
genauere Berücksichtigung des Zeitverhältnisses (welches?), wie c. 14,
6: *si — sibi dentur, sese pacem facturum. Interfecerit* u. *discessisset*
beide = Coni. Fut. exact., nur dass
discess. in schnellem Wechsel ein
historisches Tempus als regierend
voraussetzt. S. 5. 40, 1.

45. 1. *in eam sententiam*, wie
B. C. 1. 1, 4: *in eandem sententiam
loquitur Scipio:* 'nach dem Sinne
hin', 'in dem Sinne'. Der Zweck der
Rede war, zu beweisen, *quare —
non posset* und dass (mit Wechsel
der Construction) es die Gewohnheit nicht zugebe. — *optime merentes*, nicht *meritos*, da sie sich
auch jetzt noch durch freundliche
Gesinnung und Treue verdient
machten.

2. *bello superatos esse Arvernos
et Rutenos.* S. Einl. S. 4. — *neque
in provinciam redegisset.* Der zum
Verbum nöthige Casus muss aus
dem vorhergehenden *quibus* gedacht
werden. Eine solche Auslassung
erschien dem Lateiner oft weniger
hart, als eine Wiederholung des
Relativs in verschiedenem Casus (*et
quos non*). Sall. Iug. 105, 5: *cum
peditibus, quos Volux adduxerat*

gisset neque stipendium imposuisset. Quodsi antiquissimum **3**
quodque tempus spectari oporteret, populi Romani iustissimum
esse in Gallia imperium; si iudicium senatus observari oporteret,
liberam debere esse Galliam, quam bello victam suis legibus uti
voluisset. Dum haec in colloquio geruntur, Caesari nuntiatum **46**
est, equites Ariovisti propius tumulum accedere et ad nostros
adequitare, lapides telaque in nostros conicere. Caesar loquendi **2**
finem facit seque ad suos recepit suisque imperavit, ne quod omnino telum in hostes reicerent. Nam etsi sine ullo periculo legio- **3**
nis delectae cum equitatu proelium fore videbat, tamen committendum non putabat, ut pulsis hostibus dici posset eos ab se per
fidem in colloquio circumventos. Posteaquam in volgus militum **4**
elatum est, qua arrogantia in colloquio Ariovistus usus omni Gallia Romanis interdixisset, impetumque in nostros eius equites fecissent, eaque res colloquium ut diremisset, multo maior alacritas studiumque pugnandi maius exercitui iniectum est.

---

neque – affuerant = et qui non aff.
Oft steht dann, wie im Griechischen,
das Demonstrativum. Cic. Brut. 74:
omnes qui extra urbem vixerunt,
neque eos barbaries infuscaverat.
Wiederholung des Relativs (*quibus*
– quosque) s. c. 28, 5. 4. 21, 7. Hier
ist übrigens zu beachten, dass wiederum ein Verbum mit Dativ folgt.

3. *Quodsi – imperium*, Ausführung der Schlussfolgerung aus dem
Sieg über die Rutener (im J. 121 v.
Chr.): wenn also bei der Frage
über die Rechtmässigkeit des Besit-
zes, da Ariov. erklärt hatte, *se pri-*
us in G. venisse quam p. R. (c. 44,
7), die Länge der Zeit, in der jeder
in dem Lande aufgetreten sei, in Betracht komme (*si singula tempora*
secundum antiquitatem aestimaren-
tur), so hätten die Römer durch ihren
Sieg vor 63 Jahren das Recht der
Priorität, — *quam – victam – uti*
voluisset, denn die Römer hatten
nach jenem Siege den Arveroern
und Rutenern die Freiheit gelassen.
S. Einl. a. a. O.

46. 1. *accedere et adequitare,*
lapides conicere, eben so zwei Glieder, wie c. 23, 1. 31, 12, nur dass
hier die beiden ersten Verba aus
leicht begreiflichem Grunde verbunden sind und das dritte ohne Copula
hinzutritt. Vgl. c. 50, 1.

2. *facit.* Das Praes. zur Bezeichnung des plötzlichen Abbrechens;
für die nachher folgenden Handlungen tritt das Perf. ein. — *ad suos*
– suisque, wie vorher *ad nostros*
adequitare telaque in nostros coni-
cere.

3. *per fidem = fide data addu-*
ctos, indem sie dem gegebenen Worte geglaubt hätten; so häufig bei
'täuschen' *per,* indem das, was
sicher macht, Mittel der Täuschung
wird. S. 8. 48, 3. B. C. 1. 85, 3: *per*
colloquium, 3. 82, 5: *per eius au-*
ctoritatem deceptus. Wie viel dem
Caesar daran lag, den Verdacht, dass
er den Krieg angefangen habe, fern
zu halten, zeigt die ganze Darstellung.

4. *impetumque – fecissent* von
qua arrogantia (sc. *usi*), nicht von
einem zu supplirenden allgemeinen
Relativum (*ut*) abhängig, da Caes.,
wenn *ut* hier nöthig wäre, es nicht
erst bei dem dritten Gliede gesetzt
haben, bei dem zweiten aber zu

47 Biduo post Ariovistus ad Caesarem legatos mittit: Velle
se de his rebus, quae inter eos agi coeptae neque perfectae
essent, agere cum eo: uti aut iterum colloquio diem constitueret
aut, si id minus vellet, e suis [legatis] aliquem ad se mitteret.
2 Colloquendi Caesari causa visa non est, et eo magis, quod pridie
eius diei Germani retineri non poterant, quin in nostros tela con-
3 icerent. Legatum e suis sese magno cum periculo ad eum mis-
4 surum et hominibus feris obiecturum existimabat. Commodissimum visum est Gaium Valerium Procillum, C. Valeri Caburi
filium, summa virtute et humanitate adulescentem, cuius pater a
Gaio Valerio Flacco civitate donatus erat, et propter fidem et
propter linguae Gallicae scientiam, qua multa iam Ariovistus longinqua consuetudine utebatur, et quod in eo peccandi Germanis
causa non esset, ad eum mittere, et M. Metium, qui hospitio Ario-
5 visti utebatur. His mandavit, ut, quae diceret Ariovistus, cogno-
6 scerent et ad se referrent. Quos cum apud se in castris Ariovistus conspexisset, exercitu suo praesente conclamavit: quid ad se
venirent? an speculandi causa? Conantis dicere prohibuit et in
48 catenas coniecit. Eodem die castra promovit et milibus passuum

suppliren nöthigen würde.

47. 1. *quae coeptae neque perfectae essent.* Man beachte die
scheinbare Unbefangenheit des Ariovistus, als ob er bei jenem gleichsam zufälligen Vorgange gar nicht
betheiligt sei. *neque perfectae.* Wir
erwarten eine Adversativpartikel:
neque tamen. Vgl. 4. 26, 5. 7. 45,
4. 62, 8. — *inter eos:* c. 6, 3. 11, 3.

3. *Legatum e suis* kann sprachlich
nur heissen: einen Abgesandten aus
seinen Leuten, nicht 'einen von seinen Legaten', wie denn auch Ariov.
gewiss nur verlangt hatte, dass er,
wenn er nicht selbst kommen wollte, *e suis aliquem mitteret,* so dass
nicht in unmittelbarer Folge das
Wort erst Legat und dann Gesandter heisst. [Zwei andere Verbesse-
rungsvorschläge s. im Anhang.]

4. *Gaium Valerium Procillum,*
den c. 19, 3 erwähnten *princeps
Galliae provinciae.* Caesar spricht
indess von ihm, als wenn er zum
ersten Male erwähnt würde. — *Humanitas* = feine Bildung, Gewandtheit. — *a Gaio Valerio Flacco,* der
im Jahre 83 die Provinz Gallien
verwaltete. — *qua multa utebatur,*
nämlich *lingua,* die eben dadurch,
dass er sich häufig derselben bedient, bei ihm *multa* ist. Wohl
konnte auch *multum* stehen; aber
nicht selten wird der Begriff 'viel,
häufig' statt durch ein Adverbium
mit dem Verbum durch ein Adiectivum mit dem Nomen verbunden.
Sall. Iug. 96, 3: *in agmine – multus adesse.* — *longinquus* von der
Zeitdauer wie B. C. 3. 80, 3 *longinqua oppugnatio.*

6. *conclamare,* laut ausrufen,
(das Heer sollte es hören); häufiger bei Dichtern. Ovid. Metam. 4.
691. 6. 327. 10. 365; vergl. *contendere, collacrimare* = heftig weinen.
— *Conantis dicere prohibuit.* Da sie
als Gesandte durch das Völkerrecht geschützt gewesen wären,
liess er sie gar nicht zu Worte
kommen, um sie Angesichts des
Heeres nicht als Gesandte, sondern
als Spione behandeln zu können.

sex a Caesaris castris sub monte consedit. Postridie eius diei 2
praeter castra Caesaris suas copias traduxit et milibus passuum
duobus ultra eum castra fecit eo consilio, uti frumento commeatuque, qui ex Sequanis et Haeduis supportaretur, Caesarem in-
tercluderet. Ex eo die dies continuos quinque Caesar pro castris 3
suas copias produxit et aciem instructam habuit, ut, si vellet Ariovistus proelio contendere, ei potestas non deesset. Ariovistus 4
his omnibus diebus exercitum castris continuit, equestri proelio
cotidie contendit. Genus hoc erat pugnae, quo se Germani exer-
cuerant. Equitum milia erant sex, totidem numero pedites velo- 5
cissimi ac fortissimi, quos ex omni copia singuli singulos suae
salutis causa delegerant: cum his in proeliis versabantur. Ad eos 6
se equites recipiebant: hi, si quid erat durius, concurrebant, si
qui graviore vulnere accepto equo deciderat, circumsistebant; si 7
quo erat longius prodeundum aut celerius recipiendum, tanta erat
horum exercitatione celeritas, ut iubis equorum sublevati cursum
adaequarent. Ubi eum castris se tenere Caesar intellexit, ne diu- 49

48. 3. *ut — non deesset.* Diese
Stelle wird mit angeführt als Beispiel des seltenen Gebrauchs von *ut
non* für *ne* oder *ut ne.* Liesse sich
nun auch *ut non* damit entschuldigen, dass *non deesset* als ein Begriff
(*ut ei esset*) gefasst würde, so ist es
doch nicht einmal nöthig, die W.
als Absichtssatz zu fassen, da sie
ganz gut als Folgesatz genommen
werden können = so dass es dem
Ariovist nicht an Gelegenheit, eine
Schlacht zu liefern, fehlte — die er
aber nicht benutzte.

4. *exercitum — equestri proelio.
Exercitus*, die Fusstruppen, wie sehr
häufig, der Reiterei entgegengesetzt:
2. 11, 2. 7. 61, 2. B. C. 1. 54, 1.
3. 38, 1. 47, 2: *militum equitumque.* (Liv. 21. 27: *equites virique*).

5. Die hier anschaulich geschilderte Kampfart — vgl. 7. 65, 4. 8.
13, 2 — wird fast bei allen Schilde-
rungen deutscher Kriege und von
Tacitus (Germ. c. 6) als eine Eigenthümlichkeit der Germanen erwähnt. Aehnlich die Gallier vor
Alesia 7. 80, 3. S. Kriegswesen
§ 10. Anm. — *ex omni copia* im Sin-

gular = *multitudine*, Truppenmasse,
also nicht = *copiae.* B. C. 1. 45,
7: *augebatur illis copia.* Cic. p. Mur.
37, 78: *ex copia, quam secum duxit.*
Cic. in Verr. 4. 46: *navalis copia.*

6. *si quid erat durius. Durum*
bezeichnet das Missliche, Gefahr-
volle der Lage und Zustände; ganz
so B. C. 3. 94, 6: *si quid durius acciderit*: wenn grössere Gefahr war,
wenn es härter (als gewöhnlich)
herging. — *si qui. Qui* wird nur
nach den Coniunct. *si, nisi, ne, num,*
sowohl substantivisch, als adiectivisch, doch meistens adiectivisch
gebraucht; 6. 13, 6 u. 9.

7. *si quo erat — recipiendum,* obgleich man nur *se recipere* sagt, also = seinen Rückzug nehmen: 7.
52, 1: *signo recipiendi dato.* B. C.
3. 46, 5: *quibus ad recipiendum
crates impedimento fuerunt.* (Ennius bei Cic. Tusc. 1. 44: *sepul-
crum, quo recipiat*). Anders schon
wegen des Gegensatzes 3. 4, 4:
*loci relinquendi ac sui recipiendi fa-
cultas dabatur.* — *iubis equorum
— cursum,* der beiden Substant. gemeinsame Genit. nur einmal gesetzt.

tius commeatu prohiberetur, ultra eum locum, quo in loco Germani consederant, circiter passus sexcentos ab iis, castris idoneum
2 locum delegit, acieque triplici instructa ad eum locum venit. Primam et secundam aciem in armis esse, tertiam castra munire
3 iussit. Hic locus ab hoste circiter passus sexcentos, uti dictum est, aberat. Eo circiter hominum numero sedecim milia expedita cum omni equitatu Ariovistus misit, quae copiae nostros perter-
4 rerent et munitione prohiberent. Nihilo secius Caesar, ut ante constituerat, duas acies hostem propulsare, tertiam opus perfi-
5 cere iussit. Munitis castris duas ibi legiones reliquit et partem
50 auxiliorum, quattuor reliquas in castra maiora reduxit. Proximo die instituto suo Caesar e castris utrisque copias suas eduxit paulumque a maioribus castris progressus aciem instruxit, hostibus
2 pugnandi potestatem fecit. Ubi ne tum quidem eos prodire intellexit, circiter meridiem exercitum in castra reduxit. Tum demum Ariovistus partem suarum copiarum, quae castra minora oppugnaret, misit. Acriter utrimque usque ad vesperum pugnatum
3 est. Solis occasu suas copias Ariovistus multis et illatis et ac-
4 ceptis vulneribus in castra reduxit. Cum ex captivis quaereret Caesar, quam ob rem Ariovistus proelio non decertaret, hanc reperiebat causam, quod apud Germanos ea consuetudo esset, ut matresfamiliae eorum sortibus et vaticinationibus declararent,

49. 1. *ultra eum locum, quo in loco*, c. 6, 1. Das in unmittelbarer Nähe fünfmal wiederholte *locus* zeigt, wie C. dem Streben nach Deutlichkeit die Rücksicht auf Eleganz opfert. So c. 48, 1 viermal *castra*. — *triplici acie*, s. Kriegsw. § 14. 2.

3. *sedecim milia expedita*, wie 2. 4, 5: *armata milia centum*; vergl. ebend. § 7. 5. 49, 1; also der zo *milia* gehörige Begriff in gleichem Casus, nicht *expeditorum*, wörtlich: 16 schlagfertige Tausende. Nur einmal der Genitiv 4. 1, 4: *quotannis singula milia armatorum educunt.* — *expedita*: ohne Gepäck, also schlagfertig. 2. 19, 2. S. Kriegswegen § 26. Anm. 1.

50. 1. *instituto suo*: nach der bisherigen Gewohnheit: *ut facere instituerat*: c. 48, 3. Der blosse Ablativ ebenso 7. 24, 5. 2. 19, 2: *consuetudine sua*. 6. 36, 1: *prae-*

ceptis Caesaris. — *eduxit paulumque – instruxit, potestatem fecit.* S. zu c. 46, 1.

2. *Acriter – pugnatum est.* Dennoch und obgleich Ariovistus nach Cassius Dio 38. 48 beinahe das Lager eingenommen hätte, konnte Caesar, da kein entscheidender Angriff mit der ganzen Heeresmacht gemacht wurde, fragen: *quam ob rem proelio non decertaret*: warum er keine entscheidende Schlacht liefere; denn das bedeutet *decertare*, wenn es auch die besten Schriftsteller mit *certare*, das Caesar nicht hat, hin und wieder gleichbedeutend brauchen.

3. *Solis occasu.* So werden häufig Verbalsubstantiva, die an sich keine Zeit bezeichnen, als Zeitangaben im blossen Ablativ gebraucht, gewöhnlich = nach. So *adventu, discessu.* 5. 54, 2. 7. 65, 5. S. zu B. C. 1. 18, 5.

4. *sortibus* = durch Loose. Tacit. Germ. c. 10. *Virgam frugife-*

utrum proelium committi ex usu esset necne; eas ita dicere: non 5 esse fas Germanos superare, si ante novam lunam proelio contendissent. Postridie eius diei Caesar praesidium utrisque castris, 51 quod satis esse visum est, reliquit, omnis alarios in conspectu hostium pro castris minoribus constituit, quod minus multitudine militum legionariorum pro hostium numero valebat, ut ad speciem alariis uteretur; ipse triplici instructa acie usque ad castra hostium accessit. Tum demum necessario Germani suas 2 copias castris eduxerunt generatimque constituerunt paribusque intervallis, Harudes, Marcomanos, Triboces, Vangiones, Nemetes, Sedusios, Suebos, omnemque aciem suam redis et carris circumdederunt, ne qua spes in fuga relinqueretur. Eo mulieres 3 imposuerunt, quae in proelium proficiscentes passis manibus flentes implorabant, ne se in servitutem Romanis traderent. Cae- 52

rae arbori decisam in surculos amputant, eosque notis (Runen?) *quibusdam discretos super candidam roslem temere et fortuito spargunt. Mox, si publice consultetur, sacerdos civitatis, sin privatim, ipse pater familias precatus deos coelumque suspiciens, ter singulos tollit sublatosque secundum impressam ante notam interpretatur.* Auch das deutsche 'Loos' (althochd. hliozan, leuzzan, liuzan) bedeutet ursprünglich ein abgebrochenes, abgeschnittenes Holz, sowie κλῆρος von κλᾶν abgeleitet wird. Was bei Tac. Amt der Priester ist, lässt Caesar, der überhaupt keinen Priesterstand bei den Germanen erwähnt, die Frauen thun, *vetere apud Germanos more, quo plerasque feminarum fatidicas arbitrantur.* Tac. Hist. 4. 61.

5. *ante novam lunam.* Warum konnte es nach dem Vorhergehenden nicht Sitte und Gesetz — ähnlich dem bekanten spartanischen, Herod. 6. 106 — gewesen sein, vor dem Neumond keine Schlacht zu liefern?

51. 1. *omnis alarios:* die Hülfstruppen, *auxilia,* stellte er in conspectu hostium so auf, dass sie ihm zur Erregung eines Scheines, als Maske dienten: *ut ad speciem alar.*, weil sie Ariovist für Legionssoldaten halten, also glauben musste, dass Caes. stärker sei, als er wirklich war. Ueber *alarii* s. Kriegsw. § 11 Anm. S. 50.

2. *necessario.* Plut. Caes. c. 19: προσβολὰς ποιούμενος ἐρύμασι — ἐξηγρίαινε καὶ παρώξυνε καταβάντας πρὸς ὀργὴν διαγωνίσασθαι. Nach Cass. Dio 38. 48 liess er sich durch das Glück des vorigen Tages verleiten, sich um die Weissagungen nicht mehr zu kümmern. — *Germani suas copias - eduxerunt.* Häufig vorkommende, auch bei uns gewöhliche Ausdrucksweise. Die *copias,* das Obiect, sind keine anderen, als die *Germani* selbst, welche in ihrer Gesammtheit als handelnd gedacht werden, so dass also das Subiect im Ganzen oder einem Theile nach auch als Obiect erscheint. 5. 22, 2: *nostri suos - reduxerunt.* 5. 26, 3 u. a. m. Vergl. auch zu 2. 7, 3. — *generatim* = nach Stämmen, Völkerschaften.

3. *Eo,* s. z. c. 42, 5. — *passis manibus:* mit ausgebreiteten Armen, Geberde der Flehenden. 2. 13, 3. 7. 47, 5. B. C. 3. 98, 2, nicht *passis crinibus* (7. 48, 3), was Ausdruck der Trauer und Verzweiflung nach

sar singulis legionibus singulos legatos et quaestorem praefecit,
2 uti eos testes suae quisque virtutis haberet; ipse a dextro cornu,
quod eam partem minime firmam hostium esse animadverterat,
3 proelium commisit. Ita nostri acriter in hostes signo dato impetum fecerunt, itaque hostes repente celeriterque procurrerunt,
4 ut spatium pila in hostes coniciendi non daretur. Reiectis pilis
comminus gladiis pugnatum est. At Germani celeriter ex consuetudine sua phalange facta impetus gladiorum exceperunt.
5 Reperti sunt complures nostri milites, qui in phalangas insilirent
6 et scuta manibus revellerent [et desuper vulnerarent]. Cum hostium acies a sinistro cornu pulsa atque in fugam conversa esset,
a dextro cornu vehementer multitudine suorum nostram aciem
7 premebant. Id cum animadvertisset Publius Crassus adulescens,
qui equitatui praeerat, quod expeditior erat quam ii, qui inter

geschehenem Unglück wäre.

52. 1. *singulis legionibus* etc.
Von seinen 6 Legionen stellte er
5 unter das Commando je eines Legaten, die sechste, die er sonst wohl
selbst unmittelbar befehligte, unter
das des Quaestor, indem er das
Ganze leitete. Der Quaestor war
eigentlich nur Civil- und Finanzbe-
amter der Provinz, wurde aber zuweilen auch zu solchen Functionen
verwendet. Vergl. bes. 5. 25, 5:
*ab omnibus legatis quaestoreque,
quibus legiones tradiderat, certior
factus est*, und ebendas. c. 24, 3:
*his (legionibus) M. Crassum quae-
storem et – legatos praefecit.* S.
Kriegsw. § 18.

2. *a dextro cornu*, näml. seines
Heeres; über *a* s. c. 1, 5. — *eam
partem* = den dem *dextrum cornu*
der Römer gegenüber stehenden linken Flügel der Feinde. — *itaque* =
et ita.

4. *phalange facta*, c. 24, 5. Da
Caesar hier nur die Art der Aufstellung, die Phalanxform, bezeichnen will, setzt er den Singular,
während unten § 5, wo er die einzelnen *phalanges* der *generatim*
aufgestellten Germanen meint, der
Plural nöthig ist.

5. *complures nostri milites* =

complures milites, qui nostri erant,
nicht = *complures nostrorum militum.* Denn im Lat. steht bei Zahlwörtern und partitiven Adiectiven
(viele, wenige, keine), wenn keine
Theilung, sondern die Anzahl des
Ganzen bezeichnet werden soll, das
Pron. possess. in gleichem Casus.
7. 47, 7: *tres suos nactus manipulares.* 4. 12, 2. B. C. 1. 46; 4. 3. 28,
1: *nostrae naves duae = duas naves, quae nostrae erant. — in phalangas insilirent.* Da die Germ. in
den geschlossenen Phalangen mit
den Schilden gegen den Schwertan-
griff geschützt waren, so sprangen
mehrere auf dieselben los und ris-
sen die Schilde mit den Händen her-
unter. Ueber die eingeschlossenen
Worte s. den Anhang.

6. *a sinistro cornu – a dextro*,
nämlich der Germanen.

7. *P. Crassus*, Sohn des Triumvir (nicht zu verwechseln mit seinem Bruder Marcus Crassus, der
Quaestor war 5. 24, 3). Er ist einer
von denen, die C. ausser den Legaten mit verschiedenen Commandos
beauftragt (s. 3. 7, 2. 3. 27). S. Einl.
S. 30. Er fiel mit seinem Vater im
Partherkriege. Durch *adulescens*
wird, wie häufig, der Sohn vom Vater unterschieden.

aciem versabantur, tertiam aciem laborantibus nostris subsidio misit. Ita proelium restitutum est, atque omnes hostes terga ver- **53** terunt neque prius fugere destiterunt, quam ad flumen Rhenum milia passuum ex eo loco circiter quinquaginta pervenerunt. Ibi 2 perpauci aut viribus confisi tranare contenderunt aut lintribus inventis sibi salutem reppererunt; in his fuit Ariovistus, qui na- 3 viculam deligatam ad ripam nactus ea profugit; reliquos omnes equitatu consecuti nostri interfecerunt. Duae fuerunt Ariovisti 4 uxores, una Sueba natione, quam domo secum duxerat, altera Norica, regis Voccionis soror, quam in Gallia duxerat, a fratre missam: utraque in ea fuga periit. Fuerunt duae filiae: harum altera occisa, altera capta est. Gaius Valerius Procillus, cum a 5 custodibus in fuga trinis catenis vinctus traheretur, in ipsum Caesarem hostis equitatu persequentem incidit. Quae quidem 6 res Caesari non minorem quam ipsa victoria voluptatem attulit, quod hominem honestissimum provinciae Galliae, suum fami- liarem et hospitem, ereptum e manibus hostium sibi restitutum

53. 1. *omnes hostes terga ver- terunt.* 'Nach ihrer Sitte hatten die Barbaren Alles auf einen Wurf ge- setzt; sie kannten kein Sparen der Kräfte, keine Eintheilung, als nach Völkern; zum Rückhalte dienen, während die Brüder bluteten, würde sie mit unauslöschlicher Schmach bedeckt haben.' Drumann III. p. 252. — *milia passuum – quinquaginta.* Die einzige Andeutung, um unge- fähr die Gegend des Schlachtfelds zu bestimmen. Die Handschr. haben aber sämmtlich *quinque*, was Göler p. 54 für richtig hält. Derselbe ver- setzt das Schlachtfeld in die Nähe von Cernay, im oberen Elsass, und nimmt an, dass die Germanen nach der *Ill*, damals einem Arm des Rheins, dem gallischen Rhein, ge- flohen und bei Mühlhausen überge- gangen seien. Napoleon verlegt das Schlachtfeld in die Gegend von Bel- fort (Befort) um östlichen Abhange der Vogesen.

2. *lintribus inventis sibi salutem reppererunt.* In *inventis reppere- runt* ist keine der Einfachheit Cae- sars unangemessene Absichtlichkeit zu suchen: durch die zufällig ange- troffenen Kähne fanden sie für sich Rettung, während die Anderen um- kamen. Liv. 25. 7, 11: *aditum sibi ad obsides Tarentinos invenit.*

3. *profugit.* Er scheint bald dar- auf gestorben zu sein: 5. 29, 3. — *equitatu consecuti nostri*: s. zu c. 51, 2. *consequi* = einholen. B. C. 1. 15, 3.

4. *duae – uxores.* Tacit. Germ. c. 18: *prope soli barbarorum sin- gulis uxoribus contenti sunt, ex- ceptis admodum paucis, qui – ob nobilitatem plurimis nuptiis am- biuntur* (zur Ehe begehrt wer- den); so war ihm die zweite Frau von ihrem Bruder zugeschickt. — *utraque – periit* cett. Ueber die aufgenommene Lesart für die Vulg. *utraeque – perierunt. Duae filiae harum, altera* cett. s. den Anhang.

5. *Procillus* u. § 5 *Metius* s. 47, 4. — *trinis catenis*, weil *catena* meist im Plural gebraucht wird. Auch sonst wird *trini* = dreifach gebraucht: *trina subsidia* B. Alex. 37, 4. *nomina* Ovid. Fast. 6. 216. Konnte auch *ternis* stehen?

videbat, neque eius calamitate de tanta voluptate et gratulatione
7 quicquam fortuna deminuerat. Is se praesente de se ter sortibus
consultum dicebat, utrum igni statim necaretur, an in aliud
8 tempus reservaretur: sortium beneficio se esse incolumem. Item
54 M. Metius repertus et ad eum reductus est. Hoc proelio
trans Rhenum nuntiato Suebi, qui ad ripas Rheni venerant, domum reverti coeperunt; quos Ubii, qui proximi Rhenum incolunt,
2 perterritos insecuti magnum ex iis numerum occiderunt. Caesar
una aestate duobus maximis bellis confectis maturius paulo, quam
tempus anni postulabat, in hiberna in Sequanos exercitum dedu-
3 xit; hibernis Labienum praeposuit; ipse in citeriorem Galliam ad
conventus agendos profectus est.

6. *calamitate*: der Tod, der, wenn er eingetreten wäre, einen Theil der Freude am Sieg hinweggenommen hätte. — *gratulatio*: Beglückwünschung, Freude über eigenes Glück, wie *sibi gratulari* (oder auch *gratulari* allein) 'sich freuen' heisst. Cic. p. Mur. 40, 86: ne — *Murenae recentem gratulationem nova lamentatione obruatis*.

7. *ter*: heilige Zahl. S. die zu c. 50, 4 angeführte Stelle Tac. German. 10. — *sortibus*: c. 50, 4.

54. 1. *quos — ex iis*: s. zu c. 12, 3.

3. *ad conventus agendos* 'um Gerichtstag zu halten', Geschäft der Proconsuln, die namentlich im Winter (Cic. ad Att. 5. 14. Liv. 34. 48) an bestimmten Orten diese Tage ausschrieben (indicere conv.). Uebrigens war wohl für Caesar der wichtigere Grund, Rom und den dortigen Vorgängen näher zu sein.

'Die Frage, ob Gallien eine deutsche oder römische Provinz werden sollte, war auf Jahrhunderte entschieden; erst nach der Zerstörung des weströmischen Reichs konnten die Germanier sich seiner bemächtigen. In ihrer äusseren Geschichte reihte sich Caesars Name an den Namen des Marius; bis dahin als Feldherr kaum erwähnt, hatte er in wenigen Monaten zwei Völkerkriege geendigt, die Provinz, Italien, vielleicht Rom selbst gerettet und die Schranken des freien Galliens durchbrochen, auf dessen Gebiete seine Truppen, ehe noch die Jahreszeit es erforderte, im Lande der Sequaner die Winterquartiere bezogen.' Drumann III. p. 252. S. Mommsen R. G. 3. 242.

C. IULII CAESARIS

DE

BELLO GALLICO

COMMENTARIUS SECUNDUS.

Cum esset Caesar in citeriore Gallia, ita uti supra demonstravimus, crebri ad eum rumores afferebantur, litterisque item Labieni certior fiebat omnes Belgas, quam tertiam esse Galliae partem dixeramus, contra populum Romanum coniurare obsidesque inter se dare. Coniurandi has esse causas: primum quod 2 vererentur, ne omni pacata Gallia ad eos exercitus noster adduceretur; deinde, quod ab nonnullis Gallis sollicitarentur, partim 3 qui, ut Germanos diutius in Gallia versari noluerant, ita populi

Zweites Jahr des Kriegs, 57 v. Chr. Feldzug gegen die Belgier: *longe longeque cruentior pugna Belgarum, quippe pro libertate pugnantium* Flor. 3. 10, 4. Caes. hatte durch die beiden Kriege des ersten Jahres sich bereits eine einflussreiche Stellung in Gallien begründet, und den bedeutendsten Völkern des keltischen Gallien stand die römische Herrschaft drohend nahe. Dies erregte, zumal nach Errichtung der Winterquartiere im freien Gallien, Besorgniss und Verdacht besonders bei den durch ihre Tapferkeit ausgezeichneten Belgiern.

1. 1. *quam — dixeramus*: 1. 1. *quam*, nicht *quos*, mit Beziehung des Relat. auf das folgende Prädicatssubstant. s. zu 1. 38, 1. — *dixera-*

mus. Eigenthümlicher Gebrauch des Plusquamperf., durch welches der erklärende Zwischensatz mit der ganzen Erzählung wie ein vorausgegangenes historisches Factum in Verbindung gebracht wird. Deutlicher 4. 27, 2: *Commius venit, quem supra demonstraveram a Caesare praemissum*, ganz wie: *quem Caesar praemiserat*; vergl. 2. 24, 1. 28, 1. — *contra p. R coniurare*. In ächt römischer Weise heisst eine Verbindung zur Wahrung der Selbstständigkeit (wie er selbst angiebt: *quod vererentur, ne — adduceretur*) eine Verschwörung gegen das röm. Volk. Einl. S. 22.

2. *ad eos*, s. zu 1. 6, 3. 11, 3. — *pacata*, 1. 6, 2.

3. *partim qui — studebant — po-*

Caesar. I. 5. Aufl.

9

Romani exercitum hiemare atque inveterascere in Gallia moleste
ferebant, partim qui mobilitate et levitate animi novis imperiis
4 studebant, ab nonnullis etiam, quod in Gallia a potentioribus
atque iis, qui ad conducendos homines facultates habebant, volgo
regna occupabantur, qui minus facile eam rem imperio nostro
2 consequi poterant. His nuntiis litterisque commotus Caesar duas
legiones in citeriore Gallia novas conscripsit et inita aestate, in
interiorem Galliam qui deduceret, Quintum Pedium legatum misit.
2 Ipse, cum primum pabuli copia esse inciperet, ad exercitum venit.
3 Dat negotium Senonibus reliquisque Gallis, qui finitimi Belgis
erant, uti ea, quae apud eos gerantur, cognoscant seque de his
4 rebus certiorem faciant. Hi constanter omnes nuntiaverunt manus
cogi, exercitum in unum locum conduci. Tum vero dubitandum
5 non existimavit, quin ad eos proficisceretur. Re frumentaria
comparata castra movet diebusque circiter quindecim ad fines
3 Belgarum pervenit. Eo cum de improviso celeriusque omni opi-

terant: Aufzählung der verschiedenen Beweggründe des Aufwiegelns
(*sollicitare*), die Caesar nicht mehr
als Inhalt der Gerüchte, sondern als
thatsächlich Bekanntes hinzufügt.
partim — partim qui (= theils s o l-
c h e n, welche) Eintheilung der *nonnulli*: mit *ab nonnullis etiam* (scil.
sollicitarentur, oder, da die indirecte
Rede einmal verlassen ist, *sollicita-
bantur*) wird eine neue Classe angeführt, daher nicht mit *partim qui*
fortgefahren werden konnte. — *novis imperiis studebant*. Sie strebten
also nicht nach Freiheit, sondern
wollten, um nur die Fremdherrschaft
los zu werden, lieber Galliern unterworfen sein, wie die Häduer 1. 17,
3: *Gallorum quam Romanorum imperia praeferre*.

4. *conducere* = in Sold nehmen,
nicht = cogere, wie sonst bei Caes.
— *imperio nostro*: 1. 18, 9.

2. 1. *duas legiones conscripsit*,
die 13. u. 14. Leg.; er hatte nun
8 Legionen. — *inita aestate*. So C.
öfter (also *aestas initur*, nicht *init*),
nirgends das gewöhnliche *incunte
aestate*. Caes. schickt den Legaten
mit den Legionen mit Beginn der
milderen Jahreszeit voraus; er selbst

folgt später nach, da er die Expedition nicht eher unternehmen konnte,
als bis die Legionen vereinigt waren und Vorrath von Futter vorhanden zu sein anfing: *cum primum
pab. cop. esse inciperet*, allerdings
Zeitbestimmung, die aber zugleich
einen Grund in sich schliesst, daher
der Coniunct. Cic. Phil. 3. 2: *Caes.
tum, cum maxime furor arderet
Antonii, exercitum comparavit*. —
in interiorem Galliam: in das Innere
Galliens, wo sich die Heere versammeln sollten, nicht = *in ulteriorem
Galliam*, worunter C. die Provinz
versteht (1. 7, 1. 10, 3), in die er,
wenn auch der Weg durch sie führte,
die Legionen gewiss nicht *deducere*
sollte.

4. *quin*, obgleich *dubitare* hier
'anstehen, Bedenken tragen' heisst.
B. C. 3. 37, 2. Cic. pro Sull. c. 2:
non dubitasse, quin defenderet.
Vgl. B. G. 3. 23, 7: *non cunctandum existimavit, quin*. — Caesar
befolgt auch hier seinen Grundsatz,
der ihm so oft die grössten Erfolge
sicherte, seinen Feinden immer zuvorzukommen.

3. 1. *celeriusque omni opinione*,
wie wir: über alle Erwartung

nione venisset, Remi, qui proximi Galliae ex Belgis sunt, ad eum 2
legatos Iccium et Andecumborium, primos civitatis, miserunt, qui
dicerent se suaque omnia in fidem atque in potestatem populi
Romani permittere, neque se cum Belgis reliquis consensisse
neque contra populum Romanum coniurasse, paratosque esse 3
et obsides dare et imperata facere et oppidis recipere et frumento
ceterisque rebus iuvare; reliquos omnes Belgas in armis esse, 4
Germanosque, qui cis Rhenum incolant, sese cum his coniun-
xisse, tantumque esse eorum omnium furorem, ut ne Suessiones 5
quidem, fratres consanguineosque suos, qui eodem iure et isdem
legibus utantur, unum imperium unumque magistratum cum
ipsis habeant, deterrere potuerint, quin cum his consentirent.

Cum ab his quaereret, quae civitates quantaeque in armis 4
essent et quid in bello possent, sic reperiebat: plerosque Belgas
esse ortos ab Germanis Rhenumque antiquitus traductos propter
loci fertilitatem ibi consedisse Gallosque, qui ea loca incolerent,
expulisse solosque esse, qui patrum nostrorum memoria omni 2
Gallia vexata Teutonos Cimbrosque intra fines suos ingredi prohibuerint; qua ex re fieri, uti earum rerum memoria magnam 3

schnell. Doch ist dies die einzige
Stelle, in welcher *omnis* auf das
Substantivum bezogen wird, während es sonst immer heisst: *praeter,
contra omnium opinionem* (6. 30,
1), *omnium spe citius* u. ähnl.; jedenfalls ist auch hier *omnium* zu
schreiben wie auch einige Hdschr.
haben; andere haben nur *cet. opinione*. — *proximi Galliae* von der
Seite nämlich, von welcher Cäsar
kam. *ex Belgis* = inter Belgas.

2. *se suaque omnia permittere*
mit Auslassung des Subiectsaccus.
se aus naheliegendem Grunde. c. 31,
3. 5. 20, 2. 7. 89, 1: *demonstrat se
illis offerre*; vgl. zu 5. 40, 6.

3. *paratos esse dare*: s. zu 1. 44,
4. — *imperata facere*, häufig vorkommende Formel = sese dedere
und mit diesem verbunden 5. 20, 2.
B. C. 1. 60, 1: *mittunt legatos seseque imperata facturos pollicentur*.
Das Obiect zu *recipere* und *iuvare*
versteht sich von selbst, da die Worte an C. gerichtet sind.

4. *Germanos*. S. c. 4, 10.

5. *furor* 'blinde, wahnsinnige Leidenschaft', wofür die Remer die
Freiheitsliebe der Belgier halten. —
isdem – *iisdem* wie 1. 31, 1. —
utantur – *habeant*. Das Asyndeton
hat in der rhetorischen Hervorhebung des engen Verhältnisses, das
ihnen dennoch keinen Einfluss gestattet, seinen Grund.

4. 1. *sic reperiebat*, nicht *haec*,
also absolut gebraucht (= sic re-
spondebatur, näml. so oft er fragte),
wie 1. 13, 6: *ita didicisse*. — *ortos
ab Germanis*. S. Einl. S. 20.

2. *omni Gallia*: das ganze übrige
Gallien, dem sie sich gegenüber stellen, nicht blos das celtische; denn
bekanntlich wurde auch die Provinz
und (nach Liv. Epit. 67) Aquitanien
verwüstet. — Ueber *Teutoni* s.
1. 33, 4. — *ingredi prohibuerint*.
Caes. verbindet *prohibere* nie mit
quominus, sondern immer mit dem
einfachen Infinit. oder dem Accus. c.
Inf. Ebenso mit wenigen Ausnahmen Cicero und Livius.

sibi auctoritatem magnosque spiritus in re militari sumerent.
4 De numero eorum omnia se habere explorata Remi dicebant,
propterea quod propinquitatibus affinitatibusque coniuncti, quantam quisque multitudinem in communi Belgarum concilio ad id
5 bellum pollicitus sit, cognoverint. Plurimum inter eos Bellovacos
et virtute et auctoritate et hominum numero valere: hos posse
conficere armata milia centum; pollicitos ex eo numero electa
6 sexaginta, totius belli imperium sibi postulare. Suessiones suos
7 esse finitimos; latissimos feracissimosque agros possidere. Apud
eos fuisse regem nostra etiam memoria Divitiacum, totius Galliae
potentissimum, qui cum magnae partis harum regionum, tum
etiam Britanniae imperium obtinuerit: nunc esse regem Galbam:
ad hunc propter iustitiam prudentiamque summam totius belli
8 omnium voluntate deferri; oppida habere numero xii, polliceri
milia armata quinquaginta; totidem Nervios, qui maxime feri
9 inter ipsos habeantur longissimeque absint; quindecim milia
Atrebates, Ambianos decem milia, Morinos xxv milia, Menapios
vii milia, Caletos x milia, Veliocasses et Viromanduos totidem,
10 Aduatucos decem et novem milia; Condrusos, Eburones, Caeroesos, Paemanos, qui uno nomine Germani appellantur, arbitrari ad xl milia.

5   Caesar Remos cohortatus liberaliterque oratione prosecutus omnem senatum ad se convenire principumque liberos ob-

3. *magnos spiritus*: 1. 33, 5.

4. *quisque* entweder jeder Abgesandte der einzelnen Völker oder = quaeque pars Belgarum, wie c. 10, 4: *domum suam quemque reverti* von den vereinigten Völkern. — *dicebant – cognoverint*, der schon öfter erwähnte Wechsel der Tempora.

5. *armata milia*. S. 1. 49, 3. — *conficere*: zusammenbringen. — *pollicitos – postulare*. Da sie die grösste Kriegsmacht zu stellen versprachen, wollten sie auch den Oberbefehl. Das Versprechen ist also der Grund ihrer Forderung. Daher ist *pollicitos* nicht als Apposition zum Vorhergehenden zu ziehen (*posse conficere, pollicitos*), noch zu schreiben *pollicitos* (sc. *esse*) *totiusque – postulare*.

8. *longissimeque absint*. Wenigstens die an den äussersten nördlichen Grenzen wohnenden, da das Gebiet der Nerv. sehr ausgedehnt war und sich bis an den Ocean erstreckte. Diese Entlegenheit ist auch der Grund ihrer Wildheit (1. 1, 3); vgl. 2. 15.

10. *Germani*: s. c. 3, 4. 6. 32, 1. — *appellantur* als erklärender Zusatz des Schriftstellers, also nicht als zu dem Gedankenkreise der Sprechenden gehörig gefasst. Anders war das Verhältniss c. 3, 4: *Germanosque, qui cis Rhenum incolerent*; s. 3. 2, 1: *quam – concesserat*. — *arbitrari* näml. *se*, die Römer.

5. 1. *liberaliter oratione prosequi*: freundlich, gütig (4. 18, 3) zureden, wie *verbis, laudibus, misericordia, beneficiis prosequi*, eigentlich = begleiten. — *senatum*, mit

sides ad se adduci iussit. Quae omnia ab his diligenter ad diem
facta sunt. Ipse Divitiacum Haeduum magnopere cohortatus 2
docet, quanto opere rei publicae communisque salutis intersit
manus hostium distineri, ne cum tanta multitudine uno tempore
confligendum sit. Id fieri posse, si suas copias Haedui in fines 3
Bellovacorum introduxerint et eorum agros populari coeperint.
His mandatis eum ab se dimittit. Postquam omnes Belgarum 4
copias in unum locum coactas ad se venire vidit neque iam longe
abesse ab iis, quos miserat, exploratoribus et ab Remis cognovit,
flumen Axonam, quod est in extremis Remorum finibus, exercitum traducere maturavit, atque ibi castra posuit. Quae res et 5
latus unum castrorum ripis fluminis muniebat et post eum quae
essent, tuta ab hostibus reddebat et, commeatus ab Remis reliquisque civitatibus ut sine periculo ad eum portari possent, efficiebat. In eo flumine pons erat. Ibi praesidium ponit et in altera 6
parte fluminis Q. Titurium Sabinum legatum cum sex cohortibus
relinquit; castra in altitudinem pedum xii vallo fossaque duode-
viginti pedum munire iubet.

Uebertragung eines römischen Namens auf ein fremdes Verhältniss;
c. 28, 1: *senatores* der Nervier, 1.
31, 6. — *ad diem* 'auf den (bestimmten) Tag'. 5. 1, 8: *ad certam diem.*

2. *communisque salutis*, nämlich
der Römer und Häduer, eine wohl
berechnete Wendung, als ob das
Interesse der Römer und Häduer
ein und dasselbe wäre. Da *communis salus* das ist, wozu an der Trennung der Feinde gelegen ist, könnte
man *ad c. salutem* erwarten (z. B.
magni ad honorem meum interest),
doch steht auch so der Genit. = es
ist von Wichtigkeit für —. Cic. Fam.
4. 10: *multum interest rei familiaris tuae, te venire.*

4. *ad se.* Der Begriff der Annäherung herrscht vor, auch wo *ad* =
adversus zu stehen scheint. — *vidit*
= intellexit, eben auch durch die
exploratores. — *castra ponit*, auf
dem nördlichen Ufer der Axona
(Aisne) 'bei dem heutigen Dorf Berry au Bac an der Strasse, welche
von Rheims nach Laon führt' Göler
S. 59.

5. *Quae res*: die Aufstellung des
Lagers auf jenem Punkte = diese
Stellung. Geläufiger wäre *qua re
muniebatur.* — *muniebat* 1. 38, 3.
Auch die übrigen Imperf. stehen in
Beziehung auf die Dauer des Lagers.
— *post eum quae essent, tut. redd.*
= sicherte ihm den Rücken. Dergleichen Umschreibungen eines Begriffs nehmen, da ihnen eine Vorstellung zum Grunde liegt, sehr
häufig den Coniunctiv an.

6. *in altera parte fl.*, d. i. auf dem
linken Ufer. — *fossaque duodevi-
ginti pedum* näml. breit, woran,
als das Wesentliche bei Befesti-
gungsgräben, immer zu denken ist,
wenn C., wie meistentheils geschieht,
die Dimension nicht angiebt. S.
Kriegswesen § 30. — *munire iubet,*
der einfache Inf. öfter bei C. 5. 33,
3. 34, 1. B. C. 1. 61, 4. 2. 25, 6. 3.
65, 4. Der Subiectsaccus. fehlt, wenn
das Subiect, das handeln soll, sich
aus der Sache selbst ergiebt (*milites*), oder eine bestimmte Person
überhaupt nicht bezeichnet werden
soll = man. Steht ein Obiectsacc.
dabei, so ist allerdings der Accus.
c. Inf. (also *castra muniri*) gewöhn-

6	Ab his castris oppidum Remorum nomine Bibrax aberat
milia passuum octo. Id ex itinere magno impetu Belgae oppu-
2	gnare coeperunt. Aegre eo die sustentatum est. Gallorum eadem
atque Belgarum oppugnatio est haec. Ubi circumiecta multitudine hominum totis moenibus undique in murum lapides iaci
coepti sunt murusque defensoribus nudatus est, testudine facta
3	[portas] succedunt murumque subruunt. Quod tum facile fiebat.
Nam cum tanta multitudo lapides ac tela conicerent, in muro
4	consistendi potestas erat nulli. Cum finem oppugnandi nox fe-
cisset, Iccius Remus, summa nobilitate et gratia inter suos, qui
tum oppido praefuerat, unus ex iis, qui legati de pace ad Caesarem venerant, nuntium ad eum mittit: nisi subsidium sibi sub-
7	mittatur, sese diutius sustinere non posse. Eo de media nocte
Caesar isdem ducibus usus, qui nuntii ab Iccio venerant, Numi-

licher. Zumpt § 617. Madvig § 390 Anm. 3.

6. 1. *ex itinere*: 1. 25, 6. Bei der unten beschriebenen 'Belagerungsweise', *oppugnatio*, war ein sofortiger Angriff ohne die gewöhnlichen Belagerungswerke möglich. — *sustentatum est*: eigentlich 'es wurde ausgehalten, widerstanden', d. i. man hielt sich. *sustent.* absolut, wie unten § 4 *sustinere*. Anders 5. 39, 4: *aegre is dies sustentatur.*

2. *totis moenibus* Ablat.: im ganzen Umkreis der Mauern. 7. 72, 4: *turres toto opere circumdedit.* — *testudine facta succedunt.* Nach Vertreibung der Besatzung der Mauern durch Steinwürfe rücken sie vor an die Mauern und untergraben sie. Dem Kampf aus der Ferne wird also das *succedere*, das Anrücken an die Mauer selbst, entgegengesetzt, wie Tac. Hist. 3. 27: *primo sagittis saxisque eminus certabant – tum elatis supra capita scutis, densa testudine succedunt.* Sall. Iug. 57, 4: *pars eminus lapidibus pugnare, alii succedere ac murum suffodere.* [Andere ziehen die handschriftl. Lesart *portas succendunt* vor]. — *testudo* ist ein durch die über den Kopf zusammen-

gehaltenen Schilde (s. die Stelle des Tacit.) gebildetes Schilddach, wie bei der Phalanx c. 52, 4.

4. *summa nobilitate*: 1. 18, 3. — *praefuerat*, wo man *praeerat* erwartet, = qui praepositus fuerat et tum praeerat. Andere Beispiele des Plusquamp. für das Imperf. in Relativsätzen s. zu 8. 2, 1. *sustinere* wie oben *sustentare*, ὑποστῆναι. 7. 86, 2: *si sustinere non posset, eruptione pugnaret.*

7. 1. *Eo* = *in eum locum, in urbem*, nicht = *ideo*; das folgende *oppidanis* kann diese Erklärung nicht hindern. — *usus*. Das Partic. Perf. der Deponentia u. Semidep. wird oft von einer mit der Haupthandlung gleichzeitigen Handlung anstatt des Part. Praes. gebraucht. S. 5. 7, 3. B. C. 1. 56, 1 *usi Domitii consilio - expediunt* u. s. — *Numidas.* Die Num. braucht C. im gallischen Krieg nur als Leichtbewaffnete zu Fuss, nicht Reiter. Diese, so wie die Cretensischen Bogenschützen und die Schleuderer aus den Balearischen Inseln bildeten einen Theil der leichten Truppen, die besonders gebraucht wurden, um den Feind in zerstreuten Haufen zu beunruhigen. S. Einl. S. 30.

das et Cretas sagittarios et funditores Baleares subsidio oppidanis
mittit; quorum adventu et Remis cum spe defensionis studium 2
propugnandi accessit, et hostibus eadem de causa spes potiundi
oppidi discessit. Itaque paulisper apud oppidum morati agrosque 3
Remorum depopulati omnibus vicis aedificiisque, quos adire potuerant, incensis ad castra Caesaris omnibus copiis contenderunt
et ab milibus passuum minus duobus castra posuerunt; quae 4
castra, ut fumo atque ignibus significabatur, amplius milibus
passuum octo in latitudinem patebant. Caesar primo et propter 8
multitudinem hostium et propter eximiam opinionem virtutis
praelio supersedere statuit; cotidie tamen equestribus proeliis, 2
quid hostis virtute posset et quid nostri auderent, periclitabatur.
Ubi nostros non esse inferiores intellexit, loco pro castris ad 3
aciem instruendam natura opportuno atque idoneo, quod is collis,
ubi castra posita erant, paululum ex planicie editus tantum adversus in latitudinem patebat, quantum loci acies instructa occupare poterat, atque ex utraque parte lateris deiectus habebat et in
frontem leniter fastigatus paulatim ad planiciem redibat, ab utro- 4
que latere eius collis transversam fossam obduxit circiter passuum

2. *potiundi oppidi.* 3. 6, 2: *potiundorum castrorum.* Welche Construction von *potiri* setzt diese
Wendung voraus? (Zumpt 466.
657.)

3. *vicis aedificiisque*, s. 1. 5, 2.
quos auf *vici* als das Wichtigere bezogen. — *omnibus copiis.* Der blosse
Ablativ von begleitender Kriegsmacht, häufiger noch bei C. mit *cum*.
S. zu B. C. 1. 41, 2. Uebrigens ist
der Ausdruck *hostes omnibus copiis
contenderunt* zu vergl. mit 1. 51, 2:
nostri suas copias eduxerunt. Ebenso c. 19, 6. 4. 1, 1: *Usipetes magna
cum multitudine Rhenum transierunt.* — *ab milibus passuum.* Wenn
der Ort, von welchem die Entfernung gerechnet wird, nicht angegeben wird, steht blos die Präp. *ab*
vor dem Masse = in einer Entfernung von —. Vgl. c. 30, 3. 4. 22, 4.
5. 32, 1. 6. 7, 3. *ab* steht aber, weil
die Entfernung von dort aus berechnet wird. — *amplius milibus.*
1. 15, 5.

8. 1. *eximiam opinionem virtutis* 'wegen der ganz besonderen
Meinung von ihrer Tapferkeit'
(nicht = op. *eximiae virtutis*) s. c.
24, 4. 35, 1. 6. 24, 3. — *proelium*
'ein entscheidendes Treffen'. 1. 50, 4.

3. *loco opportuno* = cum locus
opportunus esset. — *adversus* =
den Feinden zugekehrt, auf der vorderen Seite. — *lateris deiectus*,
Senkung, Abschüssigkeit der Seiten
= latera praerupta habebat. Der
Hügel hatte an beiden Seiten einen
abschüssigen Rand, während er von
hinten nach vorn (*in frontem*) sanft
ansteigend (*leniter fastigatus*) vom
Gipfel allmählich sich wieder zur
Ebene hinabsenkte. — *fossam
transversam.* Caes. liess von den
beiden Seiten des Hügels aus Gräben ziehen, welche in schräger
Richtung (*transversus*) gegen die
Position der Feinde hinliefen, um
sie abzuhalten, den Römern in die
Flanke zu fallen. — *obducere*:
'vorziehen', um abzuhalten. B. C. 3.

CD et ad extremas fossas castella constituit ibique tormenta collocavit, ne, cum aciem instruxisset, hostes, quod tantum multitudine poterant, ab lateribus pugnantes suos circumvenire possent.
5 Hoc facto duabus legionibus, quas proxime conscripserat, in castris relictis, ut, si quo opus esset, subsidio duci possent, reliquas sex legiones pro castris in acie constituit. Hostes item suas
9 copias ex castris eductas instruxerant. Palus erat non magna inter nostrum atque hostium exercitum. Hanc si nostri transirent, hostes exspectabant; nostri autem, si ab illis initium transeundi fieret, ut impeditos aggrederentur, parati in armis erant.
2 Interim proelio equestri inter duas acies contendebatur. Ubi neutri transeundi initium faciunt, secundiore equitum proelio
3 nostris Caesar suos in castra reduxit. Hostes protinus ex eo loco ad flumen Axonam contenderunt, quod esse post nostra
4 castra demonstratum est. Ibi vadis repertis partem suarum copiarum traducere conati sunt eo consilio, ut, si possent, castellum, cui praeerat Quintus Titurius legatus, expugnarent pontemque
5 interscinderent; si minus potuissent, agros Remorum popularentur, qui magno nobis usui ad bellum gerendum erant, com
10 meatuque nostros prohiberent. Caesar certior factus ab Titurio omnem equitatum et levis armaturae Numidas, funditores sagit
2 tariosque pontem traducit atque ad eos contendit. Acriter in eo loco pugnatum est. Hostes impeditos nostri in flumine aggressi
3 magnum eorum numerum occiderunt: per eorum corpora reli-

46, 1.

4. *tormenta collocavit*, er wendete also das schwere Geschütz im Felde, was selten geschah, aber in einer festen Position an. S. Kriegsw. § 32.

5. *duabus legionibus, quas* etc. So werden überall die neugeworbenen Legionen, die nicht, wie ehemals, aus verschiedenen Altersklassen, sondern alle aus *tirones* bestanden, geschont und zu leichtem Dienste verwendet, und die Veteranenlegionen in den Kampf geführt. S. 1. 24, 2. 2. 19, 3. S. Kriegsw. § 12, 2.

9. 1. *si* = ob, s. 1. 8, 4. — *ut aggrederentur* nicht von *parati* abhängig (= parati aggredi), sondern = sie standen kampfbereit (*parati* also absolut) unter Waffen, um sie

anzugreifen. Sall. Iug. 91, 2: *milites cibum capere atque, uti simul cum occasu solis egrederentur, paratos esse iubet.*

2. *neutri transeundi init. faciunt.* Der Uebergang hätte die Reihen auflösen und sie zerstreut auf den Kampfplatz bringen müssen. — *secundiore proelio.* · Ablat. absol. wie *loco opportuno* c. 8, 3.

3. *demonstratum est:* c. 5, 4.

4. *castellum, cui praeerat* — den Brückenkopf auf dem linken Ufer, c. 5, 6. — Man beachte die genaue Unterscheidung der Tempora in *si possent* u. *si minus potuissent.*

10. 2. *in eo loco:* wo er mit den Feinden zusammentraf. — *hostes — eorum,* 1. 12, 3.

3. *per corpora:* über die Leichname hinweg. Diese übertreibt Ap-

quos audacissime transire conantes multitudine telorum reppulerunt; primos, qui transierant, equitatu circumventos interfecerunt. Hostes ubi et de expugnando oppido et de flumine trans- 4
eundo spem se fefellisse intellexerunt neque nostros in locum
iniquiorem progredi pugnandi causa viderunt, atque ipsos res
frumentaria deficere coepit, concilio convocato constituerunt
optimum esse, domum suam quemque reverti et, quorum in fines
primum Romani exercitum introduxissent, ad eos defendendos
undique convenirent, ut potius in suis quam in alienis finibus
decertarent et domesticis copiis rei frumentariae uterentur. Ad 5
eam sententiam cum reliquis causis haec quoque ratio eos deduxit, quod Divitiacum atque Haeduos finibus Bellovacorum appropinquare cognoverant. His persuaderi, ut diutius morarentur
neque suis auxilium ferrent, non poterat. Ea re constituta se- 11
cunda vigilia magno cum strepitu ac tumultu castris egressi nullo
certo ordine neque imperio, cum sibi quisque primum itineris
locum peteret et domum pervenire properaret, fecerunt, ut consimilis fugae profectio videretur. Hac re statim Caesar per spe- 2

pian Celt. 4. 4: τοσούτους ἀπέκτεινεν, ὡς τὸν ποταμὸν γεφυρω-
θέντα τοῖς σώμασι περᾶσαι, und
noch mehr Plutarch Caes. 20: πλεί-
στους διέφθειρεν, ὥστε καὶ λί-
μνας καὶ ποταμοὺς βαθεῖς τοῖς
Ῥωμαίοις νεκρῶν πλήθει περα-
τοὺς γενέσθαι.

4. *res frument. deficere coepit.*
Die Gallier, meistens nur an Streifzüge gewöhnt, sorgten nicht für
Vorräthe, weswegen sie oft Unternehmungen aufgeben mussten. —
constituerunt optimum esse. Bei
ihrer Berathung stellte sich die Ansicht fest, dass es besser sei, nach
Hause zu gehen, und sie beschlossen (*ut*) *undique convenirent*, so
dass *constituerunt* in verschiedenem Sinne genommen, auch verschiedenen Einfluss auf die abhängigen Satztheile äussert. B. C. 3. 83,
3: *Domitius dixit, placere sibi, ternas tabulas dari — sententiasque
ferrent.* — *quemque*, s. zu 2. 4, 4.
— *copiae rei frumentariae.* S. zu
B. C. 3. 59, 2: *praemia rei pecuniariae.*

5. *Divitiacum — appropinquare*
nach der Aufforderung des C. c. 5,
3. — *neque suis auxilium ferrent*:
sie liessen sich nicht bewegen, länger zu bleiben und (als natürliche
Folge davon) den Ihrigen nicht zu
helfen; also nicht zwei verschiedene
Handlungen, zu denen man sie bewegen wollte, sondern *neque aux.
ferrent* ist Erklärung und Vervollständigung des *morari*; daher *neque*
nicht für *neve*.

11. 1. *vigilia*: 1. 12, 2. — *primum itineris locum*, da jeder für
sich den ersten Platz auf dem Wege
haben, der erste auf dem Wege sein
wollte. (Beim Weggange aus dem
Lager hatten sie Alle zunächst einen Weg.) — *consimilis* = in allen
Stücken, völlig ähnlich —; *fugae*
ist Dat., wenigstens steht, wo con-
sim. sonst bei C. vorkommt (5. 12,
3 u. 6. 27, 1) nur der Dat.

2. *Hac re Caesar cognita.* Beliebte Stellung des Subiects zwischen den absoluten Ablativen, um
durch die enge Verbindung zugleich
zu zeigen, wem die im Part. enthal-

culatores cognita insidias veritus, quod, qua de causa discederent,
nondum perspexerat, exercitum equitatumque castris continuit.
3 Prima luce confirmata re ab exploratoribus omnem equitatum,
qui novissimum agmen moraretur, praemisit. His Quintum Pedium et Lucium Aurunculeium Cottam legatos praefecit. Titum
4 Labienum legatum cum legionibus tribus subsequi iussit. Hi
novissimos adorti et multa milia passuum prosecuti magnam
multitudinem eorum fugientium conciderunt, cum ab extremo
agmine, ad quos ventum erat, consisterent fortiterque impetum
5 nostrorum militum sustinerent, priores, quod abesse a periculo
viderentur neque ulla necessitate neque imperio continerentur,
exaudito clamore perturbatis ordinibus omnes in fuga sibi prae-
6 sidium ponerent. Ita sine ullo periculo tantam eorum multitudinem nostri interfecerunt, quantum fuit diei spatium, sub occa-
sumque solis destiterunt seque in castra, ut erat imperatum,
receperunt.

12   Postridie eius diei Caesar, priusquam se hostes ex terrore
ac fuga reciperent, in fines Suessionum, qui proximi Remis
erant, exercitum duxit et magno itinere [confecto] ad oppidum

tene Handlung zugehört. B. C. 3.
12, 1: *recepto Caesar Orico proficiscitur*, u. ä. — *speculatores* u.
§ 2 *exploratores*, s. Kriegsw. § 22
Anm. — *exercitum equitatumque*:
1. 48, 1.

4. *novissimos adorti - multit.
eorum*: 1. 12, 3. — *cum ab extremo agmine, ad quos ventum erat,
consisterent*: da die im Nachtrab,
welche man einholte (die *novissimi*),
Halt machten, während die *priores*,
die weiter vorn im Zuge waren, flohen. — *ab extremo agmine* nach
dem 1. 1, 5 bemerkten Sprachgebrauch. — *ad quos* auf *agmen* bezogen, wie § 3 *His* auf *equitatum*
und § 4 *Hi* auf *equitatus* und *legionibus tribus* zusammen.

5. *exaudito clamore perturbatis
ordinibus*. Die Auflösung: *cum exaudito clamore perturbati ordines
essent* zeigt den Sinn der bei C. sehr
häufigen Verbindung zweier Abl.
abs., von denen der erstere die näheren Umstände, die Zeitbestimmung oder den Grund des zweiten

enthält. S. 1. 24, 5. 2. 26, 3. 3. 3,
3. B. C. 1. 46, 1: *consumptis omnibus telis gladiis destrictis*. — *sibi
ponerent*: für sich, immer mit einem
Gegensatze, d. h. während jene
tapfer kämpften (1. 53, 2), welcher
Gegensatz durch die Wendung *praesidia in fuga ponerent* noch mehr
markirt wird. Dazu dient auch das
Asyndeton *consisterent fortiterque
sustinerent, priores - ponerent*.

6. *tantam multitudinem - quantum - spatium*: Gleichsetzung ungleichartiger Begriffe, während nur
das Verhältniss bezeichnet werden
sollte, in dem sie zu einander stehen: die Menge der Getödteten
stand im Verhältniss zu der Länge
des Tags = soviel, als die Länge des
Tags möglich machte; s. zu 4. 35, 3.

12. 1. *ex fuga se recipere*: von
der Flucht, d. i. der Anstrengung
und der dabei erlittenen Niederlage
sich erholen. — *priusquam se reciperent* = ne se prius reciperent. —
magno itinere. Es war ein Marsch
von 10 Stunden Weglänge.

Novioduuum contendit. Id ex itinere oppugnare conatus, quod 2
vacuum ab defensoribus esse audiebat, propter latitudinem fossae
murique altitudinem paucis defendentibus expugnare non potuit.
Castris munitis vineas agere quaeque ad oppugnandum usui erant 3
comparare coepit. Interim omnis ex fuga Suessionum multitudo 4
in oppidum proxima nocte convenit. Celeriter vineis ad oppidum 5
actis, aggere iacto turribusque constitutis magnitudine operum,
quae neque viderant ante Galli neque audierant, et celeritate Ro-
mauorum permoti legatos ad Caesarem de deditione mittunt et,
petentibus Remis, ut conservarentur, impetrant. Caesar obsidi- 13
bus acceptis primis civitatis atque ipsius Galbae regis duobus
filiis armisque omnibus ex oppido traditis in deditionem Suessiones accepit exercitumque in Bellovacos ducit. Qui cum se 2
suaque omnia in oppidum Bratuspantium contulissent, atque ab
eo oppido Caesar cum exercitu circiter milia passuum quinque
abesset, omnes maiores natu ex oppido egressi manus ad Caesarem tendere et voce significare coeperunt, sese in eius fidem
ac postestatem venire neque contra populum Romanum armis
contendere. Item, cum ad oppidum accessisset castraque ibi po- 3

Der Wunsch, die Völker zu trennen, war erreicht, und es sollte nun
ein Volk nach dem andern unterjocht werden.

2. *ex itinere*: 1. 25, 6. 2. 6, 1. —
expugnare non potuit, durch Sturm-
laufen, ohne Belagerungswerke, wie
sie nachher genannt werden. —
propter latitudinem (s. zu c. 5, 6)
fossae, der erst angefüllt und überdeckt werden musste, um mit Lei-
tern die Mauer ersteigen zu können;
denn darin besteht die *repentina
oppugnatio*. Da dies nicht möglich
war, musste er zur Blokade, *obsessio*, schreiten. S. Kriegsw. § 30. —
paucis defendentibus in concessi-
vem Sinne.

3. *vineae*, Lauben, Laufganghütten mit festem Dach aus Brettern
und Weidengeflechten an den Seiten,
die vorgeschoben wurden (*agere*),
um die Soldaten bei der Belage-
rungsarbeit zu schützen. S. Kriegsw.
§ 31.

4. *omnis ex fuga multitudo*,
eigentl. = *omnis, quae in fuga erat,
multitudo, ex fuga in oppidum convenit*, eine bes. den Griechen geläufige Attraction. Vergl. Xen. Anab.
4. 6, 25: οἱ *ἐκ τοῦ πεδίου δρόμῳ
ἔθεον*. (S. Krüger Gramm. § 50, 8,
Anm. 14 u. folg.). Ueber 7. 24, 5:
*omnis ex castris multitudo concur-
reret* s. die Anm.

5. *agger*, der Damm von Erde,
Steinen, Holz, mit Pallisaden befestigt und zu einer der belagerten
Mauer entsprechenden Höhe erhoben. Auf ihm standen die Belagerungsthürme (s. zu c. 30, 3). S.
Kriegswesen § 30. — *quae neque
viderant - audierant*. Tac. Ann. 12.
45: *nihil tam ignarum barbaris,
quam machinamenta et astus oppu-
gnationum*. — *conservare*: Leben
und Freibeit schenken, begnadigen;
s. c. 15, 1: *in fidem recepturum et
conservaturum*. — *ut conserv.* von
petentibus abhängig.

13. 2. *venire*: sich begeben. 6.
3, 3: *in deditionem venire coëgit*.

neret, pueri mulieresque ex muro passis manibus suo more pacem
14 ab Romanis petierunt. Pro his Divitiacus (nam post discessum
Belgarum dimissis Haeduorum copiis ad eum reverterat) facit
2 verba: Bellovacos omni tempore in fide atque amicitia civitatis
3 Haeduae fuisse: impulsos a suis principibus, qui dicerent Haeduos
ab Caesare in servitutem redactos omnes indignitates contu-
meliasque perferre, et ab Haeduis defecisse et populo Romano
4 bellum intulisse. Qui eius consilii principes fuissent, quod intellegerent, quantam calamitatem civitati intulissent, in Britanniam
5 profugisse. Petere non solum Bellovacos, sed etiam pro his
6 Haeduos, ut sua clementia ac mansuetudine in eos utatur. Quod
si fecerit, Haeduorum auctoritatem apud omnes Belgas amplifi-
caturum; quorum auxiliis atque opibus, si qua bella inciderint,
15 sustentare consuerint. Caesar honoris Divitiaci atque Haeduorum
causa sese eos in fidem recepturum et conservaturum dixit; quod
erat civitas magna inter Belgas auctoritate atque hominum mul-
2 titudine praestabat, sexcentos obsides poposcit. His traditis omnibusque armis ex oppido collatis ab eo loco in fines Ambiano-
3 rum pervenit, qui se suaque omnia sine mora dediderunt. Eorum
fines Nervii attingebant; quorum de natura moribusque Caesar
4 cum quaereret, sic reperiebat: Nullum aditum esse ad eos mercatoribus; nihil pati vini reliquarumque rerum ad luxuriam per-

3. *passis manibus*: 1. 51, 3.

14. 3. *omnes indignitates*: jede Art unwürdiger Behandlung. Zumpt § 92.

4. *consilii principes* = auctores. 5. 54, 4: *esse aliquos repertos principes belli inferendi*; 6. 4, 1. 7. 37, 6.

5. *sua clementia*. Der passende Gedanke, den *sua* hier giebt (= seine ihm eigenthümliche Milde), bestimmt ihm auch seinen Platz: c. 31, 4. *clementia* ist Milde des Machthabers (Gegensatz: *severitas, crudelitas*), *mansuetudo*: Sanftmuth des Menschen (Gegensatz: *feritas*).

6. *consuerint* (= soleant) sc. *Haedui*; in directer Rede: *si qua bella inciderunt, sustentare consuerunt* = solent. 6. 13, 6: *si qui decreto non stetit, sacrificiis interdicunt.* S. zu 4. 1, 5. — *sustentare* absolut wie c. 6, 1, oder mit dem Object *bel-*la = aushalten, wie *inopiam, famem sust.*

15. 1. *in fidem recipere*: in seinen Schutz nehmen, zu Gnaden annehmen, nach freiwilliger Ergebung. — *quod erat – poposcit.* Der Milde, die er dem Divit. zu Ehren (*honoris Div. causa*) gezeigt hatte, stellt er die durch die Verhältnisse bedingte Forderung einer ungewöhnlich grossen Zahl von Geiseln gegenüber ohne Adversativpartikel, durch Asyndeton.

3. *attingebant*: zunächst in Beziehung auf die Zeit, von der er spricht, wie häufig, auch bei uns, das Imperf. bei geographischen Angaben für das Praes. steht; ebenso im Griech.: ποταμός, ὃς ὥριζε τὴν τῶν Μακρώνων Xen. Anab. 4. 8, 1. — *sic reperiebat*: c. 4, 2.

4. *nihil pati vini* = non pati quidquam vini, da die Neg. eigentlich

tinentium inferri, quod iis rebus relanguescere animos [eorum]
et remitti virtutem existimarent: esse homines feros magnaeque 5
virtutis, increpitare atque incusare reliquos Belgas, qui se populo
Romano dedidissent patriamque virtutem proiecissent: confir- 6
mare sese neque legatos missuros neque ullam condicionem pacis accepturos. Cum per eorum fines triduum iter fecisset, in- 16
veniebat ex captivis Sabim flumen ab castris suis non amplius
milia passuum x abesse: trans id flumen omnes Nervios conse- 2
disse adventumque ibi Romanorum exspectare una cum Atrebatis
et Viromanduis, finitimis suis (nam his utrisque persuaserant, uti
eandem belli fortunam experirentur); exspectari etiam ab his 3
Aduatucorum copias atque esse in itinere: mulieres quique per 4
aetatem ad pugnam inutiles viderentur in eum locum coniecisse,
quo propter paludes exercitui aditus non esset. His rebus cogni- 17
tis exploratores centurionesque praemittit, qui locum idoneum
castris deligant. Cum ex dediticiis Belgis reliquisque Gallis com- 2
plures Caesarem secuti una iter facerent, quidam ex his, ut postea ex captivis cognitum est, eorum dierum consuetudine itineris nostri exercitus perspecta nocte ad Nervios pervenerunt atque his demonstrarunt inter singulas legiones impedimentorum

zom Verbum gehört. — relanguescere animos: nicht blos der Nervier,
sondern überhaupt der Menschen,
weswegen eorum (wofür es übrigens
auch suos heissen müsste) hier ganz
unpassend sein würde; vgl. 4. 2, 6:
vinum ad se importari non sinunt,
quod ea re remollescere homines
– arbitrantur. [Eberz will virorum
lesen.] Die deutsche Abkunft der
Nervier zeigte sich in ihrer Lebens-
weise mehr als bei den Anderen:
Treveri et Nervii citra affectatio-
nem Germanicae originis ultro am-
bitiosi sunt tamquam per gloriam
sanguinis a similitudine et inertia
Gallorum separentur Tac. German.
c. 28.

5. homines feros magnaeque virtutis. Der Genit. Qualit. mit einem
Adiectiv verbunden wie 5. 35, 6:
Balventio, viro forti et magnae auctoritatis. 5. 54, 2. B. C. 2. 15, 1.

16. 1. inveniebat ex captivis =
quaerendo cognoscebat.

2. cum Atrebatis. Sonst Atrebates bei Caes.

4. exercitui: für ein Heer allgemein, nicht blos des Caes.

17. 1. exploratores – deligant.
Ueber die Wahl des Platzes für das
Lager s. Kriegsw. § 29, 2.

2. eorum dierum – exercitus.
Die durch den freieren Gebrauch
der Genitive im Lat. veranlasste
Häufung der Genitive, die uns unbequem erscheint, vereinfachen wir
durch die Verbindung mehrerer Begriffe zu einem (s. 1. 19, 5), durch
Bildung von Compositis, wie sie der
Lat. nicht hat, oder durch Adiective
oder Umschreibungen; hier = die
Heeresmarschordnung dieser Tage.
Cic. Tusc. 2. 15: functio animi et
corporis gravioris negotii: die kör-
perliche und geistige Betreibung
eines Geschäfts. Unten 7. 76, 2:
universae Galliae consensio libertatis vindicandae et pristinae belli lau-

magnum numerum intercedere, neque esse quicquam negotii,
cum prima legio in castra venisset reliquaeque legiones magnum
3 spatium abessent, hanc sub sarcinis adoriri; qua pulsa impedimentisque direptis futurum, ut reliquae contra consistere non
4 auderent. Adiuvabat etiam eorum consilium, qui rem deferebant,
quod Nervii antiquitus, cum equitatu nihil possent (neque enim
ad hoc tempus ei rei student, sed, quicquid possunt, pedestribus
valent copiis), quo facilius finitimorum equitatum, si praedandi
causa ad eos venissent, impedirent, teneris arboribus incisis atque inflexis, crebris in latitudinem ramis enatis et rubis senti-
busque interiectis effecerant, ut instar muri hae sepes munimenta praeberent, quo non modo non intrari, sed ne perspici
5 quidem posset. His rebus cum iter agminis nostri impediretur,
18 non omittendum consilium Nervii existimaverunt. Loci natura
erat haec, quem locum nostri castris delegerant. Collis ab summo
aequaliter declivis ad flumen Sabim, quod supra nominavimus,
2 vergebat. Ab eo flumine pari acclivitate collis nascebatur adversus huic et contrarius, passus circiter ducentos infimus apertus,

dis recuperandae. — *in castra:* in
die für das Lager bestimmte Stelle.
sarcinae sind das, was der Soldat trug, besonders Mundvorrath,
Schanzpfähle (Cic. Tusc. 2. 16); *impedimenta* die Bagage des Heeres,
die durch Lastthiere fortgeschafft
wurde. Siehe Kriegsw. § 26. —
Ueber die hier beschriebene Marschordnung siehe ebendas. § 14, 1.

4. *teneris arboribus – interiectis.*
Dadurch dass sie die Bäume, so
lange sie noch zart waren, verschnit-
ten und umbogen, wuchsen die Aeste
zahlreich in die Breite hinaus, und
hierdurch, sowie durch das Da-
zwischenpflanzen von Dornensträu-
chern wurde eine für die Reiterei
undurchdringliche Wand (Verhau)
gebildet. — *incidere* = verschneiden,
wie Cic. ad Att. 4. 2, 5: *qui mihi
pinnas inciderant, nolunt easdem
renasci.* — *quo* = in quae munimenta: 1. 42, 5. Uebrigens ist es sicherlich ein Irrthum, wenn diese
Hecken für eine Grenzbefestigung
gehalten werden, nach welcher Ansicht der Plural *sepes* das Fortlau-

fende des Verhaues ausdrücken soll.
Caesar marschirt bereits drei Tage
im Lande der Nervier (s. c. 16, 1),
so dass also jene Verhaue an den
Grenzen ihm nicht mehr hinderlich sein konnten. Sie waren überall im Lande zum Schutze der Ortschaften gegen die Reiterei der
Nachbarn angelegt; so konnte Caes.
auf dem Marsche und auch unten c.
22, 1. in der Schlacht durch sie behindert werden.

18. 2. *Ab eo flumine:* nämlich
auf dem anderen Ufer. — *pari acclivitate:* von gleicher Abdachung,
vom Standpunkte des Flusses aus;
daher nicht *declivitate*, wie vorher
declivis. — *nasci:* sich erheben, selten so gebraucht, wie 1. 1, 6: *oriri.*
— *adversus:* geradeüber so gelegen
und gestaltet, dass er seine abge-
dachte Seite dem diesseitigen Hügel
gerade entgegenkehrte. — *contrarius:* entgegengesetzt, auf der anderen Seite, parallel mit ihm laufend.
— *passus c. ducentos infimus apertus:* zweihundert Schritte am Fusse

ab superiore parte silvestris, ut non facile introrsus perspici
posset. Intra eas silvas hostes in occulto sese continebant; in 3
aperto loco secundum flumen paucae stationes equitum videbantur. Fluminis erat altitudo circiter pedum trium. Caesar 19
equitatu praemisso subsequebatur omnibus copiis; sed ratio or-
doque agminis aliter se habebat, ac Belgae ad Nervios detulerant.
Nam quod ad hostis appropinquabat, consuetudine sua Caesar 2
sex legiones expeditas ducebat; post eas totius exercitus impedi- 3
menta collocarat; inde duae legiones, quae proxume conscriptae
erant, totum agmen claudebant praesidioque impedimentis erant.
Equites nostri cum funditoribus sagittariisque flumen transgressi 4
cum hostium equitatu proelium commiserunt. Cum se illi iden- 5
tidem in silvas ad suos reciperent ac rursus ex silva in nostros
impetum facerent, neque nostri longius, quam quem ad finem
porrecta loca aperta pertinebant, cedentes insequi auderent,
interim legiones sex, quae primae venerant, opere dimenso
castra munire coeperunt. Ubi prima impedimenta nostri ex- 6
ercitus ab iis, qui in silvis abditi latebant, visa sunt, quod tempus inter eos committendi proelii convenerat, ut intra silvas
aciem ordinesque constituerant atque ipsi sese confirmaverant,
subito omnibus copiis provolaverunt impetumque in nostros
equites fecerunt. His facile pulsis ac proturbatis incredibili cele- 7
ritate ad flumen decucurrerunt, ut paene uno tempore et ad sil-

frei (oben waldig); denn *pass. duc.*
bezeichnet nicht den Raum zwischen
dem Fluss und dem Hügel, da dieser
offenbar bis an den Fluss selbst sich
erstreckte (*ab eo flumine nascebatur*).

19. 2. *consuetudine sua*: so oft
er sich nämlich dem Feinde näherte,
in welchem Falle der Haupttheil des
Heeres verbunden schlagfertig (*expedita*) marschirte, also nicht *sub
sarcinis* angegriffen werden konnte,
wie der Feind erwartet hatte. Die
consuetudo itineris der vorhergehenden Tage war anders: c. 17, 2.
S. Kriegsw. § 14, 3.

5. *silvae*: die einzelnen Theile
des Waldes in seiner Ausdehnung,
in die sich die Einzelnen nach verschiedenen Punkten zurückzogen;
nachher *silva*: der Wald als Ganzes, dem *locus apertus* entgegenge-

setzt. — *porrecta loca aperta pertinebant. Porrecta* mit *pertinebant*
zu verbinden: bis wie weit das offene Terrain ausgestreckt, sich er-
streckend reichte. Der im Verb.
liegende Begriff wird dadurch noch
mehr veranschaulicht. — *opus di-
metiri*: die Verschanzung, Wall und
Graben, mit dem das Lager umgeben wurde, nach Umfang und Richtung abstecken, *metari castra*.

6. *quod tempus – convenerat*: 1.
36, 5. — *ut – constituerant*: in der
Art, Ordnung, wie sie sich im Walde gestellt und wie sie Muth gefasst
hatten, nämlich *subito omnibus copiis provolare*. Vgl. 6. 38, 5: *reliqui sese confirmant tantum, ut
– audeant.* 7. 77, 11: *si illorum nuntiis confirmari non potestis.* — *omnibus copiis provolaverunt*, s. zu c.
7, 3.

vas et in flumine et iam in manibus nostris hostes viderentur.
8 Eadem autem celeritate adverso colle ad nostra castra atque eos,
20 qui in opere occupati erant, contenderunt. Caesari omnia uno
tempore erant agenda: vexillum proponendum, quod erat insigne,
cum ad arma concurri oporteret, signum tuba dandum, ab opere
revocandi milites, qui paulo longius aggeris petendi causa processerant, arcessendi, acies instruenda, milites cohortandi, signum
2 dandum. Quarum rerum magnam partem temporis brevitas et
3 successus hostium impediebat. His difficultatibus duae res erant
subsidio, scientia atque usus militum, quod superioribus proeliis
exercitati, quid fieri oporteret, non minus commode ipsi sibi
praescribere, quam ab aliis doceri poterant, et quod ab opere
singulisque legionibus singulos legatos Caesar discedere nisi mu-
4 nitis castris vetuerat. Hi propter propinquitatem et celeritatem
hostium nihil iam Caesaris imperium exspectabant, sed per se
21 quae videbantur administrabant. Caesar necessariis rebus imperatis ad cohortandos milites, quam partem fors obtulit, decu-
2 currit et ad legionem decimam devenit. Milites non longiore

---

7. *in manibus nostris*: in unserer unmittelbaren Nähe, *iuxta nos.*

8. *adverso colle*: den Hügel, auf
dem die Römer waren, hinauf, wie
adverso flumine: stromaufwärts.
Sall. Iug. 52, 3: *adverso colle eva-
dunt.* Liv. 2. 31, 2: *profectus adversa ripa.*

20. 1. *erant agenda.* Das § 2
folgende: *quarum rerum magnam
partem – impediebat* zeigt den Sinn
der W. = C. hätte Alles auf einmal
thun müssen, was eben nicht möglich war. — *vexillum*: eine Pur-
purfahne, die als Zeichen, dass man
sich schlagfertig halten solle, auf
dem Feldherrnzelte aufgesteckt
wurde. S. Kriegswesen § 27. Die
Worte *quod – oporteret* sind, obgleich den Römern der Zweck bekannt war, hinzugefügt, weil er hervorheben will, dass er alle Geschäfte
des Feldherrn, vom Aufstecken der
Fahne, das die Leute zu den Waffen rief, also dem ersten, bis zum
letzten, *signum dare*, zwischen denen sonst längere Zeit verlief, auf
einmal verrichten musste. —*signum
tuba dandum*: um die Soldaten,

nachdem sie sich fertig gemacht, in
ihre Reihen zu versammeln. — *agger*: das zum Aufbau des Dammes
nöthige Material. — *signum dandum*: hier nicht Parole, sondern Zeichen zum Angriff, als das letzte in
der Reihe der Geschäfte des Feldherrn vor der Schlacht. Daher c.
21, 2 *milites cohortatus – proelii
committendi signum dedit.*

2. *et successus.* Das Herauf-
rücken der Feinde als das die Kürze der Zeit bedingende speciell hinzugefügt.

3. *His difficultatibus*: eine Hülfe
für die missliche Lage = zur Abwendung (so wir: ein Mittel für eine
Krankheit = gegen). B. C. 3. 70, 1:
*his tantis malis haec subsidia suc-
currebant.* Cic. p. Sull. 16, 45:
quae subsidio oblivioni esse possent.
— *scientia atque usus.* S. zu 4.
1, 6.

21. 1. *necessariis rebus*: nur
das Nothwendigste, da er eben im
Drange der Zeit nicht Alles thun
konnte. — *quam partem fors obtulit*: welchen Theil ihm der Zufall
gerade entgegenbrachte, auf wel-

oratione cohortatus, quam uti suae pristinae virtutis memoriam
retinerent neu perturbarentur animo hostiumque impetum fortiter sustinerent, quod non longius hostes aberant, quam quo 3
telum adici posset, proelii committendi signum dedit. Atque in 4
alteram partem item cohortandi causa profectus pugnantibus
occurrit. Temporis tanta fuit exiguitas hostiumque tam paratus 5
ad dimicandum animus, ut non modo ad insignia accommodanda,
sed etiam ad galeas induendas scutisque tegimenta detrudenda
tempus defuerit. Quam quisque ab opere in partem casu devenit 6
quaeque prima signa conspexit, ad haec constitit, ne in quae-
rendis suis pugnandi tempus dimitteret. Instructo exercitu, magis 22
ut loci natura deiectusque collis et necessitas temporis, quam
ut rei militaris ratio atque ordo postulabat, cum diversis legionibus aliae alia in parte hostibus resisterent, sepibusque densissimis, ut ante demonstravimus, interiectis prospectus impediretur,
neque certa subsidia collocari neque, quid in quaque parte opus

eben er zufällig stiess. Nep. Pelop.
2: *ut quem locum fors obtulisset,
eo patriam recuperare niterentur.*
— *ad legionem decimam*: auf dem
linken Flügel.

2. *uti — sustinerent. neu perturbarentur* ist eng zu verbinden mit
uti retinerent, als Gegensatz zu
demselben, und *hostiumque — sustinerent* hängt als zweites Glied von
demselben *uti* ab. Es gehört also
die Stelle nicht zu denen, wo aus
einem vorhergehenden ne ein *ut* zu
denken ist (wie B. C. 1. 19, 1: *ne
animo deficiant quaeque usui sint
parent*). Ebenso 5. 34, 3. B. C. 3.
92, 1: *praedixerat, ut impetum
exciperent neve se loco moverent, aciemque eius distrahi paterentur.*

3. *adici*: so dass es bis zu dem
bestimmten Punkte gelangt, also
mehr als *iaci.* 3. 13, 8: *neque propter altitudinem facile telum adiciebatur.*

4. *in alteram partem*: auf den
rechten Flügel. — *pugnantibus occurrit*: er fand sie schon im Kampfe
begriffen.

5. *insignia*: die verschiedenarti-
gen bunten Zierrathen bes. der

Helme (1. 22, 2). Sie wurden auf
dem Marsche abgenommen und vor
der Schlacht aufgesetzt. — Die *ga-
leae* trugen die Soldaten beim Marsche auf der Brust oder auf dem
Rücken hinabhängend. Die bei der
Schanzarbeit Beschäftigten hatten
sie wohl abgelegt. — *tegimenta*:
lederne Ueberzüge der vielfach ver-
zierten Schilde. Sehr bezeichnend
für die Eile *detrudere*: sie konnten
sie nicht einmal, um sie nur zu entfernen, hinwegstossen ('maiore cum
vi et contentius deiicere' Schneider).

22. 1. *deiectus*: c. 8, 3. Das allgemeine *natura* näher bezeichnet
durch *deiectusque*; s. 1. 31, 12. 3.
17, 4: *perditorum hominum latronumque — necessitas temporis* wie
oben 1. 16, 6: *necessarium tempus.*
— *diversis legionibus*: 'da die Legionen getrennt, nicht in zusammen-
hängender Schlachtordnung aufgestellt waren'; nachdrücklichere Bezeichnung des Grundes, dass sie an
verschiedenen Punkten kämpften,
durch den absoluten Ablativ, als
wenn die nach den folgenden Worten *aliae alia in parte* erwartete
Satzverbindung (welche?) gebraucht
wäre. — *certa subsidia collocari*:

esset, provideri neque ab uno omnia imperia administrari pote-
2 rant. Itaque in tanta rerum iniquitate fortunae quoque eventus
23 varii sequebantur. Legionis nonae et decimae milites, ut in sinistra parte acie constiterant, pilis emissis cursu ac lassitudine
exanimatos vulneribusque confectos Atrebates (nam his ea pars
obvenerat) celeriter ex loco superiore in flumen compulerunt et
transire conantes insecuti gladiis magnam partem eorum impe-
2 ditam interfecerunt. Ipsi transire flumen non dubitaverunt et in
locum iniquum progressi rursus resistentes hostes redintegrato
3 proelio in fugam coniecerunt. Item alia in parte diversae duae
legiones, undecima et octava, profligatis Viromanduis, quibuscum erant congressi, ex loco superiore in ipsis fluminis ripis
4 proeliabantur. At totis fere a fronte et ab sinistra parte nudatis
castris, cum in dextro cornu legio duodecima et non magno ab
ea intervallo septima constitisset, omnes Nervii confertissimo
agmine duce Boduognato, qui summam imperii tenebat, ad eum
5 locum contenderunt; quorum pars aperto latere legiones circum-
24 venire, pars summum castrorum locum petere coepit. Eodem

man konnte keine Reserven an bestimmten Orten und mit bestimmten
Anweisungen aufstellen, weil man
die Bewegungen des Feindes wegen
der dichten Gehege nicht bemerken
und darnach die Disposition treffen
konnte. — *ut ante demonstravimus*: c. 17, 4.

2. *in tanta rerum iniquitate*: 1.
27, 4.

23. 1. *leg. nonae et decimae
milites*: wie man aus c. 26 sieht,
führte diese beiden Legionen (nicht
etwa = die neunzehnte) Labienus
an. — *ut – constiterant*: demge-
mäss, dass sie diese Stellung einnahmen, hatten sie es mit den Atrebaten zu thun, *nam his ea pars* (der
linken röm. Schlachtreihe gegenüber) *obvenerat*. — *acie* ältere,
nach Gellius 9. 14 von C. vorge-
zogene Genitivform. — *ac lassitudine* tritt erklärend zu *cursu*: durch
den Lauf und die durch denselben
bewirkte Erschöpfung. — *conantes
– eorum* 1. 12, 3. — *impeditam*:
fluminis transitu.

3. *diversae duae legiones*, wie c.
22, 1. — *congressi* nach dem vor-

ausgegangenen *legionis*, wie c. 26,
4: *decimam legionem – Qui cum
cognovissent*. — *ex loco superiore*
ist mit *profligatis* zu verbinden. —
in ripis: 1. 37, 3.

4. *nudatis castris*. Die Legionen,
je 2 zusammen, standen nicht in
fortdauernder Linie, sondern in
grösseren Intervallen. Die 7. und
12. Leg. bildeten den rechten Flügel, die 8. und 11. die Mitte, die 9.
und 10. den linken Flügel. Durch
das Vorrücken des Centrums war
eine grössere Lücke entstanden,
hinter der das röm. Lager stand,
das daher in seiner Front und linken Seite blosgestellt war, während die rechte Seite von dem rechten Flügel gedeckt war. Gegen
diesen Punkt rückten die Nervier
in 2 Colonnen, von denen die eine
die Legionen auf der rechten Seite
umging, die andere durch die Lücke
zwischen dem rechten Flügel und
dem Centrum nach dem Lager vordrang. — *summam imperii*. S. 1.
41, 3.

5. *summum castr. locum*, nicht den
höchsten Punkt des Lagers, sondern

tempore equites nostri levisque armaturae pedites, qui cum iis
una fuerant, quos primo hostium impetu pulsos dixeram, cum
se in castra reciperent, adversis hostibus occurrebant ac rursus
aliam in partem fugam petebant, et calones, qui ab decumana 2
porta ac summo iugo collis nostros victores flumen transisse
conspexerant, praedandi causa egressi, cum respexissent et hostes in nostris castris versari vidissent, praecipites fugae sese
mandabant. Simul eorum, qui cum impedimentis veniebant, 3
clamor fremitusque oriebatur, aliique aliam in partem perterriti
ferebantur. Quibus omnibus rebus permoti equites Treveri, 4
quorum inter Gallos virtutis opinio est singularis, qui auxilii
causa ab civitate ad Caesarem missi venerant, cum multitudine
hostium castra compleri nostra, legiones premi et paene circum-
ventas teneri, calones, equites, funditores, Numidas diversos
dissipatosque in omnes partes fugere vidissent, desperatis nostris
rebus domum contenderunt; Romanos pulsos superatosque, 5
castris impedimentisque eorum hostes potitos civitati renuntiaverunt. Caesar ab decimae legionis cohortatione ad dextrum 25
cornu profectus, ubi suos urgeri signisque in unum locum collatis duodecimae legionis confertos milites sibi ipsos ad pugnam

die Höhe, auf der das Lager stand.
24. 1. *fuerant*: vor der Flucht,
nach der sie sich zerstreuten und
auf verschiedenen Wegen ins Lager
zurückkamen. — *dixeram*: c. 19,7.
Ueber das Plusquampf. s. c. 1, 1. —
adversis hostibus occurrebant. Da
sie von einer andern Seite ins Lager zurückkehrten, kamen sie den
bereits ins Lager eingedrungenen
Feinden gerade entgegen.

2. *decumana porta*: das hinterste
Thor im Lager, der den Feinden
zugekehrten *porta praetoria* gegenüber (s. Kriegsw. § 29), hier also
dem Gipfel des Hügels zugekehrt,
daher erklärend: *ac summo iugo
collis* (nicht ein von jenem verschiedener Ort), um zu zeigen, wie von
jenem Punkte des Lagers aus dies
geschen werden konnte.

3. *ferebantur* 'stürzten sich, ent-
eilten'. Die Imperfecta dieses Cap.
schildern gleichzeitige Nebenum-
stände während der Hauptereignisse
der Schlacht. Im Folgenden kehrt

C. zu diesen zurück; daher Perfecta. — *qui cum impedimentis
veniebant*: s. c. 19, 3.

4. *virtutis opinio*. S. c. 8, 1.
Die Bemerkung über ihre Tapferkeit zeigt die Grösse der Gefahr.
— *quorum – qui*: 1. 1, 4.

25. 1. *ab cohortatione* = gleich
nach, s. c. 21, 1. C. kehrt hier nach
der Schilderung des Kampfes, wie
er sich ohne seine Anordnung gestaltet hatte, zu der Erzählung dessen zurück, was er that. — *duodecimae legionis*. S. c. 23, 4. — *signis – collatis*. Die Feldzeichen
waren zusammengetragen worden,
da sich die Cohorten dicht zusammengedrängt hatten, wie es bei der
Uebermacht des andringenden Feindes zu geschehen pflegte (B. C. I.
71, 3: *quod collatis in unum locum
signis neque ordines neque signa
servarent*), wie bei dem Orbis 4.
37, 2. 5. 33, 3. (Kriegsw. § 15). —
ad pugnam impedimento. Ad bezeichnet die Beziehung des Ver-

esse impedimento vidit, quartae cohortis omnibus centurionibus
occisis signiferoque interfecto, signo amisso, reliquarum cohortium omnibus fere centurionibus aut vulneratis aut occisis, in
his primipilo P. Sextio Baculo, fortissimo viro, multis gravibusque vulneribus confecto, ut iam se sustinere non posset, reliquos
esse tardiores et nonnullos ab novissimis deserto proelio excedere ac tela vitare, hostis neque a fronte ex inferiore loco sub-
euntes intermittere et ab utroque latere instare et rem esse in
angusto vidit neque ullum esse subsidium, quod submitti posset,
2 scuto ab novissimis [uni] militi detracto, quod ipse eo sine scuto
venerat, in primam aciem processit centurionibusque nominatim
appellatis reliquos cohortatus milites signa inferre et manipulos
3 laxare iussit, quo facilius gladiis uti possent. Cuius adventu spe
illata militibus ac redintegrato animo, cum pro se quisque in
conspectu imperatoris etiam in extremis suis rebus operam na-

hindern (Aufhaltens, Verzögerns)
auf die Sache, die gethan werden
soll. So 1. 25, 3. B. C. 1. 62, 2: *ad
trauseundum imp.* 7. 26, 2: *ad
insequendum tardabat.* 7. 10, 1:
*difficultatem ad consilium capien-
dum afferebat.* B. C. 2. 39, 6: *ad
spem morabantur.* — *signiferoque
interfecto.* Die nothwendige Verbindung mit *quartae cohortis* könnte
an einen *signifer* der Cohorte denken lassen; doch hatten die Cohorten damals keine besonderen Zeichen. Es scheint daher, wenn man
nicht übersetzen will: ein Fahnenträger der 4. Coh. (die Coh. hatte
3 Manipelzeichen), der *signifer* des
1. Manipels der Coh. gemeint zu
sein, dessen Signum wohl zugleich
als Insigne der ganzen Cohorte galt.
Kriegsw. § 27, 2. — *signo amisso,*
ein empfindlicher Verlust bei dem
hohen Werthe, den man auf die
Erhaltung der Signa legte. S. ebendaselbst § 27, 8. — *occisis – interfecto.* Da Nomina von verschiedenem Numerus neben einander
gestellt sind, ist jedem sein Prädicat gegeben. — *primipilus*: s.
Kriegsw. § 20. — *nonnullos ab
noviss.*, wie gleich nachher *ab novissimis. Ab* kann nicht partitiv =
ex oder *de* gebraucht sein, wie es

nie vorkommt; es heisst 'von Seiten'. Vergl. Liv. 42. 60: *cecidere
ab Romanis ducenti equites.* —
neque – instare. Zu verbinden:
neque a fronte intermittere (nach-
lassen, aussetzen, 1. 38, 5) *et ab
utroque latere instare*, wie sich
neque – et sehr häufig entsprechen
(s. zu 7. 20, 4). Das folgende *neque
ullum e. subs.* entspricht nur dem
rem esse in angusto.

2 u. 3. *manipulos laxare*: er
liess die *confertos milites* (§ 1) sich
weiter auseinander stellen. — *laxare iussit*, wie c. 5, 6; doch liegt
hier das zu denkende Subiect nahe.
— *signa inferre* = angreifen. —
Man beachte übrigens die durch das
Streben, die sich schnell folgenden
Ereignisse   zusammenzudrängen,
veranlasste Länge der Periode, wie
sie sich bei C. selten findet. Die
Rücksicht auf Deutlichkeit gebot die
Wiederholung des regierenden *vidit*
am Ende des § 1. Passend tritt es
bei den Worten *rem esse in angusto* ein, welche die ganze vorher
im Einzelnen geschilderte Lage zu-
sammenfassen. — *in extremis suis
rebus*: in der äussersten, höchsten
Gefahr. c. 27, 3: *etiam in extrema
spe salutis.*

vare cuperet, paulum hostium impetus tardatus est. Caesar cum 26
septimam legionem, quae iuxta constiterat, item urgeri ab hoste
vidisset, tribunos militum monuit, ut paulatim sese legiones coniungerent et conversa signa in hostes inferrent. Quo facto cum 2
alius alii subsidium ferret, neque timerent, ne aversi ab hoste
circumvenirentur, audacius resistere ac fortius pugnare coeperunt.
Interim milites legionum duarum, quae in novissimo agmine 3
praesidio impedimentis fuerant, proelio nuntiato cursu incitato
in summo colle ab hostibus conspiciebantur, et T. Labienus
castris hostium potitus et ex loco superiore, quae res in nostris 4
castris gererentur, conspicatus decimam legionem subsidio nostris misit. Qui cum ex equitum et calonum fuga, quo in loco 5
res esset, quantoque in periculo et castra et legiones et imperator
versaretur, cognovissent, nihil ad celeritatem sibi reliqui fecerunt.
Horum adventu tanta rerum commutatio est facta, ut nostri etiam 27
qui vulneribus confecti procubuissent, scutis innixi proelium
redintegrarent, tum calones perterritos hostes conspicati etiam
inermes armatis occurrerent, equites vero, ut turpitudinem fugae 2
virtute delerent, omnibus in locis pugnarent, quo se legionariis

26. 1. *iuxta*, neben der zwölf-
ten Legion, c. 23, 4. — *conversa
signa inferrent*. C. lässt die beiden
Legionen, die vorher nach verschiedenen Seiten hin kämpften, eine
Schwenkung (*signa convertere*) und
vereinigt nach einer und derselben
Seite Front machen. Durch die
Vereinigung deckte die eine Leg.
die Flanke der anderen (*cum alius
alii subsid. ferret*), und sie hatten,
wenn sie verbunden und mit ver-
doppelter Front vordrangen, das
Umgangenwerden nicht zu befürchten: *neque timerent — circumvenirentur*. (Nach Müllers richtiger Bemerkung kann in dem blossen *signa
convertere* nicht der Begriff einer
Schwenkung nach entgegengesetzten Seiten hin liegen, was, wie 1.
25, 7 durch *bipartito* oder ähnl. bezeichnet werden müsste.)

2. *neque timerent*: und sie, d. i.
alle vereinigten Soldaten nicht fürchteten. Konnte es also auch hier *timeret* heissen und steht der Plural,
wie sonst wohl nach Collectiven,

alius alium, uterque, quisque? s. zu
7. 71, 2.
3. *milites leg. duarum*: c. 19, 3.
— *proelio nuntiato cursu incitato*:
c. 11, 5.
5. *versaretur*. Nach mehreren
Subst. von verschiedenem Numerus
steht das dem Nomen im Singul.
zunächst stehende Verb., wenn jenes
als besonders bedeutungsvoll hervorgehoben werden soll, im Singular. S. zu B. C. 3. 61, 3. — *nihil
sibi reliqui fec.* Wörtlich: sie liessen sich in Hinsicht auf Schnelligkeit nichts übrig, d. h. sie unterlies-
sen nichts, thaten ihr Möglichstes.
ad celeritatem eigentl. zu der (von
ihnen erstrebten) Schnelligkeit d. i.
in Hinsicht auf Scho.
27. 1. *nostri etiam qui* eigentl.
= auch diejenigen Unsrigen, welche
(1. 52, 5), mit dem in solchen Relativsätzen zur Vorstellung einer
gewissen Beschaffenheit gebräuch-
lichen Coniunctiv. Liv. 25. 14: *multi vulnerati, etiam quos vires dese-
rent, nitebantur.*
2. *omnibus in locis pugnarent,*

3 militibus praeferrent. At hostes etiam in extrema spe salutis
tantam virtutem praestiterunt, ut, cum primi eorum cecidissent,
proximi iacentibus insisterent, atque ex eorum corporibus pugna-
4 rent; his deiectis et coacervatis cadaveribus, qui superessent, ut
ex tumulo tela in nostros conicerent et pila intercepta remitte-
5 rent: ut non nequiquam tantae virtutis homines iudicari deberet
ausos esse transire latissimum flumen, ascendere altissimas
ripas, subire iniquissimum locum; quae facilia ex difficillimis
28 animi magnitudo redegerat. Hoc proelio facto et prope ad internecionem gente ac nomine Nerviorum redacto maiores natu, quos
una cum pueris mulieribusque in aestuaria ac paludes coniectos
dixeramus, hac pugna nuntiata, cum victoribus nihil impeditum,
2 victis nihil tutum arbitrarentur, omnium, qui supererant, consensu legatos ad Caesarem miserunt seque ei dediderunt et in

quo se – praef. Die Reiter kämpften, um sich hervorzuthun, nicht
blos tapfer, denn dies thaten auch
die Anderen, sondern griffen an
allen Punkten den Feind an, um es
den (vereinigt — c. 26, 1 — kämpfenden) Legionen zuvorzuthun (sich
hervorzudrängen), damit sie eben
dadurch die Schmach der Flucht
verwischten; ein besonderer Nachdruck liegt daher auf *omnibus in
locis pugnarent* und die Worte
quo se – praeferrent sind auf diese
Weise keine Wiederholung von *ut
– delerent*, die allerdings unpassend
wäre. S. den Anhang.

3. *in extrema spe salutis*, wie c.
25, 3: *in extremis suis rebus.*

5. *ut – deberet.* Aus dem ganzen Vorhergehenden sich ergebende
Folgerung. — *non nequiquam ausos esse*: dass sie nicht umsonst
d. i. nicht ohne Grund und mit Aussicht auf Erfolg (bei ihrer so grossen Tapferkeit) gewagt hätten. —
transire – locum. Ueber den ana-
phorischen Bau dieses Satzes s. Nägelsbach Lat. Stil. p. 468. Uebrigens
beachte man, wie offen hier C. der
Tapferkeit seiner Gegner Gerechtigkeit widerfahren lässt. Freilich
werden dadurch seine eigenen Thaten um so mehr hervorgehoben. —

redegerat. Seltener Gebrauch =
reddiderat, mit der Nebenbedeutung
des Herabsetzens in einen niedrige-
ren Zustand (die grossen Schwierigkeiten werden klein); deutlicher 4.
3, 4: *multo humiliores infirmioresque redegerunt.* Sonst wird es mit
der Präp. *ad* (ad internecionem, ad
irritum; vgl. c. 28, 2) oder *in* (in
servitutem) verbunden.

Als Terrain der Nervierschlacht
(nach der gewöhnlichen Annahme
Berlaimont, 2 franz. Meilen von
Charleroi oder die Gegend von
Maubeuge) hat Göler p. 69–82 die
auf beiden Seiten der Sambre (Sabis) einander gegenüberliegenden
Hügel zwischen Boussières les Hau-
mont und Louvroil nachgewiesen.
Das röm. Lager stand auf dem linken (nördlichen), das der Nervier
auf dem rechten (südlichen) Sambre-
ufer.

28. 1. *quos dixeramus*: c. 16,
4. Ueber das Plusquampf.: c. 1, 1.
—*aestuaria*, die oben nicht erwähnt
werden, sind landeinwärts gelegene,
mit dem Meere zusammenhängende
Gegenden, die bei der Fluth mit
Wasser angefüllt werden (Seela-
chen, nicht Lachen, die der Sabis
bildet).

commemoranda civitatis calamitate ex sexcentis ad tres senatores,
ex hominum milibus LX vix ad quingentos, qui arma ferre possent, sese redactos esse dixerunt. Quos Caesar, ut in miseros 3
ac supplices usus misericordia videretur, diligentissime conservavit suisque finibus atque oppidis uti iussit et finitimis imperavit, ut ab iniuria et maleficio se suosque prohiberent.

Aduatuci, de quibus supra scripsimus, cum omnibus copiis **29**
auxilio Nerviis venirent, hac pugna nuntiata ex itinere domum
reverterunt; cunctis oppidis castellisque desertis sua omnia in 2
unum oppidum egregie natura munitum contulerunt. Quod 3
cum ex omnibus in circuitu partibus altissimas rupes despe-
ctusque haberet, una ex parte leniter acclivis aditus in latitudinem
non amplius ducentorum pedum relinquebatur; quem locum
duplici altissimo muro munierant: tum magni ponderis saxa et
praeacutas trabes in muro collocabant. Ipsi erant ex Cimbris 4
Teutonisque prognati, qui, cum iter in provinciam nostram atque
Italiam facerent, iis impedimentis, quae secum agere ac portare

2. *senatores*: c. 5, 1. — *ad quingentos redactos esse*. Die Schilderung der fast völligen Vernichtung
des Stammes ist wohl nicht ohne
absichtliche Uebertreibung, um Mitleid zu erregen. Nach wenigen Jahren rüsten sie wieder ein bedeutendes Heer 5. 38 u. 39. — *vix ad
quing.*: auf kaum fünfhundert; *vix*
ist nicht des Nachdrucks wegen
vorangesetzt (wie 1. 6, 1), sondern
weil in der Regel nur Genitive oder
Adverbien, die sich an ein folgendes
Particip. oder Gerund. anschliessen
(z. B. *ad bene vivendum*), zwischen
die Präpos. und den abhängigen Casus treten.

3. *ut misericordia usus videretur*. *Videri* hier natürlich nicht
'scheinen', sondern als Passivum und
wie φαίνεσθαι mit dem Particip.
zu fassen = dass es offenbar würde,
dass —, *se — prohiberent* (sich fern-
halten) würde C., wenn nicht *suosque* folgte, nicht gesagt haben.

29. 1. *supra*: c. 16, 4.

2. *oppidum*: 1. 5, 2. Ueber das
oppidum Aduatucorum s. das geograph. Register.

3. *despectus*. Weil der Ort auf
Felsen lag (*rupes — haberet*) und
diese schroff abfielen, hatte er un-
gehinderte Aussicht, war von allen
Seiten frei. 7. 36, 2: *collibus, qua
despici poterat*. Der Plural steht,
weil der *despectus* von allen Seiten
Statt hatte. [Vielleicht hat aber C.,
wie vermuthet worden ist, *deiectusque* geschrieben, wie c. 8, 3. 22, 1].
— *duplici altissimo m*. Die beiden
Adiect. bedürfen eben so wenig der
Copula *et*, wie *duobus altissimis
muris*; denn Zahlwörter, Pronomina, Adiectiva des Orts und der
Zeit treten zu einem bereits mit
einem Adiectiv verbundenen Subst.
(1. 38, 7) als nähere Bestimmung
ohne Copula hinzu.

4. *ex Cimbris Teutonisque*. Die
Erwähnung der Abstammung von
den Cimb. und Teut. zeigt zugleich,
mit welchem Volke er es zu thun
hatte, da der Cimbernname zu Rom
einen unvergänglichen Klang hatte.
— *prognati* braucht C. noch 6. 18,
1. Das Wort ist dichterisch, in der
älteren Prosa nur in einem Briefe
des Cölius bei Cic. Fam. 8. 15, 2.

non poterant, citra flumen Rhenum depositis custodiam ex suis
5 ac praesidium sex milia hominum una reliquerunt. Hi post eorum
obitum multos annos a finitimis exagitati, cum alias bellum inferrent, alias illatum defenderent, consensu eorum omnium pace
30 facta hunc sibi domicilio locum delegerunt. Ac primo adventu
exercitus nostri crebras ex oppido excursiones faciebant parvu-
2 lisque proeliis cum nostris contendebant; postea vallo pedum
xii, in circuitu xv milium crebrisque castellis circummuniti op-
3 pido sese continebant. Ubi vineis actis aggere exstructo turrim
procul constitui viderunt, primum irridere ex muro atque increpitare vocibus, quod tanta machinatio ab tanto spatio instruere-
4 tur: quibusnam manibus aut quibus viribus praesertim homines
tantulae staturae (nam plerumque hominibus Gallis prae magnitudine corporum suorum brevitas nostra contemptui est) tanti
31 oneris turrim moturos sese confiderent? Ubi vero moveri et

— custodiam ac praesidium - una
rel. _Custodia_ ist die unmittelbare
Wache bei dem Gepäck (warum
nicht _custodias_, wie es sonst gewöhnlich heisst = Wachposten?),
das _praesidium_ war zum Schutze
des Ortes beigegeben, daher _una_,
das man streichen wollte.

5. _obitus_ hier vom Untergange
eines Volkes, sonst nur vom Tode
Einzelner. Von Städten Plin. 5. 31,
39: _Agamede obiit et Hiera._ — _ex-
agitati_ eigentl.: aufgescheucht, auf-
geschreckt, beunruhigt. — _alias —
alias_ = bald — bald; _alias_ wird in
der guten Prosa nur von der Zeit
gebraucht. — _hunc locum_: jene
ganze Gegend zwischen Maas und
Schelde, nicht blos den genannten
festen Platz.

30. 1. _primo adventu_: Zeitbestimmung, s. 1. 50, 3 = primo post
adventum tempore, cum primum ad-
venissent.

2. _vallo pedum XII_. Wie bei dem
Graben (2. 5, 6) an die Breite, so
ist bei dem Walle (Mauer, Thurm)
selbstverständlich an die Höhe zu
denken, wenn die Dimension nicht
angegeben ist; oben c. 5, 6 ist _in
altitudinem_ hinzugefügt.

3. _vineis actis_: c. 12, 3. _castella_:

1. 8, 2. — _tanta machinatio._ Die
Belagerungsthürme waren sehr hoch
und bestanden aus mehreren Stockwerken, _tabulata_. Das Nähere s.
Kriegsw. § 30. — _ab tanto spatio_
nach c. 7, 3. zu erklären. — _in-
strueretur_: vorgerichtet würde. 8,
41, 2.

4. _moturos sese confiderent._ Bei
der Unkenntniss des röm. Belage-
rungswesens erschien den Aduat.
der grosse Thurm deswegen lächerlich, weil er in so grosser Entfernung (_ab tanto spatio_) erbaut wurde, da sie nicht begriffen, wie so
schwache Leute ihn von der Stelle
bringen und so weit herunrücken
könnten, dass er zur Belagerung,
zu der er, wie sie wohl einsahen,
dienen sollte, brauchbar würde.
Passend schliesst sich das Folgende
an: _Ubi vero moveri viderunt_ d. i.
als sie aber wirklich ihn fort-
bewegen sahen, was sie nicht für
möglich gehalten hatten, gaben sie
allen Widerstand auf. [Die gewöhnliche Lesart _in muro_ (_in muros_)
sese collocare conf. legt ihnen den
bei aller Unkenntniss unmöglichen
Gedanken unter, als ob die Römer
den Thurm auf die hohe Mauer
zu setzen beabsichtigten. 'An die

appropinquare moenibus viderunt, nova atque inusitata specie
commoti legatos ad Caesarem de pace miserunt, qui ad hunc
modum locuti: non existimare Romanos sine ope divina bellum 2
gerere, qui tantae altitudinis machinationes tanta celeritate promovere possent, se suaque omnia eorum potestati permittere 3
dixerunt. Unum petere ac deprecari: si forte pro sua clementia 4
ac mansuetudine, quam ipsi ab aliis audirent, statuisset Aduatucos esse conservandos, ne se armis despoliaret. Sibi omnes 5
fere finitimos esse inimicos ac suae virtuti invidere; a quibus se
defendere traditis armis non possent. Sibi praestare, si in eum 6
casum deducerentur, quamvis fortunam a populo Romano pati,
quam ab his per cruciatum interfici, inter quos dominari consuessent. Ad haec Caesar respondit: Se magis consuetudine sua 32
quam merito eorum civitatem conservaturum, si prius, quam
murum aries attigisset, se dedidissent: sed deditionis nullam esse 2
condicionem nisi armis traditis. Se id, quod in Nerviis fecisset,
facturum finitimisque imperaturum, ne quam dediticiis populi
Romani iniuriam inferrent. Re nuntiata ad suos, quae imperaren- 3
tur, facere dixerunt. Armorum magna multitudine de muro in 4

Mauer schieben' kann in muro collocare nicht heissen. Vielhaber vermuthet: sub muros esse conlaturos.]

31. 1. specie: 'Erscheinung'. —
locuti - dixerunt. Die Worte existimare - possent, von locuti abhängig, bilden die Einleitung, se -
permittere, von dixerunt abh., den
Hauptpunkt der Rede. — existimare
ohne se 1. 7, 3, wie auch nachher
se suaque permitt. ohne Subiectsaccus. nach 2. 3, 2.

4. petere ac deprecari. Das allgemeine petere durch deprecari
(durch Bitten abzuwenden suchen)
näher bestimmt, da sie bitten, ihnen
etwas nicht anzuthun. — clementia
ac mansuetudo: c. 14, 5. — audirent: die sie immer (rühmen) hörten, als eine allgemein verbreitete
und bestehende Meinung von seiner
Milde (direct audimus), also be-
zeichnender für jene Eigenschaften,
als audissent sein würde.

6. si in eum casum deducerentur: wenn es mit ihnen dahin käme,
dass sie nämlich nur zu wählen hät-

ten zwischen dem, was sie von den
Römern und was sie von den Galliern zu erwarten hätten. — per cruciatum: 'auf eine martervolle Weise', so per vim, per contumeliam.

32. 1. prius, quam mur. ar. attigisset, also die eigentliche Bestürmung begonnen hätte, in welchem
Falle die freiwillige Ergebung nicht
mehr angenommen werden sollte.
Mildere Form dieses Kriegsrechts
bei Cic. Off. 1. 11, 7: tum ii, qui armis positis ad imperatorum fidem
confugient, quamvis murum aries
percusserit, recipiendi. Das in beiden Stellen wiederkehrende aries
attig. od. perc. führt auf eine stehende Formel.

2. in Nerviis: 'an den Nerviern'.
1. 47, 4: in eo peccandi causa non
esset. Sall. Cat. 11, 4: foeda in civibus facinora facere.

3. facere bestimmterer Ausdruck
(als sicher geschehend und bereits
eintretend) als facturos esse; dixerunt: die von den Ihrigen zurückkehrenden Gesandten; der Subiects-

fossam, quae erat ante oppidum, iacta, sic ut prope summam
muri aggerisque altitudinem acervi armorum adaequarent, et tamen circiter parte tertia, ut postea perspectum est, celata atque
33 in oppido retenta portis patefactis eo die pace sunt usi. Sub vesperum Caesar portas claudi militesque ex oppido exire iussit,
2 ne quam noctu oppidani ab militibus iniuriam acciperent. Illi
ante inito, ut intellectum est, consilio, quod deditione facta nostros praesidia deducturos aut denique indiligentius servaturos
crediderant, partim sumptis, quae retinuerant et celaverant, armis, partim scutis ex cortice factis aut viminibus intextis, quae
subito, ut temporis exiguitas postulabat, pellibus induxerant,
tertia vigilia, qua minime arduus ad nostras munitiones ascensus
videbatur, omnibus copiis repentino ex oppido eruptionem fece-
3 runt. Celeriter, ut ante Caesar imperarat, ignibus significatione
facta ex proximis castellis eo concursum est, pugnatumque ab
4 hostibus ita acriter est, ut a viris fortibus in extrema spe salutis
iniquo loco contra eos, qui ex vallo turribusque tela iacerent,
pugnari debuit, cum in una virtute omnis spes salutis consi-
5 steret. Occisis ad hominum milibus quattuor reliqui in oppidum
6 reiecti sunt. Postridie eius diei refractis portis, cum iam defen-

accus. zu *facere* kann daher *eos*
(*suos*) oder *se* sein, da sie als Gesandte im Namen des Volks sprechen.

4. *muri*: c.29,3. *agger* der Damm,
den C. bis an den Graben vor der
Mauer geleitet hatte.

33. 1. *milites — ab militibus*. Die
öfter dagewesene Ausführlichkeit
durch Wiederholung des Nomen
statt eines Pronom. 1. 49, 1.

2. *praesidia deducturos*: die
Posten aus den Castellen (c. 30, 2)
zurückziehen. — *aut denique*: oder
(wenn dies nicht) doch am Ende, als
das Letzte, was sie als wahrscheinlich voraussetzten, also = wenigstens. — *indil. servare* näml. *praesidia*: die Posten mit weniger Sorgfalt besetzt halten; so Liv. 34. 9:
vigilias, 33. 4: *custodias servare*.
— *aut viminibus intextis*. Entweder
ist *intextis* auf *scutis* zu beziehen
(*scuta viminibus intexta*), so dass
scuta viminibus intexere prägnant

steht für: Schilde aus in einander
geflochtenen Ruthen machen — allerdings ohne Beispiel in Prosa; man
erwartet *contexta* — oder, was annehmbarer ist, *viminibus intextis*
sind Ablat. absol. = indem Ruthen in
einander geflochten wurden. Diese
Schilde (*viminum textus* bei Tacit.
Annal. 2. 14) bestanden eben nur aus
dichtem Ruthengeflechte, das durch
die Felle noch fester zusammengehalten wurde, nicht aus Rahmen,
in die Ruthen eingeflochten wurden.
— *repentino* nur hier bei C. und
auch sonst sehr selten (einmal bei
Cic. pro Quinct. 4, 14) vorkommen-
des Adverb.

4. *qui iacerent*, allgemein zu fassen: gegen solche, so gestellte Feinde, dass sie —; daher der Coniunct.

5. *ad* = circiter, bei Zahlangaben
adverbial. B. C. 3. 53, 1: *ad duorum milium numero ex Pompeianis
cecidisse reperiebamus.*

deret nemo, atque intromissis militibus nostris sectionem eius
oppidi universam Caesar vendidit. Ab his, qui emerant, capitum 7
numerus ad eum relatus est milium quinquaginta trium.

Eodem tempore a P. Crasso, quem cum legione una mi- 34
serat ad Venetos, Venellos, Osismos, Curiosolitas, Esubios, Aulercos, Redones, quae sunt maritumae civitates Oceanumque attingunt, certior factus est omnes eas civitates in dicionem potestatemque populi Romani esse redactas.

His rebus gestis omni Gallia pacata tanta huius belli ad 35
barbaros opinio perlata est, uti ab iis nationibus, quae trans
Rhenum incolerent, mitterentur legati ad Caesarem, qui se obsides daturas, imperata facturas pollicerentur. Quas legationes 2
Caesar, quod in Italiam Illyricumque properabat, inita proxima
aestate ad se reverti iussit. Ipse in Carnutes, Andes Turones- 3
que, quae civitates propinquae his locis erant, ubi bellum gesse-
rat, legionibus in hibernacula deductis in Italiam profectus est.

6. *sectio* ist die ganze Beute (so
auch das als Staatsgut verkaufte
Vermögen eines Proscribirten), die
sub hasta im Ganzen verkauft
wurde. Die Ersteher hiessen *secto-
res*, wie man gewöhnlich annimmt,
deswegen, weil sie in der Regel die
Masse durch Wiederverkauf im Einzelnen *secabant*, zerstückelten. —
(Nach Mommsen bei Halm Cic. pro
Rosc. Am. Einl. p. 6. Anm. 26 bezieht
sich der Ausdruck auf die Procente,
die in Abstrich kommen sollten). —
ad eum relatos: ihm in der Berechnung angegeben. — Schwerlich waren hier alle Aduatuker vereinigt,
wie C. c. 29, 1 zu glauben scheint; b.
38 u. 39 sehen wir sie mit den Nerviern verbunden wieder auftreten.

34. 1. *una cum legione*: der siebenten 3. 7, 2. — *quae sunt civitates*, wie sehr häufig bei C. dem persönlichen Substantiv, dem Völkernamen, mit dem Relativum ein säch-
liches, der Name der Stadt oder des
Staates, den jene bilden, sich anschliesst. S. c. 35, 3. 5. 54, 2. 7. 59,
5. B. C. 1. 18, 1: *Sulmonenses, quod
est oppidum*. 2. 19, 5 u. ö. — Es
sind dies die Küstenvölker, die er
später 5. 53, 6 und 7. 75, 4 unter

dem Namen *Aremoricae civitates*
zusammenfasst. S. den geogr. Index
unter diesem Artikel. — *in dicionem potestatemque esse red.* So
sehr er den Begriff der Unterwürfigkeit hervorhebt (1. 31, 7 *dicione
atque imperio*), so hatten sie doch
nur Geiseln gestellt, die sie bald
wieder zurückfordern: 3. 8, 5. Aehnlich verhält es sich mit dem folgenden Ausdruck *omni Gallia pacata*.

35. 1. *his rebus gestis pacata*:
c. 11, 5. — *quae incolerent*: c. 27,
1 = selbst solche, die über dem Rhein
wohnten, von denen man dies nicht
erwarten konnte. — *huius belli opinio*, s. c. 8, 1. — *qui se daturas*,
nicht *daturos*: sie sollten als Vertreter ihrer Nationen die Erklärung
derselben abgeben. — *imperata facturas*, s. zu c. 3, 3.

2. *Illyricumque*, das mit zu seiner
Provinz gehörte. — *inita aestate*: c.
2, 1.

3. *Turonesque*: 1. 29, 1. — *in
hibernacula*. So Caes. nur hier. Sall.
Iug. 103, 1: *exercitu in hibernaculis
composito*. Nep. Ages. 3. Eum. 8.
Eigentlich die Winterzelte (Liv. 5.
2, 1: *hibernacula aedificari coepta*),
das Winterlager; *hiberna*: die Win-

4 Ob easque res ex litteris Caesaris dies quindecim supplicatio decreta est, quod ante id tempus accidit nulli.

terquartiere überhaupt, der Ort, wo die Truppen überwintern.

4. *supplicatio*: das allgemeine, vom Senat angeordnete öffentliche Gebet zur Abwendung unglücklicher und zum Danke für glückliche Ereignisse, Gebetfest, Dankfest. Es war dasselbe eine Auszeichnung für den siegreichen Feldherrn, daher die ungewöhnlich lange Dauer der *supplicatio* eine ihm erwiesene Ehre ist: *quod – accidit nulli*. Cic. de Prov. cons. 10: *Caesari supplicationes decrevistis, numero ut nemini uno ex bello, honore, ut omnino nemini.* — Die längste Dauer war bisher (bei dem Siege des Pompeius über Mithridates) 12 Tage gewesen. 4. 38, 5. 7. 90, 8 dauert sie 20 Tage.

Allerdings war der Erfolg des Feldzugs sehr bedeutend. Mit 8 Legionen hatte er gegen fast 300000 Feinde (c. 4) siegreich gekämpft, und dem C. schien *omnis Gallia pacata*. Plut. Caes. 21: ταῦτα ἡ σύγκλητος πυθομένη πεντεκαίδεκα ἡμέρας ἐψηφίσατο θύειν τοῖς θεοῖς καὶ σχολάζειν ἑορτάζοντας, ὅσας ἐπ' οὐδεμιᾷ νίκῃ πρότερον. Καὶ γὰρ ὁ κίνδυνος ἐφάνη μέγας, ἐθνῶν ἅμα τοσούτων ἀναρραγέντων, καὶ τὸ νίκημα λαμπρότερον, ὅτι Καῖσαρ ἦν ὁ νικῶν, ἡ πρὸς ἐκεῖνον εὔνοια τῶν πολλῶν ἐποίει. — Bei dem Subst. ist derselbe Accus. der Zeitdauer beibehalten, der bei dem Verb. stehen würde: ein 15 Tage dauerndes Dankfest; anders 4. 38, 5.

C. IULII CAESARIS

DE

BELLO GALLICO

COMMENTARIUS TERTIUS.

Cum in Italiam proficisceretur Caesar, Servium Galbam cum legione xii et parte equitatus in Nantuatis, Veragros Sedunosque misit, qui ab finibus Allobrogum et lacu Lemanno et flumine Rhodano ad summas Alpes pertinent. Causa mittendi fuit, 2 quod iter per Alpes, quo magno cum periculo magnisque cum portoriis mercatores ire consuerant, patefieri volebat. Huic per- 3 misit, si opus esse arbitraretur, uti in his locis legionem hiemandi causa collocaret. Galba secundis aliquot proeliis factis 4 castellisque compluribus eorum expugnatis missis ad eum undique legatis obsidibusque datis et pace facta constituit cohortes duas in Nantuatibus collocare et ipse cum reliquis eius legionis cohortibus in vico Veragrorum, qui appellatur Octudurus, hiemare; qui vicus positus in valle non magna adiecta planicie al- 5

Drittes Jahr des Krieges, 56 v. Chr. Vorher noch (c. 1 — 6) ein Kampf mit den sich regenden Alpenvölkern, der noch in das Jahr 57 fällt. — *in Italiam prof.* Während dieses Aufenthalts in Oberitalien, wohin ihn im Winter vor Allem die Angelegenheiten Roms, die er nie aus den Augen liess, führten (ἐν τοῖς περὶ Πάδον χωρίοις διεχείμαζε συσκευαζόμενος τὴν πόλιν Plut. Caes. 21), wurde die Besprechung der Triumvirn in Luca gehalten. S. Einl. S. 14.

2. *iter per Alpes*: über den grossen Bernhard in das Wallis und an den Genfersee.

4. *proeliis factis – pace facta.* 'Es finden sich bisweilen Ablat. Consequ. mehrere Male hinter einander von Umständen, die sich der Reihe nach folgen. Dies beruht auf des Schriftstellers grösserer oder geringerer Sorge für Abwechselung und Bestimmtheit des Ausdrucks.' Madvig § 340.

4 u. 5. *in vico – qui vicus – eius vi-*

6 tissimis montibus undique continetur. Cum hic in duas partes
flumine divideretur, alteram partem eius vici Gallis [ad hieman-
dum] concessit, alteram vacuam ab his relictam cohortibus attri-
2 buit. Eum locum vallo fossaque munivit. Cum dies hibernorum
complures transissent, frumentumque eo comportari iussisset,
subito per exploratores certior factus est ex ea parte vici, quam
Gallis concesserat, omnes noctu discessisse montesque, qui im-
penderent, a maxima multitudine Sedunorum et Veragrorum te-
2 neri. Id aliquot de causis acciderat, ut subito Galli belli renovan-
3 di legionisque opprimendae consilium caperent: primum, quod
legionem neque eam plenissimam detractis cohortibus duabus
et compluribus singillatim, qui commeatus petendi causa missi
4 erant, propter paucitatem despiciebant; tum etiam, quod propter
iniquitatem loci, cum ipsi ex montibus in vallem decurrerent et
tela conicerent, ne primum quidem posse impetum suum susti-
5 neri existimabant. Accedebat, quod suos ab se liberos abstractos
obsidum nomine dolebant, et Romanos non solum itinerum
causa, sed etiam perpetuae possessionis culmina Alpium occupare conari et ea loca finitimae provinciae adiungere sibi per-
8 suasum habebant. His nuntiis acceptis Galba, cum neque opus

ei: 1. 49, 1. — *continetur*: 'wird
eingeschlossen'.

6. *Gallis concessit.* Da die Gallier dort wohnten und nur einen
Theil des Ortes räumen mussten,
kann der Aufenthalt der Bewohner
(nicht eines Heeres) unmöglich mit
hiemare (ad hiemandum) bezeichnet werden, das von C. nur vom
Ueberwintern der Truppen gebraucht wird; c. 2, 1: *quam Gallis
concesserat.* (Vielleicht ist *ad hiemandum* nur an die falsche Stelle
gekommen, und *cohortibus ad hiemandum attribuit* zu schreiben.)

2. 1. *eo* geht auf den eben erwähnten *vicus.* — *quam — concesserat*, der Indicat. wie 2. 4, 10.
Zumpt § 516.

2. *ut — caperent* bestimmtere
Ausführung von *id* 1. 5, 1.

3. *neque eam*, wie *et is, atque is,
et is quidem* zu näherer ausdrucks-
voller Bestimmung eines Begriffs:
'die nicht einmal ganz vollständig
war'. — *compluribus singillatim*

(*detractis*; mehrere Handschr. fügen
absentibus hinzu) 'mehrere einzeln'
d. i. nicht in ganzen Heeresabtheilungen. Das Adverb., wo auch das
Adiect. stehen könnte, wie 1. 17, 1:
*qui privatim plus possint, quam ipsi
magistratus.*

5. *Accedebat, quod — persuas.
habebant.* Offenes Eingeständniss
des gerechten Grundes des Wider-
standes, wie wir dies öfter bei C.
finden. Vergl. 5. 54, 5. 7. 77, 15.
Einl. S. 31. — *sibi persuasum habebant.* Die einzige Stelle eines
mustergültigen Schriftstellers, in
der diese Wendung vorkommt; nur
muss man *sibi* nicht mit *habere*,
sondern mit *persuasum* verbinden.
Nipperd. vergleicht B. Hisp. 22, 8:
*neque sibi ullam spem victoriae pro-
positam habere.*

3. 1. *opus hib. munitionesque*
weder tautologisch, noch als ἓν διὰ
δυοῖν zu fassen, da dem allgemeinen *opus hib.*, Anlage des Winter-
lagers, wohl das Besondere, die Er-

hibernorum munitionesque plene essent perfectae, neque de frumento reliquoque commeatu satis esset provisum, quod deditione facta obsidibusque acceptis nihil de bello timendum existimaverat, consilio celeriter convocato sententias exquirere coepit. Quo in consilio, cum tantum repentini periculi praeter 2 opinionem accidisset, ac iam omnia fere superiora loca multitudine armatorum completa conspicerentur, neque subsidio veniri neque commeatus supportari interclusis itineribus possent, prope 3 iam desperata salute nonnullae huiusmodi sententiae dicebantur, ut impedimentis relictis eruptione facta isdem itineribus, quibus eo pervenissent, ad salutem contenderent. Maiori tamen parti 4 placuit hoc reservato ad extremum consilio interim rei eventum experiri et castra defendere. Brevi spatio interiecto, vix ut iis 4 rebus, quas constituissent, collocandis atque administrandis tempus daretur, hostes ex omnibus partibus signo dato decurrere, lapides gaesaque in vallum conicere. Nostri primo integris 2 viribus fortiter repugnare neque ullum frustra telum ex loco superiore mittere, ut quaeque pars castrorum nudata defensoribus premi videbatur, eo occurrere et auxilium ferre, sed hoc 3 superari, quod diuturnitate pugnae hostes defessi proelio excedebant, alii integris viribus succedebant, quarum rerum a nostris

richtung der Verschanzungen, beigegeben werden konnte. c. 6, 3: *castra munitionesque*. (1. 31, 12). *de* = in Hinsicht auf, wie nachher *de bello*; s. zu 1. 42, 1. — *frumento reliquoque comm.* S. zu 1. 39, 1. — *consilium*: Kriegsrath.

2. *repentini – praeter opinionem.* Nichts Ueberflüssiges, sondern ganz passende Hervorhebung der plötzlichen und unerwarteten Gefahr. — *neque*, s. 1. 36, 5.

3. *desperata salute.* C. hat die Verbindung *desp. rem* nur in der Construction des Abl. abs. angewendet, sonst sagt er immer *desperare de re.*

4. *rei eventum experiri* = abwartend versuchen, sehen, was die Sache für einen Ausgang nehmen wird, also anders gedacht, als c. 5, 2 *extremum auxilium experiri.*

4. 1. *vix ut*: 1. 6, 1. — *collocare* eigentlich: an seinen Platz stellen, anstellen, anordnen. B. Alex. 33, 6: *rebus omnibus confectis et collocatis.* Cic. ep. ad Brut. 1. 15, 12: *ad collocandum civitatis statum. administrare*: besorgen, ausführen.

2. *ex loco superiore*: von dem Walle (c. 1, 6); denn die Feinde hatten sich in die Ebene (c. 1, 5) herabgezogen. — *ut quaeque pars – videbatur*: 'je nachdem jeder, so oft einer', bei welchem Ausdruck der Wiederholung der Handlung bei Caesar, wie bei Cicero und Sallust, der Indicat. des Imperf. oder Plusquamperf. (s. z. B. c. 14, 6. 4. 26, 1) vorherrschend ist, während andere Schriftsteller den Coniunctiv vorziehen. (Madv. § 359 und Bemerk. p. 61 Anm.). Beispiele des Coniunctivs bei Caesar s. zu 1. 25, 3. — *superari* = inferiores esse.

3. *quarum rerum nihil.* 5. 1, 7: *nihil earum rerum* = nichts dergleichen eine Verbindung, die durch die den Lateinern, so geläufige Um-

4 propter paucitatem fieri nihil poterat, ac non modo defesso ex
pugna excedendi, sed ne saucio quidem eius loci, ubi constiterat,
5 relinquendi ac sui recipiendi facultas dabatur. Cum iam amplius
horis sex continenter pugnaretur ac non solum vires, sed etiam
tela nostros deficerent, atque hostes acrius instarent languidiori-
busque nostris vallum scindere et fossas complere coepissent,
2 resque esset iam ad extremum perducta casum, Publius Sextius
Baculus, primi pili centurio, quem Nervico proelio compluribus
confectum vulneribus diximus, et item Gaius Volusenus, tribunus
militum, vir et consilii magni et virtutis, ad Galbam accurrunt
atque unam esse spem salutis docent, si eruptione facta extre-
3 mum auxilium experirentur. Itaque convocatis centurionibus
celeriter milites certiores facit, paulisper intermitterent proelium
ac tantummodo tela missa exciperent seque ex labore reficerent,
post dato signo ex castris erumperent atque omnem spem salutis
6 in virtute ponerent. Quod iussi sunt, faciunt ac subito omnibus
portis eruptione facta neque cognoscendi, quid fieret, neque sui
2 colligendi hostibus facultatem relinquunt. Ita commutata fortuna eos, qui in spem potiundorum castrorum venerant, undique

schreibung eines Pronom. im Neutrum durch *res* erklärlich wird.
Vergl. B. C. 1. 7, 5. 2. 43, 2; unten
6. 42, 3.

4. *non modo – sed ne quidem.*
Die in *ne – quidem* liegende Negation wird auf das Ganze bezogen,
so dass im ersten Gliede nicht *non
modo non* gesetzt wird, wenn das
Verb. beiden Gliedern gemeinschaftlich ist und beim letzten stebt. —
recipere wie 2. 12, 1.

5. 1. *vallum scindere*: den Wall
durch Ausreissen der Pallisaden
(*valli*) aufreissen und dadurch den
Zugang öffnen. 5. 51, 4. 7. 86, 5:
*falcibus vallum ac loricam rescin-
dunt.* — *ad extremum casum*: bis
zum äussersten Fall, dem Aeussersten, was den Belagerten geschehen
kann, so dass die Eroberung folgen
muss.

2. *diximus*: 2. 25, 1.

3. *certiores facit – intermitterent*: wie wir: es würde ihnen bekannt gemacht, sie sollten –; er
lässt ihnen die Nachricht von dem
Beschluss und somit den Befehl zukommen, darnach zu handeln; daher
construirt wie *mandare, hortari.*
5. 36, 3: *cum Cotta communicat,
ut excedant.* B. C. 1. 64, 3: *ut certior fieret, ne labori suo parceret.*
Ebenso *legatos mittere, ut* u. dergl.

6. 1. *sui colligendi.* Bei *sui*
steht, auch wenn es Plural ist, das
Gerundium im Singul. Es scheint,
dass die Genitivform des Pron. die
Unregelmässigkeit herbeigeführt hat
(*sui colligendorum* sagt man nicht).
Indess ist nach einer anderen Erklärung *colligendi* Gerundium, so
dass *colligendi facultas* einen Begriff bildet, von dem dann *sui* abhängt, nach Analogie ähnlicher Aus-
drucksweisen, wie *exemplorum eli-
gendi potestas* Cic. de Inv. 2. 2, 5.
S. Zumpt § 660. [Andere halten
mei, tui, sui für den Genit. neutr.
pron. possess. Madvig 297b u. 417.]

2. *potiundorum castrorum*: 2.
7, 2.

circumventos interficiunt et ex hominum milibus amplius xxx,
quem numerum barbarorum ad castra venisse constabat, plus
tertia parte interfecta reliquos perterritos in fugam coniciunt ac
ne in locis quidem superioribus consistere patiuntur. Sic omni- 3
bus hostium copiis fusis armisque exutis se in castra munitionesque suas recipiunt. Quo proelio facto, quod saepius fortunam 4
temptare Galba nolebat atque alio se in hiberna consilio venisse
meminerat, aliis occurrisse rebus viderat, maxime frumenti commeatusque inopia permotus postero die omnibus eius vici aedificiis incensis in provinciam reverti contendit ac nullo hoste pro- 5
hibente aut iter demorante incolumem legionem in Nantuatis,
inde in Allobroges perduxit ibique hiemavit.

His rebus gestis cum omnibus de causis Caesar pacatam 7
Galliam existimaret, superatis Belgis, expulsis Germanis, victis in
Alpibus Sedunis, atque ita inita hieme in Illyricum profectus
esset, quod eas quoque nationes adire et regiones cognoscere
volebat, subitum bellum in Gallia coortum est. Eius belli haec
fuit causa. P. Crassus adulescens cum legione septima proximus 2
mare Oceanum in Andibus hiemarat. Is, quod in his locis ino- 3

3. *armisque exutis* nicht zusam-
mengehörende gleichartige Ablativi
(*arma exuere*), sondern zu verbinden: *copiis exutis armis* (*copiae
armis exutae*, wie 7. 14, 8: *ipsos
impedimentis exuant*). S. zu 1. 10,
5. *Hostem armis exuere* ist ein
häufig vorkommender Ausdruck für
'den Feind zwingen, die Waffen
wegzuwerfen und das Heil in der
Flucht zu suchen'. 5. 51, 5. 4. 37,
3: *hostes abiectis armis terga verterunt.*

4. *alio consilio – aliis rebus.*
Ebenso wir: anderes habe er beabsichtigt, anderes gefunden. Cic. de
amicit. 14, 89: *aliter cum tyranno,
aliter cum amico vivitur.* Der Zweck
seiner Sendung c. 1, 2 u. 3. Hätte
er Aufstände der Alpenvölker däm-
pfen wollen, so hätte er mit mehr
Truppen kommen müssen. — *occurrere rebus* = begegnen, finden;
s. 4. 6, 1.

7. 1. *omnibus de causis* mit *existimaret* zu verbinden.—*pacatam*:
1. 6, 2. Wie es die Gallier auf-

fassten, sieht man aus c. 8, 4. —
expulsis Germanis. Die Stellung
zwischen *Belgis* und *Sedunis* verbietet, an die Schaaren des Ariovist
zu denken, die überhaupt hier, wo
offenbar nur von den Ereignissen
des eben abgelaufenen Jahres die
Rede ist, kaum erwähnt werden
konnten. Jedenfalls sind die von
den Cimbern und Teutonen (2. 29,
4) abstammenden Aduatuker gemeint, die er hier Germanen nennt,
ob er sie gleich 2. 4, 10 getrennt
von den germanisch-belgischen Völkerschaften anführt. *Expulsi* nennt
er sie vielleicht nach der zu 2. 33,
6 angedeuteten Ansicht, dass in dem
eroberten festen Platze sämmtliche
Aduatuker vereinigt waren. — Von
den Alpenvölkern nennt er nur
die *Seduni*, wohl als die bedeutendsten.

2. *P. Crassus adulescens*, s. 1.
52, 7. — *mare Oceanum*, s. 1. 30,
2. — *hiemarat.* Das Plusquamprf.
setzt das *hiemare* als etwas Ver-
gangenes in Betracht der Zeit, wo

pia frumenti erat, praefectos tribunosque militum complures in
4 finitimas civitates frumenti causa dimisit; quo in numero erat
T. Terrasidius missus in Esubios, M. Trebius Gallus in Curio-
8 solitas, Q. Velanius cum T. Silio in Venetos. Huius est civitatis
longe amplissima auctoritas omnis orae maritimae regionum
earum, quod et naves habent Veneti plurimas, quibus in Britanniam navigare consuerunt, et scientia atque usu nauticarum rerum
reliquos antecedunt et in magno impetu maris atque aperto paucis portibus interiectis, quos tenent ipsi, omnes fere, qui eo mari
2 uti consuerunt, habent vectigales. Ab his fit initium retinendi
Silii atque Velanii, quod per eos suos se obsides, quos Crasso
3 dedissent, reciperaturos existimabant. Horum auctoritate finitimi adducti (ut sunt Gallorum subita et repentina consilia), eadem
de causa Trebium Terrasidiumque retinent, et celeriter missis
legatis per suos principes inter se coniurant, nihil nisi communi
consilio acturos eundemque omnis fortunae exitum esse laturos,
4 reliquasque civitates sollicitant, ut in ea libertate, quam a maioribus acceperant, permanere quam Romanorum servitutem per-
5 ferre mallent. Omni ora maritima celeriter ad suam sententiam
perducta communem legationem ad P. Crassum mittunt, si velit
9 suos recipere, obsides sibi remittat. Quibus de rebus Caesar ab

Caes. selbst nach Gallien kam und den Krieg begann.

8. 1. *omnis orae maritimae* = omnis orae maritimae civitatum, wie 1. 3, 7: *totius Galliae plurimum.* Der Genit. *regionum earum* tritt zu *omnis or. mar.* beschränkend hinzu, indem sich das ausgesprochene Urtheil nur auf die Staaten der Meeresküste jener Gegenden, 'der dortigen Küstenländer' bezieht. — *in magno impetu m. atque aperto,* bei (1. 27, 4) dem grossen und zwar (*atque*), bei der Beschaffenheit der Küste, die nur wenig Buchten hat, offenen, ungehemmten Andrang des Meeres, wodurch die *pauci portus interiecti* (= zwischen den einzelnen Uferstrecken liegend) um so wichtiger für die Veneter wurden, indem bei der Seltenheit der Häfen an jener ganzen Küste und der Natur des Meeres die Seefahrenden genöthigt werden, in ihre Häfen einzulaufen und so ihnen Zölle zu bezahlen. Zu *aperto* vergl. c. 9, 7.

2. *ab his fit initium retinendi S. atque V.,* natürlich nicht: sie fangen an, den S. und V. zurückzuhalten, sondern kurz = sie machen den Anfang mit der Zurückhaltung der Abgesandten, und zwar des S. und V., und geben dadurch das Zeichen zur allgemeinen Zurückhaltung.

3. *subita:* plötzlich, schnell gefasst, ohne Vorbereitung, *repentina:* unvermuthet. Cic. de Rep. 2, 3: *non modo expectatos, sed etiam repentinos adventus.*

4. *quam – acceperant.* Nähere Bestimmung der *libertas* durch Angabe eines factischen Verhältnisses vom Standpunkte des Schriftstellers, obgleich hier, zumal bei dem Gedanken, der im Relativsatze liegt (welcher?), der Coniunctiv erwartet werden musste. In Stellen wie c. 2, 1 *quam concesserat* ist das Verhältniss etwas anders. — *mittunt – remittat,* s. c. 5, 3.

Crasso certior factus, quod ipse aberat longius, naves interim
longas aedificari in flumine Ligere, quod influit in Oceanum,
remiges ex provincia institui, nautas gubernatoresque comparari
iubet. His rebus celeriter administratis ipse, cum primum per 2
anni tempus potuit, ad exercitum contendit. Veneti reliquaeque 3
item civitates cognito Caesaris adventu, simul quod, quantum in
se facinus admisissent, intellegebant, legatos, quod nomen ad
omnes nationes sanctum inviolatumque semper fuisset, retentos
ab se et in vincula coniectos, pro magnitudine periculi bellum
parare et maxime ea, quae ad usum navium pertinent, providere
instituunt, hoc maiore spe, quod multum natura loci confidebant.
Pedestria esse itinera concisa aestuariis, navigationem impeditam 4
propter inscientiam locorum paucitatemque portuum sciebant,
neque nostros exercitus propter frumenti inopiam diutius apud 5
se morari posse confidebant: ac iam ut omnia contra opinionem 6
acciderent, tamen se plurimum navibus posse, Romanos neque
ullam facultatem habere navium neque eorum locorum, ubi bel-

9. 1. *naves longae*: Kriegsschiffe, weil sie, um eine längere
Reihe von Soldaten auf dem Verdeck aufstellen zu können, länger
waren, als die Lastschiffe, *n. onerariae*, die, um grössere Ladung aufnehmen zu können, breiter waren.
— *instituere*: anstellen (nicht = einüben), *comparare*: sich verschaffen, herbeischaffen, aufbringen; er
braucht für dieselbe Sache zwei
verschiedene Verba, da zum Ruderdienst jeder Beliebige genommen,
für den Matrosen- (*nautas*) und
Steuerdienst (*gubernatores*) die Geeigneten besonders geworben werden mussten.

3. *legatos – retentos – coniectos,*
Epexegese zu *quantum fac. in se
admisissent* (= begangen hätten). —
ad omnes nationes: 4. 16, 7. B. C.
3. 60, 2: *magnam contemtionem ad
omnes.* — Uebrigens heissen militärische Beamte, die in den unterworfenen Gegenden Getreidelieferungen fordern, nur uneigentlich
legati, um ihre Verhaftung als ein
noch grösseres, den Feldzug rechtfertigendes Verbrechen gegen das
Völkerrecht darzustellen. — *quae*

ad usum navium pert.: zum Schiffsbedarf (subiectiver Genit.), wie 5.
1, 4: *ea, quae sunt usui ad armandas naves.* Vgl. Liv. 26. 43, 7:
*portu egregio, unde terra marique,
quae belli usus poscunt, suppeditentur.* Anders c. 14, 7: *ut omnis
usus navium eriperetur* (Obiectsgenitiv): Gebrauch, Anwendung der
Schiffe. — *multum – confidebant* =
valde, seltenerer Gebrauch, da *multum, tantum* gewöhnlicher bei solchen Verb. steht, wo es das Mass
bestimmt, wie *multum abesse, proficere*, als wo es adverbial den Grad
angiebt. Doch braucht es C. so noch
c. 25, 1. 7. 55, 10. B. C. 1. 44, 3:
ut multum earum regionum consuetudine moveatur. 2. 38, 2: *multum adiuvat adulescentia.* Nicht zu
vergl. sind Stellen, wo es = *saepe*
steht, wie 4. 3, 3: *multum rentitant.*

4. *aestuariis.* S. 2. 28, 1.

6. *ac iam ut* = und gesetzt, dass
nun wirklich. Liv. 34. 32: *at enim,
ut iam ita sint haec, quid ad vos
Romani? — facultatem navium.* 1.
38, 3.

11 *

7 lum gesturi essent, vada, portus, insulas novisse; ac longe aliam
esse navigationem in concluso mari atque in vastissimo atque
8 apertissimo Oceano perspiciebant. His initis consiliis oppida
9 muniunt, frumenta ex agris in oppida comportant, naves in Ve-
netiam, ubi Caesarem primum esse bellum gesturum constabat,
10 quam plurimas possunt, cogunt. Socios sibi ad id bellum Osismos, Lexovios, Namnetes, Ambiliatos, Morinos, Diablintres, Menapios adsciscunt; auxilia ex Britannia, quae contra eas regiones
10 posita est, arcessunt. Erant hae difficultates belli gerendi, quas
supra ostendimus, sed multa Caesarem tamen ad id bellum in-
2 citabant: iniuriae retentorum equitum Romanorum, rebellio facta
post deditionem, defectio datis obsidibus, tot civitatum coniu-
ratio, imprimis, ne hac parte neglecta reliquae nationes sibi idem
3 licere arbitrarentur. Itaque cum intellegeret omnes fere Gallos
novis rebus studere et ad bellum mobiliter celeriterque excitari,
omnes autem homines natura libertati studere et condicionem
servitutis odisse, priusquam plures civitates conspirarent, par-
11 tiendum sibi ac latius distribuendum exercitum putavit. Itaque
T. Labienum legatum in Treveros, qui proximi flumini Rheno
2 sunt, cum equitatu mittit. Huic mandat, Remos reliquosque
Belgas adeat atque in officio contineat Germanosque, qui auxilio
a Belgis arcessiti dicebantur, si per vim navibus flumen transire

7. *conclusum mare*: Binnenmeer,
wie das Mittelmeer, das hier gemeint ist. — *atque* unmittelbar nach
aliam atque, wie 7. 12, 5: *simul atque conspexerunt atque venerunt.*

8. *his initis consiliis* geht auf § 3
zurück; das zunächst Vorhergehende enthält die Gründe für die
Ausführbarkeit der Pläne. — *constabat*: es stand fest, war allgemeine Meinung. 4. 29, 4: *quod omnibus constabat, hiemari in Gallia
oportere.*

10. 1. *tamen* nachdrucksvoll
nachgesetzt = nihilominus.

2. *iniuriae retentorum equ. R.*,
nicht das den zurückgehaltenen R.
widerfahrene, sondern das in der
Zurückhaltung derselben bestehende
Unrecht; das Partic. Perf. also als
Substantivirung der am Subiect
vollbrachten Handlung (*interfectus
rex* = der Mord des Königs u. ähnl.

s. Zumpt § 637. Madv. § 426), der
Genit. aber als Bestimmung dessen,
worin die *iniuriae* bestehen, Genitivus definitivus, Madv. § 282. Anm.
2. Liv. 4. 32: *scelus legatorum contra ius gentium interfectorum* =
das Verbrechen der Ermordung. S.
zu B. C. 1. 42, 3: *munitio fossae*,
3. 72, 4: *parvulae causae falsae
suspicionis.* Der Plural *iniuriae*,
wegen der Wiederholung derselben
Handlung bei den verschiedenen
Völkern, c. 8, 2 u. 3. — Man beachte übrigens, dass die Tribunen,
die er oben *legati* nannte, hier mit
equites bezeichnet werden — eine
neue Seite des Vergehens, die ihm
als röm. Feldherrn wichtig ist, während er oben die Veneter die Verletzung des Völkerrechts in Betracht ziehen lässt. Die Tribunen
wurden aus dem Ritterstande gewählt oder ihr Amt gab ihnen Ritterrang. S. 7. 65, 5. Kriegsw. § 19.

conentur, prohibeat. P. Crassum cum cohortibus legionariis XII 3
et magno numero equitatus in Aquitaniam proficisci iubet, ne ex
his nationibus auxilia in Galliam mittantur ac tantae nationes
coniungantur. Q. Titurium Sabinum legatum cum legionibus 4
tribus in Venellos, Curiosolites Lexoviosque mittit, qui eam manum distinendam curet. Decimum Brutum adulescentem classi 5
Gallicisque navibus, quas ex Pictonibus et Santonis reliquisque
pacatis regionibus convenire iusserat, praeficit et, cum primum
posset, in Venetos proficisci iubet. Ipse eo pedestribus copiis
contendit. Erant eiusmodi fere situs oppidorum, ut posita in 12
extremis lingulis promunturiisque neque pedibus aditum haberent, cum ex alto se aestus incitavisset, quod bis accidit semper
horarum XXIIII spatio, neque navibus, quod rursus minuente aestu
naves in vadis afflictarentur. Ita utraque re oppidorum op- 2
pugnatio impediebatur; ac si quando magnitudine operis forte 3
superati, extruso mari aggere ac molibus atque his oppidi

11. 3. *ne – coniungantur*, unter allen Versuchen, die Nothwendigkeit seiner Massregeln zu begründen, wohl einer der ungenü-
gendsten.

4. *eam manum*: welche jene Völker bilden würden.

5. *D. Brutum.* S. Einl. S. 30.
— *posset* für den Indicativ. Fut.
der directen Rede, wie der Coniunct. Plusquampf. für den Indic.
des Fut. exact. 1. 8, 2: *quo facilius, si transire conarentur, prohibere possit.* 5. 11, 4. 46, 4. Doch
steht bei ganz gleichem Gedanken
oben § 2: *si conentur, prohibeant.*

12. 1. *lingulae* sind 'Landzun-
gen', näher bestimmt (1. 31, 12. 3.
3, 1) durch *promunturiisque*; die
Schilderung der Lage jener Städte
zeigt nämlich, dass *promunturium*
nicht ein Vorgebirge, nach der gewöhnlichen Ableitung des W. *promontorium* von *mons*, sondern nur
ein 'Vorsprung' des Landes ins Meer
sein könne, von *prominere, litus
prominens.* (Die Form *promunturium* und *promontorium* — B. C.
2. 23, 2 — steht bei Caes., wie auch
anderwärts, handschriftlich sicher.)

— *aestus ex alto se incitat*: die Fluth
(*accessus maris*) drängt sich vom
hohen Meere heran, steigt, *intu-
mescit*; *aestus minuit*, intransitiv:
nimmt ab, fällt, vom Eintreten der
Ebbe, *decessus aestus* c. 13, 1. Ueber den Coniunct. *cum – incitavisset*
s. zu 1. 25, 3. — *quod bis accidit –
spatio*: Vergl. Plin. H. N. 2. 97, 99:
bis adfluunt (*aestus maris*) *bisque
remeant vicenis quaternisque semper horis.* Ueber die Lesart und
Erklärung der Stelle s. den Anhang.
— *quod afflictarentur.* Der Coniunctiv ist durch einen zu ergänzenden hypothetischen Satz zu erklären. *afflictari* häufig von Schiffen gebraucht, die durch Stürme
oder andere Umstände in Noth gerathen, wie 4. 29, 2. Die Art der
Gefahr c. 13, 9.

3. *operis* = munitionum, die durch
das Folgende näher bezeichnet werden. — *extruso mari*: wenn das
Meer durch massenhaften Grundbau,
Stein- und Holzmassen (*moles*) und
durch den darauf gebauten Wall
hinausgedrängt, abgehalten ist, dass
es zur Zeit der Fluth nicht herein-
dringen kann. B. C. 1. 25, 3: mo-

moenibus adaequatis, suis fortunis desperare coeperant, magno numero navium appulso, cuius rei summam facultatem habebant, sua deportabant omnia seque in proxima oppida recipie-
4 bant: ibi se rursus isdem opportunitatibus loci defendebant.
5 Haec eo facilius magnam partem aestatis faciebant, quod nostrae naves tempestatibus detinebantur, summaque erat vasto atque aperto mari, magnis aestibus, raris ac prope nullis portibus,
13 difficultas navigandi. Namque ipsorum naves ad hunc modum factae armataeque erant: carinae aliquanto planiores quam nostrarum navium, quo facilius vada ac decessum aestus excipere
2 possent; prorae admodum erectae atque item puppes ad magni-
3 tudinem fluctuum tempestatumque accommodatae; naves totae factae ex robore ad quamvis vim et contumeliam perferendam;
4 transtra pedalibus in altitudinem trabibus confixa clavis ferreis
5 digiti pollicis crassitudine; ancorae pro funibus ferreis catenis
6 revinctae: pelles pro velis alutaeque tenuiter confectae, hae sive propter lini inopiam atque eius usus inscientiam, sive eo, quod est magis verisimile, quod tantas tempestates Oceani tantosque

les atque aggerem iaciebant. — *moenibus* ist Dativ. — *suis fortunis desp.*, s. zu 7, 50, 4. — *cuius rei*: die schon öfter dagewesene Umschreibung durch *res*, wo das blosse Pronomen ausreichte. Ueber *facultas* s. 1, 38, 3.

5. *vasto — portibus* sind Ablat. absol.

13. 1. *Namque — erant*: Grund, warum die Gallier, während die römischen Schiffe gefährdet waren, ihre Schiffe an jener Küste leicht brauchen konnten. — *armatae*: ausgerüstet. S. c. 14, 2. — *aliquanto*: um ein Bedeutendes. — *excipere*: etwas Kommendes aufnehmen, aushalten, wie 4, 17, 9: *vim fluminis*. Das Wort gehört mehr zu *decessus aestus*, als zu *vada*, zu dem ein anderer entsprechender Begriff zu denken ist. S. zu 8, 16, 2. Ueber die Sache vergl. Tac. Annal. 2, 6: *quaedam* (naves) *planae carinis, ut sine noxa siderent*. — *contumelia* von leblosen Gegenständen: Unbill, Ungemach, widrige Umstände (nicht = Beschädigung, eben weil sie to-

tae ex robore factae sunt); eben so wird *iniuria* gebraucht.

4. *transtra* hier die fusshohen (d. h. starken, *altitudo* = *crassitudo*) Querbalken, die das Verdeck tragen, nicht wie sonst = Ruderbänke, da sie, wie man aus c. 15, 3 sieht, keine Ruder hatten.

6. *alutae tenuiter confectae*: dünn gearbeitete, zum Gebrauch zurechtgemachte d. i. gegerbte (*subactae*) Häute, Leder; *pelles*: rohe Felle. — *hae* zur Einführung der näheren Erklärung dieses eigenthümlichen Gebrauches = diese nämlich, *et hae quidem*. — *pro funibus* = statt mit Tauen. — *eius usus*. Man kann zu *eius* suppliren *lini*, so dass ein Genit. vom andern abhängt; doch lässt sich auch *eius usus* (*is usus*) verbinden = *eius rei usus* (= aus Unkenntniss dieses Gebrauches, näml. der Anwendung leinener Segel), wie *is numerus* = eorum numerus, c. 27, 1. *is metus* = eius rei metus, s. zu 5, 19, 2. Nicht ungewöhnlich ist oben c. 11, 4 *eam manum* = eorum manum.

impetus ventorum sustineri ac tanta onera navium regi velis non
satis commode posse arbitrabantur. Cum his navibus nostrae 7
classi eiusmodi congressus erat, ut una celeritate et pulsu remorum praestaret, reliqua pro loci natura, pro vi tempestatum illis
essent aptiora et accommodatiora. Neque enim his nostrae ro- 8
stro nocere poterant (tanta in iis erat firmitudo), neque propter
altitudinem facile telum adiciebatur, et eadem de causa minus
commode copulis continebantur. Accedebat, ut, cum saevire 9
ventus corpisset et se vento dedissent, et tempestatem ferrent
facilius et in vadis consisterent tutius et ab aestu relictae nihil
saxa et cautes timerent; quarum rerum omnium nostris navibus
casus erat extimescendus. Compluribus expugnatis oppidis Cae- 14
sar, ubi intellexit frustra tantum laborem sumi, neque hostium
fugam captis oppidis reprimi neque iis noceri posse, statuit exspectandam classem. Quae ubi convenit ac primum ab hostibus 2
visa est, circiter ccxx naves eorum paratissimae atque omni genere armorum ornatissimae profectae ex portu nostris adversae
constiterunt; neque satis Bruto, qui classi praeerat, vel tribunis 3
militum centurionibusque, quibus singulae naves erant attributae,
constabat, quid agerent aut quam rationem pugnae insisterent.
Rostro enim noceri non posse cognoverant: turribus autem exci- 4
tatis tamen has altitudo puppium ex barbaris navibus superabat,

8. *copulae* allgemeiner Ausdruck
(Bindemittel) für die besonderen
Werkzeuge zum Entern der Schiffe,
harpagones, manus ferreae. B. C.
1. 57, 2. S. den Anhang.

9. *tempestatem ferrent facilius*
aus den oben § 2 u. 3 angegebenen
Gründen. — *consisterent tutius* wegen des flachen Bodens § 1. — *nihil timerent* wegen der Festigkeit
des Holzes. — *casus erat extimescendus.* Der Singul. bezeichnet (in
mehr abstracter Weise) das Eintreten aller jener Umstände (9. 34, 1:
*similem casum obsessionis vereren-
tur*); der Plural würde die einzelnen eintretenden Fälle als zu befürchten bezeichnen.

14. 1. *neque* verbindend und
correlativ: und weder – noch. S.
1. 36, 5.

2. *omni genere armorum:* vollständige Ausrüstung der Schiffe an

Schiffsgeräthschaften, *armamenta*
§ 7.

4. *cognoverant.* Sie hatten also
schon vorher den Versuch gemacht;
daher c. 13, 8 *neque his – poterant.*
— *turribus excitatis*: waren auch
Thürme auf den Schiffen errichtet
(*excitare* wie 5. 40, 2. 8. 9, 3), um
die feindlichen Schiffe zu beschiessen, so war doch bei der Höhe derselben auch diese Massregel vergeblich. Zu *turribus excitatis – has*
(nicht *turres excitatas superabat*)
s. zu 4. 21, 6. — *ex barbaris navibus*, wofür man den Genitiv erwartet, konnte Caes. nur wegen *altitudo – superabat* sagen: von Seiten der feindlichen Schiffe kämpften
gleichsam die hohen *puppes* mit den
von Seiten der röm. Schiffe entgegengesetzten Thürmen, und jene
überragten diese. Diese Ausdrucksweise schien wegen des Gegensatzes

ut neque ex inferiore loco satis commode tela adici possent et
5 missa ab Gallis gravius acciderent. Una erat magno usui res
praeparata a nostris, falces praeacutae insertae affixaeque longu-
6 riis, non absimili forma muralium falcium. His cum funes, qui
antemnas ad malos destinabant, comprehensi adductique erant,
7 navigio remis incitato praerumpebantur. Quibus abscisis antemnae necessario concidebant, ut, cum omnis Gallicis navibus spes
in velis armamentisque consisteret, his ereptis omnis usus na-
8 vium uno tempore eriperetur. Reliquum erat certamen positum
in virtute, qua nostri milites facile superabant, atque eo magis,
quod in conspectu Caesaris atque omnis exercitus res gerebatur,
9 ut nullum paulo fortius factum latere posset; omnes enim colles
ac loca superiora, unde erat propinquus despectus in mare, ab
15 exercitu tenebantur. Disiectis, ut diximus, antemnis, cum singulas binae ac ternae naves circumsteterant, milites summa vi
2 transcendere in hostium naves contendebant. Quod postquam
barbari fieri animadverterunt, expugnatis compluribus navibus,
cum ei rei nullum reperiretur auxilium, fuga salutem petere con-
3 tenderunt. Ac iam conversis in eam partem navibus, quo ven-

anschaulicher als der auch wegen *puppium* unbequeme Genitiv. Die Annahme einer nicht durch ein Participium (*prominentium*) vermittelten Verbindung von *puppium ex navibus* (s. zu 4. 33, 1) ist hier anstatthaft.

5. *insertae affixaeque*: eingelassen und befestigt. — *non absimili forma mur. falcium*, d. i. forma non absimili formae mur. f. Diese sind sichelförmige Haken an langen Stangen, mit denen Steine aus den Mauern gerissen worden. — *absimilis* bei C. nur hier und auch sonst mehr den Späteren eigen; gewöhnlich nur in Verbindung mit einer Negation. S. zu 1. 42, 6.

6. *cum comprehensi erant.* Das folg. Imperf. *praerumpebantur* zeigt, dass auch die vorausgehende Handlung als wiederholt gedacht werden muss: wenn, so oft man – gepackt hatte, durchschnitt man. So c. 15, 1: *cum circumsteterant – contendebant.* 4. 17, 4: *cum defixerat.* 5.

35, 1: *cum excesserat – refugiebant* u. ö. Ueber den Indicat. s. zu c. 4, 2. — *velis armamentisque*, wie 1. 39, 1: *rei frumentariae commeatusque* und 4. 14, 4: *inter carros impedimentaque*; denn auch die Segel gehören zu den *armam.*, welche die Segel, Segelstangen, Anker, Taue umfassen. 4. 29, 3: *funibus, ancoris reliquisque armamentis amissis.*

7. *usus navium.* S. zu c. 9, 3.

15. 2. *ei rei*: 2. 20, 3.

3. *Ac* fortschreitend zu etwas Neuem und Wichtigerem; vgl. c. 17, 3. 6. 41, 2. — *in eam partem*, quo nach dem schon öfter vorgekommenen Gebrauche der Ortsadverbia, s. zu 1. 42, 5. — *quo ventus ferebat*, nicht *naves*, sondern absolut: wohin der Wind trieb (mit dem natürlichen Gedanken, dass der nach einer Richtung hin wehende Wind auch Alles dahin treibt), oder, wie wir sagen, wohin der Wind stand.

tus ferebat, tanta subito malacia ac tranquillitas exstitit, ut se ex
loco commovere non possent. Quae quidem res ad negotium 4
conficiendum maxime fuit opportuna: nam singulas nostri con- 5
sectati expugnaverunt, ut perpaucae ex omni numero noctis in-
terventu ad terram pervenirent, cum ab hora fere quarta usque
ad solis occasum pugnaretur. Quo proelio bellum Venetorum 16
totiusque orae maritimae confectum est. Nam cum omnis iuven- 2
tus, omnes etiam gravioris aetatis, in quibus aliquid consilii aut
dignitatis fuit, eo convenerant, tum navium quod ubique fuerat
in unum locum coëgerant; quibus amissis reliqui neque quo se 3
reciperent, neque quemadmodum oppida defenderent, habebant.
Itaque se suaque omnia Caesari dediderunt. In quos eo gravius 4
Caesar vindicandum statuit, quo diligentius in reliquum tempus
a barbaris ius legatorum conservaretur. Itaque omni senatu necato reliquos sub corona vendidit.

   Dum haec in Venetis geruntur, Q. Titurius Sabinus cum 17
iis copiis, quas a Caesare acceperat, in fines Venellorum pervenit.
His praeerat Viridovix ac summam imperii tenebat earum om- 2
nium civitatum, quae defecerant, ex quibus exercitum magnasque copias coëgerat; atque his paucis diebus Aulerci Eburovices 3

— *malacia ac tranquillitas.* Der
seltenere und speciellere Ausdruck
(Windstille) durch den geläufigeren
und allgemeineren (die durch die
Windstille entstehende Ruhe) ergänzt. S. zu 1. 31, 12. *Malacia*
ist aus dem Griechischen aufgenommen (wie man auch *malacus* hat),
obgleich die Griechen μαλαχία in
dieser Bedeutung nicht brauchen.
Die zu Grunde liegende Anschauung
zeigen Wendungen wie *tranquillitas mare mollit, ventos mollire* u.
ähnl. — *ut se commovere non possent.* Beweis, dass die Schiffe nur
Segelschiffe waren und keine Ruder
hatten.
   5. *ab hora quarta:* ungefähr 10
Uhr Morgens. 1. 26, 2.
   16. 2. *navium quod fuerat.* 5.
2, 3: *quod satis esse visum est militum reliquit.* 7. 55, 8. B. C. 1. 36,
3. 2. 20, 8: *quod penes eum est
pecuniae tradit et quid ubique habeat frumenti et navium ostendit.*
   4. *quo conservarentur.* Der Con-

iunctiv zeigt den Sinn von *eo, quo.*
— *senatu.* 2. 5, 1. — *sub corona
vendere:* Kriegsgefangene als Sklaven verkaufen, von dem Kranze,
der ihnen bei dem Verkaufe aufgesetzt wurde. Das harte Verfahren
sucht er durch die angebliche Verletzung des Gesandtenrechts (c. 9, 3)
zu rechtfertigen. Der dauernde Widerstand und häufige Abfall reizte
ihn zu grösserer Härte, als er im
Anfange des Krieges gezeigt hatte.
   17. 1. *Titur. Sabinus:* c. 11, 4.
   2. *exercitum magnasque copias:*
ein reguläres, eingeübtes Heer und
(andere) grosse Streitkräfte, d. h.
Mannschaften, die er, wenn der *exercitus* nicht ausreichen würde, zu
verwenden gedachte (Landsturm).
'Vorräthe' können hier *copiae* nicht
heissen, theils wegen c. 15, 6, theils
weil *cogere copias* C. nur von Menschen braucht.
   3. *atque his paucis diebus:* nach
der eben erst erwähnten Ankunft
des Sabinus. — *atque* c. 15, 3. —

Lexoviique senatu suo interfecto, quod auctores belli esse nole-
4 bant, portas clauserunt seque cum Viridovice coniunxerunt: magnaque praeterea multitudo undique ex Gallia perditorum hominum latronumque convenerat, quos spes praedandi studiumque
5 bellandi ab agricultura et cotidiano labore revocabat. Sabinus idoneo omnibus rebus loco castris sese tenebat; cum Viridovix contra eum duum milium spatio consedisset cotidieque productis
copiis pugnandi potestatem faceret, ut iam non solum hostibus
in contemptionem Sabinus veniret, sed etiam nostrorum militum
6 vocibus nonnihil carperetur; tantamque opinionem timoris prae-
7 buit, ut iam ad vallum castrorum hostes accedere auderent. Id
ea de causa faciebat, quod cum tanta multitudine hostium, praesertim eo absente, qui summam imperii teneret, nisi aequo loco aut opportunitate reliqua data legato dimicandum non existi-
18 mabat. Hac confirmata opinione timoris idoneum quendam hominem et callidum delegit, Gallum, ex iis, quos auxilii causa
2 secum habebat. Huic magnis praemiis pollicitationibusque per-
3 suadet, uti ad hostes transeat, et, quid fieri velit, edocet. Qui
ubi pro perfuga ad eos venit, timorem Romanorum proponit,

clauserunt – coniunxerunt. Nach
Erwähnung der Truppen, die vor
der Ankunft des Sabinus zusammen-
gebracht worden waren, fügt er sogleich erzählend (gleichsam parenthetisch) hinzu, was diese *his diebus*
thaten, und lässt dann noch etwas
folgen, was schon vorher geschehen
war; daher die Perfecta zwischen
den Plusquamperfectis. — *auctores
belli esse nolebant*: weil sie (die *senatores*, aus *senatu* herauszunehmen)
ihre Genehmigung zum Kriege nicht
geben, den Beschluss des Volkes
nicht bestätigen wollten, ein stehender Ausdruck vom röm. Senat,
den hier C. auf das gleiche Verhältniss überträgt. S. Liv. 1. 17, 9: *de-
creverunt, ut – id sic ratum esset,
si patres auctores fierent.*

4. *quos revocabat*: 'abzog', nicht
damals, sondern überhaupt; denn
als *latrones* trieben sie eben keinen
Ackerbau.

5. *omnibus rebus*: 'in jeder Hinsicht', eigentl.: durch alle dazu erforderlichen Dinge. So 4. 14, 2.
8. 8, 1. B. C. 1. 26, 2. 84, 1. —
duum = nur zwei Meilen. S. 1.
9, 1. B. C. 2. 41, 3.

7. *legato.* Da der Legat überhaupt nur in Abwesenheit des Oberfeldherrn in den hier erwähnten
Fall kommen kann, könnte *legato
dimicandum non exist.* nach *praesertim eo absente* etc. unpassend
scheinen. Allein C. verbindet, allerdings etwas nachlässig, zwei Gedanken, einen allgemeinen und einen speciellen: dass man überhaupt
in Abwesenheit des Feldherrn nur
unter besonders günstigen Umständen eine Schlacht wagen dürfe, und
dann, dass Sabinus glaubte, als Legat in dem vorliegenden Falle nicht
anders handeln zu dürfen. — *aut:*
'oder überhaupt'; denn auch *aequus
locus* ist eine *opportunitas.*

18. 2. *praemiis pollicitationibusque*: 1. 44, 2. — *quid f.* vel. ed.:
5. 2, 3.

3. *pro perfuga*: 'als Ueberläufer,
als ob er Ueberläufer wäre'. 1. 22,
4: *quod non vidisset, pro viso re-*

quibus angustiis ipse Caesar a Venetis prematur, docet, neque **4**
longius abesse, quin proxima nocte Sabinus clam ex castris
exercitum educat et ad Caesarem auxilii ferendi causa proficiscatur. Quod ubi auditum est, conclamant omnes occasionem ne- **5**
gotii bene gerendi amittendam non esse: ad castra iri oportere.
Multae res ad hoc consilium Gallos hortabantur: superiorum **6**
dierum Sabini cunctatio, perfugae confirmatio, inopia cibariorum, cui rei parum diligenter ab iis erat provisum, spes Venetici
belli et quod fere libenter homines id, quod volunt, credunt. His **7**
rebus adducti non prius Viridovicem reliquosque duces ex consilio dimittunt, quam ab his sit concessum, arma uti capiant et
ad castra contendant. Qua re concessa laeti, ut explorata victo- **8**
ria, sarmentis virgultisque collectis, quibus fossas Romanorum
compleant, ad castra pergunt. Locus erat castrorum editus et **19**
paulatim ab imo acclivis circiter passus mille. Huc magno cursu
contenderunt, ut quam minimum spatii ad se colligendos arman-
dosque Romanis daretur, exanimatique pervenerunt. Sabinus **2**
suos hortatus cupientibus signum dat. Impeditis hostibus propter ea, quae ferebant, onera subito duabus portis eruptionem
fieri iubet. Factum est opportunitate loci, hostium inscientia ac **3**
defetigatione, virtute militum et superiorum pugnarum exercita-

nuntiasse. — *proponit*: 5. 52, 5:
rem gestam proponit = darlegen,
schildern.

4. *neque longius abesse, quin —
educat*. Eigentlich: es sei nicht
weiter entfernt, es sei keine grössere Entfernung (von dem Abzug
des Sabinus), dass er nicht in der
nächsten Nacht sein Heer fortführe
(*quin* also wegen der Negation bei
abesse gesetzt = *ut non*), d. h. er
werde nicht später als in der nächsten Nacht abziehen. (Zumpt § 539.)

5. *ad castra iri oportere*. Die
Entgegensetzung dessen, was sie
wirklich wollten (also ihrer eigentlichen Forderung) könnte durch eine
Adversativpartikel nur geschwächt
werden.

6. *superiorum dierum Sabini
cunct.*, wie 2. 17, 2. B. C. 1. 7, 1:
*omnium temporum iniurias inimi-
corum.* — *inopia cibariorum*: s. zu
c. 17, 2 und vergl. die Anm. zu 2.
10, 4. — *spes Venet. belli*, weil sie

von dem Gallier die Gefahr des C.
vernommen hatten. — *fere*: 'gewöhnlich, in der Regel'. Derselbe
Gedanke B. C. 2. 27, 2.

7. *non prius — quam sit concessum*: als bis sie zugestanden hätten, als Gedanke der Gallier, wie
B. C. 1. 22, 2: *neque prius milites
discedunt, quam in conspectum Caesaris deducatur.*

8. *explorata* eigentl. = ermittelt,
daher: feststehend, sicher. 5. 43, 3:
*siculi parta iam atque explorata
victoria.*

19. 1. *passus mille* unmittelbar
mit *acclivis* zu verbinden: Ausdehnung der *acclivitas* = tausend Schritte vom Fuss allmählich sich erhe-
bend, ganz wie 2. 18, 2 *passus duc.
infimus apertus.* — *exanimatique
perv.*: Folge und Ergebniss = und
daher.

3. *defetigatio* = defatigatio, eben
so nicht selten *defetigo*; vgl. *defe-*

tione, ut ne unum quidem nostrorum impetum ferrent ac statim
4 terga verterent. Quos impeditos integris viribus milites nostri
consecuti magnum numerum eorum occiderunt; reliquos equites
5 consectati paucos, qui ex fuga evaserant, reliquerunt. Sic uno
tempore et de navali pugna Sabinus et de Sabini victoria Caesar
certior factus est, civitatesque omnes se statim Titurio dedide-
6 runt. Nam ut ad bella suscipienda Gallorum alacer ac promptus
est animus, sic mollis ac minime resistens ad calamitates perfe-
rendas mens eorum est.

20   Eodem fere tempore P. Crassus, cum in Aquitaniam pervenisset, quae pars, ut ante dictum est, et regionum latitudine
et multitudine hominum ex tertia parte Gallia est aestimanda,
cum intellegeret in iis locis sibi bellum gerendum, ubi paucis

---

tiscor. — *ac statim*: 4. 35, 2.

4. *Quos* – *eorum*. S. zu 1. 12, 3. — *integris viribus mil. n.* S. zu c. 24, 3. — *reliquos*: die vom Fussvolke übrig gelassenen. — *qui evaserant* – *reliquerunt*: Sie liessen nur wenige übrig, die, ehe die Reiter sie erreichen konnten, entkommen waren; daher Plusquampf. — *ex fuga* in ganz eigentlicher Bedeutung: aus der Flucht, dem Zustande des Fliehens heraus entkommen, also nicht *in fuga* umkommen. — *Titurio*, den er eben erst *Sabinus* genannt hat, welcher Wechsel in den Namen auch anderwärts (B. C. 3. 55, 2 u. 3) vorkommt; der Grund liegt hier nahe.

6. *animus* – *mens*. Schon die Form des Gegensatzes und die Stellung der Worte zeigt die absichtliche Unterscheidung beider Begriffe; s. 1. 39, 1. Das leidenschaftliche Erfassen eines Planes (c. 8, 3) und der Muth bei Beginn der Unternehmungen ist Sache des *animus*, des Gefühls und Willens; die Fähigkeit aber, im Unglück auszudauern und demselben durch umsichtige Massregeln zu begegnen, ist Sache des Verstandes, *mens*; dieser ist *mollis*, indem sie nach Niederlagen unmännliche Beschlüsse fassen und sich dem Feinde ergeben. — *resistens* als Adiectiv (wie Caes. Participia des Präsens selten braucht) = widerstandsfähig. Zur Sache Liv. 10. 28, 4: *prima eorum (Gallorum) proelia plus quam virorum, postrema minus quam feminarum esse.*

20. 1. *P. Crassus*: c. 11, 3. 1. 52, 7. S. Einl. S. 30. — *ut ante dictum est*: 1. 1. — *ex tertia parte Gallia est aestim.*: Aquitanien ist nach Ausdehnung und Bevölkerung zu taxiren, anzuschlagen als Gallien zum dritten Theile oder im dritten Theile, d. i. als ein Drittel-Gallien. S. zu c. 4. 31, 1. Aehnlich ist der Gebrauch der Präp. in der bekannten Formel *haeres ex asse, ex semisse, ex triente* = ex tertia parte: Erbe zum dritten Theile. Uebrigens irrt C. in Bezug auf die Grösse des Landes, das er selbst nicht genauer kennen gelernt hat; es war kleiner.

cum intellegeret nach *cum pervenisset* als ein neues Glied des Vordersatzes oder vielmehr als der eigentliche Vordersatz = Crassus cum, postquam in Aqu. pervenit, intellegeret, da in den Worten *cum pervenisset* nur die Bestimmung liegt, wann er eingesehen hat, ganz nach Art der doppelten Ablat. absol., wie 2. 26, 3: *proelio nuntiato cursu incitato.* — *ubi paucis ante annis* etc.

ante annis L. Valerius Praeconius legatus exercitu pulso interfectus esset, atque unde L. Mallius proconsul impedimentis amissis profugisset, non mediocrem sibi diligentiam adhibendam intellegebat. Itaque re frumentaria provisa, auxiliis equitatuque 2
comparato, multis praeterea viris fortibus Tolosa et Narbone,
quae sunt civitates Galliae provinciae finitimae his regionibus, nominatim evocatis in Sontiatum fines exercitum introduxit. Cuius 3
adventu cognito Sontiates magnis copiis coactis equitatuque, quo
plurimum valebant, in itinere agmen nostrum adorti primum
equestre proelium commiserunt, deinde equitatu suo pulso atque 4
insequentibus nostris subito pedestres copias, quas in convalle in
insidiis collocaverant, ostenderunt. Hi nostros disiectos adorti
proelium renovarunt. Pugnatum est diu atque acriter, cum Son- 21
tiates superioribus victoriis freti in sua virtute totius Aquitaniae
salutem positam putarent, nostri autem, quid sine imperatore et
sine reliquis legionibus adulescentulo duce efficere possent, perspici cuperent: tandem confecti vulneribus hostes terga vertere.
Quorum magno numero interfecto Crassus ex itinere oppidum 2
Sontiatum oppugnare coepit. Quibus fortiter resistentibus vineas turresque egit. Illi alias eruptione temptata, alias cuniculis 3
ad aggerem vineasque actis (cuius rei sunt longe peritissimi
Aquitani, propterea quod multis locis apud eos aerariae structurae sunt), ubi diligentia nostrorum nihil his rebus profici
posse intellexerunt, legatos ad Crassum mittunt seque in deditionem ut recipiat, petunt. Qua re impetrata arma tradere iussi

Die hier erwähnten Ereignisse gehören zu dem unten (c. 23, 5) erwähnten
Sertorianischen Krieg, in welchem
(im J. 78) der Quästor d. Sertorius,
Hirtuleius, die hier erwähnten Siege davon trug. Mallius war Proconsul von Gallia ulterior.

4. *convalle*. S. zu 5. 32, 2.

21. 1. *superioribus victoriis*.
Wahrscheinlich die c. 20, 1 genannten. — *sine reliquis legionibus*. Er
hatte nach c. 11, 3 nur 12 Cohorten
und Reiterei. — *vertere*. Ein Beispiel der im Ganzen selten (B. C. 1.
51, 5. 3. 63, 6) von C. gebrauchten
Perfectform auf *ere*; die dem Infinit.
gleichen Formen kommen auch sonst
selten vor. An den latin. historicus

ist natürlich in dieser Verbindung
nicht zu denken.

2. *ex itinere*: 1. 25, 6. *vineas*:
2. 12, 3. *turres*: 2. 30, 3.

3. *aerariae structurae*: 'berg-
männische Baue, Grubenbaue', wie
Plin. 36. 22, 50: *subterraneae
structurae*. Hat C. so geschrieben
(die Lesart ist sehr ungewiss), so
scheint er gerade diesen Ausdruck
gewählt zu haben, weil er nachweisen will, dass sie, weil es bei ihnen
Grubenbaue giebt, auch *cuniculi* zu
bauen verstehen. — *diligentia*. S.
zu c. 29, 2. — *faciunt*. An dem absol. Gebrauch von *facere* ist kein
Anstoss zu nehmen, da nach *tradere
iussi* das Object sich von selbst ergiebt.

22 faciunt. Atque in ea re omnium nostrorum intentis animis alia
ex parte oppidi Adiatunnus, qui summam imperii tenebat, cum
2 DC devotis, quos illi soldurios appellant, quorum haec est condicio, uti omnibus in vita commodis una cum iis fruantur, quorum se amicitiae dediderint, si quid his per vim accidat, aut eun-
3 dem casum una ferant aut sibi mortem consciscant; neque adhuc hominum memoria repertus est quisquam, qui eo interfecto,
4 cuius se amicitiae devovisset, mori recusaret: cum his Adiatunnus eruptionem facere conatus, clamore ab ea parte munitionis
sublato, cum ad arma milites concurrissent vehementerque ibi
pugnatum esset, repulsus in oppidum tamen, uti eadem deditio-
23 nis condicione uteretur, a Crasso impetravit. Armis obsidibusque acceptis Crassus in fines Vocatium et Tarusatium profectus
2 est. Tum vero barbari commoti, quod oppidum et natura loci
et manu munitum paucis diebus, quibus eo ventum erat, expu-
gnatum cognoverant, legatos quoqueversum dimittere, coniurare,
3 obsides inter se dare, copias parare coeperunt. Mittuntur etiam
ad eas civitates legati, quae sunt citerioris Hispaniae finitimae
4 Aquitaniae: inde auxilia ducesque arcessuntur. Quorum adventu
magna cum auctoritate et magna cum hominum multitudine bel-

---

22. 1. *in ea re intentis animis.*
Sonst *intentus rei, ad, in rem*, von
der Richtung der Aufmerksamkeit
nach einer Seite hin; jenes bedeutet
die aufmerksame Beschäftigung mit
einer (vorliegenden) Sache, so dass
die Aufmerksamkeit in, bei der
Sache Statt hat.

devotus eigentlich: Jemanden
durch Gelübde geweiht (εὐχωλι-
μαῖος), auf Leben und Tod ergeben.
Soldurius nach Grimm (Gesch. der
deutsch. Sprache I. p. 134) deutschen Ursprungs und auf den Stamm
von 'sollen' zurückzuführen = *obli-
gatus, devinctus*. Sie standen zu
dem Anführer in dem Verhältniss
der Clienten, vgl. 7. 40, 7, und unterscheiden sich dadurch von manchen ähnlichen Verbrüderungen, die
bei anderen Völkern erwähnt werden. Uebereinstimmend bei den
Germanen Tac. German. c. 14: *in-
fame in omnem vitam, superstitem
principi suo ex acie recessisse.*
Valer. Max. 2. 6, 11: *Celtiberi ne-*
*fas esse ducebant proelio superesse,
quum is occidisset, pro cuius salute
spiritum devovissent.*

4. *cum his* nimmt nach dem längeren Zwischensatz die begonnene
Rede wieder auf (Epanalepsis).

23. 2. *paucis diebus, quibus*:
innerhalb weniger Tage, wenige
Tage nachdem, eigentlich: in den
wenigen Tagen, in die noch seine
Ankunft fiel. 4. 18, 1. 5. 26, 1. —
quoqueversum (nicht quoquo vers.)
nach jeder Seite hin, *in omnes partes.* 7. 4, 5.

3. *citerioris Hispaniae* = Hispaniae Tarraconensis, zwischen den
Pyrenäen und dem Iberus (Ebro).
An den Grenzen von Aquitanien
wohnten die Cantabri.

4. *Quorum adventu*: 1. 50, 3.
Da die Ankunft das Folgende bewirkt, liegt im Ablativ zugleich causale Bedeutung. — *magna cum auctoritate*: mit grossem Gewicht,
Nachdruck.

lum gerere conantur. Duces vero ii deliguntur, qui una cum Q. **5**
Sertorio omnes annos fuerant summamque scientiam rei militaris habere existimabantur. Hi consuetudine populi Romani loca **6**
capere, castra munire, commeatibus nostros intercludere instituunt. Quod ubi Crassus animadvertit, suas copias propter exi- **7**
guitatem non facile diduci, hostem et vagari et vias obsidere et
castris satis praesidii relinquere, ob eam causam minus commode frumentum commeatumque sibi supportari, in dies hostium numerum augeri, non cunctandum existimavit, quin pugna
decertaret. Hac re ad consilium delata ubi omnes idem sentire **8**
intellexit, posterum diem pugnae constituit. Prima luce produ- **24**
ctis omnibus copiis duplici acie instituta, auxiliis in mediam aciem
coniectis, quid hostes consilii caperent, exspectabat. Illi, etsi **2**
propter multitudinem et veterem belli gloriam paucitatemque nostrorum se tuto dimicaturos existimabant, tamen tutius esse arbitrabantur obsessis viis commeatu intercluso sine ullo vulnere
victoria potiri et, si propter inopiam rei frumentariae Romani **3**
sese recipere coepissent, impeditos in agmine et sub sarcinis in-

5. *una cum Sertorio*, in dem Kriege, den dieser von 80 – 72 v. Chr.
gegen die Römer in Spanien führte.
— *omnes annos*: natürlich eben nur
die genannten Kriegsjahre. — *summamque*: 19, 1: *exanimatique*.

6. *consuetudine p. R.* Sie hatten
von Sertorius die röm. Kriegskunst,
der er in Spanien Eingang verschaffte, angenommen. Wie roh in dieser
Hinsicht die Gallier waren, ist aus
den bisherigen Kämpfen bekannt.
Selbst die Befestigung eines Lagers
lernten sie erst später: 7. 30, 4. —
loca capere: 'geeignete Plätze, Po-
sitionen wählen und besetzen'. 7.
51, 2.

7. *Quod ubi.* Das durch *quod* Bezeichnete wird durch den folgenden
Accus. c. Inf. näher bestimmt. S.
zu B. C. 2. 16, 1. Madvig § 461.
— *non facile diduci*: 'vertheilt werden könnten', nach I. 6, 2. Durch
facile wird dieser Begriff noch mehr
vermittelt. — *pugna decertaret*, s.
zu I. 50, 2. — *ad consilium deferre*:
an den Kriegsrath bringen, um seine
Meinung zu hören.

24. 1. *duplici acie instituta.* S.

Kriegswesen § 13. Er stellt seine
Cohorten nur in 2, nicht, wie sonst
gewöhnlich, in 3 Treffen (*acies triplex*) auf, weil bei der geringen Anzahl seiner Truppen (c. 11, 3) der
Stärke der Feinde gegenüber nur
eine sehr kleine Front möglich gewesen wäre. Die Hülfstruppen, die
sonst auf den beiden Flügeln standen, nimmt er, weil er ihnen nach
c. 23, 1 nicht traute, in das Centrum. — *conicere* kann hier weder
den Begriff der Eile, noch die Nebenbedeutung des Verächtlichen haben, sondern ist ohne wesentlichen
Unterschied von *collocare* gebraucht.
— *quid consilii caperent*: was sie
beschliessen würden = Coniunctiv.
Fut. (nicht = was sie beschlössen),
da *exspectare* selbst auf etwas Zukünftiges hinweist. 6. 39, 2. B. C.
1. 21, 6.

2. *tuto dim.* — *tamen tutius
arbitr.* nicht ohne eine gewisse ironische Färbung. — *obsessis viis
comm. intercluso*: 2. 11, 5. (obsessis viis intercluditur commeatus.)

3. *impeditos — infirmiore animo*

4 firmiore animo adoriri cogitabant. Hoc consilio probato ab du-
5 cibus productis Romanorum copiis sese castris tenebant. Hac
re perspecta Crassus, cum sua cunctatione atque opinione timoris hostes nostros milites alacriores ad pugnandum effecissent,
atque omnium voces audirentur, exspectari diutius non oportere,
quin ad castra iretur, cohortatus suos omnibus cupientibus ad
25 hostium castra contendit. Ibi cum alii fossas complerent, alii
multis telis coniectis defensores vallo munitionibusque depelle-
rent, auxiliaresque, quibus ad pugnam non multum Crassus confidebat, lapidibus telisque subministrandis et ad aggerem cespitibus comportandis speciem atque opinionem pugnantium praeberent, cum item ab hostibus constanter ac non timide pugnaretur telaque ex loco superiore missa non frustra acciderent,
2 equites circumitis hostium castris Crasso renuntiaverunt non
eadem esse diligentia ab decumana porta castra munita facilem-
26 que aditum habere. Crassus equitum praefectos cohortatus, ut
magnis praemiis pollicitationibusque suos excitarent, quid fieri
2 velit, ostendit. Illi, ut erat imperatum, eductis iis cohortibus,
quae praesidio castris relictae intritae ab labore erant, et longiore
itinere circumductis, ne ex hostium castris conspici possent, omnium oculis mentibusque ad pugnam intentis celeriter ad eas,

sarcinis infirmiore animo essent. *Infirmiore animo* ist als Ablat. qualit.
Attribut zu *Romanos*, wofür auch
infirmiores animo stehen könnte.
Vergl. c. 19, 4: *quos impeditos integris viribus milites nostri consecuti*. B. Afr. 78, 6: *integros re-
centioribusque viribus equites*. Der
Mangel des Particip. von *esse* bedingt diese Kürze. Es ist selbstverständlich, dass zu *inf. animo*
nicht blos *sub sarcinis* (und *in agmine* zu *impeditos*) gehört, sondern
dass *impeditos – sub sarcinis* zusammen den Grund von *infirmiore
animo* enthält, die Verbindung also
wie § 2 *obsessis viis comm. intercluso* ist. Zu *impeditos* und *sub
sarcinis* (2. 17, 2) s. Kriegsw. § 26.
— *opinione timoris*: quam praebe-
bant (durch die scheinbare Flucht)
wie c. 17, 6 und 25, 1.

4. *Romanorum*, s. zu 5. 32, 1.

25. 1. *ad pugnam* zur Angabe
des Zwecks: 'zu, für', d. h. um
sie zum Kampfe zu verwenden (nicht
= *quod attinet ad*); ebenso *ad aggerem* sc. *faciendum*: zu dem Damm,
den sie errichteten, weil die Feinde
ex loco superiore kämpften. — *non
multum conf*. S. zu c. 9, 3. — *ac
non timide*, und nicht (etwa) furcht-
sam, wie man nach der *cunctatio
et opinio timoris* hätte erwarten
können; daher *ac non* (nicht *neque*)
mit Beziehung der Negation auf den
einzelnen Begriff. (Madv. § 468
Anm. Zumpt § 334). — *ab decumana porta*: 2. 24, 2. Das Lager war
also ganz *consuetudine populi Romani* (c. 23, 6) eingerichtet. Ueber
ab s. 1. 1, 5.

26. 2. *intritae* = non tritae, ungeschwächt, *integrae*, nur hier bei
C., wie überhaupt das verneinende
in mit Participien, ausser wenn sie
Adiectivbedeutung angenommen haben, wie z. B. *incultus, indoctus, im-
paratus* (*indocere* u. *imparare* giebt
es ohnehin nicht) im Ganzen selten

quas diximus, munitiones pervenerunt atque his prorutis prius 3
in hostium castris constiterunt, quam plane ab his videri aut,
quid rei gereretur, cognosci posset. Tum vero clamore ab ea 4
parte audito nostri redintegratis viribus, quod plerumque in spe
victoriae accidere consuevit, acrius impugnare coeperunt. Hostes 5
undique circumventi desperatis omnibus rebus se per munitiones
deicere et fuga salutem petere intenderunt. Quos equitatus aper- 6
tissimis campis consectatus ex milium L numero, quae ex Aquitania Cantabrisque convenisse constabat, vix quarta parte relicta
multa nocte se in castra recipit. Hac audita pugna maxima pars 27
Aquitaniae sese Crasso dedidit obsidesque ultro misit; quo in
numero fuerunt Tarbelli, Bigerriones, Ptianii, Vocates, Tarusates, Elusates, Gates, Ausci, Garumni, Sibuzates, Cocosates: pau- 2
cae ultimae nationes anni tempore confisae, quod hiems suberat,
hoc facere neglexerunt.

Eodem fere tempore Caesar, etsi prope exacta iam aestas 28
erat, tamen, quod omni Gallia pacata Morini Menapiique supererant, qui in armis essent neque ad eum umquam legatos de
pace misissent, arbitratus id bellum celeriter confici posse eo
exercitum adduxit; qui longe alia ratione ac reliqui Galli bellum
gerere coeperunt. Nam quod intellegebant maximas nationes, 2

ist; vergl. *incisus, infectus, invocatus, indictus.*

3. *prius – quam posset.* Der Coniunct. kann hier nicht, wie sonst bei *priusquam, antequam,* die Absicht ausdrücken, sondern steht, wie oft bei den Historikern, statt der einfachen Angabe des Zeitpunktes (*priusquam poterat*), um einen inneren Zusammenhang der Handlungen zu bezeichnen, indem der Gedanke zu Grunde liegt: sie standen so schnell im Lager, dass sie vorher nicht gesehen werden konnten (*videri possent,* was natürlich aus *posset* heraufzunehmen ist). Vergl. 4. 14, 1. B. C. 1. 41, 5.

4. *impugnare,* wie unser 'angreifen' absolut, da sich der Gegenstand von selbst ergiebt. Cic. p. Quinct. 2, 8: *cum illis id tempus impugnandi detur.*

5. *desperatis omnibus rebus.* S. zu c. 3, 3. — *per munitiones:* 'über

die Verschanzungen hin'. 2. 10, 3. — *intenderunt,* 'sie waren darauf bedacht' (*animum intenderunt ad*). Liv. 36. 44: *altum petere intendit.* — *multa nocte:* 1. 22, 4.

27. 1. *quo in numero fuerunt:* 'darunter waren' = *in quorum* (näml. der unter *maxima pars Aquit.* inbegriffenen Völker) *numero;* so immer *in eo numero* = in eorum (der vorher genannten) numero (s. zu c. 13, 5).

2. *paucae ultimae nationes* = paucae, quae ultimae erant, nationes (verschieden von *paucae ultimarum nationum*) d. i.: die äussersten, am entferntesten wohnenden, näml. an den Abhängen der Pyrenäen, an den äussersten Grenzen Aquitaniens.

28. 1. *qui in armis essent:* d. i. als solche, die unter den Waffen standen, was für C. Grund für den Angriff ist, daher der Coniunct.

quae proelio contendissent, pulsas superatasque esse, continentesque silvas ac paludes habebant, eo se suaque omnia contule-

3 runt. Ad quarum initium silvarum cum Caesar pervenisset castraque munire instituisset, neque hostis interim visus esset, dispersis in opere nostris subito ex omnibus partibus silvae evolaverunt et in nostros impetum fecerunt. Nostri celeriter arma ceperunt eosque in silvas repulerunt et compluribus interfectis longius impeditioribus locis secuti paucos ex suis deperdiderunt.

29 Reliquis deinceps diebus Caesar silvas caedere instituit, et ne quis inermibus imprudentibusque militibus ab latere impetus fieri posset, omnem eam materiam, quae erat caesa, conversam ad hostem collocabat et pro vallo ad utrumque latus exstruebat.

2 Incredibili celeritate magno spatio paucis diebus confecto, cum iam pecus atque extrema impedimenta ab nostris tenerentur, ipsi densiores silvas peterent, eiusmodi sunt tempestates consecutae, uti opus necessario intermitteretur et continuatione imbrium

3 diutius sub pellibus milites contineri non possent. Itaque vastatis omnibus eorum agris, vicis aedificiisque incensis Caesar exer-

3. *silrarum – ex omn. part. silvae.* S. zu 2. 19, 5. — *in opere.* B. C. 1. 41, 3: *ne in opere faciendo milites exterrerentur*: bei der Arbeit, der Befestigung des Lagers durch Graben und Wall.

29. 1. *deinceps* 'nach einander, hinter einander ohne Unterbrechung'. In gleicher Stellung zwischen Adiect. (oder Pronom.) und Substantiv, so dass es die Stelle eines Adiect. oder Particip. vertritt. S. 5. 40, 4. B. C. 3. 56, 1: *omnibus deinceps diebus.* Liv. 5. 51: *horum deinceps annorum* = dieser nach einander folgenden Jahre. — *inermibus imprudentibusque mil.* nicht Dativ (man sagt nicht *impetum facere alicui*), sondern Ablat. abs. — *pro vallo,* wie 1. 26, 3. B. C. 2. 8, 1: *si pro castello turrim fecissent.*

2. *magno spatio confecto*: nachdem sie eine grosse Strecke mit dem Niederschlagen der Bäume vollendet, zurückgelegt hatten —', damit fertig geworden waren. Man beachte die. nicht seltene Häufung ungleichartiger Abl. Vergl. 4. 4, 5: *omni hoc itinere una nocte equitatu confecto.* — *extrema imped.*: die letzten, hintersten im Zuge der Feinde, *novissima.* — *continuatione*: causaler Abl.: wegen der anhaltenden Regengüsse, wie 3. 21, 3 *diligentia.* 5. 34, 4: *levitate armorum et cotidiana exercitatione.* B. C. 2. 37, 6: *non materia multitudine arborum deficere potuit.* — *sub pellibus* = sub tentoriis, den gewöhnlichen Zelten der Sommerlager, die mit Fellen bedeckt waren. Da diese gegen die Witterung nicht Schutz boten, lässt er die Truppen in die Winterquartiere ziehen, in denen die Soldaten unter festeren Zelten (*hibernacula*) wohnten. — *et – non posset,* nicht *neque,* zur Hebung der Negation. Vergl. 5. 43, 5: *ut se sub ipso vallo constiparerant recessumque primi ultimis non dabant.* B. C. 1. 81, 2: *et eo die tabernacula statui passus non est.*

3. *vicis aedificiisque*: 1. 5, 2. — *reliquis item civitatibus,* näml. die Veneller (c. 17), Veneter und Son-

citum reduxit et in Aulercis Lexoviisque, reliquis item civitatibus, quae proxime bellum fecerant, in hibernis collocavit.

tisten (c. 20). — *bellum facere*, wie
πόλεμον ποιεῖν: Krieg erregen,
anstiften, *movere, concitare*; 7. 2,
1. Oefter mit einem Dativ, wie 4.
22, 1. 5. 28, 1: *b. fac. populo Romano*. Cic. p. Sull. 20, 58: *ut hoc
credi possit, eum bellum populo
Romano facere voluisse*.

C. IULII CAESARIS

DE

BELLO GALLICO

COMMENTARIUS QUARTUS.

—

1   Ea, quae secuta est, hieme, qui fuit annus Gneo Pompeio, Marco Crasso consulibus, Usipetes Germani et item Tencteri magna cum multitudine hominum flumen Rhenum transierunt, 2 non longe a mari, quo Rhenus influit. Causa transeundi fuit, quod ab Suebis complures annos exagitati bello premebantur et agricultura prohibebantur.

3   Sueborum gens est longe maxima et bellicosissima Germa-
4 norum omnium. Hi centum pagos habere dicuntur, ex quibus

In Gallien schien bei Beginn des 4. Kriegsjahres, 55 v. Chr., nach Eroberung des ganzen Landes zwischen den Pyrenäen und dem Rhein, der Krieg beendigt. Nur wenige Stämme an der belgischen Küste (3. 28 u. 29) und am Fusse der Pyrenäen (3. 27, 2) waren noch frei. In den nächsten Jahren hat es C. nur mit der Dämpfung einzelner Aufstände und der Sicherung der gemachten Eroberungen zu thun, zu welchem Zwecke auch die Germanen und Britannen angegriffen werden.

1. 1. *hieme, qui fuit annus,* eigenthümliche Wendung, indem für den Winter in der beigegebenen Erklärung das Jahr, dessen Theil der Winter ist, gesetzt und darauf nach dem Gebrauch, das Relativ. mit dem Prädicatsubstantiv des erklärenden Satzes zu verbinden (1. 38, 1), das Relativ. bezogen wird. — *magna cum multitudine.* Zu erklären nach 2. 7, 3. — *a mari, quo* = in quod: nahe bei seiner Mündung.

2. *exagitati*: 2. 29, 5.

4. *centum pagos.* S. zu 1. 37, 3. Die Eintheilung in hundert Gaue, die Tacit. Germ. c. 39 den Sueben-Semnonen beilegt, hatte Caes. auch den westlichen, schon zum Rhein gelangten Sueben zugeschrieben; nicht unglaublich ist, dass sie bei jeder Niederlassung an neuer Stätte

quotannis singula milia armatorum bellandi causa ex finibus
educunt. Reliqui, qui domi manserunt, se atque illos alunt. Hi 5
rursus in vicem anno post in armis sunt, illi domi remanent. Sic 6
neque agricultura nec ratio atque usus belli intermittitur. Sed 7
privati ac separati agri apud eos nihil est, neque longius anno
remanere uno in loco incolendi causa licet. Neque multum fru- 8
mento, sed maximam partem lacte atque pecore vivunt multumque sunt in venationibus; quae res et cibi genere et cotidiana 9
exercitatione et libertate vitae, cum a pueris nullo officio aut
disciplina assuefacti nihil omnino contra voluntatem faciant, et
vires alit et immani corporum magnitudine homines efficit. At- 10
que in eam se consuetudinem adduxerunt, ut locis frigidissimis
neque vestitus praeter pellis haberent quicquam, quarum propter
exiguitatem magna est corporis pars aperta, et lavarentur in flu-

die volksthümliche Eintheilung wiederholten' Grimm Gesch. d. d. Spr.
1. 192. — *quotannis singula milia.*
Es ist natürlich, dass dieser so
starke Heerbann nicht immer vereinigt auszog, sondern in verschiedene Unternehmungen sich theilte.
— *singula milia armatorum.* S. zu
1. 49, 3.

5. *qui manserunt - alunt.* Die
Handlung des Nebensatzes mit dem
Relativum (wie mit *cum, quoties, si,
ubi*) ist ebenso als sich wiederho-
lend zu denken, wie die des Hauptsatzes, nur als dieser vorausgehend,
daher das Perf., sowie es nach Anm.
zu 3. 4, 2. 4. 26, 2 von einer in der
Vergangenheit wiederholten Handlung heissen würde: *qui manserant,
alebant.* Wir können in jenem Falle
auch das Präs. setzen: so viele jedesmal zu Hause bleiben. 6. 13, 6:
*si qui decreto non stetit, sacrificiis
interdicunt.* Vgl. 2. 14, 6. S. Madv.
§ 335 Anm. 1. — *alunt*, durch Be-
stellung der Aecker. — *rursus in
vicem. Rursus* bezeichnet die Wiederholung der Sache, *in vicem* den
Wechsel der Personen; also kein
Pleonasmus. — *ratio belli*: Kenntniss, planmässige Führung des Krieges, *usus*: Kriegsübung. 2. 20, 3:
scientia et usus.

7. *longius* von der Zeit wie 7. 9,
2: *longius triduo*, 7. 71, 4. Sall.
Cat. 29, 1. Ueber den Ablat. *anno*
s. zu 1. 22, 1 (1. 15, 5). — *neque
remanere - licet.* Dies als allgemeine germanische Sitte 6. 22, 2,
wie überhaupt C. hier manches allen
Germanen Gemeinsame den Sueben,
die er durch den Krieg mit Ariovist
zuerst kennen lernte, beilegt. —
sunt in venationibus: sie beschäftigen sich mit Jagen = versantur in.
6. 21, 3: *vita omnis in venationibus
- consistit.*

10. *Atque:* 3. 15, 3. — *locis frigidissimis.* Auch wenn wir sagen:
'in dem so kalten Lande tragen sie
nur Felle', ist dies mehr als blosse
Ortsbestimmung; ebenso liegt in
locis frigidissimis ein Umstand, der
mit jener ungenügenden Kleidung
im Widerspruch steht, was durch
passende Auflösung des Ablat. deutlich wird.

haberent - lavarentur. Nach
unserer Denkweise erwarten wir
den Coniunct. Präs. (dass sie haben),
da der Inhalt des abhängigen Satzes
als noch jetzt bestehend zu denken
und *adduxerunt* nicht historisches
Perf. ist. Doch ist der Lateiner so
sehr an jene Tempusfolge gewöhnt,
dass er sie auch in diesen Fällen
anwendet. Cic. p. Mil. 13, 34: *adepti
estis, - ne timeretis.* Fam. 1. 8,

2 minibus. Mercatoribus est aditus magis eo, ut, quae bello ceperint, quibus vendant, habeant, quam quo ullam rem ad se im-
2 portari desiderent. Quin etiam iumentis, quibus maxime Galli
delectantur quaeque impenso parant pretio, Germani importatis
non utuntur, sed quae sunt apud eos nata, parva atque deformia,
haec cotidiana exercitatione summi ut sint laboris efficiunt.
3 Equestribus proeliis saepe ex equis desiliunt ac pedibus proeliantur, equosque eodem remanere vestigio assuefecerunt, ad quos
4 se celeriter, cum usus est, recipiunt; neque eorum moribus tur-
5 pius quicquam aut inertius habetur, quam ephippiis uti. Itaque
ad quemvis numerum ephippiatorum equitum quamvis pauci
6 adire audent. Vinum ad se omnino importari non sinunt, quod
ea re, ad laborem ferendum remollescere homines atque effemi-
3 nari arbitrantur. Publice maximam putant esse laudem, quam
latissime a suis finibus vacare agros: hac re significari magnum
2 numerum civitatium suam vim sustinere non posse. Itaque una
ex parte a Suebis circiter milia passuum sexcenta agri vacare

---

10: *profecisse tantum mihi videntur, ut auctoritate plus valerent,*
wir: dass sie mehr vermögen.
Doch findet sich nach dem Perf. auch
das Präs. (Zumpt § 514. Madv. §
383.) — Ueber die Sache 6. 21.

2. 1. *quae bello ceperint.* Ausdruck der Vorstellung der Sache in
der Umschreibung des Substantiv-
begriffs 'Beute', wie 2. 5, 5.

quam quo: 'als dass, als deswegen, weil' = *quam quod, quam eo
(ideo) quod.* Die gewöhnliche Wendung würde sein: *non quo — desiderent, sed eo ut — habeant.* Es
wird gebraucht, um den Grund, den
man nicht als den wahren anerkennt
(den einer denken könnte), anzugeben, daher immer mit dem Coniunct. und nach vorausgehender Negation (*non quo, non quod*), die
hier in dem Comparativverhältniss
ausgedrückt liegt (daher auch *ullam
rem*). Cic. Fam. 10. 3: *haec amore
magis impulsus scribenda putavi,
quam quo arbitrarer, te monitis
egere.*

2. *iumenta* hier nur Pferde,
Reit-, Zug- und Lastpferde, von

denen im Folgenden allein die Rede
ist, sonst auch Ochsen und Maul-
esel. — *labor* 'Arbeitsfähigkeit',
Ausdauer in Arbeit und Anstrengung. Cic. Fam. 13. 10: *hominem
magni laboris summaeque indu-
striae.*

3. *usus:* 'Bedürfniss'. 6. 15, 1.
B. C. 3. 84, 4: *cum adesset usus.*

6. *Vinum — arbitrantur.* Vergl.
2. 15, 4.

3. 1. *Publice — agros.* 6. 23, 1:
*Civitatibus maxima laus est, quam
latissime circum se vastatis finibus
solitudines habere.* Dem *civitatibus*
entspricht hier *publice:* 'für den
Staat', im Gegens. zu dem, was
Einzelnen Ruhm bringt; es war also
eine *publica laus*: Volksruhm. —
vacare sc. incolis, unbewohnt und
unbebaut sein. — *significari — non
posse.* Nach 6. 23, 3 geschah es
nicht blos aus Ruhmsucht, sondern
zur Sicherheit vor plötzlichen Ein-
fällen.

2. *a Suebis* mit dem Folgenden
zu verbinden: *mil. p. sexc. a Suebis,* wie vorher *latissime a suis finibus.* — *agri* ist Genitiv. — *una ex*

dicuntur. Ad alteram partem succedunt Ubii, quorum fuit civi- 3
tas ampla atque florens, ut est captus Germanorum, et paulo sunt
eiusdem generis ceteris humaniores, propterea quod Rhenum attingunt, multumque ad eos mercatores ventitant, et ipsi propter
propinquitatem Gallicis sunt moribus assuefacti. Hos cum Sue- 4
bi multis saepe bellis experti propter amplitudinem gravitatem-
que civitatis finibus expellere non potuissent, tamen vectigales
sibi fecerunt ac multo humiliores infirmioresque redegerunt. In 4
eadem causa fuerunt Usipetes et Tencteri, quos supra diximus,
qui complures annos Sueborum vim sustinuerunt; ad extremum 2
tamen agris expulsi et multis locis Germaniae triennium vagati
ad Rhenum pervenerunt; quas regiones Menapii incolebant et 3
ad utramque ripam fluminis agros, aedificia vicosque habebant,
sed tantae multitudinis aditu perterriti ex iis aedificiis, quae trans
flumen habuerant, demigraverunt et cis Rhenum dispositis praesidiis Germanos transire prohibebant. Illi omnia experti cum 4
neque vi contendere propter inopiam navium neque clam transire propter custodias Menapiorum possent, reverti se in suas
sedes regionesque simulaverunt et tridui viam progressi rursus

parte: in der Gegend zwischen Donau, Neckar, Rhein und Main. Die
so grosse Ausdehnung dieser wü-
sten Gegend auf 600000 Schritt ist
durchaus unwahrscheinlich; doch
ist ungewiss, ob C. selbst falsch
unterrichtet war (*vacare dicuntur*),
oder in den Handschriften gefehlt
worden ist.

3. *Ad alter. part. succedunt Ubii*:
an die andere (jener entgegengesetzte) Seite nähern sich, treten
heran, doch auch mit einem, wenn
auch nicht so ausgedehnten, men-
schenleeren Zwischenraum. — *ut
est captus Germ.*: soweit die Germanen nach ihrer Fassungskraft,
ihrem Bildungsstande, einer Blüthe
— im vollen Sinne des Wortes —
fähig sind, soweit bei Germ. davon
die Rede sein kann. *Captus* (fast
nur in obiger Wendung classisch,
während *pro captu* den Späteren
angehört) wird nur von der geistigen Fähigkeit gebraucht. — *fuit
ampla et florens — et sunt — humaniores*: der Grund des Perf. § 4.

Sie waren sonst mächtig (vor der
Schwächung durch die Sueben) und
sind (auch nach dieser) *humaniores
ceteris*. — *eiusdem generis ceteris*
= als die übrigen Germanen. —
multumque, s. zu 3. 9, 3. — *Gallicis
moribus*. Die entschiedene Casus-
form s. c. 1, 9.

4. *saepe* bei *multis bellis* nicht
überflüssig, sondern das schnelle
Aufeinanderfolgen der Kriege bezeichnend. — *gravitas* 'Bedeutsam-
keit' durch ihre Macht = bedeutende
Macht. — *redegerunt*. Ueber diesen
seltenen Gebrauch von *redigere* mit
doppeltem Accus. = reddere, facere,
s. zu 2. 27, 5.

4. 1. *causa*: 'Lage', condicio. —
supra: c. 1, 2. — *quos — diximus*,
qui, wie c. 28, 1: *naves, de quibus
supra demonstratum est, quae —
sustulerant*. S. 1. 2, 4. Vergl. dagegen c. 16, 2.

3. *habuerant*: die sie bewohnt
hatten, bevor sie über den Rhein
zurückgingen.

4. *rursus* bei *reverterunt* stellt

5 reverterunt atque omni hoc itinere una nocte equitatu confecto
6 inscios inopinantesque Menapios oppresserunt, qui de Germanorum discessu per exploratores certiores facti sine metu trans
7 Rhenum in suos vicos remigraverant. His interfectis navibusque eorum occupatis, priusquam ea pars Menapiorum, quae citra
Rhenum erat, certior fieret, flumen transierunt atque omnibus
eorum aedificiis occupatis reliquam partem hiemis se eorum copiis aluerunt.

5 His de rebus Caesar certior factus et infirmitatem Gallorum veritus, quod sunt in consiliis capiendis mobiles et novis
plerumque rebus student, nihil his committendum existimavit.
2 Est enim hoc Gallicae consuetudinis, uti et viatores etiam invitos
consistere cogant et, quid quisque eorum de quaque re audierit
aut cognoverit, quaerant, et mercatores in oppidis vulgus circumsistat quibusque ex regionibus veniant quasque ibi res cogno-
3 verint, pronuntiare cogant. His rebus atque auditionibus permoti
de summis saepe rebus consilia ineunt, quorum eos in vestigio
poenitere necesse est, cum incertis rumoribus serviant, et pleri-
6 que ad voluntatem eorum ficta respondeant. Qua consuetudine
cognita Caesar, ne graviori bello occurreret, maturius, quam
2 consuerat, ad exercitum proficiscitur. Eo cum venisset, ea, quae

den Act des *reverti* als wiederholt
dar. — Nach c. 15 waren 430000
mit dem Trosse ausgewandert. Der
Ort des Uebergangs war in der Gegend von Emmerich, wo der Rhein
sich theilt und an beiden Ufern die
Menapier wohnten. Sie setzten sich
in der Gegend von Nymwegen und
Kleve fest.

5. *omni – confecto* Häufung der
Ablat. wie 3. 29, 2. — *inopinantes.*
C., der *nec* vor Vocalen nicht setzt,
braucht sie *necopinans, necopinatus.*

5. 1. *infirmitas*: 'Charakter-
schwäche, Wankelmuth'. — *nihil
his committendum existimavit*: er
glaubte ihnen nichts überlassen, in
nichts ihnen vertrauen zu dürfen.
Er fürchtete, dass sie durch die Ankunft der Germ., die er selbst für
verabredet hält, aufgereizt, gegen
ihn sich erheben würden. Er musste
daher, da er auf die Gallier nicht

rechnen konnte, selbst seine Massregeln gegen die Germ. ergreifen.
Das harte Verfahren der Germ. gegen die Menapier spricht indess
nicht gerade für jenes vermuthete
Einverständniss. S. zu c. 15, 5.

3. *His rebus*: die sie auf ihre Fragen erfuhren, näher erläutert durch
atque auditionibus, da sie eben
nichts als Redereien sind. — *in vestigio. Vestigium*: die Stelle, auf
der man steht, c. 2, 3. Liv. 23. 22:
mori in vestigio quemque suo vidit;
also *in vestigio* = noch auf der
Stelle, wo sie die Beschlüsse gefasst haben, augenblicklich. Sonst
gewöhnlich *e vestigio.* — *rumoribus
servire*: den Gerüchten dienen, sich
nach ihnen richten. 7. 34, 1: *bello
servire* = thun, was der Krieg fordert.

6. 1. *graviori bello*: wenn sich
die Gallier mit den Germanen vereinigten. — *occurrere* wie 3. 6, 4.

fore suspicatus erat, facta cognovit: missas legationes ab non- 3
nullis civitatibus ad Germanos invitatosque eos, uti ab Rheno
discederent, omniaque, quae postulassent, ab se fore parata. Qua 4
spe adducti Germani latius vagabantur et in fines Eburonum et
Condrusorum, qui sunt Treverorum clientes, pervenerant. Prin- 5
cipibus Galliae evocatis Caesar ea, quae cognoverat, dissimulan-
da sibi existimavit eorumque animis permulsis et confirmatis
equitatuque imperato bellum cum Germanis gerere constituit.
Re frumentaria comparata equitibusque delectis iter in ea loca 7
facere coepit, quibus in locis esse Germanos audiebat. A quibus 2
cum paucorum dierum iter abesset, legati ab his venerunt, quorum haec fuit oratio: Germanos neque priores populo Romano 3
bellum inferre neque tamen recusare, si lacessantur, quin armis
contendant, quod Germanorum consuetudo sit a maioribus tradita, quicumque bellum inferant, resistere neque deprecari.
Haec tamen dicere, venisse invitos, eiectos domo; si suam gratiam Romani velint, posse iis utiles esse amicos; vel sibi agros 4

3. *ab Rheno discederent*, natürlich nicht: in die Heimath zurück,
sondern mehr in das Land (Gallien)
hinein. — *quae postulassent* = Fut.
exact. — *omniaque – fore parata*
von einem aus *invitatos* herauszu-
nehmenden Verbum abhängig.

4. *Qua spe*: durch die Hoffnung
darauf. S. zu 5. 19, 2. — *clientes*:
1. 31, 6. — *pervenerant*, zu der
Zeit, als Caes. den Krieg gegen sie
beschloss. Es ist nicht die ganze
Völkerschaft gemeint, sondern nur
Streifcorps, die zwischen Rhein und
Maas bis an's linke Ufer derselben
vorausgegangen waren.

5. *eorum animis permulsis*. Er
beruhigte sie (*eorum animos*, die
häufige Umschreibung durch *animus*) durch freundliche Rede und
sprach ihnen Muth ein, als ob sie
wegen des Einfalls der Germ. traurig wären, da er die eigentliche
Sachlage ignoriren will. — *constituit* = se velle ostendit: er bestimmte in dieser Unterredung, erklärte seinen Entschluss; denn für
sich hatte er ihn schon vorher gefasst. Aehnlich B. C. 1. 19, 2: *ar-*

*cano cum paucis familiaribus suis
colloquitur consiliumque fugae capere constituit.*

7. 2. *A quibus* geht auf *ea loca*,
nicht auf das im Nebensatze stehende *Germanorum*, worauf sich
his (nicht *iis*) bezieht.

3. *resistere* mit Auslassung des
Pron. demonstr. auch bei unglei-
chem Casus wie 7. 31, 3: *qui refugerant, armandos curat.* Liv. 6. 4:
*dies praestituta, qui non remigras-
set Romam.* Gewöhnlich ist die Auslassung, wenn das Demonstr. mit
dem Relat. in gleichem Casus stehen
würde. 1. 40, 12. Indess kann auch
resistere absolut genommen werden
(wer sie auch angreife, 'sich zu
wehren') wie gleich darauf *deprecari*: Zuflucht zum Bitten nehmen;
vgl. 5. 6, 2. 6. 4, 2. — *Haec tamen
dicere*: 'soviel jedoch wollten sie
sagen'. Sie schicken diese Worte
voraus, weil das Folgende jener Erklärung entgegen eine Entschuldigung ihres Einfalls und ein Anerbieten zu gütlicher Uebereinkunft
enthält.

5 attribuant vel patiantur eos tenere, quos armis possederint: sese
unis Suebis concedere, quibus ne dii quidem immortales pares
esse possint; reliquum quidem in terris esse neminem, quem
8 non superare possint. Ad haec quae visum est Caesar respondit; sed exitus fuit orationis: Sibi nullam cum his amicitiam
2 esse posse, si in Gallia remanerent; neque verum esse, qui suos
fines tueri non potuerint, alienos occupare; neque ullos in Gallia
vacare agros, qui dari tantae praesertim multitudini sine iniuria
3 possint; sed licere, si velint, in Ubiorum finibus considere, quorum sint legati apud se et de Sueborum iniuriis querantur et a
9 se auxilium petant: hoc se Ubiis imperaturum. Legati haec se
ad suos relaturos dixerunt et re deliberata post diem tertium
ad Caesarem reversuros: interea ne propius se castra moveret,
2 petierunt. Ne id quidem Caesar ab se impetrari posse dixit.
3 Cognoverat enim magnam partem equitatus ab iis aliquot diebus

4. *possederint*: 'in Besitz genommen hätten' von *possidēre* =
potiri. Liv. 31. 31: *Rhegium legio
a nobis in praesidium missa per
scelus possedit.* (Das Präs. Lucret.
1. 366: *aër omne necessest – pos-
sidat inane.*)

5. *concedere* absolut: 'weichen,
den Vorrang lassen'. — *quem non
superare possint*, nicht *quem sup.
non possint*. Nach *nemo est*, *nihil
est*, *quid est* wird *non* gleich zum
Relat. gesetzt = quia, das C. in dieser Verbindung hat 6. 39, 3. B. C.
2. 5, 4. 19, 2. 3. 53, 3. 81, 2. Wie
nun in dieser Partikel die Negat.
sich eng dem Relat. verbindet, so
auch in jener Wendung, weil sie
nicht einem einzelnen der folgenden
Worte angehört. Der Gegensatz
der beiden Negationen ist wie in
nemo non = jeder. Cic. de Fin. 5.
22, 63: *nemo est, qui non hanc animi
affectionem probet* = 'jeder billigt
diese Stimmung', *nemo est, qui h.
an. aff. non probet* = 'Niemand
missbilligt sie'. — Der Ton der Rede
ist ganz wie der des Ariovist 1. 36,
7, und der Helvetier 1. 13, 7, und
des Vercingetorix 7. 29, 6.

8. 1. *sed* im Gegensatz zu dem
Anfang der Rede, den er als unwe-
sentlich übergeht, während er das
Ende (*exitus* wörtlich zu nehmen),
das die eigentliche Erklärung enthält und zusammenfasst, anführt.
— *cum his*: mit den von den Abgesandten vertretenen Germanen. —
remanerent. Das Imperf. wegen des
vorausgegangenen *fuit*; im Folgenden braucht er bei den allgemeinen
Gedanken und der Schilderung ge-
genwärtiger Verhältnisse (1. 14 a.
E. 1. 31. a. E.) die Präsentia.

2. *verum*: wahr, d. h. mit der
wahren Beschaffenheit der Dinge,
mit der Vernunft und dem Recht
übereinstimmend, recht, gehörig,
conveniens; daher nicht selten verbunden *verum et rectum*. (Cic.
Tusc. 3. 29, 73: *rectum et verum
est, ut amemus.* Liv. 32. 33, 1: *sociorum audiri postulata verum esse.*
Caes. meint, wer zu schwach sei,
sein Land zu schützen, müsse die
Unterwerfung ertragen und nicht
Anderen ihr Besitzthum entreissen.

9. 1. *post diem tertium*: am dritten Tage oder 3 Tage nachher, indem nach lat. Sprachgebrauch nicht
3 volle Tage dazwischen liegend
gedacht und der erste und letzte mit
eingerechnet wird. c. 28, 1. 6. 33, 4.
(Z. § 476.)

ante praedandi frumentandique causa ad Ambivaritos trans Mosam missam; hos exspectari equites atque eius rei causa moram interponi arbitrabatur.

Mosa profluit ex monte Vosego, qui est in finibus Lingonum, et parte quadam ex Rheno recepta, quae appellatur Vacalus, insulam efficit Batavorum, neque longius ab Rheno milibus passuum LXXX in Oceanum influit. Rhenus autem oritur ex Lepontiis, qui Alpes incolunt, et longo spatio per fines Nantuatium, Helvetiorum, Sequanorum, Mediomatricum, Tribocorum, Treverorum citatus fertur et, ubi Oceano appropinquavit, in plures defluit partes multis ingentibusque insulis effectis, quarum pars magna a feris barbarisque nationibus incolitur, ex quibus sunt, qui piscibus atque ovis avium vivere existimantur, multisque capitibus in Oceanum influit. 10 2 3 4 5

Caesar cum ab hoste non amplius passuum XII milibus abesset, ut erat constitutum, ad eum legati revertuntur; qui in 11

10. 1. *ex monte Vosego qui* —: aus dem Theil der Vogesen, welcher —. Denn die Vogesen sind nicht blos im Gebiet der Lingonen, und die Maas entspringt auf einem südwestlich gelegenen Gebirge, das aber noch zu den Vogesen gerechnet wird.

parte quadam ex Rh. recepta kurz für parte qu. ex Rheno derivata recepta. — *insulam efficit Bat.* mit dem nördlichen Arme des Rheins und der Nordsee. Sie wird zuerst von Caes. erwähnt.

2. *neque longius milibus* etc. S. 1. 22, 1. 1. 15, 5. — Die ganze Beschreibung des Laufs der Flüsse ist mangelhaft und unklar, die Lesart selbst unsicher (die Textesworte sind nach Nipperdey's Vermuthung gegeben). C. spricht nicht als Augenzeuge, da er selbst nicht weit genug in diese nördlichen Districte vorgedrungen ist. Vergl. den geograph. Index unter Rhenus.

4. *defluit:* er fliesst nach mehreren Seiten hin (nicht in ein Bett vereinigt) zum Meere ab (vom letzten Theile seines Laufes, bevor er *in Oceanum influit*) indem er mit seinen verschiedenen Armen Inseln bildet. [Dem *defluere* kann nicht die

Vorstellung zu Grunde liegen, dass er 'aus den letzten Höhen in die Ebene hinaustritt'. In Holland ist an Höhen nicht mehr zu denken]. — *multis ingentibusque* = multis iisque ingentibus.

5. *sunt, qui existimantur.* Der Indicat. war hier nothwendig. Es heisst nicht allgemein: es giebt Leute, die nur Fische und Eier essen (in welchem Falle der Schriftsteller nicht angeben kann oder will, wer diese seien), sondern: zu den wilden Menschen, die dort wohnen, gehören auch die (bestimmten), welche etc. S. 6. 27, 1. — *capitibus:* 'Mündungen', sonst gewöhnlich Quellen. *Caput* ist das Oberste, Aeusserste, daher sowohl Anfang als Ende.

11. 1. *Caesar cum abesset — revertuntur. Caesar* ist vorangestellt, als ob er (wie z. B. c. 35, 1) auch Subiect des Hauptsatzes und der ganzen Periode wäre, für cum *Caesar abesset.* Theils die beabsichtigte Hervorhebung eines Gegensatzes, theils die Gewohnheit, das Subiect der Periode voranzusetzen, veranlasst die Stellung, auch wo es nicht allen Satztheilen gemeinsam

itinere congressi magnopere, ne longius progrederetur, orabant.
2 Cum id non impetrassent, petebant, uti ad eos equites, qui agmen antecessissent, praemitteret eosque pugna prohiberet, sibique ut
3 potestatem faceret in Ubios legatos mittendi; quorum si principes ac senatus sibi iureiurando fidem fecisset, ea condicione, quae a Caesare ferretur, se usuros ostendebant: ad has res con-
4 ficiendas sibi tridui spatium daret. Haec omnia Caesar eodem illo pertinere arbitrabatur, ut tridui mora interposita equites eorum, qui abessent, reverterentur; tamen sese non longius milibus passuum quattuor aquationis causa processurum eo die di-
5 xit; huc postero die quam frequentissimi convenirent, ut de
6 eorum postulatis cognosceret. Interim ad praefectos, qui cum omni equitatu antecesserant, mittit, qui nuntiarent, ne hostes proelio lacesserent et, si ipsi lacesserentur, sustinerent, quoad
12 ipse cum exercitu propius accessisset. At hostes ubi primum nostros equites conspexerunt, quorum erat quinque milium numerus, cum ipsi non amplius octingentos equites haberent, quod ii, qui frumentandi causa ierant trans Mosam, nondum redierant,

ist. S. 7. 17, 4 u. 8. 1, 1. — *in itinere congressi* = cum Caesare, qui in itinere erat, congr.

2. *praemitteret* ohne Object; ebenso wir: dass er zu den Reitern vorschicken und sie abhalten solle; § 6 die gewöhnlichere Redeweise, nach der es hier heissen könnte? — *ad eos equites, qui.* Es war nach § 6 nicht ein Theil, sondern die ganze Reiterei.

3. *fecisset,* wie 2. 26, 5: *quantoque in periculo et castra et legiones et imperator versaretur.* — *condicio*: der Vorschlag (1. 42, 2), den Caes. c. 8, 3 gemacht hatte, und der noch als bestehend gedacht wird; daher Coni. Impf. *ferretur,* der hier nicht = Coni. Fut. ist.

4. *eodem illo pert.,* wie 1. 14, 4: gehöre eben auch dahin, beziehe sich eben darauf, d. i. auf das c. 9, 3 Erwähnte.

5. *huc*: an den Ort, an den er an diesem Tage kommen wollte. — *ut de eorum postul. cognosceret*, hier nicht sowohl, um sich von ihren Forderungen zu unterrichten (wie 1. 35, 2 u. ö.), denn was sie wollten, wusste er, sondern: 'um ihre Sache zu untersuchen' zum Behufe der Entscheidung, wie 1. 19, 5. B. C. 1. 87, 3: *Caesar ut cognosceret, postulatum est — quam frequentissimi convenirent.* Es ist wohl unzweifelhaft, dass er schon jetzt bei dieser Forderung im Sinne hatte, was er c. 13, 6 ausführte: er wollte sich der Häupter der Germ. unter irgend einem Vorwande bemächtigen.

6. *praefectos,* wie das folgende *qui cum omni equitatu antec.* zeigt, *praef. equitum*, was gewöhnlich, wenn es nicht aus dem Zusammenhange erhellt, dabei steht, wie 3. 26, 1. 7. 66, 3 u. ö. — *nuntiarent ne,* wie 3. 5, 3 *certiores facit — intermitterent.* — *sustinerent.* Sie sollten ruhig Stand halten, (dem *proelio lacessere* entgegengesetzt) = sich defensiv verhalten. *sustinere* absolut wie 2. 6, 4, und *sustentare* 2. 6, 1.

12. 1. *quorum erat quinque milium numerus*, wie c. 15, 3. S. zu B. C. 3. 21, 2: *quarum* (copiarum) *erat summa trium legionum.* Vergl.

nihil timentibus nostris, quod legati eorum paulo ante a Caesare
discesserant atque is dies indutiis erat ab his petitus, impetu facto celeriter nostros perturbaverunt; rursus resistentibus con- 2
suetudine sua ad pedes desiluerunt, subfossis equis compluribusque nostris deiectis reliquos in fugam coniecerunt atque ita perterritos egerunt, ut non prius fuga desisterent, quam in conspectum agminis nostri venissent. In eo proelio ex equitibus nostris 3
interficiuntur quattuor et septuaginta, in his vir fortissimus, Piso 4
Aquitanus, amplissimo genere natus, cuius avus in civitate sua
regnum obtinuerat amicus ab senatu nostro appellatus. Hic cum 5
fratri intercluso ab hostibus auxilium ferret, illum ex periculo
eripuit, ipse equo vulnerato deiectus, quoad potuit, fortissime
restitit: cum circumventus multis vulneribus acceptis cecidisset, 6
atque id frater, qui iam proelio excesserat, procul animadvertisset, incitato equo se hostibus obtulit atque interfectus est. Hoc 13
facto proelio Caesar neque iam sibi legatos audiendos neque
condiciones accipiendas arbitrabatur ab iis, qui per dolum atque
insidias petita pace ultro bellum intulissent: exspectare vero, 2
dum hostium copiae augerentur equitatusque reverteretur, sum-

dagegen oben zu 1. 29, 3. — *nihil
timentibus nostris* – *nostros per-
turb.* S. zu c. 21, 6.

2. *rursus resistentibus*: indem
sie nach der vorhergehenden Verwirrung (*perturbaverunt*) wieder (in
Ordnung kamen und) Stand hielten.
— *resistentibus* ohne Pronomen,
das nur, wenn die Person betont
wird, zum Abl. abs. eines Partic.
gesetzt wird, wie man auch hier
nicht sagen würde: *cum ii resisterent*. Vergl. B. C. 1. 30, 3. Indess
brauchen die älteren Schriftst. so
das Partic. selten und ziehen die
Umschreibung vor. — *ad pedes de-
sil.*, nach der c. 2, 3 geschilderten
Kampfart. — *subfossis*: 'von unten
durchbohrt'. 1. 26, 3: *subicere*; 4.
19, 1: *succidere*. Das Asyndeton
dient zur Bezeichnung der schnellen
Aufeinanderfolge. — *compl. nostris*:
1. 52, 5. — *perterritos egerunt.*
Ganz eigentlich und als weitere,
verstärkende Ausführung des *in fugam coniec.* zu nehmen = sie trieben, jagten sie erschreckt vorwärts.
5. 17, 3: *praecipites hostes egerunt.*

Liv. 2. 25, 4: *eques usque ad castra
pavidus agit.*
Wie 1. 15 vor 500 Helvetiern
flieht hier die ganze Reiterei vor
800 Germanen. Allerdings sagt Tac.
Germ. 32: *Tencteri super solitum
bellorum decus equestris disciplinae
arte praecellunt.* Die ganze Erzählung des Vorfalls unterliegt so vielen Bedenken, dass man zweifeln
kann, ob die Germanen bei ihrer so
geringen Anzahl oder die Römer
den Zusammenstoss herbeigeführt
hatten und ob nicht selbst die Flucht
berechnet war.

4. *amicus*: 1. 3, 4. — *atque interf. est*: und wurde so getödtet.

13. 1. *condiciones accipiendas.*
Nach c. 11, 5 sollten sie am folgenden Tage wiederkommen, *ut de eorum postulatis* (in Beziehung auf
die Versetzung ins Land der Ubier)
cognosceret. — *petita pace*: c. 12, 1.

2 u. 3. *equitatusque revert.* Erklärender Zusatz durch das expli-
cative *que*, da ihre Streitkräfte eben
durch die zurückkehrenden Reiter

3 mae dementiae esse iudicabat, et cognita Gallorum infirmitate,
quantum iam apud eos hostes uno proelio auctoritatis essent
consecuti, sentiebat; quibus ad consilia capienda nihil spatii dan-
4 dum existimabat. His constitutis rebus et consilio cum legatis
et quaestore communicato, ne quem diem pugnae praetermitteret, opportunissima res accidit, quod postridie eius diei mane
eadem et perfidia et simulatione usi Germani frequentes omnibus principibus maioribusque natu adhibitis ad eum in castra
5 venerunt, simul, ut dicebatur, sui purgandi causa, quod contra,
atque esset dictum et ipsi petissent, proelium pridie commisissent, simul ut, si quid possent, de indutiis fallendo impetrarent.
6 Quos sibi Caesar oblatos gavisus illos retineri iussit, ipse omnes
copias castris eduxit equitatumque, quod recenti proelio perter-
14 ritum esse existimabat, agmen subsequi iussit. Acie triplici instituta et celeriter viii milium itinere confecto prius ad hostium
castra pervenit, quam, quid ageretur, Germani sentire possent.
2 Qui omnibus rebus subito perterriti et celeritate adventus nostri

verstärkt werden sollten. — *infirmitate*: c. 5, 1. — *quibus - existimabat* enthält eine Folge des Vorhergeh., was durch eine passende Partikel auszudrücken ist.

4. *ne praetermitteret* auf *consilio* zu beziehen: der Plan, der dahin
ging, dass er nicht. — *diem pugnae*: einen Tag der Schlacht (nicht
Dativ) d. h. einen Tag, an dem er
die Schlacht liefern könnte. — *opport. res accidit, quod* = die darin
bestand, dass —; daher *quod*, nicht
ut. — *postridie eius diei*: 1. 23, 1.
— *Germani frequ. omnibus - adhibitis venerunt*. Die erschienenen
Germanen waren nur eben jene *principes et maiores natu*, also zu
erklären nach c. 1, 1: *magna cum
multitudine hominum* = die Germanen kamen in grosser Anzahl,
indem zu dieser Gesandtschaft –
genommen worden waren. Diese
hatten sich nach Dio 39. 47 u. 48
dem Angriff angeblich widersetzt u.
suchten ihn der ungestümen Jugend
beizumessen.

5. *simul – simul*, wie ἅμα μέν
– ἅμα δέ, zur Bezeichnung der
Gleichzeitigkeit ungleichartiger Dinge, bei C. nur hier, bei Cicero nie.
— *sui purgandi causa*: 3. 6, 1. —
dictum = festgesetzt, bestimmt. —
de indutiis impetr. S. zu 1. 42, 1:
quod de colloquio postulasset. Vgl.
5. 36, 3. B. C. 1. 22, 6: *quod de
salute impetraverit*.

6. *illos*, das nach *quos* fehlen
konnte, steht wegen des Gegensatzes der beiden Handlungen, *illos
ret. iussit, ipse eduxit*, daher auch
illos, nicht *eos*.

14. 1. *Acie triplici inst.* S.
Kriegsw. § 14. 2. — *prius, quam -
possent*: 3. 26, 3.

2. *omnibus rebus*. Die schnelle
Ankunft der Römer und die Abwesenheit der Ihrigen bewirkte, dass
sie *omnibus rebus*, auf alle Weise,
in jeder Hinsicht (3. 17, 5) in
Schrecken gesetzt waren. *celeritate
adventus* und *discessu* causale Abl.
— *discessu suorum* kann nur auf
die *principes* und *maiores natu* gehen, die sie bei dem Ueberfall
-schmerzlich vermissten, nicht die
über die Maas entsendeten Reiter.
Dadurch, dass C. plötzlich angriff,

et discessu suorum, neque consilii habendi neque arma capiendi spatio dato, perturbantur, copiasne adversus hostem ducere, an castra defendere, an fuga salutem petere praestaret. Quorum ti- 3 mor cum fremitu et concursu significaretur, milites nostri pristini diei perfidia incitati in castra irruperunt. Quo loco qui ce- 4 leriter arma capere potuerunt, paulisper nostris restiterunt atque inter carros impedimentaque proelium commiserunt: at reliqua 5 multitudo puerorum mulierumque (nam cum omnibus suis domo excesserant Rhenumque transierant) passim fugere coepit; ad quos consectandos Caesar equitatum misit. Germani post 15 tergum clamore audito, cum suos interfici viderent, armis abiectis signisque militaribus relictis se ex castris eiecerunt, et cum 2 ad confluentem Mosae et Rheni pervenissent, reliqua fuga desperata magno numero interfecto reliqui se in flumen praecipitaverunt atque ibi timore, lassitudine, vi fluminis oppressi perierunt. Nostri ad unum omnes incolumes perpaucis vulneratis ex tanti 3 belli timore, cum hostium numerus capitum ccccxxx milium fuisset, se in castra receperunt. Caesar iis, quos in castris reti- 4 nuerat, discedendi potestatem fecit. Illi supplicia cruciatusque 5

mussten sie auch das Schicksal der Ihrigen ahnen. — *consilii habendi neque arma capiendi*, warum Wechsel der Construction? — *perturbantur, copiasne* —: sie wussten in der Bestürzung nicht, ob —.

3. *pristini*, wie unser 'vorig' = gestrig. B. C. 1. 74, 7: *pristina lenitas*, die Milde des vorigen Tages; sonst = vormalig. — *inter carros*: 1. 26, 1. — *impedimentaque*: 3. 14, 6.

15. 1. *clamore* der Weiber und Kinder, die hinter dem Lager auf der Flucht von den Reitern getödtet wurden.

2. *ad confluentem M. et Rh.* Gewöhnlicher *ad confluentes Mosam et Rhenum*. Es kann nur der Zusammenfluss der Waal (*Vacalus* c. 10, 1) und der Maas, nicht der Punkt, wo die Waal vom Rhein sich trennt, gemeint sein. S. den geogr. Index unter Mosa. — *reliqui — perierunt*. Doch kommen beide Völker noch später in der Geschichte vor.

Tac. Annal. 1. 51. Germ. 32. — *magno numero interf.*: da (auf der Flucht, nicht erst dort) eine grosse Menge getödtet war. Die Verbindung beider Participien wie oben oft. — *oppressi*. Die Form der Rede (das Asyndeton) zeigt, dass *oppressi* (überwältigt) nicht blos mit *vi fl.* zu verbinden ist.

3. *ad unum omnes*: alle bis auf den letzten Mann, alle ohne Ausnahme. — *ex tanti belli timore*: wie es bei der Ueberzahl der Feinde zu erwarten war (*cum host num. — fuisset*). Gewiss will C. damit nicht sagen, dass der Krieg, an sich unbedeutend, nur durch die Furcht gross erschienen sei, wodurch er die rasche Vollendung (weswegen er eben nicht *ex tanto bello* sagen konnte) selbst herabsetzen würde. Der Contrast zwischen der Befürchtung und dem glücklichen Ausgange wird so schärfer. Dass *se recipere* hier nicht bildlich (wie 2. 12, 1) zu nehmen sei, zeigt schon *in castra*.

5. *supplicia — veriti*. Dies spricht

Gallorum veriti, quorum agros vexaverant, remanere se apud
eum velle dixerunt. His Caesar libertatem concessit.

16   Germanico bello confecto multis de causis Caesar statuit
sibi Rhenum esse transeundum; quarum illa fuit iustissima,
quod, cum videret Germanos tam facile impelli, ut in Galliam venirent, suis quoque rebus eos timere voluit, cum intellegerent et
2 posse et audere populi Romani exercitum Rhenum transire. Accessit etiam, quod illa pars equitatus Usipetum et Tencterorum,
quam supra commemoravi praedandi frumentandique causa Mosam transisse neque proelio interfuisse, post fugam suorum se
trans Rhenum in fines Sugambrorum receperat seque cum iis
3 coniunxerat. Ad quos cum Caesar nuntios misisset, qui postularent, eos, qui sibi Galliaeque bellum intulissent, sibi dederent,
4 responderunt: Populi Romani imperium Rhenum finire: si se
invito Germanos in Galliam transire non aequum existimaret, cur
sui quicquam esse imperii aut potestatis trans Rhenum postu-
5 laret? Ubii autem, qui uni ex Transrhenanis ad Caesarem legatos miserant, amicitiam fecerant, obsides dederant, magnopere
orabant, ut sibi auxilium ferret, quod graviter ab Suebis preme-
6 rentur; vel, si id facere occupationibus reipublicae prohiberetur,
exercitum modo Rhenum transportaret: id sibi ad auxilium spem-
7 que reliqui temporis satis futurum. Tantum esse nomen atque
opinionem eius exercitus Ariovisto pulso et hoc novissimo proelio facto etiam ad ultimas Germanorum nationes, uti opinione et

nicht dafür, dass die Germ. auf Einladung der Gall. gekommen seien.
— *libertatem concessit*. Er behielt
sie als Freie bei sich.

Ueber das ganze Verfahren gegen
die Usip. und Tenct. s. Einl. S. 33.

16. 1. *multis de causis — transeundum*. S. Einl. S. 24. Anm. —
cum intellegerent: wenn sie sähen;
der Coniunct. also nicht durch *cum*
bedingt. — *iustissima* c. = der voll-
gültigste Gr.

2. *supra*: c. 9, 3.

4. *cur — postularet*: dass irgend
etwas jenseits des Rh. unter seine
Oberhoheit (*imperium*) oder gesetzliche, amtliche Gewalt (wie einer
Magistratsperson, *potestas*) gehöre,
was er durch seinen Befehl zu zeigen schien. Der Genit. von *esse* ab-

hängig, nicht von *quicquam*, das
ohne vorherg. Negat. steht wegen
des Sinnes, der in der Frage liegt.

6. *occupationes reip*: Beschäfti-
gungen des Staates, d. h. die der
Staat fordert. S. c. 22, 2. 5. 54, 4:
Gallici belli officiis.

7. *nomen atque opinionem exercitus*: Der Name und die Meinung,
welche das Heer bei Anderen hat,
in der es steht, wie nachher *opinione populi Romani*. — *eius* (Caesaris) *exercitus*, ein Genit. von dem
anderen abhängend, wie 1. 12, 7:
eius soceri avum. 6. 29, 5: *eius adventus significatio*. Cic. p. Sull. 1,
2: *cum huius periculi propulsa-
tione*. Brut. 2, 6: *quasi theatrum
illius ingenii*. — *ad ult. nat.*: 3. 9,
3 = bei oder *usque ad*, indem die
gute Meinung sich erstreckt, per-

amicitia populi Romani tuti esse possint. Navium magnam co- 8
piam ad transportandum exercitum pollicebantur. Caesar his 17
de causis, quas commemoravi, Rhenum transire decreverat; sed
navibus transire neque satis tutum esse arbitrabatur, neque suae
neque populi Romani dignitatis esse statuebat. Itaque, etsi sum- 2
ma difficultas faciendi pontis proponebatur propter latitudinem,
rapiditatem altitudinemque fluminis, tamen id sibi contendendum
aut aliter non traducendum exercitum existimabat. Rationem
pontis hanc instituit. Tigna bina sesquipedalia paulum ab imo 3
praeacuta dimensa ad altitudinem fluminis intervallo pedum duorum inter se iungebat. Haec cum machinationibus immissa in 4
flumen defixerat fistucisque adegerat, non sublicae modo directe
ad perpendiculum, sed prone ac fastigate, ut secundum naturam fluminis procumberent, his item contraria duo ad eundem 5
modum iuncta intervallo pedum quadragenum ab inferiore parte
contra vim atque impetum fluminis conversa statuebat. Haec 6
utraque insuper bipedalibus trabibus immissis, quantum eorum

tinet ad —, wie πρός und εἰς. Plat.
Gorg. 526 B: ἐλλόγιμος ἐγίγνετο
εἰς τοὺς ἄλλους Ἕλληνας. Aehnlich sprechen übrigens die Gallischen Principes 1. 31 a. E.

17. 1. *neque satis tutum.* Bei
der Ueberfahrt auf einzelnen Schiffen konnten die Feinde leichter angreifen und die Landung hindern.
Er sicherte sich auch den Rückzug.
neque – dign. e. statuebat. Ein solcher Bau schien ehrenvoller und
den Barbaren imponirender, als der
Uebergang auf gewöhnliche Weise
(noch dazu auf Schiffen der Barbaren). Flor. 3. 11, 15 : *cum Rhenum
sic ponte, quasi iugo captum
viderent, fuga in silvas.*

2. *summa – propon.*: sich als
sehr gross vor Augen oder heraus-
stellte.

3. *Tigna bina – iungebat.* An-
derthalb Fuss dicke Pfähle (Joche)
von unten abgespitzt (*praeacutae*)
verband man — jedenfalls durch ein-
gezapfte Querhölzer, Riegel — paar-
weise, aber 2 Fuss auseinander,
nach der Tiefe des Stroms abgemes-
sen (*dimensa* passivisch, 2. 19, 5),

da sie an den seichteren Stellen
kürzer sein konnten, als die an tieferen Stellen eingeschlagenen.

4. *fistucis adig.*: durch Rammen
eintreiben, einrammen; *cum – adegerat* Wiederholung der einzelnen
Handlungen des in seinem Werden
und Fortschreiten beschriebenen
Baues. S. zu 3. 4, 2. — *non subl.
modo*: nicht wie gewöhnliche Tragbalken senkrecht (*direct. ad perp.*),
sondern schräg in einem schiefen
Winkel vorwärts (stromabwärts)
und giebelförmig, wie Dächer geneigt, *fastigate.*

5. *his contraria* etc. Dieser Reihe
gegenüber, 40 Fuss weiter unten
im Fluss (*ab inf. parte* sc. *fluminis*; dies war also die Breite der
Brücke) wurden unter gleichem
Winkel, stromaufwärts gerichtet
(*contra vim atque impet. fl.*), je 2
ebenso verbundene Pfähle eingerammt.

6. *Haec utraque*: die beiden
sich gegenüberstehenden Pfahlpaare
wurden durch oben eingelassene,
'*immissis* (auf dem obersten Riegel
ruhende) Querbalken, die, um genau

tignorum iunctura distabat, binis utrimque fibulis ab extrema
7 parte distinebantur; quibus disclusis atque in contrariam partem
revinctis tanta erat operis firmitudo atque ea rerum natura, ut,
quo maior vis aquae se incitavisset, hoc artius illigata teneren-

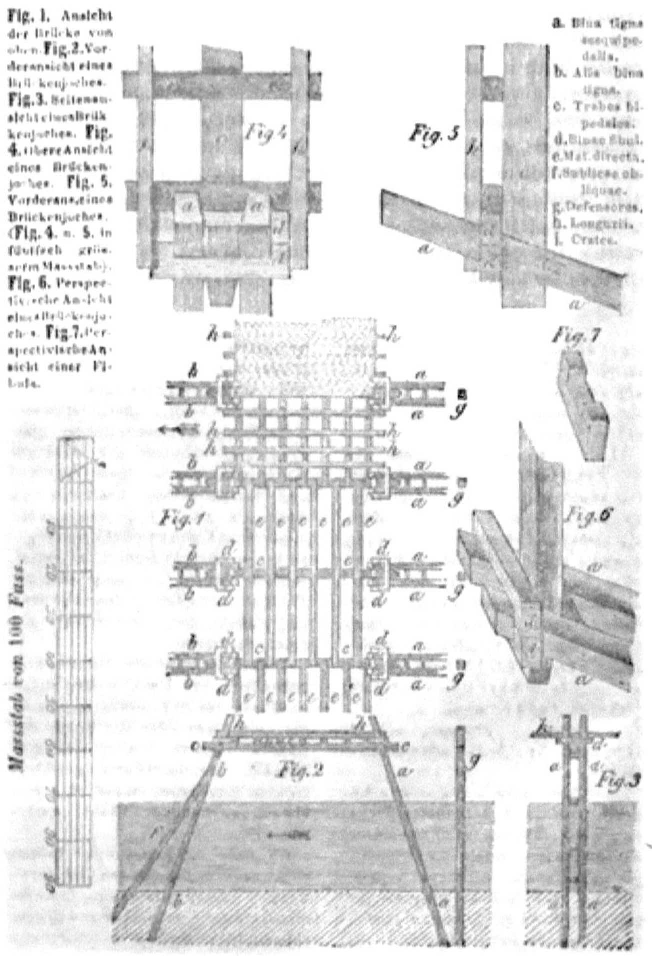

tur. Haec directa materia iniecta contexebantur ac longuriis 8
cratibusque consternebantur; ac nihilo secius sublicae et ad in- 9
feriorem partem fluminis oblique agebantur, quae pro ariete subiectae et cum omni opere coniunctae vim fluminis exciperent,
et aliae item supra pontem mediocri spatio, ut, si arborum trunci 10
sive naves deiciendi operis essent a barbaris missae, his defensoribus earum rerum vis minueretur, neu ponti nocerent. Die- 18

hineinzupassen, *bipedales* sein mussten, stets in gleichem Abstand gehalten, d. h. ihre Neigung gegeneinander konnte sich nicht verändern. *Quantum* auf *bipedales* zu
beziehen = denn so weit (2 Fuss)
stand die Verbindung der Pfähle,
eine Seite von der andern, ab. Es
scheint technisch nothwendig zu
sein, dass die *tigna* und *trabes* keil-
förmig in einander griffen. Nur so
erklärt sich die Manchen auffallende
Bemerkung, dass der Strom dem
Bau Festigkeit gab; denn wenn er
auf Keile wirkte, so trieb er die
tigna schärfer in die *trabes*. Nach
dieser Auffassung wären die *fibulae* nicht eiserne Bolzen, die durch-
geschlagen waren, sondern Klammern aus Holz, die aussen herum-
gelegt das Auseinandersprengen
verhinderten und insofern Festigkeit gaben, als das keilförmige Ende
der *trabes* die *tigna* auseinander,
um so fester aber in die *fibulae* trieb.
binis fibulis sind Abl. absol. = indem auf beiden Seiten je 2 Klammern am äussersten Ende waren.
Ueber die hier versuchte Erklärung
der *fibulae* s. den Nachtrag vor dem
geogr. Register.

7. *quibus disclusis* etc. *Disclu-
dere* wie vorher *distinere*. Da so
die Pfähle auseinander und nach
entgegengesetzten Seiten hin fest
(in der Richtung, die sie gegen einander hatten) gehalten wurden, so
wurden bei dem Andrange des Wassers von oben (*so incitare* 3. 12, 1)
und dem Gegendruck von unten die
Balken um so fester verbunden gehalten (*illig. ten.*)

8. *directa materia*: der Länge
nach aufgelegte Balken, im Gegensatz zu den sie tragenden Querbalken.

9. *nihilo secius*: obgleich der Bau
so fest genug war, also zu noch
grösserer Sicherheit. — *sublicae
obl. agebantur*. Auf der untern
Seite der Brücke wurden ausserdem Pfähle schräg eingerammt und
mit dem ganzen Werk verbunden,
um als Strebebalken, wie ein Mauerbrecher (*pro ariete*, wenn C. so
geschrieben hat) gegen den Andrang
des Stroms dem Bau noch grösseren
Halt zu geben, und die Strömung
aufzunehmen d. h. sie (ohne Schaden) auszuhalten, zu brechen, *excipere* (3. 13, 1).

10. *et aliae — supra pontem*. Jedenfalls senkrecht eingerammte
Balken, natürlich nicht verbunden
mit der Brücke, sondern in mässi-
gem Abstande von derselben. —
naves deiciendi operis. Der Genit.
von *naves* abhängig: Schiffe (bestimmt) zur Zerstörung des Werks,
wie 5. 8, 6: *quas* (naves) *sui quisque commodi fecerat*. Liv. 9. 45,
18: *ut mitterent oratores pacis petendae amicitiaeque*. — Mit Unrecht
hat man *defensores* für einen technischen Namen (Schutzpfahl) gehalten. Der Sinn ist kein anderer, als
wenn es *his defendentibus* hiesse,
nur dass durch *defensoribus* nicht
blos die Handlung des Abhaltens,
sondern die Eigenschaft, in der die
sublicae dastehen, gleichsam wie
durch eine Personification lebendiger und kräftiger bezeichnet wird.
Die Beziehung auf das Feminin. *sub-*

bus decem, quibus materia coepta erat comportari, omni opere
2 effecto exercitus traducitur. Caesar ad utramque partem pontis
3 firmo praesidio relicto in fines Sugambrorum contendit. Interim
a compluribus civitatibus ad eum legati veniunt; quibus pacem
atque amicitiam petentibus liberaliter respondit obsidesque ad
4 se adduci iubet. Sugambri ex eo tempore, quo pons institui
coeptus est, fuga comparata hortantibus iis, quos ex Tencteris
atque Usipetibus apud se habebant, finibus suis excesserant suaque omnia exportaverant seque in solitudinem ac silvas abdide-
19 rant. Caesar paucos dies in eorum finibus moratus omnibus vicis aedificiisque incensis frumentisque succisis se in fines Ubiorum recepit, atque iis auxilium suum pollicitus, si ab Suebis pre-
2 merentur, haec ab iis cognovit: Suebos, posteaquam per exploratores pontem fieri comperissent, more suo concilio habito nuntios in omnes partes dimisisse, uti de oppidis demigrarent, liberos, uxores suaque omnia in silvis deponerent, atque omnes,
3 qui arma ferre possent, unum in locum convenirent: hunc esse
delectum medium fere regionum earum, quas Suebi obtinerent:
hic Romanorum adventum exspectare atque ibi decertare consti-

licae ist dieser Erkl. nicht entgegen. (In der vorstehenden Zeichnung sind die *aliae supra pontem
sublicae* (g) nur der Kürze wegen
mit *defensores* bezeichnet.)

Die Beschreibung des Brücken-
baues hat verschiedene Erklärungen
und manche Zweifel, selbst an der
Ausführbarkeit in der beschriebenen
Weise, veranlasst. Der Ort ist unbestimmt. Wahrscheinlich südlich
von Bonn, in der Gegend von Neuwied, nach Anderen bei Bonn, oder
bei Andernach.

18. 1. *opere effecto.* C. braucht
efficere öfter = perficere, ein Werk
vollenden, z. B. B. C. 1. 18, 6: *cuius operis maxima parte effecta.* —
diebus - quibus. S. 3. 23, 2.

2. *firmo.* S. 1. 3, 8.

3. *liberaliter:* gütig, freundlich,
wie 2. 5, 1. B. C. 3. 104, 1. — *respondit - iubet.* Nach jener freundlichen Antwort (der Haupthandlung,
die er erzählt) folgt als etwas Besonderes die Forderung von Geiseln, welche Trennung der Hand-

lungen durch den Wechsel der Tempora passend bezeichnet wird. S. 5.
49, 6.

4. *institui:* errichtet, erbaut werden. 5. 11, 4. 52. 2. — *fugam comparare* wir: sich zur Flucht rüsten
(*se ad fugam* comp. Liv. 38. 33),
eigentlich die Fl. zurüsten d. h. das
zur Fl. Nöthige in Bereitschaft
setzen. 7. 61, 4: *fug. parare.* —
quos - apud se habebant. S. c.
16, 2.

19. 1. *vicis aedificiisque.* S. 1.
5, 2.

2. *nuntios dim.*, *ut:* c. 11, 6. 3.
5, 2. — *in silvis deponerent,* wie 6.
41, 1, nicht *in silvas,* denn classisch
ist nur dep. *in aliquo loco.* So auch
ibi dep. Bei Personen steht nur
apud: 7. 63, 3: *obsides apud eos
deposuerat.*

3. *hunc:* als solchen Platz, Sam-
melpunkt (dazu). *medium regionum
earum.* 6. 13, 10: *regio totius Galliae media;* nicht zu vergleichen
mit 1. 34, 1.

tuisse. Quod ubi Caesar comperit,* omnibus rebus iis confectis, 4
quarum rerum causa traducere exercitum constituerat, ut Germanis metum iniceret, ut Sugambros ulcisceretur, ut Ubios obsidione liberaret, diebus omnino decem et octo trans Rhenum consumptis satis et ad laudem et ad utilitatem profectum arbitratus se in Galliam recepit pontemque rescidit.

Exigua parte aestatis reliqua Caesar, etsi in his locis, quod 20 omnis Gallia ad septentriones vergit, maturae sunt hiemes, tamen in Britanniam proficisci contendit, quod omnibus fere Gallicis bellis hostibus nostris inde subministrata auxilia intellegebat et, si tempus anni ad bellum gerendum deficeret, tamen ma- 2 gno sibi usui fore arbitrabatur, si modo insulam adisset et genus hominum perspexisset, loca, portus, aditus cognovisset; quae omnia fere Gallis erant incognita. Neque enim temere praeter 3 mercatores illo adit quisquam, neque iis ipsis quicquam praeter oram maritimam atque eas regiones, quae sunt contra Gallias, notum est. Itaque vocatis ad se undique mercatoribus neque 4 quanta esset insulae magnitudo, neque quae aut quantae nationes

4. *rebus – quarum rerum*: 1. 6, 1. — *ut – iniceret* u. s. w. Epexegese, wie 1. 5, 1. Die Wiederholung von *ut* (Anaphora), wie 1. 19, 1 *quod*. — *obsidione*: Bedrängniss, Druck. S. c. 3, 4. 16, 5.

C. wiederholt noch einmal die Gründe, die er gehabt hatte, um dem an sich unbedeutenden Erfolge gegenüber sein Unternehmen als gelungen darzustellen. Den Sueben in ihre Wälder zu folgen, musste bedenklich scheinen, wie es denn überhaupt weniger auf einen Krieg, als auf eine Demonstration abgesehen war. Uebertreibend Suet. Iul. 25: *Germanos – primus ponte fabricato aggressus maximis affecit cladibus.* Caes. selbt sagt B. C. 1. 7, 6 nicht ohne Uebertreibung zu seinen Soldaten: *cuius imperatoris ductu – omnem Galliam Germaniamque pacaverint.* S. unten zu 7. 65, 4.

20. 1. *ad septentr. vergit*: 1. 16, 2. — *quod omnibus – intellegebat* (= sciebat). Dies wird nur 3. 9, 10 erwähnt. 2. 14, 4 waren die, welche die Bellovaken zum Krieg auf-

gereizt hatten, nach Britannien geflohen. Schwerlich war dies ein entscheidender Grund für C. Der, wenn auch ohne Hoffnung auf nachhaltigen Erfolg, zu ungünstiger Zeit mit nur zwei Legionen unternommene Zug in das unbekannte Land musste in unmittelbarer Verbindung mit jenem Unternehmen noch grössere Bewunderung erregen, und c. 38, 5 zeigt, welches Gewicht die Römer darauf legten. S. Einl. S. 24. Anm.

2. *deficeret* = nicht ausreichte. — *adisset et perspexisset – cognovisset*: 1. 46, 1. — *perspicere*: genau kennen lernen. — *Gallis incognita.* Doch heisst es 3. 8, 1: *Veneti in Britanniam navigare consuerunt,* und nach 2. 4, 7 hatte der Suessionenkönig Divitiacus *Britanniae imperium.*

3. *temere* = facile. — *contra Gallias*, da Gall. geographisch in 3 Haupttheile zerfällt (1. 1). Die aus den verschiedenen Theilen Galliens Kommenden lernten eben nur die ihrem Lande gegenüberliegende Küste kennen. (Anders 5. 13, 1.)

incolerent, neque quem usum belli haberent aut quibus institutis
uterentur, neque qui essent ad maiorum navium multitudinem
21 idonei portus, reperire poterat. Ad haec cognoscenda, priusquam
periculum faceret, idoneum esse arbitratus Gaium Volusenum
2 cum navi longa praemittit. Huic mandat, ut exploratis omnibus
3 rebus ad se quam primum revertatur. Ipse cum omnibus copiis in Morinos proficiscitur, quod inde erat brevissimus in Bri-
4 tanniam traiectus. Huc naves undique ex finitimis regionibus et
quam superiore aestate ad Veneticum bellum effecerat classem
5 iubet convenire. Interim consilio eius cognito et per mercatores
perlato ad Britannos a compluribus insulae civitatibus ad eum
legati veniunt, qui polliceantur obsides dare atque imperio populi
6 Romani obtemperare. Quibus auditis liberaliter pollicitus hortatusque, ut in ea sententia permanerent, eos domum remittit et
7 cum iis una Commium, quem ipse Atrebatibus superatis regem

4. *maiorum n.*: der *longae* und
onerariae. Die Kaufleute hatten
nicht nöthig gehabt, für ihre kleineren Fahrzeuge besondere Häfen
aufzusuchen; daher ihre Unkenntniss trotz des häufigen Besuchs. —
qui essent – idonei portus: welche
– passende Häfen es gäbe, nicht *qui
portus – idonei essent*; mit welchem Unterschied?

21. 1. *Gaium Volusenum* (*Quadratum*), der 3. 5, 2 von Caes. erwähnte Tribun. 6. 41, 2 wird er mit
der Reiterei vorausgeschickt. 8. 48,
1. und B. C. 3. 60, 4 ist er praefectus equitum. Suet. Caes. 58 sagt
übrigens: *Exercitum neque per in-
sidiosa itinera duxit unquam nisi
perspeculatus locorum situs, neque
in Britanniam transvexit, nisi ante
per se portus et navigationem et
accessum ad insulam explorasset,*
wobei indess an eine eigene Reise
Caesars nicht zu denken ist.

4. *ad Veneticum bellum*: 3. 9.

5. *qui polliceantur – dare.* Genauer: *se daturos esse* (wie c. 22,
1): jedoch begnügt sich der Römer
zuweilen, zu Verbis, die an sich auf
etwas Zukünftiges gehen (*polliceri,
sperare*), den blossen Begriff der
Handlung im Inf. Präs. zu setzen

(in welchem Falle oft *se* fehlt, wie
6. 9, 7 u. a.), oder er beabsichtigt,
eine Vergegenwärtigung der versprochenen Handlung (sofortiges
und bestimmtes Eintreten derselben). Zumpt § 603.

6. *Quibus* (legatis) *auditis*: Ablat, absol., nicht von *pollicitus* abhängiger Dativ. Durch Verbindungen, wie *quibus auditis – eos remittit* (für welche engere Verbindung?) bezweckt der Römer eine
genauere Bestimmung der Reihen-
folge der Begebenheiten und lässt
das im Participialsatz Enthaltene
selbständiger erscheinen. S. c. 12,
1. 3. 14, 4. 5. 4, 3. 44, 6. 6. 4, 4.
43, 1 u. ö. — *liberaliter* (18, 3) *polliceri* absolut = freundliche Versprechungen machen. So Cic. de
Div. 2. 17, 38: *bene promittere.* ad
Fam. 7. 5, 1: *minus ei prolixe de
tua voluntate promisi.* Sall. Cat.
41, 5: *praecepit, ut bene polliceantur.*

7. *quem – constituerat, cuius.*
S. zu 1. 1, 4. — *Atrebatibus superatis*: in der Schlacht am Sabis, 2.
23, 1. — *ibi* = apud Atrebates. —
Atrebatibus superatis, ibi, wie § 6.
Vergl. 1. 18, 7: *oppidoque occupato, ibi praesidium collocat.* — re-

ibi constituerat, cuius et virtutem et consilium probabat et quem sibi fidelem esse arbitrabatur, cuiusque auctoritas in his regionibus magni habebatur, mittit. Huic imperat, quas possit, adeat 8 civitates horteturque, ut populi Romani fidem sequantur, seque celeriter eo venturum nuntiet. Volusenus perspectis regionibus 9 omnibus, quantum ei facultatis dari potuit, qui navi egredi ac se barbaris committere non auderet, quinto die ad Caesarem revertitur quaeque ibi perspexisset renuntiat. Dum in his locis 22 Caesar navium parandarum causa moratur, ex magna parte Morinorum ad eum legati venerunt, qui se de superioris temporis consilio excusarent, quod homines barbari et nostrae consuetudinis imperiti bellum populo Romano fecissent, seque ea, quae imperasset, facturos pollicerentur. Hoc sibi Caesar satis 2 opportune accidisse arbitratus, quod neque post tergum hostem relinquere volebat neque belli gerendi propter anni tempus facultatem habebat neque has tantularum rerum occupationes Britanniae anteponendas iudicabat, magnum iis numerum obsidum imperat. Quibus adductis eos in fidem recepit. Navibus 3

gem *constituerat*. Ueber die Einsetzung von Königen durch Caesar s. Einl. S. 22. Denselben Commius finden wir an der Spitze des Aufstandes im 7. Jahre: 7. 76: und eben der Umstand, dass er seine Untreue erfahren hat, veranlasst die Bemerkung: *quem sibi fidelem arbitrabatur*. Mit Recht ist diese Stelle mit als Beweis angeführt worden, dass C. die Commentare nicht einzeln, sondern erst nach dem 7. Jahre zusammen geschrieben hat. S. Einl. S. 36. — *consilium*: Einsicht. — *probabat*: schätzte, anerkannte. — *in his regionibus*: *Galliae*, nicht *Britanniae*, wie schon *his* zeigt.

8. *fidem sequi*, wie 5. 20, 1, eigentlich: der Zuverlässigkeit Jemandes folgen, sich an sie halten, und so von ihm Schutz und Sicherheit erwarten = sich mit freiwilliger Unterwerfung in Jemandes Schutz begeben: ebenso *in fidem se tradere* (*in fidem tutelamque tr.* Liv. 38. 31), *permittere* 2. 3, 2. *recipere in f.* c. 22, 3. S. 2. 15, 1. — *seque*, wie 2. 35, 1 auf den Be-

auftragenden, in dessen Namen er sprechen soll, nicht auf das nächste Subiect bezogen.

9. *qui – auderet*. Im Coniunct. liegt der Grund, warum er nur wenig kennen lernen konnte. Jedenfalls enthalten diese Worte einen Tadel der ungenügenden Ausführung des Auftrags, wonach auch § 1 *idoneum esse arbitratus* zu beurtheilen ist. Vergl. zu 1. 21, 4: *qui peritissimus habebatur*.

22. 1. *de super. temp. consil.* S. 3. 28. — *nostrae consuet. imperiti*: unbekannt mit der Gewohnheit der R., die sich freiwillig Ergebenden freundlich aufzunehmen und ihnen Schutz zu gewähren. — *bellum populo R. fecissent*. S. 3. 29, 3.

2. *propter anni tempus*. S. c. 20, 1. — *tantularum rerum occup.*: Abhaltungen, die durch so geringfügige Dinge herbeigeführt werden, also wie c. 16, 6. 5. 54, 4. — *Britanniae* nicht Genit. (für *occupationibus Britanniae*), sondern Dativ, wie auch wir sagen: Er glaubte nicht darüber Britannien hintan-

circiter LXXX onerariis coactis constratisque, quot satis esse ad
duas transportandas legiones existimabat, quod praeterea navium
longarum habebat, quaestori, legatis praefectisque distribuit.
4 Huc accedebant XVIII onerariae naves, quae ex eo loco ab milibus passuum octo vento tenebantur, quo minus in eundem por-
5 tum venire possent: has equitibus distribuit. Reliquum exercitum Q. Titurio Sabino et L. Aurunculeio Cottae legatis in Menapios atque in eos pagos Morinorum, ab quibus ad eum legati
6 non venerant, ducendum dedit; P. Sulpicium Rufum legatum
cum eo praesidio, quod satis esse arbitrabatur, portum tenere
23 iussit. His constitutis rebus nactus idoneam ad navigandum
tempestatem tertia fere vigilia solvit equitesque in ulteriorem
2 portum progredi et naves conscendere et se sequi iussit. A quibus cum paulo tardius esset administratum, ipse hora circiter
diei quarta cum primis navibus Britanniam attigit atque ibi in
omnibus collibus expositas hostium copias armatas conspexit.

setzen, d. h. den Zug nach Britannien aufgeben zu dürfen.

3. *constratisque. Naves constratae*, Schiffe mit Verdeck, sind eine
Species der Kriegsschiffe, *naves
longae.* B. C. 3. 7, 2: *cum Caesar
duodecim naves longas praesidio
duxisset, in quibus erant constratae quattuor,* s. ebend. 1. 56, 1. 2.
23, 3. 3. 27, 2. Daher folgt: *quod
praeterea navium longarum
habebat* (das Genus nach der Species). Die Erwähnung der Kriegsschiffe ist nothwendig [die handschr.
Lesart ist *contractisque*], da aus 29,
2 erhellt, dass er nicht blos auf
Transportschiffen (*onerarias*) die
Truppen übersetzte. Was er ausser jenen an Kriegsschiffen (3. 9, 1)
hatte (die Flotte vom Veneterkriege
21, 4), stellte er unter speciellen
Befehl der Officiere, wie 3. 14, 3.
Ueber die Lesart s. den Anhang. —
quod navium habebat: 3. 16, 2. —
praefectis, nicht der Reiter, die auf
besonderen Schiffen übergesetzt
werden sollten.

4. *ex eo loco ab mil. pass.* S. zu
2. 7, 3; doch steht hier auffallend
ex eo loco dabei, da diese Redeweise sonst nur Statt hat, wenn der

Ort, von dem die Entfernung gerechnet wird, nicht angegeben ist.

6. *cum eo praes., quod* = cum
tanto pr., quantum.

23. 1. *His constitutis rebus*:
nach diesen Anordnungen. — *solvit*: er segelte ab, lichtete die Anker (wie 5. 23, 6), ohne *naves* (s. z.
B. c. 36, 3). Vergl. dagegen c. 28,
1: *naves* (Nominativ) *solverunt.* —
Ueber den Ort der Abfahrt und
über *ulterior portus* s. den geogr.
Index unter *Itius portus.* — *tertia
fere vigilia*: 1. 12, 2.

2. *cum — tardius esset administratum*, so dass sie, weil sie den
günstigen Wind versäumten, nicht
mit C. ankommen konnten; diesem
Gedanken ist entgegengesetzt: *ipse
— attigit.* — *administratum* absolut: da zu langsam zu Werke gegangen, das Nöthige gethan wurde,
c. 29, 2. 31, 3. — *hora quarta*: 3.
15, 5. — *expositas*: auf den Anhöhen gleichsam ausgestellt, um
durch ihren Anblick die Ankom-
menden zu schrecken und von der
Landung abzuhalten. Verb. *copias
armatas* (ein Begriff) *expositas
consp.*

Cuius loci haec erat natura, atque ita montibus angustis mare 3
continebatur, uti ex locis superioribus in litus telum adigi posset.
Hunc ad egrediendum nequaquam idoneum locum arbitratus, 4
dum reliquae naves eo convenirent, ad horam nonam in ancoris
exspectavit. Interim legatis tribunisque militum convocatis et 5
quae ex Voluseno cognosset, et quae fieri vellet, ostendit monuit-
que, ut rei militaris ratio, maxime ut maritimae res postularent,
ut quae celerem atque instabilem motum haberent, ad nutum et
ad tempus omnes res ab iis administrarentur. His dimissis et 6
ventum et aestum uno tempore nactus secundum dato signo et
sublatis ancoris circiter milia passuum septem ab eo loco progressus aperto ac plano litore naves constituit. At barbari con- 24
silio Romanorum cognito praemisso equitatu et essedariis, quo
plerumque genere in proeliis uti consuerunt, reliquis copiis subsecuti nostros navibus egredi prohibebant. Erat ob has causas 2
summa difficultas, quod naves propter magnitudinem nisi in alto
constitui non poterant, militibus autem ignotis locis, impeditis

3. *atque ita — continebatur*, bestimmtere Ausführung von *haec
erat natura*. Das Meer wurde von
schmalen, schroff (nach der Küste
hin) und nicht allmählich sich abda-
chenden Bergen so sehr eingeschlossen, d. h. die Berge gingen so dicht
ans Meer hinan, dass man von den
Anhöhen den Strand beschiessen
konnte, was also sowohl durch die
Gestalt als durch die Nähe der Berge möglich wurde. Wahrscheinlich
erreichte C. die Küste nordöstlich
von Dover (bei der Landspitze South
Foreland): die Landung selbst geschah bei Dover, nach Anderen bei
Richborough in Kent (Göler p. 117
lässt ihn zuerst in der Bucht von
Dover ankommen und dann unter
günstigem Wind und befördernder
Strömung (§ 6) 2½ St. nordöstlich
schiffen und bei Walmercastle bei-
legen).

4. *in ancoris.* Zur Erklärung
vergl. B. C. 3. 28, 1: *naves duae —
in ancoris constiterunt.* Dagegen ebend. 102, 4: *ipse ad ancoram constitit.*

5. *ut rei militaris* etc.: wie es

die Natur des Kriegswesens und insbesondere des Kriegswesens zur
See (*res marit.*) verlangte; dazu
als erklärender Grund: *ut quae =
quippe quae* (Zumpt § 565): da demselben eine schnelle und unstäte Be-
weglichkeit eigen sei, zu seinem
Wesen gehöre; *administrarentur*
von *monuit* abhängig, ohne *ut.* —
ad nutum: 'auf den Wink', geht auf
den *celer motus, ad tempus*: 'im
rechten Augenblick', geht auf *insta-
bilis motus*, bei dem es wichtig sei,
die sich bietende günstige Gelegenheit sogleich zu ergreifen.

6. *ventum et aestum* (3. 12, 1)
secundum. Liv. 26. 45: *septentrio
ortus eodem, quo aestus, ferebat.* —
aperto ac plano lit.: da wo das Ufer
nicht von Felsen eingeschlossen und
eben, flach war. An das Ufer selbst
konnte er nach c. 24, 2 nicht gelangen.

24. 1. *essedariis.* S. die Schilderung c. 33. — *reliquis copiis subsecuti.* S. zu 2. 7, 3. — *egredi prohibebant.* S. 2. 4, 2.

2. *ignotis locis* wie c. 1, 10 *locis
frigidissimis*; ebenso nachher *no-*

manibus magno et gravi onere armorum oppressis simul et de
navibus desiliendum et in fluctibus consistendum et cum hosti-
3 bus erat pugnandum, cum illi aut ex arido aut paulum in aquam
progressi omnibus membris expeditis, notissimis locis audacter
4 tela conicerent et equos insuefactos incitarent. Quibus rebus nostri perterriti atque huius omnino generis pugnae imperiti non
eadem alacritate ac studio, quo in pedestribus uti proeliis con-
25 suerant, nitebantur. Quod ubi Caesar animadvertit, naves longas,
quarum et species erat barbaris inusitatior et motus ad usum
expeditior, paulum removeri ab onerariis navibus et remis incitari et ad latus apertum hostium constitui atque inde fundis, sagittis, tormentis hostes propelli ac submoveri iussit; quae res
2 magno usui nostris fuit. Nam et navium figura et remorum
motu et inusitato genere tormentorum permoti barbari consti-
3 terunt ac paulum modo pedem retulerunt. Atque nostris militibus cunctantibus, maxime propter altitudinem maris, qui decimae legionis aquilam ferebat, contestatus deos, ut ea res legioni
feliciter eveniret: 'Desilite', inquit, 'milites, nisi vultis aquilam
hostibus prodere: ego certe meum reipublicae atque imperatori
4 officium praestitero'. Hoc cum voce magna dixisset, se ex navi
5 proiecit atque in hostes aquilam ferre coepit. Tum nostri co-

---

*tissimis locis. — simul et - erat
pugnandum.* Schilderung des Dran-
ges der Umstände, die verschiedene
Handlungen auf einmal nöthig machen, wie 2. 10, 1.

3. *insuefactos,* daran gewöhnt,
abgerichtet, kommt sonst nicht vor.

4. *eadem alacritate ac studio, quo.*
Wie C. sonst diese Verbindung verschiedener Geschlechter vermieden
hat, s. z. B. 2. 3, 5: *unum imperium
unumque magistratum habeant. —
nitebantur* absolut (denn *alacritate
ac studio* hängen nicht von *nit.* ab)
= sie strengten sich an, strebten an
mit Lebendigkeit und Eifer. Vgl.
B. C. 1. 45, 6: *tamen virtute et patientia nitebantur atque omnia vulnera sustinebant* (ebend. c. 46, 3:
virtute connititur) u. 3. 46, 1: *magna vi uterque nitebatur, ut –.* B.
C. 7. 63, 2.: *ad sollicitandas civitates niluntur.*

25. 1. *motus – expeditior.* 3.
13, 7: *ut una celeritate et pulsu re-*

morum praestaret. Der Gebrauch
der Ruder bei grösseren Schiffen
war also den Brit. ebenso unbekannt
wie 3. 15, 3 den Venetern. Daher
§ 2 *remorum motu – permoti.* In
Folge dieser ungewöhnlichen Erscheinung machten sie Halt (*constiterunt*) und wichen 'etwas, wenn
auch nicht viel', *paulum modo,* zurück. Vergl. 6. 27, 3.

3. *Atque:* und – nun, beim Uebergange zu etwas Neuem. *qui
aquilam ferebat* = aquilifer. Ueber
den Legionsadler s. Kriegsw. § 27,
3. — *contestari deos, ut:* mit Anru-
fung der Götter bitten, wie *obtestari. — ea res:* sein Vorhaben. —
praestitero. Durch das Fut. exact.
stellt der muthige Aquilifer die
Sache im Geiste als schon vollendet
dar, so bestimmt ist er entschlossen
es zu thun. Zumpt § 511.

4. *in hostes* (in die Feinde hinein) *aquilam ferre coepit.* S.
Kriegsw. a. a. O. Anm. 8.

hortati inter se, ne tantum dedecus admitteretur, universi ex navi
desiluerunt. Hos item ex proximis primis navibus cum conspe- 6
xissent, subsecuti hostibus appropinquarunt. Pugnatum est ab 26
utrisque acriter. Nostri tamen, quod neque ordines servare neque firmiter insistere neque signa subsequi poterant, atque alius
alia ex navi, quibuscumque signis occurrerat, se aggregabat, magnopere perturbabantur; hostes vero, notis omnibus vadis, ubi 2
ex litore aliquos singulares et navi egredientes conspexerant, in-
citatis equis impeditos adoriebantur, plures paucos circumsiste- 3
bant, alii ab latere aperto in universos tela coniciebant. Quod 4
cum animadvertisset Caesar, scaphas longarum navium, item
speculatoria navigia militibus compleri iussit et, quos laborantes
conspexerat, his subsidia submittebat. Nostri, simul in arido 5
constiterunt, suis omnibus consecutis in hostes impetum fecerunt atque eos in fugam dederunt, neque longius prosequi potuerunt, quod equites cursum tenere atque insulam capere non
potuerant. Hoc unum ad pristinam fortunam Caesari defuit.

5. *nostri – universi* zunächst,
wie das Folgende zeigt, die mit
dem Adlerträger auf demselben
Schiffe Befindlichen. — *cohortati
inter se*: einander, gegenseitig, mit
der in dieser Wendung nothwendigen Auslassung des Obiects *se*;
vergl. 6. 8, 1. 40, 4. B. C. 1. 21, 3:
ut contingant inter se. S. Zumpt
§ 300.

6. *ex prox. navibus cum consp.*
= ii, qui in proximis navibus erant,
ex iis cum conspexissent, subs. ap-
prop. — *primis* = in primo navium
ordine.

26. 1. *ordines servare*: Reihe
halten, in Reihe und Glied bleiben.
B. C. 2. 41, 6: *in loco manere ordinesque servare. Signa* (2. 25, 1)
subsequi: ihren Feldzeichen folgen,
also bei dem Manipel bleiben, zu
dem sie gehörten. Beides verbunden B. C. 1. 71, 3: *neque ordines
neque signa servare.*

2. u. 3. *ubi conspexerant – adoriebantur*, wie vorher *quibuscun-
que s. occurrerat, se aggregabat*, s.
zu 3. 14, 6 (3. 4, 2). — *ab latere
aperto*: 1. 1, 5; wir: auf der offenen, nicht gedeckten Seite. S. 1.
25, 6. — *in universos*, Gegensatz
zu *aliquos singulares*, s. c. 25, 5.

4. *speculatoria navigia*: Wacht-
schiffe, die leichter und kleiner und
ohne Schnäbel waren. Liv. 36. 42:
multis praeterea minoribus (navibus), *quae aut apertae rostratae,
aut sine rostris speculatoriae erant*
(Beschreibung bei Veget. 5. 7). *scaphae*, die zu den Kriegsschiffen gehörigen Bote. — *iussit – submittebat.* Wechsel der Tempora: die
einmal bemannten Schiffe wurden
wiederholt zu Hülfe geschickt.

5. *simul* = simul atque. — *neque* = neque tamen, zu 1. 47, 1. —
quod equites – non potuerant: die
Unsrigen konnten sie nicht verfolgen, weil sie keine Reiter hatten;
für diesen Gedanken giebt er aber
nur die Gründe ihrer Abwesenheit.
– *cursum tenere*: Cours halten, die
Fahrt in der begonnenen Richtung
innehalten; c. 28, 2. — *insulam
capere*: erreichen, gewinnen, 5. 8,
3. So *locum capere* 5. 23, 4, portum unten 36, 4. Ueber die Sache
c. 28.

27 Hostes proelio superati, simul atque se ex fuga receperunt, statim ad Caesarem legatos de pace miserunt, obsides daturos quae-
2 que imperasset facturos sese polliciti sunt. Una cum his legatis
Commius Atrebas venit, quem supra demonstraveram a Caesare
3 in Britanniam praemissum. Hunc illi e navi egressum, cum ad
eos oratoris modo Caesaris mandata deferret, comprehenderant
4 atque in vincula coniecerant, tum proelio facto remiserunt. In
petenda pace eius rei culpam in multitudinem coniecerunt et
5 propter imprudentiam ut ignosceretur petiverunt. Caesar questus, quod, cum ultro in continentem legatis missis pacem ab se
petissent, bellum sine causa intulissent, ignoscere imprudentiae
6 dixit obsidesque imperavit; quorum illi partem statim dederunt,
partem ex longinquioribus locis arcessitam paucis diebus sese
7 daturos dixerunt. Interea suos remigrare in agros iusserunt,
principesque undique convenire et se civitatesque suas Caesari
commendare coeperunt.

28　　　His rebus pace confirmata post diem quartum, quam est
in Britanniam ventum, naves xviii, de quibus supra demonstratum est, quae equites sustulerant, ex superiore portu leni vento
2 solverunt. Quae cum appropinquarent Britanniae et ex castris
viderentur, tanta tempestas subito coorta est, ut nulla earum
cursum tenere posset, sed aliae eodem, unde erant profectae,
referrentur, aliae ad inferiorem partem insulae, quae est propius
3 solis occasum, magno sui cum periculo deicerentur; quae tamen

---

27. 1. *obsides daturos* etc. Diese Worte fügen zu dem allgemeinen
leg..de pace miserunt den speciellen und wesentlichen Inhalt der
Botschaft, daher asyndetische Bei-
fügung.

2. *supra*: c. 21, 8. *demonstraveram*: 2. 1, 1. Ueber den Singular
s. zu 1. 16, 2.

3. *oratoris modo. Orator* ein Ab-
gesandter, insofern er als Sprecher
mündlich verhandelte; daher oft =
legatus. Indess nennt ihn C. nicht
legatus, da er ihn c. 21, 8 nur
schickt, *ut cir. adeat horteturque,
ut p. R. fidem sequantur*, was er
mehr in seinem als in Caesars Namen thun sollte. Dennoch war er
von ihm entsendet und seine Verhaftung konnte als Verletzung des
Völkerrechts genommen werden.

Dies ist die *culpa* der Brit. und die
imprudentia 'das unüberlegte Verfahren' gegen den Abgesandten.

5. *legatis missis*: c. 21, 5.

28. 1. *post diem quartum* (9, 1)
quam: vier Tage nach der Ankunft
= quarto die (quattuor diebus) postquam. (Zumpt § 478). — *supra*: c.
22, 4. 23, 1. — *de quibus – quae.*
S. c. 4, 1. — *sustulerant*: an Bord
genommen hatten. B. C. 3. 28, 3.
— *superior port.*, c. 23, 1: *ulterior
p.* — *solverunt*: c. 23, 1; hier aber
von den Schiffen gesagt = auslaufen,
absegeln.

2. *magno sui cum periculo*: 'mit
grosser Gefahr ihrer eigenen Person, mit grosser persönlicher Gefahr'. Durch den Genit. des Pron.
für *m. suo c. periculo* (den Cicero
nur bei Verbalsubstantiven braucht,

ancoris iactis cum fluctibus complerentur, necessario adversa
nocte in altum profectae continentem petierunt. Eadem nocte 29
accidit, ut esset luna plena, qui dies maritimos aestus maximos
in Oceano efficere consuevit, nostrisque id erat incognitum. Ita 2
uno tempore et longas naves, quibus Caesar exercitum transportandum curaverat quasque in aridum subduxerat, aestus compleverat, et onerarias, quae ad ancoras erant deligatae, tempestas afflictabat, neque ulla nostris facultas aut administrandi aut
auxiliandi dabatur. Compluribus navibus fractis reliquae cum 3
essent funibus, ancoris reliquisque armamentis amissis ad navigandum inutiles, magna, id quod necesse erat accidere, totius exercitus perturbatio facta est. Neque enim naves erant 4
aliae, quibus reportari possent, et omnia deerant, quae ad refi-

wie *accusatorem mei* ad Att. 11. 8,
consumptionem sui de Univ. § 6, wie
auch Caes. 5. 29, 2: *contemtione
nostri*, B. C. 1. 4, 3: *adulatio atque
ostentatio sui*) wird der Begriff der
leidenden Persönlichkeit (Genit. ob-
ieet.) mehr hervorgehoben. (Beispiele bei Zumpt § 424.) — *ad inferiorem partem — deicerentur*:
nach der Westseite der Insel hin
verschlagen worden.

3. *tamen ancoris iactis*: nachdem
sie, obgleich der Sturm so heftig
war, doch Anker geworfen hatten;
sie thaten es trotz der Gefahr, um
sich in der Nähe der Insel zu halten. — *adversa nocte*, gewöhnlich
erkl.: 'obgleich die Nacht dem entgegen, nicht günstig war', oder
'trotz der dunklen Nacht' (und doch
war Vollmond). Da die Nacht an
sich nicht ungünstig war (auch C.
segelt c. 36, 3 *post mediam noctem*
ab), und der Ausdruck eben auch
ungewöhnlich ist, scheint doch die
Erklärung 'der Nacht entgegen', wie
adverso flumine, colle u. a., mit der
im Lat. häufigen Uebertragung räum-
licher Begriffe auf die Zeit, angemessener zu sein.

29. 1. *luna plena*. Nach astro-
nomischer Berechnung [Wex Tac.
Agric. p. 181] fiel der Vollmond auf
die Nacht des 9/10. September des J.
55 v. Chr. (C. landete also in Brit.

am 6. Sept.). — *qui dies*, nämlich
plenilunii (c. 36, 2 *die aequinoctii*);
dies ist der (astronomische) Tag, in
den der Vollmond fällt, daher weder nach *nocte* auffallend, noch für
Zeitfrist im Allgemeinen zu nehmen.
— *aestus maximos*: Springfluthen.
— *nostrisque — incognitum* wird
durch *que* (und zwar) angereiht, weil
die Unkenntniss der Sache (weswegen sie sich nicht vorsahen) das Eintreten des Vollmonds mit zum unglücklichen Ereigniss machte. Die
R. kannten dies nicht, weil im Mittelmeere, wo sie heimisch waren,
diese Erscheinung nicht vorkam.

2. *compleverat*. Durch das Plusquampf. wird ausgedrückt, dass das
complere schon vorüber war, als
das *afflictare* eintrat, wodurch die
Schnelligkeit der Aufeinanderfolge
der Vorgänge besser bezeichnet wird,
als durch *complebat*. — *afflictabat*:
3. 12, 1. — *administrandi — auxilien-
di*. Es war keine Möglichkeit, auf
den Schiffen den Dienst zu thun, die
nöthigen Massregeln zur Rettung
zu ergreifen, noch von aussen Hülfe
zu bringen. *Administr.* absol. wie
c. 23, 2. Von Schiffen ebenso B.
Alex. c. 21, 2: *cum neque administrandi (naves) neque repellendi facultas daretur*.

3. *ancoris — armamentis*. S. 3.
14, 6.

ciendas naves erant usui, et, quod omnibus constabat hiemari
in Gallia oportere, frumentum his in locis in hiemem provisum
non erat.

30　　　Quibus rebus cognitis principes Britanniae, qui post proelium ad Caesarem convenerant, inter se collocuti, cum equites
et naves et frumentum Romanis deesse intellegerent et paucitatem militum ex castrorum exiguitate cognoscerent, quae hoc erant
etiam angustiora, quod sine impedimentis Caesar legiones trans-

2 portaverat, optimum factu esse duxerunt rebellione facta frumento commeatuque nostros prohibere et rem in hiemem producere, quod his superatis aut reditu interclusis neminem postea
belli inferendi causa in Britanniam transiturum confidebant. Itaque rursus coniuratione facta paulatim ex castris discedere ac

31 suos clam ex agris deducere coeperunt. At Caesar, etsi nondum
eorum consilia cognoverat, tamen et ex eventu navium suarum
et ex eo, quod obsides dare intermiserant, fore id, quod accidit,

2 suspicabatur. Itaque ad omnes casus subsidia comparabat. Nam
et frumentum ex agris cotidie in castra conferebat et quae gravissime afflictae erant naves, earum materia atque aere ad reliquas
reficiendas utebatur et quae ad eas res erant usui ex continenti

3 comportari iubebat. Itaque, cum summo studio a militibus administraretur, duodecim navibus amissis, reliquis ut navigari

32 commode posset, effecit. Dum ea geruntur, legione ex consuetudine una frumentatum missa, quae appellabatur septima, neque ulla ad id tempus belli suspicione interposita, cum pars ho-

<hr>

4. *omnibus constabat*: 3. 9, 9. —
et – non erat. S. 3. 29, 2.

30. 2. *rursus* nicht: zum zweiten Male, sondern von der Rückkehr
von den Friedensverhandlungen zur
Verschwörung. — *deducere* ohne
Angabe des Ziels: vom Felde weg
an den Ort, wo sie den Krieg beginnen wollten.

31. 1. *ex eventu navium* =
Schicksal. 8. 23, 1: *quae Bellovacorum speculabantur eventum.*

2. *ad omnes casus subs. c.* 'für
alle Fälle Hülfsmittel in Bereitschaft setzen'. — *ad eas res*: nicht
blos zum Ausbessern der Schiffe,
sondern auch zur Ansrüstung (*armamenta*), die ebenfalls verloren
gegangen war; daher der Plural. —
ex continenti: aus Gallien, von wo

bald das Nöthige herbeigeschafft
werden konnte. S. 5. 11, 3.

32. 1. *ex consuetudine* auf *una*
zu beziehen: er hatte gewöhnlich
eine der beiden Legionen, diesmal
die siebente, auf Verproviantirung
ausgeschickt. — *quae appellabatur
septima*, als stehender Name (nicht
erat sept.). Die Legionen erhielten
die Namen bei ihrer Aushebung nach
der bestehenden Anzahl von Legionen und behielten diese, auch wenn
andere entlassen und weniger Legionen vorhanden waren. Ausser
der 7., der ersten Veteranenlegion
in seinem Heere (s. Einl. S. 29),
hatte er die 10. mit in Britannien.
— *interposita.* Es war kein Verdacht dazwischen gekommen, eingetreten in der Zeit von der Unter-

minum in agris remaneret, pars etiam in castra ventitaret, ii, qui pro portis castrorum in statione erant, Caesari nuntiaverunt pulverem maiorem, quam consuetudo ferret, in ea parte videri, quam in partem legio iter fecisset. Caesar id, quod erat, suspi- 2 catus, aliquid novi a barbaris initum consilii, cohortes, quae in stationibus erant, secum in eam partem proficisci, ex reliquis duas in stationem cohortes succedere, reliquas armari et confe- stim sese subsequi iussit. Cum paulo longius a castris proces- 3 sissent, suos ab hostibus premi atque aegre sustinere et conferta legione ex omnibus partibus tela conici animadvertit. Nam quod 4 omni ex reliquis partibus demesso frumento pars una erat reli- qua, suspicati hostes huc nostros esse venturos noctu in silvis delituerant; tum dispersos depositis armis in metendo occupa- 5 tos subito adorti paucis interfectis reliquos incertis ordinibus perturbaverant, simul equitatu atque essedis circumdederant. Ge- 33 nus hoc est ex essedis pugnae. Primo per omnes partes pere- quitant et tela coniciunt atque ipso terrore equorum et strepitu

werfung bis jetzt. — *ferret* 'mit sich brächte'. — *in ea parte, quam in partem*. S. 1. 6, 1.

2. *aliquid initum consilii*. S. 1. 5, 1. — *quae in stationibus erant*: die 4 Cohorten auf den Posten an den 4 Thoren. Für diese sollten 2 Cohorten (also an jedem Thore eine halbe Coh.) 'die Wache beziehen': *in stationem*, der Singul., weil es nun genügte, die Sache im Allge- meinen ohne das besondere Verhält- niss der einzelnen Posten anzugeben. Ueber *stationes* s. Kriegsw. § 29, 5. — *ex reliquis - reliquas*. Wie- derholung desselben Wortes bei fortgehender Entgegensetzung der einzelnen Theile der Legion (10 Co- horten): 2 Coh. von den (nach Ab- zug jener 4) übrigen 6 Coh.; *reli- quas*: die 4 übrigen, nachdem 2 *in stationem* gegangen sind.

3. *sustinere* absol. wie c. 11, 6. — *conferta legione - tel. conici* sc. in eam: 'da die Legion auf einen dich- ten Haufen zusammengedrängt war', Grund, warum sie von allen Seiten den Geschossen ausgesetzt war; da- her auch nicht *in confertam legio-*

nem. S. zu c. 21, 6.

5. *incertis ordinibus* 'da die Rei- hen unsicher, schwankend waren', weil die Aufstellung nicht in der Ordnung vor sich gehen konnte, bei der jeder seinen bestimmten Platz einnahm, in Folge dessen die Römer leicht in Unordnung gebracht wer- den konnten. — *perturbaverant - circumdederant* näml. vor Caesars Ankunft.

33. 1. *ex essedis pugnae*. Die adverbiale Bestimmung *ex essedis* mit dem Substant. verbunden, wie ein Attribut (τῆς *ἐξ ἁμαξῶν μάχης*), ohne Vermittelung durch eine Ver- balform (Particip.) oder einen Rela- tivsatz, wie häufig bei Caesar. Vergl. z. B. B. C. 2. 37, 2: *Caesaris in Hispania res secundae*. 39, 2: *quis castris ad Bagradam praesit*. B. G. 3. 20, 1: *ex tertia parte Gallia*. 5. 13, 1: *omnes ex Gallia naves*. Ebend. § 4: *certis ex aqua mensuris*. — *perequitant* hier: herumfahren, die feindlichen Linien umschwärmen. *ipso terrore*: blos, schon durch den Schrecken. S. B. C. 1. 56, 2: *ut ipsa multitudine classis terreatur*.

rotarum ordines plerumque perturbant, et cum se inter equitum
turmas insinuaverunt, ex essedis desiliunt et pedibus proeliantur.
2 Aurigae interim paulatim ex proelio excedunt atque ita currus
collocant, ut, si illi a multitudine hostium premantur, expeditum
3 ad suos receptum habeant. Ita mobilitatem equitum, stabilitatem
peditum in proeliis praestant, ac tantum usu cotidiano et exercitatione efficiunt, uti in declivi ac praecipiti loco incitatos equos
sustinere et brevi moderari ac flectere et per temonem percur-
rere et in iugo insistere et se inde in currus citissime recipere
34 consuerint. Quibus rebus perturbatis nostris novitate pugnae
tempore opportunissimo Caesar auxilium tulit: namque eius ad-
2 ventu hostes constiterunt, nostri se ex timore receperunt. Quo
facto ad lacessendum et ad committendum proelium alienum esse
tempus arbitratus suo se loco continuit et brevi tempore inter-
3 misso in castra legiones reduxit. Dum haec geruntur, nostris
4 omnibus occupatis, qui erant in agris reliqui discesserunt. Secutae sunt continuos complures dies tempestates, quae et no-
5 stros in castris continerent et hostem a pugna prohiberent. Interim barbari nuntios in omnes partes dimiserunt paucitatemque
nostrorum militum suis praedicaverunt, et, quanta praedae fa-

— cum se – insinuaverunt – proeli-
antur. S. zu c. 1, 5. Der Sinn ist:
wenn sie sich in die Intervalle der
einzelnen Turmen der feindlichen
Reiterei hineingezogen haben (Liv.
44. 41: *Romani quacumque data
intervalla essent, insinuabant ordines suos*). Zur Schilderung der
ganzen Kampfart vergl. unten 5. 16,
2: *equites magno cum periculo dimicare, propterea quod illi etiam
consulto plerumque cederent, et cum
paulum ab legionibus nostros removissent, ex essedis desilirent et pedibus dispari proelio contenderent.*
S. den Anhang.

3. *brevi moderari*: in kurzer Zeit,
also ohne viel Umstände und mit
Leichtigkeit die Pferde, selbst in
vollem Laufe (*incitatos*) bergab regieren. — *per temonem* 'über die
Deichsel hin', 2. 10, 3. 3. 26, 5. —
iugum: das Holz, das auf dem
Nacken der Pferde liegend das Ge-
spann verband.

34. 1. *Quibus rebus* etc.: den
dadurch (durch diese verschiedenen
Manöver) wegen der Neuheit der
Kampfart in Verwirrung gesetzten
Römern; denn in *novitate* p. liegt
der Grund, warum sie *his rebus*
verwirrt wurden. — *eius adventu*:
3. 23, 4. — *ex tim. se recep.*: 2. 12,
1: sie rafften sich aus ihrem Schrek-
ken wieder auf, ἀνέλαβον ἑαυτούς.

2. *ad lacessendum* ohne Object:
den Feind zum Kampfe reizen, an-
griffsweise verfahren. 1. 15, 3.

3. *reliqui*: die Britannen, welche
nach c. 32, 1 auf den Feldern geblieben waren und, während die Römer durch diesen plötzlichen Angriff
(denn darauf, nicht auf das zunächst
Vorhergehende, geht *dum haec geruntur*) alle in Anspruch genommen
waren, sich davon machten. Zu re-
liqui vgl. 1. 12, 2: *quartam partem
citra flumen reliquam esse.*

4. *tempestates, quae continerent
– prohiberent*: Vorstellung der Beschaffenheit der *tempest.*, die bewirkten, dass –. Madv. § 364 Anm.
1. Zumpt § 555.

5. *praedicaverunt*: sie machten

ciendae atque in perpetuum sui liberandi facultas daretur, si
Romanos castris expulissent, demonstraverunt. His rebus celeriter magna multitudine peditatus equitatusque coacta ad castra
venerunt. Caesar etsi idem, quod superioribus diebus acciderat, 35
fore videbat, ut, si essent hostes pulsi, celeritate periculum effugerent, tamen nactus equites circiter xxx, quos Commius Atrebas, de quo ante dictum est, secum transportaverat, legiones in
acie pro castris constituit. Commisso proelio diutius nostrorum 2
militum impetum hostes ferre non potuerunt ac terga verterunt.
Quos tanto spatio secuti, quantum cursu et viribus efficere po- 3
tuerunt, complures ex iis occiderunt, deinde omnibus longe lateque aedificiis incensis se in castra receperunt. Eodem die legati 36
ab hostibus missi ad Caesarem de pace venerunt. His Caesar 2
numerum obsidum, quem antea imperaverat, duplicavit eosque
in continentem adduci iussit, quod propinqua die aequinoctii
infirmis navibus hiemi navigationem subiciendam non existi-

öffentlich bekannt, mit dem Nebenbegriff des ruhmredigen Hervorhe-
bens ihrer günstigen Lage der der
Römer gegenüber. Dahin gehört
auch die Verheissung grosser Beute,
die nicht zu gewinnen war, da C.
nach c. 30, 1 *sine impedimentis legiones transportaverat.* — *sui liberandi*: 3. 6, 1. — *his rebus*: durch
die Erwähnung dieser Dinge.

35. 1. *superioribus diebus.* Ausdrücklich wird dies nur bei dem
Kampfe am Tage der Landung c. 26,
5 erwähnt. — *de quo ante dictum
est*: c. 21, 7. — *nactus equites* etc.
Die Ankunft der Reiter, über deren
Aufenthalt seit ihrer Landung mit
Commius nichts gesagt wird, war
ihm erwünscht, weil er dadurch
doch einigermassen im Stande war,
die Feinde zu verfolgen.

2. *diutius*: nicht über den Anfang des Kampfes hinaus; *proelium
committere* in seiner eigentlichen
Bedeutung: das Treffen beginnen.
— *ac terga verterunt.* An den negativen Satz schliesst sich ein posi-
tiver, der den Gedanken durch das
Entgegengesetzte fortsetzt durch
'und', wo wir 'sondern' brauchen.
c. 36, 4. 3. 19, 3. 7. 4, 3. Cic. p.

Rosc. Am. 4, 10: *animo non deficiam et id, quod suscepi, perferam.*

3. *tanto spatio*: eigentl. innerhalb eines so grossen Raumes, so
weit, *quantum*: als (eigentl.: wie
viel; denn *quantum* geht nicht auf
spatio) sie ausführen, zu Stande
bringen konnten, quanta eorum facultas fuit; also ähnliches Verhältniss der Vergleichung wie 2. 11, 6.
S. 5. 19, 3. 8. 29, 3. — *cursu et
viribus*: durch Lauf und (allgemeiner) die zur Fortsetzung der Verfolgung nöthige Kraft. — *quos secuti – ex iis*: 1. 12, 3.

36. 1. *legati de pace venerunt*,
wie c. 27, 1. 1. 27, 1. 2. 6, 4.

2. *quem antea imperaverat*: c.
27, 5. — *adduci iussit.* Er wollte
aus dem gleich folgenden Grunde die
Ablieferung in Brit. selbst nicht abwarten. Nicht alle Staaten kamen
dem Befehle nach: c. 38, 4. — *propinqua die aequinoctii.* So bei der
2. Expedition 5. 23, 5: *ne anni
tempore excluderetur, quod aequinoctium suberat.* Die Herbstnacht-
gleiche, zu welcher Zeit den Schif-
fern gefährliche Stürme beginnen,
fiel in jenem Jahre auf den 24. September. — *infirmis navibus.* Sagt

3 mabat. Ipse idoneam tempestatem nanctus paulo post mediam
noctem naves solvit; quae omnes incolumes ad continentem per-
4 venerunt; sed ex iis onerariae duae eosdem, quos reliqui, portus
capere non potuerunt et paulo infra delatae sunt.

37   Quibus ex navibus cum essent expositi milites circiter trecenti atque in castra contenderent, Morini, quos Caesar in Britanniam proficiscens pacatos reliquerat, spe praedae adducti
primo non ita magno suorum numero circumsteterunt ac, si sese
2 interfici nollent, arma ponere iusserunt. Cum illi orbe facto sese
defenderent, celeriter ad clamorem hominum circiter milia sex
convenerunt. Qua re nuntiata Caesar omnem ex castris equita-
3 tum suis auxilio misit. Interim nostri milites impetum hostium
sustinuerunt atque amplius horis quattuor fortissime pugnaverunt
4 et paucis vulneribus acceptis complures ex his occiderunt. Postea vero quam equitatus noster in conspectum venit, hostes
abiectis armis terga verterunt magnusque eorum numerus est
38 occisus. Caesar postero die T. Labienum legatum cum iis legionibus, quas ex Britannia reduxerat, in Morinos, qui rebellionem

er auch c. 31, 3: *reliquis ut navigari
commode posset*, so hielt er doch
ausgebesserte Schiffe nicht für passend zu stürmischer Fahrt. — *subiciendam*: aussetzen, gleichsam der
Gewalt der Winterstürme unterwerfen, preisgeben.

3. *nanctus* die ursprüngliche, bei
C. (in den besten Handschr.) öfter
neben *nactus* vorkommende Form.

4. *portus capere*: c. 26, 5. — *reliqui*: qui in navibus erant, statt der
Schiffe selbst (Synesis). — *et delatae* (verschlagen) *sunt*: c. 35, 2.

37. 1. *in castra*, jedenfalls das
von Sulpicius Rufus aufgeschlagene
c. 22 a. E. — *pacatos reliquerat*:
c. 22, 1 u. 2. — *Morini – non ita m.
suorum numero circumst.* zurückzuführen auf die zu 1. 51, 2 u. 2. 7,
3 besprochene Redeweise. — *circumsteterunt* ohne Obiect (wie 1.
48, 6: *si qui – deciderat, circumsistebant*), und so auch nachher *arma ponere iusserunt*.

2. *orbe facto*. Sie formirten ein
Carré, um in geschlossener Aufstellung nach allen Seiten hin gedeckt
zu sein und keine offene Flanke zu
bieten, die gewöhnliche äusserste
Vertheidigungsmassregel beim Andrängen feindlicher Uebermacht. 5.
33, 5: *quod non sine summo timore
et desperatione id factum videbatur*.
S. Kriegsw. § 15. — *ad clamorem*:
'auf das Geschrei'. — *omnem equitatum*. Natürlich ist unter *omnis
equitatus* nicht die ganze Reiterei,
die er hatte (s. c. 12, 1), zu verstehen, da jedenfalls auch Titurius und
Cotta (c. 22) Reiter bei sich hatten,
sondern nur eben die, welche im
Lager war, d. h. die bei dem Sulpicius zurückgelassenen Reiter, und
wohl auch die, welche nach Britannien zu geben verhindert (28, 2) wieder zurückgekehrt waren. — *quattuor horis*. Die Vergleichung von
Stellen, wie B. C. 1. 46, 1: *cum esset
pugnatum continenter horis quinque*
und ebend. 1. 7, 6: *cuius ductu novem annis remp. – gesserint* u. a.
(Angabe der Zeitdauer) zeigt, dass
es nicht nöthig ist, *ampl. qu. horis*
nach 1. 15, 1 für = *amplius quam
qu. horas* zu halten.

38. 1. *qui rebellionem fecerant*:
Kriegserneuerung, Abfall, denn sie

fecerant, misit. Qui cum propter siccitates paludum, quo se re- 2
ciperent, non haberent, quo superiore anno perfugio fuerant usi,
omnes fere in potestatem Labieni pervenerunt. At Q. Titurius 3
et L. Cotta legati, qui in Menapiorum fines legiones duxerant,
omnibus eorum agris vastatis, frumentis succisis, aedificiis incensis, quod Menapii se omnes in densissimas silvas abdiderant,
se ad Caesarem receperunt. Caesar in Belgis omnium legionum 4
hiberna constituit. Eo duae omnino civitates ex Britannia obsides miserunt, reliquae neglexerunt. Ilis rebus gestis ex litteris 5
Caesaris dierum viginti supplicatio a senatu decreta est.

hatten sich ihm vor seinem Zuge
nach Brit. ergeben, c. 22, 1. (*rebellio facta post deditionem* 3. 10, 2).
— *siccitates.* Plural des Abstractum wegen des Plur. *paludes.* 6.30,
3: *silvarum ac fluminum petunt
propinquitates.*

2. *quo — perfugio* nachträglicher
Relativsatz zu *paludum*, wie 7. 44,
1: *qui sup. diebus — poterat.* — *superiore anno*: 3. 28 u. 29. — *fuerant usi* im Gebrauche nicht von
erant usi verschieden.

3. *qui — duxerant.* S. c. 22, 5.

5. *dierum viginti supplicatio.* S.
2. 35 a. E. Die noch grössere Ausdehnung der *supplicatio* galt jedenfalls dem Zuge über den Rhein und
noch Britannien, der, wenn auch
ohne besondere Resultate — die
vielleicht auch nach den Berichten
(*ex litteris*) glänzender erschienen,
als sie wirklich waren — doch

zwei den Römern noch unbekannte
Länder eröffnet und Hoffnung auf
künftige Eroberungen erregt hatte.
Tac. Agric. c. 13: *igitur primus
omnium Romanorum divus Iulius
cum exercitu Britanniam ingressus quamquam prospera pugna ter-
ruerit incolas ac littore potitus sit,
potest videri ostendisse posteris,
non tradidisse.* Ἐμφανῆ τε γὰρ
τὰ πρὶν ἄγνωστα καὶ ἐπιβατὰ τὰ
πρόσθεν ἀνήκουστα ὁρῶντές σφισι γεγονότα, τὴν μέλλουσαν ἐξ
αὑτῶν ἐλπίδα ὡς καὶ παροῦσαν,
ἔργῳ ἐλάμβανον. — Καὶ διὰ ταῦτα ἱερομηνίας ἐπ' εἴκοσιν ἡμέρας ἀγαγεῖν ἐψηφίσαντο Cass. Dio
39. 53. Vergl. Plut. Caes. c. 25.
Dieser Auszeichnung Caesars setzte
Cato seinen Antrag auf Auslieferung
desselben wegen seines Verfahrens
gegen die Usipeter und Tencterer
entgegen.

C. IULII CAESARIS

DE

BELLO GALLICO

COMMENTARIUS QUINTUS.

1 L. Domitio, Ap. Claudio consulibus discedens ab hibernis Caesar in Italiam, ut quotannis facere consuerat, legatis imperat, quos legionibus praefecerat, uti quam plurimas possent hieme naves aedificandas veteresque reficiendas curarent. Earum mo-
2 dum formamque demonstrat. Ad celeritatem onerandi subductionesque paulo facit humiliores, quam quibus in nostro mari uti consuevimus, atque id eo magis, quod propter crebras commutationes aestuum minus magnos ibi fluctus fieri cognoverat, ad

1. 1. *Domitio – cons.*: im J. 54 v. Chr., dem 5. des Kriegs. Durch die Anordnungen, die er zu treffen hatte, aufgehalten, ging er erst mit Beginn des neuen Jahres *in Italiam* = *in citeriorem Galliam, ad conventus agendos* 1. 54, 3. — *quos leg. praefecerat,* nicht einige bestimmte, denen er die 8 Legionen (c. 8, 1 u. 2) übergab (= iis legatorum, quos leg. praefec.), sondern jede derselben wurde von einem Legaten commandirt, wie 1. 52, 1; vergl. unten c. 24, 2 u. 3. Daher die Stellung des Relativsatzes *legatis imperat, quos praef.*, nicht *legatis, quos praef., imperat* (mit welchem Unterschied?). Vergl. c. 52, 4: *centuriones tribunosque appellat, quorum*

egregiam – virtutem cognoverat.
2. *Ad – subduct.*: um sie leichter aus Land ziehen zu können. Dies hatte der Unfall an der Küste von Brit. als nöthig gezeigt. — *nostrum mare*: das mittelländische Meer, wie bei den Gr. ἡ καϑ᾽ ἡμᾶς (παρ᾽ ἡμῖν) ϑάλασσα, ἥδε ἡ ϑάλ. (Der Name *m. mediterraneum* ist sehr spät entstanden). — *quod cognoverat.* C. meint, dass wegen des häufigen Wechsels der Strömung, des Umschlags der Stromrichtung, die Wellen nicht so gross seien, eine schwerlich haltbare Erklärung des Umstands, dass im Canal die Wogen weniger hoch gehen. ʼDas Wahre an der Sache dürfte wohl sein, dass die Wellen im Ocean, wie Seekun-

onera ac multitudinem iumentorum transportandam paulo latio-
res, quam quibus in reliquis utimur maribus. Has omnes actua- 3
rias imperat fieri, quam ad rem humilitas multum adiuvat. Ea, 4
quae sunt usui ad armandas naves, ex Hispania apportari iubet.
Ipse conventibus Galliae citerioris peractis in Illyricum profici- 5
scitur, quod a Pirustis finitimam partem provinciae incursioni-
bus vastari audiebat. Eo cum venisset, civitatibus milites impe- 6
rat certumque in locum convenire iubet. Qua re nuntiata Piru- 7
stae legatos ad eum mittunt, qui doceant nihil earum rerum
publico factum consilio, seseque paratos esse demonstrant omnibus rationibus de iniuriis satisfacere. Percepta oratione eorum 8
Caesar obsides imperat eosque ad certam diem adduci iubet;
nisi ita fecerint, sese bello civitatem persecuturum demonstrat.
Iis ad diem adductis, ut imperaverat, arbitros inter civitates dat, 9
qui litem aestiment poenamque constituant.

dige versichern, länger, in eingeschlossenen Meeren, z. B. in der Ostsee und dem Mittelmeere, kürzer
und daher wegen der schneller auf-
einanderfolgenden Stösse für Schiffe
gefährlicher sind'. Müller. S. Göler S. 127. — *in rel. maribus*: die
besonderen, unter verschiedenen
Namen bekannten Theile des mittelländischen Meeres. — Die Form
maribus kommt sonst nirgends
vor; ebensowenig *marium*.

3. *actuariae naves* sind leichte
Ruderschiffe, was mehr im Namen
liegt (*remis agere*), als Schnell-
segler. Dies zeigt auch das folg.
*quam ad rem humilitas multum
adiuvat*, da die Niedrigkeit wohl
für das Rudern bequem ist, während
für den Gebrauch der Segel die
Höhe eher vortheilhaft sein kann
(Müller). Vergl. auch c. 8, 2: *non
intermisso remigandi labore longarum navium cursum adaequa-
runt.* — *imperat fieri*, wie c. 7, 6:
retrahique imp. Imperare wird nämlich in der guten Prosa wohl mit
dem Accus. c. Inf., aber nur einem
passiven construirt. B. C. 1. 61, 4.

4. *ex Hispania*. Es war reich an
Metallen aller Art und erzeugte
auch das *spartum* (Esparto, stipa

tenacissima, Linn.), eine Art Pfrie-
mengras, aus dem Tauwerk gemacht
wurde (Plin. Hist. N. 19. 2, 30).
Liv. 22. 20, 6: *ad Longunticam* (in
Spanien) *pervenit classis, ubi vis
magna sparti ad rem nauticam congesta.* — *armandas*: 3. 13, 1. 14, 2.
4. 29, 3.

5. *conventibus*. S. 1. 54, 3. —
Illyricum: 2. 35, 2.

7. *nihil earum rerum* (Incursio-
num): 3. 4, 3. — *demonstrant*: *Pirustae per legatos*: also zu verbinden *mittunt seseque demonstrant*;
daher weder Wechsel des Subiects
noch *demonstrent* zu erwarten. —
paratos satisfacere: 1. 44, 4. — *de
iniuriis satisf.*: 1. 42, 1.

8. *Percepta*: audita et cognita.
6. 8, 7: *fuga percepta.*

9. *arbitros*: Schiedsrichter, die
nicht nach gesetzlicher Processform
wie *iudices*, sondern nach Billigkeit
(*aequum et bonum*) und subiectiver
Ueberzeugung entschieden (*iudicium
ex bona fide*); *dare* stehender Ausdruck, wie *iudices, iudicium, testes
dare*. B. C. 3. 1, 2. — *litem aestimare*: den Werth der Sache, auf
die Einer klagt, und darnach die
Entschädigung bestimmen: *poenam
constituere.*

2 His confectis rebus conventibusque peractis in citeriorem
Galliam revertitur atque inde ad exercitum proficiscitur. Eo cum
venisset, circuitis omnibus hibernis singulari militum studio in
summa omnium rerum inopia circiter sexcentas eius generis,
cuius supra demonstravimus, naves et longas xxviii invenit instructas neque multum abesse ab eo, quin paucis diebus deduci
3 possint. Collaudatis militibus atque iis, qui negotio praefuerant,
quid fieri velit, ostendit atque omnes ad portum Itium convenire
iubet, quo ex portu commodissimum in Britanniam traiectum
esse cognoverat, circiter milium passuum xxx a continenti: huic
4 rei quod satis esse visum est militum reliquit. Ipse cum legionibus expeditis iiii et equitibus dccc in fines Treverorum proficiscitur, quod hi neque ad concilia veniebant neque imperio pare-
3 bant Germanosque Transrhenanos sollicitare dicebantur. Haec
civitas longe plurimum totius Galliae equitatu valet magnasque
habet copias peditum, Rhenumque, ut supra demonstravimus,

2. 2. *circuitis hib. Circumire*
transitiv: die Runde machend be-
sichtigen, von inspicirenden Behörden; so *vigilias, portas* (B. C. 3. 94,
6). — *in inopia*: 1. 27, 4. — *cuius*
= cuius generis naves: Schiffe von
der oben beschriebenen Art. — *instructas* näml. armamentis: ausgerüstet, wie B. C. 3. 100, 2. 111, 3.
—*neque multum abesse ab eo, quin.*
Caes. braucht, obgleich das hinzugefügte *ab eo* (d. h. es fehlt nicht
viel davon, d. i. von der Möglichkeit, dass sie in See gehen,
deduci, konnten) ut nicht *quin* erwarten liess, doch das durch den
negativen Hauptsatz veranlasste
quin, da ja überhaupt die Partikel
in dergleichen Sätzen für die gewöhnliche Auffassung ihre negative
Bedeutung verloren hat. Schneider
vergleicht Cic. Fam. 5. 7: *illud non
dubito, quin – res publica nos inter nos conciliatura sit*, wo *quin –
sit*, die erklärende Ausführung von
illud, ebenso wenig negativ ist,
wie hier *quin deduci possint.* —
possint, nicht *possent*: *invenit* ist
Präsens.

3. *quid fieri velit, ostendit*, eine
sehr häufig wiederkehrende Formel
= er trifft die nöthigen Anordnungen, ertheilt die nöthigen Befehle.
S. 3. 18, 2. 7. 16, 2. 27, 1. B. C. 3.
78, 5. — *quod – navium*: 3. 16, 2.
— *huic rei*: 'für diesen Zweck',
dass sie sich dort ohne Gefahr, angegriffen zu werden, sammeln konnten.

4. *ad concilia.* Solche von Caes.
einberufene (also andere, als die 1.
30, 4. 2. 4, 4 erwähnten) Versammlungen der Gall. sind bis jetzt noch
nicht vorgekommen. Er führte sie
wohl nach Unterwerfung G.'s ein;
vergl. 6. 3, 3: *concilio Galliae primo vere, ut instituerat, indicto*,
und bestimmte in denselben die
Hülfstruppen, die er haben wollte;
6. 4, 6. Das Ausbleiben der Trev.
war ein Zeichen des Abfalls; 6. 3,
4. — *neque imperio parebant*, wie
auch noch im 8. Jahre des Kriegs,
8. 25, 2: *cultu et feritate non multum a Germanis differebat* (civitas
Treverorum), *neque imperata umquam, nisi exercitu coacta, faciebat.*

3. 1. *plurimum totius Galliae*:
1. 3, 6. — *supra*: 3. 11, 1. — *Rhe-*

tangit. In ea civitate duo de principatu inter se contendebant, 2
Indutiomarus et Cingetorix; e quibus alter, simulatque de Cae- 3
saris legionumque adventu cognitum est, ad eum venit, se suosque omnes in officio futuros neque ab amicitia populi Romani
defecturos confirmavit quaeque in Treveris gererentur ostendit.
At Indutiomarus equitatum peditatumque cogere iisque, qui per 4
aetatem in armis esse non poterant, in silvam Arduennam abditis,
quae ingenti magnitudine per medios fines Treverorum a flumine
Rheno ad initium Remorum pertinet, bellum parare instituit;
sed posteaquam nonnulli principes ex ea civitate et familiaritate 5
Cingetorigis adducti et adventu nostri exercitus perterriti ad Caesarem venerunt et de suis privatim rebus ab eo petere coeperunt, quoniam civitati consulere non possent, veritus, ne ab
omnibus desereretur, [Indutiomarus] legatos ad Caesarem mittit:
Sese idcirco ab suis discedere atque ad eum venire noluisse, 6
quo facilius civitatem in officio contineret, ne omnis nobilitatis
discessu plebs propter imprudentiam laberetur: itaque esse ci- 7
vitatem in sua potestate, seseque, si Caesar permitteret, ad eum
in castra venturum, suas civitatisque fortunas eius fidei permis-
surum. Caesar, etsi intellegebat, qua de causa ea dicerentur, 4
quaeque eum res ab instituto consilio deterreret, tamen, ne aestatem in Treveris consumere cogeretur omnibus ad Britannicum
bellum rebus comparatis, Indutiomarum ad se cum ducentis
obsidibus venire iussit. Iis adductis, in iis filio propinquisque 2

---

num tangit: um so gefährlicher wegen der Verbindung mit den Germanen; c. 2 a. E.

2. *de principatu — contendebant.*
Wiederum kommt dem C. die Eifersucht der Häuptlinge entgegen, die
lieber dem Fremden als dem Nebenbuhler sich unterwerfen wollen.
Cinget. war Schwiegersohn des Indutiomarus: c. 50, 3.

4. *in silvam abditi.* Mit welchem
Unterschied 1. 39, 4: *in tabernaculis abditi?*

5. *de suis privatim rebus. Privatim* im Gegens. zu *civitati,* bezeichnet *suis* näher und vertritt
durch die gewählte Stellung ein
Adiectivum (wie 3. 29, 1 *deinceps*):
sie legten, da sie das Beste des
Staats doch nicht befördern konn-

ten, für ihre Privatangelegenheiten
(für das, was jeder für sich, privatim hatte), Fürbitte ein (*petere de
— s. 1. 42, 1*). Zu diesem attributiven Gebrauch des Adverb. vergl.
z. B. Liv. 6. 39, 6: *maximo privatim periculo nullo publico emolu-
mento.*

6. *discessu* als Abl. causae wie
3. 23, 4 *adventu. — laberetur:* fehlte, sich verginge, durch Abfall und
Aufstand.

7. *si — permitteret* fügt er hinzu, weil C., da er einmal feindlich
aufgetreten war, seine Annäberung
zurückweisen und ihn als Feind behandeln konnte. Vergl. den Anfang
des folg. Cap. — *fidei permiss.:* 4.
21, 8.

eius omnibus, quos nominatim evocaverat, consolatus Indutioma-
3 rum hortatusque est, uti in officio maneret; nihilo tamen secius
principibus Treverorum ad se convocatis hos singillatim Cingetorigi conciliavit, quod cum merito eius a se fieri intellegebat,
tum magni interesse arbitrabatur eius auctoritatem inter suos
quam plurimum valere, cuius tam egregiam in se voluntatem
4 perspexisset. Id tulit factum graviter Indutiomarus, suam gratiam inter suos minui, et qui iam ante inimico in nos animo
5 fuisset, multo gravius hoc dolore exarsit. His rebus constitutis
2 Caesar ad portum Itium cum legionibus pervenit. Ibi cognoscit
LX naves, quae in Meldis factae erant, tempestate reiectas cursum tenere non potuisse atque eodem, unde erant profectae, re-
vertisse; reliquas paratas ad navigandum atque omnibus rebus
3 instructas invenit. Eodem equitatus totius Galliae convenit nu-
4 mero milium quattuor principesque ex omnibus civitatibus; ex
quibus perpaucos, quorum in se fidem perspexerat, relinquere
in Gallia, reliquos obsidum loco secum ducere decreverat, quod,
6 cum ipse abesset, motum Galliae verebatur. Erat una cum ceteris Dumnorix Haeduus, de quo ante ab nobis dictum est. Hunc
secum habere in primis constituerat, quod eum cupidum rerum
novarum, cupidum imperii, magni animi, magnae inter Gallos
2 auctoritatis cognoverat. Accedebat huc, quod in concilio Haeduorum Dumnorix dixerat sibi a Caesare regnum civitatis deferri; quod dictum Haedui graviter ferebant, neque recusandi

4. 2. *consolatus* über sein und besonders seiner Angehörigen Schicksal, die er mit nach Brit. nehmen
wollte: c. 5. u. 6.

3. *principibus convocatis – hos*:
4. 21, 6. — *cuius – perspexisset*,
wie 4. 21, 9; denn der Coniunct.
würde auch ohne die Orat. obl. stehen. Ebenso nachher: *qui – fuisset*.

4. *suam gratiam minui*: Epexegese, wie 4. 21, 9. 1. 7, 1 u. a. *gratiam*: Gunst, Ansehen, in dem er
stand. — *hoc dolore*: c. 19, 2 (3.
13, 5).

5. 1. *constitutis*: 'geordnet'. 4.
23, 1.

2. *in Meldis*. Wenn auch die
Meldi jedenfalls im Binnenlande,
zwischen Seine und Marne, oberhalb Paris wohnten, so darf man
doch daran, dass dort Schiffe gebaut
worden, keinen Anstoss nehmen, da
sie auf der Sequana an die Küste gebracht werden konnten (wie 3. 9, 1
auf dem Liger), zumal bei der oben erwähnten Beschaffenheit der Schiffe.
— *cursum tenere*: 4. 26, 5. — *atque*: 4. 35, 2.

3. *milium qu.* von *equitatus* abh.
— *numero* der bekannte pleonastische Zusatz bei Zahlbestimmungen.
1. 9, 2. 49, 3. 3. 26, 6. — *cum abesset*: 4. 16, 1.

6. 1. *ante* 1. 3 und 18–20. —
magni animi – cognoverat: 1. 28,
5; vergl. 1. 18, 3. — *cupidum –
magnae*. Die Anaphora der Adiectiva zur Hervorhebung der wichtigen, ihn bestimmenden Gründe.
Vergl. 1. 19, 2. 7. 38, 2. B. C. 1.
49, 1 u. 5.

2. *quod dictum Haed. gr. fer.*

aut deprecandi causa legatos ad Caesarem mittere audebant. Id
factum ex suis hospitibus Caesar cognoverat. Ille omnibus primo 3
precibus petere contendit, ut in Gallia relinqueretur, partim quod
insuetus navigandi mare timeret, partim quod religionibus impediri sese diceret. Posteaquam id obstinate sibi negari vidit, 4
omni spe impetrandi adempta principes Galliae sollicitare, sevo-
care singulos hortarique coepit, uti in continenti remanerent;
metu territare: non sine causa fieri, ut Gallia omni nobilitate 5
spoliaretur; id esse consilium Caesaris, ut, quos in conspectu
Galliae interficere vereretur, hos omnes in Britanniam traductos
necaret; fidem reliquis interponere, iusiurandum poscere, ut, 6
quod esse ex usu Galliae intellexissent, communi consilio administrarent. Haec a compluribus ad Caesarem deferebantur.
Qua re cognita Caesar, quod tantum civitati Haeduae dignitatis 7
tribuebat, coërcendum atque deterrendum, quibuscumque rebus
posset, Dumnorigem statuebat; quod longius eius amentiam pro- 2
gredi videbat, prospiciendum, ne quid sibi ac reipublicae nocere
posset. Itaque dies circiter xxv in eo loco commoratus, quod 3

Jene Aeusserung des Dumn. war
nur darauf berechnet, dem C. bei
den dem Königthum abgeneigten
Häduern zu schaden. Da C. auch
anderwärts Könige einsetzte (Commius 4. 21, 6), konnte jene Angabe
wohl Glauben finden. — *neque*: 1.
47, 1. 4. 26, 5.

3. *quod – diceret*: 1. 23, 3. —
religionibus: 'religiöse Bedenken'
(omina, auguria, wie 1. 50, 4 *sortibus et vaticinationibus*), oder 'religiöse Gründe' (Gelübde, Opfer).
Dumn. spricht sich absichtlich nicht
deutlicher aus, da sein Grund offenbar nur ein vorgegebener ist.

5. *territare*, wie nachher *interponere*, *poscere*, histor. Infinitive,
um den leidenschaftlichen Eifer, der
sich in den verschiedenen, sich folgenden Massregeln zeigt, zu veran-
schaulichen.

6. *fidem reliquis interponere*.
Am einfachsten und natürlichsten
wird mit Müller *fid. interp.* in seiner gewöhnlichen Bedeutung (z. B.
c. 36, 2) genommen: 'er gab den
Uebrigen (*reliqui*, Gegensatz zu

ihm, Dumnorix, selbst) sein Wort
und forderte dagegen von ihnen das
eidliche Versprechen, *ut – administrarent*, Inhalt der Forderung des
Dumnorix, während der gewöhnliche Acc. c. Inf. (wie 1. 31, 7) den
Entschluss der Schwörenden (dass
sie – wollten) enthalten würde.
Bei dem raschen Fortschreiten der
Erzählung kann die Auslassung von
suam (*fid. interp.*), das man vermisst hat, nicht auffallen.

7. 1. *quod tantum – tribuebat*.
Der Sinn ist: da er dem Staate der
Häd. so grosse Bedeutung beilegte,
dass ihm viel daran liegen musste,
dass er nicht durch Domn. abwendig
gemacht würde, so glaubte er den
Dumn. auf jede Weise in Schranken
halten und abschrecken, und da er
sah, dass sein 'Wahnsinn' zu weit
gehe, Vorsichtsmassregeln ergreifen zu müssen, *prosp. ne – posset*.
Als endlich der Abfall offenkundig
wurde, liess er ihn tödten.

3. *Itaque – commoratus* kann
weder übersetzt werden: 'nachdem
er verweilt hatte', noch 'er ver-

Corus ventus navigationem impediebat, qui magnam partem
omnis temporis in his locis flare consuevit, dabat operam, ut in
officio Dumnorigem contineret, nihilo tamen secius omnia eius
4 consilia cognosceret: tandem idoneam nactus tempestatem milites
5 equitesque conscendere in naves iubet. At omnium impeditis
animis Dumnorix cum equitibus Haeduorum a castris insciente
6 Caesare domum discedere coepit. Qua re nuntiata Caesar intermissa profectione atque omnibus rebus postpositis magnam par-
7 tem equitatus ad eum insequendum mittit retrahique imperat; si
vim faciat neque pareat, interfici iubet, nihil hunc se absente pro
sano facturum arbitratus, qui praesentis imperium neglexisset.
8 Ille enim revocatus resistere ac se manu defendere suorumque
fidem implorare coepit saepe clamitans liberum se liberaeque
9 esse civitatis. Illi, ut erat imperatum, circumsistunt hominem
atque interficiunt; at equites Haedui ad Caesarem omnes rever-
8 tuntur. His rebus gestis Labieno in continente cum tribus legionibus et equitum milibus duobus relicto, ut portus tueretur et
rem frumentariam provideret, quaeque in Gallia gererentur co-
2 gnosceret consiliumque pro tempore et pro re caperet, ipse cum

weilte daher und bemühte sich'
(warum nicht?), sondern: 'daher bemühte er sich, während er das.
verweilte', nach dem zu 2. 7, 1 besprochenen Gebrauch des Part. Perf.
der Deponentia u. Semideponentia
für das Part. Praes. Vergl. noch 7.
32, 1: *Avarici commoratus – exercitum reficit.* S. Madvig § 431
Anm. 2. — *Corus (Chorus, Caurus)*
Nordwestwind, Ἀργέστης. *Corus
ventus*, wie *terra Gallia, mare
Oceanus.* S. zu 1. 30, 2.

4. *milites equitesque* (wie unten
c. 10, 1): 1. 48, 4. — *conscend. in
naves,* Sonst C. *consc. naves.*

5. *impeditis*: mit der Zurüstung
der Abfahrt beschäftigt, *occupatis.*

6. *retrahique imperat*: c. 1, 3.

7. *pro sano*: einem Besonnenen
gemäss, wie ein Bes. B. C. 3. 109, 1:
*cum – vellet pro communi amico
atque arbitro controversias regum
componere. — qui neglexisset,* wie
c. 4, 3: *cuius – voluntatem perspexisset.*

8. *enim*: Bestätigung der Voraus-
sicht des C. (*si vim faciat neque
pareat*) und der Nothwendigkeit
des gegebenen Befehls: er befahl
ihn zu tödten, wenn er nicht gehorchte, was auch geschah; denn
u. s. w. — *clamitans* intensiv: laut
schreiend; *saepe* also nicht pleonastisch.

liberum se – civitatis. C. trägt
kein Bedenken, die Berufung des
Dumn. auf seine Unabhängigkeit zu
erwähnen, durch welche sein Verfahren gegen ihn im wahren Lichte
gezeigt wird. S. Einl. S. 32 Anm.
Die ausdrückliche Wiederholung:
ut erat imperatum zeigt noch mehr,
wie wenig es ihm darum zu thun ist,
die That zu beschönigen oder von
sich abzulehnen.

8. 1. *Labieno.* Er lässt den Be-
währtesten von seinen Legaten zurück, weil er der Stimmung in Gallien doch nicht traute, wie auch das
Folgende zeigt: *quaeque in Gallia
gererentur* etc. — *pro temp. et pro
re*: 'nach Zeit und Umständen'.

quinque legionibus et pari numero equitum, quem in continenti
reliquerat, ad solis occasum naves solvit et leni Africo provectus
media circiter nocte vento intermisso cursum non tenuit et longius delatus aestu orta luce sub sinistra Britanniam relictam conspexit. Tum rursus aestus commutationem secutus remis con- 3
tendit, ut eam partem insulae caperet, qua optimum esse egressum superiore aestate cognoverat. Qua in re admodum fuit 4
militum virtus laudanda, qui vectoriis gravibusque navigiis non
intermisso remigandi labore longarum navium cursum adae-
quarunt. Accessum est ad Britanniam omnibus navibus meri- 5
diano fere tempore, neque in eo loco hostis est visus; sed, ut 6
postea Caesar ex captivis cognovit, cum magnae manus eo convenissent, multitudine navium perterritae, quae cum annotinis
privatisque, quas sui quisque commodi fecerat, amplius octin-
gentae uno erant visae tempore, a litore discesserant ac se in
superiora loca abdiderant. Caesar exposito exercitu et loco castris 9
idoneo capto, ubi ex captivis cognovit, quo in loco hostium
copiae consedissent, cohortibus x ad mare relictis et equitibus
ccc, qui praesidio navibus essent, de tertia vigilia ad hostes
contendit eo minus veritus navibus, quod in litore molli atque

2. *pari numero, quem,* wie *eodem
numero, quem*; z. B. 4. 36, 4: *eosdem, quos reliqui.* — *cursum non
tenuit*: 4. 26, 5. — *et*: 4. 35, 2. —
delatus aestu: Die Flotte, die vorher nordwestlich ging, wurde durch
einen Umschlag der Stromrichtung
(Schlackwasser) nach Nordosten
getrieben, so dass sie Britannien
(Nordforeland) links hinter sich erblickte. Göler p. 132. — (*sub sinistra*: 'ex alto circumspicientes prae-
ternavigatam videbant Britanniam
sub sinistra iacentem'. Schneid.)
3. *rursus aestus commut. secutus*: Die Strömung änderte sich
wieder in eine südwestliche um. —
remis contendit, ut – caperet. Es
wurde angestrengt gerudert, wo
man der Strömung nicht mehr folgen konnte, um da, wo C. wollte,
zu landen. — *caperet*: 4. 26, 5. 36,
4. — *qua - cognoverat.* S. zu 4.
23, 3.
4. *vectoriis navigiis* (Abl. Instr.)
= Transportschiffe, *gravibusque*:

'und zwar schwer beladen', wie er
sie c. 1, 2 *ad onera ac multitudinem iumentorum transportandam*
besonders hatte einrichten lassen.
6. *annotinis*, die er c. 1, 1 *veteres* nennt: die im vorigen Jahre gebauten und gebrauchten. — *quas
sui comm.* (naves) *fec.*: als zu seiner Bequemlichkeit gehörige, dienende Schiffe. S. zu 4. 17, 10. —
quisque natürlich nicht allgemein
(als ob jeder dergleichen Schiffe gehabt hätte), sondern jeder von denen, die eben solche Schiffe hatten
(7. 22, 1), die Reicheren, die zu be-
quemerer Ueberfahrt Privatschiffe
hatten. B. C. 3. 14, 2.
9. 1. *cohortibus decem*, also eine
Legion der Zahl nach; doch zeigt
dieser Ausdruck, dass er nicht eine
bestimmte Legion, sondern einzelne
Cohorten verschiedener Legionen,
vielleicht von den 5 Leg. je 2 Coh.
zurück liess. — *de tertia vigilia*: 1.
12, 2. — *veritus* selten mit dem
Dativ, wie das sehr häufig so ge-

aperto deligatas ad ancoram relinquebat, et praesidio navibus
2 Quintum Atrium praefecit. Ipse noctu progressus milia passuum
3 circiter xii hostium copias conspicatus est. Illi equitatu atque
essedis ad flumen progressi ex loco superiore nostros prohibere
4 et proelium committere coeperunt. Repulsi ab equitatu se in
silvas abdiderunt locum nancti egregie et natura et opere munitum, quem domestici belli, ut videbatur, causa iam ante prae-
5 paraverant: nam crebris arboribus succisis omnes introitus erant
6 praeclusi. Ipsi ex silvis rari propugnabant nostrosque intra
7 munitiones ingredi prohibebant. At milites legionis septimae
testudine facta et aggere ad munitiones adiecto locum ceperunt
8 eosque ex silvis expulerunt paucis vulneribus acceptis. Sed eos
fugientes longius Caesar prosequi vetuit, et quod loci naturam
ignorabat, et quod magna parte diei consumpta munitioni ca-
10 strorum tempus relinqui volebat. Postridie eius diei mane tri-

brauchte *maturare, timere* (z. B. 4.
16, 1. 7. 24, 4. 56, 2). — *Molli*:
sanft ansteigend, *molliter acclivi*, 7.
46, 1: *ad molliendum clivum.* —
aperto: nicht durch Felsen und
dergl. unzugänglich, so dass auch
vom Lande aus leicht Hülfe gebracht werden konnte. — *ad anco-*
ram. Der Sing. wie wir 'vor Anker', weil man sich begnügt, allgemein den Begriff der Sache, nicht
das Besondere, an jedem einzelnen
Schiffe Befindliche zu bezeichnen.
— *et praefecit* nicht zu dem Zwischensatz *quod – relinquebat* gehörig, sondern zu verbinden: *conten-*
dit et praefecit. — *navibus* kann
natürlich nicht von *praefecit* abhängen (= *praefecit navibus prae-*
sidio d. i. ut pro praesidio esset),
da ein Einzelner nicht ein *praesi-*
dium sein kann, die Bedeckung
selbst aber im Vorhergehenden
schon genannt ist, sondern nur von
praesidio = der für die Schiffe zurückgelassenen Bedeckung setzte
er den Atrius vor. [Indess ist vielleicht *navibus* als aus dem vorhergehenden *qui praesidio navibus*
essent entlehnt zu streichen. Nipperdey schreibt *praesidio navibus-*
que praef.]

3. *flumen* scheint der Fl. Stour
zu sein, der durch Canterbury drei
Meilen vom Meere fliesst und sich bei
der Insel Thanet ins Meer ergiesst.
4. *nancti*: 4. 36, 3.
6. *rari*: einzeln, zerstreut. c. 16,
4: *ut nunquam conferti, sed rari*
magnisque intervallis proeliaren-
tur. — *propugnare ex*, wie 7. 86,
5: *ex turribus prop.*: aus einem
Orte hervorkämpfen d. h. Geschosse werfen, nicht = hervor-
brechend kämpfen. Beides ausdrücklich geschieden B. C. 2. 8, 2:
hinc (ex turri) propugnabant, hinc
procurrebant. — *ingredi prohibe-*
bant: s. zu 2. 4, 2.
7. *leg. septimae*: 4. 32, 1. — *te-*
studine facta: 2. 6, 2. — *aggere*
(Dammerde) *adiecto* (2. 15, 5 *iacto*),
um über die *munitiones* (Verhaue)
schiessen und steigen zu können.
8. *prosequi* in der Bedeut. 'verfolgen', eigentlich: die Fliehenden
nachsetzend begleiten. 2. 11, 4. B.
C. 2. 8, 2: *ad repellendum et pro-*
sequendum hostem. (So konnte es
z. B. unten c. 10, 1: *eos, qui fuge-*
rant, persequerentur — verfolgen,
zu erreichen suchen — nicht heissen,
warum?)
10. 1. *Postridie eius diei*: 1. 23,

pertito milites equitesque in expeditionem misit, ut eos, qui fugerant, persequerentur. His aliquantum itineris progressis, cum 2 iam extremi essent in prospectu, equites a Quinto Atrio ad Caesarem venerunt, qui nuntiarent superiore nocte maxuma coorta tempestate prope omnes naves afflictas atque in litore eiectas esse, quod neque ancorae funesque subsisterent, neque nautae gubernatoresque vim tempestatis pati possent: itaque ex eo con- 3 cursu navium magnum esse incommodum acceptum. His rebus 11 cognitis Caesar legiones equitatumque revocari atque itinere desistere iubet, ipse ad naves revertitur; eadem fere, quae ex nun- 2 tiis litterisque cognoverat, coram perspicit, sic ut amissis circiter XL navibus reliquae tamen refici posse magno negotio viderentur. Itaque ex legionibus fabros deligit et ex continenti alios 3 arcessi iubet; Labieno scribit, ut, quam plurimas posset, iis le- 4 gionibus, quae sunt apud eum, naves instituat. Ipse, etsi res 5

1. — *milites equitesque*: 1. 48, 4. — *in expeditionem*: 8. 8, 3.

2. *extremi essent in prospectu*: als schon die letzten (nur noch die letzten, näml. von den ausgesendeten Truppen, nicht, wie gewöhnlich übersetzt wird, 'die Nachhut der Feinde') in der Ferne sichtbar waren, als nähere Bestimmung von *his aliquantum itineris progressis.* — *in litore eiectas* (Virg. Aen. 4. 373: *eiectum litore*), nicht *in litus*; der Unterschied liegt nahe. — *subsistere*: fest stehen, fest halten. C. braucht das Imperf., nicht Plusqu., wie in directer Rede *subsistebant* und *poterant* (d. i. während des Sturmes) stehen würde; s. zu 1. 40, 5: *sublevarent*, B. C. 3. 96, 1: *conquirerent*.

3. *ex eo concursu*: durch den dabei erfolgten Zusammenstoss der Schiffe.

11. 1. *revocari atque itinere desistere iubet* (nach Handschr. der zweiten Classe für *in itinere resistere*). Auf die Nachricht von der Beschädigung der Flotte lässt er die ausgesendeten Truppen zurückrufen — in das Lager — und befiehlt ihnen vom Marsche landeinwärts abzustehen, die Verfolgung der Feinde also ganz aufzugeben.

2. *sic* auf den ganzen vorhergehenden Satz zu beziehen und den Inhalt noch einmal zusammenfassend: in der Weise nämlich.

3. Die Worte *ex legion. fabros deligit* zeigen deutlich, dass C. nicht blos das unter dem Praefectus fabrum stehende Corps von Werkleuten (Zimmerleute, Schmiede) meinen könne, sondern dass er für die umfassenderen Arbeiten noch andere geeignete Leute auswählte. — *ex continenti*: 4. 31, 2.

4. *posset — instituat.* S. 3. 11, 5. — *iis legionibus*: 1. 8, 1. — *quae sunt apud eum.* Umschreibung eines Begriffs (der bei ihm befindlichen Leg.) durch einen selbständig auftretenden, nicht in die indirecte Rede verflochtenen, Zusatz des Schriftstellers (wie 2. 4, 10. 3. 8, 4. B. C. 1. 87, 1), der wegen der historischen Präsentia des Satzes eben auch im Präs. gegeben wird, wie 7. 78, 1: *constituunt, ut ii qui valetudine — inutiles sunt bello, oppido excedant.* Sall. Iug. 54, 1: *hortatur, ad cetera, quae levia sunt, parem animum gerant.*

erat multae operae ac laboris, tamen commodissimum esse statuit omnes naves subduci et cum castris una munitione coniungi.
6 In his rebus circiter dies x consumit ne nocturnis quidem tem-
7 poribus ad laborem militum intermissis. Subductis navibus castrisque egregie munitis easdem copias, quas ante, praesidio
8 navibus reliquit, ipse eodem, unde redierat, proficiscitur. Eo cum venisset, maiores iam undique in eum locum copiae Britannorum convenerant summa imperii bellique administrandi communi consilio permissa Cassivellauno; cuius fines a maritimis civitatibus flumen dividit, quod appellatur Tamesis, a mari cir-
9 citer milia passuum LXXX. Huic superiore tempore cum reliquis civitatibus continentia bella intercesserant; sed nostro adventu permoti Britanni hunc toti bello imperioque praefecerant.

12 Britanniae pars interior ab iis incolitur, quos natos in in-
2 sula ipsi memoria proditum dicunt, maritima pars ab iis, qui praedae ac belli inferendi causa ex Belgio transierunt (qui omnes

---

5. *multae operae ac laboris*: 'von vieler Arbeit und Mühseligkeit, Beschwerde', d. i. ein arbeitsvolles und beschwerliches Unternehmen.

6. *ad laborem intermissis*. Ebenso c. 40, 5; *ad* bez. den Zweck: 'zur Arbeit' oder 'für die Arbeit' = indem man selbst die Nächte für die Arbeit der Soldaten nicht unbenutzt liess, selbst die N. dazu anwandte. Anders 7. 24, 2 u. B. C. 1. 32, 1: *ut reliquum tempus a labore intermitteretur.*

8. *summa imperii*: der Oberbefehl, weiter ausgeführt durch das allgemeinere und umfassendere *bellique administrandi*: die Oberleitung des ganzen Kriegs, um die ausgedehnteste Vollmacht zu bezeichnen. In umgekehrter Ordnung (vom Allgemeinen zum Besonderen, vom Ganzen zum Theile absteigend) § 9: *toti bello imperioque.* Beide Fälle sind häufig und entsprechen in dieser Weise der genauen Ausführlichkeit Caesars mehr, als die so oft fälschlich angewandte Erklärung durch ἓν διὰ δυοῖν. — *flumen, quod appellatur Tamesis,* anders als z. B. 1. 37, 1: *Vesontio, quod est oppidum,* weil, wenn ein Begriff erst durch den Relativsatz bestimmt wird (ein, oder der Fluss, welcher), das Relativum sich nach dem vorhergehenden Substantivum richtet.

12. 1. *natos in insula* = indigenas, αὐτόχθονας. Aehnlich die Gallier 6. 18, 1, und von den Germanen Tac. Germ. c. 2: *ipsos Germanos indigenas crediderim.* Agric. c. 11: *Ceterum Britanniam qui mortales initio coluerint, indigenae an advecti, ut inter barbaros, parum compertum. ipsi — dicunt*: sie behaupten selbst von sich, dass sie Autochthonen sind, wie die Gallier *se omnes ab Dite patre prognatos praedicant* 6. 18, 1. [Nicht *in insula ipsa,* welche naheliegende Aenderung die schlechteren Hdschr. haben.] — *memoria*: durch das Gedächtniss (nicht durch Schrift), durch mündliche Ueberlieferung, Tradition. Schneider vergleicht Cic. Verr. 1. 18: *quod est proditum memoria ac litteris* = quod audivimus ac legimus. Sonst *memoriae prodere,* mit welchem Unterschiede? — *praedae ac belli infer. causa* ähnlich der c. 11, 8 erklärten Redeweise.

fere iis nominibus civitatum appellantur, quibus orti ex civitatibus eo pervenerunt) et bello illato ibi permanserunt atque agros colere coeperunt. Hominum est infinita multitudo creberrimaque 3 aedificia fere Gallicis consimilia, pecorum magnus numerus. Utuntur [aut aere aut] taleis ferreis ad certum pondus examinatis 4 pro nummo. Nascitur ibi plumbum album in mediterrancis re- 5 gionibus, in maritimis ferrum, sed eius exigua est copia; aere utuntur importato. Materia cuiusque generis, ut in Gallia, est · praeter fagum atque abietem. Leporem et gallinam et anserem gustare fas non putant; haec tamen alunt animi voluptatisque 6 causa. Loca sunt temperatiora quam in Gallia remissioribus frigoribus. Insula natura triquetra, cuius unum latus est contra 13 Galliam. Huius lateris alter angulus, qui est ad Cantium, quo fere omnes ex Gallia naves appelluntur, ad orientem solem, inferior ad meridiem spectat. Hoc pertinet circiter milia passuum 2 quingenta. Alterum vergit ad Hispaniam atque occidentem solem;

2. *quibus ex civitatibus*, als ob es vorher hiesse: *earum nominibus civitatum*. So finden wir in Brit. z. B. Atrebates und Belgae. — *bello illato*. Allerdings erwartet man eher *confecto* (Nipperdey *sedato*, Koch *finito*), da sie erst nach Vollendung des Kriegs sich niederlassen konnten. (2. 29, 5: *pace facta — locum delegerunt*). Indess müssen diese Worte mit den vorhergehenden in Verbindung gesetzt werden: *belli inferendi causa transierunt et b. illato permanserunt*: sie waren (zunächst nur) aus Beute- und Kriegslust herübergekommen, und nachdem dies geschehen = und dann blieben sie da. B. C. 1. 41, 2: *facit pugnandi facultatem. Potestate facta Afranius copias educit.*

3. *consimilia*: 2. 11, 1. Ueber die Wohnungen des G. hat C. nur die kurzen Notizen c. 43, 1. 6. 30, 3.

4. *taleis ferreis*: längliche Stückchen Eisen, Eisenstäbchen (Barren), wie auch der gr. ὀβολός ursprünglich ein kleines stabförmiges Stück Kupfer oder Eisen (ὀβελός) war. [Es ist vermuthet worden: *talis ferreis* = Eisenwürfel. Ueber die W. *aut aere aut* s. den Anhang.]

5. *plumbum album*: Zinn, womit die Brit. schon in den ältesten Zeiten besonders mit den Phöniziern Handel trieben. — *in mediterr. regionibus*, in dem heutigen Cornwall.

6. *animi voluptatisque causa.* Auch hier wird das an sich genügende *animi causa* (7. 77, 10) durch *voluptatisque* näher bestimmt. — *rem. frigoribus* (Abl. abs.) hier nicht Fröste, sondern die Kälte, als klimatischer Zustand, durch den öfter bei Substantiven, die etwas Zuständliches bedeuten, gebrauchten Plural, wo wir ihn nicht brauchen können; so auch im Griech. ψύχη und θάλπη. (Tac. Agr. 12: *asperitas frigorum abest.*)

13. 1. *triquetra.* Diod. Sic. 5. 21: τῷ σχήματι τρίγωνος οὖσα παραπλησίως τῇ Σικελίᾳ τὰς πλευρὰς οὐκ ἰσοκώλους ἔχει. — *omnes ex Gallia naves.* S. zu 4. 33, 1. — *inferior* dem vorhergeh. *alter* entsprechend.

2. *pertinet*: 'erstreckt sich' in dieser südwestlichen Richtung. 6.

qua ex parte est Hibernia, dimidio minor, ut aestimatur, quam
Britannia, sed pari spatio transmissus atque ex Gallia est in Bri-
3 tanniam. In hoc medio cursu est insula, quae appellatur Mona:
complures praeterea minores obiectae insulae existimantur; de
quibus insulis nonnulli scripserunt dies continuos xxx sub bruma
4 esse noctem. Nos nihil de eo percontationibus reperiebamus,
nisi certis ex aqua mensuris breviores esse quam in continenti
5 noctes videbamus. Huius est longitudo lateris, ut fert illorum
6 opinio, DCC milium. Tertium est contra septentriones; cui parti
nulla est obiecta terra, sed eius angulus lateris maxime ad Germaniam spectat. Hoc milia passuum octingenta in longitudinem
7 esse existimatur. Ita omnis insula est in circuitu vicies centum
14 milium passuum. Ex his omnibus longe sunt humanissimi, qui
Cantium incolunt, quae regio est marituma omnis, neque mul-
2 tum a Gallica differunt consuetudine. Interiores plerique fru-

10, 5: *longe introrsus pertinere*. —
pari spatio transmissus: von gleicher Entfernung der Ueberfahrt (von
da nach Brit.) wie die von Gall. nach
Brit. (c. 2, 3). *transm.* hängt von
pari spatio (Abl. qual.) ab.

3. *medio cursu* = in medio trans-
missu oder traiectu: in der Mitte
der Fahrt, auf dem halben Wege.
— *obiectae*: derselben Seite gegen-
überliegend, wie § 6 *nulla est obiecta terra*. — *de quibus*: 'hinsichtlich welcher Inseln', mit dem
folg. Obiect von *scripserunt: esse
noctem*, eine lockere, hin und wieder, bes. im erzählenden Stile vorkommende Satzverbindung (für welche engere?). Cic. Verr. 4. 18: *de
hoc* (Diodoro) *Verri dicitur, habere
eum perbona toreumata*. — *sub
bruma*: zur Zeit der Wintersonnen-
wende.

4. *nisi — videbamus*. Cic. Fam.
13. 73: *de re nihil possum iudicare, nisi illud mihi persuadeo*.
— Der Sinn ist: wir fanden davon
nichts bestätigt; nur die eine Abweichung von den Erscheinungen
auf dem Continente erkannten wir:
breviores esse noctes, nämlich im
Sommer, zu welcher Zeit C. in Brit.
war. Plin. H. N. 2. 75, 77: *Sic fit,*

*ut longissimus dies horas colligat
— in Italia XV, in Britannia XVII*
(an der Nordküste Schottlands über
18 Stunden). Tac. Agric. c. 12:
*dierum spatia ultra nostri orbis
mensuram; nox clara et extrema
Britanniae parte brevis, ut finem
atque initium lucis exiguo discrimine internoscas*. — *certis ex aqua
mensuris*. Durch die Stellung erhält *ex aqua* adiectivische Kraft
zur Umschreibung des Begriffes der
Wasseruhr (clepsydra). S. zu 4.
33, 1.

An die Vorstellung Caesars von
der Gestalt, Lage (bes. Gall. und
Hispan. gegenüber; nicht richtiger
ist sie bei Tac. Agric. c. 10 u. 24)
und Ausdehnung Brit. darf man natürlich nicht den Mossstab unserer
Kenntniss von dem Lande legen.
Er folgt einer mangelhaften Vorstellung, die durch seinen kurzen
Aufenthalt, bei dem er nur einen
kleinen Theil kennen lernte, nicht
berichtigt werden konnte.

14. 1. *humanissimi*: 1. 1, 3. —
a Gall. consuetudine. Ueber diese
consuetudo 6. 11—20. Von den Bewohnern der südlichen Theile Britanniens sagt Tac. Agr. c. 11: *proximi Gallis et similes sunt; seu du-*

menta non serunt, sed lacte et carne vivunt pellibusque sunt
vestiti. Omnes vero se Britanni vitro inficiunt, quod caeruleum
efficit colorem, atque hoc horridiores sunt in pugna aspectu;
capilloque sunt promisso atque omni parte corporis rasa praeter 3
caput et labrum superius. Uxores habent deni duodenique inter 4
se communes et maxime fratres cum fratribus parentesque cum
liberis; sed qui sunt ex his nati, eorum habentur liberi, quo pri- 5
mum virgo quaeque deducta est.

Equites hostium essedariique acriter proelio cum equitatu 15
nostro in itinere conflixerunt, tamen ut nostri omnibus partibus
superiores fuerint atque eos in silvas collesque compulerint; sed 2
compluribus interfectis cupidius insecuti nonnullos ex suis amiserunt. At illi intermisso spatio imprudentibus nostris atque 3
occupatis in munitione castrorum subito se ex silvis eiecerunt
impetuque in eos facto, qui erant in statione pro castris collocati, acriter pugnaverunt, duabusque missis subsidio cohortibus 4
a Caesare atque his primis legionum duarum, cum hae perexiguo

rante originis vi, seu procurrentibus in diversa terris positio coeli
corporibus habitum dedit. In universum tamen aestimanti Gallos
vicinam insulam occupasse credibile est. Eorum sacra deprehendas,
superstitionum persuasiones; sermo haud multum diversus; in de-
poscendis periculis eadem audacia
et, ubi advenere, in detrectandis eadem formido; plus tamen ferociae
Britanni praeferunt, ut quos nondum pax emollierit.

2. Interiores – non serunt. Dass
die Bewohner der südlichen Gegenden Ackerbau trieben, sieht man
aus 4. 31, 2. 32, 1. — vitrum: die
Waidpflanze, aus der man eine blaue
indigoähnliche Farbe zog, von Anderen glastum, gr. ἰσάτις genannt,
Isatis tinctoria.

4. deni duodenique etwas an-
ders, wenn auch mit geringem Un-
terschiede gedacht, als duodeni ve.
Es bedeutet: zehn u. in anderen
Fällen zwölf. Wir verbinden die
Zahlen in diesen Fällen immer mit
'oder'. So auch im Griech. καί
(Xen. Anab. 4. 9, 21: τρίτῃ δὲ καὶ

τετάρτῃ ἀνίσταντο), wie dem ve ἤ
entspricht.

5. quo = ad quos, wie oben öfter.
— deducta der eigentl. Ausdruck
bei den Röm. von dem feierlichen
Geleite der Braut aus dem Eltern-
hause in das Haus des Gatten.

15. 1. Equites essedariique.
Wenn die Britan., wie Schneider
meint, keine Reiter, sondern nur
essedarii hatten, so kann essedarii
nur zu näherer Erklärung der equites dienen. Indess scheint die öftere
Wiederholung desselben Ausdrucks
(4. 24, 1: equitatu et essedariis, 32,
5. 5. 9, 3: equitatu atque essedis)
doch darauf hinzuweisen, dass sie
auch eigentliche equites hatten, wenn
auch in den beschriebenen Kämpfen
nur die Leistungen der essedarii
(quo plerumque genere – uti consuerunt 4. 24, 1), die den Römern neu
und am gefährlichsten waren, erwähnt werden. — tamen ut = ita
tamen, ut.

4. atque his primis: 'und zwar
die ersten Cohorten', die den Kern
der Legion enthielten. S. Kriegsw.

intermisso [loci] spatio inter se constitissent, novo genere pugnae
perterritis nostris per medios audacissime perruperunt seque
5 inde incolumes receperunt. Eo die Q. Laberius Durus, tribunus
militum, interficitur. Illi pluribus submissis cohortibus repel-
16 luntur. Toto hoc in genere pugnae cum sub oculis omnium ac
pro castris dimicaretur, intellectum est nostros propter gravitatem armorum, quod neque insequi cedentes possent neque ab
signis discedere auderent, minus aptos esse ad huius generis
2 hostem, equites autem magno cum periculo proelio dimicare,
propterea quod illi etiam consulto plerumque cederent et, cum
paulum ab legionibus nostros removissent, ex essedis desilirent
3 et pedibus dispari proelio contenderent. Equestris autem proelii
ratio et cedentibus et insequentibus par atque idem periculum
4 inferebat. Accedebat huc, ut numquam conferti, sed rari magnisque intervallis proeliarentur stationesque dispositas haberent,
atque alios alii deinceps exciperent, integrique et recentes defati-
17 gatis succederent. Postero die procul a castris hostes in collibus
constiterunt rarique se ostendere et lenius quam pridie nostros
2 equites proelio lacessere coeperunt. Sed meridie cum Caesar
pabulandi causa tres legiones atque omnem equitatum cum Gaio
Trebonio legato misisset, repente ex omnibus partibus ad pabu—

§ 13 Anm. 2. — *loci spatio* scheint
kaum erträglich, da *spatio* in seiner
eigentl. Bedeutung dieses Zusatzes
nicht bedarf und das vorherg. *interm. spatio* von der Zeit für Caesar gewiss kein Grund der Hinzufügung war. Stellen wie B. C. 3.
61, 3: *temporibus rerum et spatiis
locorum*, und Quinctil. 8. 3, 84: *Cy-
clopa cum iacuisse dixit per an-
trum, prodigiosum illud corpus
spatio loci mensus est* können nicht
verglichen werden. — *novo genere*.
Diese Cohorten müssen also an der
ersten Expedition nicht Theil genommen haben. — *inter se* mit *intermisso* zu verbinden.

16. 1. *in genere*: bei dieser
ganzen Art des Kampfes stellte sich
heraus. — *nostros*: legionarios milites; unten *equites autem*. — *neque auderent*: weil sie an den Kampf
in geschlossenen Reihen gewöhnt
waren, den *essedariis* aber nur dadurch, dass die Glieder sich zer-

streuten und sie im Rücken oder von
der Seite angriffen, begegnet werden konnte.

2. *propterea quod—contenderent*.
S. 4. 33, 1.

3. *Equestris autem pr. ratio*.
Dies kann, wenn die W. ächt sind,
nur im Gegensatz zu *ex essedis de-
sil. et ped. cont.* heissen: die Art
des Kampfes auf den Streitwagen,
durch welche sie, während sie den
Verfolgenden gefährlich wurden,
den Weichenden durch schnelles
Nachsetzen nicht geringere Gefahr
brachten. Doch ist es sehr wahrscheinlich, dass die W. *Equestris
autem – inferebat* als eine matte
Wiederholung des in § 2 Gesagten
eingeschoben und zu tilgen sind.

4. *rari*: c. 9, 6. — *integrique*: 3.
19, 1: *exanimatique*.

17. 1. *lenius*: weniger hitzig,
dem *acriter conflixerunt* am vorigen
Tage (c. 15, 1) entgegengesetzt.

latores advolaverunt, sicubi ab signis legionibusque [non] absisterent. Nostri acriter in eos impetu facto reppulerunt neque 3
finem sequendi fecerunt, quoad subsidio confisi equites, cum
post se legiones viderent, praecipites hostes egerunt, magnoque 4
eorum numero interfecto neque sui colligendi neque consistendi
aut ex essedis desiliendi facultatem dederunt. Ex hac fuga pro- 5
tinus, quae undique convenerant, auxilia discesserunt, neque
post id tempus umquam summis nobiscum copiis hostes contenderunt. Caesar cognito consilio eorum ad flumen Tamesim 18
in fines Cassivellauni exercitum duxit; quod flumen uno omnino
loco pedibus, atque hoc aegre, transiri potest. Eo cum venisset, 2
animum advertit ad alteram fluminis ripam magnas esse copias
hostium instructas. Ripa autem erat acutis sudibus praefixis 3
munita, eiusdemque generis sub aqua defixae sudes flumine
tegebantur. His rebus cognitis a captivis perfugisque Caesar 4
praemisso equitatu confestim legiones subsequi iussit. Sed ea 5
celeritate atque eo impetu milites ierunt, cum capite solo ex aqua
exstarent, ut hostes impetum legionum atque equitum sustinere
non possent ripasque dimitterent ac se fugae mandarent. Cassi- 19

2. *sicubi ab signis – absisterent*: sie griffen die Fouragirenden an, wenn sie irgendwo aus den Gliedern heraustraten; die Legionen selbst wagten sie nicht anzugreifen. Zu *absistere* vergl. Liv. 27. 45, 11: *nec absistere ab signis nec subsistere*. S. den Anhang.

3. *in eos impetu facto reppulerunt*. S. zu 1. 6, 3. — *sequendi*: 'nachrücken', nicht *insequendi*; denn noch waren sie nicht auf der Flucht; sie hörten auf, dies zu thun, sobald die Reiter sie 'eilig vor sich her jagten', *praecipites egerunt*. S. zu 4. 12, 2.

4. *sui colligendi*: 3. 6, 1. — *neque subsist. aut desiliendi. Aut* gehört als weitere Ausführung und Fortsetzung der Negation zu dem 2. Gliede (Zumpt § 337).

5. *summis copiis*: 'mit der höchsten Truppenzahl', also: mit den ganzen vereinigten Streitkräften.

18. 1. *cognito consilio*. S. c. 19, 1. — *in fines Cassiv.* jenseits der Themse, wahrscheinl. im heutigen Middlesex u. Buckinghamshire; den Uebergang über den Fluss setzt man in die Gegend zwischen Kingston und Brentford.

2. *animum advertit*: 1. 24, 1.

3. *praefixis*: vorn am Ufer eingeschlagen, den *sub aqua defixis*, auf dem Grunde eingeschlagenen, entgegengesetzt. — *tegebantur*, wie 1. 38, 3: *muniebatur*.

5. *Sed*: 'celeritatem, quam praestabant milites, opponit ei, quam C. confestim eos subsequi iubens postulaverat' Schneid. — *ripas* (1. 37, 3) *dimittere*: das Ufer (von dem sie den Feind abzuhalten gehofft hatten) aufgeben. S. zu B. C. 1. 25, 4.

Müller hat der Annahme gegenüber, dass C. an einem anderen Orte den Uebergang bewirkt habe, gezeigt, dass er trotz jener Verpallisadirung nur eben an der § 1 bezeichneten Stelle übergesetzt sein könne, die ja die einzige war, *quo transiri potuit*. Dass sie alle Hindernisse überwanden, ist ein Beweis der Tapferkeit seiner Soldaten. Die Worte *cum* (concessiv) *capite solo*

vellaunus, ut supra demonstravimus, omni deposita spe conten-
tionis dimissis amplioribus copiis, milibus circiter quattuor esse-
dariorum relictis, itinera nostra servabat paulumque ex via ex-
cedebat locisque impeditis ac silvestribus sese occultabat atque
iis regionibus, quibus nos iter facturos cognoverat, pecora atque
2 homines ex agris in silvas compellebat et, cum equitatus noster
liberius praedandi vastandique causa se in agros eiecerat, omnibus viis semitisque essedarios ex silvis emittebat et magno cum
periculo nostrorum equitum cum iis confligebat atque hoc metu
3 latius vagari prohibebat. Relinquebatur, ut neque longius ab
agmine legionum discedi Caesar pateretur, et tantum in agris
vastandis incendiisque faciendis hostibus noceretur, quantum
20 labore atque itinere legionarii milites efficere poterant. Interim
Trinobantes, prope firmissima earum regionum civitas, ex qua
Mandubracius adulescens Caesaris fidem secutus ad eum in continentem Galliam venerat, cuius pater in ea civitate regnum ob-
2 tinuerat interfectusque erat a Cassivellauno, ipse fuga mortem
vitaverat, legatos ad Caesarem mittunt pollicenturque sese ei
3 dedituros atque imperata facturos; petunt, ut Mandubracium ab
iniuria Cassivellauni defendat atque in civitatem mittat, qui prae-

---

ex aqua exstarent entsprechen dem
atque hoc aegre transiri potest.
19. 1. *ut supra dem.*, zu verbinden mit *omni dep. spe content.*,
geht auf c. 17, 5. — *servabat* = observabat. — *impeditis*: 'schwer zugänglich'. 3. 25, 3. 6. 8, 4. Der
Gegensatz *loco expedito* B. C. 1. 27,6.
2. *cum eiecerat - emittebat*: 3. 4,
2. 14, 6. — *hoc metu* = huius rei
metu: durch die Furcht davor (die
er erregte) nach dem sehr gewöhnlichen Sprachgebrauche der Römer,
nach welchem das (auf ein vorherg.
Nom. oder den Inhalt eines Satzes
hinweisende) Pron. demonstrat. oder
relat., das im Genit. (obiect.) stehen
sollte, mit dem Substant. in gleichem Casus verbunden wird; wir
gewöhnlich: darüber, davor, deswegen u. dergl. S. oben c. 4, 4: *hoc
dolore* = huius rei dolore. 3. 13, 6:
is usus, 4. 6, 4: *qua spe.* 7. 26, 5:
quo timore. (Liv. 2. 22: *Volsci
compararunt auxilia; — hac ira
consules — legiones duxere.* Vergl.

in eo numero 3. 27, 1.
3. *in agris vastandis noceretur.*
In zur Bezeichnung der Sache, an
der, und der Umstände, unter denen
etwas geschieht. Cic. de Off. 2. 18,
63: *eamque iniuriam in deterrenda
liberalitate sibi fieri - putant.* In
der gewöhnlichen Weise würde es
hier heissen? — *tantum - quantum
efficere poterant*: 4. 35, 3.
20. 1. *firmissima*: 1. 3, 8. —
earum regionum: die sich unter
Cassiv. vereinigt hatten, c. 11 a. E.
— *fidem secutus*: 4. 21, 8. — *ipse
- vitaverat*, selbstständiger Gegensatz (durch Asyndeton) zu *cuius
pater - interfectus erat*, ohne Wiederholung des Relativs u. Fortführung des Relativsatzes. Wir enger
anknüpfend: während er selbst —.
2. *sese ei dedituros*: 2. 3, 2.
3. *qui* (Mandubr.) *praesit imperiumque obtineat.* Dies mehr als
praesit. Da Cassiv. die Obergewalt
hatte, konnte Mandubr. seinem Staate *praeesse* ohne das Letztere, wie

sit imperiumque obtineat. His Caesar imperat obsides quadra- 4
ginta frumentumque exercitui Mandubraciumque ad eos mittit.
Illi imperata celeriter fecerunt, obsides ad numerum frumentumque miserunt. Trinobantibus defensis atque ab omni militum 21
iniuria prohibitis Cenimagni, Segontiaci, Ancalites, Bibroci, Cassi
legationibus missis sese Caesari dedunt. Ab his cognoscit non 2
longe ex eo loco oppidum Cassivellauni abesse silvis paludibus-
que munitum, quo satis magnus hominum pecorisque numerus
convenerit. Oppidum autem Britanni vocant, cum silvas impe- 3
ditas vallo atque fossa munierunt, quo incursionis hostium vitandae causa convenire consuerunt. Eo proficiscitur cum legioni- 4
bus: locum reperit egregie natura atque opere munitum; tamen
hunc duabus ex partibus oppugnare contendit. Hostes paulisper 5
morati militum nostrorum impetum non tulerunt seseque alia
ex parte oppidi eiecerunt. Magnus ibi numerus pecoris repertus 6
multique in fuga sunt comprehensi atque interfecti. Dum haec 22
in his locis geruntur, Cassivellaunus ad Cantium, quod esse ad
mare supra demonstravimus, quibus regionibus quattuor reges
praeerant, Cingetorix, Carvilius, Taximagulus, Segovax, nuntios
mittit atque his imperat, uti coactis omnibus copiis castra navalia
de improviso adoriantur atque oppugnent. Ii cum ad castra 2
venissent, nostri eruptione facta multis eorum interfectis, capto
etiam nobili duce Lugotorige suos incolumes reduxerunt. Cassi- 3
vellaunus hoc proelio nuntiato, tot detrimentis acceptis, vastatis
finibus, maxime etiam permotus defectione civitatum, legatos per

auch c. 22, 1 die Könige von Cantium *regionibus praeerant*, aber unter Cassiv. standen; sie wollten also
selbstständig sein. 'Als man dem
Feldherrn nicht mehr vertraute,
regte sich der Hass und die Eifersucht; man wollte durch den neuen
Feind, wenn man ihm nun einmal
nicht widerstehen konnte, sich am
alten [c. 11, 9] rächen'. Drumann
Gesch. Roms 3 p. 302.

4. *ad numerum* 'bis zu der bestimmten Zahl' (Ziel), d. h. in der
bestimmten Anzahl, vollständig;
ebenso *ad tempus*.

21. 1. *defensis*: 'in Schutz genommen' gegen Cassivellaunus. S.
c. 22, 5. — *prohibitis* wie 6. 23, 9.
B. C. 1. 23, 3: *hos omnes productos
a contumeliis militum prohibet*: si-

cherstellen, schützen, indem er
strenge Mannszucht unter seinen
eigenen Leuten hält.

2. *ex eo loco*: ubi constiterat
Caesar.

3. *Oppidum Brit. vocant* etc.,
ganz wie die Gall. (1. 5, 2), die als
befestigte Kriegsplätze nur Verschanzungen in schwer zugänglichen
Wäldern und Sümpfen und auf Bergen kannten.

22. 1. *supra dem.* c. 14, 1. —
castra navalia: c. 11, 5.

2. *Ii cum venissent.* Die Stellung
des Subiects wie 4. 11, 1. Der Grund
der Voranstellung hier noch näher
liegend, als an jener Stelle.

3. per *Atrebatem Commium*: 4.
21, 6. — *legatos mittit per*

4 Atrebatem Commium de deditione ad Caesarem mittit. Caesar,
cum constituisset hiemare in continenti propter repentinos Galliae motus, neque multum aestatis superesset, atque id facile
extrahi posse intellegeret, obsides imperat et quid in annos singulos vectigalis populo Romano Britannia penderet, constituit;
5 interdicit atque imperat Cassivellauno, ne Mandubracio neu Trino-
23 bantibus noceat. Obsidibus acceptis exercitum reducit ad mare,
2 naves invenit refectas. His deductis, quod et captivorum magnum
numerum habebat, et nonnullae tempestate deperierant naves,
3 duobus commeatibus exercitum reportare instituit. Ac sic accidit, uti ex tanto navium numero tot navigationibus neque hoc
neque superiore anno ulla omnino navis, quae milites portaret,
4 desideraretur; at ex iis, quae inanes ex continenti ad eum remitterentur et prioris commeatus expositis militibus et quas
postea Labienus faciendas curaverat numero lx, perpaucae locum
5 caperent, reliquae fere omnes reicerentur. Quas cum aliquamdiu

Comm., insofern ihm die Verwendung des Comm. für Annahme der
Gesandtschaft die Absendung derselben möglich macht.

4. *propter rep. Galliae motus*,
die er bei ihnen immer zu befürchten hatte, *ut sunt Gallorum subita
et repentina consilia* 3. 8, 3. — *id*
(non multum aestatis) *extrahi*:
'durch Zögern hin und zu Ende gebracht werden'. So B. C. 1. 32, 3:
dicendi mora dies extrahente. Er
fürchtete, dass Cass., wenn er ihn
zurückwiese, ihn noch so beschäftigen könnte, dass der kurze Rest
des Sommers darüber hingehen und
er dann durch die ungünstige Witterung an der Rückkehr verhindert
werden könnte.

5. *interdicit atque imperat*. Durch
die beiden, den Begriff des Befehlens
nach beiden Seiten hin ausdrücken-
den Verba will C. nur das Nachdrückliche seines Verbots entschieden hervorheben = er verbietet
nachdrücklich. c. 58, 4: *praecipit
atque interdicit*, hat jedes Verbum
seine Beziehung.

'Beide Theile wussten die Unterwerfung zu würdigen; der Sieger
wollte dadurch seiner Behauptung
Glauben verschaffen, dass er die
Insel erobert habe, weshalb er auch
die Gefangenen und Geiseln mit
sich nahm, obgleich er voraussah,
dass er die Tribut erhalten würde;
der Besiegte beschleunigte Caesars
Abzug'. Drumann 3 p. 303.

23. 2. *duobus commeatibus*: in
zwei Transporten.

3. *Ac sic accidit*: Und (den ganzen merkwürdigen Verlauf des Ue-
bersetzens anknüpfend) es traf sich
so, die ganze Ueberfahrt lief so ab,
dass —.

4. *et prioris — et quas*: zwei
Classen der *naves inanes* = zu denen
sowohl die gehörten, welche nach
Ausschiffung der Soldaten vom ersten Transporte zurückgeschickt
wurden, als die, welche Labienus
hatte machen lassen. Zu diesen
passt nun freilich *remitterentur*
nicht, da sie noch nicht in Brit. gewesen waren; es muss daher aus
diesem das allgemeinere *mittere* her-
ausgenommen werden = *quas postea* (nachträglich, später, auf Befehl
des C. von Brit. aus c. 11, 4) *factas
Labienus miserat. — locum capere*:
an den Ort der Bestimmung gelangen: 4. 26, 5.

Caesar frustra exspectasset, ne anni tempore a navigatione excluderetur, quod aequinoctium suberat, necessario angustius milites collocavit ac summa tranquillitate consecuta, secunda inita cum solvisset vigilia, prima luce terram attigit omnesque 6 incolumes naves perduxit.

Subductis navibus concilioque Gallorum Samarobrivae per- 24 acto, quod eo anno frumentum in Gallia propter siccitates angustius provenerat, coactus est aliter ac superioribus annis exercitum in hibernis collocare legionesque in plures civitates distribuere. Ex quibus unam in Morinos ducendam Gaio Fabio legato 2 dedit, alteram in Nervios Quinto Ciceroni, tertiam in Esubios Lucio Roscio; quartam in Remis cum Tito Labieno in confinio Treverorum hiemare iussit; tres in Belgis collocavit: his Marcum 3 Crassum quaestorem et Lucium Munatium Plancum et Gaium Trebonium legatos praefecit. Unam legionem, quam proxime 4 trans Padum conscripserat, et cohortes quinque in Eburones, quorum pars maxima est inter Mosam ac Rhenum, qui sub imperio Ambiorigis et Catuvolci erant, misit. His militibus Quin- 5

5. *quod aequinoctium suberat*: 4. 36, 2. Er kehrte also gegen das Ende des September zurück nach einem Aufenthalte von mehreren Monaten, da er Anfangs Juli nach Brit. gekommen zu sein scheint; denn schon am 27. Juli schreibt Cic. ad Attic. 4. 15, 10: *ex Quinti fratris litteris suspicor iam eum esse in Britannia.* Am 26. September war er im Begriff, Brit. zu verlassen. Cic. ad Att. 4. 17, 3: *Ab Quinto fratre et a Caesare accepi – litteras, datas a littoribus Britanniae proximo a. d. VI. Kal. Oct. Confecta Britannia, obsidibus acceptis, nulla praeda, imperata tamen pecunia, exercitum Britannia reportabant.*

24. 1. *concilio Gallorum*: c. 2, 4. — *siccitates.* S. zu c. 12, 6: *frigora.* — *angustius*: spärlicher. B. C. 3. 16, 1: *rem frumentariam, qua anguste utebantur.*

2. *Quinto Ciceroni,* dem Bruder des M. Tullius Cicero. Er blieb vom J. 54 bis Ende 52 als Legat bei Caes., dem dessen Aufenthalt bei ihm als Unterpfand der Freundschaft mit seinem Bruder ebenso erwünscht war, als diesem. S. Cic. ad Quint. fr. 3. 8, 1: *Non enim commoda quaedam sequebamur parva ac mediocria. Quid enim erat, quod discessu nostro emendum putaremus? Praesidium firmissimum petebamus et optimi et potentissimi viri benevolentia ad omnem statum nostrae dignitatis.* Er rühmt ad Att. 4. 18, 3 die rücksichtsvolle Behandlung, die sein Bruder bei C. fand, wie sie sich auch in Caesars eigener Darstellung zeigt; s. c. 40, 7. 6. 42, 1.

3. *in Belgis.* S. das geogr. Reg. unter *Belgae.* — *quaestorem.* S. zu 1. 52, 1.

4. *Unam legionem et cohortes quinque.* Es ergeben sich also im Ganzen 8 Legionen und 5 überzählige Cohorten. Nach anderer Auffassung 9 nicht ganz vollständige Leg., indem man die Legion, quam proxime trans Rhenum conscripserat, für eine in diesem Jahre ausgehobene hält. S. Einl. S. 29. — *in Eburones*: nach Adnatuca. S. 6. 32, 4. 37, 8. — *quorum – qui.* S. zu 1. 1, 4.

tum Titurium Sabinum et Lucium Aurunculeium Cottam legatos
6 praeesse iussit. Ad hunc modum distributis legionibus facillime
7 inopiae frumentariae sese mederi posse existimavit. Atque harum
tamen omnium legionum hiberna, praeter eam, quam Lucio
Roscio in pacatissimam et quietissimam partem ducendam dederat, milibus passuum centum continebantur. Ipse interea,
quoad legiones collocatas munitaque hiberna cognovisset, in Gallia morari constituit.

25 Erat in Carnutibus summo loco natus Tasgetius, cuius
2 maiores in sua civitate regnum obtinuerant. Huic Caesar pro
eius virtute atque in se benevolentia, quod in omnibus bellis sin-
3 gulari eius opera fuerat usus, maiorum locum restituerat. Tertium iam hunc annum regnantem inimici multis palam ex civitate
4 auctoribus eum interfecerunt. Defertur ea res ad Caesarem. Ille
veritus, quod ad plures pertinebat, ne civitas eorum impulsu deficeret, Lucium Plancum cum legione ex Belgio celeriter in Carnutes proficisci iubet ibique hiemare, quorumque opera cognoverat Tasgetium interfectum, hos comprehensos ad se mittere.
5 Interim ab omnibus [legatis quaestoribusque], quibus legiones
tradiderat, certior factus est in hiberna perventum locumque

---

7. *tamen*: obgleich die Truppen auf diese Weise weit von einander zu stehen schienen. — *milibus p. centum continebantur*. Die Winterquartiere lagen alle auf einer Strecke von 100000 Schritt, die also alle umfasste oder in sich fasste (*continere*), so dass selbst die entferntesten nicht weiter von einander lagen. [Ueber die Dislocation s. Göler p. 144f.]

25. 3. *Tertium iam hunc annum regnantem*: es war dies (dieses laufende Jahr) non schon das dritte, das er regierte, als sie ihn tödteten, oder: als er jetzt schon das dritte Jahr regierte etc. Cic. Cat. mai. § 19: *cuius a morte quintus hic et tricesimus annus est.* — *inimici* sind Privatfeinde, die ihn auf Anstiften vieler politischer Gegner tödteten, daher § 4: *quod ad plures pertinebat.* Sie hassten den Tasgetius, wie auch die Senonen den von Caes. eingesetzten Cavarinus (c. 54, 2) vertrieben, weil sie sich nicht durch

diese aufgedrungenen Häuptlinge von Rom abhängig machen lassen wollten.

4. *quod ad plures pertinebat*: ea res, id facinus: 'da Mehrere dabei betheiligt waren', wie das vorherg. *multis auctoribus* zeigt (S. 7. 43, 3). Wäre der Mord nur von Privatfeinden ausgegangen, so hätte C. dieses Bedenken nicht gehabt. — *cum legione*, die er von den 3 Leg., die in Belg. lagen, commandirte.

5. *legatis quaestoribusque*. Nach c. 24, 3 müsste es *quaestoreque* (d. i. M. Crassus) heissen, wie auch geschrieben worden ist (Kriegsw. § 18 Anm.). Indess ist es sehr wahrscheinlich, dass diese W. als Randbemerkung zu dem Relativsatze, der, wenn sie ächt wären, nach der eben erst (c. 24) vorhergegangenen Aufzählung sehr überflüssig wäre, in den Text gekommen sind. Daher erklärt sich auch das falsche *quaestoribusque*.

hibernis esse munitum. Diebus circiter xv, quibus in hiberna 26
ventum est, initium repentini tumultus ac defectionis ortum est
ab Ambiorige et Catuvolco; qui, cum ad fines regni sui Sabino 2
Cottaeque praesto fuissent frumentumque in hiberna comporta-
vissent, Indutiomari Treveri nuntiis impulsi suos concitaverunt
subitoque oppressis lignatoribus magna manu ad castra oppugnatum venerunt. Cum celeriter nostri arma cepissent vallumque 3
adscendissent atque una ex parte Hispanis equitibus emissis
equestri proelio superiores fuissent, desperata re hostes suos ab
oppugnatione reduxerunt. Tum suo more conclamaverunt, uti 4
aliqui ex nostris ad colloquium prodiret: habere sese, quae de
re communi dicere vellent, quibus rebus controversias minui
posse sperarent. Mittitur ad eos colloquendi causa Gaius Ar- 27
pineius, eques Romanus, familiaris Quinti Titurii, et Quintus
Iunius ex Hispania quidam, qui iam ante missu Caesaris ad Ambiorigem ventitare consuerat; apud quos Ambiorix ad hunc modum locutus est: Sese pro Caesaris in se beneficiis plurimum ei 2
confiteri debere, quod eius opera stipendio liberatus esset, quod
Aduatucis, finitimis suis, pendere consuesset, quodque ei et filius
et fratris filius ab Caesare remissi essent, quos Aduatuci obsidum
numero missos apud se in servitute et catenis tenuissent; neque 3
id, quod fecerit de oppugnatione castrorum, aut iudicio aut voluntate sua fecisse, sed coactu civitatis, suaque esse eiusmodi
imperia, ut non minus haberet iuris in se multitudo, quam ipse

26. 1. *diebus, quibus*: 3. 23, 2.
4. 18, 1. — *initium ortum est.*
Ebenso B. C. 1. 35, 1. 3. 94, 3;
initium nascitur ebend. 3. 20, 2. B.
G. 8, 6, 1.

2. *praesto fuissent*: um sie zu
empfangen. — *oppugnatum.* Obiect
ist wieder *castra.* Nep. Eum. 6, 1:
*utrum repetitum in Macedoniam
venirent* näml. *Macedoniam.* Nipperdey vergleicht daselbst Cic. ad
Att. 2. 8, 1: *Curionem venisse ad
me salutatum.*

3. *desperata re.* S. zu 3. 3, 3.—
hostes suos reduxerunt: 1. 51, 2.

4. *minui posse sperarent.* S. zu
1. 3, 8.

27. 1. *Iunius ex Hispania quidam* gehört zu der 4. 33, 1 besprochenen Redeweise. — *missu.* Vgl.

6. 7, 2; noten § 3 *coactu.* Diese
Substant. verbalia auf *us* kommen
meist nur im Ablat. vor. Zumpt
§ 90. — *apud quos*, so C. immer
vom Reden vor einer Versammlung
(*apud milites* B. C. 1. 7, 1; *apud
cunctum exercitum* ebend. 3. 62, 1);
ebenso vor einer Behörde, vor Gericht (*apud iudices*).

2. *ei — remissi essent.* S. zu 1.
6, 3. 11, 3. — *in servitute et catenis*: 1. 31, 12.

3. *de oppugnatione*: in Betreff,
rücksichtlich. S. zu c. 53, 4. — *sua
imperia* kann nur auf Ambiorix
gehen, nicht auf die *principes* der
Eburonen überhaupt oder den Amb.
und Catuvolcus. — *imperia.* Der
Plural in Beziehung auf die einzelnen Handlungen, in denen die Herr-
schergewalt sich zeigt. 1. 31, 13.

4 in multitudinem. Civitati porro hanc fuisse belli causam, quod
repentinae Gallorum coniurationi resistere non potuerit. Id se
facile ex humilitate sua probare posse, quod non adeo sit im-
peritus rerum, ut suis copiis populum Romanum superari posse
5 confidat. Sed esse Galliae commune consilium: omnibus hibernis Caesaris oppugnandis hunc esse dictum diem: ne qua legio
6 alterae legioni subsidio venire posset. Non facile Gallos Gallis
negare potuisse, praesertim cum de recuperanda communi liber-
7 tate consilium initum videretur. Quibus quoniam pro pietate
satisfecerit, habere nunc se rationem officii pro beneficiis Caesaris: monere, orare Titurium pro hospitio, ut suae ac militum
8 saluti consulat. Magnam manum Germanorum conductam Rhe-
9 num transisse; hanc affore biduo. Ipsorum esse consilium, ve-
lintne prius, quam finitimi sentiant, eductos ex hibernis milites
aut ad Ciceronem aut ad Labienum deducere, quorum alter milia
passuum circiter quinquaginta, alter paulo amplius ab iis absit.
10 Illud se polliceri et iureiurando confirmare, tutum iter per fines
11 daturum. Quod cum faciat, et civitati sese consulere, quod hibernis levetur, et Caesari pro eius meritis gratiam referre. Hac
28 oratione habita discedit Ambiorix. Arpineius et Iunius, quae

4. *porro:* 'sodann', Uebergang zu
einem zweiten Gegenstande, der
Entschuldigung des Staates, nachdem er sich selbst entschuldigt.

5. *alterae,* ältere Form für *alteri*;
so hat C. auch den Dativ *nullo* 6.
13, 1. B. C. 2. 7, 1. Zumpt § 140.

7. *pietas* = Vaterlandsliebe; *pro
pietate,* wie *pro hospitio:* in Ge-
mässheit, *pro beneficiis:* zur Ver-
geltung für —; *officium:* Verpflichtung, Pflicht der Dankbarkeit. —
monere, orare. Passend durch Asyndeton hervorgehobene Steigerung
zur Bezeichnung der angeblichen
ängstlichen Sorge für die Römer.

8. *conductam:* coactam oder besser mercede conductam, wie 2. 1, 4.
Man sieht wenigstens keinen Grund,
warum diese Bedeutung hier nicht
Statt haben könne. Vergl. unten
c. 55, 2. 1. 31, 4: *Germani mercede
arcesserentur,* und 6. 2, 1. Vergl.
zu 7. 31, 5.

9. *Ipsorum esse consilium:* es

sei nun ihr (der Römer) Entschluss,
(*sui iudicii rem non esse* B. C. 1.
13, 1), es komme auf ihren Entschluss an, stehe bei ihnen. Ambiorix sagt nur, dass sie, wenn sie sogleich abzögen, ehe die Nachbarvölker es merkten, auf dem Wege
nicht beunruhigt würden, wie er
ihnen seinerseits freien Abzug durch
sein Gebiet gebe. Es ist daher in
den Worten kein Widerspruch mit
dem Vorgeben, dass alle Winterlager an diesem Tage angegriffen
werden sollten (c. 27, 5) enthalten,
da von dem Gelangen in das Lager
des Labienus oder Cicero selbst
nicht die Rede ist. Vergl. auch
c. 29, 6.

11. *hibernis levetur:* von der Last
der Winterquartiere befreit würde,
wie *onere, aere alieno, metu levari*
= liberari.

Man beachte auch hier, wie 1. 14
und 1. 31, in der fortlaufenden, von
locutus est abhängigen Orat. obliqua
den Wechsel der Tempora.

audierunt, ad legatos deferunt. Illi repentina re perturbati, etsi ab hoste ea dicebantur, tamen non neglegenda existimabant, maximeque hac re permovebantur, quod civitatem ignobilem atque humilem Eburonum sua sponte populo Romano bellum facere ausam vix erat credendum. Itaque ad consilium rem de- 2 ferunt, magnaque inter eos exsistit controversia. Lucius Aurun- 3 culeius compluresque tribuni militum et primorum ordinum centuriones nihil temere agendum neque ex hibernis iniussu Caesaris discedendum existimabant: quantasvis copias etiam 4 Germanorum sustineri posse munitis hibernis docebant: rem esse testimonio, quod primum hostium impetum multis ultro vulneribus illatis fortissime sustinuerint: re frumentaria non 5 premi; interea et ex proximis hibernis et a Caesare conventura subsidia: postremo quid esse levius aut turpius, quam auctore 6 hoste de summis rebus capere consilium? Contra ea Titurius 29 sero facturos clamitabat, cum maiores manus hostium adiunctis Germanis convenissent, aut cum aliquid calamitatis in proximis hibernis esset acceptum. Brevem consulendi esse occasionem. Caesarem arbitrari profectum in Italiam; neque aliter Carnutes 2

28. 1. *bellum populo R. facere*: 3. 29, 3. — *sua sponte*: 1. 9, 2. — *vix erat credendum*: 'es war kaum zu glauben' oder 'man durfte (wenn man die Sachlage betrachtete) nicht glauben,' was allerdings mit der uns geläufigeren Auffassung: 'man konnte nicht glauben,' zusammentrifft, weswegen man sagt, dass das Gerundium und Gerundivum nach Negationen und nach *vix* zuweilen die Möglichkeit bedeute (Zumpt § 650. Madv. § 420 Anm.).

3. *primorum ordinum cent.*: 1. 41, 3. Kriegsw. S. 56 Anm. 2, S. 59 Anm. 2.

4. *rem*: die Thatsache. — *ultro vulneribus ill.*: dass sie sich gegen den Feind nicht nur gehalten, sondern 'noch überdies, obendrein' (über das Mass des zu Erwartenden hinaus) ihm Verluste zugefügt hätten. S. c. 40, 7. 6. 35, 4. B. C. 1. 86, 1: *ut, qui aliquid victi incommodi exspectavissent, ultro praemium missionis ferrent*. Ebend. 2. 2, 6: *quae facile nostri repellebant*

milites magnisque ultro illatis detrimentis reiciebant.

5. *re frumentaria non premi*. Wie unterscheidet sich z. B. B. C. 3. 15, 3: *summis augustiis rerum necessariarum premi*, von dem hier gebrauchten Ausdruck und dem ähnlichen B. C. 1. 78, 1: *pabulatione premi?*

6. *quid esse levius* S. 1. 14, 3.

29. 1. *Contra ea* selten für das einfache *contra*. S. zu B. C. 3. 74, 3. — *sero facturos*: sie würden, was sie jetzt für schimpflich hielten, thun, wenn es zu spät wäre. — *clamitabat* passend für die Leidenschaftlichkeit, mit der Titurius den verderblichen Plan durchzusetzen sucht, gegenüber der ruhigen Entwickelung der Anderen (*docebant* c. 28, 4).

2. *Caesarem – in Italiam* soll die von Cotta c. 28, 5 ausgesprochene Hoffnung widerlegen. — *arbitrari* und § 3 *spectare* nämlich *se*. — *Carnutes*: c. 25, 3. —

interficiendi Tasgetii consilium fuisse capturos, neque Eburones,
si ille adesset, tanta contemptione nostri ad castra venturos esse.
3 Non hostem auctorem, sed rem spectare: subesse Rhenum:
magno esse Germanis dolori Ariovisti mortem et superiores no-
4 stras victorias; ardere Galliam tot contumeliis acceptis sub populi Romani imperium redactam, superiore gloria rei militaris
5 exstincta. Postremo quis hoc sibi persuaderet, sine certa re
6 Ambiorigem ad eiusmodi consilium descendisse? Suam sententiam in utramque partem esse tutam: si nihil esset durius, nullo
periculo ad proximam legionem perventuros; si Gallia omnis
cum Germanis consentiret, unam esse in celeritate positam sa-
7 lutem. Cottae quidem atque eorum, qui dissentirent, consilium
quem habere exitum? in quo si non praesens periculum, at
30 certe longinqua obsidione fames esset timenda. Hac in utramque partem disputatione habita, cum a Cotta primisque ordinibus acriter resisteretur: ʽVincite', inquit, ʽsi ita vultis', Sabinus,
2 et id clariore voce, ut magna pars militum exaudiret; ʽneque is
sum', inquit, ʽqui gravissime ex vobis mortis periculo terrear; hi
sapient; si gravius quid acciderit, abs te rationem reposcent,
3 qui, si per te liceat, perendino die cum proximis hibernis con-

contemptione nostri: 4. 28, 1. —
venturos esse, direct *venirent*, wie
vorher für *fuisse capturos*: *copis-
sent*. Madv. § 409, Anm.

3. *Ariovisti mortem.* Von seinem
Tode wird 1. 53 nichts erwähnt;
doch muss er bald nach der Schlacht
und in Folge derselben erfolgt sein,
weil er als Grund der Aufregung
gegen die Römer angeführt wird.
Dergleichen gelegentliche Beziehungen auf früher nicht erwähnte
Thatsachen finden sich öfter bei C.

5. *quis sibi persuaderet*: 1. 43, 8.
— *sine certa re*: ohne bestimmten,
thatsächlichen Grund. — *descendisse*: sei zu diesem Rathe, als dem
letzten und äussersten, geschritten,
habe sich dazu entschlossen. 6. 16,
5. B. C. 1. 9, 5: *ad omnia desc. paratum*. 3. 9, 3: *ad extremum auxilium descenderunt*.

6. *tutam*: gefahrlos. — *si nihil
esset durius*: 1. 48, 6.

7. *quem habere exitum.* Der Inf.
wie c. 28, 6; denn ohne die Frage
ist der Sinn: der Rath des Cotta
könne nur zu einem unglücklichen
Ausgang führen; nicht *habiturum
esse*; denn c. *habet exitum* heisst:
der Ausgang ist mit dem Rathe nach
seiner Beschaffenheit nothwendig
verbunden, also bestimmt zu erwarten.

30. 1. *primisque ordinibus* =
primorum ordinum centurionibus,
c. 28, 3. 6. 7, 8. Kriegsw. S. 56
Anm. 2. — *vincite*: so setzt denn
euere Meinung durch. Ovid. Met. 8.
508: *male vincetis, sed vincite,
fratres.* — Zu *inquit – Sabinus* s.
7. 20, 12.

2. *hi sapient*: die Soldaten (die
er für seine Meinung gewinnen will;
daher vorher *ut magna pars militum exaudiret*) werden bessere
Einsicht haben, während wir Thö-
richtes beschliessen. Er appellirt
auf diese Weise an die Meinung
der Soldaten, und schliesst die
Drohung an: *abs te – rat. rep.* —
si liceat – sustineant. Was würde

iuncti communem cum reliquis belli casum sustineant, non reiecti
et relegati longe ab ceteris aut ferro aut fame intereant.' Con- **31**
surgitur ex consilio; comprehendunt utrumque et orant, ne sua
dissensione et pertinacia rem in summum periculum deducant:
facilem esse rem, seu maneant, seu proficiscantur, si modo unum **2**
omnes sentiant ac probent; contra in dissensione nullam se salutem perspicere. Res disputatione ad mediam noctem perdu- **3**
citur. Tandem dat Cotta permotus manus: superat sententia
Sabini. Pronuntiatur prima luce ituros. Consumitur vigiliis re- **4**
liqua pars noctis, cum sua quisque miles circumspiceret, quid
secum portare posset, quid ex instrumento hibernorum relinquere cogeretur. Omnia excogitantur, quare nec sine periculo **5**
maneatur et languore militum et vigiliis periculum augeatur.
Prima luce sic ex castris proficiscuntur, ut quibus esset per- **6**
suasum non ab hoste, sed ab homine amicissimo [Ambiorige]
consilium datum, longissimo agmine maximisque impedimentis.

---

licerent — sustinerent ausdrücken?
Zumpt § 524.

3. *non* (nachdrücklicherer Gegensatz als *nec*) *reiecti*: gleichsam
'verschlagen' oder 'verstossen', näher erläutert durch *relegati*. Der
Tadel, der in diesen Worten liegt,
soll nicht den Caesar treffen, sondern den Cotta, dessen Widerstand
das Verlassen der gegenwärtigen
isolirten Stellung und die Vereinigung mit dem nächsten Winterlager, also, nach Titurius' Meinung,
die Rettung verhinderte.

31. 1. *comprehendunt*: prensant,
= fassen sie an der Hand, indem sie
ihnen zureden.

3. *dat manus*: ergiebt sich wie
ein Besiegter ohne weitere Gegenwehr; so auch *victas manus* d. Cic.
Lael. 26: *atque ad extremum dat
manus vincique se patiatur.*

4. *instrumento hib.* collectiv: das
Lagergeräth.

5. *Omnia excogitantur, quare —
augeatur.* Der Sinn dieser ziemlich
dunkeln Stelle ist wohl folgender:
man ersinnt, gleich als ob man es
geflissentlich darauf anlegte, dass
die Sache schlecht abliefe, Alles,
wodurch, während bei diesem Beginnen schon das Bleiben gefährlich
war, die ohnehin mit dem Abmarsch
verbundene Gefahr noch vergrössert
werden musste, da man denselben
nach einer durchwachten Nacht nur
matt antreten konnte. Es enthalten
also diese W. einen Vorwurf Caesars, an den sich der Tadel wegen
der verkehrten Art des Marsches
passend anschliesst. Der Hauptge-
danke liegt in *languore — periculum augeatur*, weil die eigentliche
Gefahr in dem beschlossenen Abmarsch lag, weswegen auch *periculum*, ohne dass der Abmarsch ausdrücklich wieder erwähnt wird,
füglich darauf bezogen werden kann.
Die W. *quare nec sine periculo maneatur* sind coordinirt, während die
Deutlichkeit gewinnen würde, wenn
sie, wie in obiger Erkl. geschehen,
subordinirt wären. Zu *quare* = wodurch, vergl. Cic. p. Rose. Am. 33,
94: *permulta sunt, quae dici possunt, quare intellegatur.* Zu *omnia
quare* vergl. 1. 33, 2. — *et vigiliis*
concretere Bestimmung des Begriffs
languor durch Angabe des Grundes
desselben.

6. *sic ex castris prof. — longissimo agmine.* Es war also eine

32 At hostes, posteaquam ex nocturno fremitu vigiliisque de profectione eorum senserunt, collocatis insidiis bipertito in silvis
opportuno atque occulto loco a milibus passuum circiter duobus
2 Romanorum adventum exspectabant, et cum se maior pars agminis in magnam convallem demisisset, ex utraque parte eius vallis
subito se ostenderunt novissimosque premere et primos probi-
bere ascensu atque iniquissimo nostris loco proelium commit-
33 tere coeperunt. Tum demum Titurius, qui nihil ante providisset,
trepidare et concursare cohortesque disponere, haec tamen ipsa
timide atque ut eum omnia deficere viderentur; quod plerumque
iis accidere consuevit, qui in ipso negotio consilium capere co-
2 guntur. At Cotta, qui cogitasset haec posse in itinere accidere
atque ob eam causam profectionis auctor non fuisset, nulla in
re communi saluti deerat et in appellandis cohortandisque mili-
3 tibus imperatoris et in pugna militis officia praestabat. Cum
propter longitudinem agminis minus facile omnia per se obire
et, quid quoque loco faciendum esset, providere possent, iusserunt pronuntiare, ut impedimenta relinquerent atque in orbem
4 consisterent. Quod consilium etsi in eiusmodi casu reprehen-

Marschordnung, in der Caes. selbst
2. 17, 2 das Heer führt, aber freilich nicht in der Nähe des Feindes,
was er eben als Unvorsichtigkeit
tadelt. Vergl. c. 33, 3: *cum propter longitudinem agminis*
u. s. w. S. Kriegsw. § 14, 1.

Man beachte, wie C. durch die
ganze Form der Rede in diesem
Cap. die rasche Folge der einzelnen Handlungen und die erregte
Stimmung veranschaulicht.

32. 1. *de prof. senserunt*, wie
oben öfter *cognoscere de*, z. B. 1.
35, 2. Vergl. 1. 42, 1. — *a milibus
p. c. duobus*: 2. 7, 3. — *Romanorum*. Eine von den wenigen Stellen, wo C. in seinen Worten *Romani* braucht; sonst gewöhnlich
nur, wo er Andere redend einführt.
Vergl. 3. 24, 4.

2. *convallem—eius vallis. Convallis* ist ein Thalkessel, ein von allen
Seiten mit Anhöhen umschlossenes
Thal. Bei der Wiederholung *eius
vallis* (3. 1, 5) war die specielle Bezeichnung nicht mehr nöthig, daher der allgemeinere Begriff *vallis*.
Convallis kommt bei C. nur noch 3.
20, 4 vor.

33. 1. *qui nihil a. providisset*.
Gegensatz der früheren und jetzigen
Handlungsweise = während (*cum*)
er früher an nichts gedacht hatte,
sorglos war, wollte er jetzt Alles
anordnen; doch auch dies that er
u. s. w. S. zu 6. 36, 1. Anders
§ 2: *qui cogitasset* zur Angabe des
Grundes. — *viderentur*, wie 2. 28,
3. — *omnia*: Alles, was in solcher
Lage nöthig ist, Muth, Geistes-
gegenwart, Umsicht.

2. *auctor non fuisset*: den Abzug nicht hatte genehmigen wollen,
auctorem esse also gebraucht, wie
3. 17, 3: *quod auctores belli esse
nolebant*.

3. *iusserunt pronuntiare*. S. zu
2. 5, 6. Ebenso c. 34, 1. Als Subiect sind natürlich die zu denken,
denen es zukommt, die ergangenen
Befehle bekannt zu machen, die Tribunen und Centurionen. — *in orbem
consisterent*: 4. 37, 2. Kriegsw.
§ 15, 6.

dendum non est, tamen incommode accidit: nam et nostris mi- 5
litibus spem minuit et hostes ad pugnam alacriores effecit, quod
non sine summo timore et desperatione id factum videbatur.
Praeterea accidit, quod fieri necesse erat, ut volgo milites ab si- 6
gnis discederent, quae quisque eorum carissima haberet, ab impedimentis petere atque arripere properaret, clamore et fletu
omnia complerentur. At barbaris consilium non defuit. Nam 34
duces eorum tota acie pronuntiare iusserunt, ne quis ab loco
discederet: illorum esse praedam atque illis reservari, quaecumque Romani reliquissent: proinde omnia in victoria posita existimarent. Erant et virtute et numero pugnando pares nostri; 2
tametsi ab duce et a fortuna deserebantur, tamen omnem spem
salutis in virtute ponebant, et quotiens quaeque cohors procurrerat, ab ea parte magnus numerus hostium cadebat. Qua re 3
animadversa Ambiorix pronuntiari iubet, ut procul tela coniciant
neu propius accedant et, quam in partem Romani impetum fecerint, cedant (levitate armorum et cotidiana exercitatione nihil iis 4
noceri posse), rursus se ad signa recipientes insequantur. Quo 35
praecepto ab iis diligentissime observato, cum quaepiam cohors
ex orbe excesserat atque impetum fecerat, hostes velocissime

6. *volgo*: 1. 39, 5.
34. 1. *illorum – illis*. S. zu 1.
44, 11. — *reliquissent* = Fut. exact.
— *proinde – existimarent* für den
Imperativ oder adhortativen Coniunctiv der directen Rede. (Madv.
§ 404.)

2. *Erant – ponebant*. Der Sinn
der Worte, wie sie im Texte stehen
(die Lesart ist unsicher), ist: die
Unsrigen waren an Tapferkeit und
Zahl (dies letztere ist freilich zweifelhaft) dem Kampfe gewachsen,
satis validi ad pugnandum, konnten
es also in zwei Punkten mit dem
Feinde aufnehmen; obgleich dagegen in zwei anderen ihre Lage ungünstiger war, indem sie von ihrem
Anführer (Titurius) und dem Glück
verlassen waren, so suchten sie
doch auf keinem anderen Wege
(durch Ergebung, Flucht), als durch
ihre Tapferkeit, Rettung. *Pugnando*
(die Hdschr. *pugnandi*) ist schwerlich Ablat. = während des Kampfes,
sondern Dativ, wie der Dat. Ge-

rundii bei *aptus, idoneus, utilis* und
bei *sufficere* steht (*deficere* B. C. 2.
6, 3: *pugnando def.*). Zumpt § 664.
[Vielleicht hat jedoch C. geschrieben: *proinde omnia in vict. posita
existimarent, et virtute et numero
pugnando pares; nostri tametsi
u. s. w.*, mit Tilgung des durch Ditto-
graphie entstandenen *erant*. Neuere
Besserungsversuche s. im Anhang.]
— *tametsi – tamen*: 1. 30, 2. 7.
43, 4 u. a. — *quotiens procurrerat,
cadebat*, Wiederholung wie c. 35,
1: *cum – excesserat, – refugiebant*.
4. 26, 2. S. zu 3. 4, 2. 14, 6.

3. *neu accedant et – cedant*. S.
zu 2. 21, 2.

4. *levitate – exercitatione* causale Ablative: bei ihrer leichten Bewaffnung und Uebung könne ihnen
kein Schaden geschehen. S. 3. 29,
2. — *rursus*: hinwiederum, als Gegensatz zu dem Vorhergehenden;
vergl. c. 35, 3.

35. 1. *cum – excesserat – refugiebant*: c. 34, 2.

2 refugiebant. Interim eam partem nudari necesse erat et ab latere
3 aperto tela recipi. Rursus, cum in eum locum, unde erant
egressi, reverti coeperant, et ab iis, qui cesserant, et ab iis, qui
4 proximi steterant, circumveniebantur; sin autem locum tenere
vellent, nec virtuti locus relinquebatur, neque ab tanta multi-
5 tudine coniecta tela conferti vitare poterant. Tamen tot incommodis conflictati, multis vulneribus acceptis resistebant
et magna parte diei consumpta, cum a prima luce ad horam
octavam pugnaretur, nihil, quod ipsis esset indignum, com-
6 mittebant. Tum Tito Balventio, qui superiore anno primum
pilum duxerat, viro forti et magnae auctoritatis, utrumque femur
7 tragula traicitur; Quintus Lucanius, eiusdem ordinis, fortissime
8 pugnans, dum circumvento filio subvenit, interficitur; Lucius
Cotta legatus omnes cohortes ordinesque adhortans in adversum
36 os funda vulneratur. His rebus permotus Quintus Titurius, cum
procul Ambiorigem suos cohortantem conspexisset, interpretem
suum Gneum Pompeium ad eum mittit rogatum, ut sibi militi-
2 busque parcat. Ille appellatus respondit: Si velit secum colloqui,
licere; sperare a multitudine impetrari posse, quod ad militum
salutem pertineat; ipsi vero nihil nocitum iri, inque eam rem se
3 suam fidem interponere. Ille cum Cotta saucio communicat, si
videatur, pugna ut excedant et cum Ambiorige una colloquantur:
4 sperare ab eo de sua ac militum salute impetrari posse. Cotta
se ad armatum hostem iturum negat atque in eo perseverat.
37 Sabinus quos in praesentia tribunos militum circum se habebat
et primorum ordinum centuriones se sequi iubet et, cum pro-

2. *eam partem*: copiarum, quae excesserat. Dieser war auf der nicht mehr, wie vorher im Kreise, gedeckten Seite (*ab latere aperto*) den feindlichen Geschossen blossgestellt. S. zu 1. 25, 6.

3. *qui proximi stet.* sind diejenigen, welche denen, die sich zurückgezogen, zunächst gestanden hatten, also die Feinde von der Seite mit Geschossen bestreichen konnten.

4. *locum tenere vellent*, d. i. aus dem Orbis nicht herausrücken.

5. *ad horam octavam*: 1. 26, 2.

6. *qui primum pilum* (Kriegsw. § 20 Anm. 1) *duxerat*. Es scheint, dass er in jenem Jahre ausgedient hatte und als emeritus bei der Legion geblieben war.

7. *eiusdem ordinis*: ebenfalls primipilus. Ueber den Genit. s. 1. 18, 3.

36. 2. *a multitudine impetrari posse*. Vergl. c. 27, 3. Indess konnte er auch ohne das dort angeführte Verhältniss so sprechen, da zu erwarten war, dass das Barbarenheer dem Befehle, den besiegten Feind zu schonen, nicht unbedingt gehorchen würde. — *sperare – impetrari posse*. S. zu 1. 3, 8.

3. *communicat, – ut exc.* Eine mit der Mittheilung verbundene Aufforderung; vergl. zu 3. 5, 3. Zumpt § 615. — *de sua* (Titurii et Cottae) *salute impetrari*. S. zu 1. 42, 1. 4. 13, 5.

pius Ambiorigem accessisset, iussus arma abicere imperatum
facit suisque, ut idem faciant, imperat. Interim, dum de con- 2
dicionibus inter se agunt longiorque consulto ab Ambiorige instituitur sermo, paulatim circumventus interficitur. Tum vero 3
suo more victoriam conclamant atque ululatum tollunt impetuque in nostros facto ordines perturbant. Ibi Lucius Cotta pu- 4
gnans interficitur cum maxima parte militum. Reliqui se in
castra recipiunt, unde erant egressi. Ex quibus Lucius Petro- 5
sidius aquilifer, cum magna multitudine hostium premeretur,
aquilam intra vallum proiecit, ipse pro castris fortissime pugnans
occiditur. Illi aegre ad noctem oppugnationem sustinent; noctu 6
ad unum omnes desperata salute se ipsi interficiunt. Pauci ex 7
proelio elapsi incertis itineribus per silvas ad Titum Labienum
legatum in hiberna perveniunt atque eum de rebus gestis certiorem faciunt. Hac victoria sublatus Ambiorix statim cum equi- 38
tatu in Aduatucos, qui erant eius regno finitumi, proficiscitur;
neque noctem neque diem intermittit peditatumque subsequi
jubet. Re demonstrata Aduatucisque concitatis postero die in 2
Nervios pervenit hortaturque, ne sui in perpetuum liberandi atque ulciscendi Romanos pro iis, quas acceperint, iniuriis occasionem dimittant: interfectos esse legatos duos magnamque 3
partem exercitus interisse demonstrat; nihil esse negotii subito
oppressam legionem, quae cum Cicerone hiemet, interfici; se ad
eam rem profitetur adiutorem. Facile hac oratione Nerviis per- 4
suadet. Itaque confestim dimissis nuntiis ad Ceutrones, Grudios, 39

---

37. 3. *suo more – ululatum tollunt.* Liv. 5. 37, 8: *nata in vanos
tumultus gens* (Gallorum) *truci
cantu clamoribusque variis horren-
do cuncta compleverunt sono.*

6. *Illi*: reliqui, qui in castra se
receperant. — *ad unum omnes*: 4.
15, 3. — *se ipsi interficiunt*. Bei
classischen Schriftstellern findet
sich *se interficit* nicht, *se ipse interf.* nur selten und vereinzelt. Die
gewöhnliche Wendung 1. 4, 4.

7. *ad Labienum*: c. 24, 2.

Die gänzliche Vernichtung dieser
15 Cohorten ist nebst dem Unfall
vor Gergovia (7. 44—51) der här-
teste Schlag für C. in dem ganzen
Kriege. Er verfolgte daher die
Eburonen und den Ambiorix mit
dem grössten Hasse. S. 6. 34, 8. 8.

24, 4. Suet. Caes. 67 erzählt: *dili-
gebat usque adeo* (milites), *ut audita clade Tituriana barbam capil-
lumque summiserit, nec ante dem-
serit, quam vindicasset.*

38. 1. *in Aduatucos*. S. zu 2.
33, 6. — *neque noctem neque diem.*
Der Grund der Voranstellung von
noctem ist hier ein anderer als 1.
38, 7, da sie zunächst in der auf
den Kampf folgenden Nacht den
Marsch beginnen. Zu *intermittit
noctem* (nicht = interm. sc. iter noctem, als Acc. der Zeit) vergl. c.
11, 6: *nocturnis temporibus intermissis*; c. 40, 5. 7. 24, 2. B. C. 1.
32, 1: *ut reliquum tempus a labore
intermitteretur.*

2. *in Nervios*: 2. 28, 2. — *sui
liberandi*: 3. 6, 1.

Levacos, Pleumoxios, Geidumnos, qui omnes sub eorum imperio
sunt, quam maximas manus possunt cogunt et de improviso ad
Ciceronis hiberna advolant, nondum ad eum fama de Titurii
2 morte perlata. Huic quoque accidit, quod fuit necesse, ut nonnulli milites, qui lignationis munitionisque causa in silvas disces-
3 sissent, repentino equitum adventu interciperentur. His circum-
ventis magna manu Eburones, Nervii, Aduatuci atque horum
omnium socii et clientes legionem oppugnare incipiunt. Nostri
4 celeriter ad arma concurrunt, vallum conscendunt. Aegre is dies
sustentatur, quod omnem spem hostes in celeritate ponebant
atque hanc adepti victoriam in perpetuum se fore victores con-
40 fidebant. Mittuntur ad Caesarem confestim ab Cicerone litterae
magnis propositis praemiis, si pertulissent: obsessis omnibus
2 viis missi intercipiuntur. Noctu ex materia, quam munitionis
causa comportaverant, turres admodum cxx excitantur incredibili
3 celeritate; quae deesse operi videbantur, perficiuntur. Hostes
postero die multo maioribus coactis copiis castra oppugnant,
4 fossam complent. Eadem ratione, qua pridie, ab nostris resi-

---

39. 1. *ad Ciceronis hiberna* (c.
24, 2) zwischen Brüssel und Mons,
oder nach bestimmter ausgesprochenen Vermuthungen zu Castres, einem Dorfe zwischen Brüssel und
Enghien. [Güler S. 159: bei Namur,
Küchly u. Rüstow Einl. S. 129: bei
Berlaimont.]

2. *Huic quoque,* wie c. 26, 2 dem
Titurius und Cotta. — *qui disces-
sissent:* c. 33, 2. 4. 21, 9. — *munitionis:* um das zur Vervollständigung der Befestigung (c. 40, 2) nöthige Material zu holen.

3. *atque – socii,* nicht 4 Glieder:
Ebur., Nerv., Aduat., socii, in welchem Falle *atque* nicht stehen
könnte, sondern *atque* verbindet ein
zweites Glied *horum omnium socii
et clientes* mit dem dreitheiligen
ersten.

4. *is dies sustentatur:* dieser Tag
mit dem, was an demselben geschieht, die Belagerung (c. 37, 6).
Anders 2. 6, 1. — *adepti* = si adepti essent. Es gehört eigentlich
zum abhängigen Satz = se, adeptos,
fore, ist aber zum Hauptsatze ge-

zogen, wie wir sagen: wenn sie
diesen Sieg erfochten hätten, hofften sie = sie hofften, dass, wenn sie
– hätten u. s. w.

40. 1. *si pertulissent.* Das Subiect ist leicht zu ergänzen, da das
mittuntur litterae Boten voraussetzt,
per quos mittuntur. — *pertulissent:* an den Ort der Bestimmung.
Der Coniunct. Plusqu. für den Coniunct. Fut. exact. Cic. Tusc. 5. 7:
*Xerxes praemium proposuit, qui
invenisset novam voluptatem.* Hier
nach dem historischen Praes. Vergl.
1. 44, 13 und zu 6. 17, 3. — *missi.*
Substantivirung des Particip.; s.
zu B. C. 1. 18, 6: *eodem fere tempore missi a Pompeio revertuntur.*

2. *admodum* bei Massbestim-
mungen eigentl.: bis zum bestimmten Masse (vollzählig), gerade, mindestens. — *turres CXX.* So auffallend diese grosse Zahl erscheinen
könnte, so ist doch mit Recht darauf
aufmerksam gemacht worden, dass
diese 'Thürme' nur bedeckte Auf-
sätze auf dem Walle von geringer
Höhe waren.

stitur. Hoc idem reliquis deinceps fit diebus. Nulla pars nocturni 5
temporis ad laborem intermittitur; non aegris, non vulneratis
facultas quietis datur. Quaecumque ad proximi diei oppugnationem opus sunt, noctu comparantur; multae praeustae sudes, 6
magnus muralium pilorum numerus instituitur: turres contabulantur, pinnae loricaeque ex cratibus attexuntur. Ipse Cicero, 7
cum tenuissima valetudine esset, ne nocturnum quidem sibi tempus ad quietem relinquebat, ut ultro militum concursu ac vocibus sibi parcere cogeretur. Tunc duces principesque Nerviorum, 41
qui aliquem sermonis aditum causamque amicitiae cum Cicerone
habebant, colloqui sese velle dicunt. Facta potestate eadem, quae 2
Ambiorix cum Titurio egerat, commemorant: omnem esse in
armis Galliam; Germanos Rhenum transisse; Caesaris reliquo- 3
rumque hiberna oppugnari. Addunt etiam de Sabini morte: 4

4. *reliquis deinceps diebus.* S. zu
3. 29, 1.

5. *ad laborem intermittitur*: c.
11, 6.

6. *praeustae sudes*: Der Zu-
spitzung und Härtung wegen vorn
angebrannte Pfähle, als Wurfwaffe,
Tac. Annal. 4. 51: *barbari in vallum manualia saxa, praeustas sudes, decisa robora iacere. — pila
muralia*: schwere Wurfgeschosse,
die von der Mauer und dem Lagerwall auf die Angreifenden geworfen
wurden. 7. 82, 1. Curt. 8. 38: *Pila
quoque muralia et excussas tormentis praegraves hastas. — turres contabulantur*: sie werden mit
Brettern bedeckt, damit der Soldat
darauf stehend kämpfen könnte, so
dass also die *excitatae turres* erst
in der Nacht vollständig fertig wurden. An eine Verbindung der einzelnen Thürme durch Balken und
Bretter, wie 8. 9, 3, ist wohl hier
nicht zu denken. — *pinnae* sind die
Zinnen, Mauerzacken, hinter denen
der Soldat, wenn er durch den Zwischenraum sein Geschoss geworfen
hatte, Schutz fand. Diese waren
bei Errichtung des Lagers in der
Kürze der Zeit, und da ein Kampf
nicht zu fürchten war, noch nicht
gebaut, man stellte sie daher in der

Eile aus Flechtwerk her. *loricae*:
Brustwehren auf Mauern und Wällen. *loricae ex cratibus*, zur Bezeichnung des Stoffes, aus dem etwas gemacht ist, wie c. 43, 1 *fusili
ex argilla glandes*. 7. 46, 3: *ex
grandibus saxis murum*; über die
attributive Verbindung mit dem
Subst. s. zu 4. 33, 1.

7. *ultro*, wie c. 28, 4: über den
Willen des Cic., da er selbst sich
nicht schonen wollte, hinaus.

In der ganzen Schilderung dieses
Kampfes ist die ehrenvolle Anerkennung zu beachten, die C. dem
Cicero zu Theil werden lässt, bei
der, so verdient sie ist, die Rücksicht auf seinen Bruder wohl nicht
ganz ohne Einfluss gewesen sein
mag. S. zu 6. 42, 1.

Auch in diesem Cap. veranschau-
lichen die Asyndeta die Eile und
schnelle Aufeinanderfolge der Handlungen.

41. 1. *sermonis aditum*: 1. 43,
5 = Mittel u. Weg, Gelegenheit u.
Erlaubniss, *facultas*, wie B. C. 1.
74, 1: *nacti colloquiorum facultatem*.

4. *Addunt de S. morte*: sie fügen
(die Mittheilung) in Betreff des Todes hinzu, absolut wie *cognoscere,
impetrare de.* 1. 42, 1. Es war

16*

5 Ambiorigem ostentant fidei faciundae causa. Errare eos dicunt,
si quicquam ab his praesidii sperent, qui suis rebus diffidant;
sese tamen hoc esse in Ciceronem populumque Romanum animo,
ut nihil nisi hiberna recusent atque hanc inveterascere consue-
6 tudinem nolint: licere illis incolumibus per se ex hibernis disce-
7 dere et, quascumque in partes velint, sine metu proficisci. Cicero
ad haec unum modo respondit: non esse consuetudinem populi
8 Romani accipere ab hoste armato condicionem: si ab armis
discedere velint, se adiutore utantur legatosque ad Caesarem
mittant; sperare pro eius iustitia, quae petierint, impetraturos.
42 Ab hac spe repulsi Nervii vallo pedum ix et fossa pedum xv hi-
2 berna cingunt. Haec et superiorum annorum consuetudine ab
3 nobis cognoverant et quosdam de exercitu habebant captivos: ab
iis docebantur; sed nulla ferramentorum copia, quae esset ad
hunc usum idonea, gladiis cespites circumcidere, manibus sagu-
4 lisque terram exhaurire nitebantur. Qua quidem ex re hominum

auch Cotta gefallen, aber im Kampfe;
der Tod des Sab. und die Art, wie er
fiel, war das entscheidende Ereigniss
(c. 37, 3); daher dieser wie c. 39, 1
vorzugsweise erwähnt. — *Ambiorigem ostentant*: sie weisen, um dies
glaubhaft zu machen, auf den Amb.
und seine Anwesenheit mit den
Eburonen hin, da diese nicht möglich wäre, wenn nicht die Römer in
ihrem Gebiete aufgerieben wären.
Zugleich konnte die Anwesenheit
des Amb., der sonst für einen Freund
des Caesar galt (c. 27, 2), ein Beweis für die allgemeine Empörung
sein.

5. *qui suis rebus diffidant*, weil
sie selbst angeblich in ihren Lagern
angegriffen sind. — *inveterascere*.
Ganz wie die Belgier 2. 1, 3.

6. *per se* gehört zu *licere*. Ueber
die Attraction *lic. incolumibus disc.*
s. Zumpt § 601.

7. *unum modo*: 'nur' also hier,
was bei *unus* u. überhaupt bei Zahl-
begriffen selten geschieht (zu 1. 9,
1. 3. 17, 5), ausgedrückt.

8. *iustitia*: Rechtsgefühl, Billigkeit, vermöge deren er auf ihr Verlangen, von der Last der Winterquartiere befreit zu werden, Rück-

sicht nehmen würde.

42. 1. *spe*: ihn wie den Titurius
zu täuschen. — *vallo ped. IX*: in
altitudinem. — *fossa pedum XV*:
in latitudinem. S. zu 2. 5, 6.

2. *et quosdam* (so die Handschr.)
– *habebant captivos: ab iis docebantur*: einfache, aber Caes. Weise
entsprechende Gedankenverbindung,
wie B. C. 2. 18, 5: *iudicia in privatos reddebat, qui orationem adversus remp. habuissent: eorum bona
in publicum addicebat.* [Die früher
aufgenommene geschlossenere Ausdrucksweise: *quos – habebant captivos, ab his docebantur* scheint daher nicht nöthig.]

3. *nulla ferramentorum* (eiserne
Geräthschaften, Schaufeln u. dergl.)
copia sind Abl. abs. Vergl. B. C. 3.
101, 2: *perturbatum eum nactus
nullis custodiis neque ordinibus
certis.* — *quae esset* = von der Art,
dass —; denn andere *ferramenta*
hatten sie wohl. — *exhaurire*, das
zunächst nur zu *manibus* passt,
auch mit *sagulis* verbunden, weil
diese als Transportmittel mit zum
Herausschaffen dienen. Ausführlich
Orosius 6. 10: *gladiis concidendo
terram et sagulis deportando.*

multitudo cognosci potuit: nam minus horis tribus milium passu- 5
um xv in circuitu munitionem perfecerunt, reliquisque diebus turres ad altitudinem valli, falces testudinesque, quas idem captivi do-
cuerant, parare ac facere coeperunt. Septimo oppugnationis die 43
maximo coorto vento ferventes fusili ex argilla glandes fundis
et fervefacta iacula in casas, quae more Gallico stramentis erant
tectae, iacere coeperunt. Hae celeriter ignem comprehenderunt 2
et venti magnitudine in omnem locum castrorum distulerunt.
Hostes maximo clamore sicuti parta iam atque explorata victoria 3
turres testudinesque agere et scalis vallum ascendere coeperunt.
At tanta militum virtus atque ea praesentia animi fuit, ut, cum 4
undique flamma torrerentur maximaque telorum multitudine premerentur suaque omnia impedimenta atque omnes fortunas con-
flagrare intellegerent, non modo demigrandi causa de vallo decederet nemo, sed paene ne respiceret quidem quisquam, ac tum
omnes acerrime fortissimeque pugnarent. Hic dies nostris longe 5
gravissimus fuit; sed tamen hunc habuit eventum, ut eo die
maximus numerus hostium vulneraretur atque interficeretur,
ut se sub ipso vallo constipaverant recessumque primis ultimi

---

5. *ad altitudinem valli*: nach der Höhe des römischen Walls, um über diesen ins Lager werfen zu können. — *falces*: 3. 14, 5. — *testudines*: Schutzdächer. S. Kriegsw. § 31. II. S. 70.

43. 1. *ferventes glandes* sind glühend gemachte Thonkugeln, die die Hitze lange genug behielten, um mit ihnen Stroh anzünden zu können. [Göler S. 164. Köchly und Rüstow Einl. S. 100.] Zu *fusili ex* (c. 40, 6) *argilla glandes* s. zu 4. 33, 1: *ex essedis pugna.* — *fervef. iacula*: glühend gemachte oder mit brennbaren Stoffen umwickelte Wurfspiesse. — *casas*: die fester gebauten Winterzelte, *hibernacula*, aus Balken und Brettern mit Fellen und Stroh bedeckt. S. S. 5, 2. Kriegsw. § 29. 7.

2. *ignem – distulerunt.* Die Verbreitung ist also ein Werk der Hütten selbst, wie auch wir sagen können: die Strohdächer pflanzten das Feuer fort, weil sie durch ihre Beschaffenheit Ursache sind, dass sich das Feuer über das ganze Lager verbreitet. Zu *hae* (casae) *ignem comprehenderunt* vergl. B. C. 3. 101, 5: *flamma ab utroque cornu comprehensa.* Dagegen S. 43, 3: *opera flammá comprehensa.*

3. *maximo clamore.* S. zu c. 37, 3. — *sicuti*, wo man *tamquam, quasi* erwartet. Sall. Cat. 28, 1: *constituere – cum armatis hominibus sicuti salutatum introire.* Oben 3. 18, 8 *ut explorata victoria.*

4. *demigrandi causa*: um den Posten zu verlassen, nicht pleonastisch, da man auch aus anderen Gründen *de vallo decedere* kann. — *tum*: da, in dieser gefahrvollen Lage, gerade recht.

5. *ut se constipaverant*: wie sie sich denn unmittelbar unter dem Wall (*sub ipso vallo*) dicht zusammengedrängt hatten, Uebereinstimmung dieses Erfolgs mit der Lage, in der sie waren, die daher als Grund erscheint = da. — *recessumque ultimi non dabant.* S. zu 3. 29, 2.

6 non dabant. Paulum quidem intermissa flamma et quodam loco
turri adacta et contingente vallum tertiae cohortis centuriones
ex eo, quo stabant, loco recesserunt suosque omnes removerunt,
nutu vocibusque hostes, si introire vellent, vocare coeperunt;
7 quorum progredi ausus est nemo. Tum ex omni parte lapidibus
44 coniectis deturbati, turrisque succensa est. Erant in ea legione
fortissimi viri, centuriones, qui iam primis ordinibus appropin-
2 quarent, Titus Pulio et Lucius Vorenus. Hi perpetuas inter se
controversias habebant, quinam anteferretur, omnibusque annis
3 de locis summis simultatibus contendebant. Ex his Pulio, cum
acerrime ad munitiones pugnaretur, 'Quid dubitas', inquit, 'Vo-
rene? aut quem locum tuae probandae virtutis exspectas? hic
4 dies de nostris controversiis iudicabit.' Haec cum dixisset, procedit extra munitiones quaque parte hostium confertissima est
5 vis, ea irrumpit. Ne Vorenus quidem tum sese vallo continet,
6 sed omnium veritus existimationem subsequitur. Mediocri spatio
relicto Pulio pilum in hostes immittit atque unum ex multitudine
procurrentem traicit; quo percusso et exanimato hunc scutis
protegunt, in hostem tela universi coniciunt neque dant regre-
7 diendi facultatem. Transfigitur scutum Pulioni et verutum in

balteo defigitur. Avertit hic casus vaginam et gladium educere 8
conanti dextram moratur manum, impeditumque hostes circumsistunt. Succurrit inimicus illi Vorenus et laboranti subvenit. 9
Ad hunc se confestim a Pulione omnis multitudo convertit: illum 10
veruto arbitrantur occisum. Gladio comminus rem gerit Vore- 11
nus atque uno interfecto reliquos paulum propellit; dum cupi- 12
dius instat, in locum deiectus inferiorem concidit. Huic rursus 13
circumvento fert subsidium Pulio, atque ambo incolumes compluribus interfectis summa cum laude sese intra munitiones recipiunt. Sic fortuna in contentione et certamine utrumque ver- 14
savit, ut alter alteri inimicus auxilio salutique esset neque diiudi-
cari posset, uter utri virtute anteferendus videretur. Quanto erat 45
in dies gravior atque asperior oppugnatio, et maxime quod magna parte militum confecta vulneribus res ad paucitatem defensorum pervenerat, tanto crebriores litterae nuntiique ad Caesarem
mittebantur; quorum pars deprehensa in conspectu nostrorum
militum cum cruciatu necabatur. Erat unus intus Nervius no- 2
mine Vertico, loco natus honesto, qui a prima obsidione ad
Ciceronem perfugerat suamque ei fidem praestiterat. Hic servo 3
spe libertatis magnisque persuadet praemiis, ut litteras ad Caesarem deferat. Has ille in iaculo illigatas effert et Gallus inter 4

8. *Avertit vaginam – moratur manum*. Das Schwert trugen die Soldaten auf der rechten Seite. S. Kriegsw. § 4 b.

12. *deiectus*: er stürzt hinab, durch sein eigenes Ungestüm, nicht *deiectus ab hoste*.

14. *Sic fortuna versavit*. So warf das Glück (in seinem Wechsel) sie hin und her, es spielte gleichsam mit ihnen, dass auch bei dieser Gelegenheit ihr Streit nicht nur nicht entschieden wurde, sondern sie bei dem eigenthümlichen Wechselfalle selbst einander das Leben retteten und dadurch wiederum gleichen Ruhm davon trugen.

45. 1. *et maxime* = et maxime quidem, wie c. 14, 4. 1. 47, 2: *et eo magis*. — *crebriores litterae* 'Briefe' wie C. *litterae* öfter braucht, B. C. 1. 40, 1. 3. 25, 3. 71, 3 (Cic. ad Att. 9. 5: *plures litteras*).

2. *unus Nervius*. Die Anwesen-

heit dieses Nerviers wird als etwas Besonderes erwähnt, so dass es gewiss nicht, wie gewöhnlich erklärt wird, heisst: 'einer von mehreren, die da waren', sondern *unus* in seiner eigentlichen Bedeutung zu nehmen ist, da es schon auffallend genug ist, dass auch nur ein Nervier im Lager ist, geschweige denn mehrere. Es zeigt dies auch die ganze Ausdrucksweise und Wortstellung.

4. *in iaculo illigatas* wird, da das 'Wickeln um den Schaft' allerdings wenig Sicherheit geboten hätte, erklärt 'in einen ausgehöhlten Wurfspiess gesteckt', wozu freilich *illigatas* nicht recht passt (unwahrscheinlich ist der Vorschlag *implicatas*). Es lassen sich, wenn es darauf ankäme, noch andere Verfahrungsweisen denken, wie das Befestigen des Briefes unter der abnehmbaren Spitze des Spiesses. [Vielleicht *in sagulo illigatas*?]. —

5 Gallos sine ulla suspicione versatus ad Caesarem pervenit. Ab
46 eo de periculis Ciceronis legionisque cognoscitur. Caesar acceptis litteris hora circiter xi diei statim nuntium in Bellovacos
ad M. Crassum quaestorem mittit, cuius hiberna aberant ab eo
2 milia passuum xxv; iubet media nocte legionem proficisci cele-
3 riterque ad se venire. Exit cum nuntio Crassus. Alterum ad
   Gaium Fabium legatum mittit, ut in Atrebatium fines legionem
4 abducat, qua sibi iter faciendum sciebat. Scribit Labieno, si reipublicae commodo facere posset, cum legione ad fines Nerviorum
veniat. Reliquam partem exercitus, quod paulo aberat longius,
non putat exspectandam; equites circiter quadringentos ex pro-
47 ximis hibernis colligit. Hora circiter tertia ab antecursoribus de
Crassi adventu certior factus eo die milia passuum xx procedit.
2 Crassum Samarobrivae praeficit legionemque attribuit, quod ibi
impedimenta exercitus, obsides civitatum, litteras publicas frumentumque omne, quod eo tolerandae hiemis causa devexerat,
3 relinquebat. Fabius, ut imperatum erat, non ita multum mora-
4 tus in itinere cum legione occurrit. Labienus interitu Sabini et
caede cohortium cognita, cum omnes ad eum Treverorum copiae

ad Caesarem pervenit. Caes. hielt
sich jedenfalls in Samarobriva auf,
wo wohl auch die Legion des Trebonius, deren Stationsort oben nicht
angegeben ist, stand, da dieser Ort
aus den c. 47, 2 angegebenen Gründen nicht ohne Besatzung sein
konnte.

46. 1. *hora undecima:* 1. 26, 2.
— *ad M. Crassum.* S. c. 24, 3.

3. *Exit cum nuntio:* gleich mit
(nach) dem Eintreffen des Boten,
sogleich nach erhaltener Botschaft.
— *ad Gaium Fabium,* der im Lande
der Moriner stand, c. 24, 2 — *sciebat:* Caesar. Wirklich stösst Fabius c. 47, 3 *in itinere* zu Caesar.

4. *si reip. commodo f. posset.*
1. 35, 4. Labienus stand nach c. 24,
2 an einem gefährlichen Punkte, in
der Nähe der aufrührerischen Treverer; daher dieser Zusatz. S. c.
47, 4. — *si posset - veniat.* S. zu
3. 11, 5; direct: *si poteris, veni.* —
Reliquam partem exerc.: die Legion unter L. Roscius, c. 24, 2 u. 7,
und die unter L. Plancus, c. 25, 4.
— *equites circ. quadring. - colligit.*

Aus der geringen Anzahl von Reitern, die er zusammenbringt, so wie
aus c. 57, 2: *nuntios mittit ad fin.
civit., equitesque undique evocabat* man geschlossen, dass die Reiterei während des Winters grösstentheils entlassen wurde.

47. 1 u. 2. *de Crassi adv. certior factus - attribuit.* Der Zusammenhang der etwas flüchtigen
und ungenauen Erzählung ist wohl
folgender: nach der Ankunft des
Vortrabs (*antecursores, antecesso-
res*) des Crassus verlässt C., da
Eile nöthig war, mit der Legion des
Trebonius die Stadt, ohne erst die
Legion des Crassus selbst abzuwarten, und hinterlässt diesem den Befehl, Samarobriva zu besetzen. Dass
praeficit nach *procedit* steht, kann
auf diese Weise nicht auffallen, da
Crassus den Befehl erst nach seiner
Ankunft und nach Caesars Abzug
erhält (Müller). — *impedimenta -
devexerat.* Es war also daselbst
das Hauptdepot und das Archiv, *litterae publicae,* Staatsschriften: Ta-
bellen, Rechnungen, Berichte.

venissent, veritus, si ex hibernis fugae similem profectionem fecisset, ut hostium impetum sustinere posset, praesertim quos
recenti victoria efferri sciret, litteras Caesari remittit, quanto cum 5
periculo legionem ex hibernis educturus esset, rem gestam in
Eburonibus perscribit, docet omnes equitatus peditatusque copias Treverorum tria milia passuum longe ab suis castris consedisse. Caesar consilio eius probato, etsi opinione trium legio- 48
num deiectus ad duas redierat, tamen unum communis salutis
auxilium in celeritate ponebat. Venit magnis itineribus in Nervi- 2
orum fines. Ibi ex captivis cognoscit, quae apud Ciceronem gerantur quantoque in periculo res sit. Tum cuidam ex equitibus 3
Gallis magnis praemiis persuadet, uti ad Ciceronem epistolam
deferat. Hanc Graecis conscriptam litteris mittit, ne intercepta 4
epistola nostra ab hostibus consilia cognoscantur. Si adire non 5
possit, monet, ut tragulam cum epistola ad amentum deligata
intra munitionem castrorum abiciat. In litteris scribit se cum 6
legionibus profectum celeriter affore; hortatur, ut pristinam vir-

5. *equitatus peditatusque copias.*
Ebenso 6. 7, 1. 7. 5, 3. 76, 6; *auxilia peditatus equitatusque* 6. 10, 1. B. C. 2. 26, 2. *praesidia cohortium* 7. 65, 1. Der Genitiv bezeichnet das, worin das regierende Nomen besteht (Zumpt § 425). — *longe* braucht so C. noch 7. 16, 1. B. C. 2. 37, 3. Es ist dieser Zusatz aus der älteren, oder wohl auch aus der Sprache des gewöhnlichen Lebens entlehnt.

48. 1. *opinione trium legion. deiectus:* in seiner Meinung, Hoffnung (*spe*, wie 1. 8, 4, *exspectatione*), dass er 3 Legionen erhalten würde, getäuscht = obgleich er, während er 3 Leg. erwartet hatte, sich mit 2 begnügen musste: *ad duas redierat* (*redactus erat*) von einem, der in seinen Gedanken schon weiter gegangen ist und nun zu etwas Geringerem zurückkehren muss.

3. *equitibus Gallis,* nicht *Gallicis,* welche Adiectivform C. in Verbindung mit Personennamen ebensowenig, wie *Germanicus* braucht; s. 6. 37, 1. 7. 13, 1.

4. *Graecis conscriptam litteris.*

Zunächst liegt in den Worten nichts, als: 'in griechischer Schrift', wie 1. 29, 1. 6. 14, 3. Denn wenn auch die Helvetier (1. 29) die griechischen Buchstaben kannten, so war doch bei den Nerviern (*qui maxime feri habebantur longissimeque aberant* 2. 4, 8. 15, 5) diese Kenntniss nicht zu erwarten. Indess liegt es nahe, dass er einen Brief an den Cicero, bei dem er die Kenntniss der Sprache voraussetzen musste, nicht blos mit griech. Buchstaben geschrieben, sondern griechisch abgefasst habe (Dio 40. 9: τῷ Κικέρωνι πάνθ', ὅσα ἐβουλήθη, ἑλληνιστὶ ἀπέστειλεν), abgesehen von der doch noch grösseren Sicherheit. — *nostra ab hostibus consil.* Hervorhebung des Gegensatzes durch die Wortstellung, indem die entgegengesetzten Begriffe möglichst nahe aneinander treten.

5. *amentum:* 'lorum, quo media hasta religatur et iacitur' Servius. Der Riemen diente dazu, dem Wurfgeschoss grösseren Schwung zu geben. Cic. de Orat. 1. 57, 242: *amentatas hastas.*

7 tutem retineat. Gallus periculum veritus, ut erat praeceptum,
8 tragulam mittit. Haec casu ad turrim adhaesit neque ab nostris
biduo animadversa tertio die a quodam milite conspicitur, dempta
9 ad Ciceronem defertur. Ille perlectam in conventu militum recitat
10 maximaque omnes laetitia afficit. Tum fumi incendiorum procul videbantur; quae res omnem dubitationem adventus legionum
49 expulit. Galli re cognita per exploratores obsidionem relinquunt,
ad Caesarem omnibus copiis contendunt. Hae erant armata cir-
2 citer milia LX. Cicero data facultate Gallum ab eodem Verticone,
quem supra demonstravimus, repetit, qui litteras ad Caesarem
3 deferat; hunc admonet, iter caute diligenterque faciat: perscribit
in litteris hostes ab se discessisse omnemque ad eum multitudi-
4 nem convertisse. Quibus litteris circiter media nocte Caesar allatis suos facit certiores eosque ad dimicandum animo confirmat.
5 Postero die luce prima movet castra et circiter milia passuum

7. *periculum veritus*. Er mochte nicht bis an das Lager herangehen und sich den Geschossen der Römer aussetzen (oben § 5: *si adire non possit*); daher schleuderte er aus der Ferne seine Waffe ab.

8. *neque* = neque tamen. 1. 47, 1. — *biduo*: Ablat. zur Bezeichnung der Zeitdauer.

9. *perlectam*. Die Sache selbst zeigt, worauf dies zu beziehen ist, obgleich vorher *tragula* Subiect war. Da *tragula cum epistola* § 5 als Eins gedacht wird, ist der schnelle Wechsel weniger auffallend.

10. *incendiorum*. Vgl. 8. 3, 2.

49. 1. *Hae* (copiae) *erant armata m. LX*: wörtlich: diese Truppen waren 60 bewaffnete Tausende, d. h. sie bestanden aus —. Zu *armata mil.* vergl. 2. 4, 5: *hos posse conficere armata milia centum*, und 1. 49, 3: *sedecim milia expedita*. Den ausdrücklichen Zusatz, dass so viel 'Bewaffnete' waren, hält C. für nöthig, da dies *omnibus copiis*, wie man aus 1. 2, 1 (*persuasit, ut de finibus suis cum omnibus copiis exirent*) sieht, nicht nothwendig in sich schliesst.

2. *data facultate* wird richtiger auf den eben erwähnten Abzug der Gallier, durch den der Weg frei wurde, bezogen, als auf die weder von C. erwähnte, noch an sich wahrscheinliche Rückkehr des vorher abgesandten Galliers in das eingeschlossene Lager (auch Caes. schickt c. 48, 3 die Antwort durch einen anderen). Cic. erbittet sich also von demselben Vertico, da er einen des Weges kundigen brauchte, wieder 'einen Gallier', nicht 'denselben', was er gewiss durch *eundem Gallum, quem s. dem.* ausgedrückt hätte (Müller p. 10). Warum kann *data facultate* nicht auf die Anwesenheit des oben erwähnten Vertico gehen?

3. *omnemque multitudinem convertisse*. Gewiss nicht = se convertisse, sondern *hostes* ist Subiect, *multitudinem* Obiect nach 1. 51, 2. 5. 22, 2: *nostri suos reduxerunt*.

4. *Quibus litteris - Caesar allatis*. Stellung wie 2. 11, 2, nur dass bei Auflösung der Ablat. abs. in die active Form das dazwischengesetzte Nomen nicht, wie dort, Subiect wird. — *animo*: 'im Geiste', nicht 'durch Muth'. Vgl. B. C. 2. 4, 5: *rursus se ad confligendum animo confir-*

quattuor progressus trans vallem et rivum multitudinem hostium
conspicatur. Erat magni periculi res tantulis copiis iniquo loco 6
dimicare; tum, quoniam obsidione liberatum Ciceronem sciebat,
aequo animo remittendum de celeritate existimabat: consedit et,
quam aequissimo loco potest, castra communit atque haec, etsi 7
erant exigua per se, vix hominum milium septem praesertim nullis cum impedimentis, tamen angustiis viarum, quam maxime
potest, contrahit, eo consilio, ut in summam contemptionem
hostibus veniat. Interim speculatoribus in omnes partes dimissis 8
explorat, quo commodissime itinere vallem transire possit. Eo 50
die parvulis equestribus proeliis ad aquam factis utrique sese suo
loco continent: Galli, quod ampliores copias, quae nondum con- 2
venerant, exspectabant; Caesar, si forte timoris simulatione 3
hostes in suum locum elicere posset, ut citra vallem pro castris
proelio contenderet, si id efficere non posset, ut exploratis itineribus minore cum periculo vallem rivumque transiret. Prima 4
luce hostium equitatus ad castra accedit proeliumque cum nostris equitibus committit. Caesar consulto equites cedere seque

mant. — *trans vallem et rivum*, wie
das Folgende zeigt, nicht mit *progressus*, sondern mit *conspicatur*
zu verbinden.

6. *tantulis copiis*, wie c. 42, 3:
nulla ferramentorum copia. Der
Zusammenhang der ganzen Periode
ist: es war bedenklich, bei so geringen Streitkräften auf ungünstigem
Terrain sich in einen Kampf einzu-
lassen; deswegen enthielt er sich
des sofortigen Angriffs. Sodann
(*tum*, als fernerer Grund des Auf-
schubs) glaubte er, weil er den Cicero ohnehin entsetzt wusste, von
seiner Schnelligkeit, ohne seine
Pflicht zu verletzen, etwas nachlas-
sen zu dürfen (das Gerundium also
in der Bedeutung wie c. 28, 1); denn
wäre Cic. noch in Gefahr gewesen,
so hätte er den Kampf wagen müssen, um zu ihm zu gelangen; er
machte also Halt, *consedit*, das als
Resultat des Vorherg. asyndetisch
folgt, ganz wie 1. 23, 1: *existimavit: iter avertit ac Bibracte ire contendit*. — *consedit — communit —
contrahit*. Wechsel der Tempora,

wie 4. 18, 3. Vergl. 7. 4, 3. 8. 54,
3. B. C. 1. 65, 1. 70, 3: *Confecit
prior iter Caes. atque — aciem instruit*. 3. 55, 1: *Calenum misit eique Sabinum adiungit*.

7. *vix hominum mil. septem*. Die
2 Legionen (c. 48, 1) waren also, da
sie fast das ganze Jahr in Britannien und Gallien gekämpft hatten,
bedeutend reducirt. — *nullis c. impedimentis* nach c. 47, 2. — *angustiis viarum*: dadurch, dass er die
Gassen des Lagers schmal machte.
Ueber die *viae* des Lagers s. Kriegsw.
§ 29. Frontin. Strateg. 3. 17, 6:
*metum simulavit militesque in ca-
stris, quae arctiora solito industria
fecerat, tenuit*.

50. 1. *ad aquam* = ad rivum.

3. *si forte — posset*: 1. 8, 4. 2.
9, 1. — *in suum locum*: aus ihrem
Posten hervor in sein, für ihn günstiges Terrain (B. C. 1. 61, 3); s. c.
51, 1: *aciemque iniquo loco constituunt*. Plut. Caes. 24: χωρία λα-
βὼν ἐπιτηδείως ἔχοντα πρὸς πολλοὺς μαχομένῳ μετ' ὀλίγων.

in castra recipere iubet; simul ex omnibus partibus castra altiore vallo muniri portasque obstrui atque in his administrandis rebus quam maxime concursari et cum simulatione agi timoris iubet.

51 Quibus omnibus rebus hostes invitati copias traducunt aciemque

2 iniquo loco constituunt, nostris vero etiam de vallo deductis propius accedunt et tela intra munitionem ex omnibus partibus

3 coniciunt praeconibusque circummissis pronuntiari iubent, seu quis Gallus seu Romanus velit ante horam tertiam ad se transire,

4 sine periculo licere; post id tempus non fore potestatem: ac sic nostros contempserunt, ut obstructis in speciem portis singulis ordinibus cespitum, quod ea non posse introrumpere videbantur, alii vallum manu scindere, alii fossas complere inciperent.

5 Tum Caesar omnibus portis eruptione facta equitatuque emisso celeriter hostes in fugam dat, sic uti omnino pugnandi causa resisteret nemo, magnumque ex eis numerum occidit atque omnes armis exuit.

52 Longius prosequi veritus, quod silvae paludesque intercedebant neque etiam parvulo detrimento illorum locum relinqui videbat, omnibus suis incolumibus copiis eodem die ad Ci-

2 ceronem pervenit. Institutas turres, testudines munitionesque hostium admiratur; legione producta cognoscit non decimum

3 quemque esse reliquum militem sine vulnere: ex his omnibus iudicat rebus, quanto cum periculo et quanta cum virtute res

4 sint administratae: Ciceronem pro eius merito legionemque col-

---

51. 4. *ac* steigernd: 'und', oder 'ja sogar'. — *obstructis in speciem portis*. Die Römer hatten, um bei den Feinden den Glauben an ihre Furcht zu verstärken, und den Gedanken an einen Ausfall unmöglich zu machen, die Thore mit Rasen zugebaut, doch nur mit einfachen Reihen, um sie bei dem beabsichtigten Ausfall leicht wegräumen zu können. Daher machten die Feinde gar nicht den Versuch, dort (*ea* = per portas) einzudringen. — *quod videbantur* = *sibi videbantur*, *opinabantur*. — *manu*: mit blosser Hand; auch dies ein Zeichen der Geringschätzung. — *vallum scindere*: 3. 5, 1. Von derselben Sache Frontin. Strat. 3. 17, 6: *Galli — fossas implere et vallum detrahere coepe-*

runt.

5. *eruptione facta*: mit den Legionssoldaten, wie das folgende *equitatuque emisso* zeigt. — *armis exuit*: indem sie auf der Flucht die Waffen wegwarfen. S. zu 3. 6, 3.

52. 1. *prosequi*: c. 9, 8. — *neque etiam parvulo detr. – videbat*: und weil er sah, dass keine Gelegenheit mehr sei, jenen auch nur einen geringfügigen Schaden zuzufügen; s. c. 35, 4: *nec virtuti locus relinquebatur*, und 6. 42, 1: *ne minimo quidem casu* (= casui) *locum relinqui debuisse*. — *neque etiam* für *et ne – quidem*, wie B. C. 1. 5, 1: *neque etiam extremi iuris retinendi facultas tribuitur*. Ebend. 85, 9: *etiam aetatis excusationem nihil valere*.

laudat; centuriones singillatim tribunosque militum appellat,
quorum egregiam fuisse virtutem testimonio Ciceronis cognoverat. De casu Sabini et Cottae certius ex captivis cognoscit. Po- 5
stero die contione habita rem gestam proponit, milites consolatur
et confirmat: quod detrimentum culpa et temeritate legati sit ac- 6
ceptum, hoc aequiore animo ferendum docet, quod beneficio
deorum immortalium et virtute eorum expiato incommodo neque
hostibus diutina laetatio neque ipsis longior dolor relinquatur.
Interim ad Labienum per Remos incredibili celeritate de victoria 53
Caesaris fama perfertur, ut, cum ab hibernis Ciceronis milia
passuum abesset circiter LX, eoque post horam nonam diei Caesar pervenisset, ante mediam noctem ad portas castrorum clamor
oreretur, quo clamore significatio victoriae gratulatioque ab Remis Labieno fieret. Hac fama ad Treveros perlata Indutiomarus, 2
qui postero die castra Labieni oppugnare decreverat, noctu profugit copiasque omnes in Treveros reducit. Caesar Fabium cum 3
sua legione remittit in hiberna, ipse cum tribus legionibus circum
Samarobrivam trinis hibernis hiemare constituit et, quod tanti
motus Galliae exstiterant, totam hiemem ipse ad exercitum manere decrevit. Nam illo incommodo de Sabini morte perlato 4
omnes fere Galliae civitates de bello consultabant, nuntios lega-
tionesque in omnes partes dimittebant et, quid reliqui consilii
caperent atque unde initium belli fieret, explorabant nocturnaque
in locis desertis concilia habebant. Neque ullum fere totius hie- 5
mis tempus sine sollicitudine Caesaris intercessit, quin aliquem

4. *cent. tribunosque militum appellat, quorum*, nicht *tribunosque
mil., quorum – cognoverat, appellat.*
S. zu c. 1, 1.

5. *rem gestam proponit:* 3. 18, 3.

53. 1. *per Remos* kann sowohl
'durch das Land der Remer', als
'durch die Remer' heissen; doch ist
das letztere besonders wegen des
folgenden, fast tautologischen *ab
Remis* weniger passend. Das Lager
des Labienus lag nach c. 24, 2 im
Remergebiete. — *post horam nonam:* 1. 26, 2.

3. *Fabium:* c. 47, 3 und 24, 2.
— *ipse – decrevit.* Plut. Caes. 25;
Τοῦτο (die Niederlage der Nervier)
τὰς πολλὰς ἀποστάσεις τῶν ἐν-
ταῦθα Γαλατῶν κατεστόρεσε, καὶ

τοῦ χειμῶνος αὐτὸς ἐπιφοιτῶν
τε πανταχόσε καὶ προσέχων ὀξέ-
ως τοῖς νεωτερισμοῖς.

4. *perlato:* 'durch das Gerücht
verbreitet'. *de Sab. morte* nähere
Bestimmung des allgemeinen Ausdrucks *incommodum* (bezüglich). S.
c. 27, 3. 7. 9, 1. B. C. 1. 20, 4: *post
paulo tamen, quae ignorabant, de L.
Domitii fuga, cognoscunt.* Ebend.
1. 33, 1: *probat rem de mittendis
legatis.* 2. 17, 3: *quaeque postea
acciderant, de angustiis rei frumentariae, accepit.* — *reliqui* ist
nicht Genit. (— was sie ferner noch
zu beschliessen hätten) sondern Nominativ: die Gallier, welche Boten
schickten, wollten wissen, was die
Uebrigen für einen Beschluss fassten.

6 de consiliis ac motu Gallorum nuntium acciperet. In his ab
L. Roscio, quem legioni tertiaedecimae praefecerat, certior factus
est magnas Gallorum copias earum civitatum, quae Aremoricae
7 appellantur, oppugnandi sui causa convenisse neque longius milia passuum octo ab hibernis suis afuisse, sed nuntio allato de
victoria Caesaris discessisse adeo ut fugae similis discessus vide-
54 retur. At Caesar principibus cuiusque civitatis ad se evocatis
alias territando, cum se scire, quae fierent, denuntiaret, alias
2 cohortando magnam partem Galliae in officio tenuit. Tamen
Senones, quae est civitas imprimis firma et magnae inter Gallos
auctoritatis, Cavarinum, quem Caesar apud eos regem constituerat, cuius frater Moritasgus adventu in Galliam Caesaris cuiusque maiores regnum obtinuerant, interficere publico consilio
3 conati, cum ille praesensisset ac profugisset, usque ad fines insecuti regno domoque expulerunt et, missis ad Caesarem satisfaciendi causa legatis, cum is omnem ad se senatum venire ius-
4 sisset, dicto audientes non fuerunt. Tantum apud homines barbaros valuit, esse aliquos repertos principes inferendi belli, tantamque omnibus voluntatum commutationem attulit, ut praeter

6. *In his*, näml. nuntiis, war auch
die, welche er von Roscius erhielt
= unter anderen. — *quem praefecerat*: c. 24, 2. — *earum civitatum*
hängt nicht von *copias* ab, sondern
von *Gallorum* d. i. cop. Gallorum
earum civitatum = qui sunt earum
civ., quae. — *quae Aremoricae appellantur*. Vergl. 7. 75, 4 und die
Aufzählung der Staaten (*quae sunt
maritimae Oceanumque attingunt*)
ohne jenen Namen 2. 34.

7. *longius milia*: 1. 22, 1. —
adeo: und zwar so eilig, dass —.

54. 1. *alias – alias*: ein Mal –
ein anderes Mal, bald – bald, wie c.
57, 3. S. zu 2. 29, 5.

2. *Tamen*, nachdrucksvolle Stellung, wie c. 35, 5. — *Senones, quae
est civitas*. S. zu 2. 34. — *firma*
1. 3, 8. — *adventu*: zu der Zeit, als
er nach Gallien kam. — *adventu in
Galliam Caesaris*: die zu 4. 33, 1
besprochene unmittelbare Verbindung des aus einer Präposition mit
ihrem Nomen bestehenden Attributs
mit einem Substant. ist besonders
häufig bei Verbalsubstantiven, die

eine Richtung einer Thätigkeit nach
einem Gegenstande bezeichnen.
Vergl. auch in Betreff der Stellung
der adverbialen Bestimmung 5, 2, 3:
*commodissimum in Britanniam tra-
iectum*. B. C. 2. 36, 1: *pro quibusdam Caesaris in se beneficiis*. Cic.
Fam. 2. 1: *meam tuorum erga me
meritorum memoriam*. Brut. 85:
*fuit periucunda a proposita oratione
digressio*. Uebrigens braucht er
diese Wortstellung (nicht *Caesaris
in G. adv.*), weil auf der Zeitbestimmung, besonders im Gegensatz zur
späteren Einsetzung des Cav., der
Nachdruck liegt. — *interficere conati*, wie die Carnuten den Tasgetius
c. 25, 3.

3. *senatum*. S. zu 2. 5, 1.

4. *principes inferendi belli* = qui
primi bellum intulerunt (und dadurch andere zur Nachahmung auf-
forderten). Cic. de Off. 2. 4, 5: *qui
principes inveniendi fuerunt* = qui
primi invenerunt. Liv. 40. 50, 6:
*animadvertere in eos, qui principes
et auctores transcendendi Alpes fuissent*. — *voluntatum commutatio-*

Haeduos et Remos, quos praecipuo semper honore Caesar habuit,
alteros pro vetere ac perpetua erga populum Romanum fide, alteros pro recentibus Gallici belli officiis, nulla fere civitas fuerit
non suspecta nobis. Idque adeo haud scio mirandumne sit, cum 5
compluribus aliis de causis, tum maxime, quod ei, qui virtute
belli omnibus gentibus praeferebantur, tantum se eius opinionis
deperdidisse, ut a populo Romano imperia perferrent, gravissime
dolebant. Treveri vero atque Indutiomarus totius hiemis nullum 55
tempus intermiserunt, quin trans Rhenum legatos mitterent, civitates sollicitarent, pecunias pollicerentur, magna parte exercitus
nostri interfecta multo minorem superesse dicerent partem. Ne- 2
que tamen ulli civitati Germanorum persuaderi potuit, ut Rhenum transiret, cum se bis expertos dicerent, Ariovisti bello et
Tencterorum transitu: non esse amplius fortunam temptaturos.
Hac spe lapsus Indutiomarus nihilo minus copias cogere, exer- 3
cere, a finitimis equos parare, exules damnatosque tota Gallia

nem, während er vorher nach § 1
*magnam partem Galliae in officio
tenuit. — praecipuo honore habuit.*
S. zu 1. 26, 6: *eodem loco – habiturum. — alteros pro vetere* etc.
Vergl. 1, 11, 3. 33, 2. 43, 6. — *alteros*: 2. 3 – 5. 9, 5. Sie blieben
auch später bei der allgemeinen Erhebung Galliens treu. 7. 63, 7. —
Gallici belli officiis. Dienste des
Kriegs, weil sie in demselben geleistet sind; denn der Genit. bezeichnet das Gebiet, dem das Nomen angehört; so 4. 16, 6: *occupationes
reipublicae.* 22, 2: *tantularum rerum occupationes.*

Er konnte beiden Völkern auch
deswegen trauen, weil sie den übrigen Galliern für Verräther galten,
und ihre Rache fürchteten, wie auch
unten c. 56, 5 Indutiomarus das
Land der Remer plündern will.

5. *adeo* mit *mirandum* zu verbinden: ob es gerade so sehr zu verwundern sei. Ueber den Gedanken
s. zu 3. 2, 5. Aehnliches über den
Grund dieses Schmerzes c. 29, 4:
ardere Galliam u. s. w. — *praeferebantur* (nicht *praelati erant*) als
dauernder Zustand bis zu der Zeit,
wo die Veränderung eintrat.— *eius*

opinionis: 4. 16, 7.— *a populo Rom.*
nicht von *imperia* (= imp. populi R.),
sondern von dem ganzen Begriff *imperia perferre* abhängig, wie 1. 20,
4: *a Caesare accidisset*, oder 2. 31,
6: *fortunam a. p R. pati. — imperia.* S. zu c. 27, 3.

'Man hatte sich von der ersten
Betäubung erholt, und das Joch war
zu neu, um nicht zu schmerzen.
Gallien zahlte 40 Millionen Sester-
tien an jährlichem Tribut; Sommer
und Winter musste es die Legionen
unterhalten; ein Gebiet nach dem
anderen wurde verwüstet. Die
Menge fühlte die Knechtschaft, die
Grossen erbitterte überdies der
Verlust ihrer Einkünfte und ihres
Ansehns' Drumann 3 S. 312. Dies
sind die *complures aliae causae*, die
C. verschweigt.

55. 2. *expertos* absolut, wie 1.
44, 4: *si iterum experiri velint. —
cum – dicerent* – cum, ut dicebant,
bis experti essent, wie 1. 23, 3. —
Tencterorum. Die Tencterer traten
fast überall mit den Usipetern ver-
eint auf, und diese müssen hier mitgedacht werden, wie Tac. Annal. 1.
51: *Bructeros, Tubantes, Usipetes*
die Tencterer.

4 magnis praemiis ad se allicere coepit. Ac tantam sibi iam his rebus in Gallia auctoritatem comparaverat, ut undique ad eum legationes concurrerent, gratiam atque amicitiam publice privatim-
56 que peterent. Ubi intellexit ultro ad se veniri, altera ex parte Senones Carnutesque conscientia facinoris instigari, altera Nervios Aduatucosque bellum Romanis parare, neque sibi voluntariorum copias defore, si ex finibus suis progredi coepisset, ar-
2 matum concilium indicit. Hoc more Gallorum est initium belli: quo lege communi omnes puberes armati convenire consuerunt; qui ex iis novissimus convenit, in conspectu multitudinis omni-
3 bus cruciatibus affectus necatur. In eo concilio Cingetorigem, alterius principem factionis, generum suum, quem supra demonstravimus Caesaris secutum fidem ab eo non discessisse, hostem
4 indicat bonaque eius publicat. His rebus confectis in concilio pronuntiat arcessitum se a Senonibus et Carnutibus aliisque
5 compluribus Galliae civitatibus: huc iturum per fines Remorum eorumque agros populaturum ac, priusquam id faciat, castra La-
57 bieni oppugnaturum. Quae fieri velit, praecipit. Labienus, cum et loci natura et manu munitissimis castris sese teneret, de suo ac legionis periculo nihil timebat; ne quam occasionem rei bene
2 gerendae dimitteret, cogitabat. Itaque a Cingetorige atque eius propinquis oratione Indutiomari cognita, quam in concilio ha-

---

4. *publice privatimque*: im Namen des Staats und in ihrem eigenen. 1. 16, 1: *quod essent publice polliciti.*

56. 1. *ultro*: über seine Aufforderung hinaus, von selbst. — *conscientia facinoris*: c. 54, 2 und 25, 3.

2. *Hoc* = armatum concilium indictum; darauf bezieht sich *quo* = ad quod oder ad cuiusmodi concilium, zu allen solchen Versammlungen. Vergl. 1. 4, 2: *eodem* = ad indicium. Zur Sache Liv. 21. 20: *in his nova terribilisque species visa est, quod armati — ita mos gentis est — in concilium venerunt. Convenire*: bei der Versammlung eintreffen, von einem Einzelnen gesagt, wie 6. 37, 6: *neque quam in partem quisque conveniat, provident.* B. C. 2. 19, 2: *non (fuit) civis Romanus, quin ad diem conveniret. — Convenit* ist Perfect. und zu erklären wie 4. 1, 5: *qui manserunt - alunt.*

3. *supra*: c. 3, 3. — *secutum fidem* 4. 21, 8. — *discessisse*: ab amicitia eius defecisse.

5. *huc* = ad has civitates, nicht *illuc*, da sie eben genannt seiner Vorstellung gegenwärtig sind. — *quae fieri velit, praecipit*: 5. 2, 3.

57. 1. *natura et manu m.*: 3. 23, 2. 5. 9, 4. 21, 4: *natura et opere m.* — *nihil timebat - cogitabat*, das Asyndeton zur Bezeichnung des Gegensatzes. Lab. hatte nicht nur, da er vorsichtig in dem wohlbefestigten Lager blieb, nichts zu fürchten, sondern er sann auch als umsichtiger und tapferer Anführer darauf, dass er sich keine Gelegenheit entgehen liess —.

buerat, nuntios mittit ad finitimas civitates equitesque undique evocat: his certum diem conveniendi dicit. Interim prope co- 3 tidie cum omni equitatu Indutiomarus sub castris eius vagabatur, alias ut situm castrorum cognosceret, alias colloquendi aut territandi causa: equites plerumque omnes tela intra vallum coniciebant. Labienus suos intra munitionem continebat timo- 4 risque opinionem, quibuscumque poterat rebus, augebat. Cum 58 maiore in dies contemptione Indutiomarus ad castra accederet, nocte una intromissis equitibus omnium finitimarum civitatum, quos arcessendos curaverat, tanta diligentia omnes suos custodiis intra castra continuit, ut nulla ratione ea res enuntiari aut ad Treveros perferri posset. Interim ex consuetudine cotidiana 2 Indutiomarus ad castra accedit atque ibi magnam partem diei consumit; equites tela coniciunt et magna cum contumelia verborum nostros ad pugnam evocant. Nullo ab nostris dato re- 3 sponso, ubi visum est, sub vesperum dispersi ac dissipati discedunt. Subito Labienus duabus portis omnem equitatum emit- 4 tit: praecipit atque interdicit, proterritis hostibus atque in fugam coniectis (quod fore, sicut accidit, videbat) unum omnes peterent Indutiomarum, neu quis quem prius vulneret, quam illum interfectum viderit, quod mora reliquorum spatium nactum illum effugere nolebat; magna proponit iis, qui occiderint, praemia; 5 submittit cohortes equitibus subsidio. Comprobat hominis con- 6 silium fortuna, et cum unum omnes peterent, in ipso fluminis

2. *equitesque undique evocat.* S. zu c. 46, 4.

3. *alias — alias*: c. 54, 1. — *plerumque*: 'in der Regel', mit *coniciebant* zu verbinden, (nicht, wie Schneider will, mit *omnes*, in der Bedeutung *paene omnes*). Dieselbe Stellung 7. 84, 5: *omnia enim plerumque, quae absunt, vehementius hominum mentes perturbant.*

4. *timoris opinionem — augebat,* also ganz wie Sabinus 3. 17, 6, und Caesar selbst oben c. 50, 5.

58. 1. *nocte una*: in einer Nacht, nicht anders als oben c. 45, 2. Er liess sie alle in einer Nacht ein, wodurch eben die Verheimlichung möglich wurde.

4. *praecipit atque interdicit*: c. 22, 5. Das erstere gehört zu *unum omnes peterent*, das andere zu *neu quis vulneret*, wobei auch der Wechsel der Tempora zu beachten ist. — *mora reliquorum*. Aehnliche Kürze wie c. 54, 4: *belli officia*: der Aufenthalt, den die Anderen veranlassen würden, wenn die Soldaten sich bei ihnen aufhielten.

6. *Comprobat hominis consilium fort.*: das Glück bestätigt (durch den Erfolg), zeigt als gut u. zweckmässig den Plan desselben, *hominis* in Bezug auf seine schon genannte Person = *eius*, in welchem Falle, eben weil *homo* das Pronom. vertritt, nicht *hic homo* u. s. w. gesagt wird. Vergl. c. 7, 9: *illi circumsistunt hominem atque interficiunt.* — *in ipso vado*: gerade noch in der Furth des Flusses, wo er also nahe genug daran war, zu entkommen. Es ist wahrscheinlich die Maas gemeint.

vado deprehensus Indutiomarus interficitur, caputque eius refertur in castra: redeuntes equites, quos possunt, consectantur
7 atque occidunt. Hac re cognita omnes Eburonum et Nerviorum, quae convenerant, copiae discedunt, pauloque habuit post id factum Caesar quietiorem Galliam.

7. *pauloque habuit post id factum Caesar qu. G.* In der Wortstellung vergl. Aehnliches bei Caes. wie z. B. 5. 4, 4: *id tulit factum graviter Indutiomarus.* 7. 35, 2: *Erat in magnis Caesaris difficultatibus res.* Ebend. 36, 4: *quid in quoque esset animi ac virtutis suorum.* 54, 2: *quae minime visa pars firma est.* 2. 21, 6: *Quam quisque ab opere in partem casu devenit.*

C. IULII CAESARIS

DE

BELLO GALLICO

COMMENTARIUS SEXTUS.

<u>M</u>ultis de causis Caesar maiorem Galliae motum exspectans 1
per Marcum Silanum, Gaium Antistium Reginum, Titum Sextium
legatos delectum habere instituit; simul ab Gneo Pompeio pro- 2
consule petit, quoniam ipse ad urbem cum imperio reipublicae
causa remaneret, quos ex Cisalpina Gallia consulis sacramento

Caesar blieb im Winter des J. 53, dessen Ereignisse das 6. Buch enthält, trotz der scheinbaren Ruhe, die nach den letzten Vorfällen eingetreten war, im transalpinischen Gallien. Denn wenn auch die Versuche des vorigen Jahres ohne Erfolg blieben, so waren sie doch ein Anfang, der zu neuen Unternehmungen reizte. Der bedeutende Verlust unter Titurius machte vor Allem Truppenverstärkung nöthig.

1. 1. *delectum habere instituit*: in Italien, s. c. 32, 5.

2. *quoniam – remaneret*. Pompeius hatte im Jahre 55 v. Chr. die Provinz Hispanien auf 5 Jahre erhalten, liess aber dieselbe durch seine Legaten Afranius und Petreius verwalten und blieb, um der Leitung der Angelegenheiten Roms nahe zu sein, unter dem Vorwande der Besorgung des Getreidewesens, das ihm auf 5 Jahre übertragen war (*reipublicae causa*), ohne den militärischen Oberbefehl niederzulegen (*cum imperio*) in Italien, aber nicht in, sondern vor Rom, *ad urbem*, da Niemand, der den Oberbefehl über ein Heer hatte, in der Stadt sich aufhalten durfte. S. zu B. C. 1. 2, 1. — *quos – rogavisset*. Dem Pompeius und Crassus war im Jahre 55 Vollmacht gegeben worden, Truppen auszuheben, wie viel und wo sie wollten. So konnte er auch in dem cisalpinischen Gallien, das zur Provinz des C. gehörte, die Aushebung vornehmen. Cic. ad Att. 4. 1, 2: *alteram* (legem scripsit) *Messius, qui omnis pecuniae dat potestatem – et maius imperium in provincias, quam sit eorum, qui eas obtineant.* — *sacramento rogare*

17*

3 rogavisset, ad signa convenire et ad se proficisci iuberet, magni interesse etiam in reliquum tempus ad opinionem Galliae existimans tantas videri Italiae facultates, ut, si quid esset in bello detrimenti acceptum, non modo id brevi tempore resarciri, sed
4 etiam maioribus augeri copiis posset. Quod cum Pompeius et reipublicae et amicitiae tribuisset, celeriter confecto per suos delectu tribus ante exactam hiemem et constitutis et adductis legionibus duplicatoque earum cohortium numero, quas cum Q. Titurio amiserat, et celeritate et copiis docuit, quid populi Romani disciplina atque opes possent.

2   Interfecto Indutiomaro, ut docuimus, ad eius propinquos a Treveris imperium defertur. Illi finitimos Germanos sollicitare
2 et pecuniam polliceri non desistunt. Cum ab proximis impetrare non possent, ulteriores temptant. Inventis nonnullis civitatibus

---

stehende Formel = den Fahneneid schwören lassen (auch *sacramento adigere*, Liv. 2. 20, 3. 4. 5, 2), von der an die Ausgehobenen gerichteten Frage, ob sie sich eidlich zum Kriegsdienste verpflichten wollten, was *sacramento dicere* hiess; Liv. 2. 24, 7. 4. 53, 2. 8. C. 1. 23, 5: *sacramentum dicere. Sacramento* ist Ablat. = nach dem vorgesagten Eide sprechen. 'Ein Mann aus jeder Legion sprach die Eidesformel; die übrigen, namentlich aufgefordert und einzeln vortretend, schwuren auf denselben Eid mit den Worten *idem in me.*' Marquardt Röm. Alterth. 3. 2, S. 291. Durch den Gen. *consulis* wird bezeichnet, wem sich der Soldat durch den Eid verpflichtet. Tac. Hist. 2. 55: *sacramento Vitellii adactum.* Zu vergleichen ist der stehende Ausdruck von der Eidesleistung: *in consulis verba iurare.* Liv. 28. 29, 1: *citati milites nominatim apud tribunos mil. in verba P. Scipionis iurarunt.*

3. *ad opinionem Galliae*: für die Erhaltung der hohen Meinung Galliens von der Macht Roms. — *videri* wie 2. 28, 3 und unten c. 3, 4. — *facultates* wie § 4 *opes* = Mittel, Hülfsmittel. — *augeri*, nämlich das durch die Niederlage verringerte

Heer, obgleich grammatisch *detrimentum* das Subiect ist. Eine ähnliche Kürze s. 5. 48, 9.

4. *amicitiae.* Er stand damals wenigstens äusserlich noch in gutem Vernehmen mit Caesar (S. zu 7. 6, 1), und gab ihm die Legion ohne Befragung des Senats. Plut. Cat. min. c. 45: ἑξακισχιλίων ὁπλιτῶν δύναμιν Καίσαρι κέχρηκεν εἰς Γαλατίαν· ἃ οὔτ᾽ ἐκεῖνος ᾔτησε παρ᾽ ὑμῶν οὔτε οὗτος ἔδωκε μεθ᾽ ὑμῶν, ἀλλὰ δυνάμεις τηλικαῦται καὶ ὅπλα καὶ ἵπποι χάριτές εἰσιν ἰδιωτῶν καὶ ἀντιδόσεις. Diese Legion, die erste genannt, verlangte er später von Caesar zurück. 8. 54, 2. — *duplicatoque – numero.* Durch den Verlust der 15 Cohorten waren seine Legionen auf 7 reducirt worden; jetzt hatte er 10. S. c. 32, 5. Einl. S. 29. — *disciplina*: Zucht, gute Verfassung, bei der so schnell die Heere ergänzt werden können.

2. 1. *ut docuimus*: 5. 58, 6. — *ad eius propinquos.* Nach 5. 4, 2 waren alle Verwandten des Indut. als Geiseln bei C. Er hatte sie daher wohl nach seiner Rückkehr aus Britannien zurückgegeben, da Indutiomarus widrigenfalls den Aufstand nicht gewagt haben würde.

iureiurando inter se confirmant obsidibusque de pecunia cavent: Ambiorigem sibi societate et foedere adiungunt. Quibus rebus 3 cognitis Caesar cum undique bellum parari videret, Nervios, Aduatucos, [ac] Menapios adiunctis Cisrhenanis omnibus Germanis esse in armis, Senones ad imperatum non venire et cum Carnutibus finitimisque civitatibus consilia communicare, a Treveris Germanos crebris legationibus sollicitari, maturius sibi de bello cogitandum putavit. Itaque nondum hieme confecta proxi- 3 mis quattuor coactis legionibus de improviso in fines Nerviorum contendit et, priusquam illi aut convenire aut profugere possent, 2 magno pecoris atque hominum numero capto atque ea praeda militibus concessa vastatisque agris in deditionem venire atque obsides sibi dare coëgit. Eo celeriter confecto negotio rursus in 3 hiberna legiones reduxit. Concilio Galliae primo vere, ut insti- 4 tuerat, indicto, cum reliqui praeter Senones, Carnutes Treverosque venissent, initium belli ac defectionis hoc esse arbitratus, ut omnia postponere videretur, concilium Lutetiam Parisiorum transfert. Confines erant hi Senonibus civitatemque patrum 5 memoria coniunxerant, sed ab hoc consilio afuisse existimabantur. Hac re pro suggestu pronuntiata eodem die cum legionibus 6

2. *inter se confirmant*: sie befestigen 'den Vertrag' unter einander durch einen Eid, nicht 'sich unter einander', wie sonst (s. zu 4. 25, 5) *inter se* gebraucht wird. Vergl. 5. 27, 10: *illud se polliceri et iureiurando confirmare*. — *cavent*. Sie geben durch Geiseln Bürgschaft in Betreff des Geldes, d. i. dass sie das Geld bezahlen werden. 7. 2, 2: *quoniam obsidibus inter se cavere non possint*.

3. *Cisrhenanis Germanis*: den Nachbarn jener von germanischer Abkunft in Belgien. 2. 4, 10. — *Senones – non venire*: 5. 54, 2 – 4. — *ad imperatum*: auf seinen Befehl, wie *ad edictum*, *ad tempus* u. dergl. — *consilia communicare*: 7. 63, 4.

3. 1. *proximis quattuor c. legionibus*. Wahrscheinlich die drei, mit denen er am Samarobriva lagerte, 5. 53, 3. Die 4. scheint die gewesen zu sein, die unter Fabius bei den Morinern stand: 5. 24, 2.

2. *priusquam – possent*, Absicht,

wie 2. 12, 1.

4. *Concilio indicto*. S. zu 5. 2, 4. — *ut instituerat* = *ut facere consuerat*, wie 5. 1, 1: wie er es eingeführt hatte. c. 44, 3. 7. 13, 1. So 1. 50, 1 *instituto suo*. — *Treverosque*. S. zu 1. 29, 1. — *initium – hoc esse arbitr*. näml. das Ausbleiben der Senonen u. s. w. Vergl. 5. 2, 4. — *ut omnia postponere videretur*: damit man sähe (c. 1, 3), dass er alles Andere für minder wichtig halte und ernstlich der Empörung begegnen wolle. — *transfert*: er verlegt den Landtag von Samarobriva nach Lutetia, um den Senonen nahe zu sein.

5. *civitatem coniunxerant*: Senonibus, nicht als Bundesgenossen, sondern sie hatten sich mit ihnen zu einem Staate verbunden. — *patrum memoria*: zur Zeit ihrer Väter. — *ab hoc consilio*: belli ac defectionis.

6. *Hac re*: die Verlegung der Versammlung nach Lutetia. — *pro suggestu*: auf der Rednerbühne,

4 in Senones proficiscitur magnisque itineribus eo pervenit. Cognito eius adventu Acco, qui princeps eius consilii fuerat, iubet in oppida multitudinem convenire. Conantibus, priusquam id **2** effici posset, adesse Romanos nuntiatur. Necessario sententia desistunt legatosque deprecandi causa ad Caesarem mittunt: **3** adeunt per Haeduos, quorum antiquitus erat in fide civitas. Libenter Caesar petentibus Haeduis dat veniam excusationemque accipit, quod aestivum tempus instantis belli, non quaestionis **4** esse arbitrabatur. Obsidibus imperatis centum hos Haeduis custodiendos tradit. Eodem Carnutes legatos obsidesque mittunt usi deprecatoribus Remis, quorum erant in clientela: eadem **6** ferunt responsa. Peragit concilium Caesar equitesque imperat **5** civitatibus. Hac parte Galliae pacata totus et mente et animo in **2** bellum Treverorum et Ambiorigis insistit. Cavarinum cum equitatu Senonum secum proficisci iubet, ne quis aut ex huius iracundia aut ex eo, quod meruerat, odio civitatis motus exsistat. **3** His rebus constitutis, quod pro explorato habebat Ambiorigem

eigentl. vorn auf der Rednerbühne stehend. Richtiger denkt man hier an eine Bekanntmachung in der Versammlung der Gallier, welche die beabsichtigte Verlegung zunächst anging, als an eine Mittheilung an die versammelten Soldaten von der Feldherrntribüne (*tribunal*) im Lager.

4. 1. *princeps eius consilii.* S. 2. 14, 4. — *priusquam – posset,* nicht nach c. 3, 2, sondern nach 3. 26, 3 zu erklären.

2. *in fide*: 'Schutz'. So die Bituriger 7. 5, 2.

3. *petentibus Haeduis* nicht Dat., sondern Abl. absol. — *instantis belli, non quaestionis* von dem zweimal zu denkenden *tempus* abhängig = aestivom tempus esse tempus inst. belli. B. C. 3. 60, 1: *tempus illud animadversionis esse.* Nach Beendigung des Kriegs stellt er diese Untersuchung zu Durocortorum im Gebiete der Remer an, c. 44, 1. — *arbitrabatur.* Die besten Handschr. allerdings *arbitratur*; doch braucht Caes. nach dem Praes. hist. im Nebensatze nach Coniunctionen nicht das Präsens.

4. *Obsidibus imperatis – hos*: 4. 21, 6, vgl. unten c. 43, 1.

5. *Carnutes – mittunt.* Widerspruch bei Hirtius 8. 31, 3: *Carnutes, qui – numquam pacis fecerant mentionem.* — *clientela*: 1. 31, 6.

5. 1. *et mente et animo*: 'Geistes- und Willenskraft' = mit ganzer Seele. S. zu 1. 39, 1. 3. 19, 6. Vergl. B. C. 1. 21, 6: *tanta erat exspectatio, ut alius in aliam partem mente atque animo traheretur.* — *bellum Treverorum et Ambiorigis.* So c. 29, 4. 1. 30, 1. B. C. 2. 23, 3: *bellum praedonum.*

2. *iracundia,* weil sie ihn vertrieben hatten. — *ex eo, quod meruerat, odio civ.*: den er sich bei seinen Mitbürgern zugezogen hatte, durch Härte und Grausamkeit, so dass also C. von einem verdienten Hass spricht (in der eigentl. Bedeutung von *meruerat*), und einen Tadel äussert, wie er auch schon in *ex iracundia* ausgesprochen ist. (So würde sich der Hass nicht, wie früher mit Anderen angenommen worden ist, blos auf die 5. 54, 2 erwähnte Wiedereinsetzung durch C. beziehen.)

proelio non esse concertaturum, reliqua eius consilia animo cir- 4
cumspiciebat. Erant Menapii propinqui Eburonum finibus, perpetuis paludibus silvisque muniti, qui uni ex Gallia de pace ad
Caesarem legatos numquam miserant. Cum his esse hospitium
Ambiorigi sciebat; item per Treveros venisse Germanis in amicitiam cognoverat. Haec prius illi detrahenda auxilia existimabat 5
quam ipsum bello lacesseret, ne desperata salute aut se in Menapios abderet aut cum Transrhenanis congredi cogeretur. Hoc 6
inito consilio totius exercitus impedimenta ad Labienum in Treveros mittit duasque legiones ad eum proficisci iubet; ipse cum
legionibus expeditis quinque in Menapios proficiscitur. Illi nulla 7
coacta manu loci praesidio freti in silvas paludesque confugiunt
suaque eodem conferunt. Caesar partitis copiis cum Gaio Fabio 6
legato et Marco Crasso quaestore celeriterque effectis pontibus
adit tripertito, aedificia vicosque incendit, magno pecoris atque
hominum numero potitur. Quibus rebus coacti Menapii legatos 2
ad eum pacis petendae causa mittunt. Ille obsidibus acceptis 3
hostium se habiturum numero confirmat, si aut Ambiorigem aut
eius legatos finibus suis recepissent. His confirmatis rebus Com- 4
mium Atrebatem cum equitatu custodis loco in Menapiis relinquit; ipse in Treveros proficiscitur.

---

3. *concertaturum*: 'sich messen', nur hier bei C. Anders *proelio de-certare*: 1. 50, 4.

4. *Menapii — miserant*. Vergl. 3. 28, 1. — *perpetuis paludibus*, c. 31, 2: *continentes paludes*.

5. *congredi cogeretur*, nicht Cae-sar, sondern Ambiorix: dass er nicht genöthigt würde, sich mit den Ueberrheinischen zu vereinigen, *se coniungere, coire*. — *cogeretur* = necessitate coactus conaretur.

6. *ad Labienum in Treveros*. Nach 5. 24, 2. 56, 5 hatte Lab. sein Winterquartier bei den Remern an der Grenze der Treverer. Wie hier heisst es auch c. 7, 1: *quae in eo-rum* (Treverorum) *finibus hiemave-rat*. Die Angabe 5. 24, 2: *in con-finio Treverorum hiemare ius-sit*, erklärt, da die Lage an der Grenze selbst auch diese Auffassung zulässt, den scheinbaren Wider-spruch einfacher, als die Annahme,

dass Lab. nach dem Falle des In-dotiomarus sein Lager weiter öst-lich in das Gebiet der Treverer (wie man annimmt, nach Arlon) ver-legt habe. — *legionibus expeditis*: 1. 49, 3.

6. 1. *partitis*. Caesar braucht wie Cicero, nur die Deponentialform, nicht *partio*, das Part. Perf. aber braucht er öfter (6. 33, 1. 7. 24, 5) passivisch. (Cic. de orat. 3. 30: *par-tita ac distributa*.) Zumpt § 632. — *quaestore*: 1. 52, 1. — *pontibus*: über Sümpfe und Moräste. — *aedi-ficia vicosque*: 1. 5, 2.

3. *hostium se numero habiturum*. S. 1. 26, 6.

4. *confirmatis rebus*: 'geordnet' 'festgestellt', rebus ita constitutis (c. 5, 3), ut firmae essent. B. C. 1: 74, 3: *fidem ab imperatore — pe-tunt. Quibus confirmatis rebus se signa translaturos confirmant.* — *Commium*: 4. 21, 7.

7 Dum haec a Caesare geruntur, Treveri magnis coactis peditatus equitatusque copiis Labienum cum una legione, quae in
2 eorum finibus hiemaverat, adoriri parabant, iamque ab eo non
longius bidui via aberant, cum duas venisse legiones missu Cae-
3 saris cognoscunt. Positis castris a milibus passuum xv auxilia
4 Germanorum exspectare constituunt. Labienus hostium cognito
consilio sperans temeritate eorum fore aliquam dimicandi facultatem, praesidio quinque cohortium impedimentis relicto, cum
viginti quinque cohortibus magnoque equitatu contra hostem
proficiscitur et mille passuum intermisso spatio castra communit.
5 Erat inter Labienum atque hostem difficili transitu flumen ripis-
que praeruptis. Hoc neque ipse transire habebat in animo neque
6 hostes transituros existimabat. Augebatur auxiliorum cotidie
spes. Loquitur in concilio palam, quoniam Germani appropinquare dicantur, sese suas exercitusque fortunas in dubium non
7 devocaturum et postero die prima luce castra moturum. Celeriter haec ad hostes deferuntur, ut ex magno Gallorum equitum
8 numero nonnullos Gallicis rebus favere natura cogebat. Labienus noctu tribunis militum primisque ordinibus convocatis, quid
sui sit consilii, proponit et, quo facilius hostibus timoris det su-

---

7. 1. *peditatus equitatusque copiis.* S. 5. 47, 5. — *hiemaverat*: in
der bis zum gegenwärtigen Augenblick verflossenen Zeit, wiewohl es
auch jetzt noch fortdauert. *hiemabat* würde nur die Gleichzeitigkeit
mit dem hier Erzählten bezeichnen.
— *parare* mit dem Inf.: eine Thätigkeit beabsichtigen, etwas zu thun
gedenken. 7. 71, 9. B. C. 1. 83, 4:
*munitiones institutas parat perfi-
cere.*

2. *longius bidui via aberant.* S.
zu 1. 22, 1. (1. 15, 5.) Es kann stehen für *longius quam bidui viam,*
oder für *longius quam bidui via* als
Ablat. der Entfernung nach 1. 41,
5: *copias milibus passuum quattuor et viginti abesse.* — *missu*: 5.
27, 1.

3. *a milibus*: 2. 7, 3.

4. *impedimentis.* S. c. 5, 6.

5. *flumen.* Wäre dieser Fluss
die Maas gewesen, so würde er sie
hier bei dieser Beschreibung, da sie

ihm wohl bekannt war, genannt haben (anders ist es bei der gelegentlichen Erwähnung 5. 58, 6). Ob es
aber die Mosel oder die in dieselbe
sich ergiessende Sura (Sour) gewesen sei, lässt sich nicht bestimmen
(nach Göler p. 184 die Alzette).
— *neque transituros existimabat,*
wenn er sie nicht durch List dazu
veranlasste, bevor die Hülfe von den
Germanen käme; die Hoffnung darauf wuchs (aber) täglich; daher
sagte er in der Versammlung —.

6. *in dubium non devocaturum*
= in discrimen non vocaturum; *de-
vocare* aus dem jetzt sichern Standpunkte herab in eine missliche und
gefährliche Lage. Bell. Hisp. c. 24:
*haec res necessario devocabat, ut
ad dimicandum descenderet.* — *et
moturum*: 4. 35, 2.

7. *ut*: 5. 43, 5. — *natura*: die
natürliche Liebe zum Vaterlande.

8. *primisque ordinibus*: 5. 30, 1.
1. 41, 3. Kriegsw. § 20 b. — *quid*

spicionem, maiore strepitu et tumultu, quam populi Romani fert
consuetudo, castra moveri iubet. His rebus fugae similem pro- 9
fectionem effecit. Haec quoque per exploratores ante lucem in
tanta propinquitate castrorum ad hostes deferuntur. Vix agmen 8
novissimum extra munitiones processerat, cum Galli cohortati
inter se, ne speratam praedam ex manibus dimitterent: longum
esse perterritis Romanis Germanorum auxilium exspectare, neque
suam pati dignitatem, ut tantis copiis tam exiguam manum praesertim fugientem atque impeditam adoriri non audeant, flumen
transire et iniquo loco committere proelium non dubitant. Quae 2
fore suspicatus Labienus, ut omnes citra flumen eliceret, eadem
usus simulatione itineris placide progrediebatur. Tum praemis- 3
sis paulum impedimentis atque in tumulo quodam collocatis,
'Habetis', inquit, 'milites, quam petistis, facultatem: hostem im- 4
pedito atque iniquo loco tenetis: praestate eandem nobis ducibus virtutem, quam saepenumero imperatori praestitistis, atque
illum adesse et haec coram cernere existimate.' Simul signa ad 5
hostem converti aciemque dirigi iubet et paucis turmis praesidio
ad impedimenta dimissis reliquos equites ad latera disponit.
Celeriter nostri clamore sublato pila in hostes immittunt. Illi, 6
ubi praeter spem quos fugere credebant infestis signis ad se ire
viderunt, impetum modo ferre non potuerunt ac primo concursu
in fugam coniecti proximas silvas petierunt. Quos Labienus 7
equitatu consectatus magno numero interfecto, compluribus captis paucis post diebus civitatem recepit. Nam Germani, qui
auxilio veniebant, percepta Treverorum fuga sese domum receperunt. Cum his propinqui Indutiomari, qui defectionis auctores 8

<hr>

sui sit consilii: 1. 21, 2. — *populi
Romani*: als unvereinbar mit der
Würde und Haltung des römischen
Volks; daher gewählterer Ausdruck
als *exercituum, militum Romano-
rum.*

9. *in tanta propinquitate*: 1.
27, 4.

8. 1. *cohortati inter se*: 4. 25, 5.
— *longum esse.* B. C. 1. 29, 2: *Relinquebatur, ut naves essent exspectandae. Id propter anni tempus
longum atque impeditum videbatur.*
S. zu 1. 2, 5.

4. *illum adesse — existimate.*
Ebenso 7. 62, 2. Den Einfluss der
Gegenwart des Feldherrn, als Zeugen der Tapferkeit, s. 2. 25, 3. 3.
14, 8. Einl. S. 27.

5. *aciemque dirigi*, sonst C. *instruere, instituere, constituere
aciem.* B. Alex. 37, 3. Liv. 21. 47,
8: *in conspectu hostium directa acie.*

6. *impetum modo*: auch nur den
(ersten) Angriff, d. h. nicht einmal
— geschweige denn —. 7. 76, 6:
*neque erat omnium quisquam, qui
adspectum modo tantae multitudinis sustineri posse arbitraretur.*

7. *civitatem recepit*: ex rebellione
et defectione; denn sie hatten vor
dem britannischen Feldzuge ihre Unterwerfung erklärt, c. 5. 2 – 5. —
percepta: 5. 1, 8.

9 fuerant, comitati eos ex civitate excesserunt. Cingetorigi, quem
ab initio permansisse in officio demonstravimus, principatus atque imperium est traditum.

9   Caesar, postquam ex Menapiis in Treveros venit, duabus
2 de causis Rhenum transire constituit; quarum una erat, quod
auxilia contra se Treveris miserant, altera, ne ad eos Ambiorix
3 receptum haberet. His constitutis rebus paulum supra eum locum, quo ante exercitum traduxerat, facere pontem instituit.
4 Nota atque instituta ratione magno militum studio paucis diebus
5 opus efficitur. Firmo in Treveris ad pontem praesidio relicto,
ne quis ab his subito motus oreretur, reliquas copias equitatum-
6 que traducit. Ubii, qui ante obsides dederant atque in deditionem venerant, purgandi sui causa ad eum legatos mittunt, qui
doceant neque auxilia ex sua civitate in Treveros missa neque ab
7 se fidem laesam: petunt atque orant, ut sibi parcat, ne communi
odio Germanorum innocentes pro nocentibus poenas pendant; si

<hr>

8. *comitati eos* ist nach *cum his*, scheinbar pleonastisch, hinzugefügt, weil sie nicht blos gleichzeitig mit den Germanen fortzogen, sondern auch, sie begleitend, mit ihnen in ihr Land gingen.

9. *quem — demonstravimus*: 5. 3, 3 und 56, 3.

9. 1. *Caesar, postquam venit.* Rückkehr der Erzählung zu c. 6, 4. — *duabus de causis.* Es dürfte sich mit diesen Gründen ebenso verhalten, wie mit denen, die er für seinen ersten Rheinübergang angegeben, 4. 16. Die Erfahrungen von jener Zeit konnten nicht eben grosse Hoffnung erregen. Vielleicht war das wichtigste für ihn, nach den wiederholten Aufständen, die die Eroberung Galliens so zweifelhaft machten, zu zeigen, dass er seiner Provinz so sicher sei, dass er sie sogar verlassen und neue Feinde aufsuchen könne.

2. *miserant*: Gérmani Transrhenani, was nach dem vorherg. *Rhenum transire* leicht ergänzt werden kann. Ueber *se*, wofür man, da *miserant*, nicht *misissent* folgt, *eum* erwarten könnte, s. zu B. C. 3. 53, 5: *quem Caesar, ut erat de se me-*

ritus, ad primipilum se traducere pronuntiavit.

3. *paulum supra* etc., also noch etwas weiter südlich, als im J. 55 und Coblenz näher, wahrscheinlich in der Gegend von Anderaach; nach c. 29, 2 berührte die Brücke auf der anderen Seite das Ufer der Ubier. — *paulum*, der Acc. als Angabe des Masses bei *supra* und anderen comparativischen Begriffen selten für *paulo* (wie c. 19, 4. 4. 36, 3. u. a.). S. Zumpt § 488 Anm. 2.

4. *instituta ratione*: nach der durch die Anwendung beim ersten Bau eingeführten und festgestellten Art zu bauen.

6. *ante*: bei dem ersten Uebergang über den Rhein (4. 16, 5), wie vorher § 3: *quo ante exercitum traduxerat. — purgandi sui causa*: 3. 6, 1.

7. *si vellet.* Vorher Praesentia. Wechsel der Tempora beim Eintritt eines neuen regierenden Verbum. S. 1. 7, 3. B. C. 1. 26, 3: *mandat, ut Libonem de concilianda pace hortetur: inprimis, ut ipse cum Pompeio colloqueretur, postulat. — amplius* substantivisch = amplio-

amplius obsidum vellet, dare pollicentur. Cognita Caesar causa 8
reperit ab Suebis auxilia missa esse; Ubiorum satisfactionem
accipit, aditus viasque in Suebos perquirit. Interim paucis post 10
diebus fit ab Ubiis certior Suebos omnes in unum locum copias
cogere atque iis nationibus, quae sub eorum sint imperio, denuntiare, ut auxilia peditatus equitatusque mittant. His cognitis 2
rebus rem frumentariam providet, castris idoneum locum deligit; Ubiis imperat, ut pecora deducant suaque omnia ex agris in
oppida conferant, sperans barbaros atque imperitos homines
inopia cibariorum adductos ad iniquam pugnandi condicionem
posse deduci, mandat, ut crebros exploratores in Suebos mittant 3
quaeque apud eos gerantur cognoscant. Illi imperata faciunt et 4
paucis diebus intermissis referunt: Suebos omnes, posteaquam
certiores nuntii de exercitu Romanorum venerint, cum omnibus
suis sociorumque copiis, quas coëgissent, penitus ad extremos
fines se recepisse: silvam esse ibi infinita magnitudine, quae ap- 5
pellatur Bacenis; hanc longe introrsus pertinere et pro nativo
muro obiectam Cheruscos ab Suebis Suebosque ab Cheruscis
iniuriis incursionibusque prohibere: ad eius initium silvae Suebos
adventum Romanorum exspectare constituisse.

Quoniam ad hunc locum perventum est, non alienum esse 11

rem numerum. — *dare pollicentur*:
4. 21, 5.

8. *Cognita Caesar causa*: 2. 11,
2. 5. 19, 4. *cognoscere causam*: die
Sache untersuchen. 1. 19, 5.

10. 1. *in unum locum — cogere*,
wie beim ersten Einfalle Caesars;
4. 19, 2. — *omnes* gehört zu *copias*,
nicht zu *Suebos*. — *auxilia pedita-*
tus equitatusque. S. zu 5. 47, 5.

2. *barbaros — inopia cib. add.*
S. zu 2. 10, 4. Er hoffte, dass sie
aus Mangel an Mundvorrath zu ra-
scher Entscheidung gedrängt, den
Kampf unter ungünstigen Bedingungen eingehen würden: *ad iniquam*
pugnandi condicionem (subeundam)
— deduci, wie oben c. 7, 6: *devo-*
care.

4. *penitus ad extremos fines*:
ganz an die äusserste Grenze ihres
Landes, nicht 'ins Innere'.

5. *quae appellatur*. Der Indicat.
in einem Nebensatze der Orat. obliqua, wie 2. 4, 10: *qui appellantur,*

3, 2. 1: *quam concesserat* (vergl.
zu 3. 8, 4) als Erklärungssatz des
Schriftstellers selbst. — *introrsus*:
landeinwärts, gegen Osten. — *ab*
Suebis: 'von Seiten'; *iniuriis pro-*
hibere: sicher stellen gegen Unbill
und Einfall, so dass *iniuriis proh.*
unmittelbar zu verbinden ist, *ab*
Suebis und *ab Cheruscis* die ent-
ferntere Beziehung giebt. — *ad eius*
initium silvae: 'am Westende jenes
Waldgebirges, an der Werra, etwa
in der Gegend von Meiningen' v.
Göler p. 188.

11. 1. *Quoniam ad h. l. perven-*
tum est etc. Man kann nicht sagen,
dass eine besondere Veranlassung
zu dieser Unterbrechung der Erzählung gerade hier vorlag. Drumann
Gesch. Roms 3. S. 330: 'Caesar war
nicht geneigt, die Sueben dort zu
suchen. Indess sollte in seinen
Denkwürdigkeiten 'ich kam und ging'
nicht neben einander stehen. Deshalb trennt er es durch die Schilde-

videtur de Galliae Germaniaeque moribus et, quo differant hae
nationes inter sese, proponere.

2   In Gallia non solum in omnibus civitatibus atque in omnibus pagis partibusque, sed paene etiam in singulis domibus
3 factiones sunt, earumque factionum principes sunt, qui summam
auctoritatem eorum iudicio habere existimantur, quorum ad arbitrium iudiciumque summa omnium rerum consiliorumque re-
4 deat. Itaque eius rei causa antiquitus institutum videtur, ne quis
ex plebe contra potentiorem auxilii egeret: suos enim quisque
opprimi et circumveniri non patitur, neque, aliter si faciat, ullam
5 inter suos habet auctoritatem. Haec eadem ratio est in summa
totius Galliae: namque omnes civitates in partes divisae sunt duas.
12 Cum Caesar in Galliam venit, alterius factionis principes erant
2 Haedui, alterius Sequani. Hi cum per se minus valerent, quod
summa auctoritas antiquitus erat in Haeduis magnaeque eorum
erant clientelae, Germanos atque Ariovistum sibi adiunxerant eos-

rung der Gallier und Germ., welche
für uns freilich wichtiger ist, als
einige Schlachtberichte.

2. *partibusque* (civitatum), das
Genus nach der Species, wie öfter
bei C. S. zu 1. 39, 1. 3. 14, 6 (in
umgekehrter Ordnung unten c. 23,
5: *regionum atque pagorum*.). Eine
civitas kann auch noch andere Ein-
theilungen haben, als in *pagi*.

3. *quorum* nicht auf *eorum* (d. i.
Gallorum, wie c. 13, 4: *apud eos*)
zu beziehen, sondern an den vorhergehenden Relativsatz, der angiebt, wer die *principes* sind, sich
ohne Verbindungspartikel anschlies-
send und die Bedeutung derselben
erläuternd; daher auch *quorum —
redeat* (wie 5. 44, 1: *qui appropinquarent*) = Häupter der Parteien
sind die Männer vom höchsten Ansehen, *quorum — redeat*. Die Verbindung der Relativsätze also wie
1. 1, 4. 1. 16, 5. 5. 24, 4. Vgl.
unten c. 24, 2. — *summa rerum et
cons.* = die letzte Entscheidung bei
Rath und That. — *redire* häufig gebraucht von dem, was in seinem
Verlauf an den Ort seiner Bestimmung, oder zu dem, dem es zu-

kommt oder vorbehalten ist, gelangt;
so besonders in Verbindung mit
regnum, imperium, res u. a. B. C.
1. 4, 2: *se alterum fore Sullam, ad
quem summa imperii redeat.* 3. 18,
2: *eo mortuo ad neminem unum
summa imperii redit.* Zu vergl. ist
περιέρχεσθαι. Plut. Anton. 56:
ἔδει πάντα εἰς Καίσαρα περιελ-
θεῖν.

4. *Itaque* = Et ita.

5. *in summa*: im Ganzen, im
Grossen; *totius Galliae* also von
ratio abhängig.

12. 1. *alterius Sequani.* S. 1.
31. Doch nennt dort Divitiacus als
die andere Faction die Arverner und
nur neben ihnen die Sequaner. Caes.
nennt die Sequaner allein, weil zu
der Zeit, als er nach Gallien kam,
diese besonders durch Herbeirufung
der Germanen die Gegenpartei un-
terdrückt hatten. S. 1. 32.

2. *antiquitus* nicht streng zu nehmen, da vor ihnen die Arverner das
herrschende Volk in Gallien waren;
s. zu 1. 31, 3. Erst später erhoben
sich die Häduer, wohl durch Begün-
stigung der befreundeten Römer, zu
ihrer nachherigen Bedeutung. —

que ad se magnis iacturis pollicitationibusque perduxerant. Proe- 3
liis vero compluribus factis secundis atque omni nobilitate Haeduorum interfecta tantum potentia antecesserant, ut magnam 4
partem clientium ab Haeduis ad se traducerent obsidesque ab
iis principum filios acciperent et publice iurare cogerent, nihil se
contra Sequanos consilii inituros et partem finitimi agri per vim
occupatam possiderent Galliaeque totius principatum obtinerent.
Qua necessitate adductus Divitiacus auxilii petendi causa Romam 5
ad senatum profectus imperfecta re redierat. Adventu Caesaris 6
facta commutatione rerum, obsidibus Haeduis redditis, veteribus
clientelis restitutis, novis per Caesarem comparatis, quod hi, qui
se ad eorum amicitiam aggregaverant, meliore condicione atque
aequiore imperio se uti videbant, reliquis rebus eorum gratia
dignitateque amplificata, Sequani principatum dimiserant. In eo- 7
rum locum Remi successerant: quos quod adaequare apud Caesarem gratia intellegebatur, ii, qui propter veteres inimicitias
nullo modo cum Haeduis coniungi poterant, se Remis in cliente-
lam dicabant. Hos illi diligenter tuebantur: ita et novam et re- 8
pente collectam auctoritatem tenebant. Eo tum statu res erat, ut 9
longe principes haberentur Haedui, secundum locum dignitatis
Remi obtinerent. In omni Gallia eorum hominum, qui aliquo 13
sunt numero atque honore, genera sunt duo. Nam plebes paene
servorum habetur loco, quae nihil audet per se, nullo adhibetur
consilio. Plerique, cum aut aere alieno aut magnitudine tributo- 2

<hr>

iacturis: 'Opfer'. B. C. 3. 112, 10:
*magnis iacturis sibi quisque eorum
animos conciliabat.* Zur Sache s. 1.
31, 10. 44, 2: *sese* (Ariovistum)
*non sine magna spe magnisque
praemiis domum propinquosque reliquisse.*

5. *Divitiacus R. profectus* (s. 1.
31, 9) im J. 61 v. Chr. Bei Cic. de
Divin. 1. 41, 90 heisst er *hospes et
laudator* des Cicero. — *imperfecta
re* = inchoata quidem, sed non perfecta, so dass man also zur Unterstützung wohl geneigt, aber nicht
damit zu Stande gekommen war.
Absichtlich braucht C. diesen Ausdruck statt des schrofferen *infecta
re* (wie minder gute Handschr. haben), wodurch die gänzliche Erfolg-
losigkeit bezeichnet würde.

6. *facta commutatione rerum,*
besonders in Folge des Sieges über
Ariovist. — *reliquis rebus* ist Ablat.
instr. = durch jedes andere Mittel,
durch welches C. das Ansehen seiner Bundesgenossen zu heben suchte. — *dimiserant*: 'hatten aufgegeben' oder 'aufgeben müssen', da
sie ihre Stellung nicht mehr behaupten konnten. Vergl. 8. 5, 1. S. zu
B. C. 1. 25, 4.

7. *quos*: Subiect; *adaequare se.*
Haeduos, als Obiect; Caesar braucht
adaequare in der Bed. 'gleichkom-
men' nur mit dem Accus. (1. 48, 7.
2. 32, 4 u. 5.).

8. *tenebant*: bewahrten sich, behaupteten. B. C. 3. 56, 2: *ut famam opinionemque hominum teneret.*

13. 1. *aliquo sunt numero atque
honore*: 1. 26, 6. — *nullo* ältere
Dativform, wie 5. 27, 5 *alterae.*

2. *aere alieno – premuntur.* S.

rum aut iniuria potentiorum premuntur, sese in servitutem dicant nobilibus. In hos eadem omnia sunt iura, quae dominis in
3 servos. Sed de his duobus generibus alterum est druidum, al-
4 terum equitum. Illi rebus divinis intersunt, sacrificia publica ac
privata procurant, religiones interpretantur: ad eos magnus
adulescentium numerus disciplinae causa concurrit, magnoque
5 hi sunt apud eos honore. Nam fere de omnibus controversiis
publicis privatisque constituunt et, si quod est admissum facinus,
si caedes facta, si de hereditate, de finibus controversia est, idem
6 decernunt, praemia poenasque constituunt; si qui aut privatus
aut populus eorum decreto non stetit, sacrificiis interdicunt.
7 Haec poena apud eos est gravissima. Quibus ita est interdictum,
hi numero impiorum ac sceleratorum habentur, his omnes decedunt, aditum sermonemque defugiunt, ne quid ex contagione
incommodi accipiant, neque his petentibus ius redditur neque
8 honos ullus communicatur. His autem omnibus druidibus praeest
9 unus, qui summam inter eos habet auctoritatem. Hoc mortuo
aut si qui ex reliquis excellit dignitate, succedit, aut, si sunt plu-

zu 1. 4, 2: *clientes obaeratosque
suos – conduxit.*

3. *Sed* nach der eingeschalteten
Bemerkung über die plebes zum
Hauptgegenstande wieder einlen-
kend. — Ueber die Druiden s. Einl.
S. 21.

4. *rebus divinis intersunt*: sie
sind thätig beim Gottesdienste; *interesse* von dem thätigen Antheil,
den der bei einer Sache Gegenwärtige an derselben nimmt. Unten c.
21, 1 heisst es: *qui rebus divinis
praesint*, von der Oberaufsicht, was
hier in *sacrificia – procurant, religiones interpretantur* enthalten ist.
— *procurant*: 'id egisse dicuntur,
ut omnia tam publica, quam privata
suo loco et tempore et a quibus et
quo modo fas et opus esset, fierent'
Schneider. — *religiones*: Alles, was
auf Sachen des Glaubens sich bezieht: Religionssatzungen, Ceremo-
nien, religiöse (ein religiöses Bedenken erregende) Erscheinungen:
'docent, quid religionis causa in
quaque re faciendum sit' Jacobs. —
apud eos d. i. *Gallos*, wie c. 11, 3:

eorum iudicio.

5. *constituunt*: 'entscheiden'; *de*
wie bei *cognoscere de* u. übol. —
*constituunt – pr. poenasque consti-
tuunt.* An dergleichen Wiederholungen desselben Wortes nimmt C.
keinen Anstoss. S. 1. 3, 2. 7, 2.
— *idem* = iidem.

6. *si qui non stetit – interdicunt.*
S. zu 4. 1, 5.

7. *decedunt*: de via: sie weichen
ihnen aus, gehen ihnen aus dem
Wege. Ganz angemessen schliesst
sich (asyndetisch, als weitere Ausführung desselben Gedankens) zur
Bezeichnung dieser ängstlichen
Scheu *aditum s. defugiunt* an = davon fliehend vermeiden, fugiendo
devitare. — *his – communicatur*:
es wird ihnen kein Antheil mit den
Uebrigen gewährt = tribuitur sicut
ceteris, nicht blos: 'wird ihnen gegeben'. Die seltenere Construction
für *cum his* wird entschuldigt durch
das vorherg. *his redditur*, dem es
sich unmittelbar anschliesst, wie c.
23, 9: *his omnium domus patent
victusque communicatur.*

res pares, suffragio druidum, nonnumquam etiam armis de principatu contendunt. Hi certo anni tempore in finibus Carnutum, 10
quae regio totius Galliae media habetur, considunt in loco con-
secrato. Huc omnes undique, qui controversias habent, conveniunt eorumque decretis iudiciisque parent. Disciplina in Britan- 11
nia reperta atque inde in Galliam translata esse existimatur, et 12
nunc, qui diligentius eam rem cognoscere volunt, plerumque illo
discendi causa proficiscuntur. Druides a bello abesse consuerunt 14
neque tributa una cum reliquis pendunt, militiae vacationem
omniumque rerum habent immunitatem. Tantis excitati praemiis 2
et sua sponte multi in disciplinam conveniunt et a parentibus
propinquisque mittuntur. Magnum ibi numerum versuum edi- 3
scere dicuntur. Itaque annos nonnulli vicenos in disciplina permanent. Neque fas esse existimant ea litteris mandare, cum in
reliquis fere rebus, publicis privatisque rationibus Graecis litteris
utantur. Id mihi duabus de causis instituisse videntur, quod ne- 4
que in vulgum disciplinam efferri velint neque eos, qui discunt,
litteris confisos minus memoriae studere; quod fere plerisque

9. *suffragio druidum*: contendunt: denn dies gehört auch zu *suffragio*, so dass das suffragium ebenso ein Mittel der Entscheidung ist,
wie die Waffen (in einer Art von
gottesgerichtlichem Zweikampf).

10. *regio totius Galliae media*.
Der Ort war gewählt, als für eine
Zusammenkunft aller Gallier geographisch am gelegensten. Mit Unrecht hat man an den Glauben an
eine 'heilige Mitte', wie bei Delphi,
gedacht. — *considunt*: sitzen zu
Gericht. Der *locus consecratus* soll
bei der heutigen Stadt Deux gewesen sein, wo man noch Spuren der
Bestimmung desselben finden will.

11. *Disciplina*: die Druidenlehre,
ihre ganze Lehr- und Lebensform.
In Britannien war also das Druiden-
thum jedenfalls in seiner vollständigen nationalen Gestalt erhalten,
wie es denn auch das von fremden
Elementen reinste Celtenland war.
Ueber seinen Ursprung aber sind
verschiedene Meinungen aufgestellt
worden; unter anderen hat man es
schon im Alterthum für eine Ueber-

lieferung der Pythagoreer an die
Gallier gehalten.

14. 3. *versuum*, in welche der
Stoff der gesammten Disciplin ge-
kleidet war. Auch dadurch, durch
gnomischen und allegorischen Vortrag, wurde die Lehre als Geheim-
lehre bewahrt, womit das Verbot,
das Gehörte niederzuschreiben, zusammenhängt. — *publicis privatisque rationibus*, beispielsweise zu
reliquis fere (in der Regel) *rebus*
hinzugefügt, wie auch das Asyndeton zeigt. Es sind darunter Rechnungen, Verzeichnisse zu verstehen,
wie z. B. 1. 29, 1 *Helvetiorum tabulae litteris Graecis — confectae*:
griechische Schrift, da eine Kenntniss der griechischen Sprache gewiss
nicht anzunehmen ist. Man hat auch
gemeint, dass es eigenthümliche
Charactere gewesen seien, die die
Römer für griechische hielten.

4. *quod velint*. Der Coniunctiv
zu erklären nach 1. 23, 3. — *ut remittant* Epexegese zu *quod - accidit*, wie 1. 5, 1. 7, 1. Ebenso unten c. 15, 1: *quod - accidere sole-*

accidit, ut praesidio litterarum diligentiam in perdiscendo ac me-
5 moriam remittant. Imprimis hoc volunt persuadere, non interire animas, sed ab aliis post mortem transire ad alios, atque hoc
6 maxime ad virtutem excitari putant, metu mortis neglecto. Multa
praeterea de sideribus atque eorum motu, de mundi ac terrarum
magnitudine, de rerum natura, de deorum immortalium vi ac po-
15 testate disputant et iuventuti tradunt. Alterum genus est equitum. Ii, cum est usus atque aliquod bellum incidit (quod fere
ante Caesaris adventum quotannis accidere solebat, uti aut ipsi
2 iniurias inferrent aut illatas propulsarent), omnes in bello versantur, atque eorum ut quisque est genere copiisque amplissimus, ita plurimos circum se ambactos clientesque habet. Hanc
16 unam gratiam potentiamque noverunt. Natio est omnis Gallorum
2 admodum dedita religionibus, atque ob eam causam qui sunt

bat, uti – propulsarent. Cic. de
Orat. 2. 10: *quod quidem eloquen-
tem vel optime facere oportet, ut
eloquentiam laudet.* Lael. c. 15:
*Quod Tarquinium dixisse ferunt,
tum exsulantem se intellexisse,
quos fidos amicos habuisset.* Der
Gedanke bei Plato Phaedr. p. 275
A: τοῦτο γὰρ (die Schrift) τῶν μα-
θόντων λήθην ἐν ψυχαῖς παρέξει
μνήμης ἀμελετησίᾳ u. s. w.

5. *hoc persuadere* Ankündigung
des folg. Gedankens (Zumpt § 748).
Nicht zu vergleichen ist dagegen
*hoc – excitari putant, metu mortis
neglecto,* wo *hoc* nicht, wie man gemeint hat, den folgenden Ablativ.
abs.-ankündigt, sondern auf das
Vorherg. geht (dadurch, durch den
Glauben an Unsterblichkeit), wozu
metu mortis negl. den Grund angiebt. Ganz so c. 23, 3: *simul hoc*
(durch das vorher Erwähnte) *se
fore tutiores arbitrantur, timore
mortis sublato.— non interire animas* etc. Dieser Anklang an die Py-
thagoreische Metempsychose (freilich nur *ab aliis in alios,* d. i. in andere Menschenkörper) hat besonders die Meinung von dem Zusammenhang der Druidenlehre mit Py-
thagoras veranlasst.

6. *terrarum* d. i. orbis terrarum.

15. 1. *equitum*: der Ritterstand,
die *nobiles*, Adel, also der höchste
weltliche Stand, den Druiden gegenüber. — *cum est usus.* S. 4, 2,
3. — *cum – incidit*: Perfectum; s.
zu 4. 1, 5.

2. *ambactus* ist entweder, wie
soldurius 3. 22, 1, ursprünglich ein
deutsches Wort und bezeichnet (wie
man annimmt, von *and* = gegen und
bak = Rücken) den in der Schlacht
dem Herrn 'gegen den Rücken' stehenden Knecht, oder ein celtisches
von *ambi* = um und *aig* = *agere*,
also circumactus, d. i. Begleiter,
Diener, servus, in welcher Bedeutung das W. schon von Ennius gebraucht wird [Mommsen 3. 220
Anm.]. Zu *clientes* vergl. 1. 4, 2.
—*Hanc unam – noverunt*: ein anderes Zeichen von Beliebtheit und
Macht kennen sie nicht. So bei den
Germanen Tac. Germ. c. 13: *magna aemulatio – principum, cui plu-
rimi et acerrimi comites. Haec
dignitas, hae vires – in pace decus,
in bello praesidium.*

16. 1. *Natio est omnis.* S. zu 1.
1, 1.— *religionibus*: alles, was sich
auf Verehrung der Götter bezieht,
religiöse Gebräuche u. Handlungen,
Götterdienst.

affecti gravioribus morbis quique in proeliis periculisque versantur, aut pro victimis homines immolant aut se immolaturos vovent administrisque ad ea sacrificia druidibus utuntur, quod, pro 3
vita hominis nisi hominis vita reddatur, non posse deorum immortalium numen placari arbitrantur, publiceque eiusdem generis habent instituta sacrificia. Alii immani magnitudine simu- 4
lacra habent, quorum contexta viminibus membra vivis hominibus complent; quibus succensis circumventi flamma exaniman-
tur homines. Supplicia eorum, qui in furto aut in latrocinio aut 5
aliqua noxia sint comprehensi, gratiora dis immortalibus esse
arbitrantur; sed cum eius generis copia defecit, etiam ad inno-
centium supplicia descendunt. Deum maxime Mercurium co- 17
lunt: huius sunt plurima simulacra; hunc omnium inventorem
artium ferunt, hunc viarum atque itinerum ducem, hunc ad quae-
stus pecuniae mercaturasque habere vim maximam arbitrantur.
Post hunc Apollinem et Martem et Iovem et Minervam. De his 2
eandem fere, quam reliquae gentes habent opinionem: Apollinem morbos depellere, Minervam operum atque artificiorum

2. *morbis gravioribus*, welche
die Druiden mit ihren Heilmitteln,
die sich auf wenige Kräuter beschränkten, nicht heilen konnten.
Schwere Krankheiten galten als
Strafen der zürnenden Gottheit, die
durch Opfer abgewendet werden
mussten.

4. *simulacra*: colossale Gebilde,
Figuren 'utcunque referentes for-
mam corporis humani.' Morus.

5. *aut aliqua noxia*: oder überhaupt einer Schuld. Bei diesem
Sinne der Worte ist die Auslassung
der Präposition ebenso angemessen,
wie in den 1. 44, 11 besprochenen
Sätzen. In der angegebenen Bedeutung scheint in der classischen Zeit
nur *noxia*, nicht *noxa* gebraucht
worden zu sein. — *cum defecit*: c.
15, 1. — *descendunt*: 5. 29, 5.

17. 1. *Mercurium*. Caesar bezeichnet die gallischen Gottheiten,
wie Tacitus die germanischen, mit
römischen Namen nach der Aehnlichkeit der Functionen und Attribute. 'Der darstellungsweise der
Römer war es weit mehr angelegen,

durch freie übersetzung halbe deutlichkeit zu erreichen, als durch beibehaltung barbarischer ausdrücke
der nachwelt einen dienst zu erweisen.' Grimm Mythologie 1. 108.
Mercurius entspricht dem celtischen
Teutates, Mars dem Hesus, Jupiter
dem Taranis. 'Mercurius steht bei
den Römern in geringerem ansehen,
Hermes den Griechen schon in grösserem, und noch höher scheint er
den Galliern zu stehen. — Sicher
war Hermes milderer gott als Mars
und Jupiter, in künsten erfindungs-
reich, friedlichem verkehr der völker angemessen; den Deutschen,
wie Tac. bezeugt, nahm er [Wuo-
tan] bald die oberste stelle ein.'
Grimm. Gesch. d. deutsch. Sprache
1. 120. — *viarum ducem*, insofern
er den Weg zeigt, ὁδηγόν (Schneid.
vergleicht Liv. 9. 5, 7: *illis non ducem locorum – fuisse*); *itinerum
ducem*, insofern er den Reisenden
geleitet und ans Ziel bringt.

2. *operum atque artif. initia*:
die Anfangsgründe der Hand- u.
Kunstarbeiten; bei den Griechen

initia tradere, Iovem imperium caelestium tenere, Martem bella
3 regere. Huic, cum proelio dimicare constituerunt, ea, quae bello
ceperint, plerumque devovent: cum superaverunt, animalia capta
4 immolant reliquasque res in unum locum conferunt. Multis in
civitatibus harum rerum exstructos tumulos locis consecratis
5 conspicari licet; neque saepe accidit, ut neglecta quispiam religione aut capta apud se occultare aut posita tollere auderet, gra-
18 vissimumque ei rei supplicium cum cruciatu constitutum est. Galli
se omnes ab Dite patre prognatos praedicant idque ab druidibus
2 proditum dicunt. Ob eam causam spatia omnis temporis non

heisst sie Ἐργάνη, als Beschötze-
rin bes. der weiblichen Handarbei-
ten, der Webekunst.

3. *cum constituerunt – superaverunt.* S. c. 15, 1. — *quae ceperint* ist der Coniunct. Perf. für den
Coni. Fut. exact., denn *devovent*
heisst nicht: 'sie bringen dar, was
sie erbeutet haben', was schon *cum
dimicare constituerunt* zeigt, sondern 'sie geloben (zu weihen), was
sie erbeutet haben würden', *devo-
vere* schliesst also einen Futurbe-
griff in sich (*se immolaturos vovent*).
Nach einem Praes. u. Fut. aber vertritt der Coniunct. Perf., wie nach
einem Präteritum der Coniunct.
Plusqu. (5. 40, 1), den Coni. Fut.
exact. Beide Coniunctive 1. 44, 12:
*quodsi interfecerit – gratum esse
facturum* und § 13: *quodsi discus-
sisset – se remuneraturum.* — *superare* = superiores esse (wie 1. 50,
5: *non esse fas Germanos superare*), also *cum superaverunt* = post
victoriam. — *reliquasque res – conferunt.* Liv. 5. 39, 1: *postremo cae-
sorum spolia legere armorumque
cumulos, ut mos eis est, coacervare.*

5. *posita*: das dem Gotte Ge-
weihte und als solches *locis consecratis* Aufgestellte. Diod. Sic. 5.
27: ἐν τοῖς ἱεροῖς καὶ τεμένεσιν –
ἔρριπται πολὺς χρυσός ἀνατε-
θειμένος τοῖς θεοῖς· καὶ τῶν
ἐγχωρίων οὐδεὶς ἅπτεται τούτου
διὰ τὴν δεισιδαιμονίαν, καί-
περ ὄντων τῶν Κελτῶν φιλαργύ-
ρων καθ' ὑπερβολήν.

18. 1. *ab Dite patre* = Plutone.
— *prognatos.* S. 2. 29, 4. Gewiss
hängt mit dieser Druidentradition
(*proditum a. dr.* = traditum) von
der Abstammung von dem unterirdischen Gott der Glaube an Autochthonie zusammen, wie wir ihn
auch bei den Britannen gefunden
haben: 5. 12, 1. Wenig wahrscheinlich ist aber die Angabe, das daher
der Gebrauch, 'alle Zeiträume nach
der Zahl der Nächte zu bestimmen',
'nach Nächten zu rechnen', herzu-
leiten sei. Es findet sich dieselbe
Sitte auch bei den Germanen (die
sich freilich auch der Autochthonie
rühmten: Tac. Germ. c. 2). S. Tac.
ebend. c. 11: *nec dierum numerum
ut nos, sed noctium computant –;
nox ducere diem videtur.* Noch
das letzte Jahrhundert des Mittel-
alters bietet Beispiele dieses Gebrauchs. Eine sächsische Frist betrug 3 mal 14 Nächte. Bei den Celten hiess die Woche *wyth-nos* =
8 Nächte. 'Die Athener und vermuthlich alle Griechen begannen den
Tag, wie noch jetzt die Juden und
Mohammedaner, mit dem Untergang
der Sonne, weil sie ihre Zeit zunächst nach dem Monde eintheilten,
dessen Sichel zuerst in der Abend-
dämmerung wahrgenommen wird.'
Ideler Chronol, 1. 80. Darum heisst
auch der bürgerliche Tag der Griechen *νυχθήμερον.* Dass die Gallier
ebenfalls ihre Zeit nach dem Mond-
lauf theilten, sagt Plinius h. n. 16.
250: *sexta luna principia mensum*

numero dierum, sed noctium finiunt; dies natales et mensium et annorum initia sic observant, ut noctem dies subsequatur. In reliquis vitae institutis hoc fere ab reliquis differunt, quod suos liberos, nisi cum adoleverunt, ut munus militiae sustinere possint, palam ad se adire non patiuntur filiumque puerili aetate in publico in conspectu patris assistere turpe ducunt. Viri, quantas pecunias ab uxoribus dotis nomine acceperunt, tantas ex suis bonis aestimatione facta cum dotibus communicant. Huius omnis pecuniae coniunctim ratio habetur fructusque servantur: uter eorum vita superavit, ad eum pars utriusque cum fructibus superiorum temporum pervenit. Viri in uxores, sicuti in liberos, vitae necisque habent potestatem; et cum paterfamiliae illustriore loco natus decessit, eius propinqui conveniunt et, de morte si res in suspicionem venit, de uxoribus in servilem modum quaestionem habent et, si compertum est, igni atque omnibus tormentis excruciatas interficiunt. Funera sunt pro cultu Gallorum magnifica et sumptuosa; omniaque, quae vivis cordi fuisse arbitrantur, in ignem inferunt, etiam animalia, ac paulo supra hanc memoriam servi et clientes, quos ab iis dilectos esse constabat, iustis funeribus confectis una cremabantur. Quae civitates commodius suam rempublicam administrare existimantur, habent legibus sanctum, si quis quid de re publica a finitimis rumore aut

annorumque his facit. — finiunt = definiunt; vergl. c. 25, 1.

3. fere = etwa.

19. 1. communicant: sie fügen eben so viel aus ihrem Besitz zu dem Eingebrachten der Frau hinzu und verbinden es damit.

2. vita superare = superstitem esse alteri. Ueber das Perf. s. zu c. 15, 1.

3. de morte si res in s. venit, wörtl.: wenn die Sache bezüglich des Todes, d. i. wenn der Todesfall verdächtig ist, für das einfache: si suspicio orta est (dass nämlich die Frau Schuld an dem Tode habe). Zu diesem Gebrauche von res vergl. B. C. 1. 33, 1: probat rem de mittendis legatis, Cic. Att. 2. 24, 3: res erat in ea opinione, ut putarent id esse actum. S. zu 7. 35, 1. — in servilem modum: durch die Folter, die in Rom bei Sklaven, um ein Geständniss zu erhalten, angewendet wurde.

4. paulo supra h. memoriam: kurz vor unserer Zeit = supra huius temporis (eorum, qui nunc vivunt) memoriam. So nostra memoria 2. 4, 7: zu unserer Zeit. — iustis funeribus confectis: nachdem alle bei dem Leichenbegängnisse üblichen Gebräuche vollständig (iusta f.) beendigt sind.

20. 1. commodius. Vergl. 2. 20, 3. 7. 6, 1. Cic. Fam. 9. 20: quominus res publica a me commode administrari possit = gehörig, gut, vollständig. — habent legibus sanctum: haben die gesetzliche Bestimmung, nach dem bekannten Unterschiede zwischen dem Part. Perf. mit habere und dem einfachen Perf. — rumore aut fama. Rumor: 'Gerücht', ungewiss in seiner Entstehung und Fortpflanzung, das unverbürgte Gerede der Leute; fama 'Sage', die offen und allgemein ver-

fama acceperit, uti ad magistratum deferat neve cum quo alio
2 communicet, quod saepe homines temerarios atque imperitos
falsis rumoribus terreri et ad facinus impelli et de summis rebus
3 consilium capere cognitum est. Magistratus quae visa sunt oc-
cultant, quaeque esse ex usu iudicaverunt, multitudini produnt.
De re publica nisi per concilium loqui non conceditur.

21   Germani multum ab hac consuetudine differunt. Nam neque druides habent, qui rebus divinis praesint, neque sacrificiis
2 student. Deorum numero eos solos ducunt, quos cernunt et quorum aperte opibus iuvantur, Solem et Vulcanum et Lunam, reli-
3 quos ne fama quidem acceperunt. Vita omnis in venationibus
atque in studiis rei militaris consistit: ab parvulis labori ac du-
4 ritiae student. Qui diutissime impuberes permanserunt, maximam inter suos ferunt laudem: hoc ali staturam, ali vires ner-
5 vosque confirmari putant. Intra annum vero vicesimum feminae
notitiam habuisse in turpissimis habent rebus; cuius rei nulla
est occultatio, quod et promiscue in fluminibus perluuntur et
pellibus aut parvis rhenonum tegimentis utuntur magna corporis

breitete oder sich verbreitende∗
Nachricht. Man vergl. 5. 39, 1: *fama de Titurii morte perlata* und
(auch der Sache nach zu vergleichen)
4. 5, 3: *cum incertis rumoribus serviunt.*

3. *per concilium*: während der,
in der ordentlichen Versammlung.
— *loqui conceditur*, so mit dem Inf.
meist nur bei Dichtern und späteren
Schriftstellern. Madv. §390 Anm. 5.

21. 1. *neque druides habent.*
Sie hatten keinen geschlossenen
Priesterstand mit seinem politischen
Einfluss; denn Priester, selbst Prie-
sterinnen, hatten sie, sowie öffentlichen und Hausgottesdienst. Darnach und im Vergleich mit den Galliern ist auch zu beurtheilen: *neque sacrificiis student*: sie kümmern sich nicht viel um Opfer, haben keinen besonderen Hang zum
Opferdienst. Es mag dieses Urtheil
besonders seine Geltung haben in Bezug auf die in unsteter Wanderung
begriffenen Schaaren des Ariovist
(1. 36, 7), die C. bei seiner Schilderung deutschen Wesens wohl vorzüglich im Auge hatte, was bei Be-

urtheilung derselben überhaupt zu
beachten ist.

2. *quorum aperte opibus.* Stellung des Adverb. zur Hervorhebung
desselben. — *reliquos ne fama quidem acceperunt.* Ganz anders freilich Tac. Germ. c. 9, der den Mercurius, Hercules und Mars als die
vorzüglich verehrten Gottheiten
nennt. Jene Annahme eines blossen
Naturdienstes in der Personification
der Sonne, des Feuers und des Mon-
des ist der bestimmteren Aussage
des Tac. gegenüber wenig beglaubigt.

5. *Intra annum vicesimum.* S. 1.
36, 7. — *pellibus — nuda.* Vergl. 4.
1, 10. Tacit. Germ. 17. — *occultatio*: Möglichkeit zu verbergen. Nägelsbach Lat. Stilist. S. 159; vergl.
Cic. ad Att. 9. 13, 15: *sed ibi occultatio nulla est.* de Orat. 2. 89: *ad-
imere omnem recusationem*: alle
Möglichkeit einer Weigerung. —
rhenonum tegimenta sind nicht Felle von Rennthieren, was *rheno (re-
no)* gar nicht bedeutet, wie denn
auch Caes. c. 26 keinen Namen für
das ihm noch unbekannte Thier hat;
auch können *rhenonum tegimen-*

parte nuda. Agriculturae non student, maiorque pars eorum vi- **22**
ctus in lacte, caseo, carne consistit. Neque quisquam agri mo- **2**
dum certum aut fines habet proprios; sed magistratus ac principes in annos singulos gentibus cognationibusque hominum,
qui una coierunt, quantum et quo loco visum est agri attribuunt
atque anno post alio transire cogunt. Eius rei multas afferunt **3**
causas: ne assidua consuetudine capti studium belli gerendi agricultura commutent; ne latos fines parare studeant, potentiores-
que humiliores possessionibus expellant; ne accuratius ad frigora atque aestus vitandos aedificent; ne qua oriatur pecuniae
cupiditas, qua ex re factiones dissensionesque nascuntur; ut **4**
animi aequitate plebem contineant, cum suas quisque opes cum

ta nicht Felle der Thiere, sondern offenbar nur die Kleidung der Germanen bedeuten. *Rheno* ist ein Pelzkleid (Wildschur), das Schultern und Brust deckte und bis zur Mitte des Körpers reichte, *rhenonum tegimenta* also sind die *teg.*, welche die *rhenones* als der Stoff, aus dem sie bestehen, bilden, wie *tegmen fagi* Virg. Ecl. 1, 1 und *tegmen caeli* Lucret., 1. 987. Vergl. B. C. 1. 42, 3: *munitione fossae*: die durch den Graben gewährte Befestigung = Bef. durch den Graben. Ebend. 1. 60, 5. 85, 1 u. 3. 1, 4: *auxilia, praesidia legionum, praemium missionis*. (Aehnliches bei Zumpt § 425.) Auch bei dieser Bemerkung, dass sie grösstentheils nackt gingen, haben wir wohl vorzüglich an die Germanen im Kampfe zu denken, wie sie C. kennen lernte; anders Tac. a. a. O.

22. 1. *Agriculturae non student.* Zeigt auch das Folgende, so wie 4. 1, 4 die Nachricht von den Sueben, dass Ackerbau getrieben wurde, so beweist doch der Mangel an bleibendem Besitz und dauernder Bearbeitung durch dieselbe Hand, so wie Tac. Germ. c. 15, nach welchem der Ackerbau *feminis senibusque et infirmissimo cuique* überlassen war, die Richtigkeit dieser Ansicht, zumal im Gegensatz zu den Celten (s. zu c. 21, 1 *neque sacrif. student*), die früher Ackerbauer ge-

worden waren, als die Germanen.

2. *gentibus*: Familien, Gliedern eines Familienstammes (nicht = Völkern); *cognationibus*, Sippschaften. — *agri* hängt von *quantum* ab, trotzdem dass *et quo loco* dazwischen gesetzt ist, um die relativen Bestimmungen in unmittelbare Verbindung zu bringen. — Die Einrichtung, die C. 4. 1, 4 zunächst den Sueben zuschreibt, ist hier, wie bei Tac. Germ. c. 26, eine allgemein germanische.

3. *frigora atque aestus.* S. 5. 12, 6.

4. *ut animi aequitate p. cont.*: durch gleichmässige, ruhige, durch leidenschaftliche Bestrebungen nicht gestörte Stimmung des Gemüths, durch ruhige Zufriedenheit, Genügsamkeit in Ordnung erhalten. Cic. de Senect. 1. 1: *novi moderationem animi tui et aequitatem.* Nep. Thras. 4, 2: *nolo amplius quam centum iugera, quae meam animi aequitatem — significent.* Zu *continere aequitate* vergl. Liv. 30. 20, 5: *oppida — quae magis metu quam fide continebantur.* ['In Genügsamkeit halten', wie erklärt worden ist, kann nur *in aequitate cont.* heissen, wie 3. 11, 2: *in officio*, Cic. Brut. 97, 332: *in studiis*, Liv. 9. 41, 15: *in armis cont. Castris cont.* ist nicht zu vergleichen.] — *cum potentissimis.* Kürze in der Vergleichung = cum potentissimorum opibus. Vergl.

23 potentissimis aequari videat. Civitatibus maxima laus est quam
2 latissime circum se vastatis finibus solitudines habere. Hoc proprium virtutis existimant, expulsos agris finitimos cedere, neque
3 quemquam prope audere consistere; simul hoc se fore tutiores
4 arbitrantur, repentinae incursionis timore sublato. Cum bellum
civitas aut illatum defendit aut infert, magistratus, qui ei bello
5 praesint, ut vitae necisque habeant potestatem, deliguntur. In
pace nullus est communis magistratus, sed principes regionum
atque pagorum inter suos ius dicunt controversiasque minuunt.
6 Latrocinia nullam habent infamiam, quae extra fines cuiusque civitatis fiunt, atque ea iuventutis exercendae ac desidiae minuen-
7 dae causa fieri praedicant. Atque ubi quis ex principibus in concilio dixit se ducem fore, qui sequi velint, profiteantur, consur-
gunt ii, qui et causam et hominem probant, suumque auxilium
8 pollicentur atque ab multitudine collaudantur: qui ex his secuti
non sunt, in desertorum ac proditorum numero ducuntur, om-
9 niumque his rerum postea fides derogatur. Hospitem violare fas
non putant; qui quacumque de causa ad eos venerunt, ab iniuria
prohibent, sanctos habent, hisque omnium domus patent victus-
24 que communicatur. Ac fuit antea tempus, cum Germanos Galli
virtute superarent, ultro bella inferrent, propter hominum multi-

---

c. 27, 1.

23. 1. *Civitatibus max. laus est.*
Ueber die Sache 4. 3, 1.

2. *Hoc – finitimos cedere*, dieselbe Satzverbindung wie c. 14, 5.
Ueber das folgende *hoc se fore
– sublato* s. ebendas.

5. *nullus est communis mag.*,
weil jeder einzelne District durch
seine *magistratus* und *principes* regiert wurde. *Communis* zeigt, dass
an einen Widerspruch mit c. 22, 2
nicht zu denken ist, da hier nur von
einer zu besonderem Zwecke gewählten gemeinschaftlichen Behörde
die Rede ist. — *principes regionum.*
Tac. Germ. 12: *Eliguntur in iisdem
consiliis et principes, qui iura per
pagos vicosque reddunt. Centeni
singulis ex plebe comites, consilium
simul et auctoritas, adsunt.* — *regiones*: Landschaften, umfassender
als *pagi*, Gaue, c. 11, 2. — *contr.
minuere*, wie 5. 26, 4: gütlich bei-
legen.

7. *Atque* = und zwar. — *ubi dixit – profiteantur.* Dem Perf. *dixit*
in dem Sinne wie c. 15, 1 — bei
einer in der Gegenwart wiederholten Handlung — folgt nothwendig
das Präs.

8. *qui sec. non sunt*, nachdem sie
nämlich ihre Theilnahme zugesagt
hatten.

9. *qui quacumque de causa venerunt* Zusammenziehung = *qui venerunt, quacumque de causa venerunt*, da in der classischen Sprache
quicumque immer seine relative Bedeutung behalten und mit einem
Verb. verbunden sein muss. Madv.
§ 87. Zumpt § 706. — Ueber *qui
– venerunt, ab iniuria prohibent*
s. zu 4. 7, 3. — *ab iniuria prohibent*,
5. 21, 1. — *victus communicatur*:
c. 13, 7.

24. 1. *fuit a. tempus, cum superarent*: 1. 23, 1. — *virtute superarent.* Tac. Agr. c. 11: *nam Gallos quoque in bellis floruisse acce-*

tudinem agrique inopiam trans Rhenum colonias mitterent. Ita- 2
que ea, quae fertilissima Germaniae sunt, loca circum Hercyniam
silvam, quam Eratostheni et quibusdam Graecis fama notam
esse video, quam illi Orcyniam appellant, Volcae Tectosages occupaverunt atque ibi consederunt; quae gens ad hoc tempus his 3
sedibus sese continet summamque habet iustitiae et bellicae laudis opinionem. Nunc, quod in eadem inopia, egestate patientia- 4
que Germani permanent, eodem victu et cultu corporis utuntur,
Gallis autem provinciarum propinquitas et transmarinarum rerum 5
notitia multa ad copiam atque usus largitur, paulatim assuefacti 6
superari multisque victi proeliis ne se quidem ipsi cum illis virtute comparant.

pimus: mox segnitia cum otio in-
travit. — trans Rh. colonias mitterent. Schon unter der Regierung
des Tarquinius Priscus hatte nach
der Sage der Celtenkönig Ambiatus,
exonerare regnum cupiens, den Si-
govesus mit Colonisten über den
Rhein geschickt: Sigoveso sortibus
dati Hercynii saltus, Liv. 5. 34, 4.
Tac. Germ. 28: Validiores olim
Gallorum res fuisse summus auc-
torum divus Iulius tradit; eoque
credibile est etiam Gallos in Germaniam transgressos. Igitur inter
Hercyniam silvam Rhenumque et
Moenum amnes Helvetii, ulteriora
Boii – tenuere.

2. Eratosthenes, geb. zu Cyrene
272 v. Chr., gest. 192 zu Alexan-
drie, in vielen Fächern des Wissens,
besonders Astronomie, Mathematik
und Geographie ausgezeichnet. —
et quibusdam Gr.: und einigen an-
d e r e n griechischen Schriftstellern; denn an eine Entgegensetzung
der Griechen, weil Eratosthenes
aus Cyrene war, hat C. nicht gedacht. S. zu B. C. 3. 96, 1: Lentuli
et nonnullorum tabernacula. — video: von einer aus Lectüre geschöpf-
ten Kenntniss (vidi von Erlebtem
und Gesehenem), wie audio (ἀκούω)
vom Wissen durch mündliche Ueberlieferung. — quam video - quam
appellant: c. 11, 3.

3. bellicae laudis: kriegerischer
Trefflichkeit, Tüchtigkeit. — sum-

mam iustitiae opin. S. 2. 8, 1. 7.
59, 5: maximam habet opinionem
virtutis.

4. Nunc quod u. s. w. Der Sinn
der verschieden geschriebenen und
verstandenen Stelle ist folgender:
früher waren die Gallier den Germanen überlegen (dies beweist die
Niederlassung der Tectosagen in
einem fruchtbaren germanischen
Landstrich); jetzt aber, weil die
Germanen in derselben Lebenswei-
se, wie früher, verharren, auf die
Gallier aber die Nähe der Provinzen Einfluss gehabt hat, haben sie
(die Gallier, das Hauptsubject der
ganzen Auseinandersetzung) sich
allmählich daran gewöhnt, den Germanen zu unterliegen, und erkennen
die Ueberlegenheit derselben an. —
inopia: Mittellosigkeit (ἀπορία;
Gegenth. copia, opulentia), egestas:
Dürftigkeit (Gegenth. abundantia);
patientia: geduldige Ertragung eines
mühevollen Lebens (8. 4, 1). Cic.
de Off. 1. 43, 3: haec aetas exercen-
da est in labore patientiaque.

5. provinciarum: der beiden Gallien diesseits und jenseits der Alpen. — ad copiam atque usus, zu
Besitz und Gebrauch, welcher letztere nach der Verschiedenheit der
Dinge verschieden ist, daher der
Plural.

6. assuefacti superari, wie 4. 2,
3: remanere — assuefecerunt. —
ne se quidem ipsi für ne ipsi qui-

25   Huius Hercyniae silvae, quae supra demonstrata est, latitudo novem dierum iter expedito patet: non enim aliter finiri
2 potest, neque mensuras itinerum noverunt. Oritur ab Helvetiorum et Nemetum et Rauricorum finibus rectaque fluminis Danuvii
3 regione pertinet ad fines Dacorum et Anartium; hinc se flectit sinistrorsus diversis ab flumine regionibus multarumque gentium
4 fines propter magnitudinem attingit; neque quisquam est huius Germaniae, qui se aut adisse ad initium eius silvae dicat, cum dierum iter LX processerit, aut, quo ex loco oriatur, acceperit;
5 multaque in ea genera ferarum nasci constat, quae reliquis in locis visa non sint; ex quibus quae maxime differant ab ceteris
26 et memoriae prodenda videantur, haec sunt. Est bos cervi figura, cuius a media fronte inter aures unum cornu exsistit excel-
2 sius magisque directum his, quae nobis nota sunt, cornibus: ab

dem *se* oder *ne se ipsi quidem*, eine Stellung, die sich bei eng zusammengehörigen Begriffen nicht selten findet, indem nur der eine, und gerade untergeordnetere, zwischen *ne quidem* tritt. 3. 6, 2: *ne in locis quidem superioribus*, wo der eigentliche Nachdruck nur auf *superioribus* liegt.

25. 1. *demonstrata est*: auf den hingedeutet worden ist. — *expedito*: qui sine impedimentis iter facit = für einen leichten Fussgänger. Herod. 1. 72: μῆκος ὁδοῦ εὐζώνῳ ἀνδρὶ πέντε ἡμέραι ἀναισιμοῦνται. — *patet*: erstreckt sich, dehnt sich aus. — *finiri*: wie c. 18, 1. — *mensuras itinerum*: nicht die gewöhnliche Berechnung nach Schritten, Stadien und dergl., sondern nur die unsichere und unbestimmte nach Tagesmärschen.

2. *recta fl. Dan. regione*: in gerader Richtung mit der D., der D. parallel.

4. *huius Germaniae*: in diesem Germanien, im Westen, wo sich C. befindet, so dass *initium* den östlichen oder nordöstlichen Anfangspunkt des Gebirges bezeichnet (da bei einem Walde natürlich das eine Ende so gut wie das andere *initium* heissen kann), bis zu dem vom We-

sten aus nicht gelangt zu sein behauptet, auch wer 60 Tagereisen weit vorgedrungen ist: *cum processerit*. Andere verstehen *huius Germaniae* gerade umgekehrt von dem östlichen Theile. — *qui se aut adisse — dicat, aut — acceperit*: Stellung von *se*, als ob es auch zu einem Worte des zweiten Satztheiles gemeinschaftlich gehörte, wie 8. 13, 3: *nec prius — quam se aut reciperent aut nonnulli fugerent*.

5. *differant*: sich unterscheiden dürften.

26. 1. *bos cervi figura*. Nach der Ansicht der meisten Naturforscher das Rennthier (*cervus tarandus*), das in älterer Zeit weiter gegen Süden einheimisch gewesen und erst mit der Lichtung der Waldungen und Veränderung des Climas verschwunden sein soll. (Andere verstehen darunter den Bison.) C. nennt es *bos* nach der Gewohnheit der Römer, fremde Thiere mit bekannten, ungefähr entsprechenden Namen zu bezeichnen (so *Luca bos* der Elephant). Die Angabe von einem Horne ist freilich ungenau und stammt gewiss nur von einem Berichterstatter, der es gesehen, als die eine Stange des Geweihes abgefallen war.

eius summo sicut palmae ramique late diffunduntur. Eadem est 3
feminae marisque natura, eadem forma magnitudoque cornuum.
Sunt item, quae appellantur alces. Harum est consimilis capris 27
figura et varietas pellium, sed magnitudine paulo antecedunt
mutilaeque sunt cornibus et crura sine nodis articulisque habent, neque quietis causa procumbunt, neque, si quo afflictae 2
casu conciderunt, erigere sese aut sublevare possunt. His sunt 3
arbores pro cubilibus: ad eas se applicant atque ita paulum modo

2. *sicut palmae.* Das W. ist bei seiner Vieldeutigkeit verschieden erklärt worden; die Vergleichung mit der Hand (unmöglich mit dem Palmbaum) liegt schliesslich jedenfalls darin, mag man nun, worauf die Verbindung mit *rami* führte, an handförmig sich ausbreitende Zweige denken = *palmites* (*vitium sarmenta, quod in modum palmarum humanarum virgulas quasi digitos edunt* Festus p. 222), oder mit Nipperdey an die Knoten der Bäume, aus denen die Aeste hervorkommen (*quod cum prima ramorum parte quasi digitis dilatatae manus speciem praebet*), oder mit Schneider an die 'flache Hand' selbst (= von seiner Spitze breiten sich wie flache Hände und Zweige weithin aus), mit Berufung auf Plinius 11. 37: *Sparsit* (natura cornua) *in ramos; — aliorum finxit in palmas digitosque emisit ex iis, unde platycerotas vocant.* Ueber das Geweih des Rennthiers sagt Giebel: die Säugethiere (Leipz. 1855) S. 356: 'Die Stangen wenden sich anfangs nach hinten, dann nach oben und aussen, mit einer Spitze nach vorn. – Der Augenspross theilt sich nicht selten handförmig, und erreicht eine bedeutende Länge –; das schaufelförmige Ende dagegen sendet mehrere Sprossen ab.'

27. 1. *Sunt item, quae appellantur alces*: ebenfalls giebt es da die sogenannten Alcen, also in einem Sinne, bei dem nach *sunt quae* der Coniunctiv nicht anwendbar war. Vergl. 4. 10, 5. Es ist jedenfalls das Elenthier (Elch) gemeint, das ebenfalls in jener Zeit noch in diesen Gegenden sich fand und später immer weiter nordwärts sich zurückgezogen hat. Auch hier berichtet C. Unbegründetes, wie die Gelenklosigkeit der Beine [die jedoch auch Plin. 8. 16, 39 bei der *achlis*, wahrscheinlich demselben Thiere, in ähnlicher Weise annimmt]. — *consimilis capris figura*, dieselbe Brachylogie wie c. 22, 4. — *varietas pellium*: Mannigfaltigkeit der Farbe (die Mähne braun, der Leib braun und weiss, der Schwanz oben braun, unten weiss), nicht: 'Wechsel der Farbe nach den verschiedenen Jahreszeiten', was zu der früheren Lesart *capreis*, nicht zu *capris* passt. Allerdings findet dieser Wechsel der Farbe bei dem Elenthiere statt (Giebel a. a. O. S. 353); doch konnte dies weder durch das blosse *varietas pellium* ohne nähere Angabe ausgedrückt werden, noch war es für C. ein so wesentliches Merkmal und so wichtig bei der Beschreibung der Gestalt und des Aussehens des Thieres, dass er es in dieser Verbindung erwähnt hätte. — *mutilae sunt corn.* Die Geweibe sind meist abgestumpft und breit und haben nur am Ende mehrere rundliche Sprossen.

2. Zu *si conciderunt*, wie § 4: *cum est animadversum* und § 5: *cum se reclinaverunt* s. 4. 1, 5. — *erigere sese aut sublevare*: sich aufrichten (dass sie stehen), oder auch nur vom Boden erheben; das letztere ist weniger als das erstere

4 reclinatae quietem capiunt. Quarum ex vestigiis cum est animadversum a venatoribus, quo se recipere consuerint, omnes eo loco
aut ab radicibus subruunt aut accidunt arbores, tantum ut summa
5 species earum stantium relinquatur. Huc cum se consuetudine
reclinaverunt, infirmas arbores pondere affligunt atque una ipsae
28 concidunt. Tertium est genus eorum, qui uri appellantur. Hi
sunt magnitudine paulo infra elephantos, specie et colore et figura
2 tauri. Magna vis eorum est et magna velocitas, neque homini neque ferae, quam conspexerunt, parcunt. Hos studiose foveis
3 captos interficiunt; hoc se labore durant adulescentes atque hoc
genere venationis exercent, et qui plurimos ex his interfecerunt,
relatis in publicum cornibus, quae sint testimonio, magnam ferunt
4 laudem. Sed assuescere ad homines et mansuefieri ne parvuli
5 quidem excepti possunt. Amplitudo cornuum et figura et species
6 multum a nostrorum boum cornibus differt. Haec studiose con-
quisita ab labris argento circumcludunt atque in amplissimis epulis pro poculis utuntur.

29 Caesar, postquam per Ubios exploratores comperit Suebos
sese in silvas recepisse, inopiam frumenti veritus, quod, ut
supra demonstravimus, minime omnes Germani agriculturae
2 student, constituit non progredi longius; sed ne omnino metum
reditus sui barbaris tolleret atque ut eorum auxilia tardaret, reducto exercitu partem ultimam pontis, quae ripas Ubiorum con-
3 tingebat, in longitudinem pedum ducentorum rescindit, atque in
extremo ponte turrim tabulatorum quattuor constituit praesidiumque cohortium duodecim pontis tuendi causa ponit magnis-

und geht jenem voraus. Zu *aut*
vergl. 4. 30, 2: *his superatis aut
reditu interclusis*: oder doch wenigstens.

4. *accidunt*: sie schneiden sie an.
— *ut summa species earum stantium rel.*: dass im Ganzen genommen das Ansehen, als ständen sie
fest, erhalten bleibt. Nicht unähnlich Plin. 21. 8, 23: *Summa natura eius* (amaranti) *in nomine est.*
— *tantum ut*: Stellung wie bei
adeo, sic, usque eo ut (5. 53, 7. 7.
17, 3).

5. *consuetudine*, wie 7. 24, 2;
dagegen 4. 32, 1 *ex consuetudine.*
Mit einem Genitiv oder mit Adjectiven (*cotidiana, pristina, sua*) ohne
Präpos.: 2. 19, 2. 32, 1. 3. 33, 6. 4.

12, 2. B. C. 1. 40, 3. 2. 22, 3. 38, 4.
3. 37, 5; mit *ex*: B. G. 1. 52, 4. 5.
58, 2.

28. 1. *species*: die ganze äussere Erscheinung, das Ansehen, εἶδος;
figura, σχῆμα, Gestalt, Bildung u.
Gestaltung des Körpers nach seinen
Umrissen, durch die er eine bestimmte Form erhält: *conformatio
quaedam et figura totius corporis*
Cic. de Orat. 1. 25. — *paulo infra*:
s. zu c. 35, 6.

4. *excepti*: nicht einmal wenn sie
jung 'eingefangen' werden.

6. *ab labris*: vom Rande aus, wir:
am Rande. 1. 1, 5; ebenso c. 27, 4:
ab radicibus.

29. 1. *supra*: c. 22, 1. — *minime omnes – student*, nicht: durch-

que eum locum munitionibus firmat. Ei loco praesidioque Gaium 4
Volcatium Tullum adulescentem praefecit. Ipse, cum maturescere
frumenta inciperent, ad bellum Ambiorigis profectus per Arduennam silvam, quae est totius Galliae maxima atque ab ripis Rheni
finibusque Treverorum ad Nervios pertinet milibusque amplius
quingentis in longitudinem patet, L. Minucium Basilum cum omni
equitatu praemittit, si quid celeritate itineris atque opportunitate
temporis proficere possit; monet, ut ignes in castris fieri prohi- 5
beat, ne qua eius adventus procul significatio fiat: sese confestim
subsequi dicit. Basilus, ut imperatum est, facit. Celeriter contra- 30
que omnium opinionem confecto itinere multos in agris inopinantes deprehendit: eorum indicio ad ipsum Ambiorigem contendit, quo in loco cum paucis equitibus esse dicebatur. Multum 2
cum in omnibus rebus, tum in re militari potest fortuna. Nam
sicut magno accidit casu, ut in ipsum incautum etiam atque im-
paratum incideret, priusque eius adventus ab omnibus videretur, quam fama ac nuntius afferretur, sic magnae fuit fortunae
omni militari instrumento, quod circum se habebat, erepto, redis
equisque comprehensis ipsum effugere mortem. Sed hoc quoque 3
factum est, quod aedificio circumdato silva, ut sunt fere domicilia

aus nicht alle (nur einige), sondern: da alle Germanen am wenigsten um den Ackerban sich kümmern, also kein Widerspruch mit jener Stelle.

4. *ad bellum Ambiorigis.* So lange Ambiorix lebte, der die Römer ebenso heftig hasste, als er ihren Verfolgungen schlau zu entgehen wusste, konnte C. auf Ruhe in Gallien nicht hoffen. An seiner Vernichtung musste ihm vor Allem liegen; daher leitet er selbst den Krieg gegen ihn. S. 8. 24 a. E. — *si — possit*: ob er vielleicht — könnte, d. h. um zu versuchen, ob —. c. 37, 4: *circumfunduntur hostes, si — reperire possent.* Ebenso im Griechischen. S. 5. 50, 3.

5. *eius adventus*: 4. 16, 7. — *sese subsequi dicit*, wie 2. 32, 3: *facere dixerunt.* Da er sogleich mit den vorauseilenden Reitern aufbricht (*profectus per Ard. silv.*), ist der Inf. Präs. ganz am Ort.

30. 2. *Multum — potest fortuna.* Liv. 8. 17, 3: *fortuna per omnia humana, maxime in rebus bellicis potens.* Das Gewicht, das er auf das Spiel des Glückes legt, hebt Caes. oft hervor. Vergl. u. a. c. 35, 2. 42, 1. 43, 5. — *magno casu*: durch einen grossen, ganz besonderen Zufall, da nur durch ein besonderes Zusammentreffen von Umständen diese Ueberrumpelung des Amb. möglich war. S. B. C. 3. 14, 3; ebenso nachher *magnae fuit fortunae.* (Unpassend ist es erklärt worden: wie es ein schwerer Schlag für Amb. war.) — *etiam* in zeitlicher Bedeutung. Vergl. c. 43, 4: *nec — etiam* = nec dum.

3. *hoc quoque*: auch dies, auch dieses ebenso wunderbare und vom Glück abhängende Ereigniss wurde nur möglich durch die Lage und Umgebung seines Hauses, wodurch die Reiter eine Zeitlang aufgehalten werden konnten. Es musste also Alles zusammentreffen, um jenes Glück für ihn möglich zu machen. — *fere*: c. 14, 3. — *propinquitates*:

Gallorum, qui vitandi aestus causa plerumque silvarum atque fluminum petunt propinquitates, comites familiaresque eius angusto
4 in loco paulisper equitum nostrorum vim sustinuerunt. His pugnantibus illum in equum quidam ex suis intulit: fugientem silvae texerunt. Sic et ad subeundum periculum et ad vitandum multum
31 fortuna valuit. Ambiorix copias suas iudicione non conduxerit, quod proelio dimicandum non existimarit, an tempore exclusus et repentino equitum adventu prohibitus, cum reliquum exercitum
2 subsequi crederet, dubium est; sed certe dimissis per agros nuntiis sibi quemque consulere iussit. Quorum pars in Arduennam
3 silvam, pars in continentes paludes profugit; qui proximi Oceano fuerunt, hi insulis sese occultaverunt, quas aestus efficere con
4 suerunt: multi ex suis finibus egressi se suaque omnia alienis
5 simis crediderunt. Catuvolcus, rex dimidiae partis Eburonum, qui una cum Ambiorige consilium inierat, aetate iam confectus cum laborem belli aut fugae ferre non posset, omnibus precibus detestatus Ambiorigem, qui eius consilii auctor fuisset, taxo, cuius magna in Gallia Germaniaque copia est, se exanimavit.
32 Segni Condrusique ex gente et numero Germanorum, qui sunt inter Eburones Treverosque, legatos ad Caesarem miserunt ora

4. 38, 2: *siccitates paludum*.

4. *ad subeundum*, wie *vitandum*, auf Ambiorix zu beziehen, nicht, wie von Manchen geschehen ist, auf Basilus: das Glück war dabei im Spiele, dass er in Gefahr gerieth und dass er ihr entging.

31. 1. *iudicio*: nach (in Folge) vorausgegangener Ueberlegung, mit Bedacht und Absicht; causaler Ablat. Vergl. 5. 27, 3: *neque id aut iudicio aut voluntate sua fecisse, sed coactu civitatis.* — *existimarit*: weil er überhaupt nicht glaubte (direct *existimarit*) sich in eineSchlacht einlassen zu dürfen; *cum crederet*: da er, als die Reiter kamen, meinte, dass — (*credebat*).

2. *continentes paludes*: zusammenhängende, continuas, perpetuas, (wie c. 5, 4), nicht: 'angrenzende', Sümpfe, sumpfige Gegend. 3. 28, 2: *continentes silvas ac paludes habebant*.

3. *insulis*, gewöhnlich erklärt durch 'Dünen', die die Meeresflu

then anspülen, deren sie sich also als einer schützenden Wand bedienen (Ablat. Instrum.). Richtiger denken wir an Gegenden, die von der einströmenden Meeresfluth isolirt werden, welche passend *insulae, quas aestus efficere consuerunt* genannt werden können, so dass sie den *aestuariis* entsprechen, wobin 2. 28, 1 die Nervier ihre Weiber und Kinder retteten.

5. *precibus*: 'Verwünschungen', imprecationibus. Ovid. Metam. 15. 505: *hostilique caput prece detestatus euntis.* Dieser Sinn ergiebt sich leicht aus der eigentlichen Bedeutung des Wortes. — *taxo* = Eibenbaum: *Letale quippe baccis, in Hispania praecipue, venenum inest.* Plin. Hist. Nat. 16. 20 (10).

Man beachte die letzte Periode in ihrer richtigen und klaren Ordnung der Nebensätze zu einem übersichtlichen Ganzen.

32. 1. *Segni Condrusique*: 2. 4, 10. — *Germanorum, qui sunt* etc.:

tum, ne se in hostium numero duceret neve omnium Germanorum, qui essent citra Rhenum, unam esse causam iudicaret:
nihil se de bello cogitasse, nulla Ambiorigi auxilia misisse. Cae- 2
sar explorata re quaestione captivorum, si qui ad eos Eburones ex fuga convenissent, ad se ut reducerentur, imperavit: si ita
fecissent, fines eorum se violaturum negavit. Tum copiis in tris 3
partes distributis impedimenta omnium legionum Aduatucam
contulit. Id castelli nomen est. Hoc fere est in mediis Eburonum 4
finibus, ubi Titurius atque Aurunculeius hiemandi causa consederant. Hunc cum reliquis rebus locum probarat, tum quod supe- 5
rioris anni munitiones integrae manebant, ut militum laborem
sublevaret. Praesidio impedimentis legionem quartamdecimam
reliquit, unam ex his tribus, quas proxime conscriptas ex Italia
traduxerat. Ei legioni castrisque Quintum Tullium Ciceronem 6
praeficit ducentosque equites attribuit. Partito exercitu T. La- **33**
bienum cum legionibus tribus ad Oceanum versus in eas partes,
quae Menapios attingunt, proficisci iubet; Gaium Trebonium cum 2
pari legionum numero ad eam regionem, quae ad Aduatucos 3
adiacet, depopulandam mittit; ipse cum reliquis tribus ad flumen
Scaldem, quod influit in Mosam, extremasque Arduennae partis
ire constituit, quo cum paucis equitibus profectum Ambiorigem
audiebat. Discedens post diem septimum sese reversurum con- 4
firmat; quam ad diem ei legioni, quae in praesidio relinqueba-

die *Germani Cisrhenani* c. 2, 3. —
nihil wie 1. 50, 12: *nihil se ea re
commoveri*; 2. 20, 4: *nihil Caesaris
imperium exspectabant.*

4. *ubi Titurius – consederant*:
5. 24 u. folg., unten c. 37, 8. Es ist
bemerkenswerth, dass C. hier erst
den Namen dieses Platzes nennt,
der bei jener Gelegenheit nicht erwähnt worden ist.

5. *reliquis rebus* eigentlich: sowohl durch die übrigen Dinge, die
bei der Wahl des Orts in Betracht
kommen, bestimmt, sowohl in Rücksicht auf die übrigen Dinge (aus anderen Gründen) – als besonders,
weil –. Cic. de Leg. 3. 9, 22: *Pompeium nostrum ceteris rebus omnibus semper amplissimis summisque
effero laudibus; de tribunicia potestate taceo.* Aehnlich *omnibus rebus* oben 3. 17, 5. — *integras manebant.* Das Imperf. (nicht manse-

rant) = vollständig übrig, erhalten
waren, aus jener Zeit noch fortbestanden. — *proxime conscriptas*: c.
1, 4.

33. 1. *Partito*: c. 6, 1.

3. *ad flumen Scaldem.* Ueber
die Zweifel an der Richtigkeit dieser Angabe s. den geogr. Index unter Scaldis. — *ire* in der Bed. 'mar-
schiren' öfter bei C.; s. 1. 26, 5. 5.
18, 5. 7. 62, 8.

4. *post diem septimum*: am siebenten Tage; s. zu 4. 9, 1. Daher
c. 35, 1 *dies appetebat septimus,
quam ad diem – reverti constituerat.* Auf diesen Tag fiel der Termin, wo –; daher nachher *quam
ad diem.* S. zu 1. 6, 4. — *in praesidio*: als Besatzung zu Aduatuca;
so *in praesidio esse, habere.* B. C.
1. 15, 5: *cum sex cohortibus, quas ibi
in praesidio habuerat.* — *relinquebatur*, nämlich als Caes. fortging,

5 tur, deberi frumentum sciebat. Labienum Treboniumque hortatur, si reipublicae commodo facere possint, ad eum diem revertantur, ut rursus communicato consilio exploratisque hostium
34 rationibus aliud initium belli capere possint. Erat, ut supra demonstravimus, manus certa nulla, non oppidum, non praesidium, quod se armis defenderet, sed in omnis partis dispersa
2 multitudo. Ubi cuique aut valles abdita aut locus silvestris aut
palus impedita spem praesidii aut salutis aliquam offerebat, con-
3 sederat. Haec loca vicinitatibus erant nota, magnamque res diligentiam requirebat non in summa exercitus tuenda (nullum
enim poterat universis ab perterritis ac dispersis periculum accidere), sed in singulis militibus conservandis; quae tamen ex
4 parte res ad salutem exercitus pertinebat. Nam et praedae cupiditas multos longius evocabat, et silvae incertis occultisque
5 itineribus confertos adire prohibebant. Si negotium confici stirpemque hominum sceleratorum interfici vellet, dimittendae plu-
6 res manus diducendique erant milites; si continere ad signa

also nicht für *relicta erat.*

5. *reipublicae commodo*: 1. 35, 4.
5. 46, 4.

34. 1. *supra*: c. 31, 1—4. —
manus certa: eine an einem bestimmten Orte zu einem bestimmten
Zwecke aufgestellte Mannschaft,
wie 2. 22, 1: *certa subsidia.* —
praesidium: ein mit Truppen besetzter fester Platz. B. C. 3. 36, 6:
*neque se praesidium, ubi constitu-
tus esset, sine auxilio tenere posse.*

3. *vicinitatibus*: den Umwohner-
schaften, den Nachbarn. Cic. Ver.
2. 4, 44: *signum quod erat notum
vicinitati.* Nep. Alc. 10, 3: *vicinitati negotium dant.* — *in summa
exercitus tuenda*: um das Heer im
Ganzen, das Ganze des Heeres zu
sichern. B. C. 1. 67, 5: *etsi aliquo
accepto detrimento, tamen summa
exercitus salva.* — *ab perterr. accidere*: 1. 20, 4: *a Caesare accidisset.* — *quae tamen ex parte res.*
Wegen des Gegensatzes: *ad salutem exercitus*, des Heeres im
Ganzen, nimmt *ex parte* die nachdrucksvolle Stellung zwischen *quae*
und *res* ein (s. c. 21, 2): es war
nicht für die Erhaltung des Heeres
im Ganzen, sondern der Einzelnen
zu sorgen, eine Sache (die *conser-
vatio singulorum*), die denn doch
auch 'vom Theile aus' die Erhaltung
des ganzen Heeres bedingte, daher
die grösste Sorgfalt nöthig machte.

4. *Nam* nicht auf den zunächst
vorherg. Relativsatz, sondern auf:
magnam res diligentiam requ., zu
beziehen, weil es den Grund enthält, warum zur Erhaltung der Einzelnen grosse Vorsicht nöthig war.
— *adire prohibebant*: 2. 4, 2.

5. *stirpemque h. sceleratorum* i.
v. So unten § 8: *ut — pro tali facinore stirps et nomen civitatis tollatur.* Ihr *facinus* 5. 26 ff. 36 u. 37.
Ihr grösstes Verbrechen war freilich, dass sie es wagten, ihre Unabhängigkeit behaupten zu wollen.

6. *continere ad signa manipulos*,
dem *dimittere pl. manus* und *didu-
cere* entgegengesetzt. Da die Feinde
sich überall hin zerstreut hatten,
musste er seine Truppen in viele
kleine Abtheilungen vereinzeln, was
gefährlich und gegen den Kriegs-
gebrauch war; wollte er aber diesen gemäss die Legionen zusammenhalten, so dass die Manipeln in

manipulos vellet, ut instituta ratio et consuetudo exercitus Romani postulabat, locus ipse erat praesidio barbaris, neque ex occulto insidiandi et dispersos circumveniendi singulis deerat audacia. Ut in eiusmodi difficultatibus, quantum diligentia provideri 7 poterat, providebatur, ut potius in nocendo aliquid praetermitteretur, etsi omnium animi ad ulciscendum ardebant, quam cum aliquo militum detrimento noceretur. Dimittit ad finitimas civi- 8 tates nuntios Caesar: omnes ad se vocat spe praedae ad diripiendos Eburones, ut potius in silvis Gallorum vita quam legionarius miles periclitetur, simul ut magna multitudine circumfusa pro tali facinore stirps ac nomen civitatis tollatur. Magnus undi- 9 que numerus celeriter convenit.

Haec in omnibus Eburonum partibus gerebantur, diesque **35** appetebat septimus, quem ad diem Caesar ad impedimenta legionemque reverti constituerat. Hic, quantum in bello fortuna possit et quantos afferat casus, čognosci potuit. Dissipatis ac per- 3 territis hostibus, ut demonstravimus, manus erat nulla, quae par-

---

gewohnter Aufstellung bei ihren Fahnen blieben (Kriegsw. § 27, 1), so waren die Feinde in ihren für geschlossene Heeresmassen nicht zugänglichen Stellungen gedeckt, die, wenn sie auch nicht den Muth hatten, in Masse anzugreifen, doch einzelne bei dem Vordringen von ihren Colonnen getrennte Abtheilungen überfallen konnten. — *instituta ratio*: die hergebrachte Sitte, Einrichtung und Gewohnheit des Heeres. S. zu c. 3, 4.

7. *Ut in eiusmodi difficultatibus*: nach Massgabe, oder für so schwierige Verhältnisse, in denen es schwer ist, durchweg die entsprechenden Vorkehrungen zu treffen, wurden alle nur möglichen Vorsichtsmassregeln angewendet. Der abgekürzte Satz mit *ut* bezieht sich gewöhnlich auf ein Adiectiv des Hauptsatzes, wie 8. 21, 4: *magnum, ut in tanta calamitate, commodum*, n. Cic. Brut. 26, 102: *scriptor fuit, ut temporibus illis, luculentus*, hier auf die adverbialische Redensart *quantum dil. prov. poterat* = quam diligentissime.

8. *ad se vocat – ad dirip. Eb.* = en sich, um sie zu entsenden *ad dirip. Eb.* Aehnlich B. C. 1. 14, 1: *cum – ad aperiendum aerarium venisset ad pecuniam proferendam.* [Ansprechender, aber verdächtig die minder guten Handschr.: *omnes evocat – ad diripiendos Eb.*, wie c. 35, 4: *omnes ad praedam evocari.*]

9. *Magnus undique num. – convenit.* Der Satz giebt kurz mit passendem Asyndeton das Ergebniss des Vorhergehenden. Beispiele bei Nägelsbach Lat. Stilistik S. 558. B. C. 2. 41, 8: *hi de sua salute desperantes – aut suam mortem miserabantur, aut parentes suos commendabant. – Plena erant omnia timoris et luctus.* — Bei der Zerrissenheit der Gallier, die Caesars Unternehmungen überhaupt so förderlich war, konnte er auch hier von einer so ausgesuchten Massregel Erfolg erwarten.

35. 2. *possit – afferat.* Der Coniunct. Praes., weil der abhängige Satz einen allgemeinen, für alle Zeiten, nicht blos für die im Hauptverbum liegende Zeit gültigen Gedanken enthält.

4 vam modo causam timoris afferret. Trans Rhenum ad Germanos
pervenit fama, diripi Eburones atque ultro omnes ad praedam
5 evocari. Cogunt equitum duo milia Sugambri, qui sunt proximi
Rheno, a quibus receptos ex fuga Tencteros atque Usipetes su-
6 pra docuimus. Transeunt Rhenum navibus ratibusque triginta
milibus passuum infra eum locum, ubi pons erat perfectus praesidiumque ab Caesare relictum: primos Eburonum fines adeunt;
multos ex fuga dispersos excipiunt, magno pecoris numero, cuius
sunt cupidissimi barbari, potiuntur. Invitati praeda longius pro-
7 cedunt. Non hos palus in bello latrociniisque natos, non silvae
morantur. Quibus in locis sit Caesar, ex captivis quaerunt; profectum longius reperiunt omnemque exercitum discessisse co-
8 gnoscunt. Atque unus ex captivis: 'Quid vos', inquit, 'hanc mi-
seram ac tenuem sectamini praedam, quibus licet iam esse for-
tunatissimis? Tribus horis Aduatucam venire potestis: huc om-
9 nes suas fortunas exercitus Romanorum contulit: praesidii tantum est, ut ne murus quidem cingi possit, neque quisquam egredi
10 extra munitiones audeat.' Oblata spe Germani quam nacti erant
praedam in occulto relinquunt; ipsi Aduatucam contendunt usi
36 eodem duce, cuius haec indicio cognoverant. Cicero, qui per
omnes superiores dies praeceptis Caesaris cum summa diligentia
milites in castris continuisset ac ne calonem quidem quemquam
extra munitionem egredi passus esset, septimo die diffidens de
numero dierum Caesarem fidem servaturum, quod longius pro-
2 gressum audiebat neque ulla de reditu eius fama afferebatur, simul eorum permotus vocibus, qui illius patientiam paene obsessionem appellabant, siquidem ex castris egredi non liceret, nullum
eiusmodi casum exspectans, quo novem oppositis legionibus

4. *ultro*: 5. 28, 4.

5. *supra docuimus*: 4. 16, 2.

6. *triginta milibus pass. infra
eum locum*. Der Ablat. wegen des
Comparativverhältnisses, das in *infra* liegt. So c. 28, 1: *paulo infra
elephantos*. — *ubi pons erat perfectus*: c. 9, 3. — *perfectus*: 7. 56,
1: *in perficiendis pontibus*.

8. *Atque*: da sagte einer d. G.;
Fortschritt zu einem wichtigen
Punkte der Erzählung.

9. *tantum*: nur so viel. B. C. 3.
2, 2: *tantum navium reperit, ut
anguste XV milia – transportare
possent*. Ebend. 3. 78, 2. — *cingi*:
ringsherum mit Soldaten besetzt
werden.

36. 1. *qui continuisset*. Der
Conianct. wie 5. 33, 1: *qui providisset* = wiewohl er oder: während
er doch = cum. — *praeceptis* causaler Ablat., wie c. 30, 1 *indicio*, B.
C. 1. 87, 5 *praescripto* u. äbnl. —
in castris continere und *tenere* wie
4. 34, 4. B. C. 1. 66, 2 und *intra* 5.
58, 1. B. C. 3. 76, 1. Sonst gewöhnlich ohne Präpos., wie 1. 40,
8. 48, 4. 2. 11, 2. 3. 17, 5 u. a. —
quemquam adiectivisch, wie bei
Personennamen öfter (ebenso *nemo*).
— *de numero* d.: bezüglich, in Betreff.

maximoque equitatu dispersis ac paene deletis hostibus in milibus passuum tribus offendi posset, quinque cohortes frumentatum in proximas segetes mittit, quas inter et castra unus omnino
collis intererat. Complures erant ex legionibus aegri relicti; ex 3
quibus qui hoc spatio dierum convaluerant, circiter ccc, sub vexillo una mittuntur; magna praeterea multitudo calonum, magna
vis iumentorum, quae in castris subsederant, facta potestate sequitur. Hoc ipso tempore et casu Germani equites interveni- 37
unt protinusque eodem illo, quo venerant, cursu ab decumana
porta in castra irrumpere conantur, nec prius sunt visi obiectis 2
ab ea parte silvis, quam castris appropinquarent, usque eo, ut
qui sub vallo tenderent mercatores recipiendi sui facultatem non
haberent. Inopinantes nostri re nova perturbantur, ac vix pri- 3
mum impetum cohors in statione sustinet. Circumfunduntur ex 4
reliquis hostes partibus, si quem aditum reperire possent. Aegre 5
portas nostri tuentur, reliquos aditus locus ipse per se munitio-

2. *novem legionibus:* c. 33, 1—3. — *offendi* unpersönlich; *offenditur:* man hat ein Unglück. B. C. 3. 72, 4: *quotiens culpa ducis esset offensum;* also = durch den ein Unglück sich ereignen, eine Schlappe erlitten werden könnte. — *in milibus p. tribus* = innerhalb eines Raumes von -.

Man beachte die ausführliche Motivirung der Massregel des Cic., in der indirect eine Entschuldigung derselben enthalten ist. S. zu c. 41. a. E. u. 42, 1.

3. *Complures ex legionibus.* Da sie aus verschiedenen Legionen im Lager zurückgelassen waren (*veteres milites* c. 40, 4), zogen die Reconvalescenten nicht mit den 5 Cohorten der Legion des Cic., sondern unter einem besonderen *vexillum,* als 'ausserordentliches Detachement', *vexillarii.* Kriegsw. § 27, 6. — *subsederant:* zurückgeblieben waren; nur hier bei C. Sonst *resistere* B. C. 2. 39, 6, *subsistere* ebend. 2. 41, 3.

37. 1. *Hoc ipso temp. et casu:* in diesem Augenblicke und unter dem gerade jetzt eintretenden, das Unternehmen der Germanen begün-

stigenden Umstande (nicht = und zwar durch Zufall). — *Germani equites:* 5. 48, 3. — *ab decumana porta:* 2. 24, 2.

2. *nec prius — quam appropinquarent:* 3. 28, 3. — *qui sub vallo tenderent mercatores:* Handelsleute, die mit dem Heere zogen, um den Soldaten die Beute abzukaufen, und sie mit Lebensbedürfnissen zu versorgen. Sie hatten ihren Platz ausserhalb des Lagers (*sub vallo*). *tendere* = tentoria habere, σκηνοῦν = campiren. — *recipiendi sui:* 3. 6, 1.

3. *Inopinantes:* 4. 4, 5. — *in statione* mit *cohors,* nicht mit *sustinet* zu verbinden: die auf Wache stehende Cohorte (die Coherte auf Wache) = *quae in statione erat* c. 38, 3: also Verbindung, wie die zu 4. 33, 1 besprochene.

4. *si — possent:* c. 29, 4.

5. *reliquos aditus,* nicht, wie man angenommen hat, noch andere, ausser den gewöhnlichen 4 Thoren des Lagers, sondern *aditus* ist 'Zugang' d. i. Ort und Gelegenheit irgendwohin zu gelangen, daher *rel. ad.* = der Zugang zu den übrigen Orten im Umfang des Lagers, wo die Feinde

6 que defendit. Totis trepidatur castris, atque alius ex alio causam
tumultus quaerit; neque quo signa ferantur, neque quam in par-
7 tem quisque conveniat, provident. Alius iam castra capta pronuntiat, alius deleto exercitu atque imperatore victores barbaros
8 venisse contendit; plerique novas sibi ex loco religiones fingunt
Cottaeque et Titurii calamitatem, qui in eodem occiderint castello,
9 ante oculos ponunt. Tali timore omnibus perterritis confirmatur
opinio barbaris, ut ex captivo audierant, nullum esse intus prae-
10 sidium. Perrumpere nituntur seque ipsi adhortantur, ne tantam
38 fortunam ex manibus dimittant. Erat aeger cum praesidio relictus Publius Sextius Baculus, qui primum pilum ad Caesarem
duxerat, cuius mentionem superioribus proeliis fecimus, ac diem
2 iam quintum cibo caruerat. Hic diffisus suae atque omnium saluti inermis ex tabernaculo prodit: videt imminere hostes atque
in summo esse rem discrimine: capit arma a proximis atque in
3 porta consistit. Consequuntur hunc centuriones eius cohortis,
4 quae in statione erat: paulisper una proelium sustinent. Relinquit animus Sextium gravibus acceptis vulneribus: aegre per
5 manus tractus servatur. Hoc spatio interposito reliqui sese confirmant tantum, ut in munitionibus consistere audeant speciem-
39 que defensorum praebeant. Interim confecta frumentatione milites nostri clamorem exaudiunt: praecurrunt equites; quanto
2 res sit in periculo cognoscunt. Hic vero nulla munitio est, quae
perterritos recipiat: modo conscripti atque usus militaris impe-

---

hätten eindringen können. B. C. 2.
35, 5: *sed loci natura et munitio
castrorum aditum prohibebant.*

6. *quisque conveniat:* wohin jeder, um mit den Uebrigen sich zu
vereinigen, eilen soll. Ueber *convenire:* 5. 56, 2. — *neque - provi-
dant,* ein in der Sache selbst liegender Tadel des Anführers, wenn auch
der Name rücksichtsvoll verschwiegen wird. S. c. 41, 3.

7. *deleto* passt mehr zu *exercitu,*
als zu *imperatore.* Aehnliches s. 3.
13, 1. 8. 16, 2.

8. *novas - religiones fingunt:* sie
machten sich neue abergläubische
Gedanken und Bedenken, während
sie sich bis dahin ohne Furcht und
ohne Gedanken an eine üble Vorbedeutung dort aufgehalten hatten.

— *Cottae et Tit. calam.:* c. 32, 4. 5.
28 ff. — *qui in eodem occiderint castello,* mit Uebertragung der Sache
auf den verhängnissvollen Ort selbst,
wo sich allerdings der Unfall nicht
unmittelbar zugetragen hatte: 5.
37.

38. 1. *qui primum p. dux.*
Kriegsw. § 20 Anm. 1. — *ad:* bei.
— *superioribus* (2. 25, 1. 3. 5, 2.)
proeliis; in früheren Schlachten, d.
h. bei Gelegenheit (der Erzählung)
früherer Schlachten.

3. *Consequuntur:* sie schliessen
sich ihm an.

4. *animus:* die Besinnung — er
wird ohnmächtig. — *per manus:* von
Hand zu Hand.

5. *sese confirmant:* 2. 19, 6.

riti ad tribunum militum centurionesque ora convertunt: quid
ab his praecipiatur exspectant. Nemo est tam fortis, quin rei 3
novitate perturbetur. Barbari signa procul conspicati oppugnatione desistunt: redisse primo legiones credunt, quas longius 4
discessisse ex captivis cognoverant: postea despecta paucitate
ex omnibus partibus impetum faciunt. Calones in proximum 40
tumulum procurrunt. Hinc celeriter deiecti se in signa manipulosque coniciunt: eo magis timidos perterrent milites. Alii, 2
cuneo facto ut celeriter perrumpant, censent, quoniam tam propinqua sint castra, et si pars aliqua circumventa ceciderit, at reliquos servari posse confidunt; alii, ut in iugo consistant atque 3
eundem omnes ferant casum. Hoc veteres non probant milites, 4
quos sub vexillo una profectos docuimus. Itaque inter se cohortati duce Gaio Trebonio, equite Romano, qui eis erat praepositus, per medios hostes perrumpunt incolumesque ad unum omnes in castra perveniunt. Hos subsecuti calones equitesque 5
eodem impetu militum virtute servantur. At ii, qui in iugo con- 6
stiterant, nullo etiam nunc usu rei militaris percepto neque in
eo, quod probaverant, consilio permanere, ut se loco superiore
defenderent, neque eam quam prodesse aliis vim celeritatemque

---

39. 2. *quid praecipiatur exspectant*: 3. 24, 1.

3. *Nemo est tam fortis, quin* —
nicht als allgemeine Sentenz zu fassen.

40. 1. *in signa manipulosque*:
sie flüchten sich zu den Feldzeichen
und den bei ihnen aufgestellten Manipeln (Kriegsw. S. 61 § 27, 1) und
werfen sich zwischen die Rotten.

2. *cuneo facto. Cuneus* ist eine
Schlachtordnung, die unter Umständen verschieden formirt wurde; bald
blos als längliches Viereck, bald in
wirklich keilförmiger Stellung, wie
wohl hier; sie wurde gewöhnlich gebildet, wenn die feindliche Schlachtreihe durchbrochen werden sollte.,
Kriegsw. § 15, 4. — *censere ut*:
seine Meinung dahin abgeben, dafür
stimmen, dass –, wie *placet ut*, 1.
34, 1. B. C. 1. 67, 1: *censebant, ut
noctu iter facerent.* So in dem bekannten Gebrauche von der Willenserklärung des Senats, wie 1.
35, 4. S. zu B. C. 1. 2, 3. — *at reliquos*: wenn auch – doch wenigstens. 1. 43, 9.

4. *inter se cohortati*: 4. 25, 5. —
ad unum omnes: 4. 15, 3.

5. *equites*: c. 32, 6; dagegen c.
36, 3 sind sie übergangen. *militum*
d. i. der Fusssoldaten, wie oben öfter im Gegens. zu den Reitern. S.
1. 48, 4.

6. Durch *etiam nunc* lässt der
Sprechende anders, als bei dem sonst
gewöhnlichen und erforderlichen
etiam tunc (Zumpt § 285), das Vergangene als gegenwärtig erscheinen, wenn etwas bezeichnet werden
soll, was aus der früheren Zeit unverändert geblieben ist; 7. 62, 6.
— *usu percepto.* B. C. 3. 84, 3: *qui
cotidiana consuetudine usum quoque eius generis proeliorum perciperent.* Der Grund, der zu ihrer
Entschuldigung dienen soll, war
schon c. 39, 2 angegeben. — *ut se
defenderent*, die oft dagewesene
Epexegese (1. 5, 1). — *vim celeritatemque* aus dem demonstrativen in

viderant imitari potuerunt, sed se in castra recipere conati ini-
7 quum in locum demiserunt. Centuriones, quorum nonnulli ex
inferioribus ordinibus reliquarum legionum virtutis causa in superiores erant ordines huius legionis traducti, ne ante partam
rei militaris laudem amitterent, fortissime pugnantes conciderunt.
8 Militum pars horum virtute submotis hostibus praeter spem in-
columis in castra pervenit, pars a barbaris circumventa periit.
41 Germani desperata expugnatione castrorum, quod nostros iam
constitisse in munitionibus videbant, cum ea praeda, quam in
2 silvis deposuerant, trans Rhenum sese receperunt. Ac tantus
fuit etiam post discessum hostium terror, ut ea nocte, cum Gaius
Volusenus missus cum equitatu ad castra venisset, fidem non
3 faceret adesse cum incolumi Caesarem exercitu. Sic omnino
animos timor praeoccupaverat, ut paene alienata mente deletis
omnibus copiis equitatum se ex fuga recepisse dicerent neque
incolumi exercitu Germanos castra oppugnaturos fuisse conten-
4 42 derent. Quem timorem Caesaris adventus sustulit. Reversus

den relativen Satz genommen. Hor. Sat. 1. 10, 16: *Illi, scripta quibus comoedia prisca viris est, Hoc sta-bant*. Ebend. 1. 4, 2: *alii, quorum comoedia prisca virorum est.* — *se recipere conati – demiserunt.* Bei verschiedenen Verbis, von de-nen jedes *se* als Obiect fordert, das Pron. nur einmal gesetzt. 2. 3, 2 war *se* als Subiectsaccusativ weg-gelassen. Die Stellung des Pron. erleichtert die doppelte Beziehung.

7. *ex inferioribus ordinibus*: aus den unteren Centurionenstellen ih-rer früheren Legionen waren sie in die oberen Stellen der neu ausgeho-benen versetzt worden. Kriegsw. S. 58 § 20 b. Anm. 1.

8. *pars periit*. Von den ausser dem Krankendetachement und den Reitern ausgesandten fünf Cohorten (c. 36, 2) werden drei niedergehauen (c. 44, 1).

41. 1. *quam in silv. dep*: c. 35, 10.

2. *Ac*: 3. 15, 3. — *Gaium Volu-senum*: 3. 5, 2. 4. 21, 1. — *fidem facere*: bewirken, dass man glaubt, Glauben finden. 5. 41, 4: *Ambiori-*gem ostentant *fidei faciundae cau-sa*. B. C. 2. 37, 1: *Nuntiabantur haec eadem Curioni, sed aliquamdiu fides fieri non poterat*. Sonst auch 'Sicherheit geben', wie 4. 11, 3. — *cum incol. Caesarem exercitu*. Die-selbe Wortstellung wie c. 34, 3, zu nachdrücklicher Hervorhebung des W. *Caesarem*.

3. *incolumi exercitu*. Das fol-gende *oppugnaturos fuisse* zeigt den Sinn der Ablat. absol.

Auffallend scheint es, dass Cicero und die etwa von ihm getroffenen Massregeln mit keinem Worte bei dem Vorfalle erwähnt werden. Der Legat, der sich bei dem Angriffe 5. 39 – 52 so entschlossen zeigte, scheint die allgemeine Bestürzung getheilt zu haben (nicht einmal den günstigen Moment, als sich die Germ. gegen die Zurückkommen-den wendeten, benutzte er), was C. mit rücksichtsvollem Schweigen übergeht.

42. 1. *eventus* nicht Genit., son-dern Acc. Plur., der dem Sinne der Stelle angemessener ist: mit den Wechselfällen des Krieges zu gut

ille eventus belli non ignorans unum, quod cohortes ex statione
et praesidio essent emissae, questus — ne minimo quidem casu
locum relinqui debuisse — multum fortunam in repentino hostium adventu potuisse iudicavit, multo etiam amplius, quod 2
paene ab ipso vallo portisque castrorum barbaros avertisset.
Quarum omnium rerum maxime admirandum videbatur, quod 3
Germani, qui eo consilio Rhenum transierant, ut Ambiorigis
fines depopularentur, ad castra Romanorum delati optatissimum
Ambiorigi beneficium obtulerunt.

Caesar rursus ad vexandos hostes profectus magno coacto 43
numero ex finitimis civitatibus in omnes partes dimittit. Omnes 2
vici atque omnia aedificia, quae quisque conspexerat, incendebantur; praeda ex omnibus locis agebatur; frumenta non solum 3
a tanta multitudine iumentorum atque hominum consumebantur,
sed etiam anni tempore atque imbribus procubuerant, ut, si qui
etiam in praesentia se occultassent, tamen his deducto exercitu
rerum omnium inopia pereundum videretur. Ac saepe in eum 4
locum ventum est tanto in omnis partis diviso equitatu, ut modo
visum ab se Ambiorigem in fuga circumspicerent captivi nec

bekannt. — *unum - questus.* Die
schonendste Form des Tadels mit
derselben Rücksicht bei einer begangenen Unvorsichtigkeit, mit der
er seinem tapferen Benehmen 5. 40,
7 (vgl. die Anm.) und 52, 2 – 4
reichliches Lob spendete. — *ex statione et praesidio. Statio* der Posten,
der ihm anvertraut war, *praesidium*
der Ort, den er zu decken hatte. Er
braucht beide Ausdrücke, um das
Verlassen des Postens, das er missbilligt, mehr hervorzuheben; daher
ebensowenig blos so viel als *ex castris*, noch ein ἓν διὰ δυοῖν. — *casu* = casui. — *locum relinqui debuisse*: 5. 52, 1.

2. *amplius*: in noch höherem
Masse.

3. *Quarum rerum - admirandum vid.* Derselbe Gebrauch des
umschreibenden *res*, der 3. 4, 3 (5.
1, 7) erlaubte, zu sagen: *quarum
rerum nihil*, gestattet auch hier *admirandum.*

43. 1. *magno coacto numero -
dimittit*, eben wie c. 34, 8. Der
Obiectsaccus. aus *coacto numero*
(*eum* oder *eos* = die in dem *magn.
num.* enthaltenen) zu nehmen, so
dass dasselbe synctactische Verhältniss sich ergiebt, wie in den 4. 21,
6 und öfter besprochenen Fällen.
Vergl. 7. 4, 1: *convocatis suis clientibus facile incendit.* 7. 29, 1: *concilio convocato consolatus est.* Doch
lässt sich in diesen Fällen das Verbum auch absolut fassen: *dimittit*
= macht Aussendungen, *incendit*:
bewirkte Anfeuerung, *consolatus
est*: gab Trost.

2. *vici - aedificia* 1. 5, 2. — *conspexerat, incendebantur*: Wiederholung, s. zu 3. 14, 6. 5. 34, 2 u.
öft.

3. *anni tempore atque imbribus.*
Heftige Regengüsse hatten das Getreide, das wegen des Kriegs über
die Zeit der Ernte hinaus stehen
bleiben musste, niedergeschlagen.

4. *in eum locum*: bis auf den
Punkt. — *in omnis partis diviso
equitatu.* Schneider vgl. Liv. 37.
45, 19: *Consul in hiberna exerci-*

5 plane etiam abisse ex conspectu contenderent, ut spe consequendi illata atque infinito labore suscepto, qui se summam ab Caesare gratiam inituros putarent, paene naturam studio vincerent, semperque paulum ad summam felicitatem defuisse vide
6 retur, atque ille latebris aut saltibus se eriperet et noctu occultatus alias regiones partesque peteret non maiore equitum praesidio quam quattuor, quibus solis vitam suam committere audebat.

44 Tali modo vastatis regionibus exercitum Caesar duarum cohortium damno Durocortorum Remorum reducit, concilioque in eum locum Galliae indicto de coniuratione Senonum
2 et Carnutum quaestionem habere instituit, et de Accone, qui princeps eius consilii fuerat, graviore sententia pronuntiata more
3 maiorum supplicium sumpsit. Nonnulli iudicium veriti profugerunt. Quibus cum aqua atque igni interdixisset, duas legiones ad fines Treverorum, duas in Lingonibus, sex reliquas in Senonum finibus Agedinci in hibernis collocavit frumentoque exercitui proviso, ut instituerat, in Italiam ad conventus agendos profectus est.

tum *Magnesiam et Tralles Ephesumque divisit* = divisum misit. — *ut – contenderent.* Sie waren ihm angeblich so nahe gekommen, dass die Gefangenen, die sie nach ihm fragten, ihn eben noch flüchtend gesehen zu haben versicherten und sich nach ihm umsahen, wo er hin sei (*circumspiciendo quaererent*), behauptend, dass er auch jetzt noch nicht ganz (*nec plane etiam* = needum plane) aus dem Gesichte entschwunden sein könne. Treffende Schilderung der stets getäuschten Hoffnung, da der listige Flüchtling mitten unter den grössten Gefahren den Nachsetzenden immer zu entgehen wusste.

5. *ut spe* nicht, wie das erste *ut*, von *in eum locum v. est* abhängig, sondern eine Folge des ganzen Vorhergehenden bezeichnend. — *paene naturam st. vincerent:* fast die Grenzen der menschlichen Natur überschritten, fast übermenschlich sich anstrengten. — *ad summam felicitatem:* den Ambiorix zu fangen.

44. 1. *damno:* mit Verlust, derselbe Ablat. wie *reip. commodo* 1. 35, 4. 5. 46, 4. — *de coniuratione – qu. h. instit.* Ueber die Sache vergl. oben c. 4.

2. *more maiorum suppl. sum.* Vergl. über diese grausame, altrömische (*more maiorum*) Art der Hinrichtung S. 38 a. E.

3. *ut instituerat: ut quotannis facere consuerat* 5. 1, 1. S. c. 3, 4. — *ad conventus agendos:* 1. 54, 3.

C. IULII CAESARIS

DE

BELLO GALLICO

COMMENTARIUS SEPTIMUS.

— — —

Quieta Gallia Caesar, ut constituerat, in Italiam ad conven- **1**
tus agendos proficiscitur. Ibi cognoscit de Clodii caede, de
senatusque consulto certior factus, ut omnes iuniores Italiae

Das 7. Kriegsjahr (52 v. Chr.).
Wie dieses Jahr das blutigste und
gefahrvollste des ganzen Krieges ist,
so ist auch dieses Buch das bedeutendste unter allen in Beziehung auf
Inhalt und Darstellung.

1. *Quieta Gallia.* Nicht zum ersten Male erscheint Gallien in diesem scheinbaren Zustande der Ruhe.
2. 35, 1. 3. 25, 1: *omni Gallia pacata* (mit grösserer Beschränkung 5.
58, 7: *paulo habuit quietiorem Galliam*). Nach jahrelangem Kampfe
gelingt es C. nur kurze und vorüber-
gehende Ruhepunkte zu erlangen,
nicht dauerde Unterwerfung zu bewirken, und der allgemeine unter
Leitung des Vercingetorix, des tüchtigsten aller gallischen Heerführer,
organisirte Aufstand stellt in diesem Jahre alle vorher gemachten
Eroberungen wieder in Frage. Die
Hinrichtung Acco's hatte den ganzen celtischen Adel aufgeregt; Caes.
war durch den, wie es schien, nahe
bevorstehenden Bürgerkrieg fern
gehalten und weit getrennt von dem

an der oberen Seine zusammengezo-
genen Heere; ein allgemeiner Aufstand hatte also mehr als je Aussicht
auf Gelingen.

Ibi cognoscit (er erhält Kenntniss,
s. zu 1. 42, 1) *de Clodii caede*
durch Milo am 20. Januar des J. 52.
Die Wuth der Parteien, die Rom
beunruhigten, wuchs durch diesen
Vorfall, und der geängstigte Senat
ermächtigte, da es nicht zu einer
Consulwahl kam, den Pompeius, der
sich noch immer in der Nähe Roms
aufhielt (s. 6. 1, 2), über die Sicherheit der Republik zu wachen und in
ganz Italien Truppen auszuheben.
Der Anordnung des Senats gemäss
veranstaltete auch Caes. eine Aushebung in Oberitalien. Nach Gallien
kam zunächst nur ein *supplemen-
tum* (c. 7, 5), um die im Heere erlittenen Verluste zu ersetzen; denn
nach c. 34, 2 hatte er daselbst auch
jetzt noch 10 Legionen. — *ut conj.*
hängt ab von *senatus consulto.* —
Der Soldateneid wird in der Regel
von jedem Soldaten nach nament-

2 coniurarent, delectum tota provincia habere instituit. Eae res in
Galliam Transalpinam celeriter perferuntur. Addunt ipsi et affingunt rumoribus Galli, quod res poscere videbatur, retineri urbano motu Caesarem neque in tantis dissensionibus ad exerci-
3 tum venire posse. Hac impulsi occasione, qui iam ante se populi Romani imperio subiectos dolerent, liberius atque audacius
4 de bello consilia inire incipiunt. Indictis inter se principes Galliae conciliis silvestribus ac remotis locis queruntur de Acconis
5 morte; posse hunc casum ad ipsos recidere demonstrant: mise-
rantur communem Galliae fortunam: omnibus pollicitationibus
ac praemiis deposcunt, qui belli initium faciant et sui capitis pe-
6 riculo Galliam in libertatem vindicent. Imprimis rationem esse
habendam dicunt, priusquam eorum clandestina consilia efferan-
7 tur, ut Caesar ab exercitu intercludatur. Id esse facile, quod neque legiones audeant absente imperatore ex hibernis egredi,
neque imperator sine praesidio ad legiones pervenire possit.
8 Postremo in acie praestare interfici, quam non veterem belli
gloriam libertatemque, quam a maioribus acceperint, recuperare.
2 His rebus agitatis profitentur Carnutes se nullum periculum
communis salutis causa recusare principesque ex omnibus bel-
2 lum facturos pollicentur et, quoniam in praesentia obsidibus ca-

lichem Aufruf einzeln geschworen
(s. zu 6. 1, 2); ist dazu aber keine
Zeit wegen des plötzlichen Kriegs-
lärms (*tumultus*), so schwört das
gesammte Aufgebot denselben auf
einmal. — *iuniores* sind die im
kriegsfähigen Alter Stehenden, vom
17. bis zum 46. Jahre.

2. *affingunt rumoribus.* B. C. 1.
53, 2: *multa rumor affingebat, ut
paene bellum confectum videretur.*
— *quod res poscere videbatur*, was
die Lage der Sache für C. unvermeidlich zu machen schien. Dass C.
in Italien aufgehalten werde, wurde
den Galliern nicht berichtet, sondern sie schlossen es.

3. *qui – dolerent.* Der Coniunct.
wie 5. 4, 4: *qui fuisset*, 5. 33, 2:
qui cogitasset.

4. *Indictis – principes conciliis.*
Wortstellung wie 2. 11, 2. 5. 49, 4.
— *posse h. casum – recidere*, wie
Dumnorix 5. 6, 5 gefürchtet hatte,
C. möchte *omnem Galliam nobilitate
spoliare.*

5. *periculo*, wie 6. 44, 1: *damno.*

6. *rationem e. habendam – ut:*
darauf sehen (*videndum*) — bedacht
sein, dass —, ohne das sonst dabei
stehende, vorwärts deutende *eius,
eius rei.* Cic. Fam. 3. 5: *didici ex
tuis litteris, te – habuisse rationem,
ut mihi consuleres.* — *eorum*: 1. 6,
3 u. 11, 3.

7. *Id esse facile, quod – possit.*
Die Gründe entwickelt C. selbst c.
6, 2 – 4. — *sine praesidio*, d. i. ohne
ein Heer, das ihm, wenn er zu seinen Legionen gelangen wollte, zur
Bedeckung gegen so zahlreiche Feinde dienen könnte.

2. 2. *obsidibus carere*: 6. 2, 2;
der Gegenstand der Gewährleistung,
der an der angef. Stelle durch *de
pecunia* bezeichnet ist, ergiebt sich
hier aus dem Zusammenhange und
folgt unten: *ne – deserantur.* Denn
die W. *ne res efferatur* enthalten
den Grund, warum man in diesem

vere inter se non possint, ne res efferatur, ut iureiurando ac fide
sanciatur, petunt, collatis militaribus signis, quo more eorum
gravissima caerimonia continetur, ne facto initio belli ab reliquis
deserantur. Tum collaudatis Carnutibus, dato iureiurando ab 3
omnibus, qui aderant, tempore eius rei constituto ab concilio
disceditur. Ubi ea dies venit, Carnutes Gutruato et Conconne- 3
todumno ducibus, desperatis hominibus, Cenabum signo dato
concurrunt civesque Romanos, qui negotiandi causa ibi constiterant, in his Gaium Fufium Citam, honestum equitem Romanum, qui rei frumentariae iussu Caesaris praeerat, interficiunt
bonaque eorum diripiunt. Celeriter ad omnes Galliae civitates 2
fama perfertur. Nam ubicumque maior atque illustrior incidit
res, clamore per agros regionesque significant; hunc alii deinceps
excipiunt et proximis tradunt, ut tum accidit. Nam quae Cenabi 3
oriente sole gesta essent, ante primam confectam vigiliam in
finibus Arvernorum audita sunt, quod spatium est milium passuum circiter CLX.

Falle von Geiselstellung absehen müsse, weil dadurch das Vorhaben bekannt werden muss. — *iureiurando ac fide*: durch Schwur und Ehrenwort. — *collatis mil. signis*: unter Zusammenstellung der Feldzeichen, bei denen sie vor gemeinschaftlichen Unternehmungen zu schwören pflegten, in welcher Sitte ihr feierlichster Brauch 'enthalten ist, besteht', *continetur*. An das eigentliche *concilium armatum* 5. 56, 1 kann indess bei dieser heimlichen Zusammenkunft nicht gedacht werden.

3. 1. *Gutruato*. 8. 38, 3 heisst er *princeps sceleris illius et concitator*. — *negotiandi causa*. Römische Geschäftsleute, *negotiatores*, besonders aus dem Ritterstande, hielten sich in den Provinzen auf, theils um ihr Geld auf Zinsen auszuleihen (wobei sie nicht durch Wuchergesetze, wie zu Rom, beschränkt waren), theils um Getreide aufzukaufen, theils als Pächter der Zölle und Abgaben. Cic. p Font. c. 1: *Referta Gallia negotiatorum est, plena civium Romanorum. Nemo Gallorum sine cive Romano quicquam negotii* gerit: *nummus in Gallia nullus sine civium Romanorum tabulis commovetur.* — *constiterant*: sich niedergelassen, festen Wohnsitz genommen hatten, um von da aus ihre Geschäfte zu betreiben. *consistere* wird technisch gebraucht von dem Insassen, im Gegensatz sowohl gegen den Gemeindebürger wie gegen den blossen Reisenden.

2. *incidit*. Das Tempus zu erklären nach 6. 15, 1 (4. 1, 5). — *clamore*: 'non multorum conclamatione, sed unius, quasi praeconis'. Hotomann.

3. *quae gesta essent*: was doch erst mit Sonnenaufgang zu Cen. geschehen war, oder: wiewohl es erst — geschehen war. Es beruht also der Coniunct. auf einer Vorstellung von dem Verhältnisse, in dem die Verbreitung der Nachricht zu der Zeit steht, in der die Sache geschah, während der Indicat. *gesta erant* nur bedeuten würde: dasjenige, was geschehen war, die Vorfälle. Aehnliche Coniunctive s. 2. 27, 1. 33, 4. 35, 1. (Wie müsste es für *audita sunt* heissen, wenn *gesta essent* Coniunct. der indirecten

4 Simili ratione ibi Vercingetorix, Celtilli filius, Arvernus, summae potentiae adulescens, cuius pater principatum Galliae totius obtinuerat et ob eam causam, quod regnum appetebat, ab civitate erat interfectus, convocatis suis clientibus facile incendit. 2 Cognito eius consilio ad arma concurritur. Prohibetur ab Gobannitione, patruo suo, reliquisque principibus, qui hanc temptandam fortunam non existimabant, expellitur ex oppido Gergovia; 3 non destitit tamen atque in agris habet delectum egentium ac perditorum. Hac coacta manu, quoscumque adit ex civitate, 4 ad suam sententiam perducit; hortatur, ut communis libertatis causa arma capiant, magnisque coactis copiis adversarios suos, a quibus paulo ante erat eiectus, expellit ex civitate. Rex ab suis 5 appellatur. Dimittit quoqueversus legationes; obtestatur, ut in 6 fide maneant. Celeriter sibi Senones, Parisios, Pictones, Cadurcos, Turonos, Aulercos, Lemovices, Andos reliquosque omnes, qui Oceanum attingunt, adiungit: omnium consensu ad eum defertur imperium. 7 Qua oblata potestate omnibus his civitatibus obsides imperat, certum numerum militum ad se celeriter adduci 8 iubet, armorum quantum quaeque civitas domi quodque ante 9 tempus efficiat, constituit; imprimis equitatui studet. Summae diligentiae summam imperii severitatem addit; magnitudine 10 supplicii dubitantes cogit. Nam maiore commisso delicto igni atque omnibus tormentis necat, leviore de causa auribus desectis aut singulis effossis oculis domum remittit, ut sint reliquis 5 documento et magnitudine poenae perterreant alios. His suppliciis celeriter coacto exercitu Lucterium Cadurcum, summae hominem audaciae, cum parte copiarum in Rutenos mittit; ipse

Frage wäre?)

4. 1. *convocatis suis clientibus – incendit.* S. zu 6. 43, 1. Auf ähnliche Weise ist unten § 10: *commisso delicto – necat* das Obiect aus den vorherg. Abl. abs. zu nehmen (= eos, qui maius delictum commiserunt – necat).

2. *hanc fortunam temptandam*, wie 1. 36, 3: *quoniam belli fortunam temptassent.* 5. 55, 2: *non esse amplius fortunam temptandam*, nur dass hier durch das hinzugefügte *hanc* gleich die Unternehmung selbst bezeichnet wird, durch welche das Glück nicht versucht werden sollte.

3. *non destitit – atque habet.* Vergl. zu 1. 35, 2. Der Temposwechsel wie 4. 18, 3. 5. 49, 6. Vergl. unten c. 12, 1.

5. *quoqueversus:* 3. 23, 2.

8. *quodque* (et quod) *ante tempus:* vor d. i. bis zu welcher Zeit. — *efficere* = aufbringen.

Wohl mag Vercingetorix bei dem Gedanken an sein grosses Unternehmen gegen Schlaffheit und Verrath streng gewesen sein, doch war es gewiss mehr das Vertrauen zu dem Anführer, der an Kraft u. Entschlossenheit alle bisherigen übertraf, als die Grausamkeit seines Verfahrens, was seine Heere ihm zusammenführte.

5. 1. *in Rut. mittit.* Vercing.

in Bituriges proficiscitur. Eius adventu Bituriges ad Haeduos, 2
quorum erant in fide, legatos mittunt subsidium rogatum, quo
facilius hostium copias sustinere possint. Haedui de consilio 3
legatorum, quos Caesar ad exercitum reliquerat, copias equitatus
peditatusque subsidio Biturigibus mittunt. Qui cum ad flumen 4
Ligerim venissent, quod Bituriges ab Haeduis dividit, paucos
dies ibi morati neque flumen transire ausi domum revertuntur
legatisque nostris renuntiant se Biturigum perfidiam veritos re- 5
vertisse, quibus id consilii fuisse cognoverint, ut, si flumen
transissent, una ex parte ipsi, altera Arverni se circumsisterent.
Id eane de causa, quam legatis pronuntiarunt, an perfidia ad- 6
ducti fecerint, quod nihil nobis constat, non videtur pro certo
esse proponendum. Bituriges eorum discessu statim cum Ar- 7
vernis iunguntur.

His rebus in Italiam Caesari nuntiatis, cum iam ille urba- 6
nas res virtute Gnei Pompei commodiorem in statum pervenisse intellegeret, in Transalpinam Galliam profectus est. Eo 2
cum venisset, magna difficultate afficiebatur, qua ratione ad exercitum pervenire posset. Nam si legiones in provinciam arcesse- 3
ret, se absente in itinere proelio dimicaturas intellegebat; si ipse 4

stand zwischen den röm. Legionen
und der Provinz, wohin er zu den
Rutenern den Cadurker Lucterius
schickt, um den Aufruhr anzufachen,
den Caesar fern zu halten und ihm
selbst den Rücken zu decken.

2. *Eius adcentu* u. § 7 *eorum
discessu* temporal und causal: durch
die erfolgte Ankunft bewogen. —
quorum erant in fide: 6. 4, 2.

3. *copias equitatus peditatusque:*
5. 47, 5.

6. *proponendum:* geradezu aussprechen. Es waren also auch die
bisher immer treuen Häduer verdächtig geworden.

6. 1. *virtute:* Tüchtigkeit, Ent-
schiedenheit. Dem Pompeius war
am 25. Februar allein das Consulat
übertragen worden u. er beschwich-
tigte mit der ihm ertheilten Gewalt
die Unruhen, die nach Clodius Ermordung entstanden waren. Der
Ton zeugt auch hier, wie 6. 1, 4,
von dem wenigstens äusserlich
freundlichen Verhältniss zu Pom-

peius, wenn auch dem C. selbst an
der Macht, die sein Nebenbuhler erlangt hatte, wenig gelegen sein
konnte. [Daraus, dass er die bei
Gelegenheit der milonianischen Händel von Pomp. gegebenen Gesetze
billigt, schliesst man, dass die Commentare vor dem Bruche mit jenem
herausgegeben worden sein müssen,
und nicht erst bei Beginn des Bürgerkriegs. S. Einl. S. 36.] — *commodiorem in statum.* S. 6. 20, 1.

2. *difficultate,* die darin bestand,
dass er nicht wusste, *qua ratione*
etc.; die Verbindung also wie 4. 14,
2: *perturbantur, copiasne ducere —
praestaret.* C. war ohne Heer und
sah doch, dass keine Zeit zu verlieren war und dass er selbst den
Feldzug eröffnen müsse. Es waren
zwar 8 Legionen in der Nähe des
Feindes, die ihn in die Mitte nehmen und den Aufruhr im Werden
ersticken konnten. Doch wagten
die Legaten, geschreckt durch das
Unglück des Titurius, nicht, ohne

ad exercitum contenderet, ne iis quidem eo tempore, qui quieti
7 viderentur, suam salutem recte committi videbat. Interim Lucterius Cadurcus in Rutenos missus eam civitatem Arvernis con-
2 ciliat. Progressus in Nitiobroges et Gabalos ab utrisque obsides
accipit et magna coacta manu in provinciam Narbonem versus
3 eruptionem facere contendit. Qua re nuntiata Caesar omnibus
consiliis antevertendum existimavit, ut Narbonem proficisceretur.
4 Eo cum venisset, timentes confirmat, praesidia in Rutenis provincialibus, Volcis Arecomicis, Tolosatibus circumque Narbonem,
quae loca hostibus erant finitima, constituit, partem copiarum ex
5 provincia supplementumque, quod ex Italia adduxerat, in Helvios,
8 qui fines Arvernorum contingunt, convenire iubet. His rebus
comparatis represso iam Lucterio et remoto, quod intrare intra
2 praesidia periculosum putabat, in Helvios proficiscitur. Etsi
mons Cevenna, qui Arvernos ab Helviis discludit, durissimo tempore anni altissima nive iter impediebat, tamen discussa nive sex
in altitudinem pedum atque ita viis patefactis summo militum
3 sudore ad fines Arvernorum pervenit. Quibus oppressis inopinantibus, quod se Cevenna ut muro munitos existimabant, ac ne
singulari quidem umquam homini eo tempore anni semitae pa-
tuerant, equitibus imperat, ut quam latissime possint vagentur
4 et quam maximum hostibus terrorem inferant. Celeriter haec
fama ac nuntiis ad Vercingetorigem perferuntur; quem perterriti omnes Arverni circumsistunt atque obsecrant, ut suis fortunis consulat, neve ab hostibus diripiantur, praesertim cum vi-
5 deat omne ad bellum translatum. Quorum ille precibus permotus castra ex Biturigibus movet in Arvernos versus. At Caesar

Befehl des C. selbst zu handeln oder
ein gemeinschaftliches Unternehmen
zu veranlassen.

4. *committi videbat*, wie 1. 6, 2:
vado transitur.

7. 3. *omnibus consiliis antevertendum exist. Antevertere* mit dem
Dat. bedeutet: eine Sache vor einer
anderen vornehmen und sie betreiben, hier also: er glaubte vor allen
andern Plänen (vorher war er zweifelhaft) das vornehmen zu müssen,
dass er —. So braucht das Deponens Plaut. Bacch. 3. 5, 1: *rebus
aliis antevortar, Mnesilochum ut
requiram*. Sonst heisst *anter.* zuvorkommen.

4. *Rutenis provincialibus* sagt er,
weil die Rutener, die an der Grenze
der Provinz wohnten, nur zum Theil
zu derselben gehörten.

8. 1. *His rebus comp. represso
Luct.*: nachdem schon 'durch diese
Anstalten' Luct. zurückgedrängt
war. Das Verhältniss der beiden
Ablat. also wie oben oft, z. B. 2. 11,
5. 26, 3. 3. 24, 2.

4. *neve ab host. diripiantur*: und
dass er nicht zugebe, dass sie ge-
plündert würden, dass er sie nicht
plündern lasse (wie auch manche
Handschr. haben: *neu se ab hostibus diripi patiatur*); s. zu 1. 19, 5
und unten zu c. 9, 2.

biduum in his locis moratus, quod haec de Vercingetorige usu
ventura opinione praeceperat, per causam supplementi equitatusque cogendi ab exercitu discedit, Brutum adulescentem his
copiis praeficit; hunc monet, ut in omnis partes equites quam 2
latissime pervagentur: daturum se operam, ne longius triduo ab
castris absit. His constitutis rebus suis inopinantibus quam 3
maximis potest itineribus Viennam pervenit. Ibi nanctus recen- 4
tem equitatum, quem multis ante diebus eo praemiserat, neque
diurno neque nocturno itinere intermisso per fines Haeduorum
in Lingones contendit, ubi duae legiones hiemabant, ut, si quid
etiam de sua salute ab Haeduis iniretur consilii, celeritate prae-
curreret. Eo cum pervenisset, ad reliquas legiones mittit prius- 5
que omnes in unum locum cogit, quam de eius adventu Arvernis nuntiari posset. Hac re cognita Vercingetorix rursus in Bi- 6
turiges exercitum reducit atque inde profectus Gorgobinam,

9. 1. *de Vercingetorige*. S. zu
5. 53, 4, und bes. die dort citirte
Stelle B. C. 2. 17, 3: *quae accide-*
rant de —; denn *usu venire* ist =
evenire, accidere, und die ganze
Wendung entspricht ähnlichen Redensarten wie: *quid de me fiet* =
was wird aus mir, mit mir (rücksichtlich meiner) werden? also hier
= dass es so mit dem Verc. werden,
kommen würde. — *per causam*
braucht C. immer von einem fingirten Grunde = unter dem Vorwande
(s. zu B. C. 3. 24, 1). C. geht in der
That nicht aus dem angegebenen
Grunde fort, sondern um zu seinen
Legionen zu gelangen, und um dies
unbemerkt und Allen unerwartet —
suis inopinantibus — und also mit
weniger Gefahr zu thun, sprengt er
aus, er gehe in die Provinz zurück,
um die Ergänzungstruppen herbei-
zuholen, während er vorwärts zu
seinen Legionen geht.' Müller.

2. *hunc monet, ut equites perva-*
gentur ähnlich der zu c. 8, 4 bemerkten Redeweise, indem mit diesen Worten bezeichnet wird, was
er die Reiter thun lassen solle.
Vergl. 2. 26, 1: *tribunos militum*
monuit, ut sese legiones coniunge-
rent. — *longius triduo*: 4. 1, 7.

4. *nanctus*: 4. 36, 3. — *recen-*
tem: 'mit frischen Kräften', da die
Reiterei schon früher angekommen
war. — *si quid - consilii*: wenn etwas auch noch gegen seine persönliche Sicherheit unternommen würde. Dass die Häduer es unterlassen hatten den Abfall der Bituriger
zu verhindern, worauf das *etiam*
zurückweist, ist oben c. 5, 6 angedeutet worden. Gewiss ist *de sua*
salute nicht auf die Häduer zu beziehen: 'wenn die Häd. an ihre Rettung (Befreiung) dächten', was C. so
nicht ausdrücken konnte, wenn er
das bestehende Verhältniss der Häduer zu den Römern nicht selbst in
einem falschen Lichte zeigen wollte;
nach römischer Ansicht hatten die
Häduer, wie sie von ihnen behandelt
wurden, keine *salus* zu retten.

5. *priusque cogit, quam - pos-*
set. Ueber den Coniunctiv s. zu 3.
26, 3. Seine Absicht, die Aufmerksamkeit auf einen Punkt zu lenken,
und auf einem anderen unerwartet
durchzukommen, war erreicht, und
es wurde möglich, das ganze Heer
zusammenzuziehen, ehe die ver-
dächtigen Provinzialen, durch deren
Land sein Weg führte, und Vercing, von seinem Entschluss unter-

Boiorum oppidum, quos ibi Helvetico proelio victos Caesar col-
10 locaverat Haeduisque attribuerat, oppugnare instituit. Magnam
haec res Caesari difficultatem ad consilium capiendum afferebat,
si reliquam partem hiemis uno in loco legiones contineret, ne
stipendiariis Haeduorum expugnatis cuncta Gallia deficeret, quod
nullum amicis in eo praesidium videret positum esse: si maturius ex hibernis educeret, ne ab re frumentaria duris subvectio-
2 nibus laboraret. Praestare visum est tamen omnis difficultates
perpeti, quam tanta contumelia accepta omnium suorum volun-
3 tates alienare. Itaque cohortatus Haeduos de supportando commeatu praemittit ad Boios, qui de suo adventu doceant horten-
turque, ut in fide maneant atque hostium impetum magno
4 animo sustineant. Duabus Agedinci legionibus atque impedi-
11 mentis totius exercitus relictis ad Boios proficiscitur. Altero die
cum ad oppidum Senonum Vellaunodunum venisset, ne quem
post se hostem relinqueret, quo expeditiore re frumentaria ute-
2 retur, oppugnare instituit idque biduo circumvallavit; tertio die
missis ex oppido legatis de deditione arma conferri, iumenta
3 produci, ne obsides dari iubet. Ea qui conficeret, Gaium Tre-

richtet waren. Flor. 3. 10, 22: *antea in media Gallia fuit, quam in
ultima timeretur.*

6. *quos – collocaverat*: 1. 28, 5.

10. 1. *difficultatem ad consilium capiendum*. S. zu 2. 25, 1. —
ne deficeret von einem in *difficultatem affer.* liegenden Begriff der
Furcht abhängig: weil er befürchten
musste, dass —; vergl. c. 35, 1. —
stipendiarii sind die Boier. S. zu 1.
28, 5. — *expugnare* von Personen
für den Ort, den sie inne haben, ist
selten in der älteren Prosa. — *in
eo*: Caesare. — *ab re frum.*: 'von Seiten'. — *duris* (beschwerlich wegen
des Winters) *subvectionibus*, Grund
des *laborare*; daraus ergiebt sich
die Erklärung der Ablative.

2. *tamen*: 3. 10, 1.

11. 1. *oppugnare instituit idque
– circumvallavit*. Da der Objectsaccusativ *id* erst bei dem zweiten
Verb. steht, ist entweder *oppugnare* absolut gebraucht, oder die
Verbindung *cum ad oppidum venisset, oppugnare* (oppidum) *instituit*

idque circumv. ist wie B. C. 3. 21,
4: *eo in Italiam evocato – sibi coniunxit atque eum praemisit.*

3. *conficere*: die ganze Angelegenheit besorgen. 1. 3, 2: *ad eas
res conficiendas*. — *ut quam primum iter faceret* nach Gorgobina
zum Vercing., seinem eigentlichen
Ziele; *proficiscitur*: er bricht auf
nach Cenabum, das auf dem Wege
nach Gorgobina lag. Die Worte *ut
quam primum iter faceret – proficiscitur* sind missverstanden und
daher verschieden corrigirt worden.
S. Rüstow: Heerwesen und Kriegführung Caesars S. 171: 'Die entscheidenden Punkte, welche durch
die einleitenden Märsche erreicht
werden sollen, sind von verschiedener Bedeutung; ihr wesentliches
Kennzeichen aber ist, dass sie den
freien Eintritt auf das Kriegstheater
öffnen. Auf dem eben erwähnten
Marsche war der zu erreichende
Punkt Cenabum (Orléans) mit seiner Brücke über die Loire. Dieses
Ortes musste sich C. zuerst be-

bonium legatum relinquit. Ipse, ut quam primum iter faceret, Cenabum Carnutum proficiscitur; qui tum primum allato nuntio 4 de oppugnatione Vellaunoduni, cum longius eam rem ductum iri existimarent, praesidium Cenabi tuendi causa, quod eo mitterent, comparabant. Huc biduo pervenit. Castris ante oppi- 5 dum positis diei tempore exclusus in posterum oppugnationem differt quaeque ad eam rem usui sint militibus imperat et, quod 6 oppidum Cenabum pons fluminis Ligeris continebat, veritus, ne noctu ex oppido profugerent, duas legiones in armis excubare iubet. Cenabenses paulo ante mediam noctem silentio ex op- 7 pido egressi flumen transire coeperunt. Qua re per exploratores 8 nuntiata Caesar legiones, quas expeditas esse iusserat, portis incensis intromittit atque oppido potitur perpaucis ex hostium numero desideratis, quin cuncti caperentur, quod pontis atque itinerum angustiae multitudinis fugam intercluserant. Oppidum 9 diripit atque incendit, praedam militibus donat, exercitum Ligerem traducit atque in Biturigum fines pervenit. Vercingetorix, 12 ubi de Caesaris adventu cognovit, oppugnatione destitit atque obviam Caesari proficiscitur. Ille oppidum Biturigum positum 2 in via Noviodunum oppugnare instituerat. Quo ex oppido cum 3 legati ad eum venissent oratum, ut sibi ignosceret suaeque vitae consuleret, ut celeritate reliquas res conficeret, qua pleraque

mächtigen, um mit Vercing. am linken Ufer des Flusses überhaupt zusammenstossen zu können und im Nothfall einen offenen Rückzug zu haben'.

4. *quod eo mitterent* konnte nach dem Vorberg. fehlen oder wenigstens enger verbunden sein: *praes., quod Cenabum mitterent* — *comp.* Doch ist es allerdings zweierlei, dass die Carnuten ihre Hauptstadt vertheidigen wollten und dass diese zum Sammelplatz bestimmt ward. Auch entspricht eine solche nachträgliche Erklärung ganz wohl der Redeweise des C., und ist Sätzen, wie den I. 5, 1 erwähnten, nicht unähnlich.

5. *quaeque usui sint — imperat.* Der Coniunct., wo man den Indic. erwartet, — *ea, quae usui sunt, imp.* — hat seinen Grund in der Prägnanz des Ausdrucks, indem in *imperat* der Begriff eines *dicit*, in-dicat enthalten ist: *quae usui sint indicat, eaque imp.* Vergl. c. 16, 2. 31, 4.

6. *pons continebat* kann, wenn C. so geschrieben hat, wohl nur heissen: eine Brücke verband die Stadt mit dem anderen Ufer, schwerlich: schloss sich an die Stadt an. Doch scheint die Lesart einiger Hdschrr. *contingebat* vorzuziehen zu sein. 6. 29, 2: *ultimam partem pontis, quae ripas Ubiorum contingebat.*

8. *perpaucis des., quin cuncti cap.* Wenn nur wenige vermisst wurden (die nicht gefangen wurden), so fehlte nicht viel, *non multum aberat, quin —.*

12. 1. *destitit atque proficiscitur:* c. 4, 3.

2. *Ille:* Caesar. Dieser steht zwar näher, tritt aber vor dem Hauptsubiect des vorhergeh. Satzes zurück, daher *ille*, nicht *hic.*

erat consecutus, arma conferri, equos produci, obsides dari
4 iubet. Parte iam obsidum tradita, cum reliqua administrarentur,
centurionibus et paucis militibus intromissis, qui arma iumen-
taque conquirerent, equitatus hostium procul visus est, qui
5 agmen Vercingetorigis antecesserat. Quem simulatque oppidani
conspexerunt atque in spem auxilii venerunt, clamore sublato
arma capere, portas claudere, murum complere coeperunt.
6 Centuriones in oppido cum ex significatione Gallorum novi aliquid ab iis iniri consilii intellexissent, gladiis destrictis portas
13 occupaverunt suosque omnes incolumes receperunt. Caesar ex
castris equitatum educi iubet, proelium equestre committit:
laborantibus iam suis Germanos equites circiter cccc submittit,
2 quos ab initio habere secum instituerat. Eorum impetum Galli
sustinere non potuerunt atque in fugam coniecti multis amissis
se ad agmen receperunt. Quibus profligatis rursus oppidani
perterriti comprehensos eos, quorum opera plebem concitatam
existimabant, ad Caesarem perduxerunt seseque ei dediderunt.
3 Quibus rebus confectis Caesar ad oppidum Avaricum, quod erat
maximum munitissimumque in finibus Biturigum atque agri
fertilissima regione, profectus est, quod eo oppido recepto civitatem Biturigum se in potestatem redacturum confidebat.

14   Vercingetorix tot continuis incommodis Vellaunoduni, Ce-
2 nabi, Novioduni acceptis suos ad concilium convocat. Docet
longe alia ratione esse bellum gerendum atque antea gestum sit.
Omnibus modis huic rei studendum, ut pabulatione et commeatu
3 Romani prohibeantur. Id esse facile, quod equitatu ipsi abun-
4 dent et quod anni tempore subleventur. Pabulum secari non
   posse; necessario dispersos hostes ex aedificiis petere: hos om-
5 nes cotidie ab equitibus deleri posse. Praeterea salutis causa
rei familiaris commoda neglegenda: vicos atque aedificia incendi

5. *simulatque – atque*: 3. 9, 7.

6. *Centuriones in oppido* = qui
in oppido erant, wie oben 6. 37, 3:
cohortes in statione. — *ex significatione Gallorum*: aus dem, was die
Gallier durch ihr Benehmen zu erkennen gaben, d. h. aus dem ganzen
Benehmen der G. — *omnes incolumes* ist Nominativ.

13. 1. *Germanos equites*: 5. 48,
3. Die germanischen Reiter thaten
sich in allen Gefechten hervor. S.
c. 70 u. 81. — *instituerat*: 6. 3, 4.

3. *agri*: Biturigum = des von
ihnen bewohnten Gebietes; der enge
Anschluss an *Biturigum* bedingt die
Auslassung der Präp.

14. 2. *longe alia rat. bell. esse
ger.* Zu spät lernten die Gallier
durch Erfahrung eine angemesse-
nere Art zu kämpfen, den kleinen
Krieg, bei welchem ihnen die Ueberlegenheit an Reiterei zu Statten
kam.

5. *vicos atque aedif.* 1. 5, 2. —
hoc spatio allgemein: in dieser ganzen Gegend (wo die Römer sich
aufhielten) nach allen Seiten hin.

oportere hoc spatio [a Boia] quoqueversus, quo pabulandi causa
adire posse videantur. Harum ipsis rerum copiam suppetere, 6
quod, quorum in finibus bellum geratur, eorum opibus subleventur: Romanos aut inopiam non laturos aut magno cum peri- 7
culo longius ab castris processuros: neque interesse, ipsosne in- 8
terficiant impedimentisne exuant, quibus amissis bellum geri non
possit. Praeterea oppida incendi oportere, quae non munitione 9
et loci natura ab omni sint periculo tuta, neu suis sint ad de-
tractandam militiam receptacula neu Romanis proposita ad copiam commeatus praedamque tollendam. Haec si gravia aut 10
acerba videantur, multo illa gravius aestimare, liberos, coniuges
in servitutem abstrahi, ipsos interfici; quae sit necesse accidere
victis. Omnium consensu hac sententia probata uno die am- 15
plius xx urbes Biturigum incenduntur. Hoc idem fit in reliquis
civitatibus: in omnibus partibus incendia conspiciuntur; quae et- 2
si magno cum dolore omnes ferebant, tamen hoc sibi solacii pro-
ponebant, quod se prope explorata victoria celeriter amissa reciperaturos confidebant. Deliberatur de Avarico in communi con- 3
cilio, incendi placeret, an defendi. Procumbunt omnibus Gallis 4
ad pedes Bituriges, ne pulcherrimam prope totius Galliae ur-

Ganz unpassend wäre hier eine beschränkende Bestimmung des Umkreises; am wenigsten könnte dies
a Boia sein, da Vercing., ebenso wie
die Römer, im Lande der Bituriger
ist: c. 12, 1. c. 15 u. 16. — *quoqueversus*: 3. 23, 2.

8. *ipsosne — impedimentisne*.
In mustergültiger Prosa sehr selten,
bei C. nur hier vorkommende Form
der Doppelfrage. Auch das folgende
neu — neu, sich entsprechend wie
neque — neque (= ne aut — aut), ist
selten. S. zu B. C. 1. 76, 1: *neu se,
neu Pompeium absentem tradant*.
Cic. de off. 1. 39: *ut neve maior,
neve minor cura suscipiatur*.

9. *proposita*, hingestellt, gleichsam die Römer einladend *ad pr. tollendam*, die Vorräthe an Lebensmitteln und Beute dort wegzunehmen.

10. *gravius aestimare*, nämlich
se, indem Vercing. seine Meinung
als massgebend für Andere darstellt; vergl. zu 1. 17, 2. Durch

das Adverb. *gravius* wird die Art
der Schätzung, der Massstab bezeichnet, den man bei ihr anlegt.
Unser 'hoch, gering schätzen' bietet dieselbe Erscheinung, indem zum
Verb. gezogen wird, was Prädicat
des geschätzten Gegenstandes sein
sollte. B. C. 3. 26, 4: *levius periculum aestimaverunt*. Vergl. Cic.
Verr. 4. 16, 35: *Iussit Timarchidem
aestimare argentum. Quo modo?
quo qui umquam tenuissime in
donationem histrionum aestimavit.*

15. 1. *amplius* 1. 15, 5. — *urbes*. In den wenigen Stellen, in denen C. in dem freien Gallien *urbes*
erwähnt, hat das Wort nur die Bedeutung von *oppidum* in dem 1. 5,
2 angegebenen Sinne.

2. *explorata victoria*: 3. 18, 8.
5. 43, 3.

4. *Procumbunt omnibus G. —
Bituriges*. Natürlich ist hier nur
von den Abgeordneten der einzelnen Staaten die Rede.

bem, quae praesidio et ornamento sit civitati, suis manibus suc-
5 cendere cogerentur: facile se loci natura defensuros dicunt, quod
prope ex omnibus partibus flumine et palude circumdata unum
6 habeat et perangustum aditum. Datur petentibus venia dissua-
dente primo Vercingetorige, post concedente et precibus ipsorum et misericordia volgi. Defensores oppido idonei deliguntur.
16 Vercingetorix minoribus Caesarem itineribus subsequitur et locum castris deligit paludibus silvisque munitum ab Avarico longe
2 milia passuum xvi. Ibi per certos exploratores in singula diei
tempora, quae ad Avaricum agerentur, cognoscebat et, quid fieri
3 vellet, imperabat. Omnis nostras pabulationes frumentationesque
observabat dispersosque, cum longius necessario procederent,
adoriebatur magnoque incommodo afficiebat, etsi, quantum ratione provideri poterat, ab nostris occurrebatur, ut incertis temporibus diversisque itineribus iretur.
17 Castris ad eam partem oppidi positis Caesar, quae intermissa a flumine et a paludibus aditum, ut supra diximus, angustum habebat, aggerem apparare, vineas agere, turres duas con-
2 stituere coepit: nam circumvallare loci natura prohibebat. De
re frumentaria Boios atque Haeduos adhortari non destitit: quo-

6. *precibus ips. et miser. volgi*:
sowohl in Folge der Bitten der Bituriger (*precibus* kann nicht Dativ
sein), als des Mitleids, der Theilnahme der Menge (*volgi* Subiects-
genitiv wie c. 28, 6), nämlich der
übrigen Gall. Vercingetorix war dagegen, weil er wohl ahnete, dass
diese Eine Ausnahme die Aufopferung so vieler Städte nutzlos machen würde (c. 30, 2). — *oppido* ist
nicht etwa mit *idonei* zu verbinden.

16. 1. *longe*: 5. 47, 5.

2. *certos*, feste; es wird ein re-
gelmässiger Courierdiensteingerich-
tet. — *in singula diei tempora* =
stündlich. — *quid fieri vellet*, im-
perabat: c. 11, 5.

3. *cum longius necessario* (noth-
gedrungen, nicht mit *longius* zu verbinden) *procederent*. Ueber den
Coniunct. bei *cum* und ähnl. Partikeln zum Ausdruck der Wiederholung s. zu 1. 25, 3. — *ratione*:
Klugheit, klug berechnete Handlungsweise. — *ut iretur* tritt erklärend zu *occurrebatur*, um die Art

und Weise der Gegenmassregeln
anzugeben: in der Weise, dadurch,
dass –.

17. 1. *Castris – positis Caesar
quae –*. Wie C. es liebt, das Hauptsubiect zwischen die Abl. abs. zu
setzen (2. 11, 2), so rückt er es
hier denselben nahe, indem er es
zwischen die Ablative und den dazu
gehörigen Relativsatz setzt. Vergl.
c. 19, 4. B. C. 3. 39, 1: *Deductis
praesidiis Caesar, ut supra demonstratum est, tres cohortes reliquit.*
Ebend. c. 76, 3: *quibus impeditis
Caesar, quod fore providerat, exerc.
educit.* — *intermissa*: freigelassen
vom Fluss und Sumpf, die sonst die
ganze Stadt umgeben. — *aggerem
apparare*: Belagerungsmaterial zu-
richten zu einem Belagerungs- oder
Annäherungsdamm, der gegen die
Stadt vorgetrieben und auf beiden
Seiten von einem Thurme begleitet
wurde. Kriegsw. § 30. — *vineas,
turres*: 2. 12, 3 u. 30, 3. — *circumvallare prohibebat*. S. zu 2. 4, 2.

rum alteri, quod nullo studio agebant, non multum adiuvabant,
alteri non magnis facultatibus, quod civitas erat exigua et infirma,
celeriter, quod habuerunt, consumpserunt. Summa difficultate 3
rei frumentariae affecto exercitu tenuitate Boiorum, indiligentia
Haeduorum, incendiis aedificiorum, usque eo ut complures dies
frumento milites caruerint et pecore ex longinquioribus vicis adacto extremam famem sustentarent, nulla tamen vox est ab iis
audita populi Romani maiestate et superioribus victoriis indigna.
Quin etiam Caesar cum in opere singulas legiones appellaret et, 4
si acerbius inopiam ferrent, se dimissurum oppugnationem diceret, universi ab eo, ne id faceret, petebant: sic se complures an- 5
nos illo imperante meruisse, ut nullam ignominiam acciperent,
nusquam infecta re discederent: hoc se ignominiae laturos loco, 6
si inceptam oppugnationem reliquissent: praestare omnes per- 7
ferre acerbitates, quam non civibus Romanis, qui Cenabi perfidia Gallorum interissent, parentarent. Haec eadem centurioni- 8
bus tribunisque militum mandabant, ut per eos ad Caesarem de-
ferrentur. Cum iam muro turres appropinquassent, ex captivis 18
Caesar cognovit Vercingetorigem consumpto pabulo castra movisse propius Avaricum atque ipsum cum equitatu expeditisque,
qui inter equites proeliari consuessent, insidiarum causa eo profectum, quo nostros postero die pabulatum venturos arbitraretur. Quibus rebus cognitis media nocte silentio profectus ad ho- 2
stium castra mane pervenit. Illi celeriter per exploratores ad- 3
ventu Caesaris cognito carros impedimentaque sua in artiores
silvas abdiderunt, copias omnis in loco edito atque aperto in-

2. *non magnis facultatibus* dieselben Umstandsablat., wie c. 10, 1:
duris subvectionibus u. öfter.

3. *caruerint — sustentarent.*
Durch den Coniunct. Perf. wird der
Inhalt des Folgesatzes als ein historisches Factum überhaupt, als etwas Eingetretenes aufgefasst (= so
dass ihnen das Getreide gemangelt
hat; vgl. z. B. 3. 15, 5. 5. 15, 1),
während ihn der Coniunct. Imperf.
in Beziehung zu der Zeit der Haupthandlung setzt, das *sustentare* also
als gleichzeitig dauernd mit der beschriebenen Getreidenoth darstellt,
Zumpt § 504. Madv. 382 Anm. 1.

4. *Caesar cum appellaret - petebant.* Ueber die Wortstellung s.
zu 4. 11, 1.

7. *quam non - parentarent.* Geläufiger wäre allerdings der Infinit.
gewesen, wie c. 10, 2. Es ist ein
Wechsel in der Construction, bei
welchem der Schriftsteller mehr
den Sinn (als dass sie nicht - sollten), als die syntactische Fassung
des Satzes im Auge hatte. Verglichen wird u. a. Nep. Hamilc. 1, 5:
*ut ipse periturum se potius dixerit,
quam cum tanto flagitio domum
rediret.* (Viele Beispiele des Coniunct. mit und ohne *ut* nach *potius
quam* giebt Weissenborn Liv. 2.
15, 2.)

18. 1. *qui - consuessent.* Siehe
die ausführliche Schilderung dieser
Kampfart 1. 48, 4 - 7.

4 struxerunt. Qua re nuntiata Caesar celeriter sarcinas conferri,
19 arma expediri iussit. Collis erat leniter ab infimo acclivis. Hunc
ex omnibus fere partibus palus difficilis atque impedita cingebat
2 non latior pedibus quinquaginta. Hoc se colle interruptis pontibus Galli fiducia loci continebant generatimque distributi in civitates omnia vada ac saltus [eius paludis] obtinebant sic animo
parati, ut, si eam paludem Romani perrumpere conarentur, hae-
3 sitantes premerent ex loco superiore, ut, qui propinquitatem
loci videret, paratos prope aequo Marte ad dimicandum existimaret, qui iniquitatem condicionis perspiceret, inani simulatione
4 sese ostentare cognosceret. Indignantes milites Caesar, quod
conspectum suum hostes perferre possent tantulo spatio interiecto, et signum proelio exposcentes edocet, quanto detrimento
et quot virorum fortium morte necesse sit constare victoriam;
5 quos cum sic animo paratos videat, ut nullum pro sua laude periculum recusent, summae se iniquitatis condemnari debere, nisi

---

4. *sarcinas conferri*. Wenn ein
Kampf bevorsteht, wird das Gepäck
ab- und zusammengelegt. — *arma
expediri*: die Waffen in Bereitschaft
setzen, sich schlagfertig machen.

19. 1. *palus difficilis*: schwer
zu passiren. *Difficile* heisst oft, was
durch seine Beschaffenheit dem Han-
delnden Schwierigkeiten bereitet.
B. C. 1. 68, 2: *valles maximae et
difficillimae*; ebend. 3. 37, 3: *rivus
difficilibus ripis*, wofür 3. 75, 4:
flumen, quod ripis erat impeditis.
— *non latior pedibus*: 1. 22, 1.

2. *generatim*: 1. 51, 2. Es wird
erklärt durch *in civitates*, was an
der angeführten Stelle durch Hinzufügung der Völkerschaften selbst
geschieht; c. 36, 2: *separatim singularum civitatium copias collocaverat*. — *omnia vada ac saltus*.
Schwerlich kann C. diesem 50 Fuss
breiten Sumpfe *saltus* zuschreiben,
wie man das Wort auch erklären
mag. Es scheinen vielmehr die wal-
digen Zugänge der Anhöhe gemeint
und *eius paludis* eine spätere Erklärung zu *vada* zu sein, deren es
nicht bedarf., wie auch vorher *pontibus* allein steht. (Man hat neuer-
dings *omnia vada eius paludis ac

saltus, und *omnia vada ac salicta
eius pal.* vermuthet.) — *sic animo
parati, ut — premerent*: 'dazu entschlossen', wie unten § 5. Vergl.
9. 28, 1: *equites praemittit sic paratos, ut confligerent*. B. C. 1. 75,
1: *se in castra recipit, sic paratus,
ut, quicumque accidisset casus, hunc
quieto animo ferret.* — *haesitantes*:
die Römer wenn sie im Moraste
stecken blieben.

3. *ut — cognosceret*. Jeder, der
die geringe Entfernung, die Nähe,
in der sich die beiden Heere gegen-
überstanden, sah, musste glauben,
die Gallier seien, ohne einen besonderen Vortheil voraus zu haben
(*prope aequo Marte* eig.: indem die
Lage, in der sich die Kämpfenden
befinden, fast gleich war), zum Kampfe bereit. Wer aber die Ungleichheit der Lagen beider Heere durchschaute, musste erkennen, dass sie
nur mit eitler Verstellung sich brü-
steten, da ihr Muth nur auf die
günstige Stellung sich gründete;
oben § 2: *fiducia loci se continebant*.

4. *Indignantes m. Caesar, quod*.
Ueber die Stellung des W. *Caesar*
s. c. 17, 1.

eorum vitam sua salute habeat cariorem. Sic milites consolatus 6
eodem die reducit in castra reliquaque, quae ad oppugnationem
pertinebant oppidi, administrare instituit.

Vercingetorix, cum ad suos redisset, proditionis insimula- 20
tus, quod castra propius Romanos movisset, quod cum omni
equitatu discessisset, quod sine imperio tantas copias reliquis-
set, quod eius discessu Romani tanta opportunitate et celeritate
venissent: non haec omnia fortuito aut sine consilio accidere 2
potuisse; regnum illum Galliae malle Caesaris concessu quam
ipsorum habere beneficio — tali modo accusatus ad haec respondit: Quod castra movisset, factum inopia pabuli etiam ipsis 3
hortantibus: quod propius Romanos accessisset, persuasum loci
opportunitate, qui se ipse ut munitione defenderet: equitum vero 4
operam neque in loco palustri desiderari debuisse et illic fuisse
utilem, quo sint profecti. Summam imperii se consulto nulli 5
discedentem tradidisse, ne is multitudinis studio ad dimicandum
impelleretur; cui rei propter animi mollitiem studere omnes videret, quod diutius laborem ferre non possent. Romani si casu 6
intervenerint, fortunae, si alicuius indicio vocati, huic habendam

5. *sua salute.* Wie der bestimmte
Begriff von *salus* immer aus dem
Zusammenhange sich ergeben muss,
so erhält *sua salute* auch hier seine
Beziehung und Erklärung durch das
vorherg. *sua laude.* Wohlfahrt, Heil
und Glück des Feldherrn ist das
Gelingen seiner Unternehmungen,
die Rettung seiner Feldherrnehre;
also = wenn ihm ihr Leben nicht
mehr als sein Glück u. Wohl, sein
Interesse am Herzen läge.

6. *oppidi* passende Stellung: Gegensatz zu dem aufgegebenen Unternehmen gegen die Anhöhe.

20. 1. *quod – quod – quod:* Anaphora zur Hervorhebung der einzelnen Punkte der Anklage. — *eius
discessu:* c. 5, 2. — *sine imperio*
erhält seine Erklärung durch § 5:
Summam – tradidisse.

2. *concessu:* 5. 27, 1. — *tali modo accusatus* nimmt nach den längeren Zwischensätzen die Construction des Hauptsatzes *Vercingetorix – proditionis insimulatus* wieder auf, in welchem Falle oft *igitur*
(*inquam*) steht. Zumpt § 739.

3. *Quod castra movisset:* was
das anlange, dass –, 1. 13, 5; ebenso nachher *quod – accessisset.* —
persuasum nicht Masculinum (sc.
se esse), mit dem seltenen persönlichen Gebrauche von *persuaderi,*
sondern Neutrum: *id (sibi) persuasum esse,* also genau entsprechend
dem vorherg. *factum* und ebendeswegen so kurz gefasst. — *qui se
ipse ut munitione def.*: der sich
selbst (durch seine natürliche Beschaffenheit) wie durch eine Befestigung vertheidigte. [*se ipsum
munitione* kann es nicht heissen, da
ipsum wegen des zu denkenden Gegensatzes unpassend ist, das blosse
munitione aber nur von einer wirklichen Befestigung gesagt sein könnte, die nicht vorhanden war, und gewiss nicht 'natürliche Festigkeit' bedeuten kann.]

4. *neque – et* correspondirend
wie 2. 25, 1. 5. 19, 3. 31, 5. 7. 26,
2; so im Griech. οὔτε – τέ.

6. *si alicuius:* 1. 14, 2.

gratiam, quod et paucitatem eorum ex loco superiore cognoscere
et virtutem despicere potuerint, qui dimicare non ausi turpiter
7 se in castra receperint. Imperium se ab Caesare per proditionem
nullum desiderare, quod habere victoria posset, quae iam esset
sibi atque omnibus Gallis explorata: quin etiam ipsis remittere,
si sibi magis honorem tribuere, quam ab se salutem accipere vi-
8 deantur. 'Haec ut intellegatis', inquit, 'a me sincere pronuntiari,
9 audite Romanos milites'. Producit servos, quos in pabulatione
paucis ante diebus exceperat et fame vinculisque excruciaverat.
10 Hi iam ante edocti, quae interrogati pronuntiarent, milites se
esse legionarios dicunt; fame et inopia adductos clam ex castris
exisse, si quid frumenti aut pecoris in agris reperire possent:
11 simili omnem exercitum inopia premi, nec iam vires sufficere
cuiusquam nec ferre operis laborem posse: itaque statuisse imperatorem, si nihil in oppugnatione oppidi profecissent, triduo
12 exercitum deducere. 'Haec', inquit, 'a me', Vercingetorix, 'beneficia habetis, quem proditionis insimulatis; cuius opera sine
vestro sanguine tantum exercitum victorem fame consumptum
videtis; quem turpiter se ex fuga recipientem ne qua civitas suis
21 finibus recipiat, a me provisum est'. Conclamat omnis multitudo
et suo more armis concrepat, quod facere in eo consuerunt, cuius
orationem approbant; summum esse Vercingetorigem ducem nec
de eius fide dubitandum, nec maiore ratione bellum administrari

---

7. *quod habere victoria posset.*
Der Sieg, nach dem die Soldaten
ihren Feldherrn förmlich als solchen
(*imperator*) ausrufen, gilt den Römern als Bestätigung des Imperium
durch die förmliche Erwerbung des
Imperatorentitels. — *explorata*: 3.
18, 8. — *remittere*: das imperium,
das sie ihm gegeben hätten, wieder
abtreten, zurückgeben. B. C. 2. 32,
14: *vos me imperatoris nomine
appellavistis; cuius si vos paenitet,
vestrum vobis beneficium remitto.*
— *videantur* = sibi videantur, welche
Weglassung hier ihren natürlichen
Grund hat. Ueber den Wechsel der
Tempora s. zu 1. 7, 3.

10. *si possent*: 6. 29, 4. 37, 4.

12. *Haec, inquit, a me, Vercing.*
Wortstellung wie 5. 30, 1: *vincite,
inquit, si ita vultis, Sabinus.* Es
tritt durch dieselbe besonders *a me*

hervor: von mir, den ihr so ungerecht beschuldigt.

21. 1. *suo more.* So auch bei
den Germanen. Tacit. Germ. c. 11: *si
displicuit sententia, fremitu asper-
nantur; sin placuit, frameas con-
cutiunt: honoratissimum assensus
genus est armis laudare.* — *in eo*:
bei dem, bei dessen Rede. — *nec —
dubitandum, nec — posse.* Dass erste *nec* ist hier nicht wie 1. 36, 5
u. 3. 3, 2 zu erklären = et neque
(anknüpfend und correlativ zugleich),
sondern es gehört unmittelbar zu
summum esse Vercing. ducem, als
negative Erweiterung dieses Gedankens, und *nec — posse* tritt als etwas Neues hinzu. B. C. 1. 44, 4:
*ipsi autem suos ordines servare ne-
que ab signis discedere, neque sine
gravi causa eum locum — dimitti
consuerant oportere.* — *maiore ra-*

posse. Statuunt, ut decem milia hominum delecta ex omnibus 2
copiis in oppidum mittantur, nec solis Biturigibus communem 3
salutem committendam censent, quod paene in eo, si id oppidum
retinuissent, summam victoriae constare intellegebant.

Singulari militum nostrorum virtuti consilia cuiusquemodi 22
Gallorum occurrebant, ut est summae genus sollertiae atque ad
omnia imitanda et efficienda, quae ab quoque traduntur, aptissimum. Nam et laqueis falces avertebant, quas, cum destinaverant, 2
tormentis introrsus reducebant, et aggerem cuniculis subtrahebant, eo scientius, quod apud eos magnae sunt ferrariae atque
omne genus cuniculorum notum atque usitatum est. Totum 3
autem murum ex omni parte turribus contabulaverant atque has
coriis intexerant. Tum crebris diurnis nocturnisque eruptionibus 4
aut aggeri ignem inferebant aut milites occupatos in opere ado-

tione: prudentia, consilio.

3. *quod p. in eo, si u. s. w.*: weil
sie saben, dass darauf, wenn sie die
Stadt behaupteten, das Ganze des
Sieges, der ganze glückliche Ausgang des Kriegs beruhe. c. 84, 4.
86, 3. B. C. 3. 89, 3: *victoriam in
earum cohortium virtute constare.*
Zu *summa* vergl. B. C. 1. 82, 3:
*quod spatii brevitas – non multum
ad summam victoriae iuvare poterat.* [Die von Schneider und Anderen gebilligte handschr. Lesart *quod
penes eos* (Bituriges) *summam
viel. const. int.*, wodurch gesagt werden soll, dass die Gallier den erwarteten Sieg den Biturigern allein
nicht gönnten, bringt einen unpas-
senden Gedanken in die Stelle.]

22. 1. *quae ab quoque traduntur*, wir: was von Jemand gelehrt
wird. 4. 5, 2: *quid quisque eorum
de quaque re audierit aut cognoverit, quaerant.* 5. 8, 6. Cic. in Verr.
1. 7: *ut quisque me viderat, narra-
bat*: so oft einer mich sah. Der Lateiner setzt *quisque*, um etwas Allgemeines in Beziehung auf jede einzelne Person oder Sache und jeden
einzelnen Fall besonders zu bezeichnen, wie überhaupt *quisque*
nicht Jeder (=Alle), sondern distri-
butiv: Jeder besonders, für sich, bedeutet.

2. *laqueis falces avert.* Durch
Schlingen fingen sie die Mauersi-
cheln(*falces murales* 3. 14, 5) auf,
wendeten ihre Wirkung ab und zogen sie an Winden (*tormenta*) in
die Stadt hinein. — *cum destinaverant*: fest gemacht hatten an den
Seilen, durch Zuziehen der Schlingen, mit denen sie die *falces* auf-
fingen. 'Laqueo prehensas figebant,
immotas tenebant, ne possent muro
immitti.' Morus. — *cum destinaverant, – reducebant*: 3. 4, 2. 14, 6.
5. 34, 2. — *aggerem subtrahebant*:
durch Minen bewirkten sie, dass der
Damm, auf dem die Thürme standen,
einsank. — *ferrariae.* S. Aehnliches von den Aquitanern 3. 21, 3.

3. *murum – turribus contabulaverant.* Da jeder einzelne Thurm
aus Balken und übergelegten Brettern mehrere Stockwerke hoch erbaut (2. 30, 3. 5. 40, 6), die ganze
Mauer aber mit solchen Thürmen
versehen war, so wird die *contabulatio* der Mauer selbst beigelegt
= contabulatis turribus instruxerant.
Sie hatten *totum murum ex omni
parte* mit Thürmen versehen, obgleich sie auf fast allen Seiten von
einem Fluss und Sumpf umgeben
war (c. 15, 5), um gegen jeden Angriff gesichert zu sein.

4. *aut aggeri ignem inferebant.*

riebantur et nostrarum turrium altitudinem, quantum has coti-
5 dianus agger expresserat, commissis suarum turrium malis
adaequabant et apertos cuniculos praeusta et praeacuta materia
et pice fervefacta et maximi ponderis saxis morabantur moeni-
23 busque appropinquare prohibebant. Muri autem omnes Gallici
hac fere forma sunt. Trabes directae perpetuae in longitudinem
paribus intervallis distantes inter se binos pedes in solo collo-
2 cantur. Ilae revinciuntur introrsus et multo aggere vestiuntur;
ea autem, quae diximus, intervalla grandibus in fronte saxis

Die *aggeres* enthielten sehr viel Holzwerk, Faschinen, und wurden durch Holzgerüste zusammengehalten, waren daher durch Feuer zerstörbar. Kriegsw. § 30. — *quantum has cot. agger expresserat*: so viel der tägliche Erdaufwurf, der tägliche Zuwachs des Dammes die Thürme emporgebracht, erhoben hatte (evexerat, fecerat, ut turres surgereut); *exprimere*, technischer Ausdruck. Die Thürme wurden durch Winden gehoben, wenn der Damm durch Aufschütten wuchs.

5. *commissis suarum turrium malis*. Sie machten dadurch, dass sie die Rüstbalken ihrer Thürme (die langen Eckbalken), die vorher über die bisher gebauten Tabulate unverbunden hinausreichten, um nöthigenfalls die Thürme erhöhen zu können, mit Balken und Brettern zu neuen Stockwerken verbanden (*committere*), die Thürme gleich hoch. Je höher also die Thürme der Römer wurden, desto mehr Stockwerke fügten sie hinzu. Ueber *committere* 'verbinden' vergl. Liv. 38. 4: *per nondum commissa inter se munimenta*. Nach Anderen heisst *committere malos* die Balken verbinden, an einander setzen (mit dem technischen Ausdruck 'anschärfen'), so dass die Gallier, weil die ursprünglichen Balken nicht hoch genug waren, neue ansetzten und so die Thürme erhöhten (Köchly u. Rüstow: 'die Gallier gaben ihren Thürmen durch Verlängerung ihrer Haupt-

bäume mittels Ansatzstücken die gleiche Höhe'.). — *apertos cuniculos*: offene Gallerien.

23. 1. *Trabes directae* u. s. w. Es werden Balken in gerader Richtung (*directae*) der Länge nach fortlaufend durch die Dicke der Mauer (*perpetuae*) in immer gleichen Entfernungen auf den Boden gelegt, d. h. so, dass ihre Richtung von der äusseren Seite der Mauer nach innen zu geht. [Wahrscheinlich indess ist zu verbinden *directae in longitudinem* und *perpetuae* aus c. 23, 5 hier eingeschoben, da es sowohl für die Erklärung Schwierigkeit macht als auch die gleichmässige Bezeichnung der Quer- und der Langbalken als *trabes perpetuae* sehr anstössig ist.]

2. *revinciuntur introrsus*: sie werden nach innen zu verbunden, nämlich nach c. 23, 5 durch Balken von beträchtlicher in der Regel 40 Fuss betragender Länge, die auf der inneren Seite der Mauer gegen die Querbalken angelegt und mit diesen durch Klammern verbunden werden. — *multo aggere vestiuntur*. Hinter den Langbalken wird alsdann der Damm angeschüttet, der dem ganzen Bau Festigkeit und Halt giebt, und damit das Fachwerk 'überkleidet'. Ueber *agger* 2. 20, 1. 7. 58, 1. 56. 5. — *grandibus in fronte saxis eff.* Die Zwischenräume zwischen den Querbalken auf der Aussenseite der Mauer werden mit grossen Steinen ausgefüllt.

effarciuntur. His collocatis et coagmentatis alius insuper ordo 3
additur, ut idem illud intervallum servetur neque inter se contingant trabes, sed paribus intermissae spatiis singulae singulis
saxis interiectis arte contineantur. Sic deinceps omne opus con- 4
texitur, dum iusta muri altitudo expleatur. Hoc cum in speciem 5
varietatemque opus deforme non est alternis trabibus ac saxis,
quae rectis lineis suos ordines servant, tum ad utilitatem et defensionem urbium summam habet opportunitatem, quod et ab
incendio lapis et ab ariete materia defendit, quae perpetuis trabibus pedes quadragenos plerumque introrsus revincta neque per-
rumpi neque distrahi potest. His tot rebus impedita oppugna- 24
tione milites, cum toto tempore frigore et assiduis imbribus tar-

3. *alius insuper ordo additur.* Es wird nach Vollendung der ersten Schicht eine andere darüber gelegt, so dass wieder derselbe Zwischenraum zwischen den Querbalken eingehalten wird, dieselben also sich (in horizontaler Richtung) nicht berühren, sondern durch die gleichen Distanzen getrennt und, indem auf je einen Balken ein Stein zwischen eingefügt wird, die Balken eng zusammengeschlossen werden. C. wiederholt also dasselbe, was er schon einmal gesagt hat, um durch die Wiederholung und die verschiedene Wendung dem Leser Gelegenheit zu geben, sich von dem eigenthümlichen Bau die rechte sinnliche Anschauung zu bilden. Dass die zweite Schicht nicht in der Art auf der ersten lag, dass die Balken der ersten unter die Steine der zweiten kamen und umgekehrt, ist deswegen nöthig, weil C. ausdrücklich sagt, dass die Balken resp. die Steine 'in geraden Linien ihre Reihen einhalten'. Auch der Schutz vor dem Feuer fordert die völlige Isolirung der Stein- und der Balkenschichten auf der Stirnseite der Mauer.

5. *in speciem varietatemque:* für, in Betreff des äussern Ansehens und der Mannigfaltigkeit, Abwechselung, indem Steine und Holz regelmässig abwechselten (*alternis trabibus et saxis*). — *rectis lineis:*
indem Balken und Steine in geraden — nach der obigen Darstellung — verticalen Linien regelmässig fortlaufende Schichten bilden, sich in geraden Linien innerhalb ihrer Reihe halten. *Ordo* bezeichnet also hier nicht, wie § 3, die querüber laufende, abwechselnd aus Bäumen und Steinen gebildete Reihe. — *opportunitatem:* aptam et commodam structuram. — *materia* bezeichnet die Querbalken auf der Aussenseite der Mauer. C. holt hier die nähere Angabe über die Weise nach, wie die Verbindung der Querbalken nach innen zu (*revinciuntur introrsus* § 2) bewerkstelligt wurde. Die *perpetuae trabes* sind die Langbalken; ihre Verschiedenheit von den § 1 erwähnten *trabes* folgt schon daraus, dass eine Mauerdicke von 40 Fuss als normale unmöglich ist; ebenso aus dem *plerumque*, denn die Querbalken mussten nothwendig durchaus die gleiche Länge haben, während die Langbalken füglich verschiedene haben konnten. Der fortificatorische Zweck der Anlage ist klar: die Steinlagen isolirten die Balken auf der Stirnseite der Mauer und verhinderten das Abbrennen; von dem Mauerbrecher aber konnte das Holzwerk nicht durchbrochen oder aus einander gerissen werden, weil es mittels durchlaufender Balken von meist 40 F. nach in-

darentur, tamen continenti labore omnia haec superaverunt et
diebus xxv aggerem latum pedes cccxxx, altum pedes lxxx ex- .
2 struxerunt. Cum is murum hostium paene contingeret, et Caesar ad opus consuetudine excubaret militesque hortaretur, ne
quod omnino tempus ab opere intermitteretur, paulo ante tertiam vigiliam est animadversum fumare aggerem, quem cuniculo
3 hostes succenderant, eodemque tempore toto muro clamore sub-
4 lato duabus portis ab utroque latere turrium eruptio fiebat: alii
faces atque aridam materiem de muro in aggerem eminus iaciebant, picem reliquasque res, quibus ignis excitari potest, funde-
bant, ut, quo primum curreretur aut cui rei ferretur auxilium,
5 vix ratio iniri posset. Tamen, quod instituto Caesaris semper
duae legiones pro castris excubabant pluresque partitis temporibus erant in opere, celeriter factum est, ut alii eruptionibus resisterent, alii turres reducerent aggeremque interscinderent, omnis vero ex castris multitudo ad restinguendum concurreret.
Cum in omnibus locis consumpta iam reliqua parte noctis pugnaretur semperque hostibus spes victoriae redintegraretur, eo
magis, quod deustos pluteos turrium videbant nec facile adire

nen verbunden war.

24. 1. *latum pedes cccxxx.* Diese Breite ist unglaublich; entweder
ist die Zahl verdorben, oder C. hat
longum geschrieben, wie überhaupt
die Angabe der Länge bei dieser
Schilderung wichtiger ist, als die
der Breite, die bei einem Annäherungsdamm in der Regel nicht bedeutend war und zu der Höhe in
einem bestimmmten Verhältnisse
stand.

2. *consuetudine*: 6. 27, 5. — *ab
opere intermitteretur*. B. C. 1. 32,
1: *at reliquum tempus a labore intermitteretur.* Vergl. dagegen 5.
11, 6. — *succenderant*: c. 22, 4.

3. *ab utroque latere turrium*
kann nur auf die beiden Thürme der
Römer, c. 27, 1, gehen (sie machten durch 2 Thore einen Ausfall auf
beiden Seiten der Thürme, so dass
sie also die römischen Belagerungswerke auf beiden Seiten angriffen),
nicht, wie man fälschlich angenommen hat, auf die der Belagerten. Da
diese nach 23, 3 *totum murum ex*

*omni parte turribus contabulave-
rant*, sieht man nicht, welches in
diesem Fall das *utrumque latus turrium* sein soll.

5. *partitis* (6. 6, 1) *temporibus*:
abwechselnd. — *turres reducerent.*
Die Thürme wurden auf Rollen oder
Walzen fortbewegt. — *interscinderent*: um die Fortsetzung des
Brandes zu verhindern. — *omnis ex
castris multitudo concurreret.* S.
zu 2. 12, 4. — *ad restinguendum*,
wie wir 'zum Löschen', ohne das
selbstverständliche Object.

25. 1. *plutei* sind hier Brustwehren, Schutzwände an den Thürmen, die zum Schutze der auf denselben kämpfenden Soldaten angebracht waren. *aperti* sind also die
nicht mehr durch Brustwehren Gedeckten. (Anderwärts sind *plutei* bewegliche Schutzdächer, s. Kriegsw.
§ 31, 1.) — *nec facile adire animadvertebant* = et animadv., non
facile adire. *Neque* vertheilt die in
ihm liegende Kraft oft an zwei
Sätze, so dass *et* zum übergeordne-

apertos ad auxiliandum animadvertebant, semperque ipsi recentes defessis succederent omnemque Galliae salutem in illo vestigio temporis positam arbitrarentur, accidit inspectantibus nobis, quod dignum memoria visum praetereundum non existimavimus. Qui- 2 dam ante portam oppidi Gallus per manus sevi ac picis traditas glebas in ignem e regione turris proiciebat: scorpione ab latere dextro traiectus exanimatusque concidit. Hunc ex proximis unus 3 iacentem transgressus eodem illo munere fungebatur; eadem ratione ictu scorpionis exanimato alteri successit tertius et tertio quartus, nec prius ille est a propugnatoribus vacuus relictus lo- 4 cus, quam restincto aggere atque omni ex parte summotis hostibus finis est pugnandi factus. Omnia experti Galli, quod res 26 nulla successerat, postero die consilium ceperunt ex oppido profugere, hortante et iubente Vercingetorige. Id silentio noctis 2 conati non magna iactura suorum sese effecturos sperabant, propterea quod neque longe ab oppido castra Vercingetorigis aberant, et palus, quae perpetua intercedebat, Romanos ad insequendum tardabat. Iamque hoc facere noctu apparabant, cum matresfamiliae repente in publicum procurrerunt flentesque proiectae 3 ad pedes suorum omnibus precibus petierunt, ne se et communes liberos hostibus ad supplicium dederent, quos ad capiendam fugam naturae et virium infirmitas impediret. Ubi eos in sen- 4 tentia perstare viderunt, quod plerumque in summo periculo

ten, non zum untergeordneten Satz gehört, die Copula also, die einen neuen Hauptsatz anknüpft, mit der zum untergeordneten Satz gehörigen Negation verbunden ist. Liv. 7. 9, 1: *Consules in Hernicos exercitum duxerunt, neque inventis hostibus Ferentinum vi ceperunt* = et, non inventis hostibus, Fer. vi ceperunt. — *vestigium* vom Raume auf die Zeit übergetragen, bedeutet einen einzelnen Punkt der Zeit, einen Augenblick. Beides verbunden Cic. in Pis. 9: *eodem et loci vestigio et temporis.* So *e vestigio* = sofort, B. C. 2. 7, 3: *eodem vestigio* = augenblicklich. S. zu 4. 5, 3.

2. *per manus*: von Hand zu Hand. 6. 38, 4. — *scorpio* ist eine Catapulte, mit welcher Pfeile abgeschossen werden. S. Kriegswesen § 32.

26. 1. *profugere.* Der Infinit. ebenso c. 71, 1, nach dem Sinne der Redensart = constituerunt profugere. Ebenso nach *consilium est*: Cic. ad Att. 5. 5: *consilium est exspectare.* Liv. 1. 27, 6: *consilium erat – inclinare vires*; dagegen 33. 6, 8: *consilium fuit excedendi.* Nep. Lys. 3, 1: *iniit consilia, reges Lacedaemoniorum tollere.* S. Madv. § 417 Anm. 2.

2. *conati.* S. zu 5. 39, 4: *adepti confidebant.* — *neque – et*: c. 20, 4. — *perpetua intercedebat.* Dadurch, dass *perpetua* in den Relativsatz gezogen ist, wird der Umstand, dass der Sumpf ohne Unterbrechung die Stadt vom Lager trennte, dass also dieses *intercedere* ein zusammenhängendes, nicht theilweises war, weit schärfer bezeichnet, als wenn es hiesse: *perpetua palus, quae intercedebat.* — *ad insequendum tardabat*: 2. 25, 1.

3. *quos* nicht blos auf *liberos* zu beziehen.

timor misericordiam non recipit, conclamare et significare de
5 fuga Romanis coeperunt. Quo timore perterriti Galli, ne ab
equitatu Romanorum viae praeoccuparentur, consilio destiterunt.
27 Postero die Caesar promota turri directisque operibus, quae facere instituerat, magno coorto imbre non inutilem hanc ad capiendum consilium tempestatem arbitratus est, quod paulo incautius custodias in muro dispositas videbat, suosque languidius
2 in opere versari iussit et, quid fieri vellet, ostendit. Legionibusque intra vineas in occulto expeditis cohortatus, ut aliquando
pro tantis laboribus fructum victoriae perciperent, iis, qui primi
murum ascendissent, praemia proposuit militibusque signum de-
3 dit. Illi subito ex omnibus partibus evolaverunt murumque cele-
28 riter compleverunt. Hostes re nova perterriti, muro turribusque
deiecti in foro ac locis patentioribus cuneatim constiterunt, hoc
animo, ut, si qua ex parte obviam contra veniretur, acie instru-
2 cta depugnarent. Ubi neminem in aequum locum sese demit-
tere, sed toto undique muro circumfundi viderunt, veriti, ne omnino spes fugae tolleretur, abiectis armis ultimas oppidi partes
3 continenti impetu petiverunt, parsque ibi, cum angusto exitu portarum se ipsi premerent, a militibus, pars iam egressa portis ab
4 equitibus est interfecta. Nec fuit quisquam, qui praedae studeret.
Sic et Cenabi caede et labore operis incitati non aetate confectis,

---

4. *significare de fuga*: 1. 42, 1.

5. *Quo timore*: 5. 19, 2.

27. 1. *directis operibus*: nachdem die Belagerungswerke, Kriegsmaschinen in der bestimmten Richtung, die sie haben mussten, wenn
sie wirksam sein sollten, gegen die
Stadt geführt waren. — *quid fieri
vellet, ostendit*: 5. 2, 3.

2. *Legionibus expeditis* (zum Angriff fertig gemacht) · *cohortatus*.
Vergl. c. 4, 1: *convocatis clientibus
incendit*. — *intra vineas*: 2. 12, 3:
in occulto enthält eine genauere Bestimmung zu *intra vin.*; denn eben
weil sie *intra vin.* standen, waren
sie *in occulto*.

28. 1. *perterriti – deiecti*. Das
erste Partic. enthält den Grund des
zweiten; die Verbindung also wie
bei den Abl. abs. 2. 11, 5. — *cuneatim*, wohl nicht in der 6. 40, 2
erwähnten Form des *cuneus*, sondern in gedrängten länglichen Vier-
ecken oder noch allgemeiner: in eng
geschlossenen Haufen. — *obviam
contra*. Nebeneinanderstellung syn-
onymer Begriffe zur Ergänzung und
Vervollständigung, da in *obviam* an
sich nicht die Bedeutung feindseli-
ger Absicht liegt: wenn von irgend
einer Seite die eindringenden Römer ihnen begegneten, und sie angriffen. — *depugnare* von einem
heftigen, entscheidenden Kampfe;
vergleiche *decertare* 1. 50, 4.

2. *circumfundi*. Der Sinn zeigt,
was in dem das Gegentheil des vorhergeh. enthaltenden Satze aus *neminem* zu suppliren ist. — *continenti impetu*: in Einem Laufe, ohne
abzusetzen.

4. *Cenabi caede*: durch das Blut-
bad von Cenabum = c. Cenabensi
(wie man sonst las): eigentl.: das
Cenabum angehört, weil es dort ge-

non mulieribus, non infantibus pepercerunt. Denique omni ex 5
numero, qui fuit circiter milium xl, vix dccc, qui primo clamore
audito se ex oppido eiecerunt, incolumes ad Vercingetorigem
pervenerunt. Quos ille multa iam nocte silentio ex fuga excepit 6
veritus, ne qua in castris ex eorum concursu et misericordia
vulgi seditio oreretur, ut procul in via dispositis familiaribus
suis principibusque civitatum disparandos deducendosque ad
suos curaret, quae cuique civitati pars castrorum ab initio obvenerat. Postero die concilio convocato consolatus cohortatus- 29
que est, ne se admodum animo demitterent, ne perturbarentur
incommodo. Non virtute neque in acie vicisse Romanos, sed ar- 2
tificio quodam et scientia oppugnationis, cuius rei fuerint ipsi
imperiti. Errare, si qui in bello omnis secundos rerum proven- 3
tus exspectent. Sibi numquam placuisse Avaricum defendi, cuius 4
rei testes ipsos haberet; sed factum imprudentia Biturigum et nimia obsequentia reliquorum, uti hoc incommodum acciperetur.
Id tamen se celeriter maioribus commodis sanaturum. Nam 5 6
quae ab reliquis Gallis civitates dissentirent, has sua diligentia
adiuncturum atque unum consilium totius Galliae effecturum,
cuius consensui ne orbis quidem terrarum possit obsistere; idque se prope iam effectum habere. Interea aequum esse ab iis 7

schoben ist; s. zu 5. 54, 4: *Gallici
belli officiis*. 8. Praef. § 2: *rerum
gestarum Galliae*: ebenso das. c. 48,
10. B. C. 1. 4, 5: *iter Asiae Syri-
asque*. Nicht anders das Verhältniss des Genitivs *labore operis*:
die Mühseligkeit bei der Belagerung.
Das grosse Blutvergiessen zu Avaricum, das er nicht verhehlt, entschuldigt er mit der Erbitterung der
Soldaten und lehnt die Schuld dadurch von sich ab. Ueber den Vorfall zu Cenabum s. c. 3.

5. *Denique*: 'kurz'.

6. *multa nocte*: 1. 22, 4. — *quae
cuique civ. pars. obv.* = in eam partem castrorum, quae cuique civ. obvenerat. Die Eintheilung des Lagers (*generatim in civitates*) c. 19, 2.
Nach c. 21, 2 waren 10000 aus allen
Völkerschaften nach Avaricum geschickt worden, und die Zurückkehrenden weist er sogleich, um einen
Zusammenlauf zu verhüten, zu den
betreffenden Abtheilungen.

29. 1. *concilio convocato consolatus est*. S. zu 6. 43, 1. 7. 4, 1.

3. *Errare, si qui exspectent*: es
irre, wenn einer, d. i. wer etwa =
diejenigen, welche. Vergl. 6. 32, 2:
*captivorum, si qui ad eos ex fuga
pervenissent, ad se ut reducerentur,
imperavit*. Zumpt § 740. Ebenso
im Griech. εἴ τις; s. Krüger Gr.
Sprachl. 65. 5, 9. — *omnis sec. r.
proventus*: lauter glückliche Erfolge. Liv. 9. 13, 6: *pervenerat Ar-
pos per omnia pacata*: durch lauter
friedliche Gegenden. 22. 39, 13: *in
hostili est terra, inter omnia inimica
infestaque*. 5. 14, 5: *patricios omnis* (lauter Patricier) – *tribunos militum consulari potestate creavere*.

4. *imprudentia Biturigum*: c.
15, 4.

6. *unum consilium – effect.*: eine Vereinigung von ganz Gallien
zu einem gemeinschaftlichen Kriegsplan zu Stande bringen.

communis salutis causa impetrari, ut castra munire instituerent,
30 quo facilius repentinos hostium impetus sustinerent. Fuit haec
oratio non ingrata Gallis, et maxime, quod ipse animo non defecerat tanto accepto incommodo, neque se in occultum abdiderat
2 et conspectum multitudinis fugerat; plusque animo providere et
praesentire existimabatur, quod re integra primo incendendum
3 Avaricum, post deserendum censuerat. Itaque ut reliquorum imperatorum res adversae auctoritatem minuunt, sic huius ex con-
4 trario dignitas incommodo accepto in dies augebatur. Simul in
spem veniebant eius affirmatione de reliquis adiungendis civitatibus; primumque eo tempore Galli castra munire instituerunt, et
sic sunt animo consternati homines insueti laboris, ut omnia,
31 quae imperarentur, sibi patienda existimarent. Nec minus, quam
est pollicitus, Vercingetorix animo laborabat, ut reliquas civitates
2 adiungeret, atque eas donis pollicitationibusque alliciebat. Huic
rei idoneos homines deligebat, quorum quisque aut oratione
3 subdola aut amicitia facillime capere posset. Qui Avarico expu-

7. *impetrari.* Er braucht diesen
Ausdruck, weil er nach einer solchen Niederlage wenig Geneigtheit
voraussetzen musste, die Kriegs-
rüstungen fortzusetzen und die ganze Sachlage überhaupt einen milderen Ton gebot.

30. 1. *et maxime:* 5. 45, 1. — *et
— fugerat,* nicht *nec fugerat,* da beide Sätze gleichartig sind und der
zweite nur eine weitere Ausführung
des ersten ist, beide aber zusam-
mengenommen dem *non defecerat*
gegenüber gestellt sind.

2. *providere et praesentire.* Das
erstere ist ein klares, von Vernunft-
gründen begleitetes, das letztere
ein durch Ahnen bedingtes Vorhersehen (= vorausahnen). Dies giebt
dem Feldherrn ein fast geheimniss-
volles Wesen und erhöht sein Ansehen. Daher auch diese, nicht die
umgekehrte Stellung der Worte. —
re integra: als noch nichts geschehen war, noch alles gut stand. B. C.
1. 85, 2: *qui etiam bona condicione
confligere noluerit, ut quam integerrima essent ad pacem omnia.* —
deserendum: c. 26, 1.

4. *de reliquis adiungendis civitatibus* mit *in spem veniebant* zu verbinden. — *consternati* heisst natürlich nicht: niedergeschlagen, entt-
mutbigt (denn dann würden die Gallier nicht bereit gewesen sein alles
Befohlene zu thun), sondern ist gebraucht von heftiger Gemüthserre-
gung = gewaltig ergriffen, aufgeregt,
und bezeichnet den bewältigenden
Eindruck, den Verc. auf sie machte,
dass sie sich, eines eigenen Entschlusses nicht fähig, willenlos ihm
hingaben und er mit ihnen machen
konnte, was er wollte; daher ganz
passend: *ut omnia, quae imperarentur, sibi patienda existimarent.*
C. schildert den Eindruck von seinem Standpunkte, und lässt die Be-
reitwilligkeit, das Ungewohnte zu
thun (*insueti laboris*) die Folge einer
consternatio, nicht das Werk eines
freien Entschlusses sein. Aehnlich
braucht das W. Liv. 7. 42, 3: *multitudinem ad arma consternatam
esse* = concitatam.

31. 2. *capere:* einnehmen, gewinnen.

3. *Qui refugerant, armandos cu-

gnato refugerant, armandos vestiendosque curat; simul, ut demi- 4
nutae copiae redintegrarentur, imperat certum numerum militum
civitatibus, quem et quam ante diem in castra adduci velit, sagit-
tariosque omnes, quorum erat permagnus numerus in Gallia,
conquiri et ad se mitti iubet. His rebus celeriter id, quod Avarici deperierat, expletur. Interim Teutomatus, Olloviconis filius, 5
rex Nitiobrogum, cuius pater ab senatu nostro amicus erat appellatus, cum magno equitum suorum numero et quos ex Aquitania conduxerat ad eum pervenit.

Caesar Avarici complures dies commoratus summamque ibi **32**
copiam frumenti et reliqui commeatus nanctus exercitum ex
labore atque inopia refecit. Iam prope hieme confecta cum ipso 2
anni tempore ad gerendum bellum vocaretur et ad hostem proficisci constituisset, sive eum ex paludibus silvisque elicere sive
obsidione premere posset, legati ad eum principes Haeduorum
veniunt oratum, ut maxime necessario tempore civitati subveniat: summo esse in periculo rem, quod, cum singuli magi- 3
stratus antiquitus creari atque regiam potestatem annum obtinere consuessent, duo magistratum gerant et se uterque eorum
legibus creatum esse dicat. Horum esse alterum Convictolitavem, 4
florentem et illustrem adulescentem, alterum Cotum, antiquis-
sima familia natum atque ipsum hominem summae potentiae et
magnae cognationis, cuius frater Valetiacus proximo anno eundem magistratum gesserit. Civitatem esse omnem in armis; di- 5
visum senatum, divisum populum, suas cuiusque eorum clientelas. Quod si diutius alatur controversia, fore uti pars cum
parte civitatis confligat. Id ne accidat, positum in eius diligentia
atque auctoritate. Caesar, etsi a bello atque hoste discedere **33**

rat. B. C. 3. 78, 5: *quique erant ex*
vulneribus aegri, depositis. Unten
§ 5: *cum magno equ. numero et*
quos — conduxerat = et cum iis, quos
—. S. zu 4. 7, 3.

4. *imperat — quem velit*: c. 11, 5.
Hier ist noch insbesondere zu be-
achten, dass *imperat* schon sein
Obiect *cert. num. mil.* hat.

5. *amicus erat appell.*: 1. 3, 4. —
conduxerat wie 5. 27, 8 = mercede
conduxerat; Miethtruppen, im Gegensatz zu seinen eigenen Leuten.

32. 1. *commoratus.* S. zu 5. 7,
3. — *nanctus*: 4. 36, 3.

2. *sive — posset*: 6. 29, 4. — ne-

cessario tempore: 1. 16, 6.

3. *annum*, nicht *unum annum*,
da, wenn nicht der Begriff der Einheit im Gegensatz zu einer Mehrheit zu urgiren ist (s. zu c. 81, 1),
bei Zeitbestimmungen, wie *annus,
mensis, dies*, und bei Maassbestim-
mungen (7. 73, 9: *pedem longae*)
unus nicht gesetzt wird. 4. 1, 7:
longius anno.

4. *florentem*, ohne den gewöhnlichen Zusatz, worin die Blüthe besteht, steht gleich dem folgenden
atque ipsum (= und auch, ebenfalls)
hominem summae potentiae, während *magnae cognationis* dem *illu-*

detrimentosum esse existimabat, tamen non ignorans, quanta ex
dissensionibus incommoda oriri consuessent, ne tanta et tam
coniuncta populo Romano civitas, quam ipse semper aluisset
omnibusque rebus ornasset, ad vim atque arma descenderet, atque ea pars, quae minus sibi confideret, auxilia a Vercingetorige
2 arcesseret, huic rei praevertendum existimavit, et, quod legibus
Haeduorum iis, qui summum magistratum obtinerent, excedere
ex finibus non liceret, ne quid de iure aut de legibus eorum de-
minuisse videretur, ipse in Haeduos proficisci statuit senatumque
omnem et quos inter controversia esset ad se Decetiam evocavit.
3 Cum prope omnis civitas eo convenisset docereturque, paucis
clam convocatis alio loco, alio tempore atque oportuerit fratrem
a fratre renuntiatum, cum leges duo ex una familia vivo utroque
non solum magistratus creari vetarent, sed etiam in senatu esse
4 prohiberent, Cotum imperium deponere coëgit, Convictolitavem,
qui per sacerdotes more civitatis intermissis magistratibus esset
creatus, potestatem obtinere iussit.

34　　　Hoc decreto interposito cohortatus Haeduos, ut contro-
versiarum ac dissensionis obliviscerentur atque omnibus omissis rebus huic bello servirent eaque, quae meruissent, praemia

stris entspricht.

33. 1. *detrimentosum* kommt nur
hier vor. — *dissensiones* innere Unruhen. — *alere*: das Wachsthum,
die Wohlfahrt befördern, den Staat
emporbringen. — *descendere*: so
weit kommen (als zu dem Letzten
und Aeussersten), dass er zu Gewalt schritte. 5. 29, 5.

2. *et quos inter* (Anastrophe)
controversia esset: er entbot den
Senat und die, welche, nach dem
Berichte der Häduer, in Streit begriffen wären.

3. *atque oportuerit*. Der Coniunct. Perf. abweichend von der
Tempusfolge der Periode, weil es
in directer Rede *oportuit* = es hätte
geschehen sollen, heissen würde. —
fratrem a fratre: Cotum a Vale-
tiaco, c. 32, 4. — *renuntiatum*: als
magistratus; der Bruder also hatte
den Vorsitz bei der Wahl geführt;
denn vom Vorsitzenden wird *renuntiare* (amtlich das Resultat der Wahl
bekaunt machen, den Namen des

Gewählten ausrufen) gebraucht.
Er war ohne ordnungsmässige Ladung der Wahlberechtigten in einer
schwach besuchten Versammlung
gewählt worden.

4. *intermissis magistratibus*
heisst in Ermangelung von Beamten,
indem die letzt fungirenden eher
abgetreten waren, als eine gültige
Wahl der Nachfolger zu Stande gekommen war. Es leiteten also in
Gallien im Fall des Interregnum
die Priester die Wahl, was bei der
Stellung der Druiden wohl erklärlich ist. Aehnlich wurden in Rom,
als man nach der Unterbrechung des
Volkstribunats durch die Decemvirn
wieder Volkstribunen zu wählen
beschloss, diese gewählt unter Vorsitz des Pontifex maximus. Cotus
war dagegen von seinem Bruder,
der im Jahre vorher dasselbe Amt
bekleidete (32, 4), also vor Eintritt
des Interregnum und früher als Convictolitavis gewählt.

34. 1. *omnibus omissis rebus*:

ab se, devicta Gallia, exspectarent equitatumque omnem et peditum milia decem sibi celeriter mitterent, quae in praesidiis
rei frumentariae causa disponeret, exercitum in duas partes divisit: quattuor legiones in Senones Parisiosque Labieno ducen- 2
das dedit, sex ipse in Arvernos ad oppidum Gergoviam secundum
flumen Elaver duxit; equitatus partem illi attribuit, partem sibi
reliquit. Qua re cognita Vercingetorix omnibus interruptis eius 3
fluminis pontibus ab altera fluminis parte iter facere coepit. Cum 35
uterque utrimque exisset exercitus, in conspectu fereque e regione
castris castra ponebant, dispositis exploratoribus, necubi effecto
ponte Romani copias traducerent. Erat in magnis Caesaris diffi- 2
cultatibus res, ne maiorem aestatis partem flumine impediretur,
quod non fere ante autumnum Elaver vado transiri solet. Ita- 3
que, ne id accideret, silvestri loco castris positis e regione unius
eorum pontium, quos Vercingetorix rescindendos curaverat, postero die cum duabus legionibus in occulto restitit; reliquas co- 4
pias cum omnibus impedimentis, ut consueverat, misit captis
quibusdam cohortibus, uti numerus legionum constare videretur.

mit Hintansetzung aller (anderen)
Dinge, so dass sie ihre ausschliessliche Aufmerksamkeit dem Kriege
widmen sollten (nicht *omnibus omissis his rebus*, was auf diese Streitigkeiten bezogen, nur eine müssige
Wiederholung des *ut - obliviseeren-
tur* sein würde). — *bello servirent.*
S. zu 4. 5, 3. — *in praesidiis*: in
verschiedene Orte, wo sie die Ge-
treidezufuhr decken und ihr die
Wege frei erhalten konnten.

35. 1. *Cum uterque - ponebant.*
Da jedesmal beide Heere, jedes auf
seinem Ufer, aufgebrochen waren,
schlugen sie auch einander gegenüber ihr Lager auf. Dass der Aufbruch gleichzeitig geschah, spricht
C. nicht erst aus, es versteht sich
aber von selbst, da das Manöver des
Vercing. eben darin bestand, dem
C. keinen Vorsprung zu lassen und
den Uebergang über den Elaver zu
hindern. In *cum exisset* liegt, wie
das Imperf. *ponebant* zeigt, der Begriff der Wiederholung (3. 14, 6).
— *fere*: meist, in der Regel, wie
nachher *non fere*. — *e regione castris.* Sonst gewöhnlich der Gen.,

wie § 2. Im Dat. liegt mehr der Begriff des *castra castris opponere.*
So Cic. Academ. 2. 39: *dicitis esse
e regione nobis, e contraria parte
terrae, qui adversis vestigiis stent
contra nostra vestigia.* — *dispositis exploratoribus*: a Vercingetorige. S. das Verzeichniss der Lesarten. — *Erat in m. Caesaris diffic.
res.* Wie es 2. 25, 1 heisst: *rem
esse in angusto*; 7. 41, 2: *quanto
res in periculo fuerit*; B. C. 3. 15,
3: *Erat res in magna difficultate,*
konnte es auch heissen *erat Caesaris res in magnis difficultatibus.*
An der Verschränkung der Worte
ist kein Anstoss zu nehmen. — *difficultatibus, ne*: c. 10, 1. — *ante
autumnum - solet,* weil der im Sommer schmelzende Gebirgsschnee den
Fluss anschwellt. S. c. 55, 10. —
vado transiri: 1. 6, 2.

4. *captis quibusdam cohortibus.*
Was C. sagen wollte, ist klar. Nachdem 2 Legionen zurückbehalten waren, mussten die 4 übrigen so vertheilt weiter ziehen, dass der ge-
genüberstehende Feind den Ausfall
nicht merkte und noch immer die-

5 His quam longissime possent egredi iussis, cum iam ex diei
tempore coniecturam ceperat in castra perventum, isdem sublicis, quarum pars inferior integra remanebat, pontem reficere·
coepit. Celeriter effecto opere legionibusque traductis et loco
6 castris idoneo delecto reliquas copias revocavit. Vercingetorix
re cognita, ne contra suam voluntatem dimicare cogeretur, ma-
36 gnis itineribus antecessit. Caesar ex eo loco quintis castris Gergoviam pervenit equestrique eo die proelio levi facto, perspecto
urbis situ, quae posita in altissimo monte omnis aditus difficiles
habebat, de expugnatione desperavit, de obsessione non prius
2 agendum constituit, quam rem frumentariam expedisset. At
Vercingetorix castris prope oppidum positis mediocribus circum
se intervallis separatim singularum civitatium copias collocaverat, atque omnibus eius iugi collibus occupatis, qua despici poterat, horribilem speciem praebebat principesque earum civitatium,
3 quos sibi ad consilium capiendum delegerat, prima luce cotidie
ad se convenire iubebat, seu quid communicandum, seu quid
4 administrandum videretur, neque ullum fere diem intermittebat,
quin equestri proelio interiectis sagittariis, qui in quoque esset

selben 6 Leg. zu sehen glaubte.
Doch sind die Worte in den Handschriften jedenfalls sehr verschrie-
ben; *captis* giebt keinen Sinn. Man
übersetze also, als ob oben stände:
ita ordinatis cohortibus. [Es ist *detractis, carptis*, von Nipperdey *ma-
niplis singulis demptis cohortibus*
vermuthet worden.]

5. *remanebat*: noch vorhanden
war, vergl. 6. 32, 5. Unter *inferior
pars* ist nicht die untere Reihe der
Brückenpfeiler zu verstehen, was
C. anders ausgedrückt hätte, sondern der untere Theil, das untere
Ende derselben, das noch übrig geblieben war, als die Feinde die Pfei-
ler abbrannten (was leichter zu be-
werkstelligen war, als das Heraus-
ziehen derselben); so dass C., ohne
erst die langwierige Arbeit des Ein-
rammens neuer Pfähle vornehmen
zu müssen, auf diesen übriggeblie-
benen Pfeilern die nur für einen
einmaligen Uebergang bestimmte
Brücke wieder leicht herstellen
konnte.

36. 1. *quintis castris* wird zur
Zeitbestimmung: als zum fünften
Male ein Lager aufgeschlagen wurde, (was nach jedem Marsche geschah, da das röm. Heer keine Nacht
zubrachte, ohne ein Lager aufzu-
schlagen), daher = am fünften Tage.
— *expugnatio* = Eroberung durch
Sturm. — *de obsessione agendum*,
anders als sonst *agere de* –. *Agere*
ist absolut gebraucht mit der bei
C. so gewöhnlichen Umschreibung
durch *de*: handeln in Betreff der Belagerung = sie vornehmen. S. zu 1.
42, 1. — *agendum constituit*: s. zu
c. 54, 2.

2. *separatim – collocaverat*: c. 19,
2. — *qua despici poterat*: 'so weit
man von demselben eine Ueberschau
hatte.' Schneider: 'qua ex parte neque silvae neque alia obstabant,
quominus despici in loca subiecta
et species praeberi illic versantibus
posset.' [Die Erklärung Fischer's:
Gergovia S. 24: 'die Feinde boten
überall, wo wir auf sie hinabsehen
konnten, einen grausenhaften An-

animi ac virtutis suorum, perspiceret. Erat e regione oppidi 5
collis sub ipsis radicibus montis egregie munitus atque ex omni
parte circumcisus; quem si tenerent nostri, et aquae magna
parte et pabulatione libera prohibituri hostes videbantur. Sed is 6
locus praesidio ab his non nimis firmo tenebatur. Tamen silentio 7
noctis Caesar ex castris egressus, priusquam subsidio ex oppido
veniri posset, deiecto praesidio potitus loco duas ibi legiones
collocavit fossamque duplicem duodenum pedum a maioribus
castris ad minora perduxit, ut tuto ab repentino hostium incursu
etiam singuli commeare possent.

Dum haec ad Gergoviam geruntur, Convictolitavis Haeduus, 37
cui magistratum adiudicatum a Caesare demonstravimus, sollici-
tatus ab Arvernis pecunia cum quibusdam adulescentibus colloquitur; quorum erat princeps Litaviccus atque eius fratres, amplissima familia nati adulescentes. Cum his praemium commu- 2
nicat hortaturque, ut se liberos et imperio natos meminerint.
Unam esse Haeduorum civitatem, quae certissimam Galliae vi- 3
ctoriam detineat; eius auctoritate reliquas contineri; qua traducta
locum consistendi Romanis in Gallia non fore. Esse nonnullo se 4

bliek', ist sprachlich nicht möglich.]

7. *Tamen - egressus*. Der unmittelbaren Beziehung von *tamen* auf
das zunächst Vorhergehende schien
non nimis firmo entgegen zu sein,
das eher *igitur* erwarten lässt. Es
ist daher auf *egregie munitus - circumcisus* bezogen worden, was wegen der dazwischen liegenden Sätze
(die in manchen Ausgaben als Parenthese genommen werden) schwerlich angeht, sowie auch in jenen
Worten an sich keine Angabe der
Schwierigkeit der Eroberung liegt,
der *tamen egressus* entgegengesetzt werden könnte. Müller hält
daher *non nimis firmo* für einen
Zusatz, den C., statt einen eigenen
Nebensatz daraus zu bilden, in den
Hauptsatz (*sed is locus praesidio
tenebatur*) eingeschoben hat, weswegen nur dieser zu betonen ist.
Der Zusammenhang würde also sein:
Dieser Punkt war seiner Lage und
Beschaffenheit nach sehr wichtig für
die Römer; aber er war bereits
durch ein, wenn gleich nicht sehr
starkes, Corps besetzt. Den-

noch (obgleich er besetzt war)
rückte er gegen denselben an.
[Vielleicht ist zu schreiben *non nimis firmo tamen tenebatur. Silentio u. s. w.*] Uebrigens beziehen sich
die W. *priusquam - posset* nicht
auf das vorhergeh. *egressus* (als Absicht = *ne prius - posset*), sondern
auf das Folg. = er eroberte den Platz,
bevor man zu Hülfe kommen konnte
(nach 3. 26, 3). — *ad minora castra* d. i. zu dem Lager der zwei
Legionen auf dem eroberten Hügel.
— *commeare* = hin und her, ab und
zugehen. (Ueber den Hügel s. das
geograph. Register unter Gergovia.)

37. 1. *demonstravimus*: c. 33, 4.
— *erat pr. Litav. atque eius fratres*. Ueber den Singular. s. Zumpt
§ 373 Anm. 1. Das Verb im Singul. nachgesetzt 2. 26, 5.

3. *detineat*: aufhalte, moretur.
3. 12, 5. B. C. 3. 75, 4. — *contineri*:
quominus deficiant. — *traducta* von
der Verbindung mit den Römern zu
den Galliern; unten § 6: *praemio
deductis*.

Caesaris beneficio affectum, sic tamen, ut iustissimam apud eum
5 causam obtinuerit; sed plus communi libertati tribuere. Cur enim
potius Haedui de suo iure et de legibus ad Caesarem disceptato-
6 rem, quam Romani ad Haeduos veniant? Celeriter adulescentibus et oratione magistratus et praemio deductis, cum se vel principes eius consilii fore proliterentur, ratio perficiendi quaerebatur, quod civitatem temere ad suscipiendum bellum adduci posse
7 non confidebant. Placuit, uti Litaviccus decem illis milibus, quae
Caesari ad bellum mitterentur, praeficeretur atque ea ducenda curaret, fratresque eius ad Caesarem praecurrerent. Reliqua qua ra-
38 tione agi placeat, constituunt. Litaviccus accepto exercitu, cum
milia passuum circiter xxx ab Gergovia abesset, convocatis subito
2 militibus lacrimans: 'Quo proficiscimur', inquit, 'milites? Omnis
noster equitatus, omnis nobilitas interiit; principes civitatis, Eporedorix et Viridomarus, insimulati proditionis, ab Romanis in-
3 dicta causa interfecti sunt. Haec ab ipsis cognoscite, qui ex ipsa
caede fugerunt: nam ego fratribus atque omnibus meis propinquis interfectis dolore prohibeor, quae gesta sunt, pronuntiare'.
4 Producuntur ii, quos ille edocuerat, quae dici vellet, atque eadem,
5 quae Litaviccus pronuntiaverat, multitudini exponunt: equites
Haeduorum interfectos, quod collocuti cum Arvernis dicerentur;
ipsos se inter multitudinem militum occultasse atque ex media
6 caede fugisse. Conclamant Haedui et Litaviccum obsecrant, ut
7 sibi consulat. 'Quasi vero', inquit ille, 'consilii sit res, ac non
necesse sit nobis Gergoviam contendere et cum Arvernis nosmet
8 coniungere. An dubitamus, quin nefario facinore admisso Romani iam ad nos interficiendos concurrant? Proinde, si quid in
nobis animi est, persequamur eorum mortem, qui indignissime
9 interierunt, atque hos latrones interficiamus'. Ostendit cives Romanos, qui eius praesidii fiducia una erant: magnum numerum

---

4. *ut iustissimam — obtinuerit*,
so dass er ihm, da ihm nur sein Recht
geworden sei, zu besonderem Danke
nicht verpflichtet sei.

6. *vel principes eius cons. fore*:
sie wollten sogar den Anfang machen (sich nicht blos anschliessen).
S. 5. 54, 4: *principes inferendi
belli*.

7. *decem illis milibus*: c. 34, 1.

38. 3. *ex ipsa caede*, wie § 5:
ex media caede: unmittelbar aus
diesem Blutbade.

6. *ut sibi consulat*. Das Folgende
zeigt, ob *cons.* hier sorgen oder rathen heisst.

7. *Quasi vero* eigentlich: ihr
sprecht in der That so, als ob, wofür wir mit derselben Kürze sagen:
'wirklich', oder 'gerade als ob' —.
— *ac non*: und nicht vielmehr, wie
es bei dergleichen berichtigenden
Angaben (besonders nach bedingen-
den oder fragenden Ausdrücken)
immer (nicht *neque*) heisst.

9. *eius praesidii fiducia una erant*.
Sie wollten unter dem Schutze der

frumenti commeatusque diripit, ipsos crudeliter excruciatos in- terficit. Nuntios tota civitate Haeduorum dimittit, eodem men- 10
dacio de caede equitum et principum permovet; hortatur, ut si- mili ratione, atque ipse fecerit, suas iniurias persequantur. Epo- 39
redorix Haeduus, summo loco natus adulescens et summae domi potentiae, et una Viridomarus, pari aetate et gratia, sed genere dispari, quem Caesar ab Divitiaco sibi traditum ex humili loco ad summam dignitatem perduxerat, in equitum numero convenerant nominatim ab eo evocati. His erat inter se de principatu con- 2
tentio, et in illa magistratuum controversia alter pro Convictoli- tavi, alter pro Coto summis opibus pugnaverant. Ex his Epore- 3
dorix cognito Litavicci consilio media fere nocte rem ad Caesarem defert; orat, ne patiatur civitatem pravis adulescentium consiliis ab amicitia populi Romani deficere; quod futurum provideat, si se tot hominum milia cum hostibus coniunxerint, quorum salu- tem neque propinqui neglegere neque civitas levi momento aesti- mare posset. Magna affectus sollicitudine hoc nuntio Caesar, 40
quod semper Haeduorum civitati praecipue indulserat, nulla in- terposita dubitatione legiones expeditas quattuor equitatumque omnem ex castris educit, nec fuit spatium tali tempore ad con- 2
trahenda castra, quod res posita in celeritate videbatur: Gaium 3
Fabium legatum cum legionibus duabus castris praesidio relin-

Häduer, die sie natürlich für Freun- de halten mussten, den nachher er- wähnten *magnum numerum fru- menti* zu Caes. bringen, der nach c. 34, 1 die *decem milia* verlangt hat- te, *quae in praesidiis rei frumenta- riae causa disponeret.*

10. *tota civitate dim.* Der Ablat. in Verb. mit *totus* ohne Präpos., um eine Verbreitung über etwas zu bezeichnen; im ganzen St. berum. — *suas iniurias* = ini. sibi illatas = dem obiectiven Genitiv, z. B. 1. 30, 1. B. C. 1. 7, 7: *imperatoris sui - iniurias.* 3. 110, 4: *qui vim suorum defendebant.*

39. 1. *sibi traditum* = commen- datum. B. C. 3. 57, 1: *traditum et commendatum.* — *convenerant*: wa- ren mitgekommen.

3. *levi momento aestimare*: für eine Sache von geringer Wichtig- keit erachten. Der durch ein Sub-

stantiv ausgedrückte Werth oder Preis einer Sache steht bei den Ver- bis des Schützens im Ablat. (Mittel und Mass der Schätzung). S. Zumpt § 445 und 456. *Momentum (movi- mentum)* ist, was eine Bewegung verursacht, zunächst von der Wag- schale, was diese in Bewegung setzt, ins Gewicht fällt; in tropischem Sinne: was Einfluss übt, der Ein- fluss, die Wichtigkeit, der Werth einer Sache.

40. 2. *ad contrahenda castra.* Das für sechs Legionen bestimmte Lager hätte vor dem Abzuge der vier Legionen auf einen kleineren Raum zusammengezogen und übri- gens abgetragen werden sollen, da zwei Legionen nicht im Stande wa- ren, es in dem früheren Umfange zu bewachen; die daraus entstehende Gefahr siehe im nächsten Cap.

quit. Fratres Litavicci cum comprehendi iussisset, paulo ante
4 reperit ad hostes fugisse. Adhortatus milites, ne necessario
tempore itineris labore permoveantur, cupidissimis omnibus
progressus milia passuum xxv agmen Haeduorum conspicatus
immisso equitatu iter eorum moratur atque impedit interdicit-
5 que omnibus, ne quemquam interficiant. Eporedorigem et Viri-
domarum, quos illi interfectos existimabant, inter equites versari
6 suosque appellare iubet. His cognitis et Litavicci fraude perspecta Haedui manus tendere, deditionem significare et proiectis
7 armis mortem deprecari incipiunt. Litaviccus cum suis clientibus, quibus more Gallorum nefas est etiam in extrema fortuna
41 deserere patronos, Gergoviam profugit. Caesar nuntiis ad civitatem Haeduorum missis, qui suo beneficio conservatos docerent,
quos iure belli interficere potuisset, tribusque horis noctis exer-
2 citui ad quietem datis castra ad Gergoviam movit. Medio fere
itinere equites a Fabio missi, quanto res in periculo fuerit, exponunt. Summis copiis castra oppugnata demonstrant, cum
crebro integri defessis succederent nostrosque assiduo labore
defatigarent, quibus propter magnitudinem castrorum perpetuo
3 esset iisdem in vallo permanendum. Multitudine sagittarum atque omnis generis telorum multos vulneratos; ad haec sustinen-
4 da magno usui fuisse tormenta. Fabium discessu eorum duabus

4. *permoveantur* = aegre, moleste ferant = λυπεῖσθαι. S. c. 53,
1: *confirmatis militibus, ne ob hanc
causam animo permoverentur.* —
ne quemquam interficiant. Dagegen
z. B. 5. 58, 4: *interdicit, – neu quis
quem vulneret. Ne quem interficiant* = er befiehlt, Niemanden zu
tödten, *ne quemquam interf.* = Niemanden, wer es auch sei, (auch
nicht einen einzigen) zu tödten. Da
in den meisten Fällen die erstere
Ausdrucksweise hinreicht, wird
nach *ne, neu (num)* meistentheils
quis u. s. w. gebraucht, selten *quisquam.* Madv. § 493 Anm. (falsch bei
Zumpt § 709 a). Vergl. Sall. Iug.
45, 2: *ne quisquam ordine egrede-
retur.*

6. *tendere – significare et – deprecari incipiunt.* Auch hier, wie an
mehreren anderen oben behandel-
ten Stellen keine Ausnahme von der
Regel, nach welcher bei drei oder
mehreren Nominibus oder Sätzen
die Copula entweder durchgängig
gesetzt oder durchgängig weggelassen wird, da nur zwei Glieder
anzunehmen sind: *manus tendere*
mit dem asyndetisch in lebhafter
Rede (als weitere Ausführung des
manus tendere) angereihten *deditionem significare,* und dann als ein
zweites *et proiectis armis mort.
deprecari.* S. 1. 23, 1.

7. *more Gallorum:* 3. 22, 2 u. 3.

41. 2. *Summis copiis:* 5. 17, 5.
— *iisdem.* Gegensatz zu *integri
defessis succederent.*

4. *discessu:* 3. 23, 4. — *eorum*
nämlich *hostium,* nicht, wie man
angenommen hat, *equitum a Fabio
missorum.* Dass die Feinde für diesen Tag die Belagerung aufgegeben
hatten, sieht man aus § 2: *quanto
in periculo res fuerit.* Daher sind
auch die Infinitive *obstruere, addere*
nicht Imperfecte (um anzugeben,

relictis portis obstruere ceteras pluteosque vallo addere et se in
posterum diem similemque casum apparare. His rebus cognitis 5
Caesar summo studio militum ante ortum solis in castra pervenit.

Dum haec ad Gergoviam geruntur, Haedui primis nuntiis ab 42
Litavicco acceptis nullum sibi ad cognoscendum spatium relinquunt. Impellit alios avaritia, alios iracundia et temeritas, quae 2
maxime illi hominum generi est innata, ut levem auditionem habeant pro re comperta. Bona civium Romanorum diripiunt, 3
caedes faciunt, in servitutem abstrahunt. Adiuvat rem proclina- 4
tam Convictolitavis plebemque ad furorem impellit, ut facinore
admisso ad sanitatem reverti pudeat. Marcum Aristium, tribu- 5
num militum, iter ad legionem facientem fide data ex oppido
Cabillono educunt: idem facere cogunt eos, qui negotiandi causa
ibi constiterant. Hos continuo in itinere adorti omnibus impedi- 6
mentis exuunt; repugnantes diem noctemque obsident; multis
utrimque interfectis maiorem multitudinem armatorum conci-
tant. Interim nuntio allato, omnes eorum milites in potestate 43
Caesaris teneri, concurrunt ad Aristium, nihil publico factum
consilio demonstrant; quaestionem de bonis direptis decernunt, 2
Litavicci fratrumque bona publicant, legatos ad Caesarem sui
purgandi gratia mittunt. Haec faciunt reciperandorum suorum 3

was Fabius bei ihrem [der Reiter]
Weggang that), sondern sie schildern die Massregeln, mit denen Fabius eben jetzt beschäftigt ist, um
sich gegen zu erwartende neue Angriffe (*in posterum diem similemque
casum*) sicher zu stellen. — *pluteos*, Brustwehren, wie c. 25, 1 an
den Thürmen, so hier aufdem Walle.

42. 1. *ad cognoscendum* absolut: zur Untersuchung der Sache.
Oben öfter *cognoscere de.* — *spatium* von der Zeit. B. C. 1. 3, 6. 5, 1.
3. 63, 4. S. unten c. 48, 4. — *levem
auditionem*: leere Redereien, Gerüchte. Vergl. 4. 5, 3. Cic. ad Fam.
8. 1, 2: *cum Romam venissem, ne
tenuissimam quidem auditionem de
ea re accepi.*

3. *in servitutem abstrahunt.* Das
Obiect fehlt in so lebhafter Schilderung ganz passend auch im Deutschen.

4. *adiuvat rem proclinatam.* Con-
vict. fördert die zum Falle, zu

einem schlimmen Ausgange sich nei-
gende Sache (*vergentem ad interi-
tum*), natürlich dadurch, dass er sie
noch schlimmer macht und dadurch
dieses Fallen befördert. Zu *proclin.*
wird verglichen Cic. ad Att. 10. 8.
B, 1: *ne quo progredereris proeli-
nata iam re, quo integra etiam
progrediendum tibi non existimas-
ses.*

5. *fide data*: unter dem Versprechen sicheren Geleites. — *idem facere cogunt.* Aus dem vorherg.
educunt (*exire iubent*) ergiebt sich
der Begriff des *facere.* — *negotiandi causa const.*: c. 3, 1. Die Zahl
der in der Häduerstadt Cabillonum,
dem heutigen Châlons an der Saone
ansässigen Römer muss schon damals beträchtlich gewesen sein, da
die Aufständischen sie durch Capitulation zum Abzug bestimmten und
dann mit ihnen förmlich kämpften.

43. 2. *sui purgandi gratia*: 3.
6, 1.

causa; sed contaminati facinore et capti compendio ex direptis
bonis, quod ea res ad multos pertinebat, timore poenae exterriti
consilia clam de bello inire incipiunt civitatesque reliquas legatio-
4 nibus sollicitant. Quae tametsi Caesar intellegebat, tamen quam
mitissime potest legatos appellat: nihil se propter inscientiam le-
vitatemque vulgi gravius de civitate iudicare neque de sua in Hae-
5 duos benevolentia deminuere. Ipse maiorem Galliae motum exspectans, ne ab omnibus civitatibus circumsisteretur, consilia
inibat, quemadmodum ab Gergovia discederet ac rursus omnem
exercitum contraheret, ne profectio nata ab timore defectionis
44 similis fugae videretur. Haec cogitanti accidere visa est facultas
bene rei gerendae. Nam cum in minora castra operis perspiciendi
causa venisset, animadvertit collem, qui ab hostibus tenebatur,
nudatum hominibus, qui superioribus diebus vix prae multitudine
2 cerni poterat. Admiratus quaerit ex perfugis causam, quorum
3 magnus ad eum cotidie numerus confluebat. Constabat inter
omnes, quod iam ipse Caesar per exploratores cognoverat, dor-

3. *capti compendio ex dir. bonis:*
durch den Gewinn von der Plünderung verlockt, *instigati.* — *quod ea*
res (das treulose Verfahren gegen
die Römer überhaupt und die Plünderung insbesondere) *ad plures per-*
tinebat: 5. 25, 4. Dieser Satz enthält den Grund zu dem folgenden
timore exterriti.

4. *tametsi* – *tamen*: 1. 30, 2.

5. *omnem exercitum contraheret,*
dadurch, dass er sich mit dem Labienus, der vier Legionen commandirte
(c. 34, 2), vereinigte. — *ab Gergovia.*
Ab wird den Städtenamen beigesetzt, wenn von dem Fortgehen aus
der Umgegend einer Stadt (von dem
von ihm belagerten Gergovia) die
Rede ist; s. c. 59, 1. B. C. 3. 24, 4:
Libo discessit a Brundisio = aus
dem Hafen von Brundisium (so auch
ad, wie 1. 7, 1: *ad Genavam*, 7. 76,
5: *ad Alesiam*). Ferner steht die
Präp., wenn die Richtung von einem
Orte her oder weg (von einem Orte
zum andern) bestimmt bezeichnet
werden soll. S. c. 45, 4: *erat a Ger-*
govia despectus in castra; c. 80, 9.
B. C. 1. 11, 4: *ab Arimino Arretium*
mittit; 25, 2: *a Corfinio in Siciliam*

miserat. — *ne videretur* auf *quem-*
admodum discederet bezogen: wie
er fortgehen könne, dass es nicht,
oder: ohne dass es schiene.

44. 1. *facultas bene rei geren-*
dae. Der Ausdruck ist absichtlich
so allgemein gehalten. Denn obgleich er zunächst nur auf diesen
Rückzug zu gehen scheint, dürfte
doch vielleicht mehr, nämlich die
Hoffnung, nach dieser plötzlichen
Veränderung der Stellung der Feinde noch einen Schlag auf die Stadt
selbst auszuführen, darin liegen.
S. zu c. 52 a. E. — *minora castra*:
c. 36, 7.

2. *Admiratus quaerit* – *causam*:
warum die Gallier diesen für sie so
wichtigen Punkt geräumt hätten.

3. *Constabat inter omnes.* Alle
machten die gleichlautende Aussage (2. 2, 4: *constanter omnes nun-*
tiaverunt). — *dorsum esse eius iugi*
u. s. w. Er erfuhr, der Rücken derselben Bergkette, der auf der anderen (westlichen) Seite einen Zugang
zu der Stadt biete, sei fast eben
(bilde ein Plateau), daher leicht zugänglich, aber schmal (vgl. Tac.
ann. 5. 47: *montem occupat angu-*

sum esse eius iugi prope aequum, sed hunc silvestrem et angustum, qua esset aditus ad alteram partem oppidi; vehementer 4
huic illos loco timere nec iam aliter sentire, uno colle ab Romanis occupato, si alterum amisissent, quin paene circumvallati atque omni exitu et pabulatione interclusi viderentur: ad hunc 5
muniendum omnes a Vercingetorige evocatos. Hac re cognita 45
Caesar mittit complures equitum turmas eodem media nocte:
imperat, ut paulo tumultuosius omnibus locis vagarentur. Prima 2
luce magnum numerum impedimentorum ex castris mulorumque
produci deque his stramenta detrahi mulionesque cum cassidibus
equitum specie ac simulatione collibus circumvehi iubet. His 3
paucos addit equites, qui latius ostentationis causa vagarentur.
Longo circuitu easdem omnes iubet petere regiones. Haec pro- 4
cul ex oppido videbantur, ut erat a Gergovia despectus in castra,
neque tanto spatio, certi quid esset, explorari poterat. Legionem 5
unam eodem iugo mittit et paulum progressam inferiore consti-

stum) und mit Gehölz bewachsen
(*sed hunc*, wie *et is*, *atque hic*; Gegensatz zu dem vorhergehenden
Hügel). Die Gall. fürchteten nun,
die Römer, die schon im Besitz der
einen Höhe waren (c. 36, 5), möchten
auch die andere auf dem für sie gefährlichsten Theile wegnehmen und
sie so einschliessen. Deswegen hatte Verc. von den Anhöhen auf der
Ostseite der Stadt die Mannschaft
weggezogen, um sie auf der westlichen schanzen zu lassen. — Ueber die Masculinform *dorsus*, die bei
Plautus vorkommt, bemerkt Schneider: 'Recentioribus *dorsum* magis
placuerit: de Caesaris eiusque aetatis usu nihil constat, neque apud
Livium aut Tacitum discerni genus
potest'.

4. *quin*: S. zu 1. 4, 4. u. zu B. C.
3. 94, 3: *neque Caesarem fefellit,
quin* —.

45. 1. *mittit — eodem*: nach dem
eben beschriebenen Punkte, wo
Vercing. Verschanzungen anlegte,
um, wenn der Feind durch diese
Scheinanstalten verführt, dorthin
zu Hülfe eilte, das auf den Hügeln
vor der Stadt (c. 36) befindliche Lager einzunehmen. — *omnibus locis*:

natürlich in der Nähe jener Verschanzungen.

2. *impedimentorum*: Packpferde.
— *equitum specie ac simulatione*:
indem sie das Ansehen von Reitern
hatten und sich stellten, als ob sie
R. wären. — *stramenta*: die Pack-
sättel, auf denen man nicht reiten
konnte. — *collibus* ist Ablativ. Sie
sollten auf den Hügeln, über die Hügel hin, nach der anderen Seite der
Stadt herumreiten.

4. *neque* = neque tamen: 1. 47,
1. — *tanto spatio*: bei einem solchen Zwischenraume, bei solcher
Entfernung.

5. *eodem iugo* kann unmöglich
so viel sein, wie *ad idem iugum*, so
dass *iugo* dem *eodem* (eben dahin)
assimilirt gedacht würde. Am einfachsten erklärt man *eodem iugo*
wie vorher *collibus*, und § 10 *eodem
ascensu*, und versteht darunter denselben (an Caesars Lager auf dem
Plateau des Crest anstossenden)
Bergrücken, über den er die Reiter
geschickt hatte, natürlich nur zu
dem Zwecke, dass sie von den Galliern gesehen und diese in der Meinung, C. beabsichtige einen Angriff
auf den erwähnten westlichen Zu-

6 tuit loco silvisque occultat. Augetur Gallis suspicio atque omnes
7 illo ad munitionem copiae traducuntur. Vacua castra hostium
Caesar conspicatus tectis insignibus suorum occultatisque signis
militaribus raros milites, ne ex oppido animadverterentur, ex
maioribus castris in minora traducit legatisque, quos singulis
8 legionibus praefecerat, quid fieri velit, ostendit: imprimis monet,
ut contineant milites, ne studio pugnandi aut spe praedae longius
progrediantur; quid iniquitas loci habeat incommodi proponit:
9 hoc una celeritate posse mutari; occasionis esse rem, non proe-
10 lii. His rebus expositis signum dat et ab dextra parte alio a-
46 scensu eodem tempore Haeduos mittit. Oppidi murus ab planicie
atque initio ascensus recta regione, si nullus amfractus interce-
2 deret, ϺCC passus aberat: quidquid huc circuitus ad molliendum

gang zur Stadt, bestärkt würden.
'Die Legion hatte, nachdem ihr Aus-
marsch wahrgenommen war, ihre
Aufgabe erfüllt und durfte im Walde oder hinter dem Plateau von
Jussac verschwinden, von wo sie
nöthigenfalls zu dem wirklichen Angriff im Centrum leicht herbeigeholt
werden konnte'. Fischer Gergovia
S. 25.

6. *ad munitionem* hat die zweite
Handschriftenklasse, richtig, wie die
Vergleichung von c. 44, 5: *ad hunc
muniendum* und c. 48, 1 zeigt; *munitionum*, wie die im Ganzen bessere
Familie hier liest, müsste mit *cu-
piae* verbunden werden = omnium
munitionum, quae extra urbem
erant, praesidia, kommt aber ander-
weitig nicht vor und ist schwerlich
richtig.

7. *insignibus*: 1. 22, 2. 2. 21, 5.
— *raros*: 6. 9, 6. — *in minora castra*, um von diesem am Fusse des
Berges liegenden Lager aus das vom
Feinde leer gelassene Lager anzugreifen.

9. *mutari*: geändert, d. i. bewirkt
werden, dass es keine Schwierigkeit
mehr sei. B. C. 2. 29, 3: *Caesaris
beneficium mutaverat consuetudo*.
— *occasionis esse — rem*: es komme mehr auf Benutzung einer günstigen Gelegenheit, eine Ueber-
raschung des Feindes, einen Hand-

streich an, als auf einen förmlichen
Kampf. In dieser ganzen Anweisung liegt im Voraus eine Verwah-
rung gegen die Verantwortlichkeit
für das Misslingen des Unternehmens, da diesem Befehle nicht ge-
horcht wurde. S. c. 52 a. E.

10. *alio ascensu* = alia parte, qua
ascendi poterat.

46. 1. *si nullus amfractus intercederet, aberat*. Eine nicht seltene
Form des hypothetischen Satzes,
indem der Hauptsatz (*aberat*) als
von der Bedingung unabhängig und
an sich gültig aufgefasst wird: die
wirkliche Entfernung in gerader
Richtung betrug so viel; aber man
musste einen Umweg machen; dies
als Bedingungssatz gefasst: *si nullus
amfr. intercederet*: wenn nicht —
dazwischen gewesen wäre, wie
wir sagen; C. braucht das Imperf.,
das sich in dieser Verbindung häufig, bes. bei den Historikern findet,
hier aber seinen Grund darin hat,
dass von einer bestehenden, ihrer
Natur nach dauernden Sache die
Rede ist.

2. *huc*: zu den 1200 Schritten.
— *circuitus* hängt von *quidquid* ab.
— *ad molliendum clivum*: um die
Steilheit zu mildern, die Besteigung
also leichter zu machen (ut molliore
acclivitate iretur), indem man den
Weg in Krümmungen führte. Liv.

clivum accesserat, id spatium itineris augebat. A medio fere 3
colle in longitudinem, ut natura montis ferebat, ex grandibus
saxis sex pedum murum, qui nostrorum impetum tardaret, praeduxerant Galli atque inferiore omni spatio vacuo relicto superiorem partem collis usque ad murum oppidi densissimis castris
compleverant. Milites dato signo celeriter ad munitionem per- 4
veniunt eamque transgressi trinis castris potiuntur; ac tanta fuit
in capiendis castris celeritas, ut Teutomatus, rex Nitiobrogum, 5
subito in tabernaculo oppressus, ut meridie conquieverat, superiore corporis parte nudata, vulnerato equo vix se ex manibus
praedantium militum eriperet. Consecutus id, quod animo pro- 47
posuerat Caesar, receptui cani iussit, legionisque decimae, quacum erat, contionatus signa constituit. Ac reliquarum legionum 2
milites non exaudito sono tubae, quod satis magna valles intercedebat, tamen ab tribunis militum legatisque, ut erat a Caesare
praeceptum, retinebantur. Sed elati spe celeris victoriae et ho- 3

21. 17: *molliunt anfractibus mo-
dicis clivos*. Es ist nicht zu leugnen, dass der ganze Gedanke: 'der
Umweg, der zu der Entfernung in
gerader Linie hinzukam, vermehrte
die Länge des Weges', ziemlich
breit und umständlich gefasst ist, da
nichts weiter gesagt werden soll, als
dass die zur Erleichterung des Auf-
gangs nothwendigen Abweichungen
von der geraden Linie zu jener Entfernung noch hinzu kamen.

3. *ex grandibus saxis murum*.
S. zu 5. 40, 6 (4. 33, 1). — *densissimis castris*: mit dicht neben einander stehenden Lagern der einzelnen Völkerschaften, die getrennt
lagerten. Darauf bezieht sich auch
unten *trinis castris*.

5. *ut meridie conquieverat*. Liv.
24. 40: *tantus terror pavorque omnes occupavit, ut – ipse rex, sicut
somno excitus erat, prope seminu-
dus – ad flumen perfugerit*.

47. 1. *Consecutus id* u. s. w.
Auch hier scheint C. seine wahre
Meinung zu verhüllen. Der Feind
hatte offenbar das Lager doch nicht
so völlig von Besatzung entblösst,
wie Caesar gemeint hatte, und die
Hoffnung desselben sich durch einen

Handstreich zu bemächtigen erfüllte
sich nicht. Dies veranlasst ihn die
Sturmcolonne zurückzurufen: worin
das Scheitern des angelegten Planes
liegt, obwohl C. dies nicht offen eingestehen will. — *quod animo proposuerat*. Vergl. über die Sache c. 43
a. E. *Animo* ist entweder Dativ und
dient zu der so häufigen Umschreibung für die Person selbst = sibi,
oder es ist Ablat. und bei propos. ist
sibi ausgelassen, wie B. C. 3. 76, 1:
*confecto iusto itinere, quod propo-
suerat*. — *legionisque decimae –
sign. const.*: er liess die 10. Leg.
Halt machen (*sign. constituere*) con-
tionatus 'nachdem er zu ihr gesprochen hatte', näml. dass nun, nachdem er seinen Zweck erreicht habe,
nicht weiter vorzuschreiten sei. Bei
den übrigen Legionen thaten es die
Legaten und Tribunen vergeblich.
Doch ist mit Recht bemerkt worden,
dass dieser kritische Augenblick
wenig geeignet war eine Ansprache
an die Soldaten zu halten; vielleicht
ist *contionatus* zu ändern in *continuo* oder zu streichen. — *quacum
erat*, als seiner Lieblingslegion.

2. *retinebantur*. Die Legaten
thaten Alles, um sie zurückzuhal-

stium fuga et superiorum temporum secundis proeliis nihil adeo
arduum sibi esse existimaverunt, quod non virtute consequi possent, neque finem prius sequendi fecerunt, quam muro oppidi
4 portisque appropinquarunt. Tum vero ex omnibus urbis partibus orto clamore qui longius aberant repentino tumultu perterriti, cum hostem intra portas esse existimarent, sese ex oppido
5 eiecerunt. Matresfamiliae de muro vestem argentumque iactabant
et pectore nudo prominentes passis manibus obtestabantur Romanos, ut sibi parcerent neu, sicut Avarici fecissent, ne a muli-
6 eribus quidem atque infantibus abstinerent: nonnullae de muris
7 per manus demissae sese militibus tradebant. L. Fabius, centurio legionis viii, quem inter suos eo die dixisse constabat, excitari se Avaricensibus praemiis neque commissurum, ut prius
quisquam murum ascenderet, tres suos nactus manipulares atque
ab iis sublevatus murum ascendit: hos ipse rursus singulos ex-
48 ceptans in murum extulit. Interim ii, qui ad alteram partem oppidi, ut supra demonstravimus, munitionis causa convenerant,
primo exaudito clamore, inde etiam crebris nuntiis incitati, oppidum a Romanis teneri, praemissis equitibus magno concursu
2 eo contenderunt. Eorum ut quisque primus venerat, sub muro
3 consistebat suorumque pugnantium numerum augebat. Quorum
cum magna multitudo convenisset, matresfamiliae, quae paulo
ante Romanis de muro manus tendebant, suos obtestari et more

<hr>

ten; aber es gelang ihnen nicht;
darnach ist das Imperf. zu übersetzen.

3. *elati spe*: fortgerissen. B. C.
1. 45, 2: *milites elati studio*. —
quod non - cons. possent: 4. 7, 5.

5. *vestem*. Der Singular in Col-
lectivbedeutung. — *passis manibus*:
1. 51, 3. — *Romanos*: 5. 32, 1; s.
auch unten c. 48, 1 u. 4.

6. *per manus* anders als c. 25, 2.
6. 38, 4 = an den Händen, vermittelst der H. herabgelassen von den
Obenstehenden.

7. *Avaricensibus praemiis*. Vgl. c.
27, 2: *iis, qui primi murum ascendissent, praemia proposuit*. Es sind
also die zu Avaricum versprochenen
Belohnungen, durch das Adiectivum
bezeichnet nach dem im Lat. so häufigen Sprachgebrauche, nach welchem Bestimmungen, die wir durch
ein Substant. im Genitiv oder mit
einer Präposition oder einer Umschreibung geben, durch ein abgelei-
tetes Adiectivum ausgedrückt werden. Vgl. unten c. 53, 3: *ad Gallicam ostentationem*. 5. 14, 1: *a Gallica consuetudine*. Zumpt § 684. —
tres suos nactus manipulares: 1.
52, 5. '*Manipularis* ist der gemeine
Legionssoldat im Gegensatz zu den
Chargirten der Legion, *gregarius*
zu den Chargirten des ganzen Heeres, *legionarius* zu den Bundesgenossen'. Nipperdey Tac. Ann. 1. 21.

48. 1. *supra demonstravimus*:
c. 44, 5.

2. *ut quisque pr. venerat*: wie
die Mannschaft einzeln ankam, ohne
dass jeder seine Abtheilung abwar-
tete und dieser sich einordnete.
Ueber *venerat - consistebat*: 3. 4,
2. 3. 14, 6. (5. 34, 2.)

3. *tendebant*. Wir: die noch kurz
vorher ausgestreckt hatten. Der

Gallico passum capillum ostentare liberosque in conspectum
proferre coeperunt. Erat Romanis nec loco nec numero aequa 4
contentio; simul et cursu et spatio pugnae defatigati non facile
recentes atque integros sustinebant. Caesar cum iniquo loco 49
pugnari hostiumque augeri copias videret, praemetuens suis ad
T. Sextium legatum, quem minoribus castris praesidio reliquerat,
misit, ut cohortes ex castris celeriter educeret et sub infimo colle
ab dextro latere hostium constitueret, ut, si nostros loco depul- 2
sos vidisset, quo minus libere hostes insequerentur, terreret.
Ipse paulum ex eo loco cum legione progressus, ubi constiterat, 3
eventum pugnae exspectabat. Cum acerrime comminus pugnare- 50
tur, hostes loco et numero, nostri virtute confiderent, subito
sunt Haedui visi ab latere nostris aperto, quos Caesar ab dextra
parte alio ascensu manus distinendae causa miserat. Hi simili- 2
tudine armorum vehementer nostros perterruerunt, ac tametsi
dextris humeris exsertis animadvertebantur, quod insigne paca-
tum esse consuerat, tamen id ipsum sui fallendi causa milites ab

Schriftst. fasst die Handlung weniger in ihrer nunmehrigen Vollendung, als in der bisherigen Dauer.
— *passum capillum*: 1. 51, 3. Auch
hier Zeichen der Trauer und Verzweiflung, da sie Gerg. für verloren
hielten.

4. *spatio* von der Zeit (s. c. 42,
1) = längere Dauer, diuturnitate.

49. 1. *sub infimo colle*: am Fuss
des Hügels, auf dem das kleinere
Lager stand.

3. *Ipse – progressus*, zu demselben Zwecke; s. c. 51, 1: *insequentes Gallos legio decima tardavit.*

50. 1. *hostes – confiderent* weitere Ausführung des *acerrime comminus pugnaretur*, daher asyndetisch beigefügt (s. 4. 27, 1), während
et diesen Gedanken als etwas Neues,
für sich zu Betrachtendes, hinzufügen würde. — *ab latere nostris
aperto* = ab ea parte, ubi latus nostris apertum erat; s. 1. 25, 6. Das
folgende *quos C. ab dextra parte
miserat* (vgl. c. 45, 10) zeigt, welche Flanke hier zu verstehen ist.
Auf der andern Flanke gewährt
Sextius den Stürmenden Deckung.

— *manus* nämlich *hostium*; um den
Feind auch dort zu beschäftigen.

2. *dextris hum. exsertis* (entblösst) *animadvertebantur.* Der Ablativ der Eigenschaft in ähnlicher
Weise wie 1. 28, 5. — *insigne pa-
catum*: ein friedliches Zeichen, an
dem man erkennt, dass sie nicht in
feindlicher Absicht kommen. Vergl.
wird Cie. p. Sext. 43, 93: *haurire
quotidie ex pacatissimis atque opu-
lentissimis Syriae gazis*, und Liv.
21. 20: *nec hospitale quidquam pa-
catumve auditum.* — *sui fallendi.*
S. zu 3. 6, 1. 'Die Häduer hatten
den Befehl gehabt auf der Ostseite
anzugreifen; sie mochten dort lange
umhergezogen sein und, weil sie
keine passende Gelegenheit zum
Kampfe fanden, oder auch keine finden wollten, einen Weg zur Wie-
dervereinigung mit den Römern gesucht haben. So bogen sie denn
plötzlich um die Südostecke und erschienen auf dem vorspringenden
Plateau. — Es hatte das Ansehen,
als sei ein Ausfall aus der Stadt geschehen und als solle die röm. Macht
in der unbeschützten Flanke gepackt
werden'. Fischer S. 30.

3 hostibus factum existimabant. Eodem tempore L. Fabius centurio quique una murum ascenderant circumventi atque interfe-
4 cti muro praecipitabantur. M. Petronius, eiusdem legionis centurio, cum portas excidere conatus esset, a multitudine oppressus
ac sibi desperans multis iam vulneribus acceptis manipularibus
suis, qui illum secuti erant: 'Quoniam', inquit, 'me una vobiscum servare non possum, vestrae quidem certe vitae prospi-
5 ciam, quos cupiditate gloriae adductus in periculum deduxi. Vos
data facultate vobis consulite'. Simul in medios hostes irrupit
6 duobusque interfectis reliquos a porta paulum submovit. Conantibus auxiliari suis: 'Frustra', inquit, 'meae vitae subvenire
conamini, quem iam sanguis viresque deficiunt. Proinde abite,
dum est facultas, vosque ad legionem recipite'. Ita pugnans post
51 paulum concidit ac suis saluti fuit. Nostri, cum undique premerentur, xlvi centurionibus amissis deiecti sunt loco. Sed intolerantius Gallos insequentes legio decima tardavit, quae pro sub-
2 sidio paulo aequiore loco constiterat. Hanc rursus xiii legionis
cohortes exceperunt, quae ex castris minoribus eductae cum
3 T. Sextio legato ceperant locum superiorem. Legiones, ubi pri-

4. *sibi desperans*. So braucht C.
desperare mit Dat. nur noch 3. 12,
3: *suis fortunis desp*. Auch Cicero
beschränkt mit wenigen Ausnahmen
diese Construction auf dieselbe
Wendung: *sibi* pr. Muren. 21, *rebus
suis* in Pison. 36, *saluti suae* pr.
Cluent. 25. (*oppido* in Pis. 34). —
quidem certe: wenigstens gewiss;
quidem legt einen Nachdruck auf
vestrae, certe dient zur Bekräftigung
des Gesagten.

6. *post paulum*. So nur hier bei
Caes., häufig bei Quinctilian; zu erklären wie 6. 9, 3 *paulum supra*,
und Stellung wie c. 60, 4 *post paulo*; denn *post* ist Adverbium (ein
wenig nachher), da die Verbindung
post paulum: nach wenigem, nach
kurzer Zeit, μετ' ὀλίγον, kaum cae-
sarianisch ist. — *saluti fuit*, indem
er dadurch, dass er die Feinde einen Augenblick zurückdrängte, den
Uebrigen das Entkommen möglich
machte.

51. 1. *intolerantius*: cupidius,
mit grosser Heftigkeit, unbändig,

unmässig, also activ; eigentlich 'etwas zu ertragen unfähig', wie Cic.
Tusc. 2. 9, 22: *intoleranter dolere*
von dem, der den Schmerz nicht ertragen kann, dann überhaupt 'unmässig, sich nicht mässigen kön-
nend' = impotenter, intemperanter,
wie Cic. de Orat. 2. 52, 209: *intolerantius se iactare*, und in Vatin.
12, 29: *intolerantissime gloriaris*
(Andere erklären es passivisch =
intolerabilius, wie das W. nur spätere Schriftst. brauchen).

2. *Hanc — cohortes exceperunt*.
Die auf dem Abhang an einem minder ungünstigen Punkte aufgestellte
10. Legion hatte den Feind aufgehalten; nach ihr thaten es die Cohorten der 13. Leg., die in der linken Flanke der Römer weiter abwärts auf dem Abhang standen, also
nach jenen das Aufhalten fortsetzten. — *locum superiorem*. Sie hatten sich, als sie die Stürmenden in
Gefahr sahen, von dem *infimus collis*
(c. 49, 1) weiter auf den Hügel, auf
dem Gergovia lag, hinaufgezogen.

mum planiciem attigerunt, infestis contra hostes signis constiterunt. Vercingetorix ab radicibus collis suos intra munitiones reduxit. Eo die milites sunt paulo minus septingenti desiderati.

Postero die Caesar contione advocata temeritatem cupiditatemque militum reprehendit, quod sibi ipsi iudicavissent, quo procedendum aut quid agendum videretur, neque signo recipiendi dato constitissent neque ab tribunis militum legatisque retineri potuissent. Exposuit, quid iniquitas loci posset, quid ipse ad Avaricum sensisset, cum sine duce et sine equitatu deprehensis hostibus exploratam victoriam demisisset, ne parvum modo detrimentum in contentione propter iniquitatem loci accideret. Quanto opere eorum animi magnitudinem admiraretur, quos non castrorum munitiones, non altitudo montis, non murus oppidi tardare potuisset, tanto opere licentiam arrogantiamque reprehendere, quod plus se quam imperatorem de victoria atque exitu rerum sentire existimarent; nec minus se ab milite modestiam et continentiam quam virtutem atque animi magnitudinem

3. *infestis contra hostes signis constiterunt*: sie machten gegen den Feind Front.

4. *paulo minus septingenti*: 1. 15, 5.

52. 1. *quod sibi ipsi iudicavissent*: für sich selbst bestimmt hätten, ohne die Befehle des Feldherrn abzuwarten. B. C. 1. 1, 3: *se sibi consilium capturum, neque senatus auctoritati obtemperaturum.* — *neque — neque.* S. 1. 36, 5. — *signo recipiendi dato*: 1. 48, 7. B. C. 3. 46, 5: *quibus ad recipiendum crates — impedimento erant.*

2. *Exposuit* u. s. w. Wie er c. 45, 8 die Legaten auf die Schwierigkeiten des Terrains, um das es sich handelte, hingewiesen hat, so setzt er jetzt den Soldaten 'die Bedeutung der Terrainschwierigkeiten' überhaupt auseinander; denn darin, dass sie diese nicht bedacht, und deswegen, *sibi iudicantes*, seinem Befehle entgegengehandelt hatten, liegt ihr Vergehen. (In mehrfacher Hinsicht falsch die schlechteren Handschr. *exposito*, was Schneider wieder aufnimmt und mit dem

Vorherg. verbindet, so dass *quid — accideret* Inhalt der Rede der Tribunen und Legaten gewesen wäre.] — *ad Avaricum*: c. 18 u. 19. — *exploratam victoriam*: 3. 18, 9. — *ne parvum modo detrimentum.* S. 6. 35, 3: *manus erat nulla, quae parvam modo causam timoris afferret.*

Caesar kann nach den c. 45, 8 gegebenen Verhaltbefehlen alle Schuld des Misslingens auf die Soldaten schieben. Trifft nun diese auch der Vorwurf, dass sie nicht zusammengeblieben waren und sich hatten verleiten lassen zur Unzeit bis an die Stadt vorzudringen und sie zu stürmen, so ist doch wohl nicht zu verkennen, dass ihm die Gelegenheit zur Eroberung der Stadt günstiger erschienen war, als sie dies in Wirklichkeit war (s. zu c. 44, 1). Wenigstens ist ein anderer Zweck des Unternehmens kaum denkbar, wenn er denselben auch in der ganzen Darstellung geschickt zu verhüllen weiss, da es ihm darauf ankam, den schlimmen Erfolg nicht auf seine Rechnung kommen zu lassen. S. auch zu c. 47, 1.

53 desiderare. Hac habita contione et ad extremam orationem confirmatis militibus, ne ob hanc causam animo permoverentur neu,
quod iniquitas loci attulisset, id virtuti hostium tribuerent, eadem de profectione cogitans, quae ante senserat, legiones ex ca-
2 stris eduxit aciemque idoneo loco constituit. Cum Vercingetorix
nihilo magis in aequum locum descenderet, levi facto equestri
3 proelio atque secundo in castra exercitum reduxit. Cum hoc idem
postero die fecisset, satis ad Gallicam ostentationem minuendam
militumque animos confirmandos factum existimans in Haeduos
4 movit castra. Ne tum quidem insecutis hostibus tertio die ad
54 flumen Elaver pontes reficit eoque exercitum traduxit. Ibi a
Viridomaro atque Eporedorige Haeduis appellatus discit cum
omni equitatu Litaviccum ad sollicitandos Haeduos profectum:
2 opus esse ipsos antecedere ad confirmandam civitatem. Etsi
multis iam rebus perfidiam Haeduorum perspectam habebat
atque horum discessu admaturari defectionem civitatis existimabat, tamen eos retinendos non constituit, ne aut inferre
3 iniuriam videretur aut dare timoris aliquam suspicionem. Discedentibus his breviter sua in Haeduos merita exposuit, quos et
4 quam humiles accepisset, compulsos in oppida, multatos agris,
omnibus ereptis copiis, imposito stipendio, obsidibus summa

53. 1. *confirmatis – tribuerent,* wie er auch schon vorher ihren Muth rühmend anerkannt hat. So weiss C. immer auch nach Nieder-lagen das Selbstvertrauen der Sei-nigen zu erhalten; vergl. 5. 52 a. E. — *permoverentur*: c. 40, 4. — *ea-dem de prof. cogitans – constituit.* S. c. 43 a. E. Nach dem unglückli-chen Verlaufe des Gefechtes hätte der Abzug um so mehr als Flucht erscheinen müssen. Um dies zu ver-meiden, bietet er dem Feinde die Schlacht an. Verc. nahm sie nicht an, weil er nicht erst zu erkämpfen brauchte, was er schon erreicht hatte, und weil er wohl wusste, was im freien Felde von der Ueberlegen-heit der römischen Kriegskunst zu befürchten war. C. meint freilich, dadurch die Gall. gedemüthigt zu haben: *satis ad Gallicam ostenta-tionem minuendam factum.* Ueber *Gallicam ostentationem* s. zu c.

47, 7.

2. *atque secundo*: und noch dazu. Zumpt § 333.

4. *Elaver* als Neutrum, wie man-che andere barbarische Fluss- und Städtenamen. — *ad flumen*: die Brücke bei dem Flusse, sonst ge-wöhnlich *in fl.* über den Fluss. B. C. 1. 61, 4: *ad eum locum fluminis pontem imperant fieri.* — *pontes.* S. c. 34, 3. 35, 2. — *eoque* näml. flumine; vgl. 8. 27, 2.

54. 1. *Litaviccum.* S. c. 37 und d. folg.

2. *retinendos non constituit.* Das Gerundivum bei *constituere* wie c. 36, 1 *agendum const.*; gewöhnlicher so *statuere.*

3. *quos* (quales) *accepisset* ei-gentl.: in Empfang genommen, ge-funden hätte, als er sich nach seiner Ankunft ihrer annahm. — *quam hu-miles*: in welchem Zustande der Er-niedrigung. S. 1. 31, 6. 6. 12, 3.

cum contumelia extortis, et quam in fortunam quamque in amplitudinem deduxisset, ut non solum in pristinum statum redissent, sed omnium temporum dignitatem et gratiam antecessisse
viderentur. His datis mandatis eos ab se demisit.

Noviodunum erat oppidum Haeduorum ad ripas Ligeris 55
opportuno loco positum. Huc Caesar omnes obsides Galliae, 2
frumentum, pecuniam publicam, suorum atque exercitus impedimentorum magnam partem contulerat; huc magnum numerum 3
equorum huius belli causa in Italia atque Hispania coemptum miserat. Eo cum Eporedorix Viridomarusque venissent et de statu 4
civitatis cognovissent, Litaviccum Bibracti ab Haeduis receptum,
quod est oppidum apud eos maximae auctoritatis, Convictolitavim magistratum magnamque partem senatus ad eum convenisse,
legatos ad Vercingetorigem de pace et amicitia concilianda publice missos, non praetermittendum tantum commodum existimaverunt. Itaque interfectis Novioduni custodibus quique eo ne 5
gotiandi causa convenerant pecuniam atque equos inter se partiti
sunt; obsides civitatum Bibracte ad magistratum deducendos cu 6
raverunt; oppidum, quod ab se teneri non posse iudicabant, ne 7
cui esset usui Romanis, incenderunt; frumenti quod subito po 8
tuerunt navibus avexerunt, reliquum flumine atque incendio corruperunt. Ipsi ex finitimis regionibus copias cogere, praesidia 9

4. *mandatis*. Er hatte ihnen dies gesagt, damit sie es den Häduern *ad confirmandam civitatem* (nämlich in der Treue gegen die Römer) mittheilten; daher *mandata*.

55. 1. *Oppidum Haeduorum*. Noviodunum heisst c. 12, 2 eine Stadt der Bituriger, was sich so vereinigen lässt, dass die Stadt, als die Bituriger von den Häduern, deren Clienten sie waren, abgefallen dem Vercinget. sich angeschlossen hatten (c. 5), nach ihrer Eroberung (c. 12 u. 13) wieder unter die Herrschaft der Häduer kam. Daher nennt er sie geradezu *oppidum Haed.*, zugleich zur Erklärung seines Entschlusses, dort so Bedeutendes niederzulegen. [Schneider denkt an zwei verschiedene Städte gleiches Namens.]

4. *Bibracti*, dieselbe Endung in i (während sonst die Städtenamen auf

e, wie *Praeneste, Caere*, e im Abl. haben), d. h. die alte Locativform, findet sich auch bei anderen Städtenamen, wie *Carthagini* (Liv. 30. 9, 3), *Tiburi* (Cic. ad Att. 16. 3), *Anxuri, Lacedaemoni* (Nep. Praef. § 4), so wie in *ruri, humi, (infelici arbori* Liv. 1. 26, 6). — *Recipere*, jemanden irgendwo aufnehmen, braucht C. gewöhnlich mit dem blossen Abl., auch der Städtenamen, wie B. C. 3. 103, 3: *ut Alexandria reciperetur*; so oben 6. 6, 3. 7. 20, 12; *suis finibus recipiat*. B. C. 1. 35, 5: *aut urbe aut portibus recipere*, u. a., selten mit *in* (aus nahe liegendem Grunde B. C. 3. 82, 1: *receptis omnibus in una castra legionibus*) und *intra*, wie 1. 32, 5: *intra fines suos*. In anderer Bedeutung des Verb. steht *in* nothwendig c. 71, 8. — *tantum commodum* = tantam opportunitatem.

8. *frumenti quod*: 3. 16, 2.

custodiasque ad ripas Ligeris disponere equitatumque omnibus
locis iniciendi timoris causa ostentare coeperunt, si ab re frumentaria Romanos excludere aut adductos inopia in provinciam
10 expellere possent. Quam ad spem multum eos adiuvabat, quod
Liger ex nivibus creverat, ut omnino vado non posse transiri
56 videretur. Quibus rebus cognitis Caesar maturandum sibi censuit, si esset in perficiendis pontibus periclitandum, ut prius,
2 quam essent maiores eo coactae copiae, dimicaret. Nam ne commutato consilio iter in provinciam converteret, ut nemo non tum
quidem necessario faciendum existimabat, cum infamia atque indignitas rei et oppositus mons Cevenna viarumque difficultas impediebat, tum maxime quod abiuncto Labieno atque iis legioni-
3 bus, quas una miserat, vehementer timebat. Itaque admodum
magnis diurnis nocturnisque itineribus confectis contra omnium
4 opinionem ad Ligerem venit, vadoque per equites invento pro rei
necessitate opportuno, ut brachia modo atque humeri ad susti-
nenda arma liberi ab aqua esse possent, disposito equitatu, qui
vim fluminis refringeret, atque hostibus primo aspectu perturba-
5 tis incolumem exercitum traduxit frumentumque in agris et pecoris copiam nactus repleto his rebus exercitu iter in Senones
facere instituit.

57   Dum haec apud Caesarem geruntur, Labienus eo supplemento, quod nuper ex Italia venerat, relicto Agedinci, ut esset impedimentis praesidio, cum quattuor legionibus Lutetiam profici-

---

9. *si – possent*: 6. 29, 4. Die
Häduer wollten, dass die Römer von
allen Seiten umringt, und von aller
Zufuhr abgeschnitten, genöthigt
würden, sich aus dem freien Gallien
in die Provinz zurückzuziehen; sie
wollten sie also *expellere* (hinaus-
treiben) *in provinciam*, = efficere,
ut adducti inopia in provinciam re-
dirent. Die Häduer hofften dies um
so mehr, da der Liger, über den sie
die Römer nicht setzen lassen wollten, weil sie sich dann auf dem rechten Ufer hätten verproviantiren können, nicht zu passiren war. (So
wird die Sache auch c. 59, 1 als angeblich geschehen dem Labienus
dargestellt.) C. konnte Gallien nicht
räumen, wenn er es nicht für immer verlieren und Labienus mit seinen Legionen aufgeben wollte; er

musste daher nothwendig den Uebergang über den Liger durchsetzen.
   10. *multum*: 3. 9, 3. — *ex nivibus crev.*: zu c. 35, 1. — *vado transiri*: 1. 6, 2.

   56. 2. *abiuncto Labieno*: c. 34, 2.
abiungere kommt nur hier bei Caes.
und auch sonst selten vor.
   4. *disposito equitatu*. Gewöhnlich stellten sich bei solchen Ueber-
gängen die Reiter in zwei Colonnen
auf, durch die das Fussvolk hindurch
ging, so dass die eine Colonne den
Strom des Flusses brach, die andere
Alles, was fortgerissen wurde, auf-
fing, was C. wenigstens nicht erwähnt, da er nur von der Abwehr
der Gewalt des Wassers spricht.

   57. 1. *eo supplemento*: zu c. 1,
1. 7, 5.

scitur. Id est oppidum Parisiorum, quod positum est in insula
fluminis Sequanae. Cuius adventu ab hostibus cognito magnae 2
ex finitimis civitatibus copiae convenerunt. Summa imperii tra- 3
ditur Camulogeno Aulercó, qui prope confectus aetate tamen
propter singularem scientiam rei militaris ad eum est honorem
evocatus. Is cum animadvertisset perpetuam esse paludem, quae 4
influeret in Sequanam atque illum omnem locum magnopere
impediret, hic consedit nostrosque transitu prohibere instituit.
Labienus primo vineas agere, cratibus atque aggere paludem ex- 58
plere atque iter munire conabatur. Postquam id difflicilius con- 2
fieri animadvertit, silentio e castris tertia vigilia egressus eodem,
quo venerat, itinere Melodunum pervenit. Id est oppidum Seno- 3
num in insula Sequanae positum, ut paulo ante de Lutetia diximus. Deprensis navibus circiter quinquaginta celeriterque con- 4
iunctis atque eo militibus iniectis et rei novitate perterritis oppidanis, quorum magna pars erat ad bellum evocata, sine contentione oppido potitur. Refecto ponte, quem superioribus diebus 5
hostes resciderant, exercitum traducit et secundo flumine ad Lutetiam iter facere coepit. Hostes re cognita ab iis, qui Meloduno 6
fugerant, Lutetiam incendi pontesque eius oppidi rescindi iubent; ipsi profecti a palude ad ripas Sequanae e regione Lutetiae

4. *perpetuam paludem*, wie 6. 5,
4 und 6. 31, 2, und 3. 28, 2 *continentes paludes*: ein zusammenhän-
gender, sich in das Land erstrecken-
der Sumpf, sumpfige Gegend, jedenfalls auf dem linken (südlichen)
Ufer der Sequana, oberhalb Lutetia,
zwischen dieser Stadt und Meloda-
num.

58. 1. *vineas agere*, um unter
ihrem Schutze die folgenden Arbeiten unternehmen zu können. S. 2,
12, 3. Kriegsw. § 31. II, 1. — *agger*: das Material zu einem Damm.
2. 20, 1. 7. 23, 2.

2. *id*: der Uebergang über den
Sumpf. —· *confieri* nur hier bei C.
(= confici) und überhaupt selten.
Cic. ad Fam. 4. 5: *consolatio confieri debet*. Ausserdem kommt nur
noch *confit, confiat* und *confieret*
vor.·

4. *eo* = in eas: 1. 42, 5. 51, 3.

5. *exercitum traducit*. Das ganze

Sachverhältniss ist folgendes: L.
bricht von Agedincum aus, das auf
dem linken Ufer der Seine liegt,
gegen Lutetia auf. Da der oben genannte, auf derselben Seite liegende
Sumpf nicht zu überschreiten ist,
geht er in der Nacht auf demselben
Wege zurück und überrumpelt Melodunum, das auf einer Insel der
Seine liegt, indem er auf Schiffen,
die er in seine Gewalt bekommt, auf
die Insel übersetzt. Von da setzt er
nach Wiederherstellung der Brücke
auf das rechte Ufer über, und zieht
gegen Lutetia. — *secundo flumine*:
stromabwärts. Das Gegentheil *adverso flumine* c. 60, 3.

6. *pontes eius oppidi*: welche die
auf der Insel liegende Stadt mit beiden Ufern verbinden. — *ipsi profecti a palude* u. s. w. Die Feinde
ziehen von dem Sumpfe abwärts und
lagern sich Lutetia und Labienus
gegenüber, bleiben also auf dem

59 contra Labieni castra considunt. Iam Caesar a Gergovia discessisse audiebatur, iam de Haeduorum defectione et secundo Galliae motu rumores afferebantur, Gallique in colloquiis interclusum itinere et Ligeri Caesarem inopia frumenti coactum in pro-
2 vinciam contendisse confirmabant. Bellovaci autem defectione
Haeduorum cognita, qui ante erant per se infideles, manus co-
3 gere atque aperte bellum parare coeperunt. Tum Labienus tanta
rerum commutatione longe aliud sibi capiendum consilium, at-
4 que antea senserat, intellegebat, neque iam, ut aliquid acquireret
proelioque hostes lacesseret, sed ut incolumem exercitum Age-
5 dincum reduceret, cogitabat. Namque altera ex parte Bellovaci,
quae civitas in Gallia maximam habet opinionem virtutis, insta-
bant, alteram Camulogenus parato atque instructo exercitu tenebat; tum legiones a praesidio atque impedimentis interclusas
6 maximum flumen distinebat. Tantis subito difficultatibus obie-

linken Ufer. Als nun der Unfall
Caesars vor Gergovia und die Rüstung der Bellovaken bekannt wurde, konnte Labienus bei so veränderten Umständen nur darauf denken, wieder nach Agedincum zurück-
zukommen, zu welchem Zwecke er
wieder auf das südliche Ufer übersetzen musste, was er durch das im
Folgenden erzählte Manöver bewirkt.

59. 1. *a Gergovia*: c. 43, 5. —
secundo G. motu: von dem gelun-
genen Aufstande, wie c. 53, 2. 2. 9,
2. — *interclusum itinere et Ligeri*.
Sie erzählten als wirklich geschehen, was nach c. 55, 9 beabsichtigt
war. Gewiss heisst *itinere et Ligeri*
nicht: *itinere trans Ligerim faciendo*; vielmehr tritt *et Ligeri* zu
dem allgemeinen *itinere* als specielle
Bestimmung hinzu, weil der einzige
Weg, den er nehmen konnte, der
über den Liger war. Aehnliche Verbindung 2. 22, 1: *loci natura deiectusque collis*. 5. 11, 9: *toti bello
imperioque*. Cic. p. Planc. 30, 73:
in illo tristi luctu atque discessu.
p. Sest. 39, 85: *aditu et foro prohibebatur*. Schneider bemerkt: ad-

ditum hoc eo consilio videtur, ut
Caes. a Gergovia discedens iter ad
Labienum ingressus ad Ligerem pervenire non potuisse demonstraretur.
— *interclusum — coactum*. Das
erste Particip. enthält den Grund
des *coactum*; 2. 11, 5.

2. *qui ante erant p. se inf.* auf
Bellovaci zu beziehen.

5. *altera ex parte Bellovaci —
alteram*: Entgegensetzung der beiden Flussufer; denn die Bellovaci
wohnten auf dem rechten, Camulogenus stand, wie oben gezeigt worden, auf dem linken. — *parato atque instr.*: schlagfertig und wohl
gerüstet. Liv. 24. 40, 5: *cum classe
instructa parataque*. Ueber den Ablat. s. 1. 8, 1. — *a praesidio*: den
Besatzungstruppen, die zu Agedincum standen. Dort war auch das
Gepäck zurück gelassen worden, mit
Ausnahme dessen, was er für den
Marsch nöthig hatte; s. c. 60, 3: *cum
omnibus impedimentis*. — *interclusas max. flumen* (die Sequana) *distinebat* mit derselben Vollständigkeit, wie 2. 19, 5: *porrecta loca
aperta pertinebant*; ebend. § 6:
abditi latebant. B. C. 1. 65, 1: *quas
ubi procul visos conspexit*.

ctis ab animi virtute auxilium petendum videbat. Sub vesperum 60
consilio convocato cohortatus, ut ea, quae imperasset, diligenter
industrieque administrarent, naves, quas Meloduno deduxerat,
singulas equitibus Romanis attribuit et prima confecta vigilia
quattuor milia passuum secundo flumine silentio progredi ibique se exspectari iubet. Quinque cohortes, quas minime firmas 2
ad dimicandum esse existimabat, castris praesidio relinquit;
quinque eiusdem legionis reliquas de media nocte cum omnibus 3
impedimentis adverso flumine magno tumultu proficisci imperat.
Conquirit etiam lintres: has magno sonitu remorum incitatas in 4
eandem partem mittit. Ipse post paulo silentio egressus cum
tribus legionibus eum locum petit, quo naves appelli iusserat.
Eo cum esset ventum, exploratores hostium, ut omni fluminis 61
parte erant dispositi, inopinantes, quod magna subito erat coorta tempestas, ab nostris opprimuntur; exercitus equitatusque 2
equitibus Romanis administrantibus, quos ei negotio praefecerat, celeriter transmittitur. Uno fere tempore sub lucem hosti- 3
bus nuntiatur in castris Romanorum praeter consuetudinem tumultuari et magnum ire agmen adverso flumine sonitumque remorum in eadem parte exaudiri et paulo infra milites navibus

60. Der in diesem Kriege oft be-
währte Legat bewirkt den Uebergang durch geschickte Operationen,
indem er einen Theil seiner Truppen stromaufwärts schickt, als ob
er dort die Seine überschreiten
wollte, während er unterhalb die ei-
.gentlichen Anstalten dazu trifft, wodurch Camulogenus verführt wurde,
seine Truppen zu theilen und sich
zu schwächen, so dass Lab. unterhalb Lutetia auf das linke Ufer übersetzen und leicht sich durchschlagen
konnte. Reichard (geographische
Nachweisungen) vergleicht diese
Kriegslist mit einer ähnlichen Na-
poleons bei dem Uebergange über
die Berezina.

1. *consilio convocato cohortatus:*
c. 29, 1. — *progredi* von Schiffen,
wie c. 61, 5: *quantum naves processissent.*

3. *reliquas — proficisci imperat.*
Diese Stelle macht (nach Madvig
Bemerk. p. 78) insofern keine Aus-
nahme von der Regel, dass *imperare*

nur einen passiven Accus. c. Infin.
nach sich haben kann (s. zu 5. 1, 3:
actuarias imperat fieri), als 'der Infin. eines Deponens wie ein passivi-
scher Infinit. behandelt wird'.

4. *post paulo* in dieser Stellung
nur noch B. C. 1. 20, 4. Cic. in Verr.
2. 18: *ante aliquanto*; de Rep. 2. 4:
ante paulo. Ebenso *post paucis diebus* u. ähnl. Vergl. oben c. 50, 6:
post paulum. — *eum locum, quo*
4000 Schr. unterhalb des Lagers.

61. 1. *ut — erant dispositi.* Vergl.
zu 5. 43, 5. (2. 19, 6.)

2. *exercitus equitatusque:* 1.
48, 4.

3. *tumultuari* in passivem Sinne
unpersönlich (Plautus hat eine active
Nebenform *tumultuo*), wie Liv. 36.
44, 4: *tumultuari coeptum est.* —
magnum ire agmen, dies glaubten
sie, obgleich es nur 5 Cohorten waren, weil sie nach c. 60, 3 *magno
tumultu* abgegangen waren. — *et
paulo infra.* Stromabwärts, wo der
eigentliche Flussübergang auf den

4 transportari. Quibus rebus auditis, quod existimabant tribus
locis transire legiones atque omnes perturbatos defectione Haeduorum fugam parare, suas quoque copias in tres partes distri-
5 buerunt. Nam praesidio e regione castrorum relicto et parva
manu Melodunum versus missa, quae tantum progrediatur,
quantum naves processissent, reliquas copias contra Labienum
62 duxerunt. Prima luce et nostri omnes erant transportati et ho-
2 stium acies cernebatur. Labienus milites cohortatus, ut suae
pristinae virtutis et secundissimorum proeliorum memoriam
retinerent atque ipsum Caesarem, cuius ductu saepenumero hostes superassent, praesentem adesse existimarent, dat signum
3 proelii. Primo concursu ab dextro cornu, ubi septima legio
4 constiterat, hostes pelluntur atque in fugam coniciuntur; ab sinistro, quem locum duodecima legio tenebat, cum primi ordines
hostium transfixi telis concidissent, tamen acerrime reliqui resi-
5 stebant, nec dabat suspicionem fugae quisquam. Ipse dux ho-
6 stium Camulogenus suis aderat atque eos cohortabatur. Incerto
nunc etiam exitu victoriae, cum septimae legionis tribunis esset
nuntiatum, quae in sinistro cornu gererentur, post tergum ho-
7 stium legionem ostenderunt signaque intulerunt. Ne eo quidem
tempore quisquam loco cessit, sed circumventi omnes interfecti-
8 que sunt. Eandem fortunam tulit Camulogenus. At ii, qui praesidio contra castra Labieni erant relicti, cum proelium commis-

Barken (*naves*) stattfand, während
stromaufwärts nur Kähne (*lintres*)
geschickt waren.

5. *progrediatur*. Nicht sowohl
der Wechsel der Tempora *progrediatur — processissent* ist hier auffallend (s. über denselben zu c. 66, 4),
sondern das Präs. *progr.* in Verbindung mit historischen Temporibus (*distribuerunt, duxerunt*). Es
ist eine Nachlässigkeit des Schriftstellers, die durch den in der Erzählung so häufigen Wechsel zwischen dem historischen Präs. und
dem Perf. erklärlich wird. — *naves*
sind die stromaufwärts gesandten
Kähne, die aber von den durch den
absichtlichen Ruderlärm getäuschten Galliern für Barken gehalten
werden.

62. 1. *nostri omnes*: zunächst
nur die mit Labienus hierher gekommenen drei Legionen und die
Reiterei. Der Uebergang der beiden
anderen Truppentheile wird weiter
nicht erwähnt, da er, nachdem die
Hauptarmee übergesetzt war und
den Feind schlug, ungehindert erfolgen konnte.

2. *praesentem adesse*: 6. 8, 4.

5. *suis aderat* nicht blos von
persönlicher Gegenwart (wie schon
suis zeigt), sondern = mit seiner
Thätigkeit gegenwärtig sein, den
Seinigen zur Seite stehen, *consultor
idem et socius periculi aderat*, wie
Sallust Jugurth. 85, 47 sagt.

6. *nunc etiam*: 6. 40, 6. — *exitu
victoriae*. Auf dem rechten Flügel
'*initium victoriae ortum erat*'
B. C. 3. 94, 3; auf dem linken machte es die tapfere Gegenwehr ungewiss, wer zuletzt siegen würde.

sum audissent, subsidio suis ierunt collemque ceperunt, neque
nostrorum militum victorum impetum sustinere potuerunt. Sic 9
cum suis fugientibus permixti, quos non silvae montesque texerunt, ab equitatu sunt interfecti. Hoc negotio confecto Labie- 10
nus revertitur Agedincum, ubi impedimenta totius exercitus relicta erant: inde cum omnibus copiis ad Caesarem pervenit.

Defectione Haeduorum cognita bellum augetur. Legationes 63
in omnes partes circummittuntur: quantum gratia, auctoritate, 2
pecunia valent, ad sollicitandas civitates nituntur; nacti obsides, 3
quos Caesar apud eos deposuerat, horum supplicio dubitantes
territant. Petunt a Vercingetorige Haedui, ut ad se veniat ratio- 4
nesque belli gerendi communicet. Re impetrata contendunt, ut 5
ipsis summa imperii tradatur, et re in controversiam deducta
totius Galliae concilium Bibracte indicitur. Eodem conveniunt
undique frequentes. Multitudinis suffragiis res permittitur: ad 6
unum omnes Vercingetorigem probant imperatorem. Ab hoc 7
concilio Remi, Lingones, Treveri afuerunt: illi, quod amicitiam
Romanorum sequebantur; Treveri, quod aberant longius et ab
Germanis premebantur, quae fuit·causa, quare toto abessent
bello et neutris auxilia mitterent. Magno dolore Haedui ferunt 8
se deiectos principatu, queruntur fortunae commutationem et
Caesaris indulgentiam in se requirunt, neque tamen suscepto
bello suum consilium ab reliquis separare audent. Inviti sum- 9
mae spei adulescentes, Eporedorix et Viridomarus, Vercingeto-
rigi parent. Ipse imperat reliquis civitatibus obsides diemque 64

8. neque: 1. 47, 1.

63. 1. augetur: gewinnt an Ausdehnung. — circummittuntur: von
den Häduern.

2. nituntur: 4. 24, 4.

3. quos C. apud eos deposuerat:
c. 55, 2. — supplicio: durch ange-
drohte Hinrichtung.

4. rationesque belli ger. communicet, nicht sowohl: ihnen mittheilen, als: die für die Kriegführung
zu ergreifenden Massregeln gemeinschaftlich berathen, in gemein-
schaftlicher Berathung den Kriegsplan entwerfen. Vergl. 6. 2, 3. B.
C. 2. 4, 5: rursusque se ad confligendum animo confirmant et consilia communicant. Secum konnte
nach dem ·vorhergeh. ad se leicht
fehlen.

6. ad unum omnes: 4. 15, 3.

7. Remi — amicitiam R. sequebantur. S. 5. 54, 4. — toto abessent – mitterent. Umschreibung des
Begriffs: neutral bleiben.

8. ferunt, queruntur – et – requirunt. Auch hier gehören die beiden Sätze queruntur et requirunt
zusammen und bilden Ein Glied, das
asyndetisch zu dem ersten tritt, daher der Gebrauch von et keine Ausnahme von der Regel. S. 1. 23, 1.
— suum consilium ab reliquis sep.
Wie könnte es genauer heissen? 6.
22, 4.

9. summae spei ad. subiectiv =
die zu grossen Hoffnungen berechtigten, ehrgeizigen jungen Männer.
Cic. Phil. 2. 18, 46: adolescentem
summa spe et animi et ingenii prae-

huic rei constituit. Omnes equites quindecim milia numero, ce-
2 leriter convenire iubet: peditatu, quem ante habuerat, se fore
contentum dicit, neque fortunam temptaturum aut in acie dimi-
caturum, sed, quoniam abundet equitatu, perfacile esse factu
3 frumentationibus pabulationibusque Romanos prohibere; aequo
modo animo sua ipsi frumenta corrumpant aedificiaque incen-
dant, qua rei familiaris iactura perpetuum imperium libertatem-
4 que se consequi videant. His constitutis rebus Haeduis Segu-
siavisque, qui sunt finitimi provinciae, decem milia peditum
5 imperat; huc addit equites octingentos. His praeficit fratrem
6 Eporedorigis bellumque inferri Allobrogibus iubet. Altera ex
parte Gabalos proximosque pagos Arvernorum in Helvios, item
Rutenos Cadurcosque ad fines Volcarum Arecomicorum depo-
7 pulandos mittit. Nihilo minus clandestinis nuntiis legationibus-
que Allobrogas sollicitat, quorum mentes nondum ab superiore
8 bello resedisse sperabat. Horum principibus pecunias, civitati
65 autem imperium totius provinciae pollicetur. Ad hos omnes casus provisa erant praesidia cohortium duarum et viginti, quae
ex ipsa provincia ab L. Caesare legato ad omnes partes oppone-
2 bantur. Helvii sua sponte cum finitimis proelio congressi pelluntur et Gaio Valerio Donnotauro, Caburi filio, principe civitatis, compluribusque aliis interfectis intra oppida ac muros com-
3 pelluntur. Allobroges crebris ad Rhodanum dispositis praesidiis

ditum.

64. 2. *quem antea habuerat,*
nicht *habuerit*, mit welchem Unterschiede? S. 2. 4, 10. — *aut - di-
micaturum*, nicht *neque*; s. 5. 17, 4.
— *perfacile factu*: 1. 3, 6.

3. *aequo modo animo corrumpant.* Mit *aequo animo* beginnt ein
neues Satzglied; wenn man vor
aequo blos ein Komma setzt und
erklärt *dummodo corrumpant*, so
passt das stark hervorgehobene
aequo animo nicht, da es für das
Ergebniss gleichgültig ist, ob diese
Opfer gern oder ungern gebracht
werden.

7. *Allobrogas*: 1. 26, 6: *Lingonas.* — *sollicitat*, um sie auf diesem
Wege zur Theilnahme an der gemeinsamen Sache zu bewegen. Er
glaubte dies, weil er hoffte, dass
ihre Gemüther von der im Jahre 60

v. Chr. (s. 1. 6, 2) erlittenen Niederlage und Unterwerfung sich noch
nicht völlig beruhigt hätten (*resedisse*, eigentl. sich setzen nach vor-
hergehender Aufregung), also *quod
nondum bono animo in populum
Romanum videbantur*, wie es a. d.
angef. Stelle § 3 heisst.

65. 1. *praesidia cohortium*: 5.
47, 5. Es waren nicht Legionen-,
sondern in der Provinz selbst ausgehobene Auxiliarcohorten. S. Einl.
S. 30. Kriegsw. § 11. — *quae ex
ipsa provincia - opponebantur*, entweder: in der Provinz selbst ausgehoben, mit derselben Kürze der
Verbindung, wie c. 43, 3: *compendio ex direptis bonis* (mehrere
Handschr. fügen *coacta* hinzu), oder
quae ex ipsa prov. opponebantur zu
verbinden.

2. *oppida ac muros* verbunden

magna cum cura et diligentia suos fines tuentur. Caesar, quod 4
hostes equitatu superiores esse intellegebat et interclusis omnibus itineribus nulla re ex provincia atque Italia sublevari poterat, trans Rhenum in Germaniam mittit ad eas civitates, quas
superioribus annis pacaverat, equitesque ab his arcessit et levis
armaturae pedites, qui inter eos proeliari consuerant. Eorum 5
adventu, quod minus idoneis equis utebantur, a tribunis militum reliquisque equitibus Romanis atque evocatis equos sumit
Germanisque distribuit.

Interea, dum haec geruntur, hostium copiae ex Arvernis 66
equitesque, qui toti Galliae erant imperati, conveniunt. Magno 2
horum coacto numero, cum Caesar in Sequanos per extremos
Lingonum fines iter faceret, quo facilius subsidium provinciae
ferri posset, circiter milia passuum decem ab Romanis trinis 3
castris Vercingetorix consedit convocatisque ad concilium praefectis equitum venisse tempus victoriae demonstrat. Fugere in 4
provinciam Romanos Galliaque excedere. Id sibi ad praesentem

zur Hervorhebung des Gedankens, dass sie sich im offenen Kampfe nicht halten konnten u. in' festen Plätzen und hinter Mauern Schutz suchen mussten, also auch hier nicht = *oppidorum muros*. S. zu c. 59, 1.

4. *quas sup. annis pacaverat.* Es ist wohl vorzüglich an die Ubier zu denken, *qui obsides dederant atque in deditionem venerant* 6. 9, 6, nicht an die Sugambrer, die nur um die Eburonen zu plündern gekommen waren (6. 35, 5), und nicht *pacati* genannt werden können (4. 18, 4). Den Plural *ad eas civitates, quas* braucht er nicht ohne eine gewisse absichtliche Uebertreibung der Resultate der germanischen Feldzöge. Ueberhaupt nimmt man wohl richtig an, dass es frei gewordene Söldner, nicht ausgehobene Contingente unterworfener Stämme waren, wie man aus den Worten schliessen könnte. — *pacaverat*: 1. 6, 2. — *inter eos proeliari*: 1. 48, 5.

5. *Eorum adventu*: nach ihrer Ankunft. S. 1. 50, 3. — *reliquisque equitibus Rom.*: römische Ritter in der Umgebung des Caesar (nicht: Reiter). Man sieht auch aus dieser Stelle, dass, wie schon zu 3. 10, 1 bemerkt ist, die Tribunen aus dem Ritterstande gewählt wurden. (Kriegswesen § 19.) *Evocati* waren diejenigen Soldaten, welche die gesetzmässige Zeit gedient, aber dem Feldherrn zu Liebe und auf dessen Aufforderung wieder Dienste genommen hatten. Sie hatten eine ehrenvolle Stellung im Heere und waren von manchen Diensten, die sich nicht unmittelbar auf den Kampf bezogen (Schanzarbeiten, Wachdienst), frei. Siehe Kriegswesen § 21. Nach unserer Stelle hatten sie auch die Erlaubniss, zu ihrer Bequemlichkeit (auf dem Marsche, natürlich nicht im Kampfe) Pferde zu halten. Doch wird dies sonst nirgends erwähnt.

66. 2. *per extremos Ling. fin.*, im Süden des Gebiets der Ling.; er stiess, nachdem er im Gebiet der Senonen oder der Häduer seine Vereinigung mit Labienus bewerkstelligt hatte, auf dem Marsch nach der alten Provinz von Nordosten oder Osten auf die Gallier. — *trinis castris*: c. 46, 4.

obtinendam libertatem satis esse; ad reliqui temporis pacem atque otium parum profici: maioribus enim coactis copiis reversuros neque finem bellandi facturos. Proinde agmine impeditos
5 adorirentur. Si pedites suis auxilium ferant atque in eo morentur, iter facere non posse; si, id quod magis futurum confidat,
relictis impedimentis suae saluti consulant, et usu rerum neces-
6 sariarum et dignitate spoliatum iri; nam de equitibus hostium,
quin nemo eorum progredi modo extra agmen audeat, et ipsos
quidem non debere dubitare. Id quo maiore faciant animo, copias se omnes pro castris habiturum et terrori hostibus futu-
7 rum. Conclamant equites: sanctissimo iureiurando confirmari
oportere, ne tecto recipiatur, ne ad liberos, ne ad parentes, ad
uxorem aditum habeat, qui non bis per agmen hostium pere-
67 quitasset. Probata re atque omnibus iureiurando adactis postero die in tres partes distributo equitatu duae se acies ab duobus lateribus ostendunt, una a primo agmine iter impedire coe-

4. *adorirentur*. Der Imperativ
und der auffordernde oder verbie-
tende Coniunctiv der directen Rede
geht in der Orat. obl. in den Conl.
Imperf. über, sowie unten § 7: *per-
equitasset*, das Fut. exactum in den
Coniunct. Plusquamp. Vergl. c. 61,
5: *processissent*. S. zu B. C. 3. 12, 4.
5. *Si pedites suis auxilium ferant*: wenn das Fussvolk (denn von
den Reitern erwartet er gar keinen
Widerstand) den Ibrigen, d. h. den
jedesmal Angegriffenen zu Hülfe
käme, so würden sie den Weg nicht
fortsetzen und durch solchen Aufenthalt die Provinz, wohin sie sobald als möglich zu gelangen wünschen mussten, nicht erreichen können; daher glaubte er, dass sie es
vorziehen würden, lieber das Gepäck im Stiche zu lassen, um nur
sich zu retten; dann aber würden
sie u. s. w. — *dignitate*: Ansehen,
Ehre, die die römischen Truppen
verlieren würden, wenn sie ihre
Bagage in den Händen der Feinde
lassen müssten.
6. *progredi modo*: S. zu 6. 8, 6:
*impetum modo ferre non potue-
runt.* — *et ipsos quidem*: auch sie

(wenn auch mit den Verhältnissen
weniger genau bekannt, als der
Feldherr) dürften daran nicht zweifeln, so bekannt sei die Untüchtig-
keit der römischen Reiterei. — *et
ipsos quidem non debere* ungewöhnlich allerdings für *ne ipsos quidem*
(wie auch die interpolirten Handschr.
haben), aber darum nicht zu ver-
dächtigen. (So ist auch 5. 52, 1 *neque etiam* seltener als *ac ne – quidem*); auch *et ipse*, wenn auch C.
sonst *et* nicht = *etiam* braucht, ist
nicht schlechthin zu verwerfen. —
Id quo—animo geht auf *agmine imp.
adorirentur*; die Worte: *Si pedites
– dubitare* sind als parenthetische
Ausführung des Vortheils und der
Gefahrlosigkeit dieses Angriffs zu
betrachten.
7. *qui non*: 4. 7, 5.
67. 1. *Probata – adactis – distributo*. Die oft dagewesene Verbindung der Participien: das *distribuere* war eine Folge des *probare*
und *iurei. adigere* (2. 11, 5). — *a
primo agmine*, vorn am Zuge (1. 1,
5), indem sie die Römer in der Front
angriffen, die beiden andern Theile
aber gegen die Flügel rückten.

pit. Qua re nuntiata Caesar suum quoque equitatum tripertito 2
divisum contra hostem ire iubet. Pugnatur una omnibus in 3
partibus. Consistit agmen; impedimenta intra legiones recipi-
untur. Si qua in parte nostri laborare aut gravius premi vide- 4
bantur, eo signa inferri Caesar aciemque constitui iubebat: quae
res et hostes ad insequendum tardabat et nostros spe auxilii
confirmabat. Tandem Germani ab dextro latere summum iu- 5
gum nancti hostes loco depellunt; fugientes usque ad flumen,
ubi Vercingetorix cum pedestribus copiis consederat, perse-
quuntur compluresque interficiunt. Qua re animadversa reliqui, 6
ne circumirentur veriti, se fugae mandant. Omnibus locis fit
caedes. Tres nobilissimi Haedui capti ad Caesarem perducun- 7
tur: Cotus, praefectus equitum, qui controversiam cum Convi-
ctolitavi proximis comitiis habuerat, et Cavarillus, qui post defectionem Litavicci pedestribus copiis praefuerat, et Eporedorix,
quo duce ante adventum Caesaris Haedui cum Sequanis bello
contenderant.

Fugato omni equitatu Vercingetorix copias, ut pro castris 68
collocaverat, reduxit protinusque Alesiam, quod est oppidum
Mandubiorum, iter facere coepit celeriterque impedimenta ex
castris educi et se subsequi iussit. Caesar impedimentis in pro- 2
ximum collem deductis duabus legionibus praesidio relictis secutus, quantum diei tempus est passum, circiter tribus milibus
hostium ex novissimo agmine interfectis altero die ad Alesiam
castra fecit. Perspecto urbis situ perterritisque hostibus, quod 3

2. *tripertito* mit *divisum* verbunden, weil der Begriff des Theilens
durch den Gebrauch verwischt und
das Wort zu der blossen Bedeutung
von 'dreifach' abgeschwächt ist. 8.
33, 1. Cic. Tusc. 5. 13, 40: *qui bona
dividit tripertito.*

3. *intra legiones*. Bei Annäherung des Feindes wurde das Gepäck, das auf dem Marsche, wenn
keine Gefahr war, zwischen den
einzelnen Legiones seinen Platz
hatte (2. 17, 2), von den Legionen
so in die Mitte genommen, dass der
grössere Theil derselben voraus-
ging, die übrigen zur Deckung des
Gepäcks nachfolgten; 2. 19, 2.
Kriegswesen § 14, 3.

4. *nostri* sind die Reiter, denen,
wo es nöthig ist, Abtheilungen des
Fussvolks als Halt und Beistand
zugesandt werden. — *ad insequendum tardabat:* 2. 25, 1.

5. *nancti:* 4. 36, 3. — *flumen*
wohl nicht der Arar, sondern ein
kleiner, unterhalb Dibio (Dijon) sich
in den Arar ergiessender Fluss (jetzt
Ouche), also näher an Alesia; denn
C. gelangte schon am anderen Tage
vom Schlachtfelde dahin.

7. *Cotus:* c. 32, 4. *Eporedorix*
nicht der früher öfter in Verbindung
mit dem Viridomarus (c. 38, 2. 39,
1. 55, 4. 63, 9 und unten 76, 3) erwähnte; durch den Relativsatz wird
er hinlänglich von jenem unterschieden.

68. 1. *Alesiam, quod est oppidum:* 1. 38, 1.

2. *impedimentis deductis* ist Da-

equitatu, qua maxime parte exercitus confidebant, erant pulsi,
69 adhortatus ad laborem milites circumvallare instituit. Ipsum
erat oppidum Alesia in colle summo admodum edito loco, ut
2 nisi obsidione expugnari non posse videretur; cuius collis radi-
3 ces duo duabus ex partibus flumina subluebant. Ante id oppidum planicies circiter milia passuum tria in longitudinem pate-
4 bat: reliquis ex omnibus partibus colles mediocri interiecto spa-
5 tio pari altitudinis fastigio oppidum cingebant. Sub muro, quae
pars collis ad orientem solem spectabat, hunc omnem locum
copiae Gallorum compleverant fossamque et maceriam sex in
6 altitudinem pedum praeduxerant. Eius munitionis, quae ab Ro-
7 manis instituebatur, circuitus xi milia passuum tenebat. Castra
opportunis locis erant posita ibique castella xxiii facta; quibus
in castellis interdiu stationes ponebantur, ne qua subito eruptio
fieret: haec eadem noctu excubitoribus ac firmis praesidiis tene-
70 bantur. Opere instituto fit equestre proelium in ea planicie,
quam intermissam collibus tria milia passuum in longitudinem
2 patere supra demonstravimus. Summa vi ab utrisque contenditur. Laborantibus nostris Caesar Germanos submittit legiones-

tiv, mit *praesidio* zu verbinden.

3. *equitatu – erant pulsi.* Wie
1. 53, 3: *equitatu consecuti nostri*
die Gesammtheit des Heeres durch
die Reiterei handelnd gedacht wird,
so wird hier das Ganze des gall.
Heeres durch die Reiterei, die Niederlage der R., als geschlagen vor-
gestellt, also umfassender und be-
zeichnender, als wenn es hiesse:
equitatus erat pulsus. Die Niederlage war ihnen um so empfindlicher,
je mehr sie auf ihre Reiterei (c. 64,
2), zumal der unbedeutenden der
Römer gegenüber (c. 66, 6), sich
verliessen. Den Ausschlag hatten
freilich die germanischen Reiter gegeben, wie sie auch nachher (c. 70,
2) die Gallier zurückwerfen.

69. 1. *obsidione expugnari*:
durch völlige Einschliessung, Blokade, nicht durch Erstürmung, *oppugnatio*, einnehmen. In der eigentlichen, engeren Bedeutung von *expugnare*, erobern, erstürmen (2. 12,
2), würde *obsidione expugnare* einen Widerspruch enthalten.

2. *duo flumina*: die Lutosa (Oze
oder Loze) und Osera (Ozerain). —
subluebant. S. 2. 15, 3 : *attingebant.*

4. *mediocri interiecto spatio*: in
mässiger Entfernung, nicht von einander', sondern von dem Hügel, auf
dem Alesia lag.

5. *quae pars collis – hunc locum*
breit und ausführlich, wie bei C. oft,
wofür es einfacher heissen könnte —?
hunc locum weist zurück auf *mediocri interiecto spatio.*

7. *opportunis locis.* Der Plural,
weil sich das Lager, nicht auf einen
eingeschlossenen Raum beschränkt,
über die ganz Alesia umgebende
Hügelkette hinzog. — *castella*: 1.
8, 2. — *excubitoribus tenebantur.*
Ueber den Ablat. s. 1. 8, 1. Hier
liegt in dem folgenden *praesidiis*
noch ein besonderer Grund des blossen Ablat. Auch diese Stelle zeigt,
dass die gewöhnliche Erklärung von *
excubiae* 'Tagwachen' im Gegensatz
zu *vigiliae* falsch ist. S. Kriegsw.
§ 29, 8.

70. 1. *intermissam collibus*: c.
17, 1.

que pro castris constituit, ne qua subito irruptio ab hostium peditatu fiat. Praesidio legionum addito nostris animus auge- 3 tur: hostes in fugam coniecti se ipsi multitudine impediunt atque angustioribus portis relictis coacervantur. Germani acrius 4 usque ad munitiones sequuntur. Fit magna caedes: nonnulli 5 relictis equis fossam transire et maceriam transcendere conantur. Paulum legiones Caesar, quas pro vallo constituerat, promoveri iubet. Non minus, qui intra munitiones erant, pertur- 6 bantur Galli: veniri ad se confestim existimantes ad arma conclamant; nonnulli perterriti in oppidum irrumpunt. Vercingetorix 7 iubet portas claudi, ne castra nudentur. Multis interfectis, compluribus equis captis Germani sese recipiunt.

Vercingetorix, priusquam munitiones ab Romanis perfici- 71 antur, consilium capit, omnem ab se equitatum noctu dimittere. Discedentibus mandat, ut suam quisque eorum civitatem adeat 2 omnesque, qui per aetatem arma ferre possint, ad bellum cogant. Sua in illos merita proponit obtestaturque, ut suae salutis 3 rationem habeant neu se optime de communi libertate meritum hostibus in cruciatum dedant. Quod si indiligentiores fuerint, milia hominum delecta LXXX una secum interitura demonstrat. Ratione inita se exigue dierum XXX habere frumentum, sed paulo 4 etiam longius tolerari posse parcendo. His datis mandatis, qua 5 opus erat intermissum, secunda vigilia silentio equitatum mittit.

3. *coacervantur*: werden in Masse zusammengedrängt, da sie nur sehr enge Eingänge in der Mauer (*maceria*) gelassen hatten. *Coacerr.* von Lebenden gebraucht, wie Cic. in Verr. 5. 57: *videtis indignissimo loco coacervatam multitudinem vestrorum civium.* Liv. 24. 39, 5: *coacervanturque non caede solum, sed etiam fuga.*

5. *quas — constit.* Ueber die Stellung des Relativsatzes s. zu 5. 1, 1.

7. *portas*: näml. der Stadt, damit nicht die *intra munitiones*, zwischen der Stadt und der maceria stehenden Truppen in die Stadt flüchteten.

71. 1. *consilium capit — dimittere*: c. 26, 1.

2. *cogant.* Caes. setzt nach dem Singul. des ersten Satzes, den er bei *quisque, alius alium, uterque* in der Regel braucht (Ausnahme B. C. 3. 30, 3: *uterque eorum educunt*), im zweiten Satze den Plural *cogant*, weil er im Verlaufe der Rede nicht mehr jenes Subiect, sondern den Begriff der Gesammtheit (sie sollten es Alle thun) im Auge hat. Vergl. unten c. 72, 2. 4. 5, 2: *vulgus circumsistat — cogant.* Nicht zu vergleichen sind Sätze, wie 2. 26, 2: *cum alius alii subsidium ferret neque timerent*, wo das erste Subiect bei *timerent* gar nicht gedacht werden kann.

4. *exigue*: nothdürftig, knapp. Aehnlich B. C. 3. 16, 1: *rem frumentariam, qua anguste utebatur.* — *tolerari* unpersönlich (man könne es aushalten), wie 2. 6, 1 *sustentari.*

5. *qua opus erat intermissum*: wo die noch nicht ganz vollendete

6 Frumentum omne ad se referri iubet; capitis poenam iis, qui
7 non paruerint, constituit: pecus, cuius magna erat copia ab
Mandubiis compulsa, viritim distribuit; frumentum parce et
8 paulatim metiri instituit. Copias omnes, quas pro oppido col-
9 locaverat, in oppidum recepit. His rationibus auxilia Galliae exspectare et bellum parat administrare.

72 Quibus rebus cognitis ex perfugis et captivis Caesar haec
genera munitionis instituit. Fossam pedum viginti directis lateribus duxit, ut eius fossae solum tantundem pateret, quantum
2 summae fossae labra distarent; reliquas omnes munitiones ab ea
fossa pedes cccc reduxit, id hoc consilio, quoniam tantum esset
necessario spatium complexus, nec facile totum corpus corona
militum cingeretur, ne de improviso aut noctu ad munitiones
hostium multitudo advolaret, aut interdiu tela in nostros operi
3 destinatos conicere possent. Hoc intermisso spatio duas fossas
xv pedes latas, eadem altitudine perduxit; quarum interiorem

Verschanzung eine Lücke hatte.

8. *in oppidum recepit.* Hier konnte nicht stehen *oppido recepit* (s.
zu c. 55, 4), weil *recipere* hier nicht
heisst 'in die Stadt aufnehmen', sondern 'die Truppen in die Stadt zurückziehen', in welcher Bedeutung
in stehen muss, wie natürlich auch
bei *se recipere* die Präpos. unentbehrlich ist.

9. *parat*: 6. 7, 1.

72. 1. *Fossam pedum viginti*: 2.
5, 6. 5. 42, 1. — *directis lateribus*:
mit geraden, senkrechten Seitenwänden, während bei anderen Gräben beide Seitenwände geböscht, bei
anderen die innere geböscht, die
äussere senkrecht war. [Rüstow
Heerwesen S. 85.] Daher auch zur
genaueren Unterscheidung die nach
directis lateribus ziemlich umständliche und fast überflüssige Erklärung
ut – pateret (vergl. c. 46, 2). Indess ist auch zu bemerken, dass *di-
rectus* an sich nur 'in gerader Richtung' bedeutet, gleichviel ob horizontal oder vertical, was aus der
Sache selbst sich ergeben muss, wie
hier von den Seiten eines Grabens;
so 8. 9, 3: *fossam – lateribus deprimi directis*; 4. 17, 4: *directe*

ad perpendiculum. Zu der viermaligen Wiederholung des W. *fossa*
vergl. 1. 49, 1.

2. *id* = atque id, et id quidem
(fecit); es bezieht sich aber sowohl
auf *fossam duxit*, nämlich um die
Feinde von einem plötzlichen Ueberfalle der Belagerungswerke abzuhalten, als auf *reliquas munitiones reduxit*, d. h. darauf, warum er
die übrigen Werke 400 Fuss von dem
Graben entfernt anlegte, nämlich
damit die Feinde nicht die zu der
Schanzarbeit commandirte Mannschaft (*operi destin.*) beschiessen
könnten. — *quoniam* (da doch, da
einmal) *tantum – complexus*, d. h.
um den ganzen Hügel herum, auf
dem Alesia lag. — *totum corpus*:
das (aus vielen einzelnen Theilen
bestehende) Ganze des Belagerungswerks. — Der Grund der Coniunctive — *esset complexus* und *cingeretur* — wird klarer durch die Stellung: *hoc consilio, ne, quoniam esset
– complexus, mult. advolaret*; sie
gehören also mit zu dem Gedanken
des C. — Ueber *advolaret – possent* s. zu c. 71, 2.

3. *Hoc intermisso spatio* näml.
von 400 Fuss. — *interiorem*: der

campestribus ac demissis locis aqua ex flumine derivata complevit. Post eas aggerem ac vallum xii pedum exstruxit. Huic lo- 4
ricam pinnasque adiecit, grandibus cervis eminentibus ad commissuras pluteorum atque aggeris, qui ascensum hostium tarda-
rent, et turres toto opere circumdedit, quae pedes lxxx inter se
distarent. Erat eodem tempore et materiari et frumentari et 73
tantas munitiones fieri necesse deminutis nostris copiis, quae
longius ab castris progrediebantur; ac nonnumquam opera nostra Galli temptare atque eruptionem ex oppido pluribus portis
summa vi facere conabantur. Quare ad haec rursus opera ad- 2
dendum Caesar putavit, quo minore numero militum munitiones
defendi possent. Itaque truncis arborum admodum firmis ramis
abscisis atque horum delibratis ac praeacutis cacuminibus perpetuae fossae quinos pedes altae ducebantur. Huc illi stipites 3
demissi et ab infimo revincti, ne revelli possent, ab ramis eminebant. Quini erant ordines coniuncti inter se atque implicati; 4

innere Graben kann nur der dem
Lagerwall nähere sein; es war auch
in der Ordnung, dass die zweite
Linie der Verschanzung stärker befestigt ward als die erste. — *campestribus ac demissis locis*: nicht
Abl. absol., sondern = an den ebenen und niedrig gelegenen Stellen.
'Caesars Verschanzungen zogen sich
nämlich ohne Zweifel, so weit möglich, auf oder an der Hügelkette um
die Stadt herum; nur in der c. 69,
3 beschriebenen Ebene war das
nicht möglich gewesen. Auf diese
bezieht sich *campestribus ac demissis locis*; an dieser Stelle, als
der am meisten bedrohten, liess er
den inneren Graben voll Wasser
laufen'. Müller.

4. *Post eas*: hinter diesen, also
hinter dem äussersten dieser beiden
Gräben; denn er beschreibt das
Ganze in seiner Ausdehnung und
Erweiterung von der Stadt aus. —
aggerem: 2. 12, 5. *vallum* der durch
Pallisaden und Flechtwerk gebildete
Wall auf dem Damme. — *loricam
pinnasque*, 5. 40, 6. — *cervi* sind
Baumstämme in Gabelform nach Art
eines Hirschgeweihes. Diese wur-
den da, wo die *plutei* (c. 41, 4), aus

denen die *lorica*, als eine fortlaufende Reihe von solchen Brustwehren, bestand, auf dem Walle auf-
sassen (*ad commissuras*), angebracht. — *toto opere* (im ganzen
Umkreise des Werkes, 2. 6, 2) *circumdedit*: legte herum, errichtete
ringsherum, wie *circumdare* (ohne
Dativ) oft gebraucht wird; s. 1. 38,
6: *murus circumdatus*. Vergl. 8.
34, 4.

73. 2. *adm. firmis ramis* Ablat.
der Eigenschaft = truncis, qui fir-
mos ramos habebant. — *horum* näml.
ramorum, die allein hervorragten,
während die Stämme eingegraben
waren.

3. *stipites* = trunci arborum. —
ab infimo, auf dem Grunde festge-
macht. — *ab ramis eminebant*: wo
die Aeste anfingen, (mit den Aesten)
ragten sie hervor.

4. *Quini erant ordines*: es waren
immer fünf Reihen von Baumstämmen in einem solchen Graben unter
sich verbunden und verschlungen.
(Andere verstehen darunter je fünf
neben einander geführte Gräben mit
solchen Stämmen, deren Aeste unter einander verschlungen waren.)

quo qui intraverant, se ipsi acutissimis vallis induebant. Hos
5 cippos appellabant. Ante quos obliquis ordinibus in quincun-
cem dispositis scrobes tres in altitudinem pedes fodiebantur
6 paulatim angustiore ad infimum fastigio. Huc teretes stipites
feminis crassitudine ab summo praeacuti et praeusti demitte-
bantur ita, ut non amplius digitis quattuor ex terra eminerent;
7 simul confirmandi et stabiliendi causa singuli ab infimo solo pedes terra exculcabantur, reliqua pars scrobis ad occultandas in-
8 sidias viminibus ac virgultis integebatur. Huius generis octoni
ordines ducti ternos inter se pedes distabant. Id ex similitudine
9 floris lilium appellabant. Ante haec taleae pedem longae ferreis
hamis infixis totae in terram infodiebantur mediocribusque intermissis spatiis omnibus locis disserebantur; quos stimulos
74 nominabant. His rebus perfectis regiones secutus quam potuit
aequissimas pro loci natura xiiii milia passuum complexus pares eiusdem generis munitiones, diversas ab his, contra exteriorem hostem perfecit, ut ne magna quidem multitudine, si ita ac-

— *se induebant.* c. 82, 1: *se stimulis
induebant.* Liv. 44. 41: *hastis se
ind.* = hineingerathend hängen bleiben. — *cippos appellabant.* Offenbar kein sonst gewöhnlicher militä-
rischer, sondern von den Soldaten
für den vorliegenden Fall erfunde-
ner Ausdruck, wie schon *appellabant* zeigt (ebenso unten § 8 *lilium
app.*), zumal da die ganze Art der
Verpallisadirung neu und durch besondere Verhältnisse hervorgerufen
ist. *Cippus* bedeutet Pfahl, Säule
(Leichenstein, Grenzstein). Die Erklärung, nach welcher in der omi-
nösen Hindeutung auf die Leichen-
steine ein Sarkasmus liegen soll,
legt zu viel in die Sache. [Vielleicht
ist *cirros* zu schreiben; denn jene
Astgeflechte konnte man nicht mit
Pfählen vergleichen, wohl aber mit
Locken.]

5. *Ante quos,* also näher nach
der Stadt zu. — *obliquis ordinibus*
erklärt sich durch die Form des

quincunx: • •   Die Gruben bildeten schräge Reihen in der Form des

Quincunx: übers Kreuz. — *ad infimum*: nach unten zu.

6. *praeusti*: 5. 40, 6.

7. *singuli ab infimo solo pedes.*
In jeder Grube wurde immer ein
Fuss von unten an mit Erde ausgefüllt und diese festgestampft. Der
übrige unausgefüllte Raum sollte
wie eine sogenannte Wolfsgrube
dem eindringenden Feinde zur Falle
dienen.

8. *lilium,* weil diese Gruben mit
dem hervorstehenden Pfahle die Gestalt eines Lilienkelchs hatten.

9. *pedem longae.* S. zu c. 32, 3
und 81, 1. — *totae in terram infodiebantur,* so weit, dass nur die
äusseren Haken hervorragten.

74. 1. *secutus*: er verfolgte bei
Anlage der Verschanzungen das
nach Beschaffenheit jener Gegend
günstigste Terrain. — *diversas ab
his*: in entgegengesetzter Richtung
von den oben beschriebenen Werken, näher erklärt durch *contra
exter. hostem,* d. h. gegen das nach
c. 71, 2 zu erwartende gallische Entsatzheer. Er errichtete also nach
jener Contravallation eine Circum-

cidat, [eius discessu] munitionum praesidia circumfundi possent;
ac ne cum periculo ex castris egredi cogatur, dierum xxx pabu- 2
lum frumentumque habere omnes convectum iubet.

Dum haec apud Alesiam geruntur, Galli concilio princi- 75
pum indicto non omnes eos, qui arma ferre possent, ut censuit
Vercingetorix, convocandos statuunt, sed certum numerum cuique ex civitate imperandum, ne tanta multitudine confusa nec
moderari nec discernere suos nec frumentandi rationem habere
possent. Imperant Haeduis atque eorum clientibus, Segusiavis, 2
Ambluaretis, Aulercis Brannovicibus, Brannoviis, milia xxxv;
parem numerum Arvernis adiunctis Eleutetis, Cadurcis, Gabalis,
Vellavis, qui sub imperio Arvernorum esse consuerunt; Sequa- 3
nis, Senonibus, Biturigibus, Santonis, Rutenis, Carnutibus duo-
dena milia; Bellovacis x; octona Pictonibus et Turonis et Parisiis et Helvetiis; Ambianis, Mediomatricis, Petrocoriis, Nerviis,
Morinis, Nitiobrogibus quina milia; Aulercis Cenomanis totidem;
Atrebatibus iv; Veliocassis totidem; Lemovicibus et Aulercis Ebu-
rovicibus terna; Rauricis et Boiis bina; xxx universis civitatibus, 4
quae Oceanum attingunt quaeque eorum consuetudine Aremoricae
appellantur, quo sunt in numero Curiosolites, Redones, Ambibarii,
Caletes, Osismi, Lexovii, Venelli. Ex his Bellovaci suum numerum 5
non compleverunt, quod se suo nomine atque arbitrio cum Romanis bellum gesturos dicebant neque cuiusquam imperio obtempe-
raturos; rogati tamen ab Commio pro eius hospitio duo milia una

vallationslinie. Kriegsw. § 30. — *eius
discessu* giebt keinen Sinn, da es
weder, wenn man nicht C. ganz un-
beholfen sprechen lassen will, auf
die c. 71, 1 abgeschickte Reiterei
(in welchem Sinne *equitatus discessu* vorgeschlagen worden ist),
noch auf Caesar gehen kann, der
nicht gesonnen ist, sein Lager zu
verlassen (obgleich Schneider meint,
dass Caes., da unten von der Verproviantirung die Rede ist, die Expedition zu diesem Zwecke selbst
habe leiten wollen, was durchaus
unwahrscheinlich ist). Wenn man
eius (multitudinis) *accessu* erwartete, so ist allerdings zu bedenken,
dass dies ein sehr überflüssiger Zusatz wäre, da das *circumfundi magna multitudine* ohne den *accessus*
derselben nicht denkbar ist. Die W.
sind verdorben und vielleicht ist
die Stelle auch lückenhaft, denn C.
konnte dem Feind nicht wehren,
seine Belagerungslinien einzu-
schliessen, sondern nur, *ut ne magna quidem multitudine si ita accidat ut munitionum praesidia cir-
cumfundantur, ad discessum compelli posset.*

75. 1. *cuique* d. i. einer jeden
durch die *principes* vertretenen Völkerschaft, s. zu 2. 4, 4; *ex civitate*
hängt partitiv von *numerum* ab; *ex
sua civ.* wäre deutlicher, ist aber
nicht unbedingt nöthig. (Einfacher,
aber verdächtig, die interpolirten
Handschr.: *cuique civitati.*)

4. *quo in numero.* S. zu 3. 27, 1.

5. *una:* zusammen mit den Anderen. Vergl. c. 56, 2. 6. 19, 4.

76 miserunt. Huius opera Commii, ut antea demonstravimus, fideli
atque utili superioribus annis erat usus in Britannia Caesar; quibus ille pro meritis civitatem eius immunem esse iusserat, iura
2 legesque reddiderat atque ipsi Morinos attribuerat. Tamen tanta
universae Galliae consensio fuit libertatis vindicandae et pristinae
belli laudis recuperandae, ut neque beneficiis neque amicitiae memoria moverentur, omnesque et animo et opibus in id bellum
3 incumberent. Coactis equitum viii milibus et peditum circiter ccl
haec in Haeduorum finibus recensebantur, numerusque inibatur,
praefecti constituebantur. Commio Atrebati, Viridomaro et Epo-
redorigi Haeduis, Vercassivellauno Arverno, consobrino Vercin-
4 getorigis, summa imperii traditur. His delecti ex civitatibus attri-
5 buuntur, quorum consilio bellum administraretur. Omnes ala-
6 cres et fiduciae pleni ad Alesiam proficiscuntur, neque erat omnium quisquam, qui aspectum modo tantae multitudinis sustineri
posse arbitraretur, praesertim ancipiti proelio, cum ex oppido
eruptione pugnaretur, foris tantae copiae equitatus peditatusque
cernerentur.

77 At ii, qui Alesiae obsidebantur, praeterita die, qua auxilia
suorum exspectaverant, consumpto omni frumento, inscii quid
in Haeduis gereretur, concilio coacto de exitu suarum fortuna-
2 rum consultabant. Ac variis dictis sententiis, quarum pars de-

---

76. 1. *ut antea demonstravimus:*
4. 21, 7. — *civitatem eius:* die
Atrebaten. — *immunem:* steuer-
frei. — *reddiderat.* Der Dativ, der
zu diesem Verb. gedacht werden
muss, ist zu dem folgenden, das eine
neue und wichtigere Sache (*atque*)
enthält, ausdrücklich gesetzt, während sich *iura redd.* an *immunem –
iusserat* enger anschliesst, so dass
also das Verhältniss der Satzglieder
*iusserat, reddiderat atque – attri-
buerat* ist wie oben c. 40, 6: *tendere, deditionem significare, et –
deprecari incipiunt.* — *attribuerat:*
als ein unterworfenes u. zinspflich-
tiges Volk.

2. *universae Galliae consensio –
libertatis vindicandae.* S. zu 1. 30,
2. 2. 17, 2.

3. *equitum – recensebantur.* Diese
Zahl stimmt mit der Summe der
c. 75 den Staaten auferlegten Truppen, da 8000 M., die die Bellovaken

weniger stellten, abgezogen werden müssen. — *Coactis milibus –
haec:* 4. 21, 6.

.3. *Vercassivellauno.* Ein *Cassivellaunus* wird 5. 11, 9, ein *Cingetorix* 5. 3, 2 erwähnt. Das vorge-
setzte '*Ver*' hat also seine bestimmte
Bedeutung; nach Zeuss Grammatica
Celtica p. 829, wo noch *Vercunda-
ris, Vercombogus, Veriugodumnus*
u. a. verglichen werden, ist es
Intensivpartikel. Andere dachten an
das celtische *fear* = Mann. Florus
1. 44. (3. 10.) sagt vom Vercingetorix: *nomine etiam quasi ad terrorem composito.*

6. *aspectum modo:* 6. 8, 6. —
ancipiti proelio: 1. 26, 1. — *copiae
equitatus peditatusque:* 5. 47, 5.

77. 2. *variis dictis sententiis –
non praetereunda oratio Crit.* vid.
Man beachte die Kürze des Ausdrucks für var. dictis sententiis Cri-
tognatus orationem habuit, quae non

ditionem, pars, dum vires suppeterent, eruptionem censebat, non praetereunda oratio Critognati videtur propter eius singularem et nefariam crudelitatem. Hic summo in Arvernis ortus loco 3 et magnae habitus auctoritatis: 'Nihil', inquit, 'de eorum sententia dicturus sum, qui turpissimam servitutem deditionis nomine appellant, neque hos habendos civium loco neque ad consilium adhibendos censeo. Cum his mihi res sit, qui eruptionem pro- 4 bant; quorum in consilio omnium vestrum consensu pristinae residere virtutis memoria videtur. Animi est ista mollitia, non 5 virtus, paulisper inopiam ferre non posse. Qui se ultro morti offerant, facilius reperiuntur, quam qui dolorem patienter ferant. Atque ego hanc sententiam probarem (tantum apud me dignitas 6 potest), si nullam praeterquam vitae nostrae iacturam fieri viderem: sed in consilio capiendo omnem Galliam respiciamus, quam 7 ad nostrum auxilium concitavimus. Quid hominum milibus LXXX 8 uno loco interfectis propinquis consanguineisque nostris animi fore existimatis, si paene in ipsis cadaveribus proelio decertare cogentur? Nolite hos vestro auxilio exspoliare, qui vestrae salu- 9 tis causa suum periculum neglexerunt, nec stultitia ac temeritate vestra aut animi imbecillitate omnem Galliam prosternere et perpetuae servituti subicere. An, quod ad diem non venerunt, de 10 eorum fide constantiaque dubitatis? Quid ergo? Romanos in illis ulterioribus munitionibus animine causa cotidie exerceri putatis? Si illorum nuntiis confirmari non potestis omni aditu praesepto, 11 his utimini testibus appropinquare eorum adventum; cuius rei timore exterriti diem noctemque in opere versantur. Quid ergo 12 mei consilii est? Facere, quod nostri maiores nequaquam pari bello Cimbrorum Teutonumque fecerunt; qui in oppida compulsi

praetereunda videtur. — *quarum pars censebat.* B. C. 2. 30, 1: *Erant sententiae, quae — censerent.* — *deditionem cens.* Liv. 10. 12: *bellum Samnitibus patres censuerunt.*

3. *magnae habitus auctoritatis.* S. 1. 28, 5. — *ad consilium* (nicht concilium) *adhibendos:* zur Berathung zuzulassen, ihre Meinung anzuhören.

5. *Animi est ista mollitia* u. s. w. Vergl. 7. 20, 5: *cui rei propter animi mollitiem studere omnes videret, quod diutius laborem ferre non possent. — Qui se ultro morti offerant.* Martial. 11. 56, 16: *Re-* *bus in angustis facile est contemnere vitam; Fortiter ille facit, qui miser esse potest.*

6. *dignitas:* Würde, Auctorität derjenigen, die für den Ausfall gesprochen hatten. Dass die Bedeutung 'ehrenhafte Gesinnung' hier nicht angemessen ist, zeigt der Tadel, den er gegen den Vorschlag ausspricht: *animi est ista mollitia* u. s. w.

10. *ulterioribus munitionibus:* c. 74, 1. — *animi causa:* 3. 12, 6.

12. *Quid ergo mei cons. est:* 1. 21, 2. — *bello Cimbrorum Teutonumque.* S. 1. 33, 4. 2. 4, 2.

ac simili inopia subacti eorum corporibus, qui aetate ad bellum
inutiles videbantur, vitam toleraverunt neque se hostibus tradi-
13 derunt. Cuius rei si exemplum non haberemus, tamen libertatis
14 causa institui et posteris prodi pulcherrimum iudicarem. Nam
quid illi simile bello fuit? Depopulata Gallia Cimbri magnaque
illata calamitate finibus quidem nostris aliquando excesserunt
atque alias terras petierunt; iura, leges, agros, libertatem nobis
15 reliquerunt. Romani vero quid petunt aliud aut quid volunt, nisi
invidia adducti, quos fama nobiles potentesque bello cognoverunt,
horum in agris civitatibusque considere atque his aeternam in-
iungere servitutem? Neque enim ulla alia condicione bella gesse-
16 runt. Quod si ea, quae in loginquis nationibus geruntur, igno-
ratis, respicite finitimam Galliam, quae in provinciam redacta,
iure et legibus commutatis securibus subiecta perpetua premitur
78 servitute. Sententiis dictis constituunt, ut ii, qui valetudine aut
aetate inutiles sunt bello, oppido excedant, atque omnia prius
2 experiantur, quam ad Critognati sententiam descendant: illo tamen potius utendum consilio, si res cogat atque auxilia morentur, quam aut deditionis aut pacis subeundam condicionem.
3 Mandubii, qui eos oppido receperant, cum liberis atque uxoribus
4 exire coguntur. Hi cum ad munitiones Romanorum accessissent,
flentes omnibus precibus orabant, ut se in servitutem receptos
5 cibo iuvarent. At Caesar dispositis in vallo custodibus recipi

---

13. *institui*: die Massregel müsse,
wenn sie früher nicht vorgekommen
wäre, 'zum ersten Male ergriffen,
eingeführt werden'. Liv. 4. 4: *nul-
lane res nova institui debet?*

14. *Nam quid — fuit?* kann nur
bezogen werden auf den durch die
Unterwerfung Galliens beendigten
Krieg mit den Römern, in Folge
dessen eben jetzt ganz Gallien sich
aufs neue erhebt. Die Cimbern sind
nach allem Unglück, das sie über
Gallien brachten, doch wenigstens
wieder einmal abgezogen (*finibus
quidem excesserunt*), was von den
Römern nicht zu erwarten ist; daher oben § 12 *nequaquam pari
bello*. — *depopulata* passivisch, wie
1. 11, 4. Das Subiect *Cimbri* steht
zwischen den beiden Participialsätzen, wie 2. 11, 2 zwischen den
absoluten Ablativen. Vergl. c. 81, 1
Galli.

15. *ulla* mit *bella* zu verbinden.

16. *securibus*: lictorum procon-
sulis, der grellste Ausdruck für die
römische Oberhoheit.

78. 1. *qui inutiles sunt*: 5. 11,
4. — *experiantur* geht natürlich auf
das Hauptsubiect des Satzes. — *descendant*: 5. 29, 5.

3. *Mandubii*: die Bewohner von
Alesia: c. 68, 1.

5. *recipi prohibebat*: S. zu 2. 4, 2.
Zur Sache s. Cass. Dio 40. 40: Καῖσαρ ἄλλως μὲν οὐδ' αὐτὸς τῶν
ἐπιτηδείων, ὥστε καὶ ἑτέρους τρέ-
φειν, εὐπόρει· τοῖς δ' οὖν πολεμίοις ἰσχυροτέραν τὴν σιτοδείαν
ἐπανελθόντων αὐτῶν, – ποιήσειν
νομίσας, πάντας αὐτοὺς ἀπεώσα-
το. Καὶ οἱ μὲν οὕτως ἐν τῷ μέσῳ
τῆς πόλεως καὶ τοῦ στρατοπέδου,
μηδετέρων σφᾶς δεχομένων, οἰκ-
τρότατα ἀπώλοντο.

prohibebat. Interea Commius reliquique duces, quibus summa im- **79**
perii permissa erat, cum omnibus copiis ad Alesiam perveniunt
et colle exteriore occupato non longius mille passibus ab nostris
munitionibus considunt. Postero die equitatu ex castris educto **2**
omnem eam planiciem, quam in longitudinem tria milia passuum
patere demonstravimus, complent pedestresque copias paulum
ab eo loco abditas in locis superioribus constituunt. Erat ex op- **3**
pido Alesia despectus in campum. Concurrunt his auxiliis visis;
fit gratulatio inter eos atque omnium animi ad laetitiam excitantur. Itaque productis copiis ante oppidum considunt et proxi- **4**
.mam fossam cratibus integunt atque aggere explent seque ad
eruptionem atque omnes casus comparant.

Caesar omni exercitu ad utramque partem munitionum dis- **80**
posito, ut, si usus veniat, suum quisque locum teneat et no-
verit, equitatum ex castris educi et proelium committi iubet. Erat **2**
ex omnibus castris, quae summum undique iugum tenebant, despectus, atque omnes milites intenti pugnae proventum exspectabant. Galli inter equites raros sagittarios expeditosque levis **3**
armaturae interiecerant, qui suis cedentibus auxilio succurrerent
et nostrorum equitum impetus sustinerent. Ab his complures de **4**
improviso vulnerati proelio excedebant. Cum suos pugna superiores esse Galli confiderent et nostros multitudine premi viderent, ex omnibus partibus et ii, qui munitionibus continebantur,
et hi, qui ad auxilium convenerant, clamore et ululatu suorum
animos confirmabant. Quod in conspectu omnium res gerebatur **5**
neque recte ac turpiter factum celari poterat, utrosque et laudis
cupiditas et timor ignominiae ad virtutem excitabat. Cum a me- **6**
ridie prope ad solis occasum dubia victoria pugnaretur, Germani
una in parte confertis turmis in hostes impetum fecerunt eosque

---

79. 1. *ad Alesiam*: 1. 7, 1. —
colle exteriore: auf einem von den
Hügeln, die nach c. 69, 4 *ex omnibus partibus – oppidum cingebant*.
  2. *planiciem – demonstravimus*:
c. 69, 3. — *abditas*: zurückgezogen.
Vgl. 6. 5, 5: *nec se in Menapios
abderet*.
  80. 1. *ad utramque partem munitionum*: sowohl bei der inneren,
als bei der äusseren, gegen den von
aussen kommenden Feind aufgeführten Verschanzung: 74, 1. — *si
usus* (Bedürfniss, Nothwendigkeit)
veniat: wenn es nöthig würde: sonst
gewöhnlich *usus est*; ähnlich B. C.
3. 84, 4: *cum adesset usus*.
  2. *ex omnibus castris* = ex omnibus castrorum partibus: überall vom
Lager aus.
  4. *complures*, näml. equitum nostrorum. — *suos superiores esse G.
confiderent*: da sie nach diesem Erfolg der Schützen bestimmt annahmen, dass die Ibrigen im Kampfe
überlegen seien.
  6. *Germani*, die nämlichen Reiterschaaren, die schon c. 67 den Sieg
entschieden.

7 propulerunt; quibus in fugam coniectis sagittarii circumventi in-
8 terfectique sunt. Item ex reliquis partibus nostri cedentes usque
9 ad castra insecuti sui colligendi facultatem non dederunt. At ii,
qui ab Alesia processerant, maesti prope victoria desperata se in
81 oppidum receperunt. Uno die intermisso Galli atque hoc spatio
magno cratium, scalarum, harpagonum numero effecto media
nocte silentio ex castris egressi ad campestres munitiones acce-
2 dunt. Subito clamore sublato, qua significatione qui in oppido
obsidebantur de suo adventu cognoscere possent, crates proicere, fundis, sagittis, lapidibus nostros de vallo proturbare reliquaque, quae ad oppugnationem pertinent, parant administrare.,
3 Eodem tempore clamore exaudito dat tuba signum suis Vercin-
4 getorix atque ex oppido educit. Nostri, ut superioribus diebus,
ut cuique erat locus attributus, ãd munitiones accedunt; fundis
librilibus sudibusque, quas in opere disposuerant, ac glandibus
5 Gallos proterrent. Prospectu tenebris adempto multa utrimque
6 vulnera accipiuntur. Complura tormentis tela coniciuntur. At
Marcus Antonius et Gaius Trebonius legati, quibus hae partes ad
defendendum obvenerant, qua ex parte nostros premi intellexerant, his auxilio ex ulterioribus castellis deductos submittebant.
82 Dum longius ab munitione aberant Galli, plus multitudine telorum proficiebant; posteaquam propius successerunt, aut se

8. *sui colligendi*: 3. 6, 1.

9. *ab Alesia*: c. 43, 5. — *victoria desperata*: 3. 3, 3.

81. 1. *Uno die interm.*: nach Verlauf eines einzigen oder: nur eines Tages (daher auch nachher *hoc spatio magno – num. eff.* d. h. in dieser kurzen Zeit); denn sonst, wenn nicht der Begriff der Einheit ausdrücklich hervorzuheben ist, fehlt gewöhnlich *unus.* S. zu c. 32, 3. — *Galli.* Die Stellung des Subiects wie c. 77, 14. — *harpagones* sind an Stangen befestigte Haken zum Niederreissen der Mauern (bei Seegefechten zum Entern der Schiffe, B. C. 1. 57, 2). — *campestres munitiones*: die in der oben c. 69, 3 beschriebenen Ebene angelegten Verschanzungen.

2. *de suo adventu cognoscere*: 1. 42, 1. — *crates proicere*: zum Ueberdecken der Gräben; c. 79, 4: *fossam cratibus integunt.*

3. *educit.* Richtiger wird aus *suis* das Object genommen, als das Verb. absolut (= ausrücken, vom Feldherrn, wie oft bei Livius) gefasst, wie es C. nicht braucht. An den dafür angeführten Stellen 7. 10, 1 u. B. C. 3. 67, 3 hat das Wort sein Object.

4. *ut cuique erat locus attributus*: c. 80, 1. — *fundis librilibus* = fundis, quibus lapides libriles iaciebantur, also Wurfgeschosse, wie sie Festus p. 116 beschreibt: *Librilia (librilla) appellantur instrumenta bellica, saxa scilicet ad brachii crassitudinem in morem flagellorum loris revincta.* — *sudibusque*: 5. 40, 6.

6. *hae partes ad defendendum obvenerant.* S. zu 8. 37, 3. — *intellexerant - submittebant*: 3. 4, 2. 44, 6 u. ö.

82. 1. *se olim. induebant*: c. 73,

stimulis inopinantes induebant aut in scrobes delati transfodie-
bantur aut ex vallo et turribus traiecti pilis muralibus inter-
ibant. Multis undique vulneribus acceptis nulla munitione per- 2
rupta, cum lux appeteret, veriti, ne ab latere aperto ex superioribus castris eruptione circumvenirentur, se ad suos receperunt.
At interiores, dum ea, quae a Vercingetorige ad eruptionem 3
praeparata erant, proferunt, priores fossas explent, diutius in his 4
rebus administrandis morati prius suos discessisse cognoverunt,
quam munitionibus appropinquarent. Ita re infecta in oppidum
reverterunt.

Bis magno cum detrimento repulsi Galli, quid agant, con- **83**
sulunt; locorum peritos adhibent: ex his superiorum castrorum situs munitionesque cognoscunt. Erat a septentrionibus 2
collis, quem propter magnitudinem circuitus opere circumplecti
non potuerant nostri: necessario paene iniquo loco et leniter declivi castra fecerunt. Haec Gaius Antistius Reginus et Gaius Ca- 3
ninius Rebilus legati cum duabus legionibus obtinebant. Cogni- 4
tis per exploratores regionibus duces hostium LX milia ex omni
numero deligunt earum civitatum, quae maximam virtutis opinionem habebant; quid quoque pacto agi placeat, occulte inter se 5
constituunt; adeundi tempus definiunt, cum meridies esse videatur. His copiis Vercassivellaunum Arvernum, unum ex quattuor 6
ducibus, propinquum Vercingetorigis, praeficiunt. Ille ex castris 7
prima vigilia egressus prope confecto sub lucem itinere post
montem se occultavit militesque ex nocturno labore sese reficere
iussit. Cum iam meridies appropinquare videretur, ad ea castra, 8
quae supra demonstravimus, contendit; eodemque tempore equi-

4. — *pilis muralibus*: 5. 40, 6.

2. *ex superioribus castris*, d. i.
von den Theilen des Lagers in der
äusseren Verschanzungslinie, die
auf den Anhöhen an beiden Seiten
der Ebene lagen, von denen also ein
Flankenangriff zu befürchten war.

3. *interiores*: die Feinde in der
Stadt. — *priores fossas*: der zunächst an Alesia gezogene Graben;
der Plural von Einem Graben wie
B. C. 3. 46, 3. 69, 3. (Vergl. zu 1.
37, 3: *ad ripas*.)

83. 2. *necessario — fecerunt*.
Wegen des Umfangs konnte dieser
Berg nicht mit in die äussere Verschanzungslinie eingeschlossen, d. h.
der Wall konnte hier nicht auf der
Kammhöhe, sondern musste an einem
ungünstigen Orte, nämlich auf dem
— wenn auch nicht sehr steilen Abhange angelegt werden; s. c. 65, 4
(*et len. declivi* ist bestimmte Erklärung zu dem allgem. *iniquo*; *leniter* mildert die im Allgemeinen ungünstige Oertlichkeit). Die Worte
necessario — fecerunt enthalten eine
Folge des Vorhergehenden (also);
die aus der Sache sich ergebende
Nothwendigkeit tritt aber durch
das Asyndeton schärfer hervor und
für die selbstständige Fassung des
Satzes ist auch das Perf. *fecerunt*
angemessener, als *fecerant*.

tatus ad campestres munitiones accedere et reliquae copiae pro
84 castris sese ostendere coeperunt. Vercingetorix ex arce Alesiae
suos conspicatus ex oppido egreditur; cratis, longurios, muscu-
los, falces reliquaque, quae eruptionis causa paraverat, profert.
2 Pugnatur uno tempore omnibus locis, atque omnia temptantur:
3 quae minime visa pars firma est, huc concurritur. Romanorum
manus tantis munitionibus distinetur nec facile pluribus locis
4 occurrit. Multum ad terrendos nostros valet clamor, qui post
tergum pugnantibus exstitit, quod suum periculum in aliena vi-
5 dent salute constare: omnia enim plerumque, quae absunt, ve-
85 hementius hominum mentes perturbant. Caesar idoneum locum
nactus, quid quaque ex parte geratur, cognoscit; laborantibus
2 submittit. Utrisque ad animum occurrit, unum esse illud tem-
3 pus, quo maxime contendi conveniat: Galli, nisi perfregerint
munitiones, de omni salute desperant; Romani si rem obtinu-
4 erint, finem laborum omnium exspectant. Maxime ad superiores
munitiones laboratur, quo Vercassivellaunum missum demonstravimus. Iniquum loci ad declivitatem fastigium magnum ha-
5 bet momentum. Alii tela coniciunt, alii testudine facta subeunt;
6 defatigatis in vicem integri succedunt. Agger ab universis in
munitionem coniectus et ascensum dat Gallis et ea, quae in terra
occultaverant Romani, contegit; nec iam arma nostris nec vires
86 suppetunt. His rebus cognitis Caesar Labienum cum cohortibus
2 sex subsidio laborantibus mittit: imperat, si sustinere non posset,

---

84. 1. *musculi* sind Schutzdächer, unter denen man Mauern
und Wälle angriff. Das Nähere s.
Kriegsw. § 30, 2. — *falces*: 3.
14, 5.

4. *post tergum pugn. ex.*: den
Kämpfenden im Rücken. — *quod –
constare*: c. 21, 3. Die auf der inneren Linie Kämpfenden sahen,
dass ihre Gefahr (d. h. das Ueber-
stehen derselben) auf der Rettung
der an der Aussenseite Kämpfenden
beruhe und umgekehrt, da, wenn
die Einen geworfen worden wären,
die Anderen im Rücken bedroht
waren.

85. 1. *submittit*, ohne das selbstverständliche Object, welche Kürze
jedenfalls besser zum Tone der
ganzen Schilderung passt, als das
früher unnütz hinzugefügte *auxi-*

lium. Eben so war 4. 11, 2 *praemittit* gebraucht.

2. *ad animum occurrit* nur hier
so bei C., gewöhnlich *animo occurrit*, oder *occurrit* allein.

4. *Iniquum loci ad decliv. fastigium*: c. 83, 2; vgl. *declivis locus
tenui fastigio* B. C. 1. 45, 5.

6. *in munitionem*: sämmtliche
Einrichtungen, um den Zugang zum
Lager zu verhindern, also auch die
lilia, stimulos umfassend.

86. 2. *imperat – pugnaret – faciat.* Eins der nicht selten Beispiele des nur durch eine Nachlässigkeit des Schriftst. zu erklärenden
Temposwechsels. Vergl. 5. 58, 4.
— *si sustinere non posset – pugnaret*: er befiehlt ihm, wenn er sich
gegen die das Lager stürmenden
Feinde nicht halten könnte (*susti-*

deductis cohortibus eruptione pugnaret; id nisi necessario ne faciat. Ipse adit reliquos, cohortatur, ne labori succumbant; om- 3
nium superiorum dimicationum fructum in eo die atque hora
docet consistere. Interiores desperatis campestribus locis propter 4
magnitudinem munitionum loca praerupta ex ascensu temptant:
huc ea, quae paraverant, conferunt. Multitudine telorum ex tur- 5
ribus propugnantes deturbant, aggere et cratibus fossas explent,
falcibus vallum ac loricam rescindunt. Mittit primo Brutum adu- 87
lescentem cum cohortibus Caesar, post cum aliis Gaium Fabium
legatum; postremo ipse, cum vehementius pugnaretur, integros 2
subsidio adducit. Restituto proelio ac repulsis hostibus eo, quo 3
Labienum miserat, contendit; cohortes quattuor ex proximo 4
castello deducit, equitum partem se sequi, partem circumire ex- .
teriores munitiones et ab tergo hostes adoriri iubet. Labienus 5
postquam neque aggeres neque fossae vim hostium sustinere
poterant, coactis una xi. cohortibus, quas ex proximis praesidiis deductas fors obtulit, Caesarem per nuntios facit certiorem,
quid faciendum existimet. Accelerat Caesar, ut proelio intersit. Eius adventu ex colore vestitus cognito, quo insigni in 88
proeliis uti consuerat, turmisque equitum et cohortibus visis,
quas se sequi iusserat, ut de locis superioribus haec declivia et

nere absol.), die Truppen von den
Wällen wegzuziehen (nicht: mit den
hingeführten Truppen; *deductis cohortibus* ist Abl. absol.) und einen
Ausfall zu machen, *eruptione pugnare*, Ablat. modi.

4. *loca praerupta ex ascensu
temptant.* Als die Besatzung von
Alesia (*interiores*, wie c. 82, 3)
sieht, dass sie durch die Werke in
der Ebene (c. 81, 1) nicht gelangen
könne, wendet sie sich zu den Verschanzungen auf den Höhen, und
greift sie an, indem sie zu ihnen
emporklimmt, *ex ascensu*, gleichsam: vom Aufsteigen aus, im Gegensatze zu den auf der entgegengesetzten Seite bergabwärts stürmenden Truppen des Vercassivellaunus. [Minder passend scheint die
Verbindung *praerupta ex ascensu*.]

5. *aggere*: 7. 56, 1. — *vallum
rescindunt*: 3. 5, 1.

87. 5. *postquam poterant*. Das
Imperf. nach *postquam* zur Bezeichnung eines dauernden Zustandes.
Vergl. B. C. 3. 60, 5: *postquam id
difficilius visum est* (einzelnes
Factum) *neque facultas perficiendi
dabatur* = und (während der ganzen Zeit) keine Gelegenheit dazu da
war. — *coactis una*: c. 75, 5. —
facit certiorem, quid fac. existimet
heisst nicht, wie gewöhnlich erklärt
wird: er benachrichtigt und fragt,
quid fac. exist. Nach c. 89, 2 wusste
er, was er zu thun hatte. C. sagt:
er benachrichtigte ihn, was er, da er
sich nicht mehr halten könnte, thun
wolle, nämlich dass er nun zu dem
Aeussersten schreiten, *eruptione
pugnare*, wolle. Daher heisst es
gleich darauf: *Accelerat Caesar, ut
proelio intersit.*

88. 1. *quo insigni* (Substantiv)
in proeliis uti consu.: das er als
Abzeichen des Feldherrn zu tragen
pflegte, das purpurne paludamentum. — *ut cernebantur*. S. 5. 43, 6:
ut se constipaverant. — *de locis su-*

2 devexa cernebantur, hostes proelium committunt. Utrimque clamore sublato excipit rursus ex vallo atque omnibus munitionibus
3 clamor. Nostri omissis pilis gladiis rem gerunt. Repente post tergum equitatus cernitur; cohortes aliae appropinquant. Hostes terga vertunt; fugientibus equites occurrunt. Fit magna caedes.
4 Sedulius, dux et princeps Lemovicum, occiditur; Vercassivellaunus Arvernus vivus in fuga comprehenditur; signa militaria LXXIV ad Caesarem referuntur: pauci ex tanto numero se incolumes in
5 castra recipiunt. Conspicati ex oppido caedem et fugam suorum
6 desperata salute copias a munitionibus reducunt. Fit protinus hac re audita ex castris Gallorum fuga. Quod nisi crebris subsidiis ac totius diei labore milites essent defessi, omnes hostium
7 copiae deleri potuissent. De media nocte missus equitatus novissimum agmen consequitur: magnus numerus capitur atque
89 interficitur; reliqui ex fuga in civitates discedunt. Postero die Vercingetorix concilio convocato id bellum se suscepisse non suarum necessitatium, sed communis libertatis causa demonstrat,
2 et quoniam sit fortunae cedendum, ad utramque rem se illis offerre, seu morte sua Romanis satisfacere seu vivum tradere ve-

perioribus. Die von den Galliern besetzte Kammhöhe. Labienus wartet, nachdem er die zum Ausfall bestimmte Colonne vereinigt hat, mit dem Beginn des Angriffs, weil Caesar selbst mit der Reserve dem Kampfplatz zueilt; als die Gallier dies wahrnehmen, greifen sie an.

2. *clamore sublato – excipit clamor*: 'folgt unmittelbar'. B. C. 2. 7, 3: *re cognita tantus luctus excepit*. Verlangt man ein Obiect, so würde das syntactische Verhältniss sein wie 6. 43, 1: *magno coacto numero – dimittit*; vgl. 7. 4, 1. Doch kann auch *excipit* absolut genommen werden, wie Liv. 2. 61, 1: *Turbulentior inde annus excepit*, wo die Möglichkeit einer solchen Beziehung nicht vorhanden ist.

3. *omissis pilis – gerunt*. 1. 52, 4: *reiectis pilis comminus gladiis pugnatum est*. Sall. Cat. 60, 2: *maxumo clamore cum infestis signis concurrunt, pila omittunt, gladiis res geritur*. Die Wurfwaffe brauchten die Römer hauptsächlich

deswegen nicht, weil sie unten, der Feind oben stand. — *equitatus* sind die nach c. 87, 4 um die äussere Schanzenkette herum geschickten Reiter; *cohortes* die von Caesar geführte Reserve, der er selbst vorausgeeilt war.

Die lebendige Frische und der rasche Gang der Erzählung, in der der Schriftsteller, besonders durch die den schnellen Verlauf der Begebenheiten malenden Asyndeta, ein anschauliches Bild der Hitze des Gefechtes und der ununterbrochen sich folgenden Schläge giebt, ist in diesem Capitel, wie in der ganzen Schilderung dieses entscheidenden Kampfes so in die Augen springeud, dass es einer besonderen Hinweisung auf das Einzelne nicht bedarf.

89. 1. *non suarum necessitatium – causa*: nicht in eigenem Interesse. Die Genitivform hat C. noch in *civitatium* 4. 3, 1. 7. 36, 2. 8. 23, 1; *simultatium* B. Alex. c. 49, 2.

2. *se illis offerre*: 2. 3, 2.

lint. Mittuntur de his rebus ad Caesarem legati. Iubet arma 3
tradi, principes produci. Ipse in munitione pro castris consedit: 4
eo duces producuntur; Vercingetorix deditur, arma proiciuntur.
Reservatis Haeduis atque Arvernis, si per eos civitates reciperare 5
posset, ex reliquis captivis toto exercitui capita singula praedae
nomine distribuit.

His rebus confectis in Haeduos proficiscitur; civitatem re- **90**
cipit. Eo legati ab Arvernis missi quae imperaret se facturos 2
pollicentur. Imperat magnum numerum obsidum. Legiones in
hiberna mittit. Captivorum circiter xx milia Haeduis Arvernis- 3
que reddit. T. Labienum duabus cum legionibus et equitatu in 4
Sequanos proficisci iubet: huic M. Sempronium Rutilum attribuit. Gaium Fabium legatum et Lucium Minucium Basilum cum 5
legionibus duabus in Remis collocat, ne quam ab finitimis Bellovacis calamitatem accipiant. Gaium Antistium Reginum in 6
Ambilaretos, Titum Sextium in Bituriges, Gaium Caninium Rebilum in Rutenos cum singulis legionibus mittit. Q. Tullium Ci- 7
ceronem et P. Sulpicium Cabilloni et Matiscone in Haeduis ad
Ararim rei frumentariae causa collocat. Ipse Bibracte hiemare

---

5. *si — posset*: 6. 29, 4. — *toto
exercitui*: jedem einzelnen Soldaten des Heeres. Suet. Iul. c. 26:
*singula mancipia ex praeda viritim
dedit.* Die Dativform *toto*, wie *nullo*
6. 13, 1 und *alteras* 5. 27, 5.

Plutarch Caes. c. 27 lässt den
Vercing. am Ende seiner Laufbahn
ziemlich phantastisch auftreten (ὁ
δὲ τοῦ σύμπαντος ἡγεμὼν πολέ-
μου Οὐεργεντόριξ ἀναλαβὼν τῶν
ὅπλων τὰ κάλλιστα καὶ κοσμήσας
τὸν ἵππον ἐξιππάσατο διὰ τῶν
πυλῶν· καὶ κύκλῳ περὶ τὸν Καίσαρα καθεζόμενον ἐλάσας, εἶτα
ἀφαλόμενος τοῦ ἵππου τὴν μὲν
πανοπλίαν ἀπέρδιψεν, αὐτὸς δὲ
καθίσας ὑπὸ πόδας τοῦ Καίσαρος
ἡσυχίαν ἦγεν, ἄχρι οὗ παρεδόθη
φρουρησόμενος ἐπὶ τὸν θρίαμ-
βον) und Florus 1. 44 (3. 10) legt
ihm noch eine Grosssprecherei in
den Mund: *ipse ille rex, maximum
victoriae decus, supplex cum in castra venisset, equum et phaleras et
sua arma ante Caesaris genua pro-*

iecit. *Habe, inquit; virum fortem,
vir fortissime, vicisti.* Er wurde
gefangen gehalten und im Jahre 46
als schönste Zierde des Triumphs
in den Augen der Menge durch die
Strassen Roms geführt und dann
hingerichtet. (Dio 40. 41. 43. 19.)

90. 1. *recipit*: 6. 8, 7.

5. *ne quam — calamitatem accipiant*, nämlich *Remi*, die sich an
dem Kriege nicht betheiligt hatten,
*quod amicitiam Romanorum seque-
bantur* c. 63, 7; gewiss nicht: *Labienus et Sempronius Rutilus*, wie
man gemeint hat, da es wunderbar
gewesen wäre, um die zwei Legionen und die Reiterei des Labienus zu schützen, die zwei Legionen des Fabius der Gefahr auszusetzen, abgesehen von der geographischen Unmöglichkeit dieser Erklärung.

7. *Bibracte*, ebenso 8. 2, 1; über
Bibracti s. zu c. 55, 4.

8 constituit. His [litteris] cognitis Romae dierum viginti supplicatio
redditur.

8. *supplicatio*. Vergl. das Ende des 2. und des 4. Buches. — *supplicatio redditur*, ein sonst nicht vorkommender Ausdruck = zum Dank (für empfangene Wohlthat) darbringen, wie *praemia, vota (tura diis) reddere* gesagt wird.

A. HIRTII

DE

BELLO GALLICO

COMMENTARIUS OCTAVUS.

Coactus assiduis tuis vocibus, Balbe, cum cotidiana mea re- 1
cusatio non difficultatis excusationem, sed inertiae videretur deprecationem habere, rem difficillimam suscepi. Caesaris nostri 2
commentarios rerum gestarum Galliae non cohaerentibus superioribus atque insequentibus eius scriptis contexui novissimumque imperfectum ab rebus gestis Alexandriae confeci usque ad

Ueber den Verfasser dieses Buches, das die Ereignisse der Jahre
51 u. 50 v. Chr. enthält, s. die Einleitung S. 41. — L. Cornelius Balbus, an den dieser einleitende Brief
gerichtet ist, war ein Vertrauter des
Caesar. Gebürtig aus Gades (Cadix)
hatte er auf den Vorschlag des C.
Cornelius Lentulus das röm. Bürgerrecht erhalten. Als ihm dies
streitig gemacht worden war, wurde
er von Cicero, der ihn oft in seinen
Briefen erwähnt, in der noch vorhandenen Rede vertheidigt.

1. *difficultatis excusationem:*
Entschuldigung mit der Schwierigkeit, wie man sagt *excusare aliquid* = sich mit etwas entschuldigen.
So c. 12, 5: *aetatis excusatione.* In
gleicher Form ist gegenübergesetzt
inertiae deprecationem: eine Ab-

lehnung, die von der Trägheit herkommt und veranlasst wird, ein Ab-
lehnen aus Trägheit.

2. *rerum gestarum Galliae.* S.
zu 7. 28, 4. — *superioribus atque
insequentibus eius scriptis:* über den
gallischen und den Bürgerkrieg. —
novissimumque imperfectum: die
unvollendete Geschichte des Bürgerkriegs. — *a rebus gestis Alexandriae:* vom Alexandrinischen Kriege
in den Jahren 48 u. 47, in welchem
er die obwaltenden Thronstreitig-
keiten beendigte und den jüngeren
Ptolemäus und die Cleopatra in die
Herrschaft über Aegypten einsetzte. — *usque ad exitum - vitae
Caes.* Die noch vorhandenen Schriften reichen nicht bis dahin. Die
Vollendung dieser Geschichte, die
dieser, jedenfalls gleich zu Anfang

exitum non quidem civilis dissensionis, cuius finem nullum vide-
3 mus, sed vitae Caesaris. Quos utinam qui legent scire possint
quam invitus susceperim scribendos, quo facilius caream stulti-
tiae atque arrogantiae crimine, qui me mediis interposuerim Cae-
4 saris scriptis. Constat enim inter omnes nihil tam operose ab
aliis esse perfectum, quod non horum elegantia commentariorum
5 superetur. Qui sunt editi, ne scientia tantarum rerum scriptoribus deesset, adeoque probantur omnium iudicio, ut praerepta,
6 non praebita facultas scriptoribus videatur. Cuius tamen rei
maior nostra, quam reliquorum est admiratio: ceteri enim, quam
bene atque emendate, nos etiam, quam facile atque celeriter eos
7 perfecerit, scimus. Erat autem in Caesare cum facultas atque
elegantia summa scribendi, tum verissima scientia suorum con-
8 siliorum explicandorum. Mibi ne illud quidem accidit, ut Alexandrino atque Africano bello interessem; quae bella quamquam ex
parte nobis Caesaris sermone sunt nota, tamen aliter audimus ea,
quae rerum novitate aut admiratione nos capiunt, aliter, quae pro
9 testimonio sumus dicturi. Sed ego nimirum, dum omnes excu-
sationis causas colligo, ne cum Caesare conferar, hoc ipsum crimen arrogantiae subeo, quod me iudicio cuiusquam existimem
posse cum Caesare comparari. Vale.

1   Omni Gallia devicta Caesar cum a superiore aestate nullum bellandi tempus intermisisset militesque hibernorum quiete

geschriebene Brief als vollendet darstellt, weil der·Schreiber die Ausführung des Ganzen hoffte, wurde durch den Tod des Hirtius im April des Jahres 43 verhindert.

3. *Quos qui leg. — Qui sunt edi-ti. — Cuius tamen rei.* Die häufige Verbindung der Sätze durch das Relativum gehört zu den Eigen-thümlichkeiten des Stils des Hirtius, durch die er oft eintönig wird.

5. *ut praerepta, non praebita – videatur.* Vergl. damit die Einl. S. 36 angeführte Stelle aus Cic. Brut. 75, 262.

8. *Africano bello* in den J. 47 u. 46 gegen die Pompeianer unter Me-tellus Scipio. Er endigte mit der Niederlage des Scipio und Labienus bei Uzita und der Eroberung von Thapsus. — *quae pro testimonio sumus dicturi:* was man berichten will, damit es als Zeugniss gelte,

d. h. glaubwürdig und verbürgt. Er meint, dass er die Mittheilungen aus Caesars Munde so gehört habe, dass er sich ganz nur durch den Reiz der Neuheit angezogen gefühlt, nicht aber den Gedanken dabei gehabt habe, dass er sie einst selbst in ei-nem Geschichtswerke wiedergeben solle, da dies damals nicht voraus-zusehen war.

9. *hoc* (hac re) *ipsum crimen* = ipsum illud crimen arrogantiae, quod vitare volo, § 3 [*hoc ipso* ist offen-bare Correctur der schlechteren Handschr.].

1. 1. *Caesar.* Ueber die Stellung s. 4. 11, 1. — *a superiore aestate:* seit dem Sommer des vorigen Jah-res, d. h. des Jahres 53; denn Hir-tius schliesst seine Erzählung un-mittelbar an den Schluss der des Caesar vom J. 52 an; nach dem An-fange des 7. Buches aber hatte noch

reficere a tantis laboribus vellet, complures eodem tempore civitates renovare belli consilia nuntiabantur coniurationesque facere.
Cuius rei verisimilis causa afferebatur, quod Gallis omnibus co- 2
gnitum esset neque ulla multitudine in unum locum coacta resisti
posse Romanis, nec, si diversa bella complures eodem tempore intulissent civitates, satis auxilii aut spatii aut copiarum habiturum
exercitum populi Romani ad omnia persequenda; non esse autem 3
alicui civitati sortem incommodi recusandam, si tali mora reliquae possent se vindicare in libertatem. Quae ne opinio Gallorum 2
confirmaretur, Caesar M. Antonium quaestorem suis praefecit
hibernis; ipse equitum praesidio pridie Kal. Ianuarias ab oppido
Bibracte proficiscitur ad legionem XIII, quam non longe a finibus Haeduorum collocaverat in finibus Biturigum, eique adiungit
legionem XI, quae proxima fuerat. Binis cohortibus ad impedi- 2
menta tuenda relictis reliquum exercitum in copiosissimos agros
Biturigum inducit, qui, cum latos fines et complura oppida haberent, unius legionis hibernis non potuerint contineri, quin bellum pararent coniurationesque facerent. Repentino adventu Cae- 3
saris accidit, quod imparatis disiectisque accidere fuit necesse,
ut sine timore ullo rura colentes prius ab equitatu opprimerentur,
quam confugere in oppida possent. Namque etiam illud vulgare 2
incursionis hostium signum, quod incendiis aedificiorum intellegi
consuevit, Caesaris erat interdicto sublatum, ne aut copia pabuli

der Winter keine Unterbrechung
gemacht, sondern schon in diesem
der verhängnissvolle Krieg begonnen.

2. *neque — nec*: einerseits nicht
– andererseits aber auch nicht.
— *spatii*: Zeit, um, wenn sie gleichzeitig an mehreren Orten angegriffen würden, schnell genug von einem Orte zum andern zu gelangen.

3. *sortem incommodi*: das ihm
zufallende Ungemach, der jedes einzelne Volk treffende Antheil an dem
Ungemach. S. c. 12, 3. — *tali mora*:
dadurch, dass das röm. Heer mit
Bekämpfung eines oder des anderen
Stammes hingehalten oder geschwächt würde.

2. 1. *ab oppido Bibracte*, wo er
nach 7. 90, 7 *hiemare constituit.* —
quae proxima fuerat, unter dem Caninius Rebilus bei den Rutenern;

7. 90, 6. Für *fuerat* erwartet man
das Imperf. Ebenso ist das Plusquamperf. gebraucht c. 54, 3: *quintamdecimam* (legionem), *quam in
Gallia citeriore habuerat*, *iubet
tradi.* Der Schriftsteller betrachtet
die Haupthandlung (*adiungit*) schon
als eingetreten, so dass die nun
versetzte Legion die nächste gewesen war.

3. 1. *disiectis*: zerstreut wohnend.

2. *signum, quod inc. aed. intellegi consuevit*, ein ungenauer Ausdruck, da das Brennen der Gebäude,
durch welches hier das Zeichen
erkannt wird, das Zeichen selbst
ist, also eigentl. nicht das *signum*,
sondern die *incursio incendiis intellegitur.* — *deficeretur*: Caesar; copia ist Ablat. B. C. 3. 64, 3: cum

frumentique, si longius progredi vellet, deficeretur, aut hostes
3 incendiis terrerentur. Multis hominum milibus captis perterriti
Bituriges, qui primum adventum potuerant effugere Romanorum,
in finitimas civitates aut privatis hospitiis confisi aut societate
4 consiliorum confugerant. Frustra: nam Caesar magnis itineribus
omnibus locis occurrit nec dat ulli civitati spatium de aliena potius, quam de domestica salute cogitandi; qua celeritate et fideles
amicos retinebat et dubitantes terrore ad condiciones pacis ad-
5 ducebat. Tali condicione proposita Bituriges, cum sibi viderent
clementia Caesaris reditum patere in eius amicitiam finitimasque
civitates sine ulla poena dedisse obsides atque in fidem receptas
esse, idem fecerunt.

4   Caesar militibus pro tanto labore ac patientia, qui brumali-
bus diebus, itineribus difficillimis, frigoribus intolerandis studio-
sissime permanserant in labore, ducenos sestertios, centurionibus tot milia nummum praedae nomine condonanda pollicetur legionibusque in hiberna remissis ipse se recipit die xxxx
2 Bibracte. Ibi cum ius diceret, Bituriges ad eum legatos mittunt
auxilium petitum contra Carnutes, quos intulisse bellum sibi que-
3 rebantur. Qua re cognita cum dies non amplius decem et octo
in hibernis esset moratus, legiones xiiii et vi ex hibernis ab Arare
educit, quas ibi collocatas explicandae rei frumentariae causa su-

aquilifer a viribus deficeretur. —
aut h. inc. terrerentur, und in Folge
dessen sich flüchteten und den Römern entwischten.

4. 1. *frigoribus*: 1. 16, 2. —
ducenos sestertios. Ein Sestertius
ist = 15¼ Pfennig, 100 Sestertien
ungefähr = 5½ Thaler. Weil der
Sestertius die Münze war, nach der
gewöhnlich gerechnet wurde, so
wurde er auch schlechthin *nummus*
genannt, daher nachher *nummum*,
welche Genitivform in Verbindung
mit Zahlwörtern die gewöhnliche
ist. Zumpt § 51. — *tot milia.* Die
Centurionen bekamen gewöhnlich
doppelt so viel, wie die gemeinen
Soldaten. Liv. 45. 40: *pediti in
singulos dati denarii centeni, duplex centurioni.* B. C. 1. 17, 4:
*quaterna in singulos iugera et pro
rata parte centurionibus evocatisque.* Darnach ist sowohl *tot,* wie
die Handschriften haben, als II
(*bina*), wie man gewöhnlich liest,
da die Summen zu gross sind, kaum
anzunehmen. [Nipperdey vermuthet
p. 791: *centurionibus duplicem
summam praedae n. condonandam
poll.* Wenn jeder Centurio 400 Sest.
erhielt, so erhielten die 120 Centurionen der zwei Legionen zusammen IIL *milia,* welches Zahlzeichen
vielleicht verdorben worden ist.]

3. *legiones XIIII et VI.* Ueber
die früher nicht erwähnte sechste
Legion, die zu den alten hinzugekommen ist, so dass C. in diesem
Jahre 11 Legionen hat, s. Einl.
S. 29, Kriegsw. § 9, S. 48, Nipperdey p. 120. — *superiore commentario*: 7. 90, 7. — *explicandae* =
expediendae (7. 36, 1): zur Erleichterung der Verproviantirung. Cic.
ad Fam. 13. 26: *ut negotia expli-
ces et expedias.*

periore commentario demonstratum est: ita cum duabus legionibus ad persequendos Carnutes proficiscitur. Cum fama exercitus 5
ad hostes esset perlata, calamitate ceterorum ducti Carnutes desertis vicis oppidisque, quae tolerandae hiemis causa constitutis
repente exiguis ad necessitatem aedificiis incolebant (nuper enim
devicti complura oppida dimiserant), dispersi profugiunt. Cae- 2
sar erumpentes eo maxime tempore acerrimas tempestates cum
subire milites nollet, in oppido Carnutum Cenabo castra ponit
atque in tecta partim Gallorum, partim quae coniectis celeriter
stramentis tentoriorum integendorum gratia erant inaedificata,
milites compegit. Equites tamen et auxiliarios pedites in omnes 3
partes mittit, quascumque petisse dicebantur hostes; nec frustra:
nam plerumque magna praeda potiti nostri revertuntur. Op- 4
pressi Carnutes hiemis difficultate, terrore periculi, cum tectis
expulsi nullo loco diutius consistere auderent nec silvarum praesidio tempestatibus durissimis tegi possent, dispersi magna parte
amissa suorum dissipantur in finitimas civitates.

Caesar tempore anni difficillimo cum 'satis haberet conve- 6
nientes manus dissipare, ne quod initium belli nasceretur, quan-
tumque in ratione esset, exploratum haberet sub tempus aestivorum nullum summum bellum posse conflari, Gaium Trebonium cum duabus legionibus, quas secum habebat, in hibernis
Cenabi collocavit: ipse cum crebris legationibus Remorum cer- 2
tior fieret Bellovacos, qui belli gloria Gallos omnes Belgasque
praestabant, finitimasque his civitates duce Correo Bellovaco et
Commio Atrebate exercitus comparare atque in unum locum cogere, ut omni multitudine in fines Suessionum, qui Remis erant
attributi, facerent impressionem, pertinere autem non tantum ad

5. 1. *dimiserant*: hatten aufgegeben, wie 5. 18, 5. 6. 12, 6.

2. *partim quae* (ea, quae) – *erant
inaedificata.* Er legte die Soldaten
theils in die verlassenen Hütten der
Gall., theils in die, welche er selbst
bauen liess, indem er auf die aufge-
schlagenen Zelte Stroh decken
liess. [Doch ist vielleicht für *coniectis* zu lesen *conlectis*, was auch
celeriter zu fordern scheint.] Dass
die Zelte aufgeschlagen wurden,
erwähnt er nicht erst ausdrücklich
(tentoriis positis et in ea stramentis coniectis), es ist aber, freilich
nur beiläufig, enthalten in den Worten: *tentoriorum integendorum
gratia.* — *compegit*: drängte zusammen.

4. *dissipantur* medial: zerstreuen
sich. B. C. 1. 55, 1: *inopinantis pabulatores et sine ullo timore dissipatos aggressi.*

6. 1. *initium nasceretur.* So 5.
26, 1: *initium ortum est.* — *quan-
tumque in ratione esset*: so viel sich
berechnen liess. — *tempus aestivorum*, militärische Umschreibung
von *aestas*, die Zeit, wo die Sommerlager bezogen werden; c. 46, 1.
— *summum bellum*: ein Hauptkrieg.

2. *Bellovacos, qui – praestabant*:

Caesar I. 5. Aufl.   24

dignitatem, sed etiam ad salutem suam iudicaret, nullam calami-
3 tatem socios optime de republica meritos accipere, legionem ex
hibernis evocat rursus XI, litteras autem ad Gaium Fabium mittit, ut in fines Suessionum legiones duas, quas habebat, adduce-
4 ret, alteramque ex duabus ab Labieno arcessit. Ita, quantum
hibernorum opportunitas bellique ratio postulabat, perpetuo suo
7 labore in vicem legionibus expeditionum onus iniungebat. His
copiis coactis ad Bellovacos proficiscitur castrisque in eorum
finibus positis equitum turmas dimittit in omnes partes ad ali-
2 quos excipiendos, ex quibus hostium consilia cognosceret. Equites officio functi renuntiant paucos in aedificiis esse inventos,
atque hos, non qui agrorum colendorum causa remansissent
(namque esse undique diligenter demigratum), sed qui specu-
3 landi causa essent remissi. A quibus cum quaereret Caesar, quo
loco multitudo esset Bellovacorum quodve esset consilium eo-
4 rum, inveniebat: Bellovacos omnes, qui arma ferre possent, in
unum locum convenisse, itemque Ambianos, Aulercos, Caletos,
Veliocassis, Atrebatas; locum castris excelsum in silva circumdata palude delegisse, impedimenta omnia in ulteriores silvas
contulisse. Complures esse principes belli auctores, sed multitudinem maxime Correo obtemperare, quod ei summo esse odio
5 nomen populi Romani intellexissent. Paucis ante diebus ex his
castris Atrebatem Commium discessisse ad auxilia Germanorum
adducenda; quorum et vicinitas propinqua et multitudo esset
6 infinita. Constituisse autem Bellovacos omnium principum consensu, summa plebis cupiditate, si, ut diceretur, Caesar cum tribus legionibus veniret, offerre se ad dimicandum, ne miseriore
ac duriore postea condicione cum toto exercitu decertare coge-
7 rentur; si maiores copias adduceret, in eo loco permanere,
quem delegissent, pabulatione autem, quae propter anni tempus
cum exigua tum disiecta esset, et frumentatione et reliquo com-

7. 59, 5. — *iudicaret* hängt noch
von *cum* (*cum — fieret*) ab; dergleichen längere von einem vorausg.
cum abhängige Perioden finden sich
öfter bei Hirtius. Vergl. z. B. c.
46, 1.

3. *ad Gaium Fabium*. Er stand
nach 7, 90, 5 bei den Remern.

4. *perpetuo suo labore*: während
seine eigene Thätigkeit ununterbrochen in Anspruch genommen
war, legte er die Last der einzelnen
Feldzüge den Legionen abwechselnd auf, in so weit die Lage ihrer
Standquartiere und die Beschaffenheit der einzelnen Expedition es an
die Hand gab. Für *postulabat* wäre
correcter *permittebat*.

7. 2.) *atque hos* = et hos quidem; 5. 15, 4. — *diligenter demigratum*: es war kein eiliges Davon-
laufen, sondern ein mit Sorgfalt
ausgeführter Abzug, bei dem niemand zurückgelassen wurde.

4. *Atrebatas*: 1, 26, 6.

7. *exigua*: 7, 71, 4. — *disiecta*. Da

meatu ex insidiis prohibere Romanos. Quae Caesar consentien- 8
tibus pluribus cum cognosset atque ea, quae proponerentur,
consilia plena prudentiae longeque a temeritate barbarorum remota esse iudicaret, omnibus rebus inserviendum statuit, quo
celerius hostis contempta sua paucitate prodiret in aciem. Sin- 2
gularis enim virtutis veterrimas legiones vii, viii, viiii habebat,
summae spei delectaeque iuventutis xi, quae octavo iam stipendio tamen in collatione reliquarum nondum eandem vetustatis
ac virtutis ceperat opinionem. Itaque consilio advocato rebus 3
iis, quae ad se essent delatae, omnibus expositis animos multitudinis confirmat. Si forte hostes trium legionum numero posset elicere ad dimicandum, agminis ordinem ita constituit, ut legio septima, octava, nona ante omnia irent impedimenta, deinde
omnium impedimentorum agmen, quod tamen erat mediocre, ut
in expeditionibus esse consuevit, cogeret undecima, ne maioris
multitudinis species accidere hostibus posset, quam ipsi depoposcissent. Hac ratione paene quadrato agmine instructo in 4
conspectum hostium celerius opinione eorum exercitum addu-

das *pabulum ex disiectis aedificiis*
zusammenzubringen war, wie es c.
10, 3 heisst, wird hier die *pabulatio*
selbst *disiecta* genannt. Cic. de imp.
Cn. Pomp. 9, 22: *collectio dispersa*
= die an verschiedenen Punkten
stattfinden musste.

8. 1. *consilia plena prudentiae.*
S. zu c. 16, 3. — *omnibus rebus* ist
Ablat. (s. zu 3. 17, 5) und *inserviendum* erhält sein Obiect durch den
folgenden Satz: *quo celerius — prodiret in ac.*: dahin wirken, dass —.

2. *in collatione*: bei angestellter
Vergleichung, wenn man die anderen mit ihr verglich. 'Was in der
damaligen Zeit zu einem tüchtigen
Soldaten gehörte, lässt sich recht
deutlich daraus erkennen, dass die
Legionen, welche im ersten Jahre
des Kriegs geworben waren, im
achten Jahre noch immer im Vergleich zu den Veteranenlegionen als
Neulinge angesehen wurden, obgleich von ihnen, wie zugleich anerkannt wird, nichts versehen und
verabsäumt worden war und obgleich sie in der ganzen Zeit ihres
Dienstes im Felde gewesen waren

und alle mögliche Gelegenheit zu
ihrer Ausbildung gehabt hatten.
Man sieht daraus, wie viel damals
von einem tüchtigen Soldaten verlangt wurde und was der Name
eines Veteranenheeres zu bedeuten
hatte.' Peter Röm. Geschichte 2.
S. 324.

3. *Si forte — posset*: 6. 29, 4. —
in expeditionibus: in einzelnen Zü-
gen, Unternehmungen im Laufe eines
Kriegs; 'expeditio est iter adversus
hostem a militibus expeditis suscipiendum' Schneider zu 5. 10, 1: *milites in expeditionem misit*. — *cogeret* = clauderet. — *accidere*: in
die Augen fallen, sonst *ad oculos*
(*ad aures, auribus*), *ad animum accidere*, wie 7. 85, 2: *ad animum occurrit*. — *depoposcissent* wird erklärt durch c. 7, 6.

4. *quadrato agmine*: in einem
Zuge, in dem die Legionen durch ihre
Stellung eine Figur mit vier rech-
ten Winkeln (Quadrat oder Paral-
lelogramm) bilden, das Heer also in
Form eines Rechtecks, in gerader
Front marschirt, aus welcher Auf-
stellung sich sogleich die Schlacht-

9 cit. Cum repente instructas velut in acie certo gradu legiones
accedere Galli viderent, quorum erant ad Caesarem plena fiduciae consilia perlata, sive certaminis periculo sive subito adventu sive exspectatione nostri consilii copias instruunt pro
2 castris nec loco superiore decedunt. Caesar, etsi dimicare opta-
verat, tamen admiratus tantam multitudinem hostium valle intermissa magis in altitudinem depressa quam late patente castra
3 castris hostium confert. Haec imperat vallo pedum xii muniri,
loriculam pro hac ratione eius altitudinis inaedificari; fossam
duplicem pedum denum quinum lateribus deprimi directis; turris excitari crebras in altitudinem trium tabulatorum, pontibus
traiectis constratisque coniungi, quorum frontes viminea lori-
4 cula munirentur: ut ab hostibus duplici fossa, duplici propugnatorum ordine defenderentur, quorum alter ex pontibus, quo tu-
tior altitudine esset, hoc audacius longiusque permitteret tela,
alter, qui propior hostem in ipso vallo collocatus esset, ponte
ab incidentibus telis tegeretur. Portis fores altioresque turres
10 imposuit. Huius munitionis duplex erat consilium. Namque et

ordnung entwickeln kann (deswegen
c. 9, 1: *instructas velut in acie legiones*), daher häufig, bes. bei Liv.
(7. 29, 6. 21. 5, 16 u. a.) von dem
in Schlachtordnung marschirenden
Heere. Zu unterscheiden ist dieser
Ausdruck von dem eigentlichen
agmen quadratum, der Marschordnung im Viereck, wo eine dritte und
vierte Truppenabtheilung die rechte
und linke Flanke des Trains deckt,
daher auch hier *paene quadrato
agmine instructo*. S. Kriegsw. § 14,
3 u. 4.

0. 1. *plena fiduciae consilia.* S.
zu c. 16, 3. — *nec - decedunt* = neque tamen. 1. 47, 1.

2. *valle intermissa* = interiecta,
so dass das Thal die beiden Heere
schied. — *in altitudinem depressa*:
mehr tief eingeschnitten als in die
Breite ausgedehnt. — *castra castris*
A. *conferre* = e regione castris castra ponere 7. 35, 1.

3. *pro hac ratione eius altitudinis*, nach diesem Verhältniss einer
so beträchtlichen Höhe. Da der
Wall selbst eine so ansehnliche
Höhe hatte, dass die Vertheidiger
schon dadurch gegen Stoss und Hieb
geschützt waren, konnte die Brustwehr (*loricula*, vergl. zu 5. 40, 6)
leichter angelegt werden; deshalb
ist auch das Diminutiv gewählt. —
fossam pedum den. quin.: in die
Breite; s. 5. 42, 1. Ueber *denum
quinum* s. 1. 8, 1. — *lateribus directis*: 7. 72, 1. — *deprimi*, wie c.
40, 3: *depressis fossis*, technischer
Ausdruck = in die Tiefe führen, graben, entgegeng. *exprimere* 7. 22, 4
u. *excitare*, wie gleich nachher. —
pontibus - coniungi. Es wurden
von einem Thurme zum anderen
Balken gelegt und diese mit Brettern belegt (*constratis*). — *frontes*:
die den Feinden zugekehrten Vor-
derseiten der Brücken.

4. *defenderentur*: castra. — *permitteret*: bis ans Ziel. 5. 40, 1: si
pertulissent (*litteras*). — *propior
hostem*: weniger hoch über demselben. — *ponte tegeretur*. Sie standen unter den Thurmbrücken. —
tegere ab, wie unser 'decken' d. h.
schützen, vertheidigen, *defendere*,

operum magnitudinem et timorem suum sperabat fiduciam barbaris allaturum, et cum pabulatum frumentatumque longius esset proficiscendum, parvis copiis castra munitione ipsa videbat
posse defendi. Interim crebro paucis utrimque procurrentibus 2
inter bina castra palude interiecta contendebatur; quam tamen
paludem nonnumquam aut nostra auxilia Gallorum Germano-
rumque transibant acriusque hostes insequebantur, aut vicissim
hostes eadem transgressi nostros longius submovebant. Acci- 3
debat autem cotidianis pabulationibus (id quod accidere erat necesse, cum raris disiectisque ex aedificiis pabulum conquirere-
tur), ut impeditis locis dispersi pabulatores circumvenirentur;
quae res, etsi mediocre detrimentum iumentorum ac servorum 4
nostris afferebat, tamen stultas cogitationes incitabat barbarorum, atque eo magis, quod Commius, quem profectum ad auxilia Germanorum arcessenda docui, cum equitibus venerat; qui
tametsi numero non amplius erant quingenti, tamen Germanorum adventu barbari nitebantur. Caesar, cum animadverteret 11
hostem complures dies castris palude et loci natura munitis se
tenere neque oppugnari castra eorum sine dimicatione pernici-
osa nec locum munitionibus claudi nisi a maiore exercitu posse,
litteras ad Trebonium mittit, ut quam celerrime posset legionem
XIII, quae cum T. Sextio legato in Biturigibus hiemabat, arcesseret atque ita cum tribus legionibus magnis itineribus ad se
veniret; ipse equites in vicem Remorum ac Lingonum reliqua- 2
rumque civitatum, quorum magnum numerum evocaverat, prae-

---

tueri ab. B. C. 3. 26, 4: *portus ab
Africo tegebatur, ab austro non
erat tutus.* Aehnlich in der Bedeutung: decken, verbergen c. 15, 6:
a conspectu texit. — fores. Man
sieht aus dieser Stelle, dass in den
römischen Lagern die Thore häufig
nur eingeschnitten waren. Vertheidigt wurden sie zunächst durch ein
aus Wall und Graben bestehendes
sechzig Schritt vor dem Thor angelegtes Vorwerk.

10. 1. *timorem suum.* Die Grösse
der Werke musste bei den Galliern
die Meinung erregen, dass sich C.
fürchte. Das zweite *et* verbindet
magnit. u. *timorem,* das erste und
dritte sind correspondirend.

2. *eadem* auf demselben Wege,
den Ort des Ueberschreitens bezeichnend, wie der Abl. des Orts
bei den Verb. der Bewegung häufig
auf die Frage worüber? steht = per.
B. C. 1. 40, 1: *his pontibus pabulatum mittebat. Palude* ist nicht zu
ergänzen, da nicht auf dem Sumpfe,
sondern über den Sumpf gegangen
wird.

4. *docui:* c. 7, 5. — *non amplius
quingenti:* 1. 15, 5.

11. 1. *neque – nec:* 1. 30, 5. —
ad Trebonium. Er stand nach c. 6,
1 in Cenabum.

2. *Remorum ac Lingonum* mit
equites zu verbinden; *in vicem* =
abwechselnd (daher c. 12, 3: *Remis,
quibus ille dies fungendi muneris
obvenerat*). Vergl. unten c 19, 1. 4.
1, 5. 7. 85, 5.

sidio pabulationibus mittit, qui subitas hostium incursiones sus-
12 tinerent. Quod cum cotidie fieret, ac iam consuetudine diligentia minueretur, quod plerumque accidit diuturnitate, Bellovaci
delecta manu peditum cognitis stationibus cotidianis equitum
nostrorum silvestribus locis insidias disponunt eodemque equi-
2 tes postero die mittunt, qui primum elicerent nostros, deinde
3 circumventos aggrederentur. Cuius mali sors incidit Remis,
quibus ille dies fungendi muneris obvenerat. Namque hi, cum
repente hostium equites animadvertissent ac numero superiores
paucitatem contempsissent, cupidius insecuti peditibus undique
4 sunt circumdati. Quo facto perturbati celerius, quam consuetudo fert equestris proelii, se receperunt amisso Vertisco, prin-
5 cipe civitatis, praefecto equitum; qui cum vix equo propter aetatem posset uti, tamen consuetudine Gallorum neque aetatis excusatione in suscipienda praefectura usus erat neque dimicari
6 sine se voluerat. Inflantur atque incitantur hostium animi se-
7 cundo proelio, principe et praefecto Remorum interfecto, nostrique detrimento admonentur diligentius exploratis locis sta-
13 tiones disponere ac moderatius cedentem insequi hostem. Non
intermittunt interim cotidiana proelia in conspectu utrorumque
2 castrorum, quae ad vada transitusque fiebant paludis. Qua contentione Germani, quos propterea Caesar traduxerat Rhenum,
ut equitibus interpositi proeliarentur, cum constantius universi
paludem transissent paucisque resistentibus interfectis pertina-

---

12. 3. *mali sors*, wie c. 1, 3:
sors incommodi, das Loos, von diesem Unglück betroffen zu werden,
weil sie gerade an diesem Tage die
Reihe traf; also nicht eine blosse
Umschreibung von *malum*. — *fungendi muneris*, wie 2. 7, 2: *potiundi
oppidi*.

4. *Vertisco – praefecto equitum.*
Praefectus equitum heisst sowohl
derjenige römische Offizier, der die
bei einem Corps befindliche Reiterei
befehligt (3. 26, 2. 45, 1 vgl. 6. 41,
2) als auch der Führer des von einem einzelnen unterthänigen Stamm
gestellten Reitercontingents, wie
hier der Reiterführer der Remer.
Für Caesars Zeit sind diese letzteren Contingente durchaus als ausser-
ordentlicher Zuzug zu betrachten
und stehen daher unter eigenen

Offizieren; was sich änderte, als sie
in der Kaiserzeit zum regelmässigen
Dienst mit herangezogen und als
ordentliche alae sociorum organisirt wurden.

5. *aetatis excusatione*: s. oben
Praef. § 1: *difficultatis excusationem.*

7. *admonentur – disponere.* Der
Infin., der bei Verbis stehen kann,
die sonst mit *ut* verbunden werden
(*cogo, moneo, hortor, prohibeo*),
tritt auch zum Passivum dieser
Verba; vergl. c. 19, 8: *excedere
proelio – potuit adduci.*

13. 1. *intermittunt* intransitiv
= aufhören, aussetzen, wie 1. 38,
5: *qua flumen intermittit.*

2. *ut equitibus interp. proeliarentur.* S. 7. 65, 4 (1. 48, 5). —
paucisque resistentibus interfectis,

cius reliquam multitudinem essent insecuti, perterriti non solum ii, qui aut comminus opprimebantur aut eminus vulnera- 3
bantur, sed etiam, qui longius subsidiari consuerant, turpiter
refugerunt nec prius finem fugae fecerunt saepe amissis superioribus locis, quam se aut in castra suorum reciperent, aut nonnulli pudore coacti longius profugerent. Quorum periculo sic 4
omnes copiae sunt perturbatae, ut vix iudicari posset, utrum
secundis minimisque rebus insolentiores, an adverso mediocri
casu timidiores essent. Compluribus diebus isdem in castris 14
consumptis, cum propius accessisse legiones et Gaium Trebonium legatum cognossent, duces Bellovacorum veriti similem
obsessionem Alesiae noctu dimittunt eos, quos aut aetate aut
viribus inferiores aut inermes habebant, unaque reliqua impedimenta. Quorum perturbatum et confusum dum explicant agmen 2
(magna enim multitudo carrorum etiam expeditos sequi Gallos
consuevit), oppressi luce copias armatorum pro suis instruunt
castris, ne prius Romani persequi se inciperent, quam longius
agmen impedimentorum suorum processisset. At Caesar neque 3
resistentes aggrediendos tanto collis ascensu iudicabat, neque
non usque eo legiones admovendas, ut discedere ex eo loco sine
periculo barbari militibus instantibus non possent. Ita, cum 4
palude impedita a castris castra dividi videret, quae transeundi
difficultas celeritatem insequendi tardare posset, atque id iugum,
quod trans paludem paene ad hostium castra pertineret, mediocri valle a castris eorum intercisum animum adverteret, ponti-

seltene und wenig elegante Verbindung, wie c. 20, 2: *paucis atque his
vulneratis receptis*. Minder
auffallend c. 28, 4: *contemptis pridie superatis hostibus*. (B.
Alex. c. 29, 4: *magnis arboribus
excisis – proiectis* schreibt Nipperdey *proiectis* tis).

3. *longius subsidiari*: diejenigen,
welche in weiterer Entfernung vom
Kampfplatze aufgestellt (also gar
nicht ins Treffen gekommen) den
Kämpfenden als Reserve dienen
(*subsidio esse*) sollten. So findet
sich das Wort nur hier gebraucht.
— *quam se aut reciperent, aut nonnulli – profugerent*. Stellung von
se wie 6. 25, 4.

4. *secundis minimisque rebus*,
wie die c. 12 erzählte Zurückwer-
fung der Remer.

14. 1. *similem obs. Alesiae*,
Kürze in der Vergleichung wie 6.
22, 4.

2. *oppressi*: 'überrascht'.

3. *tanto collis ascensu*: da der
Hügel, auf dem die Gallier standen,
sehr steil war. — *neque non – admovendas*: noch auch nicht so weit
vorrücken zu müssen, oder: er
glaubte aber auch so weit wenigstens vorgehen zu müssen, dass –.

4. *animum adverteret*: 1. 24, 1.
— *pontibus* nicht wirkliche Brücken,
sondern Balken und Bohlen, mit
denen die Sümpfe überdeckt werden. Tac. Annal. 1. 61: *ut pontes
et aggerem humido paludum et
fallacibus campis imponeret*. —

bus palude constrata legiones traducit celeriterque in summam
planiciem iugi pervenit, quae declivi fastigio duobus ab lateribus
5 muniebatur. Ibi legionibus instructis ad ultimum iugum pervenit aciemque eo loco constituit, unde tormento missa tela in
15 hostium cuneos conici possent. Barbari confisi loci natura cum
dimicare non recusarent, si forte Romani subire collem conarentur, paulatim copias distributas dimittere non possent, ne
2 dispersi perturbarentur, in acie permanserunt. Quorum pertinacia cognita Caesar viginti cohortibus instructis castrisque eo lo-
3 co metatis muniri iubet castra. Absolutis operibus pro vallo legiones instructas collocat, equites frenatis equis in statione dispo-
4 nit. Bellovaci, cum Romanos ad insequendum paratos viderent
neque pernoctare aut diutius permanere sine periculo eodem lo-
5 co possent, tale consilium sui recipiendi ceperunt. Fasces, ut
consueverant, per manus stramentorum ac virgultorum, quorum summa erat in castris copia, inter se traditos ante aciem
collocarunt extremoque tempore diei signo pronuntiato uno tem-
6 pore incenderunt. Ita continens flamma copias omnes repente a
conspectu texit Romanorum. Quod ubi accidit, barbari vehe-
16 mentissimo cursu refugerunt. Caesar, etsi discessum hostium
animadvertere non poterat incendiis oppositis, tamen id consilium cum fugae causa initum suspicaretur, legiones promovet,
turmas mittit ad insequendum; ipse veritus insidias, ne forte in

muniebatur: 1. 38, 4.

5. *ad ultimum iugum*: an den
äussersten Punkt der *summa planicies* des Bergrückens. — *cuneos*,
7. 28, 1.

15. 1. *collem*: den Hügel, auf
dem die Gallier den Römern gegenüber standen. — *paulatim* mit *dimittere* zu verbinden und erklärt
durch *distributas* = divisas: nach
und nach in einzelnen Abtheilungen
abgeben lassen. Das Asyndeton
dient zum Ausdruck des Gegensatzes
zu dem Vorherg.

2. *cohortibus instructis*: er liess
20 Coh. in Schlachtordnung unter
den Waffen stehen, während die
übrigen das Lager befestigten. —
metatis in dem auch bei anderen
Deponent. öfter dagewesenen passiven Sinne des Part. Perf. 2. 19,
5: *opere dimenso* in gleichem Sinne.

metari castra braucht Caesar nur
B. C. 3. 13, 3.

3. *frenatis equis*. Sie sollten also
die Pferde nicht abzäumen, um stets
zum Angriff bereit zu sein.

4. *sui recipiendi*: 3. 6, 1.

5. Nach *ut consueverant* stehen
in den Büchern die unzweifelhaft
unächten Worte: *namque in acie
sedere Gallos consuesse superioribus commentariis Caesaris declara-
tum est.* Bei Caesar ist nirgends
etwas Aehnliches erwähnt. [Die
Lesart unzuverlässiger Handschr.:
ubi consederant, die wenigstens
einen logischen Zusammenhang mit
den getilgten Worten vermittelt,
hat den Zusatz veranlasst.]

6. *a conspectu texit*: c. 9, 4.

16. 1. *turmas* ohne *equitum* und
den Legionssoldaten entgegengesetzt = *equites*, wie öfter Hirt.;

eodem loco subsistere hostis atque elicere nostros in locum co-
naretur iniquum, tardius procedit. Equites cum intrare sum- 2
mum iugum et flammam densissimam timerent ac, si qui cupi-
dius intraverant, vix suorum ipsi priores partes animadverterent
equorum, insidias veriti liberam facultatem sui recipiendi Bello-
vacis dederunt. Ita fuga timoris simul calliditatisque plena sine 3
ullo detrimento milia non amplius decem progressi hostes loco
munitissimo castra posuerunt. Inde cum saepe in insidiis equi- 4
tes peditesque disponerent, magna detrimenta Romanis in pa-
bulationibus inferebant. Quod cum crebrius accideret, ex ca- 17
ptivo quodam comperit Caesar Correum, Bellovacorum ducem,
fortissimorum milia sex peditum delegisse equitesque ex omni
numero mille, quos in insidiis eo loco collocaret, quem in lo-
cum propter copiam frumenti ac pabuli Romanos missuros
suspicaretur. Quo cognito consilio legiones plures, quam sole- 2
bat, educit equitatumque, qua consuetudine pabulatoribus mit-
tere praesidio consuerat, praemittit: huic interponit auxilia levis 3
armaturae; ipse cum legionibus quam potest maxime appropin-
quat. Hostes in insidiis dispositi, cum sibi delegissent campum 18
ad rem gerendam non amplius patentem in omnes partes passi-
bus mille, silvis undique aut impeditissimo flumine munitum,
velut indagine hunc insidiis circumdederunt. Explorato hostium 2

s. z. B. c. 19, 1 u. 2. Caesar braucht
es so nicht; denn 6. 8, 5: *paucis
turmis dimissis reliquos equites disponit* kann nicht verglichen
werden.

2. *intrare summum iugum et
flammam*. Das Verb. *intrare* passt
freilich nur zu *flammam*: es ist
aber, obgleich das zu ihm weniger
passende *summum iugum* zunächst
steht, gewählt, weil das *intrare
flammam* hier das Wesentliche
ist. Nipperdey vergl. Tac. Ann.
2. 29: *manus et supplices voces
tendere*. Cic. in Verr. 1. 17, 51:
*cum populo R. et in laude et in
gratia esse*. Aehnlich, nur mit pas-
senderer Wortstellung, B. C. 3. 10,
9: *depositis armis auxiliisque*.
Vergl. zu 3. 13, 1. 6. 37, 7. [Die
geringeren Handschriften lesen
summum fumum für *summum iugum*, was sich durch das Folgende
empfiehlt. Hoffmann schreibt: in-
trare summum ignem et flammam.]

3. *fuga timoris calliditatisque
plena* = feige und schlaue Flucht,
eine häufige Umschreibung für Adiectiva, die nur Eigenschaften leben-
der Wesen bezeichnen, in Verbindung mit leblosen Gegenständen.
S. c. 8, 1 und c. 9, 1. Cic. pro Rosc.
Am. 10, 28: *consilium plenum sceleris et audaciae*. Doch findet sich
auch jene Verbindung nicht selten:
Hirt. B. Al. c. 24, 7: *prudentissima
consilia*. Cic. Or. 1. 8, 31: *sapien-
tibus sententiis*. Liv. 9. 11: *fortia
consilia*.

17. 3. *auxilia levis armaturae*,
wie c. 5, 3: *auxiliarios pedites*; s.
7. 65, 4.

18. 1. *aut imped. flumine*: gedeckt durch Waldung oder, wo
diese nicht war, durch einen schwer
zu passirenden Fluss; daher *undique mun.* (*aut* also nicht = atque).
— *velut indagine*. Liv. 7. 37, 4:

consilio nostri ad proeliandum animo atque armis parati cum
subsequentibus legionibus nullam dimicationem recusarent, tur-
3 matim in eum locum devenerunt. Quorum adventu cum sibi
Correus oblatam occasionem rei gerendae existimaret, primum
cum paucis se ostendit atque in proximas turmas impetum fecit.
4 Nostri constanter incursum sustinent insidiatorum, neque plures in unum locum conveniunt; quod plerumque equestribus
proeliis cum propter aliquem timorem accidit, tum multitudine
19 ipsorum detrimentum accipitur. Cum dispositis turmis in vicem rari proeliarentur neque ab lateribus circumveniri suos pa-
2 terentur, erumpunt ceteri Correo proeliante ex silvis. Fit magna
contentione diversum proelium. Quod cum diutius pari Marte
iniretur, paulatim ex silvis instructa multitudo procedit peditum,
quae nostros coëgit cedere equites. Quibus celeriter subveniunt
levis armaturae pedites, quos ante legiones missos docui, tur-
3 misque nostrorum interpositi, constanter proeliantur. Pugnatur
aliquamdiu pari contentione; deinde, ut ratio postulabat proelii,
qui sustinuerant primos impetus insidiarum, hoc ipso fiunt superiores, quod nullum ab insidiantibus imprudentes acceperant
4 detrimentum. Accedunt propius interim legiones, crebrique eodem tempore et nostris et hostibus nuntii afferuntur, imperato-
5 rem instructis copiis adesse. Qua re cognita praesidio cohor-

– *cum praemissus eques velut indagine dissipatos Samnites ageret.*
Flor. 4. 12 (2. 33 Jahn): *tripartito
exercitu totam Cantabriam amplexus efferam gentem ritu ferarum quasi quadam cogebat indagine.*

2. *turmatim*: in einzelnen Schwadronen, nicht mit allen zugleich.
Da unter *nostri*, wie der ganze Zusammenhang (s. o. 17, 2) und das
gleich folgende *subsequentibus legionibus* zeigt, nur Reiter zu verstehen sind, bedurfte es nicht erst
der ausführlichen Angabe: *nostri
equites turmatim.*

4. *cum – tum*: wann, so oft dies
(das *convenire in unum locum*) bei
Reitertreffen geschieht, dann –.

19. 1. *in vicem*: c. 11, 2. Die
Schwadronen stellen sich auf und
senden zum Kampf einzelne Reiter
vor, die regelmässig abgelöst werde. — *ceteri*: die übrigen galli-

schen Reiter (gewiss nicht: die römischen), die bisher am Kampfe keinen Theil genommen hatten, brachen,
während Correus kämpfte, auch aus
dem Walde hervor.

2. *diversum proelium*: an verschiedenen Punkten und von verschiedenen Abtheilungen. — *multitudo procedit peditum*, eine sehr
häufig bei Hirt. ohne besondere
rhetorische Gründe wiederkehrende
Wortstellung, die ebenso, wie manche andere stehende Formen, nicht
wenig zu der Einförmigkeit seiner
Rede beiträgt; vergl. c. 3, 3. 10, 4.
15, 5. 29, 4. — *pari Marte*: 7. 19, 3.
— *quos – docui*: c. 17, 2.

3. *insidiarum*: wie wir: des Hinterhalts, d. i. der im Hinterhalte
Liegenden. — *quod nullum – detrimentum.* Der glücklich und stand-
haft abgeschlagene Ueberfall des
Feindes hebt den Muth der Römer.

5. *praesidio cohortium confisi*:

tium confisi) nostri acerrime proeliantur, ne, si tardius rem gessissent, victoriae gloriam communicasse cum legionibus viderentur; hostes concidunt animis atque itineribus diversis fugam 6
quaerunt nequiquam: nam quibus difficultatibus locorum Romanos claudere voluerant, iis ipsi tenebantur. Victi tamen per- 7
culsique maiore parte amissa consternati profugiunt partim silvis petitis, partim flumine, qui tamen in fuga a nostris acriter
insequentibus conficiuntur, cum interim nulla calamitate victus 8
Correus excedere proelio silvasque petere aut invitantibus nostris ad deditionem potuit adduci, quin fortissime proeliando
compluresque vulnerando cogeret elatos iracundia victores in se
tela conicere. Tali modo re gesta recentibus proelii vestigiis in- 20
gressus Caesar, cum victos tanta calamitate existimaret hostes
nuntio accepto locum castrorum relicturos, quae non longius ab
ea caede abesse plus minus octo milibus dicebantur, tametsi flu-

im Vertrauen auf die zu erwartende
Unterstützung der anrückenden Legionen (vergl. c. 18, 2: *cum subsequentibus legionibus nullam dimicationem recusarent*). Hirtius wech-
selt öfter mit den Ausdrücken *legiones u. cohortes*, s. c. 36, 4 und 5.
Diese Beziehung der Worte auf die
röm. Legionen (nicht auf die *levis
armaturae pedites* § 2) verlangt
nach Müllers richtiger Bemerkung
nicht nur der Zusammenhang und
die Stellung zwischen *qua re cognita*
und *ne — victoriae gloriam communicasse cum legionibus viderentur*, sondern auch das W. *cohortium* selbst, da nur die Truppen aus
den Provinzen, nicht aber die *auxilia* der freien Bundesgenossen, die
ihre Truppen nach ihrer Weise or-
ganisirten, in Cohorten eingetheilt
wurden. S. Kriegsw. § 11.

7. *Victi tamen* u. s. w. Der Zusammenhang dieser Worte, in denen
tamen Schwierigkeiten machte, ist:
vergeblich suchten die Feinde den
Rückzug anzutreten; denn durch
dieselben örtlichen Schwierigkeiten, durch die sie die Römer ab-
schliessen wollten, wurden sie selbst
eingeschlossen; sie mussten also
von der Flucht abstehen. Dennoch

ergreifen sie diese endlich, als sie
geschlagen und zersprengt sind und
die grössere Hälfte der Mannschaft
bereits verloren haben; nun sucht
der Rest durch den Wald und den
Fluss zu entkommen. Diejenigen
aber, die über den Fluss zu kommen
versuchen, werden niedergehauen
(dass *qui tamen* auf diese geht, zeigt
c. 20, 2); während Correus zur
Flucht nicht zu bewegen war, sondern kämpfend fiel (c. 21, 4).

8. *nulla calamitate — cogeret.*
Die in *nulla* enthaltene Negation erstreckt sich auch auf *potuit adduci*
(wie auch wir sagen: durch kein
Unglück besiegt konnte er ver-
mocht werden). Davon hängt zunächst ab: *excedere pr. silvasque
petere* (über den Inf. s. oben c. 12, 7:
admonentur disponere), sowie *ad
deditionem*. Nach diesem an sich
vollständigen Gedanken folgt noch
ein zweiter, ebenfalls von *non potuit adduci* abhängiger Satz, um anzugeben, wovon Correus, der nicht
zum Weichen zu bringen war, sich
nicht abbringen liess.

20. 1. *hostes*: der im Lager (s.
c. 16, 3) zurückgebliebene Theil des
Heeres der Bellovaker. — *plus minus* = mehr oder weniger, auf und

mine impeditum transitum videbat, tamen exercitu traducto pro-
2 greditur. At Bellovaci reliquaeque civitates repente ex fuga paucis atque his vulneratis receptis, qui silvarum beneficio casum
evitaverant, omnibus adversis, [cognita calamitate,] interfecto Correo, amisso equitatu et fortissimis peditibus, cum adventare Romanos existimarent, concilio repente cantu tubarum convocato
21 conclamant, legati obsidesque ad Caesarem mittantur. Hoc omnibus probato consilio Commius Atrebas ad eos confugit Ger-
2 manos, a quibus ad id bellum auxilia mutuatus erat. Ceteri e
vestigio mittunt ad Caesarem legatos petuntque, ut ea poena sit
contentus hostium, quam si sine dimicatione inferre integris
posset, pro sua clementia atque humanitate numquam profecto
3 esset illaturus. Afflictas opes equestri proelio Bellovacorum esse;
delectorum peditum multa milia interisse, vix refugisse nuntios
4 caedis. Tamen magnum, ut in tanta calamitate, Bellovacos eo
proelio commodum esse consecutos, quod Correus, auctor belli,
concitator multitudinis, esset interfectus. Numquam enim senatum tantum in civitate illo vivo, quantum imperitam plebem
22 potuisse. Haec orantibus legatis commemorat Caesar: Eodem
tempore superiore anno Bellovacos ceterasque Galliae civitates
suscepisse bellum: pertinacissime hos ex omnibus in sententia
permansisse neque ad sanitatem reliquorum deditione esse per-
2 ductos. Scire atque intellegere se causam peccati facillime mor-
tuis delegari. Neminem vero tantum pollere, ut invitis principibus, resistente senatu, omnibus bonis repugnantibus infirma
manu plebis bellum concitare et gerere posset; sed tamen se
23 contentum fore ea poena, quam sibi ipsi contraxissent. Nocte
insequenti legati responsa ad suos referunt, obsides conficiunt.

ab, circiter, in classischer Prosa
sonst nicht vorkommend, und wohl
der Sprache des gemeinen Lebens
angehörend.

2. *repente:* als sie, während sie
von ihren Massregeln den besten
Erfolg erwartet hatten, plötzlich,
d. h. wider Erwarten, die geringen
Ueberreste ihres Heeres wieder-
erhielten. — *atque his vulneratis
receptis:* c. 13, 2. — Ueber die eingeschlossenen Worte *cognita calamitate* s. die Uebersicht über die
abweichenden Lesarten.

21. 2. *integris* findet seine Erklärung durch das folgende *Afflictas
opes* u. s. w.

4. *magnum, ut in tanta calamitate, commodum:* nur unter so trau-
rigen Verhältnissen konnte der
Tod eines unruhigen Parteihauptes
als ein *magnum commodum* für
die Nation betrachtet werden. S. zu
6. 34, 7.

22. 2. *delegare:* auf einen übertragen, zuschieben, aufbürden. —
omnibus bonis in dem bei den Römern so häufigen Sinne: alle (politisch) Gutgesinnten, besonders die
Vornehmen und Besitzenden, die es
mit der bestehenden Verfassung
(hier natürlich mit den Römern)
wohl meinten.

23. 1. *conficiunt:* sie bringen

Concurrunt reliquarum civitatium legati, quae Bellovacorum spe-
culabantur eventum. Obsides dant, imperata faciunt excepto 2
Commio, quem timor prohibebat cuiusquam fidei suam com-
mittere salutem. Nam superiore anno Titus Labienus Caesare 3
in Gallia citeriore ius dicente, cum Commium comperisset solli-
citare civitates et coniurationem contra Caesarem facere, infide-
litatem eius sine ulla perfidia iudicavit comprimi posse. Quem 4
quia non arbitrabatur vocatum in castra venturum, ne temptando
cautiorem faceret, Gaium Volusenum Quadratum misit, qui eum
per simulationem colloquii curaret interficiendum. Ad eam rem 5
delectos idoneos ei tradit centuriones. Cum in colloquium ven-
tum esset et, ut convenerat, manum Commii Volusenus arri-
puisset, centurio velut insueta re permotus vel celeriter a fami-
liaribus prohibitus Commii conficere hominem non potuit; gra-
viter tamen primo ictu gladio caput percussit. Cum utrimque 6
gladii destricti essent, non tam pugnandi, quam diffugiendi fuit
utrorumque consilium: nostrorum, quod mortifero vulnere Com-
mium credebant affectum, Gallorum, quod insidiis cognitis plura,
quam videbant, extimescebant. Quo facto statuisse Commius
dicebatur numquam in conspectum cuiusquam Romani venire.

Bellicosissimis gentibus devictis Caesar cum videret nullam 24
iam esse civitatem, quae bellum pararet, quo sibi resisteret, sed
nonnullos ex oppidis demigrare, ex agris diffugere ad praesens
imperium evitandum, plures in partes exercitum dimittere con-
stituit. M. Antonium quaestorem cum legione duodecima sibi 2
coniungit. C. Fabium legatum cum cohortibus xxv mittit in di-
versissimam partem Galliae, quod ibi quasdam civitates in ar-

---

(in der erforderlichen Zahl) auf. 2.
4, 5: *hos posse conficere armata
milia centum.* B. C. 1. 24, 2: *tre-
centos equites conficit.*

3. *ius dicente* = conventus agente
1. 54, 3. — *sine ulla perfidia —
posse*: dass er es, ohne sich einem
Vorwurf der Treulosigkeit auszu-
setzen, thun könne; bei der Mög-
lichkeit eines solchen hätte er es
unterlassen müssen (*posse* also
nicht in seltener Weise für *licere*
gebraucht). Hirt. erwähnt hier, was
Caesar, selbst mit dieser Beschöni-
gung, zu berichten nicht für gut be-
funden hatte (der gehörige Ort wäre
7. 75 u. 76 gewesen), jedenfalls
aus Rücksicht auf den damals ihm
noch treuen Labienus, welche Hir-
tins gegen den Abtrünnigen nicht
mehr zu nehmen hat, der auch im
Bürgerkriege gegen die früheren
Freunde grausam war. B.C. 3.71,4.

4. *temptando*: durch einen Ver-
such, ihn zu bewegen, in das Lager
zu kommen, weil dies verdächtig
erschienen wäre. — *Volusenum
Quadratum*: 4. 21, 1.

5. *ut convenerat*: der Verabre-
dung gemäss. 1. 36, 5.

24. 2, *in diversissimam partem
Galliae*: nach dem Süden (Caesar
stand im Norden); denn der Legat
Caninius Rebilus war nach 7. 90, 6
zu den Rutenern im südlichen Aqui-
tanien (ein Theil gehörte zur Pro-

mis esse audiebat, neque C. Caninium Rebilum legatum, qui in
illis regionibus erat, satis firmas duas legiones habere existima-
3 bat. T. Labienum ad se evocat; legionem autem xv, quae cum
eo fuerat in hibernis, in togatam Galliam mittit ad colonias civium Romanorum tuendas, ne quod simile incommodum accideret decursione barbarorum, ac superiore aestate Tergestinis
acciderat, qui repentino latrocinio atque impetu eorum erant
4 oppressi. Ipse ad vastandos depopulandosque fines Ambiorigis
proficiscitur; quem perterritum ac fugientem cum redigi posse
in suam potestatem desperasset, proximum suae dignitatis esse
ducebat, adeo fines eius vastare civibus, aedificiis, pecore, ut odio
suorum Ambiorix, si quos fortuna reliquos fecisset, nullum re-
25 ditum propter tantas calamitates haberet in civitatem. Cum in
omnes partes finium Ambiorigis aut legiones aut auxilia dimisis-
set atque omnia caedibus, incendiis, rapinis vastasset, magno
numero hominum interfecto aut capto Labienum cum duabus
2 legionibus in Treveros mittit; quorum civitas propter Germaniae
vicinitatem cotidianis exercitata bellis cultu et feritate non multum a Germanis differebat neque imperata umquam nisi exercitu
coacta faciebat.

vinz 7. 7, 4) geschickt worden. Es
sollte also die westliche Grenze der
Provinz gedeckt und die Aquitanier
bewacht werden. Zu bemerken ist,
dass Hirt. von zwei Legionen des
Caninius Rebilus spricht, während
er nach 7. 90 nur eine hatte.

3. *in togatam Galliam* = Galliam
citeriorem (cispadanam und transpa-
danam), wie Hirt. selbst c. 54, 3
sagt: *quam* (dieselbe 15. Legion)
in Gallia citeriore habuerat.
Caesar braucht jene Bezeichnung,
die sich auch c. 52, 2 findet, nicht.
— *decursione* jedenfalls von Seiten
der Alpenvölker, daher auch die
Wahl gerade dieses Wortes, nicht
incursione.

4. *fines Ambiorigis*: 5. 24 und
folg. 6. 29, 1. — *proximum suae
dignitatis esse ducebat* Vor allem
schien seine 'Ehre' zu fordern, an
Amb. persönlich Rache zu nehmen,
ihn zu tödten; da er dies nicht
konnte, glaubte er, dass als das
Nächste (nach jenem) seiner Ehre
angemessen sei (*dignitatis* von *esse*

abhängig), seinen Gau zu verheeren,
um so dem Amb. die Rückkehr unmöglich zu machen. So wird das
grausame Verfahren nur als eine
Massregel gegen Ambiorix gefasst,
während Caesar selbst 6. 34, 5 u.
8 unverhohlen seinen Entschluss
erklärt, 'den ganzen Stamm und
den Namen des Volkes' zu vernichten. Ueber das Ende des Ambiorix
wird nirgends etwas berichtet. —
vastare civibus: öde, leer machen,
vacuefacere. Cic. p. Sest. 24, 53:
*lex erat lata de vastato ac relicto
foro.* Virg. Aen. 8. 7: *undique cogunt auxilia et latos vastant culto-
ribus agros.*

25. 2. *propter Germaniae vicin.
cotidianis ex. bellis*, wie die Helvetier 1. 1, 4. — *cultu*: in Ihrer Le-
bensweise, Lebenseinrichtung; die
Art derselben wird bestimmt durch
et feritate, den Gegensatz von *humanitas*; vergl. 1. 1, 3: *a cultu atque humanitate.* — *neque imperata
— faciebat*: 5. 2, 4.

Interim Gaius Caninius legatus, cum magnam multitudi- 26
nem convenisse hostium in fines Pictonum litteris nuntiisque
Durati cognosceret, qui perpetuo in amicitia manserat Romanorum, cum pars quaedam civitatis eius defecisset, ad oppidum
Lemonum contendit. Quo cum adventaret atque ex captivis cer- 2
tius cognosceret multis hominum milibus a Dumnaco, duce An-
dium, Duratium clausum Lemoni oppugnari neque infirmas legiones hostibus committere auderet, castra posuit loco munito.
Dumnacus, cum appropinquare Caninium cognosset, copiis omni- 3
bus ad legiones conversis castra Romanorum oppugnare instituit. Cum complures dies in oppugnatione consumpsisset et 4
magno suorum detrimento nullam partem munitionum convellere potuisset, rursus ad obsidendum Lemonum redit. Eodem 27
tempore C. Fabius legatus complures civitates in fidem recipit,
obsidibus firmat litterisque Gai Canini Rebili fit certior, quae in
Pictonibus gerantur. Quibus rebus cognitis proficiscitur ad auxilium Duratio ferendum. At Dumnacus adventu Fabii cognito de- 2
sperata salute, si tempore eodem coactus esset et Romanum externum sustinere hostem et respicere ac timere oppidanos, repente ex eo loco cum copiis recedit nec se satis tutum fore
arbitratur, nisi flumine Ligeri, quod erat ponte propter magnitudinem transeundum, copias traduxisset. Fabius, etsi nondum 3
in conspectum venerat hostibus neque se Caninio coniunxerat,
tamen doctus ab iis, qui locorum noverant naturam, potissimum
credidit hostes perterritos eum locum, quem petebant, petituros.
Itaque cum copiis ad eundem pontem contendit equitatuque tan- 4
tum procedere ante agmen imperat legionum, quantum cum processisset, sine defetigatione equorum in eadem se reciperet castra. Consequuntur equites nostri, ut erat praeceptum, invadunt- 5
que Dumnaci agmen et fugientes perterritosque sub sarcinis in

26. 2. *legiones hostibus com-*
mittere: preisgeben, hingeben, wenn
er die schwachen Legionen mit dem
überlegenen Feinde ein Treffen wagen liesse.

27. 1. *obsidibus firmat*: befestigt
in der Treue und Unterwürfigkeit,
macht, dass sie fest in der Treue
bleiben.

2. *externum hostem*: c. 37, 1. 7.
74, 1: *contra exteriorem hostem.*
— *respicere*: im Auge haben, seine
Aufmerksamkeit auf sie richten.

3. *potissimum credidit*: von Allem, was er annehmen konnte,
glaubte er vorzüglich, am meisten,
dass die Feinde u. s. w. — *quem pe-*
tebant: wohin sie sich auch wirklich
begaben; er vermuthete also richtig
das, was wirklich geschah.

4. *equitatuque* (= equitatuique)
procedere – imperat. Der Inf. steht
zuweilen, aber meist bei Dichtern
und späteren Schriftstellern, bei
Verben, die den Dativ regieren
(imp., *suadeo, concedo*) statt *ut.*
Ueber den Inf. Pass. bei *imperat* s.
zu 5. 1, 3.

itinere aggressi magna praeda multis interfectis potiuntur. Ita
28 re bene gesta se recipiunt in castra. Insequenti nocte Fabius
equites praemittit sic paratos, ut confligerent atque omne agmen
2 morarentur, dum consequeretur ipse. Cuius praeceptis ut res
gereretur, Quintus Atius Varus, praefectus equitum, singularis et
animi et prudentiae vir, suos hortatur agmenque hostium consecutus turmas partim idoneis locis disponit, parte equitum
3 proelium committit. Confligit audacius equitatus hostium succedentibus sibi peditibus; qui toto agmine subsistentes equitibus
4 suis contra nostros ferunt auxilium. Fit proelium acri certamine.
Namque nostri contemptis pridie superatis hostibus, cum subsequi legiones meminissent, et pudore cedendi et cupiditate per
5 se conficiendi proelii fortissime contra pedites proeliantur, ho-
stesque nihil amplius copiarum accessurum credentes, ut pridie
cognoverant, delendi equitatus nostri nancti occasionem vide-
29 bantur. Cum aliquamdiu summa contentione dimicaretur, Dumnacus instruit aciem, quae suis esset equitibus in vicem praesidio: cum repente confertae legiones in conspectum hostium
2 veniunt. Quibus visis perculsae barbarorum turmae ac perterritae acies hostium perturbato impedimentorum agmine magno
3 clamore discursuque passim fugae se mandant. At nostri equites, qui paulo ante cum resistentibus fortissime conflixerant, lae-

---

28. 1. *sic paratos, ut conflige-*
rent. S. 7, 19, 2 u. 5.

3. *toto agmine subsistentes*: mit
dem ganzen Zuge Halt machend.

4. *contemptis pridie superatis h.*
s. zu c. 13, 2. — *per se conficiendi*
proelii: c. 19, 5: *ne si tardius rem*
gessissent, victoriae gloriam com-
municasse cum legionibus vide-
rentur.

5. *ut pridie cognoverant*, weil
auch am Tage vorher (c. 27) nur
die röm. Reiterei gekämpft hatte.
— *nancti*: 4. 38, 3. — *videbantur*
= sibi videbantur.

29. 1. *instruit aciem*. Das Fussvolk, *toto agmine subsistens*, war
also vorher nicht in geregelter
Schlachtordnung aufgestellt, und
hatte sich ohne bestimmte Ordnung
am Kampfe, um den Reitern beizu-
stehen, betheiligt. Nachdem der
Kampf hitziger geworden ist, stellt
Dumnacus das Heer in Schlachtordnung auf, so dass die einzelnen Abtheilungen sich einander ablösend
(*in vicem*) den Reitern zu Hülfe
kommen können: dahernachher *per-*
territae acies hostium.

2. *barbarorum turmas — acies*
hostium, eine ziemlich unnütze
Wiederholung desselben Begriffs,
wohl veranlasst durch das Streben
nach Gleichmässigkeit der einander
gegenüber stehenden Satzglieder.
Einem rhetorischen Zwecke dient
auch die dreimalige Wiederholung
von *per* (*perculsae* u. s. w.). In
solchen Versuchen einer rhetorischen Färbung des Stils ist Hirt.
nicht immer glücklich, wie gleich
nachher in dem etwas plumpen Gegensatz: *quantum equorum vires ad*
persequendum dextraeque ad cae-
dendum valent.

titia victoriae elati magno undique clamore sublato cedentibus
circumfusi, quantum equorum vires ad persequendum dextraeque ad caedendum valent, tantum eo proelio interficiunt. Itaque 4
amplius milibus xii aut armatorum aut eorum, qui eo timore
arma proiecerant, interfectis omnis multitudo capitur impedimentorum.

Qua ex fuga cum constaret Drappetem Senonem, qui, ut 30
primum defecerat Gallia, collectis undique perditis hominibus,
servis ad libertatem vocatis, exulibus omnium civitatum ascitis,
receptis latronibus impedimenta et commeatus Romanorum in-
terceperat, non amplius hominum milibus ex fuga quinque collectis provinciam petere unaque consilium cum eo Lucterium Cadurcum cepisse, quem superiore commentario prima defectione
Galliae facere in provinciam voluisse impetum cognitum est, Ca- 2
ninius legatus cum legionibus duabus ad eos persequendos contendit, ne detrimento aut timore provinciae magna infamia perditorum hominum latrociniis caperetur. Gaius Fabius cum reli- 31
quo exercitu in Carnutes ceterasque proficiscitur civitates, quarum
eo proelio, quod cum Dumnaco fecerat, copias esse accisas sciebat. Non enim dubitabat, quin recenti calamitate submissiores 2
essent futurae, dato vero spatio ac tempore eodem instigante Dumnaco possent concitari. Qua in re summa felicitas celeritasque 3
in recipiendis civitatibus Fabium consequitur. Nam Carnutes,
qui saepe vexati numquam pacis fecerant mentionem, datis obsidibus veniunt in deditionem, ceteraeque civitates positae in 4
ultimis Galliae finibus, Oceano coniunctae, quae Aremoricae ap-

---

3. *tantum — interficiunt*: so viel,
so lange fort metzeln sie nieder;
interf. absolut = caedem faciunt.

30. 1. *ut primum def. G.*: 7. 1
u. folg. — *ex fuga* wiederholt das
durch den längeren Zwischensatz
getrennte *qua ex fuga.* — *superiore
comment.*: 7. 5, 1. 7, 1. — *prima
defectione*, wie vorher *ut prim. def.
Gallia* = gleich beim Anfang.

31. 3. *felicitas celeritasque*:
glücklicher und schneller Erfolg.
Die *felicitas* wird durch *celeritas*
näher bestimmt, indem das Glück
besonders darin bestand, dass er sie
so schnell unterwarf; *celeritas consequitur* würde er ohne das vorherg.
felicitas schwerlich genagt haben.
— *qui — numquam pacis fec. men-*

tionem. Nicht blos die Angabe, 6.
4, 5, dass die Carnuten *legatos obsidesque mittunt*, sondern vor allem
die ganze Geschichte des Gallischen
Krieges zwingt zu der Annahme, dass
Hirt. hier nur von dem im 7. Buche
erzählten Empörungskriege spreche.
Hirtius kann unmöglich sagen wollen,
dass die Unterwerfung Galliens, die
der *defectio* voranging, so unvoll-
ständig gewesen sei, wie es der
Fall gewesen wäre, wenn sie sich
auf die Carnuten nicht mit erstreckt
hätte. Dagegen hatten die Carnuten,
von denen eben die Insurrection ausgegangen war, sich nach derselben
in der That nicht unterworfen,
trotz der gegen sie zu verschiedenen Malen ergriffenen Maasregeln

pellantur, auctoritate adductae Carnutum adventu Fabii legio-
5 numque imperata sine mora faciunt. Dumnacus suis finibus expulsus errans latitansque solus extremas Galliae regiones petere
est coactus.

32 At Drappes unaque Lucterius cum legiones Caniniumque
adesse cognoscerent nec se sine certa pernicie persequente exercitu putarent provinciae fines intrare posse nec iam libere vagandi
latrociniorumque faciendorum facultatem haberent, in finibus con-
2 sistunt Cadurcorum. Ibi cum Lucterius apud suos cives quondam
integris rebus multum potuisset semperque auctor novorum consiliorum magnam apud barbaros auctoritatem haberet, oppidum
Uxellodunum, quod in clientela fuerat eius, egregie natura loci
munitum, occupat suis et Drappetis copiis oppidanosque sibi
33 coniungit. Quo cum confestim Gaius Caninius venisset animad-
verteretque omnes oppidi partes praeruptissimis saxis esse mu-
nitas, quo defendente nullo tamen armatis ascendere esset difficile, magna autem impedimenta oppidanorum videret, quae si
clandestina fuga subtrahere conarentur, effugere non modo equitatum, sed ne legiones quidem possent, tripertito cohortibus di-
2 visis trina excelsissimo loco castra fecit; a quibus paulatim,
quantum copiae patiebantur, vallum in oppidi circuitum ducere
34 instituit. Quod cum animadverterent oppidani miserrimaque
Alesiae memoria solliciti similem casum obsessionis vererentur,
maximeque ex omnibus Lucterius, qui fortunae illius periculum
fecerat, moneret frumenti rationem esse habendam, constituunt

äusserster Strenge (*saepe vexati*),
welche 7. 11 und 5. 5 erzählt sind.
  32. 2. *integris rebus*: als der
Staat der Carn. noch in glücklichen
Verhältnissen, noch frei war. Vergl.
7. 30, 2: *re integra*. — *auctor novorum consiliorum*: er war ein un-
ruhiger Mensch, der als steter Urheber neuer Anschläge, *rerum novarum*, Neuerungen, bei der Menge
in Ansehen stand.
  33. 1. *effugere*. Es ist nicht
nöthig, *quae* zugleich als Subjects-
nominativ zu *effugere* zu fassen
(= *quae, si ea subtr. conarentur*)
sondern das Subiect zu *effugere*
sind die *oppidani*: sie könnten
durch die Masse des Gepäcks verhindert nicht entkommen. — *non
modo — sed ne — quidem*: 3. 4, 4.

— *tripertito div.*: 7. 67, 2.
  2. *in opp. circuitum* = rings um
die Stadt herum; *in* bezeichnet die
Richtung.
  34. 1. *qui fortunae illius per.
fecerat*: der jene Noth aus eigener
Erfahrung kennen gelernt hatte.
Wenn er auch nicht in Alesia mit
eingeschlossen, sondern vielleicht
nur bei dem Entsatzheere mit den
Carnuten (7. 75, 3) war, so war ihm
doch bei seiner Theilnahme am
Kriege die Lage der Stadt be-
kannter, als Anderen, weswegen
er gerade am ersten vor einem ähnlichen Schicksale warnen konnte.
(Andere erklären die Worte gewiss
nicht passend: 'welcher der Urheber jenes Wagnisses, sich in
Uxellodunum zu halten, gewesen

omnium consensu parte ibi relicta copiarum ipsi cum expeditis
ad importandum frumentum proficisci. Eo consilio probato pro- 2
xima nocte duobus milibus armatorum relictis reliquos ex oppido Drappes et Lucterius educunt. Hi paucos dies morati ex 3
finibus Cadurcorum, qui partim re frumentaria sublevare eos cupiebant, partim prohibere, quo minus sumerent, non poterant,
magnum numerum frumenti comparant, nonnumquam autem
expeditionibus nocturnis castella nostrorum adoriuntur. Quam 4
ob causam Gaius Caninius toto oppido munitiones circumdare
moratur, ne aut opus effectum tueri non possit aut plurimis in
locis infirma disponat praesidia. Magna copia frumenti compa- 35
rata considunt Drappes et Lucterius non longius ab oppido x
milibus, unde paulatim frumentum in oppidum supportarent.
Ipsi inter se provincias partiuntur: Drappes castris praesidio 2
cum parte copiarum restitit, Lucterius agmen iumentorum ad
oppidum ducit. Dispositis ibi praesidiis hora noctis circiter de- 3
cima silvestribus angustisque itineribus frumentum importare in
oppidum instituit. Quorum strepitum vigiles castrorum cum 4
sensissent, exploratoresque missi, quae gererentur, renuntias-
sent, Caninius celeriter cum cohortibus armatis ex proximis castellis in frumentarios sub ipsam lucem impetum fecit. Ii re- 5
pentino malo perterriti diffugiunt ad sua praesidia; quae nostri
ut viderunt, acrius contra armatos incitati neminem ex eo numero vivum capi patiuntur. Profugit inde cum paucis Lucterius nec se recipit in castra. Re bene gesta Caninius ex captivis 36
comperit partem copiarum cum Drappete esse in castris a milibus longe non amplius xii. Qua re ex compluribus cognita,
cum intellegeret fugato duce altero perterritos reliquos facile
opprimi posse, magnae felicitatis esse arbitrabatur neminem ex

war', was Hirt. anders ausgedrückt
hätte.)

3. *prohibere, quo minus sumerent.* Ebenso B. Alex. c. 8, 2: *prohiberi sese non posse, quominus —
aquam peterent;* nicht so Caesar;
s. zu 2. 4, 2.

4. *toto oppido* wird passender
für den Dativ (über die Dativform
toto s. 7. 59, 5) als für den Abl.
gehalten. Nicht zu vergleichen ist
7. 72, 4: *turres toto opere circumdedit,* da an dieser Stelle *totum opus*
den Raum selbst bezeichnet, innerhalb dessen die Thürme im ganzen
Umkreise errichtet worden, während *toto oppido munitiones circumdare* natürlich anders zu denken ist.

35. 2. *provincias:* 'die Geschäfte', *officia,* wie B. C. 1. 38, 1:
legati officia inter se partiuntur.

5. *ad sua praesidia:* zu den ihnen
zur Bedeckung dienenden Truppen,
die nachher *armati (contra armatos)* heissen. — *in castra:* wo
Drappes cum parte copiarum restitit, § 2.

36. 1. *a milibus:* 2.7, 3. — *longe:*
5. 47, 5. — *magnae felicitatis – in*

caede refugisse in castra, qui de accepta calamitate nuntium
2 Drappeti perferret. Sed in experiundo cum periculum nullum
videret, equitatum omnem Germanosque pedites, summae velo-
citatis homines, ad castra hostium praemittit; ipse legionem
unam in trina castra distribuit, alteram secum expeditam ducit.
3 Cum propius hostes accessisset, ab exploratoribus, quos praemiserat, cognoscit castra eorum, ut barbarorum fere consuetudo
est, relictis locis superioribus ad ripas fluminis esse demissa,
at Germanos equitesque imprudentibus omnibus de improviso
4 advolasse proeliumque commisisse. Qua re cognita legionem
armatam instructamque adducit. Ita repente omnibus ex partibus signo dato loca superiora capiuntur. Quod ubi accidit, Germani equitesque signis legionis visis vehementissime proeliantur.
5 Confestim cohortes undique impetum faciunt omnibusque aut
interfectis aut captis magna praeda potiuntur. Capitur ipse eo
37 proelio Drappes. Caninius felicissime re gesta sine ullo paene
militis vulnere ad obsidendos oppidanos revertitur externoque
2 hoste deleto, cuius timore antea dividere praesidia et munitione
oppidanos circumdare prohibitus erat, opera undique imperat
3 administrari. Venit eodem cum suis copiis postero die Gaius
Fabius partemque oppidi sumit ad obsidendum.

castra. Der Sinn und Zusammenhang dieser etwas dunkel ausge-
drückten und daher vielfach missverstandenen Worte ist: Da Caninius einsah, dass die andere Hälfte
des feindlichen Heeres nach der Niederlage des Lucterius, durch das
plötzliche Erscheinen der Römer
von derselben zuerst in Kenntniss
gesetzt, im ersten Schreck leicht
überwältigt werden könne, so hielt
er es zwar für wenig wahrscheinlich, wenn Niemand in das Lager
entkommen sein sollte (= si nemo
ex caede refugisset), der die Niederlage des Lucterius hätte melden
und dadurch den Drappes zu rechter Zeit zur Flucht hätte veranlassen können. Doch sah er bei dem
Versuch keine Gefahr; daher
schickte er u. s. w.

2. in trina castra: c. 33, 1.

3. ut barbarorum fere consuetudo est, während es bei den Römern Regel war, Höhenpunkte für
die Lager zu wählen.

4. u. 5. legionis — cohortes. S. zu
c. 19, 5.

37. 3. sumit ad obsidendum.
Vergl. 7. 81, 6: hae partes ad defendendum obvenerant. B. C. 3, 80,
6: oppidum ad diripiendum militibus concessit. Dieser activen Bestimmung (was Jemand thun soll)
durch ad mit dem Gerundium entspricht die bei den Verbis des Ge-
bens und Nehmens häufigere passi-
vische Wendung zur Angabe des
Zwecks (was mit der Sache gethan
werden soll) durch das Gerundivum
B. C. 3, 31, 4: diripiendas his civitates dedit. Durch die erstere Redeweise tritt der Begriff des Handelns
des Subiects, durch die andere das
Leiden des Obiects hervor. [Vergl.
Cic. Brut. 69: Scaevola nemini se ad
docendum dabat, wo se docendum
dabat einen ganz anderen Sinn geben würde.]

Caesar interim M. Antonium quaestorem cum cohortibus 38
xv in Bellovacis relinquit, ne qua rursus novorum consiliorum
capiendorum Belgis facultas daretur. Ipse reliquas civitates adit, 2
obsides plures imperat, timentes omnium animos consolatione
sanat. Cum in Carnutes venisset, quorum in civitate superiore 3
commentario Caesar exposuit initium belli esse ortum, quod
praecipue eos propter conscientiam facti timere animadvertebat,
quo celerius civitatem timore liberaret, principem sceleris illius
et concitatorem belli, Gutruatum, ad supplicium depoposcit.
Qui etsi ne civibus quidem suis se committebat, tamen celeriter 4
omnium cura quaesitus in castra perducitur. Cogitur in eius 5
supplicium Caesar contra suam naturam concursu maximo militum, qui omnia pericula et detrimenta belli Gutruato accepta
referebant, adeo ut verberibus exanimatum corpus securi feriretur. Ibi crebris litteris Caninii fit certior, quae de Drappete 39
et Lucterio gesta essent, quoque in consilio permanerent oppidani. Quorum etsi paucitatem contemnebat, tamen pertinaciam 2
magna poena esse afficiendam iudicabat, ne universa Gallia non
sibi vires defuisse ad resistendum Romanis, sed constantiam
putaret, neve hoc exemplo ceterae civitates locorum opportunitate fretae se vindicarent in libertatem, cum omnibus Gallis no- 3
tum esse sciret reliquam esse unam aestatem suae provinciae,
quam si sustinere potuissent, nullum ultra periculum vererentur. Itaque Q. Calenum legatum cum legionibus reliquit, qui 4
iustis itineribus subsequeretur; ipse cum omni equitatu quam
potest celerrime ad Caninium contendit. Cum contra exspecta- 40

38. 3. *Caesar exposuit*: 7. 3, 1.
— *initium belli ortum*: 5. 26, 1. —
Gutruatum. S. 7. 3, 1.

5. *verberibus — feriretur*. Auf
gleiche Weise, zu der er hier angeblich durch die Soldaten gedrängt
wird, liess er den Acco hinrichten,
more maiorum 6. 44, 2.

39. 1. *de Drappete*: in Betreff,
wie oben oft; vergl. z. B. 7. 9, 1.
— *oppidani*: die Bewohner von
Uxellodunum.

3. *unam aestatem suae provinciae*: nur noch ein Sommer seiner
Statthalterschaft. Caesars Commando war ihm durch Volksbeschluss nur zugesichert bis zum

1. März des J. 49. Der einzige
noch übrige Sommer, wo sie C. in
Gallien zu fürchten hatten, war
also, da der von 51 beinahe vorüber
war, der des nächsten Jahres, 50
v. Chr. — *quam* ist nicht Accus. der
Zeitdauer (*sustinere* also absolut
gebraucht), sondern *sustinere aestatem* ist: einen Sommer, d. h. den
Krieg eines Sommers aushalten.

4. *iustis itineribus*: in normalen
Tagesmärschen, wie sie von den
Legionen gewöhnlich zurückgelegt
werden (etwa 5 Stunden Wegs), den
Eilmärschen (*magnis itineribus* 1.
37, 5) entgegengesetzt. S. B. C. 3.
76, 1.

tionem omnium Caesar Uxellodunum venisset oppidumque operibus clausum animadverteret neque ab oppugnatione recedi videret ulla condicione posse, magna autem copia frumenti abun-
dare oppidanos ex perfugis cognosset, aqua prohibere hostem
2 temptare coepit. Flumen infimam vallem dividebat, quae totum
paene montem cingebat, in quo positum erat praeruptum undi-
3 que oppidum Uxellodunum. Hoc avertere loci natura prohibebat; in infimis enim sic radicibus montis ferebatur, ut nullam in
4 partem depressis fossis derivari posset. Erat autem oppidanis
difficilis et praeruptus eo descensus, ut prohibentibus nostris
sine vulneribus ac periculo vitae neque adire flumen neque ar-
5 duo se recipere possent ascensu. Qua difficultate eorum cognita
Caesar sagittariis funditoribusque dispositis, tormentis etiam
quibusdam locis contra facillimos descensus collocatis, aqua flu-
41 minis prohibebat oppidanos. Quorum omnis postea multitudo
aquatorum unum in locum conveniebat sub ipsius oppidi murum, ubi magnus fons aquae prorumpebat ab ea parte, quae
2 fere pedum ccc intervallo fluminis circuitu vacabat. Hoc fonte
prohiberi posse oppidanos cum optarent reliqui, Caesar unus
videret, e regione eius vineas agere adversus montem et aggerem instruere coepit magno cum labore et continua dimicatione.
3 Oppidani enim loco superiore decurrunt et eminus sine periculo
proeliantur multosque pertinaciter succedentes vulnerant; non
deterrentur tamen milites nostri vineas proferre et labore atque
4 operibus locorum vincere difficultates. Eodem tempore cuniculos tectos ab vineis agunt ad caput fontis; quod genus operis
5 sine ullo periculo, sine suspicione hostium facere licebat. Ex-
struitur agger in altitudinem pedum sexaginta, collocatur in eo

40. 3. *ferebatur*: 'strömte'. 4.
10, 3: *Rhenus fertur. — depressis*:
c. 9, 3.

41. 1. *quae fluminis circuitu
vacabat*: auf der Seite, welche von
dem beinahe die ganze Stadt (mit
dem Thale c. 40, 2) umgebenden
Flusse frei war = qua flumen intermittebat, wie C. sagt 1. 38, 5.

2. *prohiberi posse oppidanos c.
optarent.* Selten wird *optare* mit
dem Accus. c. Inf. verbunden; das
folgende *Caes. unus videret*, von
dem eben auch *prohiberi posse* abhängt, hat hier diese Construction
veranlasst. Oben c. 9, 2 steht der
einfache Inf. bei *optare*. (Caesar
braucht dieses Wort gar nicht, *nur
optatus* 6. 42, 3. B. C. 2. 32, 3.) —
instruere: 2. 30, 3.

3. *non deterrentur — proferre.*
Wie oben c. 12, 7 zu dem Passiv.
von *admonere*, so wird auch zu *de-
terreor* der Infinit. gesetzt (Madvig § 390).

4. *ab vineis*: von den Schutzdächern (2. 12, 3), durch welche
geschützt und vor den Belagerten
verborgen sie den Eingang zu den
bis an den Ursprung der Quelle geführten Minen machen.

turris decem tabulatorum, non quidem quae moenibus aequaret
(id enim nullis operibus effici poterat), sed quae superare fontis
fastigium posset. Ex ea cum tela tormentis iacerentur ad fontis 5
aditum, nec sine periculo possent aquari oppidani, non tantum
pecora atque iumenta, sed etiam magna hostium multitudo siti
consumebatur. Quo malo perterriti oppidani cupas sevo, pice, 42
scandulis complent; eas ardentes in opera provolvunt, eodemque tempore acerrime proeliantur, ut ab incendio restinguendo
dimicationis periculo deterreant Romanos. Magna repente in
ipsis operibus flamma exstitit. Quaecumque enim per locum 2
praecipitem missa erant, ea vineis et aggere suppressa comprehendebant id ipsum, quod morabatur. Milites contra nostri 3
quamquam periculoso genere proelii locoque iniquo premebantur, tamen omnia fortissimo sustinebant animo. Res enim ge- 4
rebatur et excelso loco et in conspectu exercitus nostri magnusque utrimque clamor oriebatur. Ita quisque, ut erat maxime
insignis, quo notior testatiorque virtus esset eius, telis hostium
flammaeque se offerebat. Caesar cum complures suos vulnerari 43
videret, ex omnibus oppidi partibus cohortes montem ascendere
et simulatione moenium occupandorum clamorem undique iubet
tollere. Quo facto perterriti oppidani, cum, quid ageretur in lo- 2
cis reliquis, essent suspensi, revocant ab impugnandis operibus
armatos in murisque disponunt. Ita nostri fine proelii facto ce- 3
leriter opera flamma comprehensa partim restinguunt, partim
interscindunt. Cum pertinaciter resisterent oppidani, magna 4
etiam parte amissa siti suorum in sententia permanerent, ad
postremum cuniculis venae fontis intercisae sunt atque aversae.

5. *fontis fastigium*: die Höhe,
auf der unter den Mauern der Stadt
die Quelle hervorkam.

6. *non tantum* hat Hirtius noch
c. 6, 2 u. 52, 5, Caesar (und Sallust)
gar nicht, wie es auch bei Cicero
selten ist.

42. 2. *suppressa* eigentl.: in der
freien Bewegung niedergehalten, ge-
hemmt, d. i. im Weiterrollen aufgehalten. B. C. 1. 45, 1: *hostem
acriter insequentem supprimit.* In
gleichem Sinne nachher: *quod morabatur,* nämlich die *vineae* und der
agger.

4. *magnusque utrimque clamor
oriebatur.* Diese wenig geschickt
an das Vorherg. sich anschliessenden Worte sollen das Interesse bezeichnen, mit dem man auf beiden
Seiten den Kampf verfolgte. — *testatior*: noch mehr bezeugt, offen-
kundiger; s. c. 44, 1. So oft auch
bei Cic.; s. z. B. p. Coel. 27: *ut res
multorum oculis esset testatior*; in
Verr. 2. 42: *in re tam clara, tam
testata.* — *virtus esset eius,* die
oben zu c. 19, 2 erwähnte, bei Hirt.
beliebte Wortstellung, die hier besonders affectirt erscheinen muss.
Vergl. c. 32, 2.

43. 1. *complures suos.* S. 1.
52, 5.

2. *suspensi* = incerti, dubii.

3. *interscindunt*: 7. 24, 5.

5 Quo facto repente perennis exaruit fons tantamque attulit oppidanis salutis desperationem, ut id non hominum consilio, sed
deorum voluntate factum putarent. Itaque se necessitate coacti
tradiderunt.

44   Caesar, cum suam lenitatem cognitam omnibus sciret neque vereretur, ne quid crudelitate naturae videretur asperius fecisse, neque exitum consiliorum suorum animadverteret, si tali
ratione diversis in locis plures consilia inissent, exemplo supplicii deterrendos reliquos existimavit. Itaque omnibus, qui arma
tulerant, manus praecidit vitamque concessit, quo testatior esset
2 poena improborum. Drappes, quem captum esse a Caninio docui, sive indignitate et dolore vinculorum sive timore gravioris
3 supplicii paucis diebus cibo se abstinuit atque ita interiit. Eodem
tempore Lucterius, quem profugisse ex proelio scripsi, cum in
potestatem venisset Epasnacti Arverni (crebro enim mutandis
locis multorum fidei se committebat, quod nusquam diutius sine
periculo commoraturus videbatur, cum sibi conscius esset, quam
inimicum deberet Caesarem habere), hunc Epasnactus Arvernus,
amicissimus populi Romani, sine dubitatione ulla vinctum ad
Caesarem deduxit.

45   Labienus interim in Treveris equestre proelium facit secundum compluribusque Treveris interfectis et Germanis, qui nullis

---

44. 1. *neque ver.* führt das Vorhergehende negativ weiter aus und
entspricht nicht dem folgenden *neque exitum* u. s. w. — *exitum consiliorum suorum*: sich endlich ganz
Gallien zu unterwerfen. Die Befürchtung, dass die nie endigenden
Empörungen nach jahrelangem
Kriege die gehoffte Unterjochung
Galliens noch in Frage stellen könnten, drängt ihn zu dieser äussersten
Härte abschreckender Massregeln.
Die Behauptung, dass das Verfahren
für seine Zwecke nöthig war, soll
den Vorwurf der Grausamkeit von
ihm abwenden, während es für uns
nur beweist, dass er eben kein
Mittel scheute, um zum Ziele zu gelangen. Sicherlich kann die Grausamkeit dadurch nicht geringer erscheinen, dass die Gallier selbst an
unmenschliche Strafen gewöhnt waren (6. 16, 4. 17, 5; vergl. die angebliche Härte des Vercingetorix 7.

4, 10), Caes. also nur im Geiste
ihrer eigenen Strafgesetze gegen sie
verfuhr. Den entgegengesetzten
Weg schlug er am Ende des Krieges ein, s. c. 49.

2. *docui*: c. 36, 5. — *indignitate
vinculorum*: *indignitas* hier und
öfter so viel als *indignatio*, der Un-
wille und Schmerz über die Fesseln.
B. C. 3. 21, 4: *ignominia et dolore
permotus.*

3. *scripsi*: c. 35, 5. — *quam
inimicum deberet habere*: wie sehr
er ihn — als einen erbitterten und
gefährlichen Gegner der Römer —
hassen m ü s s e. — *amicissimus
pop. R. – deduxit.* Wieder ein Beispiel der Zerrissenheit und Verrätherei der Gall. unter sich selbst,
die im ganzen Kriege den Erobe-
rungsplänen der Römer so förderlich war.

45. 1. *Labienus – in Treveris:*
c. 25, 1. — *nullis* substantivisch, wie

adversus Romanos auxilia denegabant, principes eorum vivos re-
digit in suam potestatem atque in his Surum Haeduum, qui et 2
virtutis et generis summam nobilitatem habebat solusque ex
Haeduis ad id tempus permanserat in armis.

Ea re cognita Caesar cum in omnibus partibus Galliae bene 46
res geri videret iudicaretque superioribus aestivis Galliam devi-
ctam subactamque esse, Aquitaniam numquam adisset, per P.
Crassum quadam ex parte devicisset, cum duabus legionibus in
eam partem Galliae est profectus, ut ibi extremum tempus con-
sumeret aestivorum. Quam rem sicuti cetera celeriter feliciter- 2
que confecit. Namque omnes Aquitaniae civitates legatos ad
Caesarem miserunt obsidesque ei dederunt. Quibus rebus gestis 3
ipse equitum praesidio Narbonem profectus est, exercitum per
legatos in hiberna deduxit: quattuor legiones in Belgio collocavit 4
cum M. Antonio et C. Trebonio et P. Vatinio legatis, duas legiones in Haeduos deduxit, quorum in omni Gallia summam esse
auctoritatem sciebat, duas in Turonis ad fines Carnutum posuit,
quae omnem illam regionem coniunctam Oceano continerent,
duas reliquas in Lemovicum finibus non longe ab Arvernis, ne
qua pars Galliae vacua ab exercitu esset. Paucos dies ipse in 5
provincia moratus, cum celeriter omnes conventus percucurrisset, publicas controversias cognosset, bene meritis praemia tri-

nullus im Plural selten gebraucht
wird. — *in his*: unter diesen principes der Treverer war auch der
Haeduer Surus, der, nachdem die
Haeduer die Waffen niedergelegt
hatten, zu den Treverern gegangen
war und als einer ihrer Führer angesehen werden konnte. Man darf
also nicht vergleichen die incorrecte
Ausdrucksweise des Verfassers des
bellum Africae c. 1, 5: *legiones tironum convenire, in his veterana
legio quinta*; vielmehr werden bei
besseren Schriftstellern mit *in his*
immer Einzelne aus derselben Gattung namhaft gemacht, z. B. 1. 16,
5: *convocatis eorum principibus, in his Divitiaco et Lisco*; 2,
25, 1: *omnibus fere centurionibus aut vulneratis aut occisis, in
his primipilo P. Sextio Baculo*.

46. 1. *adisset — devicisset* ziemlich eintönig noch von *cum* abhängig, wie c. 6, 2. — *aestiva* die für

Feldzüge geeignete Zeit (*tempus
aestivorum* oben c. 6, 1, Sall. Iug.
44, 3), daher, weil die Kriege bei
den Alten nur im Sommer (im weitesten Sinne als eine Hälfte des
Jahres) geführt wurden, so viel als
Feldzug = expeditiones per annum
factae. — *per P. Crassum devicisset*: 3. 20 u. folg.

4. *in Turonis* ist Ablat., nicht
Accus. von *Turones* (2. 35, 3); *Tu-
roni* auch 7. 4, 6 und 75, 3; so
Teutoni und *Teutones* 1. 33, 4. —
ne qua pars — esset. Auf diese
Weise wurden die Gallier an den
verschiedensten Theilen bewacht
und die Truppen doch nicht zu sehr
vereinzelt.

5. *in provincia moratus*, denn
Narbo, wohin er gegangen war, lag
in derselben. — *conventus*: 1.54,3.
— *publicas controversias cognosset*. Natürlich gab es auch in der
Provinz in jedem Gau eine Pa-

6 buisset (cognoscendi enim maximam facultatem habebat, quali
quisque fuisset animo in totius Galliae defectione, quam susti-
nuerat fidelitate atque auxiliis provinciae illius), his confectis rebus ad legiones in Belgium se recipit hibernatque Nemetocen-
47 nae. Ibi cognoscit Commium Atrebatem proelio cum equitatu
2 suo contendisse. Nam cum Antonius in hiberna venisset, civi-
tasque Atrebatum in officio esset, Commius, qui post illam vul-
nerationem, quam supra commemoravi, semper ad omnes motus
paratus suis civibus esse consuesset, ne consilia belli quaerenti-
bus auctor armorum duxque deesset, parente Romanis civitate
cum suis equitibus latrociniis se suosque alebat infestisque itineribus commeatus complures, qui comportabantur in hiberna
48 Romanorum, intercipiebat. Erat attributus Antonio praefectus
equitum C. Volusenus Quadratus, qui cum eo hibernaret. Hunc
2 Antonius ad persequendum equitatum hostium mittit. Volusenus
ad eam virtutem, quae singularis erat in eo, magnum odium
Commii adiungebat, quo libentius id faceret, quod imperabatur.
Itaque dispositis insidiis saepius equites eius aggressus secunda
3 proelia faciebat. Novissime, cum vehementius contenderetur ac

trioten - und eine römische Partei,
deren Gesinnungen sich während
der Insurrection des Vercingetorix
aufgedeckt hatten. Die in den einzelnen Gauen zwischen diesen politischen Parteien damals geführten
Fehden sind die *publicae controversiae*. Nach Niederwerfung der Insurrection verfügt C. auch in der
Provinz zu Gunsten der römisch
Gesinnten und beseitigt die Führer
der Gegenpartei.

6. *quam sust. fid. et auxiliis
prov. illius* = der vorher erwähnten,
wie c. 47, 2: *post illam vulneratio-
nem* mit dem Zusatz: *quam supra
commemoravi*. Allerdings würde
der Aufstand der gall. Völker von
ganz anderem Erfolge gewesen
sein, wenn sich auch die Provinz
angeschlossen hätte, wie Vercingetorix gehofft hatte, zumal da Caesar,
der beim Ausbruch desselben in
Oberitalien war, dann von seinem
Heere abgeschnitten worden wäre.
Ueber die *auxilia* der Prov. s. 7.
65, 1.

47. 2. *supra commemoravi*: c.
23, 5. — *parente Rom. civitate* sagt
nichts anderes, als vorher *cum civitas Atr. in officio maneret*, und
ist hier nur um des Gegensatzes
willen wiederholt. — *infestis itineribus* Abl. absol. für *itineribus infestis factis* (B. C. 3. 79, 4: *itinera
infesta reddiderat*), welche Verbindung eines Prädicatsbegriffs mit
dem Abl. abs. von den Lateinern
möglichst vermieden wird und auch
bei C. selten vorkommt, wie 7. 46,
3: *omni spatio vacuo relicto*. Der
Sinn also = er machte die Wege
unsicher und fing die Transporte
auf.

48. 1. *praefectus equitum C.
Volusenus Quadr.*, s. zu 4. 21, 1.

2. *quo libentius id faceret* = in
Folge dessen er den Befehl um so
lieber ausführte; *quo* also für das
consecutive *ut*, während es sonst in
dieser Verbindung nur die Absicht
bedeutet.

3. *Novissime* = postremo, in dem

Volusenus ipsius intercipiendi Commii cupiditate pertinacius eum cum paucis insecutus esset, ille autem fuga vehementi Volusenum produxisset longius, inimicus homini suorum invocat fidem atque auxilium, ne sua vulnera per fidem imposita paterentur impunita, conversoque equo se a ceteris incautius permittit in praefectum. Faciunt hoc idem omnes eius equites paucosque 4 nostros convertunt atque insequuntur. Commius incensum cal- 5 caribus equum coniungit equo Quadrati lanceaque infesta magnis viribus medium femur traicit Voluseni. Praefecto vulnerato non 6 dubitant nostri resistere et conversis equis hostem pellere. Quod 7 ubi accidit, complures hostium magno nostrorum impetu perculsi vulnerantur ac partim in fuga proteruntur, partim intercipiuntur; quod malum dux equi velocitate evitavit: ac sic proelio secundo graviter ab eo vulneratus praefectus, ut vitae periculum aditurus videretur, refertur in castra. Commius autem sive expiato suo 8 dolore sive magna parte amissa suorum legatos ad Antonium mittit seque et ibi futurum, ubi praescripserit, et ea facturum, quae imperarit, obsidibus firmat, unum illud orat, ut timori suo 9 concedatur, ne in conspectum veniat cuiusquam Romani. Cuius postulationem Antonius cum iudicaret ab iusto nasci timore, veniam petenti dedit, obsides accepit.

Scio Caesarem singulorum annorum singulos commentarios 10 confecisse; quod ego non existimavi mihi esse faciendum, propterea quod insequens annus, L. Paulo, C. Marcello consulibus,

letzten Treffen. — *produxisset* eigentl.: vorwärts gelockt hatte. — *inimicus homini*, weil er diesen, da er ihn hatte tödten wollen (c. 23, 4), persönlich hasste. — *per fidem imposita* = fide data (nec servata); während er dem ihm gegebenen Worte getraut hatte; denn Volusenus hatte ihn *per simulationem colloquii* tödten wollen. Vergl. 1. 46, 3: *eos ab se per fidem in colloquio circumventos.* — *vulnera imponere* sagt auch Cic. ad Attic. 1. 16, so wie *plagam imponere* p. Sest. 19. — *a ceteris*: von den Uebrigen hinweg, ihnen voraus. — *se permittit:* 'stürzt sich' von dem Reiter, der mit verhängtem Zügel auf den Feind losstürzt, ebenso gebraucht, wie von den Pferden, z. B. *permittite equos in cuneum hostium* Liv. 40. 4. (Vgl. *equo admisso accurrit* oben 1. 22, 2.)

5. *equum coniungit equo*: bringt ganz nahe, sprengt dicht an das Pferd des Volusenus. — *lancea infesta*, so *infestis pilis* B. C. 3. 93, 1, *infesta signa inferre, infesto agmine, exercitu* (Liv. 21. 7, 4. Sall. Iug. 46, 5). — *Quadrati* — *Voluseni*, Wechsel der Namen, wie oben 3. 19, 5: *Titurius* und *Sabinus*.

6. *non dubitant*, nicht zu suppliren *tamen*; denn eben die Verwundung ihres Führers bewirkt den Widerstand seiner Leute.

9. *ne in consp. veniat.* S. c. 23, 6. — *ab iusto — timore*, ein unwillkürliches Eingeständniss des triftigen Grundes zu dieser, nur durch die Treulosigkeit der Römer veranlassten Bedingung, die an sich wenig ehrenvoll für die Römer ist.

10. *insequens annus*: das Jahr

11 nullas habet magnopere Galliae res gestas. Ne quis tamen ignoraret, quibus in locis Caesar exercitusque eo tempore fuissent, pauca esse scribenda coniungendaque huic commentario statui.

49 Caesar in Belgio cum hiemaret, unum illud propositum habebat, continere in amicitia civitates, nulli spem aut causam dare

2 armorum. Nihil enim minus volebat, quam sub decessu suo necessitatem sibi aliquam imponi belli gerendi, ne, cum exercitum deducturus esset, bellum aliquod relinqueretur, quod omnis Gal

3 lia libenter sine praesenti periculo susciperet. Itaque honorifice civitates appellando, principes maximis praemiis afficiendo, nulla onera iniungendo defessam tot adversis proeliis Galliam condicione parendi meliore facile in pace continuit.

50 Ipse hibernis peractis contra consuetudinem in Italiam quam

50 v. Chr. — *nullas habet magnopere Galliae res gestas*, wir: hat nicht eben bedeutende Unternehmungen. Aehnlich Liv. 3. 26, 3: *nulla magnopere clade accepta.* Cic. in Verr. 5. 41, 107: *quid magnopere potuit Cleomenes facere?* — *Galliae res gestas*: oben Praef. § 2. 7. 28, 4.

49. 1. *continere in amicitia civitates* als Epexegese zu *unum illud*, wofür sonst gewöhnlich *ut* steht. Doch ähnlich bei Cic. Verr. 2. 3, 9: *hoc statuerunt, aut istius iniurias per vos ulcisci ac persequi, aut urbes ac sedes suas relinquere.* Brut. 19, 74: *ad id, quod instituisti, oratorum genera distinguere aetatibus, istam diligentiam esse accommodatam puto.*

2. *decessu*, wie c. 50, 2 *decedere* (mit und ohne *de provincia, provincia*) stehender Ausdruck von dem Abgange der röm. Magistratspersonen von der verwalteten Provinz. *Sub* mit dem Abl. bezeichnet die Zeit, in oder während welcher etwas geschieht (oder auch: 'gleich nach': Nep. Att. c. 12, 3: *sub ipsa proscriptione*) also = in der Zeit, wo er die Provinz zu verlassen hatte. Vergl. B. C. 1. 27, 3: *ne sub ipsa profectione milites irrumperent.* *Sub* mit dem Accus. bezeichnet die Zeit, gegen welche hin etwas geschieht: um, gegen.

3. *condicione parendi meliore*, indem er ihnen die Unterwürfigkeit erträglicher machte als bisher. Den Wiederausbruch des Krieges soll theils die Erschöpfung, theils die augenblicklich leidliche Behandlung der Gallier verhindern.

50. 1. *contra consuetudinem*, weil er sonst immer im Herbste oder Anfange des Winters dorthin ging. — *municipia et colonias.* Hier sind natürlich nicht die Ortschaften des eigentlichen Italiens gemeint, sondern diejenigen des cisalpinischen Galliens, das unter Caesar stand; wie denn auch in einem im J. 65 geschriebenen Briefe Ciceros (ad Att. 1. 1, 2) es heisst: *videtur in suffragiis multum posse Gallia.* Gemeint sind ferner wenigstens in erster Reihe diejenigen Gemeinden, deren sämmtliche Bürger befugt waren bei den Wahlen in Rom mitzustimmen, also die Gemeinden vollen römischen Bürgerrechts, die municipia civium Romanorum und die coloniae civium Romanorum. Bürgermunicipium und Bürgercolonie unterscheiden sich so von einander, dass dort die Schenkung des römischen Bürgerrechts einer schon bestehenden, hier einer neu und von der römischen Regierung gebildeten Gemeinde zu Theil wird. Doch kann

maximis itineribus est profectus, ut municipia et colonias appellaret, quibus M. Antonii, quaestoris sui, commendaverat sacer-
dotii petitionem. Contendebat enim gratia cum libenter pro ho- **2**
mine sibi coniunctissimo, quem paulo ante praemiserat ad petitionem, tum acriter contra factionem et potentiam paucorum,
qui M. Antonii repulsa Caesaris decedentis gratiam convellere
cupiebant. Hunc etsi augurem prius factum, quam Italiam attin- **3**
geret, in itinere audierat, tamen non minus iustam sibi causam
municipia et colonias adeundi existimavit, ut iis gratias ageret,
quod frequentiam atque officium suum Antonio praestitissent,
simulque se et honorem suum sequentis anni commendaret, **4**
propterea quod insolenter adversarii sui gloriarentur L. Lentulum et C. Marcellum consules creatos, qui omnem honorem et

H. neben diesen auch gedacht haben
an die Municipien des cisalpinischen
Galliens mit latinischem Recht, insofern auch von diesen wenigstens
die gewesenen Magistrate das römische Bürgerrecht besessen und
also bei den römischen Wahlen befugt waren mitzustimmen. Dass er
in der That an diese mit gedacht
hat, wird wahrscheinlich durch c. 51,
1, wo die municipia et coloniae nicht
füglich als ein Theil, sondern nur
als die ganze Provinz aufgefasst
werden können. In dieser Zeit, wo
die in Folge des Bundesgenossen-
krieges getroffenen Massregeln, namentlich das pompeische Gesetz vom
J. 89 v. Chr., noch in Kraft bestanden, gab es im cisalpinischen Gallien Bürgercolonien nur vier: Mutina (Modena), Parma, Eporedia
(Ivrea) und das von Caesar gegründete Comum; Bürgermunicipien waren sämmtliche Gemeinden auf dem
südlichen Poufer und auf dem nördlichen die früheren latinischen Colonien Cremona und Aquileia; die
übrigen Gemeinden zwischen dem
Po und den Alpen hatten latinisches
Recht. Da die Entfernung der gallischen Ortschaften deren Betheiligung an den Wahlen erschwerte, so
kam es in wichtigen Fällen darauf
an, viele Stimmberechtigte zum Erscheinen zu vermögen. Daher sucht

C. diese Städte durch persönliche
Ansprache (*appellare*) zu gewinnen
und rühmt unten § 3 die *frequen-*
tia, das zahlreiche Erscheinen bei
der Wahl seines Freundes, des
später so bekannt gewordenen M.
Antonius, zum Augur (dies ist hier
sacerdotium) an die Stelle des im
Frühjahr 50 verstorbenen Redners
Hortensius. Die Auguren wurden
seit 104 v. Chr. durch die lex Do-
mitia (die Sulla aufhob, der Volkstribun Labienus — 63 — wiederherstellte) vom Volke, nicht vom
Collegium selbst, wie sonst, gewählt.
Der von der Aristokratie unter-
stützte Mitbewerber war L. Domitius Ahenobarbus.

2. *gratia*: durch Gunst und Beliebtheit erlangter persönlicher Einfluss. — *contra factionem et poten-*
tiam paucorum: der Nobilität. S.
c. 52, 3 u. zu B. C. 1. 5, 3.

4. *honorem suum*. Caesar wollte
sich um das Consulat für das J. 48
bewerben, in dem er es gesetzlich,
10 Jahre nach dem ersten, wieder
übernehmen konnte (B. C. 3. 1, 1);
für 49 waren seine Gegner L. Lentulus und C. Marcellus designirt
worden mit Uebergebung des von
ihm begünstigten Legaten (3. 1, 1)
Servius Galba. — *qui – spoliarent*
mit dem Accus. der Sache, die entzogen wird, für das sonst gewöhn-

dignitatem Caesaris spoliarent, ereptum Ser. Galbae consulatum,
cum is multo plus gratia suffragiisque valuisset, quod sibi con-
51 iunctus et familiaritate et consuetudine legationis esset. Exceptus est Caesaris adventus ab omnibus municipiis et coloniis incredibili honore atque amore. Tum primum enim veniebat ab
2 illo universae Galliae bello. Nihil relinquebatur, quod ad orna-
tum portarum, itinerum, locorum omnium, qua Caesar iturus
3 erat, excogitari poterat. Cum liberis omnis multitudo obviam
procedebat, hostiae omnibus locis immolabantur, tricliniis stra-
tis fora templaque occupabantur, ut vel spectatissimi triumphi
laetitia praecipi posset. Tanta erat magnificentia apud opulentiores, cupiditas apud humiliores.

52   Cum omnes regiones Galliae togatae Caesar percucurrisset,
summa celeritate ad exercitum Nemetocennam rediit legionibusque ex omnibus hibernis ad fines Treverorum evocatis eo pro-

lichere *Caesarem honore sp.* Vergl.
Cic. p. Coel. 2: *quae detrahendae
spoliandaeque dignitatis gratia dixerunt.* — *cum valuisset* in con-
cessivem Sinne. — *consuetudine
legationis.* Durch das innige Verhältniss zwischen ihm und dem
Galba, als seinem Legaten. Cic. Divin. in Caecil. c. 19, 61: *Sic enim
a maioribus nostris accepimus —
nullam neque iustiorem neque graviorem causam necessitudinis posse
reperiri quam coniunctionem sor-
tis, quam provinciae, quam officii,
quam publici muneris societatem.*

51. 1. *Caesaris adventus* nicht
= Caesar cum advenisset, sondern
seine Ankunft wurde, da sie zum
ersten Male seit dem Aufstande Galliens erfolgte, mit grosser Auszeichnung und Beweisen von Liebe
aufgenommen, gefeiert.

3. *hostiae*, sonst gewöhnlich Opfer
zur Sühne, *victimae* Dankopfer.
Hier kann natürlich nur von letzteren die Rede sein. — *tricliniis stra-
tis fora templaque occupabantur,
ut vel spectatissimi triumphi laetitia praecipi posset.* Es war eine
sehr gewöhnliche Sitte bei den Römern, dass reiche Leute bei einer
freudigen Begebenheit häuslicher

oder öffentlicher Art Gastmähler
für die ganze Gemeinde ausrichte-
ten, wobei natürlich die Tische auf
den öffentlichen Plätzen, in den
Tempelhallen oder auf den Märkten
gedeckt wurden. Eine der bekann-
testen Anwendungen dieser Sitte
sind die Triumphalschmäuse, wie
denn Caesar bei seinem berühmten
Triumph im J. 46 die ganze Bür-
gerschaft mit den kostbarsten Spei-
sen und Weinen an 22000 Tricli-
nien bewirthete. Indem jetzt überall, wo Caesar hinkam, die Reichen
derartige Gastmähler in prächtig-
ster Weise veranstalteten (*magnificentia apud opulentiores*) und die
Masse der Bürger sich eifrig und
begeistert dazu einfand (*cupiditas
apud humiliores*), war dies gleichsam ein Vorspiel der grossartigen
Siegesfeier, die C. in Rom bevor-
stand und die, nachdem sie durch
den Bürgerkrieg um eine Reihe von
Jahren verzögert worden war, endlich im J. 46 in der glänzendsten
Weise erfolgte. — *spectatissimi
triumphi*: magnificentia et frequentia hominum celebratissimi. — *magnificentia*: Prachtaufwand. — *cupiditas*: Ergebenheit (*cupere alicui*),
Enthusiasmus für Caesar.

fectus est ibique exercitum lustravit. T. Labienum Galliae toga- 2
tae praefecit, quo maiore commendatione conciliaretur ad consulatus petitionem. Ipse tantum itinerum faciebat, quantum satis
esse ad mutationem locorum propter salubritatem existimabat.
Ibi quamquam crebro audiebat Labienum ab inimicis suis solli- 3
citari certiorque fiebat id agi paucorum consiliis, ut interposita
senatus auctoritate aliqua parte exercitus spoliaretur, tamen neque de Labieno credidit quicquam neque, contra senatus auctoritatem ut aliquid faceret, potuit adduci. Iudicabat enim liberis 4
sententiis patrum conscriptorum causam suam facile obtineri.
Nam C. Curio, tribunus plebis, cum Caesaris causam dignitatemque defendendam suscepisset, saepe erat senatui pollicitus,

52. 1. *exercitum lustravit.* Zum
ersten Male nach Beendigung des
Kriegs sah das ganze Heer den
Feldherrn u. der Soldat seine Waf-
fengenossen vereinigt, die sich nach
Ueberstehung gleicher Gefahren für
die bevorstehenden Unternehmungen gegen Rom selbst als ein dem
Anführer eng verbundenes Ganzes
fühlen sollten. Die Heerschau an
den Grenzen Galliens und Ger-
maniens sollte theils in Gallien
Schrecken erregen und den Gedanken an neue Empörungen nieder-
drücken, theils den schlecht gerü-
steten Gegnern Caesars in Rom imponiren. S. B. C. Einl. S. 11.

2. *quo maiore commend. conciliaretur*: damit es (*Gallia*) d. h. die
das ius suffragii habenden Bürger
durch kräftigere Empfehlung, die er
von Labienus hoffte, gewonnen würde, ihm bei der Consulwahl ihre
Stimmen zu geben. Vergl. 5. 4, 3.
7. 7, 1. B. C. 3. 55, 3: *reliquas civitates circummissis legationibus
amicitia Caesari conciliare studebat.*
— *ad mutationem locorum*: zum
Zweck der Ortsveränderung aus
Gesundheitsrücksichten für die Soldaten.

3. *Labienum sollicitari*: den Caesar zu verlassen und zur Gegenpartei überzugehen, weil er durch
kriegerische Tapferkeit ausgezeichnet und auch durch seinen im galli-

schen Kriege durch Caesars Gunst
erworbenen Reichthum (Cic. ad Att.
7. 7, 6: *Labieni divitiae — placent*)
von Einfluss war. Im folgenden
Jahre finden wir ihn auf der Seite
des Pompeius. Cic. Fam. 16. 12:
maximam plagam accepit (Caes.),
*quod is, qui summam auctoritatem
in illius exercitu habebat, T. Labienus, socius sceleris esse noluit:
reliquit illum et nobiscum est.* S.
B. C. Einl. S. 16.

4. *liberis sententiis p. conscr.*:
wenn der Senat frei stimmen könnte
und nicht zu Beschlüssen gegen ihn
gezwungen würde. — *C. Curio –
defendendam suscepisset.* Caesar
hatte Curio's bedeutende Schulden
bezahlt und ihn dadurch für sich
gewonnen: früher war er auf der
Seite des Pompeius. Cic. fam. 8. 6,
13: *transfugit ad populum et pro
Caesare loqui coepit.* S. B. C. Einl.
S. 10. — *saepe erat senatui pollicitus.* Es sollte eigentl. folgen:
*Caesarem, si Pompeius ab armis
discederet, idem esse facturum.*
Hirt. geht aber in Folge der dazwischen gesetzten Worte in eine andere Wendung über: *discederet uterque ab armis*, als ob *postulavit* vorausgegangen wäre, setzt also anstatt der Zusage, die er nur in Betreff des Caesar geben konnte, den
Vorschlag, der sich auf beide bezieht. So passt das folgende: *Neque*

si quem timor armorum Caesaris laederet, quoniam Pompei dominatio atque arma non minimum terrorem foro inferrent, discederet uterque ab armis exercitusque dimitteret: fore eo facto liberam et sui iuris civitatem. Neque hoc tantum pollicitus est,
5 sed etiam per se discessionem facere coepit; quod ne fieret consules amicique Pompei iusserunt, atque ita rem moderando dis-
53 cusserunt. Magnum hoc testimonium senatus erat universi con-

hoc tantum pollicitus est: zum Beweis, dass es ihm damit Ernst sei,
wollte er, dass es sogleich beschlossen werde. — *terrorem foro inferrent,* wie er z. B. bei dem Processe
des Milo das Forum mit Bewaffneten
umstellt hatte. *Dominatio* hat regelmässig den Begriff einer unrecht-
mässigen Herrschaft und Gewalt.

5. *per se discessionem facere
coepit:* ut et Caesar et Pompeius ab
armis discederent. Die Abstimmung
im Senate geschah regelmässig durch
Auseinandertreten der Abstimmen-
den, *discessio.* Der Vorsitzende
forderte zur *discessio* mit den Worten auf: *qui hoc censetis, illuc trans-
ite, qui alia omnia, in hanc partem*
oder in ähnlicher Weise, wobei *alia
omnia* gesagt wurde, nicht *contrariam sententiam,* weil ja die Abstimmung zwischen mehr als zwei
Vorschlägen schwanken konnte. In
Folge dieser Aufforderung verliessen die Senatoren ihre Sitze und
traten, je nachdem sie für oder gegen stimmten, in zwei Abtheilungen
auseinander, welche dann gezählt
wurden. Vgl. Becker Handb. der
röm. Alterth. 2. 2, p. 439. Daher die
bekannten eigentlich und figürlich
gebrauchten Ausdrücke *discedere,
ire, pedibus ire in sententiam, in alia
omnia transire.* S. übrigens unten
c. 53, 1. — *per se* = für sich; er selbst
veranlasste eine Abstimmung darüber. Indess ist dieser Zusatz selt-
sam, da er nicht mehr sagt als das
einfache *coepit,* während andererer-
seits zu dem folgenden *quod* ein Object vermisst wird. Vermuthlich ist
die Stelle verdorben und *s. c. per*

für *per se* zu setzen, also zu schreiben: *sed etiam senatus consultum
per discessionem facere coepit, quod
ne fieret consules amicique Pompeii iusserunt.* — *ne fieret — iusserunt. Iubere* mit *ne* ist eben so
selten, wie *iubere ut* und *vetare ne*
(gewöhnlich ist es von Volks-
beschlüssen: *populus iubet, ut* =
beschliessen). — *atque ita rem moderando discusserunt. rem* ist zu
moderando wie zu *discusserunt* zu
ziehen. Curio trieb die Sache bis
zur Abstimmung, und diese fiel so
aus, dass den Führern der Gegenpartei nichts übrig blieb als auf for-
malem Wege das rechtliche Zustan-
dekommen des Beschlusses zu vereiteln. Ob dies durch blosse Aufhebung der Sitzung geschah oder
förmlich intercedirt ward, ist nicht
überliefert. Vgl. Drumann 3, 397.
Ueber die Sache vergl. die voll-
ständigeren Nachrichten bei Plut.
Pomp. c. 58: μεταστῆναι (discedere)
κελεύσαντος [Κουρίωνος] ὅσοις
ἀμφοτέρους ἀρέσκει τὰ ὅπλα κα-
ταθέσθαι καὶ μηδέτερον ἄρχειν,
Πομπηΐῳ μὲν εἴκοσι καὶ δύο μόνον, Κουρίωνι δὲ πάντες οἱ
λοιποὶ προσετίθεντο. Appian.
Bell. Civ. 2. 30: Ἐπανερομένου δὲ
τοῦ Κουρίωνος, εἰ ἀμφοτέρους
δοκεῖ τὰ ἐν χεροῖν ἀποθέσθαι,
δύο μὲν καὶ εἴκοσιν ἀνδράσιν ἀπ-
ήρεσκε, τριακόσιοι δὲ καὶ ἑβδο-
μήκοντα ἐς τὸ συμφέρον ἀπὸ τῆς
ἔριδος ἐπὶ τὴν τοῦ Κουρίωνος γνώμην ἀπέκλινον. S.
Einl. zu B. C. S. 12.

53. 1. *Magnum hoc testimonium:* dies, die eben erzählte Ent-

veniensque superiori facto. Nam Marcellus proximo anno cum
impugnaret Caesaris dignitatem, contra legem Pompei et Crassi
retulerat ante tempus ad senatum de Caesaris provinciis, sen-
tentiisque dictis discessionem faciente Marcello, qui sibi omnem
dignitatem ex Caesaris invidia quaerebat, senatus frequens in alia
omnia transiit. Quibus non frangebantur animi inimicorum Cae- **2**
saris, sed admonebantur, quo maiores pararent necessitates, quibus cogi posset senatus id probare, quod ipsi constituissent. Fit **54**
deinde senatusconsultum, ut ad bellum Parthicum legio una a
Cn. Pompeio, altera a C. Caesare mitteretur; neque obscure duae
legiones uni detrahuntur. Nam Cn. Pompeius legionem primam, **2**
quam ad Caesarem miserat, confectam ex delectu provinciae Caesaris, eam tamquam ex suo numero dedit. Caesar tamen, cum **3**
de voluntate minime dubium esset adversariorum suorum, Pompeio legionem remisit et suo nomine quintamdecimam, quam in

scheidung (denn *hoc* kann hier unmöglich auf das Folgende gehen)
war ein grosses Zeugniss von der
Gesinnung des Senats und einem
früheren Vorfalle, im vorhergehenden Jahre (*proximo anno*), entsprechend. — *contra legem Pompei et
Crassi.* Durch einen auf Antrag der
Consuln Pompeius und Crassus im
J. 55 gefassten Volksbeschluss war
dem Caesar die ursprünglich auf
5 Jahre verliehene Provinz auf weitere 5 Jahre verlängert worden (S.
Einl. S. 15). Dies an sich würde
den Senat nicht gehindert haben bereits im J. 50 über die Wieder-
besetzung der beiden Statthalter-
schaften nach Caesar's Abgang Beschluss zu fassen, vielmehr musste
nach allgemeiner Ordnung allerdings
diese Regulirung bereits so früh
erfolgen. Allein wahrscheinlich
stand eine besondere Clausel des
bezeichneten Gesetzes des Pompeius
und Crassus entgegen, welche jede
derartige Senatsverhandlung vor
dem 1. März 50 untersagte. — *de
provinciis*: Gallia cisalpina und transalpina. — *in alia omnia*, s. c. 52, 5.

54. 1. *ad bellum Parthicum.* Im
vorigen Jahre hatte der Proquästor
C. Cassius die Parther in Syrien
geschlagen u. die Provinz dem Pro-

consul M. Bibulus übergeben, der
im J. 50 einem neuen Angriffe entgegensah. Diese Veranlassung wurde benutzt und der Beschluss gefasst,
dass sowohl Caesar als Pompeius
eine Legion an Bibulus abgeben
sollte. Pompeius gab nun keine der
bei ihm befindlichen Legionen, sondern verlangte die dem Caesar geliehene (s. 6. 1) zu diesem Zwecke
zurück, so dass dem C. in der That
zwei Legionen entzogen wurden. Er
fügte sich, obgleich die Absicht seiner Gegner klar war (*cum de voluntate — adversariorum suorum*),
da er sorgfältig vermied sich von
seinen Gegnern ins Unrecht setzen
zu lassen und erwartete, dass die
öffentliche Meinung, wenn, wie zu
erwarten war, die Truppen in Italien blieben, es um so mehr gerechtfertigt finden würde, dass er
bei so ungerechtem Verfahren der
Gegner sich von seinem Heere nicht
trennte. Nach Plut. Pomp. c. 56,
Caes. c. 29 beschenkte er die ab-
gehenden Legionen reichlich, um sie
sich treu u. dem Pompeius verdächtig zu machen. Doch sehen wir sie
B. C. 3. 88, 1 dem Caesar gegenüber
stehen.

3. *remisit et – iubet*, Wechsel der
Tempora wie 4. 18, 3. 5. 49, 6.

Gallia citeriore habuerat, ex senatusconsulto iubet tradi. In eius
locum tertiamdecimam legionem in Italiam mittit, quae praesidia
4 tueretur, ex quibus praesidiis quintadecima deducebatur. Ipse
exercitui distribuit hiberna: C. Trebonium cum legionibus quattuor in Belgio collocat, C. Fabium cum totidem in Haeduos de
5 ducit. Sic enim existimabat tutissimam fore Galliam, si Belgae,
quorum maxima virtus, Haedui, quorum auctoritas summa esset,
55 exercitibus continerentur. Ipse in Italiam profectus est. Quo
cum venisset, cognoscit per C. Marcellum consulem legiones duas
ab se remissas, quae ex senatusconsulto deberent ad Parthicum
bellum duci, Cn. Pompeio traditas atque in Italia retentas esse.
2 Hoc facto quamquam nulli erat dubium, quidnam contra Caesarem pararetur, tamen Caesar omnia patienda esse statuit, quoad
sibi spes aliqua relinqueretur iure potius disceptandi quam belli
gerundi. Contendit . . . .

55. 1. *in Italia retentas esse.*
Marcellus liess sie in Capua bleiben, weil angeblich in Syrien nichts
mehr zu fürchten war. B. C. 1. 4,
5: *Pomp. infamia duarum legionum permotus, quae ab itinere
Asiae Syriaeque ad suam potentiam
dominatumque converterat, rem ad
arma deduci studebat.*

3. *Contendit.* Es können nicht
viele Worte ausgefallen sein, die
den Anschluss an den Anfang des
Bellum civile ermitteln. Jedenfalls
war von dem durch Curio, der im
December nach Ravenna zu Caesar
gegangen war, überbrachten Briefe
die Rede, in dem C. die gerechte
Forderung stellte, dass, wenn man
von ihm verlange, sein Heer zu entlassen, auch Pompeius den Oberbefehl niederlegen solle. Ueber den
Brief des Caesar an den Senat s.
Einl. z. B. C. S. 13. Vergl. Suet.
Caes. c. 29: *Senatum litteris deprecatus est, ne sibi beneficium populi* (die durch Volksbeschluss ihm
gegebenen Aemter) *adimeretur, aut
ut ceteri quoque imperatores ab
exercitibus discederent.* (Vergl.
Plut. Caes. c. 30, Pomp. c. 59. Cass.
Dio 41. 1.) So hat Hirtius die Darstellung der dem Ausbruche des
Bürgerkrieges unmittelbar vorhergehenden Vorfälle so weit geführt,
dass sich Caesars eigene Geschichte
(vergl. den Anfang des B. C.) anschliessen konnte.

N A C H T R A G
zu 4. 17, 6. S. 194.

Die Erklärung der '*fibulae*', die in der Anmerk. auf die Auctorität
eines Sachverständigen hin, dem ich die Zeichnung der Brücke verdanke,
gegeben worden ist, hat Widerspruch gefunden, besonders von E b e r z
(N. Jahrb. 1857. S. 849), der theils die Nothwendigkeit dieser Vorrich-
tung, theils die Festigkeit dieser Holzklammern in Zweifel zieht. Ebenso
erklärt sich H e l l e r (Philologus XIII. S. 578) überhaupt gegen die Auffassung der *fibulae* als 'Klammern'. Wenn ich auch, trotzdem dass ich
nicht alle Gegenbemerkungen für richtig halte, das Wahre an jenem Bedenken nicht verkenne, so ist doch in der Anm. selbst die bisherige Auffassung unverändert geblieben, weil die Ansichten noch immer sehr ab-
weichen; doch sollen die verschiedenen neueren Auffassungen hier zusammengestellt werden. E b e r z hat in der Zeitschrift für die A. W. 1849.
No. 51 die *fibulae* für 'Diagonalverbindungsbalken' erklärt, welche die
beiden Tragbalkenpaare in stets gleicher Entfernung erhielten, welcher Erklärung ich mich nicht anschliessen konnte. G ö l e r (Caesars gallischer
Krieg S. 113) versteht darunter 'Spannriegel', indem er meint, dass der
zwischen den Piloten von oben eingesenkte Tragbalken an seinen beiden
Enden durch je zwei Spannriegel, einen ausserhalb unter dem Querbalken,
und einen innerhalb über demselben, so an den Piloten befestigt war, dass
deren Paare sich oben einander weder nähern, noch von einander entfernen
konnten, auf welche Weise das Joch in seinem Gefüge um so mehr Schluss
erhalten habe, je mehr es belastet wurde und, wie Caes. angiebt, sogar je
mehr der Strom anprallte. Am ansprechendsten unter den neuesten Erklärungen scheint die von H e l l e r (Philol. X. S. 732 f.), der die *fibulas*
für Bolzen hält, deren auf jeder Seite v i e r, zwei innerhalb und zwei
ausserhalb der tigna durch die Querbalken geschlagen waren. Er versteht
also *utrimque* nicht von beiden sich gegenüberstehenden Balkenpaaren, was
schon durch *utraque* bezeichnet sei, sondern von den beiden Seiten e i n e s
Paares. 'Interioribus igitur fibulis distinebantur vel discludebantur utraque tigna iuncta, ita ut procumbere sive altera alteris appropinquare non
possent amplius quam fibulae patiebantur; eadem vero revinciebantur,
quam vi fluminis impulsa ne erigi quidem possent in contrariam partem
longius quam externae fibulae sinebant, vel quum impedirentur, quominus
longius altera ab alteris recederent'. Darüber, dass der Strom dem Bau
Festigkeit gab, bemerkt er: 'sive fluminis impetu tigna superiora paullulum secundum naturam aquae deprimebantur et inferiora eodem impetu
paullulum erigebantur, tigna utique illa, quo magis vel in hanc vel in illam
partem aquae vi urgerentur, eo artius in fibulas incubuisse facile apparet'.
(Die Erklärung der Worte *quibus disclusis et — revinctis*, nach welcher
quibus nicht mit *disclusis* zu verbinden, sondern auf *fibulis* zu beziehen
sein soll, halte ich weder für richtig, noch auch für die obige Auffassung
für nothwendig.) Auch K ö c h l y und R ü s t o w erklären die fibulae durch
'Bolzen'.

A.

Admagetobriga 1. 31, celt. Stadt, wo Ariovist die Gallier schlug, unbekannter Lage. So schreibt Mommsen R. G. 3 S. 232 Anm. nach den Handschr., da die Inschrift, nach der *Magetobria* und, wie Glück S. 121 will, *Magetobriga* geschrieben worden ist, falsch ist; ebenso wenig existirt die angebliche Localität *la Moigte de Broie*.

Aduatuci 2. 4. 16. 29. 31. 5. 27. 38. 39. 56. 6. 2. 33. Ein ursprünglich germanisches Volk, auf der linken Seite der Maas, später *Tongri* genannt.

Aduatucorum oppidum egregie natura munitum 2. 29, 2 ist sicher westlich von der Maas nicht weit von Löttich anzusetzen. Viele suchen es fälschlich in *Aduatucum* (*Aduaca*) *Tungrorum*, dem heutigen Tongern zwischen Mastricht und Löwen. D'Anville und nach ihm Napoleon verstehen darunter *Falais sur la Mehaigne*, andere *Namur* oder *Beaumont*. Göler S. 83 fg., dem unsere Karte folgt, nimmt an, dass die Stadt auf dem Berge *Falhize*, östlich von der Mündung der Mehaigne in die Maas gegenüber der Stadt Huy auf dem südlichen Ufer der Maas gelegen habe.

Aduatuca, ein Castell *in mediis Eburonum finibus* 6. 32, wo Sabinus und Cotta fielen (5. 24 fg.) und später Q. Cicero belagert ward, scheint östlich von der Maas gelegen zu haben und demnach von Aduatucom Tungrorum unterschieden werden zu müssen. 'Die Aduatuken mögen von den Eburonen, deren Gebieter sie später wurden (5. 27), auf das linke Ufer der Maas gedrängt worden sein, während ihrem ersten Hauptorte der alte Name verblieb.' Drumann Gesch. Roms 3. S. 332. Die Lage des Orts lässt sich nicht genau bestimmen. Göler S. 148: '*Aduatuca* muss in der Nähe des heutigen *Eupen* oder *Limburg* gelegen haben. Ja das auf hohem Felsen erbaute Castell von Limburg mag vielleicht gerade auf der Stelle des alten Aduatuca liegen.'

Aedui s. Haedui.

Agedincum (nicht *Agedicum*, s. Glück: die bei Caesar vorkommenden celtischen Namen S. 15) 6. 44. 7. 10. 58. 59, Hauptst. der *Senones* im celt. Gall. an der Icauna (Yonne), jetzt *Sens* [*]) in der Champagne, nicht *Provins*.

Alesia, 7. 68 fg., feste Stadt der Mandubier, nach der früher allgemein verbreiteten und durch die neuesten Nachgrabungen völlig bestätigten Meinung das heutige *Alise* (St. Reine d'Alise) an dem Berge Auxois bei *Flavigny*, zwischen den Flüssen *Lutosa* (*Oze* oder *Loze*) und *Osera* (*Ozerain*) im Departement

---

[*]) Moderne Städtenamen entsprechen häufig den *celtischen* Volksnamen, wie hier *Sens* von *Senones* (bei Eutrop 10. 12 heisst die Stadt Senoni).

Die in zusammengesetzten gall. Ortsnamen am häufigsten vorkommenden celtischen Wörter sind nach Dieffenbach und Glück folgende: *böna* = Grenze; *briga* = Burg; *brica* = Brücke; *dūnum* = Hügel; *dūrum* = Burg; *māgus* = Feld; *nemētum* = Heiligthum; *rigum* = Graben; *ritum* = Furth.

Côte d'or, westlich von *Dijon*. [S. Schott in N. Jahrbücher für Philol. u. Pädag. 1857. S. 156 fg., Eberz ebend. 1857. S. 547, und bes. Heller Philologus XIII. 3. S. 592—600. XIX. 541.]

Allobroges (Singul. Allobrox) 1. 6. 2. 28. 7. 9. 64, ein mächtiges und tapferes Volk celtischer Abkunft, zwischen dem Rhodanus, der Isara, dem lacus Lemanus u. d. Alpen, in der heutigen Dauphiné und Savoyen mit der Hauptstadt Vienna, von Fabius Maximus bezwungen und später (60 v. Chr.) von C. Pomptinus. nach einer Empörung zur Ruhe gebracht, 1. 6, 2. S. die Einleitung S. 5.

Alpes, die Naturgrenze für das ital. Gallien, an den Abhängen bebaut, in den Thälern stark bewohnt. Man unterschied als einzelne Theile, die Gallien berührten, die *A. Cottiae*, *A. Graiae* (*Mont Cenis*, der kleine *St. Bernhard* bis *Aosta*), *A. Poeninae* (nicht *Penninae*), vom grossen *St. Bernhard* bis zum *St. Gotthard*. Die Alpenvölker brandschatzten durchreisende Kaufleute, 3. 1. Mehrere Alpenstrassen werden angedeutet (s. zu 1. 10, 3) u. ein nördlicherer Pass über den grossen St. Bernhard durch das Wallis an den Genfersee 3. 1, 2.

Ambarri 1. 11. 14, celt. V. westlich von den Allobrogern auf beiden Ufern des Arar (*Saône*), Clienten der Häduer, *Haedui Ambarri* 1. 11, 4.

Ambiani 2. 4. 15. 7. 75, in G. Belg. (südlich von den Morinern), davon *Amiens*, der heutige Name ihrer Hauptstadt *Samarobriva*, später *Ambiani* genannt (so auf der Karte). Nach Anderen jedoch ist *Samarobriva* das etwas südlicher gelegene *Bray sur Somme* (so auch Göler S. 144) oder *St. Quentin*.

Ambibarii 7. 75, zu den civitates Aremoricae gehörend, in der heutigen Normandie (Stadt Ambières?); s. Ambiliati.

Ambilareti 7. 90, wahrscheinlich nicht verschieden von Ambilareti 7. 75, Clienten der Häduer (nach Ursinus identisch mit den *Haedui Ambarri* 1. 11). Glück a. a. O. S. 21 hält Ambilareti und Amblaareti für Corruptionen des Namens Ambivareti.

Ambiliati 3. 9, kl. celt. V. an der *Somme* (Samara). Vielleicht jedoch nicht verschieden von den *Ambibarii* 7. 75.

Ambivariti 4. 9, belg. V. auf dem rechten Maasufer.

Amblaareti s. Ambilareti.

Anartes V. am *Tibiscus* (*Theiss*) in Dacia, bis zu denen nach C. die Silva Hercynia reichte, 6. 25.

Ancalites ein V. in Britannia, nach Camden ein Theil der heutigen Grafschaft Oxford, 5. 21.

Andes 2. 35. 3. 7. 8. 26, Andi 7. 4, celt. V. nördl. von der Loire, im heutigen *Anjou*. Hauptstadt Iuliomagus (*Angers sur Mayenne*). (Glück S. 24 hält diesen Namen für verdorben aus *Andecavi*).

Aquileia 1. 10, St. in Gallia transpadana, von Zeit seiner Gründung 183 v. Chr. Schlüssel Italiens vom N. O. her. Der Ort bewahrt noch jetzt den alten Namen.

Aquitania s. Gallia.

Arar, später Sauconna, davon jetzt *Saône* 1. 12. 8. 4, bedeutender Fluss im Gebiete der Häduer und Sequaner, vom Einfluss des Dubis an schiffbar, vom M. Vosegus entspringend und bei Lugdunum in die Rhone mündend.

Arduenna silva im N. O. Galliens, ein Waldgebirge, das sich über 4000 Stadien oder 500 Mill. vom Rhenus und den Grenzen der Treverer westlich bis an die Grenzen der Remer erstreckte, 5. 3. 6. 29, nach 6. 33 selbst bis an d. Scaldis (s. unter Scaldis). Auf romanischem Sprachgebiet hat der Wald seinen Namen (Ardennen) bewahrt, auf deutschem ist er verdrängt durch den deutschen Namen Eisllag.

Arecomici s. Volcae.

Aremoricae (nicht Armori-cae) civitates, von Caesar zuerst 5. 53 so genannt, während er 2. 34 die damit bezeichneten Völker ohne jenen Namen aufführt. Ukert (Geogr. der Griechen und Röm. 2. S. 332) meint daher, dass ihm der Name erst später bekannt geworden sei, dessen Sinn er 7. 75 erklärt: *civitatibus, quae Oceanum attingunt, quaeque eorum consuetudine Arem. appellantur.* 8. 31. Ueber die Schreibart *Aremoricae* für *Armoricae* s. Glück S. 31. So bei Plin. 4. 17, 31. Auson. Ep. 9. 35: *sunt et Aremorici qui laudent ostrea ponti.* Es ist zusammengesetzt aus dem celt. *are* = ad, in und *mori, mor, muir* = mare. Armoricae wurde erst später die gewöhnliche Schreibung. Es sind die Küstenvölker zwischen dem Liger und der Sequana in der heutigen Bretagne und Normandie.

Arverni (*Auvergne*) 1. 31 (Anm. 3). 45. 7. 7. 8, ein mächtiges Volk im celt. Gallien, mit den Häduern um den Principat streitend, südl. bis an die Cevennen, mit der wichtigen Stadt Gergovia. (Sie rühmten sich der Abkunft von den Troern, wie die Römer, Lucan. 1. 427: *Arverni-que ausi Latio se fingere fratres sanguine ab Iliaco populi.*)

Atrebätes, ein belg. V. 2. 4. 16. 23. 4. 35. 7. 75. 8. 46, mit der Hauptst. Nemetocenna in der Prov. *Artois,* dem heutigen *Arras.*

Aulerci, ein grosses weitverbreitetes Volk in vier Stämme verzweigt. 1. *Aulerci Brannovices* (*Briennois* an der Loire?) in der Nähe ihrer Schutzherren, der Häduer. 2. *Aulerci Diablintes* (nicht Diablintres), 3. 9, in der Provinz *la Maine.* 3. *Aul. Cenomani* 7. 75, südöstlich von den Diablintes. 4. *Aul. Eburovices* 7. 75, im heutigen *Perche,* Normandie, mit der Hauptstadt Mediolanum (*Evreux*).

Ausci, V. in Aquitanien, 3. 27, mit der Hauptst. Climberrum oder Augusta (*Auch*) im *Armagnac.*

Avaricum (*Bourges*) 7. 13. 15. 28. 31. 37. Feste der Bituriger am Flusse Avara (*Evre*) 7. 17, in einer fruchtbaren Gegend, doch zunächst von Sumpfland umgeben.

Axöna (Aisne) Nebenfluss der Isara (*Oise*) 2. 5. 9.

B.

Bacenis silva (Meliböcus mons?), ein Theil der Hercynia silva, trennte die Cherusker von den Sueben; vielleicht der Harz oder der Thüringer Wald. 6. 10. Er findet sich nur bei Caes. erwähnt.

Baleares, Einwohner der balearischen Inseln (im mittelländisch. Meere an der spanischen Küste — zu Hispania Tarraconensis gehörig. — *Maiorca* und *Minorca*) als treffliche Schleuderer berühmt, 2. 7.

Batävorum insula 4. 10, vom Vacalus, dem nördlichen Rheinarm und der Nordsee gebildet, jetzt *Betuwe* oder *Betau,* ein Theil des heutigen Geldern. Tacit. Hist. 4. 12: *Batavi insulam iuxta sitam occupavere, quam mare Oceanus a fronte, Rhenus amnis tergum et latera cir-cumluit.*

Belgae, s. Gallia.

Belgium scheint bei C. (5. 12. 24. 25. 8. 46. 49. 54) nicht einen einzelnen Theil Belgiens (nach der gewöhnlichen Meinung nur die Bellovaci, Atrebates und Ambiani umfassend; Göler S. 145 Anm. 2 lässt Belgium von den Soessionen, Bellovaken und Ambianern bilden), sondern das ganze Land der Belgae, Gallia Belgica zu bezeichnen (wie *Samnium* das ganze Land der Samniter); s. bes. 8. 54, 4 u. 5. Ueber die Stelle 5. 24, 2 s. unter Gallia: Belgae.

Bellovaci 2. 4. 13. 14. 7. 59. 75. 8. 6. 7. 14, tapferes belgisches Volk zwischen der Seine, Somme (Samara) und Oise. Hauptst. *Bra-*

tuspantium 2, 13, nach d'Anville unweit *Breteuil*, nach Anderen *Beauvais*. Göler S. 67 hält es für das heutige *Montdidier* unweit Breteuil, und nicht für die Hauptstadt, sondern für eine an der Nordgrenze gelegene Festung der Bellovaken.

Bibracte, später Augustodunum, Tac. Ann. 3. 43 (*Autun* in *Bourgogne*), Hauptst. der Häduer 1. 23. 7. 55. 63; zwischen dem Arar und Liger, am Fusse hoher Berge; Winterquartier Caesars.

Bibrax, vielleicht *Bièvre*, bei *Laon*, nach Anderen *Braisne* [Göler S. 61 *Beaurieux* auf der Nordseite der Aisne. S. dagegen Heller Philol. XIII. S. 585], St. der Remer im belg. G. 2. 6. 12. Das 8000 Schritt entfernte Lager Caesars nach der gewöhnlichen Ansicht bei Pontavaire (Köchly u. Rüstow Einl. S. 118 'wahrscheinlich in dem Flussbogen zwischen Pontavaire u. Beaurieux'); anders Göler, s. Anm. zu 2. 5, 4.

Bibröci V. im südöstlichen Britannien (*Bray?*) 5. 21.

Bigerriönes, *Bigorre* an den Pyrenäen (aquitanisches Gall.) am *Adour* (mit der Stadt *Tarba*, *Tarbes*), 3. 27.

Bituriges ein Celtenvolk, das in zwei Stämme zerfiel: 1. *B. Vibisci* an den Ufern der Garumna im heutigen *Medoc* mit der Hauptstadt *Burdigala* (*Bordeaux*), einem bedeutenden Handelsplatz, später Sitz der Wissenschaften. 2. *B. Cubi* 7. 5. 15, im heutigen *Berry*, *Bourbonnais*, *Touraine*, im Besitz grosser Eisengruben und im Bergbau u. Metallarbeiten sehr erfahren. Hauptst. *Noviodunum* und *Avaricum*. Sie brannten an einem Tage mehr als 20 ihrer Städte nieder, 7. 15.

Boii 1. 5. 25. 28 u. 29. 7. 9, ein weitverzweigtes celtisches Volk, von Wanderlust und Krieg herum-getrieben, in Oberitalien schon 191 v. Chr. besiegt; ein Theil, von Noricum vertrieben, siedelte sich in Pannonien an, ein anderer vereinigte sich mit den Helvetiern (1. 28), wurde mit diesen von Caesar besiegt und zu den Häduern versetzt; *civitas exigua et infirma* 7. 17, 2. Ihre Stadt *Gorgobina* 7. 9.

Brannovīces s. Aulerci.

Brannovii 7. 75, celtisches V., Clienten der Häduer.

Bratuspantium s. Bellovaci.

Britannia 4. 20–38. 5. 5–23. 6. 13, den Römern zuerst durch Caes. eröffnet, doch ohne dass er einen bleibenden Besitz oder auch nur eine mehr als oberflächliche Kenntniss des Landes erlangte; er lernte nur den südöstlichen Theil kennen. (Erst von Iulius Agricola 78–84 nach Chr. wurde die grössere Südhälfte der Insel erobert.) Caes. berechnet den Umfang zu 2000 Mill., ohngefähr = 400 geogr. M.; ihre Gestalt 5. 13, 1. Die Angabe der Lage 5. 13 ist zum Theil irrthümlich: Hibernia (Irland) kommt zu weit südlich, Germania zu hoch nach Norden hinauf. [S. Wex Tac. Agric. c. 10.] Er fand zwei Classen der Bevölkerung, Celten und ein Urvolk [Caledonier], erstere den gall. Celten in Sprache, Religion u. Sitten gleich; älteste und wichtigste Vertreter des reinen Druidenthums (s. zu 6. 13, 11). Ueber den Ort der ersten Landung im September 55 v. Chr. bei Dover s. zu 4. 23, 3. Ebendaselbst landete er wohl auch bei der zweiten Expedition im Sommer 54, dringt aber landeinwärts und setzt über die *Tamesis* (*Themse*), s. 5. 18, 1. Hauptvolk die Trinobantes (*Essex* und *Suffolk*) mit der Hauptstadt Camalodunum (*Colchester* mit vielen Alterthümern). Andere unbekannte Völker s. 5. 21, 1.

C.

Cabillonum = *Chalons sur Saône* in Burgund, 7. 42. 90, bedeutende

Stadt der Häduer am Arar, Aufenthalt römischer negotiatores.

Cadurci in Aquitanien, im heut. *Quercy* (die Stadt *Cahors* wahrsch. ihre alte Hauptst. Divöna). 7. 4. 75.

Caeroesi 2. 4, V. im belg. Gall., wahrscheinlich in dem mittelalterlichen Gau *Caros* in der Eifel nördlich von Bitburg.

Calĕti 2. 4. 8. 7, Calĕtes 7. 75, auf beiden Seiten der Sequana, dem Meere nahe wohnend, zu den civ. Aremoricae gehörig, in der heutigen Normandie. Der Name ist erhalten in dem Landschaftsnamen Caux.

Cantäbri 3. 23. 26, ein wildes, kriegerisches Volk in Hispania Tarraconensis, an der Nordküste, im heut. *Biscaya* (erst von Augustus durch den cantabrischen Krieg 25 – 19 v. Chr. völlig unterworfen), Verbündete der iberischen Aquitanier.

Cantium, *Kent* in Brit., *quae regio est maritima omnis*, b. 14 und ebendaselbst c. 13, 1 die Gegend, *quo fere omnes ex Gallia naves appelluntur*; die Einwohner *longe sunt humanissimi, neque multum a Gallica differunt consuetudine* c. 14, 1.

Carnŏtes die südöstl. Nachbarn der Cenomani bis zum Liger herab, im heutigen *Orléans* und *Chartrain*, ein wichtiges Volk in der gallischen Bewegung; 2. 35. 5. 25. 29. 56. 6. 2. 4. 7. 2. 3. 8. 31. Ihre Hauptstadt *Cenabum* (Κήναβον, nicht *Genabum* Glück S. 57), später civitas Aurelianorum, Aurelianensis urbs (davon der Name *Orléans*) an der Loire, wichtiger Handelsplatz, von Caesar eingeäschert 7. 11, 9. — 8. 5, 2 schlägt C. sein Lager dort auf.

Cassi britann. Volk 5. 21. (*Caishow*?)

Caturĭges, *Chorges* in der Dauphiné, Volk in G. Provincia 1. 10.

Celtae s. Gallia.

Cenabum s. Carnutes.

Cenimagni britannische Völkerschaft 5. 21. (In den früheren Ausgaben mit Lipsius und Nipperdey *Iceni Cangi*) Glück S. 60.

Cenomani s. Aulerci.

Ceutrŏnes (nicht *Centrones*, wie aus Versehen im Text stehen geblieben ist) Volk in G. Provincia, Hauptstadt Darantasia (jetzt *Centron* im Thale *Tarantaise* in Savoyen) 1. 10, 3: *qua proximum iter in ulteriorem Galliam per Alpes erat* (vielleicht über den *Genèvre*).

Ceutrones, belgisches Volk in der Nähe vom jetzigen *Courtray* oder *Brügge* in Westflandern, 5. 39.

Cevenna (Glück S. 57 *Cebenna*) mons, *les Cevennes*, Grenzgebirge zwischen den Arvernern und Helviern, 7. 8. 56, im südlichen Theile von Gall., westlich vom Rhodanus, das in einer Länge von 250 Mill., 2000 Stadien nordöstl. bis Lugdunum reicht, im S.W. mit den Pyrenäen zusammenhängt.

Cheruaci } s. Germania.
Cimbri }

Cisalpina G. s. Gallia.

Cisrhenani Germani 6. 2, 3.

Cocosates 3. 27, V. in Aquitanien.

Condrusi 2. 4. 4. 6. 6. 32, germanisch-belgisches V. am rechten Maasufer, unweit Lüttich, Clienten der Treverer. 'Der Name der Condrusen ist noch in jenem des Dorfes [vielmehr der Landschaft] *Condroz* enthalten, das auf dem rechten Maasufer zwischen Huy und Lüttich liegt'. Göler S. 192.

Confluens Mosae et Rheni, s. Mosa.

. Curiosolĭtes 7. 75 (nicht *Curiosolitae*; 2. 34. 3. 7 Accusativ *Curiosolitas* wie *Atrebatas* u. ähnl.), aremorisches Volk (*Corseult* in der Nähe von *St. Malo*).

D.

Daci, ein tapferer thracischer Volksstamm, seßhaft in Dacien, welches das ganze Temesvarer Banat, Ungarn östl. der Theiss, Siebenbürgen, die Bukowina, südl. Spitze von Galizien, die Moldau und Walachei umfasste, im Norden von den Karpathen begrenzt (seit Traian 105 n. Chr. röm. Provinz), 6. 25.

Danuvius (nicht Danubius), Donau, 6. 25. Der ältere Name *Istor* am Ende seines Laufes, von Pannonien an, üblich.

Decetia, Stadt der Häduer am Liger, jetzt *Decize*, 7. 33.

Diablintes s. Aulerci.

Dubis, jetzt *Doubs*, 1. 38, Nebenfluss des Arar, auf dem Jura entspringend.

Durocortorum, später Remi, daher *Reims*, Hauptstadt der Remer (später Kreuzungspunkt wichtiger Heerstrassen) 2. 3. 6. 44.

E.

Eburones, belgisches Volk zwischen Lüttich und Aachen sesshaft, 2. 4. 4. 6. 5. 25, Clienten der Treverer (4. 6), *civitas ignobilis atque humilis* 5. 28, 1; wegen der Vernichtung der 15 Cohorten des Titurius und Cotta 5. 26 – 36 unter Ambiorix Anführung besonders von Caesar gehasst und dem Untergange geweiht, 6. 34. 35. 43.

Eburovices s. Aulerci.

Eläver jetzt *Allier*, Nebenfluss des Liger, auf den Cevennen entspringend, 7. 34. 35. 53, bildet in seinem nördlichen Laufe zuletzt die Grenze zwischen den Biturigern und Boiern.

Eleuteti 7. 75 in den Hdschr. unter den Völkern genannt, *qui sub imperio Arvernorum esse consuerunt.* Früher mit Nipp. *Eleuthori Cadurci*, als Beiname der Cadurci.

Elusätes 3. 27, Volk in Aquitania, im heutigen *Condomois.* Hauptstadt Elusa (jetzt Ruinen *Ciutat* bei *Eauze*).

Esubii (früher *Esuvii*) 2. 34. 3. 7. 5. 24, celtisches Volk in der Normandie, in der Nähe der Aulerci.

G.

Gabäli 7. 64. 75, celtisches V., östlich von den Rutenern, bis zur Grenze der Provinz, im heutigen *Gevaudan* in den Cevennen, von den Arvernern abhängig.

Gallia, das Land, welches die frühere, noch dunkle Vorstellung der Griechen von Hyperboreern bewohnt sein liess, ist ursprünglich das Gebiet der celtischen Volksstämme (Κέλται, Γαλάται, Γάλλοι jedenfalls verwandte Namen) ohne dass bei den häufigen Wanderzügen dieser Völker feste Grenzen sich angeben lassen. Zu Caesars Zeit zerfiel es in zwei Haupttheile:

1. *Gallia citerior* oder *cisalpina* (*togata* 8. 24. 52), die schon seit 400 v. Chr. von gallischen Stämmen besetzten Gegenden der oberitalischen Padusebene.

2. *Gallia ulterior* oder *transalpina*, welches den grössten Theil der Schweiz, das heutige Frankreich, den westlich vom Rhein liegenden Theil Deutschlands und die Niederlande umfasste.

Der südöstliche von Celten und Ligurern bewohnte und schon vor Caes. von den Römern eroberte Theil von *Gallia ulterior* heisst insofern bei Caesar gewöhnlich *provincia* (*Provence*), später nach der Hauptstadt gewöhnlich *Gallia Narbonensis.* Von diesem zwei- oder dreifachen Gallien unterscheidet C. das noch uneroberte transalpinische Gallien, als den eigentlichen Schauplatz seiner Kriege, mit dem Namen Gallia (1. 1) und zerlegt es nach seinen drei Hauptvölkern, die durch Sprache, Sitten und Gesetze sich unterschieden, in drei grössere Theile:

1. A q u i t a n i zwischen den Pyrenäen, der Garumna, dem Ocean und der Provincia. Caesar sah das Land nur einmal (8. 46.); es war grösstentheils von iberischen Völkerschaften bewohnt. 1. 1. 3. 20 (nur die *Bituriges* celtisch).

2. C e l t a e, G a l l i in engerem Sinne (so Gallia 1. 1, 6. 2. 1, 2. 3, 1, nur das celt. Gallien) 1. 1, von der Garumna bis zur Sequana, Matrona und dem Einfluss der Mosel in den Rhein (später G. Lugdunensis). Sie gehörten zu dem grossen celtischen Volksstamme, der über das mittlere und nördliche Gallien, das westliche und südliche Germanien, das obere Donaugebiet, die britischen Inseln, und in einzelnen eingewanderten Stämmen über Oberitalien, Hispanien und Kleinasien verbreitet war, und waren wohl nicht, wie die Alten annahmen, Ureinwohner des Landes, sondern wahrscheinlich von Osten her (Asien?) eingewandert.

3. B e l g a e 1. 1. 2. 1. 4. 10 u. a. von den Celten bis zum Niederrhein und Ocean. Sie unterschieden sich von den übrigen Galliern durch grössere Tapferkeit und Wildheit. Grösstentheils waren sie germanischen Ursprungs und hatten ihre alten Wohnsitze verlassen, um in den fruchtbaren Niederungen Galliens ein neues Vaterland zu suchen; Andere leugnen diese Abstammung. S. Einl. S. 20.

Die Stelle 5. 24, 2, wo nach namentlicher Aufzählung belgischer Völker die *Belgae* noch besonders genannt werden, scheint die Meinung zu unterstützen, dass *Belgae* ausser dem allgemeinen Namen des dritten Theils Galliens zugleich auch ein specieller Name für ein Volk jenes Landes gewesen sei (Schneider zu 5. 12, 1 not. crit.), wenn man nicht annehmen will, dass C. gar nicht berücksichtigt hat, dass die vorher genannten Völker zu den Belgiern gehörten. S. Belgium.

Das transalpinische Gallien hatte im Süden an den Alpen und Pyrenäen deutliche Grenzen, nach Osten hin dienten die Flüsse als Völkerscheide. Der grösste Theil war wellenförmiges Flachland, im Nordosten reich an Sümpfen (3. 28), veranlasst durch die Nähe des Meeres (6. 31), dabei sehr fruchtbar, 1. 28, 4. 31, 11, trotz des rauhen Climas 1. 16; 4. 20; 7. 8; 8. 5. 6, weshalb hiems Gallica u. lutosa Gallia sprichwörtlich war; Cic. de Prov. Cons. 12: *quid est illis regionibus asperius*, wobei, wenn damals auch das Land rauher war, zu bedenken ist, dass Römer sprechen. Einen Schluss auf die Bevölkerung kann man aus der militärischen Statistik 7. 76 (Aufgebot unter Vercingetorix, wobei ausdrücklich erwähnt ist, dass nicht alle waffenfähige Mannschaft zusammenkam, sondern jeder Staat nach Verhältniss eine Anzahl stellte) und 2. 4 machen, wo die Belgier allein gegen 300,000 Mann stellen.

G a r u m n a, *Garonne*, Grenzfluss zwischen Aquitanien und dem celtischen G., entspringt auf den Pyrenäen, wo die Wohnsitze der *Garumni* 3. 27 waren. Die Mündung bei *Burdigala* einem grossen Meerbusen gleich (*Gironde*).

G a t e s (sonst gewöhnl. *Garites*), Volk in Aquit., im heutigen *Gaure*; 3. 27.

G e i d u m n i (nicht *Geidunni*) 5. 39, belg. V., Clienten der Nervier.

G e n a v a (nur so, nicht Genua od. Geneva schrieb man nach Mommsen im Alterthume und noch in der Merowingerzeit den Namen) 1. 6. 7, jetzt *Genf*, Stadt der Allobroger, am Austritt des Rhodanus aus der südwestlichen Spitze des lacus Lemannus. Ueber den gegen die Helvetier aufgeführten Wall s. 1. 8, 1.

Gergovia, Stadt im Gebiete der Arverner, unweit des Flusses *Eläver*, auf dem südlichen Theile des Plateau's von Gergoie (Puy-de-Dôme) 7. 4. 34. 36. 41.*)

Germania nach römischen Be-

---

*) Eine instructive Beschreibung der Lage Gergovia's ist enthalten im Morgenblatt von 1844 (Briefe über die Auvergne) No. 290 u. folg., aus der das Wichtigste in kurzem Auszug hier Platz finden mag. Es stimmt dieselbe im Wesentlichen mit der gründlichen Darstellung von *M. A. Fischer* zu Clermont: Gergovia. Zur Erläuterung von Caesar de B. G. VII. 35—51. Leipzig 1855, überein. Vgl. auch Heller im Philol. XIX, 537. Einiges ist zur Berichtigung und Ergänzung im Folgenden hinzugefügt worden.

'Der Halbkreis von Hüben, welcher Clermont einschliesst, tritt an seinen beiden Enden mittelst zweier langen Bergrücken in die Ebene hervor. Die Stadt liegt am Fusse des nördlichen dieser beiden Höhenzüge; auf dem südlichen, Clermont gegenüber und eine Stunde von da entfernt, breitet sich ein grosses Plateau von ovaler Form aus. — Auf diesem Plateau nun lag das alte Gergovia der Gallier, und die Ueberlieferung hat, im Nationalstolze ihre Dauer schöpfend, dem Orte bis auf den heutigen Tag seinen Namen treu erhalten. Eine Stunde von Clermont, am Fusse des Puy de Gravenoire, liegt das Dorf Romagnat. Dieser Name an solcher Stelle ist nicht ohne Bedeutung. Von hier aus gelangen wir mittelst eines steilen und steinigen Pfades auf das Plateau hinauf. — Der Berg von Gergovia bildet eine fast isolirte und von schroff abfallenden Flanken begrenzte Höhe; denn er hängt nur im Westen durch ein schmales und niedriger als das Plateau gelegenes Joch mit den von der Hochebene der Monts Dômes auslaufenden Bergen zusammen [d. i. das Defilé von Opme, Fischer S. 12 u. 25]. — Längs der Südseite der Höhe von Gergovia zieht sich ein tiefes Thal hin, in welchem ein Bach, die Serre [Fischer S. 22 Auzon], durch einen Wiesengrund hinabfliesst. Hier, am Fusse des Berges, aber den völligen Verlauf desselben in der Sohle des Thales durch seine Erhebung unterbrechend, zeigt sich der Hügel von la Roche blanche; dieser fällt nach dem ihm den Namen gebenden Dorfe unten im Thale mittelst einer senkrechten Felswand ab, während er mit dem ihn beherrschenden Berge von Gergovia in sanfter Abdachung sich verbindet. Auf dem Hügel liegt die Ruine eines Thurmes, welche, obgleich das Mauerwerk nicht römischen Ursprungs zu sein scheint, dennoch durch die ihr vom Volke beigelegte Bezeichnung 'tour de Iulia' überrascht. Auf der gegenüber liegenden Seite des Thals der Serre erhebt sich der Puy de Montou, und zur Rechten, in das Thal hereingerückt und dasselbe bedeutend verengend, sehen wir eine hohe, kegelförmige und einem rückwärts liegenden Plateau sich anschliessende Kuppe mit dem Dorfe Crest. [Im Süden wird dieses ganze Gebirgssystem von dem Auzon, einem Nebenflösschen des Allier, der Länge nach bespült. Jenseits desselben erstreckt sich in gleicher Richtung von Westen nach Osten der hohe und lange Bergrücken La Serre, der sich zuletzt in ein etwas niedrigeres Plateau, den Crest, endigt', Fischer S. 13]. — Der Berg von Gergovia war von allen Seiten her schwer zugänglich (*omnes aditus difficiles habebat* 7. 36); der obere Theil bildete ein Plateau (*dorsi iugum prope aequum* c. 44); die Stadt lag auf dem letzteren (*perspecto urbis situ, quae posita in altissimo monte* c. 36). Es lag Angesichts der Stadt, am Fusse des Bergs, ein Hügel, welcher stark befestigt und nach allen Seiten scharf abgegrenzt war, so dass die

griffen vom Rhein, Donau, Weichsel und Oceanus begrenzt. Die Sitten der Germ. 4. 1. 6. 21 fgg. wohl zum Theil ohne sichere Anschauung charakterisirt. Hauptvölker bei C. sind:

1. Suebi (nach Mommsen auf Grund vielfältiger inschriftlicher Zeugnisse die einzige Schreibung des Namens, die das Alterthum kannte, nicht Suevi) 1. 37. 51. 54. 3. 7. 4. 1 u. a. mit 100 pagis, weit im Umkreise von einer Wüste umgeben 4. 2. Der Name Suebi bedeutet nach der gewöhnlichen (aber sehr unsicheren) Annahme 'Nomaden, schweifende Leute', und war zu Caesars Zeit schwerlich schon ein Gauname, obwohl er dafür gehalten wurde. S. Mommsen R. G. 3 S. 228. 'Caesars Sueben sind wahrscheinlich die Chatten; aber dieselbe Benennung kam sicher zu Caesars Zeit und noch viel später auch jedem andern deutschen Stamme zu, der als regelmässig wandernder bezeichnet werden konnte.' Ebend. a. O. Anm.

2. Cherusci 6. 10 durch den Wald Bacenis von den Sueben getrennt, zwischen der Weser und Elbe, dem Harz und der Aller.

3. Ubii, dem Caesar befreundet (von ihnen hatte er die germanischen Hülfsvölker 7. 13), u. darum den übrigen Germ. verhasst (1. 54. 4. 3. 8. 19), am rechten Rheinufer von der Lahn bis unterhalb Cöln. Von Agrippa wurden sie 37 v. Chr. auf das linke Rheinufer versetzt; ihre Hauptstadt, *oppidum Ubiorum*, wurde dann (50 n. Chr.) zur *Colonia Agrippina*, daher *Cöln*.

4. Sugambri 4. 16. 18, am Flusse Sieg bis zur Ruhr.

5. Marcomanni 1. 51. Mommsen R. G. S. 228 Anm.: 'Die Marcomannen als ein bestimmtes Volk lassen sich vor Marbod nicht nachweisen; es ist sehr möglich, dass das Wort bis dahin nichts bezeichnet als was es etymologisch bedeutet, die Land- oder Grenzwehr. Wenn Caes. 1. 51 sie unter den im Heere Ariovists fechtenden Völkern erwähnt, so kann er auch hier eine blos appel-

---

Römer, wenn sie sich im Besitz desselben befanden, allem Anschein nach den Feind verhindern konnten, nach Wasser und Fourage zu geben. Entspricht nicht der vorhin erwähnte, von dem Thurme Julia gekrönte Hügel [die Roche blanche] aufs Vollkommenste dieser Beschreibung? (s. c. 36.) Der römische Feldherr wählte jedenfalls seine Stellung jenseits des Baches, entweder auf den sich an der rechten Thalwand erhebenden Höhen oder auf dem Hügel von Crest, [dies ist auch Fischers Ansicht S. 12 ff.]; denn abgesehen von strategischen Rücksichten, würde, wenn das römische Heer auf der Sohle des engen Thales gelagert hätte, die Hindeutung Caesars auf die dominirende, aber doch ziemlich entfernte feindliche Stellung: '*neque tanto spatio certi quid esset, explorari poterat*' c. 45, 4, nicht gerechtfertigt sein. — Caes. hatte von seinem zweiten Lager aus bemerkt, dass ein vor wenigen Tagen noch mit feindlichen Truppen bedeckter Hügel jetzt fast ganz von denselben entblösst war. Ueberläufer hinterbrachten ihm, in Uebereinstimmung mit seinen Patrouillen, dass der Gipfel dieser Höhe in einem kleinen Plateau ende, dass dies mit Wald bedeckt sei und eine enge Passage nach dem entgegengesetzten Theile der Stadt bilde (*dorsum esse eius iugi prope aequum, sed hunc silvestrem et angustum, qua esset aditus ad alteram oppidi partem* c. 44). Man kann mit dieser Terrainbeschreibung in der Hand nicht zweifeln, dass mit dem bezeichneten Punkte das früher erwähnte enge Joch gemeint sei, welches den Berg von Gergovia mit dem westlich gelegenen Gebirgslande verbindet.'

lative Bezeichnung ebenso missverstanden haben, wie dies bei
den Sueben entschieden der Fall
ist.'

6. Usipětes, immer mit den
Tencteri verbunden genannt 4.
1. 4. 16. 46. Sie hatten früher
andere Wohnsitze gehabt, wurden
aber mit den Tencterern (an der
Lippe und Ruhr) von den Sueben
vertrieben und liessen sich nach
dem durch C. vereitelten Einfall
von den Sugambrern aufgenommen am nördlichen Ufer der *Lup-
pia* (*Lippe*) bis zum Rhein herab
nieder.

Ausserdem werden noch erwähnt
die *Harūdes* 1. 31. 37. 51 zwischen
Rhein, Main und Donau, wohl aus
Nordjütland stammend, Ueberbleib-
sel des cimbrischen Zugs. — *Nemētes* auf dem linken Rheinufer (*Speier*).
Triboces 1. 51, *Tribuci* 4. 10, ebenfalls auf dem linken Rheinufer, Gegend von Strassburg, unter Ariovista
Schaaren. *Vangiones* 1. 17, am
Rhein, nördlich neben den Nemetes
(Stadt Borbetomāgus, später Vangiones, *Worms*). — *Latovici* (so
nach Handschr. für Latobrigi) Nach-

barn der Helvet., wahrscheinlich am
Rhein zu suchen (1. 5. 28. 29) wie
die *Tulingi*. — *Sedusii* 1. 51 geographisch unbestimmbar. — Die
Cimbri und *Teutoni* (*Teutones*), die
in Nordjütland und an der Ostsee
sesshaft, 113 v. Chr. verheerend
über Gallien sich ergossen, werden
erwähnt: 1. 33. 40. 2. 4. 7. 77.

Gorgobina 7. 9, Stadt der aus-
gewanderten Boier, die sich im Gebiete der Häduer zwischen dem Liger und Elaver an der Grenze von
Aquitanien mit Caesars Bewilligung
angesiedelt hatten. Vielleicht das
heutige *Charlieu* an der Loire oder
Gergeau bei Orléans; nach Göler
Guerche westlich vom Allier (Elaver) südöstlich von Bourges (Avaricum).

Graiocĕli, Volk in den Graii-
schen Alpen, in der Gegend des *M.
Cenis*, 1. 10; ihre Stadt Ocĕlum in
G. Cisalpina, vielmehr am Eingang
des Thales der Duria (Dora Ripaira)
von der Ebene von G. Cisalp. aus.

Grudii 5. 39, Volk im belg. G.
(*Groede*) abhängig von den Nerviern.
Nach Walckenaer in Ostflandern, in
der Gegend von Ondenarde.

<h2 style="text-align:center">H.</h2>

Haedui (in der Karte ist auf
Glück's Autorität die ältere Form
Aedui wieder hergestellt worden),
ein mächtiges celtisches Volk, Bundesgenossen der Römer schon vor
Caesars Ankunft, der ihr altes Ansehen wiederherstellte und auch
nach ihrer Empörung (7. 89) sie
schonte, zwischen Liger und Arar,
südlich bis gegen Lyon, 1. 10. 11.
23. 33 u. öfter.

Harudes s. Germania.

Helvetii, ein tapferes celtisches
Volk zwischen dem Jura, dem Lacus
Lemannus, Rhodanus und Rhenus
bis zum Lacus Brigantics hin, zerfiel in vier Gaue (pagi), von denen
Caes. nur den p. Verbigenus 1. 27
(nicht im Canton Solothurn zu su-

chen, welche Annahme auf einer
falsch gelesenen Inschrift beruht)
und den p. Tigurinus 1. 12 nennt,
letzterer in der Gegend von Murten
und Avenches (Aventicum, Wiflis-
burg mit Roinen) im jetzigen *Uecht-
land* und *Waadtland* (nicht Zürich),
1. 1. 12. 26. 29. 4. 10 u. öfter. Ausdehnung des Landes nach Caesars
Angabe 1. 2, 5. Sie hatten 12 Städte
1. 5. Ihre Anzahl nach dem aufge-
fundenen Verzeichniss in griechischer Schrift 1. 29.

Helvii, celtisches Volk in der
Provincia in den Cevennen, im heutigen *Vivarez* oder *Languedoc* 7. 8.
64. Ihre Hauptstadt Alba Augusta
(jetzt *Alps*) in der Nähe von *Viviers*.

Hercynia silva 6. 24. 25, erstreckte sich nach C. 60 Tagereisen lang, 9 breit, von den Donauquellen bis an die Grenze Daciens, umfasst also als Gesammtname alle Gebirge Deutschlands, vom Schwarzwald bis an die Karpathen.

Hibernia, Irland, 5. 13.

Hispania citerior 3. 23. Hispani equites 5. 26. Material zum Schiffsbau 5. 1, Pferde von dort geholt 7. 55.

I.

Illyricum zu Caes. Provinz gehörig 2. 35. 3. 3, südöstliches Nachbarland Italiens längs des adriatischen Meeres (Dalmatien u. Istrien).

Itius portus 5. 2. 5, gallischer Hafen der britannischen Küste gegenüber, von wo Caes. *commodissimum in Britanniam traiectum esse cognoverat.* Welcher Hafen gemeint sei, ist eben so zweifelhaft, als es ungewiss ist, ob Caes. beide Male von demselben Hafen absegelte oder nicht. Die oben angeführten W. sind für keines von beiden beweisend, da *cognoverat* ebenso auf die erste Ueberfahrt, als auf eine später erhaltene genauere Kenntniss sich beziehen kann. Ebenso wenig ist von Bedeutung, dass er 4. 21 den *traiectus* brevissimus und 5. 2 commodissimus nennt. Der *portus Itius* ist den Einen *Boulogne*, Anderen *Calais*, Anderen *Wissant* oder *Ecale*, östlich vom Cap Gris Nez. Unter der letzteren Voraussetzung

und der Annahme, dass C. auch das erste Mal von dort ausging, würde der 4. 23, 1 erwähnte ulterior portus (4. 28, 1 superior portus) etwa *Ambleteuse* sein, von wo aus 18 Schiffe, durch ungünstigen Wind gehindert, nicht an das Cap Gris Nez segeln und mit C. sich vereinigen konnten. Göler dagegen S. 114 lässt C. bei der ersten Ueberfahrt von *Ambleteuse* ausgehen, und hält für den superior portus *Wissant*, 2½ St. nördlich von jenem; der *portus Itius* ist ihm *Calais*. S. jetzt die ausführliche kritische Abhandlung von Heller über Caesars Expeditionen nach Grossbritannien in der Berliner Zeitschrift f. allg. Erdkunde. 1865. Bd. 18.

Iura Grenzgebirge zwischen den Helvetiern und Sequanern 1. 2. 6. Zwischen dem Rhodanus und dem südlichen Iura nur ein schmaler Weg.

L.

Latovici s. Germania.

Lemannus, der Leman- oder Genfer-See. 1. 2.

Lemonum (Limonum, Limo, wie früher im Texte stand) Stadt der Pictones im celt. Gall., jetzt *Poitiers.* 8. 26.

Lemovices, celt. Volk im heutigen *Limousin*, Hauptstadt Augustoritum (*Limoges*), 7. 4. Durch die im Texte 7. 75, 3 vorgenommene Versetzung ist der Fehler der gewöhnlichen Lesart, nach welcher sie unter den civ. Aremoricae aufgeführt werden, beseitigt.

Lepontii, ein celtisches Alpenvolk zwischen dem Gotthardt u. dem Lago maggiore, 4. 10.

Leuci, ein celt. V. in Süd-Lothringen. Hauptst. Tullum, *Toul* an der Mosel, 1. 40.

Levaci, belg. V., Clienten der Nervier (5. 39), bei Lovendeghem, unweit Gent, oder bei Löwen (*Louvain*).

Lexovii 3. 9. 11. 17. 29. 7. 75, zu den civ. Aremoricae gehörend, am Ausfluss der Sequana. Hauptst. Noviomagus (*Lisieux* in der Normandie).

Liger, *Loire*, 3. 9. 7. 5. 34. 53.

55. 56; trennt die Bituriger von den Häduern, nimmt den Elaver auf.

Lingŏnes, celt. V. an den Vogesen, bei den Quellen der Maas u. Marne, durch den Arar von den Sequanern getrennt, 1. 26. 40. 4. 10.

Hauptstadt Andematunnum, später Lingones, daher *Langres*.

Lutetia, St. der Parisii, auf einer Insel der Sequana, *Paris*; 6. 3. 7. 57.

M.

Magetobria s. Admagetobriga.

Mandubii 7. 68. 78, celt. V. nördlich von den Häduern; Hauptstadt Alesia.

Marcomanni s. Germania.

Matisco 7. 90, St. der Häduer am Arar, jetzt Maçon.

Matrŏna (*Marne*) entspringt bei Andematunnum im Lande der Lingones, unweit der Mosa, und vereinigt sich nach nordwestlichem Laufe bei Lutetia mit der Sequana, 1. 1.

Mediomatrĭces, 4. 10, Mediomatrĭci 7. 75, celt. V. östlich von den Remern, südlich von den Treverern, dicht an die Germanen grenzend, im Mosel- und Rheingebiet. Hauptstadt Divodorum (später Mettis j. *Metz*).

Meldi (Meldae) celt. V. zwischen *Meaux* und *Melun* im Seine- und Marnegebiet, wo C. für die britann. Expedition Schiffe bauen liess, 5. 5.

Meloduaum (*Melun*) St. im Lande der Senones, auf einer Insel der Sequana. 7. 58. 60. 61. (An der letzteren Stelle las man sonst Metiosedum und erklärte es für das heutige Meudon, also unterhalb Paris gegen Caesars Bericht, nach dem es jedenfalls oberhalb Paris seine Stelle erhalten musste. Daher halten Andere das etwas oberhalb Paris gelegene *Josay* für jenes Metiosedum. Heller im Philol. XVII, 284. XIX, 551 erklärt Metiosedum für die Inselstadt bei der Uferstadt Melodunum, deren Name später auf die ganze Ansiedelung übergegangen sei.) Vielleicht richtiger oder vollständiger Mecletodunum, da die antike Wegekarte (Tabula Peutingeriana) an der Stelle von Melun Mecleto hat.

Menapii 2. 4. 3. 9. 4. 4. 38. 6. 2. 6, belg. V. zwischen Maas und Schelde, südlich von den Batavern in dichten Wäldern und Sümpfen. Aus früheren Besitzungen am Rhein wurden sie von den Usipetern und Tencterern verdrängt, 4. 4. Das Castellum Menapiorum, jetzt *Cassel* zwischen Roermonde und Venloo an der Mosa.

Mona, 5. 13. Diesen Namen führte im Alterthum die Insel *Anglesey*, die noch jetzt von den Einwohnern *Mon* genannt wird. (S. Wex Tac. Agric. c. 14.) Die heutige Insel Man heisst im Alterthum Monapia, d. i. *Mon-aw*, „Mon des Wassers".

Morĭni, belg. V. an der Küste zwischen Schelde und Lys in der nördlichen Picardie; hier war der Itius portus. (Verg. Aen. 8. 727: *Extremique hominum Morini.*)

Mosa, *Maas*, 4. 10, auf dem Vosegus entspringend im Lande der Lingones, durchströmt die Arduenna silva und nimmt d. Sabis (*Sambre*) auf; vereinigt sich mit dem Vacalus, Waal (s. Rhenus), und diese Vereinigung ist 4. 15 confluens Mosae et Rheni, d. h. des Rheinarms Vacalus. Fälschlich hat man (auch Göler S. 110) für Mosae lesen wollen Mosellae (Mosel) und die Usipeter bei Coblenz übergeben lassen. Mit Recht bemerkt Heller Philol. XIII S. 587, dass Caes. die Maas und die Waal hier nicht beschrieben haben würde, wenn sie für den Krieg nicht eine Bedeutung gehabt hätten.

N.

Namnētes 3. 9, celt. Volk am nördlichen Ufer des Liger, Hauptst. Condivincum (*Nantes*).

Nantuātes 3. 1, celtisches Alpenvolk an der Grenze der Provinz (Gegend von *Wallis*). Nach 4. 10 durchströmt der Rhein ihr Gebiet, was sich freilich mit jener Annahme nicht vereinigen lässt.

Narbo 3. 20. 8. 7 (*Narbonne*), blühende Handelsst. der Volcae Arecomici in G. Provincia am Atax (*Aude*), seit 118 v. Chr. röm. Colonie mit dem Beinamen Martius (wie die Inschriften zeigen, nicht Marcius, also nicht marcische, sondern dem Mars heilige - Colonie). S. Einleit. S. 4.

Nemētes s. Germania.

Nemetocenna s. Atrebates.

Nervii, kriegerischer Stamm d. Belgier, westlich von den Menapiern, von der Küste südlich bis zur Ardoenna silva (*Hennegau* u. *Namur*). 2. 4. 15. 5. 39. 42. 51. 6. 2. Hauptstadt Bagacum (*Bavay*).

Nitiobroges (welche Form nach den Handschriften bei Caesar, den livianischen Periochen c. 65, Pli-nius und Sidonius beglaubigt ist, wogegen bei Ptolemäus und Strabon *Nitiobriges* steht), 7. 7. 31. 46, Volk in Aquitania, an beiden Ufern des Oltis (Lot); Hauptstadt Aginnum (*Agen*) an der Garomna.

Noreia (Neumarkt in Steyermark) die alte Hauptst. der Taurisci (Norici der römische Name) mitten im Lande. (Noricus ager — Noricum — 1. 5. 53; zu Caes. Zeit ein Königreich; Bündniss mit König Voccio, der ihm später 300 norische Reiter schickt, B. C. 1. 18). 113 v. Chr. Niederlage der Römer unter C. Carbo durch die Cimbern.

Noviodunum 2. 12, Stadt der Suessionen an der Aisne, später *Augusta Suessionum, Suessiones* = *Soissons*. Ein zweites *Noviodunum* 7. 12 St. der *Bituriges Cubi*, jetzt *Nouan* bei Orléans, an der Strasse von Cenabum nach Avaricum. Ebend. c. 55, 1 heisst die St. *oppidum Haeduorum*: s. darüber die Anm. zu der St.

Numidae, ein afrikanisches Volk. Hülfstruppen in Caesars Heer; s. zu 2. 7, 1.

O.

Ocēlum s. Graiocēli.

Octodurus Stadt der Verägri, jetzt *Martigny* (*Martinach*) im Walliser Lande. Der 3. 1 erwähnte Fluss ist die *Dranse*.

Oceanus bei Caesars unbestimmten Angaben 1. das atlantische Meer: 3. 7. — 2. die Nordsee: 4. 10 und öfter. (Das Mittelmeer nostrom mare 5. 1.)

Osismi 2. 34. 3. 9. 7. 75, V. in der Nord - Westspitze des celt. Gall. (*Bretagne*) zu den aremorischen Staaten gehörig.

P.

Padus, *Po*, in Gall. cisalpina, 5. 24.

Paemāni, belg. V. bei Lüttich, östlich von der Maas, 2. 4. Der Name ist erhalten in der Landschaft *Famene*.

Parisii s. Lutetia.

Petrocorii, *Périgord*, celtisches Volk am rechten Ufer der Garomna; Hauptstadt Vesunna (*Périgueux*).

Pictōnes, celt. V., Nachbarn der Santones, bis zum Liger (jetzt *Poitou*).

Pirustae 5. 1, räuberisches Volk in Illyrien.

Pleumoxii 5. 39, V. in G. Belg., wohl in Westflandern, Clienten der

Nervier, wahrscheinlich in der Gegend von *Moxhe* an der *Méhaigne*.
Provincia s. Gallia.
Ptianii (sehr unsichre Lesart) 3. 27, Volk in Aquitanien.

Pyrenaei montes 1. 1, Aquitanien von Hispanien scheidend. Die dortigen Gebirgsvölker Bundesgenossen der Aquitan. 3. 23.

R.

Raurĭci (unrichtig Rauraci, Glück S. 141) die nördlichen Nachbarn der Helvetier von der Aarmündung bis nach Basel, später bis über Breisach hinunter, 1. 5. 29. 6. 25. 7. 75.

Redŏnes (*Rennes* in d. Bretagne) zu den aremorischen Staaten gehörig, 2. 34.

Remi, eine der mächtigsten belg. Völkerschaften an der Matrona, ihre Nordgrenze die Axona (*Aisne*), Clienten der Carnutes, 6. 4; wegen schneller Unterwerfung von C. begünstigt; 2. 3. 5; 5. 54. Vergl. Durocortorum.

Rhenus, *Rhein*, Grenzfluss zwischen Gallien und Germanien. 1. 1. Caesar war der erste Römer, der ihn mit einem Heere überschritt. Die erste Expedition 4. 17 ff. Uebergang wahrscheinlich bei *Neuwied*. Zum zweiten Male (6. 9 ff.) setzte er weiter südlich über, vielleicht in der Gegend von *Andernach*. Der Lauf des Rheins beschrieben 4. 10; doch unterliegt die Beschreibung manchem Zweifel, wenn man auch annehmen kann, dass sich, besonders in den Gegenden, wo er sich in mehrere Arme theilt, manches im Laufe der Zeit geändert hat. Indess ist im Texte der Irrthum, dass die Maas in den Rhein sich ergiesst (*neque longius ab Oceano mil. pass. LXXX in Rhenum influit* durch Nipperdey's Aenderung der Worte in: *neque longius ab Rheno – in Oceanum influit* beseitigt. Vor dem Anfange des batavischen Gebiets trennt er sich in 2 Hauptarme (bei der sogenannten *Schenkenschanz*), von denen der westliche *Vacalus* (bei späteren Schriftst. *Vahalis*, was dem heutigen Namen *Waal* näher steht; beide Formen vermittelt *Vachalis* bei Apoll. Sid. carm. 13, 11. 23, 243) bei *Workum* sich mit der Maas vereinigt (*parte quadam ex Rheno recepta*). Die Angabe C.'s 4. 10, 5: *multis capitibus in Oceanum influit* wurde schon im Alterthum als falsch bezeichnet. Strabo 4. p. 193 (4. 3, 3 Mein.): φησὶ δὲ (Ἀσίνιος) δίστομον εἶναι, μεμψάμενος τοὺς πλείω λέγοντας. Verg. Aen. 8. 727: *Rhenusque bicornis.* Vergl. übrigens Batavorum insula und Mosa. [Ueber den Zusammenfluss der Maas und des Rheins vergl. Dederich: Geschichte der Römer und der Deutschen am Niederrhein (Emmerich 1854) S. 26–36].

Rhodănus, *Rhône* (im deutsch sprechenden Ober-Wallis noch immer *Rodden*) 1. 1. 2. 6. 8. 12 u. öfter, Grenze zwischen der alten gallischen Provinz und den Helvetiern.

Ruteni 1. 45. 7. 5. 75. Ein Theil gehörte zur alten Provinz 7. 7; der andere hielt zu den Arvernern. Hauptstadt Segodūnum (*Rhodes*) am Veronius (*Aveyron*).

S.

Sabis, *Sambre*, Seitenfluss der Mosa, 2. 16. 18.

Samarobrīva s. Ambiani.

Santones 1. 10 und Santoni 3. 11. 7. 75, im heutigen *Saintonge*, am Nordufer der Garonne, Hauptst. Mediolanum (*Saintes*).

Scaldis, *Schelde*, die C. 6. 33

sich in die Maas ergiessen lässt. Da dies nicht der Fall ist, so hat man einen Irrthum Caesars oder eine Verwechselung mit dem *Sabis* (*Sambre*) von Seiten der Abschreiber angenommen, da die Sambre wirklich bei *Namur* in die Maas fliesst; wobei man auch geltend gemacht hat, dass C. in 7 Tagen nicht von Aduatuca nach der Schelde und zurück gehen konnte, da er bis an die Schelde einen Weg von 36 Stunden gehabt hätte, während der Einfluss der Sambre in die Maas 17–18 St. von Aduatuca entfernt war. Auch die Worte *extremasque Arduennae partis* scheinen jene Verwechselung zu beweisen, wenn man nicht die Ardennen sehr weit ausdehnen will. Die Annahme, dass ehemals ein Arm der Schelde sich wirklich in die Maas in der Gegend von *Briel*, die jetzt ganz unter Wasser ist, ergossen habe, ist nur auf diese Stelle gegründet und hebt die übrigen Bedenken nicht.

Sedüni (*Sitten*) 3. 1, Alpenvolk.

Sedusii s. Germania.

Segni 6. 32, Volk in Belg. (*Ciney* bei *Namur* oder *Sougnez*, in welchem Namen man die *Segni* wiederzufinden glaubt) zwischen den Eburonen und Treverern.

Segontiaci Volk im südlichen Britannien, 5. 21.

Segusiavi (frühere Lesart Segusiani) 1. 10. 7. 64. 75, celt. V. am linken Ufer des Rhodanus, Nachbarn der Allobroges, Clienten der Häduer, im heutigen *Lyonnais* und *Forez*. Hauptst. Lugdunum (*Lyon*), gegründet 44 v. Chr. von L. Munatius Plancus auf Grund eines Beschlusses des römischen Senats.

Senönes im celtischen Gallien, *civitas imprimis firma et magnae inter Gallos auctoritatis* 5. 54, 2. Ihre Ahnen, einst längs des adriat. Meeres zwischen Ravenna und Ancona, hatten Rom zerstört. Sie waren in fide Haeduorum, u. erlangten durch diese von C. Verzeihung 6. 4; mit den Parisiis eng verbündet. (In der *Champagne* südlich der Seine.) S. Agedincum.

Sequäna (*Seine*) 1. 1. 7. 57. 58, entspr. in den Vogesen, trennt mit der Matrona die Gallier von den Belgen.

Sequäni 1. 9. 31. 32. 33. 35. 6. 12, mächtiges celtisches Volk zwischen Saône, Rhone u. Jura, nördlich bis gegen Strassburg. Sie riefen die Germanen gegen die Häduer zu Hülfe. Hauptstadt Vesontio (*Besançon*) 1. 9. 31. 6. 12, am Dubis, der sie fast rings umschloss. Caesar schlug in ihrem Lande den Ariovist, s. zu 1. 53, 1.

Sibuzätes 3. 27, in Aquitanien, an den Pyrenäen (jetzt *Sobusse* oder *Saubusse*, zwischen *Dax* und *Bayonne*).

Sontiätes in G. Aquit. (*Sós*), mächtiges Grenzvolk von G. Celtica. 3. 20. 21.

Suessiönes, belg. Volk zwischen Marne und Isère, mit den Römern eng verbündet. 2. 3. 13. 8. 6. S. Noviodunum.

Suebi s. Germania.

Sugambri s. Germania.

T.

Tamĕsis (*Thamse*) 5. 11. 18. S. Britannia.

Tarbelli 3. 27, aquitan. Volk zwischen dem Adour und den Pyrenäen, Departement des Landes und des Basses Pyrénées.

Tarusates, aquitan. V. (*Tartas* im Dep. des Landes zwischen Dax und Mont de Marsan). 3. 23. 27.

Tectosäges s. Volcae.

Tencteri s. Germania.

Tergestini 8. 24, Bewohner v. Tergeste, *Triest*.

Teutoni und Teutones s. Germania.

Tigurinus pagus s. Helvetii.

Tolósa (*Toulouse*) s. Volcae.

Tolosates, Bewohner von Tolosa, 1. 10. 3. 20. 7. 7.

Treveri, tapferes V. im celt.
Gall., germanischer Abkunft. 1. 37.
2. 24. 3. 11. 5. 3. 6. 9. 8. 45. 63, auf
beiden Ufern der Mosel. Augusta
Treverorum = Trier.

Triboces s. Germania.
Trinobantes in Britannien 5.
20. 21. S. Britannia.
Tulingi s. Germania.
Turönes 2. 35, Turöni 7. 4.
75, s. zu 8. 46, 4 (*Touraine*), celti-
sches Volk an der Loire. Hauptst.
Caesarodunum (*Tours*).

U.

Ubii s. Germania.
Unelli s. Venelli.
Usipetes s. Germania.
Uxellodunum, feste Bergstadt
der Cadurci, 8. 32. 40. 43, auf einem
isolirten steilen Felsen an einem
Flusse (Oltis, j. *Lot*) gelegen, nach
Göler und Creuly westlich von Ca-
hors bei dem heutigen Dorfe Luzech.

V.

Vacalus s. Rhenus.
Vangiönes s. Germania.
Vellavi (nicht Vellavii) 7. 75,
celt. Volk, von den Arvernern ab-
hängig (das heut. *Velay* in den Cevennen).
Vellaunodunum (*Beaune* oder
nach Anderen *Château-Landon*) 7.
11, Stadt der Senones, zwischen
Agedincum und Cenabum.
Veliocasses 2. 4. 8. 7, Velio-
cassi 7. 75 (andere Schreibart Velocasses u. Velliocasses; s. Glück
S. 161), am rechten Seineufer, Hauptstadt Rotomagus (*Rouen*) in der
Normandie, neben den Caletes und
Atrebates genannt. Den Namen bewahrt der Landschaftsname Vexin.
Venelli (nicht Unelli; s. Glück
S. 164) zu den aremorischen Staaten
gehörig (nordwestliche Normandie)
am Canal. 2. 34. 3. 17. 7. 75.
Veneti 2. 34. 3. 7–16. 4. 21. 7.
75. Venetia ihr Land 3. 9. Veneti-
cum bellum 3. 18. 4. 21; zu Are-
morica gehörig, mächtig zur See.
Hauptstadt Venetae (*Vannes* in der
Bretagne).
Verägri 3. 1, celtisches Volk auf
den poenin. Alpen, am Zusammen-
fluss der Dranse und Rhone.
Verbigenus pagus s. Helvetii.
Vesontio (*Besançon*) s. Sequani.
Vienna 7. 9 (Vienne) s. Allobroges.
Viromandui (*Vermandois*)
nicht Veromandui; Glück S. 184)
2. 4. 16, belg. V., östlich von den
Atrebaten, südlich von den Nerviern.
Vocätes 3. 23. 27, in Aquitanien
an der Garumna (Departement de
la Dordogne).
Vocontii, 1. 10, Volk in der
alten Provinz Gallien in der südl.
Dauphiné u. Provence.
Volcae, mächtiges Volk in der
alten Provinz bis zur Grenze von
Aquitanien und zum Rhodanus (6.
24. 7. 64), das schon früh nach Germanien und Griechenland Wander-
züge unternahm. Zwei Stämme
1. *V. Tectosages*, vom Fusse der
Pyrenäen bis oberhalb Narbo (später
zum Theil nach Asien ausgewandert); ihre Hauptstadt Tolosa (*Toulouse*) 3. 20, an der Garumna, grosse
u. reiche Stadt. 2. *V. Arecomici*
östlich von den vorigen, Hauptstadt
Nemausus (*Nismes*). Vergl. auch
Narbo.
Vosegus, französisch Vosges,
deutsch Wasgenwald, jetzt gewöhnlich entstellt Vogesen. Hier
entspringt die Mosa. [Auf dem Odi-
lienberg bei Ober-Ehenheim (Ober-
nay) soll nach Schöpflin Alsat. 1. 6
ein festes Lager Caesars gestanden
haben.]

UEBERSICHT

DER ABWEICHUNGEN VOM NIPPERDEY'SCHEN TEXTE.

1. 5, 4: Rauricis hier und sonst statt Rauracis nach *Glück*. ‖ Latovicis nach Hdschr. für Latobrigis; ebenso c. 28, 3. 29, 2. S. *Bekker* Zeitschr. für die Alterthumsw. 1851. Nr. 57. p. 450. *Glück*: die bei Cäsar vorkommenden keltischen Namen p. 112. ‖ c. 7, 2: Genavam — Genuam. S. das geogr. Register. ‖ c. 8, 1: qui in flumen Rhodanum influit, früher qua flumen Rhodanus fluit. Das Bedenken gegen die Vulg., das sich besonders auch auf den Relativsatz qui – infl. bezog, für den eine genauere Bestimmung des Orts, wo der Fluss aus dem See tritt, nöthig schien, habe ich aufgegeben und billige jetzt die Ansicht *Dinter's*, N. Jahrb. 1858, p. 820: 'Wenn man mit Recht annimmt, dass durch *ad montem Iuram, qui – dividit* die Stelle bezeichnet wird, wo der Jura das rechte Rhoneufer berührt, so kann man mit demselben Rechte behaupten, die Stelle, wo der Rhodanus aus dem lacus Lemannus heraustritt, sei durch die W. *a lacu L. qui – influit* an sich deutlich genug bezeichnet'. ‖ c. 10, 5: Segusiavos — Segusianos. S. *Nipperdey* Addend. p. 792. *Bekker* a. a. O. p. 449. *Glück* p. 152. Ebenso 7. 64, 5. 75, 2. ‖ c. 13, 6: ut magis virtute quam dolo contenderent aut insidiis niterentur. Da das letzte Glied so nicht füglich angeschlossen werden kann, ist wohl contenderent entweder mit Koch zu streichen oder nach virtute zu stellen. ‖ c. 17, 6: necessariam rem nach Boug. I. S. *Observationes in aliquot Caesaris locos de interpolatione suspectos.* Misenae 1852. p. 12. ‖ c. 24, 2: atque supra se — [ita uti supra]; sed. § 3: collocavit – complevit. Interea für collocari – compleri et interea. Frigell liest coollocaret .... compleret. Inter ea. S. *Observ.* p. 14. ‖ c. 26, 5: [die quarto] — die quarto. ‖ [triduum morati] — triduum morati. ‖ c. 30, 5: nach constituerunt ist eine Lücke angenommen mit *Hug.* ‖ c. 31, 12: Admagetobrigae — ad Magetobriam. S. das geogr. Reg. ‖ c. 37, 3: Sueborum und so durchgängig Suebi für Suevi. S. das geogr. Register. ‖ c. 43, 2: vexerat mit den besten Handschriften — devexerat. ‖ c. 44, 8: Quid sibi vellet? cur veniret? — Quid sibi vellet, cur veniret? ‖ c. 47, 1: [legatis]. *Observ.* p. 21. ‖ c. 52, 5: Die Worte et desuper vulnerarent, für welche früher nach *Lachmann* Lucret. p. 375 geschrieben wurde de supero vulnerarent, scheinen vielmehr zugefügt von einem Leser, der die Stelle so verstand, dass die Soldaten auf das Schilddach sprangen und von diesem herabstiessen. ‖ c. 53, 2: reppererunt — pepererunt. Ebend. Voccionis — Voctionis. *Glück* p. 187. ‖ c. 53, 4: utraque ... periit fuerunt duae nach einer Vermuthung von *Herz* — utraeque ...... perierunt duae.

2. 3, 1: Andecumborium — Andocumborium. *Glück* p. 26. ‖ c. 4, 7: summam totius belli mit der interpolirten Handschriftenklasse — suam totius belli summam. ‖ c. 4, 9: Veliocasses — Velocasses. Ebenso 7. 75, 3

u. 8. 7, 4, wo *Nipp.* Velliocassis schreibt. — Ebend. u. c. 16, 2. 23, 3: Viromanduos für Veromanduos, beides nach *Glück* p. 161 u. 184. ‖ c. 6, 2: [portas] succedant. *Observ.* p. 7. ‖ c. 15, 4: ad luxuriam pertinentium ist von *Nipperdey* getilgt als fehlend in der besseren Handschriftenklasse. ‖ c. 17, 4: crebris nach Hdschr. — crebrisque. ‖ c. 17, 5: non omittendum mit den besten Handschriften — non omittendum sibi. ‖ c. 21, 1: quam partem fors obtulit — quam in partem fors obtulit. ‖ c. 24, 4: castra compleri nostra nach den Spuren der Handschriften — castra compleri. ‖ c. 25, 2: (uni) mit *Vielhaber* — uni. ‖ c. 27, 2: pugnarent, quo — [pugnant quo]. *Observ.* p. 13. ‖ c. 30, 4: moturos sese confiderent — in muro sese collocare confiderent. *Observ.* p. 5 u. 26. ‖ c. 33, 2: sumptis mit *Koch* — cum his. ‖ c. 34: Venellos — Unellos u. Esubios — Esuvios nach *Glück* p. 165 u. 95.

3. 1, 6: [ad hiemandum] *Observ.* p. 3. ‖ c. 12, 1: quod bis accidit semper horarum XXIIII spatio — quod [bis] accidit s. hor. XII spatio; früher: quod iis accidit. Die Bemerkung *Schneider's* gegen das schon von Anderen vorgeschlagene hor. XXIIII wird durch die in der Anmerk. angeführte Stelle des Plinius widerlegt. ‖ c. 13, 8: für copulis ist überliefert scopulis; *Vielhaber* vermuthet corvis. ‖ c. 20, 1: ex tertia parte Gallia est aestimanda nach den beiden besten Hdschr. — ex tertia parte Galliae est aestim., was 'für aus dem dritten Theile Galliens bestehend halten' heissen soll. ‖ c. 21, 3: aerariae structurae — aerariae † secturaeque. *Structurae* findet sich in Hdschr.; *Schneider's aerariae structuraeque* = Erzgruben und Baue (d. i. Stollen) scheint nicht passend. Beispiele eines hinzugefügten que finden sich häufig in den Hdschr. *Nipperdey's* Vermuthung *aerarias ferrariaeque* wird unterstützt durch 7. 22, 2; doch ist die Veränderung des W. in *secturaeque* unwahrscheinlich, so wie auch hier, wo nur gesagt werden soll, dass die Aquitan. Bergbau trieben, die specielle Bezeichnung beider Arten kaum nöthig war. *Hoffmann* erklärt *secturae* mit Anderen durch *lapicidinae*.

4. 7, 2: ab iis mit *Schneid.* nach den Hdschr. — ab iis. ‖ c. 7, 3 consuetudo sit mit Bong. I. — consuetudo haec sit. Hätte C. so geschrieben, so würde er, wie 1. 43, 8 u. 50, 4, *ut resistant*, nicht *resistere* gesagt haben. ‖ c. 10, 1: insulam efficit Batavorum, neque longius ab Rheno m. p. LXXX in Oceanum influit nach *Nipperdey* p. 75; die Hdschr. insulamque eff. Bat., in Oceanum influit neque longius ab Oceano – in Rheuum influit. Mir scheint die Verbesserung *Nipperdey's* in jeder Hinsicht angemessener als die von *Hoffmann* wiederholte Lesart *Schneider's*: neque longius ab Oceano – in Rh. infl. ‖ c. 22, 3: constratisque mit *Koch* Rhein. Mus. 1857, p. 637 u. *Hoffmann* für die Vulg. contractisque. ‖ c. 25, 6: ex proximis primis navibus — ex pr. [primis] nav. Die Tilgung von primis ist, wenn das W. auch entbehrlich ist, wenigstens nicht nöthig. ‖ c. 27, 1: facturos sese mit *Schneid.* nach *Bong* I. (andere Hdschr. sese facturos) — facturos esse. ‖ c. 27, 4: in petenda nach den besten Handschriften — et in petenda.

5. 1, 2: ad onera ac multitudinem mit *Schneider* — ad onera, ad mult. ‖ c. 3, 5: [Indutiomarus]. Die Wiederholung des Namens ist durch die verschiedene Stellung in den Hdschr. verdächtig und, wenn der Satz *sed posteaquam* u. s. w. nicht durch eine grössere Interpunction getrennt wird, unnöthig. Schon *Ciacconius, Scaliger* u. *Graevius* haben das W. streichen wollen. ‖ c. 9, 1: praesidio navibus — praesidio navibusque. ‖ c. 11, 1: itinere desistere nach den interpolirten Handschriften — in itinere resistere. ‖ c. 13, 3: obiectae mit *Schneider* — subiectae. ‖ c. 17, 2: sicubi ab signis

legionibusque [non] absisterent — sic uti ab s. l. q. non absisterent. ‖ c. 21, 1: Cenimagni — Iceni, Cangi mit *Lipsius*. S. *Glück* p. 60. Die Aenderung ist mindestens unsicher. ‖ c. 25, 3: inimici mit der geringeren Handschriftenklasse — inimicis. ‖ c. 25, 5: [legatis quaestoribusque] mit *Vielhaber* — legatis quaestoreve. ‖ c. 28, 4: quantasvis copias etiam Germanorum mit *Schneider* — quantasvis, magnas etiam, cop. Germ. Nach quantasvis ist magnas etiam gewiss unpassend. Auch würde dann nur von dem Widerstande gegen germanische Truppen die Rede sein, während C. nach der gegebenen Lesart passend sagt, dass sie in einem befestigten Lager gegen jede noch so grosse Streitmacht, selbst von Germanen, als den gefürchtetsten, sich behaupten könnten. Ebend.: rem esse testimonio einen neuen Satz beginnend — sustineri posse – docebant rem esse testim. ‖ c. 31, 6: [Ambiorige] mit *Tittler* — Ambiorige. ‖ c. 34, 2: *Vielhaber* schlägt vor et studio pugnandi, *Koch* et Romano more pugnandi, *Hug* streicht den ganzen Satz erant . . . pares. ‖ c. 37, 7: elapsi mit *Schneider* u. *Heller* Philol. XIII. p. 372 nach allerdings minder guten Hdschr. für lapsi. ‖ c. 39, 1: Geidumnos mit *Schneid.* u. *Glück* p. 102 für Geidunnos. ‖ c. 43, 7: succensa — succiss. ‖ c. 44, 4: quaque parte hostium confertissima est vis, ea inrumpit mit *Dübner* — quaque pars h. confertissima est visa inrumpit. ‖ c. 53, 6: Aremoricae — Armoricae. S. das geogr. Reg.

6. 2, 3: [ae]. Die Coniunction, die auch in mehreren, allerdings nicht den besten Hdschr. fehlt, ist gegen die constante Gewohnheit Caesar's. Ich kann weder die Erklärung *Nipperdey's* p. 69, nach welcher ae bei *Menapios* stehen soll 'si quidem Germani cum Menapiis potissimum coninncti fuisse dicuntur', noch *Schneider's* Auffassung für richtig halten. 8. 8, 2 u. B. C. 3. 55, 3: *Delphos, Thebas et Orchomenum* ist die Copula ebenfalls gestrichen. B. C. 1. 4, 3: *iudiciorum metus, adulatio atque ostentatio sui et potentium* ist anders zu erklären (S. die Anm. zu d. St.) u. 7. 24, 1: *luto, frigore et assiduis imbribus* ist *luto* von *Nipp.* nach Hdschr. getilgt. ‖ c. 11, 2: partibusque scheint mir von *Schneid.* u. A. mit Recht in Schutz genommen; ebenso in singulis domibus für sing. dom. ‖ c. 12, 5: imperfecta re — infecta re. S. *Schneider* u. *Heller* a. a. O. p. 371. ‖ c. 19, 2: superavit mit *Whitte* u. *Seyffert.* — superarit. ‖ c. 20, 3: de re publica — de republica. ‖ c. 24, 4: Nunc, quod mit den meisten Hdschr., *Aldus, Whitte*; Nachsatz: paulatim assuefacti – comparant. Würde auch *hi* bei *assuefacti* die Rede deutlicher machen, so ist doch das Pron. nicht unbedingt nöthig, da *Galli* das der ganzen Auseinandersetzung vorschwebende Subiect ist. *Nipp.*: Nunc quidem Germ. permanent – utuntur; Gallis autem – largitur, paulatim assuefacti – comparant, an welcher Periode das Zerrissene, bes. der Mangel an Verbindung des letzten Gliedes missfällt. Die von *Hoffmann* wiederholte Lesart *Schneider's*: 'Nunc quoque in eadem inopia, egestate, patientia, qua Germani, permanent, eodem – utuntur. Gallis autem – largitur. Paulatim adsuefacti – comparant' beruht auf dem unzweifelhaften Irrthum, dass hier von den Tectosagen, und nicht von den Germanen die Rede sei. ‖ c. 31, 3: bi insulis nach Hdschr. — bis insulis. Ebend. § 5: belli aut fugae nach den besten Hdschr.; s. *Schneider* — aut belli aut fugae. ‖ c. 34, 1: in omnis partis nach Bong. I. — omnis in partis; s. *Schneider.* ‖ c. 43, 3: a tanta multitudine nach den interpol. Hdschr., da der blosse Abl. tanta multitudine, mag er als absoluter oder causaler gefasst werden, auffallend ist. ‖ c. 44, 3: Agedinci — Agedici. S. das geogr. Register.

7. 1, 1: de senatusque consulto nach *Aldus* — senatusque consulto. ‖ c. 3, 1: Gutruato, wie 8. 38, 3 — Cotuato. Ich habe kein Bedenken getragen,

den Namen nach jener Stelle hier aufzunehmen, weil an der Identität der
Personen nicht zu zweifeln ist, zumal da auch der folgende Name Concon-
netodumno in den Hdschr. verschieden geschrieben wird (*Nipp.* Coneto-
dunno). S. *Glück* p. 110 u. 63. Ebend. Cenabum für Genabum. S. das geogr.
Reg. ‖ c. 18, 1: videret nach Hdschr. — videretur. ‖ c. 19, 2: omnia vada
ac saltus eius paludis. Die Stelle ist jedenfalls verdorben, wenn ich auch
nicht behaupten will, dass *eius paludis* interpolirt sei. Die in der Anm.
erwähnten Coniecturen haben beide ihre Bedenken. ‖ c. 20, 3: se ipse ut
munitione — se † ipsum munitione ‖ c. 28, 5: omni ex numero — ex omni
numero. Die besten Hdschr. omni numero, die schlechteren omni eo numero.
So hat auch c. 25, 4 *Nipp.* statt der Lesart der meisten Hdschr.: omni ea
parte aufgenommen: omni ex parte. ‖ c. 30, 4: consternati — confirmati. ‖
c. 35, 1: Cum uterque utrimque exisset exercitus, in conspectu – castra
ponebant, dispositis exploratoribus, necubi – traducerent. Erat in magnis
– res. *Nipperdey:* Cum uterque – ponebant. Dispositis exploratoribus –
erat in magnis u. s. w. — *Schneider* nach den interpolirten Hdschr.: cum
uterque utrique esset exerc. in conspectu fereque – poneret, dispositis exploratoribus, necubi – traduceret, erat in magnis Caesari diff. res. Vergl.
Ebers N. Jahrb. 1857, p. 851 fg. *Dinter* ebend. 1858, p. 823 f. Ich habe mich
nicht überzeugen können, dass die Lesart der besten Hdschr. zu verlassen
sei; doch habe ich mit *Erat* einen neuen Satz begonnen — ein bei C. sehr
häufiger Anfang; vergl. u. a. 5. 49, 6. B. C. 1. 11, 1. 70, 1. 71, 1 u. bes. 3.
15, 1: *Bibulus erat cum classe ad Oricum et – prohibebatur: praesidiis
enim dispositis – fiebat. Erat res in magna difficultate* u. s. w. Ich verkenne nicht, dass *dispositis exploratoribus* nach *ponebant* auffällig ist, da
selbstverständlich nur Vercing. exploratores aufstellte. Indess zeigt sich
dieselbe Ungenauigkeit auch bei den anderen Lesarten und das Subiect der
Abl. abs. muss die Sache selbst geben, wie auch *Nipp.* p. 39 hinzufügen
muss: exploratores a Verc. dispositos esse per se intellegitur. So kann
auch hier die Nachlässigkeit dadurch entschuldigt werden, dass durch *necubi – Romani* cop. *traducerent* klar wird, von wem die Posten aufgestellt
sind. Gegen *Nipperdey's* Lesart ist bes. zu bemerken, dass nach ihr die
Schwierigkeit für Caesar nur eben durch die exploratores entstehen würde,
während sie durch das Gegenüberstehen des gallischen Heeres bewirkt,
durch die ausgestellten Posten aber nur noch vermehrt wird ‖ 37, 1:
Litaviccus mit den Handschriften — Litavicus. ‖ c. 45, 1: mittit turmas eodem media nocte — mittit turmas; eis de media nocte imperat.
Die meisten Hdss. turmas eisdem media nocte imperat. ‖ c. 47, 1: legionisque — legionique. ‖ c. 58, 6: profecti a palude nach den interpol.
Hdschr. mit *Müller:* Bemerkungen zu Caesars Gall. Kriege, Kiel 1855,
p. 22, u. *Ebers* Ztschr. f. d. A. W. 1855, Nr. 16. *Nipp.:* proiecta palude, die
besten Hdschr.: prospecta palude. ‖ c. 64, 1: diemque huic rei constituit
nach *Nipperdey* p. 100; die Hdschr. denique ei rei constituit diem. Ich habe
die Lesart von *Nipp.* beibehalten, ob ich gleich auch eine andere Herstellung des Textes für möglich halte: jedenfalls ist sie angemessener, als die
von *Schneider* durch einen misslungenen Erklärungsversuch vertheidigte
Vulgata, oder die Vermuthung *Hoffmann's: dedendique* const. diem. ‖ c. 66,
6: Id quo maiore f. animo — et quo m. f. a. ‖ c. 67, 1: una a primo agmine
mit *Schneider* u. *Heller* a. a. O. p. 372 — una primo agmine. ‖ c. 74, 1:
[eius discessu]. Die Stelle ist jedenfalls verdorben, *Schneider's* Vertheidigung wenig wahrscheinlich, *Hoffmann's* discesso munitionum nicht annehmbar. ‖ c. 75, 2–5. Die Vermuthungen *Nipperdey's,* die ich, wie *Hoffmann*

genau weiss, 'sine ulla haesitatione' aufgenommen habe, sind auch jetzt beibehalten worden, weil ich in einer Ausgabe für die Schule, die überhaupt mit diesem Capitel sich nicht allzusehr beschäftigen wird, einen wenigstens wahrscheinlichen Text — und dafür halte ich den von *Nipp.* constituirten — geben wollte. Für *Eleutheris Cadurcis* habe ich, da an der Richtigkeit des Epitheton *Eleutheris* wohl mit Recht von *Uckert* u. *Glück* p. 111 gezweifelt wird, das handschriftliche *Eleutetis Cadurcis* aufgenommen. *Glück* liest *Helviis*. Für *Vellaviis* ist jetzt geschrieben *Vellavis*. ‖ c. 87, 4: se sequi — sequi. ‖ c. 88, 1 ist gegen das von *Nipperdey* gesetzte hostes jetzt die handschriftliche Lesung nostri wieder eingesetzt. ‖ c. 90, 8: his [litteris]. Dass his litteris cognitis nicht heissen könne 'harum rerum litteris' ist klar; dass es nach 2. 35, 4 hinzugesetzt sei, ist wenigstens nicht unwahrscheinlich. *Schneider* schreibt: *his rebus litteris C. cogn.*, *Hoffmann: his ex litteris cognitis.*

8. 5, 2: compegit mit *Hoffmann* — coniecit; die Hdschr. contegit. ‖ c. 9, 3: loricolam pro hac ratione eius altitudinis mit den Handschriften statt *Nipperdey's* Coniectur. ‖ c. 20, 2: [cognita calamitate]. Dass in der Schilderung der Lage der Bellovaken und der Aufzählung der einzelnen Momente, nach *omnibus adversis*, wo nur eine specielle Angabe eines ihre Gesammtlage charakterisirenden Unfalls folgen kann, *cognita calamitate* unpassend ist, scheint einleuchtend. *Hotomann* setzt die W. vor *omnibus adversis*, so auch *Hoffmann*, der indess *omnibus adversis* für eine in den Text gekommene Randglosse hält. ‖ c. 26, 1 u. 4: Lemonum — Limonem; so § 2: Lemoni — Limone nach *Glück* p. 117. ‖ c. 43, 2: in murisque — murisque. ‖ c. 52, 5 ist jetzt die in den Ausgaben gangbare Lesung hergestellt worden.

Verlag der Weidmannschen Buchhandlung (J. Reimer) in Berlin.

Druck von Carl Schultze in Berlin, Kommandantenstrasse 72.

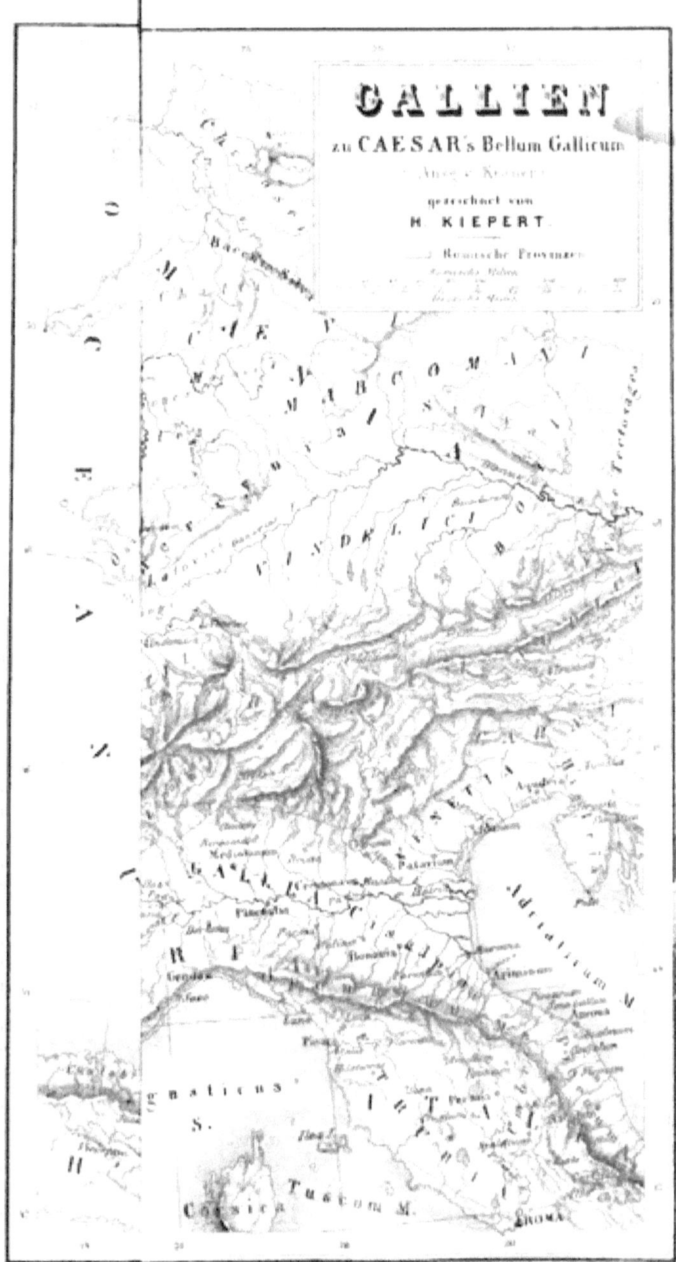

GALLIEN
zu CAESAR's Bellum Gallicum
gezeichnet von
H. KIEPERT.
Römische Provinzen
Lith. v. J. Sulzer
Druck von F. Hartz

CAESAR's
Marsch von Rubico bis Brundisium
zum I. Buch des Bellum Civile
Ausgabe v. Hofmann
gezeichnet von
H. Kiepert.
Verlag der Weidmannschen Buchhandlung, Berlin, 1864.
Gestochen von Sulzer
Die Kämpfe bei Ilerda in Hispanien
A Caesar's Lager. F Fabius Stellung
P Lager der Pompejaner Afranius u. Petrejus
BRUNDISIUM
Ilerda
Octogesa
GALLIA Cisalpina
Ravenna
Ariminum
Pisaurum
Sena Gallica
Ancona
Arretium
Perusia
ROMA
Iguvium
Interamna
Asculum
Firmum
Corfinium
Teate
Ortona
Histonium
Larinum
Luceria
Arpi
Canusium
Beneventum
Venusia
Neapolis
Brundisium
Lucania
CAMPANIA

C. IULII CAESARIS
COMMENTARII
DE BELLO CIVILI

VON

FRIEDRICH KRANER.

MIT ZWEI KARTEN VON H. KIEPERT.

DRITTE AUFLAGE BESORGT

VON

FRIEDRICH HOFMANN.

BERLIN,

WEIDMANNSCHE BUCHHANDLUNG.

1864.

VORWORT ZUR ZWEITEN AUFLAGE.

Der Text dieser Bücher Cäsar's hat in der neuen Auflage
manche Veränderungen erfahren. Theils hat wiederholte eigene
Prüfung an vielen Stellen zu anderer Auffassung geführt, so dass
manche früher aufgenommene Besserungsversuche entweder ganz
zurückgenommen oder durch andere ersetzt worden sind, theils
haben neuere kritische Arbeiten, durch welche die Textkritik
nach NIPPERDEY's verdienstlichen Leistungen im Einzelnen weiter geführt worden ist, vielfache Belehrung geboten oder oft
wenigstens zu neuer Erwägung aufgefordert. Besonders sind
hier zu erwähnen FORCHHAMMER's *quaestiones criticae de vera
commentarios de bellis civili, Alexandrino, Africano, Hispaniensi
emendandi ratione, Havniae* 1852, die mir bei der ersten Auflage
noch nicht bekannt waren; ferner der schon in der neuen Auflage
des Bellum Gallicum benutzte Jahresbericht von HELLER im
Philologus Bd. XIII, die Bemerkungen über einzelne Stellen von
KOCH, Rhein. Museum Bd. XI und von HUG, Philol. Bd. XI;
auch die Ausgabe von EM. HOFFMANN (Wien 1857) hat für diese
Bücher mehr Ausbeute gegeben, als für das Bellum Gallicum.
Der Zustand, in welchem dieselben überliefert worden sind,
macht eine wirkliche Erklärung ohne Eingehen auf die Kritik
unmöglich, wenn nicht das anerkannt Falsche und Unbrauch-
bare immer wieder mit fortgeführt und der Leser, zumal der
Schüler, der nur Fertiges brauchen kann, zu oft aufgehalten werden soll. Daher sind auch die Aenderungen, welche nothwendig
schienen, mit wenigen Ausnahmen, gleich in den Text aufgenommen worden. Die Gründe, welche bei der Wahl der aufzu-
nehmenden Lesarten massgebend waren, sind in dem kritischen
Anhange besprochen worden, da dies in den Anmerkungen nicht

geschehen konnte; nur an einzelnen Stellen, wo Erklärung und Kritik eng zusammenhingen und die Sache selbst es forderte, ist dort eine kritische Bemerkung gemacht worden. In dem Anhange sind auch, wenigstens bei den schwierigeren Stellen, die verschiedenen Ansichten und Vermuthungen, die nicht jeder, der sich nicht eingehender mit diesem Schriftsteller beschäftigt, beisammen haben oder aufsuchen kann, zusammengestellt. Es können die zuweilen so sehr divergirenden Ansichten zugleich zeigen, wie schwer es oft bei der grossen Verderbtheit des Textes ist, etwas Sicheres und Zuverlässiges herzustellen, und wie sehr Versuche, so tief liegende Schäden zu heilen, auf Nachsicht Anspruch machen dürfen.

Auch die Anmerkungen sind vielfach berichtigt worden, ebenso die Uebersicht über das Kriegswesen, für welche bei der ersten Auflage Rüstow's 'Heerwesen und Kriegführung C. Julius Caesar's' noch nicht vorlag. Die erläuternden und ergänzenden Darstellungen älterer und neuerer Historiker, von diesen vorzugsweise Drumann, Peter und Mommsen (zweite Auflage), so wie die Schrift von A. v. Göler: 'die Kämpfe von Dyrrhachium und Pharsalus' sind fortwährend benutzt und an geeigneten Stellen die Auffassungen derselben wörtlich angeführt worden.

Eine schätzenswerthe Zugabe hat die Ausgabe durch die Uebersichtskarte zum dritten Buche erhalten, welche Herr Professor Kiepert auf meinen von der Verlagshandlung bereitwilligst unterstützten Wunsch beizugeben freundlichst übernommen hat, wofür ich ihm, wie für die Bemerkungen und Berichtigungen, die ich von ihm erhalten habe, auch hier zu danken mich gedrungen fühle. Es wird diese Karte ein wesentliches Hülfsmittel zum besseren Verständniss dieses Buches sein.

Zwickau im März 1860.

F. K.

VORWORT ZUR DRITTEN AUFLAGE.

Für diese neue Auflage sind von neu erschienenen Schriften benutzt worden: v. Göler, Bürgerkrieg zwischen Caesar und Pompeius im Jahre 50/49, Heidelberg 1861; Heller, Jahresbericht im Philologus, Jahrgang XIX. p. 513 flgd.; Schneider, *loci Caesaris de bello civili commentariorum nonnulli explicati et emendati*, Vratisl. 1859; Koch zu Caesar *de bello civili* im Rheinischen Museum XVII, p. 627 flgd.; Freudenberg zur Kritik von Caesars Büchern *de bello civili*, Jahn's Jahrbücher B. 85, p. 224—228.

Theils durch diese verdienstlichen Abhandlungen, theils durch meine eigenen Studien veranlasst habe ich manches dem Kraner'schen Buche zugesetzt und vieles in ihm geändert, und ich würde ohne Zweifel noch mehr in dieser Beziehung gethan haben, wenn die Zeit, die mir für diese Arbeit vergönnt war, nicht gar zu beschränkt gewesen wäre. Wenigstens ist nur das die Ursache gewesen, dass die Einleitung, an der ich manches auszusetzen habe, ganz unverändert geblieben ist, und dass ich auch darauf habe verzichten müssen, nach den Grundsätzen Forchhammers und mit Hülfe der von Elberling veröffentlichten Collation des *codex Havniensis* eine durchgreifende und consequente Revision des Textes zu unternehmen, von der indessen, so viel ich wenigstens sehe, ein einigermassen bedeutendes Resultat kaum zu erwarten ist.

Uebrigens habe ich bei dieser Arbeit nicht einen Augenblick ausser Acht gelassen, dass ich es zu thun hatte mit dem Werke eines gelehrten und fleissigen Mannes, welches wohlverdiente Anerkennung in weiten Kreisen gefunden hat und also den begründetsten Anspruch erheben kann auf vorsichtige und schonende Behandlung. Möge mir gelungen sein, was ich erstrebte, dass dieses Werk auch unter meinen Händen würdig bliebe seines Meisters, eins von den vielen Zeugnissen der rastlosen und angestrengten Thätigkeit, welche in uns wach erhalten das Andenken an den der Schule und der Wissenschaft zu früh entrissenen Mann.

Berlin den 10. Januar 1864.

Friedrich Hofmann.

EINLEITUNG.

Nach der in der Einleitung zu Cäsar's Bellum Gallicum gegebenen Darstellung der wichtigsten Momente seines Lebens bis zum gallischen Kriege und der Charakteristik des Mannes, die dort versucht worden ist, hat die Einleitung zu dem Bellum civile zunächst die Aufgabe, die Zustände Roms und die Lage der Dinge bis zum Ausbruche des Bürgerkriegs und die nächsten Veranlassungen zu demselben, insbesondere aber die Stellung Cäsar's zu Pompeius und die lange Kette von Verwickelungen, die endlich nach gänzlicher Entfremdung die Nothwendigkeit einer Entscheidung durch Waffengewalt herbeiführten, zu schildern.

Es ist ein wahres Wort des Cato, dass die Einigkeit zwischen Pompeius und Cäsar das erste und grösste Uebel für den Staat gewesen sei. Plut. Pomp. 47: Ὁ γοῦν Κάτων τοὺς λέγοντας ὑπὸ τῆς ὕστερον γενομένης πρὸς Καίσαρα Πομπηΐῳ διαφορᾶς ἀνατραπῆναι τὴν πόλιν ἁμαρτάνειν ἔλεγεν αἰτιωμένους τὸ τελευταῖον· οὐ γὰρ τὴν στάσιν οὐδὲ τὴν ἔχθραν, ἀλλὰ τὴν σύστασιν καὶ τὴν ὁμόνοιαν αὐτῶν τῇ πόλει κακὸν πρῶτον γενέσθαι καὶ μέγιστον. Vergl. Plut. Caes. 13. Dies führt uns zuvörderst auf die Zeit zurück, in der Pompeius, um seine Pläne durchzuführen, sich dem Cäsar in die Arme warf und dieser bereitwillig ein Bündniss einging, von dem er zu seiner Zeit den grössten und alleinigen Vortheil zu ziehen hoffen konnte. Als Pomp. nach seiner glänzenden Siegeslaufbahn in Asien im Jahre 60 vor Allem die Bestätigung der von ihm nach dem Mithridatischen Kriege in Asien getroffenen Einrichtungen (acta Pompei) und eine Ackervertheilung an seine Veteranen durchzusetzen wünschte, und er sich in seinen Hoffnungen durch das Widerstreben der Optimaten, insbesondere durch den unbeugsamen Sinn des Cato, der dadurch gerade jenes πρῶτον καὶ

μέγιστον κακὸν herbeiführte, und die Eifersucht der von ihm
verdunkelten Feldherrn Crassus, Lucullus und Metellus Creticus
getäuscht sah, schloss er sich von den Optimaten gekränkt und
zurückgestossen an Cäsar an, der eben aus Spanien von seiner
ersten selbstständigen Kriegführung zurückgekehrt war und sich
für das nächste Jahr um das Consulat bewarb. Dieser Verbindung, bei der Pomp. nur eben seine nächsten Wünsche, deren
Erfüllung für ihn Ehrensache war, im Auge hatte, wusste Cäsar
sofort eine höhere Bedeutung und grössere Ausdehnung zu geben,
indem er auf Aussöhnung mit Crassus drang, dessen Herbeizie-
hung wegen der ungeheueren Geldmittel, über die er zu verfügen
hatte, er zur Ueberwindung der Schwierigkeiten für unumgänglich nothwendig hielt, und der um so leichter gewonnen wurde,
da auch er seine Wünsche hatte, die er durch Unterstützung jener
zu erreichen hoffen konnte. So entstand das sogenannte erste
Triumvirat*), das Anfangs geheim gehalten Rom wie ein unsicht-
bares Netz umstrickte und während des Consulats des Cäsar seine
bedeutenden Wirkungen äusserte. Es war für jene, deren Blick
blos auf das Nächste gerichtet war, nur ein glänzender Abschluss
ihrer Vergangenheit und für Cäsar allein der Ausgangspunkt seiner kühnsten Hoffnungen**). Während er jenen ihre augenblicklichen Wünsche erfüllen half und nur für sie thätig zu sein schien,
beförderten sie bereitwillig alle seine Unternehmungen. Seine
Massnahmen als Consul des Jahres 59 mit Bibulus, dessen Einfluss gänzlich niedergehalten wurde (Einl. zum B. G. p. 12), be-
zweckten hauptsächlich Schwächung der Senatspartei zu Gunsten
des Volks und Verpflichtung des Pompeius, Alles aber diente
ihm zur Vorbereitung für die Zukunft. Nach mehreren dem
Volke erwünschten Massregeln, wie z. B. der Schärfung des Gesetzes gegen Erpressungen (*lex Iulia de repetundis*), trat er,
hauptsächlich zu Gunsten der Pompeianischen Veteranen, mit
dem Ackergesetze (der B. Civ. 1. 14 erwähnten *lex Iulia agraria*)

---

*) So wird dieses Bündniss, das nur ein privates, kein officiell aner-
kanntes war, genannt, nach Analogie der Verbindung der *triumviri reipublicae constituendae* im J. 43, da beide gleiche Tendenz und gleichen
Character hatten.

**) Florus 4, 2: *Forte tunc Crassus genere, divitiis, dignitate florebat,
ut vellet tamen auctiores opes; C. Caesar eloquentia et spiritu, ecce iam et
consulatu adlevabatur; Pompeius tamen inter utrumque eminebat. Sic igitur Caesare dignitatem comparare, Crasso augere, Pompeio retinere cupientibus omnibusque pariter potentiae cupidis de invadenda republica facile convenit.*

hervor, das die Vertheilung des ager Campanus und des an diesen angrenzenden ager Stellatis an 20,000 unbemittelte röm. Bürger, die drei oder mehr Kinder hätten, und wenn das Staatsgrundeigenthum nicht ausreichte, jedem der betheiligten Bürger ein bestimmtes Mass zu geben, Ankauf von Ländereien mit den asiatischen Geldern des Pomp. verlangte. Suet. Caes. 20. Cassius Dio 38, 1. Das Gesetz wurde nach einem heftigen Sturm und den grössten Gewaltthätigkeiten gegen den Consul Bibulus vom Volke genehmigt und durch 20 Commissäre ausgeführt. Ferner wurde auf seinen Antrag den Rittern ein Drittel der Pachtsumme für die Staatspachtungen in Asien, da der Senat es verweigert hatte, vom Volke erlassen, wodurch die Ritter, die ohnehin dem Senate grollten, gewonnen wurden. Endlich erlangte Pomp. durch ihn die vom Senate verweigerte Bestätigung seiner asiatischen Einrichtungen. Durch alle diese Massregeln wurde Pomp., je enger er sich an Cäsar anschloss, was durch die Vermählung mit dessen Tochter Julia noch inniger geschah, um so mehr dem Senat entfremdet. Am Ende seines Consulats erhielt Cäs., der nun auch für sich sorgen liess, durch Vermittelung des gewonnenen Volkstribun P. Vatinius durch das Volk, während die Anweisung der Provinzen verfassungsmässig dem Senate zustand, der früher ganz andere für Cäs. demüthigende Pläne gehabt hatte (Einl. z. B. G. p. 12), auf 5 Jahre das diesseitige Gallien und Illyricum, wozu die für Pomp. im J. 67 von dem Tribun A. Gabinius in Betreff des Seeräuberkriegs und 66 vom Trib. C. Manilius in Betreff des Mithridatischen Kriegs gestellten Anträge ein Vorbild gegeben hatten. Aus freien Stücken, um nicht dazu gezwungen zu werden, fügte der Senat noch das jenseitige Gallien hinzu, wobei gewiss auch der Wunsch mitwirkte, dass der gefürchtete Gegner durch einen gefährlichen Krieg, der dort in Aussicht stand, lange Zeit beschäftigt und den röm. Verhältnissen entzogen werden möchte, ein Gedanke, der auch dem Pomp. und Crassus bei Unterstützung dieses Antrags nahe liegen mochte. Cäs. freilich war sich seiner Stellung im Volke zu gut bewusst und kannte auch die Bedeutung seiner Nebenbuhler zu genau, um zu fürchten, dass sein Einfluss geschwächt werden könnte, zumal da er die Verbindung mit Rom, das er nie aus den Augen verlor, wohl zu unterhalten wusste.

Die eigenthümliche Stellung, in die Pomp. zu der Senatspartei gerathen war, die sich scheinbar wenigtens wieder in den Besitz der Gewalt gesetzt hatte und die er weder zu befriedigen noch zu beherrschen verstand, die frechen Angriffe des Clodius,

der sich nach Cicero's Verbannung und Cato's Entfernung aus
der Stadt, der den Auftrag erhalten hatte, Cypern zur röm. Provinz zu machen, zu welchen beiden Massregeln Pomp. und Cäs.
mitgewirkt hatten, gegen Pomp. wendete, die Abneigung und
Eifersucht der Optimaten, die, als ihm nach Cicero's Rückkehr
die Aufsicht über das Getreidewesen auf 5 Jahre übertragen war,
seinem Wunsche, den Befehl über eine Truppenmacht zu erhalten, sich widersetzten und durch verschiedene andere Massregeln ihre Missstimmung zeigten und die Spaltung erweiterten,
sein Missverhältniss zu Crassus, der auf der einen Seite mit Pomp.
gespannt, auf der andern auch mit dem Senat nicht im freund-
lichsten Vernehmen stand — dies Alles trug dazu bei, dass beide
Triumvirn in ihrer Halbheit und der Unklarheit ihrer Lage eben
nur durch Cäsar's Vermittelung wieder in das richtige Verhältniss zu einander und in die rechte Stellung dem Senate gegenüber kommen zu können meinten. Die Lage der Dinge war wieder ziemlich dieselbe geworden, wie im J. 60; man wendete sich
daher auch wieder zu demselben Mittel, wie damals: das Triumvirat wurde im April 56 auf dem Congress zu Luca wieder erneuert und aufgefrischt. Appian 2. 17. Suet. Caes. 24. Plut.
Caes. 21. Cäs. ging auf diese Erneuerung um so lieber ein, da
ihm die Unterstützung seiner bisherigen Genossen, so lange der
gallische Krieg noch nicht beendigt war, wünschenswerth erscheinen musste. Die Verbindung mit ihm wurde nach Aussöhnung
des Pomp. und Crassus wieder enger gezogen und die Schritte,
die gethan werden sollten, verabredet: sie traten von Neuem in
Cäsar's Dienste. Er versprach, ihnen die Superiorität über die
Senatspartei zu sichern und vor Allem durch seinen Anhang
ihnen das Consulat für das folgende Jahr zu verschaffen, mit Ver-
drängung der übrigen Bewerber, besonders des L. Domitius Ahenobarbus, den er selbst fürchten musste, weil er gedroht hatte,
als Consul ihn aus Gallien zurückzurufen, wogegen Cäs. für sich
die Verlängerung der Statthalterschaft über Gallien auf neue 5
Jahre und die Ertheilung von Sold für die Truppen, die er ausser
den ihm vom Senate bewilligten 4 Legionen ausgehoben hatte,
verlangte. Unter demselben Druck dieser compacten Macht, wie
früher, wurde auch jetzt alles zu Luca verabredete durchgesetzt.
Pomp. und Crassus wurden, nachdem die Comitien lange Zeit
verhindert worden waren, die Gegner aber endlich der angewen-
deten Gewalt weichen mussten, zu Consuln für das Jahr 55 gewählt. Da der Senat unterlassen hatte, die Provinzen für die
Consuln vor der Wahl zu bestimmen, so beantragte der den Tri-

umvirn ergebene **Tribun C. Trebonius**, dass den Consuln Syrien **und** Spanien auf 5 **Jahre** mit voller Gewalt **über** Krieg und Frieden und zunächst mit 4 Legionen bewilligt **würden**, mit der Erlaubniss sie zu vermehren, wenn es nöthig würde. Plut. Cat. min. 43. Cassius Dio 39, 33. Auch dies wurde nach gewaltsamer Vertreibung der Gegner durchgesetzt und Crassus wählte Syrien, Pompeius die beiden Spanien (nicht auch Afrika, wie oft fälschlich angenommen wird). Der Antrag **der** Consuln Pompeius und **Crassus auf** Verlängerung **der** Statthalterschaft Cäsar's ging ohne Widerstand **durch (s. Einl. z. B. G. p. 14).** Pomp. war nicht gesonnen, nach Spanien **zu gehen, sondern liess die Provinz** durch seine Legaten Afranius und Petreius **verwalten; er wollte** seine Stellung gegen Cäsar **und** den Senat dadurch behaupten, **dass er als Proconsul vor** Rom blieb und über die Stadt und ein Heer in der Provinz zugleich gebot. **B. Civ. 1. 85, 8. Den** Vorwand dazu bot ihm der oben erwähnte Auftrag für das Getreidewesen zu sorgen, der ihm nicht erlaubte, Rom zu verlassen. Crassus dagegen trieb die Begierde nach Beute und Kriegsruhm noch während seines Consulats (im November) in die Provinz gegen den Willen des Senats, der den Krieg nicht wollte, und begleitet von den Verwünschungen des Volkstribun Ateius (Cic. ad Att. 5. 1, 6; ad Fam. 1. 9), die bald in Erfüllung gehen sollten. Pomp. glaubte nun die Früchte der günstigen Lage, die ihm sein Verbleiben in Rom gewährte, geniessen zu können und richtete seinen Sinn auf die Erlangung der Dictatur.

Bisher sahen wir Cäs. und Pomp. zusammengehen ohne wahre Sympathie, ohne aufrichtige Theilnahme an den gegenseitigen Interessen, die sich kreuzen mussten, einer den anderen für seine Zwecke benutzend und eben nur so lange bereit, für den andern zu wirken, als es ihm förderlich und mit seinen Plänen vereinbar war. Die Verbindung war von Anfang an eine egoistische und musste am Egoismus scheitern. Da sie nichts gemeinsames vertraten und erstrebten, mussten nach Erreichung des zunächstliegenden Zieles die Wege sich trennen; hatte Cäsar bisher im Wesentlichen allein gehandelt und zwar, wie es schien, mehr für andere, als für sich, so musste eine Zeit kommen, wo er es für erspriesslicher halten musste, direkt für sich zu wirken, und wo er in voller Selbstständigkeit und im Vertrauen auf seine Kraft und Macht, die er hinter sich hatte, einer Unterstützung von Seiten seiner Verbündeten nicht mehr zu bedürfen glaubte. Das Zurückbleiben des Pomp. in Rom und die Stellung, die er bei der Anarchie, die die Stadt verwirrte, einnahm, musste Cäsar's

Verdacht erregen und ihm den Gedanken nahe legen, dass jener
nur auf seinen Schultern zu der Grösse, die er erstrebte, empor
steigen wollte. Andererseits war es auch Pomp., nachdem er
dem Ziele so nahe gekommen zu sein meinte, müde, unter Cäsar's
Clientel zu stehen, und die schiefe Stellung, in die er zu der Nobilität gekommen war, ohne im Volke einen Stützpunkt zu erhalten, wie dies Cäsar gelungen war, musste ihm lästig werden. Es
war eben so undenkbar, dass einer sich dem andern unterord-
nete, als dass sie sich auf gleicher Höhe neben einander halten
konnten. Ein Bruch war unvermeidlich. Der Tod der Julia (im
J. 54), die bisher dem kalt berechneten Verhältnisse einen freundschaftlichen Hintergrund gegeben hatte, lockerte das Band und
hob die Rücksicht auf, die bis jetzt noch obgewaltet hatte. Der
Tod des Crassus, der 53 im Partherkriege umkam, schärfte, so
gering der Einfluss des Lebenden gewesen war, doch den nun
durch nichts vermittelten Gegensatz der beiden allein sich gegenüberstehenden Nebenbuhler. *Crassi morte apud Parthos*, sagt
Florus 4, 2, *morte Iuliae, Caesaris filiae, quae nupta Pompeio
generi socerique concordiam matrimonii foedere continebat, statim
aemulatio erupit. Iam Pompeio suspectae Caesaris opes et Caesari Pompeiana dignitas gravis. Non ille ferebat parem, nec hic
superiorem. Pro nefas! sic de principatu laborabant, tanquam
duos tanti imperii fortuna non caperet.* Einer musste den andern
vom Platze zu verdrängen suchen und jeder that es nach seiner
Weise und nach Massgabe seines Charakters; Cäs. kühn und selbstständig, mit ruhiger und freier Befestigung seiner Macht durch
ein treu ergebenes Heer, das er sich herangebildet hatte, Pompeius, der von jeher mehr von den Verhältnissen getragen worden war, als er sie beherrschte, durch Anschliessen an die Senatspartei, mit der schlecht berechneten Hoffnung, dadurch zur Dictatur zu gelangen und durch Machinationen und Senatsbeschlüsse
den festen Bau des Gegners niederreissen zu können, ohne dass
er einsah, dass er durch sein Verfahren nicht zu einer selbstständigen Macht, sondern nur zur Stellung eines Vorkämpfers
für die Parteiinteressen des Senats gelangen konnte. Die Händel des Clodius und Milo, die die Stadt beunruhigten, passten
recht wohl in seine Berechnungen und es liegt der Gedanke nahe,
dass er der Verwirrung absichtlich nicht steuerte, weil sie das
Bedürfniss der Dictatur erweckte und bei dem Zunehmen der
Anarchie zu erwarten war, dass ihm der Senat die Hand werde
bieten müssen. Wiederholt war die Consulwahl verschoben worden und ein Interregnum eingetreten; im J. 52 kam auf Pom-

peius Anstiften auch dieses nicht zu Stande. Nachdem endlich
Clodius von Milo's Gladiatoren getödtet worden war, kam für ihn
der ersehnte Augenblick: der Senat bevollmächtigte den Pomp.
mit dem Interrex und den Volkstribunen, für das Wohl des Staates zu sorgen und Truppen in Italien auszuheben. *Factum est
S. C., ut interrex et tribuni plebis et Cn. Pompeius, qui pro consule ad urbem erat, viderent, ne quid detrimenti respublica caperet, dilectus autem Pompeius tota Italia haberet.* Ascon. zu Cic.
or. p. Mil. § 10. Es versteht sich von selbst, dass Pomp. die
Hauptperson war und die andern nur zum Schein mit genannt
wurden, genau wie im J. 49 unmittelbar vor Ausbruch des Kriegs
(S. Anm. zu 1. 5, 3). Eine Verfassungsverletzung folgte auf die
andere. Er war Proconsul in Spanien und blieb in Rom; als
Proconsul, also 'abwesend', wurde er am 25. Feb. durch den
Interrex Ser. Sulpicius zum Consul gewählt, und zwar, ohne sich
beworben zu haben, zum alleinigen, mit der Befugniss, sich
nach Belieben nach zwei Monaten selbst einen Collegen zu wählen. Er hatte nun, wenn auch nicht dem Namen, gegen den der
Senat sich beharrlich sträubte, doch der Sache nach die Dictatur,
ja diese Ausnahmestellung war als völlig unerhört und noch nie
dagewesen noch schmeichelhafter für ihn. Liv. Epit. 107: *a senatu consul tertio factus est absens et solus, quod nulli alii unquam contigit.* Der Senat hatte, selbst mit Zustimmung des sonst
so verfassungstreuen starren Cato, nur zum 'Besten des Vater-
lands', wie dieser dem ihm dankenden Pompeius antwortete (Plut.
Pomp. 54), die Verfassung preisgegeben, um den Pomp. ganz
auf seine Seite zu ziehen, ebendadurch aber immer mehr zu einer
feindlichen Stellung gegen Cäs. zu drängen. Diesem konnten die
Umtriebe nicht gleichgültig sein. Je mehr er sich früher bemüht hatte, eine Verbindung zwischen Pomp. und dem Senat
zu verhindern, um so mehr musste dieses offene Hingeben an
dieselbe die Kluft zwischen beiden erweitern. Vellei. 2. 47, 3:
*Tertius consulatus soli Cn. Pompeio etiam adversantium antea
dignitati eius iudicio delatus est, cuius ille honoris gloria veluti
reconciliatis sibi optimatibus maxime a C. Caesare alienatus est.*
Caesar war noch zu sehr in Gallien beschäftigt, das er nicht un-
besiegt im Rücken lassen konnte, und brauchte seine Truppen
dort zu nothwendig, um gegen diese ihm geltenden Umtriebe sofort einschreiten zu können. Auch verstand er es zu gut, stets
seine Zeit abzuwarten. Die Willkühr, die man sich erlaubte,
konnte ihm selbst nicht unerwünscht sein; man entäusserte sich
durch Ungesetzlichkeit selbst des Rechts, ihn bei seinen Forde-

rungen auf die Gesetze zu verweisen und hatte, wenn er Gleiches
verlangte, den Schutz derselben verwirkt. Uebrigens gab sich
Pomp. später selbst einen Collegen ($\varphi o \beta \eta \vartheta \epsilon i \varsigma \ \mu \dot{\eta} \ \pi o \tau \epsilon \ \kappa \epsilon \nu \tilde{\eta} \varsigma$
$\tau \tilde{\eta} \varsigma \ \chi \omega \rho \alpha \varsigma \ o \ddot{v} \sigma \eta \varsigma \ \dot{o} \ K \alpha \tilde{\iota} \sigma \alpha \varrho \ \ddot{\epsilon} \kappa \ \tau \epsilon \ \tau \tilde{\omega} \nu \ \delta \upsilon \nu \dot{\alpha} \mu \epsilon \omega \nu \ \kappa \alpha i \ \dot{\epsilon} \kappa$
$\tau \tilde{\eta} \varsigma \ \tau o \tilde{\upsilon} \ \pi \lambda \dot{\eta} \vartheta o \upsilon \varsigma \ \sigma \pi o \upsilon \delta \tilde{\eta} \varsigma \ \sigma \upsilon \nu \dot{\alpha} \varrho \chi \omega \nu \ \alpha \dot{\upsilon} \tau \tilde{\omega} \ \delta o \vartheta \tilde{\eta}$ Cass.
Dio 40, 51) in der Person seines Schwiegervaters Metellus Sci-
pio. So wenig die Wahl an sich Beifall fand, so lobte man doch
die verfassungsmässige Handlung, durch die Cäs. von der höchsten Würde für dieses Jahr ausgeschlossen wurde. Dieser wollte
indess jetzt das Consulat nicht, sondern verlangte nur, dass, wenn
mit dem J. 49 seine Statthalterschaft zu Ende ginge, ihm das
Consulat für 48, das ihm von Pompeius und Crassus vertragsmässig zugestanden worden war und das er auch verfassungsmässig, 10 Jahre nach dem ersten Consulate, übernehmen durfte,
übertragen würde und dass er sich abwesend um dasselbe bewerben dürfte. Sueton Caes. 26: *Egit cum tribunis pl., collegam
se Pompeio destinantibus, id potius ad populum ferrent, ut ab-
senti sibi, quandoque imperii tempus expleri coepisset, petitio secundi consulatus daretur, ne ea causa maturius et imperfecto adhuc bello decederet.* Sogleich begannen die versteckten Angriffe
auf Cäsar. Seinetwegen wurde das Gesetz erneuert, dass Niemand abwesend sich um ein Amt bewerben dürfe, was man früher
öfter und dem Pomp. wiederholt gestattet hatte, wogegen es dem
Cäs. bereits im J. 60 bei der Bewerbung um sein erstes Consulat abgeschlagen worden war (S. Einl. zu B. G. p. 11). Bei Erwägung der unerhörten Vergünstigungen, die eben erst dem Pomp.
zu Theil geworden waren, konnte Cäsar sich wohl zu dieser Forderung berechtigt glauben. Er sollte aber, während er unmittelbar
nach der Verwaltung der Provinz das Consulat antreten wollte,
besonders weil die Gegenpartei, Cato an der Spitze (Plut. Cat.
min. 51. Suet. 30), mit einer Anklage drohte, sobald er Privatmann geworden wäre, Heer und Provinz abgeben, gerade zu der
Zeit, wo sich Pomp. seine Statthalterschaft auf 5 Jahre verlängern und sich Geld aus dem Staatsschatze zur Besoldung zweier
neuer Legionen in Spanien anweisen liess. Ausserdem veranlasste Pomp. die Erneuerung eines Beschlusses vom vorigen
Jahre, dass Niemand vor dem fünften Jahre nach dem Consulate und der Prätur eine Provinz verwalten sollte, was in jenem
Jahre angeblich deswegen beschlossen worden war, um den Andrang zu den Aemtern und den Unfug bei den Wahlen zu verhüten. Der Beschluss war gegen Cäsar gerichtet, wenn es sich
darum handeln würde, ihm einen Nachfolger zu geben, wie er es

auch ausspricht B. C. 1. 85, 9: *in se iura magistratuum commutari, ne ex praetura et consulatu, ut semper, sed per paucos probati et electi in provincias mittantur.* Es musste ihm klar werden, dass man muthwillig zum Kampfe rief, und dass er die Herausforderung annehmen müsste, wenn er nicht Alles, was er bisher errungen hatte und die ganze Aufgabe seines Lebens fallen lassen wollte. Wie die Verhältnisse sich gestaltet hatten, war es offenbar, dass er verloren war, wenn er sich wehrlos seinen Feinden überlieferte. *Propositum hoc est, de quo, qui rerum potiuntur, sunt dimicaturi, quod Cn. Pompeius constituit non pati C. Caesarem consulem aliter fieri, nisi exercitum et provincias tradiderit: Caesari autem persuasum est, se salvum esse non posse, si ab exercitu recesserit. — Sic illi amores et invidiosa coniunctio non ad occultam recidit obtrectationem, sed ad bellum se erupit* Cic. ad Fam. 8. 14, 2. So wenig Cäs. den Krieg fürchtete, so lag ihm doch vor allem daran, dass er ihn nicht provocirt zu haben, sondern dazu gedrängt zu sein scheinen möchte. Seine Anhänger führten Beschwerde und es sollte sich zeigen, ob man ihn wirklich, indem man sein Consulat in Frage stellte, beleidigen und zum Aeussersten treiben würde. Der von ihm gewonnene Volkstribun Caelius trug bei dem Volke darauf an, dass zu Gunsten Cäsar's von dem ersten Beschlusse eine Ausnahme gemacht würde, und es wurde genehmigt, so sehr auch Cato dagegen eiferte. Liv. Epit. 107. Cass. Dio 40. 56. (Cäsar nennt den Beschluss B. C. 1. 9, 2 *populi beneficium*). Pomp., der zum Widerstand nicht gerüstet war, entschuldigte sich, dass nur aus Vergessenheit Cäsar nicht ausgenommen worden sei. Suet. Caes. 28.

Von den Consuln des Jahres 51 war M. Claudius Marcellus ein entschiedener Gegner Cäsar's, während Ser. Sulpicius Rufus gemässigt und dem Parteitreiben fern war. Die Partei war bei aller Abgeneigtheit gegen Cäsar doch schlaff und unthätig, Pomp. selbst unentschlossen und schweigsam; den günstigen Moment für den Anfang des Kriegs, der unvermeidlich schien, erkannte er nicht; er wollte den Verhandlungen fern bleiben und ging auf sein Landgut bei Tarent. So kam der Consul M. Marcellus mit seinem Antrag, Cäsar aus Gallien zurückzurufen und über seine Provinz zu verfügen, nicht zum Ziele*). Die Berathung wurde

---

*) Die Frage über den Endtermin der Statthalterschaft Cäsar's ist verschieden beantwortet worden, am gründlichsten ist sie behandelt von Mommsen: 'Die Rechtsfrage zwischen Cäsar und dem Senat' (Breslau 1857).

wegen der Abwesenheit des Pomp. und der Abgeneigtheit des
andern Consuls erst bis zum 1. Juni und dann bis zum 1. März
des J. 50 vertagt (Cic. Fam. 8. 8, 5). Man hatte auf die Consuln des J. 50, L. Aemilius Paullus und C. Claudius Marcellus,
so wie auf den Volkstribun C. Scribonius Curio besondere Hoffnungen gesetzt. Doch wurde Paullus von Cäsar gewonnen — er
hatte ihm zum Bau seiner Basilica 1500 Talente geborgt —; vor
allem aber war Curio, den Cäs. durch Bezahlung seiner ungeheueren Schuldenlast auf seine Seite gebracht hatte (Plut. Caes. 29.
Suet. 29. Cass. Dio 40, 60. Lucan Pharsal. 1. 269), ein eben so
gewandter als kräftiger Parteigänger (B. G. 8. 52: *Caesaris causam dignitatemque defendendam suscepit**). Am 1. März 50 oder
bald nachher wurde die im vorigen Jahre vertagte Debatte wieder
aufgenommen. Man war entschlossen zu verlangen, dass Cäs.,

Es steht fest, dass Cäs. mit Bestimmtheit darauf rechnete, bis zum Antritt
seines zweiten Consulats (für 48), also bis Ende 49 Proconsul zu bleiben.
Ausser anderen von Mommsen p. 38 angeführten Stellen beweisen dies
Cäsar's eigene Worte B. C. 1. 9, 2: *Doluisse se, quod — erepto semenstri
imperio in urbem retraheretur* u. s. w., was keinen anderen Sinn haben
kann, als dass er bei der Nöthigung, sich persönlich zu bewerben, schon im
Sommer, da die Comitien im Juli waren, nach Rom zurückkehren müsse,
statt bis Ende 49 in Gallien zu bleiben. Vgl. Liv. Epit. 108: *agente in
senatu M. Marcello cos., ut Caesar ad petitionem consulatus veniret cum
is lege lata in tempus consulatus provinciam obtinere deberet.* Dieser Thatsache steht die auf verschiedene Zeugnisse gestützte Annahme gegenüber, dass die ersten 5 Jahre des Imperiums Caesar's vom 1. März 59
bis dahin 54 liefen, und die weitere Frist nach Erstreckung auf fernere 5
Jahre mit dem 1. März 49 zu Ende ging. Peter Röm. Gesch. 2. 282. Hofmann de origine belli civilis Caesariani p. 9—20, Mommsen a. a. O. p. 40 fgg.
Es kann hier nicht der Ort sein, auf die Lösung dieses Dilemma einzugehen;
gewiss ist, dass die Gegenpartei nicht ernstlich versucht hat, die Forderung
der Niederlegung des Imperiums bis zum 1. März durchzusetzen und dass
bis in die letzte Zeit der Verhandlung der streitige Punkt blieb, ob sich C.
abwesend um das Consulat bewerben dürfe, sowie dass, wenn ihm dies er-
laubt worden war, darin zugleich die Voraussetzung liegen müsse, dass er
die Provinz bis nach der Wahl behalten dürfte; über die Verkümme-
rung dieses Rechtes klagt er an d. a. St., während andererseits die Pompeianer nicht geltend machen, dass er vom 1. März an kein Imperium
mehr habe.

*) Vellei. 2. 48, 3: *C. Curio — vir nobilis, eloquens, audax, suae alienae-
que et fortunae et pudicitiae prodigus, homo ingeniosissime nequam et fa-
cundus malo publico, cuius animo neque opes ullae neque cupiditates sufficere possent. Hic primo pro Pompei partibus, id est, ut tunc habebatur, pro
republica, mox simulatione contra Pompeium et Caesarem, sed animo pro
Caesare stetit: id gratis an accepto centies sestertio fecerit, in medio re-
linquemus.* Ueber seine Beredtsamkeit Cic. Brut. § 280. Sein Tod in Africa
B. Civ. 2. 42, 4.

wenn er sich um das Consulat von 48 bewerben wolle, längstens
bis zum 13. Nov. 49 das Commando behalte (Cic. Fam. 8. 11, 3).
Die Mehrheit der Senatoren war dafür, Curio wendete aber durch
den ganz folgerechten Antrag, dass auch Pomp. seiner Statthalterschaft entsagen müsse, da beide in gleichem Falle seien,
schlau die Pfeile des Pompeius auf ihn selbst zurück. (B. G.
8. 52. Plut. Caes. 30. Cic. ad Fam. 8. 13, 2. Cassius Dio 40,62.
App. 2, 27). Natürlich wollte man darauf nicht eingehen; so
war für den Augenblick der Plan zu nichte gemacht, und die Verhandlung verlief ohne jedes Resultat. Caesar ging im Frühjahr
nach Oberitalien und wurde mit den lebhaftesten Huldigungen
empfangen (B. G. 8. 51), die ihm die Treue der Provinz verbürg-
ten. Die grosse Musterung im Gebiete der Treverer (B. G. 8.52)
war, abgesehen von der Wirkung, die sie auf Gallien haben sollte,
auch ein Schauspiel, das seinen Reflex nach Rom zurückwerfen
und einen Contrast bilden sollte zu den unzureichenden Hülfs-
mitteln des Pompeius, so grosse Illusionen er sich auch in dieser
Hinsicht machte. Er hatte sich in dieser Zeit wiederum seiner
Partei entzogen und hielt sich fern von Rom. Die Theilnahme,
die er nach der Genesung von einer schweren Krankheit in Neapel auf seiner Reise nach Rom gefunden hatte, bestärkte ihn in
dem Glauben, dass er der Erhebung von ganz Italien sicher sei.
In Rom zeigte er sich jedoch nicht entschiedener als vorher. Er
erklärte, dass er sein Imperium niederzulegen bereit sei und dies
zuversichtlich auch von Cäsar erwarte. Als ihn aber der unbequeme Curio aufforderte, diesen schönen Worten auch die That
folgen zu lassen, zog er sich grollend in seinen Garten zurück.
Man begnügte sich mit dem schwächlichen Beschlusse, dass sowohl Pom. als Cäsar eine Legion angeblich zum parthischen
Kriege abgeben sollte. Da forderte Pomp. die dem Cäsar geliehene Legion (B. G. 6. 1, 1) zurück, so dass dieser mit der eigenen, von ihm zu stellenden, zwei Legionen verlor. Er gab sie
ohne Weigerung, wiewohl er das Getriebe durchschaute (B. G.
8. 54, 1) und voraussah, dass die Legionen in Italien bleiben
würden, was auch geschah; für ihn war das Verfahren ein Grund
mehr, sich von seinem Heere nicht zu trennen; selbst Cicero kann
nicht umhin, die beiden Legionen *insidiose retentae* zu nennen.
Ep. ad Att. 7. 13, 2. Endlich nahm der Consul Marcellus die Verhandlungen wieder auf und liess, scheinbar eingehend auf die Forderung des Curio, dass beide Proconsuln ihr Heer entlassen sollten, über beide einzeln abstimmen, wobei die entschiedene Majo-
rität für Pompeius und gegen Cäsar stimmte, der demnach allein

niederlegen sollte. Als aber Curio die Abstimmung ungetrennt
über den ganzen Antrag verlangte und die Frage so stellte, ob
man wolle, dass beide niederlegten, stimmten 370 dafür, 22 dagegen. S. B. G. S. 52, 5, Appian 2. 30. Plut. Pomp. 58. Das über-
raschende Resultat wirft ein deutliches Licht auf die Stimmung
im Senate. Die Mehrzahl mochte die volle Berechtigung jener
Forderung fühlen, andere waren schlaff und unentschieden und
hofften auf diese Weise am besten aus dem Dilemma zu kommen;
ausserdem waren nicht alle Optimaten Cäsar's Gegner, sondern
er hatte auch Anhänger unter ihnen; nur wenige wünschten entschieden den Krieg aus thörichtem Vertrauen auf die Hülfsmittel
des Pompeius, die ruhigen und besseren schreckten vor dem
Ausbruche eines Kampfes zurück, da sie Einsicht genug besassen,
um Cäsar's geistige und in der augenblicklichen Lage begründete
Ueberlegenheit zu begreifen. Der Beschluss wurde nicht verkün-
digt, sondern der Senat sofort entlassen. Curio wurde von dem
Volke auf dem Forum mit Jubel empfangen, Marcellus aber begab
sich mit den für 49 designirten Consuln C. Marcellus und L. Lentulus Crus nebst anderen Gleichgesinnten, an dem Senate ver-
zweifelnd (βοῶν ʽνικᾶτε δεσπότην ἔχειν Καίσαρα' Appian
2. 30), zum Pompeius und forderte ihn auf, die Republik zu
vertheidigen und ermächtigte ihn, Truppen auszuheben. (Ξίφος
ὀρέγων τῷ Πομπηΐῳ ʽκελεύω σοι', ἔφη, ʽχωρεῖν ἐπὶ Καίσαρα ὑπὲρ τῆς πατρίδος· καὶ στρατιὰν ἐς τοῦτό σοι δί-
δομεν, ἥ τε νῦν ἀμφὶ Καπύην ἢ τὴν ἄλλην Ἰταλίαν ἐστὶ καὶ
ὅσην αὐτὸς ἐθέλοις ἄλλην καταλέγειν' App. a. a. O. 31. Pompeius nahm den Auftrag an ὡς κελευόμενος πρὸς ὑπάτων,
ἐπετίθει δ' ὅμως· ʽεἰ μή τι κρεῖσσον', ἀπατῶν ἢ τεχνάζων
καὶ τότε ἐς εὐπρέπειαν App. ebend.). Ohne Senatsbeschluss
also und nur durch die überstürzende Hast einer Partei wurde
eine Massregel ergriffen, die einer offenen Kriegserklärung an
Cäsar gleichkam. Umsonst hatte man die Schuld, den Krieg begonnen zu haben, auf Cäs. zu wälzen versucht, indem man das
Gerücht verbreitete, dass er mit 4 Legionen gegen Rom im Anzuge sei, wogegen Curio bewies, dass nur die dreizehnte Legion,
als Besatzung in die Städte vertheilt, diesseits der Alpen sei.
Cäsar war bei diesen offenbaren Rechtsverletzungen in entschie-
denem Vortheil, indem ihm durch das Verfahren der Gegner die
Nothwendigkeit erspart wurde, doch vielleicht endlich noch, um
seinen Willen durchzusetzen, zu Massregeln zu greifen, die als
Verfassungsverletzung erscheinen mussten. Man ging aber noch
weiter. Curio begab sich nach Niederlegung seines Tribunats am

10. Dec. zu Cäsar, der sich in Ravenna, also an der Grenze seiner
cisalpinischen Provinz aufhielt (συναφής τε ἦν τῇ Ἰταλίᾳ
καὶ τῆς Καίσαρος ἀρχῆς τελευταία Appian 2. 32), um ihn
zu bewegen, sofort gegen Rom zu ziehen. Darauf ging Cäsar
nicht ein, sondern schickte, um noch das letzte Mittel zu versuchen, den Curio am 29. Dec. mit einem sein Ultimatum enthaltenden Briefe an den Senat nach Rom, den dieser am 1. Jan. 49
den beiden Consuln Lentulus und Marcellus übergab. Diese Consuln waren entschiedene Gegner Cäsar's, von denen der erstere
den Krieg wünschte, um sich von seinen Schulden zu befreien
(Vellei. 2. 49), der andere ohne eigenen Willen und Energie ein
Werkzeug in den Händen seiner Verwandten, bes. seines Bru-
ders Marcus, Consul von 51, war. Dagegen war dem Curio ein
eben so gewandter, als dem Cäsar treu ergebener Volkstribun,
der bekannte M. Antonius gefolgt, dem sich der Tribun Cassius
Longinus anschloss. Den Inhalt des Briefes, der am Ende des
8. Buches de Bello Gallico ausgefallen und am Anfang des Bellum civile nicht näher bezeichnet wird, scheint am genauesten
Suet. Caes. 29. zu geben: *Senatum litteris deprecatus est, ne sibi
beneficium populi adimeretur, aut ut ceteri quoque imperatores
ab exercitibus discederent* *). (Appian 2. 32: περιεῖχε δὲ ἡ γραφὴ
κατάλογόν τε σεμνὸν ὧν ἐξ ἀρχῆς ὁ Καῖσαρ ἐπεπράχει, καὶ
πρόκλησιν, ὅτι θέλοι Πομπηΐῳ συναποθέσθαι, ἄρχοντος
δ'ἔτι ἐκείνου οὔτε ἀποθήσεσθαι, καὶ τιμωρὸς αὐτίκα τῇ τε
πατρίδι καὶ ἑαυτῷ κατὰ τάχος ἀφίξεσθαι. Cic. ad Fam.
16. 11, 2: *minaces ad senatum et acerbas litteras miserat et erat
adhuc impudens, qui exercitum et provinciam invito senatu teneret, et Curio meus illum incitabat*). Es folgten nun die Verhandlungen, mit denen Cäsar das erste Buch beginnt. Die Consuln weigerten sich Cäsar's Schreiben zum Gegenstand der
Berathung zu machen und liessen nur über die Lage des Staates

---

*) Cäsar selbst spricht in derselben Weise von seiner Forderung:
*cum litteras ad senatum miserit, ut omnes ab exercitibus discederent, ne
id quidem impetravisse* B. C. 1. 9, 3. Mommsen: R. G. 3. p. 354 und in der
Schrift: die Rechtsfrage zwischen Caesar und dem Senat p. 56 findet das
Ultimatum Cäsar's in den bei Suet. a. a. O. folgenden Worten ausgesprochen: *cum adversariis pepigit, ut dimissis octo legionibus transalpinaque
Gallia duae sibi legiones et cisalpina provincia vel etiam una legio cum Illyrico concederetur, quoad consul fieret.* Dasselbe findet sich auch bei App.
B. C. 2. 32 und Plut. Pomp. 59, aber bei beiden, wie bei Sueton, ausdrücklich
von dem Briefe an den Senat geschieden, so dass wir gewiss an Privat-
verhandlungen zu denken haben.

im Allgemeinen verhandeln. Metellus Scipio, der Schwiegervater
des Pompeius, stellte deñ Antrag, dass Cäs. bis zu einem bestimmten Tage das Heer entlassen, oder für einen Feind des
Vaterlandes erklärt werden solle (B. C. 1. 2, 7). Die Mahnungen
der Besonnenen wurden nicht gehört und die intercedirenden
Tribunen Antonius und Cassius mit den härtesten Massregeln
bedroht und endlich aus dem Senate verwiesen. Den Magistraten
der Stadt nebst den Proconsuln vor der Stadt, d. h. Pompeius,
(wiewohl auch Cicero, von der Verwaltung Ciliciens zurückgekehrt,
noch *ad urbem* war, s. zu 1. 5. 3) wurde mit der gewöhnlichen
Formel Vollmacht ertheilt, für das Wohl des Staates zu sorgen, ein Beschluss, der bisher nur in Fällen augenblicklicher
und dringender Gefahr gefasst worden war, also unter Umständen, die sicherlich jetzt noch nicht vorlagen (s. B. C. 1. 7, 5),
wenn auch Cic. ad Fam. 16. 11. 3 übertreibend sagt: *nunquam
maiore in periculo civitas fuit: nunquam improbi cives habuerunt
paratiorem ducem.* Die Curie wurde von Pompeianischen Soldaten umstellt und die Tribunen flohen, in ihrer Amtsheiligkeit
verletzt und der Gewalt weichend, wie sie sagten, wie Cicero
(ad Fam. 16. 11, 2) meint, *nulla vi expulsi,* als Sklaven verklei-
det in der Nacht auf den 7. Januar aus Rom und gingen mit Curio und Caelius zu Cäsar nach Ravenna (B. C. 1. 5. Plut. Caes.
31. Suet. 31. App. 2. 33). Mochten auch die Tribunen die ihnen
widerfahrene Behandlung absichtlich übertreiben, und der ganze
Aufzug bei der Flucht darauf berechnet sein, bei dem Volke und
dem Heere, zu dem sie gingen, die Grösse ihrer Gefahr zu zeigen
und Indignation zu erregen, so ist doch nicht zu leugnen, dass
das Verfahren gegen sie ungesetzlich war und dem Cäs. hinlänglichen Vorwand bot, zum Schutz des verletzten Rechts zu
den Waffen zu greifen, wie denn auch Cäs. in seiner Anrede an die
13. Legion darauf vorzügliches Gewicht legt (s. B. C. 1. 7). Die Soldaten erklärten, *sese paratos esse, imperatoris sui trib u n o r u m-
que plebis iniurias defendere.* Vergl. App. a. a. O. Auch Cicero
erkannte, dass in diesem Gebahren für Caes. eine Veranlassung
zum Kriege liegen müsse, ad Att. 7. 9, 2: *quum sit necesse, aut
haberi Caesaris rationem — aut si ob eam causam, quod ratio eius
non habeatur, exercitum adducat, armis cum eo contendere, illum
autem initium facere armorum aut statim nobis minus paratis,
aut tum, quum comitiis, ut e lege ratio habeatur, impetratum non
sit, ire autem ad arma aut hanc unam ob causam, quod ratio
non habeatur, aut addita causa, si forte tribunus pl. senatum
impediens aut populum incitans notatus aut senatus consulto cir-*

*cumscriptus aut sublatus aut expulsus sit dicensve se expulsum
ad illum confugerit.* Der Krieg war erklärt, aber nicht von Cäsar;
er hatte durch seine Zurückhaltung oder, wenn man will, seine
Klugheit die Form des Rechts unverletzt bewahrt und sich ge-
hütet, etwas gegen die Verfassung zu thun. Lag der Krieg in
seiner Absicht, so hatte ihm die überstürzende Hast der Senatspartei wenigstens die Nothwendigkeit erspart, zuerst die Waffen
zu ergreifen. Mag die moralische Schuld, durch die seit Jahren
consequent durchgeführten Massnahmen die Verwickelung herbeigeführt zu haben, mit auf ihm lasten, und der Krieg nur als
reife Frucht der letzten Jahre erscheinen; mag es gewiss sein,
dass der Entschluss, eine Umwälzung der Republik, auch mit
Waffengewalt, wenn es nöthig wäre, herbeizuführen, nicht erst
nach seinen Erfolgen in Gallien entstanden oder durch die letzten Streitigkeiten mit dem Senat und Pompeius veranlasst worden ist; — der Vorwurf, den Kampf muthwillig herbeigeführt zu
haben, trifft nur die Gegenpartei*). Für seinen reichen Geist war
der Krieg nicht der einzige Weg, um seinen Lebensplan durchzuführen, doch schreckte er auch nicht vor dem Kampfe zurück,
wenn er ihm angeboten wurde. Auch Cicero, der freilich in
seinen Briefen nach Zeit, Umständen und Stimmungen die verschiedensten Urtheile über Cäsar und die Veranlassung des Kriegs
fällt, muss das Geständniss ablegen '*vidi, nostros amicos cupere
bellum, hunc autem non tam cupere, quam non timere'*
ad Fam. 9. 6, 2. Man wollte keine Vereinigung; der mächtige
Imperator sollte gestürzt und vom Consulate ausgeschlossen
werden. Cicero schreibt unverhohlen an Atticus (7. 8, 4): *quod
quaeris, ecquae spes pacificationis sit, quantum ex Pompei multo
et accurato sermone perspexi, ne voluntas quidem est; hic
enim existimat, si ille vel dimisso exercitu consul factus sit,
σύγχυσιν τῆς πολιτείας fore***).

----

*) 'Es hätte vielleicht den Gang der Weltgeschichte geändert, wenn
Cäsar's Vorschlag Billigung gefunden hätte; allein die Catonianer und Pompeius waren schon zu weit gegangen, um es darauf ankommen zu lassen.
Die Republik schwankte nicht mehr bloss am Rande des furchtbaren Stru-
dels, sondern der Schwerpunkt lag bereits über denselben hinaus und der
mächtige Bau, aus allen Fugen weichend, stürzte unaufhaltsam in die Tiefe'
Mommsen a. a. O. p. 57.

**) Zur Characteristik der Lage möge hier das treffende Urtheil des
Velleius Platz finden 2. 49: *Lentulo et Marcello consulibus — bellum civile exarsit. Alterius ducis causa melior videbatur, alterius erat firmior;
hic omnia speciosa, illic valentia; Pompeium senatus auctoritas, Caesarem
militum armavit fiducia. Consules senatusque causae, non Pompeio, sum-*

Auf der andern Seite gab es auch wieder Manche, die meinten, Cäs. werde, wenn er sähe, dass man Ernst mache, zurücktreten und sich fügen, besonders weil er Galliens noch nicht sicher sei. Cic. ad Fam. 16. 12, 4: *Dilectus enim magnos habebamus putabamusque illum metuere, si ad urbem ire coepisset, ne Gallias amitteret, quas ambas habet inimicissimas praeter Transpadanos.* Das Selbstvertrauen der Partei, die der Versicherung des Pomp. glaubte, dass es ihm, sobald er nur wolle, an Legionen nicht fehlen könne (ὅπου γὰρ ἄν, lässt ihn Plut. Pomp. 57 sagen, τῆς Ἰταλίας ἐγὼ κρούσω τῷ ποδὶ τὴν γῆν, ἀναδύσονται καὶ πεζικαὶ καὶ ἱππικαὶ δυνάμεις), wurde gehoben durch falsche Gerüchte, welche die Führer der beiden von Cäs. abgegebenen Legionen aus Gallien brachten (εἴθ᾽ ὑπ᾽ ἀγνοίας εἴτε διεφθαρμένοι App. 2, 30), dass die Truppen Cäsar's von ihm abfallen wollten: αὐτὸν δὲ Πομπήϊον ἐλπίσι κεναῖς διέφθειραν ὡς ποθούμενον ὑπὸ τῆς Καίσαρος στρατιᾶς, Plut. Caes. 29; vergl. Plut. Pomp. 57, Caes. B. C. 1. 6, 2. Dies Alles diente dazu, den Pomp. über seine Macht zu täuschen, bei deren Schätzung er auch auf seine Legionen in Spanien verwies, die durch Cäs. von ihm abgeschnitten waren, und in seiner Sorglosigkeit und Unthätigkeit, über die sich seine Freunde, besonders Cicero, bitter beklagten, zu bestärken. Grosses Gewicht legten die Pompeianer auf den Abfall des Labienus (B. G. 8. 53, 3. Cass. Dio 41, 4), des bedeutendsten der Legaten Cäsar's im gall. Kriege, weil man dadurch einen tüchtigen Anführer zu erlangen hoffte und von der moralischen Wirkung dieses Uebertritts viel erwartete. Cic. ad Fam. 16. 12, 4: *Maximam autem plagam accepit, quod is, qui summam auctoritatem in illius exercitu habebat, T. Labienus, socius sceleris esse noluit: reliquit illum et est nobiscum multique idem facturi esse dicuntur.* Der Gewinn war nicht bedeutend; es schien, als ob sein Glück nur an Cäsar's Fahnen geknüpft sei; man hatte nichts als die Person gewonnen. Cic. ad Att. 8. 2, 3: *in Labieno parum est dignitatis.*

mam imperi detulerunt. Nihil relictum a Caesare, quod servandae pacis causo tentari posset; nihil receptum a Pompeianis, cum alter consul iusto esset ferocior, Lentulus vero salva republica salvus esse non posset, M. autem Cato moriendum ante quam ullam condicionem civis accipiendam reipublicae contenderet. Vir antiquus et gravis Pompei partes laudaret magis, prudens sequeretur Caesaris, et illa gloriosa, haec terribiliora duceret. Ut deinde spretis omnibus, quae Caesar postulaverat, tantummodo contentus cum una legione titulum retinere provinciae, privatus ut in urbem veniret et se in petitione consulatus suffragiis populi R. committeret decrevere, ratus bellandum Caesar cum exercitu Rubiconem transiit.

Cäsar hatte in dem Augenblicke, als er sich für den Krieg
entschied, nur eine Legion bei sich, die dreizehnte; die übrigen
standen noch jenseits der Alpen.   Hätte man in Rom die Beschlüsse so rasch und eilig ausgeführt, wie sie mit Ueberstürzung gefasst waren, und Cäs., wenn auch Pomp. zur Zeit nur
die zwei von Cäs. erhaltenen Legionen hatte, sogleich angegriffen,
so konnte viel gewonnen werden. Aber man beurtheilte ihn nach
der eigenen Schwäche und Unentschlossenheit und glaubte nicht,
dass er verwegen genug sein würde, um mit so geringen Mitteln
den Kampf zu wagen. *Videtur, si insaniet, posse opprimi* Cic.
ad Fam. 16. 12, 4. Es war nicht das erstemal, dass Cäsar seine
Kühnheit und Entschlossenheit rettete.   Im Vertrauen auf sein
Talent und seine Truppen, die er für den Kampf begeisterte
(1. 7) und mit richtiger Würdigung seiner Gegner und ihrer
mangelhaften Rüstung, überschritt er in der Mitte des Januar
den Rubicon.   Die moralische Wirkung dieses Unternehmens
war von der grössten Bedeutung für den ganzen Erfolg des Kriegs;
ganz Italien fiel ihm zu. In Rom erschrack man über die Kühnheit (Cic. ad Att. 8. 9 a. E.: *hoc τέρας horribili vigilantia, celeritate, diligentia est. Plane quid futurum sit nescio*), und die Verwirrung und Rathlosigkeit war grenzenlos; die Flucht war allgemein, weil man von dem verletzten Gegner, den man nach der
eigenen Leidenschaft beurtheilte, Marianische Scenen erwartete.
Die Mangelhaftigkeit der Vorsichtsmassregeln des Pomp. zeigte
sich im Augenblicke der Gefahr am deutlichsten (Cic. ad Att. 7.
15, 3: *sumus enim flagitiose imparati, cum a militibus, tum a
pecunia*), und er musste von den enttäuschten Freunden bittere
Worte hören.   Plut. Pomp. 60. 61. Caes. 33. Cato 52. In dem
ersten Buche des B. civ. tritt uns dagegen der eminente Geist
Cäsar's im glänzendsten Lichte entgegen.   Ein wohlberechnetes
und glücklich ausgeführtes Unternehmen folgt auf das andere;
er lässt den Feind, der Anfangs Fehler über Fehler macht, keinen
Augenblick in Ruhe; überall ist er früher, als man ihn erwarten
konnte; wie im Fluge durcheilt er Italien (*volare dicitur* Cic. ad
Att. 10. 9, 1). Betrachtet man, um nur bei dem Anfange des
Krieges stehen zu bleiben, ausser der schnell und ohne Blutvergiessen durchgeführten Eroberung Italiens (*ambulando bellum
confecerunt* Cic. ad Att. 8. 15, 4) den spanischen Feldzug und
die Unterwerfung des Landes trotz der grössten Schwierigkeiten
in wenigen Wochen (2. 32), eine der glänzendsten Partien in
Cäsar's Feldherrnlaufbahn, die schnelle Organisation seines Heeres, die gleichzeitige Ordnung der politischen Angelegenheiten

Italiens, so muss die grossartige Entfaltung seiner geistigen Kraft in Erstaunen setzen. Er hatte vor seinen Gegnern unter anderm das voraus, dass in seinen Plänen die grösste Einheit herrschte, weil er allein gebot; in der Pompeianischen Partei dagegen war Schwankung und Unsicherheit, kein entschiedenes Zusammenwirken, nicht einmal klare Einsicht in den eigentlichen Feldzugsplan des Anführers. Die Zerrissenheit zeigt sich am deutlichsten in den Briefen des Pomp. an Domitius bei Cic. ad Att. 8. 12. B. C. D. Die Absicht des Pomp., sich über das Meer zurückzuziehen, billigten die Seinigen nicht, da sie die Entscheidung in Italien wollten; in Folge der Spaltung der Kräfte ging Italien verloren. Cäsar war ferner im Vortheil durch sein Heer, das von ihm geschaffen und mit ihm verwachsen im neunjährigen Kampfe geübt war, für Cäsar die wichtigste Errungenschaft seines gallischen Kriegs. Ueber Cäsar's Armee, ihre Tüchtigkeit, Disciplin und Stellung zum Feldherrn s. Mommsen R. G. 3. p. 359—363. Acht Legionen standen im transalpinischen Gallien, die 13. war in Oberitalien (s. zu 1. 7, 7). Zu diesen kamen die Truppen, die ihm in Italien, zum Theil von Pompeius geworben, zufielen und seine erprobte gallische und germanische Reiterei. Alle diese Truppen standen im innigsten Zusammenhang mit dem Feldherrn, der sie durch den Glanz seines Namens, den Zauber seiner Persönlichkeit, den Tact in der Behandlung seiner Leute (Einl. zu B. G. p. 27 u. 28; vergl. sein Verhalten gegen sie bei Dyrrhachium B. C. 3. 73) an sich gefesselt hatte. Dies war bei Pomp. Truppen nicht der Fall, die mit Ausnahme der spanischen Legionen, die er nicht selbst führte, erst zu diesem Kriege geworben, wenig geübt und zum Theil, wie die beiden von Cäs. erhaltenen Legionen, nicht einmal zuverlässig waren. Hatte Cäs. von jeher durch die Eigenthümlichkeit seines Wesens und seiner Tendenz die Gemüther gewonnen, so fand er auch jetzt ungleich grössere Sympathie auch ausserhalb Italiens (wie in Sicilien und Sardinien, die er ohne Schwertstreich durch seine Abgesandten Curio und Valerius gewann), als der Vertreter der röm. Aristokratie, der sich die Völker nicht eben zu grossem Dank verpflichtet glaubten. Pompeius hatte sich hinsichtlich der Stimmung der Völker getäuscht und war von den Seinigen irre geführt worden. Durch die Mässigung, mit der Cäs. die über seine Gegner gleich am Anfang errungenen Vortheile benutzte, und die Milde, mit der er allen verzieh, die in seine Hände fielen, während man Sullanische Proscriptionen gefürchtet hatte, gewann er die allgemeine Stimmung für sich und ein moralisches Uebergewicht über die Gegner.

Pomp. hatte jeden röm. Bürger, der es nicht mit seiner Partei
halten würde, für seinen Feind erklärt; Cäs. liess dagegen bekannt machen, dass er die Neutralbleibenden für seine Freunde
ansehen wollte (Suet. c. 75. Cic. ad Att. 11. 6, 2 u. 6. B. Civ. 1.
33). So mussten alle Neutralen ihm den Sieg wünschen, während sie im entgegengesetzten Falle Alles zu fürchten hatten. Die
Genossen des Pomp., die den Krieg gewünscht hatten, um sich
von ihren Schulden zu befreien, wie der Consul Lentulus, Scipio,
Scribonius Libo (B. Civ. 1. 4. Cic. ad Att. 9. 11, 4), zeigten die
schmachvollste Habgier (B. Civ. 1. 4. 3. 31. 32. Cic. ad Att. 11.
6, 2.) und Grausamkeit, dass selbst die Freunde ihrem Siege mit
Bangigkeit entgegen sahen. *In oratione ita crudeles, ut ipsam
victoriam horrerem* Cic. ad Fam. 7. 3. vergl. ad Fam. 4. 9, 3 u.
4. 14, 1: *bellum, cuius exitus ex altera parte caedem ostendit,
ex altera servitutem*; ad Att. 8. 11, 2 u. 11. 6, 2: *Tanta erat illis
crudelitas, ut non nominatim, sed generatim proscriptio esset informata.* Cäsar dagegen war durch sein menschliches und klu-
ges Benehmen schon vor der Schlacht bei Pharsalus Sieger des
Pompeius. Mag man auch annehmen, dass bei dieser Milde politische Berechnung mitgewirkt hat, gewiss ist, dass sie in seinem ganzen Wesen begründet war (s. Einl. zum B. G. p. 16).
Man vergl. Cäsar's eigene Briefe an Cicero (ad Att. 9. 16) und an
Oppius und Balbus (9. 7 C), wo er unter anderm sagt: *Tempte-
mus, hoc modo si possumus omnium voluntates recuperare et diu-
turna victoria uti, quoniam reliqui crudelitate odium effugere non
potuerunt neque victoriam diutius tenere praeter unum L. Sullam,
quem imitaturus non sum. Haec nova sit ratio vincendi, ut misericordia et liberalitate nos muniamus.* Wer geneigt ist, diese
Aeusserungen und viele ähnliche im Bellum civile nur eben für
Heuchelei zu halten, muss wenigstens zugeben, dass er es nicht
bei den glatten Worten bewenden liess, sondern während des
ganzen Kriegs jene Gesinnung bethätigte.

Alle diese in der Lage der Dinge und in seiner Persönlichkeit beruhenden Vorzüge gaben ihm ein Uebergewicht über Pompeius, dessen Verschlossenheit und kalte Berechnung wenig geeignet war, ihm grosse Sympathie zu erwecken. Es lastete auf
ihm der Druck der Unbeliebtheit der Partei, die er vertrat. Die
Unsicherheit des Auftretens bei Beginn des Kriegs erregte wenig
Hoffnung. Mochte er den Glauben für sich haben, dass er die
gute Sache, die Freiheit der Republik vertheidigte, und dass von
ihm und den Optimaten die alte Verfassung gegen Cäsar's Ge-
waltherrschaft vertreten werde, die schärfer sehenden wussten

doch, dass er keine andere Absicht hatte, als Cäsar, dass auch er
regieren wollte. Cic. ad Att. 8. 11, 2: *Dominatio quaesita ab utroque est, non id actum, beata et honesta civitas ut esset.* — *Neutri*
σκοπός est ille, ut beati simus; uterque regnare vult. Vergl. ad
Att. 10. 7, 1. Dass das Staatsgebäude morsch sei und dass, wie Tac.
Ann. 1, 9 sagt, *non aliud discordantis patriae remedium fuisse,
quam ut ab uno regeretur,* erkannten Viele; die Frage aber, wer
den Act vollziehen sollte, und unter wessen Herrschaft Rom glücklicher sein würde, wurde natürlich nach dem Parteistandpunkte
verschieden beantwortet.

Bei der Beurtheilung der Lage des Pompeius dem Cäs. gegenüber ist ein Moment hervorzuheben, das zugleich über den
ganzen Feldzugsplan des Pomp. Licht verbreitet. Der Entschluss
desselben, sich aus Italien zurückzuziehen, ist schon von seinen
Zeitgenossen sehr verschieden beurtheilt worden; während die
Einen ihn für einen grossen Fehler*) und ein Verbrechen hielten (Cic. ad Att. 8. 11, 2. 9. 11. 4. u. a.), priesen ihn die Andern als ein Meisterstück der Kriegskunst. S. Plut. Pomp. 63:
Οἱ μὲν οὖν ἄλλοι τοῦ Πομπηΐου τὸν ἀπόπλουν ἐν τοῖς
ἀρίστοις τίϑενται στρατηγήμασιν, αὐτὸς δὲ Καῖσαρ ἐϑαύ-
μαζεν, ὅτι καὶ πόλιν ἔχων ὀχυρὰν καὶ προσδοκῶν τὰς ἐξ
Ἰβηρίας δυνάμεις καὶ ϑαλασσοκρατῶν ἐξέλιπε καὶ προή-
κατο τὴν πόλιν. Man würde entschieden Unrecht thun, wenn
man das Verlassen Italiens eine feige Flucht nennen und nicht
vielmehr annehmen wollte, dass sich Pompeius über die Nothwendigkeit und Nützlichkeit dieser Massregel, nachdem er in Italien auf keine Erfolge rechnen konnte, klar gewesen sei. 'Dem
Pompeius stand nämlich seit dem Seeräuber- und Mithridatischen
Kriege der ganze Osten zu Gebote. Er hatte dort weite Gebiete
erobert, andere, nachdem sie verloren worden, wieder unterworfen, hatte die Provinzen nach seinem Gutdünken geordnet und
Könige und Fürsten eingesetzt. In Folge davon war er für diesen ganzen Theil des röm. Reichs der Repräsentant des herrschenden Volks, und er konnte sich daher völlig versichert hal-

---

*) 'Rom hätte er behaupten sollen; hier musste er beim Ausbruch der
Bürgerkriege seine ganze Macht zusammenziehen; man muss alle seine
Truppen beisammenhalten; denn sie electrisiren einander und fassen Zu-
trauen zur Stärke der Partei; sie bekommen Anhänglichkeit und bleiben
treu. Wären die 30 Cohorten des Domitius mit den 2 ersten Legionen des
Pomp. vor Rom aufgestellt, die Legionen aus Spanien, Afrika, Aegypten,
Griechenland zur See zumal nach Italien gezogen worden, so hätte er frü-
her als Cäsar ein stärkeres Heer als dieser beisammengehabt.' Napoleon
Uebersicht der Kriege Cäsar's (Stuttgart 1836) p. 119.

ten, dass ihm die Hülfsmittel desselben unbedingt zu Gebote
standen. Nun waren aber diese Hülfsmittel ausserordentlich reich,
sie bestanden hauptsächlich in Geld und Schiffen; denn nur im
Osten gab es bedeutenderen Handel und Schifffahrt treibende
Staaten; Beides konnte ihm für den Krieg von grossem Nutzen
sein, insbesondere die Schiffe, die es ihm möglich machten, das
ganze mittelländische Meer zu beherrschen, mit Leichtigkeit Truppen nach allen beliebigen Punkten zu werfen und das Haupt-
heer, es mochte seine Stellung haben, wo es wollte, überall reichlich mit Zufuhr zu versehen. Dazu kam noch die grosse Ausdehnung dieser Länder, die sich vom adriatischen Meere bis zu
den Parthern und vom thracischen Bosporus bis an die südlichen
Grenzen von Aegypten erstreckten: denn auch dieses letztere
Land war, wenn auch noch unter eigenen Königen stehend, dennoch den Römern nicht minder unterthan. Wie also, wenn
Pomp. alle diese günstigen Verhältnisse benutzte, um den Cäs.
durch ein wohlberechnetes Defensivsystem zu ermüden und ihm
ohne Schlacht doch endlich durch Mangel und Strapazen zu besiegen? Es ist wohl kein Zweifel, dass dies der Plan des Pomp.
war und dass er ihn gleich von Anfang an befolgte. Eine solche
Art der Kriegsführung entsprach nicht nur den obwaltenden
Umständen, sondern auch seinem eigenen ängstlichen und vor-
sichtigen Wesen, und nur wenn wir diesen Plan voraussetzen,
wird es begreiflich, dass er nach Griechenland und nicht vielmehr nach Spanien ging. Auch verfuhr er in der That so lange
nach diesem Plane und zwar mit dem erwünschten Erfolg, bis
er endlich wider seinen Willen und zu seinem Unheil von demselben abzugeben genöthigt wurde.' Peter, Geschichte Roms
Bd. 2. p. 331.

Das Vorstehende wird hinreichen, um die Lage und Verhältnisse Roms vor dem Kriege, die Veranlassungen zu demselben, die Stellung der Parteien und ihrer Führer vor und bei dem
Beginn des Kampfes, soweit es zum Verständniss der vorliegenden Schrift nöthig schien, zu schildern. Für den weiteren Verlauf des Kriegs verweisen wir auf Cäsar's eigene Darstellung.

Er hat in seinen 3 Commentaren die Beschreibung des Bürgerkriegs bis zum Anfang des alexandrinischen Kriegs fortgeführt. Sie
umfassen also die Zeit von 2 Jahren, so dass gegen seine sonstige
Gewohnheit, nach welcher jeder Commentar immer die Vorgänge
eines Jahres zum Gegenstande hat (B. G. 8. 4S, 10), die beiden
ersten Bücher das Jahr 49 umfassen, wozu ihn jedenfalls der
Reichthum und die Mannigfaltigkeit des Stoffes veranlasst hat,

zumal da im 2. Buche in der Hauptsache die Thaten seiner Un-
terfeldherrn geschildert werden. Dass Cäs. die Beschreibung des
Kriegs weiter zu führen gesonnen war, sieht man schon daraus,
dass er eben noch die Anfänge des alexandrinischen Kriegs mit
in seine Darstellung zieht, wie es überhaupt nicht wahrscheinlich
ist, dass er sich nur auf diesen Theil des Bürgerkriegs habe beschränken wollen. Es ist vielmehr anzunehmen, dass er die Abfassung dieser Commentare, die er jedenfalls, wie die über den
gallischen Krieg (Einl. zu B. G. p. 36) nicht einzeln am Ende
jedes Feldzugs, sondern hinter einander und in einem Zuge
schrieb*), erst nach dem afrikanischen Kriege und nach der
Besiegung der Pompeianer in Spanien (45) begonnen habe, und
dass er an der Vollendung und Herausgabe durch seinen Tod verhindert worden sei. S. Nipperd. p. 4 u. 5.

Ueber die Glaubwürdigkeit Cäsar's ist in der Einleitung z. B. G.
p. 37 u. folg. gesprochen und versucht worden zu zeigen, dass
man Unrecht thun würde, wenn man Cäsar's Denkwürdigkeiten
zu blossen Parteischriften, die nur darauf berechnet seien, sein
Verfahren unter allen Umständen zu rechtfertigen, herabziehen
wollte, so nahe auch bei der Geschichte des Bürgerkriegs dieser
Gedanke liegt; während auf der andern Seite grosse Befangen-
heit und Leichtgläubigkeit dazu gehörte, wenn man annehmen
wollte, Cäs. habe die günstige Gelegenheit, sich und seine Handlungsweise in einem vortheilhaften Lichte zu zeigen, verschmäht.
Einem solchen Reiz wird nicht leicht irgend ein Geschichts-
schreiber seiner eigenen Thaten widerstehen. Bedarf es doch
dazu nicht einmal der Annahme einer absichtlichen Verdrehung
und Verhüllung der Wahrheit, da der Parteistandpunkt von selbst
das Urtheil leitet und gestaltet, während der unbefangene Beobachter, der über den Verhältnissen steht, die Sache oft mit andern Augen ansehen wird. Ihm musste daran gelegen sein, das
Urtheil über sich und seine Gegner festzustellen, was für ihn
noch von dauernderer Wichtigkeit war, als die Begründung der
Meinung über die Vorgänge im gall. Kriege; vor Allem mufste
es sein Streben sein, die Ueberzeugung allgemein zu machen,
dass nicht er, sondern seine Gegner den Ausbruch des Kriegs
veranlasst haben, und dass er zu dieser Auffassung berechtigt
war, haben wir oben gesehen. Man hat sich viel Mühe gegeben,
absichtliche Entstellungen der Wahrheit, geflissentliche Verhül-

---

*) Dies beweisen auch Stellen wie 3. 57, 5: *reliquis (diebus) ad collo-
quium non admittitur* (Clodius) *castigato Scipione a Favonio, ut postea
confecto bello reperiebamus.* Ebenso c. 60, 4.

lungen minder ehrenvoller Vorfälle nachzuweisen und alle Stellen
zu sammeln *), in denen er seine Handlungsweise ungebührlich
beschönigt, die Gegner mit Uebermuth und Ironie herabzieht,
ihre Kriegsführung tadelt und ihre tüchtigen Leistungen verschweigt, seine eigenen Thaten, sein Glück und das Gelingen
seiner Unternehmungen stolz erhebt und seine Verluste geringer
darzustellen sucht, wiederholt seine friedliche Gesinnung und
Milde, an deren Ernst man nicht glaubt, hervorzuheben sucht;
kurz man hat seine Zuverlässigkeit als Berichterstatter sehr scharf
und oft mit einer gewissen Gereiztheit controllirt und viel zwischen
den Zeilen gelesen. Manche dieser Bemerkuugen beruhen auf
offenbarer Verkennung der Thatsachen und des Charakters der
Memoiren, die keine Geschichte im eigentlichen Sinne des Wortes sein sollen und können, so dass wir ihn nicht für jede Uebergehung von Vorfällen, die wir aus anderen Schriftstellern kennen,
verantwortlich machen oder ihm eine Absichtlichkeit unterschie-
ben dürfen, wie wenn z. B. Vossius de Histor. Lat. p. 63 als einen
Beweis, dass Cäs. nicht offenherzig sei, anführt, dass er 3. 111
verschwiegen habe, dass durch das Feuer, das er in Alexandria
auf die Schiffe werfen liess, die berühmte alexandrinische Bibliothek, des Serapeum, mit verbrannt sei (Plut. Caes. 49. Cass. Dio
42, 38. Ammian. Marcell. 22, 16), eine Notiz, zu deren Erwähnung
keine dringende Nothwendigkeit vorlag, sowie man auch den von
einem neueren Historiker vermissten Ausdruck des Schmerzes,
den er empfand, als die Papyrusrollen verbrannten, dem Feldherrn gern erlassen wird. Nicht viel anders verhält es sich mit
der bekannten Stelle 3. 104, wo er 'kalt und herzlos' bei dem Bericht über den Tod des Pomp. nichts weiter sagt, als *naviculam parvulam conscendit cum paucis suis et ibi ab Achilla et
Septimio interficitur.* Wenn er sich bei dieser Gelegenheit so
theilnehmend und edel benommen hat, wie andere Schriftsteller,
gewissermassen besser für seine Ehre sorgend als er selbst, ihm
nachrühmen, so hatte er wenigstens keinen Grund, nicht offenherzig zu sein; wir werden vielmehr dergleichen Stellen aus der
knappen Form rein obiektiver Darstellung zu erklären oder, wenn
es nöthig ist, zu entschuldigen haben. Hätte er seine Gefühle bei
der Leiche des grossen Gegners ausgesprochen, wer weiss, welche

---

*) Vergl. unter andern Döring: *de C. Iulii Caesaris fide historica.*
Freiberg 1837. Schneider in Wachlers Philomathie 1. p. 173—200.
Ueber einzelne Stellen wird, da ein genaueres Eingehen hier zu weit führen würde, in den Anmerkungen, wo es nothwendig scheint, das Nöthige
beigebracht werden.

‘Ironie’ man herauslesen würde. Wird ihm doch sogar zum Vorwurf gemacht, dass er die berühmte Scene am Rubicon nicht geschildert und von seinem Schwanken und seiner Unschlüssigkeit,
bevor er den entscheidenden Schritt that, nichts berichtet hat,
gleichsam als hätte er an der Gerechtigkeit seiner Sache gar nicht
zweifeln können. Es ist mehr als wahrscheinlich, dass Cäsar an
der ganzen dramatisch ausgeschmückten Geschichte unschuldig
ist. Auch Vellei. 2, 49 und Cass. Dio 41, 4 erwähnen nichts
davon. Dass er seine Siege grösser und seine Verluste geringer
darstellt, als sie wohl waren (z. B. 2, 35. 3, 37. 53. 99), kann
zugegeben werden, obwohl man an der Wahrheit eben nur zweifeln und nicht immer bestimmte Thatsachen entgegenhalten kann.
Dass er bei Pharsalus nur 200 Soldaten und 30 Centurionen,
Pompeius dagegen 15000 Mann verloren habe, ist vielleicht nicht
sehr wahrscheinlich und stimmt auch nicht mit anderen Nachrichten überein. Wir wissen aber auch, dass es dem Cäsar in
dieser Hinsicht an Nachfolgern bis auf die neueste Zeit herab
nicht gefehlt hat *). Dass er dem Reiz, in der Darstellung eines
Parteikampfes auf seine Gegner, von denen manche vielfache
Blössen boten und auch von anderen Berichterstattern nicht geschont werden, hin und wieder im Vorbeigehen einige Schlag-
schatten fallen zu lassen, nicht widerstanden hat, darf uns nicht
wundern; er giebt eben seine individuelle, wenn auch oft vom
Parteistandpunkte bedingte und eingegebene Auffassung, die wir
immerhin für falsch und unwahr halten können, aber sofort für
absichtliche Verdrehung zu erklären kein Recht haben. Wird es
dem über den Verhältnissen stehenden und persönlich unbethei-
ligten Historiker oft schwer, sich in seinem Urtheile immer frei
zu erhalten, so kann man von einem Schriftsteller, der in einem
entscheidenden Parteikampfe sich selbst zu vertreten hat, nicht

---

*) S. dagegen die Uebersicht der Kriege Cösar's von Napoleon p. 143
(Stuttg. Ausgabe): ‘Aehnliche Ergebnisse sehen wir bei allen Schlachten
der Alten; bei neueren Heeren ist Solches ohne Beispiel. Allerdings ist auch
hier der Verlust an Todten und Verwundeten stärker und geringer, aber
nur im Verhältniss von eins zu drei. Die Wurfgeschosse der Alten richte-
ten im Allgemeinen wenig Schaden an, die Heere wurden alsbald mit blanken Waffen handgemein. Damit verlor der Besiegte natürlich viel Leute, der
Sieger weniger. — Da sich die alten Heere mit blanken Waffen schlugen, so
mussten sie aus geübteren Leuten bestehen; es waren lauter Zweikämpfe.
Ein aus tüchtigeren und älteren Leuten bestehendes Heer war nothwendig
ganz im Vortheil. — Beide Heere zu Pharsalus bestanden aus Römern und
Hülfsvölkern, aber mit dem Unterschiede, dass Cäsar's Römer an die nordischen Kriege gewöhnt waren, die des Pompeius an die asiatischen’.

eine Freiheit des Standpunktes, eine Unparteilichkeit und Unbefangenheit fordern, durch die er sich selbst und seine Sache aufgeben würde. Die Stellung, die er Jahrelang unbeschränkt in Gallien eingenommen hatte, der Ruhm seiner Thaten, die Fehler, die die Gegenpartei unverkennbar gemacht, das Glück, mit dem er gegen die feindliche Macht gekämpft hatte, kurz Alles trug dazu bei, ihm eine Sicherheit und Ueberlegenheit zu geben, die sich an vielen Stellen unverhohlen und oft mit einem gewissen Uebermuth ausspricht, wie er denn überhaupt im Bellum civile seine Persönlichkeit mehr hervortreten lässt, als in der Geschichte des gallischen Kriegs. Der Kampf war nun einmal mehr persönlicher Natur; im gall. Kriege lässt er mehr die Thatsachen reden, im Bürgerkriege treten die Leiter hervor; dort stand er rohen, undisciplinirten Massen entgegen, hier Bürgerheeren, die von einem Feldherrn, der eine ruhmvolle kriegerische Vergangenheit hinter sich hatte, geführt wurden; der ganze Krieg stand den römischen Verhältnissen und der Beurtheilung seiner Zeitgenossen näher als jener, und seine Darstellung musste daher auch mehr darauf berechnet sein, das Urtheil derselben zu leiten. Daher lässt er die Gelegenheiten, die ihm seine Gegner zum Angriff darboten, nicht unbenutzt vorübergehen; aber seine Bemerkungen sind immer so mit der Erzählung der Thatsachen selbst verflochten, dass sie sich ganz von selbst zu ergeben scheinen (vergl. die treffende Schilderung der Siegesgewissheit der Pompeianer vor der Schlacht bei Pharsalus 3. 82 u. 83). Der Sarkasmus liegt oft nur in einem geschickt gewählten Worte oder einer passenden und überraschenden Wendung, der jede Absichtlichkeit fern zu liegen scheint, wie z. B. in dem treffenden Oxymoron 3. 31, 1: *His temporibus Scipio detrimentis quibusdam circa montem Amanum acceptis imperatorem se appellaverat.* Auf andere Stellen wird in den Anmerkungen aufmerksam gemacht werden.

Das bekannte Urtheil des Asinius Pollio (Suet. 56. s. Einl. z. B. G. p. 35), dass er manches absichtlich, manches unwissentlich, *memoria lapsus*, falsch dargestellt habe, findet besonders durch eine vielfach zum Nachtheile Cäsar's benutzte Stelle Bestätigung, B. C. 1. 14, wo er erzählt, dass, als es hiess, er rücke gegen Rom vor, sich ein solcher Schrecken in der Stadt verbreitete, dass der Consul Lentulus, der auf Befehl des Senats sich in die Schatzkammer begeben hatte, um Geld für Pomp. herauszunehmen, geflohen sei, ohne die Thür zu verschliessen, so dass also Cäs., was er freilich verschweigt, ungehindert Geld für sich her-

ausnehmen konnte, während andere Schriftsteller (Plut. Caes. 35.
App. 2. 41. Cass. Dio 41. 17. Flor. 4. 2. 21) berichten, dass er
das Aerarium, indem er den sich widersetzenden Tribun L. Metellus mit dem Tode bedrohte, gewaltsam öffnete (vergl. Anm.
zu 1. 33, 3). Und allerdings gehört diese Stelle zu den stärksten
und auffallendsten, weil die Entstellung, da das Sachverhältniss
Allen bekannt sein musste, doch etwas zu plump erscheint und
die Angabe, dass der Consul bei jenem blinden Lärm nicht einmal so viel Zeit sich genommen habe, um die Thür wieder zu
verschliessen, fast an's Komische streift. Man würde, da er die
Kunst zu verschweigen wohl verstand, wie er sie in Beziehung
auf das entnommene Geld wirklich übt, nicht begreifen, warum
er die Sache nicht lieber ganz übergangen hat, wenn man nicht
annehmen müsste, dass ihm bei dem Versuch, die öffentliche
Meinung in einer für ihn nicht ehrenvollen Angelegenheit, die
auch von dem Volke nicht gut aufgenommen worden war (Cic.
ad Att. 10. 4, 8; s. Anm. zu 1. 33, 3), in seinem Sinne zu be-
richtigen, die Ueberlegenheit der Stellung, die er zur Zeit der Abfassung der Commentare einnahm, zu Hülfe kam, bei der er seinen Lesern auch so etwas bieten zu können glaubte. (Vergl.
u. a. auch die Anm. zu 3. 33, 2). So wenig wir uns durch das
Interesse, dass wir an einer so ausgezeichneten Persönlichkeit
nehmen, verführen lassen dürfen, Alles, was er thut, zu beschönigen, eben so wenig dürfen wir ihm, wie dies bei Beurtheilung
seiner Glaubwürdigkeit oft geschieht, überall in der Auffassung
und Darstellung der Verhältnisse Absichtlichkeit und kleinliche
Motive unterlegen, die weder seinem ganzen Wesen entsprechen,
noch der Höhe des Standpunktes, den er zur Zeit der Abfassung
der Commentare einnahm, d. h. zu einer Zeit, in der ihm Niemand mehr die Herrschaft streitig machte und kein Nebenbuhler
mehr zu beseitigen war, ein Umstand, der für die Beurtheilung
dieser Bücher gewiss nicht ohne Wichtigkeit ist.

ZEITTAFEL

DER IN CAESARS BÜCHERN ÜBER DEN BÜRGERKRIEG ERWÄHN-
TEN EREIGNISSE NACH DEM NICHT BERICHTIGTEN KALENDER.

705 p. u. c. — 49 a. Chr. n.

—

CONSULN: C. CLAUDIUS MARCELLUS, L. CORNELIUS LENTULUS CRUS.

———

1.	Jan.	Cäsar's Schreiben wird im Senat verlesen und darüber am 1. und 2. verhandelt.
3. u. 4.	-	Pompeius trifft seine Vorbereitungen, den Senat zu entscheidenden Beschlüssen gegen Cäsar zu drängen.
5. u. 6.	-	Der Senat bestätigt das Decret gegen Cäsar, die Tribunen Antonius und Cassius werden für Feinde des Staats erklärt, den Magistraten wird unbeschränkte Vollmacht gegeben, alles zu thun, was sie zur Rettung des Staats für erforderlich halten würden.
7.	-	Antonius und Cassius fliehen zu Cäsar.
8. u. 9.	-	Der Senat fasst die zur Kriegführung erforderlichen Beschlüsse.
13.	-	Cäsar kommt in Ariminum an, nachdem er in der Nacht über den Rubico gegangen war.
14—16.	-	Cäsar besetzt Ariminum, Pisaurum, Ancona und Arretium.
18.	-	Pompeius verlässt Rom.
19.	-	Die Consuln verlassen Rom.
20.	-	Die übrigen Häupter der Pompeianischen Partei verlassen Rom.
25.	-	L. Cäsar und der Prätor Roscius unterhandeln in Cäsar's Auftrag mit Pompeius in Teanum.
27.	-	Die Cäsar zu ertheilende Antwort wird in einer Versammlung der Pompeianer in Capua definitiv festgesetzt.
31.	-	Cäsar empfängt die nicht befriedigende Antwort der Pompeianer und setzt die inzwischen eingestellten Kriegsoperationen fort.
4.	Febr.	Curio nimmt Igovium.
7.	–	Cäsar concentrirt seine Truppen vor Auximum und nimmt diese Stadt.
10.	-	Cäsar erobert Asculum.
14.	-	Die Belagerung von Corfinium wird angefangen.
17.	–	Pompeius empfängt in seinem Hauptquartier Luceria die Nachricht, dass Domitius in Corfinium belagert werde.
20.	–	Pompeius ist auf dem Rückzug nach Brundisium in Canusium.
21.	–	Cäsar erobert Corfinium und tritt noch an demselben Tage seinen Marsch nach Apulien an. Pompeius verlässt Canusium.

1.	März.	Auf dem Marsche nach Brundisium ist Cäsar in Arpi.
9.	-	Cäsar kommt vor Brundisium an.
17.	-	Pompeius verlässt Brundisium gegen Abend und setzt sein Heer nach Griechenland über.
18.	-	Cäsar zieht in Brundisium ein und tritt seine Reise nach Rom an.
25.	-	Cäsar ist auf der Reise nach Rom in Capua.
27.	-	Cäsar ist in Sinuessa.
28.	-	Cäsar kommt in Formiä mit Cicero zusammen.
30.	-	Cäsar langt vor Rom an.
1—3.	Apr.	Cäsar verhandelt drei Tage fruchtlos mit dem Senat und reist wenige Tage darauf, wahrscheinlich am 5., nach Spanien ab.
13.	-	Curio ist auf der Reise nach Sicilien in Cumä.
17.	-	Cäsar ist noch unterwegs.
24.	-	Cato räumt Sicilien bei Curios Annäherung.
21.	Juni.	Gefecht der 2 Fabianischen Legionen bei den Brücken.
23.	-	Cäsar trifft bei Ilerda ein.
27.	-	Unglückliches Gefecht der Cäsarianer bei Ilerda.
29.	-	Grosse Regengüsse, die Cäsar in eine bedenkliche Lage bringen.
25.	Juli.	Bald nach Mitternacht treten die Afranianer ihren Rückzug von Ilerda an und lagern am Abend dieses Tages bei Grannosa. Cäsar schlägt sein Lager auf dem nächsten Hügel auf.
26.	-	Beide Theile bleiben in der eingenommenen Stellung.
27.	-	Cäsar umgeht die Afranianer.
28.	..	Der Versuch der Afranianer, mit Cäsar zu unterhandeln, wird durch Petreius Dazwischentreten vereitelt.
29.	-	Die Afranianer treten den Rückzug nach Ilerda an.
30.	-	Die Afranianer rücken mit Verschanzungen allmählig vor, Cäsar beginnt, sie mit Verschanzungen einzuschliessen und fährt damit am folgenden Tage fort.
1.	Aug.	Beide Theile stehen in Schlachtordnung einander gegenüber.
2.	-	Die Afranianer capituliren.
13.	-	Curio landet in Africa. (S. zu 2. 23, 1.)
22	-	Cäsar kommt in Gades an. (S. zu 2. 21, 5.) Curio fällt in Africa.
31.	-	Das Gesetz über Cäsar's Dictatur wird angenommen.
9.	Sept.	Cäsar trifft vor Massilia ein.
Oct. und Nov.		Cäsar in Rom.
Mitte Decbr.		Cäsar geht zur Armee nach Brundisium.

706 p. u. c. — 48 a. Chr. n.

CONSULN: C. JULIUS CAESAR II, P. SERVILIUS VATIA ISAURICUS.

4.	Jan.	Cäsar schifft sich mit einem Theile seines Heeres in Brundisium ein und landet am folgenden Tage bei Paläste in Epirus.
Anfang April		Antonius führt Cäsar Verstärkung nach Griechenland zu.
Ap., Mai, Juni und Juli.		Kämpfe bei Dyrrhachium. Suet. Caes. 35: *Pompeium per quattuor paene menses maximis obsessum operibus.*
9.	Aug.	Schlacht von Pharsalus.
28.	Sept.	Pompeius wird ermordet.

INHALT DER EINZELNEN BÜCHER.

I.

Die Verhandlungen im Senat im Anfange des Jahres 49. Beschlüsse des Senats gegen Cäsar 1—6. Eroberung Italiens 7—23. Pompeius geht nach Brundisium, Belagerung durch Cäsar und Uebergabe der Stadt, Pompeius setzt nach Dyrrhachium über 24—29. Cotta flieht aus Sardinien, Cato aus Sicilien 30—31. Cäsar in Rom, Verhandlungen im Senat, Cäsar's Abreise nach dem jenseitigen Gallien 32—33. Massilia schliesst dem C. die Thore, Vorbereitung zur Belagerung 34—36. C. lässt bei Massilia den C. Trebonius und D. Brutus zurück und geht, nachdem er Fabius vorausgeschickt, nach Spanien. Kampf in Spanien gegen die Legaten des Pompeius, Afranius und Petreius. Besiegung derselben 37—87.

II.

Die weiteren Ereignisse des Jahres 49. Belagerung von Massilia 1—16. Ergebung Varro's in Spanien 17—20. Ganz Spanien unterworfen. Cäsar abwesend zum Dictator ernannt 21. Uebergabe von Massilia 22. Kampf Curio's in Africa, Niederlage und Tod 23—44.

III.

Das Jahr 48. Anordnungen Cäsar's zu Rom während seiner Dictatur. Er wird zum Consul gewählt; geht nach Brundisium 1 und 2. Pompeius' Hülfsmittel 3—5. C. setzt nach Griechenland über 6—8. Belagerung von Salonä durch M. Octavius, Legaten des Pomp. 9. Neue Friedensversuche 10. Ankunft des Pomp. aus Macedonien, C. nimmt Oricum und Apollonia ein. Cäsar's und Pompeius' Lager am Apsus, Bibulus mit der Flotte bei Oricum 11—15. Neue vergebliche Verhandlungen. Tod des Bibulus 16—19. Versuche des Cälius und Milo, in Italien Unruhen zu erregen 20—22. Vereinigung des Antonius mit Cäsar. Pomp. geht nach Asparagium im Gebiete von Dyrrhachium 23—30. Scipio's Erpressungen in Syrien, er wird von Pomp. nach Macedonien gerufen 31—33. Besitznahme von Aetolien, Thessalien und Macedonien durch Cäsar's Legaten 34—35. Vergebliche Unternehmungen Scipio's gegen Domitius und des jüngeren Pomp. gegen Oricum und Lissus 36—40. Cäsar's Befestigungswerke bei Dyrrhachium. Die Ereignisse bei Dyrrhachium bis zur Niederlage Cäsar's, Rückzug desselben nach Thessalien 41—81. Pompeius folgt ihm, Schlacht bei Pharsalus 82—100. Cassius verbrennt in Sicilien Cäsar's Flotte 101. Flucht des Pomp. nach Aegypten, Tod 102—104. C. rettet den Tempelschatz zu Ephesus 105. Anfänge des alexandrinischen Kriegs 106—112.

C. IULII CAESARIS

DE

BELLO CIVILI

COMMENTARIUS PRIMUS.

1. Litteris Caesaris consulibus redditis aegre ab his impetratum est summa tribunorum plebis contentione, ut in senatu recitarentur; ut vero ex litteris ad senatum referretur, impetrari non potuit. Referunt consules de republica. L. Lentulus con-

2

---

1. *Litteris redditis.* S. Einleitung p. 13. Cäsar beginnt gemäss der stehenden Einrichtung, nach der jedes seiner Bücher die Ereignisse eines Jahres enthält, unmittelbar mit der am 1. Jan. 49 erfolgten Uebergabe seines Briefs durch Curio, ohne die Veranlassung und die nähern Umstände, die in das vorhergehende Jahr gehören, zu berichten, was am Ende des Bellum Gallicum geschehen sein würde, wenn es Cäsar vollendet hätte, wie denn auch Hirtius die Erzählung genau bis zum Anschlufs an Cäsar's Worte fortgeführt hat. S. die letzte Anm. zu 8. 55. — *consulibus,* L. Cornelius Lentulus Crus und C. Claudius Marcellus. — *ad senatum referretur,* der stehende Ausdruck von dem Vortrag der Magistrate an den Senat. — *ex litteris,* eigentlich 'aus dem Briefe heraus', d. i. über den Inhalt des Briefs, so dafs die in demselben enthaltenen Forderungen

Gegenstand der Berathung werden. Da ohne den Vortrag des Vorsitzenden eine Sache gar nicht zur Verhandlung kommen konnte, so beseitigten die Consuln dadurch jedes Eingehen auf Cäsar's Anträge. — Man beachte die den Gegensatz hebende chiastische Stellung: *impetratum est, ut recitarentur, ut referretur, impetrari non potuit.* — *de republica:* über den Staat, die Staatsangelegenheiten im Allgemeinen, stehende Formel, bes. von dem Vortrag bei dem Amtsantritte der Consuln. 'Nach den Beschlüssen *de religionibus* folgte der Vortrag *de rebus humanis,* oder auch schlechthin *de republica,* namentlich die Vertheilung der Provinzen, oft aber auch andere Dinge, zum Theil von der grössten Wichtigkeit betreffend.' Becker Röm. Alterth. 2. 2, p. 126; vergl. ebend. p. 422. Liv. 22. 1, 4: *Servilius consul — magistratum iniit.*

sul senatui reique publicae se non defuturum pollicetur, si audacter ac fortiter sententias dicere velint; sin Caesarem respiciant 3
atque eius gratiam sequantur, ut superioribus fecerint temporibus, se sibi consilium capturum neque senatus auctoritati obtemperaturum: habere se quoque ad [Caesaris] gratiam atque amicitiam receptum. In eandem sententiam loquitur Scipio: Pom- 4
peio esse in animo reipublicae non deesse, si senatus sequatur;
si cunctetur atque agat lenius, nequiqam eius auxilium, si postea
velit, senatum imploraturum.

2. Haec Scipionis oratio, quod senatus in urbe habebatur
Pompeiusque aberat, ex ipsius ore Pompei mitti videbatur. Dixerat 2
aliquis leniorem sententiam, ut primo M. Marcellus, ingressus in

Ibi cum de republica retulisset —.

2. *non defuturum,* wie § 4. 2.
41, 3. 3. 79, 1: er werde sich dem
Staate nicht entziehen, es nicht an
der Thätigkeit fehlen lassen, die die
Lage des Staats erfordere.

3. *gratiam sequi:* der Gunst nach-
geben, sich von ihr bestimmen lassen. — *ut superioribus fec. temporibus.* S. z. B. den Ausgang der
früheren Verhandlungen B. G. 8.
52, 4. Einl. p. 12. — *se sibi cons.
capturum:* werde seinen Entschluss
für sich (*separatim a reliquis* 76, 2)
fassen. B. G. 7. 52, 1: *quod sibi
ipsi iudicavissent.* Worauf sein
Entschlufs geht, zeigt das folg. *habere — receptum:* auch er habe,
wenn sie Cäsar's Gunst folgten, die
Möglichkeit, sich zu Gunst und
Freundschaft zurückzuziehen. Er
meint natürlich den Pompeius und
droht, dafs er, wenn der Senat bei
seiner servilen Hingebung an Cäsar
beharre, die Beschlüsse desselben
nicht mehr beachten, sondern mit
seinen mächtigen Freunden die wei-
tern Massregeln ergreifen werde.
Unmöglich kann er nach der Erklärung, er werde, wenn der Senat sich
an Cäsar anschlösse, nicht gehorchen, erklären, dass auch er die
Möglichkeit habe, sich zu Cäsar
zu wenden. [S. den krit. Anhang.]
4. *Scipio.* Q. Cäcilius Metellus
Pius Scipio, Sohn des Cornelius Sci-

pio, adoptirt von Q. Cäcilius Metellus Pius war Schwiegervater des
Pomp., der nach dem Tode der Julia
dessen Tochter Cornelia geheirathet
hatte. — *agat lenius:* nicht entschieden genug auftrete.

2. 1. *Pompeiusque aberat.* Wäre
Pompeius zugegen gewesen, so
würden Scipios Worte nicht so
grosses Gewicht gehabt haben, weil
dann Pompeius selbst seine Meinung abgeben konnte. Er konnte
aber, da ihm als Inhaber einer
Provinz (§ 3) und Befehlshaber
eines Heeres der Eintritt in die
Stadt nicht gestattet war, in der
Sitzung nicht zugegen sein, also nur
durch Mittelspersonen seine Meinung
kund geben. Er wohnte in dieser
Zeit, wie auch sonst gewöhnlich, in
dem Hause, das er sich vor der
Stadt bei seinem Theater in der
Nähe des Circus gebaut hatte. Plut.
Pomp. 40. [Die handschriftl. Lesart: *Pomp. aderat;* s. den krit.
Anhang.]

2. *aliquis* nicht geradezu = Mancher, hin und da Einer (wegen der
folgenden Aufzählung), sondern
Cäsar setzt dem Vorhergehenden
gegenüber, dass auch 'Jemand' war,
der sich milder aussprach, wozu
dann *ut Marcellus, ut Calidius, ut
Rufus* näher bestimmend tritt. —
M. Marcellus, Consul von 51. Seine
lenior sententia hat nicht in freund-

eam orationem, non oportere ante de ea re ad senatum referri, quam delectus tota Italia habiti et exercitus conscripti essent, quo
3 praesidio tuto et libere senatus, quae vellet, decernere auderet; ut M. Calidius, qui censebat, ut Pompeius in suas provincias proficisceretur, ne qua esset armorum causa: timere Caesarem ereptis

licher Gesinnung gegen Cäsar ihren Grund, dessen entschiedener Gegner er war (Einleit. p. 9. B. G. 8. 53, 1); er warnt nur vor Uebereilung. — *ut primo*, wie anfangs Marcellus, der nachher seine Meinung änderte. — *ingressus in eam orationem*, nicht 'auf das Einzelne der Rede des Scipio eingehend' sondern: 'eingehend in eine Rede des Inhalts' (wie 1, 4: *in eandem sententiam loquitur*), sich dahin äussernd; denn *eam orationem* wird durch die folgende Inhaltsangabe erklärt, wie 71, 1: *in eam spem venerat, se rem perficere posse.* Zu *ingredi* vergl. 3. 18, 3.

3. M. Calidius, ein von Cicero Brut. §274 gerühmter Redner, eifriger Cäsarianer, bei der Bewerbung um das Consulat für 50 den Candidaten der Gegenpartei C. Marcellus und Paullus nachgesetzt. — *censebat, ut. Censere* (das eigentliche Wort von dem Abgeben der Meinung und Stimme im Senate) als Ausdruck der Willensmeinung und Forderung mit *ut* (wie c. 3, 7: *dicuntur sententiae, ut*). B. G. 1. 35, 4: *quoniam senatus censuisset, uti – defenderet;* s. zu B. G. 6. 40, 2. — *in suas provincias:* die beiden Spanien (nicht auch Africa, s. zu 30, 2), deren Proconsul er war, ohne sich dort aufzuhalten. Einleitung p. 5. — *timere Caesarem. Caesarem* ist Subiect (nicht *timere se Caesarem, ne ei videretur*). Calidius, der jeden Grund zum Kriege (*armorum*) entfernt wissen will, sagt: Cäsar fürchte, es möchte sich zeigen, herausstellen, dass Pompeius, nachdem man ihm die beiden Legionen genommen, sie auch noch gegen ihn bei der Stadt zurückbehalte, und

diese Besorgniss, die Cäsar's Verfahren bestimmen müsse, solle eben, wenn man Frieden haben wolle, durch Pomp. Entfernung beseitigt werden. — *ereptis ab eo duab. leg.* Pompeius hatte in seinem zweiten Consulat 55 durch die lex Trebonia die Provinz Spanien auf 5 Jahre erhalten und es waren für ihn als Verstärkung für diese Provinz Truppen in Italien ausgehoben worden. Er hatte sich aber begnügt, diese Truppen in Eid und Pflicht zu nehmen, so dass sie ihren Geschäften nachgehen konnten, immer aber bereit sein mussten, auf seinen Ruf sich zu stellen; denn er zog es vor in Rom zu bleiben und die Provinz durch Legaten verwalten zu lassen. Als dann Cäsar in Gallien bedeutende Verluste erlitten hatte, hatte er ihm von diesen Truppen zu Anfang des Jahres 53 eine Legion überlassen, (Caes. B. Gall. VI, 1, 2: *simul ab Gnaeo Pompeio proconsule petit, quoniam ipse ad urbem cum imperio rei publicae causa remaneret, quos ex cisalpina Gallia consulis sacramento rogavisset, ad signa convenire et ad se proficisci iuberet*) jedoch so, dass er dieselbe immer noch als die seinige betrachtete, (Cic. ad fam. VIII, 4, 4: *cum senatus habitus esset ad Apollinis a. d. XI Kal. Sext. (51) et referretur de stipendio Cn. Pompei, mentio facta est de legione ea, quam expensam tulit C. Caesari Pompeius, quo numero esset, quo appeleretur. Cum Pompeius: esse in Gallia, coactus est dicere Pompeius, se legionem abducturum, sed non statim sub mentionem et convicium obtrectatorum.* Später, als die Freundschaft mit Cäsar erkaltet war, wurde ein

ab eo duabus legionibus, ne ad eius periculum reservare et retinere eas ad urbem Pompeius videretur; ut M. Rufus, qui senten- 4
tiam Calidii paucis fere mutatis rebus sequebatur. Hi omnes 5
convicio L. Lentuli consulis correpti exagitabantur. Lentulus
sententiam Calidii pronuntiaturum se omnino negavit. Marcellus perterritus conviciis a sua sententia discessit. Sic vocibus 6
consulis, terrore praesentis exercitus, minis amicorum Pompei
plerique compulsi, inviti et coacti Scipionis sententiam sequuntur: uti ante certam diem Caesar exercitum dimittat; si non faciat, 7

Einfall der Parther in Syrien benutzt, Cäsar einen Theil seiner Streitkräfte zu entziehen. Es beschloss nämlich der Senat im Mai 50, es sollten Cäsar und Pompeius je eine Legion für diesen Krieg hergeben, und Pompeius forderte nun von Cäsar die geliehene Legion zurück, so dass Cäsar zwei Legionen verlor, und diese zwei Legionen wurden noch dazu in Italien zurückbehalten und dann unter das Commando des Pompeius gestellt. Caes. B. Gall. VIII, 54: *Fit senatus-consultum, ut ad bellum Parthicum legio una a Cn. Pompeio, altera a C. Caesare mitteretur, neque obscure duae legiones uni detrahuntur. Nam Cn. Pompeius legionem primam, quam ad Caesarem miserat, confectam ex delectu provinciae Caesaris, eam tamquam ex suo numero dedit. Caesar tamen, cum de voluntate minime dubium esset adversariorum suorum, Pompeio legionem remisit et suo nomine quintamdecimam, quam in Gallia citeriore habuerat, ex senatusconsulto iubet tradi. . . . . Quo (in Italiam) cum venisset, cognoscit per C. Marcellum consulem legiones duas ab se remissas, quae ex senatusconsulto deberent ad Parthicum bellum duci, Cn. Pompeio traditas atque in Italia retentas esse.* — ab eo u. eius für *a se* u. *suum* vom Standpunkte des Calidius aus. Vergl. c. 35, 4. 3. 75, 2. — *reservare:* aufheben, zum künftigen Gebrauch gegen ihn, statt sie ihrer Bestimmung gemäss zu verwenden.

4. *M. Rufus.* M. Caelius Rufus, derselbe, den Cicero vertheidigte (Or. pro Caelio). Er gehörte zu denen, die sich an Cäsar anschlossen und den Krieg wünschten, um ihren zerrütteten Vermögensverhältnissen aufzuhelfen. Als er sich getäuscht sah, verliess er ihn. 3. 20—22.

5. *convicio correpti:* durch Schmähung hart mitgenommen; *exagitabantur:* heftig angegriffen. — *sententiam pronuntiaturum:* die ausgesprochene Meinung vortragen und zur Abstimmung bringen. Lag es auch gesetzlich allerdings in der Hand der Consuln, ob sie dies thun wollten oder nicht, so musste doch bei einer solchen Parteifrage die Unterlassung als Willkühr erscheinen.

6. *terrore praesentis exercitus:* ἐν γὰρ τῷ προαστείῳ τὰς δυνάμεις εἶχε Πομπήϊος Cass. Dio 41. 2. — *plerique – sequuntur.* Dio nennt ebend. nur den Cälius und Curio als für Cäsar stimmend.

7. *ante certam diem,* d. i. wahrscheinlich bis zum 1. März 49, wo das Cäsar durch die lex Vatinia gegebene und durch die lex Pompei et Crassi verlängerte Imperium abgelaufen war. Cäsar verlangte aber Verlängerung des Imperiums bis zum 1. Januar 48, weil er sich für dies Jahr ums Consulat bewerben wollte und das Volk ihm das Privilegium gegeben hatte, sich abwesend um das Consulat bewerben zu dürfen.

8 eum adversus rempublicam facturum videri. Intercedit M. Antonius, Q. Cassius, tribuni plebis. Refertur confestim de intercessione tribunorum. Dicuntur sententiae graves: ut quisque acerbissime crudelissimeque dixit, ita quam maxime ab inimicis Caesaris collaudatur.

— *eum adv. remp. facturum vid.*, stehende Formel (gewöhnlich *contra rempl.*), durch die der Senat gegen verfassungs- und gesetzwidrige Unternehmungen die äussersten Massregeln ankündigt, wie gegen einen Feind: *in hostium numero putaretur* Cic. in Pis. 15, 35. Plut. Cäs. 30: εἰσηγήσατο γνώμην, ἂν ἐν ἡμέρᾳ ῥητῇ μὴ καταθῆται τὰ ὅπλα Καῖσαρ, ἀποδειχθῆναι πολέμιον αὐτόν.

8. *Intercedit M. Ant., Q. Cassius.* Die lex Sempronia de provinciis vom Jahre 122 hatte festgesetzt, dass die consularischen Provinzen jährlich vor den Consularcomitien den künftigen Consuln bestimmt werden sollten, und dass die Tribunen nicht mehr das Recht haben sollten, einem Senatsbeschluss über die consularischen Provinzen zu intercediren; dies letztere offenbar in der Absicht, jede Verzögerung der Feststellung der Consularprovinzen zu verhindern. Da nun hier über die Consularprovinzen verhandelt wurde, hätten Antonius und Cassius eigentlich nicht das Recht gehabt zu intercediren. Indessen das Sempronische Gesetz bezog sich nicht auf solche Provinzen, welche, wie die Cäsars, ausserordentlicherweise durch einen Volksbeschluss vergeben waren; auch wird wohl durch die lex Pompeia de provinciis, nach welcher die Consuln und Prätoren erst fünf Jahre später in die Provinzen gehen sollten, auch diese Bestimmung des Sempronischen Gesetzes aufgehoben worden sein, weil sie nun ihren Zweck verloren hatte. Vgl. meine Abhandlung Hofmann de origine belli civilis Caesariani p. 132 und 140. Uebrigens steht der Singular *intercedit* wegen der Beziehung auf das nächste der einzeln zu nehmenden Subjecte. Genau so (auch mit der dem ganz entsprechenden asyndetischen Anführung der für sich, nach einander intercedirenden Collegen) die stehende Form in Actenstücken, wie Cic. Fam. 8, 8, 6-8: *huic S. C. intercessit C. Caelius, C. Pansa, tribuni plebis. — Refertur de intercessione.* Cass. Dio 41, 3: περὶ τιμωρίας αὐτῶν ἐβουλεύοντο. Wenn ein oder mehrere Tribunen gegen einen Senatsbeschluss Intercession eingelegt hatten, so wurde meistens von dem Magistrat, auf dessen Antrag der Senatsbeschluss gefasst war, ein neuer Antrag über die Intercession an den Senat gerichtet. In diesem Falle konnte dreierlei beschlossen werden: entweder man beruhigte sich bei der Intercession und gab den Senatsbeschluss auf, oder man beschloss, es sollte mit dem Tribunen verhandelt werden, unter welchen Bedingungen er geneigt sein würde, die Intercession zurückzuziehen, oder endlich man gab den Magistraten ausserordentliche Machtvollkommenheit, den Senatsbeschluss auch gegen die Intercession aufrecht zu erhalten. Dies letzte geschah z. B. nach Ciceros Zurückberufung: ad Att. IV, 2, 4: *cum fieret senatusconsultum in sententiam Marcellini, omnibus praeter unum assentientibus, Serranus intercessit. De intercessione statim ambo consules referre coeperunt. Cum sententiae gravissimae dicerentur: senatui placere mihi domum restitui, porticum Catuli locari, auctoritatem ordinis ab omnibus magistratibus defendi; si qua vis esset facta, senatum existimaturum*

3. Misso ad vesperum senatu omnes, qui sunt eius ordinis, a Pompeio evocantur. Laudat Pompeius atque in posterum confirmat, segniores castigat atque incitat. Multi undique ex veteri- 2 bus Pompei exercitibus spe praemiorum atque ordinum evocantur, multi ex duabus legionibus, quae sunt traditae a Caesare, arcessuntur. Completur urbs et [ius] comitium tribunis, centu- 3 rionibus, evocatis. Omnes amici consulum, necessarii Pompei 4 atque eorum, qui veteres inimicitias cum Caesare gerebant, in senatum coguntur; quorum vocibus et concursu terrentur infir- 5

eius opera factum esse, qui senatusconsulto intercessisset u. s. w. Aehnlich ging es in unserm Falle; der entscheidende Beschluss kam aber erst am 7. Januar zu Stande.

3. 1. *misso senatu. mittere* und *dimittere* stehender Ausdruck für die Entlassung des Senats durch den Consul. Uebrigens geschah das am Abend des 2. Januar. Cäsar hat, was in zwei Tagen geschah, nicht gehörig geschieden, wie aus Cassius Dio erhellt 41, 2: ἔδοξε μὲν οὖν ταῦτα· οὐ μὴν καὶ κυρωθῆναί τι αὐτῶν οὔτε ἐν ἐκείνῃ τῇ ἡμέρᾳ οὔτε ἐν τῇ ὑστεραίᾳ ὅ τε Ἀντώνιος καὶ ὁ Λογγῖνος ἐπέτρεψαν. Den 3. und 4. benutzte Pompeius, die im 3. Capitel erzählten Vorbereitungen zu treffen; Senatssitzung war erst wieder am 5. Januar. Vgl. Hofmann de origine belli civilis Caesariani p. 115 und 116. — *ad vesperum,* die Sitzung war also bis zu der Zeit ausgedehnt worden, wo sie gesetzlich geschlossen werden musste, da ein gültiger Beschluss nach Sonnenuntergang nicht mehr gefasst werden konnte. Von *vesper* wird in classischer Prosa für den Accus. die zweite (bei Cicero nur Cat. 2. 4, 6 u. Phil. 2. 33, 77 *ad vesperam*), für den Abl. die dritte Declination vorgezogen. — *omnes, qui sunt eius ord.* i. e. senatorii. Dass unter omnes nur die Pompeianer zu verstehen seien, kann wenigstens nicht in den Worten liegen, und musste angedeutet werden. Die Einladung war an den ganzen Senat ergangen,

der ja ohnehin fast durchgängig für Pomp. gestimmt hatte. — *evocantur:* aus der Stadt, warum? c. 2, 1. — *Laudat atque confirmat.* Wen er lobt und 'in der guten Gesinnung bestärkt', ist klar genug, dass es eines Objects nicht bedurfte, auch nicht wegen des Gegensatzes *segniores cast.* — *segniores:* nicht die Gegner, sondern die minder Entschiedenen.

2. *evocantur* u. § 3 *evocati. Evocati* sind Leute, welche die gesetzliche Dienstzeit abgedient und gegen Belohnungen und Bevorzugungen im Dienst freiwillig wieder zu den Fahnen sich gestellt haben. Sie standen im Range und wohl auch im Solde den Centurionen gleich. S. Kriegsw. § 21. — *praemiorum atque ordinum:* Belohnungen u. Avancement zu den Centurionenstellen für die, die früher nicht Centurionen gewesen waren, und Beförderung zu den höheren Stellen für ausgediente Centurionen. — *ex duab. leg.:* c. 2, 3.

3. *comitium,* der freie, unbedeckte Platz auf der nordwestlichen Hälfte des Forums, an die Curie angrenzend, auf dem die Volksversammlungen gehalten wurden. Zu der Verbindung *urbs et comitium,* wenn Cäsar so geschrieben hat (s. den Anhang), vergl. Cic. Verr. II. 1. 22, 56: *urbi foroque* und ebend. *forum comitiumque.*

4. *in senatum coguntur:* werden entboten (*ut frequentes adsint,* wie es gewöhnlich in der Einladungsformel hiess). — *vocibus:* Geschrei, *concursu:* stürmisches Andrängen.

iniores, dubii confirmantur, plerisque vero libere decernendi po-
6 testas eripitur. Pollicetur L. Piso censor sese iturum ad Caesarem, item L. Roscius praetor, qui de his rebus cum doceant:
7 sex dies ad eam rem conficiendam spatii postulant. Dicuntur
etiam ab nonnullis sententiae, ut legati ad Caesarem mittantur,
qui voluntatem senatus ei proponant.

4. Omnibus his resistitur omnibusque oratio consulis, Sci-
2 pionis, Catonis opponitur. Catonem veteres inimicitiae Caesaris
incitant et dolor repulsae. Lentulus aeris alieni magnitudine et
spe exercitus ac provinciarum et regum appellandorum largitionibus movetur, seque alterum fore Sullam inter suos gloriatur,
3 ad quem summa imperii redeat. Scipionem eadem spes provinciae atque exercituum impellit, quos se pro necessitudine parti-

— *decernere* wird nicht blos von Beschlüssen des Senats (wie c. 2, 2), sondern auch von der Meinungserklärung einzelner Senatoren gebraucht. Sall. Cat. 50, 4: *Silanus, primus sententiam rogatus, decreverat.*

6. *L. Piso Caesoninus*, Schwiegervater des Cäs., der dessen Tochter Calpurnia zur Frau hatte. — *L. Roscius* war Prätor urbanus, früher Legat bei Cäsar (B. G. 5. 24, 2). Sie verlangten, dass man dem Cäsar wenigstens antworten und über die Beschlüsse Mittheilung machen sollte. — *sex dies spatii:* '6 Tage Frist', *spatium sex dierum:* eine Frist von 6 Tagen. Madv. § 285 Anm. vergleicht Cic. Verr. 3. 49: *Sestertii bini accessionis:* 2 Sest. Zuschuss, *accessio binorum sest.:* ein Zuschuss von 2 Sest. *Spatium* von der Zeit; wie c. 5, 1. S. zu 3. 63, 4.

7. *dicuntur sent., ut,* wie oben c. 2, 3 *censere ut.* — *legati mittantur:* von Staatswegen; denn Piso und Roscius wollten nur privatim vermittelnd eintreten.

4. 2. *Catonem — repulsae.* Er hatte sich für das J. 51 um das Consulat beworben, um gegen Cäsar, wie gegen Pompeius, dem er eben so wenig traute, handeln zu können, musste aber den von jenen begünstigten Candidaten Marcellus u. Sulpicius weichen. Dass er andere Gründe für sein Auftreten gegen

Cäsar hatte, als diese Zurückweisung, die er übrigens mit der grössten Ruhe ertrug, ist bekannt genug. — *inimicitiae* in der guten Prosa gewöhnlich im Plural, nur als Abstractum im Singular Cic. Tusc. 4. 9, 21. — *aeris alieni magnitudine.* S. Einl. p. 13. — *regum appellandorum larg.* Da der Königstitel (*rex et amicus pop. R.* B. G. 1. 3, 4. 35, 2) von auswärtigen Fürsten eifrig begehrt wurde, so konnte er als Consul wohl reiche Geschenke von denen hoffen, die sich beim Senate, der allein diesen Titel verlieh, darum bewarben. — *seque alterum fore Sullam glor.,* ein Gedanke, der ihm als Glied der gens Cornelia nahe lag. Es erinnert dies an den P. Cornelius Lent., der glaubte, *esse se tertium Cornelium, ad quem regnum — pervenire necesse esset* Cic. Cat. 3. 4, 9. Sall. 47, 2. Sullanische Proscriptionen waren überhaupt der Wunsch Vieler. Cic. ad. Att. 8. 11: *genus illud Sullani regni iam pridem appetitur, multis, qui una sunt, cupientibus.* Vergl. ad Fam. 6. 6: *Victa est auctoritas mea non tam a Pompeio, nam is movebatur, quam ab iis, qui duce Pompeio freti peropportunam et rebus domesticis et cupiditatibus suis illius belli victoriam fore putabant.* — *redeat.* S. zu 3. 18, 2. B. G. 6. 11, 3.

3. *Scipionem impellit.* S. Einleit.

turum cum Pompeio arbitratur, simul iudiciorum metus, adulatio
atque ostentatio sui et potentium, qui in republica iudiciisque
tum plurimum pollebant. Ipse Pompeius ab inimicis Caesaris 4
incitatus et quod neminem dignitate secum exaequari volebat,
totum se ab eius amicitia averterat et cum communibus inimicis
in gratiam redierat, quorum ipse maximam partem illo affinitatis
tempore iniunxerat Caesari; simul infamia duarum legionum 5
permotus, quas ab itinere Asiae Syriaeque ad suam potentiam
dominatumque converterat, rem ad arma deduci studebat.

    5. Ilis de causis aguntur omnia raptim atque turbate. Nec
docendi Caesaris propinquis eius spatium datur nec tribunis plebis sui periculi deprecandi neque etiam extremi iuris intercessione

p. 19. — *se partiturum cum Pompeio arb.* bezeichnet die Anmassung
und das Vertrauen auf seine Stellung als Schwiegervater des Pompeius (*pro necessitudine*) treffender,
als wenn es hiesse: *quos secum
partiturum Pompeium arbitrabatur*, wie 3. 82. 1. — *iudiciorum
metus*, wenn sie bei Caesar's Uebergewicht in andere Hände kämen, als
derjenigen, *qui in iudiciis tum plurimum pollebant*. Gewöhnlich denkt
man hierbei an eine Anklage Scipio's
wegen Amtserschleichung (durch
Memmius), die aber schon im Jahre
52 durch Pompeius' Einfluss beseitigt worden war. Plut. Pomp. 55.
— *adulatio atque ostentatio sui et
potentium*, d. i. die Selbstgefälligkeit
und Einbildung auf seine Person,
der er grosses Gewicht beilegte, und
die Sucht, sich zu zeigen; ferner
die Schmeichelei gegen die Mächtigen, die Caesar's Feinde waren, und
das Streben, die Verbindung und
Freundschaft mit ihnen zur Schau
zu tragen, also Eitelkeit und Abhängigkeit von der herrschenden
Partei. Dass *adulatio* nicht allein
genommen werden kann (also 3 einzelne Begriffe *met. adul. ostent.*)
sondern mit *ostent.* verbunden die
Genitive regiert, zeigt *atque*, das in
jenem Falle nicht stehen könnte.

    4. *quod neminem — exaequ. vol.*
S. Einl. p. 6. Vellei. 2. 33: *nam
neque Pomp., ut primum ad rem*

*publicam aggressus est, quemquam
aequo animo parem tulit, et in quibus rebus primus esse debebat, solus
esse cupiebat. — affinitatis temp.*,
als Pompeius Caesar's Tochter Julia
zur Gemahlin hatte von 59–54. —
iniunxerat: auferlegt (zugezogen)
hatte, als eine Last, die er auf sich
nehmen musste.

    5. *infamia duarum leg.* Die aus
der Zurückhaltung der beiden Legionen 'erwachsene üble Nachrede'
musste ihn den Krieg wünschen
lassen, um sein Verfahren als durch
die Verhältnisse bedingt und durch
Vorsicht veranlasst erscheinen zu
lassen. Auch Cic. nennt sie *insidiose retentas* ad Att. 7. 13, 2. — *ab
itinere Asiae*. Der Genit. bez. das
Gebiet, dem das regierende Subst.
angehört, wie ein Attribut (*iter Asiaticum*), was wir durch Präpos. oder
Umschreibungen ausdrücken; So c.
54, 1: *usus Britanniae*. S. zu 2. 32,
13 und zu B. G. 7. 25, 4: *Cenabi
caedes*. 8. 48, 10: *res gestae Galliae. — deduci studebat* mit welchem
Unterschiede von *deducere st.?* und
warum hat Caesar hier diese von
ihm sonst nicht gebrauchte Construct. vorgezogen?

    5. 1. *raptim atque turbate:* in
hastiger Eile und ohne Ordnung. —
docendi spat. 3, 6. — *neque etiam*
für das gewöhnlichere *ne – quidem*
wie B. G. 5. 52, 1: *neque etiam parvulo detrimento* und unten c. 85, 9:

2 retinendi, quod L. Sulla reliquerat, facultas tribuitur, sed de sua
salute septimo die cogitare coguntur, quod illi turbulentissimi
superioribus temporibus tribuni plebis toto denique emenso
3 spatio suarum actionum respicere ac timere consuerant. Decurritur ad illud extremum atque ultimum senatus consultum, quo
nisi paene in ipso urbis incendio atque in desperatione omnium
salutis patrum audacia numquam ante descensum est: dent ope-

---

*etiam aetatis excusationem nihil
valere. — extremi iuris interc. ret.:*
nicht einmal ihr letztes Recht, das
ihnen Sulla gelassen, das der *intercessio,* durch Ausübung desselben
zu behaupten. S. zu 7, 2. Gegen
diese Erklärung, welche die gewöhnliche ist und die auch Kraner angenommen hat, lässt sich Manches einwenden. Zuvörderst muss man Anstoss nehmen an der Weise, wie
Cäsar sich hier ausdrücken soll: 'es
wurde den Tribunen nicht gestattet,
das *ius intercedendi* durch *intercessio*
zu wahren. So kann man allenfalls
in dem Falle sprechen, wenn ein Antrag auf Aufhebung des Inter-
cessionsrechts gestellt gewesen
wäre und dieser durch Intercession
hätte hintertrieben werden sollen;
ein Fall, der hier in keiner Weise
vorlag. Zweitens sieht man nicht
ein, wie das *ius intercedendi* das
extremum ius genannt werden kann,
und noch weniger, was das heissen
soll, 'das letzte Recht, das ihnen
Sulla gelassen hatte', zumal da
dieser ihnen viele Rechte gelassen
hatte. Endlich dass hier gar nicht
von der Wahrung des Intercessions-
rechts an sich die Rede ist, zeigt die
Verbindung dieser Worte mit *sui
periculi deprecandi* und noch mehr
der Gegensatz *sed de sua salute*
cet. Ich glaube also, *extremum ius*
ist das höchste, das heiligste Recht
der Tribunen, nämlich ihre Unverletzlichkeit, und *quod* steht für *id
quod,* wie es manchmal gebraucht
ist. Dann ist der Sinn der Stelle
dieser: es wurde den Tribunen nicht
verstattet, ihr heiligstes Recht, die

Unverletzlichkeit, durch Intercession
zu behaupten, eine Befugniss, die
ihnen doch selbst Sulla gelassen
hatte, obwohl er ihr Intercessions-
recht vielfach beschränkte.

2. *septimo die* nach Beginn der
Verhandlungen, also am 7. Januar.
In der Nacht flohen Antonius und
Cassius mit Curio zu Caesar. Einl.
p. 14. — *toto denique emenso spatio s. act.* Caesar sagt: Die Nothwendigkeit, an ihre Rettung zu
denken, also die Lebensgefahr (denn
nur von dieser, nicht von der Verantwortlichkeit ist hier die Rede),
begann für diese Tribunen schon
nach 7 Tagen, für die Tribunen der
früheren Zeit erst nach Niederlegung ihres Amtes. Caesar denkt
dabei an die Gracchen und Satur-
ninus, deren ernstliche Bedrohung
erst mit und nach Niederlegung
ihres Amtes eintrat. — *denique* =
erst, *demum.* B. G. 1. 22, 4: *multo
denique die.* — *emenso* passivisch,
wie *dimenso* B. G. 2. 19, 6 und andere Part. Perf. der Deponentia. —
actiones: Amtshandlungen (Liv. 3.
9: *tribunicias actiones.* Sall. Iug.
42, 1: *Gracchorum actionibus*) oder
Amtsführung, wie oft lat. concrete
Pluralia im Deutschen durch entsprechende Abstracta wiedergege-
ben werden können. S. den Anhang.

3. *decurritur* (wie nachher *descensum est*): zu etwas herabstei-
gen, schreiten, als dem Letzten und
Aeussersten, mit dem Nebenbegriffe
der Eile und Hast, weil nach Caesars
Meinung kein Grund dazu vorlag. S.
c. 81, 5. 3. 9, 3. — *patrum audacia.*
Durch diesen Beschluss wurde, be-

ram consules, praetores, tribuni plebis quique pro consulibus sint
ad urbem, ne quid respublica detrimenti capiat. Haec senatus- 4
consulto perscribuntur a. d. vii Id. Ian. Itaque v primis diebus,
quibus haberi senatus potuit, qua ex die consulatum iniit Lentulus, biduo excepto comitiali et de imperio Caesaris et de amplissimis viris, tribunis plebis, gravissime acerbissimeque decer-

sonders, seit man — vom 6. Jahrh.
an — den Namen der Dictatur vermied, wenn die gewöhnliche Macht
nicht ausreichte, mit Suspendirung
der gesetzlichen Beschränkungen
der Strafgewalt der Magistrate, die
ganze Staatsgewalt in die Hände
der Consuln oder mehrerer Magistrate gelegt. Ueber den Umfang
der Macht, den er gab, s. Sall. Cat.
29, 3. Bisher hatte der Senat zu
diesem Mittel nur dann gegriffen,
wenn ein offenbarer Nothstand vorlag, und auch dann nicht ohne grosse
Verantwortung auf sich zu nehmen.
Vergl. Cösars Warnungen bei Sall.
Cat. 51, als der Senat im Begriff
war, gegen die Catilinarier dasselbe Mittel in Anwendung zu bringen. — *quique pro cons. s. ad urb.*
Cic. Fam. 16. 11, 3: *Senatus con-*
sulibus — et nobis (denn auch Cic.
war als Proconsul eben aus Cilicien zurückgekehrt *ad urbem*), *qui*
proconsulibus ad urbem sumus, ne-
gotium dederat u. s. w. S. Einl. p. 14.

4. *perscribuntur* von der schrift-
lichen Abfassung der Senatsbeschlüsse nach Entlassung des Senats
durch den Vorsitzenden (*facere se-*
natusc.), dem eine Anzahl Senatoren als Redactionscomité und zur
Beglaubigung zur Seite stand, *scri-*
bendo adesse (Becker Röm. Alterth.
2. 2, 443). — *V primis diebus* d. i.
am 1. 2. 5. 6. u. 7. Jan., *biduo ex-*
cepto comitiali bezieht sich auf den
3. u. 4. Jan., welche dies comitiales
waren, an denen es nach der gewöhnlichen Ansicht durch die *lex*
Pupia überhaupt verboten war, Senatssitzung zu halten. Aber auch
der 7. Jan. war ein dies comitialis;

wie kommt es, dass dann nicht auch
dieser Tag ausgenommen war? Man
hat diese Schwierigkeit zu beseitigen, vorgeschlagen *a. d. VIII Id.*
Jan. statt *a. d. VII.* zu lesen; hat
aber dabei ausser Acht gelassen, dass
dann weder die Worte: *V primis*
diebus, quibus haberi senatus potuit
erklärt werden können, noch die,
welche weiter oben stehen: *de sua*
salute septimo die cogitare cogun-
tur. Ich habe in meiner Abhandlung Hofmann de origine belli civ. p.
119 seq. nachgewiesen, dass an Co-
mitialtagen nicht nur ausnahmsweise, sondern sehr häufig Senatssitzung gehalten worden ist, und
dass der Inhalt der lex Pupia wahrscheinlich der war: es sollten die
Consuln, Prätoren und Volkstribunen von a. d. XV Kal. Febr. an
die Wahlen der niederen städtischen
Beamten vornehmen und andere
dringende städtische Angelegenheiten besorgen, hierüber mit Senat
und Volk verhandeln und nichts anderes eher vornehmen; sollten diese
Geschäfte bis zu den Kal. Febr. nicht
erledigt sein, so sollten wieder alle
Comitialtage von a. d. XII Kal.
Mart. dazu benutzt werden. Hier-
aus erhellt, dass die lex Pupia auf
unsern Fall keine Anwendung hat.
Es stand aber fest, dass Comitien
und Senatssitzung zu gleicher Zeit
nicht sein konnten. Wahrscheinlich
hatte also Pompeius, dem es darauf
ankam, Frist für seine Vorbereitungen zu gewinnen, die Volkstribunen veranlasst, an jenen beiden
Tagen ihre gewöhnlichen Anträge
mit dem Volke zu verhandeln, und
dann unter dem Vorwande, es wären

5 nitur. Profugiunt statim ex urbe tribuni plebis seseque ad Caesarem conferunt. Is eo tempore erat Ravennae exspectabatque suis lenissimis postulatis responsa, si qua hominum aequitate res ad otium deduci posset.

6. Proximis diebus habetur extra urbem senatus. Pompeius eadem illa, quae per Scipionem ostenderat, agit; senatus virtutem constantiamque collaudat; copias suas exponit: legiones 2 habere sese paratas x; praeterea cognitum compertumque sibi, alieno esse animo in Caesarem milites neque iis posse persua-

Comitien, die Senatssitzungen vertagt. Dass aber Cäsar ihm dies Verfahren nicht vorrückt, findet darin seine Erklärung, dass es in Cäsars Interesse lag, die Zeit, in welcher über seine Angelegenheit verhandelt wurde, möglichst abzukürzen. — Ueber *qua ex die* s. zu 36, 5. — *gravissime*: c. 2, 8. Zur Sache vergl. Cic. Phil. 2. 21, 52: *tum contra te* (Antonium) *dedit arma hic ordo consulibus — reliquisque imperiis et potestatibus: quae non effugisses, nisi te ad arma Caesaris contulisses.*

5. *statim*, nämlich in der Nacht vom 7. zum 8. Januar. — *si* nach den (oft zu supplirenden) Worten versuchen, erwarten, abwarten = ob. — *otium*. B. G. 7. 66, 4: *pacem atque otium* = ob die Sache friedlich beigelegt werden könne.

6. 1. *Proximis diebus*, nämlich am 8. und 9. Januar. Vergl. Hofmann a. a. O. p. 160. — *extra urbem:* c. 3, 1. — *quae ostenderat:* zu erkennen gegeben hatte. S. c. 2, 1.

2. *legiones* X. Nipperdey ändert X in IX, weil sich nur 9 Legionen des Pompeius nachweisen liessen, nämlich 7 in Spanien und die beiden Cäsarianischen, die in Italien zurückgehalten waren. Aber die Lage des Pompeius war der Art, dass man wohl annehmen kann, er habe die Stärke seiner Streitkräfte übertrieben, nicht aber, er sei bei der Angabe hinter der Wahrheit zu-

rückgeblieben. Das würde er aber gethan haben, wenn er nur 9 Legionen angegeben hätte; denn einmal würden nicht schon Anfang Februar allein in Picenum an 53 Cohorten, d. i. mehr als 5 Legionen, unter Waffen haben stehen können, wenn die Aushebung erst am 9. Januar, wo sie vom Senat decretirt war, begonnen hätte, zweitens wissen wir auch, dass schon im October des vorigen Jahres, wenn auch nicht ganz verfassungsmässig, dem Pompeius der Oberbefehl über die beiden Legionen und die Befugniss neue Truppen auszuheben übertragen worden ist (Appian b. civ. II, 31. S. meine Abhandlung de origine belli civilis Caesariani p. 95 seqq.) und dass Pompeius auch von dieser Befugniss Gebrauch gemacht hat (Plut. Anton. 5.) Deshalb hat Güler nicht ohne Grund vermuthet, die 10. Legion wäre eine Legion in Italien unter Domitius gewesen. Ich glaube sogar, dass mit den 10 Legionen allerdings mit bedeutender Uebertreibung nur die Streitkräfte in Italien bezeichnet werden, die Pompeius Cäsar entgegenstellen zu können meint; denn die Erwähnung der spanischen Legionen ist in diesem Zusammenhang unnütz, da sie für einen Kampf in Italien, und die Möglichkeit einer Flucht aus Italien durfte ja Pompeius nicht andeuten, jedenfalls zu spät gekommen sein würden. Auch hätte Pompeius, der damals Obergeneral der Republik war, viel mehr Legionen aufzählen

deri, uti eum defendant aut sequantur saltem. De reliquis rebus 3
ad senatum refertur: tota Italia delectus habeatur; Faustus Sulla
propere in Mauritaniam mittatur; pecunia uti ex aerario Pompeio detur. Refertur etiam de rege Iuba, ut socius sit atque 4
amicus; Marcellus vero passurum in praesentia negat. De Fausto
impedit Philippus, tribunus plebis. De reliquis rebus senatus- 5
consulta perscribuntur. Provinciae privatis decernuntur, duae
consulares, reliquae praetoriae. Scipioni obvenit Syria, L. Domitio Gallia. Philippus et Cotta privato consilio praetereuntur.

müssen, wenn er auch die ausser-
italischen Streitkräfte hätte erwähnen wollen. — *praeterea —'sequantur saltem.* Ueber diese den Pomp.
verführenden Gerüchte s. Einl. p. 16.

3. *Faustus Sulla,* Sohn des Dictators, Schwiegersohn des Pomp.
Zweck der Sendung war, die Könige Bocchus und Bogudes, die sich
zu C. hinneigten, zu gewinnen.

4. *de rege Iuba,* Sohn des Hiempsal II, König von Numidien, persönlicher Gegner Cäsar's, Sieger
über Curio (2. 40-43). — *Marcellus,*
der eine Consul des Jahres. — *de
F. impedit:* in Betreff. S. B. G. 1.
42, 1.

5. *perscribuntur:* c. 5, 4. — *privatis* d. i. solchen, die fünf Jahre
vorher Consuln oder Prätoren gewesen waren und noch keine Provinz
verwaltet hatten, wie es die lex
Pompeia de provinciis ordinandis
vom Jahre 52 vorschrieb. Vergl.
über diese lex meine Abhandlung
Hofmann de origine belli civ. p. 139
-158. — *Scipioni obvenit.* Scipio
war im Jahre 52 Consul gewesen,
Domitius im Jahre 54; es war also
eigentlich, da nach der lex Pompeia
volle fünf Jahre zwischen der Verwaltung des Consulats und der Uebernahme der Provinz verflossen sein
mussten, (vergl. meine Abhandlung
p. 143) keiner von beiden berechtigt,
bei der Verloosung der consularischen Provinzen mit berücksichtigt
zu werden. Da aber Prätoren, die

nach der gesetzlichen Zeit, d. h. nach
einem biennium, Consuln wurden,
dann nach dem Gesetz gar keine
prätorische Provinz erhalten haben
würden und insofern schlechter gestellt gewesen wären, als die, welche erst 6 Jahre nach der Prätur
oder später das Consulat erlangten,
so wird das Gesetz zu einiger Aus-
gleichung verordnet haben, dass
solche Männer 5 Jahre nach Ablauf
der Prätur Provinzen erhielten und
zwar, da sie inzwischen Consule
gewesen waren, *cum consulari imperio.* So konnten die consularischen Provinzen diesmal Scipio
und Domitius zufallen, ohne dass
das Gesetz verletzt wurde. Eine
Verletzung desselben würde Cäsar
sicher gerügt haben. — *Philippus
et Cotta.* Cotta war Consul gewesen im Jahre 65, Philippus im
Jahre 56, beide also lange vor
dem gesetzlich erforderlichen quin-
quennium. Es hatte aber der Senat angeordnet, dass bis die lex
Pompeia zur geregelten Anwendung
gelangte, was frühestens 5 Jahre
nach deren Erlass geschehen konnte,
bei der Vertheilung der Provinzen
alle berücksichtigt würden, die 5
Jahre vorher oder darüber Consul
oder Prätoren gewesen wären, vorausgesetzt, dass sie noch nicht Provinzen verwaltet hätten. Vergl.
meine Abhandlung p. 141. — *privato consilio:* durch Privatüber-
einkunft der Partei, wie auch die
Gewählten 85, 9 *per paucos probati*

6 neque eorum sortes deiciuntur. In reliquas provincias praetorii
mittuntur. Neque exspectant, quod superioribus annis acciderat, ut de eorum imperio ad populum feratur, paludatique votis
7 nuncupatis exeunt. Consules, quod ante id tempus accidit numquam, ex urbe proficiscuntur lictoresque habent in urbe et Capi-
8 tolio privati contra omnia vetustatis exempla. Tota Italia de-

et electi heissen. — *deiciuntur:* in
urnam. Welche Provinzen consulares oder praetoriae sein sollten,
bestimmte der Senat (*decernere,
nominare provincias*). Die zur Verwaltung Berechtigten loosten (*sor-
tiri provincias*), oder verglichen
sich unter einander, *comparare inter se prov.* — *deicere, conicere* u.
s. w. schrieben die Alten, nicht *conjicere,* sprachen es aber so aus.

6. *In reliquas pr. praetorii mittuntur.* Diese Worte sind keineswegs eine müssige Wiederholung
von *reliquae praetoriae,* wie Nipperdey gemeint hat. *Decrevit senatus
reliquas provincias praetoriis* oder,
was dasselbe ist, *decrevit reliquas
provincias praetorias* heisst *statuit
senatus, quae provinciae proximo
anno praetorio imperio obtineren-
tur.* Dies konnte geschehen, auch
wenn, wie nach der lex Sempronia,
die Proprätoren erst 6 Monate später
in die Provinzen gingen. Dagegen
kann *mittuntur in provincias* nur
dann gesagt werden, wenn die Verloosung der Provinzen Statt gefunden hat und die Proprätoren sich
anschicken abzureisen. Uebrigens
musste das handschriftliche *praetores* in *praetorii* verwandelt werden, weil die Prätoren nach der lex
Pompeia nicht Provinzen erhalten
konnten und auch in diesem Jahre
nicht erhalten haben. Es erhielt
nämlich M. Considius Nonianus
Gallia cisalpina, M. Porcius Cato
Sicilien, M. Aurelius Cotta Sardinien, L. Aelius Tubero Africa, P.
Sestius Cilicien, Calvisius Bithynien,
Fannius Asien, Voconius und Sufe-
nas, der eine Macedonien, der andere
Creta und Cyrenä. S. meine Ab-

handlung p. 154. seq. — *Neque exspectant,* geht auf alle, die Provinzen erhalten haben, die Proconsuln
und Proprätoren. — *ut de eorum
imp. ad pop. feratur.* Während
sonst die Statthalter, die *ex consulatu* u. *praetura* in die Provinz
gingen, das Imperium noch von diesen
Aemtern her hatten, also nicht erst
zu erwerben brauchten, so mussten
sie sich dasselbe nun nach dem fünf-
jährigen Zeitraume durch besondere
Volksbeschlüsse erneuern lassen.
Dies war von allen seit dem Bestehen dieses Gesetzes (seit 52) geschehen (*quod superioribus annis
acciderat*), jetzt aber unterlassen
worden. — *paludatique exeunt.* Sofort nach Ertheilung des Imperium
ging der Procons. und Propr., nachdem er Opfer auf dem Capitol gebracht und Gelübde gethan (*votis
nuncupatis*) und den Purpurmantel
des Oberfeldherrn (*paludamentum*)
und die Feldherrnschärpe angelegt
hatte, unter Vortritt der Lictoren
aus der Stadt.

7. *Consules — ex urbe proficiscuntur.* Cäsar rügt das Verlassen
der Stadt und die Uebernahme des
Commando's durch die fungirenden
Consuln als eine Verfassungsverletzung. 'Wahrscheinlich war den
Beamten nicht gerade die Entfernung
von Rom während ihres Amtsjahrs
untersagt, was für die Verwaltung
sehr lästig gewesen wäre, sondern
dieselben nur gesetzlich angewiesen,
den förmlichen Act der Anlegung
des Kriegskleides und des Auszuges
während dieser Frist zu unterlassen.'
Mommsen Rechtsfr. p. 32. Ich halte
die Worte *quod ante id tempus
acciderat numquam* mit Nipperdey

lectus habentur, arma imperantur, pecuniae a municipiis exi-
guntur, e fanis tolluntur, omnia divina humanaque iura permi-
scentur.

7. Quibus rebus cognitis Caesar apud milites contionatur.
Omnium temporum iniurias inimicorum in se commemorat; a
quibus deductum ac depravatum Pompeium queritur invidia atque obtrectatione laudis suae, cuius ipse honori et dignitati semper faverit adiutorque fuerit. Novum in republica introductum 2
exemplum queritur, ut tribunicia intercessio armis notaretur atque opprimeretur [quae superioribus annis armis esset restituta].
Sullam nudata omnibus rebus tribunicia potestate tamen inter- 3

für interpolirt; denn dass die Consuln auszogen, auch mit Anlegung
des Kriegskleides, ist auch in diesen
Zeiten nicht selten vorgekommen.

8. *delectus habentur.* Zu diesem
Zwecke übernahmen einzelne Senatoren bestimmte Bezirke, um die
Aushebung zu besorgen. So Lentulus
Spinther in Asculum (15, 3), P. Attius Varus (12, 3) in Auximum und
Cingulum, Q. Minucius Thermus zu
Iguvium in Umbrien (12, 1). —
municipia. B. G. 8. 50, 1. — *omnia
divina humanaque iura perm.* häufiger Ausdruck für den Umsturz aller
bestehenden Verhältnisse, in dem
hier die Gewaltstreiche der Gegner
zusammengefasst werden. Sall. Iug.
5, 2: *quae contentio divina et humana cuncta permiscuit.*

7, 1. *apud milites,* wie immer
von Reden vor einer Versammlung,
vor Behörden, Gericht. 1. 23, 3. 3.
6, 1. 73, 1 u. ö. — *omnium temporum iniurias inimicorum.* Das
zum regierenden Nomen gehörige
Merkmal der Zeit (s. 3. 90, 1) und
der Subiectsbegriff im Genit. B. G.
3. 19, 4: *superiorum dierum Sabini
cunctatio.* Vgl. ebend. 2. 17, 2. —
deductum: verführt, vom rechten
Wege (der Verbindung mit ihm) ab-
gelenkt, näher bestimmt durch *depravatum.* B. G. 7. 37, 6: *praemio
deductus.*

2. *armis notaretur:* beschimpft
durch Waffengewalt, deren bedroh-
liche Nähe (c. 3, 3) die freie Aus-

übung ihrer Rechte hinderte. Cic. ad
Att. 7. 9, 2: *si forte trib. pl. —
notatus aut senatus consulto circumscriptus aut sublatus aut expulsus sit. — quae - esset restitu-
ta.* Diese Worte können unmöglich
auf die nachher erwähnte Wiederherstellung durch Pomp. bezogen
werden, bes. wegen *armis* (erklärt
durch 'im Kriege gewonnenes Ansehen'!) und können nur einen Sinn
haben, wenn unter *super. anni* frühere Zeiten zu verstehen sind, wo
unter der Herrschaft der Decemvirn
449 u. 447 v. Chr. das Volk mit Gewalt das Tribunat wiederherstellte.
Liv. 3. 37, 5 u. 50–55. Aber abgesehen davon, dass Caesar dies
schwerlich gemeint haben kann, ist
auch die Antithese mit den beiden
armis durchaus verwerflich; denn
die tribunicische Intercession gewinnt nichts an Heiligkeit dadurch,
dass sie einmal durch Waffengewalt
wieder hergestellt worden ist, man
müsste denn, was kaum angeht, annehmen, dass das erste *armis* bedeute 'durch Waffengewalt', und
das zweite 'durch das Blut der Bürger.' Deshalb halte auch ich, wie
es Nipperdey und Kraner gethan
haben, diese Worte für eingeschoben
von einem Unberufenen. Der Zusatz würde erträglich sein, wenn
man ändern dürfte *esset opposita,*
welche einst als Schutzwehr gegen
rohe Gewalt eingesetzt wäre.

3. *Sullam - liberam reliqu.* Es

4 cessionem liberam reliquisse, Pompeium, qui amissa restituisse
5 videatur dono, etiam, quae ante habuerint, ademisse. Quotiens-
cumque sit decretum, darent operam magistratus, ne quid respublica detrimenti caperet (qua voce et quo senatusconsulto
populus Romanus ad arma sit vocatus), factum in perniciosis
legibus, in vi tribunicia, in secessione populi, templis locisque
editioribus occupatis; atque haec superioris aetatis exempla ex-
piata Saturnini atque Gracchorum casibus docet; quarum rerum

ist nicht das ganze Intercessions-
recht gemeint, denn dies hat Sulla
nachweislich vielfach beschränkt,
sondern nur das Recht zu intercediren, wenn es sich, wie hier,
darum handelte, die persönliche
Unverletzlichkeit der Tribunen zu
schützen, also die *intercessio* gegen
das *senatus consultum ultimum*.
Kraner sagt über diese Stelle: Sulla
beschränkte die Gewalt der Volkstribunen, indem er ihnen das *ius le-
gum ferendarum*, das *ius agendi
cum populo*, und das *ius contionis*
entzog, und nur das *ius auxilii ferendi* (das Recht, Massregeln der
Consuln oder des Senats gegen Einzelne zu verbieten) liess. Dass er
das so gefährliche Recht der Intercession unbeschränkt gelassen
habe, ist sehr unwahrscheinlich,
wenn auch das *ius aux. ferendi* eine
beschränkte Intercession in sich
schloss. Cäsar mag daher wohl
dieser eine zu allgemeine Deutung
geben, um das Verfahren der Gegner
in um so grellerem Lichte zu zeigen.
S. oben c. 5, 1.

4. *Pomp., qui – restituisse videatur.* Er hatte in seinem ersten
Consulate (70) die tribunicia potestas in ihrer alten Ausdehnung
wiederhergestellt. Ueber *dono*, wofür die Codices *dona* haben, s. den
Anhang.

5. *qua voce:* Wort, Ausspruch,
Formel, nach Cäsar's Weise durch
einen bestimmteren Begriff (*et quo
senatusc.*) vervollständigt, weil sie
erst mit Erhebung zum förmlichen
Senatsbeschluss wahre Bedeutung

erhielt (gewiss kein ἓν διὰ δυοῖν).
— *in perniciosis legibus* = bei gefährlichen Gesetzvorschlägen, wie
die *leges agrariae* der Gracchen. —
in vi tribunicia: Missbrauch der tribunicischen Amtsgewalt. — *in secessione – occupatis.* Cäsar denkt
hier, wie das Folgende zeigt, zunächst an die Besetzung des Capitols
durch Ti. Gracchus und seinen Anhang (133), des Aventinus (121)
durch C. Gracchus und M. Fulvius
Flaccus (Liv. Ep. 61), bei welcher
Gelegenheit der Cons. L. Opimius
den Auftrag erhielt, den Staat zu
vertheidigen, ferner die Besetzung
des Capitols durch Apuleius Satur-
ninus (100), welchen Aufruhr Marius
dämpfte. Nipperdey zu Tac. Ann.
3. 27 *sacratae leges – per vim
latae sunt* bemerkt hierüber: 'Tacitus bezeichnet die Motive dieser
Gesetze und die Art und Weise
ihrer Durchsetzung, auf welche allein er sich bei Begründung seiner
Ansicht beruft, als ungerecht. Das ist
die aristokratische Ansicht über die
Zeit der Republik, die sich auch her-
nach besonders in dem Zusammenwerfen der Gracchen und des Satur-
ninus zeigt, ein Zusammenwerfen
jedoch, das durch den Einfluss der
Optimaten schon in der Ciceroni-
schen Zeit so geläufig geworden
war, dass selbst Cäsar in einer Zeit,
wo er den homo popularis spielte,
in einer Rede an seine Soldaten sich
desselben nicht enthielt. — *exempla:*
Ereignisse, die zur Lehre und Warnung dienen. — *quarum rerum
nihil.* S. 2. 43, 2 und zu B. G. 3. 4,

illo tempore nihil factum, ne cogitatum quidem [: nulla lex promulgata, non cum populo agi coeptum, nulla secessio facta]. Hor- 6
tatur, cuius imperatoris ductu rx annis rempublicam felicissime
gesserint plurimaque proelia secunda fecerint, omnem Galliam
Germaniamque pacaverint, ut eius existimationem dignitatemque
ab inimicis defendant.   Conclamant legionis xiii, quae aderat,
milites (hanc enim initio tumultus evocaverat; reliquae nondum 7
venerant): sese paratos esse imperatoris sui tribunorumque plebis iniurias defendere.

     8.   Cognita militum voluntate Ariminum cum ea legione
proficiscitur ibique tribunos plebis, qui ad eum confugerant, convenit; reliquas legiones ex hibernis evocat et subsequi iubet. Eo
L. Caesar adulescens venit, cuius pater Caesaris erat legatus. Is 2

3. 5. 1, 7: vergl. 6. 42, 3: *quarum rerum maxime admirandum videbatur.* — *illo temp.* in der indirecten Rede für *hoc temp.* der directen, wie es auch *tunc* statt *nunc* heissen müsste.   Zumpt. §. 703. Madv. 476. Anm.

     6. *novem annis*, denn so lange hatte er die ihm auf 10 J. übertragene Provinz verwaltet. Ueber den Abl. s. zu 46, 1. — *remp. gesserint:* so von allen dem Staate geleisteten Diensten, hier = *bellum reipublicae causa gesserint.* S. 2. 18, 4. Liv. 2. 64, 5: *in Volscis respublica egregie gesta, tum ducis, tum militis opera.* 4. 24, 4: *rempublicam foris gerendam.* — *omnem Galliam Germ. pacav.* oratorische Hyperbel, besonders in Betreff Germaniens, selbst wenn man *omnem* nur auf *Galliam* bezieht. — *existimationem* in passiver Bedeutung des Verbalsubst.: das Geachtetwerden, die Achtung, in der jemand steht, der gute Ruf.

     7. *legionis XIII*, die er nach Abgabe der 15. Leg. an Pompeius nach Italien geschickt hatte. B. G. 8. 54, 3. — *reliquae.* Im transalpinischen Gallien hatte er noch 8 Leg. B. G. 8. 54, 4. — *paratos defendere.* B. G. 1. 44, 4.

     8. 1. *Ariminum*, die erste italische Stadt nach Ueberschreitung des Rubico. 'Der Senatsbeschluss war vom 7. Jan.; am 18. wusste man schon in Rom seit mehreren Tagen, dass Cäsar eingerückt sei (Cic. ad Att. 7. 10. 9. 10, 4); der Bote brauchte von Rom nach Ravenna allermindestens drei Tage. Danach fällt der Aufbruch um den 12. Januar, welcher nach der gangbaren Reduction dem julianischen 24. Nov. 704 entspricht.' Mommsen. R. G. 3. p. 368 Anm. Nach Plut. Caes. 31. App. 2. 35 schickte Cösar den Q. Hortensius mit einigen Cohorten voraus, um Ariminum zu nehmen; er selbst entfernte sich in der Nacht heimlich aus Ravenna. — *qui ad eum confugerant.* 1. 5, 5. — *convenit* kommt zusammen mit —; 2. 39, 2.

     2. *L. Caesar*, durch *adulescens* (oder *filius* 2. 23, 3) von seinem Vater unterschieden.   Er wird von Pomp., da der Antrag des Piso und Roscius (c. 3, 6) verworfen war, geschickt, um zu unterhandeln, da er selbst noch zu wenig vorbereitet war (Cass. Dio 41. 5). Cic. Att. 7. 13 B, 6 spottet über den schlecht gewählten Abgesandten.   Er hielt sich im Bürgerkriege zu Pomp. und wurde von Cäsar begnadigt, bald darauf aber in Africa ermordet. B. Afr. 89. — *cuius pater - legatus.* B. G. 7. 65, 1. Er war bis zum Anfang

reliquo sermone confecto, cuius rei causa venerat, habere se a
3 Pompeio ad eum privati officii mandata demonstrat: Velle Pompeium se Caesari purgatum, ne ea, quae reipublicae causa egerit, in suam contumeliam vertat. Semper se reipublicae commoda privatis necessitudinibus habuisse potiora. Caesarem quoque pro sua dignitate debere et studium et iracundiam suam reipublicae dimittere neque adeo graviter irasci inimicis, ut, cum illis nocere se speret, reipublicae noceat.
4 Pauca eiusdem generis addit cum excusatione Pompei coniuncta. Eadem fere atque eisdem verbis praetor Roscius agit cum Caesare sibique Pompeium commemorasse demonstrat.

9. Quae res etsi nihil ad levandas iniurias pertinere videbantur, tamen idoneos nactus homines, per quos ea, quae vellet, ad eum perferrentur, petit ab utroque, quoniam Pompei mandata ad se detulerint, ne graventur sua quoque ad eum postulata de-

des Bürgerkrieges bei ihm, nach welchem er in Rom blieb. — *cuius rei causa venerat* kann unmöglich, wie gewöhnlich angenommen wird, auf das Folgende, sondern nur auf *rel. sermone confecto* bezogen werden, wie wenn es hiesse: *sermone confecto de ea re, cuius causa venerat.* Er hatte Aufträge allgemeiner Art, jedenfalls Bedingungen, die Pomp. im Namen der Partei stellte, und persönliche Aufträge von Pomp., wie *habere se privati officii mandata* deutlich zeigt; nur die letzteren werden näher bezeichnet. Aehnlich von der Rückantwort Cic. ad. Att. 7. 17, 2: *scire iam te oportet, L. Caesar quae responsa ferat a Pompeio* (die Gegenforderungen der Partei), *quasque ab eodem ad Caesarem ferat litteras.* — *privati officii mandata* wörtl.: Aufträge eines Privatdienstes, den er ausser dem officium publicum als Privatabgeordneter des Pompeius an Cäsar in persönlichen Angelegenheiten zu leisten habe. Denn *officium* ist nicht blos Pflicht (in subiectivem Sinne), sondern auch Gegenstand der Pflicht, Dienst, Amt. S. 3. 5, 4.

3. *Caesari purgatum:* bei ihm,

in seinen Augen gerechtfertigt. B. G. 1, 28, 1. — *in suam contumeliam vertat:* als persönliche Beleidigung ansehen. — *privatis necessit.:* persönliche freundschaftliche (und verwandtschaftliche) Verbindungen. — *studium:* leidenschaftlicher Eifer für eigene und Parteiinteressen; *reipublicae dimittere:* zum Besten des Staats aufgeben. Häufiger wird so *remittere* gebraucht; z. B. Vatinius bei Cic. ad Fam. 5. 10, 2: *meam animadversionem et supplicium, quo usurus eram in eum, quem cepissem, remitto tibi et condono.* Tac. Ann. 1. 10: *quamquam fas sit privata odia publicis utilitatibus remittere.* — *nocere se speret.* Ueber den Inf. Praes. s. zu B. G. 4. 21, 5. Vgl. unten 3. 8, 3.

4. *praetor Roscius,* derselbe, der c. 3, 6 sich erboten hatte, zu Cäsar zu gehen. Er hatte es auch wohl jetzt nur aus eigenem Antriebe gethan, und nicht von Pomp. geschickt; daher auch der Ausdruck *sibi Pomp. commemorasse:* gegen ihn geäussert.

9. 1. *ad levandas iniur. pertinere:* eigentlich sich dahin erstrecken, dazu dienen, eo tendere, ducere, 35, 2. B. G. 1. 1, 3: *ad effeminandos*

ferre, si parvo labore magnas controversias tollere atque omnem
Italiam metu liberare possint.   Sibi semper primam reipublicae 2
fuisse dignitatem vitaque potiorem.   Doluisse se, quod populi
Romani beneficium sibi per contumeliam ab inimicis extorquere-
tur, ereptoque semenstri imperio in urbem retraheretur, cuius
absentis rationem haberi proximis comitiis populus iussisset.
Tamen hanc iacturam honoris sui reipublicae causa aequo animo 3
tulisse: cum litteras ad senatum miserit, ut omnes ab exercitibus discederent, ne id quidem impetravisse.   Tota Italia delectus 4
haberi, retineri legiones ii, quae ab se simulatione Parthici belli
sint abductae, civitatem esse in armis.   Quonam haec omnia nisi
ad suam perniciem pertinere?   Sed tamen ad omnia se descen- 5
dere paratum atque omnia pati reipublicae causa.   Proficiscatur
Pompeius in suas provincias, ipsi exercitus dimittant, discedant
in Italia omnes ab armis, metus e civitate tollatur, libera comitia
atque omnis respublica senatui populoque Romano permittatur.
Haec quo facilius certisque condicionibus fiant et iureiurando 6
sanciantur, aut ipse propius accedat aut se patiatur accedere;
fore, uti per colloquia omnes controversiae componantur.

---

animos pertinent. — si possint: c.
5, 5.

2. *populi R. beneficium,* die ihm
im J. 52 gegebene Erlaubniss, sich
abwesend um das Consulat für 48
zu bewerben.   Durch Zurücknahme
dieser Vergünstigung hätte er sich,
statt bis Ende 49, wie er wollte,
das Imperium zu behalten, schon im
Sommer desselben Jahres in Rom
zur Bewerbung für die nächstfolgenden Wahlen (*proximis comitiis*)
einfinden müssen, wodurch sein Imperium um 6 Monate gekürzt worden wäre (*erepto semenstri imperio*).
S. Einl. p. 10. — *per contumeliam,*
wie *per vim, per cruciatum,* als
Umschreibung des Adverbialbegriffs
der Art und Weise. — *extorquere-
tur - retraheretur,* Wechsel des
Subiects. B. G. 1. 27, 2.

3. *cum miserit,* im Deutschen
durch eine Adversativpartikel entgegenzusetzen. — *litteras,* (den 1,
1 erwähnten) *miserit, ut,* wie *legatos* (3. 50, 1), *nuntios mittere, ut,*
3. 80, 3. S. zu B. G. 1. 26, 6.

4. *simulatione Parthici belli,* wie
2. 35, 6 = unter dem Vorwande,
dass sie zum parth. Kriege verwendet werden sollten. Cic. p. Sull. 19,
54 : *gladiatores emptos esse Fausti
simulatione.*   Zur Sache c. 2, 3.
Einl. p. 12. — *quonam - pertinere.*
B. G. 1. 14. 3.

5. *descendere.* S. zu c. 5, 3; hier
mit dem Nebenbegriff der Erniedrigung = sich zu allem verstehen.
S. Cic. ad Fam. 16. 12, 3: *Feruntur
omnino condiciones ab illo, ut Pompeius eat in Hispaniam, dilectus, qui
sunt habiti, et praesidia nostra dimittantur; se ulteriorem Galliam
Domitio, citeriorem Considio No-
niano (his enim obtigerunt) tradi-
turum: ad consulatus petitionem se
venturum, neque se iam velle absente se rationem haberi suam: se praesentem trinum nundinum petitu-
rum.*

6. *fore - ut componantur.*   Die
Hoffnung, durch eine mündliche Unterredung Alles am leichtesten bei-
legen zu können, spricht Cäsar öfter

10. Acceptis mandatis Roscius a Caesare Capuam pervenit ibique consules Pompeiumque invenit: postulata Caesaris renun-
2 tiat. Illi deliberata re respondent scriptaque ad eum mandata re-
3 mittunt; quorum haec erat summa: Caesar in Galliam reverteretur, Arimino excederet, exercitus dimitteret; quae si fecisset, Pom-
4 peium in Hispanias iturum. Interea, quoad fides esset data, Caesarem facturum, quae polliceretur, non intermissuros consules Pompeiumque delectus.

11. Erat iniqua condicio postulare, ut Caesar Arimino excederet atque in provinciam reverteretur, ipsum et provincias et legiones alienas tenere; exercitum Caesaris velle dimitti, delectus
2 habere; polliceri se in provinciam iturum neque, ante quem

aus; gerade dies war der Umgebung des Pompeius am wenigsten genehm: τοῦτο μὲν οὐχ ἡδέως οἱ πολλοὶ ἤκουσαν, δείσαντες, μὴ καὶ κατὰ σφῶν τι συνθῶνται Cass. Dio 41, 5. — Zu *certisque condicionibus* ist *aus quo*, das Cäs. immer vor Comparativen braucht, *ut* zu denken.

10. 1. *Roscius*, der Prätor, wird allein genannt, wohl mit absichtlicher Uebergehung des unbedeutenden L. Caesar, obgleich nach dem obigen dieser der eigentliche Abgesandte ist, und auch an verschiedenen Stellen Cicero's in den Br. ad Att. als Ueberbringer der Antwort genannt wird. Uebrigens traf L. Cäsar Pompeius nicht in Capua, sondern in Teanum, aber in Capua wurden von den Führern der Pompeianischen Partei die entscheidenden Beschlüsse gefasst.

2. *summa*: der wesentliche Inhalt. Bei Cic. ad Att. 7, 14, 1 lautet die Bedingung: *Probata condicio est, sed ita, ut ille de iis oppidis, quae extra suam provinciam occupavisset, praesidia deduceret. Id si fecisset, responsum est, ad urbem nos redituros esse et rem per senatum confecturos.* Vgl. ad Fam. 16, 12, 3.

3. *fecisset*. S. zu 17, 2.

4. *fides*, Sicherheit, Garantie.

11. 1. *iniqua condicio:* ungleiches Verhältniss, Ungleichheit, indem durch das Verfahren des Pom-

peius eine ungleiche, für Cäsar ungünstige Lage, wie sie nachher durch die Gegensätze genau bezeichnet wird, sich ergiebt. Ueber die Inf. *postulare* u. s. w. als Subiectsnominative s. Zumpt §. 597. — *leg. alienas.* In wiefern kann Cäsar die oft genannten Legionen *alienae* nennen? denn man hat den Ausdruck getadelt, da doch wenigstens eine dem Pompeius gehört habe; vgl. die zu c. 6, 2 citirte Stelle Cicero's.

2. *neque* = *neque tamen.* B. G. 1. 47, 1. — *ante quem diem*, wie c. 2, 7: *ante diem certam:* vor, d. h. bis zu welchem Tage, wo auch wir den anberaumten Tag mit eingeschlossen denken, indem eine Zeit bestimmt wird, vor deren Ablauf etwas geschehen soll. — *peracto consulatu.* Bei seinen bedeutenden Concessionen hatte Cäsar das Eine im Auge, dass Pompeius vor den Consularcomitien in seine Provinz ginge und die Consulwahlen nicht unter dem Druck der Pompeianischen Armee vor sich gingen. Wollte er nun deutlich machen, dass dieser sein einziger Zweck durch Pompeius unbestimmte Antwort vereitelt würde, so konnte er recht wohl sagen: Hiernach kann ja Pompeius ohne Vertragsbruch bis zur Beendigung meines Consulats in Rom bleiben, da mir doch alles daran gelegen ist, dass er vor der Wahl sich entfernt.

diem iturus sit, definire, ut, si peracto consulatu Caesaris non
profectus esset, nulla tamen mendacii religione obstrictus videretur: tempus vero colloquio non dare neque accessurum polli- 3
ceri magnam pacis desperationem afferebat. Itaque ab Arimino 4
M. Antonium cum cohortibus v Arretium mittit; ipse Arimini cum
duabus subsistit ibique delectum habere instituit; Pisaurum, Fanum, Anconam singulis cohortibus occupat.

12. Interea certior factus Iguvium Thermum praetorem
cohortibus V tenere, oppidum munire omniumque esse Iguvino-
rum optimam erga se voluntatem, Curionem cum tribus cohorti-

Ob da Pompeius ein Interesse dabei
hat, noch während Cäsars Consulat,
wenn er die Wahl nicht hat hindern
können, in Rom zu bleiben, darauf
kommt es hierbei nicht an. — *religione obstrictus*, wie Cic. Phil. 2.
33, 83: *obstrinxisti religione populum Romanum.*

4. *Itaque ab Arimino.* S. zu B. G.
7. 43, 5: *ab Gergovia.* Uebrigens ver-
nachlässigt Cäsar, vielleicht um Zu-
sammengehöriges nicht zu zerreissen, vielleicht auch um seine Mässigung mehr ins Licht zu stellen, in
dem Bericht über die Unterhandlungen die Zeitfolge der Ereignisse
offenbar und so sehr, dass er mit
sich selbst in Widerspruch geräth;
denn c. 10 sagt er, der von ihm
beauftragte Roscius hätte Pompeius
und die Consuln in Capua getroffen,
und c. 14, Pompeius und die Consuln hätten Rom verlassen, erst
nachdem er auf die durch Roscius
erhaltene ungenügende Antwort
weiter vorgerückt wäre. Nach den
genauen Angaben in Ciceros Briefen
war die Zeitfolge der einzelnen Ereignisse diese: am 19. Jan. verliessen die Consuln, am 20. die übrigen Pompeianer Rom (ad Att. IX,
10, 4 App. b. civ. II, 37) und zwar
auf die Nachricht, dass Cäsar Ariminum, Pisaurum, Ancona und Arretium besetzt hätte (ad fam. XVI, 12,
2). Eine glaubwürdige Nachricht
davon konnte erst 3 Tage nachher
in Rom eintreffen (Appian. b. civ. II,

32); gleichfalls waren 3 Tage erfor-
derlich, von Ariminum aus die genannten Ortschaften zu besetzen;
es ist also Cäsar in der Nacht vom
12. zum 13. über den Rubico gegangen und an den Iden früh in Ariminum eingetroffen (App. b. civ. II, 35).
Der Unterhändler L. Cäsar, denn
dieser, nicht der Prätor Roscius,
tritt bei Cicero in den Vordergrund,
war mit Cäsars Aufträgen am 25.
Januar bei Pompeius in Teanum und
erhielt von diesem Bescheid (ad Att.
VII, 14, 1), musste aber jedenfalls
mit der Rückreise warten, bis auch
die andern Führer der Partei sich
über Cäsars Vorschläge ausgesprochen hatten, was am 27. in Capua
geschah (ad Att. VII, 15, 2). Schon
am 3. Febr. erfuhr dann Cicero, dass
die Unterhandlungen fruchtlos sein
würden (ad Att. VII, 19), und am 5.
war dies in Capua allgemein bekannt
(ad Att. VII, 21, 1). Rechnet man
nun von hier zurück, so muss L. Cäsar am 20. Januar bei Cäsar in
Ariminum gewesen und spätestens
am 16. von Rom entsendet worden sein, Cäsar die officielle Mittheilung über die gegen ihn gefassten Beschlüsse zu überbringen. Die Beschlüsse selbst aber,
die von Cäsar c. 6 angeführt sind,
müssen am 8. und 9. Jan. gefasst
sein, da Cäsar erst auf die Kunde
hiervon den Rubico überschreitet.

12. 1. *Thermum.* S. zu c. 6, 8.

2 bus, quas Pisauri et Arimini habebat, mittit. Cuius adventu cognito, diffisus municipii voluntati Thermus cohortes ex urbe reducit et profugit. Milites in itinere ab eo discedunt ac domum revertuntur. Curio summa omnium voluntate Iguvium recipit.

3 Quibus rebus cognitis confisus municipiorum voluntatibus Caesar cohortes legionis xiii ex praesidiis deducit Auximumque proficiscitur, quod oppidum Attius cohortibus introductis tenebat delectumque toto Piceno circummissis senatoribus habebat.

13. Adventu Caesaris cognito decuriones Auximi ad Attium Varum frequentes conveniunt: docent sui iudicii rem non esse; neque se neque reliquos municipes pati posse C. Caesarem imperatorem, bene de republica meritum, tantis rebus gestis oppido moenibusque prohiberi: proinde habeat rationem posteritatis et

2 periculi sui. Quorum oratione permotus Varus praesidium, quod

3 introduxerat, ex oppido educit ac profugit. Hunc ex primo ordine

4 pauci Caesaris consecuti milites consistere coëgerunt. Commisso proelio deseritur a suis Varus: nonnulla pars militum domum discedit; reliqui ad Caesarem perveniunt, atque una cum iis deprensus L. Pupius, primi pili centurio, adducitur, qui hunc eundem

---

2. *diffisus voluntati*, bei C. steht *diffidere* nur mit dem Dativ. Ueber *confidere* s. zu c. 42, 3. — *recipit:* nimmt in Besitz, von C. häufig von Besitznahme nach freiwilliger Unterwerfung gebraucht.

3. *ex praesidiis*, aus den c. 11, 4 erwähnten, mit Truppen besetzten Orten. — *Attius* s. c. 6, 8.

13. 1. *decuriones* sind die Senatoren der Municipien, Colonien und Präfecturen (15, 1), welche Freiheit der inneren Verwaltung hatten, die einem Senate, *ordo decurionum*, oblag. — *sui iudicii rem non esse:* utra pars iustiorem habeat causam, wie es 35, 3 heisst; vergl. 3. 12, 3. Sie würden sich aber ein Urtheil anmassen, wenn sie Caesar, für den so viele Verdienste sprächen, zurückwiesen. — *neque se, neque* = neque tamen (11, 2) se, neque —; denn diese doppelte Beziehung, anknüpfend an das vorhergeh. und correlativ, hat *neque* häufig — und oder aber weder — noch; s. 35, 3. B. G. 1. 36, 5. 3. 3, 2. 7. 52, 1. —

oppido moenibusque, nicht Hendiadys, sondern *moenibus* tritt wie häufig bei C., als specielle Bezeichnung zu dem umfassenderen Worte. S. z. B. G. 1. 31, 12: *exempla cruciatusque*. 3. 3, 1: *opus hibernorum munitionesque. — posteritatis. Posteritas* bezeichnet hier nicht, wie gewöhnlich, die Zeit nach dem Tode und die Leute, die da leben, sondern die Zukunft überhaupt, wie bei Cic. in Cat. I, 9, 22: *tametsi video, si mea voce perterritus ire in exilium animum induxeris, quanta tempestas invidiae, si minus in praesens tempus, recenti memoria scelerum tuorum, at in posteritatem impendeat* und ep. ad fam. II, 17, 3: *si me audies, vitabis inimicitias et posteritatis otio consules.*

3. *ex primo ordine* = centuria. Kriegsw. § 13.

4. *deseritur a suis Varus.* Er ging nach Africa, c. 31. — *nonnulla pars:* ein nicht unbeträchtlicher Theil. — *primi pili cent.* Kriegsw. § 20.

ordinem in exercitu Cn. Pompei antea duxerat.   At Caesar mi- 5
lites Attianos collaudat, Pupium dimittit, Auximatibus agit gratias
seque eorum facti memorem fore pollicetur.

14. Quibus rebus Romam nuntiatis tantus repente terror
invasit, ut, cum Lentulus consul ad aperiendum aerarium venisset ad pecuniam Pompeio ex senatusconsulto proferendam, protinus aperto sanctiore aerario ex urbe profugeret.   Caesar enim
adventare iam iamque et adesse eius equites falso nuntiabantur.
Hunc Marcellus collega et plerique magistratus consecuti sunt. 2
Cn. Pompeius pridie eius diei ex urbe profectus iter ad legiones 3
habebat, quas a Caesare acceptas in Apulia hibernorum causa
disposuerat.   Delectus circa urbem intermittuntur: nihil citra 4
Capuam tutum esse omnibus videtur. Capuae primum sese confirmant et colligunt, delectumque colonorum, qui lege Iulia Ca-

14. 1. *terror invasit*: 'brach herein', absolut wie Sall. Cat. 10, 6:
*ubi contagio, quasi pestilentia inva-
sit.* Ebenso *incesserat timor* 3. 44,
7. 101, 3. In Rom hatte sich das
Gerücht verbreitet, dass Cäsar mit
seinem ganzen Heere, mit Galliern
und Germanen komme; daher allgemeine Flucht und Verwirrung, zumal
da Pomp. nicht gerüstet war. — *ad
aperiendum aer. ven. ad pecuniam
prof.* Vergl. B. G. 6. 34, 8: *ad se
vocat* - *ad diripiendos Eburones.*
— *aerarium.* Der Staatsschatz, aufbewahrt in einem Hintergebäude
des Tempels des Saturn, war getheilt in den gemeinen Schatz, in
den die regelmässigen Einkünfte
flossen und aus dem die ordentlichen
Ausgaben bestritten wurden, und
den geheimen Schatz, *aerarium san-
ctius, interius,* der besonders aus der
Einzahlung des 20. Theils vom Werthe der freigelassenen Sklaven entstand und für die äussersten Noth-
fälle bestimmt war. Liv. 27. 10. —
Ueber diese nach dem einstimmigen
Zeugniss aller Historiker falsche
Anführung s. Eiul. p. 25, und unten
zu c. 33.

*adventare iam iamque et adesse
e. equ. Et* ist bei Caes. nie == *etiam;*
er sagt: es hatte sich das Gerücht
verbreitet, dass Cäs. (mit den Legionen) alsbald kommen würde und
dass die Reiterei, die den Legionen
vorauszugehen pflegte, schon da
sei. — *iam iamque:* alsbald, jeden
Augenblick, welcher Begriff der Eile
auch in *adventare*, wie oft in den
Frequentativen, liegt, die nicht blos
die Wiederholung, sondern auch die
Steigerung der Thätigkeit bezeichnen. Die eilige Flucht hatte das
Zurücklassen des Staatsschatzes
veranlasst, den C. später sich aneignete. (Dio 41. 6. 39.) S. zu c. 33.

2. *Hunc — consecuti sunt.* Da
man sich in Rom nicht behaupten zu
können meinte, hatte Pomp. einen
Senatsbeschluss veranlasst, dass der
Sitz der Regierung nach Capua verlegt werden und jeder Senator,
Richter und Beamter dahin folgen
sollte, unter der Drohung, dass jeder Zurückbleibende als Feind betrachtet werden würde (Dio 41. 6).

3. *ex urbe.* Die Anm. zu c. 2, 1
zeigt, wie dies zu verstehen ist. —
iter habere: eine Reise haben, d. i.
darin begriffen, unterwegs sein. S.
51, 1. 3. 11, 2. Cic. ad Att. 8. 11 D,
2: *dixit Caesarem iter habere Capuam;* sonst auch = eine R. vorhaben: 3. 78, 6. 106, 1.

4. *sese confirmant et colligunt:* er-

puam deducti erant, habere instituunt; gladiatoresque, quos ibi
Caesar in ludo habebat, ad forum productos Lentulus spe libertatis confirmat atque his equos attribuit et se sequi iussit;
5 quos postea monitus ab suis, quod ea res omnium iudicio reprehendebatur, circum familias conventus Campaniae custodiae
causa distribuit.

15. Auximo Caesar progressus omnem agrum Picenum
percurrit. Cunctae earum regionum praefecturae libentissimis
animis eum recipiunt exercitumque eius omnibus rebus iuvant.
2 Etiam Cingulo, quod oppidum Labienus constituerat suaque pecunia exaedificaverat, ad eum legati veniunt quaeque imperaverit
se cupidissime facturos pollicentur. Milites imperat: mittunt.
3 Interea legio xii Caesarem consequitur. Cum his duabus Asculum Picenum proficiscitur. Id oppidum Lentulus Spinther x cohortibus tenebat: qui Caesaris adventu cognito profugit ex oppido cohortesque secum abducere conatus magna parte militum
4 deseritur. Relictus in itinere cum paucis incidit in Vibullium

muthigen und sammeln sich. 3. 65,
2: *cuius adventus nostros firmavit,
ut se ex timore colligerent. — qui
l. Iulia deducti erant.* S. Einl. p. 3.
Von diesen Colonisten, meist Veteranen des Pomp., hoffte man Geneigtheit zu neuen Kriegsdiensten;
doch zeigte sich wenig Neigung. Cic.
ad Att. 7. 14: *parum prolixe respondent Campani coloni.* — *in ludo*
d. i. *ludo gladiatorio,* wo Gladiatoren für die Kampfspiele eingeübt
wurden.

5. *quod ea res — reprehendebatur,* da man Sklaven, zumal so ver-
dächtige, und, da sie dem Cäsar gehörten, unsichere, ungern im Heere
sah. — *conventus,* die Vereine röm.
Bürger in Colonien und Provinzen.
2. 19, 3. 3. 9, 2. — *circum:* in den
Häusern herum, wie ein Kreis, in
dessen Umfang an einzelnen Puncten
die Handlung geschieht. 1. 37, 1.
3. 22, 1. Cic. Cat. IV § 17: *concursare circum tabernas.* So in Compositis, wie 1. 12, 3: *delectum toto
Piceno circummissis senatoribus
habebat.* Die Absicht, die Gladiatoren zu bewaffnen, erwähnt nur Cäs.
Nach Cic. ad Att. 7. 14, 2 geschah

die Vertheilung, weil man fürchtete,
sie möchten sich frei machen: *Gladiatores Caesaris, qui Capuae sunt,
sane commode Pomp. distribuit
binos singulis patribus familiarum.
Eruptionem facturi fuisse dicebantur.*

15. 1. *praefecturae,* die dritte
Classe der italienischen Städte mit
vollem Bürgerrechte, von den Municipien und Colonien dadurch verschieden, dass sie statt der duumviri iuri dicundo, welche von den
Decurionen gewählt wurden, einen
in Rom ernannten praefectus iuri
dicundo hatten.

2. *Labienus,* der bekannte Legat
Cäsar's im gallischen Kriege, der
beim Beginn des Bürgerkrieges zu
Pomp. überging. S. Einl. p. 16. Aus
diesem Grunde hält es C. für besonders erwähnenswerth, dass auch diese Stadt (*etiam Cingulum*) sich ihm
ergab. — *imperaverit* s. zu 17. 2.

3. *consequitur:* holt ihn ein c. 64,
8. 2. 35, 1 u. öfter. — *cum his duabus,* mit dieser und der dreizehn-
ten, c. 7, 7. — *Lentulus Spinther.*
S. zu c. 6, 8.

4. *Vibullium Rufum.* S. c. 23, 2.

Rufum, missum a Pompeio in agrum Picenum confirmandorum hominum causa. A quo factus Vibullius certior, quae res
in Piceno gererentur, milites ab eo accipit, ipsum dimittit. Item 5
ex finitimis regionibus quas potest contrahit cohortes ex delectibus Pompeianis; in his Camerino fugientem Lucilium Hirrum
cum sex cohortibus, quas ibi in praesidio habuerat, excipit; quibus coactis xiii efficit. Cum his ad Domitium Ahenobarbum 6
Corfinium magnis itineribus pervenit Caesaremque adesse cum
legionibus duabus nuntiat. Domitius per se circiter xx cohortes 7
Alba et Marsis et Pelignis, finitimis ab regionibus coëgerat.

16. Recepto Asculo expulsoque Lentulo Caesar conquiri

Es war ein tüchtiger Soldat und ein
Mann von grösserer Thätigkeit, als
viele aus der Partei (Cic. ad Att. 8.
11 B, 1), und von Pomp. geschickt,
um dem Abfall im Picenischen Einhalt zu thun. — *ipsum dimittit.*
Wir finden Lentulus später bei
Domitius in Corfinium, c. 21 u. 22.

5. *Lucilium Hirrum*, denselben,
der oft fälschlich *C. Lucceius Hirrus* genannt wird, Volkstribun im
J. 53 und unglücklicher Mitbewerber Cicero's um das Augurat und
des Cälius um die Aedilität, und
von jenem öfter in den Briefen als
lächerlich und unbedeutend ver-
spottet; ein eifriger Anhänger des
Pomp., auf dessen Ernennung zum
Dictator er antrug (ad Fam. 8. 4.
Plut. Pom. 54). — *in praesidio
habuerat:* als Besatzung gehabt
hatte, wie *in praesidio esse:* als Besatzung irgendwo liegen. — *excipit:*
nimmt auf, zieht an sich, nicht, wie
erklärt worden ist, 'er fängt auf' in
feindlichemSinne, wie *excipere* allerdings sonst gebraucht wird; denn
Hirrus führt keine feindlichen Cohorten. — *efficit:* bringt zusammen, bringt auf. Ueber die Zahl
der Pompeianischen Truppen in und
bei Corfinium stimmen Cäsar und
Pompeius nicht ganz überein. Nach
Cäsar hatte Domitius ungefähr 20
Cohorten, Vibullius 7, Hirrus 6,
diese beiden letzten also zusammen

13. Nach Pompeius (Cic. ad Att. VIII,
11 A und VIII, 12 A, 1) hatte Domitius 12 Cohorten, Vibullius 14,
Hirrus 5, diese beiden also zusammen 19, welche Pompeius als ihm
gehörig in Anspruch nimmt. Pompeius wusste also nicht, dass Domitius durch die Ankunft des Attius
(c. 18.) seine Truppen bis auf ungefähr
20, oder genauer auf 19 gebracht
hatte, und weicht auch darin von
Cäsar ab, dass er Vibullius eine
Cohorte mehr, Hirrus eine weniger giebt; in Betreff der Gesammtzahl 19 aber ist kein Widerspruch
vorhanden, denn offenbar sind die
6 Cohorten des Prätor L. Manlius in
Alba (c. 24) hier mit zu den Pompeius gehörigen Truppen zuzurechnen.
Es waren also in und um Corfinium
concentrirt im Ganzen 38 Pompeia-
nische Cohorten, von denen aber die
6 des Manlius c. 17 *se cohortesque amplius XXX . . . . . in periculum esse venturum* nicht mit gemeint werden, da sie auch nach dem
Fall von Corfinium zu Pompeius
sich zurückziehen konnten.

16. 1. *Recepto* (12, 2) *Asculo.*
Die Handschriften haben *recepto
Firmo.* Die Aenderung ist noth-
wendig, 1, weil die Einnahme von
Firmum vorher gar nicht erwähnt
ist, 2, weil es c. 15, 1 heisst:
*Auxino Caesar progressus omnem
agrum Picenum percurrit. Cunctae*

milites, qui ab eo discesserant, delectumque institui iubet; ipse unum diem ibi rei frumentariae causa moratus Corfinium con-
2 tendit. Eo cum venisset, cohortes quinque praemissae a Domitio ex oppido pontem fluminis interrumpebant, qui erat ab op-
3 pido milia passuum circiter III. Ibi cum antecursoribus Caesaris proelio commisso celeriter Domitiani a ponte repulsi se in
4 oppidum receperunt. Caesar legionibus traductis ad oppidum constitit iuxtaque murum castra posuit.

17. Re cognita Domitius ad Pompeium in Apuliam peritos regionum magno proposito praemio cum litteris mittit, qui petant atque orent, ut sibi subveniat: Caesarem duobus exercitibus et locorum angustiis facile intercludi posse frumentoque prohi-
2 beri. Quod nisi fecerit, se cohortesque amplius xxx magnumque numerum senatorum atque equitum Romanorum in pericu-
3 lum esse venturum. Interim suos cohortatus tormenta in muris disponit certasque cuique partes ad custodiam urbis attribuit;

---

earum regionum praefecturae libentissimis animis eum recipiunt, man also durchaus nicht einsieht, warum die Einnahme von Firmum besonders hervorgehoben wird, 3. weil die Worte *recepto Firmo expulsoque Lentulo* nicht anders übersetzt werden können, als: nachdem Firmum genommen und Lentulus aus dieser Stadt vertrieben war, was mit dem vorigen Capitel augenscheinlich im Widerspruch steht. Nipperdey vermuthet, dass der Name Firmum hier in den Text gekommen sei aus ad Att. VIII, 12 B, 1: *nam illa causa, quam mihi Vibullius scribit, levis est, te propterea moratum esse, quod audieris Caesarem Firmo progressum in castrum Truentinum venisse.* Asculum lag südlich von Firmum nach Corfinium zu, Castrum Truentinum in der Nähe von Asculum am adriatischen Meere. — *expulso.* Nur uneigentlich kann Lent. *expulsus* heissen, s. 15, 3: *profugit ex oppido*; da indess die Ankunft Cäsar's (*adventu cognito*) bewirkt hatte, dass er floh, ist an dem Ausdruck kein Anstoss zu nehmen.

2. *Eo cum venisset*: am 14. Februar. — *fluminis*, des Aternus, jetzt Pescara. — *interrumpebant*: sie waren, als er hinkam, eben damit beschäftigt.

17. 1. *in Apuliam.* Pomp. hatte das Commando der bei der apulischen Stadt Luceria stehenden Truppen. — *intercludi posse*: von dem Wege vor und rückwärts, durch 2 auf beiden Seiten aufgestellte Heere, unterstützt durch das Terrain. Es bedurfte also, da sich das Verhältniss von selbst ergiebt, keines Zusatzes mit *ab* oder dem blosen Abl., wie *intercl.* sonst gebraucht wird, noch ist das folg. *frumentoque prohiberi* eine nachträgliche Erklärung des *intercl.*, sondern vielmehr ein zweites, aus dem ersten folgendes Moment. Vgl. 40, 3. 48, 4. 3. 69, 4.

2. *quod nisi fecerit*, d. i. *nisi subvenerit* = Coni. Fut. exact. nach einem Präs., wie nach einem histor. Tempus der Coni. Plusqu. steht. Doch findet sich bei minder genauer Berücksichtigung des Zeitverhältnisses bei C. oft im ersteren Falle der Coni. Präs., im letzteren der Coni. Imperf. (Zumpt § 496, 5). S. zu

militibus in contione agros ex suis possessionibus pollicetur, qua- 4
terna in singulos iugera et pro rata parte centurionibus evocatisque.

18. Interim Caesari nuntiatur Sulmonenses, quod oppidum
a Corfinio vii milium intervallo abest, cupere ea facere, quae vellet, sed a Q. Lucretio senatore et Attio Peligno prohiberi, qui
id oppidum vii cohortium praesidio tenebant. Mittit eo M. An- 2
tonium cum legionis xiii cohortibus quinque. Sulmonenses, simulatque signa nostra viderunt, portas aperuerunt universique,
et oppidani et milites, obviam gratulantes Antonio exierunt. Lu- 3
cretius et Attius de muro se deiecerunt. Attius ad Antonium deductus petit, ut ad Caesarem mitteretur. Antonius cum cohortibus et Attio eodem die, quo profectus erat, revertitur. Caesar 4
eas cohortes cum exercitu suo coniunxit Attiumque incolumem
dimisit. Caesar primis diebus castra magnis operibus munire
et ex finitumis municipiis frumentum comportare reliquasque
copias exspectare instituit. Eo triduo legio viii ad eum venit co- 5
hortesque ex novis Galliae delectibus xxii equitesque ab rege Norico circiter ccc. Quorum adventu altera castra ad alteram oppidi partem ponit: his castris Curionem praefecit. Reliquis die- 6
bus oppidum vallo castellisque circumvenire instituit. Cuius ope-

3. 12, 4.

4. *agros pollicetur.* Domitius hatte nach Cass. Dio 41. 11 unter Sulla grosse Ländereien erworben. Seinen Reichthum beweist auch die Ausrüstung und Bemannung eines Geschwaders c. 34, 2. 56, 3. — *in singulos*, zur Angabe des Antheils, der bei der Vertheilung 'auf die Einzelnen fällt', war nach dem Distributivum entbehrlich, c. 52, 2. Liv. 35, 40: *quina dena iugera data in singulos.* — *pro rata parte cent. evocatisque.* Die Centurionen und evocati (Kriegsw. § 21) erhielten doppelt so viel Sold, als die Gemeinen. Nach diesem Verhältnisse sollten sie auch bei der Vertheilung bedacht werden.

18. 1. *Sulmonenses, quod oppidum.* S. zu B. G. 2. 34, 1. — *intervallo abest.* S. zu 2. 38, 3. B. G. 1. 41, 5. — *tenebant* erklärender Zusatz des Schriftstellers, nicht zum Inhalt der Meldung gehörig. B. G. 2, 4, 10.

3. *se deiecerunt:* sprangen herab.

5. Eo triduo: im Verlauf dieser 3 Tage, zurückweisend auf *primis diebus*, was man deswegen unnöthig durch *tribus pr. diebus* vervollständigt hat. — *ab rege Norico*, vielleicht der B. G 1. 53, 4 erwähnte König von Noreia, Voccio. — *quorum adventu* = qui postquam advenerunt, wie der Abl. von Verbalsubstantiven, besonders *adventu, discessu* sehr oft gebraucht wird, um das fehlende Part. Perf. Act. zu ersetzen. 1. 27, 2. 38, 1. 2. 25, 6. u. ö. Wie in der Participialconstruction liegt in diesem Abl. häufig auch eine causale Bedeutung, wie 1. 40, 7. 3. 76, 3. B. G. 1. 18, 8. 2. 7, 2. u. s. o. Die Gleichzeitigkeit: zur Zeit der Ankunft, wird bezeichnet B. G. 5. 54, 2.

6. *circumvenire*, wie Sall. Jug.

ris maxima parte effecta eodem fere tempore missi a Pompeio revertuntur.

19. Litteris perlectis Domitius dissimulans in concilio pronuntiat Pompeium celeriter subsidio venturum hortaturque eos, ne animo deficiant quaeque usui ad defendendum oppidum sint, 2 parent. Ipse arcano cum paucis familiaribus suis colloquitur consiliumque fugae capere constituit. Cum vultus Domitii cum oratione non consentiret atque omnia trepidantius timidiusque ageret, quam superioribus diebus consuesset, multumque cum suis consiliandi causa secreto praeter consuetudinem colloqueretur, concilia conventusque hominum fugeret, res diutius tegi dis3 simularique non potuit. Pompeius enim rescripserat: sese rem in summum periculum deducturum non esse, neque suo consilio 4 aut voluntate Domitium se in oppidum Corfinium contulisse: proinde, si qua fuisset facultas, ad se cum omnibus copiis veniret. Id ne fieri posset, obsidione atque oppidi circummunitione fiebat.

76, 2: *vallo fossaque moenia circumvenit* (68, 3: *planitiem locis paullo superioribus circumventam*). von Belagerungswerken, die von einem Punkte fortschreitend nach und nach um die Stadt herumkommen. So Cäsar nur hier (denn 1. 81, 5. 3, 97, 2 steht jetzt *circummunire*). S. zu 2. 16, 2. — Ueber *castella* s. Kriegsw. § 29. — *effecta:* ausgeführt, zu Stande gebracht. 3. 9, 3. 39, 2. B. G. 4. 18, 1, u. ö. — *missi:* Substantivirung, wie 3. 79, 5 *dimissi*, 3. 63, 8, *expositi*, B. G. 5. 40, 1 *missi intercipiuntur*, wofür die Lat., wenn nicht von einer bestimmt bezeichneten Classe die Rede ist (z. B. *missi* die entlassenen Soldaten), die Umschreibung durch das Relativum, *qui missi erant*, vorziehen.

19. 1. *dissimulans:* den wahren Inhalt des Briefes (§ 3) verheimlichend. Zu *quaeque — parent* ist *ut* aus dem vorherg. *ne* zu entnehmen. Kommt es darauf an, durch Auseinanderhaltung der Sätze jedes einzelne Glied scharf zu bezeichnen, so steht im 2. Satze *ut*. B. G. 6. 29, 2: *ne metum barbaris tolleret atque ut auxilia eorum tardaret.*

2. *cum paucis fam. suis.* S. c. 46, 4 und zu B. G. 1. 52, 5. — *consilium capere constituit*, natürlich nicht: er beschliesst, sondern: setzt fest, erklärt in dieser Unterredung (*se velle ostendit*), wie B. G. 4. 6, 5: *bellum cum Germ. gerere constituit*, von einem bereits gefassten Plane, den er in der Unterredung eröffnet. — *quam consuesset.* Der untergeordnete Satz schliesst sich eng an den Hauptsatz, mit dem er ein Ganzes bildet, nimmt daher ebenfalls den Conjunctiv an, während allerdings auch der Indicat. stehen könnte und häufig steht. Vergl. Cic. Acad. 2, 3: *cum eo — postridie venissemus, quam apud Catulum fuissemus.*

4. *fuisset facultas* = facta, data esset: wenn sich Gelegenheit geboten haben würde, der Genauigkeit der röm. Denkweise entsprechender, als *esset*. S. zu 17, 2. — *obsidione atque oppidi circummunitione* = eo, quod obsidebantur atque oppidum circummunitum erat, wie c. 20, 2: *obsideri se a Caesare, opera munitionesque prope esse perfectas.* Denn *oppidi* kann bei dieser Wortstellung nicht auch von *obsidione*

20. Divulgato Domitii consilio milites, qui erant Corfinii, prima vesperi secessionem faciunt atque ita inter se per tribunos militum centurionesque atque honestissimos sui generis colloquuntur: obsideri se a Caesare, opera munitionesque prope esse 2 perfectas; ducem suum Domitium, cuius spe atque fiducia permanserint, proiectis omnibus fugae consilium capere: debere se suae salutis rationem habere. Ab his primo Marsi dissentire 3 incipiunt eamque oppidi partem, quae munitissima videretur, occupant, tantaque inter eos dissensio exsistit, ut manum conse- 4 rere atque armis dimicare conentur; post paulo tamen internuntiis ultro citroque missis, quae ignorabant, de L. Domitii fuga, cognoscunt. Itaque omnes uno consilio Domitium productum 5 in publicum circumsistunt et custodiunt legatosque ex suo numero ad Caesarem mittunt: sese paratos esse portas aperire quaeque imperaverit facere et L. Domitium vivum eius potestati tradere.

abhängen. (Mit Recht ist 2. 37, 5 *natura et loci munitione* in *natura loci et mun.* verändert worden.) — *ne fieri posset — fiebat.* S. zu 3. 37, 3.

Der Brief des Pomp., der die Meldung des Domitius zu Luceria am 17. Febr. erhalten hatte, findet sich bei Cic. ad Att. 8. 12 D., mit dem die beiden vorhergehenden Briefe an Domitius zu vergleichen sind. (Einl. p. 18.) Pomp., der überhaupt den Krieg nicht in Italien selbst führen wollte, war mit der Besetzung von Corfinium nicht einverstanden, da er gegen Vereinzelung der ohnehin schwachen Kräfte war. Daher lässt er den Domitius, obgleich das Leben vieler Optimaten auf dem Spiele stand, im Stiche, zumal da er seinen Truppen nicht genug traute, um mit ihnen den Kampf '*de omnibus fortunis reipublicae*' zu wagen.

20. 1. *prima vesperi* sc. hora. — *secessionem faciunt:* rotten sich zusammen, von der Trennung, Absonderung, zum Zwecke der Besprechung. — *honestissimos sui generis:* die aus ihrer Mitte (wie § 5 *ex suo numero*), die durch Tapferkeit und Dienstalter im grössten Ansehen standen; *honestus* = honoratus.

2. *opera:* der ganze Belagerungsapparat, *munitiones: oppidi circummunitionem* c. 20, 4. — *proiectis:* preisgegeben, im Stiche gelassen, c. 30, 5; *proiectum ac proditum.* 2. 32, 8: *proiecit* von demselben Verrath des Dom. (προϊέναι, προδιδόναι). — Man beachte in der asyndetischen Aneinanderreihung der Reflexionen der Soldaten besonders die Worte *debere se — habere*, die das Ergebniss und Resultat jener Gedankenreihe bilden, wo wir ein 'also' ergänzen können. (Nägelsbach Lat. Stilistik, p. 558: 'Asyndeton summativum'.)

3. *Marsi* c. 15 a. E. — *videretur.* Allerdings konnte es auch *videbatur* heissen, als Erklärung des Schriftstellers; der Coniunct. als Inhalt der Vorstellung der Marsi und als Grund der Besetzung dieses Theils (Zumpt. § 549).

4. *post paulo.* In dieser Stellung noch B. G. 7. 60, 4. — *de fuga* 'in Betreff, bezüglich', als nähere Bestimmung des allgemeinen *quae ignorabant.* S. z. B. G. 5. 53, 4.

5. *paratos aperire.* S. zu B. G.

21. Quibus rebus cognitis Caesar etsi magni interesse arbitrabatur quam primum oppido potiri cohortesque ad se in castra traducere, ne qua aut largitionibus aut animi confirmatione aut falsis nuntiis commutatio fieret voluntatis, quod saepe in 2 bello parvis momentis magni casus intercederent, tamen veritus, ne militum introitu et nocturni temporis licentia oppidum diriperetur, eos, qui venerant, collaudat atque in oppidum dimittit, 3 portas murosque asservari iubet. Ipse in iis operibus, quae facere instituerat, milites disponit non certis spatiis intermissis, ut erat superiorum dierum consuetudo, sed perpetuis vigiliis stationibusque, ut contingant inter se atque omnem munitionem ex- 4 pleant; tribunos militum et praefectos circummittit atque hortatur, non solum ab eruptionibus caveant, sed etiam singulorum 5 hominum occultos exitus asservent. Neque vero tam remisso ac languido animo quisquam omnium fuit, qui ea nocte conquieve- 6 rit. Tanta erat summae rerum exspectatio, ut alius in aliam partem mente atque animo traheretur, quid ipsis Corfiniensibus, quid Domitio, quid Lentulo, quid reliquis accideret, qui quosque eventus exciperent.

---

1. 44, 4.

21. 1. *parvis momentis* nicht in zeitlicher Bedeutung 'Augenblick', sondern = durch geringe Einflüsse, unbedeutende Umstände. (B. G. 7. 39, 3). — *magni casus interc.:* es treten bedeutende Zwischenfälle ein. Ein häufig ausgesprochener Gedanke. S. 3. 69, 1. (3. 70, 2) Cic. Phil. 5. 10, 26: *minimis momentis maximae inclinationes temporum fiunt cum in omni casu reipublicae, tum in bello et maxime civili.*

2. *asservari:* beobachten, bewachen, wie § 5 *occultos exitus asservent,* vergl. 3. 28 a. E.

3. *perpetuis vigiliis stationibusque,* Abl. der Art und Weise: indem die Wachen und Posten eine ununterbrochene Reihe bildeten, in einer fortlaufenden Reihe von W. u. P. Ueber *vigiliae* u. *stationes* s. Kriegswesen § 29. 8. — *contingant inter se:* 'einander' (B. G. 7, 23, 3: *ut inter se contingant trabes*) mit der bei dieser Wendung nothwendigen Unterdrückung des Obiects des Verbi, nie *se* oder *sibi inter se.*

5. *qui conquieverit.* Anders z.B. 3. 87, 6: *nec fuit quisquam, qui dubitaret.* Ueber den Unterschied vgl. Zumpt. § 504. S. zu B. G. 7. 17, 3.

6. *summae rerum* 'Entscheidung der Dinge'. S. zu 3, 94, 7. Anders 2. 30, 1. — *mente atque animo:* Verstand und Gemüth (Wünsche, Neigungen, Gefühle), d. h. ihr Denken und ihr Wünschen (ihre ganze Seele) war auf das Verschiedenste gerichtet. S. z. B. G. 1. 39, 1. 3. 19, 6. 6. 5, 1. — *Lentulo:* c. 15, 3. — *accideret — exciperent,* wo man *excepturi essent* erwarten könnte. Doch steht der Coni. Impf. häufig bei Verbis, die an sich schon die Vorstellung eines Zukünftigen enthalten. S. B. G. 3. 24, 1. — *qui quosque ev. exc.:* welches Geschick jeden betreffen würde, eigentl. aufnehmen, in Empfang nehmen. Liv. 21, 45: *inopia, quae per hostium agros euntem maior in dies excipiebat.*

22. Quarta vigilia circiter Lentulus Spinther de muro cum vigiliis custodibusque nostris colloquitur: velle, si sibi fiat potestas, Caesarem convenire. Facta potestate ex oppido mittitur, 2 neque ab eo prius Domitiani milites discedunt, quam in conspectum Caesaris deducatur. Cum eo de salute sua agit, orat atque 3 obsecrat, ut sibi parcat, veteremque amicitiam commemorat Caesarisque in se beneficia exponit; quae erant maxima: quod per 4 eum in collegium pontificum venerat, quod provinciam Hispaniam ex praetura habuerat, quod in petitione consulatus erat sublevatus. Cuius orationem Caesar interpellat: se non maleficii 5 causa ex provincia egressum, sed uti se a contumeliis inimicorum defenderet, ut tribunos plebis in ea re ex civitate expulsos in suam dignitatem restitueret, ut se et populum Romanum factione paucorum oppressum in libertatem vindicaret. Cuius oratione confirmatus Lentulus, ut in oppidum reverti liceat, petit: quod de sua salute impetraverit, fore etiam reliquis ad suam spem solatio; adeo esse perterritos nonnullos, ut suae vitae durius consulere cogantur. Facta potestate discedit.

---

22. 2. *mittitur:* wird aus der St. gelassen, entlassen. — *nec prius — quam deducatur.* Der Coniunct. zum Ausdruck der Vorstellung des Subiects, wie auch wir sagen: sie verliessen ihn nicht eher, als bis er (dies war ihr Gedanke) bei Cäsar vorgelassen w ü r d e (man vergl. dagegen *non prius, quam deducitur* oder *deductus est*). B. G. 3. 18 a. E.: *non prius Viridovicem dimittunt, quam ab his sit concessum* (so hätte es auch hier mit leicht begreiflichem Unterschied *deductus sit* heissen können). Daraus ergiebt sich der oft darin liegende Begriff der Absicht B. G. 2. 12, 1: *priusquam se hostes reciperent—exercitum duxit* = damit sie sich nicht vorher erholten. Ueber einen anderen Gebrauch s. z. c. 41, 5.

4. *ex praetura:* gleich nach der Verwaltung der Prätur. Lentulus war im J. 60 Prätor gewesen und hatte für 59 das diesseitige Spanien als Provinz erhalten, wo er noch einen Theil des J. 58 geblieben war; 57 bewarb er sich um das Consulat.

5. *in ea re,* der Grund der Vertreibung lag in dieser (ihn betreffenden) Angelegenheit: c. 85, 2: *qua in re omnium suorum vitae consulendum putarint.* Nep. Them. 7, 2: *eumque in ea re conari fallere.* Vergl. 3, 106, 4: *in hac.* Koch will für *in ea re* schreiben *iniuria.*

6. *quod* (nicht Pronom.) *de sua salute impetraverit.* S. zu B. G. 1. 42, 1. 4. 13, 5. — *ad suam spem;* für ihre Hoffnung auf Rettung; es werde ihnen Trost geben, dass auch sie Rettung hoffen. — *ut suae vitae durius consulere cogantur,* euphemistischer Ausdruck für 'Hand an sich legen', c. 84 a. E. *orare, ne ad ultimum supplicium progredi necesse habeant* (wie hier *cogantur* = sich genöthigt sehen). Uebrigens geht dies besonders auf Domitius, von dem Plut. Cäs. 34. (Suet. Nero 2) erzählt, dass er seinem Arzt befohlen habe, ihm Gift zu geben, aber sehr erfreut war, als er, nachdem Cäsar's Milde bekannt wurde, hörte, dass er nur einen Schlaftrunk erhalten hatte.

23. Caesar, ubi luxit, omnes senatores senatorumque liberos, tribunos militum equitesque Romanos ad se produci iubet. 2 Erant quinque ordinis senatorii, L. Domitius, P. Lentulus Spiuther, L. Vibullius Rufus, Sex. Quintilius Varus quaestor, L. Rubrius; praeterea filius Domiti aliique complures adulescentes et magnus numerus equitum Romanorum et decurionum, quos ex 3 municipiis Domitius evocaverat. Hos omnes productos a contumeliis militum conviciisque prohibet; pauca apud eos loquitur, quod sibi a parte eorum gratia relata non sit pro suis in eos 4 maximis beneficiis: dimittit omnes incolumes. HS LX, quod advexerat Domitius atque in publico deposuerat, allatum ad se ab duumviris Corfiniensibus Domitio reddit, ne continentior in vita hominum quam in pecunia fuisse videatur, etsi eam pecuniam publicam esse constabat datamque a Pompeio in stipen5 dium. Milites Domitianos sacramentum apud se dicere iubet atque eo die castra movet iustumque iter conficit vii omnino dies

---

23. 1. *ubi luxit.* Es war der Morgen des 21. Febr.; Cic. ad Att. 8. 14, 1. 9. 1, 1.

2. *L. Vibullius Rufus.* Dieser Name gehört, wenn auch C. c. 34, 1 und 3. 10, 1 seine Begnadigung erwähnt, schwerlich hierher, da er nach 3, 10 *praefectus*, also gewiss nicht Senator war. — *decurionum.* S. zu 13, 1. Man hatte sie, um sich ihrer zu versichern, in die Stadt gerufen.

3. *prohibet ab:* stellt sicher, schützt vor —. B. G. 5. 21, 1. 6. 23, 9. — *pauca loquitur, quod:* er spricht nur Weniges mit ihnen, das darin bestand, dass —. *Quod* muss also mit *pauca* verbunden werden, nicht mit *loquitur;* denn *loquitur gratiam sibi non relatam* konnte Cäsar nicht sagen. Ebenso ist es B. G. 1. 43, 4: *Caesar initio orationis sua senatusque in eum beneficia commemoravit, quod rex appellatus esset a senatu;* der Satz mit *quod* erklärt *beneficia.* — *dimittit omnes incolumes.* Vergl. Cäsar's eigenen Brief an Oppius Cic. ad Att. 9. 7 C. Einl. p. 19.

4. *HS LX.* = *sestertium sexagies* d. i. *sestertiorum sexagies cen*tena milia. S. Zumpt. § 873. Nach unserer Rechnung über 300,000 Thaler, der Sestertius = 1¾ Sgr. — *in publico:* in der Staatskasse zu Corf. zur Aufbewahrung niedergelegt. — *duumviri* waren die höchsten obrigkeitlichen Personen in den Municipien und Colonien, vollständig *duumviri iuri dicundo,* zuweilen auch *duumviri praefecti iuri dicundo.* — *Domitio reddit.* Ebenso App. 2, 38. Anders freilich wurde es von den Parteigenossen erzählt. Cic. ad Att. 8, 14 a. E.: *addit illud* (Lepidus) *sane molestum, pecuniam Domitio satis grandem — non esse redditam.* — *etsi — constabat:* so dass also kein Privatbesitz verletzt worden wäre, und, da es aus der Staatskasse *in stipendium* (zur Auszahlung des Soldes) entnommen worden war, Domitius keinen Anspruch darauf hatte.

5. *sacramentum apud se dicere* (2. 28, 2), den Fahneneid, den sie bei dem Uebergang zu einem neuen Feldherrn diesem zu schwören haben. S. 2. 32, 7—9. — *iustumque iter conficit.* Der längere Aufenthalt vor Corfinium (durch den Pomp. gerettet wurde, weil es ihm möglich

ad Corfinium commoratus et per fines Marrucinorum, Frentano-
rum, Larinatium in Apuliam pervenit.

24. Pompeius his rebus cognitis, quae erant ad Corfinium
gestae, Luceria proficiscitur Canusium atque inde Brundisium.
Copias undique omnes ex novis delectibus ad se cogi iubet; ser- 2
vos, pastores armat atque iis equos attribuit: ex his circiter ccc
equites conficit. L. Manlius praetor Alba cum cohortibus sex 3
profugit, Rutilius Lupus praetor Terracina cum tribus; quae
procul equitatum Caesaris conspicatae, cui praeerat Vibius Curius,
relicto praetore signa ad Curium transferunt atque ad eum transeunt. Item reliquis itineribus nonnullae cohortes in agmen Cae- 4
saris, aliae in equites incidunt. Reducitur ad eum deprensus ex
itinere N. Magius Cremona, praefectus fabrum Cn. Pompei.
Quem Caesar ad eum remittit cum mandatis: quoniam ad id tem- 5
pus facultas colloquendi non fuerit, atque ipse Brundisium sit
venturus, interesse reipublicae et communis salutis, se cum Pompeio colloqui; neque vero idem profici longo itineris spatio, cum 6
per alios condiciones ferantur, ac si coram de omnibus condicionibus disceptetur.

25. His datis mandatis Brundisium cum legionibus vi pervenit, veteranis iii et reliquis, quas ex novo delectu confecerat

<hr>

wurde, seine Truppen zusammenzubringen), veranlasste ihn, noch nach
Mittag desselben Tages aufzubre-
chen, um das Versäumte nachzuholen, er legte daher noch das 'Mass
der gewöhnlichen Märsche' *iustum
iter* (s. zu 3. 76, 1) zurück, um den
Pomp., der an demselben Tage von
Canusium nach Brundisium gegangen war, einzuholen, ehe er sich
einschiffte. Cic. ad Att. 8. 14, 1: *eo
modo autem ambulat C., et iis dia-
riis militum celeritatem incitat, ut
timeam, ne citius ad Brundisium,
quam opus sit, accesserit.* — *et per
fines — pervenit.* Suet. Caes. 34:
*secundum superum mare Brundi-
sium tetendit, quo consules Pompeiusque confugerant, quam primum transfretaturi.*

24. 1. *his rebus cognitis* ist nicht
richtig, da Pompeius nicht erst nach
der Nachricht von der Einnahme
Corfiniums seinen Rückzug antrat,
sondern am 20. schon in Canusium

war. Cic. ad Att. VIII, 14, 1. —
Pomp. – iubet. Der Brief des Pomp.
an die Consuln Cic. ad Att. 8. 12 A.

2. *servos armat.* Dasselbe thut
sein Sohn 3. 4, 4. — *conficit*: 15, 5.

4. *N.* (Numerius) *Magius Cremona = Cremonensis*, wie 3. 71, 1:
Flaginatem Placentia. Zumpt § 638.
— *praefectus fabrum.* S. Kriegsw.
§ 22.

5 — 6. *quoniam – disceptetur.*
C. spricht hier dieselbe Hoffnung auf
eine Unterredung aus, wie c. 9, 6.
Man beachte das harmlos klingende
atque ipse Br. sit venturus, u. die
W. *neque vero idem profici – disceptetur*, gleich als ob sein Marsch
nur den Zweck einer Zusammenkunft mit Pomp. hätte. Er wusste
im Voraus, dass an ein Eingehen
desselben nicht zu denken war.
(Cic. ad Att. 8. 15, 3.) — *interesse
reip. et com. sal.* s. zu B. G. 2. 5, 2.

25. 1. *Brundisium perv.*, am 9.
März, Cic. ad Att. 9. 13 A, 1. — *ve-*

2 atque in itinere compleverat; Domitianas enim cohortes protinus a Corfinio in Siciliam miserat. Reperit consules Dyrrhachium profectos cum magna parte exercitus, Pompeium remanere Brun-
3 disii cum cohortibus viginti; neque certum inveniri poterat, obtinendine Brundisii causa ibi remansisset, quo facilius omne Hadriaticum mare extremis Italiae partibus regionibusque Graeciae in potestate haberet atque ex utraque parte bellum administrare
4 posset, an inopia navium ibi restitisset, veritusque, ne ille Italiam dimittendam non existimaret, exitus administrationesque
5 Brundisini portus impedire instituit. Quorum operum haec erat

teranis tribus, der 13. (c. 12), der 12. (c. 15) und der 8. (c. 18). — *atque – compleverat*. Dazu gehören die 7 Cohorten des Attius (c. 18) und 3 des Rutilius Lupus (c. 24).

2. *Domitianas enim cohortes – miserat*. Nach Plut. Cat. min. 53 und Appian. 2. 40 muss diese Cohorten Asinius Pollio, der vor Curio nach Sicilien kam, dorthin geführt haben. — *reperit – profectos*. Sie waren am 4. März abgereist nach Cic. ad Att. 9. 6, 2. — *cum magna parte exerc*. Nach Plut. Pomp. 62 schickte er mit den Consuln 30 Cohorten voraus, so dass er mit den 20 Coh., die er zurückbehielt, 50 Coh. vor Brundisium versammelt hatte. Durch Absendung der Consuln hatte er nach Cic. Urtheil (ad Att. 9. 9, 2) die Hoffnung auf friedliche Beilegung gänzlich vernichtet: *discessu illorum actio de pace sublata est, quam quidem ego meditabar*. Vergl. unten c. 26, 5 die Antwort des Pomp. auf Cäsar's Anträge. — *remanere:* sei noch zurück.

3. *certum inveniri:* sicher ermittelt werden. — *extremis – Graeciae*. Durch Besetzung der beiden Küstenpunkte von Italien und Griechenland am Eingange des adriat. Meeres konnte er dasselbe ganz beherrschen. Doch war die Kriegführung an zwei Punkten nicht Absicht des Pomp., der nach Dio 41. 12 nur aus Mangel an Schiffen zurückblieb, die Consuln aber vorausschickte, μὴ καὶ νεοχμώσωσί τι κατὰ χώραν ὑπο-

μείναντες. Sie hatten den Muth verloren und waren nicht abgeneigt, auf Friedensanträge einzugeben.

4. *dimittere:* das aufgeben, was man bisher besass oder betrieb. B. G. 5. 18, 5: *ripas*, 6. 12, 6: *principatum*, 7. 17, 4: *oppugnationem*. B. C. 1. 26, 6: *rem frustra temptatam*. — *administrationes:* Verrichtung, Besorgung und Ausführung dessen, wozu der Hafen dient, 'freie Benutzung' durch Aus- und Einfuhr. S. 2. 2, 5. Cic. ad Att. IX, 14, 1: *VIIII Kal. Capua litteras accepi ab Q. Pedio, Caesarem ad se pridie Id. Mart. misisse hoc exemplo: Pompeius se oppido tenet. Nos ad portas castra habemus. Conamur opus magnum et multorum dierum propter altitudinem maris. Sed tamen nihil est quod potius faciamus. Ab utroque portus cornu moles iacimus, ut aut illum quam primum traiicere, quod habet Brundisii copiarum, cogamus aut exitu prohibeamus.*

5. *Quorum operum* konnte es heissen, obgleich vorher keine *opera* genannt sind, da das *impedire* nur durch *opera* möglich war = die Beschaffenheit der zu diesem Zweck errichteten Werke. — *fauces:* der engste Pass des Hafens, wo die beiden Ufer am Eingange sich am nächsten waren. — *moles atque aggerem. moles:* Stein- und Holzmassen, die ins Meer geworfen die Grundlage des Dammes aus Steinen, Holz und Erde bildeten. Vergl. B. G. 3. 12, 3.

ratio. Qua fauces erant angustissimae portus, moles atque aggerem ab utraque parte litoris iaciebat, quod his locis erat vadosum mare. Longius progressus, cum agger altiore aqua con- 6 tineri non posset, rates duplices quoqueversus pedum xxx e regione molis collocabat. Has quaternis ancoris ex iiii angulis destinabat, ne fluctibus moverentur. His perfectis collocatisque 7 alias deinceps pari magnitudine rates iungebat. Has terra atque 8 aggere integebat, ne aditus atque incursus ad defendendum im- 9 pediretur; a fronte atque ab utroque latere cratibus ac pluteis protegebat; in quarta quaque earum turres binorum tabulatorum exci- 10 tabat, quo commodius ab impetu navium incendiisque defenderet.

26. Contra haec Pompeius navis magnas onerarias, quas in portu Brundisino deprehenderat, adornabat. Ibi turres cum

6. *Longius progressus:* weiter vom Ufer ins Meer hinauf. — *altiore aqua* = cum aqua altior esset. c. 50, 3: *rapidissimo flumine.* — *quoqueversus*, nicht *quoquo versus*, B. G. 3. 23, 2. — *pedum xxx:* 30 Fuss im Quadrat betrugen die beiden Flösse zusammen (jedes 15 F. breit und 30 F. lang). Abweichend davon v. Göler, der Bürgerkrieg zwischen Cäsar und Pompeius p. 17: 'er brachte an den sich gegenüberliegenden Enden des Dammes Doppelflösse, nämlich je zwei zur Vermehrung ihrer Trugkraft übereinander befestigte Flösse, in das Wasser, die 40 Fuss ins Gevierte massen. Die Lesart *pedum xxx* kann nicht richtig sein, da dieses Maass zu gering ist, als dass die Flösse hätten mit Thürmen versehen, nach beiden Seiten Brustwehren erhalten und zur Vertheidigung hinlänglich Mannschaft aufnehmen können, und wir möchten, wenn nicht *pedum lxxx* nach Scaliger und der Ed. Ven., doch wenigstens *pedum xxxx* für richtig halten. — *e regione molis:* von der Richtung des Dammes aus, in gerader Richtung mit dem Damm, also den Damm fortsetzend, um den Meeresraum auf beiden Seiten auszufüllen.

9. *Has* geht nicht blos auf *alias rates*, sondern auf sämmtliche Flös-

se, die so eine gleiche Höhe mit dem Damm hatten, und den Soldaten einen sicheren und festen Standpunkt boten. — *terra atque aggere*, weil das Material (*agger* B. G. 2. 10, 1. 7. 23, 1. u. ö. Kriegsw. § 30) nicht blos aus Erde, sondern auch aus Holz und Steinen besteht. — *aditus:* das Betreten von dem Damm aus. — *incursus:* das Herbeieilen zur Vertheidigung. — *cratibus:* Flechtwerk zum Schutz gegen feindliche Geschosse. — *plutei:* Brustwehren. S. Kriegsw. § 31. — Cäsar selbst schreibt bei Cic. ad Att. 9. 14, 1: *Conamur opus magnum et multorum dierum propter altitudinem maris. Sed tamen nihil est, quod potius faciamus. Ab utroque portus cornu moles facimus, ut aut illum quam primum traicere, quod habet Brundisii copiarum, cogamus, aut exitu prohibeamus.*

26. 1. *turres cum t. tab.*, vorher *turr. binorum tabulatorum. Cum*, das die Verbindung, das Zusammen- und Ausgestattetsein mit einer Sache bezeichnet, eben so wenig auffallend, wie in den bekannten Ausdrücken *esse cum telo* (Cic. Verr. 2. 5, 3) *cum imperio, nasci cum pedibus* (Liv. 30. 2) und in Verbindung mit Substantiven *fiscos cum pecunia.* B. G. 7. 45, 2: *muliones cum cassidibus*; unten 2. 11, 4:

ternis tabulatis erigebat easque multis tormentis et omni genere
telorum completas ad opera Caesaris appellebat, ut rates per-
rumperet atque opera disturbaret. Sic cotidie utrimque eminus
2 fundis, sagittis reliquisque telis pugnabatur. Atque haec Caesar
ita administrabat, ut condiciones pacis dimittendas non existimaret; ac tametsi magnopere admirabatur Magium, quem ad
Pompeium cum mandatis miserat, ad se non remitti, atque ea
res saepe temptata etsi impetus eius consiliaque tardabat, tamen
3 omnibus rebus in eo perseverandum putabat. Itaque Caninium
Rebilum legatum, familiarem necessariumque Scriboni Libonis,
mittit ad eum colloquii causa; mandat, ut Libonem de concilianda
pace hortetur; imprimis, ut ipse cum Pompeio colloqueretur, po-
4 stulat: magnopere sese confidere demonstrat, si eius rei sit potestas facta, fore, ut aequis condicionibus ab armis discedatur;
cuius rei magnam partem laudis atque existimationis ad Libonem
perventuram, si illo auctore atque agente ab armis sit discessum.
5 Libo a colloquio Canini digressus ad Pompeium proficiscitur.
Paulo post renuntiat, quod consules absint, sine illis non posse

*hostes inermes cum infulis. — Sic
cotidie pugnabatur.* Lucan. 2. 713:
*Hic primum rubuit civili san-
guine Nereus.*

2. *ita – ut,* in beschränkendem
Sinne = zwar, aber doch so, dass
—, wie Cic. de imp. Pomp. 3, 8: *ita
triumpharunt, ut ille pulsus supe-
ratusque regnaret.* Zumpt § 726.
Er begegnet dadurch dem Vorwurf,
dass er durch seine Operationen
den Frieden unmöglich gemacht habe. — *admirabatur:* es sehr auffallend, befremdend fand. — *Magium*
(c. 24, 5) *non remitti,* im Widerspruch mit seiner eigenen Angabe
bei Cic. ad Att. 9. 13 A: *Misit ad
me N. Magium; quae visa sunt
respondi.* Dieser scheinbare Widerspruch lässt sich so beseitigen: Cäsar nahm Magius gefangen und
schickte ihn an Pompeius. Dieser
machte durch Magius ungenügende
Vorschläge, Cäsar antwortete darauf
und nun kam Magius nicht wieder.
— *ea res s. temptata:* der oft gemachte Versuch friedlicher Ausglei-
chung. — *impetus:* Streben, rasch

vorzuschreiten. — *omnibus rebus:*
auf alle mögliche Weise, eig. durch
alle dazu erforderlichen Dinge. S.
c. 84, 1. B. G. 3. 17, 5. 8. 8, 1.
Vergl. zu 6. 32, 5.

3. *Caninium Rebilum* i. J. 52 Legat Cäsar's in Gallien. 7. 83. 90. 8.
24. Vergl. unten 2. 24. — *Scriboni
Lib.,* eines thätigen Anhängers des
Pomp.; später Schwiegervater des
Sext. Pompeius. — *ut ipse* (Cäsar,
nicht Libo) *colloqueretur postulat*
= dass er mit Pompeius sprechen
dürfe. S. zu B. G. 1. 19, 5. Ueber
den Tempuswechsel *hortetur - colloqueretur* s. zu B. G. 1. 7, 3. 6. 9, 7.

4. *existimationis:* c. 7, 6. — *auctore atque agente:* durch Rath und
That, Rath und thätige Mitwirkung,
Cic. p. Sest. 28, 61: *dux, auctor,
actor rerum illarum fuit.* Nep. Att.
3, 2: *hunc auctorem actoremque
habebat.*

5. *sine illis* nachdrückliche Wiederholung des schon in *quod — absint* enthaltenen Grundes. Zur Sache
s. c. 25, 2.

agi de compositione. Ita saepius rem frustra temptatam Caesar 6
aliquando dimittendam sibi iudicat et de.bello agendum.

27. Prope dimidia parte operis a Caesare effecta diebusque in ea re consumptis viiii naves a consulibus Dyrrhachio re-
missae, quae priorem partem exercitus eo deportaverant, Brundisium revertuntur. Pompeius sive operibus Caesaris permotus 2
sive etiam quod ab initio Italia excedere constituerat adventu
navium profectionem parare incipit et, quo facilius impetum Cae- 3
saris tardaret, ne sub ipsa profectione milites oppidum irrumperent, portas obstruit, vicos plateasque inaedificat, fossas transversas viis praeducit atque ibi sudes stipitesque praeacutos de-
figit. Haec levibus cratibus terraque inaequat; aditus autem at- 4
que itinera duo, quae extra murum ad portum ferebant, maximis
defixis trabibus atque eis praeacutis praesepit. His paratis re- 5
bus milites silentio naves conscendere iubet, expeditos autem
ex evocatis, sagittariis funditoribusque raros in muro turribusque disponit. Hos certo signo revocare constituit, cum omnes 6
milites naves conscendissent, atque iis expedito loco actuaria navigia relinquit.

28. Brundisini Pompeianorum militum iniuriis atque ipsius
Pompei contumeliis permoti Caesaris rebus favebant. Itaque

---

6. *aliquando:* endlich einmal. —
de b. *agendum:* 'wirklich den Krieg
zu betreiben, ernstlich an den Krieg
zu denken' (vergl. zu B. G. 7. 36, 1:
de obsessione agendum), nicht als
ob er mit Verstellung, wie man gemeint hat, sagen wollte, dass 'seine
bisherigen Schritte nur friedlicher
Natur gewesen seien', sondern weil
in dieser Antwort wirklich die entscheidende Erklärung liegt, dass der
Krieg nicht mehr zu vermeiden sei.

27. 2. *adventu* c. 18, 5.

3. *sub ipsa profectione:* gerade
bei, während der Abfahrt. S. zu B.
G. 8. 49, 2. Vgl. 5. 13, 3. — *oppidum irrumperent:* in die Stadt einbrechen, mit blosem Accus. wie 2.
13, 4. 3. 111, 1. Dagegen mit *in* 2.
12, 4. B. G. 6. 37, 1: *in castra,* 7.
50, 5: *in medios hostes irr.* — *inaedificat:* verbaut, verbarricadirt.
Liv. 44. 45, 6: *nec clausae modo
portae, sed etiam inaedificatae*

erant. So auch ἐνοικοδομεῖν. Dio-
dor. Sic 3. 37. 11. 45.

4. *inaequat:* macht durch Ueberdecken gleich mit der Strasse, dass
man sie nicht sehen konnte; daher
c. 28, 4 *vallum caecum.*

6. *certo signo,* c. 28, 3: *eo signo,
quod convenerat.* — *constituit:* bestimmt, ordnet an. — *expedito loco:* an einem Orte, wo man bequem und ungehindert sich einschif-
fen konnte. — *actuaria navigia* B.
G. 5. 1, 3. — Pompeius ging in der
Nacht des 17. März unter Segel.
Cic. Att. 9, 15 A. Mit seiner Entfernung aus Italien ist die erste
Scene des Krieges beendigt. Ueber
die verschiedene Beurtheilung, die
das Aufgeben Italiens gefunden hat,
s. Einl. p. 20. Ueber die Resultate
der Eroberung Italiens s. Mommsen
R. G. 3. p. 373.

28. 1. *iniuriis:* thatsächliches
Unrecht, Rechtsverletzung; *confu-*

cognita Pompei profectione concursantibus illis atque in ea re occupatis vulgo ex tectis significabant. Per quos re cognita Caesar scalas parari militesque armari iubet, ne quam rei gerendae 3 facultatem dimittat. Pompeius sub noctem naves solvit. Qui erant in muro custodiae causa collocati, eo signo, quod conve- 4 nerat, revocantur notisque itineribus ad naves decurrunt. Milites positis scalis muros ascendunt, sed moniti a Brundisinis, ut vallum caecum fossasque caveant, subsistunt et longo itinere ab his circumducti, ad portum perveniunt duasque naves cum militibus, quae ad moles Caesaris adhaeserant, scaphis lintribusque reprehendunt, reprehensas excipiunt.

29. Caesar, etsi ad spem conficiendi negotii maxime probabat coactis navibus mare transire et Pompeium sequi, priusquam ille sese transmarinis auxiliis confirmaret, tamen eius rei moram temporisque longinquitatem timebat, quod omnibus coactis navibus Pompeius praesentem facultatem insequendi sui ade- 2 merat. Relinquebatur, ut ex longinquioribus regionibus Galliae Picenique et a freto naves essent exspectandae. Id propter anni

---

meliis: schmähliche, die Ehre verletzende Behandlung.

2. *vulgo:* allenthalben, allgemein. — *significabant:* gaben Zeichen. c. 86, 2. B. G. 7. 26, 4: *conclamare et significare de fuga coeperunt.*

3. *quod convenerat:* das verabredete Zeichen. B. G. 1. 36, 5. 2. 19, 6: *quod tempus inter eos convenerat.*

4. *vallum:* die Verpfählung, das Pfahlwerk (χάραξ), die *sudes stipitesque* c. 27, 3. — *caecum* = unsichtbar, da die Pfähle überdeckt waren. So *caecae fossae* Colum. 2. 2, 9, *fores* Verg. Aen. 2. 453. Ovid. Fast. 2. 214: *insidias armaque caeca parant.* Plut Pomp. 62: Ὁ δὲ Καῖσαρ — μικροῦ μὲν ἐδέησε διώκων τοῖς σταυροῖς καὶ τοῖς ὀρύγμασι περιπετὴς γενέσθαι· τῶν δὲ Βρεντεσίνων φρασάντων φυλαττόμενος τὴν πόλιν καὶ κύκλῳ περιϊὼν ἀνηγμένους εὗρε πάντας πλὴν δυεῖν πλοίων. — *reprehendunt:* halten ergreifend zurück (als sie sich los machen wollten), halten fest. Curt. 4. 14: *reprehensi ex*

fuga Persae. — *reprehendunt, reprehensas exc.* Die oft vorkommende Wiederholung des Verb. im Part. Perf., um die unmittelbare Aufeinanderfolge der Handlungen (die Fortdauer des Zustandes) bestimmter und anschaulicher zu bezeichnen, als es durch Partikeln 'und so', 'und dann' geschehen könnte.

29. 1. *ad spem.:* 'für die Hoffnung', Zweck und Ziel bezeichnend. — *probabat:* für zweckdienlich, angemessen hielt.— *eius rei moram.* S. zu c. 64, 8. — *praesentem facultatem:* die augenblickliche Möglichkeit, oder die Möglichkeit, ihn sofort zu verfolgen. c. 76, 5: *spem praesentis deditionis sustulit.*

2. *a freto,* d. i. *fr. Siculo* (2. 3, 1); er meint die Schiffe, die die Truppen des Domitius nach Sicilien gebracht hatten. — *longum:* lang für den Wunsch es schnell auszuführen, also: zu lang dauernd. B. G. 6. 8, 1: *longum esse auxilium exspectare.*—*impeditum:* mit Schwierigkeiten verbunden.

tempus longum atque impeditum videbatur. Interea veterem 3
exercitum, duas Hispanias confirmari, quarum erat altera maximis beneficiis Pompei devincta, auxilia, equitatum parari, Galliam
Italiamque temptari se absente nolebat.

30. Itaque in praesentia Pompei sequendi rationem omittit,
in Hispaniam proficisci constituit: duumviris municipiorum omnium imperat, ut naves conquirant Brundisiumque deducendas
curent. Mittit in Sardiniam cum legione una Valerium legatum, 2
in Siciliam Curionem pro praetore cum legionibus ii; eundem,
cum Siciliam recepisset, protinus in Africam traducere exercitum iubet. Sardiniam obtinebat M. Cotta, Siciliam M. Cato, Africam sorte Tubero obtinere debebat. Caralitani, simul ad se Va- 3
lerium mitti audierunt, nondum profecto ex Italia sua sponte Cottam ex oppido eiciunt. Ille perterritus, quod omnem provinciam
consentire intellegebat, ex Sardinia in Africam profugit. Cato in 4
Sicilia naves longas veteres reficiebat, novas civitatibus imperabat. Haec magno studio agebat. In Lucanis Bruttiisque per legatos suos civium Romanorum delectus habebat, equitum pedi-

3. *veterem exercitum:* das alte,
gediente Heer des Pomp. in Spanien. — *confirmari:* in fide Pompei.
— *quarum altera,* nämlich citerior,
durch Beendigung des Sertorianischen Kriegs. — *temptare:* zu gewinnen suchen. c. 40, 1. 3. 34, 1. Cäs.
erkannte, dass er Italien nicht verlassen und seinem Gegner nicht
nach Griechenland folgen könne,
bevor er sich durch Vernichtung
der jenem in Spanien zu Gebote stehenden Mittel den Rücken gesichert
hätte. Konnte nun Cäs. durch diese Expedition, zugleich mit Absendung von Truppen nach Afrika, sich
den Westen sichern, so hatte doch
Pomp., der freilich seine Legionen
in Spanien Preis gab, dadurch den
Vortheil, dass er Zeit gewann, seine Vertheidigung im Osten gehörig
vorzubereiten.

30. 1. *duumviris.* S. c. 23, 4.

2. *in Siciliam Curionem pro
praetore.* Er ging erst gegen Ende
April dahin ab, nachdem Cäs. nach
Rom gegangen war (Appian 2. 41),
wo Curio *ex senatus consulto sur-
repto* (wie er selbst dem Cicero erzählt ad Att. 10. 4, 9) 6 Lictoren
erhalten hatte. — *cum legionibus II,*
nämlich von den bei Brundisium vereinigten 6 Legionen (c. 25, 1). Nach
2. 23, 1 hatte Curio in Sicilien 4
Legionen; die beiden andern sind
die bereits (c. 25, 2) dorthin geschickten Domitianischen Cohorten,
mit denen er später nach Afrika
ging; 2. 28, 2: *legionesque eas traduxerat Curio, quas superioribus
temporibus Corfinio receperat Caesar.* (Die Hschr. haben cum leg. III,
woraus fälschlich nach 2. 23, 1 IIII
gemacht worden ist.) — *Tubero
debebat.* Die Erklärung von *debebat* ergiebt sich aus c. 31, 2 u. 3.
— *sorte* s. zu c. 6, 5. Also hatte
nicht Pompeius, wie gewöhnlich angenommen wird, auch Africa neben
seinen spanischen Provinzen. Im J.
50 hatte C. Considius diese Provinz.

3. *simul* = simul atque. — *nondum profecto.* Ueber die Auslassung des Pronomens s. zu B. G. 4.
12, 2: *impetu facto celeriter nostros
perturbaverunt; rursus resistentibus — desiluerunt.*

4. *civium Romanorum.* Durch

5 tumque certum numerum a civitatibus Siciliae exigebat. Quibus
rebus paene perfectis adventu Curionis cognito queritur in contione sese proiectum ac proditum a Cn. Pompeio, qui omnibus
rebus imparatissimis non necessarium bellum suscepisset et ab
se reliquisque in senatu interrogatus omnia sibi esse ad bellum
apta ac parata confirmavisset. Haec in contione questus ex provincia fugit.

31. Nacti vacuas ab imperiis Sardiniam Valerius, Curio Si-
2 ciliam cum exercitibus eo perveniunt. Tubero, cum in Africam
venisset, invenit in provincia cum imperio Attium Varum; qui
ad Auximum, ut supra demonstravimus, amissis cohortibus protinus ex fuga in Africam pervenerat atque eam sua sponte vacuam
occupaverat delectuque habito duas legiones effecerat hominum

das Gesetz des Consuls L. Iulius
Cäsar (lex Iulia de civitate) im J. 90
war allen Bewohnern Italiens, die
treu geblieben waren und die Civität dem Foedus vorziehen wollten,
das Bürgerrecht verliehen worden.

5. *Quibus rebus perfectis adventu cognito*, die bei Cäsar so häufige
Verbindung zweier Participialsätze,
von denen der erste die näheren
Umstände, den Grund und die Zeitbestimmung zum zweiten enthält.
S. zu B. G. 2. 11, 5: *exaudito clamore perturbatis hostibus*. — *proiectum* (c. 30, 2) *ac proditum* (wie
Liv. 22. 44, 7), zwei Worte zu nachdrücklicher Bezeichnung des Begriffs
(wie unten *apta ac parata*), wobei
auch der Gleichklang für die Alten
von besonderer Wirkung war. —
omnibus rebus imparatissimis, ohne
irgend welche Vorbereitung: *sumus
enim flagitiose imparati, cum a militibus, tum a pecunia* Cic. ad Att.
7. 15, 3. Vielleicht ist jedoch zu
lesen *imparatissimus*. — *non necessarium bellum*. Man beachte die
Cäsar's Auffassung entsprechende,
in Cato's Mund doppelt wichtige
Aeusserung. — *ex provincia fugit*,
am 24. April; er ging über Corcyra zu
Pompeius. Die Flucht des Cato, die
man für Feigheit erklärte, erregte
grossen Unwillen bei der Partei,

auch bei denjenigen, die sich, wie
Cicero, nicht eben muthig gezeigt
hatten (ad Att. 10. 16. 3). Jedenfalls hielt er nach Pomp. Entfernung
und bei der Stimmung der Bevölkerung jeden Widerstand für vergeblich und wollte nicht unnütz
Blut vergiessen. Plut. Cat. 53.
Cäsar selbst giebt ihm das Zeugniss, dass *er magno studio* gerüstet hatte. — *apta ac parata*, s.
3, 111, 3.

31. 1. *Nacti* bei Cäsar überaus
häufig, immer mit dem Begriff des
Findens, Treffens und Erlangens
durch Glück und günstige Umstände.
— *Sardiniam Valerius, Curio Sic.*
chiastische Stellung.

2. *Tubero – Varum*. Ueber die
Sache vergl. Halm Einl. zu Cic. pro
Ligario. — *cum imperio*, 'si illud
imperium esse potuit, quod ad pri-
vatum clamore multitudinis impe-
ritae, nullo publico consilio defere-
batur' Cic. pro Lig. 1, 3. — *supra:*
c. 13, 1. — *sua sponte* gehört zu
occupaverat (nicht, wie man meinte,
sua sponte vacuam): auf eigene
Faust, ohne gesetzlich dazu autori-
sirt zu sein. Die Provinz war
vacua, weil der Proprätor von 50,
C. Considius Longus, sie verlassen
hatte, mit Zurücklassung des Legaten Ligarius bis zum Eintreffen des

et locorum notitia et usu eius provinciae nactus aditus ad ea
conanda, quod paucis ante annis ex praetura eam provinciam
obtinuerat.   Hic venientem Uticam navibus Tuberonem portu 3
atque oppido prohibet neque affectum valetudine filium exponere
in terram patitur, sed sublatis ancoris excedere eo loco cogit.

32. His rebus confectis Caesar, ut reliquum tempus a labore
intermitteretur, milites in proxima municipia deducit; ipse ad
urbem proficiscitur. Coacto senatu iniurias inimicorum comme- 2
morat.   Docet se nullum extraordinarium honorem appetisse,
sed exspectato legitimo tempore consulatus eo fuisse contentum,
quod omnibus civibus pateret.   Latum ab x tribunis plebis con- 3
tradicentibus inimicis, Catone vero acerrime repugnante et pristina consuetudine dicendi mora dies extrahente, ut sui ratio absentis haberetur, ipso consule Pompeio; qui si improbasset, cur
ferri passus esset? si probasset, cur se uti populi beneficio pro-

Nachfolgers. — *usu provinciae.*
Usus ist die durch Beschäftigung
mit einer Sache, Verkehr mit Jemandem oder an einem Orte erwor-
bene Bekanntschaft mit etwas. Vergl.
c. 53, 1. — *aditus:* Mittel und Wege. — *ex praetura* c. 22, 4.
3. *prohibet — cogit.* Vollstrecker
dieser Massregel war Ligarius, der
das Commando über die Seeküste
hatte.
32. 1. *ut reliquum tempus a labore intermitteretur* = vacuum relinqueretur. B. G. 7. 24, 2: *ne quod
tempus ab opere intermitteretur.*
Vergl. dagegen 5. 11, 6. 40, 5: *nulla pars nocturni temporis ad laborem intermittitur.*
2. *coacto senatu.* Da er als Proconsul und Imperator nicht dazu befugt war, thaten es die Volkstribunen Antonius und Cassius (am 1.
April), und zwar ausserhalb der
Stadt (warum?). Cic. ad Att. 10. 1,
4: *consessus senatus; senatum
enim non puto.* — *legitimo tempore,*
da seit seinem ersten Consulate
(59) die gesetzliche Zwischenzeit
von 10 Jahren verflossen war. Pompeius hatte dagegen sein drittes Consulat mit Verletzung des gesetzlichen Intervalls erhalten.

3. *ab X tribunis,* also von allen
einstimmig; denn so viel wurden
seit 457 v. Chr. gewählt; bei Einführung des Tribunats (494) nur 2,
seit 471 (oder noch früher) bis zu
dem genannten Jahre 5. Zur Sache
s. Einl. p. 8 u. 9; oben c. 9, 2. —
dicendi mora (c. 64, 8) *dies extrahente.* Becker Röm. Alterth. 2. 2,
p. 429: 'Es stand jedem Senator frei,
sobald er zu sprechen aufgefordert
war, von dem Gegenstande abzu-
schweifen, *egredi relationem*, die
verschiedensten Dinge zur Sprache
zu bringen, und das ihm ertheilte
Wort so lange zu benutzen, als er
wollte. Dieser freie Gebrauch ist
nicht selten missbräuchlich benutzt
worden, um die Verhandlung in die
Länge zu ziehen und die Zeit verstreichen zu lassen, so dass kein
Beschluss gefasst werden konnte:
diem consumere, dicendo eximere.'
Cic. de Leg. 3. 18, 40 nennt den Cato
magnus in dieser Kunst des 'tollere
diem' — oben *pristina consuetudo.*
— *cur — passus esset* und *cur —
prohibuisset.* In Fragen in der Orat.
obl., wo in der directen die dritte
(oder erste) Person stehen würde
(*cur passus est*) ist der Accus. c.
Inf. gewöhnlicher, als der Coniunc-

4 hibuisset? Patientiam proponit suam, cum de exercitibus dimit-
tendis ultro postulavisset; in quo iacturam dignitatis atque hono-
5 ris ipse facturus esset. Acerbitatem inimicorum docet, qui, quod
ab altero postularent, in se recusarent atque omnia permisceri
6 mallent, quam imperium exercitusque dimittere. Iniuriam in eri-
piendis legionibus praedicat, crudelitatem et insolentiam in circumscribendis tribunis plebis; condiciones a se latas, expetita
7 colloquia et denegata commemorat. Pro quibus rebus hortatur
ac postulat, ut rem publicam suscipiant atque una secum admi-
nistrent. Sin timore defugiant, illis se oneri non futurum et
8 per se rempublicam administraturum. Legatos ad Pompeium de
compositione mitti oportere: neque se reformidare, quod in
senatu Pompeius paulo ante dixisset, ad quos legati mitterentur,
his auctoritatem attribui timoremque eorum, qui mitterent, significari. Tenuis atque infirmi haec animi videri. Se vero, ut
operibus anteire studuerit, sic iustitia et aequitate velle superare.

    33. Probat rem senatus de mittendis legatis; sed, qui mit-

tiv; s. B. G. 1. 14, 3: *num — deponere posse?* 5. 28, 6: *quid esse
levius.* Vergl. Liv. 28. 24: *si de-
bellatum iam et confecta provincia
esset, cur in Italiam non revehi?*
Doch steht in solchen Fragen auch
anderwärts zuweilen der Coniunctiv. Liv. 27. 34: *si virum bonum
ducerent, quid ita pro malo ac noxio
damnassent?* Fälschlich vergleicht
man Stellen wie B. G. 1. 40, 4: *quid
vererentur* (direkt: *quid veremini?*)
u. 1. 43, 8: *quis pati posset* (direkt:
quis pati possit) und 5. 29, 5:
quis hoc sibi persuaderet (direkt:
quis sibi persuadeat?) — Ueber
se uti prohibuisset s. zu B. G. 2.
4, 2.

  4. *de exercitibus dim. postulavisset:* Forderung gestellt in Betreff, d. i. die Entlassung gefordert
hätte. S. zu B. G. 1. 42, 1.

  5. *in se:* bei sich, wenn es sie be-
träfe; c. 85, 10: *in se uno.* — *permisceri*: in Verwirrung gerathen,
drüber und drunter gehen, passender als *permiscere* (wie man wegen
dimittere schreiben wollte). warum?

  6. *circumscribendis*: 'Beschränkung', wie Cic. von derselben Sache

Phil. 2. § 56 sagt: *nisi quod intercessio neglecta, circumscriptus a
senatu esset Antonius*), ein nach
der c. 5 gegebenen Darstellung
ziemlich milder Ausdruck, dem Senate gegenüber; er spricht nicht
von gewaltsamer Vertreibung, die
überhaupt manche leugneten; anders c. 8, 2 vor den Soldaten. —
praedicat: hebt hervor.

  7. *illis.* Das *tu* und *vos* der di-
rekten Rede (*vobis oneri non ero*)
geht in der indirekten in *illis, illi*
über. — *se oneri non futurum.*
Man beachte die eigenthümliche
Wendung: er wolle ihnen mit seiner Forderung, *ut rempubl. suscipiant*, nicht lästig fallen und die Regierung allein (*per se*) besorgen. Er
übertrug, als er Rom verliess, dem
Prätor M. Aemilius Lepidus unter
dem Titel eines Stadtpräfecten die
Leitung der Angelegenheiten. Appian. 2. 41.

  8. *operibus* = rebus bello gestis.
Liv. 1. 16, 1: *his immortalibus edi-
tis operibus.*

  33. 1. *rem de mittendis legatis:*
die Sache (den Vorschlag) rücksichtlich der Absendung von Gesandten.

terentur, non reperiebantur, maximeque timoris causa pro se quisque id munus legationis recusabat. Pompeius enim discedens 2 ab urbe in senatu dixerat, eodem se habiturum loco, qui Romae remansissent et qui in castris Caesaris fuissent. Sic triduum 3 disputationibus excusationibusque extrahitur. Subicitur etiam L. Metellus, tribunus plebis, ab inimicis Caesaris, qui hanc rem distrahat reliquasque res, quascumque agere instituerit, impediat. Cuius cognito consilio Caesar frustra diebus aliquot consumptis, 4 ne reliquum tempus amittat, infectis iis, quae agere destinaverat, ab urbe proficiscitur atque in ulteriorem Galliam pervenit.

34. Quo cum venisset, cognoscit missum in Hispaniam a Pompeio Vibullium Rufum, quem paucis ante diebus Corfinio captum ipse dimiserat; profectum item Domitium ad occupandam 2 Massiliam navibus actuariis septem, quas Igili et in Cosano a pri-

S. zu B. G. 5. 53, 4: *illo incommodo de Sabini morte perlato* und zu 6. 19, 3. — *legationis* war noch *id munus* entbehrlich, entspricht aber ganz der Genauigkeit u. Fülle Cäsar's. Zur Sache Plut. Cäs. 35: ὑπήκουσε δ᾽ οὐδείς, εἴτε φοβούμενοι Πομπήϊον, ἐγκαταλελειμμένον, εἴτε μὴ νομίζοντες, οὕτω Καίσαρα φρονεῖν, ἀλλ᾽ εὐπρεπείᾳ λόγων χρῆσθαι. — *timoris causa,* wie 2. 35, 6 (B. G. 1. 39, 7) *propter timorem,* 3. 69, 4: *ex metu,* oben c. 32, 7: *timore. Causa* also hier zur Angabe des Grundes, während es sonst den Zweck bezeichnet (wie z. B. c. 28, 2: *custodiae causa*); ähnlich B. G. 1. 39, 2: *amicitiae causa.*

2. *Pompeius — fuisset.* S. Einl. p. 19.

3. *disputationibus:* durch Hin- und Herreden, Erörterungen — *subicitur,* wird angestellt, vorgeschoben. Er wollte Cäsar verhindern das Aerarium zu erbrechen, was C. hier eben so übergeht (*infectis iis, quae ag. dest.* ist wenigstens in dieser Allgemeinheit unwahr), wie er oben c. 14, 1 eine falsche Nachricht giebt. Er entnahm 4135 Pfund Gold und 900000 Pfund Silber (gegen 23 Mill. Thaler). Er

fand in Rom keine günstige Stimmung. Cic. ad Att. 10. 4, 8: *cum (Caesarem) perturbatum, quod intellegeret, se apud ipsam plebem offendisse de aerario; itaque ei cum certissimum fuisset, antequam proficisceretur, contionem habere, ausum non esse, vehementerque animo perturbatum profectum.* Caelius bei Cic. ad Att. 10, 9 A, 1: *nihil nisi atrox et saevum cogitat atque etiam loquitur; iratus senatui exiit; his intercessionibus plane incitatus est.*

4. *in ulteriorem Galliam pervenit.* Gegen die Mitte des April reiste er über Ariminum nach den Alpen. Cic. ad Att. 10. 8 B.

34. 1. *missum in Hispaniam.* S. c. 28, 1. 3. 10, 1. Jedenfalls hatte sich Vibullius (c. 15, 4) auf der Reise dorthin in Massilia aufgehalten, daher hier die Erwähnung dieser Sendung. S. zu 3. 22, 1. — *Corfinio* von *dimiserat* abhängig, gewiss nicht für *Corfinii.* Ebenso 2. 25, 1: *legiones, quas Corfinio receperat Caesar.* 3. 105, 1: *conatum esse pecunias tollere Epheso.*

2. *Domitium:* c. 23. — *quas compleverat:* c. 17, 4. — *Igili.* Genitive von Inselnamen wie von Städtenamen bei C. noch 3. 107, 1 *Cypri,*

3 vatis coactas servis, libertis, colonis suis compleverat; praemissos
etiam legatos Massilienses domum, nobiles adulescentes, quos ab
urbe discedens Pompeius erat adhortatus, ne nova Caesaris officia
veterum suorum beneficiorum in eos memoriam expellerent.
4 Quibus mandatis acceptis Massilienses portas Caesari clauserant;
Albicos, barbaros homines, qui in eorum fide antiquitus erant
5 montesque supra Massiliam incolebant, ad se vocaverant; frumentum ex finitimis regionibus atque ex omnibus castellis in urbem
convexerant; armorum officinas in urbe instituerant: muros,
portas, classem reficiebant.

35. Evocat ad se Caesar Massilia quindecim primos. Cum
his agit, ne initium inferendi belli ab Massiliensibus oriatur: debere eos Italiae totius auctoritatem sequi potius, quam unius ho-
2 minis voluntati obtemperare. Reliqua, quae ad eorum sanandas
3 mentes pertinere arbitrabatur, commemorat. Cuius orationem
legati domum referunt atque ex auctoritate haec Caesari renuntiant: Intellegere se divisum esse populum Romanum in duas
partes. Neque sui iudicii neque suarum esse virium discernere,

3. 7, 1. 8, 3 *Corcyrae*, 3. 102, 7 *Rhodi*. — *colonis* nicht 'Leute, denen
er von seinen Ländereien im Cosa-
nischen geschenkt hatte', sondern
'Pächter'. Hor. Sat. 2. 2, 114: *ri-
deas metato in agello — fortem
mercede colonum* (Columella 1. 7).
    3. *officia:* Gefälligkeiten, Dienst-
leistungen. Worin Cäsar's und
Pomp. Verdienste um Massilia bestehen, s. c. 35, 4. — *beneficiorum
in eos.* S. zu B. G. 5. 54, 2. Vergl.
unten 3. 90, 1: *sua in eum perpetui temporis officia.* — *quos erat
adhortatus, ne n. officia expellerent,* wie B. G. 7. 9, 2: *hunc monet,
ut equites pervagentur.*
    4. *in eorum fide erant:* unter ih-
rem Schutze standen, nach freiwilliger Unterwerfung. S. B. G. 2. 15,
1: *in fidem recipere.* 2. 13, 2: *sese
in fidem ac potestatem venire.* 4.
21, 8: *fidem sequi.* Daher öfter mit
tutela, clientela, patrocinium verbunden.
    35. 1. *quindecim primos:* die
15 Vorstände, der Ausschuss des
aus 600 Mitgliedern (τιμοῦχοι) be-

stehenden Senats der Massil., von
denen wiederum 3 als Vorsitzende
die oberste Executivgewalt hatten.
— *initium oriatur,* wie 3. 94, 3. B.
G. 5. 26, 1; *initium nascitur* B. C.
3. 20, 2. B. G. 8. 6, 1. — *auctoritatem sequi:* dem Vorgange, mass-
gebenden Beispiele folgen. Cic. de
Fin. 2. 13, 39: *huius ego nunc auctoritatem sequens idem faciam.*
    2. *ad eorum sanandas mentes
pert.:* 2. 30, 3. B. G. 1. 42, 2: *ad
sanitatem reverti.* Ueber *pertinere*
s. zu c. 9, 1. — *ex auctoritate:* nach,
gemäss dem Beschluss des Senats.
Liv. 7. 31, 9: *cum senatus consul-
tus esset, — respondit ita ex auctoritate senatus consul.*
    3. *Neque sui iudicii esse rem,*
wie c. 13, 1; *neque suarum virium:*
noch ihren Kräften angemessen, da
sie, wenn sie sich für eine Partei
entschieden, auch den Kampf mit
dem Gegner aufnehmen müssten,
dem sie nicht gewachsen seien. —
discernere: unterscheiden u. darnach
beurtheilen. Sall. Cat. 25, 3: *pecunias an famae minus parceret haud*

utra pars iustiorem habeat causam. Principes vero esse earum 4
partium Cn. Pompeium et C. Caesarem, patronos civitatis; quorum alter agros Volcarum Arecomicorum et Helviorum publice
iis concesserit, alter bello victos Sallyas attribuerit vectigaliaque
auxerit. Quare paribus eorum beneficiis parem se quoque volun- 5
tatem tribuere debere et neutrum eorum contra alterum iuvare
aut urbe aut portibus recipere.

36. Haec dum inter eos aguntur, Domitius navibus Massiliam pervenit atque ab iis receptus urbi praeficitur: summa ei
belli administrandi permittitur. Eius imperio classem quoque- 2
versus dimittunt: onerarias naves, quas ubique possunt, depre-
hendunt atque in portum deducunt, parum clavis aut materia

facile discerneres. (S. Kritz zu der St.) Liv. 7. 9, 7: *nec qui potirentur incertis viribus satis discerni pote-rat.* Es passt allerdings mehr zu *sui iudicii* als zu *suarum virium esse* [Nipperd. schreibt mit Gronov *decernere*).

4. *patronos civitatis.* Staaten und Städte wählten sich, oft nur Ehren halber, in Rom einen ange-sehenen Vertreter (*patronus*) bei Senat und Volk, besonders diese-nigen, von denen sie unterworfen waren. Cic. de Off. 1. 11, 8. — *quo-rum alter - auxerit.* Wann dies geschehen sei, wird nirgends be-richtet. Gewiss scheint (nach Nip-perdey's Erörterung), dass *alter — alter* in umgekehrter Ordnung auf die vorherg. Nomina bezogen wer-den muss, da C., der in jenen Ge-genden nie Krieg geführt hat, die Sallyer nicht unterworfen haben kann, während Pomp. dies gethan zu haben scheint, als auf seinem Zuge nach Spanien gegen Sertorius gallische Völker sich ihm entgegen-stellten. Ebenso ist *alter — alter* gebraucht von Cic. de off. 1. 12, 38: *cum civiliter contendimus, aliter, si est inimicus, aliter, si competitor; cum altero certamen honoris et dignitatis est, cum altero capitis et famae.* [Mommsen R. G. 3. p. 26 u. 211 lässt die Völker und Helvier von Pompeius unter Massilia stellen.]

— Zu *iis concessit* vergl. c. 2, 3. — Ueber den Accus. *Sallyas* s. B. G. 1. 26, 6.

5. *urbe aut portibus recipere*, so gewöhnl. *recipere* mit dem blosen Abl. s. zu B. G. 7. 55, 4. Anders unten 3. 82, 1: *receptis omnibus in una castra legionibus*, wo der Grund der Präp. augenfällig ist. So δέχε-σθαι τῇ πόλει u. εἰς τὴν πόλιν.

36. 1. *Domitius – praeficitur.* Trotz dieser Antwort wird doch durch die aristokratische Regierung, die schon vorher durch einzelne Mit-glieder von Pomp. gewonnen war (c. 34, 3), Domitius aufgenommen, für den die an sich wichtige Stadt besondere Bedeutung hatte, da ihm Gallien zur Provinz bestimmt war (c. 6). Dieser Widerstand nöthigte Cäsar zum Angriff, so viel ihm auch daran gelegen war, den Krieg in Spanien schnell abzuthun. *Festi-nationem itineris eius aliquamdiu morata Massilia est, fide melior, quam consilio prudentior* Vollei. 2. 50. — *summa b. admin.:* die Ober-leitung des Krieges: s. zu B. G. 1. 41, 3.

2. *quas ubique possunt:* die sie nur (so viel sie nur) überall nehmen können, *ubique* also nicht – *et ubi.* Sall. Cat. 37, 5: *qui ubique probra praestabant, ii Romam confluxerunt.* S. ebend. c. 51, 38. Die Verbindung von *ubique* mit dem Relat. demnach

atque armamentis instructis ad reliquas armandas reficiendasque
3 utuntur: frumenti quod inventum est in publicum conferunt;
reliquas merces commeatusque ad obsidionem urbis, si accidat,
4 reservant. Quibus iniuriis permotus Caesar legiones tres Massiliam adducit; turres vineasque ad oppugnationem urbis agere,
5 naves longas Arelate numero duodecim facere instituit. Quibus
effectis armatisque diebus xxx, a qua die materia caesa est, ad-
ductisque Massiliam, his D. Brutum praeficit, C. Trebonium legatum ad oppugnationem Massiliae relinquit.

37. Dum haec parat atque administrat, C. Fabium legatum
cum legionibus tribus, quas Narbone circumque ea loca hiemandi

wie die bekannte von *quisque*, und
dem Sinne nach wie *ubi quasque
possunt.* — *in portum deducunt*,
wie *κατάγειν* z. B. Xen. An. 5. 1,
11. — *parum - utuntur.* Sie machten es also, wie Cäs. B. G. 4. 31, 2.
— *parum materia instr.*, woran
man, da ja die Schiffe von Holz
waren, Anstoss genommen hat, geht
auf die minder gute Beschaffenheit
des Holzes für Schiffe, die zu Kriegs-
zwecken benutzt werden sollten,
während einzelne Balken u. dergl.
wohl zum Ausbessern anderer dienen
konnten. — *armare naves:* aus-
rüsten, *armamentis instruere;* zu
diesen gehören *funes, ancorae, vela,*
antemnae. S. B. G. 3. 14, 6.

3. *frumenti quod* — : 2. 20, 8.
B. G. 3. 16, 2. 7. 55, 8. Zumpt §
432. — *si accidat:* sc. obsidio, kurz:
für den Fall einer Blokade.

4. *turres vineasque agere.* S.
Kriegsw. § 31.

5. *quibus effectis — his Br.
praeficit.* Diese bei C. sehr-häufige
Verbindung (s. zu B. G. 4. 21, 6)
ist besonders dann angemessen,
wenn, wie hier, auf die Abl. absol.
mehrere Hauptsätze folgen, für welche jene die Zeitbestimmung enthalten, die passend selbstständiger
auftritt, als wenn *quibus effectis*
von *praeficit* abhinge. Vergl. zu B.
G. 5, 44, 6: *quo percusso hunc
scuto protegunt, in hostem tela coniciunt.* B. C. 2. 19, 5: *deductis*

*tribus in arcem oppidi cohorti-
bus a Varrone, per se cohortes
eiecit portasque praeclusit.* — *a
qua die* = ab ea die, qua, wie c. 5,
4, Attraction nach griech. Weise.
Xen. Anab. 5. 10 (6. 2), 12: ἡ ἀρχὴ
κατελύθη ἡμέρᾳ ἕκτῃ ἢ ἑβδόμῃ,
ἀφ' ἧς ἤρχθη. — *D. Brutum*, der
auch im gall. Kriege der Flotte vor-
gestanden hatte; s. 3. 11, 5.

37. 1. *hiemandi causa.* Diese
Stelle scheint in Widerspruch zu
stehen mit B. Gall. 8. 54, 4, wonach
Cäsar bei seiner Abreise nach Italien 4 Legionen unter Trebonius im
Gebiete der Belgier und 4 Legionen
unter Fabius im Lande der Häduer
Winterquartiere sowies und 1 Legion, die 13., nach Gallia cisalpina
schickte. Bedenkt man aber, dass
Cäsar in der Mitte des November 50
in Italien ankam (s. Hofmann de origine belli civ. Cäs. p. 105) und dass
damals der römische Kalender der
wahren Zeit um 49 Tage voraus war,
so müssen jene Anordnungen schon
·Ende September getroffen sein, also
zu einer Zeit, wo weder Cäsar den
Ausbruch des Krieges mit Bestimmtheit vorhersehen konnte, noch die
Jahreszeit so weit vorgerückt war,
dass eine definitive Anordnung der
Winterquartiere nothwendig war.
Rechnet man hinzu, dass jene Anordnung beim Ausbruch des Krieges no-
torisch modificirt worden ist, indem
ausser der 13. noch die 12. und 8.

causa disposuerat, in Hispaniam praemittit celeriterque saltus
Pyrenaeos occupari iubet, qui eo tempore ab L. Afranio legato
praesidiis tenebantur. Reliquas legiones, quae longius hiemabant, 2
subsequi iubet. Fabius, ut erat imperatum, adhibita celeritate 3
praesidium ex saltu deiecit magnisque itineribus ad exercitum
Afranii contendit.

38. Adventu L. Vibullii Rufi, quem a Pompeio missum in
Hispaniam demonstratum est, Afranius et Petreius et Varro, le-

Legion nach Italien gezogen worden
sind, so wird es sehr wahrscheinlich, dass Cäsar seine Disposition,
noch bevor die Armee definitiv die
Winterquartiere bezog, dahin ab-
änderte, dass Trebonius mit 3
Legionen im Gebiete der Häduer,
Fabius ebenfalls mit 3 Legionen,
als Deckung gegen die Pompeianer in Spanien, in der Gegend am
Narbo überwintern sollte. Hierzu stimmt sehr gut, dass nach c.
36 Trebonius mit 3 Legionen zur
Belagerung von Massilia gleich zur
Hand ist. Ich sehe also keinen Grund,
warum man *hibernandi causa*, wie
Kraner und Göler wollen, für unächt
erklären müsste.

2. *quae longius hiemabant.* Er
meint von den vor Brundisium ver-
wendeten Legionen diejenigen, welche er zum Ausruhen in die nächsten
Municipien gelegt hatte. Vergl. c.
32, 1: *ut reliquum tempus a labore
intermitteretur, milites in proxima
municipia deducit*, Cic. ad Att. IX,
15, 1: *Ille, ut ad me scripsit, legiones singulas posuit Brundisii, Ta-
renti, Siponti.* Allerdings ist diese
den Truppen gestattete Rast kein
eigentliches *hiemare;* deshalb will
Göler der Bürgerkrieg zwischen
Cäsar u. Pompeius p. 24. *aberant*
lesen für *hiemabant.*

3. *ad exercitum Afr.*: gegen, in
feindlichem Sinne, wie 3. 24, 2.
67,3. Göler, Bürgerkrieg zwischen
Cäsar und Pompeius p. 25 sagt über
Fabius Marsch: Aus den strategischen und taktischen Momenten der
nun folgenden Kämpfe bei Ilerda,

wie sie die Commentarien darstel-
len, lässt sich mit Sicherheit ablei-
ten, dass Fabius, sowie Cäsar und
dessen Nachschub nicht längs der
Küste, nämlich nicht bei Juncaria
(Junquera) über die Pyrenäen nach
Barcellona und von da erst sich
westlich wendend, nach Ilerda zog,
sondern dass jener Weg eingeschlagen wurde, der von Perpignan das
Thal des Tetflusses (Tetis) aufwärts
zieht, über Livia (Julia Libyca) führend den Pass von Puycerda überschreitet und von dort sogleich in
das Thal des Segre (Sicoris) tritt.
Dieses Thal abwärts berührt der
Weg Orgella (Urgel) und führte
wahrscheinlich beim heutigen Pons
auf das rechte Segreufer und nach
Ilerda. Der beschriebene Weg ist
von Perpignan bis Urgel zwar schmal
und steinig, von da jedoch besser
und, während der Weg über Barcellona und Cervera nach Ilerda
(Lerida) 72 Stunden beträgt, misst
jener nur 52 Stunden (lieues).

38. 1. *adventu:* c. 18, 5. —
supra: c. 34, 1. — *Afranius et Petreius*, die Legaten, welche für
Pomp. Spanien verwalteten. L.
Afranius hatte schon früher im Sertorianischen und Mithridatischen
Kriege unter Pomp. gedient (Consul im J. 60). Petreius, der Besie-
ger des Catilina, energischer und
tüchtiger als Afran., war bis zu seinem Tode nach der Schlacht bei
Thapsus (46) treuer Anhänger der
Pompeianischen Partei. M. Teren-
tius Varro, Flottenführer im Seeräuberkriege unter Pompeius, be-

gati Pompei, quorum unus Hispaniam citeriorem tribus legionibus, alter ulteriorem a saltu Castulonensi ad Anam duabus legionibus, tertius ab Ana Vettonum agrum Lusitaniamque pari nu-
2 mero legionum obtinebat, officia inter se partiuntur, uti Petreius
ex Lusitania per Vettones cum omnibus copiis ad Afranium proficiscatur, Varro cum iis, quas habebat, legionibus omnem ulte-
3 riorem Hispaniam tueatur. His rebus constitutis equites auxiliaque toti Lusitaniae a Petreio, Celtiberiae, Cantabris, barbarisque
omnibus, qui ad Oceanum pertinent, ab Afranio imperantur.
4 Quibus coactis celeriter Petreius per Vettones ad Afranium pervenit constituuntque communi consilio bellum ad Ilerdam propter ipsius loci opportunitatem gerere.

39. Erant, ut supra demonstratum est, legiones Afranii
tres, Petreii duae, praeterea scutatae [citerioris provinciae] et cetratae [ulterioris Hispaniae] cohortes circiter LXXX equitumque
2 [utriusque provinciae] circiter V milia. Caesar legiones in Hispaniam praemiserat VI. Auxilia peditum V milia, equitum III milia omnibus superioribus bellis habuerat et parem ex Gallia nu-

rühmt durch seine ausserordentliche Gelehrsamkeit, kein persönlicher Feind Cäsar's (2. 17, 2), aber der Partei treu, bis er sich dem Cäs. er-geben musste (2. 20, 8). Auf diese Legaten rechnete man in Rom, als man sich von Pomp. verlassen sah, und hoffte Alles von Span. Kriege. Cic. ad Att. 8. 2, 3. Suet. Cäs. 34 lässt den C. bei dem Aufbruch nach Span. sagen: *ire se ad exercitum sine duce, et inde reversurum ad ducem sine exercitu.* — *alter* - *tertius.* Da nach § 2 Petreius Lusita-nien hatte, muss mit Verlassen der vorherg. Ordnung *alter* auf Varro, *tertius* auf Petreius bezogen werden. Es ist dies ohne Zweifel eine Nach-lässigkeit, wie so viele in dieser eilig abgefassten und nicht gehörig über-arbeiteten Schrift vorkommen. — *officia:* Geschäfte, wie B. G. 8. 35, 2: *ipsi inter se provincias partiun-tur.* Unten c. 73, 3: *opus inter se partiuntur.*

39. 1. *scutatae* u. *cetratae coh.:* Hülfstruppen aus der Provinz, und als solche in Cohorten eingetheilt (s. Kriegsw. § 11); die ersteren so genannt von dem schweren Schil-de (*scutum*), sind schwerbewaff-nete, die anderen von dem leichten, runden Schilde (*cetra*), leichtbe-waffnete Truppen. Die eingeklam-merten WW. scheinen unächte Zu-sätze zu sein; wenigstens werden c. 48, 7 *cetrati citerioris Hispa-nias* erwähnt. Dass eine Versetzung der W. *ulterioris* und *citerioris* nicht anwendbar ist, zeigt c. 75, 2, wo von einer *praetoria cohors ce-tratorum* des Petreius die Rede ist.

2. *leg. praemiserat VI.* Vergl. c. 37; es waren also die *reliquae legiones, quae longius hiemabant* drei Legionen, was sehr gut mit der Angabe Ciceros ad Att. IX, 15, 1 übereinstimmt. Uebrigens werden 4 Leg. schon c. 40, 3 erwähnt und 6 ergeben sich aus c. 41 und 42.

auxilia peditum V milia. Als Gegensatz zu den Legionen und weil auch die folgenden Truppen *auxilia* sind, steht *auxilia* nothwen-

merum, quam ipse pacaverat, nominatim ex omnibus civitatibus
nobilissimo quoque evocato, huc optimi generis hominum ex
Aquitanis montanisque, qui Galliam provinciam attingunt, adiecerat . . . Audierat Pompeium per Mauritaniam cum legionibus 3
iter in Hispaniam facere confestimque esse venturum. Simul a
tribunis militum centurionibusque mutuas pecunias sumpsit;
has exercitui distribuit. Quo facto duas res consecutus est, quod 4
pignore animos centurionum devinxit et largitione militum voluntates redemit.

40. Fabius finitimarum civitatum animos litteris nuntiisque
temptabat. In Sicori flumine pontes effecerat duos distantes
inter se milia passuum quattuor. His pontibus pabulatum mitte-

dig voran = als Auxiliartruppen
hatte er —; eben deswegen konnte
es auch nicht *auxiliorum* (von *milia* abhängig) heissen. Die Zahl *V*
ist nach einer Vermuthung Nipperdey's aufgenommen. — Durch *quam
ipse pacaverat*, wenn C. so geschrieben hat, muss das eigentliche Gallien, wo er selbst Krieg geführt hat,
im Gegensatz zu dem folg. Aquitanien, das vom P. Crassus besiegt
worden ist (B. G. 3. 20 fgg.), bezeichnet werden, worin auch der
Grund des *nominatim evocare* liegt.
Doch lässt sich Manches dagegen
einwenden. Man hat *quam nuper
pacaverat* vermuthet. Die Vulg. ist
quam ipse paraverat. — *huc* (die
Handschr. *hinc*.) = zu diesen, wie
c. 56, 2: *multa huc minora navigia
addunt; 3. 4, 6. 15, 7. — *optimi
generis hominum* ist vielleicht zu
erklären nach 3. 4, 6: *Huc Dardanos — Macedonas, Thessalos ac reliquarum gentium et civitatum adiecerat.* Doch ist es, da C. hier die
Anzahl überall genau angiebt, wahrscheinlicher, dass eine Zahl ausgefallen ist. (Man wollte *hominum M.*
schreiben). — Uebrigens hatte er,
wie sich aus c. 41, 2 u. c. 51, 1 u. 2 ergiebt, diese Hülfstruppen nicht alle
vorausgeschickt, sondern er zählt
nur, den Truppen der Feinde gegenüber, seinen Bestand auf, über den
er zu verfügen hatte.

3 u. 4. *Audierat — redemit.*
Die Stelle ist verdorben, wahrscheinlich durch eine Lücke entstellt. (Auch *adiecerat* nach *attingunt* fehlt in den Handschr.); denn
audierat — venturum, selbst als
Parenthese, wie gewöhnlich geschieht, gefasst, stört den Zusammenhang und ist insofern gewiss
unpassend, als C. recht wohl wusste,
dass Pomp. jetzt in Spanien nicht zu
erwarten war. Es ist wohl hier etwas ausgefallen mit einem anderen
Subiecte (Afranius?), wie auch c.
60, 5 das Gerücht von der Ankunft
des Pomp. als bei der Gegenpartei
circulirend dargestellt wird. [Nip-
perdey will die Worte nach § 1
setzen und *audierant* schreiben. S.
den Anhang.] Es scheint ausserdem
höchst zweifelhaft, ob C. ein seiner
Würde nicht eben sehr entsprechendes Manöver (*a tribunis — distribuit*) von sich erzählt hat, zumal
mit den Worten: *largitione militum voluntates redemit*, was
er bei seinen Veteranenlegionen
nicht nötbig hatte oder wenigstens
nicht in dieser Weise eingestehen
würde.

40. 1. *litteras*: 'Briefe', wie es
C. öfter braucht. 3. 25, 3. 71, 3. B.
G. 5. 45, 1. — Fabius stand auf dem
rechten Ufer des Segre, wo auch
Ilerda und das Lager der Pompeia-
ner sich befand. — *His pontibus* u.

bat, quod ea, quae citra flumen fuerant, superioribus diebus con-
2 sumpserat. Hoc idem fere atque eadem de causa Pompeiani
exercitus duces faciebant, crebroque inter se equestribus proeliis
3 contendebant. Huc cum cotidiana consuetudine congressis pabulatoribus praesidio propiore ponte legiones Fabianae duae
flumen transissent impedimentaque et omnis equitatus sequeretur, subito vi ventorum et aquae magnitudine pons est interrup-
4 tus et reliqua multitudo equitum interclusa. Quo cognito a Petreio et Afranio ex aggere atque cratibus, quae flumine ferebantur, celeriter suo ponte Afranius, quem oppido castrisque coniunctum habebat, legiones iii equitatumque omnem traiecit dua-
5 busque Fabianis occurrit legionibus. Cuius adventu nuntiato L.
Plancus, qui legionibus praeerat, necessaria re coactus, locum
capit superiorem diversamque aciem in duas partes constituit,
6 ne ab equitatu circumveniri posset. Ita congressus impari numero
7 magnos impetus legionum equitatusque sustinet. Commisso ab
equitibus proelio signa legionum duarum procul ab utrisque

§ 4 *suo ponte* = über die Brücken, wie der blose Abl. oft bei den Verb. der Bewegung steht, um den Ort, auf dem, oder über und durch den die Bewegung geschieht, zu bezeichnen (c. 61, 1: *per pontem*). So 2. 11, 4: *porta*. 1. 70, 1: *iugis*. 2. 3, 1: *freto Siciliae pervehitur*. B. G. 7. 45, 4: *eodem iugo*. 8. 10, 2: *eadem palude*.

3. *Huc* geht auf das im Vorherg. angedeutete Terrain, wo die *equestria proelia* stattfanden. — *congressis pabulatoribus* Dativ, wie Nepos Agesil. 3, 5: *sero suis praesidio profectus est.* — *reliqua multitudo equitum*, der Rest der nachrückenden Reiter, die noch nicht über die Brücke gegangen waren; denn oben heisst es *omn. equit. sequeretur*, nicht *secutus esset.*

4. *ex aggere atque cratibus. Agger* bezeichnet einen Damm und auch das Material, was zur Errichtung eines Dammes verwendet wird, Erde, Schutt und auch Holz; *crates* sind das über die Brücke gelegte Flechtwerk. B. G. 4. 17, 5: *haec longuriis cratibusque consterneban-*

tur. — *suo ponte.* Afranius und Petreius hatten eine Brücke unmittelbar bei Ilerda.

5. *necessaria re coactus,* wie *necessitate c.,* nur concret gefasst; denn *necessaria res* ist der nöthigende, zwingende Umstand, die zu etwas nöthigende Sachlage. S. zu B. G. 1. 16, 6. 17, 6. — *diversam aciem,* wie c. 58, 4 *diversi pugnabant;* näher bestimmt durch *in duas partes,* was kein überflüssiger Zusatz ist, wie die Bedeutung von *diversum proelium* B. G. 8. 19, 2 zeigt. Göler a. a. O. p. 29: Da die Legionen zwei Fronten (diversam aciem) bildeten und zwar zwei Fronten auf einer Linie von Osten nach Westen und zwei auf einer Linie von Norden nach Süden, so bildeten sie vier Fronten. Hätten die beiden Legionen Rücken an Rücken stehend im Ganzen nur zwei Fronten gebildet, so hätte die feindliche Reiterei in ihre Flanken einbrechen können.

7. *legionum duarum,* also waren mit den § 3 erwähnten 2 Legionen 4 in Spanien; s. c. 39, 2. Ueber diesen Angriff sagt Cass. Dio 41. 20:

conspiciuntur, quas C. Fabius ulteriore ponte subsidio nostris miserat suspicatus fore id, quod accidit, ut duces adversariorum occasione et beneficio fortunae ad nostros opprimendos uterentur. Quarum adventu proelium dirimitur ac suas uterque legiones reducit in castra.

41. Eo biduo Caesar cum equitibus ᴅᴄᴄᴄ, quos sibi praesidio reliquerat, in castra pervenit. Pons, qui fuerat tempestate interruptus, paene erat refectus: hunc noctu perfici iussit. Ipse 2 cognita locorum natura ponti castrisque praesidio sex cohortis reliquit atque omnia impedimenta et postero die omnibus copiis, triplici instructa acie ad Ilerdam proficiscitur et sub castris Afranii constitit et ibi paulisper sub armis moratus facit aequo loco pugnandi potestatem. Potestate facta Afranius copias educit et

τῷ μὲν Φαβίῳ προςπεσόντες ἐξαίφνης πολλοὺς ἀπέκτειναν ἀποληφθέντας.

41. 1. *Eo biduo* kann an sich betrachtet wohl heissen: in diesen zwei Tagen; es kann aber auch heissen: zwei Tage darauf, wie Cic. ad Att. IV. 1, 5: *eo biduo cum esset annonae summa caritas*, in Pis. 6, 14: *idem illo fere biduo productus in concionem*, Caes. b. civ. 1. 87, 4: *parte circiter tertia exercitus eo biduo dimissa*. Da nun gar nicht erwähnt ist, dass der eben beschriebene Vorgang zwei Tage dauerte, dies auch gar nicht wahrscheinlich ist; da ferner Cäsar, wenn er während dieses Vorganges eingetroffen wäre, die Brücke nicht beinahe wiederhergestellt vorgefunden haben würde, er auch in diesem Falle nicht unthätig geblieben sein würde, so ist an dieser Stelle *eo biduo* mit 'zwei Tage nachher' zu übersetzen. — *reliquerat*. Man erwartet *retinuerat*; denn Cäsar selbst blieb ja bei den Reitern. Aber *relinquere* heisst nicht nur verlassen und zurücklassen, sondern auch übrig lassen, wo ein Theil einer Sache sich entfernt, der andere mit dem, welcher die Entfernung bewirkt, zurückbleibt. Cäsar hatte den grössten Theil der Truppen vorausgeschickt und 900 Reiter als Leibwache für sich übrig gelassen. Vergl. c. 5, 1: *neque etiam extremi iuris intercessione retinendi, quod L. Sulla reliquerat, facultas tribuitur*. — *in castra pervenit:* am 23. Juni.

2. *omnibus copiis*. Der blosse Ablat. von begleitender Kriegsmacht bei Verb. der Bewegung (*proficisci, venire, contendere, sequi, adesse*); häufiger steht jedoch bei C. *cum* (bei *mittere* und seinen Compositis immer), besonders wenn eine bestimmte Anzahl (wie oben § 1), bestimmte Truppen und Truppentheile genannt werden (s. zu 2. 19, 1), während sich der Ablat. auf allgemeine Angaben, wie *omnibus copiis, magna manu* u. dergl. beschränkt. Nicht zu vergleichen sind natürlich Stellen wie c. 12, 1: *Igurium* — cohortibus *V tenere* (B. G. 1. 8, 1). — *triplici acie*: Kriegsw. § 13. — *ad Ilerdam:* nach Ilerda hin, in die Nähe von Il. B. G. 1. 7, 1. Ueber die Lage der Stadt s. das geogr. Reg. Göler a. a. O. p. 30: Afranius Lager lag auf dem Hügel des heutigen Fort Garden und zog sich unzweifelhaft bis zum Segre hinab, weil jener Hügel allein für ein Lager von 5 Legionen zu klein gewesen wäre. — *Potestate facta* nach *facit potestatem*, wo für uns 'dann' ausreicht. C. liebt dergleichen be-

3 in medio colle sub castris constituit. Caesar ubi cognovit per
Afranium stare, quominus proelio dimicaretur, ab infimis radicibus montis intermissis circiter passibus cccc castra facere
4 constituit et, ne in opere faciundo milites repentino hostium incursu exterrerentur atque opere prohiberentur, vallo muniri vetuit, quod eminere et procul videri necesse erat, sed a fronte
contra hostem pedum quindecim fossam fieri iussit. Prima et
secunda acies in armis, ut ab initio constituta erat, permanebat;
5 post hos opus in occulto a tertia acie fiebat. Sic omne prius est
6 perfectum, quam intellegeretur ab Afranio castra muniri. Sub
vesperum Caesar intra hanc fossam legiones reducit atque ibi sub
armis proxima nocte conquiescit.

    42. Postero die omnem exercitum intra fossam continet
et, quod longius erat agger petendus, in praesentia similem rationem operis instituit singulaque latera castrorum singulis attribuit
legionibus munienda fossasque ad eandem magnitudinem perfici
2 iubet; reliquas legiones in armis expeditas contra hostem constituit. Afranius Petreiusque terrendi causa atque operis impediendi
3 copias suas ad infimas montis radices producunt et proelio laces-
sunt, neque idcirco Caesar opus intermittit, confisus praesidio le-
4 gionum trium et munitione fossae. Illi non diu commorati nec lon-

stimmte Beziehungen auf Vorberge-
hendes. Vergl. zu B. G. 5, 12, 2;
unten c. 43, 2: *se interclusurum
adversarios confidebat. Hoc sperans* = deswegen. — *reliquit —
proficiscitur, constitit — facit.* S.
zu c. 65, 1.

  3. *per Afranium stare, quominus,* wie 2. 13, 4; *quominus* zeigt,
wie hier *stare per* — zu verstehen
ist.

  5. *prius — quam intellegeretur.*
Ueber die Bedeutung des Coniunctivs in solchen Stellen s. B. G. 3.
26, 3, und vergl. 3. 67, 4: *Caesar
pervenit prius, quam Pompeius
sentire posset.*

  42. 1. *agger*: das Material zu
dem Damm, wie oft. — *similem rationem operis instituit*: trifft eine
gleiche Einrichtung des Werkes,
geht auf gleiche Weise zu Werke,
wie am Tage vorher an der dem
Feinde zugekehrten Seite. — *singula
latera — legionibus.* Diese drei Le-

gionen, welche die drei noch übrigen Seiten des Lagers durch Gräben
befestigen (denn dies ist hier *munire,*
§ 3 *munitione fossae*) und die § 3
erwähnten drei Legionen, die zum
Schutze dienten, zeigen, dass 6 Legionen vereinigt sind. S. c. 39, 2.
Es werden allerdings c. 41, 2 noch
6 Cohorten erwähnt, aber das können
Auxiliarcohorten gewesen sein.

  3. *neque = neque tamen* wie c. 11,
2. u. a. — *confisus praesidio. Confidere* steht bei C. vorherrschend
mit dem Abl., bes. bei sachlichen
Begriffen, um zu bezeichnen, wodurch man mit Vertrauen erfüllt
wird, mit dem Dativ nur bei Personen, denen man Vertrauen schenkt,
und bei persönl. Begriffen. Darnach
sind die Stellen zu beurtheilen, wo
der Casus, ob Dat. oder Abl., nicht
erkennbar ist, wie hier u. c. 12,
3. 2. 4, 4. 3. 80, 3. — *munitione
fossae.* Der Genit. dient zur Bestimmung, worin die Befestigung

gius ab infimo colle progressi copias in castra reducunt. Tertio 5
die Caesar vallo castra communit; reliquas cohortes, quas in superioribus castris reliquerat, impedimentaque ad se traduci iubet.

43. Erat inter oppidum Ilerdam et proximum collem, ubi
castra Petreius atque Afranius habebant, planicies circiter passuum ccc atque in hoc fere medio spatio tumulus erat paulo
editior; quem si occupavisset Caesar et communisset, ab op- 2
pido et ponte et commeatu omni, quem in oppidum contulerant, se interclusurum adversarios confidebat. Hoc sperans legio- 3
nes tres ex castris educit acieque in locis idoneis instructa unius
legionis antesignanos procurrere atque eum tumulum occupare
iubet. Qua re cognita celeriter quae in statione pro castris erant 4
Afranii cohortes breviore itinere ad eundem occupandum locum
mittuntur. Contenditur proelio et, quod prius in tumulum Afra- 5
niani venerant, nostri repelluntur atque aliis summissis subsidiis
terga vertere seque ad signa legionum recipere coguntur.

44. Genus erat pugnae militum illorum, ut magno impetu
primo procurrerent, audacter locum caperent, ordines suos non
magnopere servarent, rari dispersique pugnarent; si premerentur, 2
pedem referre et loco excedere non turpe existimarent cum Lusitanis reliquisque barbaris barbaro genere quodam pugnae assuefacti; quod fere fit, quibus quisque in locis miles inveteraverit, 3

bestebt = Befestigung durch den
Graben. Vergl. c. 60, 5: *auxilia
legionum*, 3. 1, 4: *praesidia legionum*. 1. 85, 1: *praemium missionis*.
S. zu 3. 72, 4.

5. *communit* von der Vollendung
der ganzen Befestigung. — *in superioribus castris:* im Lager des
Fabius, c. 41, 2.

43. 2. *ponte*, d. i. die Brücke der
Pompeianer bei Ilerda.

3. *antesignanos*. So hiessen zur
Zeit der Manipularstellung, die vor
Marius galt, die Soldaten der ersten
Schlachtlinie, die vor allen signis
kämpften. Bei Cäsar bezeichnet dies
Wort ein in jeder Legion befind-
liches Elitencorps, welches indessen
nicht eine besondere Waffengattung
bildete, am allerwenigsten aus
Leichtbewaffneten bestand.

44. 1. *Genus erat pugnae — ut:*
bestand darin, war der Art, dass
—; vergl. 2. 18, 6: *Ratio autem
haec erat belli, ut se — conferret*.
Vergl. 3. 110, 1. B. G. 3. 22, 2:
*quorum haec est condicio, ut —
fruantur*. Cic. de Nat. Deor. 2. 28:
*Cultus deorum est optimus, ut eos
semper pura — mente veneremur*.
So *mos, consuetudo est, ut —*. Der
Satz mit *ut* giebt an, worauf der vorhergehende Begriff sich bezieht und
worin er sich zeigt. — *ordines servarent:* in Reihe und Glied bleiben.
Ordo ist der Platz, den einer in der
Aufstellung einnimmt; s. c. 71, 3.
2. 41, 6. B. G. 4. 26, 1: *neque ordines servare, neque firmiter insistere, neque signa sequi potuerunt*.
— *rari dispersique*. B. G. 5. 16, 4:
*ut numquam conferti, sed rari
magnisque intervallis proeliarentur*.

2. *pedem referre:* zurückweichen.
B. G. 4. 25, 2; ἐπὶ πόδα ἀναχω-
ρεῖν. Xen. Anab. 5. 2, 32. — *barbaro genere quodam pugnae assue-*

4 ut multum earum regionum consuetudine m oveatur. Haec tum ratio nostros perturbavit insuetos huius ge neris pugnae; circumiri enim sese ab aperto latere procurrentibus singulis arbitrabantur; ipsi autem suos ordines servare neque ab signis discedere neque sine gravi causa eum locum, qu em ceperant, dimitti
5 censuerant oportere. Itaque perturbatis antesignanis legio, quae in eo cornu constiterat, locum non tenuit atque in proximum collem sese recepit.

facti. Sie hatten also von den Barbaren selbst auch 'eine gewisse barbarische, von der römischen abweichende Art zu kämpfen' angenommen. Vergl. 2. 38, 4: *Numidae enim quadam barbara consuetudine nullis ordinibus passim consederant.* Die Wortstellung (für das gewöhnlichere *barbaro quodam genere*) ist logisch richtig und begründet, da *quodam* nicht blos und besonders auf *barbaro*, sondern auf *barbaro genere* gemeinschaftlich bezogen werden soll; es ist = genere quodam, quod barbarorum proprium est, dagegen ist *barb. quodam gen.* = genere, quod similitudinem quandam habet cum barbarorum genere. Dasselbe Verhältniss ist Cic. de Fin. 3. 7, 24: *vita agenda est certo genere quodam, non quolibet.* De Orat. 1. 42, 188: *adhibita est ars quaedam extrinsecus ex alio genere quodam.* [*barbaro* ist nach *barbaris* in den Handschr. ausgefallen, *genere quodam* allein giebt keinen passenden Sinn].

3. *ut multum moveatur:* dass die Gewohnheit der Gegenden, wo er lange gestanden, grossen Einfluss auf ihn ausübt. Ueber *multum* = volde s. B. G. 3. 9, 3.

4. *ab latere aperto:* von der offenen, nicht durch andere, sich anschliessende Truppentheile gedeckten Seite aus, wie der Römer es sich denkt, wir auf oder an —. S. B. G. 1. 1, 5. 52, 3. 7. 50, 1. Ueber *latus apertum* s. B. G. 1. 25, 6. — *neque — neque* nicht correlativ, sondern das erste *neque* (= et non) ist

eine negative Erweiterung des *ordines servare* durch einen synonymen Ausdruck, das zweite *neque* fügt ein neues Glied zu dem vorhergehenden. Vergl. 3. 100, 3. B. G. 7. 21, 1. — *servare — dimitti censuerant oportere.* *Oportet* kann mit dem blossen Infinitiv verbunden werden, wenn das Subject des Infinitivs ein unbestimmtes ist; es fordert einen Accusativ. cum Infin., wenn das Subject ein bestimmtes ist. Bei *servare* und *discedere* ist das Subject man, bei *dimitti* wegen *ceperant* die damaligen Soldaten Cäsars. Es kommt aber nicht selten vor, dass Verba, die eine doppelte Construction zulassen, beide Constructionen unmittelbar neben einander haben; z. B. Cic. de fin. II. 20, 69: *iubebat eos, qui audiebant, secum ipsos cogitare pictam in tabula voluptatem, pulcherrimo vestitu et ornatu regali in solio sedentem, praesto esse virtutes ut ancillulas;* Liv. XLIII, 21, 3: *procedere etiam in Parthinos (ii quoque obsides dare pepigerant) iussit, ab utraque gente sine tumultu exigi.* Das Plusquamperfectum *censuerant* heisst: sie hatten bis dahin gemeint, dass es nöthig sei Reih' und Glied zu wahren; sonst hätten sie dem Vorgehen der Feinde bei Zeiten entgegentreten und verhindern können, dass dasselbe so bedrohlich wurde. Dass hier übrigens von einer Meinung der Soldaten die Rede ist, wo sie doch nur zu gehorchen hatten, erklärt sich daraus, dass hier nicht blos die gemeinen Soldaten, sondern das ganze Heer gemeint ist; auch wird

45. Caesar paene omni acie perterrita, quod praeter opinionem consuetudinemque acciderat, cohortatus suos legionem nonam subsidio ducit; hostem insolenter atque acriter nostros insequentem supprimit rursusque terga vertere seque ad oppidum Ilerdam recipere et sub muro consistere cogit. Sed nonae legio- 2 nis milites elati studio, dum sarcire acceptum detrimentum volunt, temere insecuti longius fugientes, in locum iniquum progrediuntur et sub montem, in quo erat oppidum positum Ilerda, succedunt. Hinc se recipere cum vellent, rursus illi ex loco su- 3 periore nostros premebant. Praeruptus locus erat, utraque ex 4 parte directus ac tantum in latitudinem patebat, ut tres instructae cohortes eum locum explerent, ut neque subsidia a lateribus summitti neque equites laborantibus usui esse possent. Ab oppido 5 autem declivis locus tenui fastigio vergebat in longitudinem passuum circiter cccc. Hac nostris erat receptus, quod eo incitati 6 studio inconsultius processerant; hoc pugnabatur loco et propter angustias iniquo et quod sub ipsis radicibus montis constiterant, ut nullum frustra telum in eos mitteretur. Tamen virtute et patientia nitebantur atque omnia vulnera sustinebant. Augebatur 7 illis copia, atque ex castris cohortes per oppidum crebro sum-

ja von den Afranianern gesagt, *non turpe existimarunt.*

45. 1. *insolenter*: im Uebermuth (wegen des bisherigen Erfolgs) verwegen, so dass sie ohne Rücksicht auf die eigene Sicherheit und als ob sie den Feind gar nicht zu fürchten hätten, zu weit vorwärts dringen. S. 3. 46, 3. B. Alex. 27, 7: *cum vero incaute atque insolenter succedere eos videret. — supprimit*: hält auf. B. G. 8. 42, 2: *quaecumque per locum praecipitem missa erant, ea vineis suppressa comprehendebant id ipsum, quod morabatur.* So unten c. 62, 2: *iter supprimit.*

4. *Praeruptus locus erat.* Ilerda lag auf einem Berge, der nach Norden zu, von wo aus die Cäsarianer den Angriff machten, steil abfällt, an einer Stelle aber eine sanfte Abdachung hat. Diese Senkung hat rechts und links steile Abhänge und ist nur so breit, dass drei aufge-

stellte Cohorten die ganze Breite ausfüllten; auch ist in der Nähe der Stadt eine steile Stelle (locus iniquus), über welche die Cäsarianer in der Hitze vorgedrungen waren und über welche der Rückzug schwierig war, als sie an der Stadtmauer auf überlegene Streitkräfte des Feindes stiessen.

5. *tenui fastigio*: in mässiger Abdachung. 2. 24. 3. B. G. 3. 8, 3: *collis in frontem leniter fastigatus, paulatim ad planiciem redibat.* 8. 24, 8: *declivi fastigio.*

6. *nitebantur* absol.: strengten sich an (um sich zu halten) mit Tapferkeit und Ausdauer; denn die Ablative hängen nicht von *nitebantur* ab; vergl. c. 46, 3: *virtute connititur.* 3. 45, 1. B. G. 4. 24, 4: *alacritate ac studio — nitebantur*; s. die Anm. zu d. St.

7. *copia*: Truppenmasse, nicht = copiae. B. G. 1. 48, 5: *ex omni copia.*

8 mittebantur, ut integri defessis succederent. Hoc idem Caesar
facere cogebatur, ut summissis in eundem locum cohortibus de-
fessos reciperet.

46. Hoc cum esset modo pugnatum continenter horis quinque nostrique gravius a multitudine premerentur, consumptis
omnibus telis gladiis destrictis impetum adversus montem in
cohortis faciunt paucisque deiectis reliquos sese convertere co-
2 gunt. Summotis sub murum cohortibus ac nonnulla parte propter terrorem in oppidum compulsis facilis est nostris receptus
3 datus. Equitatus autem noster ab utroque latere, etsi deiectis
atque inferioribus locis constiterat, tamen summa in iugum
virtute connititur atque inter duas acies perequitans commodiorem
4 ac tutiorem nostris receptum dat. Ita vario certamine pugnatum
est. Nostri in primo congressu circiter LXX ceciderunt, in his Q.
Fulginius ex primo hastato legionis XIIII, qui propter eximiam
virtutem ex inferioribus ordinibus in eum locum pervenerat; vul-

---

8. *ut – reciperet*, genauere Ausführung des durch *hoc idem* schon
hinlänglich bezeichneten, bei C. sehr
häufig. S. zu B. G. 1. 5, 1. — *recipere*: die ausgesendeten Truppen
wieder an sich ziehen. c. 54, 5. 3.
58, 2.

46. 1. *horis quinque*. Ablat. zur
Angabe des Zeitraums, in dessen
Verlauf oder während dessen etwas
geschehen ist, wofür auch der Accus. der Dauer (5 Stunden hindurch)
stehen könnte. S. c. 47, 3; oben c. 7,
6: *novem annis*. 3. 59, 1: *principatum multis annis-obtinuerat*. Besonders häufig ist dieser Gebrauch
bei Späteren. Suet. Calig. 59: *vixit
annis undetriginta* u. ähnl. — *consumptis omnibus telis* (Geschosse)
gladiis destrictis s. zu c. 30, 5. —
deiectis niedergeworfen (prostratis),
getödtet.

2. *nonnulla parte*: 'theilweise';
gewöhnlicher ist allerdings *ex*; doch
so auch *nulla parte*: ganz und gar
nicht, *omni parte*: gänzlich. Andere
halten *nonnulla parte* für den collectiven Subiectsbegriff zu *compulsis*.

3. *deiectis*: tief liegend, niedrig
gelegen, erklärt durch *inferioribus*,
wie C. gern seltenere Ausdrücke

durch bekanntere Synonyme erläutert. S. z. B. B. G. 3. 15, 3: *malacia ac tranquillitas*.

4. *Nostri – circiter LXX ceciderunt*, wir: etwa 70 der Unsrigen,
eigentl.: Unsrige fielen gegen 70.
Partitiven Adjectiven und Zahlwörtern fügt Cäsar das Pronomen pos-
sessivum mit oder ohne Substantivum in gleichem Casus bei, nicht im
Genitivus partitivus. S. zu B. G. 1.
52, 5. — *ex primo hastato*. Die
gänzlich missverstandenen Worte
können unmöglich heissen: 'bald
nachdem er *primus hastatus* geworden war', noch mit Wendungen wie
ex praetura, ex consulatu verglichen werden. *Primus hastatus* ist
hier nicht, wie sonst, der Centurio
der Hastati der ersten Cohorte, wie
ex zeigt, sondern der Manipel
der Hastati dieser Cohorte, zu
dem er als Centurio gehörte.
Vergl. Cic. de Div. 1. 35, 77: *cum
signifer primi hastati signum
non posset ferre*. Liv. 26. 5, 15:
secundi hastati signum; ebend.
c. 6, 1: *primi principis signum*:
so *primus pilus*, wie gleich nachher
primi pili centurio. Cäsar konnte
allerdings sagen: *primi hastati cen-*

nerantur amplius DC. Ex Afranianis interficiuntur T. Caecilius, 5
primi pili centurio, et praeter eum centuriones IIII, milites amplius CC.

47. Sed haec eius diei praefertur opinio, ut se utrique superiores discessisse existimarent: Afraniani, quod, cum esse om- 2
nium iudicio inferiores viderentur, comminus tam diu stetissent
et nostrorum impetum sustinuissent et initio locum tumulumque
tenuissent, quae causa pugnandi fuerat, et nostros primo congressu terga vertere coëgissent; nostri autem, quod iniquo loco 3
atque impari congressi numero quinque horis proelium sustinuissent, quod montem gladiis destrictis ascendissent, quod ex loco
superiore terga vertere adversarios coëgissent atque in oppidum
compulissent. Illi eum tumulum, pro quo pugnatum est, magnis 4
operibus munierunt praesidiumque ibi posuerunt.

48. Accidit etiam repentinum incommodum biduo, quo
haec gesta sunt. Tanta enim tempestas cooritur, ut numquam

turio oder noch kürzer *primus hastatus*, brauchte aber jene Wendung wie 2. 35, 1: *Fabius Pelignus quidam ex infimis ordinibus.* Er war also aus den unteren Centurionenstellen (*ex inferioribus ordinibus*) durch ausserordentliches Avancement *in eum locum*, d. i. in die *primi ordines* der Legion als *primi hastati centurio* oder als *primus hastatus* versetzt worden. S. Kriegsw. § 20.

5. *primi pili centurio.* Die Legion hat 10 Cohorten, die Cohorte 3 Manipeln, einen der *hastati*, einen der *principes*, einen der *triarii*, welcher letzte *pilus* genannt wird. Jeder *manipulus* hat 2 Centurionen, einen *posterior* und einen *prior*; der *centurio prior* des Manipels der Triarier in der ersten Centurio wird schlechthin *primi pili centurio* oder *primipilus* genannt und hat den höchsten Rang unter allen Centurionen der Legion. S. Kriegsw. § 20. — *amplius ducenti.* B. G. 1. 15, 5.

47. 1. *haec eius diei praefertur opinio* = hanc de eo die opinionem prae se ferunt utrique. — *eius diei opinio:* die Meinung von diesem Tage (von dem Erfolge dieses Ta-

ges), wie B. G. 2. 8, 1 und 24, 4: *virtutis opinio.* 4. 16, 7. 6. 24, 3.

2. *initio:* 'gleich vom Anfang an', denn sie hatten ihn noch inne. — *tumulumque* Erklärung zu *locum.*

3. Das wiederholte *quod* (Anaphora) zur Hervorhebung der einzelnen Momente, die sie für sich anführen. B. G. 1. 19, 1. 43, 4. — *quinque horis:* 46, 1. — *terga vertere coëgissent*, wie § 2. Die bei Caes. überhaupt häufige Wiederholung derselben Worte hat hier ihren besonderen Grund in dem Gegensatze zu der Anführung der Afranianer: *primo congressu terga vert. coëg.*, der passend der Grund der Caesarianer mit denselben Worten: *quod ex loco sup. terga vert. coëg.* entgegengesetzt wird, da das *terga vertere* hier, weil es *ex loco superiore* geschah (c. 46, 1–3) ein treffenderer Beweis der Niederlage der Afr. war. So werden auch sonst gern dieselben Worte beibehalten, wenn durch Veränderung der Gegensatz verdunkelt werden könnte.

48. 1. *biduo, quo* eigentl.: zwei Tage von der Zeit ab, wo, zwei Tage, nachdem, wie öfter für *postquam* (cum) das Pron. relat. gebraucht

2 illis locis maiores aquas fuisse constaret. Tum autem ex omnibus montibus nives proluit ac summas ripas fluminis superavit pon-
3 tisque ambo, quos C. Fabius fecerat, uno die interrupit. Quae res magnas difficultates exercitui Caesaris attulit. Castra enim, ut supra demonstratum est, cum essent inter flumina duo, Sicorim et Cingam, spatio milium xxx, neutrum horum transiri pot-
4 erat, necessarioque omnes his angustiis continebantur. Neque civitates, quae ad Caesaris amicitiam accesserant, frumentum supportare, neque ii, qui pabulatum longius progressi erant, in- terclusi fluminibus reverti, neque maximi commeatus, qui ex
5 Italia Galliaque veniebant, in castra pervenire poterant. Tempus erat autem difficillimum, quo neque frumenta in acervis erant'

wird. S. 2. 32, 5; zu B. G. 3. 23, 2. Zumpt § 480.

2. *nives proluit.* Das Subiect zu *proluit* (schwemmte herab) und *su- peravit* ist *tempestas*, Regenwetter, Regenmasse. Liv. 2. 62, 1: *foeda tempestas cum grandine ac tunitri- bus caelo deiecta.*

3. *ut supra demonstratum est* kann nur auf c. 41 zurückweisen, wo indess so specielle Angaben nicht enthalten sind. Jedoch schliesst die dort angegebene Lage des La- gers bei Ilerda, das auf dem rechten Ufer des Sicoris lag, in den sich auf derselben Seite die Cinga ergoss, für den Kundigen die hier gegebene Notiz von der Lage zwischen bei- den Flüssen in sich. Lucan. 4. 17: *nec Caesar colle minore Castra lo- cat: medius dirimit tentoria gur- ges. Explicat hinc tellus campos effusa patentes – camposque coër- cet Cinga rapax.* 'Die römische Ar- mee war beschränkt auf den schma- len Raum zwischen der Cinga und dem Sicoris, das linke Ufer des Si- coris aber und damit die Strasse, auf der die Armee mit Gallien und Italien communicirte, fast unver- theidigt den Pompeianern preisge- geben, die den Fluss theils auf der Stadtbrücke, theils nach lusitani- scher Art auf Schläuchen schwim- mend passirten'. Mommsen 3. p. 380.

4. *interclusi:* c. 17, 1. — *commea-* *tus* (nicht *comitatus*, das diese Be- deutung nicht hat) = Zug, Trans- port, Convois. Ebenso c. 54. 5. B. G. 5. 23, 2. — *veniebant*, wie c. 51, 1 *iter habebant.*

5. *Tempus erat difficillimum.* Nach der Schilderung der schwieri- gen Lage, in die das Heer in Betreff der Lebensmittel durch die Ueber- schwemmung gekommen war, geht C. auf die Noth über, die die Jah- reszeit in dieser Hinsicht mit sich brachte. — *difficillimum:* sehr un- günstig, wie *difficilis* oft das bedeu- tet, was durch seine Beschaffenheit Schwierigkeiten bereitet. S. B. G. 7. 19, 1. — *in acervis.* Die Hand- schriften haben *in hibernis*; es kann aber an irgend welche Winterquar- tiere hier nicht gedacht werden, und dass *hiberna* auch Wintermagazine bedeuten könnten, kann durch keine Stelle bewiesen werden. Da nun auch, dass die Scheunen leer waren, im folgenden Satze *ac civitates exi- nanitae* ausdrücklich gesagt wird, also hier das Getreide auf den Fel- dern gemeint sein muss, so habe ich verbessert *in acervis;* denn das Ge- treide pflegte auf den Dreschplätzen zum Trocknen in Haufen gebracht zu werden, wie Columella II, 21 sagt: *messis facienda est, ut potius in area et in acervo quam in agro grandescant frumenta.* Dann ist der Sinn: die Jahreszeit war

neque multum a maturitate aberant; ac civitates exinanitae, quod 6
Afranius paene omne frumentum ante Caesaris adventum Ilerdam
convexerat, reliqui si quid fuerat, Caesar superioribus diebus
consumpserat; pecora, quod secundum poterat esse inopiae subsidium, propter bellum finitimae civitates longius removerant.
Qui erant pabulandi aut frumentandi causa progressi, hos levis 7
armaturae Lusitani peritique earum regionum cetrati citerioris
Hispaniae consectabantur; quibus erat proclive tranare flumen,
quod consuetudo eorum omnium est, ut sine utribus ad exercitum
non eant.

49. At exercitus Afranii omnium rerum abundabat copia.
Multum erat frumentum provisum et convectum superioribus
temporibus, multum ex omni provincia comportabatur; magna
copia pabuli suppetebat. Harum omnium rerum facultates sine 2
ullo periculo pons Ilerdae praebebat et loca trans flumen integra,
quo omnino Caesar adire non poterat.

50. Hae permanserunt aquae dies complures. Conatus est
Caesar reficere pontes; sed nec magnitudo fluminis permittebat
neque ad ripam dispositae cohortes adversariorum perfici patiebantur; quod illis prohibere erat facile cum ipsius fluminis natura 2
atque aquae magnitudine, tum quod ex totis ripis in unum atque
angustum locum tela iaciebantur; atque erat difficile eodem tempore rapidissimo flumine opera perficere et tela vitare.

51. Nuntiatur Afranio magnos commeatus, qui iter habebant ad Caesarem, ad flumen constitisse. Venerant eo sagittarii
ex Rutenis, equites ex Gallia cum multis carris magnisque impe-

sehr ungünstig; denn das Getreide
stand weder auf Haufen, dass man
hätte die Körner gebrauchen können, noch war es weit genug von
der Reife entfernt, dass man es hätte
als Viehfutter verwenden können.
Der Satz aber *ac civitates* cet. ist
nicht Fortsetzung des Relativsatzes,
sondern er ist coordinirt dem Satze
tempus erat difficillimum. — *ac*
vor c wie 3. 78, 3. B. G. 1. 44, 2.

6. *secundum:* 'das nächste'.

7. *cetrati citer. Hisp.* S. zu c. 39,
1. — *sine utribus,* auf denen sie
über die Flüsse setzten. Liv. 21.
27, 5: *Hispani sine ulla mole in
utres vestimentis coniectis, ipsi ce-*

*tris suppositis incubantes, flumen
transnavere.*

49. 2. *integra:* noch unversehrt,
von Plünderung verschont, *non exinanita.* — *loca, quo.* Das Adverb.
auf ein Substant. bezogen, wie öfter
bei Cäsar. S. B. G. 1. 42, 5: *detractis equis, eo legionarios milites
imponere.*

50. 2. *ex totis ripis:* von der
ganzen Uferstrecke aus. — *atque
angustum:* 'und zwar', 'und noch
dazu'. — *rapidissimo flumine:* c.
25, 6.

51. 1. *iter habebant:* c. 14, 3.
(48, 4). Warum nicht *iter habeant?*
S. c. 18, 1.

2 dimentis, ut fert Gallica consuetudo. Erant praeterea cuiusque
generis hominum milia circiter vi cum servis liberisque; sed
nullus ordo, nullum imperium certum, cum suo quisque consilio
uteretur atque omnes sine timore iter facerent usi superiorum
3 temporum atque itinerum licentia. Erant complures honesti adulescentes, senatorum filii et ordinis equestris; erant legationes
civitatum; erant legati Caesaris. Hos omnes flumina continebant.
4 Ad hos opprimendos cum omni equitatu tribusque legionibus
Afranius de nocte proficiscitur imprudentesque ante missis equitibus aggreditur. Celeriter sese tamen Galli equites expediunt
5 proeliumque committunt. Ii, dum pari certamine res geri potuit,
magnum hostium numerum pauci sustinuere; sed, ubi signa
legionum appropinquare coeperunt, paucis amissis sese in pro-
6 ximos montes conferunt. Hoc pugnae tempus magnum attulit
nostris ad salutem momentum; nacti enim spatium se in loca
superiora receperunt. Desiderati sunt eo die sagittarii circiter
cc, equites pauci, calonum atque impedimentorum non magnus
numerus.

2. *cuiusque generis hominum*,
nicht 'Leute aus allen Waffengattungen', sondern 'Leute der verschiedensten Art', wie sie nachher
(*Erant complures* u. s. w.) geschildert werden. — *liberisque:* Kinder,
nicht = Freie. Zu dem Begriff dieser bunten Masse stimmt das folg.
nullus ordo, nullum imperium.

3. *honesti adulescentes:* junge
Männer aus guter Familie, erklärt
durch *senatorum filii et ord. equ.* –
flumina. Da oben ausdrücklich gesagt wird, *commeatus ad flumen
constitisse*, so kann hier eben so
wenig an die Cinga mitgedacht werden, als an 'Nebenflüsse des Sicoris',
sondern *flumina* sind 'Gewässer,
Wasserfluthen' (c. 50, 1 *aquae*), wie
das Wort allerdings sonst nur Dichter brauchen. Vergl. jedoch Varro
de r. rust. 3. 17: *maritima flumina
immittere in piscinas.* — *continebant:* hielten sie zusammen, wo sie
einmal standen, so dass sie nicht
weiter konnten = hielten sie auf,
zurück.

4. *opprimendos:* plötzlich überfallen. — *de nocte:* noch während
der Nacht. S. zu B. G. 1. 12, 2: *de
tertia vigilia.* — *imprudentes* = inopinantes. — *sese expediunt:* machen sich schlagfertig.

5. *pari certamine:* Reiter gegen
Reiter. — *sustinuere*, eine von den
wenigen Stellen, an denen C. diese
Perfectform braucht. 3. 63, 6. B. G.
3. 21, 1. — *in proximos montes.*
Göler a. a. O. p. 40: 'Diese Berge
gehörten wohl zur Sierra de Alme-
nara und das Gefecht hatte wahrscheinlich in der Ebene bei dem
heutigen Kloster D. Juani, Balaguer
gegenüber, statt, etwa 6 Stunden
oberhalb Lerida'.

6. *Hoc pugnae tempus*, die Zeit,
wo die Reiter den Feind aufhielten,
war den übrigen sehr förderlich zur
Rettung. Liv. 42. 45, 8: *haec lega-
tio magnum ad conciliandos animos
civitatium Asiae momentum fuit;*
id. 42. 46, 5: *magis et litteras et
verba legatorum benigne sunt audita, quam momentum ad mutandos
animos habuerunt.*

52. His tamen omnibus annona crevit; quae fere res non solum inopia praesentis, sed etiam futuri temporis timore ingravescere consuevit. Iamque ad denarios ʟ in singulos modios annona pervenerat, et militum vires inopia frumenti deminuerat, atque incommoda in dies augebantur; [et] tam paucis diebus magna erat rerum facta commutatio ac se fortuna inclinaverat, ut nostri magna inopia necessariarum rerum conflictarentur, illi omnibus abundarent rebus superioresque haberentur. Caesar iis civitatibus, quae ad eius amicitiam accesserant, quod minor erat frumenti copia, pecus imperabat; calones ad longinquiores civitates dimittebat; ipse praesentem inopiam quibus poterat subsidiis tutabatur.

53. Haec Afranius Petreiusque et eorum amici pleniora etiam atque uberiora Romam ad suos perscribebant. Multa rumor affingebat, ut paene bellum confectum videretur. Quibus litteris nuntiisque Romam perlatis magni domum concursus ad Afranium magnaeque gratulationes fiebant; multi ex Italia ad Cn.

52. 1. *tamen:* wenn auch der Verlust nicht bedeutend und die Sache im Ganzen gut abgelaufen war (c. 51. 6), so entstand doch durch alle oben angeführten Zustände ein anderer Nachtheil, das Steigen der Theuerung. — *quae res:* das *crescere* der *annona;* ein Umstand, der —; *res* war daher hier nothwendig.

2. *ad denarios L.* Man könnte die Distributivzahl erwarten (1. 17, 4); doch braucht diese nicht zu stehen, wenn die Vertheilung durch ein besonderes Wort (*in singulos modios*) bezeichnet ist. Cic. Verr. 2. 55: *singulis censoribus denarii trecenti imperati sunt.* Jedoch ist sie auch in diesem Falle gebräuchlicher. Ein Denar ist = 4 Sesterzen, nach unserem Gelde = $6\frac{1}{2}$ Sgr. Es kam daher der Modius (der sechste Theil eines preussischen Scheffels) fast auf 11 Thaler, während in gewöhnlichen Zeiten nach Cic. Verr. 3. 75 u. 85 der Staat den Modius höchstens zu $3\frac{1}{2}$ — 4 Sesterzen kaufte. — *pervenerat:* war bis zu dem höchsten Preis gestiegen. Die Soldaten hatten übrigens ihre Ver-

pflegung selbst zu bestreiten. Vergl. c. 52, 2. B. Afr. 47, 4.

4. *praesentem inopiam tutabatur,* wie c. 7, 7: *iniurias defendere* gebraucht = abwehren, für das gewöhnlichere *suos tutabatur ab inopia,* in Prosa ohne Beispiel. [Sall. fragm. or. Lep. § 1 wird jetzt für *tutandis periculis* gelesen *vitandis per.*]

53. 1. *perscribebant* in seiner Bedeutung 'ausführlich berichten', ganz passend zu *pleniora atque uberiora:* noch vergrössert und übertrieben. Man erzählte sich in Rom, Cäs. sei eingeschlossen, von seinen Truppen verlassen, sogar gefangen.

2. *rumor affingebat.* B. G. 7. 1, 2: *addunt ipsi et affingunt rumoribus..*

3. *domum concursus ad Afranium.* C. sagt nicht *in domum* (oder *domum*) *Afranii,* wie 2. 18, 2: *arma in domum Gallonii contulit,* weil dadurch der Begriff des Persönlichen, das in diesen der Familie geltenden Besuchen liegt, verwischt würde, aber auch nicht blos *ad Afranium,* wiewohl man sagt *venit*

Pompeium proficiscebantur, alii, ut principes talem nuntium attulisse, alii, ne eventum belli exspectasse aut ex omnibus novissimi venisse viderentur.

54. Cum in his angustiis res esset, atque omnes viae ab Afranianis militibus equitibusque obsiderentur, nec pontes perfici possent, imperat militibus Caesar, ut naves faciant, cuius generis 2 eum superioribus annis usus Britanniae docuerat. Carinae ac prima statumina levi materia fiebant; reliquum corpus navium 3 viminibus contextum coriis integebatur. Has perfectas carris iunctis devehit noctu milia passuum a castris xxii militesque his navibus flumen transportat continentemque ripae collem improviso 4 occupat. Hunc celeriter, priusquam ab adversariis sentiatur, communit. Huc legionem postea traicit atque ex utraque parte pon- 5 tem instituit, biduo perficit. Ita commeatus et qui frumenti causa processerant tuto ad se recipit et rem frumentariam expedire incipit.

55. Eodem die equitum magnam partem flumen traiecit.

ad me = domum meam (Cic. ad Att. 16. 10) und *venit ad me a se* = domo sua (Cic. ebend. 4. 9), um Missverständniss zu vermeiden; daher die Vollständigkeit des Ausdrucks, die wir auch haben: ins Haus zum Afranius. 2. 20, 5: *domum ad se reciperet.* Cic. p. Sest. § 41: *apud me domi.* Uebrigens ist bei *domum concursus* nicht die bekannte Construction der Verbalsubstantiva, wie *domum reditio* (B. G. 1. 5, 3) zu vergleichen, da wir hier nicht *domum concursus* allein, sondern *fiebant domum conc.* (= domum concurrebatur) haben. Mit wenigen Strichen zeichnet C. treffend die Halbheit der Parteigenossen, die unentschieden in Rom die Ereignisse abwartend erst dann ihrem Führer sich anschlossen, als die Aussichten günstiger wurden. Auch Cicero gehörte zu diesen Abwartenden. (Cass. Dio 41. 21.)

54. 1. *militibus equitibusque*, wie 3. 47, 2, derselbe Gegensatz, wie *exercitus equitatusque.* S. zu B. G. 1. 48, 4. — *cuius generis* = eius generis, quod, wie 3. 15, 6:

cum essent in quibus demonstravi angustiis. — *usus Britanniae* eigentl.: die Britannien angehörige, die dort gemachte Erfahrung. S. zu 1. 4, 5. 'Carabos intelligit, de quibus Isidorus Orig. 19. 1: *Carabus, parva scapha, ex vimine facta, quae contexta crudo corio genus navigii praebet.* Non dubito quin carabus sit vox Britannica aut Belgica, quibus hodieque *caravelen* genus navis est et quidem fluviatilis; Anglis *coricle'*. Vossius. Vergl. Lucan. 4. 130 fgg.

2. *prima statumina*: die ersten Unterlagen, Unterzüge (Vitruv. 7. 1. von der Unterlage eines Aestrichs, première couche) für den Boden der Schiffe, der aus Weidengeflecht bestand. Ist *prima* (so Nipperdey für ac primum) richtig, so können hier *statumina* nicht Rippen, *costae*, 'die krummen Hölzer, an denen die Seitenbretter befestigt werden', bedeuten.

3. *milia passuum a castris XXII*, das rechte Segreufer aufwärts. — *continentem ripae* = cohaerentem cum ripa.

Qui inopinantis pabulatores et sine ullo dissipatos timore aggressi magnum numerum iumentorum atque hominum intercipiunt co- 2 hortibusque cetratis subsidio missis scienter in duas partes sese distribuunt, alii ut praedae praesidio sint, alii ut venientibus resistant atque eos propellant, unamque cohortem, quae temere ante ceteras extra aciem procurrerat, seclusam ab reliquis circumveniunt atque interficiunt incolumesque cum magna praeda eodem 3 ponte in castra revertuntur.

56. Dum haec ad Ilerdam geruntur, Massilienses usi L. Domitii consilio navis longas expediunt numero XVII, quarum erant XI tectae. Multa huc minora navigia addunt, ut ipsa multi- 2 tudine nostra classis terreatur. Magnum numerum sagittariorum, magnum Albicorum, de quibus supra demonstratum est, imponunt atque hos praemiis pollicitationibusque incitant. Certas sibi 3 deposcit naves Domitius atque has colonis pastoribusque, quos secum adduxerat, complet. Sic omnibus rebus instructa classe

55. 1. *inopinantis.* So Caes. immer, nie *necopinans, necopinatus,* da er *nec* vor Vocalen nicht braucht. — *dissipatos* in medialer Bedeutung. B. G. 8. 5, 3: *dispersi dissipantur in finitimas civitates.*

2. *cetratis:* c. 39, 1. — *scienter* = apte et prudenter.

3. *eodem ponte:* c. 40, 1.

56. 1. Rückkehr zu der c. 36 abgebrochenen Erzählung von der Belagerung Massilia's. — *usi.* Das Partic. Perf. der Deponentia wird oft von einer mit der Haupthandlung gleichzeitigen Handlung anstatt des Part. Praes. gebraucht. 3. 42, 1: *secundo usus consilio*; 81, 1: *eodem usi consilio.* B. G. 2. 7, 1: *Caesar iisdem ducibus usus – Numidas mittit.* — *navis longas expediunt:* machen kampffertig. — *tectae:* mit Verdeck versehen, *constratae* (κατάφρακτοι, καταστρώματα ἔχουσαι), *ut essent ab ictu telorum remiges tuti* 2. 4, 1. Entgegengesetzt sind die *naves apertae* (B. Alex. 11, 1), die nur am Vorder- und Hintertheil verdeckt waren und auf welchen die Soldaten am Bord standen, aber vielfach behindert waren, da sie den Raum mit den Ruderern theilen mussten.

2. *huc* = ad has. S. c. 39, 3. — *ipsa multitudine:* schon durch die blosse Menge. 3. 49, 1. B. G. 4. 33, 1: *ipso terrore equorum – perturbant.* — *supra:* c. 34, 4. — *praemiis pollicitationibusque,* wie B. G. 3. 18, 2. 26, 1, und in umgekehrter Ordnung 7. 1, 5: *pollicitationibus ac praemiis* (1. 44, 2: *non sine magna spe magnisque praemiis*); auch hier wird das bei den Erklärern des Cäsar so beliebte ἓν διὰ δυοῖν angenommen, obgleich die Ausdrücke offenbar Verschiedenes bezeichnen und nichts hindert, *praemia* für schon jetzt gegebene Geschenke zu nehmen, während *pollicit.* Versprechungen für die Zukunft sind, wenn sie sich tapfer zeigen würden. Dass c. 57, 4 nur die *recens pollicitatio* erwähnt wird, beweist nichts für jene Annahme, da es ganz natürlich ist, dass sie mehr durch das, was ihnen versprochen war, als durch das, was sie bereits erhalten hatten, zur Tapferkeit angetrieben worden.

3. *colonis:* c. 34, 2. — *ad insulam, quae est contra Massiliam.* 'Insula — e tribus illis insulis est a Plinio (3. 11) et a Strabone (4. 184)

magna fiducia ad nostras naves procedunt, quibus praeerat D.
Brutus. Hae ad insulam, quae est contra Massiliam, stationes
obtinebant.

57. Erat multo inferior numero navium Brutus; sed electos
ex omnibus legionibus fortissimos viros, antesignanos, centuriones, Caesar ei classi attribuerat, qui sibi id muneris depoposce
2 rant. Hi manus ferreas atque harpagones paraverant magnoque
numero pilorum, tragularum reliquorumque telorum se instruxerant. Ita cognito hostium adventu suas naves ex portu educunt,
3 cum Massiliensibus confligunt. Pugnatum est utrimque fortissime atque acerrime; neque multum Albici nostris virtute cede
4 bant, homines asperi et montani, exercitati in armis; atque hi
modo digressi a Massiliensibus recentem eorum pollicitationem
animis continebant, pastoresque indomiti spe libertatis excitati
sub oculis domini suam probare operam studebant.

58. Ipsi Massilienses et celeritate navium et scientia gubernatorum confisi nostros eludebant impetusque eorum non excipie-

memoratis. Portui Massiliae praeiacent: veteribus *Stoechades*, nobis
dictae *les Pomègues*.' Lemaire.
Nach Göler a. a. O. p. 42 ist die
Insel Ratoneau gemeint.

57. 1. *antesignanos*. S. zu c. 43,
3. Brutus siegte durch dasselbe Verfahren, das er im Veneterkriege (B. G.
3. 14–15) anwendete, und dessen sich
die Römer auch gegen die Carthager mit Erfolg bedient hatten, dass,
da von seiner ungeübten Schiffsbemannung nicht viel zu erwarten war,
die Entscheidung den Legionen überlassen, die feindlichen Schiffe geentert und zu den eigenen Schiffen
herangezogen wurden, so dass ein
Kampf von Mann gegen Mann entstand und Brutus alle Vortheile
hatte, die ein Kampf zu Lande gewährte, in dem er überlegen war.
(Liv. 36. 44. Thucyd. 1. 49.)

2. *manus ferreas atque harpagones*, ähnlich in ihrer Anwendung
zum Entern der Schiffe, daher zuweilen für identisch gehalten (z. B.
Curtius 4. 2: *ferreae manus – has
harpagonas vocant –*), aber in ihrer
Construction verschieden. Die *ferreae manus* waren Haken an Ketten

(Liv. 24. 34, 10), *harpagones* an
Ketten hängende Stangen mit eisernen Haken. Liv. 30. 10, 16: *asseres ferreo unco praefixi (harpagones vocant) ex Punicis navibus in
Romanas inici coepti. Quos cum
neque ipsos, neque catenas, quibus
suspensi iniciebantur, incidere
possent* u. s. w. B. G. 7. 81, 1 dienen die *harpagones* zum Niederreissen der Mauern.

4 *atque hi:* und noch dazu, wie
c. 50, 2. — *pollicitationem:* c. 56, 2.
— *pastoresque:* c. 56, 3.

58. 1. *confisi*, wie c. 56, 1 *usi*. —
eludebant. Eludere: den Angreifenden zum Besten haben, indem man
seinen Angriffen entschlüpft und sie
vereitelt, wie es besonders von den
dem Gegner durch geschickte Wendungen ausweichenden Fechtern gebraucht wird (Liv. 22. 50, 2: *Romanos conserere pugnam vellë;
contra eludere Poenos et arte, non
vi rem gerere)*; weiter ausgeführt
und erläutert durch *impetusque non
excipiebant:* sie nahmen ihre Angriffe nicht auf, indem sie sich zwar
stellten, als ob sie sie empfangen
wollten, dann aber plötzlich auswi-

bant et, quoad licebat latiore uti spatio, producta longius acie circumvenire nostros aut pluribus navibus adoriri singulas aut remos transcurrentes detergere, si possent, contendebant; cum propius 2 erat necessario ventum, ab scientia gubernatorum atque artificiis ad virtutem montanorum confugiebant. Nostri cum minus exer- 3 citatis remigibus minusque peritis gubernatoribus utebantur, qui repente ex onerariis navibus erant producti neque dum etiam vocabulis armamentorum cognitis, tum etiam tarditate et gravitate navium impediebantur; factae enim subito ex humida materia non eundem usum celeritatis habebant. Itaque, dum locus 4 comminus pugnandi daretur, aequo animo singulas binis navibus obiciebant atque iniecta manu ferrea et retenta utraque nave diversi pugnabant atque in hostium naves transcendebant et magno numero Albicorum et pastorum interfecto partem navium deprimunt, nonnullas cum hominibus capiunt, reliquas in portum compellunt. Eo die naves Massiliensium cum iis, quae sunt captae, intereunt VIIII.

59. Hoc primum Caesari ad Ilerdam nuntiatur; simul per-

cben, sie umgiogen und im Vorbeisegeln (*transcurrentes*) die Ruderabstreiften: *detergere*, der stehende Ausdruck dafür, παρασύρειν. Liv. 28. 30, 11: *duas triremes suppressit: unius praelata impetu lateris alterius remos detersit*. Dies Manöver nannten die Griechen διέκπλους. S. Thuc. 1. 49, 2. 2. 83, 4. 89. 2. Zu *impetusque eorum non* etc. für *neque*, welche Trennung der Negation von der Copula zur Verstärkung der ersteren dient, vgl. c. 81, 1: *et tabernacula statui passus non est*. B. G. 3. 29, 2: *et diutius sub pellibus milites contineri non possent*. 5. 43, 5: *recessumque primi ultimis non dabant*. [Die Hdsr. *impetusque eor. excipiebant*.]

2. *artificiis:* Kunstgriffe, Manöver.

3. *neque dum etiam vocabulis arm. cog.:* und sogar die technischen Benennungen der Schiffsgeräthschaften noch nicht kannten. Die Abl. abs. sind zu verbinden mit *repente: producti erant repente et ita ut*. Ueber *neque dum* s. Zumpt § 733. *Neque etiam dum* würde blos

'und noch nicht' heissen, wie *neque etiam* B. G. 6. 43, 4. Cic. ad Att. 8. 12 D, 1. — *non eundem usum celeritatis habebant:* sie hatten nicht denselben Gebrauch, Brauchbarkeit, die von der Schnelligkeit herkommt, durch sie bedingt wird = Brauchbarkeit durch Schnelligkeit. Vergl. c. 74, 5: *aditum commendationis*.

4. *dum – daretur:* 'wenn nur'. Zumpt § 572. — *aequo animo:* ruhig, getrost, unbesorgt um den Ausgang. — *diversi:* nach beiden Seiten hingewendet; c. 40, 5. — *cum iis, quae sunt captae:* die gefangenen mit eingerechnet.

59. 1. *Hoc – nuntiatur*. Die Erwähnung der Siegesnachricht, die er bei Ilerda erhielt, vermittelt bequem und geschickt die Rückkehr zu der unterbrochenen Erzählung der Vorfälle bei Ilerda. Die erfreuliche Nachricht traf zusammen (*simul*) mit dem Wechsel des Kriegsglückes nach Vollendung der Brücke. Nach Cassius Dio 41. 21 bewirkte jene Nachricht (ἐπὶ τὸ μεῖζον ἐκ παρασκευῆς τοῖς Ἴβηρσιν ἀγγελθέντα) einen Umschlag bei den Hi-

2 fecto ponte celeriter fortuna mutatur. Illi perterriti virtute equitum minus libere, minus audacter vagabantur, alias non longo a castris progressi spatio, ut celerem receptum haberent, angustius 3 pabulabantur, alias longiore circuitu custodias stationesque equitum vitabant, aut aliquo accepto detrimento aut procul equitatu viso ex medio itinere proiectis sarcinis fugiebant. Postremo et plures intermittere dies et praeter consuetudinem omnium noctu constituerant pabulari.

60. Interim Oscenses et Calagurritani, qui erant cum Oscensibus contributi, mittunt ad eum legatos seseque imperata facturos 2 pollicentur. Hos Tarraconenses et Iacetani et Ausetani et paucis post diebus Illurgavonenses, qui flumen Hiberum attingunt, in3sequuntur. Petit ab his omnibus, ut se frumento iuvent. Pollicentur atque omnibus undique conquisitis iumentis in castra de4portant. Transit etiam cohors Illurgavonensis ad eum cognito

spaniern, von dem C. nachher c. 60 erzählt. *Hoc primum*, dies war die erste Nachricht von dem Fortgang der Belagerung Massilias, die Cäsar erhielt.

2. *Illi:* Afraniani. Der nach der Episode unbestimmt scheinende Ausdruck findet theils in dem Gegensatz zu dem unmittelbar vorhergehenden, theils in dem Anschluss an c. 55, dessen Erzählung hier fortgesetzt wird, seine Erklärung. — *alias populabantur, alias — fugiebant*, Erläuterung des vorberg. *minus — vagabantur* durch specielle Angaben, und zwar entspricht *alias populabantur* dem *minus libere, alias — fugiebant* dem *minus audacter. Alias* wird von C., wie in der classischen Periode überhaupt, nur von der Zeit gebraucht. — *angustius* 'beschränkter', wie dem Raume, so der Masse nach, da sie *non longo a castris progressi spatio* auch nur geringen Futtervorrath erlangen konnten. Vergl. 3. 16, 1. B. G. 5. 24, 1.

3. *custodias stationesque: Vigiliae* sind immer kleinere Posten, *stationes* ganze Abtheilungen, *custodiae* Wachen, denen ein einzelner bestimmter Gegenstand zur Bewachung übergeben ist, wie *custodiae portarum* u. dergl., Schildwachen, Vedetten.

60. 1. *cum Oscensibus contributi:* den Osc. zugetheilt, beigeordnet (*attributi* B. G. 7. 76, 1) und so mit ihnen verbunden, einverleibt; das bestehende Verhältniss wird durch *cum*, das nur hier so gebraucht ist, noch schärfer bezeichnet, als durch den Dativ oder *in* mit dem Accus., wie Liv. 33. 34: *Phocenses Locrensesque his contribuerunt*, und 42. 37: *in Achaicum consilium.* Dübner vergleicht *incorporer avec* neben *incorporer à.* — *imperata facturos* poll. häufig vorkommende Formel = sich unterwerfen, s. 3. 81, 2. B. G. 2. 3, 3. 5. 20, 2: *sese ei dedituros atque imperata facturos.*

3. *deportant* nicht, wie man gemeint hat, *ea*, d. i. *iumenta*, nach Analogie von Stellen wie 3. 21, 4: *eo in Italiam evocato — sibi adiunxit*, oder 3. 23, 3: *naves onerarias quasdam nactus incendit*, sondern zu verbinden: *pollicentur atque deportant* näml. *frumentum*, das er verlangt hatte.

4. *cohors Illurgavonensis.* Ueber die Eintheilung der Hülfstruppen

civitatis consilio et signa ex statione transfert. Magna celeriter
commutatio rerum. Perfecto ponte, magnis quinque civitatibus 5
ad amicitiam adiunctis, expedita re frumentaria, exstinctis rumoribus de auxiliis legionum, quae cum Pompeio per Mauritaniam
venire dicebantur, multae longinquiores civitates ab Afranio de-
sciscunt et Caesaris amicitiam sequuntur.

61. Quibus rebus perterritis animis adversariorum Caesar,
ne semper magno circuitu per pontem equitatus esset mittendus,
nactus idoneum locum, fossas pedum triginta in latitudinem
complures facere instituit, quibus partem aliquam Sicoris aver-
teret vadumque in eo flumine efficeret. His paene effectis magnum 2
in timorem Afranius Petreiusque perveniunt, ne omnino frumento
pabuloque intercluderentur, quod multum Caesar equitatu valebat.
Itaque constituunt ipsi locis excedere et in Celtiberiam bellum

aus den Provinzen in Cohorten s.
Kriegsw. § 11. — *et signa —
transfert*, weitere Ausführung des
Begriffes *transire* durch die entsprechende Bezeichnung der Sache
durch den eigentlich militärischen
Ausdruck. — *Magna celeriter commutatio rerum*, summarisch die
gegenwärtige Lage zusammenfassend, eine Wendung, die durch
Hinzufügung des Verb. (man las
sonst *fit comm. rer.*) nur an Kraft
und energischer Bezeichnung des
glücklichen Umschlags nach der
früheren Verlegenheit verlieren
könnte.

5. *de auxiliis legionum*, wie c.
42, 3: *praesidio legionum et munitione fossae.* Zur Sache s. c.
39, 3.

61. 1. *magno circuitu.* Die Entfernung der Brücke vom Lager giebt
Cäsar c. 54, 3 auf *XXII milia passuum* an; die Entfernung der nun
hergestellten Furth lässt sich ermitteln aus c. 64, 8; denn wenn die
durch die Furth den Afranianern
folgenden Truppen einen Umweg
von sex milia passuum zu machen
hatten, so muss die Furth tria milia
passuum vom Lager den Segre aufwärts gelegen haben. Ueber die Art,
wie die Furth hergestellt wurde,

sagt Göler a. a. O. p. 45: 'Dies
konnte nur dadurch geschehen, dass
man an einer Flussstelle, die möglichst viel Fall hatte, und zwar an
ihrem flussaufwärts liegenden End-
punkte, die Gräben so zog, dass sie
dort so tief gemacht wurden, als das
Flussbett da war, wo die Gräben
wieder in den Fluss einmündeten.
Während das Flussbett an der
Strecke Fall hatte, liefen die Sohlen
der Gräben (wenigstens möglichst)
horizontal und an der Ausmündung
der Gräben aus dem Flusse entstand
ein Wasserfall, durch welchen das
Wasser des Segre aus dessen Bett
in die Gräben abstürzte, um sich
unterhalb der Flussstrecke wieder
in dasselbe zu ergiessen. Man hatte
nun das Flusswasser zwar nicht ganz
beseitigt, sondern in den Gräben;
diese waren aber ihrer geringen
Breite halber leicht zu überbrücken,
da auf die 30 Fuss Breite ein einziger Balken reichte und kein Joch zu
seiner Unterstützung nöthig war.
— *nactus* s. zu c. 31, 1. — *averte-
ret*: ableitete. —

2. *constituunt ipsi locis excedere:*
sie beschlossen, selbst den Ort zu
verlassen, während es ihre Absicht
gewesen war, Cäsar zu vertreiben;
denn *ipsi* gehört zum Infin., nicht

3 transferre. Huic consilio suffragabatur etiam illa res, quod ex duobus contrariis generibus quae superiore bello cum Sertorio steterant civitates victae nomen atque imperium absentis Pompeii timebant, quae in amicitia manserant magnis affectae beneficiis eum diligebant; Caesaris autem erat in barbaris nomen obscurius. Hic magnos equitatus magnaque auxilia exspectabant et suis locis

4 bellum in hiemem ducere cogitabant. Hoc inito consilio toto flumine Hibero naves conquirere et Octogesam adduci iubent. Id erat oppidum positum ad Hiberum miliaque passuum a castris aberat xxx. Ad eum locum fluminis navibus iunctis pontem imperant fieri legionesque duas flumen Sicorim traducunt castraque muniunt vallo pedum xii.

zu *constituunt*, wie c. 52, 5: *constituerat signa inferentibus resistere, prior proelio non lacessere.* Vergl. Tac. Annal. 11. 9: *pepigere fraudem inimicorum ulcisci atque ipsi inter se concedere.*

3. *ex duobus contr. generibus* sc. *civitatum*, welcher Begriff in den Relativsatz genommen ist. — *superiore bello*: im Sertorianischen Kriege, von 80–72 v. Chr. — *cum Sertorio*, nicht *cum L. Sertorio.* Das Pränomen des Sertorius war Quintus. — *in amicitia manserant:* die treu geblieben, sich nicht für Sertorius erklärt hatten. — *Hic:* in diesen Staaten Celtiberiens, in die sie sich zurückziehen wollten, nicht, wie man sonst las, *hinc = ex his civitatibus.* — *magnos equitatus.* Der Plural nur hier bei C. (denn 3. 8, 1. ist *equitatus* Singular). So Sallust Cat. 46, 7: *quocunque accederent equitatus* = Reiterschaaren, während hier durch den Plural die von den verschiedenen Staaten zu stellende Reiterei bezeichnet werden soll. — *magnaque auxilia:* Hülfstruppen zu Fuss, die Verbindung von *equitatus* und *auxilia* also wie oben c. 54, 1: *militibus equitibusque.* — *suis locis:* in günstiger Stellung, Gegens. *alienis.* Vgl. B. G. 1. 15, 2. 5. 50, 3. 'Sie beschlossen, über den Iberus zurückzugehen,

und sich hinter diesem Flusse aufzustellen. Dann waren sie gesichert; sie konnten Varro an sich ziehen, Truppen ausheben, im äussersten Falle sich in die Gebirge werfen, und in einem fruchtbaren Lande auf Zufuhr rechnen, wogegen Cäsar in der erschöpften Provinz von Hunger und Kälte bedroht wurde, wenn es ihnen gelang, den Krieg bis zum Winter zu verlängern. Drumann 3. p. 460.

4. *conquirere et adduci iubet.* Der Inf. act. bei *iubere* ohne Subiectsaccusativ, wie 2. 25, 6. 3. 65, 4. B. G. 2. 5, 6. 5. 33, 3. 34, 1, in welchem Falle das Subject, dem die Handlung zukommt, sich aus der Sache selbst ergiebt, oder ein ganz allgemeines Subject (man) zu denken ist. Hat der Inf. ein Obiect, wie hier, so ist allerdings die passive Construction gewöhnlicher, wie gleich *adduci* folgt, ohne Hindeutung auf eine ausführende Person. Eine Verbindung des activen und passiven Inf. hatten wir c. 32, 5. — *Ad eum locum fl.* S. B. G. 7. 53, 4; *ad flumen Elaver pontes reficit,* sonst *in fl.* — *pontem imperant fieri.* In der Construction des Accus. cum Inf. nach *imperare* wird in der guten Prosa nur ein passiver Infinitiv gebraucht, nie z. B. *imperat milites pontem facere.*

62. Qua re per exploratores cognita summo labore militum Caesar continuato diem noctemque opere in flumine avertendo huc iam reduxerat rem, ut equites, etsi difficulter atque aegre fiebat, possent tamen atque auderent flumen transire, pedites vero tantummodo humeris ac summo pectore exstare et cum alti- 2 tudine aquae tum etiam rapiditate fluminis ad transeundum impedirentur. Sed tamen eodem fere tempore pons in Hibero prope 3 effectus nuntiabatur et in Sicori vadum reperiebatur.

63. Iam vero eo magis illi maturandum iter existimabant. Itaque duabus auxiliaribus cohortibus Ilerdae praesidio relictis omnibus copiis Sicorim transeunt et cum duabus legionibus, quas superioribus diebus traduxerant, castra iungunt. Relinque- 2 batur Caesari nihil, nisi uti equitatu agmen adversariorum male haberet et carperet. Pons enim ipsius magnum circuitum habe-

62. 1. *huc iam reduxerat*, wie *redigere*, etwas in einen Zustand, Beschaffenheit, Gestalt 'zurückführen', bringen, wobei der eigentl. Begriff von *re* mehr oder weniger zurücktritt. Sie hatten die ganze Arbeit des Abgrabens bereits auf ein so geringes Mass (dessen, was zu thun war) zurückgeführt, dass schon die Reiter übersetzen konnten. So häufiger allerdings bei späteren Schriftst. (wie Plin. 24. 8, 30: *corpus sensim ad maciem reducere*), während die früheren *redigere* vorziehen. B. G. 2. 28, 2: *ex hominum milibus LX vix ad D sese redactos esse dixerunt*.

2. *exstare* von dem durch seine Stellung hervorgehobenen *possent* abhängig, das, da es auch dem Sinne nach wichtiger ist, als *auderent*, allein bei *exstare* gedacht werden konnte. Wenn es unpassend schien, zu sagen: *huc iam reduxerat rem, ut — pedites tantummodo humeris exstare possent*, was eben kein bedeutender Erfolg ist, so ist zu bedenken, dass zunächst ein wirklicher Erfolg angeführt wird, dass die Reiter übersetzen konnten, dem dann in derselben Form der Periode die minder günstige Thatsache in Betreff des Fussvolks entgegengesetzt wird, was allerdings durch *exstabant* mehr hervortreten würde, oder durch einen Nebensatz gegeben werden konnte = während das Fussvolk freilich nur — konnte. So wird häufig ein Nebengedanke dem Hauptgedanken coordinirt; z. B. Cic. ad fam. 1. 7, 8: *quem tamen illi esse in principibus facile sunt passi, evolare altius certe noluerunt*, statt *quamquam esse in principibus facile sunt passi*. — *ad transeundum impedirentur*, s. B. G. 2. 25, 1.

3. *Sed tamen* – Zusammenhang: war auch das Unternehmen nach dem Vorstehenden noch nicht vollständig gelungen, so war doch das ein Gewinn, dass die, wenn auch beschränkte, Möglichkeit eines Uebergangs erreicht war, als eben die Brücke des Afranius beinahe fertig war, so dass wenigstens die Reiter übersetzen und ihn verfolgen konnten. (Kurz darauf, c. 64, geht auch das Fussvolk über.) — *eodem tempore nuntiabatur et rep.* S. B. G. 1. 37, 1.

63. 1. *omnibus copiis:* c. 41, 2.

2. *male haberet* = vexaret. — *magnum circuitum habebat:* die Brücke hatte einen grossen Umweg, weil der Uebergang über dieselbe damit verbunden war, ihn durch die Lage der Brücke nothwendig mit sich brachte. Vergl. 2.

bat, ut multo breviore itinere illi ad Hiberum pervenire possent.
3 Equites ab eo missi flumen transeunt et, cum de tertia vigilia
Petreius atque Afranius castra movissent, repente sese ad novissimum agmen ostendunt et magna multitudine circumfusa morari atque iter impedire incipiunt.

64. Prima luce ex superioribus locis, quae Caesaris castris
erant coniuncta, cernebatur equitatus nostri proelio novissimos
illorum premi vehementer ac nonnumquam sustinere extremum
2 agmen atque interrumpi, alias inferri signa et universarum cohortium impetu nostros propelli, dein rursus conversos insequi.
3 Totis vero castris milites circulari et dolere hostem ex manibus
dimitti, bellum necessario longius duci; centuriones tribunosque militum adire atque obsecrare, ut per eos Caesar certior fieret,
ne labori suo neu periculo parceret: paratos esse sese, posse et
4 audere ea transire flumen, qua traductus esset equitatus. Quorum
studio et vocibus excitatus Caesar, etsi timebat tantae magnitudini fluminis exercitum obicere, conandum tamen atque experien-

1, 3: *pars ea longam et difficilem
habet oppugnationem.* 2. 31, 4:
*castrorum mutatio habet turpem
fugam et desperationem.* Vergl.
zu B. G. 5. 29, 7: *habere exitum.*
Nicht zu vergleichen ist 3. 44,
5: *illi – minorem circuitum habebant.*

3. *morari* kann nicht mit Schneider zu B. G. 5. 7, 8 auch *iter* zum
Obiect haben.

64. 1. *erant coniuncta* = vici-
na; in dieser Bedeutung bei C. immer mit dem Dat. S. 2. 25, 1. 3.
112, 8. B. G. 5. 31, 4. 46, 4. —
equitatus nostri nicht obiectiver,
sondern subiectiver Genitiv = durch
den Angriff unserer Reiterei. —
sustinere: die letzten werden von
den Unsrigen heftig gedrängt; bisweilen hält der Nachtrab Stand,
wird aber durchbrochen und muss
eiligst seinen Marsch fortsetzen; ein
andermal macht die ganze feindliche
Armee Kehrt und drängt die Unsrigen zurück, wird aber dann auf dem
Weitermarsch sofort wieder verfolgt. Ebenso, wie hier, *sustinere*
ohne Obiect c. 71, 1.

3. *bellum – duci.* 'Sie begriffen

mit der instinctmässigen Sicherheit
kriegsgewohnter Veteranen die stra-
tegische Bedeutung dieses Rück-
zugs, der sie nöthigte dem Gegner
in ferne, unwegsame und von feindlichen Schaaren erfüllte Landschaften zu folgen'. Mommsen 3. p. 382.
— *necessario longius.* B. G. 7. 16,
3. — *certior fieret, ne – parceret.*
B. G. 3. 5, 3. 7. 1, 1.

4. *timebat obicere,* wie B. G. 8.
16, 2: *equites cum intrare timerent.* — *tantae magnitudini fluminis,* eigentlich *tanto flumini,* denn
nicht der Grösse des Flusses wird
das Heer ausgesetzt, sondern dem
Flusse selbst, welcher gross ist.
Aber im Lateinischen stehen oft
Substantiva für Adjectiva, wenn die
Eigenschaft von solcher Wichtigkeit ist, dass das Substantivum ohne
dieselbe seine Stelle im Satze entweder gar nicht oder doch nicht so
gut behaupten kann; z. B. Caes. B.
civ. 2. 26, 3: *novitate rei Curio
permotus*; Cic. Phil. 10. 8, 16: *horum alter nondum ex longinquitate
gravissimi morbi recreatus;* ad
Att. 8. 12, 5: *tristitiam illorum
temporum non subissem.*

dum iudicat. Itaque infirmiores milites ex omnibus centuriis 5
deligi iubet, quorum aut animus aut vires videbantur sustinere
non posse. Hos cum legione una praesidio castris relinquit; re- 6
liquas legiones expeditas educit magnoque numero iumentorum
in flumine supra atque infra constituto traducit exercitum. Pauci 7
ex his militibus abrepti vi fluminis ab equitatu excipiuntur ac
sublevantur; interit tamen nemo. Traducto incolumi exercitu copias instruit triplicemque aciem ducere incipit. Ac tantum fuit 8
in militibus studii, ut milium sex ad iter addito circuitu magnaque ad vadum fluminis mora interposita eos, qui de tertia vigilia
exissent, ante horam diei nonam consequerentur.

65. Quos ubi Afranius procul visos cum Petreio conspexit,
nova re perterritus locis superioribus constitit aciemque instruit.
Caesar in campis exercitum reficit, ne defessum proelio obiciat: 2
rursus conantes progredi insequitur et moratur. Illi necessario 3
maturius quam constituerant castra ponunt. Suberant enim

5. *sustinere* absolut wie c. 71, 1.
3. 94, 2. B. G. 2. 6, 4. 4. 11, 6.
32, 3. 7. 86, 2.

6. *reliquas legiones*, wie viel? s.
c. 83, 2 und zu c. 39, 2. — *magno
numero iumentorum — constituto.*
S. zu B. G. 7. 56, 4: *disposito equitatu, qui vim fluminis refringeret.*
— *interit tamen nemo.* Der con-
cessive Vordersatz ist aus dem eben
Gesagten zu entnehmen: obgleich
einige Soldaten von der Strömung
fortgerissen wurden und von den
Reitern aufgefangen werden mussten.

8. *milium sex ad iter addito circuitu.* Es ist der Weg gemeint,
den sie vom Lager aus mehr zu
machen hatten, als die vorausgegangenen Feinde, der also für die
ganze Wegeslänge für sie noch
hinzukam. — *eos qui — exissent* =
sie, die doch, wiewohl sie = cum
exissent, daher der Coniunctiv. S. c.
86, 1. 3. 79, 3: *Domitius, qui dies
complures castra collata habuisset,*
und zu B. G. 5. 33, 1: *Titurius, qui
nihil antea providisset.* 6. 36, 1:
Cicero, qui — continuisset. — Ueber
die Richtung des Marsches der
Afranianer bemerkt Güler a. a. O.

p. 49: 'Nicht nur aus dem ganzen
Zusammenhang der bezüglichen in
den Commentarien enthaltenen Relation, sondern auch aus dem speciellen Umstand, dass Afranius und
Petreius auf dem späteren Rück-
marsch nach Ilerda die Gegend am
Segre nicht kannten (c. 81), geht
hervor, dass sie ihren nach Octogesa
gerichteten Marsch nicht am Segre
hin, sondern über das heutige Mon-
talius und Aspa nahmen.'

65. 1. *procul visos conspexit:*
von weitem sichtbar geworden (φα-
νέντας) erblickte, mit derselben
Ausführlichkeit und Vollständigkeit
wie B. G. 2. 19, 5: *loca aperta porrecta pertinebant.* 7. 59, 5: *legiones
interclusas distinebat.* S. c. 82, 4. —
constitit aciemque instruit, Wechsel
der Tempora, wie oben c. 41, 2. 70,
3: *Confecit prior iter Caesar atque
— aciem instruit.* 3. 55, 1. B. G. 2.
13, 1: *in deditionem Suessiones
accepit exercitumque ducit.* 5. 11,
7: *copias reliquit, ipse proficiscitur.*
5. 49, 6. Die Tempora in umgekehrter Ordnung B. G. 1. 46, 2:
loquendi finem facit seque recepit.
. 3. *castra ponunt.* Nach v. Güler
schlugen die Afranianer ihr Lager

montes atque a milibus passuum quinque itinera difficilia atque
4 angusta excipiebant. Hos montes intrare cupiebant, ut equitatum
effugerent Caesaris praesidiisque in angustiis collocatis exercitum
itinere prohiberent, ipsi sine periculo ac timore Hiberum copias
5 traducerent. Quod fuit illis conandum atque omni ratione efficien-
dum; sed totius diei pugna atque itineris labore defessi rem in
posterum diem distulerunt. Caesar quoque in proximo colle
castra ponit.

66. Media circiter nocte iis, qui adaquandi causa longius a
castris processerant, ab equitibus correptis, fit ab his certior Cae-
2 sar, duces adversariorum silentio copias castris educere. Quo
cognito signum dari iubet et vasa militari more conclamari. Illi

nahe bei Grannena auf. Ueber die Gegend um diesen Ort bemerkt derselbe a. a. O. p. 49: 'In einer Entfernung von 1½ Stunden Wegs, bei Llardecans, tritt der von Granadella westlich ziehende Gebirgsrücken mit jenem, welcher den Segre entlang zieht, nahe zusammen und sie bilden ein drei Stunden langes Thal, einen Engpass, welcher sich bis zum Ebro erstreckt; die ihn durchziehenden Wege waren beschwerlich und eng. Zwischen jene beiden Gebirgsrücken noch an diesem Tage zu gelangen, wünschten die Afranianer sehnlichst; denn dort konnte ihnen Cäsars Reiterei nichts mehr anhaben, sie aber konnten durch in dem Engpasse aufgestellte Posten den Weitermarsch desselben hemmen und durch diese im Rücken, durch die Gebirgszüge in den Flanken gedeckt ohne Gefahr und Besorgniss ihre Truppen über den Ebro führen'. — *a milibus passuum V*: 'in einer Entfernung von', indem die Entfernung von dort aus berechnet wird. S. zu B. G. 2. 7, 3. — *excipiebant* eig.: aufnehmen (in der Reihe), unmittelbar folgen, wie oft bei topographischen Bestimmungen: s. z. B. c. 66, 4. So auch *ἐκδέχεσθαι*.

5. *quod fuit illis conandum*, Tadel, dass sie den Marsch in die Gebirge auf den folgenden Tag verschoben.

66. 1. *iis correptis, ab his*. S. zu c. 36, 5.

2. *vasa conclamari*. Die schwere Bagage des Heeres, *impedimenta*, Zelte, Handmühlen, Kriegsmaschinen und dergl., wurde durch Lastthiere und Wagen transportirt. Wenn sich das Heer auf den Marsch begab, wurden auf das erste Zeichen die Zelte abgebrochen und das Gepäck zurecht gelegt, *vasa conclamare, colligere*, beim zweiten wurde es auf die Lastthiere gelegt und beim dritten setzte sich das Heer in Bewegung. Der Zusatz *militari more* könnte unnütz erscheinen (und ist dafür gehalten worden), da es eben nur ein *militaris mos* sein kann, ist aber wie 3. 39, 1 unter gleichen Verhältnissen hinzugefügt, um auszudrücken, dass er, um die Meinung, dass er aufbrechen wolle, zu erregen, den militärischen Brauch (*militare institutum* 3. 75, 2), durch laute Signale das Zeichen zu geben, beobachtete, während, wenn der Aufbruch verheimlicht werden sollte, *vasa silentio colligebantur* (Liv. 21. 47, 2. 39. 30, 1), was indess als der militärischen Ehre zuwiderlaufend betrachtet wurde. 3. 37, 4: *turpem habuit exitum et noctu ne conclamatis quidem vasis flumen transit*. Vergl. noch unten c. 67, 2.

exaudito clamore veriti, ne noctu impediti sub onere confligere cogerentur aut ne ab equitatu Caesaris in angustiis tenerentur, iter supprimunt copiasque in castris continent. Postero die Pe- 3 treius cum paucis equitibus occulte ad exploranda loca proficiscitur. Hoc idem fit ex castris Caesaris. Mittitur L. Decidius Saxa cum paucis, qui loci naturam perspiciat. Uterque idem suis re- 4 nuntiat: quinque milia passuum proxima intercedere itineris campestris, inde excipere loca aspera et montuosa; qui prior has angustias occupaverit, ab hoc hostem prohiberi nihil esse negotii.

67. Disputatur in consilio ab Petreio atque Afranio et tempus profectionis quaeritur. Plerique censebant, ut noctu iter facerent: posse prius ad angustias veniri, quam sentiretur. Alii, quod 2 pridie noctu conclamatum esset in Caesaris castris, argumenti sumebant loco non posse clam exiri. Circumfundi noctu equita- 3 tum Caesaris atque omnia loca atque itinera obsidere; nocturna-

— *sub onere*, sonst, wie B. G. 2. 17, 2: *sub sarcinis;* es ergänzt den Begriff *impediti*. — *iter supprimunt:* stellen den Marsch ein; s. c. 45, 1. — *in castris continent*, gewöhnlicher ohne *in*. S. zu B. G. 6. 36, 1. Dagegen war bei *in angustiis tenerentur* die Präpos. nothwendig, und nicht zu vergleichen sind 2. 31, 7: *aut pudore aut metu tenerentur.* 3. 107, 1: *etesiis tenebantur.* B. G. 4. 22, 4: *vento tenebantur, quominus — venire possent;* warum? und was würde *angustiis tenerentur* heissen?

3. *L. Decidius Saxa*, ein Celtibere, von Cäsar mit dem Bürgerrecht beschenkt, später durch ihn Volkstribun, Legat des Antonius und von diesem im J. 40 zum Statthalter von Syrien ernannt; fiel nach einer Niederlage durch eigene (Flor. 4. 9) oder durch Feindes Hand (Cass. Dio 48. 25).

4. *intercedere:* liegen zwischen Lager und Gebirge; *campestris itineris:* 5000 Schritt Wegs durch eine Ebene, wie oft das Adiectiv statt einer Präpos. mit ihrem Casus steht (Nägelsbach Stil. p. 62 u. 63). — *excipere:* c. 65, 3. — *qui prior*

— *occupaverit. qui* von zweien, wie B. G. 5. 44, 2: *controversias inter se habebant, quinam anteferretur.* Liv. 27. 40: *qui eorum prior vicisset, castra cum altero iuncturum.* Vergl. dagegen unten c. 70, 1: *utri prius — occuparent.*

67. 1. *in consilio*, nicht *in concilio*, denn *concilium*, abgeleitet von *concieo*, würde eine Versammlung der Soldaten bezeichnen, während *consilium*, abgeleitet von *consulo*, eine Rathsversammlung, hier ein Kriegsrath ist. — *tempus prof. quaeritur. Quaerere* mit dem Accus. = etwas zum Gegenstande einer Verhandlung, Untersuchung machen. B. G. 7. 37, 6: *ratio perficiendi quaerebatur.* Cic. Tuscul. 5. 29, 48: *sed quaeramus unam quamque reliquorum sententiam.* — *censebant, ut:* c. 2, 3.

2. *pridie noctu* ist nicht auffallend (am allerwenigsten durch das Fehlen der die zwei Adverbialbegriffe verbindenden Copula, die gar nicht stehen könnte), und war gewiss die gewöhnliche Ausdrucksweise, wie *cras mane, hodie mane* (*postridie eius diei mane* B. G. 4. 13, 4). Vergl. § 6 *prima luce postridie.* — *conclamatum esset.* Gewöhnlich

que proelia esse vitanda, quod perterritus miles in civili dissen-
4 sione timori magis quam religioni consulere consuerit. At lucem multum per se pudorem omnium oculis, multum etiam tribunorum militum et centurionum praesentiam afferre; quibus
5 rebus coërceri milites et in officio contineri soleant. Quare omni
ratione esse interdiu perrumpendum: etsi aliquo accepto detrimento, tamen summa exercitus salva locum, quem petant, capi
6 posse. Haec vincit in consilio sententia, et prima luce postridie
constituunt proficisci.

68. Caesar exploratis regionibus albente caelo omnes co-

wird gesagt *rasa conclamare*; wie hier ohne *rasa* auch 3. 75, 2.

3. *quod perterritus miles – consuererit*. Der Sinn ist: in Bürgerkriegen, bei der in solchen Zeiten herrschenden Auflösung der rechtlichen und gesetzlichen Verhältnisse und dem Mangel an einer rechtmässigen Gewalt (3. 29, 3 u. 4.) achte der Soldat mehr auf die Eingebungen der Furcht, als auf den ihn bindenden Eid (*religio*), denke mehr an seine Sicherheit, als an seine Eidespflicht. Er entschliesse sich daher bei Gefahren leichter, zu fliehen oder zur Gegenpartei überzugeben, als er es im Kampfe mit einem auswärtigen Feinde thun würde. Dies werde erleichtert durch die Dunkelheit der Nacht, während ihn am Tage wenigstens die Scham zurückhalte; darum seien Kämpfe in der Nacht zu vermeiden.

4. *omnium oculis*, das Tageslicht erzeugt in dem Soldaten Scham durch die Augen Aller, d. i. weil dann alle sehen können, wie er sich benimmt. Dann bezeichnet das Folgende *quibus rebus* die Scheu vor den Genossen und die Furcht vor den Officieren (*pudorem et metum*). Kraner erklärt die Stelle so: *omnium oculis* nicht Ablativ (= durch aller Anblick), sondern Dativ, von *afferre* abhängig. Cäsar wählt diesen Ausdruck für *omnibus* oder *omnium animis*, wie er unter anderen Umständen gesagt hätte, eben weil er von dem Einfluss der

Tageshelle und des Gedankens, dass man gesehen werde, spricht. Beides vereinigt Liv. 2. 40, 3: *ut qui nec publica maiestate in legatis nec in sacerdotibus tanta offusa oculis animoque religione motus esset.* Zur Sache vergl. 2. 31, 7: *Namque huiusmodi res aut pudore aut metu tenentur, quibus nox maxime adversaria est*, b. Alex. 10, 5: *nox autem allatura videbatur maiorem fiduciam illis, qui locorum fiducia confidebant; sibi etiam hortandi suos auxilium defuturum, quod nulla satis idonea esset hortatio, quae neque virtutem posset notare neque inertiam.*

5. *etsi aliquo detr. accepto.* Die Concessivpartikel bei dem Abl. absol. durch eine Satzverkürzung als blosses Adverb (= *quidem*) gebraucht; so nur hier bei C., häufiger bei nachaugusteischen Schriftst. Tac. Hist. 1. 60! *quies provinciae, quamquam remoto consulari, mansit.* Vergl. B. Alex. c. 44, 3: *navibus actuariis, magnitudine quamquam non satis iusta ad proeliandum rostra imposuit. — summa exercitus*: das Heer im Ganzen. B. G. 6, 34, 3: *magnamque res diligentiam requirebat non in summa exercitus tuenda, sed in singulis militibus conservandis.*

68. 1. *albente caelo*: 'als der Morgen graute', eine poetische Wendung (Verg. Aen. 4. 586), dergleichen bei C. hin und wieder vorkommen, nachgeahmt vom Verf. des

pias castris educit magnoque circuitu nullo certo itinere exercitum ducit. Nam quae itinera ad Iliberum atque Octogesam pertinebant, castris hostium oppositis tenebantur. Ipsi erant tran- 2
scendendae valles maximae ac difficillimae, saxa multis locis praerupta iter impediebant, ut arma per manus necessario traderentur
militesque inermi sublevatique alii ab aliis magnam partem itineris conficerent. Sed hunc laborem recusabat nemo, quod eum 3
omnium laborum finem fore existimabant, si hostem Hibero intercludere et frumento prohibere potuissent.

69. Ac primo Afraniani milites visendi causa laeti ex castris
procurrebant contumeliosisque vocibus prosequebantur: necessarii victus inopia coactos fugere atque ad Ilerdam reverti.
Erat enim iter a proposito diversum, contrariamque in partem
iri videbatur. Duces vero eorum consilium suum laudibus fere- 2
bant, quod se castris tenuissent; multumque eorum opinionem
adiuvabat, quod sine iumentis impedimentisque ad iter profectos
videbant, ut non posse inopiam diutius sustinere confiderent.
Sed, ubi paulatim retorqueri agmen ad dextram conspexerunt 3
iamque primos superare regionem castrorum animum adverterunt,

B. Afr. c. 11 u. 80. (Quinctil. 8. 3,
35: *Caecilius a Sisenna* — gestorben 68 v. Chr. — *albenti caelo primum dictum esse putat*).

2. *difficillimae:* c. 48, 5. — *per
manus:* von Hand zu Hand, wie
B. G. 6. 38, 4. 7. 25, 2. 8. 15, 5.
— *inermi*, dieselbe Form des Adiectivs B. G. 1. 40, 6 (Zumpt § 101.
Anm.).

3. *potuissent* genauer als *possent*. S. c. 17, 2.

69. 1. *prosequebantur*. Wie C.
prosequi öfter in feindlichem Sinne
braucht (2. 8, 2. 41, 4. B. G. 4. 26,
5. 5, 9, 8. 52, 1), so auch in dieser
tropischen Bedeutung (wie Cic. in
Verr. 2. 2, 29); der Obiectsaccusa-
tiv war als an sich selbstverständlich entbehrlich, sowie nichts hindert, *pros.* absolut zu fassen (wie
B. G. 5. 52, 1) = sie spotteten hinter
drein. Da indessen in den besten
Handschriften *nec vor necessarii*
steht, so ist die Ergänzung von Morus, *nostros* nach *prosequebantur*,
nicht ohne Wahrscheinlichkeit, zu-

mal da dann das Subject des folgenden Acc. c. inf. leichter entbehrt
wird. — *ad Ilerdam:* c. 41, 2.
v. Göler a. a. O. p. 52: 'da die
Wege, welche an den Ebro nach
Octogesa führten, durch das feindliche Lager abgesperrt waren, so
musste Cäsar durch die grossen
und unwegsamen Thäler des südöstlich von seinem Lager, zwischen
Grannena und Soleras, befindlichen
Gebirgsknotens dringen. Er wendete sich zuerst nach einer andern
Seite, als wo sein Marschobject lag,
und er schien gerade in entgegengesetzter Richtung abzumarschiren.
Er marschirte wahrscheinlich durch
die porta dextra des Lagers in der
Richtung nach Ilerda den Hügel
hinab, konnte aber unten angekommen, von dem Hügel selbst gedeckt,
sodann unbemerkt östlich ziehen'.

2. *ad iter profectos*, kein Pleonasmus: vom Lager aufgebrochen
zum Marsche.

3. *superare regionem castrorum*
über den Punkt, wo sie *e regione*

nemo erat adeo tardus aut fugiens laboris, quin statim castris
4 exeundum atque occurrendum putaret. Conclamatur ad arma,
atque omnes copiae paucis praesidio relictis cohortibus exeunt
rectoque ad Hiberum itinere contendunt.

70. Erat in celeritate omne positum certamen, utri prius
angustias montesque occuparent: sed exercitum Caesaris viarum
difficultates tardabant, Afranii copias equitatus Caesaris insequens
2 morabatur. Res tamen ab Afranianis huc erat necessario deducta,
ut, si priores montes, quos petebant, attigissent, ipsi periculum
vitarent, impedimenta totius exercitus cohortesque in castris relictas servare non possent; quibus interclusis exercitu Caesaris
3 auxilium ferri nulla ratione poterat. Confecit prior iter Caesar
atque ex magnis rupibus nactus planiciem in hac contra hostem
aciem instruit. Afranius, cum ab equitatu novissimum agmen
premeretur, ante se hostem videret, collem quendam nactus
4 ibi constitit. Ex eo loco IIII cetratorum cohortis in montem,
qui erat in conspectu omnium excelsissimus, mittit. Hunc magno cursu concitatos iubet occupare, eo consilio, uti ipse eodem
omnibus copiis contenderet et mutato itinere iugis Octogesam
perveniret. Hunc cum obliquo itinere cetrati peterent, conspicatus equitatus Caesaris in cohortis impetum fecit; nec minimam
partem temporis equitum vim cetrati sustinere potuerunt omnesque ab eis circumventi in conspectu utriusque exercitus interficiuntur.

castrorum (c. 25, 6) waren, hin-
ausgekommen. — *animum adverterunt*. Die Stellen, wo diese Wendung bei C. sicher ist, s. zu B. G.
1. 24, 1. — *fugiens laboris*. Nur
dieses Particip. und nur hier braucht
C. adiectivisch mit dem Genitiv;
denn B. G. 6. 42, 1: *eventus belli
non ignorans* ist *eventus* Accusativ.
70. 1. *Erat in celeritate – occuparent*. Die Höhen waren nicht
zu erkämpfen, also nicht Tapferkeit, sondern Schnelligkeit musste
entscheiden, welcher Theil zuerst
die Engpässe und Höhen gewänne.
— *exercitum Caes., viarum diffic.,
Afranii cop., equitatus Caes.* chiastische Stellung zur Hebung der
Gegensätze.
2. *tamen*: waren auch auf beiden
Seiten Schwierigkeiten, so waren

doch die Afranianer in offenbarem
Nachtheil, selbst wenn sie eher zu
den Höhen gelangten. — *ipsi per-
vitarent*, Coordinirung des Neben-
gedankens. S. zu c. 62, 2.
3. *Confecit — instruit:* c. 65, 1.
— *ex magnis rupibus:* von den
Felsen aus (durch die er nach c.
69, 2 dringen musste) und in un-
mittelbarem Anschluss an dieselben: aus den Felsen herausgetreten.
S. 3. 2, 3: *gravis auctumnus in
Apulia — ex saluberrimis Galliae
regionibus omnem exercitum valetudine temptaverat.* 2. 14, 1: *ex
diutino labore — quieti se dedisset.*
Nicht anders *ex praetura* 1. 14, 4.
4. *magno cursu concitatos:* c. 79.
4: *incitati cursu.* — *iugis*, wie c.
40, 1: *his pontibus.* B. G. 7. 45, 5:
eodem iugo mittit. Da Cäsar das

71. Erat occasio bene gerendae rei. Neque vero id Caesarem fugiebat, tanto sub oculis accepto detrimento perterritum exercitum sustinere non posse, praesertim circumdatum undique equitatu, cum in loco aequo atque aperto confligeretur: idque ex omnibus partibus ab eo flagitabatur. Concurrebant legati, centu- 2 riones tribunique militum: Ne dubitaret proelium committere. Omnium esse militum paratissimos animos. Afranianos contra 3 multis rebus sui timoris signa misisse: quod suis non subvenissent, quod de colle non decederent, quod vix equitum incursus sustinerent collatisque in unum locum signis conferti neque ordines neque signa servarent. Quod si iniquitatem loci timeret, 4 datum iri tamen aliquo loco pugnandi facultatem, quod certe inde decedendum esset Afranio nec sine aqua permanere posset.

72. Caesar in eam spem venerat, se sine pugna et sine vulnere suorum rem conficere posse, quod re frumentaria adver-

enge Thal, das nach Octogesa führte, den Afranianern verlegt hatte, wollten sie auf dem das Thal im Süden begrenzenden Höhenzuge jene Stadt erreichen.

71. 1. *Neque vero:* und in der That nicht. S. Seyffert, Scholae Lat. I. p. 27. — *id* den folgenden Satz *tanto — posse* ankündigend. — *sub oculis* natürlich nur *exercitus Afraniani*, nicht *sub oc. omnium*, noch weniger *Caesaris.* — *sustinere* absol. wie c. 64, 5. — *cum — confligeretur:* wenn auf ebenem und freiem Felde (der c. 70, 3 erwähnten *planicies*) gekämpft würde, sobald der Feind genöthigt würde, von der Höhe, auf der er sich voraussichtlich nicht würde halten können (§ 4), herabzukommen.

2. *tribunique:* B. G. 1. 29, 1. 6. 3, 4.

3. *signa misisse* = edidisse, timorem significasse. — *collatisque in unum locum signis* wird gewöhnlich falsch erklärt: 'ungeachtet sie auf einen dichten Haufen zusammengedrängt waren', während C. offenbar sagt, dass die Feinde, eben weil sie sich zusammengezogen hatten (*signis collatis*) und auf einen Haufen zusammengedrängt waren (*conferti*), nicht in Reih' und Glied und bei ihren Fahnen blieben; das Zusammengedrängtsein ist also ein Uebelstand, der die Unordnung herbeiführt. — *neque ordines neque signa serv.* s. zu c. 44, 4. Was hier verbunden ist, wird deutlicher getrennt B. G. 4. 26, 1 » *nostri tamen, quod neque ordines servare, neque signa subsequi poterant* u. s. w.

4. *Quodsi iniquitatem loci timeret*, weil der Feind noch auf der Anhöhe stand, sie also einen ungleichen Kampf gehabt hätten; sie hofften aber, dass er herabzusteigen genöthigt (*quod certe inde decedendum esset*) und dann doch irgendwo ein zum Kampfe günstiges Terrain sich darbieten würde. Es ist daher kein Widerspruch mit § 1 *in loco aequo atque aperto.*

72. 1. *sine vulnere:* ohne Verlust, wie c. 74, 7. 3. 73, 3. 86, 4; so § 2: *vulnerari.* — *posse*, der Infin. praes., nach *sperare*, weil, wenn *posse* einer Handlung beigesetzt wird, diese dadurch in die Zukunft versetzt wird.

2 sarios interclusisset. Cur etiam secundo proelio aliquos ex suis
amitteret; cur vulnerari pateretur optime de se meritos milites?
cur denique fortunam periclitaretur? praesertim cum non minus
3 esset imperatoris consilio superare quam gladio. Movebatur etiam
misericordia civium, quos interficiendos videbat: quibus salvis
4 atque incolumibus rem obtinere malebat. Hoc consilium Caesaris
plerisque non probabatur; milites vero palam inter se loquebantur, quoniam talis occasio victoriae dimitteretur, etiam cum vellet
Caesar, sese non esse pugnaturos. Ille in sua sententia perseverat
et paulum ex eo loco degreditur, ut timorem adversariis minuat.
5 Petreius atque Afranius oblata facultate in castra sese referunt.
Caesar praesidiis in montibus dispositis omni ad Hiberum intercluso itinere quam proxime potest hostium castris castra communit.

73. Postero die duces adversariorum perturbati, quod omnem rei frumentariae fluminisque Hiberi spem dimiserant, de re-

2. *Cur — amitteret* u. s. w.;
warum sollte er, das war sein Gedanke, auch — verlieren; die indirecte Ausdrucksform der Frage,
die direct *cur amittam* lauten würde. — *consilio:* Klugheit, wohlangelegter Plan. B. G. 1. 40, 8: *magis ratione et consilio vicisse, quam
virtute.* Zur Sache vergl. die ähnliche Haltung den kampfbegierigen
Truppen gegenüber B. G. 7. 19, 4
u. 5. Suet. Caes. 60: *quo saepius
vicisset, hoc minus experiendos casus opinans: nihilque tantum victoria acquisiturum, quantum au-
ferre calamitas posset.*
3. *quos interficiendos videbat,*
durchaus nichts abweichendes von
dem gewöhnlichen Gebrauche des
Gerundivum (am allerwenigsten =
interfectum iri, wie es die classi-
sche Sprache nie braucht): er sah,
dass sie, wenn er eine Schlacht lie-
ferte, nothwendiger Weise getödtet
werden mussten. — Man hat kein
Recht, in die Ehrlichkeit dieser,
seinem ganzen Wesen allerdings
entsprechenden humanen Aeusserung Zweifel zu setzen, wie dies
hier und an anderen ähnlichen Stellen geschehen ist.

4. *plerisque — milites vero,*
welcher Gegensatz?

5. *sese referunt* = se recipiunt;
so noch 2. 8. 2: *Huc se referebant.*
Nep. Hann. 11, 6: *seque ad sua
castra nautica retulerunt.* Die Afranianer zogen sich also in ihr altes
Lager bei Grannena wieder zurück
und Cäsar schlug ein Lager möglichst nahe bei ihnen auf, aber nicht
mehr, wie vorher, nach Ilerda, sondern nach Octogesa zu, so dass er
ihnen den Weg dahin verlegte. —
*praesidiis dispositis — intercluso
itinere:* c. 30, 5; doch kann hier
praes. disp. auch instrumentaler
Ablativ sein.

73. 1. *rei frumentariae fluminisque Iliberi spem,* die gewöhnlichen
obiectiven Genitive, die zum Verständniss nicht der Ergänzung eines
Verbalbegriffs bedürfen; die Hoffnung auf Getreidevorrath und auf
den Iberus, der sie, da sie sich hinter denselben zurückziehen wollten,
hatte retten sollen, und zu dem sie
nun nicht gelangen konnten. — *spem
dimiserant:* hatten sie aufgegeben
(c. 25, 4), *amiserant:* hatten sie verloren.

liquis rebus consultabant. Erat unum iter, Ilerdam si reverti 2
vellent; alterum, si Tarraconem peterent. Haec consiliantibus eis
nuntiantur aquatores ab equitatu premi nostro. Qua re cognita 3
crebras stationes disponunt equitum et cohortium alariarum le-
gionariasque intericiunt cohortis vallumque ex castris ad aquam
ducere incipiunt, ut intra munitionem et sine timore et sine stationibus aquari possent. Id opus inter se Petreius atque Afranius
partiuntur ipsique perficiundi operis causa longius progrediuntur.

74. Quorum discessu liberam nacti milites colloquiorum
facultatem vulgo procedunt, et quem quisque in castris notum
aut municipem habebat conquirit atque evocat. Primum agunt 2
gratias omnes omnibus, quod sibi perterritis pridie pepercissent:
eorum se beneficio vivere. Deinde imperatoris fidem quaerunt,
rectene se illi sint commissuri, et, quod non ab initio fecerint
armaque cum hominibus necessariis et consanguineis contulerint
queruntur. His provocati sermonibus fidem ab imperatore de 3

3. *cohortium alariarum*. *alarii* hiessen in der früheren Zeit der römischen Republik die Truppen der *socii*, weil sie in zwei Abtheilungen (*dextra* und *sinistra ala*) getheilt gewöhnlich auf den Flügeln standen. Später als die *socii* das römische Bürgerrecht erhalten hatten, ging der Name auf die Hülfstruppen aus den Provinzen (*auxilia*) über, obwohl sie nicht mit den Legionen verbunden auf den Flügeln derselben standen, sondern getrennte Truppentheile bildeten.

74. 1. *discessu*: c. 18, 5. — *vulgo* c. 28, 2.

2. *imperatoris fidem quaerunt*: erkundigen sich nach der Zuverlässigkeit des Feldherrn (in wie weit man ihm trauen könne); die genauere Erläuterung der Frage durch *rectene — sint commissuri*. — *recte*: ob sie recht daran thun würden, wenn sie sich anvertrauten. *Recte* kann ebensowohl bezeichnen, dass eine Handlung, wie es sich gehört, ausgeführt ist, also die Art und Weise der Thätigkeit, als auch, dass sie mit Recht unternommen ist; z. B. Cic. ad fam. II, 5, 2: *sed haec ipsa nescio rectene sint litteris commis-*

sa, Acad. pr. II, 30, 99: *si recte conclusi, teneo; sin vitiose, minam Diogenes reddet.* — *illi* geht nicht auf *fidem*, sondern auf *imperatoris*; es ist daher nicht eine Satzverbindung, wie B. G. 1. 39, 6: *rem frumentariam, ut supportari posset, timebant*, also nicht = *quaerunt, rectene se imperatoris fidei sint commissuri*. — *armaque — contulerint*. S. zu B. G. 4. 35, 2: *impetum hostes ferre non potuerunt, ac terga verterunt.* — *pepercissent, fecerint* u. *contulerint*. Verschiedenheit der abhängigen Tempora, die bei Cäs. und den Historikern überhaupt so häufig ist, je nachdem der Erzähler die Rücksicht auf die Form oder die Bedeutung als historisches Tempus vorwalten lässt. 'Nach *agunt gratias* ist construirt mit Rücksicht auf die in der That vergangene und nur scheinbar durch das Präs. vergegenwärtigte Zeit, hingegen nach *queruntur* ist ferner vom Standpunkte der Gegenwart aus gesprochen'. Held.

3. *his provocati sermonibus*: durch diese Besprechungen veranlasst, ermuthigt. Die Antworten der Cäsarianer brauchten nicht

Petreii atque Afranii vita petunt, ne quod in se scelus concepisse
neu suos prodidisse videantur. Quibus confirmatis rebus se statim signa translaturos confirmant, legatosque de pace primorum
4 ordinum centuriones ad Caesarem mittunt. Interim alii suos in
castra invitandi causa adducunt, alii ab suis abducuntur, adeo ut
una castra iam facta ex binis viderentur; compluresque tribuni
militum et centuriones ad Caesarem veniunt seque ei commen-
5 dant. Idem hoc fit a principibus Hispaniae, quos evocaverant et
secum in castris habebant obsidum loco. Hi suos notos hospites-
que quaerebant, per quem quisque eorum aditum commendationis
6 haberet ad Caesarem. Afranii etiam filius adulescens de sua ac
parentis sui salute cum Caesare per Sulpicium legatum agebat.
7 Erant plena laetitia et gratulatione omnia eorum, qui tanta pericula vitasse, et eorum, qui sine vulnere tantas res confecisse videbantur, magnumque fructum suae pristinae lenitatis omnium
iudicio Caesar ferebat, consiliumque eius a cunctis probabatur.

      75. Quibus rebus nuntiatis Afranio ab instituto opere dis-

ausdrücklich angeführt zu werden,
da sie dem ganzen Zusammenhang
und der Sache selbst nach nur günstig
sein konnten. — *fidem:* Zusicherung, Garantie. — *confirmatis re-*
bus: geordnet, festgestellt. S. zu
B. G. 6. 6, 4. — *primorum ordi-*
num centuriones sind die Centurionen der ersten Cohorte. S.
Kriegsw. § 20.

    4. *invitandi causa:* um sie zu be-
wirthen: so *hospitaliter, epulis, po-*
culis (Plaut. Rud. 2. 3, 4) *inv.* (*ex-*
cipere, accipere), und *se invitare:*
(sich bewirthen), schmausen, zechen
(Suet. Octav. 77).

    5. *evocaverant:* entboten, zu sich
beschieden hatten. B. G. 5. 54, 1.
— *suos notos*, man beachte den
substantivischen Gebrauch von *no-*
tus. — *per quem quisque haberet:*
durch den jeder = jeder den, durch
den er haben könnte = um durch
ihn zu haben. — *aditum commen-*
dationis: Zutritt durch Empfehlung, wie oben c. 58, 2: *usus celeri-*
tatis. Bei der anderen Erklärung:
'Zugang zur Empfehlung' (wie B.
G. 5. 41, 1: *sermonis aditus*) müsste
ad = *apud* sein, oder C. würde so

geschrieben haben, wie Liv. 41. 23,
4: *qui privatae gratiae aditum apud*
regem quaerebat.

    6. *Sulpicium leg.* Publius Sulpi-
cius Rufus, Legat im gallischen
Kriege, B. G. 4. 22, 6. 7. 90, 7. B.
civ. 3. 101, 1.

    7. *plena laetitia.* Nur hier bei
Cäsar *plenus* mit dem Ablat., sonst
mit dem Genetiv. — *pristinae leni-*
tatis: vorig, gestrig, wie B. G. 4.
14, 3. (nachaugusteisch *pridianus*).
Wie für *nunc* (dem jetzt der wirklichen Gegenwart) in der Erzählung
der Vergangenheit *tunc* gebraucht
wird, so wird für *heri pridie*, für
hesternus pristinus, für *crasti-*
nus dies posterus oder *inse-*
quens dies gebraucht. (Nägelsbach Stilist. p. 186). Mit der Erzählung der eigenthümlichen Vorfälle
in den beiderseitigen Lagern vergl.
die Schilderung bei Lucan. 4. 179
und folg.

    75. 1. *Quibus rebus nunt. Afra-*
nio – discedit. Das Object des Nebensatzes zugleich Subiect des
Hauptsatzes = *Quibus rebus nun-*
tiatis, Afranius discedit. Sall. Cat.

cedit seque in castra recipit, sic paratus, ut videbatur, ut, quicumque accidisset casus, hunc quieto et aequo animo ferret. Petreius vero non deserit sese. Armat familiam: cum hac et praetoria cohorte cetratorum barbarisque equitibus paucis beneficiariis suis, quos suae custodiae causa habere consuerat, improviso ad vallum advolat, colloquia militum interrumpit, nostros repellit a castris, quos deprendit interficit. Reliqui coëunt inter se et repentino periculo exterriti sinistras sagis involvunt gladiosque destringunt atque ita se a cetratis equitibusque defendunt castrorum proquinquitate confisi seque in castra recipiunt et ab iis cohortibus, quae erant in statione ad portas, defenduntur.

.76. Quibus rebus confectis flens Petreius manipulos circumit militesque appellat, neu se neu [Pompeium] imperatorem su-

52, 34: *quibus si quicquam unquam pensi fuisset, non ea consilia habuissent.* Liv. 5. 1, 8: *Romanis etsi quietae res nuntiabantur, tamen ita muniebant.* — *sic paratus*: B. G. 7. 19, 5: *sic animo parati — ut haesitantes premerent.* Afranius war also geneigt, sich mit C. zu vergleichen, wie denn auch sein Sohn gewiss nicht ohne sein Vorwissen gehandelt hatte. Er wurde später deshalb des Verraths beschuldigt. 3. 83, 2. Plut. Caes. 41. Pomp. 67.

2. *non deserit sese:* giebt sich nicht auf, bleibt sich gleich. So *ius suum, causam, officium* (3. 18, 1) des. — *familiam*: famulos (libertos, colonos, wie Domitius c. 34, 2). Lucan. 4. 207: *famulas scelerata ad proelia dextras Excitat, atque hostes turba stipatus inermes Praecipitat castris — et multo disturbat sanguine pacem.* — *praetoria cohorte*, die Leibwache des Feldherrn. S. Kriegsw. § 8. — *beneficiariis*, diejenigen Soldaten, die auf Veranlassung eines höheren Officiers vom gemeinen Dienst der Soldaten befreit und jenem zu besonderer Dienstleistung zugeordnet sind. S. Kriegsw. § 21. Anm. 2.

3. *sinistras sagis involvunt*, da sie bei diesem freundschaftlichen Verkehr mit ihren Mitbürgern ohne

Schilde waren.

76. 1. *neu se neu imperatorem suum — obsecrat*, asyndetische Ausführung des vorhergeb. und derselbe Gebrauch des doppelten *neu*, wie B. G. 7. 14, 9: *neu suis sint receptacula neu Romanis proposita ad copiam commeatus tollendam* (denn grammatisch ist es gleich, ob *ne* 'damit nicht', oder 'dass nicht', nach einem Verbum des Bittens heisst). Nicht zu vergleichen sind natürlich Stellen, wo *ne* vorausgegangen ist, wie 2. 28, 2 u. B. G. 1. 35, 3: *primum ne — traduceret; deinde (ut) obsides redderet — neve Haeduos lacesseret, neve his bellum inferret.* Dagegen vergl. Liv. 30. 37, 4: *condiciones pacis dictae — bellum neve in Africa, neve extra Africam gererent,* und *ut neve — neve* bei Cic. Off. 1. 39, 141. de Orat. 3. 43, 171. Nach anderer Auffassung dient das erste *neu* zugleich zur Verbindung mit dem vorherg. = *et (obsecrat) ne—neu*, wie *neque—neque* öfter = *et non — neque.* — *imperatorem suum:* den Afranius; denn unmöglich kann hier von Pompeius die Rede sein, dessen Leben, auch wenn die Soldaten ihre Führer preisgaben, nicht gefährdet war. (S. den Anhang). — *in praetorium*, der Platz, auf welchem das Feldherrnzelt stand. S. Kriegswesen § 29. 4.

um adversariis ad supplicium tradant, obsecrat. Fit celeriter
2 concursus in praetorium. Postulat, ut iurent omnes se exercitum
ducesque non deserturos neque predituros neque sibi separatim
3 a reliquis consilium capturos. Princeps in haec verba iurat ipse;
idem iusiurandum adigit Afranium; subsequuntur tribuni militum
4 centurionesque; centuriatim producti milites idem iurant. Edi-
cunt, penes quem quisque sit Caesaris miles, ut producatur: productos palam in praetorio interficiunt. Sed plerosque ii, qui
5 receperant, celant noctuque per vallum emittunt. Sic terrore
oblato a ducibus crudelitas in supplicio, nova religio iurisiurandi
spem praesentis deditionis sustulit mentesque militum convertit
et rem ad pristinam belli rationem redegit.

77. Caesar, qui milites adversariorum in castra per tempus
colloquii venerant summa diligentia conquiri et remitti iubet.
2 Sed ex numero tribunorum militum centurionumque nonnulli
sua voluntate apud eum remanserunt. Quos ille postea magno
in honore habuit; centuriones in priores ordines, equites Romanos in tribunicium restituit honorem.

78. Premebantur Afraniani pabulatione, aquabantur aegre.
Frumenti copiam legionarii nonnullam habebant, quod dierum
xxii ab Ilerda frumentum iussi erant efferre, cetrati auxiliaresque

2. *Postulat, ut iurent omnes:* er
lässt die schwankend gewordenen
Soldaten aufs neue schwören, was
auch sonst in ähnlichen Fällen zu
geschehen pflegte. S. 3. 13, 2–4.
Liv. 28. 29. Plut. Sull. 27. — *sibi
– consilium capturos:* 1. 1, 3.

3. *idem iusiurandum adigit Afr.:*
lässt ihn schwören (bringt ihn zum
Schwören), wie 2. 18, 5; dagegen
B. G. 7. 67, 1: *adigere iureiurando,*
sonst auch *ad iusiurandum.* Der
doppelte Accus. ist analog der Construction der mit *circum, praeter*
und bes. *trans* zusammengesetzten
Verba (*milites flumen traicit*).
Ganz ähnlich *adigere aliquem arbitrum* = ad arbitrum: vor den
Richter bringen z. B. Cic. Off. 3.
16, 66.

4. *producatur:productos:* c. 28,4.

5. *praesentis:* c. 29, 1.

77. 2. *magno in honore habuit:*
B. G. 1. 26, 6. — *equites Romanos:*
die Tribunen hatten Ritterrang (s.
Kriegsw. § 19), Cäsar nennt daher
hier *equites* diejenigen, die im Afranianischen Heere Tribunen gewesen waren (wie B. G. 3. 10, 2), denen er diese Würde in seinem Heere wiedergab. Er wählt aber diesen Ausdruck (nicht *tribunos in
trib. rest. hon.,* was er kürzer durch
*centuriones et tribunos in priores
rest. honores* hätte geben können),
offenbar als einen den Stand ehren-
den, was hier, wo er sein Verhalten
dem der Gegner entgegenstellt, besonderen Nachdruck hat.

78. 1. *Premebantur pabulatione*
wie B. G. 5. 28, 5: *re frumentaria
premi* = laborabant. Es steht als
bei *premi* der Ablat. der Sache, in
Betreff welcher die Bedrängnis
stattfindet, während sonst das ei
gentliche bedrängende Uebel in
Abl. steht, wie *pabuli inopia, sum
mis angustiis* (3. 15, 3), *aere alien*

nullam, quorum erant et facultates ad parandum exiguae et cor- 2
pora insueta ad onera portanda. Itaque magnus eorum cotidie
numerus ad Caesarem perfugiebat. In his erat angustiis res.
Sed ex propositis consiliis duobus explicitius videbatur Ilerdam 3
reverti, quod ibi paulum frumenti reliquerant. Ibi se reliquum
consilium explicaturos confidebant. Tarraco aberat longius; quo 4
spatio plures rem posse casus recipere intellegebant. Hoc pro- 5
bato consilio ex castris proficiscuntur. Caesar equitatu praemisso, qui novissimum agmen carperet atque impediret, ipse cum
legionibus subsequitur. Nullum intercedebat tempus, quin extremi cum equitibus proeliarentur.

79. Genus erat hoc pugnae. Expeditae cohortes novissimum agmen claudebant pluresque in locis campestribus subsistebant. Si mons erat ascendendus, facile ipsa loci natura pericu- 2
lum repellebat, quod ex locis superioribus, qui antecesserant,
suos ascendentes protegebant; cum vallis aut locus declivis sub- 3
erat neque ii, qui antecesserant, morantibus opem ferre poterant,
equites vero ex loco superiore in aversos tela coniciebant, tum
magno erat in periculo res. Relinquebatur, ut, cum eiusmodi 4
locis esset appropinquatum, legionum signa consistere iuberent
magnoque impetu equitatum repellerent, eo summoto repente incitati cursu sese in vallis universi demitterent atque ita transgressi

u. dgl. — *facultates:* Geldmittel, um ihre Verpflegung bestreiten zu können, c. 52, 2. — *corpora insueta ad onera port.* Sie hatten nicht die Uebung, den Marsch mit so viel Gepäck zu machen, wie die röm. Soldaten zu tragen fähig waren. Kriegsw. § 26. — *insueta ad,* wie 3. 85, 2 *insolitus ad laborem;* sonst braucht Cäsar *insuet.* mit dem Genit.

3. *explicitius:* expeditius, facilius. So auch nachher *consilium explicare* = expedire: entfalten, entwirren, die Schwierigkeiten entfernen: 'sie würden dann schon Rath für die Zukunft finden', während sie jetzt sich noch nicht klar waren, was zu thun sei. So 3. 75, 2: *His rebus explicitis.* S. zu B. G. 8. 4, 3: *explicandae rei frumentariae causa.*

4. *plures casus recipere* = admittere, gleichsam bei sich aufnehmen, zulassen, möglich machen: 3. 51, 5.

5. *ex castris proficiscuntur.* Nach v. Göler a. a. O. p. 58 zogen die Afranianer in nördlicher Richtung von Grannena ab dem Segre zu. Sie beabsichtigten, den diesen Fluss entlang ziehenden Höhenzug zu erreichen und auf diesem von Cäsars Reiterei weniger belästigt nach Ilerda zu entkommen.

79. 1. *pluresque* sc. cohortes. Wenn sie in ebenem Terrain marschirten, wo die feindliche Reiterei mehr schaden konnte, machten noch mehr Cohorten, als sonst in dem Nachtrab zu sein pflegten, gegen den verfolgenden Feind Halt, um das vorausziehende Gros des Heeres zu decken und die Reiterei abzuhalten [*plures* ist handschriftliche Lesart; das vor Nipperdey nach Ciacconius Coniectur allgemein aufgenommene *pluries* ist in der guten Prosa nicht gebräuchlich].

4. *incitati cursu sese demitte-*

5 rursus in locis superioribus consisterent. Nam tantum ab equitum suorum auxiliis aberant, quorum numerum habebant magnum, ut eos superioribus perterritos proeliis in medium reciperent agmen ultroque eos tuerentur; quorum nulli ex itinere excedere licebat, quin ab equitatu Caesaris exciperetur.

80. Tali dum pugnatur modo, lente atque paulatim proceditur crebroque, ut sint auxilio suis, subsistunt; ut tum accidit.
2 Milia enim progressi IIII vehementiusque peragitati ab equitatu montem excelsum capiunt ibique una fronte contra hostem castra
3 muniunt neque iumentis onera deponunt. Ubi Caesaris castra posita tabernaculaque constituta et dimissos equites pabulandi causa animum adverterunt, sese subito proripiunt hora circiter sexta eiusdem diei et spem nacti morae discessu nostrorum equi-
4 tum iter facere incipiunt. Qua re animum adversa Caesar relictis impedimentis subsequitur, praesidio paucas cohortis relinquit, hora decima subsequi pabulatores equitesque revocari iubet. Ce-
5 leriter equitatus ad cotidianum itineris oflicium revertitur. Pugnatur acriter ad novissimum agmen, adeo ut paene terga convertant, compluresque milites, etiam nonnulli centuriones, interficiuntur. Instabat agmen Caesaris atque universum imminebat.

81. Tum vero neque ad explorandum idoneum locum ca-

rent, wie c. 70, 4: *magno cursu concitatos. Se incitare* (2. 14, 3. 3. 24, 3): sich in rasche Bewegung setzen; daher *incitatus* reflexiv: sich in Beweg. setzend, rasch, eilig, vervollständigt durch den adverbialen Ausdruck *cursu:* schnell im Laufe, in schnellem, vollem Laufe, wofür sonst *incitato cursu*, wie B. G. 2. 26, 3. (Andere verbinden *cursu* mit *sese demitterent*; s. zu 3. 46, 5. und 93, 5). *Zu sese demitterent* vergl. 2. 34, 2.

5. *tantum – aberant:* sie waren so weit von der Hülfe ihrer Reiterei entfernt, sie half ihnen so wenig, dass sie sogar —. Aeholich, nur mit Veränderung des Subiects B. G. 1. 36, 5: *longe iis fraternum nomen populi Rom. afuturum*. Uebrigens beachte man den Plural *auxilia*, in anderer als der gewöhnlichen Bed. von *auxilia*. Sall. Cat. 6, 5: *sociis et amicis auxilia portabant*. 52, 28: *auxilia deorum parantur*. —

ultro: obendrein: sie schützten nicht nur die Legionen nicht, sondern mussten noch obendrein von diesen geschützt werden. S. c. 86, 1. 2. 2, 6. und zu B. G. 5. 28, 4.

80. 1. *Tali dum pugnatur modo – subsistunt*, eine allgemeine Bemerkung, wie *ut tum accidit* (Bestätigung derselben durch den vorliegenden Fall zeigt. Vergl. 2. 4, 4. 3. 66, 1. B. G. 7. 3, 2.

2. *peragitati* nur hier bei Cäsar und überhaupt selten. – *una fronte:* nur an der den Feinden zugekehrten Vorderseite; denn sie schanzten nur, um zu täuschen und einen Vorsprung zu gewinnen.

3. *animum adverterunt* und § 4: *qua re animum adversa* s. c. 69, 3.

4. *relictis impedimentis*. S. den Anhang. — *hora decima* bezieht sich nur auf das Nachfolgen der *pabulatores*, nicht auch auf die Reiter, wie v. Göler richtig bemerkt.

stris neque ad progrediendum data facultate consistunt necessario
et procul ab aqua et natura iniquo loco castra ponunt. Sed isdem 2
de causis Caesar, quae supra sunt demonstratae, proelio non
lacessit et eo die tabernacula statui passus non est, quo paratiores
essent ad insequendum omnes, sive noctu sive interdiu erumperent. Illi animadverso vitio castrorum tota nocte munitiones 3
proferunt castraque castris convertunt. Hoc idem postero die a
prima luce faciunt totumque in ea re diem consumunt. Sed quantum opere processerant et castra protulerant, tanto aberant ab
aqua longius, et praesenti malo aliis malis remedia dabantur.
Prima nocte aquandi causa nemo egreditur ex castris; proximo 4
die praesidio in castris relicto universas ad aquam copias educunt, pabulatum emittitur nemo. His eos supplices malis habere 5
Caesar et necessariam subire deditionem quam proelio decertare
malebat. Conatur tamen eos vallo fossaque circummunire, ut
quam maxime repentinas eorum eruptiones demoretur; quo necessario descensuros existimabat. Illi et inopia pabuli adducti et, 6
quo essent ad id expeditiores, omnia sarcinaria iumenta interfici
iubent.

82. In his operibus consiliisque biduum consumitur: tertio

81. 2. *supra*: c. 72. 1-4. —
et — passus non est, was sonst immer geschah; es soll also, was er
diesmal nicht that, hervortreten,
daher die Stellung der Negation
und *et — non* für *neque*, wie B. G.
3. 29, 2. 5. 43, 5. — *erumperent*,
um den Rückzug fortzusetzen; so
unten § 5: *repentinas eruptiones*.
Man beachte den Wechsel des Subiects.

3. *vitio castrorum*: die ungünstige Lage, § 1: *procul ab aqua et natura iniquo loco. — munitiones proferunt — convertunt*: schieben ihre
Verschanzung immer weiter vor
und vertauschen ein Lager mit dem
anderen. Sie rücken also vor, indem sie ein Lager nach dem anderen errichten, gedeckt durch das
vorhergehende. Nach Kraner entfernen sie sich dabei von Cäsar,
nach v. Göler nähern sie sich ihm
und zwar thun sie das, weil sie gegen Cäsars Stellung hin ein domi-
nirendes ansteigendes Terrain vor

sich hatten. Das letztere ist wahrscheinlicher, weil schliesslich (c.82)
zwischen beiden Lagern nur ein
Zwischenraum von 2000 Fuss war
und weil im andern Falle in diesem
Raume noch verlassene Verschanzungen hätten liegen müssen, die für
den Ausgang des in Aussicht stehenden Treffens von Wichtigkeit waren
und also erwähnt werden mussten.
— *praesenti malo* ist Dativ, *aliis
malis* Ablativ, nicht umgekehrt.

5. *His eos supplices malis habere —*: er wollte lieber, dass sie
sich in Folge dieser Uebel mit Bitten an ihn wendeten und sich noth-
gedrungen ergäben, als —; *aliquem
supplicem habere*, wie man sagt:
*aliquem consentientem, confitentem,
obvium, obedientem habere*. Zu
deditionem subire ist natürlich wieder *eos*, das im Vorherg. Obiects-
accusativ war, als Subiect zu denken. — *proelio decertare*: eine entscheidende Schlacht liefern. B. G.
1. 50, 2. — *quo = ad quas. — de-*

die magna iam pars operis Caesaris processerat. Illi impediendae
reliquae munitionis causa hora circiter nona signo dato legiones
2 educunt aciemque sub castris instruunt. Caesar ab opere legiones
revocat, equitatum omnem convenire iubet, aciem instruit; contra opinionem enim militum famamque omnium videri proelium
3 defugisse magnum detrimentum afferebat. Sed eisdem de causis, quae sunt cognitae, quo minus dimicare vellet, movebatur, atque hoc etiam magis, quod spatii brevitas etiam in fugam coniectis adversariis non multum ad summam victoriae iuvare poterat.
4 Non enim amplius pedum milibus duobus ab castris castra distabant. Hinc duas partes acies occupabant duae; tertia vacabat
5 ad incursum atque impetum militum relicta. Si proelium commit-
teretur, propinquitas castrorum celerem superatis ex fuga receptum dabat. Hac de causa constituerat signa inferentibus resistere, prior proelio non lacessere.

83. Acies erat Afraniana duplex legionum quinque; tertium
in subsidiis locum alariae cohortes obtinebant: Caesaris triplex;

scensuros: c. 9, 5. B. G. 5. 29, 5.

82. 2. *contra opinionem militum*: de Caesare, von dem sie dies
nicht gewohnt waren; *famam omnium:* den Ruhm, den er bei Allen
genoss; er fürchtete seinen Credit
als Feldherr zu verlieren.

3. *quae sunt cognitae*. Da er sich
bereits einmal auf die c. 72 angeführten Gründe bezogen hat (c. 81, 2),
sagt er nicht mehr: *quae supra sunt
demonstratae*, sondern *cognitae*:
die bekannten Gründe. — *ad summam victoriae:* zu dem Ganzen
des Sieges, um den ganzen Krieg
zu entscheiden. B. G. 7. 21, 3.
Er sah, dass, auch wenn Afr. geschlagen würde, dies doch nicht den
ganzen Kampf entscheiden könnte,
weil sie wegen der Nähe ihres befestigten Lagers sofort in dasselbe
sich zurückziehen konnten, ihm
selbst also kein Feld zur Verfolgung und zur vollständigen Ausbeu-
tung des Sieges übrig blieb.

4. *hinc* wird gewöhnlich erklärt:
'von den beiden Lagern aus', was
keinen Sinn giebt. Vielmehr geht
hinc auf die *duo milia pedum:* 'von
diesem Raume von 2000 F. nehmen

2 Theile (2 Drittel, τὰ δύο μέρη)
die beiden Schlachtreihen ein, 1
Drittel war frei für den Anlauf und
Angriff der Soldaten'. — *tertia
vacabat — relicta* gehört zu der
zu c. 65, 1: *procul visos — conspexit* besprochenen Redeweise.

83. 1. *in subsidiis:* im Hinter-
treffen, als Reserve. Sall. Cat. 59,
5: *cohortis veteranas — in fronte,
post eas ceterum exercitum in subsidiis locat.* So unten § 2: *subsidiariae cohortes* vom zweiten Treffen
(denn das zweite und dritte Treffen
wird mit *subs*. bezeichnet, weil schon
das zweite nur dann in den Kampf
kam, wenn das erste nicht durchdrin-
gen konnte, das dritte aber nur vor-
rückte, wenn die beiden ersten geworfen waren). Er formirte also
eine Aufstellung in zwei Treffen
der Legionen (*acies duplex*), während die Auxiliar-Cohorten das
dritte Treffen bilden, so dass also
auch Afr. eine *acies triplex* hatte.
Die Reiterei wird gar nicht erwähnt,
da sie nach c. 79 unbrauchbar war.
— *Caesaris triplex.* Dies war die
gewöhnliche Cohortenstellung in der
Schlachtordnung. Es bildeten von

sed primam aciem quaternae cohortes ex quinque legionibus te- 2
nebant; has subsidiariae ternae et rursus aliae totidem suae cuiusque legionis subsequebantur; sagittarii funditoresque media
continebantur acie, equitatus latera cingebat. Tali instructa acie 3
tenere uterque propositum videbatur: Caesar, ne nisi coactus
proelium committeret; ille, ut opera Caesaris impediret. Pro-
ducitur tum res, aciesque ad solis occasum continentur: inde
utrique in castra discedunt. Postero die munitiones institutas 4
Caesar parat perficere; illi vadum fluminis Sicoris temptare, si
transire possent. Qua re animadversa Caesar Germanos levis
armaturae equitumque partem flumen traicit crebrasque in ripis
custodias disponit.

84. Tandem omnibus rebus obsessi, quartum iam diem
sine pabulo retentis iumentis, aquae, lignorum, frumenti inopia
colloquium petunt et id, si fieri possit, semoto a militibus loco.
Ubi id a Caesare negatum et, palam si colloqui vellent, concessum 2
est, datur obsidis loco Caesari filius Afranii. Venitur in eum locum, quem Caesar delegit. Audiente utroque exercitu loquitur 3
Afranius: Non esse aut ipsis aut militibus succensendum, quod

den 10 Cohorten einer Legion vier das erste, drei das zweite, drei das dritte Treffen. Sie standen in frontgleichen Intervallen, d. h. die Intervalle der Cohorten waren der Länge der Front einer Cohorte gleich, und so wohl auch die Abstände der drei Linien, die in der Form eines Quincunx hintereinander standen. Vergl. Kriegsw. § 13.

2. *sed* könnte leicht die Meinung veranlassen, dass hier von einer besonderen, von der gewöhnlichen abweichenden Formirung der *ac. triplex* die Rede sei, was nicht der Fall ist; *sed* bezieht sich nur auf die Verschiedenheit seiner Aufstellung von der des Afranius, die auch eine *ac. tr.*, nur in anderer Weise, war. — *ex quinque leg.*, denn eine Legion war nach c. 64, 5 zurückgelassen worden. — *suae cuiusque legionis:* allemal von der Legion, zu der jede Cohorte gehörte, so dass also immer die zusammengehörigen Cohorten einer Legion hinter einander standen. Vergl. Weissenborn zu Liv. 3. 22, 6: *equites item*

suae cuique parti post principia collocat. Es bildeten also bei 5 Legionen 20 Coh. das erste, 15 das zweite und ebenso viele das dritte Treffen. Heine zu Cic. de off. 2. 22, 78: Wenn angegeben wird, dass verschiedene einzelne Dinge auf verschiedene einzelne Subjecte zu beziehen sind, setzen die Lateiner meist *suus quisque* in gleichem Casus, während doch *quisque* in anderem Casus stehen sollte. — *media continebantur acie:* zwischen den Legionen, in den Intervallen der Cohorten. Aehnlich bei Sall. Jug. 49, 6: *triplicibus subsidiis aciem instruxit, inter manipulos funditores et sagittarios dispertit, equitatum omnem in cornibus locat.*

4. *parat perficere.* B. G. 6. 7, 1. — *si – possent.* S. c. 5 a. E.

84. 1. *omnibus rebus obsessi:* in jeder Beziehung (c. 26, 2) bedrängt – von der nahen und drükkenden Gefahr und Verlegenheit. So *obsidio* Cic. p. Rabir. 10: *atque obsidione rempublicam liberasset.*

3. *ipsis:* dem Afranius und Pe-

fidem erga imperatorem suum Cn. Pompeium conservare volue-
4 rint. Sed satis iam fecisse officio satisque supplicii tulisse. Perpessos omnium rerum inopiam; nunc vero paene ut feras cir-
cummunitos prohiberi aqua, prohiberi ingressu, neque corpore
5 dolorem neque animo ignominiam ferre posse. Itaque se victos
confiteri: orare atque obsecrare, si qui locus misericordiae relinquatur, ne ad ultimum supplicium progredi necesse habeant.
Haec quam potest demississime et subiectissime exponit.

     85. Ad ea Caesar respondit: Nulli omnium has partis vel
2 querimoniae vel miserationis minus convenisse. Reliquos enim
omnis officium suum praestitisse: se, qui etiam bona condicione
et loco et tempore aequo confligere noluerit, ut quam integerrima
essent ad pacem omnia; exercitum suum, qui iniuria etiam accepta suisque interfectis, quos in sua potestate habuerit, conser-
varit et texerit; illius denique exercitus milites, qui per se de
3 concilianda pace egerint; qua in re omnium suorum vitae consulendum putarint. Sic omnium ordinum partis in misericordia
constitisse: ipsos duces a pace abhorruisse; eos neque colloquii
neque indutiarum iura servasse et homines imperitos et per col-

---

treius. — *erga imperatorem suum.*
Der Grund, warum diese Worte
überhaupt gesetzt sind, veranlasst
auch die Stellung derselben.

     4. *prohiberi ingressu*: Einher-
schreiten, freie Bewegung: sie
könnten keinen Schritt thun, sich
nicht rühren.

     5. *ad ultimum supplicium*: zum
äussersten Schritte gegen sich
selbst, wie c. 22, 6: *ut suae vitae
durius consulere cogantur.*

     85. 1. *has partis vel querimo-
niae vel miserationis*: diese Rolle
des Klagens über das harte Schicksal, das sie bei Ausübung ihrer
Pflicht zu ertragen hätten und des
Erregens von Mitleid; denn beides
hatte Afr. gethan. ('Miseratio est
oratio commovens misericordiam'
Morus).

     2. *se, qui — noluerit* geht auf c.
71 u. 72. — *ut quam integerrima
essent ad pacem omnia*: damit Alles für den Frieden noch unversehrt, in dem Stande wäre, in welchem man für den Frieden noch

freie Hand hätte; nach einer
Schlacht wäre nicht mehr *res integra* (B. G. 7. 30, 2) gewesen. —
suisque interfectis: c. 76, 4. — *con-
servarit et texerit*: c. 77, 1. — *illius
exercitus*, Gegensatz zu *suum exercitum* = das jenseitige Heer; also
Nominativ *ille exercitus*, nicht *illius* (Afranii) *exercitus*. — *qua in
re* (c. 22, 5) — *putarint*, während die
Anführer durch ihre Hartnäckigkeit
das Leben Aller aufs Spiel setzten.
Die Soldaten hatten c. 74, 3 ausdrücklich um Begnadigung ihrer Anführer gebeten.

     3. *omnium ordinum partis,* wie
§ 1: die Rolle, die Thätigkeit, das
Benehmen, das sie gezeigt, *in misericordia constitisse*: hatte Mitleid
zur Grundlage gehabt, darauf beruht (3. 14, 3. 89, 3 B. G. 7. 84, 4):
'omnium ordinum homines has egerunt partes, ut misericordes se gererent' Morus. — *indutiarum iura.*
Cäsar nennt die nicht vertragsmässig
abgeschlossene, sondern durch die
Annäherung der Soldaten factisch

loquium deceptos crudelissime interfecisse. Accidisse igitur his, 4
quod plerumque hominum nimia pertinacia atque arrogantia accidere soleat, uti eo recurrant et id cupidissime petant, quod paulo
ante contempserint.   Neque nunc se illorum humilitate neque 5
aliqua temporis opportunitate postulare, quibus rebus opes auge-
antur suae; sed eos exercitus, quos contra se multos iam annos
aluerint, velle dimitti.   Neque enim vi legiones alia de causa 6
missas in Hispaniam septimamque ibi conscriptam, neque tot
tantasque classis paratas, neque summissos duces rei militaris
peritos.   Nihil horum ad pacandas Hispanias, nihil ad usum pro- 7
vinciae provisum, quae propter diuturnitatem pacis nullum auxilium desiderarit.   Omnia haec iam pridem contra se parari: in 8
se novi generis imperia constitui, ut idem ad portas urbanis praesideat rebus et duas bellicosissimas provincias absens tot annis
obtineat; in se iura magistratuum commutari, ne ex praetura et 9
consulatu, ut semper, sed per paucos probati et electi in provincias mittantur; in se etiam aetatis excusationem nihil valere, cum

eingetretene Waffenruhe nur uneigentlich und mit einer für seine
Zwecke passenden Uebertreibung
indutiae. Bei einer ähnlichen Gelegenheit 2. 13, 2: *Indutiarum quodam genere facto.*

5. *eorum humilitate:* bei ihrer
Erniedrigung, veranlasst durch —;
der Ablat. also zur Bezeichnung des
Umstandes, unter dem oder durch
den etwas geschieht, wie oben c. 25,
6: *altiore aqua*, c. 50, 3: *rapidissimo
flumine.* S. zu B. G. 3. 29, 2. 5. 34,
4. Cic. Tusc. 3. 16, 34: *adversis
casibus triplici consolatione sane-
tur. — neque aliqua temporis opportunitate*, wie B. G. 6. 29, 4: *si quid
celeritate itineris atque opportunitate temporis proficere posset;* ohne
temporis 7. 20, 1: *quod eius discessu Romani tanta opportunitate
et celeritate venissent.* Ueber *aliqua*
s. zu 3. 28, 5. 73, 3. — *sed – velle
dimitti.* Sie sollten also nicht genöthigt werden, gegen Pompeius zu
kämpfen. Cass. Dio 41. 23: οὔτε
τῷ Πομπηΐῳ ἀντιπολεμῆσαι ἐξε-
βιάσατο.

6. *tot tantasque classis* ist jedenfalls verdorben, da hier, wo nur von

den Massregeln in Spanien die Rede
ist, an die Flotte vor Massilia nicht
zu denken ist. Nipp. vermuthet:
tot tantaque auxilia. Die Erwähnung der *auxilia* ist wenigstens nöthig.

8. *in se*, wie § 9 offenbar Accusativ = *contra se* § 8. Anders nachher § 10 *in se uno*, mit welchem
Unterschiede? Vergl. B. G. 2. 32,
2: *quod in Nerviis fecisset.* — *urbanis praesideat rebus:* die Angelegenheiten Roms durch seine Gegenwart beherrsche. (S. c. 2, 3. Einl.
p. 5). Nipperdey vergleicht Vellei.
2. 48, 1: *Pompeius Hispanias sibi
decerni voluerat easque absens ipse
et praesidens urbi per Afranium et Petreium administrabat.* —
tot annis: seit dem J. 55. S. Einl. a.
a. O. Ueber den Ablat. s. zu c. 46, 1.

9. *iura magistratuum commutari, ne — mittantur:* s. zu c. 6, 5.
— *per paucos:* durch die Optima-
tenpartei. Bei dem Gesetz, auf das
er hier, ohne es zu nennen, anspielt
(Einl. p. 8), konnte die Verleihung
der Provinzen mehr nach dem Belieben des Senats geschehen, als nach
dem früheren Verfahren. — *aetatis*

10 superioribus bellis probati ad obtinendos exercitus evocentur; in
se uno non servari, quod sit omnibus datum semper imperatoribus, ut rebus feliciter gestis aut cum honore aliquo aut certe sine
11 ignominia domum revertantur exercitumque dimittant. Quae tamen omnia et se tulisse patienter et esse laturum: neque nunc
id agere, ut ab illis abductum exercitum teneat ipse, quod tamen
sibi difficile non sit, sed ne illi habeant, quo contra se uti possint.
12 Proinde, ut esset dictum, provinciis excederent exercitumque dimitterent; si id sit factum, se nociturum nemini. Hanc unam
atque extremam esse pacis condicionem.

86. Id vero militibus fuit pergratum et iucundum, ut ex
ipsa significatione cognosci potuit, ut, qui aliquid iusti incom-
2 modi exspectavissent, ultro praemium missionis ferrent. Nam
cum de loco et tempore eius rei controversia inferretur, et voce et
manibus universi ex vallo, ubi constiterant, significare coeperunt,

excusationem, wie *venia aetatis*.
Ebenso B. G. 8. 12, 5; s. ebend.
Praef. § 1. — *etiam* — *nihil* = ne
— quidem; s. zu c. 5, 1: *neque
etiam extremi iuris retinendi.* —
quod sup. bell. probati — *evocentur*: c. 3, 2. *Probati*, welches die
Aenderung von *quod* in *cum* nöthig
machte, scheint aus dem vorherg.
probati etc. hierher gekommen zu
sein. Heller vermuthet *fracti:* es
gelte auch die Entschuldigung wegen des Alters nichts, was man daraus sehe, dass Leute, die durch die
früheren Kriege erschöpft seien,
wieder aufgeboten würden. — *ad
obtinendos ex.:* um in Besitz von
Heeresmassen zu sein.

10. *ut — exercitumque dimittant.* Die Feinheit dieser Wendung
erhellt aus den im Anfang des Buches erzählten Verhandlungen über
die ihm gemachten Zumuthungen.
Zugleich erscheint die Nothwendigkeit, jetzt noch Krieg führen zu
müssen, anstatt die Frucht seines
gallischen Kriegs geniessen zu können, als eine durch das Verfahren
der Gegner wider seinen Willen
ihm aufgedrungene.

12. *Proinde — dimitterent.* Man
beachte den plötzlichen Wechsel
der Tempora, der darin seinen
Grund hat, dass von der vorhergehenden Schilderung der Zustände
durch Praesentia und Perfecta zur
Aufforderung übergegangen wird,
bei welcher in der indirecten Rede
der adhortative Coniunctiv oder Imperativ der directen (*proinde* — *di-
mittatis* oder *dimittite*) in den Coniunctiv. Imperf. übergeht (Madv. §
404); nach diesen Worten kehrt er
zu der vorigen Darstellungsweise
wieder zurück (*si id sit factum*).

86. 1. *significatione:* Kundgebung durch Worte und Zeichen,
wie nachher *et voce et manibus ex
vallo significare.* — *ut* — *ferrent*
erklärt *id* näher, indem es das, was
dabei erfreulich war, hinzufügt. —
qui exspectavissent wie c. 64, 8. —
ultro: c. 79, 5. — *praemium missionis.* s. c. 42, 3: *munitione fossae.*

2. *controversia inferretur*, wie
mentionem, sermonem inferre. —
neque — *posse* nicht: es sei nicht
möglich, dass die Entlassung sicher
sei, (denn dies wird nicht behauptet), sondern: es sei möglich, dass
sie unsicher sei. Wozu gehört also
die Negation? Sie fürchteten bei
längerer Verzögerung die Möglichkeit eines Umschlags selbst nach der

ut statim dimitterentur, neque omni interposita fide firmum esse
posse, si in aliud tempus differretur. Paucis cum esset in utram- 3
que partem verbis disputatum, res huc deducitur, ut ei, qui habeant domicilium aut possessionem in Hispania, statim, reliqui
ad Varum flumen dimittantur; ne quid eis noceatur, neu quis invitus sacramentum dicere cogatur, a Caesare cavetur.

   87. Caesar ex eo tempore, dum ad flumen Varum veniatur,
se frumentum daturum pollicetur. Addit etiam, ut, quod quisque
eorum in bello amiserit, quae sint penes milites suos, iis, qui
amiserant, restituatur; militibus aequa facta aestimatione pecuniam pro his rebus dissolvit. Quascumque postea controversias 2
inter se milites habuerunt, sua sponte ad Caesarem in ius adierunt. Petreius atque Afranius cum stipendium ab legionibus 3
paene seditione facta flagitarentur, cuius illi diem nondum venisse
dicerent, Caesar ut cognosceret, postulatum est, eoque utrique,
quod statuit, contenti fuerunt. Parte circiter tertia exercitus eo 4

bestimmtesten Zusicherung (*omni
fide interposita*).

   3. *ad Varum flumen*, also an
der östlichen Grenze der Provinz
Gallien, die der Var bildete; sie
sollten über die Pyrenäen und Alpen zurückgeben.

   87. 1. *quae sint apud milites.*
Was vorher vereinzelt gedacht war
(*quod quisque amiserit*), wird
hier als Mehrheit gefasst: was jeder
von ihnen (*eorum* ist natürlich Masculinum) eingebüsst hätte, das solle,
so weit sich diese Dinge in den Hün-
den der Soldaten befänden, zurückgegeben werden. Die Relativsätze
sind coordinirt, der zweite eine engere Bestimmung des erstern. —
iis, qui amiserant (so die Handschr.,
nicht *amiserint*). Der Indicativ, obgleich diese Worte zum Inhalte des
ausgesprochenen Gedankens gehören, wie oft bei Cäsar und den Historikern überhaupt bei relativen Umschreibungen und Bestimmungen.
S. zu B. G. 2. 4, 10. 3. 8, 4. 5. 11,
4. (Madv. § 369. Anm. 1 u. 2. Die
Stellen des Sallust s. bei Dietsch
zu Jug. 38, 9). Anderer Art sind
Stellen wie oben c. 18, 1. 51, 1.

   2. *in ius* = um sich Recht sprechen zu lassen.

   3. *ut cognosceret:* die Sache zu
untersuchen, zum Zwecke der Entscheidung. B. G. 1. 19, 5: *ut ipse
de eo causa cognita statuat.* 8. 46,
5: *publicas controversias cognosset:* sonst auch *cognoscere de* — 4.
11, 5.

   4. *eo biduo.* S. zu c. 41, 1. — *11
legiones suas.* S. zu 1. 19, 2. 46, 4.

   Als Tag der Unterwerfung wird
der 2. August angegeben. Nach 2.
32, 5 hatte der Feldzug, in so weit
Cäsar daran Theil genommen, 40
Tage gedauert; im Ganzen über 3
Monate. Der Feldzug, in welchem
Cäsar, dem sich alle möglichen
Schwierigkeiten entgegen gestellt
hatten, in so kurzer Zeit ein so
glänzendes Resultat erreichte, wird
von allen Kriegskundigen als ein
strategisches Meisterstück bewun-
dert. Die Milde, die er hier, wie
vorher in Italien, zeigte, konnte ihren Eindruck nicht verfehlen, wenn
auch nicht bei den Pompeianern:
Afranius und Petreius brachen ihr
Wort und führten einen Theil ihrer Truppen, die sie entlassen
sollten, dem Pomp. zu (3. 88, 2).
In Spanien war dagegen die Wir-

biduo dimissa ıı legiones suas antecedere, reliquas subsequi
iussit, ut non longo inter se spatio castra facerent, eique negotio
5 Q. Fufium Calenum legatum praeficit. Hoc eius praescripto ex
Hispania ad Varum flumen est iter factum atque ibi reliqua pars
exercitus dimissa est.

---

kung desto grösser. Cass. Dio
41. 23: καὶ οὐκ ἐλάχιστά γε ἐκ
τούτων οὔτε ἐς τὴν δόξαν οὔτε ἐς
τὰ πράγματα ἀπώνατο· τάς τε
γὰρ πόλεις τὰς ἐν τῇ Ἰβηρίᾳ πά-
σας καὶ τοὺς στρατιώτας τοὺς ἐκεῖ
πάντας — προςεποιήσατο. *Omnia
felicitatem Caesaris sequebantur*
Florus 4. 2. (2. 13).

C. IULII CAESARIS

DE

BELLO CIVILI

COMMENTARIUS SECUNDUS.

1. Dum haec in Hispania geruntur, C. Trebonius legatus, qui ad oppugnationem Massiliae relictus erat, duabus ex partibus aggerem, vineas turresque ad oppidum agere instituit. Una erat 2 proxima portui navalibusque, altera ad partem, qua est aditus ex Gallia atque Hispania, ad id mare, quod adiacet ad ostium Rhodani. Massilia enim fere ex tribus oppidi partibus mari alluitur; 3 reliqua quarta est, quae aditum habeat ab terra. Huius quoque

Das zweite Buch enthält die übrigen Ereignisse des Jahres 49 (s. Einl. p. 22) und zwar zunächst die Fortsetzung und Vollendung des 1. 34—37 und 56—59 begonnenen Berichts über die Belagerung von Massilia.

1. 1. *C. Trebonius legatus.* S. 1. 36, 5. — *aggerem, vineas turresque.* S. zu B. G. 1. 29, 1. 6. 3, 4, Kriegsw. § 30 u. 31.

2. *portui.* Der Hafen von Massilia hiess Lacydon. Ὑποπέπτωκε δ᾽ αὐτῆς ὁ λιμὴν θεατροειδεῖ πέτρῳ, βλεπούσῃ πρὸς τὸν νότον. Strabo 4. p. 179. — *altera* (pars) *ad partem, qua* —. Mit Unrecht hat man an dieser Verbindung Anstoss genommen; *una* und *altera pars* bezeichnen die Richtung der Belagerungswerke, *ad partem, qua*

die Gegend, nach welcher hin die eingeschlossene Seite der Stadt liegt. — *qua est aditus:* ad urbem, nicht ad mare. — *ad id mare* (= ad eam partem maris, wie B. G. 4. 1, 1: *a mari, quo*) nähere Erklärung zu *ad partem*, als genauere Ortsbestimmung. Es ist der westliche Theil der Stadt gemeint; denn der Rhodanus ergiesst sich in drei Mündungen im Westen der Stadt in's Meer. Die Seite zunächst dem Hafen ist die südöstliche.

3. *quae aditum habeat ab terra;* denn Massilia lag an einem Winkel des gallischen Meerbusens auf einem halbinselartigen Vorgebirge und hing auf dieser vierten Seite mit dem Festlande durch einen nur 1500 Schritte breiten Isthmus zusammen. — *quae habeat:* von der

spatii pars ea, quae ad arcem pertinet, loci natura et valle altissima
4 munita longam et difficilem habet oppugnationem. Ad ea perfi-
cienda opera C. Trebonius magnam iumentorum atque hominum
multitudinem ex omni provincia vocat; vimina materiamque
comportari iubet. Quibus comparatis rebus aggerem in altitudinem pedum LXXX exstruit.

2. Sed tanti erant antiquitus in oppido omnium rerum ad
bellum apparatus tantaque multitudo tormentorum, ut eorum vim
2 nullae contextae viminibus vineae sustinere possent. Asseres
enim pedum XII cuspidibus praefixi atque hi maximis ballistis
3 missi per IIII ordines cratium in terra defigebantur. Itaque pedalibus lignis coniunctis inter se porticus integebantur, atque hac
4 agger inter manus proferebatur. Antecedebat testudo pedum LX

Art, dass sie einen Zugang bietet.
Zumpt § 558. — *difficilem habet
oppugnationem.* S. zu 1. 63, 2:
circuitum habebat.

2. 1. *tanti erant – ad bell. apparatus*: ein solcher Vorrath von
Kriegsbedürfnissen aller Art (zu
dem attributiven Gebrauch von *ad
bellum* s. zu B. G. 5. 54, 2). Diese
waren in der griechischen Pflanzstadt *antiquitus* vorhanden, wie
denn die Griechen überhaupt Mei-
ster in der Construction der Geschütze waren, die die Römer von
ihnen entlehnten. Ausserdem blüh-
ten in Mass. die Künste der Metall-
bearbeitung, der Mechanik und Ar-
chitectur. Strabo 4. p. 150: πρότερον δὲ καὶ πλοίων εὐπορία καὶ
ὅπλων καὶ ὀργάνων τῶν τε πρὸς
τὰς ναυτιλίας χρησίμων καὶ τῶν
πρὸς πολιορκίας, ἀφ᾽ ὧν πρός τε
βαρβάροις ἀντέσχον καὶ Ῥωμαί-
ους ἐκτήσαντο φίλους. — *antiquitus* heisst sowohl vor Alters z. B.
B. G. 2. 4, 1: *plerosque Belgas esse
ortos ab Germanis Rhenumque antiquitus traductos,* als auch von
Alters her, wie hier und b. Gall. 6.
4, 2: *quorum antiquitus erat in fide
civitas.* — *contextae viminibus vineae.* S. Kriegsw. § 31.

2. *cuspidibus praefixi.* 'Der Lateiner sagt nicht blos *ferrum praefigitur iaculo,* sondern auch *iaculum
praefigitur ferro;* z. B. Liv. 26. 4:
iacula praefixa ferro. Curt. 3. 4:
aere aut ferro praefixae hastae'.
— *atque hi:* 'und zwar', 'und noch
dazu'. 1. 27, 4: *omnibus defixis
trabibus atque eis praeacutis.* —
per IIII ordines cratium: Durch vier
Schichten, Lagen von Flechtwerk
hindurch. B. G. 5. 51, 4: *ordines
cespitum.*

3. *porticus:* Laufhallen, Galle-
rieen, durch Zusammenstellung einer Anzahl von *vineae* gebildet, unter deren Schutz die Dammarbeiter
das Material zu dem Damm herbeischaffen und so denselben 'vorwärts-
führen', *proferre,* wie 1. 51, 3:
munitiones proferre. — *hac:* in lo-
caler Bedeutung, wie *qua* und *ea*
(B. G. 5. 51, 4). Zumpt § 291. — *inter manus:* unter den Händen, ma-
nuum administratione.

4. *testudo:* 'Schüttschildkröte', S.
Kriegsw. § 31. Rüstow Heerwesen
und Kriegführung Cäsar's p. 143:
'Wir können die untere Breite eines 50 F. hohen Dammes von 50 F.
oberer auf 60 Fuss ansetzen, und
hiermit stimmt es sehr gut, dass vor
Massilia dem Dammbau eine Schüttschildkröte von 60 F. Breite vor-
aufgeht'. Er versteht also die 60
F. von der Breite, die allerdings
für den Zweck dieser Testudo das
Wesentlichere ist. Da indess Vitruv

aequandi loci causa facta item ex fortissimis lignis, convoluta
omnibus rebus, quibus ignis iactus et lapides defendi possent.
Sed magnitudo operum, altitudo muri atque turrium, multitudo 5
tormentorum omnem administrationem tardabat. Crebrae etiam 6
per Albicos eruptiones fiebant ex oppido ignesque aggeri et turribus inferebantur; quae facile nostri milites repellebant, magnisque ultro illatis detrimentis eos, qui eruptionem fecerant, in
oppidum reiciebant.

3. Interim L. Nasidius, ab Cn. Pompeio cum classe navium
xvi, in quibus paucae erant aeratae, L. Domitio Massiliensibusque
subsidio missus, freto Siciliae imprudente atque inopinante Curione pervehitur appulsisque Messanam navibus atque inde pro- 2
pter repentinum terrorem principum ac senatus fuga facta navem ex navalibus eorum deducit. Hac adiuncta ad reliquas naves 3
cursum Massiliam versus perficit praemissaque clam navicula
Domitium Massiliensisque de suo adventu certiores facit eosque
magnopere hortatur, ut rursus cum Bruti classe additis suis auxiliis confligant.

4. Massilienses post superius incommodum veteres ad
eundem numerum ex navalibus productas navis refecerant

10. 14 als das Normalmass 25 Fuss
Länge und Breite angiebt, können wir wohl auch hier, wo die Umstände überhaupt einen grösseren
Massstab aller Werke nötbig machten, an Länge und Breite zugleich
denken und in der herkömmlichen
quadratischen Form den Grund finden, warum Cäsar die Angabe der
Dimension unterlassen hat. (Verkehrt Baumstark: ein 60 F. hohes
Sturmdach!). — *ex fortissimis lignis*, wie unser 'tüchtig' = stark, *fir-
missimis.*

5. *omnem administrationem:* die
ganze Verrichtung, das ganze Be-
lagerungsgeschäft. 1. 25, 4: *administrationem portus.* S. unten c. 8,
1: *dextram partem operis administrabant.*

6. *per Albicos:* 1. 34, 4. 57, 3.
— *ultro:* 1. 79, 5. 86, 1. — *qui
fecerant–reiciebant.* S. zu c. 6, 2.

3. 1. *aeratae:* mit Kupferblech
beschlagen, χαλκήρεις, besonders
an den überstehenden Bohlen des

Vordertheils. Doch ist nicht blos an
das *rostrum aeratum* zu denken, so
dass *naves aeratae* nur = n. *rostratae* sein würden. — *freto.* S. 1. 40,
1. — *imprudente:* 1. 51, 4. — *inopinante:* 1. 55, 1. — *Curione:* 1. 31, 1.

2. *navem ex navalibus eorum.*
(*navem* ist mit einer Handschr. hinzugefügt; die gewöhnliche, aber
schlecht verbürgte Lesart ist: *ex
navalibus eorum unam* (sc. *navem,*
das man aus *navalibus* heraus supplirt). *Unam* halten die Erklärer
für unentbehrlich; im Gegentheil
fehlt *unus,* wenn nicht der Begriff
der Einheit im Gegensatz zu einer
Mehrheit (ein einziger, nur einer)
ausdrücklich hervorzuheben ist, sehr
oft, und nicht blos bei Zeitbestimmungen, wie *annus* (B. G. 7. 32, 3:
regiam potestatem annum obtinere)
mensis, dies und bei Massangaben
(B. G. 7. 73, 9: *pedem longae*).

4. 1. *post superius incommodum:* 1. 58. — *ad eundem numerum:* bis zu derselben, der früheren

summaque industria armaverant (remigum, gubernatorum magna copia suppetebat) piscatoriasque adiecerant atque contexe-
2 rant, ut essent ab ictu telorum remiges tuti: has sagittariis tor-
3 mentisque compleverunt. Tali modo instructa classe omnium seniorum, matrum familiae, virginum precibus et fletu excitati, extremo tempore civitati subvenirent, non minore animo ac fidu-
4 cia, quam ante dimicaverant, naves conscendunt. Communi enim fit vitio naturae, ut improvisis atque incognitis rebus magis confidamus vehementiusque exterreamur: ut tum accidit. Adventus enim L. Nasidii summa spe et voluntate civitatem compleverat.
5 Nacti idoneum ventum ex portu exeunt et Tauroënta, quod est castellum Massiliensium, ad Nasidium perveniunt ibique naves expediunt rursusque se ad confligendum animo confirmant et consilia communicant. Dextra pars attribuitur Massiliensibus, sinistra Nasidio.

Anzahl; vergl. 3. 4, 3. 1. 42, 1: *ad eandem magnitudinem.* B. G. 5. 20, 4: *obsides ad numerum mise-runt.* — *contexerant:* 1. 56, 1: *naves tectae.*

3. *matrum familiae.* Caes. braucht nie die Form *mater, pater fami-lias,* noch auch *matres familiarum.*

4. *improvisis.* Die Handschriften haben *invisis latitatis,* welches letztere man in *latitantibus* verbessert. Es ist dies aber als Glosse zu verwerfen. *Invisis = non visis,* kommt bei Cäsar sonst nicht vor und auch bei Cicero nur de harusp. resp. 27, 57: *sacra maribus non in-visa solum, sed etiam inaudita.* Ausserdem würde es auch einen fal-schen Sinn geben, denn die Wirkung von etwas, was bekannt ist, wie es die Annäherung und Stärke der Hülfsflotte war (s. c. 3), wird da-durch, dass es nicht gesehen wird, nicht so geändert, wie hier ange-geben ist. Im Gegentheil würde die Hülfsflotte die Belagerten noch mehr ermuthigt haben, wenn sie ge-sehen worden wäre. Dagegen wird die Wirkung von etwas Bekanntem allerdings in der angegebenen Weise erhöht, wenn es unvorhergesehen ist. Es ist daher *improvisis* zu

lesen. — *magis confidamus — exterreamur,* denn 'omne ignotum pro magnifico est' Tacit. Agr. 30. — *ut tum accidit,* wie Cäsar öfter die Anwendung einer allgemeinen Sentenz einleitet. 1. 80, 1. Es versteht sich, dass von den beiden Wirkungen, die das Unvorherge-sehene und Unbekannte auf die Men-schen äussert, zu grosses Ver-trauen und zu grosse Furcht, nur die erstere auf den vorliegenden Fall Anwendung erleidet, indem sich die Massil. durch die Ankunft des Nasidius zu grossen Hoffnungen hingaben, die sich bald als nichtig zeigten. Dies konnte aber nicht hin-dern, auch die entgegengesetzte Wirkung hier mit zu erwähnen (man hat *efferamur* statt *exterreamur* schreiben wollen). — *voluntate:* Be-reitwilligkeit zu kämpfen, Eifer, προϑυμίᾳ.

5. *naves expediunt:* 1. 56, 1. — *animo confirmant:* 'im Geiste', nicht 'durch Muth'. B. G. 5. 49, 4. So *animo paratum esse, deficere, per-moveri* u. ähnl. — *consilia commu-nicant,* nicht 'mittheilen', sondern 'gemeinschaftlich berathen'. S. B. G. 7. 63, 4: *rationes belli gerendi com-municet.*

5. Eodem Brutus contendit aucto navium numero. Nam ad eas, quae factae erant Arelate per Caesarem, captivae Massiliensium accesserant vɪ. Has superioribus diebus refecerat atque omnibus rebus instruxerat. Itaque suos cohortatus, quos integros superavissent, ut victos contemnerent, plenus spei bonae atque animi adversus eos proficiscitur. Facile erat ex castris C. Treboni atque omnibus superioribus locis prospicere in urbem, ut omnis iuventus, quae in oppido remanserat, omnesque superioris aetatis cum liberis atque uxoribus aut in muro ad caelum manus tenderent, aut templa deorum immortalium adirent et ante simulacra proiecti victoriam ab dis exposcerent. Neque erat quisquam omnium, quin in eius diei casu suarum omnium fortunarum eventum consistere existimaret. Nam et honesti ex iuventute et cuiusque aetatis amplissimi nominatim evocati atque obsecrati navis conscenderant, ut, si quid'adversi accidisset, ne ad conandum quidem sibi quicquam reliqui fore viderent; si superavissent, vel domesticis opibus vel externis auxiliis de salute urbis confiderent.

6. Commisso proelio Massiliensibus res nulla ad virtutem defuit; sed memores eorum praeceptorum, quae paulo ante ab suis acceperant, hoc animo decertabant, ut nullum aliud tempus ad conandum habituri viderentur, et quibus in pugna vitae periculum accideret non ita multo se reliquorum civium fatum ante-

---

5. 1. *factae erant Arelate:* 1. 36, 4. — *per Caesarem,* wie in der angef. St. *naves longas facere in-stituit:* auf seine Veranlassung, *quas faciendas curaverat.* — *captivae* vɪ: 1. 58, 4. *Captivus* auch von Sachen gebraucht, wie Liv. 10. 2, 12: *navigia,* 9. 40, 15: *arma,* 1. 53, 3: *pecunia,* 2. 48, 2: *captivus ager.* Ebenso wird αἰχμάλωτος gebraucht.

3. *ut* = wie. B. G. 1. 43, 7: *docebant, — ut tenuissent;* ebend. 46, 4: *posteaquam elatum est, — ea res colloquium ut diremisset.* — *superior aetas:* das 'höhere' Alter, *provectior aetas;* so selten; vergl. Varro de r. r. 2. 10, 1: *aetate superiores,* den *pueris* entgegengesetzt. — *aut in muro — tenderent* geht auf die *iuventus, aut templa — exposcerent* auf *omnes superioris aetatis cum lib. et. ux.*

4. *casu:* Ausfall, Ergebniss. —

omnium fortunarum eventum: die Entscheidung über sein ganzes Schicksal, seine Existenz.

5. *honesti ex iuventute,* wie 1. 53, 3: *honesti adulescentes.* — *amplissimi,* die Angesehensten, von der Stellung im Staate. — *conandum* absolut wie c. 6, 1. 30, 1. 1. 64, 4: *conandum tamen et experiendum iudicat* wird die Beziehung durch das vorherg. *etsi timebat obicere* gegeben.

6. 1. *Commisso proelio* nicht: als die Schlacht geliefert war, sondern: als die Schlacht begonnen war. Vergl. Liv. 31. 28, 1: *hac satis felici expeditione bello commisso* und 23. 44, 8: *clamor ex utraque parte sublatus proximos ex cohortibus iis, quae in agros praedatum ierant, ad proelium iam commissum revocavit.* — *praeceptorum, quae acceperant:* c. 4, 3.

cedere existimarent, quibus urbe capta eadem esset belli fortuna
2 patienda. Diductisque nostris paulatim navibus et artificio gubernatorum et mobilitati navium locus dabatur et, si quando nostri
facultatem nacti ferreis manibus iniectis navem religaverant, undi-
3 que suis laborantibus succurrebant. Neque vero conluncti Albicis
comminus pugnando deficiebant neque multum cedebant virtute
nostris. Simul ex minoribus navibus magna vis eminus missa
telorum multa nostris de improviso imprudentibus atque impedi-
4 tis vulnera inferebant. Conspicataeque naves triremes n navem D. Bruti, quae ex insigni facile agnosci poterat, duabus ex
partibus sese in eam incitaverant. Sed tantum re provisa Brutus
5 celeritate navis enisus est, ut parvo momento antecederet. Illae
adeo graviter inter se incitatae conflixerunt, ut vehementissime
utraque ex concursu laborarent, altera vero praefracto rostro tota
6 collabefieret. Qua re animadversa quae proximae ei loco ex Bruti
classe naves erant, in eas impeditas impetum faciunt celeriterque
ambas deprimunt.

7. Sed Nasidianae naves nullo usui fuerunt celeriterque
pugna excesserunt: non enim has aut conspectus patriae aut
propinquorum praecepta ad extremum vitae periculum adire co—

2. *Diductisque* u. s. w. Als die
Schiffe im Laufe des Kampfes sich
nach und nach auseinanderzogen,
erhielten die Steuerleute Gelegenheit, ihre Geschicklichkeit (vergl. 1.
58, 1–2), und die Schiffe, ihre Schnelligkeit zu entwickeln. — *ferreis
manibus:* 1. 57, 2. — *si religaverant - succurrebant.* Das Imperf.
succurr. zeigt, dass auch die vorausgehende Handlung als wiederholt
gedacht werden muss: so oft sie
festgehalten hatten, kamen sie zu
Hülfe. S. zu B. G. 3. 14, 6: *cum funes comprehensi erant, perrumpe-
bantur;* ebend. 15, 1: *cum binae et
ternae naves circumstelerant —
contendebant.* Vergl. unten c. 8, 2.
Ehen so bei dem Relativum oben c.
6, 2: *eos, qui eruptionem fecerant,
in oppidum reiciebant.* Ueber den
Indic. s. zu B. G. 3. 4, 2 (Madvig
§ 359 u. Bemerk. pag. 61 Anm.).

3. *pugnando deficiebant. Pugnando* ist Dativ, nicht Ablat., wie manche annehmen (Schneider zu B. G.
5. 34, 2: *pugnando pares*), und ist

ebenso zu erklären, wie *sufficere,
deesse* mit dem Dativ des Gerundium. Zumpt § 664. Vergl. 2. 41,
3: *non deest negotio Curio.* — *de
improviso* vor *imprudentibus* zur
Hebung des Begriffs des Unerwarteten kann ebenso wenig auffallen,
wie 3. 93, 5: *destituti sine praesidio interfecti sunt;* 1. 26, 5: *quod
consules absint, sine illis;* und
ähnl. bei Cäsar. — *magna vis —
inferebant,* wie B. G. 2. 6, 3: *magna
multitudo conicerent,* u. ö.

4. *ex insigni,* die Admiralitäts-
flagge, eine rothe Fahne, *vexillum
rubrum, purpureum,* B. Alex. 45, 4.
— *parvo momento:* wie 1. 21, 1
nicht: 'Augenblick', sondern: 'um
etwas weniges, das den Ausschlag
(zur Rettung) gab, indem er einen
geringen Vorsprung erhielt'.

5. *utraque — laborarent.* Den
Plural bei *utraque* hat Cäsar nur
noch 3. 30, 3.

7. 1. *nullo:* diese Dativform
noch B. G. 6. 13, 1, wie 5. 27, 5:
alterae. — *ad periculum adire.* Die

gebant. Itaque ex eo numero navium nulla desiderata est: ex 2
Massiliensium classe v sunt depressae, iiii captae, una cum
Nasidianis profugit; quae omnes citeriorem Hispaniam petiverunt. At ex reliquis una praemissa Massiliam huius nuntii 3
perferendi gratia cum iam appropinquaret urbi, omnis sese multitudo effudit, et re cognita tantus luctus excepit, ut urbs ab hostibus capta eodem vestigio videretur. Massilienses tamen nihilo 4
secius ad defensionem urbis reliqua apparare coeperunt.

8. Est animadversum ab legionariis, qui dextram partem
operis administrabant, ex crebris hostium eruptionibus magno
sibi esse praesidio posse, si ibi pro castello ac receptaculo turrim
ex latere sub muro fecissent. Quam primo ad repentinos incursus humilem parvamque fecerunt. Huc se referebant; hinc, 2
si qua maior oppresserat vis, propugnabant; hinc ad repellendum
et prosequendum hostem procurrebant. Patebat haec quoqueversus pedes xxx, sed parietum crassitudo pedes v. Postea vero, 3
ut est rerum omnium magister usus, hominum adhibita solertia

Wiederholung der Präpos. entsprechender für die Bezeichnung ihrer
Unthätigkeit, als das gewöhnliche
adire periculum. (B. G. 8. 47, 7):
'nichts veranlasste sie, auch nur an
die Gefahr heranzugeben, sich ihr
zu nähern'. Die Präpos. bei *adire*
noch B. G. 4. 2, 5. 6. 25, 4.

3. *luctus excepit.* S. zu B. G. 7.
88, 2: *clamore sublato, excepit rursus ex vallo clamor. — eodem vestigio. vestigium* ist die Fussspur,
die der Vorwärtsschreitende hinterlässt. Auctor ad Her. 3. 15, 26:
stantes in vestigio, häufiger ohne
Präposition, B. Gall. 4. 2, 3: *equos
eodem remanere vestigio assuefecerunt.* Daher bezeichnet *e vestigio*
von der Stelle aus, wo man steht,
in vestigio (B. G. 4. 5, 3), *eodem
vestigio* auf derselben Stelle, wo
man gerade steht; also sind alle
drei Wendungen = sogleich, augenblicklich. Dieselbe Bedeutung hat
eodem vestigio temporis und *vestigio temporis* (B. civ. 2. 26, 2). Es
liegt nahe, hier die Zeit als das fort-
schreitende zu fassen, welches die
Spur hinterlässt; aber die Stelle Cic.

in Pis. 9, 21: *eodem in templo,
eodem loci vestigio et temporis*
lässt diese Erklärung nicht zu, und
es scheint vielmehr, als hätte in
diesen Redensarten *vestigium* die
nahe liegende Bedeutung P u n k t.

8. 1. *pro castello ac recept.:* als
ein vorgeschobenes Fort, das eine
Flankirung der ausfallenden Massi-
lier und somit eine Deckung des
Walls möglich macht und zugleich
ein Zufluchtsort für die Belagerer
sein soll. Zu pro 'als' vergl. B. G.
1. 26, 3: *pro vallo carros obiecerant.* S. zu 3. 109, 1: *pro amico
atque arbitro controversias regum
componere. — turrim ex latere fecissent,* wegen Abhängigkeit des *ex
lat.* von *fecissent* nicht zu vergleichen mit attributiven Verbindungen
(= *turris latericia*), wie *loricae ex
cratibus* B. G. 5. 40, 6.

2. *si oppresserat — propugnabant:* c. 6, 2. — *propugnabant:*
hervorkämpfen, sich vertheidigend
Geschosse werfen. S. zu B. G. 5.
9, 6. — *ad prosequendum hostem.*
S. zu 1. 69, 1. — *quoquoversus:* 1
36, 2.

inventum est magno esse usui posse, si haec esset in altitudinem turris elata. Id hac ratione perfectum est.

9. Ubi turris altitudo perducta est ad contabulationem, eam in parietes instruxerunt ita, ut capita tignorum extrema parietum structura tegerentur, ne quid emineret, ubi ignis hostium adhae-
2 resceret. Hanc super contignationem, quantum tectum plutei ac vinearum passum est, laterculo adstruxerunt supraque eum locum ıı tigna transversa iniecerunt non longe ab extremis parietibus, quibus suspenderent eam contignationem, quae turri tegimento esset futura, supraque ea tigna directo transversas trabes
3 iniecerunt easque axibus religaverunt (has paulo longiores atque eminentiores, quam extremi parietes erant, effecerunt, ut esset, ubi tegimenta praependere possent ad defendendos ictus ac repellendos, cum inter eam contignationem parietes exstrue-

---

9. 1. *ad contabulationem:* bis zu der das erste Stockwerk schliessenden Balkenlage. — *in parietes instruxerunt:* sie fügten die Balken so in die Thurmwände ein, dass sie nicht hervorragten. *Extrema* kann zu *capita* und zu *structura* bezogen werden; das letztere ist besonders wegen § 7: *tigna item, ut primo tecta extremis lateribus instruebant*, dem hier *extrema structura* entspricht, wahrscheinlicher, abgesehen davon, dass *capita*, wenn es auch Anfang und Ende bedeuten kann, doch hier einer solchen näheren, zumal durch die Stellung markirten Bestimmung nicht bedarf.

2. *contignatio* dasselbe wie *contabulatio*. Ueber diesem Balkenwerke bauten sie mit Ziegeln soviel (*tantum*) hinzu, *quantum — passum est:* als die Höhe des *pluteus* und der Laufhalle gestattete, d. h. sie konnten nur soviel in die Höhe arbeiten, als sie von dem *tectum pl. ac vin.* geschützt waren; dann bedurfte es eines anderen Mittels zur Deckung, und dies war das Dach des Thurmes, das im Folg. beschrieben wird. — *supraque eum locum*, bis zu welchem sie gedeckt durch den *plut.* die Mauer hatten aufführen. können. — ıı *tigna transversa iniecerunt:* sie legten darauf zwei sich

kreuzende Balken ✕, deren Enden auf den Wänden des Thurmes lagen, nicht weit von den Ecken; sie bildeten die Grundlage für das Dach (*eam contignationem, quae — futura*). — *suspenderent:* § 5 *suspendere ac tollere*. — *directo transv. trab. iniec.:* in rechten Winkeln querüber (über jenen Kreuzbalken) liegende, mit den Wänden parallel laufende Balken. — *axibus.* Die oberste Balkenlage wurde mit Bohlen (*axes*) verbunden.

3. *cum inter eam contignationem parietes exstruerentur:* wenn zwischen diesem Gebälk, d. h. dem mit dem Fortschreiten des Baues immer emporzuhebenden Dache und, was nicht erst hinzugefügt zu werden brauchte, dem Punkte, bis zu dem die Mauer gediehen ist, das Mauerwerk eingesetzt wurde, sollten die an den vorstehenden Balkenenden hängenden Decken gegen die Geschosse von der Seite schützen. Unmöglich kann unter *ea contignatio* 'das gesammte Gebälk', d. h. der Boden eines Stockwerks und das Dach zugleich verstanden werden (Held), weil *ea* nur auf die eben beschriebene *contign.* d. i. das Dach allein gehen und von dem Boden des Stockwerks hier gar nicht die Rede sein kann. Damit

rentur) eamque contabulationem summam lateribus lutoque
constraverunt, ne quid ignis hostium nocere posset, centonesque
insuper iniecerunt, ne aut tela tormentis immissa tabulationem
perfringerent, aut saxa ex catapultis latericium discuterent. Sto- 4
rias autem ex funibus ancorariis ııı in longitudinem parietum
turris latas ıııı pedes fecerunt easque ex tribus partibus, quae
ad hostes vergebant, eminentibus trabibus circum turrim prae-
pendentes religaverunt; quod unum genus tegimenti aliis locis
erant experti nullo telo neque tormento traici posse. Ubi vero 5
ea pars turris, quae erat perfecta, tecta atque munita est ab omni
ictu hostium, pluteos ad alia opera abduxerunt; turris tectum per se ipsum pressionibus ex contignatione prima suspendere ac tollere coeperunt. Ubi, quantum storiarum demissio pa- 6
tiebatur, tantum elevarant, intra haec tegimenta abditi atque muniti parietes lateribus exstruebant rursusque alia pressione ad
aedificandum sibi locum expediebant. Ubi tempus alterius con- 7
tabulationis videbatur, tigna item ut primo tecta extremis lateri-

fällt auch die Erklärung von *eamque contabulationem summam:*
der oberste Theil dieses gesammten Gebälks, das Dach, da
nach der Parenthese *has — exstruerentur* die Worte *eamque contab.*
sich unmittelbar an § 2 anschliessen
müssen, also über die ganz specielle
Bedeutung von *ea cont.* kein Zweifel sein kann. Cäsar fügt *summam*
hinzu entweder, mit einer allerdings
unnötbigen Genauigkeit, als Gegensatz zu den unteren Balkenlagen, den
Decken der Tabulate, wie § 7, oder
die Worte heissen, wie Herzog will:
dieses (als Dach dienende) Gebälk
bedecken sie oben mit Ziegeln, was
durch die Stellung von *summam*
wahrscheinlich wird. — *centones:*
Kissen, Matratzen, Vitruv 10. 14:
*recentibus pecudis coriis duplicibus
consutis, fartis alga aut paleis in
aceto maceratis circa tegatur
machinatio tota.* Man hatte zum
Fertigen derselben besondere *fabri
centonarii. — saxa ex catapultis:*
Kriegsw. § 32.

4. *in longitudinem parietum:* so
lang die Mauern waren, also nach
c. 8, 3 30 Fuss. — *tormento:* wie § 8

u. ö. das durch das grobe Geschütz
geschleuderte Geschoss.

5. *turris tectum per se ipsum.*
Das Dach für sich, als einen für sich
bestehenden Theil des Baues. —
pressionibus: durch Unterlagen,
Stemmen (Steifen,) durch welche das
Dach in die Höbe gehoben wurde
(*exprimere* = elevare B. G. 7. 22,
4), immer so weit, als der dadurch
entstehende Zwischenraum durch
die Matten gedeckt war, also nach
der oben angegebenen Dimension
4 Fuss.

6. *Ubi — elevarant — exstruebant:* ebenso die Wiederholung in
dem stufenweise fortschreitenden
Bau bezeichnend, wie c. 6, 2 u. 8,
2. Man bemerke den genauen und
der Sache ganz angemessenen
Wechsel im Gebrauche der Tempora bei dem dreimal wiederholten
ubi: § 5 *ubi munita est — abduxerunt* (von einer einmaligen
Handlung), *ubi elevarant — exstruebant* und § 7 *ubi tempus videbatur — instruebant.* [S. den
krit. Anhang].

7. *tecta extremis lateribus,* wie

bus instruebant exque ea contignatione rursus summam conta-
8 bulationem storiasque elevabant. Ita tuto ac sine ullo vulnere ac
periculo vɪ tabulata exstruxerunt fenestrasque, quibus in locis
visum est, ad tormenta mittenda in struendo reliquerunt.

10. Ubi ex ea turri quae circum essent opera tueri se posse
confisi sunt, musculum pedes ʟx longum ex materia bipedali,
quem a turri latericia ad hostium turrim murumque perducerent,
2 facere instituerunt; cuius musculi haec erat forma. Duae primum
trabes in solo aeque longae, distantes inter se pedes ɪɪɪɪ collocantur
inque eis columellae pedum in altitudinem v defiguntur. Has
inter se capreolis molli fastigio coniungunt, ubi tigna, quae
musculi tegendi causa ponant, collocentur. Eo super tigna
4 bipedalia iniciunt eaque laminis clavisque religant. Ad ertre-
mum musculi tectum trabesque extremas quadratas regulas ɪɪɪɪ
patentis digitos deligunt, quae lateres, qui superstruantur, conti-
5 neant. Ita fastigate atque ordinatim structo tecto, ut trabes erant

---

§ 1 *extrema parietum structura
tegerentur.*
   10. 1. *musculum:* eine Minir-
oder Breschhütte, die an die Mauer
vorgeschoben wurde, um sie zu untergraben. Sie wurde 60 Fuss lang,
läuger als gewöhnlich, gemacht,
weil sie von der turris latericia bis
an den feiudlichen Tharm reichen
sollte, damit die Ablösung der an
der Untergrabung der feindlichen
Mauer arbeitenden Mannschaft je-
derzeit ohne Gefahr geschehen könnte. Diese Erklärung stützt sich besonders auf das Wort *perducerent;*
denn *perducere,* wenn die beiden
Punkte, von wo und bis wohin etwas geführt wird, angegeben werden, heisst bei Cäsar nicht: etwas
von dem einen Punkte weg nach
dem andern schaffen, sondern immer: etwas von dem einen Punkte
bis zu dem andern verlängern. z. B.
3. 43, 2: *ex castello in castellum
perducta munitione circumvallare
Pompeium instituit,* 3. 70, 2: *munitiones a castris ad flumen perductae.* — *ex materia bipedali* = ex
tignis bipedalibus.
   3. *capreolis:* Balken, welche als
Dachsparren zwei gegenüberstehen-
de Säulen verbinden, *molli fastigio,*
in nicht steiler Neigung (in stum-
pfem Winkel) vergl. c. 45, 5 *tenui
fastigio,* u. B. G. 2. 8, 3 *leniter
fastigatus* u. ö. — *Eo* = in hos ca-
preolos. — *super* Adverbium.
   4. *trabes:* die *tigna bipedalia.* —
quadratas regulas: viereckige, 4
digiti (d. i. 3 Zoll) ins Gevierte
messende Leisten, die an den untern
Rändern der zwei untersten Dachbalken und an den vier Giebelseiten
des Daches angebracht wurden, also
Rahmenschenkel, damit die auf das
Dach gelegten Ziegel und der Lehm
nicht herunterfallen konnten.
   5. *fastigate atque ord. structo
tecto.* Die Hdschr. *fastigato atque
ord. structo* (ohne *tecto*), was man
für Abl. abs. des impersonell gebrauchten Passivs *fastigatur* und
struitur hält, wie C. nicht spricht.
Ausserdem braucht kein voraugu-
steischer Schriftst. das Verb. *fasti-
gare,* und so Caes. auch *fastigatus*
nur als Adiectiv: 2. 8, 3: *collis leniter fastigatus,* und davon das
Adverb. 4. 17, 4: *prone ac fastigate,* wie hier geschrieben worden
ist; *tecto* ist nach *structo* ausgefallen. Nachdem so das Dach giebel-

in capreolis collocatae, lateribus lutoque musculus, ut ab igni, qui
ex muro iaceretur, tutus esset, contegitur. Super lateres coria 6
inducuntur, ne canalibus aqua immissa lateres diluere posset.
Coria autem, ne rursus igni ac lapidibus corrumpantur, centonibus conteguntur. Hoc opus omne tectum vineis ad ipsam turrim 7
perficiunt subitoque inopinantibus hostibus machinatione navali,
phalangis subiectis, ad turrim hostium admovent, ut aedificio
iungatur.

11. Quo malo perterriti subito oppidani saxa quam maxima
possunt vectibus promovent praecipitataque muro in musculum
devolvunt. Ictum firmitas materiae sustinet et quidquid incidit
fastigio musculi elabitur. Id ubi vident, mutant consilium: cupas 2
taeda ac pice refertas incendunt easque de muro in musculum devolvunt. Involutae labuntur, delapsae a lateribus longuriis furcis-
que ab opere removentur. Interim sub musculo milites vectibus 3
infima saxa turris hostium, quibus fundamenta continebantur,
convellunt. Musculus ex turri latericia a nostris telis tormentisque defenditur; hostes ex muro ac turribus summoventur; non
datur libera muri defendendi facultas. Compluribus iam lapidi- 4

fürmig gebaut und die Dachbalken
reihenweise gelegt waren, so wurde
die Breschhütte, wie die Balken u.
s. w.

7. *ad ipsam turrim perficiunt.*
Um das im Bau begriffene Werk
besser vertheidigen zu können, erbaute man es neben dem Thurme
und schob dann das fertige auf Walzen vor. — *phalangis subiectis:* auf
Rollen, Walzen, wie 3.40, 4 *subiectis scutulis*, wie man es mit Schiffen
zu machen pflegte. Horat. Od. 1.
4, 2: *trahuntque siccas machinae
carinas.*

11. 1. *muro.* B. G. 7. 50, 3:
muro praecipitabantur, wo andere
mit Hdschr. *de muro*, wie B. Alex.
31, 4: *se de vallo praecipitaverant.*
[Schwerlich findet hier, wie Schneider a. a. O. meint, der blose Ablat.
in *devolvunt* seine Erklärung]. —
subito gehört als Adverb. zu *perterriti* (c. 10, 7 *inopinantibus hostibus*), nicht zu *promovent.* Die Verbindung desselben als Adiectiv mit
malo ist wegen der Wortstellung
unbequem.

2. *cupas* u. s. w. Vergl. B. G. 8.
42, 1. Sall. Iug. 57, 5: *contra ea
oppidani saxa volvere, sudes, pila,
praeterea picem sulphure et taeda
mixtam ardenti immittere.* (Vergl.
Thuc. 2. 77.) — *Involutae:* 'darauf
gerollt', die Folge des *devolvere*,
wie *delapsae* die Folge des *labi*, also
genaue Schilderung der Vorgänge
in ihrem Zusammenhange und ihrer
Aufeinanderfolge, womit Stellen, wie
1. 28, 4: *reprehendunt, reprehensas excipiunt* verglichen werden
können.

3. *non datur libera – facultas.*
Die Massilienser, welche den zu-
nächstangegriffenen Thurm verthei-
digten, standen auf diesem und auf
der Mauer und den Thürmen zu
beiden Seiten; von hier werden sie
verdrängt von dem überlegenen
Geschütz, das die Cäsarianer in ihrem steinernen Thurme hatten; sie
verlieren folglich die Müglichkeit,
ihren Thurm so wirksam, als es
sonst wohl hätte sein können, zu
vertheidigen. Der Satz *non datur*
cet. ist also nicht müssig; denn er

bus ex ea, quae suberat, turri subductis repentina ruina pars eius turris concidit, pars reliqua consequens procumbebat, cum hostes urbis direptione perterriti inermes cum infulis se porta foras universi
proripiunt, ad legatos atque exercitum supplices manus tendunt.

12. Qua nova re oblata omnis administratio belli consistit
militesque aversi a proelio ad studium audiendi et cognoscendi
2 feruntur. Ubi hostes ad legatos exercitumque pervenerunt, universi se ad pedes proiciunt; orant, ut adventus Caesaris exspecte-
3 tur. Captam suam urbem videre: opera perfecta, turrim subru-
tam: itaque ab defensione desistere. Nullam exoriri moram posse,
quominus, cum venisset, si imperata non facerent ad nutum, e
4 vestigio diriperentur. Docent, si omnino turris concidisset, non
posse milites contineri, quin spe praedae in urbem irrumperent
urbemque delerent. Haec atque eiusdem generis complura ut ab
hominibus doctis magna cum misericordia fletuque pronuntiantur.

giebt das Resultat an der beiden vorher erwähnten Actionen. Ferner ist der Zusatz *libera* nothwendig, da sie ihren Thurm immer noch durch hinter der Mauer aufgestellte Wurfgeschosse vertheidigen konnten; *libera* bedeutet hier aber 'ungehindert', wie *libere* c. 14, 4: *turrim latericiam libere incendunt* und sonst oft. Vergl. auch 1. 74, 1: *quorum discessu liberam nacti milites colloquiorum facultatem.* Endlich darf man nicht Anstoss nehmen an *muri defendendi*; denn der Thurm, dem der eigentliche Angriff galt, ist ein Theil der Mauer, und es wurden wohl auch, um die Kraft der Vertheidiger von diesem einen Punkte abzulenken, Scheinangriffe an andern Punkten unternommen.

4. *quae suberat*: der in der Nähe war, d. h. da, wohin der Musculus vorgeschoben war. 1. 65, 3: *suberant montes.* — *pars reliqua consequens procumbebat:* der übrige Theil senkte sich nachfolgend, neigte sich zum Fall, nicht: der an den eingefallenen Theil 'angrenzende' Theil des Thurms. Beachte den passenden Wechsel der Tempora *concidit – procumbebat.* — *cum*, nicht *tum.* S. Zumpt §580, 2. — *urbis direptione perterriti,* der nothwendigen Fol-

ge, *si omnino turris concidisset* c. 12, 4. [Terpstra – Miscellanea philologa Utrecht 1854. p. 50 – will für *direptione*, da ja die Stadt noch nicht eingenommen war, unnöthig und unpassend *urbis diruptione* schreiben]. — *cum infulis.* *Infula* (στέμμα) war eine weisse (selten rothe) Binde, die um den Kopf gewunden, ein Zeichen der Unverletzlichkeit war; daher von Priestern als ein Attribut ihrer Würde und, wie hier, von Schutzflehenden getragen. Ueber *cum inf.* s. zu 1. 26, 1. — *porta:* 1. 40, 3.

12. 1. *administratio belli:* c. 2, 5.

2. *feruntur:* werden hingezogen; so öfter von dem Eifer, der Begierde, Leidenschaft, wie *duci, trahi, rapi;* s. zu 3. 78, 2. Nep. Alc. 9, 5: *ad patriam liberandam omni ferebatur cogitatione.*

3. *Captam urbem videre* (sc. *se*): so gut wie erobert. — *opera perf. turrem subr.* (*esse*) Begründung des *captam – videre.* — *e vestigio:* c. 7, 3.

4. *ab hominibus doctis.* Die wissenschaftliche Bildung der Massil., und insbesondere ihre Beredtsamkeit, ein Erbtheil des griechischen Mutterlandes, wird oft von den Alten gerühmt. — *magna cum miseri-*

13. Quibus rebus commoti legati milites ex opere deducunt, oppugnatione desistunt; operibus custodias relinquunt.
Indutiarum quodam genere misericordia facto adventus Caesaris 2
exspectatur. Nullum ex muro, nullum a nostris mittitur telum:
ut re confecta, omnes curam et diligentiam remittunt. Caesar 3
enim per litteras Trebonio magnopere mandaverat, ne per vim
oppidum expugnari pateretur, ne gravius permoti milites et defectionis odio et contemptione sui et diutino labore omnes puberes interficerent; quod se facturos minabantur, aegreque tunc 4
sunt retenti, quin oppidum irrumperent, graviterque eam rem
tulerunt, quod stetisse per Trebonium, quo minus oppido potirentur, videbatur.

14. At hostes sine fide tempus atque occasionem fraudis
ac doli quaerunt interiectisque aliquot diebus, nostris languenti-
bus atque animo remissis subito meridiano tempore, cum alius
discessisset, alius ex diutino labore in ipsis operibus quieti se
dedisset, arma vero omnia reposita contectaque essent, portis
se foras erumpunt, secundo magnoque vento ignem operibus

cordia: misericordia ist nach Cic.
Tusc. 4. 8, 18: *aegritudo ex mise-
ria alterius iniuria laborantis.* Wie
nun *gratia* bedeuten kann das Wohl-
wollen, das wir andern schenken,
und das, was uns von andern geschenkt wird, also Gunst und Be-
liebtsein, und ebenso *invidia* Neid
und Verhasstsein, so kann *misericordia* auch das Bemitleidetwerden
bezeichnen, wie das wirklich der Fall
ist c. 44, 1: *qui aut gratia aut misericordia valerent.* Hiernach heisst
unsere Stelle 'so dass sie grosses
Mitleid und Jammern erregten'. Will
man aber *fletuque* nicht von dem
Jammern der Zuhörer verstehen, so
kann man sich berufen auf Cic. Phil. 2.
2, 3: *non venirem contra gratiam non
virtutis spe, sed aetatis flore collectam,* wo die Jugend des Antonius
und die Hoffnung der Bürger gemeint
ist, oder man kann annehmen, *misericordia* bedeute Mitleid erregende
Klagen, wie auch *miseratio* dieses
bedeutet und an andern Stellen Mitleid; z. B. Cic. Phil. 2. 36, 91: *tua
illa pulchra laudatio, tua miseratio,
tua cohortatio,* Brut. 21, 82: *ut mi-*

*serationibus, ut communibus locis
uteretur,* und dagegen ad. fam. 5.
12, 5: *quem nostrum ille moriens
apud Mantineam Epaminondas non
cum quadam miseratione delectat?*
13. 1. *ex opere:* dem ganzen
Belagerungswerk, collectiv (c. 8, 1),
aus dem sie die Soldaten abziehen
lassen, da die Feindseligkeiten ein-
gestellt werden sollen, während bei
den einzelnen '*operibus*' Posten zurückgelassen werden.
3. *contemptione sui:* B. G. 4. 28, 2.
4. *oppidum irrumperent:* 1. 27,
3. — *stetisse per Tr. quo minus:*
wie 1. 41, 3.
14. 1. *ex diutino labore:* 1. 70,
3. S. zu 3. 2, 3. — *arma contecta.*
Die Waffen, namentlich die Schilde,
wurden auf dem Marsche und im
Lager, wenn kein Kampf zu erwarten war, in lederne Ueberzüge ge-
hüllt. B. G. 2. 11, 5: *scutis tegimenta detrudenda.* — *se erumpunt,*
so nur hier bei Cäsar und auch sonst
selten. Caelius bei Cic. ad Fam. 8.
14, 2: *ad bellum se erupit.* Verg.
Aen. 4. 368. So kommt auch *se irrumpere, prorumpere* (Quinctil. 2.

2 inferunt. Hunc sic distulit ventus, uti uno tempore agger, plutei, testudo, turris, tormenta flammam conciperent et prius haec omnia consumerentur, quam, quemadmodum accidisset, animad-
3 verti posset. Nostri repentina fortuna permoti arma, quae possunt, arripiunt; alii ex castris sese incitant. Fit in hostis impetus; sed e muro sagittis tormentisque fugientes persequi
4 prohibentur. Illi sub murum se recipiunt ibique musculum turrimque latericiam libere incendunt. Ita multorum mensium labor hostium perfidia et vi tempestatis puncto temporis interiit.
5 Temptaverunt hoc idem Massilienses postero die. Eandem nacti tempestatem maiore cum fiducia ad alteram turrim aggeremque eruptione pugnaverunt multumque ignem intulerunt.
6 Sed ut superioris temporis contentionem nostri omnem remiserant, ita proximi diei casu admoniti omnia ad defensionem paraverant. Itaque multis interfectis reliquos infecta re in oppidum repulerunt.

    15. Trebonius ea, quae sunt amissa, multo maiore militum studio administrare et reficere instituit. Nam ubi tantos suos labores et apparatus male cecidisse viderunt indutiisque per scelus violatis suam virtutem irrisui fore perdoluerunt, quod, unde agger omnino comportari posset, nihil erat reliquum: omnibus arboribus longe lateque in finibus Massiliensium excisis et convectis, aggerem novi generis atque inauditum ex latericiis duobus muris senum pedum crassitudine atque eorum murorum contignatione facere instituerunt aequa fere altitudine, atque ille con-

---

1, 2) vereinzelt vor.

2. *testudo*, die c. 2, 4 erwähnte. — *prius, quam – posset.* S. 1. 41, 5.

3. *sese incitant.* S. zu 1. 79, 3. — *persequi prohibentur:* B. G. 2. 4, 2.

4. *multorum mensium labor*: wie wir 'die Arbeit vieler Monate', von dem Erzeugniss der Arbeit = das durch die Arbeit und Anstrengung hergestellte Werk.

5. *eruptione pugnare:* der Ablat. (eigentlich ein instrumentaler) als eine adverbiale Bestimmung, wie das häufige *proelio dimicare* u. ähnl.

6. *remiserant*, nämlich seit dem Waffenstillstande. — *infecta re.* Gewöhnlich bezeichnen Abl. abs. im Passiv, wenn nicht ausdrücklich die handelnde Person durch *ab* hinzugefügt wird, eine vom Subiect des Hauptsatzes ausgehende Handlung. Es finden sich jedoch auch bei Cäsar nicht wenige Stellen, wo das, wie hier, nicht der Fall ist; z. B. B. Gall. 2. 4, 2: *solosque esse, qui patrum nostrorum memoria omni Gallia vexata Teutonos Cimbrosque intra fines suos ingredi prohibuerint*, b. civ. 3. 38, 4: *nostri cognitis* (nämlich vom Feinde) *insidiis, ne frustra reliquos exspectarent, duas nacti turmas exceperunt.*

15. 1. *agger*: s. 1. 42, 1. — *aggerem novi generis atque inauditum.* Die Verbindung des Genit. qualit. mit einem Adiectivum wie B. G. 2. 15, 5: *homines feros magnaeque virtutis.* 5. 35, 6: *viro forti et magnae auctoritatis.* — *contignatione:* indem die beiden Mauern

gesticius ex materia fuerat agger. Ubi aut spatium inter muros 2
aut imbecillitas materiae postulare videretur, pilae interponuntur,
traversaria tigna iniciuntur, quae firmamento esse possint, et
quidquid est contignatum cratibus consternitur, crates luto inte- 3
guntur. Sub tecto miles, dextra ac sinistra muro tectus, adversus
plutei obiectu, operi quaecumque sunt usui sine periculo suppor- 4
tat. Celeriter res administratur: diuturni laboris detrimentum
solertia et virtute militum brevi reconciliatur. Portae quibus locis videtur eruptionis causa in muro relinquuntur.

16. Quod ubi hostes viderunt, ea, quae diu longoque spatio
refici non posse sperassent, paucorum dierum opera et labore ita
refecta, ut nullus perfidiae neque eruptioni locus esset nec quicquam omnino relinqueretur, qua aut telis militibus aut igni operibus noceri posset, eodemque exemplo sentiunt totam urbem, 2

durch Gebälk mit einander verbunden waren.

2. *traversaria tigna iniciuntur*:
es werden Querbalken eingezogen,
es wird ein Unterzug von Querbalken gemacht.

3. *adversus*: die Soldaten, die
oben durch das aufgelegte Balken-
dach, von den Seiten durch die
Mauern gedeckt waren, werden 'von
vorn' (adversa, hostibus obversa parte, a fronte) durch den Frontschirm
gedeckt.

4. *diuturni laboris detrimentum*:
der Schaden an der langwierigen
Arbeit (c. 14, 4) wird wieder gut gemacht, *reparatur; reconciliare* von
der Wiederherstellung einer unterbrochenen, gestörten und geschmä-
lerten Sache in ihr früheres Verhältniss; daher so oft *gratiam, amicitiam, concordiam, pacem reconc.*
Cic. Fam. 5. 2, 5: *quod scribis de
reconciliata nostra gratia, non in-
tellego, cur reconciliatam esse
dicas, quae numquam imminuta
est.*

16. 1. *Quod ubi* nicht wie *quod
si, quod nisi* zur Verbindung der
Sätze (Zumpt § 342 Anm.), sondern
quod behält vor *ubi* und *cum* seine
Bedeutung als Relativum, und durch
den folgenden Accus. c. Inf. wird
das durch das Relat. Bezeichnete

epexegetisch näher bestimmt und
weiter ausgeführt. Vergl. 3. 68, 2:
*quod cum esset animadversum,
coniunctam esse flumini.*
Ebenso B. G. 3. 23, 7: *quod ubi
Crassus animadvertit, suas copias
non facile diduci.* Cic. de Orat.
2. 49: *quod ubi sensi, me in posses-
sione iudicii – constitisse.* Cic. de
Off. 3. 31: *Criminabatur Pomponius
M. Manlium, — quod Titum filium
ab hominibus relegasset et ruri
habitare iussisset. Quod cum
audisset filius, negotium exhi-
beri patri, accessisse H. dicitur.*
[Ueber das Pron. relat. mit Epexegese vergl. noch Seyffert zu Cic.
Lael. 15, 53, p. 345]. — *quae sperassent*: 1. 64, 8: *qui exissent.* —
neque quicquam, qua: 'kein Punkt,
wo'; 3. 23, 1: *unum locum, qua.*

2. *eodem exemplo* gehört nicht
zu *sentiunt*: 'sie merken durch diesen Vorfall', 'lernen aus diesem
Beispiele', bei welcher Erklärung
eodem unpassend ist, sondern zum
abhängigen Satze: sie merken, dass
nach demselben Beispiele, d. h. auf
dieselbe Weise, wie auf der einen
Seite der Damm errichtet war, die
ganze Stadt von der Landseite aus
eingeschlossen werden könnte. Liv.
31. 12, 3: *senatui placere, quaestionem de expilatis thesauris eo-*

qua sit aditus ab terra, muro turribusque circumiri posse, sic ut
ipsis consistendi in suis munitionibus locus non esset, cum paene
inaedificata in muris ab exercitu nostro moenia viderentur ac te-
3 lum manu coniceretur, suorumque tormentorum usum, quibus
ipsi magna speravissent, spatio propinquitatis interire parique
condicione ex muro ac turribus bellandi data se virtute nostris
adaequare non posse intellegunt, ad easdem deditionis condiciones recurrunt.

*dem exemplo haberi, quo M. Pom-
ponius triennio ante habuisset.* Die
Wortstellung wie bei Cic. ad Att.
1. 16, 4: *credo te ex acclamatione
Clodii advocatorum audisse quae
consurrectio iudicum facta sit,* d. i.
quae c. i. facta sit ex acclamatione.
— *sentiunt* hängt noch von *ubi* ab,
wie nachher *intellegunt.* — *circumiri.* So die Handschr. (Nipperdey
circummunire, wie 1. 81, 5 u. 3.
97, 2 nach Handschr. für *circumvenire* geschrieben ist), und es ist keine
Aenderung nöthig, wenn Caesar 1.
18, 6 *oppidum vallo castellisque
circumvenire* sagen konnte;
vergl. die dort citirten Stellen des
Sallust. — *ut – locus non esset,*
wenn nämlich von allen Seiten solche Dämme an die Stadt geführt
würden. Dieser Gedanke hat den
Wechsel des Tempus nach *sentiunt*
herbeigeführt, (gewiss nicht, wie Herzog und Queck meinen, die Rücksicht
auf *viderunt* § 1). — *inaedificata in
muris:* dass der Mauerdamm (*moenia*) hart an die Stadtmauer (*muri*)
angebaut, dass er fast mit ihr verbunden schien. Liv. 5. 7, 2: *cum
agger promotus ad urbem vineae-
que tantum non iam iniunctae moenibus essent.*

3. *quibus magna speravissent.
Quibus,* woran man Anstoss genommen hat, ist Abl. causalis: das Geschütz, durch welches in ihnen grosse
Hoffnungen erweckt waren; also
anders gedacht als *sperare ex* oder
ab. [Terpstra a. a. O. p. 51 ändert
gewaltsam: *quibus ipsis magno superavissent spatio, propinquitate
interire.*] — *spatio propinquitatis*
ein für uns auffallender Genitivus
der näheren Bestimmung (Genitivus
definitivus), durch welchen, wie
durch eine Apposition 'zu einem all-
gemeinern Begriff der specielle, worin er besteht, gefügt wird' Madvig
§ 286 Anm. 2. Das *spatium* kann
auch durch die entgegengesetzte
Eigenschaft die Wirksamkeit der
Geschosse vereiteln (*interire* = irrita
fieri), hier durch die zu grosse
Nähe. S. zu 3. 72, 4: *parvulae causae vel falsae suspicionis vel terroris repentini.* (Der Ausdruck kann
weder durch *propinquo spatio,* noch
durch *spatii propinquitate* erklärt
werden, da man beides gar nicht
sagen kann). Zur Sache vergl. Lucan 3. 479: *Quae prius ex longo
nocuerunt missa recessu, Iam post
terga cadunt: nec Graiis flectere
iactum, aut facilis labor est longinqua ad tela parati Tormenti muta-
re modum.* — *pari condicione –
data:* bei gleichem Verhältniss des
Kampfes, da die Feinde eben so
hoch und ihnen ganz nahe standen.
— *virtute se nostris adaequare posse.* Da Cäsar *adaequare* in der Bedeutung 'gleich kommen, gleichkom-
mend erreichen' nur mit dem Accus. braucht (B. G. 1. 48, 7. 2. 32,
4. 5. 8, 4. 7. 22, 4. 6. 12, 7 ist *Haeduos* zu suppliren), mit dem Dativ
nur *adaequari* (B. G. 3. 12, 3), dem
hier *se adaequare* entspricht, ist es
wahrscheinlicher, dass *se* Obiects-
accusativ und der Subiectsaccus.
ausgelassen ist, was bei Cäsar so oft
geschieht, zumal wenn *se* zugleich

17. M. Varro in ulteriore Hispania initio cognitis iis rebus, quae sunt in Italia gestae, diffidens Pompeianis rebus, amicissime de Caesare loquebatur: praeoccupatum sese legatione ab Cn. 2 Pompeio teneri obstrictum fide; necessitudinem quidem sibi nihilo minorem cum Caesare intercedere, neque se ignorare, quod esset officium legati, qui fiduciariam operam obtineret, quae vires suae, quae voluntas erga Caesarem totius provinciae. Haec omnibus ferebat sermonibus neque se in ullam partem movebat. Post- 3 ea vero, cum Caesarem ad Massiliam detineri cognovit, copias Petreii cum exercitu Afranii esse coniunctas, magna auxilia convenisse, magna esse in spe atque exspectari et consentire omnem citeriorem provinciam, quaeque postea acciderant, de angustiis ad Ilerdam rei frumentariae, accepit, atque haec ad eum latius atque inflatius Afranius perscribebat, se quoque ad motus fortunae movere coepit.

18. Delectum habuit tota provincia, legionibus completis

auch Obiect ist, wie B. G. 2. 3, 2: *qui dicerent, se suaque omnia in fidem populi R. permittere* u. ö.

17. 1. *M. Varro* S. 1. 38, 1. — *diffidens Pompeianis rebus* s. 1. 12, 2.

2. *legatione* = munere legati. B. G. 8. 50, 4: *coniunctus et familiaritate et necessitudine legationis.* — *neque se ignorare, quod esset officium legati.* Die Pflicht des Legaten ist, sich genau an die Vorschriften seines Vorgesetzten zu halten: 3. 51, 4: *Aliae enim sunt legati partes, aliae imperatoris: alter omnia agere ad praescriptum, alter libere ad summam rerum consulere debet.* Eben deswegen ist sein Amt eine *fiduciaria opera*, ein auf Treu und Glauben übergebenes Amt, das man, wie eine *possessio fiduciaria* (= *depositaria*) zu bewahren und dem Uebertragenden zurückzugeben hat, wenn er es fordert (s. unten c. 42, 4: *amisso exercitu, quem a Caesare fidei commissum acceperit*). Kannte nun Varro seine Pflicht, so kann dieser Gedanke, da das Wesen der *fiduciaria opera* nur pflichtmässige Anhänglichkeit an

Pompeios fordert, unmöglich zu den Dingen gehören, die, wie die Freundschaft mit Cäsar, die Kenntniss seiner Schwäche und die Stimmung der Provinz für Cäsar, ihn zu Cäsar ziehen; denn nur wenn seine *opera* keine *fiduciaria* wäre, könnte er thun, was er wollte. Es sind daher die Worte jedenfalls durch einen Fehler entstellt. S. den Anhang.

3. *copias Petr. cum exercitu Afr.* kein beabsichtigter Gegensatz, sondern nur der Abwechselung und Deutlichkeit wegen gewählter Ausdruck. — *magna esse in spe: magna* natürlich nicht mit *in spe* (in Aussicht) zu verbinden. — *de angustiis rei frum.:* in Betreff; s. 1. 20, 4: *de L. Domitii fuga*, 33, 1: *rem de mittendis legatis.* B. G. 5. 53, 4. 7. 9, 1. — Ueber die Verbindung *angustiis ad Ilerdam rei fr.* s. B. G. 4. 33, 1. — *latius et inflatius.* S. c. 39, 4. 3. 79, 4. Vergl. 1. 53, 1. Ueber die Verbindung gleichlautender Worte s. 1. 30, 6. — *se quoque — movere coepit:* sich nach der Wendung des Glückes zu wenden, dahin, wohin das Glück sich neigte.

18. 1. *legionibus duabus.* S. 1.

duabus cohortes circiter xxx alarias addidit. Frumenti magnum numerum coëgit, quod Massiliensibus, item quod Afranio Petreioque mitteret. Naves longas x Gaditanis ut facerent imperavit, 2 complures praeterea Hispali faciendas curavit. Pecuniam omnem omniaque ornamenta ex fano Herculis in oppidum Gadis contulit; eo vi cohortes praesidii causa ex provincia misit Gaiumque Gallonium, equitem Romanum, familiarem Domitii, qui eo procurandae hereditatis causa venerat missus a Domitio, oppido Gadibus praefecit; arma omnia privata ac publica in domum 3 Gallonii contulit. Ipse habuit graves in Caesarem contiones. Saepe ex tribunali praedicavit adversa Caesarem proelia fecisse, magnum numerum ab eo militum ad Afranium perfugisse: haec 4 se certis nuntiis, certis auctoribus comperisse. Quibus rebus perterritos civis Romanos eius provinciae sibi ad rempublicam administrandam HS clxxx et argenti pondo xx milia, tritici mo- 5 dios cxx milia polliceri coëgit. Quas Caesari esse amicas civitates arbitrabatur, his graviora onera iniungebat praesidiaque eo deducebat et iudicia in privatos reddebat, qui verba atque orationem adversus rempublicam habuissent; eorum bona in publicum addicebat. Provinciam omnem in sua et Pompei verba iusiurandum

38, 1. — *alarias.* S. zu 1. 73, 3.

2. *ex fano Herculis* auf dem südlichen Vorgebirge der Insel (Mela 3. 9. Strabo 3, p. 169). — *ornamenta* s. c. 21, 3. Er wollte die reichen Tempelschätze vor Cäsar retten, der sie c. 21 dem Tempel wiedergiebt.

4. *ad rempublicam administrandam* wie 1. 7, 6: *rempublicam gerere.* — HS clxxx zu erklären nach 1. 23, 4. — *pondo* Zumpt § 87. — *modios* cxx *milia*, nicht *modiorum*, wie 3. 4, 3: *Sagittarios* — iii *milia numero habebat;* die Zahl steht in Apposition. Madvig § 72 Anm. 1 vergleicht B. G. 7. 64, 1: *omnes equites*, xv *milia numero, conveniunt*, wo aus begreiflichem Grunde der Genit. nicht stehen kann. Vergl. oben zu 1. 39, 2.

5. *iudicia reddebat:* Tac. Ann. 1. 72: *Tiberius consultante Pompeio Macro praetore, an iudicia maiestatis redderentur, exercendas leges esse respondit.* Cic. pro Quint. 22, 71: *cui neque magistratus ad-* *huc aequus inventus est neque iu-dicium redditum est usitatum.* Liv. 29. 1, 17: *omnium primum ratus tueri publicam fidem partim edicto, partim iudiciis etiam in pertinaces ad obtinendam iniuriam redditis suas res Syracusanis restituit. Iu-dicium reddere* ist also gleich *iudi-cium dare* und wird vom Prätor gesagt, der die Klage annimmt und einen Richter oder Gerichtshof dafür einsetzt. Cic. in Verr. 1. II, 12, 30: *dubium nemini est, quin omnes omnium pecuniae positae sint in eorum potestate, qui iudicia dant, et eorum, qui iudicant.* — *verba atque orationem habuissent*, wie Liv. 24. 18, 4: *pronuntiarunt, verba orationemque eos adversus rempublicam habuisse*, und *verba habere* allein Cic. de Invent. 2. 47, 140. de Orat. 2. 47, 196. Sall. Iug. 9, 4; also kein Zeugma. — *adversus rempublicam*, im Sinne des Pompeianers. — *iusiurandum adigebat:* 1. 76, 3.

adigebat. Cognitis iis rebus, quae sunt gestae in citeriore Hispa- 6
nia, bellum parabat. Ratio autem haec erat belli, ut se cum II
legionibus Gadis conferret, naves frumentumque omne ibi contineret: provinciam enim omnem Caesaris rebus favere cognoverat. In insula frumento navibusque comparatis bellum duci
non difficile existimabat. Caesar, etsi multis necessariisque rebus 7
in Italiam revocabatur, tamen constituerat nullam partem belli in
Hispaniis relinquere, quod magna esse Pompei beneficia et magnas clientelas in citeriore provincia sciebat.

19. Itaque II legionibus missis in ulteriorem Hispaniam
cum Q. Cassio, tribuno plebis, ipse cum DC equitibus magnis itineribus progreditur edictumque praemittit, ad quam diem magistratus principesque omnium civitatum sibi esse praesto Cordubae vellet. Quo edicto tota provincia pervulgato nulla fuit 2
civitas, quin ad id tempus partem senatus Cordubam mitteret, non civis Romanus paulo notior, quin ad diem conveniret.
Simul ipse Cordubae conventus per se portas Varroni clausit, 3
custodias vigiliasque in turribus muroque disposuit, cohortes 4
II, quae colonicae appellabantur, cum eo casu venissent, tuendi
oppidi causa apud se retinuit. Isdem diebus Carmonenses, quae 5

6. *Ratio haec erat belli, ut:* 1.
44, 1.

7. *necessariisque rebus.* Darunter rechnet Morus u. Andere die
Emeute der 9. Legion zu Placentia,
die von C. übergangen oder ausgefallen sei. Suet. Caes. 69. Doch
fällt dieselbe, wie man aus Cass.
Dio 41. 26 u. App. 2. 47 sieht, offenbar in eine spätere Zeit dieses
Jahres. S. zu c. 22 a. E. — *magna
beneficia.* S. 1. 29, 3. Beachte die
Kürze des Ausdrucks *beneficia
et clientelas esse in provincia.*

19. 1. *Cum* so öfter von dem
Anführenden gebraucht. B. G. 5. 38.
a. E. *quae cum Cicerone hiemat.* —
cum DC equit. Ueber *cum* s. den
Anhang und vergl. zu 1. 41, 2. —
ad quam diem: bis zu welchem Tag,
auf welchen Tag, wie § 2 *ad id
tempus.* B. G. 1. 7, 6: *ad Idus revertantur.* 2. 5, 1: *ad diem.* 5. 1,
8: *ad certam diem* u. ö. — *Cordubae.* Cäsar war in dieser Provinz

Quästor und Proprätor gewesen,
und hoffte dort um so mehr zu bewirken.

2. *conveniret* bei einer Versammlung eintreffen, von einem Einzelnen gesagt. S. zu B. Gall. 5. 56, 2.

3. *conventus:* 1. 14, 5. — *colonicae:* aus römischen Colonieen ausgehoben.

5. *Carmonenses, quae est civitas:*
1. 18, 1: *Sulmonenses, quod est
oppidum.* Das Verb. *eiecit* ist unge-
wöhnlicher Weise auf das zunächst
stehende Nomen des erklärenden
Zwischensatzes bezogen. Häufiger
ist dies und leichter zu erklären bei
quam und *nisi*, wenn mit ihnen zum
Subject ein anderes Substantiv gefügt wird, wie Cic. de off. 1. 23, 80:
*bellum autem ita suscipiatur, ut
nihil aliud nisi par quaesita videatur,* Liv. 9. 8, 5: *nec quicquam ex
ea praeterquam corpora nostra de-
bentur Samnitibus,* Sall. Cat. 25, 3:
sed ei cariora semper omnia quam

est longe firmissima totius provinciae civitas, deductis III in
arcem oppidi cohortibus a Varrone praesidio per se cohortes
eiecit portasque praeclusit.

20. Hoc vero magis properare Varro, ut cum legionibus
quam primum Gadis contenderet, ne itinere aut traiectu inter-
cluderetur: tanta ac tam secunda in Caesarem voluntas provinciae
2 reperiebatur. Progresso ei paulo longius litterae Gadibus redduntur, simulatque sit cognitum de edicto Caesaris, consensisse
Gaditanos principes cum tribunis cohortium, quae essent ibi in
praesidio, ut Gallonium ex oppido expellerent, urbem insulamque
3 Caesari servarent. Hoc inito consilio denuntiavisse Gallonio, ut
sua sponte, dum sine periculo liceret, excederet Gadibus, si id
non fecisset, sibi consilium capturos. Hoc timore adductum Gal-
4 lonium Gadibus excessisse. His cognitis rebus altera ex duabus
legionibus, quae vernacula appellabatur, ex castris Varronis ad-
stante et inspectante ipso signa sustulit seseque Hispalim recepit
5 atque in foro et porticibus sine maleficio consedit. Quod factum
adeo eius conventus cives Romani comprobaverunt, ut domum

decus atque pudicitia fuit. — *firmissima* wie B. G. 1. 3, 8: *potentissimos et firmissimos populos.*
5. 20, 1, ebend. 54, 2. — *deductis
cohortibus — cohortes eiecit* gehört zu der 1. 36, 5 besprochenen
Redeweise.

20. 2. *cognitum de:* B. G. 1.
42, 1. — *consensisse — ut expellerent.* Wie kann nach *consentire ut*
folgen? — *cum tribunis cohortium.*
Die falsche Erklärung dieser Worte
hat zu der durchaus unstatthaften,
aber in allen Ausgaben wiederholten Annahme von *tribunis cohortium* geführt, die niedrigere Officiere als die *tribuni militum* gewesen sein sollen. Cäsar sagt nur:
mit den Tribunen derjenigen Cohorten, *quae essent ibi in praesidio,* wie schon deutlich der Umstand zeigt, dass er nicht sagt *cum
tribunis coh., qui* (wie c. 21, 1),
sondern *cum trib. cohortium,
quae.* Wenn Varro 6 Coh. dorthin
geschickt hat (c. 18, 2), so war es
natürlich, dass auch mindestens die
Hälfte der Tribunen der Legion bei

ihnen war, daher sind die hier genannten *trib. coh.* durchaus keine
anderen, als die c. 21, 1 erwähnten
*tribuni militum, qui eo praesidii
causa venerant.* (Dies ist längst
nachgewiesen von Müller de re
militari Romanorum quaedam e Caesaris commentariis excerpta, Kiel
1844, p. 7.)

4. *hoc timore = huius rei timore.*
S. zu B. G. 5. 19, 2. — *quae vernacula appellabatur.* Die Legionen
bestanden aus römischen Bürgern;
seit den Bürgerkriegen aber fing man
an, auch aus Provinzialen Legionen
zu bilden. Diese wurden *legiones
vernaculae* genannt. Vgl. B. Alex. 53,
5: *Nemo enim aut in provincia
natus, ut vernaculae legionis
miles, aut diuturnitate iam factus
provincialis* u. s. w. — *inspectante.*
Das Verb. kommt im classischen
Latein nirgends in einem Tempus
finitum, sondern nur, wie hier, im
Abl. abs. vor. Nur Brutus bei Cic.
Ep. ad Brutum 1. 4, 5 hat *inspec-
tare.*

5. *conventus:* 1. 14, 5. — *domum*

ad se quisque hospitio cupidissime reciperet. Quibus rebus 6
perterritus Varro, cum itinere converso sese Italicam venturum
praemisisset, certior ab suis factus est praeclusas esse portas.
Tum vero omni interclusus itinere ad Caesarem mittit, paratum 7
se esse legionem, cui iusserit, tradere. Ille ad eum Sextum Caesarem mittit atque huic tradi iubet. Tradita legione Varro Cordubam ad Caesarem venit; relatis ad eum publicis cum fide ratio- 8
nibus quod penes eum est pecuniae tradit et quid ubique habeat
frumenti et navium ostendit.

21. Caesar contione habita Cordubae omnibus generatim
gratias agit: civibus Romanis, quod oppidum in sua potestate
studuissent habere, Hispanis, quod praesidia expulissent, Gaditanis, quod conatus adversariorum infregissent seseque in libertatem vindicassent, tribunis militum centurionibusque, qui eo praesidii causa venerant, quod eorum consilia sua virtute confirmassent. Pecunias, quas erant in publicum Varroni cives Romani 2
polliciti, remittit; bona restituit eis, quos liberius locutos hanc
poenam tulisse cognoverat. Tributis quibusdam publicis priva-

---

ad se: 1. 53, 3. — *reciperet:* ohne
Obiect, das sich aus dem Zusammenhange ergiebt = gastliche Aufnahme gewähren, wie nicht selten
transitive Verba absolut gebraucht
werden, was wir durch umschrei-
bende Wendungen wiedergeben
(ähnl. bei den transitiven Verb., die
statt mit einem Obiectsaccusat. mit
de gebraucht werden, wie *postulare
de* u. a. s. B. G. 1. 42, 1). Held
vergl. 3. 111, 6: *quod tam late
tueri non poterat* = Schutz gewähren. 3. 112, 6: *dimisit circum omnes propinquas provincias* = machte
Aussendungen, sendete Boten aus.
Vergl. B. G. 4. 11, 2: *petebant, uti
ad eos equites praemitteret*, und
das gleich unten § 6 folgende *praemisisset* und § 7 *ad Caesarem mittit* mit folgendem Acc. c. Inf. (Nägelsb. p. 317).

7. *Sextum Caesarem 'amicum et
necessarium suum'* B. Alex. 66, 1.
Er war der Enkel von Cäsar's Oheim,
Sext. Iulius Cäsar, dem Consul von
91. Im J. 47 wird ihm von Cäsar
Syrien übergeben. B. Al. a. a. O.

21. 1. *generatim* = *per singula
genera*, die nachher genannt werden. Vergl. 3. 32, 1. Cic. Verr. 2.
69, 168: *ab universa provincia generatimque ab singulis eius partibus*. (B. G. 1. 51, 2. 7. 19, 2: nach
Völkerschaften). — *civibus Romanis*, d. i. *Cordubae conventui:* c. 19,
3. — *Hispanis:* den Carmonensern
(c. 19, 5), von denen die Gaditaner,
die Inselbewohner, getrennt genannt
werden, die schon seit dem zweiten
punischen Kriege eine bevorzugte
Stellung einnahmen (Liv. 32. 2, 5.
Cic. p. Balbo 15) und auch nachher
von Cäsar besonders ausgezeichnet
werden.

2. *remittit*: er erlässt ihnen. —
hanc poenam (in einigen Ausg. *ac
p.*) findet seine Erklärung durch *bona restituit;* s. c. 18, 5. — *quibusdam* ist Dativ. Die Verbindung
des Dativs mit Abl. abs. wie § 5
*quibusdam civitatibus habitis hono-
ribus*. 3. 32. 5: *universis imperatis
pecuniis*. B. G. 1. 42, 5: *omnibus equis
Gallis equitibus detractis*. 6. 12, 6:
obsidibus Haeduis redditis. Zur

tisque praemiis reliquos in posterum bona spe complet biduum-
3 que Cordubae commoratus Gadis proficiscitur: pecunias monimentaque, quae ex fano Herculis collata erant in privatam domum,
referri in templum iubet. Provinciae Q. Cassium praeficit: huic
4 iiii legiones attribuit. Ipse eis navibus, quas M. Varro quasque
Gaditani iussu Varronis fecerant, Tarraconem paucis diebus
pervenit. Ibi totius fere citerioris provinciae legationes Caesaris
5 adventum exspectabant. Eadem ratione privatim ac publice quibusdam civitatibus habitis honoribus Tarracone discedit pedi-
busque Narbonem atque inde Massiliam pervenit. Ibi legem de
dictatore latam seseque dictatorem dictum a M. Lepido praetore
cognoscit.

Sache vergl. Cass. Dio 41. 24: ἐτί-
μησε καὶ ἰδίᾳ καὶ κοινῇ πολλούς.
καὶ τοῖς γε Γαδειρεῦσι πολιτείαν
ἅπασιν ἔδωκεν, ἣν καὶ ὁ δῆμός
σφισιν ὕστερον ἐπεκύρωσεν. (Liv.
Epit. 110). Vergl. damit die praemia, die nach dem Ende des hispan.
Kriegs von Cäsar gewährt wurden,
ebend. c. 43, 39: τοῖς εὔνοιάν τινα αὐτοῦ σχοῦσιν ἔδωκε μὲν καὶ
χωρία καὶ ἀτέλειαν, πολιτείαν τέ
τισι καὶ ἄλλοις ἀποίκοις τῶν Ῥω-
μαίων νομίζεσθαι.

3. *monimentaque*, die c. 18, 2 erwähnten *ornamenta*, Weihgeschen-
ke, Bildsäulen, ἀναθήματα. — *Q.
Cassium praeficit:* ἐπειδὴ συνήθης
αὐτοῖς ἐκ τῆς ταμιείας, ἣν ὑπὸ τῷ
Πομπηίῳ ἐτεταμιεύκει, ἦν. Dio
41. 24. B. Al. 48.

5. *privatim ac publice hab. honoribus:* sowohl den Einwohnern der
Staaten insgesammt, ihrem ganzen
Staate, als einzelnen in denselben.
Nipperdey zu Tac. Ann. 4. 36: *obiecta
publice Cysicenis incuria caerimo-
niarum;* vergl. u. a. B. Alex. 65, 4:
*Praemia bene meritis et viritim et
publice tribuit.* Suet. Caes. 83: *Populo hortos circa Tiberim publice et
viritim trecenos sestertios legavit.*
Cic. Verr. 3. 27, 66: *privatim hoc
modo; quid publice? civitates tra-
ctatae sunt quemadmodum?* Sonst
gewöhnlicher = im Namen des Staats
und im eignen Namen. B. G. 1. 16,

1. 5. 55, 4. — *pedibus:* wie c. 23,
3 = zu Land, Gegensatz zu *navibus;*
c. 32, 12: *neque pedestri itinere neque navibus.* — *dictatorem dictum
a Lepido praetore.* Die Wahl durch
den Prätor war gegen das Staats-
recht (παρὰ τὰ πάτρια Cass.
Dio 41. 36), da nach diesem die Ernennung nur durch einen der Consuln nach vorhergegangenem Senatusconsultum erfolgen konnte.
Becker Röm. Alterth. 2. 2, p. 155.
Cic. ad Att. 9. 15: *Rapiemur aut
absentes vexabimur, vel ut consules
roget praetor vel dictatorem dicat,
quorum neutrum ius est.* Ebenso
war es gegen die Verfassung, dass
er keinen magister equitum er-
nannte. *Dictatorem dicere* ist der
stehende Ausdruck; nur ausnahmsweise wird das allgemeine *creare* gebraucht, aber nie von dem ernennen-
den Consul. Ueber Lepidus s. 1. 33, 4.

Die Zeit der Ankunft Cäsars vor
Massilia kann genau gar nicht mehr
ermittelt werden; annähernd etwa
so: Nach Plutarch Caes. 17 legte
Cäsar einmal bei sehr schneller
Reise den Weg von Rom an die
Mündung der Rhone in 8 Tagen zurück; nach Suet. Caes. 56 reiste er
ein ander Mal, mit nicht geringerer Eile, in 24 Tagen von Rom ins
jenseitige Spanien nach Obulco in
der Gegend von Munda: also kommen
auf die Strecke von Massilia nach

22. Massilienses omnibus defessi malis, rei frumentariae ad summam inopiam adducti, bis navali proelio superati, crebris eruptionibus fusi, gravi etiam pestilentia conflictati ex diutina conclusione et mutatione victus (panico enim vetere atque ordeo corrupto omnes alebantur, quod ad huiusmodi casus antiquitus paratum in publicum contulerant) deiecta turri, labefacta magna parte muri, auxiliis provinciarum et exercituum desperatis, quos in Caesaris potestatem venisse cognoverant, sese dedere sine fraude constituunt. Sed paucis ante diebus L. Domitius cognita Massiliensium voluntate navibus III comparatis, ex quibus II familiaribus suis attribuerat, unam ipse conscenderat, nactus turbidam tempestatem profectus est. Hunc conspicatae naves, quae missu Bruti consuetudine cotidiana ad portum excubabant, sublatis ancoris sequi coeperunt. Ex his unum 4

Obulco 16 Tage. Der Weg von Ilerda nach Gades, den Cäsar nach der Capitulation der Afranianer zurücklegte, ist um ein Viertel kürzer, als der von Massilia nach Obulco; also würde Cäsar 12 Tage gebraucht haben, ihn zurückzulegen. Es ist aber dieser Weg viel unwegsamer, als die in jenem eingeschlossene Strecke von Gallien; ausserdem musste er diesmal die Reise, wenn auch nicht mit den Legionen, so doch mit Reitern (2.19,1) machen, was einen bedeutenden Unterschied macht; endlich hielt er sich wenigstens noch 2 Tage nach der Capitulation in Ilerda (1. 87, 4) und zwei Tage in Corduba auf (2. 21, 2). Man wird also nicht zu viel rechnen, wenn man annimmt, dass die Reise wenigstens 20 Tage in Anspruch genommen hat und Cäsar nicht vor dem 22. August in Gades eingetroffen ist. Hier hat er sich ohne Zweifel einige Tage aufgehalten (2. 21, 3) und ist dann zu Schiffe nach Tarraco gereist, wie er selbst sagt (2. 21, 4) *paucis diebus*, was zusammen wenigstens 8 Tage erforderte. Rechnen wir nun auf die Landreise von Tarraco nach Massilia wieder 8 Tage, so erhalten wir als das wahrscheinliche Datum seiner Ankunft vor Massilia den 9. September. Hiernach ist das Gesetz des

Lepidus über Cäsars Dictatur vermuthlich am 31. August durchgegangen und, da ohne Zweifel das gesetzliche Trinundinum dabei eingehalten worden ist, am 15. August promulgirt worden, nachdem die Nachricht von der Capitulation der Afranianer eingegangen war.

22. 1. *auxiliis desperatis*. *Desperare rem* braucht Cäsar nur in der Construction des Abl. absol., sonst sagt er immer *desp. de re*. Die Construction mit dem Dativ findet sich nur an 2 Stellen: B. G. 3. 12, 3: *suis fortunis desperare coeperant*, 7. 50, 4: *sibi desperans*. — *sine fraude* mit Beziehung auf c. 13 u. 14.

2. *nactus turbidam tempestatem*. Die oben 1. 31, 1 angegebene Bedeutung hat *nactus* auch hier, da die stürmische See ein günstiger Umstand für ihn war, da er unbemerkt zu entkommen hoffen konnte, daher § 4 *auxilio tempestatis*.

4. *Ex his* bezieht sich nicht auf die zunächst vorher erwähnten Schiffe des Brutus, sondern auf die drei des Domitius. Dieselbe Nachlässigkeit findet sich z. B. bei Sallust Cat. 17, 3: *in divisione orbis terrae plerique in parte tertia Africam posuere, pauci tantummodo Asiam et Europam, sed Africam*

ipsius navigium contendit et fugere perseveravit auxilioque tempestatis ex conspectu abiit, duo perterrita concursu nostrarum navium sese in portum receperunt. Massilienses arma tormentaque ex oppido, ut est imperatum, proferunt, navis ex portu navalibusque educunt, pecuniam ex publico tradunt. Quibus rebus confectis Caesar magis eos pro nomine et vetustate quam pro meritis in se civitatis conservans duas ibi legiones praesidio reliquit, ceteras in Italiam mittit; ipse ad urbem proficiscitur.

23. Isdem temporibus C. Curio in Africam profectus ex

in Europa. Ea (nämlich Africa) cet., Cic. ad Att. 10. 8, 10: *eo velim tam facili uti possem et tam bono in me quam Curione. Is* (nicht Curio) cet., und mit dem Relativum bei Caes. B. G. 7. 59, 2: *Bellovaci autem defectione Haeduorum cognita, qui* (Bellovaci) *ante erant per se infideles,* cet., Cic. Tusc. 1. 1, 3: *Livius fabulam dedit . . . . anno ante natum Ennium, qui* (Livius) *fuit maior natu quam Plautus et Naevius.* — *contendit:* steuerte angestrengt vorwärts, suchte das Weite zu gewinnen.

6. *pro nomine et vetustate* ist auch, wie so vieles, für Hendiadys gehalten worden; *nomen:* berühmter Name, Ruhm, Berühmtheit. B. G. 4. 16, 7: *nomen atque opinionem exercitus Romani.* Verg. Aen. 2. 89: *Et nos aliquod nomenque decusque Gessimus.* Ebenso ὄνομα. Thuc. 5. 16: τὸ μέγα ὄνομα τῶν Ἀθηνῶν. — *eos - conservans.* Er schützte zwar die Stadt vor Plünderung und Zerstörung und liess ihr wenigstens dem Namen nach ihre Freiheit; aber sie musste ihre Waffen, Schiffe und öffentlichen Gelder ausliefern (Cass. Dio 41. 25. Strabo 4. p. 180) und verlor von dieser Zeit an ihre politische Bedeutung. Bei Cäsars Triumph wurde das Bild der eroberten Stadt zur Schau getragen. Cic. Off. 2. 8. Philipp. 8. 6.

Hier würde der Zeit nach die Erzählung von dem oben zu c. 18, 7 erwähnten Aufstand der 9. Legion zu Placentia am Padus eintreten

müssen, wenn wirklich anzunehmen wäre, dass sie ausgefallen sei, während es ungleich wahrscheinlicher ist, dass Cäsar sich nicht veranlasst fand, den Vorfall zu berichten.

23. 1. *Isdem temporibus* kann nicht die Zeit bezeichnen, wo Massilia capitulirte, sondern es wird damit die Zeit gemeint, in welcher die Ereignisse in Spanien und vor Massilia sich zutrugen. Curios Feldzug in Africa, die Ueberfahrt eingerechnet, dauerte im Ganzen 10 Tage, oder, wenn seine Belagerung von Utica (s. c. 36), was mit Cäsars Angaben sich wohl vereinigen liesse, mehr als einen Tag in Anspruch genommen hat, höchstens 1 oder 2 Tage mehr. Nun kann Curio den Feldzug nicht wohl unternommen haben, bevor er von der für Cäsar günstigen Wendung des Feldzugs in Spanien, die einige Tage vor dem 25. Juli eintrat, Kenntniss erhalten hatte; andererseits hatte er schon am 6ten Tage des Feldzugs, wenn auch noch nicht officielle, Nachricht von der Capitulation der Afranianer, die am 2. August erfolgte. Nehmen wir nun an, dass die erste Nachricht zur See ungefähr in derselben Zeit nach Lilybäum, wie nach Rom, gelangte (s. zu c. 21, 5), die zweite aber, um ins Lager Curios in Africa zu kommen, ein paar Tage mehr brauchte, so hat Curio am 18. August dem Heere des Varus bei Utica gegenüber gestanden (c. 28—32), ist am 13. August von Sicilien nach

Sicilia et iam ab initio copias P. Atti Vari despiciens ii legiones ex iiii, quas a Caesare acceperat, d equites transportabat biduoque et noctibus tribus navigatione consumptis appellit ad eum locum, qui appellatur Anquilaria. Hic locus abest a Clupeis 2 passuum xxii milia habetque non incommodam aestate stationem et duobus eminentibus promuntoriis continetur. Huius adventum 3 L. Caesar filius cum x longis navibus ad Clupeam praestolans, quas naves Uticae ex praedonum bello subductas P. Attius reficiendas huius belli causa curaverat, veritus navium multitudinem ex alto refugerat, appulsaque ad proximum litus trireme constrata et in litore relicta pedibus Adrumetum perfugerat. Id 4 oppidum C. Considius Longus unius legionis praesidio tuebatur. Reliquae Caesaris naves eius fuga se Adrumetum receperunt.

Africa übergefahren und am 22. oder 23. August in der unglücklichen Schlacht gefallen. — *C. Curio:* 1. 30, 2. Er hatte nach der ang. St. von Cäsar die Weisung erhalten *protinus in Africam traducere exercitum.* Seine zu grosse Kühnheit, dass er *despiciens copias Vari* nur zwei Legionen mitnahm, auf die er nicht einmal, da sie früher unter Domitius gedient hatten (s. c. 28), sicher rechnen konnte, bestrafte sich bald, während die Expedition, wenn er sein ganzes Heer mitgenommen hätte, einen anderen Ausgang genommen haben würde. Zu spät wollte er die übrigen Truppen nachkommen lassen c. 37, 4. — *P. Atti Vari:* 1. 31, 2. — *ex IIII, quas a Caesare acceperat:* die 1. 25, 2 nach Sicilien geschickten, zwei Legionen ausmachenden Domitianischen Cohorten und die 1. 30, 2 erhaltenen 2 Legionen. — *noctes navigatione consumere:* die Nächte mit der Fahrt zubringen, *in navigatione cons.:* auf die Fahrt verwenden.

2. *continetur:* wird eingeschlossen. B. G. 3. 1, 5. 4. 23, 3. Die beiden Vorgebirge sind das *promuntorium Mercurii,* östlich (Cap Bon) und das *prom. Apollinis,* westlich, Cap Zibeeb (Mela 1. 7, 2). Kraner. — Nach der Spru-

nerschen Karte lag Anquilaria westlich vom promuntorium Mercurii, sehr nahe dabei. Ich glaube, es hat sehr viel tiefer im Carthagischen Meerbusen gelegen, wenigstens beim promuntorium Herculis; denn die Entfernung des Spronerschen Anquilaria von dem Floss Bagrada beträgt ungefähr 80,000 röm. Schritt und diese will Curio mit dem Heere in zwei Tagen zurückgelegt haben, während nach b. civ. 3. 76 ein iustum iter ein Tagemarsch von ungefähr 20,000 Schritt war. Auch scheinen die Worte *duobus promuntoriis continetur* zwei Vorgebirge zu bezeichnen, welche der Rhede Schutz gewährten und das können unmöglich die beiden von Kraner angegebenen sein. Die Entfernung von Clupea bleibt sich übrigens gleich, mag man den Ort hier oder dorthin verlegen.

3. *L. Caesar filius,* wie 1. 8, 2 *Caesar adulescens.* — *ex* (nach) *praedonum bello:* dem von Pompeius im J. 67 beendigten Seeräuberkriege. — *subductas.* B. G. 4, 29, 2: *quas in aridum subduxerat.* Gegensatz *deducere (in mare).* — *trireme constrata:* 1. 56, 1.

4. *C. Considius Longus.* S. B. Afr. 3 u. folg. — *eius fuga* = postquam fugit; s. 1. 18, 5: *adventus.*

Caesar II. 3. Aufl.   10

5 Hunc secutus Marcius Rufus quaestor navibus xii, quas praesidio onerariis navibus Curio ex Sicilia eduxerat, postquam in litore relictam navem conspexit, hanc remulco abstraxit; ipse ad
Curionem cum classe redit.

24. Curio Marcium Uticam navibus praemittit; ipse eodem
cum exercitu proficiscitur biduique iter progressus ad flumen
2 Bagradam pervenit. Ibi C. Caninium Rebilum legatum cum legionibus reliquit; ipse cum equitatu antecedit ad castra exploranda Corneliana, quod is locus peridoneus castris habebatur.
3 Id autem est iugum directum eminens in mare, utraque ex parte
praeruptum atque asperum, sed tamen paulo leniore fastigio ab
4 ea parte, quae ad Uticam vergit. Abest directo itinere ab Utica
paulo amplius passus mille. Sed hoc itinere est fons, quo
mare succedit longius, lateque is locus restagnat: quem si qui vitare voluerit, vi milium circuitu in oppidum pervenit.

25. Hoc explorato loco Curio castra Vari conspicit muro
oppidoque coniuncta ad portam, quae appellatur bellica, admodum munita natura loci, una ex parte ipso oppido Utica, altera
a theatro, quod est ante oppidum, substructionibus eius operis
2 maximis, aditu ad castra difficili et angusto. Simul animadvertit
multa undique portari atque agi plenissimis viis, quae repentini
3 tumultus timore ex agris in urbem conferantur. Huc equitatum
mittit, ut diriperet atque haberet loco praedae; eodemque tempore his rebus subsidio dc equites Numidae ex oppido peditesque

5. *remulco abstrahere* ins Schlepp-
tau nehmen, bugsiren, ῥυμουλκεῖν.
24. 2. *castra Corneliana* (c. 30,
3 u. 37, 3 *castra Cornelia*) so genannt zum Andenken an den älteren
Scipio, der im zweiten punischen
Kriege dort ein Lager aufschlug
und sich verschanzte, Liv. 29. 35,
13: *Castra hiberna in promontorio,
quod tenui iugo continenti adhae-
rens in aliquantum maris spatium
extenditur, communit (Scipio).* Lucan. 4. 636 fgg. In der Nähe war ein
bequemer Hafen, in dem Scipio seine
Flotte liegen liess.

3. *paulo leniore fastigio* 1. 45, 5.
2. 10, 3.

4. *fons, quo mare succedit longius.* In der Vertiefung zwischen
der Stadt und den *Castra Corn.*
dringt das Meer durch eine dort
fliessende Quelle nach (*succedit*),
dringt unterirdisch ein und bildet
so über eine weite Fläche ausgedehnte Sümpfe.

25. 1. *muro oppidoque:* mit der
Mauer 'und so mit der Stadt'. —
coniuncta: 1. 64, 1. — *altera a
theatro* u. s. w. Das Lager war
von der einen Seite von der Stadt
geschützt, also von dieser gar kein
Zugang zu demselben, von der andern Seite vom Theater her dadurch, dass bei den umfangreichen
Unterbauen desselben nur ein schmaler und schwieriger Zugang war.

2. *portari atque agi.* Liv. 38. 18,
25: *nuntiaverunt — ex campestribus vicis agrisque frequentes demigrare et, — quae ferre et agere
possint, prae se agentes portantes-
que Olympum petere.* So ἄγειν καὶ

cccc mittuntur a Varo, quos auxilii causa rex Iuba paucis diebus
ante Uticam miserat. Huic et paternum hospitium cum Pompeio 4
et simultas cum Curione intercedebat, quod tribunus plebis legem promulgaverat, qua lege regnum Iubae publicaverat. Con- 5
currunt equites inter se; neque vero primum impetum nostrorum Numidae ferre potuerunt, sed interfectis circiter cxx reliqui
se in castra ad oppidum receperunt. Interim adventu longarum 6
navium Curio pronuntiare onerariis navibus iubet, quae stabant
ad Uticam numero circiter cc, se in hostium habiturum loco,
qui non e vestigio ad castra Corneliana traduxisset. Qua pro- 7
nuntiatione facta, temporis puncto sublatis ancoris omnes Uticam relinquunt et quo imperatum est transeunt. Quae res omnium rerum copia complevit exercitum.

26. His rebus gestis Curio se in castra ad Bagradam recipit atque universi exercitus conclamatione imperator appellatur posteroque die exercitum Uticam ducit et prope oppidum
castra ponit. Nondum opere castrorum perfecto equites ex 2
statione nuntiant magna auxilia equitum peditumque ab rege
missa Uticam venire; eodemque tempore vis magna pulveris
cernebatur, et vestigio temporis primum agmen erat in conspectu.
Novitate rei Curio permotus praemittit equites, qui primum 3
impetum sustineant ac morentur; ipse celeriter ab opere deductis legionibus aciem instruit. Equitesque committunt proelium 4

φέρειν.

4. *paternum hospitium cum
Pomp.* Pomp. hatte im J. 81 dem
Vater des Juba, Hiempsal, den
Thron von Numidien, das ehemalige
Reich des Jugurtha, gegeben. Plut.
Pomp. 12. Curio hatte im J. 50
darauf angetragen, sein Reich dem
römischen einzuverleiben, *publica-
re, populo Romano addicere* (τὴν
βασιλείαν ἀφελέσθαι καὶ τὴν χώραν δημοσιῶσαι Cass. Dio 41. 41.
Lucan. 4. 687). Es war daher
hauptsächlich Privatrache, die ihn
gegen Curio zu ziehen veranlasste,
οὐ γάρ που ἀπώσασθαι αὐτὸν
μᾶλλόν τι ἢ τιμωρήσασθαι ἐπεθύμει Cass. Dio a. a. O. — *legem,
qua lege.* Cäsar wiederholt häufig
beim Relativum das Substantivum,
auf welches es sich bezieht. S. zu
B. G. 1. 6, 1.
6. *pronuntiare iubet:* 1. 64, 4.

B. G. 2. 5, 6. — *e vestigio* und c.
26, 2 *vestigio temporis;* s. c. 7, 3.
— *quae stabant*, gewöhnlicher Ausdruck: vor Anker liegen. B. Afr.
53: *in statione apud Thapsum stabant.* 3. 28, 1: *in ancoris constiterunt.* 102, 4: *ad ancoram consistere.* — *traduxisset* ohne das nach
*pronuntiare onerariis navibus
iubet* selbstverständliche Object.

26. 1. *imperator appellatur.* Zur
Zeit der Republik wurde nach einem
gewonnenen Siege der Feldherr von
seinen Soldaten als Imperator begrüsst; dieser Titel wurde dann, so
lange das Commando dauerte, dem
Namen nachgesetzt. Nachher wurde
es ein stehender Ehrentitel der Kai-
ser und als solcher wurde er dem
Namen vorgesetzt.

2. *auxilia equitum peditumque:*
1. 42, 3. 60, 5.

et, priusquam plane legiones explicari et consistere possent, tota
auxilia regis impedita ac perturbata, quod nullo ordine et sine
timore iter fecerant, in fugam coniciunt equitatuque omni fere
incolumi, quod se per litora celeriter in oppidum recepit, magnum peditum numerum interficiunt.

27. Proxima nocte centuriones Marsi duo ex castris Curionis cum manipularibus suis xxII ad Attium Varum perfugiunt.
2 Hi, sive vere quam habuerant opinionem ad eum perferunt, sive
etiam auribus Vari serviunt (nam quae volumus, et credimus libenter, et quae sentimus ipsi, reliquos sentire speramus), confirmant quidem certe totius exercitus animos alienos esse a Curione
3 maximeque opus esse in conspectum exercitum venire et collo-
4 quendi dare facultatem. Qua opinione adductus Varus postero
die mane legiones ex castris educit. Facit idem Curio, atque una
valle non magna interiecta suas uterque copias instruit.

28. Erat in exercitu Vari Sextus Quintilius Varus, quem
fuisse Corfini supra demonstratum est. Hic dimissus a Caesare
in Africam venerat, legionesque eas traduxerat Curio, quas superioribus temporibus Corfinio receperat Caesar, adeo ut paucis
mutatis centurionibus idem ordines manipulique constarent.

4. *per litora:* an der Küste hin; der Plural von der Küste in ihrer Ausdehnung, wie oft auch *ripae.*

27. 1. *Marsi:* 1. 15, 7. Die Maeser hatten sich schon in Corfinium nur mit Widerstreben ergeben: 1. 20, 3. — *cum manipularibus suis* xxII: 1. 19, 2.

2. *quam habuerant* (nicht *habuerint*): die sie schon vorher gehabt hatten und nun berichten. — *quae volumus, credimus libenter.* Vergl. B. G. 3. 18, 6. Dem. Olynth. 3, 19: ὃ γὰρ βούλεται, τοῦθ᾽ ἕκαστος καὶ οἴεται. *Et* vor *credimus lib.* ist nicht = *etiam,* wie es Cäsar nie braucht, sondern dem folgenden *et* correspondirend, welche Erklärung die Stellung von *et* nicht hindern kann; denn in correlativen Sätzen mit *et—et, aut—aut* u. s. w. werden nicht selten Wörter, die nur einem der beiden Glieder angehören, beiden vorangesetzt und umgekehrt Wörter, die beiden Gliedern angehören, in eins derselben eingefügt. So steht *et ut* statt *ut et* Cic. ad Att. 3. 6, *ne et* statt *et ne* ebend. 1. 10, *ad te aut* statt *aut ad te* ebend. 2. 19, 5, *si aut* statt *aut si* de fin. 1. 5, 15. Es ist also nicht nöthig zu schreiben: *et, quae volumus, cred. lib. et —,* zumal da es hier offenbar weniger auf die Entgegensetzung von *quae volumus* und *quae sentimus,* als auf die Gegenüberstellung von *et credimus* und *et reliqu. sentire sp.* ankam, so dass bei jener Wortstellung ein grösserer Nachdruck auf jene Worte gelegt würde, als Cäsar beabsichtigte. — *quidem certe.* Mochten sie wirklich diese Meinung haben oder nur etwas dem Varus Angenehmes sagen, sie versicherten wenigstens gewiss (γοῦν) dass —. S. zu B. G. 7. 50, 4: *quoniam me una vobiscum servare non possum, vestrae quidem certe vitae prospiciam.*

28. 1. *supra demonstr. est:* 1. 23, 2. — *Corfinio receperat,* ebenso wenig für *Corfini recep.,* wie 1. 34, 1: *Corfinio captum dimiserat.* Uebrigens ist es bei dieser Erklärung nicht nöthig, mit Held geltend

Hanc nactus appellationis causam Quintilius circuire aciem Cu- 2
rionis atque obsecrare milites coepit, ne primam sacramenti,
quod apud Domitium atque apud se quaestorem dixissent, memoriam deponerent neu contra eos arma ferrent, qui eadem 3
essent usi fortuna eademque in obsidione perpessi, neu pro his
pugnarent, a quibus contumelia perfugae appellarentur. Huc
pauca ad spem largitionis addidit, quae ab sua liberalitate, si se
atque Attium secuti essent, exspectare deberent. Hac habita 4
oratione nullam in partem ab exercitu Curionis fit significatio,
atque ita suas uterque copias reducit.

29. At in castris Curionis magnus omnium incessit timor
animis. Is variis hominum sermonibus celeriter augetur. Unus-

zu machen, dass Cäsar die Truppen nicht in, sondern bei Corfinium übernahm. — *ordines manipulique.* S. Kriegsw. § 12.

2. *ne primam sacramenti – memoriam deponerent.* So Nipperdey nach Handschr. für *primi sacr.* Das Adiectiv gehört allerdings nach unserer Auffassung zu *sacramenti.* Doch ist die Beziehung des Attributs auf das eine Nomen eines zusammengesetzten Begriffs, zu dem es eigentlich nicht gehört (in den meisten Fällen auf das regierende Nomen statt auf den abhängigen Genitiv), auch ausserhalb der Dichtersprache sehr häufig im Latein. Vergl. Tac. Annal. 15. 1: *illum ambiguum novus insuper nuntius contumeliae exstimulat,* wo uns *novas* natürlicher wäre. Liv. 1. 1, 4: *ad maiora rerum initia,* für *maiorum rerum.* 29. 32, 1: *praemiorum ingenti spe oneratus.* (Nicht damit zu vergl. ist B. G. 2. 8, 1. 7. 59, 5. 83, 4: *eximiam* und *maximam virtutis opinionem,* da hier die Attribute zu *opinionem* ganz passend sind). Die Soldaten des Curio hatten zwei Eide geleistet, dem Pompeius und dem Caesar (1. 23, 5), und hatten daher bei der Frage, wem sie folgen sollten, eine doppelte Erinnerung an geleisteten Eid; daher ermahnt Varus sie, die 'erste Erinnerung an den Fahneneid', der sie an

Pomp. binde, nicht aufzugeben, d. h. den ersten Eid nicht zu vergessen; unten c. 32, 7: *prioris sacramenti mentionem faciunt.* — *quod apud Domitium – dixissent* (wie 1. 23, 5), als Stellvertreter des Pomp., dem sie sich durch den Eid verpflichteten. Vergl. c. 18, 5: *provinciam omnem in sua et Pompei verba iusiurandum adigebat.*

3. *huc* (nicht *his*) *addidit* S. 1. 39, 2: *huc adiecerat.* — *contumelia* = *per contumeliam* 1. 9, 2, ausnahmsweise ein Abl. modi bei einem Substantiv ohne Adjectiv, wie B. G. 1. 36, 5: *iniuria bellum illaturum,* B. civ. 1. 66, 1: *silentio copias castris educere,* 2. 14, 5: *eruptione pugnaverunt.* — *ad spem:* 1. 29, 1.

4. *nullam in partem fit significatio:* seine Anrede fand weder offenen Anklang, noch entschiedene Zurückweisung durch Kundgebung der Treue für Caesar. *Nullus* weniger genau für *neuter,* wie auch *quisque* steht für *uterque* und *utercunque,* z. B. Liv. 1. 24, 3, und *qui* für *uter.* S. zu 1. 66, 4.

29. 1. *At* (nicht *atque*): obgleich die Anrede des Varus für den Augenblick nichts bewirkte und die Soldaten nicht verführt hatte, so entstand doch im Lager grosse Besorgniss. — *omnium incessit timor animis,* wie 3. 74, 2 *exercitui omni tantus incessit dolor,* und analog

quisque enim opiniones fingebat et ad id, quod ab alio audierat,
2 sui aliquid timoris addebat. Hoc ubi uno auctore ad plures per-
manaverat atque alius alii tradiderat, plures auctores eius rei vi-
3 debantur. . . civile bellum; genus hominum, cui liceret libere facere et sequi quod vellet; legiones eae, quae paulo ante apud
adversarios fuerant (nam etiam Caesaris beneficium mutaverat
4 consuetudo, qua offerrentur . . . . . .); municipia etiam adversis
partibus coniuncta (neque enim ex Marsis Pelignisque veniebant,
ut qui superiore nocte . . . . . . in contuberniis commilitesque
nonnulli graviora . . . . . . sermones militum dubii durius accipiebantur, nonnulli etiam ab iis, qui diligentiores videri volebant,
fingebantur.

30. Quibus de causis consilio convocato de summa rerum
deliberare incipit. Erant sententiae, quae conandum omnibus
modis castraque Vari oppugnanda censerent, quod in huiusmodi
militum consiliis otium maxime contrarium esse arbitrarentur:

Cic. ad Fam. 16. 12, 2: *mirus invasit furor non solum improbis, sed
etiam iis* u. s. w. Sonst finden sich
bei Cic. und Caes. keine Beispiele
für *incedere* und *incadere* mit Dat.,
der sich oft bei Livius und Sallust
findet. S. den Anhang.

3. u. 4. *civile bellum* u. s. w. Die
ganze Stelle ist vielfach verdorben
und lückenhaft; doch lässt sich wenigstens in der Hauptsache der Sinn
und Zusammenhang erkennen. Cäsar
giebt die Gründe an, aus denen in
Curio's Lager Furcht herrschte
(nicht, wie Held meint, die Gründe,
welche die Soldaten zur Unzufriedenheit brachten): 1. dass es ein
Bürgerkrieg war, den man führte
(s. 1. 67, 3. Tac. Hist. 2. 29: *gna-
rus civilibus bellis plus militibus,
quam ducibus licere*); 2. die Menschen, die betheiligt sind; 3. der
Umstand, dass die Legionen noch
jüngst auf der Seite des Gegners
standen; 4. (wie wenigstens Nipperdey die Worte fasst) dass die
Municipien, aus denen die Legionen
ausgehoben waren (1. 15, 7), dem
Pomp. geneigt waren. [Vielleicht
ist vor *civile erat* zu setzen; eben
so heisst es bei einer ähnlichen

Schilderung c. 36, 1: *Erat in oppido multitudo – Uticenses amicissimi, conventus is, qui – constaret,
terror ex sup. proeliis magnus.*
Nipperdey meint, dass am Schlusse
mit anderen Worten das Verb. ausgefallen sei, wie *terrebant* oder *satis magnae timoris causae videbantur.*] Ueber die folgenden Worte
s. den Anhang.

30. 1. *consilio* (nicht *concilio*, s.
c. 32, 1) Kriegsrath der höheren
Officiere. — *summa rerum*, die gesammte Lage der Dinge, anders 1.
21, 6. — *Erant sententiae, quae –
censerent.* B. G. 7. 77, 2: *variis
dictis sententiis, quarum pars censebat* u. ö. Das Prädicat ist nicht
der Person, die stimmt, sondern der
abgegebenen Stimme, durch die die
Meinung erklärt wird, gegeben
(Nägelsbach Stil. p. 407). So wird
auch c. 31, 1 der *sententia animus*
beigelegt: *quantum alteri sententiae deesset animi.* — *conandum:*
c. 5, 5. — *contrarium:* was den
entgegengesetzten Erfolg hat, ver-
derblich. — *quod arbitrarentur.*
Ueber den Coniunct. s. zu B. G. 1.
23, 3: *quod Romanos discedere existimarent* (oben 1. 87, 3). Zur Sa-

postremo praestare dicebant, per virtutem in pugna belli fortu- 2
nam experiri, quam desertos et circumventos ab suis gravissi-
mum supplicium perpeti. Erant, qui censerent de tertia vigilia 3
in castra Cornelia recedendum, ut maiore spatio temporis interiecto militum mentes sanarentur, simul, si quid gravius accidisset, magna multitudine navium et tutius et facilius in Siciliam
receptus daretur.

31. Curio utrumque improbans consilium, quantum alteri
sententiae deesset animi, tantum alteri superesse dicebat: hos
turpissimae fugae rationem habere, illos etiam iniquo loco dimicandum putare. Qua enim, inquit, fiducia et opere et natura loci 2
munitissima castra expugnari posse confidimus? Aut vero quid 3
proficimus, si accepto magno detrimento ab oppugnatione castrorum discedimus? Quasi non felicitas rerum gestarum exercitus
benevolentiam imperatoribus et res adversae odia colligant!
Castrorum autem mutatio quid habet nisi turpem fugam et despe- 4
rationem omnium et alienationem exercitus? Nam neque pudentes suspicari oportet sibi parum credi, neque improbos scire
sese timeri, quod illis licentiam timor augeat noster, his studia
deminuat. 'Quod si iam', inquit, 'haec explorata habeamus, quae 5
de exercitus alienatione dicuntur, quae quidem ego aut omnino

che vergl. Lucan. 4. 703: *Variam semper dant otia mentem; Eripe consilium pugna.*

3. *de tertia vigilia:* 1. 51, 4. — *sanarentur*, wie 1. 35, 2.

31. 1. *hos — illos.* Beachte die Beziehung der Pron. auf ihre entsprechenden Sätze und vergl. damit die umgekehrte Stellung § 4: *illos — his.* Zumpt § 700.

2. *et opere et natura l. munit.:* c. 37, 5: *natura loci et munitione.* B. G. 3. 23, 2. 5. 57, 1: *natura loci et manu munitus.*

3. *Quasi* schiebt der fremden Behauptung eine Vorstellung unter, die, wenn sie wahr wäre, jene stützen würde, da sie aber offenbar unhaltbar ist, dieselbe widerlegt. S. Seyffert Scholae Lat. I, p. 124.

4. — *quid habet, nisi t. fugam.* S. zu 1. 63, 2. — *desperationem omnium* ist Neutrum: Verzweiflung an Allem, völliges Aufgeben aller Hoffnung: 1. 11, 3: *pacis de-*

sperationem. — *pudentes:* Leute von Ehrgefühl, die sich scheuen würden, ihre Pflicht zu verletzen und Achtung vor dem Gesetze haben, aber ebendeswegen durch Misstrauen sich verletzt fühlen würden. Cic. Fam. 10. 18, 1: *accidit mihi, quod homini pudenti et cupido satisfaciendi reipublicae bonisque omnibus accidere solet.* B. G. 1. 40, 14: *pudor atque officium.* Liv. 5. 46, 7: *adeo regebat omnia pudor.* — *quod augeat — deminuat.* Der Coniunctiv zum Ausdruck der subiectiven Vorstellung von der Möglichkeit des *augere* und *deminuere*, wenn das vorher Erwähnte geschähe (= weil, wenn das geschieht, die Furcht — vermehren dürfte = Optativ mit ἄν). Vergl. damit die verschiedene Ausdrucksform: *quod auget* (oder *augebit*) und *quod augeret.* Dasselbe Verhältniss waltet ob in dem hypothetischen Satze § 5: *quod si haec ex-*

falsa aut certe minora opinione esse confido, quanto haec dissi-
6 mulari et occultari, quam per nos confirmari praestet? An non,
uti corporis vulnera, ita exercitus incommoda sunt tegenda, ne
7 spem adversariis augeamus? At etiam, ut media nocte profici-
scamur, addunt, quo maiorem, credo, licentiam habeant, qui
peccare conentur. Namque huiusmodi res aut pudore aut metu
8 tenentur, quibus rebus nox maxime adversaria est. Quare neque
tanti sum animi, ut sine spe castra oppugnanda censeam, neque
tanti timoris, ut ipse deficiam, atque omnia prius experienda
arbitror magnaque ex parte iam me una vobiscum de rè iudicium
facturum confido'.

32. Dimisso consilio contionem advocat militum. Commemorat, quo sit eorum usus studio ad Corfinium Caesar, ut magnam partem Italiae beneficio atque auctoritate eorum suam fe-
2 cerit. 'Vos enim vestrumque factum omnia', inquit, 'deinceps municipia sunt secuta, neque sine causa et Caesar amicissime de
vobis et illi gravissime iudicaverunt. Pompeius enim nullo proelio

---

plorata habeamus — praestet.
7. *credo,* eingeschaltet wie *opinor, puto, οἶμαι,* in ironischer Bedeutung. — *huiusmodi res:* dergleichen meuterische Pläne. — *tenentur:* retinentur, continentur. 3.
107, 1. B. G. 4. 22, 4 (falsch
Schneider zu B. G. 6. 12, 7 = sal-
vae manent, conservantur). — *quibus — nox — adversaria.* S. zu 1.
67, 4.

8. *ut ipse deficiam:* dass ich
selbst auch den Muth verliere
(wie *animo deficere* 43, 1. 1. 19, 1),
wie die Anderen. 'Selbst auch
giebt Cicero sammt seinen Zeitgenossen nicht oft mit *et ipse,* wie
Livius und die späteren Historiker
und die Dichter, sondern, wenn er
nicht *item:* ingleichen auch, sagt,
mit *ipse* allein, d. h. der Begriff des
auch wird aus dem Zusammenhan-
ge supplirt' Nägelsb. Stil. p. 247,
wo u. a. vergl. wird Cic. ad Att. 9.
6, 3: *Pompeius mare transiit. De
hac re litterae Capuam allatae sunt
ab Clodia socru, quae ipsa transiit.*
Uebrigens will Koch *ut spe deficiam* lesen, weil hier von einem Gegensatz zu andern auch den Muth

Verlierenden nicht die Rede sei,
sondern vielmehr das allzugrosse
Vertrauen und die allzugrosse Zag-
haftigkeit einander gegenüber gestellt würden. Sein anderes Bedenken, das einfache *deficere* in der Bedeutung 'muthlos werden' sei noch
erst nachzuweisen, lässt sich beseitigen durch Cic. ad Att. 1. 16, 9:
*ne una plaga accepta patres con-
scripti conciderent, ne deficerent.*
— *magnaque ex parte – confido.* Er
hofft, dass er, wenn er mit den Soldaten, deren wahre Gesinnung noch
nicht klar erkannt war, gesprochen
haben würde, alsbald einem grossen
Theile nach, im Wesentlichen mit
ihnen übereinstimmend einbestimm-
tes Urtheil fällen werde, während
er jetzt sich keiner der beiden
Ansichten, die auf der vorgefassten
Meinung von der Stimmung im
Heere beruhten, anschliessen könne.

32. 1. *auctoritate,* wie 1. 35, 1:
totius Italiae auctoritatem sequi.

2. *illi gravissime iudicaverunt.*
Das folg. *Pompeius enim — Italia excessit* stellt es ausser Zweifel,
dass *illi* nicht auf die Bewohner der
Municipia gehen könne, sondern auf

pulsus vestri facti praeiudicio demotus Italia excessit; Caesar me, quem sibi carissimum habuit, provinciam Siciliam atque Africam, sine quibus urbem atque Italiam tueri non potest, vestrae fidei commisit. Adsunt, qui vos hortentur, ut a nobis desciscatis. 3 Quid enim est illis optatius, quam uno tempore et nos circumvenire et vos nefario scelere obstringere? aut quid irati gravius 4 de vobis sentire possunt, quam ut eos prodatis, qui se vobis omnia debere iudicant, in eorum potestatem veniatis, qui se per vos perisse existimant? An vero in Hispania res gestas Caesaris 5 non audistis? duos pulsos exercitus, duos superatos duces, duas receptas provincias? haec acta diebus xl, quibus in conspectum adversariorum venerit Caesar? An, qui incolumes resistere non 6 potuerunt, perditi resistant? vos autem incerta victoria Caesarem secuti diiudicata iam belli fortuna victum sequamini, cum vestri officii praemia percipere debeatis? Desertos enim se ac proditos 7

die Gegner bezogen werden müsse, was auch ohne nähere Bezeichnung durch den Gegensatz und die Sache selbst verständlich sein musste (s. 1. 59, 2); nur heisst *gravissime iudicaverunt* nicht: 'sie machten euch bittere Vorwürfe', was nicht in den Zusammenhang passt, sondern: sie legten eurer That grosses Gewicht bei; denn Pomp. verliess, *vestri facti praeiudicio demotus*, Italien. Den Worten *Caesar amicissime de vobis iudicavit* entspricht *Caesar me — vestrae fidei commisit. — vestri facti praeiudicio:* durch die Vorentscheidung eurer That, d. h. die euere That gab, der Vorgang, das Beispiel, indem er daraus einen Schluss auf die Entschliessung der Uebrigen machen konnte. '*Praeiudicium dicitur res, quae cum statuta fuerit, affert iudicaturis exemplum, quod sequantur*' Ascon. zu Cic. Div. in Caecil. 4, 12. S. unten § 13. — *demotus* nur hier bei Cäsar.

3. *optatius*. S. B. G. 8. 41, 2. — *nefario scelere obstringere:* 1.11,2.

4. *gravius de vobis sentire:* prägnant: Schlimmeres von euch denken (erwarten, dass ihr es thun werdet), euch zumuthen, dass ihr es thun sollt, daher *quam ut —,* wie c. 31, 7 *addunt ut.*

5. *An* dient wie *quasi* zur Widerlegung, indem es einen Gedanken einführt, der, wenn er wahr wäre, die vorangegangene Behauptung stützen würde, da er aber falsch ist, sie widerlegt oder wenigstens erschüttert. *An* ist = *neque enim, an non = nam.* Also: Ihr handelt verkehrt, wenn ihr das thot; denn ihr habt ja gehört, dass Cäsar in Spanien Sieger ist. Ebenso gleich nachher *An qui. — in Hispania* soll durch die ungewöhnliche Wortstellung hervorgehoben werden. — *diebus* xl, *quibus.* S. zu 1. 48, 1: *biduo quo.* — Zur Sache s. 1. 87 letzte Anmerk. Uebrigens ist es auffallend, dass hier und § 13 die Eroberung Spaniens als schon bekannt vorausgesetzt wird, während c. 37, 2 davon als von einer erst eintreffenden Nachricht die Rede ist. Es kann jedoch hier von einem Gerüchte, dort von dem Eintreffen der officiellen Nachricht die Rede sein, zumal da beides nur zwei Tage auseinander liegt.

7. *desertos enim* ist ein Einwurf, den Curio aus dem Sinne der Gegner sich macht, um ihn zu wider-

8 a vobis dicunt et prioris sacramenti mentionem faciunt. Vosne
vero L. Domitium, an vos Domitius deseruit? Nonne extremam
pati fortunam paratos proiecit ille? nonne sibi clam vobis salutem fuga petivit? nonne proditi per illum Caesaris beneficio estis
9 conservati? Sacramento quidem vos tenere qui potuit, cum proiectis fascibus et deposito imperio privatus et captus ipse in alienam venisset potestatem? Relinquitur nova religio, ut eo neglecto sacramento, quo tenemini, respiciatis illud, quod deditione
10 ducis et capitis deminutione sublatum est. At, credo, si Caesarem probatis, in me offenditis. Qui de meis in vos meritis prae-

legen. Dieser Einwurf ist nicht, wie er wohl konnte, mit den in diesem Falle gewöhnlich gebrauchten Partikeln *at* oder *at enim* eingeführt, sondern an das unmittelbar Vorhergebende angefügt. Ihr solltet den Besiegten euch anschliessen? Freilich sollt ihr das, denn sie behaupten u. s. w.

8. *extremam pati fortunam paratos proiecit.* S. 1. 19. und 20. — *clam vobis* die einzige Stelle bei Cäsar und in der classischen Prosa überhaupt, wo *clam* wie eine Präpos. mit dem Abl. eines Nomens verbunden wird; häufig bei den Komikern, die auch den Accus. bei *clam* haben (nachgeahmt B. Hisp. 3, 2. 35, 3). Das Unwürdige der heimlichen Flucht wird passend auch durch *sibi salutem petiit* (sonst blos *salutem fuga petere*) bezeichnet: er suchte für sich Rettung, indem er euch Preis gab, wie dies auch seine Leute aussprachen 1. 20, 2: *proiectis omnibus fugae consilium capere.* Vergl. zu B. G. 2. 11, 5: *omnes in fuga sibi praesidium ponerent.* 1. 53, 2: *sibi salutem repererunt.*

9. *Relinquitur nova religio:* ironische Folgerung aus dem Vorhergehenden: es bleibt also eine ganz neue Art von Verpflichtung — *capitis deminutione:* da er *captus in alienam venit potestatem.* Becker Röm. Alterth. 2. 1. p. 100: 'Die Stellung, welche der Freie in dem staatsbürgerlichen Vereine, sowohl in Bezug auf öffentliche als auf Privatverhältnisse (z. B. als *civis* oder *Latinus*, als *sui iuris* oder *alieni iuris*) einnimmt, und wodurch der Grad seiner Rechtsfähigkeit bedingt wird, heisst mit Rücksicht auf seine Persönlichkeit, welcher diese Stellung zukömmt, sein *caput* und jede Verschlechterung dieser Stellung, durch welche eine Verminderung der Rechtsfähigkeit herbeigeführt wird, ist eine *capitis deminutio.* Da aber eine solche Verschlechterung in der dreifachen Relation der Freiheit, der Civität und der Familienunabhängigkeit gedacht werden kann, so ergiebt sich auch eine dreifache *capitis deminutio, maxima, minor* oder *media,* und *minima*'. Die erste trat auch ein, wenn einer durch Kriegsgefangenschaft seiner Freiheit beraubt wurde; doch wurden seine Rechte in diesem Falle nur als suspendirt betrachtet und er trat, wenn er wieder frei wurde, durch das *ius postliminii* wieder in dieselben ein. Becker p. 109.

10. *At credo,* ein neuer Einwurf, den sich Curio macht. Das beigesetzte *credo* giebt dem Einwurf einen ironischen Anstrich und deutet von vorn herein an, dass derselbe unhaltbar ist. S. Seyffert Scholae Lat. 1, p. 130. — *Qui de meis.* Die Widerlegung ist hier durch ein Relativum unmittelbar mit dem zu wi-

dicaturus non sum, quae sunt adhuc et mea voluntate et vestra exspectatione leviora; sed tamen sui laboris milites semper eventu belli praemia petiverunt, qui qualis sit futurus, ne vos quidem dubitatis: diligentiam quidem nostram, aut, quem ad finem adhuc 11 res processit, fortunam cur praeteream? An paenitet vos, quod 12 salvum atque incolumem exercitum nulla omnino nave desiderata traduxerim? quod classem hostium primo impetu adveniens profligaverim? quod bis per biduum equestri proelio superaverim? quod ex portu sinuque adversariorum ducentas naves oneratas abduxerim eoque illos compulerim, ut neque pedestri itinere neque navibus commeatu iuvari possint? Hac vos fortuna atque 13 his ducibus repudiatis Corfiniensem ignominiam, Italiae fugam,

derlegenden Satze verbunden. Seyffert a. a. O. p. 149 führt an Cic. p. Arch. §. 8: *Hic tu tabellas desideras Heracliensium publicas, quas Italico bello incenso tabulario interisse scimus*, p. Rosc. Am. § 52: *Convivia cum patre non inibat. Quippe qui ne in oppidum quidem nisi perraro veniret.* — *sed tamen sui laboris — praemia petiverunt.* Zusammenhang: meine Verdienste um euch, die persönlichen Vortheile, die ihr von mir habt, sind noch gering; indess (solltet ihr auch jetzt noch keinen Anspruch darauf machen, denn) der Soldat hat von jeher den Lohn seiner Anstrengung erst mit und durch den Ausgang des Kriegs zu erhalten gehofft (vergl. c. 39, 3: *iam de praemiis vestris — cogitare incipiamus*), und dieser Ausgang des Kriegs kann auch euch nicht (*ne – quidem*) zweifelhaft sein, wenigstens kann ich mich der Eigenschaften rühmen, durch die er herbeigeführt werden kann.

11. *diligentiam.* So öfter von der Thätigkeit, der sorgfältigen und pünktlichen Erfüllung der Feldherrnpflicht (B. G. 1. 40, 4: *cur de sua virtute aut de ipsius diligentia desperarent*) und dem Diensteifer der Soldaten: 3. 61, 3. 64, 3. B. G. 3. 21, 3. — *quem ad finem adhuc res processit* (nicht *processerit*) parenthetisch den Umfang der *fortuna*

limitirend: so weit nämlich die Sache bis jetzt gediehen ist, da ich bis jetzt immer glücklich gewesen bin (= *fortunam, qua adhuc usus sum*).

12. *an paenitet vos, quod — traduxerim:* seid ihr unzufrieden damit? genügt es euch nicht? Cic. de Off. 1. 1, 2: *tam diu velle* (discere) *debebis, quoad te, quantum proficias, non paenitebit.* Liv. 4. 58, 10: *tamquam paeniteat laboris, novum bellum parari.* — *oneratas.* Heissen auch beladene Schiffe, ohne specielle Angabe der Ladung selbst, gewöhnlich *onustas* (s. 3. 8, 3), so liegt doch schwerlich in dem Worte selbst ein Grund, dass es nicht auch absolut in jenem Sinne gebraucht werden könnte, wie *onerare* B. G. 5. 1, 2: *ad celeritatem onerandi. Naves onerarias* (was man aufgenommen hat) würde blos die Classe von Schiffen bezeichnen, während Curio's Verdienst und Glück durch *oneratas* offenbar mehr hervortritt, da er durch diesen Fang *omni rerum copia complevit exercitum* c. 25, 7.

13. *Corfiniensem ignominiam:* der Schmach von Corfinium u. s. w., stärker und treffender zur Hebung des Contrastes und Bezeichnung der jenseitigen Lage durch die Abstracta, als wenn dieselben auf ihren concreten Inhalt zurückgeführt würden: denjenigen, welche die Schmach

14 Hispaniarum deditionem, Africi belli praeiudicia sequimini! Equidem me Caesaris militem dici volui, vos me imperatoris nomine appellavistis. Cuius si vos paenitet, vestrum vobis beneficium remitto, mihi meum nomen restituite, ne ad contumeliam honorem dedisse videamini'.

33. Qua oratione permoti milites crebro etiam interpellabant, ut magno cum dolore infidelitatis suspicionem sustinere 2 viderentur, discedentem vero ex contione universi cohortantur, magno sit animo, necubi dubitet proelium committere et suam 3 fidem virtutemque experiri. Quo facto commutata omnium et voluntate et opinione consensu summo constituit Curio, cum 4 primum sit data potestas, proelio rem committere, posteroque die productos eodem loco, quo superioribus diebus constiterat, 5 in acie collocat. Ne Varus quidem Attius dubitat copias producere, sive sollicitandi milites sive aequo loco dimicandi detur occasio, ne facultatem praetermittat.

34. Erat vallis inter duas acies, ut supra demonstratum est, non ita magna, at difficili et arduo ascensu. Hanc uterque, si adversariorum copiae transire conarentur, exspectabat, quo aequiore 2 loco proelium committeret. Simul ab sinistro cornu P. Attii

betroffen hat. Was hier durch das Adiect. *Corfiniensis ign.* ausgedrückt ist, konnte eben auch durch den Genit. gegeben werden, wie *Italiae fugam* (die Flucht, die in Italien vor sich ging) nach dem zu 1. 4, 5: *iter Asiae Syriaeque*, besprochenen freieren Gebrauch des Genitivs. Vergl. noch B. Alex. 42, 4 *fuga Pharsalici proelii* und s. zu B. G. 7. 28, 4: *Cenabi caede = Cenabensi caede*. Anders dagegen und ganz eigentlich zu fassen ist *Hispaniarum deditionem:* 'die Unterwerfung der beiden Spanien', wie schon *Hispaniarum* zeigt, da Cäsar, wenn es heissen sollte, wie man erklärt hat: 'die Unterwerfung in Spanien', offenbar nicht die beiden Provinzen, deren Ergebung durch die Besiegung der beiden Legaten erfolgte, ausdrücklich genannt hätte. — *Africi belli praeiudicia:* der Verlauf des ganzen africanischen Kriegs, auf den man aus dem bisherigen Gange desselben schliessen kann.

33. 1. *ut — viderentur:* wie B. G. 2. 28, 3: *ut misericordia usus videretur*, 5. 33, 1. 6. 1, 3 = *cerni, intellegi*, φαίνεσθαι mit dem Particip.

5. *Ne Varus quidem:* auch V. nicht (wie οὐδέ); c. 32, 10. B. G. 5. 44, 5: *ne Vorenus quidem sese vallo continet*. Der volle Name des Mannes ist *P. Attius Varus* (c. 23, 1); *Attius* ist das nomen, *Varus* das cognomen. Erst in der Kaiserzeit wurde es üblich das cognomen dem nomen voranzustellen, wie es namentlich Velleius fast immer thut; indessen auch aus dieser Zeit finden sich einige Beispiele dieses Gebrauchs. Caes. B. civ. 3. 83, 1 *Spintherque Lentulus*, Cic. ad Att. 11. 12, 1 *Balbus Cornelius*, Nepos Hann. 4, 4 *L. Paullus Aemilius*. In Sall. Jug. 27, 1 *L. Bestia Calpurnius* hat Mommsen nach der besten Handschrift *Calpurnius* beseitigt.

34. 1. *supra:* c. 27, 4. — *si conarentur, exspectabat:* 1. 5, 5. 83,

equitatus omnis et una levis armaturae interiecti complures, cum
se in vallem demitterent, cernebantur. Ad eos Curio equitatum 3
et ii Marrucinorum cohortis mittit; quorum primum impetum
equites hostium non tulerunt, sed admissis equis ad suos refugerunt: relicti ab his qui una procurrerant levis armaturae circumveniebantur atque interficiebantur ab nostris. Huc tota Vari
conversa acies suos fugere et concidi videbat. Tunc Rebilus, 4
legatus Caesaris, quem Curio secum ex Sicilia duxerat, quod
magnum habere usum in re militari sciebat, 'Perterritum', inquit,
'hostem vides, Curio: quid dubitas uti temporis opportunitate?'
Ille unum elocutus, ut memoria tenerent milites ea, quae pridie 5
sibi confirmassent, sequi sese iubet et praecurrit ante omnes.
Adeo erat impedita vallis, ut in ascensu nisi sublevati a suis primi
non facile eniterentur. Sed praeoccupatus animus Attianorum 6
militum timore et fuga et caede suorum nihil de resistendo cogitabat, omnesque se iam ab equitatu circumveniri arbitrabantur.
Itaque priusquam telum abici posset aut nostri propius accederent, omnis Vari acies terga vertit seque in castra recepit.

85. Qua in fuga Fabius Pelignus quidam ex infimis ordinibus de exercitu Curionis primum agmen fugientium consecutus
magna voce Varum nomine appellans requirebat, uti unus esse
ex eius militibus et monere velle aliquid ac dicere videretur. Ubi 2
ille saepius appellatus aspexit ac restitit et, quis esset aut quid
vellet, quaesivit, humerum apertum gladio appetit paulumque

---

1 u. ö.

3. *admissis equis.* B. G. 1. 22,
2. — *levis armaturae* hängt von
qui una procurrerant ab, wie § 2
von *complures. Levis armatura*
wird nicht blos im Genit. qualit.
einem Subst. beigegeben, wie 3. 62,
3: *levis armaturae militibus*, sondern bezeichnet geradezu die Trup-
pengattung, wie 3. 45, 3: *levis armaturae magna multitudine missa.*
3. 62, 2: *magnum numerum levis
armaturae et sagittariorum.*

4. *Rebilus:* 1. 26, 3. 2. 24, 2.

6. *praeoccupatus animus*, nicht
praeoccupati animi, wenngleich in
Beziehung auf eine Mehrheit, in
welchem Falle im Lat. auch Abstracta gewöhnlich concret gefasst
werden und als mehreren Indivi-
duen zugehörig im Plural stehen;

vergl. z. B. c. 27, 2: *totius exercitus animos alienos esse a Curione.*
Jedoch bleibt in mehr abstractem
Sinne der Singular, besonders von
animus sehr häufig, wie man z. B.
immer sagt *bono animo esse, animo ad dimicandum parati* (3. 85, 4.
B. G. 7. 19, 5), *animo deficere* (neben *animis concidere* 8. 19, 6), vergl.
3. 84, 1: *perspectum habere militum animum.* B. G. 7. 70, 3: *nostris animus augetur* (doch auch
addere animos hostibus u. a.) Beides Cic. de Nat. Deor. 2. 4, 12:
*omnibus in animo quasi insculptum
esse* und dann *in animis hominum
informatas deorum notiones.*

35. 1. *Fabius Pel. qu. ex infimis ordinibus.* S. zu 1. 46, 4. —
consecutus: 1. 15, 3.

2. *humerum apertum.* In dem

afuit, quin Varum interficeret; quod ille periculum sublato ad eius conatum scuto vitavit. Fabius a proximis militibus circum-
3 ventus interficitur. Hac fugientium multitudine ac turba portae castrorum occupantur atque iter impeditur, pluresque in eo loco
4 sine vulnere quam in proelio aut fuga intereunt, neque multum afuit, quin etiam castris expellerentur, ac nonnulli protinus eo-
5 dem cursu in oppidum contenderunt. Sed cum loci natura et munitio castrorum aditum prohibebant, tum quod ad proelium egressi Curionis milites iis rebus indigebant, quae ad oppugna-
6 tionem castrorum erant usui. Itaque Curio exercitum in castra reducit, suis omnibus praeter Fabium incolumibus, ex numero ad-versariorum circiter DC interfectis ac *multis* vulneratis; qui omnes discessu Curionis multique praeterea per simulationem vulnerum
7 ex castris in oppidum propter timorem sese recipiunt. Qua re animadversa Varus et terrore exercitus cognito, bucinatore in castris et paucis ad speciem tabernaculis relictis, de tertia vigilia silentio exercitum in oppidum reducit.

36. Postero die Curio obsidere Uticam et vallo circummu-nire instituit. Erat in oppido multitudo insolens belli diuturni-tate otii, Uticenses pro quibusdam Caesaris in se beneficiis illi amicissimi, conventus is, qui ex variis generibus constaret, terror

Worte *apertus* liegt nichts, was uns nöthigt, an die rechte Seite zu denken, da es ebenso gut die linke sein kann, wenn Varus für den Augenblick, da er einen Angriff nicht erwartete, den Schild nicht er-hoben hatte, um sich zu decken. Dies zeigt deutlich *sublato scuto*, das eher auf die linke Seite hinweist, von der er durch rasches Emporhe-ben des mit der linken Hand getra-genen Schildes den Angriff ab-wehrte.

3. *Hac fug. multitudine* (bei die-ser Menge) schliesst sich an c. 34, 6 an.

6. *DC interfectis ac multis vul-neratis. multis* ist Vermuthung. App. 2. 44: Κουρίωνος μὲν εἷς ἀνὴρ ἔπεσεν, Οὐάρου δὲ ἑξακόσιοι καὶ κατετρώθησαν ἔτι πλείονες zeigt wenigstens, dass es nicht heissen kann *DC interfectis ac vul-neratis;* zwei Handschr. haben *milla,* die Kopenhagener hat *CC.* —

per simulationem vulnerum. S. 1. 9, 4.

7. *Varus.* Ueber die Stellung des Subiects zwischen den beiden Participialsätzen s. zu 3. 76, 1. — *bucinatore.* S. Kriegsw. § 24.

36. 1. *multitudo* nicht 'eine Menge', sondern 'die Menge, das Volk', B. G. 1. 17, 2. 4. 27, 4. 5. 27, 3 u. ö. Diese Menge, die durch das geflüchtete Landvolk vergrössert wurde, wird unterschieden von den Bürgern von Utica (*Uticenses*) und diese wieder von den dort sich auf-haltenden römischen Bürgern (*con-ventus*). — *insolens belli* wie *insue-tus* (1. 44, 4) mit Genit. Sall. Cat. 3, 4: *insolens malarum artium.* — *pro quibusd. Caesaris in se benef.:* B. G. 5. 54, 2. — *conventus:* 1. 14, 5. 2. 19, 3. — *qui constaret:* von der Art, dass —. c. 29, 2: *genus hominum, cui liceret.* Der Conven-tus war aus Leuten verschiedener politischer Gesinnung gemischt, so

ex superioribus proeliis magnus. Itaque de deditione omnes 2
palam loquebantur et cum P. Attio agebant, ne sua pertinacia
omnium fortunas perturbari vellet. Haec cum agerentur, nuntii 3
praemissi ab rege Iuba venerunt, qui illum adesse cum magnis
copiis dicerent et de custodia ac defensione urbis hortarentur.
Quae res eorum perterritos animos confirmavit.

37. Nuntiabantur haec eadem Curioni, sed aliquamdiu fides
fieri non poterat: tantam habebat suarum rerum fiduciam. Iam- 2
que Caesaris in Hispania res secundae in Africam nuntiis et litteris perferebantur. Quibus rebus omnibus sublatus nihil contra
se regem ausurum existimabat. Sed ubi certis auctoribus com- 3
perit minus xxv milibus longe ab Utica eius copias abesse, relictis munitionibus sese in castra Cornelia recepit. Huc frumen- 4
tum comportare, castra munire, materiam conferre coepit statimque in Siciliam misit, uti duae legiones reliquusque equitatus ad
se mitteretur. Castra erant ad bellum ducendum aptissima natu- 5
ra loci et munitione et maris propinquitate et aquae et salis copia,
cuius magna vis iam ex proximis erat salinis eo congesta. Non 6
materia multitudine arborum, non frumentum, cuius erant ple-
nissimi agri, deficere poterat. Itaque omnium suorum consensu
Curio reliquas copias exspectare et bellum ducere parabat.

38. His constitutis rebus probatisque consiliis ex perfugis
quibusdam oppidanis audit Iubam revocatum finitimo bello et
controversiis Leptitanorum restitisse in regno, Saburram, eius
praefectum, cum mediocribus copiis missum Uticae appropinquare. His auctoribus temere credens consilium commutat et 2

dass auch von dieser Seite kein entschiedener Widerstand zu erwarten
war.

37. 1. *fides fieri non poterat:*
eig. es konnte kein Glaube bewirkt,
nicht bewirkt werden, dass er es
glaubte, man konnte keinen Glauben bei ihm finden. S. zu B. G. 6.
41, 2.

3. *longe abesse.* Diese Hinzufügung von *longe* noch B. G. 5. 47, 5.
7. 16, 1. (Madvig Bemerkungen p.
82).

4. *duae legiones:* 'die beiden' in
Sicilien zurückgebliebenen Legionen; denn vier hatte er erhalten,
s. c. 23, 1.

6. *multitudine arborum* causaler

Ablat. S. zu B. G. 3. 29, 2: *continuatione imbrium sub pellibus milites continere non potuit.*

38. 1. *ex perfugis audit.* Er
liess sich durch eine falsche Nachricht verführen, die Juba verbreitete, φοβηθεὶς μὴ καὶ προπυθό-
μενος (dass er selbst mit einem
zahlreichen Heere komme) ἐξανα-
χθείη (οὐ γάρ που ἀπώσασθαι
αὐτὸν μᾶλλόν τι ἢ τιμωρήσασθαι
ἐπεθύμει)· ὀλίγους δέ τινας προ-
πέμψας καὶ προφημίσας ὡς αὐτὸς ἄλλοσέ ποι καὶ πόρρω γε ἀπε-
ληλυθὼς εἴη, ἐφέσπετό τέ σφισι
καὶ οὐ διήμαρτεν ὧν ἤλπισεν
Cass. D. 41. 41. App. 2. 45.

proelio rem committere constituit. Multum ad hanc rem probandam adiuvat adulescentia, magnitudo animi, superioris temporis proventus, fiducia rei bene gerendae. His rebus impulsus equitatum omnem prima nocte ad castra hostium mittit, ad flumen Bagradam; quibus praeerat Saburra, de quo ante erat auditum, sed rex omnibus copiis insequebatur et vi milium passuum intervallo a Saburra consederat. Equites missi nocte iter conficiunt, imprudentis atque inopinantis hostis aggrediuntur. Numidae enim quadam barbara consuetudine nullis ordinibus passim consederant. Ilos oppressos somno et dispersos adorti magnum eorum numerum interficiunt; multi perterriti profugiunt. Quo facto ad Curionem equites revertuntur captivosque ad eum reducunt.

39. Curio cum omnibus copiis quarta vigilia exierat cohortibus v castris praesidio relictis. Progressus milia passuum vi equites convenit, rem gestam cognovit, e captivis quaerit, quis castris ad Bagradam praesit: respondent Saburram. Reliqua studio itineris conficiendi quaerere praetermittit proximaque respiciens signa, 'Videtisne', inquit, 'milites, captivorum orationem cum perfugis convenire? abesse regem, exiguas esse copias missas, quae paucis equitibus pares esse non potuerint?

2. *multum ad hanc rem adiuvat:* hatte grossen Einfluss auf diesen Entschluss, trug viel dazu bei. B. G. 7. 55, 10. — *proventus:* der glückliche Erfolg, *successus*, sonst allgemein = *eventus*. B. G. 7. 80, 2: *pugnae proventum exspectabant*, und mit ausdrücklichem Zusatz von *secundus* 7. 77, 3: *omnes secundos rerum proventus*. So *provenire* Tac. Hist. 4. 18: *si destinata provenissent*. Man beachte, wie Cäsar durch eingehende Erklärung der Veranlassung das unbesonnene Verfahren zu entschuldigen sucht, wie überhaupt in dem ganzen Abschnitt über Curio eine sehr rücksichtsvolle Darstellung unverkennbar ist.

3 *intervallo*. Wenn durch *intervallum* und *spatium* bezeichnet wird, in welcher Entfernung etwas geschieht, so stehen diese Worte immer im Ablat. (s. c. 41, 1. 1. 18, 1. B. G. 3. 17, 5). Die Entfernung ohne diese Worte wird theils durch den Accus., theils durch den Ablat. bezeichnet; s. B. G. 1. 22, 5. 43, 2. 48, 1. Ueber den Casus von *spatium* und *intervallum* bei *abesse* s. ebend. 1. 41, 5.

4. *quadam barbara consuetudine.* S. 1. 44, 2.

5. *hos oppressos adorti — eorum num. interf.* S. zu B. G. 1. 12, 3. Vergl. unten 3. 40, 4: *naves longas aggressus IIII ex his abduxit.*

39. 2. *convenit, cognovit, quaerit* asyndetisch neben einander gestellt, zur Schilderung des raschen Verlaufs der Handlungen. — *castris ad Bagradam.* Die Praep. mit ihrem Nomen attributiv dem Substant. beigegeben ohne Vermittelung durch eine Verbalform. Beisp. s. zu B. G. 4. 39, 1: *ex essedis pugna.*

3. *captivorum orationem cum perfugis convenire* d. h. cum perfugarum oratione, die bekannte,

Proinde ad praedam, ad gloriam properate, ut iam de praemiis
vestris et de referenda gratia cogitare incipiamus'. Erant per se 4
magna, quae gesserant equites, praesertim cum eorum exiguus
numerus cum tanta multitudine Numidarum conferretur. Haec
tamen ab ipsis inflatius commemorabantur, ut de suis homines
laudibus libenter praedicant. Multa praeterea spolia praefereban- 5
tur, capti homines equique producebantur, ut, quidquid intercederet temporis, hoc omne victoriam morari videretur. Ita spei
Curionis militum studia non deerant. Equites sequi iubet sese 6
iterque accelerat, ut quam maxime ex fuga perterritos adoriri
posset. At illi itinere totius noctis confecti subsequi non poterant, atque alii alio loco resistebant. Ne haec quidem res Curionem ad spem morabatur.

    40. Iuba certior factus a Saburra de nocturno proelio II 40

---

bes. auch im Griechischen häufige
Brachylogie in Vergleichungen (χό-
μαι Χαρίτεσσιν ὁμοῖαι Hom. Il.
17. 51), wie B. G. 6. 22, 4: *cum
suas quisque opes cum potentissimis aequari videat;* ebend. 27, 1:
harum est consimilis capris figura,
(ähnlich 7. 63, 8: *suum consilium
ab reliquis separare audent*). — *ut
iam de praemiis vestris — incipiamus* in Beziehung auf c. 32, 10.

    4. *inflatius commemorabantur:*
2. 17, 3. — *praedicant de:* machen
Rühmens von, wie *postulare, cognoscere de* — u. ähnl. S. B. G. 1.
42, 1.

    5. *praeferebantur:* wurden zur
Schau getragen.

    6. *ut quam maxime perterritos
ador. posset:* um sie so viel als
möglich noch in Folge der Flucht
(*ex fuga,* unmittelbar von der
Flucht aus) bestürzt, noch im Zustande der Bestürzung angreifen zu
können; je später er kam, um so
mehr konnten sie sich sammeln;
quam maxime gehört nicht aus-
schliesslich zu *perterritos,* 'die aufs
Aeusserste Bestürzten', sondern zu
dem ganzen Gedanken *perterr.
ador. posset.* 1. 81, 5: *ut quam
maxime repentinos eorum eruptio-*

    Caesar II. S. Aufl.

nes demoretur. — *confecti:* erschöpft (unser vulgäres 'fertig geworden'), gewöhnl., wie hier, mit
einem Abl. (so *labore, vulneribus,
aetate*); doch auch ohne denselben,
wie z. B. Cic. Catil. 2. 11, 24: *gla-
diatori illi confecto et saucio.* Liv.
1. 23, 9: *fessos confectosque.* —
resistebant: nach c. 41, 3 kamen
nur 200 Reiter auf den Kampfplatz.
— *ad spem morabantur.* Ueber *ad*
bei den Verb. des Verhinderns,
Aufhaltens und Verzögerns s. zu B.
G. 2. 25, 1: *ad pugnam esse impedimento.* Vergl. 3. 75, 3: *neque
moram ullam ad insequendum intulit.* Die Unüberlegtheit und Toll-
kühnheit des Unternehmens unter
solchen Umständen (*vana alacritas*
Frontin 2. 5, 40), für deren Bezeichnung Cäsar auch hier nur die
mildeste Form braucht, schildert
Appian 2. 45: ὁ Κουρίων θέρους
θερμοῦ περὶ τρίτην ὥραν ἡμέρας
ἦγε τὸ κράτιστον τῆς στρατιᾶς
ἐπὶ τὸν Σαβούρραν, ὁδὸν ψαμ-
μώδη καὶ ἄνυδρον· εἰ γάρ τι καὶ
νᾶμα χειμέριον ἦν, ἐξήραντο ὑπὸ
τῆς φλογὸς τοῦ ἡλίου καὶ ὁ ποτα-
μὸς ὑπό τε Σαβούρρα καὶ ὑπὸ
παρόντος κατείχετο τοῦ βασιλέως.
Vergl. Cass. D. 41. 42.

    11

milia Hispanorum et Gallorum equitum, quos suae custodiae
.causa circum se habere consuerat, et peditum eam partem, cui
2 maxime confidebat, Saburrae summisit; ipse cum reliquis copiis
3 elephantisque LX lentius subsequitur. Suspicatus praemissis equitibus ipsum adfore Curionem Saburra copias equitum peditumque
instruit atque his imperat, ut simulatione timoris paulatim cedant
ac pedem referant: sese, cum opus esset, signum proelii daturum
4 et quod rem postulare cognovisset imperaturum. Curio ad superiorem spem addita praesentis temporis opinione, hostes fugere
arbitratus, copias ex locis superioribus in campum ducit.

41. Quibus ex locis cum longius esset progressus confecto
2 iam labore exercitu XVI milium spatio constitit. Dat suis signum
Saburra, aciem constituit et circumire ordines atque hortari incipit; sed peditatu dumtaxat procul ad speciem utitur, equites in
3 aciem mittit. Non deest negotio Curio suosque hortatur, ut spem
omnem in virtute reponant. Ne militibus quidem, ut defessis, neque equitibus, ut paucis et labore confectis, studium ad pugnandum virtusque deerat; sed hi erant numero CC, reliqui in itinere
4 substiterant. Hi, quamcumque in partem impetum fecerant, hostes loco cedere cogebant, sed neque longius fugientes prosequi nec
5 vehementius equos incitare poterant. At equitatus hostium ab utro-

---

40. 1. *Hispanorum et Gallorum
equitum.* Die mit den Völkernamen
selbst übereinstimmende Adiectivform wird nur in Verbindung mit
Personennamen gebracht (vergl.
B. G. 5. 48, 3: *equitibus Gallis*. 6.
37, 1. 7. 13, 1.), freier die späteren
Prosaiker und die Dichter. Horat.
Od. 4. 6, 7 *Dardanas turres* u. ähnl.
— *cui confidebat:* 1. 42, 3.

3. *copias equitum peditumque:*
1. 42, 3. 60, 5.

4. *host. fugere arbitratus*, Erläuterung zu *praesentis temporis
opinione:* die (falsche) Meinung über
das, was gegenwärtig geschah.

41. 1. *spatio:* c. 38, 3.

3. *non deest:* 1. 1, 2. — *ut defessis — ut paucis.* Da *ut*, wie ὡς
und ἅτε, eine begründende Apposition beifügt (c. 12, 5. 42, 1), wäre
der natürlichste Gedanke: *militibus, ut defessis, studium deerat.*
Hier aber, wo die Tapferkeit der

Soldaten selbst unter solchen Umständen gerühmt wird, ist der Gedanke: nicht einmal den Soldaten
'als Ermüdeten' fehlte der Muth, d.
h. da sie doch ermüdet waren, so
dass von ihnen, als Ermüdeten, das
Gegentheil nicht zu verwundern gewesen wäre. — *numero CC:* nur
200 M. stark, wie 'nur' bei Zahlbe-
griffen und Pronominibus (*hoc dico:*
nur so viel sage ich) gewöhnlich
weggelassen wird. B. G. 7. 80, 1:
uno die intermisso: nur ein Tag.
3. 17, 5: *castris se tenebat, cum
Viridovix contra eum duum milium
spatio consedisset.*

4. *quamcumque in partem imp.
fecerant — cogebant:* c. 6, 2. Dagegen § 6 *cum cohortes procucurrissent — effugiebant* der bei
Cäsar seltenere Coniunctiv bei Zeitpartikeln zum Ausdruck der Wiederholung. S. zu B. G. 1. 25, 3. —
prosequi: c. 8, 2.

que cornu circuire aciem nostram et aversos proterere incipit.
Cum cohortes ex acie procucurrissent, Numidae integri celeri- 6
tate impetum nostrorum effugiebant, rursusque ad ordines suos
se recipientes circuibant et ab acie excludebant. Sic neque in
loco manere ordinesque servare neque procurrere et casum subire
tutum videbatur. Hostium copiae summissis ab rege auxiliis cre- 7
bro augebantur; nostros vires lassitudine deficiebant, simul ii,
qui vulnera acceperant, neque acie excedere neque in locum tutum referri poterant, quod tota acies equitatu hostium circumdata tenebatur. Hi de sua salute desperantes, ut extremo vitae 8
tempore homines facere consuerunt, aut suam mortem miserabantur aut parentes suos commendabant, si quos ex eo periculo
fortuna servare potuisset. Plena erant omnia timoris et luctus.

42. Curio, ubi perterritis omnibus neque cohortationes
suas neque preces audiri intellegit, unam, ut in miseris rebus,
spem reliquam salutis esse arbitratus, proximos colles capere
universos atque eo signa inferri iubet. Hos quoque praeoccupat
missus a Saburra equitatus. Tum vero ad summam despera- 2
tionem nostri perveniunt et partim fugientes ab equitatu interficiuntur, partim integri procumbunt. Hortatur Curionem Cn. 3
Domitius, praefectus equitum, cum paucis equitibus circum-
sistens, ut fuga salutem petat atque in castra contendat, et se ab
eo non discessurum pollicetur. At Curio numquam se amisso 4
exercitu, quem a Caesare fidei commissum acceperit, in eius
conspectum reversurum confirmat atque ita proelians interficitur.

6. *ordinesque servare:* 1. 44, 1.
71, 3. — *casum subire:* der Gefahr
des Kampfes sich aussetzen. 3. 77,
1: *ut subitum casum expedito exercitu subiret.*

8. *commendabant, si quos — potuisset = eis, quos,* zugleich das pro-
blematische des Falles andeutend,
daher auch *servare potuisset* (= Fut.
exactum), weil die Möglichkeit zweifelhaft schien, nicht *servasset.* —
*Plena omnia erant timoris et luc-
tus.* Der asyndetische Schlusssatz
fasst summarisch das Ergebniss der
vorhergehenden Schilderung zusammen. S. zu B. G. 6. 34, 9. Nägelsbach Stil. p. 558.

42. 1. *colles capere:* erreichen,
gewinnen; so 3. 28, 1 *locum,* B. G.

4. 26, 5 *insulam,* ebend. 36, 4 *portum capere.*

2. *integri procumbunt:* sie stürzen unverwundet nieder vor Ermat-
tung und Muthlosigkeit sich aufge-
bend.

3. *Cn. Domitius,* nicht, wie Drumann meint, der 3. 34, 3 und öfter
genannte Cn. Domitius Calvinus,
der im J. 53 Consul war, weil er
als Consular nicht Reiterpräfect
sein konnte, da diese nur aus dem
Ritterstande gewählt wurden.

4. *a Caesare fidei commissum:*
c. 17, 2. — *proelians interficitur.*
Lucan. 4. 796: *Non tulit afflictis
animam producere rebus Aut sperare fugam, cecidilque in strage
suorum Impiger ad letum et for-*

5 Equites ex proelio perpauci se recipiunt; sed ii, quos ad novissimum agmen equorum reficiendorum causa substitisse demonstratum est, fuga totius exercitus procul animadversa sese incolumes in castra conferunt. Milites ad unum omnes interficiuntur.

43. His rebus cognitis Marcius Rufus quaestor in castris relictus a Curione cohortatur suos, ne animo deficiant. Illi orant atque obsecrant, ut in Siciliam navibus reportentur. Pollicetur magistrisque imperat navium, ut primo vespere omnes scaphas

2 ad litus appulsas habeant. Sed tantus fuit omnium terror, ut alii adesse copias Iubae dicerent, alii cum legionibus instare Varum iamque se pulverem venientium cernere (quarum rerum nihil omnino acciderat), alii classem hostium celeriter advolaturam suspicarentur. Itaque perterritis omnibus sibi quisque con-

3 sulebat. Qui in classe erant, proficisci properabant. Horum fuga navium onerariarum magistros incitabat: pauci lenunculi ad offi-

4 cium imperiumque conveniebant. Sed tanta erat completis litoribus contentio, qui potissimum ex magno numero conscenderent, ut multitudine atque onere nonnulli deprimerentur, reliqui hoc timore propius adire tardarentur.

44. Quibus rebus accidit, ut pauci milites patresque familiae, qui aut gratia aut misericordia valerent aut naves adnare possent, recepti in Siciliam incolumes pervenirent. Reliquae copiae missis ad Varum noctu legatorum numero centurionibus sese ei dediderunt. Quarum cohortium milites postero die ante oppidum

2 Iuba conspicatus suam esse praedicans praedam magnam partem eorum interfici iussit, paucos electos in regnum remisit, cum Varus suam fidem ab eo laedi quereretur neque resistere auderet.

3 Ipse equo in oppidum vectus prosequentibus compluribus sena-

---

tis virtute coacta. Das Haupt des Curio wurde zu Juba, seinem persönlichen Feinde (c. 25, 4), gebracht, App. 2. 45.

 5. *demonstratum est:* c. 39, 6.

43. 1. *Rufus quaestor:* c. 23, 5.

 2. *quarum rerum nihil.* S. zu 1. 7, 5.

 3. *qui in classe erant, prof. properabant.* App. 2. 46: Φλάμμας ὁ ναύαρχος αὐτίκα ἔφευγεν αὐτῷ στόλῳ, πρίν τινα τῶν ἐπὶ τῆς γῆς ἀναλαβεῖν.

 4. *hoc timore:* c. 20, 4.

44. 1. *patres familiae:* c. 4, 3.

— *gratia:* Gunst, in der sie standen. — *misericordia:* Mitleid, das sie erregten; s. c. 12, 5. — *ut pauci — in Siciliam inc. perv.* App. 2. 46 fügt noch hinzu: τῶν ἀναχθέντων οἱ ἔμποροι τοὺς πολλοὺς χρήματα φέροντας ἕνεκα τῶν χρημάτων ἐς τὴν θάλασσαν ἐρρίπτουν. — *legatorum numero =* loco. B. G. 5. 27, 2. 6. 13, 7. 23, 8: *in desertorum numero ducuntur.*

 2. *suam fidem =* f. a se datam. — *neque =* neque tamen, wie 1, 11, 2. u. ö.

 3. *prosequentibus compluribus*

toribus, quo in numero erat Ser. Sulpicius et Licinius Dama-
sippus, paucis, quae fieri vellet, Uticae constituit atque imperavit
diebusque post paucis se in regnum cum omnibus copiis recepit.

senatoribus u. s. w. zeigt das Unwürdige der einem barbarischen
Fürsten erwiesenen Huldigung, der
sich als Beschützer gerirte und Ver-
haltungsbefehle gab, was treffend
durch *paucis* (breviter), *quae fieri
vellet, constituit* (so von Nipperd.
hergestellt statt *paucis diebus*) bezeichnet wird. B. Afr. 57, 6 heisst
er *homo superbissimus et inertissi-
mus*. Er wurde für diesen Sieg von
Pompeius und dem Rumpfsenat in

Macedonien als König begrüsst, von
Cäsar aber und den Senatoren in
Rom für einen Feind des römischen
Volks erklärt. Cassius Dio 41. 42.
Lucan. 5. 56.

Ueber die, wie man gemeint hat,
am Ende des zweiten Buchs ausgefallene Erzählung der Niederlage
des P. Cornelius Dolabella und Gaius Antonius in Illyrien s. zu 3. 8
a. E.

C. IULII CAESARIS

DE

BELLO CIVILI

COMMENTARIUS TERTIUS.

1. Dictatore habente comitia Caesare consules creantur
Iulius Caesar et P. Servilius: is enim erat annus, quo per leges
2 ei consulem fieri liceret. His rebus confectis, cum fides tota Italia

1. 1. *Dictatore habente comitia
Caes.* u. s. w. schliesst sich an 2.
22 an. Cäsar brauchte die Dictatur
vor Allem dazu, um sich für das
nächste Jahr zum Consul ernennen
zu lassen; denn die Consularcomitien konnten nicht unter dem Vorsitz eines Prätors abgehalten werden und die Consuln waren mit Pompeius in Griechenland. Cic. ad Att.
9. 9, 3: *iste omnium turpissimus et
sordidissimus, qui consularia comitia a praetore ait haberi posse, est
ille idem, qui semper in re publica
fuit.* Nach Appian B. civ. 2. 48 bekleidete er die Dictatur nur 11 Tage.
Vergl. c. 2. 1. — *Iulius Caesar.* Der
Grund, warum er hier gegen seine
sonstige Gewohnheit seinen vollen
Namen setzt, ist leicht zu erkennen.
— *is enim erat annus, quo — liceret.* Durch einen Volksbeschluss
von 342 v. Chr. *sanctum est, ne
quis eundem magistratum intra de-*

cem annos caperet Liv. 7. 42, 2
(10. 23.). Cic. de Legg. 3. 3: *eundem
magistratum, ni interfuerint decem
anni, ne quis capito.* Es war also
dieses Jahr gleichsam von der Art,
das sovielte nach dem ersten Consulate, *ut — liceret;* der Coniunctiv
also nicht anders als 2. 1, 3: *quae
aditum habeat.* — Ueber *consulem
fieri* nach *ei liceret* s. Zumpt § 601.

2. *cum fides — esset angustior:*
da der Credit eng, beschränkt, gesunken war, weil bei der allgemeinen Unsicherheit Niemand ausgedehnten Credit gab und die Meisten
ihr Geld dem Verkehr entzogen, da
weder Zinsen bezahlt, noch die Ca-
pitale bei dem geringen Preis der
Güter zurückgezahlt werden konnten. Cass. Dio 41. 37: τῶν ὀφει-
λόντων συχνοὶ οὐδὲ ἐθέλοντες
ἀποδοῦναί τι ἐδύναντο (οὐδὲ γὰρ
ἀποδόσθαι τι οὐδὲ ἐπιδανείσα-

esset angustior neque creditae pecuniae solverentur, constituit, ut arbitri darentur; per eos fierent aestimationes possessionum et rerum, quanti quaeque earum ante bellum fuisset, atque hae creditoribus traderentur. Hoc et ad timorem novarum tabularum 3 tollendum minuendumque, qui fere bella et civiles dissensiones sequi consuevit, et ad debitorum tuendam existimationem esse aptissimum existimavit. Itemque praetoribus tribunisque plebis 4 rogationes ad populum ferentibus nonnullos ambitus Pompeia

σθαι ῥᾴδιον αὐτοῖς ἐγίγνετο) κἀκ τούτου πολλὰ μὲν ἄπιστα, πολλὰ δὲ καὶ δολερὰ πρὸς ἀλλήλους ἔπραττον καὶ δέος ἦν, μὴ ἐς ἀνήκεστόν τι κακὸν προςχωρήσωσιν. *Solvere* mit *aes alienum* verbunden findet sich bei Cicero nicht, sondern nur *dissolvere*. Es findet sich aber bei Livius 31. 13, 5: *solvendo aere alieno*, 7. 21, 5: *solutionem alieni aeris*, und mit Ausdrücken, die dem *aes alienum* gleichbedeutend sind, auch bei Cicero; z. B. in Pis. 35, 86: *ne pecunias creditas solverent;* p. Flacco 23, 54: *invita solverat Castricio pecuniam tam diu debitam. Dissolvere* heisst seine Schulden abmachen, sich durch Rückzahlung von seinen Schulden befreien, *solvere*, das im Allgemeinen Geld auszahlen bedeutet, kann selbstverständlich auch von Schulden bezahlen gesagt werden. — *arbitri:* Schiedsrichter, die nicht nach gesetzlicher Processform, wie *iudices*, sondern nach Billigkeit (*aequum et bonum*) entschieden (*iudicium ex fide bona*); *dare* stehender Ausdruck, wie *iudices, iudicium, testes dare*. S. zu 2. 18, 5. B. G. 5. 1, 9. — *possessionum:* Grundstücke, unbewegliche, *rerum:* bewegliche Güter. Diese sollten sie an die Gläubiger abtreten nach dem Werthe, den sie vor dem Kriege gehabt hatten, weil durch den Krieg die Güter so im Werthe gesunken waren, dass sie mit dem, was nach dem gegenwärtigen Preise dafür berechnet worden wäre, ihre Schulden nicht hätten decken können. Suet. Caes. 42 setzt hinzu, dass die

schon bezahlten oder verschriebenen (angewiesenen) Zinsen abgezogen wurden: *deducto summae aeris alieni si quid usurae nomine numeratum aut perscriptum fuisset: qua condicione quarta pars fere crediti deperibat.* Uebrigens s. c. 20, 1.

3. *timorem novarum tabularum:* neue Schuldbücher, nach Vernichtung der alten, indem sich die Gläubiger entweder eine bedeutende Herabsetzung ihrer Forderungen gefallen lassen mussten, oder, was bei politischen Umwälzungen geschah, sie ganz verloren (χρεῶν ἀποκοπή). Die wohl allgemeine Furcht davor spricht Cic. aus ad Att. 7, 11, 1: *num honestum* — χρεῶν ἀποκοπάς, φυγάδων καθόδους (s. unten), *sexcenta alia scelera moliri?* Ebend. 10, 8, 3: *Nam caedem video, si vicerit, et impetum in privatorum pecunias et exsulum reditum, et tabulas novas et turpissimos honores* u. s. w. Wie unbillig und ungerecht Cic. über die Niemanden sehr beeinträchtigende Massregel urtheilt, s. de Off. 2, 24, 84. — *existimatio* in passivem Sinne, wie 1, 7, 6: die Achtung, die gute Meinung, in der die Schuldner bei den Gläubigern stehen, der Credit.

4. *praetoribus — tribunisque ferentibus*, weil er wollte, dass die Zurückberufung nicht als eine willkürliche Handlung von ihm erscheine, sondern als bestimmt durch Volksbeschluss. Besonders betrieb die Sache der Volkstribun M. Antonius. Cic. Phil. 2, 23, 56. Vergl. Halm Einl. p. 12. Anm. 49. — *ambi-*

lege damnatos illis temporibus, quibus in urbe praesidia legionum
Pompeius habuerat, quae iudicia aliis audientibus iudicibus, aliis
sententiam ferentibus singulis diebus erant perfecta, in integrum
5 restituit, qui se illi initio civilis belli obtulerant, si sua opera in
bello uti vellet, proinde aestimans ac si usus esset, quoniam sui
6 fecissent potestatem.   Statuerat enim prius hos iudicio populi
debere restitui, quam suo beneficio videri receptos, ne aut ingratus in referenda gratia aut arrogans in praeripiendo populi beneficio videretur.

tus Pompeia lege damnatos. Pomp.
hatte im Jahre 52 die Strafe der Bestechung bei den Wahlen (nach der
lex Calpurnia vom Jahre 67 Geld-
busse und Ausschliessung von den
Aemtern und dem Senat, und nach
der lex Tullia von Cicero vom J. 63
zehnjähriges Exil) geschärft und in
immerwährendes Exil verwandelt.
— *illis temp., quibus — habuerat*
d. i. die Zeit, wo Pomp. in Folge
der Händel des Milo und Clodius und
der Ermordung des letzteren Truppen in der Stadt hatte. S. Einl. p.
6. — *praesidia legionum.* 1. 42,
3. 60, 5. — *quae iudicia — erant
perfecta.* Das ungewöhnliche ge-
richtliche Verfahren nach diesem
Gesetze (und der gleichzeitig bei
Gelegenheit des Milonianischen Pro-
cesses von Pomp. gegebenen lex de
vi) schildert Asconius zu Cic. p. Mil.
§ 26.   Es wurden 360 Richter ernannt. In den 3 ersten Tagen wurden die Zeugen verhört, und erst
an dem Tage, an dem das Urtheil
gefällt werden sollte, wurden aus
der Gesammtzahl der Richter 81
ausgeloost, worauf der Kläger und
der Beklagte auftrat und jener zwei,
dieser drei Stunden sprechen durfte.
Jeder Partei war nun gestattet, 5
Richter aus jedem Stande (Senatoren, Ritter u. tribuni aerarii, als
Vertreter des Plebeierstandes) zu
verwerfen, so dass 51 Richter übrig
blieben, die sogleich die Sache zu
entscheiden hatten. Das Auffallende
war also die Kürze und das Tu-
multuarische des Verfahrens und

besonders die späte Vornahme der
Verloosung nach dem Zeugenverhör, so dass es allerdings geschehen
konnte, dass, da wohl nicht alle 360
Richter, von denen nur der geringste Theil endlich zu fungiren hatte,
immer zugegen waren, unter den
endlich ausgeloosten 51 Richtern
manche waren, die abstimmen sollten, ohne dem Zeugenverhör immer
beigewohnt zu haben: *aliis audientibus, aliis iudicantibus.* — *in integrum restituit* von der 'Wiedereinsetzung in den vorigen Stand', indem die Strafe aufgehoben wird, und
sie wieder in ihre Lage vor der Verurtheilung eintreten.

5. *quoniam sui fecissent potestatem*: sich ihm zur Verfügung gestellt, sich ihm angeboten hätten,
wie vorher *se obtulerant, si — vellet.*

6. *ingratus in referenda gratia.*
Durch die gewöhnliche Erklärung
von *ingratus:* 'undankbar gegen das
ihn begünstigende Volk', wird die
Feinheit dieser Wendung ganz verwischt und es entsteht eine uner-
trägliche Tautologie, da im Folg.
wiederum von der Rücksicht, die er
auf das Volk nahm, gesprochen wird.
Cäsar sagt vielmehr, er habe ihr
Anerbieten nicht angenommen, damit er nicht, indem er sich für dasselbe (durch das *recipere*) dankbar
zeigte, zugleich undankbar gegen sie wäre, weil er ihnen dadurch den Vortheil einer Restitui-
rung durch das Volk entzogen,
und sie nur durch ihn (*suo beneficio*) aufgenommen geschienen hät-

2. His rebus et feriis Latinis comitiisque omnibus perficiendis xi dies tribuit dictaturaque se abdicat et ab urbe proficiscitur Brundisiumque pervenit. Eo legiones xii, equitatum 2 omnem venire iusserat. Sed tantum navium reperit, ut anguste xv milia legionariorum militum, nc equites transportare possent. Hoc unum Caesari ad celeritatem conficiendi belli defuit. Atque hae ipsae copiae hoc infrequentiores imponuntur, 3 quod multi Gallicis tot bellis defecerant longumque iter ex Hispa-

ten. Es schien ihm also das *recipere* von seiner Seite ohne Volksbeschluss ein zu geringer Dank und das wäre eben Undankbarkeit gewesen. (Man beachte auch den Unterschied zwischen *debere restitui* und *videri receptos*). Als ein zweites folgt dann, dass er auch anmassend gegen das Volk gewesen wäre, da dies eine Befugniss des Volkes war.

Uebrigens ist zu bemerken, was Cäsar freilich nicht erwähnt, dass er nicht blos die nach jenem harten Gesetze Verurtheilten zurückberief (warum er nur diese erwähnt, ist klar), sondern auch solche, die wegen anderer Vergehen verurtheilt waren (Cass. Dio 41. 36 sagt sogar, dass er alle Exilirten ausser Milo – s. c. 21, 4 – zurückberufen habe). Es war daher wohl weuiger ein Act der Gerechtigkeit, als das gewöhnliche Verfahren, durch welches bei politischen Umwälzungen der Sieger seine Partei verstärkte. Wie diese Zurückberufung aufgefasst wurde, zeigen die zu § 3 angeführten Stellen des Cicero, wo sie auf gleicher Linie mit den *tabulae novae* steht.

2. 1. *feriis Latinis.* Diese waren ein nach Vereinigung der Römer mit dem Latinerbunde von Tarquinius Superbus eingerichtetes, dem Jupiter Latiaris geweihtes Opferfest, das alljährlich von den Consuln als Vorständen bald nach Antritt ihres Amtes, als religiöse Weihe desselben, an zu bestimmenden Tagen (Anfangs 1, später 3 u. 4 Tage lang) gefeiert wurde und zu dem aus allen latinischen Städten Gesandte kamen. — *omnibus comitiis:* der übrigen Magistrate. Dazu kam die Verfügung über die Provinzen. Cass. Dio 41. 43. M. Lepidus erhielt das diesseitige Spanien, im jenseitigen blieb Q. Cassius Longinus (2. 21, 3), Sicilien erhielt M. Postumius Albinus, Sardinien Sex. Peducäus, das transalpinische Gallien D. Brutus, das diesseitige M. Calidius. — *Brundisiumque pervenit* im December nach dem unberichtigten Calender, im October nach dem berichtigten.

2. *tantum navium* 'nur soviel Schiffe'. 3. 56, 1. 78, 2. 92, 1. B. G. 6. 35, 9: *praesidii tantum est, ut ne murus quidem cingi possit.* — *anguste.* S. B. G. 5. 23, 5: *necessario angustius milites collocavit.* — *XV milia leg. mil.* Nipperdey hält diese Angabe für falsch und will *LX cohortes leg. mil.* d. i. 6 Legionen lesen, weil eine bestimmte Zahl (*XV milia*) nicht *infrequentior* sein könne, wohl aber Cohorten 'minder vollzählig'. Ich stimme Nipperdey bei ausser in der Zahl der Legionen. S. zu c. 6, 2. — *ad celeritatem defuit* B. G. 4. 26, 5: *hoc unum ad pristinam fortunam Caesari defuit.* B. civ. 2. 6, 1: *Massiliensibus res nulla ad virtutem defuit.* Er wollte seine Abreise so viel als möglich beschleunigen, um die Feinde zu überraschen, was ihm gelang: c. 7.

3. *defecerant*, ohne Ablat., wie *viribus* u. a., wie 2. 31, 8. Plut. Caes. 37: παρηκμακότες ἤδη τοῖς σώ-

nia magnum numerum deminuerat et gravis autumnus in Apulia circumque Brundisium ex saluberrimis Galliae et Hispaniae regionibus omnem exercitum valetudine temptaverat.

3. Pompeius annuum spatium ad comparandas copias nactus, quod vacuum a bello atque ab hoste otiosum fuerat, magnam ex Asia Cycladibusque insulis, Corcyra, Athenis, Ponto, Bithynia, Syria, Cilicia, Phoenice, Aegypto classem coëgerat, magnam omnibus locis aedificandam curaverat; magnam imperatam Asiae, Syriae regibusque omnibus et dynastis et tetrarchis et liberis Achaiae populis pecuniam exegerat, magnam societates earum provinciarum, quas ipse obtinebat, sibi numerare coëgerat.

4. Legiones effecerat civium Romanorum VIIII: V ex Italia,

μασι καὶ πρὸς τὰ πλήθη τῶν πο-λέμων ἀπειρηκότες. — *gravis*, wie c. 8, 4 *gravissima hiems*, häufig von dem der Gesundheit nachtheiligen Wetter, Klima, Gegenden = ungesund. Cic. ad Att. 11. 22, 2: *vix sustineo gravitatem huius caeli*. Die Truppen hatten durch die feuchte Herbstluft an der Apulischen Küste gelitten. — *ex saluberr. Hisp. regionibus* (wie 1. 70, 3): aus den Gegenden heraus, nach dem Aufenthalte in –, von der Veränderung und dem Uebergehen von einem Zustande in den andern.

Plut. Caes. 37 sagt noch, dass viele, unzufrieden damit, dass sie keine Ruhe erhielten, sich langsam und zu spät in Brund. einfanden. Vergl. unten c. 87, 4.

3. 1. *annuum spatium – nactus.* Er hatte die Frist benutzt, die er dadurch gewann, dass Casar durch die Nothwendigkeit, den hispanischen Krieg zu führen und die Angelegenheiten in Italien zu ordnen, verhindert war, ihm sogleich nach Griechenland zu folgen (s. zu 1. 29, 3). — *ab hoste otiosum*, da er den Krieg in Spanien nicht selbst führte.

2. *dynastis et tetrarchis.* Titel kleiner Fürsten in Landschaften Asiens, die Rom noch mit einer gewissen Selbstständigkeit bestehen, aber ohne besondere Anerkennung nicht als *reges* gelten liess. *tetrar-*

cha ist eigentlich ein Fürst eines in 4 Herrschaften getheilten Landes. — Cäsar zählt recht geflissentlich und ausführlich die Hülfsquellen des Pomp. auf (*totius orientis auxilia* Eutrop. 6. 20), um die Stärke des Gegners, dem er mit ungleich geringeren Truppen entgegen zu geben wagte, zu zeigen (man beachte das viermal wiederkehrende *magnam*), und zugleich auch, wie sich Pomp. den Barbaren in die Arme warf, was selbst den Parteigenossen bedenklich schien. Cic. ad Att. 8. 11, 2: *a primo cogitarit, omnes terras, omnia maria movere, reges barbaros incitare, gentes feras armatas in Italiam adducere exercitus conficere maximos.* S. ebend. 9. 9, 2. 10, 3: *me Getarum et Armeniorum et Colchorum copias ad eam* (urbem) *adducere? — liberis Achaiae populis.* Durch den achäischen Krieg war zwar Griechenland 146 v. Chr. von den Römern in Besitz genommen und dem römischen Statthalter in Macedonien untergeben; aber die griechischen Gemeinden blieben durchgängig *liberae civitates*, wie ja in fast allen Provinzen dergleichen waren. — *societates*: es sind die *societates publicanorum* gemeint, d. i. Kapitalistengesellschaften, welche die Erhebung der *vectigalia* in den Provinzen gepachtet hatten.

quas traduxerat; unam ex Cilicia veteranam, quam factam ex duabus gemellam appellabat; unam ex Creta et Macedonia ex veteranis militibus, qui dimissi a superioribus imperatoribus in his provinciis consederant; ii ex Asia, quas Lentulus consul conscribendas curaverat. Praeterea magnum numerum ex Thessalia, 2 Boeotia, Achaia Epiroque supplementi nomine in legiones distribuerat: his Antonianos milites admiscuerat. Praeter has exspe- 3 ctabat cum Scipione ex Syria legiones ii. Sagittarios ex Creta, Lacedaemone, ex Ponto atque Syria reliquisque civitatibus iii milia numero habebat, funditorum cohortes sexcenarias ii, equitum vii milia. Ex quibus dc Gallos Deiotarus adduxerat, d Ariobarzanes ex Cappadocia; ad eundem numerum Cotys ex Thracia dederat et Sadalam filium miserat; ex Macedonia cc erant, 4 quibus Rhascypolis praeerat, excellenti virtute; d ex Gabinianis Alexandria, Gallos Germanosque, quos ibi A. Gabinius praesidii causa apud regem Ptolemaeum reliquerat, Pompeius filius cum classe adduxerat; dccc ex servis pastoribusque suis suorumque coëgerat; ccc Tarcondarius Castor et Donilaus ex Gallograecia 5

4. 1. *unam ex Cilicia* (nicht *Sicilia*, s. Nipperdey p. 157). Die beiden Legionen, die Cicero als Proconsul in Cilicien gehabt hatte (ad Att. 5. 15, 1: *me nomen habere II legionum exilium*) waren wegen ihrer Unvollständigkeit zu e i n e r vereinigt worden (daher *gemella*), was auch mit anderen Legionen geschah. Cass. Dio 55. 24. Marquardt Röm. Alterth. 3. 2 p. 354. — *Lentulus consul* näml. des vorherg. Jahres: 1. 1, 1.

2. *Antonianos milites*. S. zu c. 8 a. E.

3. *cum Scipione ex Syria*. Er hatte die Provinz Syrien im vorigen Jahre erhalten. 1. 6, 5. — *cum Scipione*: 2. 19, 1. — *Sagittarios* (nicht *Sagittariorum*) *III mil. numero*: 2. 16, 4. — *funditorum cohortes*. S. Kriegsw. § 11. 3. Absatz. — *Gallos* d. i. *Galatas, Gallograecos*: denn Deiotarus war Tetrarch des östlichen Theils von Galatien. Ueber seine Theilnahme s. Cic. p. Deiot. 4. 5. Halm Einl. p. 119.

4. *Rhascypolis* (*Rhascupolis*) war nach anderen ein Thracier. Die Worte *excellenti virtute* werden von den meisten Herausg. auf *CC ex Macedonia* bezogen; indess können sie wohl auch zu dem näher stehenden *Rhascypolis* gehören. Da derselbe später auch eine Rolle im Kriege spielte (Cass. Dio 41. 25. 49) ist die Hervorhebung vor den übrigen wenigstens nicht unwahrscheinlich. Die Verbindung des Ablat. qualit. ohne vorhergehenden allgemeinen Gattungsnamen (*homo, vir*), wie B. G. 1. 18, 3: *Dumnorigem, summa audacia*. — *ex Gabinianis*, den Truppen, die A. Gabinius (mit Piso Consul des J. 58, Gegner des Cicero, Günstling des Pompeius) im J. 55 in Aegypten hatte, um den Ptolemäus Auletes nach Besiegung des Archelaos wieder in sein Reich einzusetzen, und von denen ein Theil in Aegypten zum Schutze des Ptolemäus zurückgeblieben war. S. c. 103, 5.

5. *Tarcondarius Castor*, bei Cic. ad Att. 15, 1 *Tarcondimatus*, bei Strabo 12. 568 Κάστωρ Σαωκον-

dederant (horum alter una venerat, alter filium miserat); cc ex
Syria a Commageno Antiocho, cui magna Pompeius praemia
6 tribuit, missi erant, in his plerique hippotoxotae. Huc Dardanos,
Bessos partim mercenarios, partim imperio aut gratia compara-
tos, item Macedones, Thessalos ac reliquarum gentium et civitatum adiecerat atque eum, quem supra demonstravimus, numerum
expleverat.

5. Frumenti vim maximam ex Thessalia, Asia, Aegypto,
Creta, Cyrenis reliquisque regionibus comparaverat. Hiemare
2 Dyrrhachii, Apolloniae omnibusque oppidis maritimis constituerat, ut mare transire Caesarem prohiberet, eiusque rei causa
3 omni ora maritima classem disposuerat. Praeerat Aegyptiis navibus Pompeius filius, Asiaticis D. Laelius et C. Triarius, Syriacis
C. Cassius, Rhodiis C. Marcellus cum C. Coponio, Liburnicae at-
4 que Achaicae classi Scribonius Libo et M. Octavius. Toti tamen

δάριος, Schwiegersohn des Deiotarus. Sein Sohn (denn auf ihn beziehen sich die Worte *alter filium
miserat*) war Castor, der seinen
Grossvater Deiotarus bei Cäsar an-
klagte. Cic. p. Deiot. 10, 28: *cum
suis delectis equitibus, quos una
cum eo ad Pompeium pater
miserat.* — *a Commageno Antiocho.* Er verdankte es dem Pomp.,
dass sein Staat Commagene am Taurus im J. 64 ihm nicht entrissen und
dem röm. Reiche einverleibt wurde.
Cic. Fam. 15. 1. Cass. Dio 35. 2. —
hippotoxotae Curtins 5. 4, 14: *equites sagittarii.*

6. *huc adiecerat:* 1. 39, 2. — *ac
reliquarum gentium et civitatum.*
Der Genitivus des Ganzen ohne ein
regierendes Substantiv = und die
aus den übrigen Völkern u. Staaten,
wie 1. 39, 2 die gewöhnliche Lesart
*huc optimi generis hominum
ex Aquitanis montanisque – adiecerat* erklärt werden kann. Die nähere Bestimmung und Begränzung
des allgemeinen *reliquarum gentium* muss der Zusammenhang geben: der übrigen in diese Reihe,
Classe gehörigen, benachbarten u.
dgl. Staaten, wie c. 12, 4 bestimmter: *Bullidenses, Amantini et reliquae finitimae civitates.* Vergl.

c. 4, 3: *sagittarios – ex Ponto atque Syria reliquisque civitatibus*
(die nämlich Bogenschützen stellen
konnten) und c. 5, 1: *ex Thessalia
– reliquisque regionibus comparaverat.*

'Im Ganzen gebot Pompeius über
eine Armee von 7000 Reitern und
11 Legionen, von denen freilich
höchstens 5 als kriegsgewohnt bezeichnet werden durften, und über
eine Flotte von 500 Segeln.' Mommsen röm. Gesch. 3. p. 398.

5. 2. *transire Caesarem prohiberet:* B. G. 2. 4, 2. — *omni ora
maritima – disposuerat.* Wenn
sonst bei *disponere* gewöhnlich *in*
gebraucht wird, s. 1. 21, 3. so hat
die Weglassung der Präposition
hier in *omnis* (wie bei *totus*) ihren
Grund: Verbreitung über die ganze
Gegend. Die Winterlager des Pomp.
erstreckten sich von Dyrrhachium
bis Thessalonike, wo er selbst mit
fast 200 Senatoren und den Consuln
während des Sommers sich aufhielt
und förmlich den Sitz der röm. Republik aufgeschlagen hatte. Cass.
Dio 41. 18.

3. *Liburnicae classi. Liburnae
naves* (c. 9, 1) waren leichte Schiffe
mit zwei Ruderreihen, so genannt
von ihren Erfindern, den Liburnern

officio maritimo M. Bibulus praepositus cuncta administrabat: ad hunc summa imperii respiciebat.

6. Caesar, ut Brundisium venit, contionatus apud milites, quoniam prope ad finem laborum ac periculorum esset perventum, aequo animo mancipia atque impedimenta in Italia relinquerent, ipsi expediti naves conscenderent, quo maior numerus militum posset imponi, omniaque ex victoria et ex sua liberalitate sperarent, conclamantibus omnibus, imperaret, quod vellet, quodcumque imperavisset, se aequo animo esse facturos, II Non. Ian. naves solvit. Impositae, ut supra demonstratum est, legiones VII. 2

in Illyrien, οἳ τὸν Ἰόνιον καὶ τὰς νήσους ἐλῄστευον ναυσὶν ὠκείαις τε καὶ κούφαις. ὅθεν ἔτι νῦν οἱ Ῥωμαῖοι τὰ κοῦφα καὶ ὀξέα δίκροτα Λιβυρνίδας προσαγορεύουσιν App. Illyr. 3.

4. *toti officio maritimo:* dem ganzen Dienst zur See, *officium* in dem Sinne, wie 1. 8, 2 *privati officii mandata.* — *summa imperii respiciebat,* wie c. 18, 2 u. 1. 4, 2: *ad quem summa imperii redeat. Respicere* in dieser Bedeutung nur hier; eigentl.: 'sah auf ihn, war ihm zugewandt', *ad eum pertinebat.* M. Bibulus war mit Caes. Aedil, Prätor und Consul gewesen (Einl. zu B. G. p. 12). Der Oberbefehl über die Flotte war Anfangs dem Cato bestimmt, doch sah Pomp. auf den Rath seiner Freunde davon ab, weil man meinte, dass er nach dem Siege den Absichten des Pomp. eben so entgegen sein würde, wie denen des Caesar. Plut. Cato 54.

6. 1. *apud milites:* 1. 7, 1.

2. *II Non. Ian* (= pridie Nonas), nach dem richtigen Calender am 5. November des J. 49. Daher später c. 9, 8: *iamque hiems appropinquabat.* — *legiones VII.* Cäsar hatte zu dem Feldzug gegen Pompeius 12 Legionen und seine ganze Reiterei in Brundisium concentrirt (c. 2). Hiervon führte er Anfang November mit sich nach Griechenland 7 Legionen in der Stärke von 15000 Mann und 600 Reiter (c. 2).

Es blieben also in Brundisium 5 Legionen, welchen Antonius im Lauf des Winters eine Rekrutenlegion zufügte. Von diesen führte Antonius im Februar 3 Veteranen- und die 1 Rekrutenlegion nach Griechenland und wollte auch die übrige Mannschaft nachholen, was aber misslang (c. 29). Es hatte somit Cäsar nun 11 Legionen, und es blieben in Brundisium 2 Legionen. Diese waren noch dort, als Cäsar, bei Dyrrhachium geschlagen, die Einschliessung des Pompeius aufgeben musste (c. 78). Nun aber, als Cäsar von der Seeküste sich entfernte und keine Hoffnung mehr war, dass er die zu Brundisium zurückgelassenen Truppen zur See würde an sich ziehen können, wurden die beiden Legionen mit Q. Cornificius nach Illyrien geschickt, das nun Cäsar nicht mehr decken konnte (B. Alex. 42). Auch so aber waren in Brundisium noch eine Menge Veteranen aus allen Legionen, welche dort als Kranke zurückgeblieben waren, als die Heere nach Griechenland übergesetzt wurden. Diese theilte Vatinius, der in Brundisium nach Antonius das Commando führte, in Cohorten (c. 87) und machte mit ihnen einen glücklichen Zug nach Illyrien (b. Alex. 44). — *terram Germiniorum* (so die Handschr.), eines sonst nicht genannten Volks der epirotischen Küste. [Kiepert meint, dass *Germinii* vielleicht ver-

3 Postridie terram attigit Germiniorum. Saxa inter et alia loca periculosa quietam nactus stationem et portus omnes timens, quod teneri ab adversariis arbitrabantur, ad eum locum, qui appellabatur Palaeste, omnibus navibus ad unam incolumibus milites exposuit.

7. Erat Orici Lucretius Vespillo et Minucius Rufus cum Asiaticis navibus xviii, quibus iussu D. Laelii praeerant, M. Bibu-
2 lus cum navibus ex Corcyrae. Sed neque illi sibi confisi ex portu prodire sunt ausi, cum Caesar omnino xii naves longas prae-
3 sidio duxisset, in quibus erant constratae iiii, neque Bibulus impeditis navibus dispersisque remigibus satis mature occurrit, quod prius ad continentem visus est Caesar, quam de eius adventu fama omnino in eas regiones perferretur.

8. Expositis militibus naves eadem nocte Brundisium a Caesare remittuntur, ut reliquae legiones equitatusque transpor-
2 tari possent. Huic officio praepositus erat Fufius Calenus legatus, qui celeritatem in transportandis legionibus adhiberet. Sed serius a terra provectae naves neque usae nocturna aura in red-
3 eundo offenderunt. Bibulus enim Corcyrae certior factus de adventu Caesaris sperans alicui se parti onustarum navium occurrere posse inanibus occurrit et nactus circiter xxx in eas indiligentiae suae ac doloris iracundiam erupit omnesque incendit

schrieben oder von den Römern verunstaltet sei aus *Chimaerini*. *Chimaera* ist alter Gebirgsname in dieser Gegend (s. die Karte), die noch heutzutage τὰ Χείμαρρα genannt wird].

3. *saxa inter et alia loca*. Diese Anastrophe findet sich bei Cäsar noch B. G. 6. 36, 2 u. 7. 33, 2; aber beide Male bei dem Relativum, wo sie überhaupt häufiger ist. — *arbitrabantur* in passivem Sinne, wie auch einige Male bei Cicero; Plautus*hat noch die alte Activform *arbitrare*.

7. 1. *Erat*. Ueber den Singul. s. c. 21, 1. 1. 2, 5. — *Corcyrae*. Genitiv des Inselnameus, wie 1. 34, 2. Es ist das heutige Corfu gemeint, nicht, wie einige Herausgeber glauben, das nördlicher gelegene *Corcyra nigra* im adriatischen Meere.

2. *constratae*: 1. 56, 1. 2. 23, 3.

3. *neque Bibulus satis mature occurrit*. Er hatte nicht geahnt, dass Cäsar die Ueberfahrt wagen würde, da das Meer von der Flotte des Pompeius völlig beherrscht war, und daher nicht einmal Schiffe kreuzen lassen. So gelang das kühne Unternehmen, das die Feinde in grosse Gefahr brachte, da das Heer zerstreut und der Oberfeldherr fern war. Um so mehr bietet Bibulus Alles auf, um seine Unachtsamkeit wieder gut zu machen.

8. 1. *equitatus* ist fälschlich für Plural gehalten worden, s. 1. 61, 3.

2. *huic officio* wie c. 5, 4. — *offenderunt*, wie πταίειν, πταῖσμα: 'hatten ein Unglück'; s. c. 72, 4 und zu B. G. 6. 36, 2.

3. *in eas—erupit:* er liess gegen diese den Zorn über seine Unachtsamkeit (vergl. zu 2. 32, 11 über *diligentia*) und den dadurch verursachten Schmerz (Aerger) hervor-

eodemque igne nautas dominosque navium interfecit magnitudine
poenae reliquos terreri sperans. Hoc confecto negotio a Salonis 4
ad Oricum portus, stationes litoraque omnia longe lateque classibus occupavit custodiisque diligentius dispositis ipse gravissima hieme in navibus excubans neque ullum laborem aut munus despiciens, ne quod subsidium expectanti Caesari in conspectum venire posset. . . . .
  9. Discessu Liburnarum ex Illyrico M. Octavius cum iis,
quas habebat, navibus Salonas pervenit. Ibi concitatis Dalmatis
reliquisque barbaris Issam a Caesaris amicitia avertit; conven- 2
tum Salonis cum neque pollicitationibus neque denuntiatione
periculi permovere posset, oppidum oppugnare instituit. Est
autem oppidum et loci natura et colle munitum. Sed celeriter 3

brechen, liess ihn aus. Verglichen
wird Cic. ad Att. 16. 3, 1: *ne in me
stomachum erumpant.* Liv. 36. 7:
*ut erumpere diu coercitam iram in
hostes communes possit.* Vergl.
mit diesem transitiven Gebrauche
oben 2. 14, 1: *se erumpunt.* – *terreri sperans.* Der Inf. praes. bei
sperare, weil hier das Zweifelhafte
das ist, ob die Strafe schreckenein-
flössend ist, während bei *territum
iri* zweifelhaft sein würde, ob die
Strafe, die allerdings sonst Schrek-
ken einflösst, auch diesmal diese
Eigenschaft bewähren werde. Auch
bei Cicero findet sich der Inf. praes.
nach *sperare* häufig, wenn man hofft,
dass eine Handlung, von der man
noch nicht Kenntniss hat, bereits
begonnen hat und noch währt; z. B.
ad Att. 5. 21, 1: *non spero te istic
iucunde hiemare,* ad fam. 1. 6, 2,
ut sperem te mihi ignoscere. Zu
dem vorherg. *sperans se posse* s. zu
B. G. 1. 3, 8.

4. *ad Oricum* = usque ad. —
despiciens: verschmähend, abwei-
send. — Am Schluss des Satzes
fehlt das Verb. finit. (denn die Handschr. haben nicht *excubabat,* sondern
excubans), wie denn ohne Zweifel
hier Mehreres ausgefallen ist, na-
mentl. die Erzählung von der Niederlage des C. Antonius und des P.
Cornelius Dolabella, die nach der
gewöhnlichen Meinung am Ende des
2. Buches ausgefallen sein soll (s.
Nipperdey p. 160). Caesar selbst
weist auf diese Ereignisse hin c.
10, 5 u. 67, 5, und dass er sie erzählt hat, zeigt deutlich der Scho-
liast zu Lucan. 7. 404 [s. Otto
Zeitschr. für die Alterthumsw.
1850. p. 311]. C. Antonius, Bruder
des Marcus, war nämlich nach Illyrien geschickt worden, um den
Feind von dort abzuhalten; ihm
folgte mit einer kleinen Flotte P.
Dolabella. Dieser wurde von M.
Octavius und Scribonius Libo gedrängt, und Antonius, der ihm Beistand leisten wollte, auf der illyrischen Insel Curicta (c. 10, 5.) eingeschlossen und durch Hunger und
Verrath (c. 67, 5) gezwungen, sich
dem Octavius mit 15 Cohorten zu
ergeben. Dies sind die c. 4, 2 ohne
nähere Angabe, da die Erzählung
folgte, erwähnten *milites Antoniani,* die Libo zu Pompeius brachte.
Daran schliesst sich nun passend
c. 9, 1: *discessu Liburnarum,* näml.
mit dem Libo, der c. 5, 3 mit dem
Octavius Anführer der Libornischen
Flotte heisst. (App. 2. 47. Cass. Dio
41. 40. Lucan. a. a. O. Liv. Epit.
110. Florus 4. 2. Orosius 6. 15.
Suet. Caes. 36.)

9. 2. *conventum:* 1. 14, 5. —
natura loci: die Lage der Stadt

cives Romani ligneis effectis turribus his sese munierunt et, cum
essent infirmi ad resistendum propter paucitatem hominum crebris confecti vulneribus, ad extremum auxilium descenderunt ser-
vosque omnes puberes liberaverunt et praesectis omnium mulie-
4 rum crinibus tormenta effecerunt. Quorum cognita sententia
Octavius quinis castris oppidum circumdedit atque uno tempore
5 obsidione et oppugnationibus eos premere coepit. Illi omnia
perpeti parati maxime a re frumentaria laborabant. Cui rei missis ad Caesarem legatis auxilium ab eo petebant; reliqua, ut pote-
6 rant, incommoda per se sustinebant. Et longo interposito spatio
cum diuturnitas oppugnationis neglegentiores Octavianos effecisset, nacti occasionem meridiani temporis discessu eorum pueris
mulieribusque in muro dispositis, ne quid cotidianae consuetudinis desideraretur, ipsi manu facta cum iis, quos nuper libera-
7 verant, in proxima Octavi castra irruperunt. His expugnatis eodem impetu altera sunt adorti, inde tertia et quarta et deinceps
reliqua omnibusque eos castris expulerunt et magno numero interfecto reliquos atque ipsum Octavium in naves confugere coë-
8 gerunt. [Hic fuit oppugnationis exitus.] Iamque hiems appropinquabat, et tantis detrimentis receptis Octavius desperata oppugnatione oppidi Dyrrhachium sese ad Pompeium recepit.

    10. Demonstravimus L. Vibullium Rufum, Pompei praefe-

selbst, *et colle:* ein Hügel, der ihr
Schutz gewährte, wie 2. 1, 3: *Mas-*
silia loci natura et valle altissima
munita. .

   3. *ligneis effectis turribus*, his.
S. zu 1. 36, 5. — *praesectis – cri-*
nibus zu den Sehnen und Strängen
der *tormenta.* S. Kriegsw. § 32. Es
ist kein Grund, hier *tormenta* in
der Bedeutung 'Seile, Stricke', zu
nehmen, die es auch B. G. 7. 22, 2
nicht hat.

  4. *obsidione et oppugnationibus:*
durch Einschliessung, Blokade und
durch gewaltsamen Angriff mit Belagerungswerken und Sturm.

   5. *a re frumentaria lab.:* 'von
Seiten', wie B. G. 7. 10, 1. Zumpt
§ 452.

   6. *neglegentiores effecisset:* hatte bewirkt, dass sie — wurden, wie
bei Cic. Lael. 15, 54: *non solum*
ipsa fortuna caeca est, sed eos etiam
plerumque efficit caecos, quos com-

plexa est. — *discessu eorum* giebt
den Grund an, inwiefern die Mit-
tagszeit eine günstige Gelegenheit
bot. Vergl. 2. 14, 1.

   8. *Hic fuit oppugnationis exitus.*
Diese Worte sind jedenfalls unächt;
sie stören den Zusammenhang und
sind wegen des Folgenden unpassend. — *hiems appropinquabat.*
Vergl. die Anm. zu c. 6, 2. — *re-*
ceptis. Recipere = etwas von aussen Kommendes bei sich aufnehmen,
empfangen, wie man sagt *telum*
corpore recipere (Cic. p. Rosc. Am.
12, 33). Gewiss dachte C. dabei
nicht an Zurückempfangen der Verluste, wie er sie vorher den Bewohnern der Stadt zugefügt hatte.
— *desperata oppugnatione:* 2.
22, 1.

   10. 1. *Demonstravimus:* 1. 34,
1 (denn 1. 23, 2 ist der Name wahrscheinlich unächt) und 1. 38, 1, wo
von seinem Aufenthalte bei Afra-

ctum, bis in potestatem pervenisse Caesaris atque ab eo esse
dimissum, semel ad Corfinium, iterum in Hispania. Hunc pro 2
suis beneficiis Caesar idoneum iudicaverat, quem cum mandatis
ad Cn. Pompeium mitteret, eundemque apud Cn. Pompeium
auctoritatem habere intellegebat. Erat autem haec summa man- 3
datorum: debere utrumque pertinaciae finem facere et ab armis
discedere neque amplius fortunam periclitari. Satis esse magna 4
utrimque incommoda accepta, quae pro disciplina et praeceptis
habere possent, ut reliquos casus timerent: illum Italia expulsum 5
amissa Sicilia et Sardinia duabusque Hispaniis et cohortibus in
Italia atque Hispania civium Romanorum cxxx; se morte Curionis et detrimento Africani exercitus tanto militumque deditione ad Curictam. Proinde sibi ac reipublicae parcerent, cum, 6
quantum in bello fortuna posset, iam ipsi incommodis suis satis essent documento. Hoc unum esse tempus de pace agendi, 7

nius und Petreius in Spanien die
Rede ist, mit denen er, wenn dies
auch nicht ausdrücklich erwähnt
wird, bei der Entlassung Aller zum
zweiten Male begnadigt wurde.
— *Pompei praefectum.* Manutius
zu Cic. ad Fam. 2. 17. p. 201 meint,
dass er *praefectus fabrum* gewesen
sei, mit Beziehung auf Cic. ad Att.
9. 7 C: *Iam duo praefecti fabrum
Pompei in meam potestatem venerunt et a me missi sunt*, näml. der
1. 24, 4 erwähnte N. Magius und
nach dieser Annahme Vibullius.

2. *iudicaverat:* Cäsar hatte ihm
den Auftrag gegeben, als er ihn mit
den übrigen Afranianern bei seiner
Rückkehr aus Spanien und von Massilia am Varus, dem Grenzfluss Italiens, entliess. Vergl. Cäs. B. civ.
1. 87, 5. App. B. civ. 2. 43. Dadurch
erklärt es sich, dass in den Aufträgen bereits von der Capitulation beider Spanien und dem Tode Curios
die Rede sein konnte und dass der
Vortheil, den Cäsar durch seine ge-
lungene Ueberfahrt nach Griechenland errungen hatte, nicht mit in
die Wagschale geworfen wird. Dass
übrigens Vibullius nicht erst in
Griechenland von Cäsar als Gesandter abgeschickt ist, erhellt 1.

aus dem Plusquamperfectum *iudicaverat*, dessen sich Nipperdey so zu
entledigen versucht: 'longe antea
de mandatis Vibullio dandis Caesar
cogitare poterat, quam eum cum
mandatis demitteret'; 2. daraus, dass
man nicht einsieht, wie Vibullius,
von dem nur gesagt wird, er sei
zweimal entlassen worden, noch bei
Cäsar sein kann; 3. endlich daraus,
dass Cäsar zu derselben Zeit vergeblich sich bemüht, freies Geleit
für seine Gesandten zu erhalten (c.
17), während Vibullius ungehindert
bei den Pompeianern verweilt und
hin und her reist. Vibullius war
also nicht als Cäsars Gesandter bei
ihnen, sondern als ein von Cäsar be-
gnadigter, der wie so viele andere,
wieder zu Pompeius sich begab.

4. *pro disciplina et praeceptis:*
als Lehre und Warnung.

5. *illum*, Pompeium, sc. *incommoda accepisse, quae — possent;*
so auch unten *se morte Curionis*
u. s. w. — *ad Curictam* (nicht *Corcyram*) Flor. 4. 2 (2. 13 Jahn):
*cum fauces Adriani maris iussi oc-
cupare Dolabella et Antonius, ille
Illyrico, hic Curictico litore
castra posuissent.* S. den geogr.
Index. Zur Sache s. zu c. 8 a. E.

dum sibi uterque confideret et pares ambo viderentur; si vero
alteri paulum modo tribuisset fortuna, non esse usurum condicionibus pacis eum, qui superior videretur, neque fore aequa
8 parte contentum, qui se omnia habiturum confideret. Condiciones pacis, quoniam antea convenire non potuissent, Romae ab
9 senatu et a populo peti debere. Interea et reipublicae et ipsis
placere oportere, si uterque in contione statim iuravisset se triduo proximo exercitum dimissurum. Depositis armis auxiliisque, quibus nunc confiderent, necessario populi senatusque iudi-
10 cio fore utrumque contentum. Haec quo facilius Pompeio pro-
bari possent, omnes suas terrestres naviumque copias dimissurum.

11. Vibullius his expositis Corcyrae non minus necessarium esse existimavit de repentino adventu Caesaris Pompeium
fieri certiorem, uti ad id consilium capere posset, antequam de
mandatis agi inciperetur, atque ideo continuato nocte ac die
itinere atque omnibus oppidis mutatis ad celeritatem iumen-
2 tis ad Pompeium contendit et adesse Caesarem nuntiavit. Pom-

---

8. *condiciones pacis — convenire,*
wie 1. 28, 3: *signo, quod convene-*
rat und die dort vergl. St.; denn
Cäsar braucht nur diese Wendung:
res convenit (inter aliquos oder absol.) nie *convenit inter —* oder *con-*
veniunt inter se de re.

9. *Interea et rei publicae et ipsis*
placere oportere: unterdessen, bis
Senat und Volk die Bedingungen
des Friedens festgestellt hätten,
müsste es dem Staat und ihnen selbst
recht sein, sie müssten damit zu-
frieden sein, dass die Heere entlassen und die Feindseligkeiten ein-
gestellt würden. — *depositis ar-*
mis auxiliisque. Aehnliche zeugma-
tische Verbindungen s. zu B. G. 8.
16, 2: *intrare summum iugum et*
flammam.

10. Ueber *naviumque copias* s.
den Anhang.

11. 1. *non minus necessarium.*
Vibullius, der im Herzen immer
noch Pompeianer war, war mit seinen Aufträgen nach Corcyra gekommen, wo das Hauptquartier der Pompeianischen Seemacht war, und erwartete dort, da es mit seinen Aufträgen keine Eile hatte, die bevor-
stehende Ankunft des Pompeius.
Als er aber die Nachricht von der
plötzlichen Ankunft Cäsars erhielt
und er nun wohl voraussehen konnte,
dass Cäsar auch durch Andere würde
Unterhandlungen anknüpfen lassen,
hielt er es für ebenso nothwendig,
als dass er seinen Auftrag erfüllte,
dass Pompeius von Cäsars Ankunft
benachrichtigt würde, damit er dagegen die nothwendigen Massregeln
treffen könnte, bevor er in die Unter-
handlung eintrat. Das zweite Glied
der Vergleichung bei *non minus ne-*
cessarium ist leicht zu ergänzen.
— *agi inciperetur* hat Nipperdey
mit Recht geändert aus *agi incipe-*
ret; denn man sagt wohl *res aliqua*
agi coepit oder *incipit,* wiewohl
Cäsar auch diese Redeweise ver-
meidet; wenn aber die Sache, die
betrieben wird, nicht angegeben
wird, heisst es immer *agi coeptum*
est oder *agi incipitur.* — Ueber die
Stellung *nocte ac die* s. zu B. G.
1. 18, 7.

peius erat eo tempore in Candavia iterque ex Macedonia in 2
hiberna Apolloniam Dyrrhachiumque habebat.   Sed re nova
perturbatus maioribus itineribus Apolloniam petere coepit, ne
Caesar orae maritimae civitates occuparet.   At ille expositis 3
militibus eodem die Oricum proficiscitur.   Quo cum venisset,
L. Torquatus, qui iussu Pompei oppido praeerat praesidiumque
ibi Parthinorum habebat, conatus portis clausis oppidum defendere, cum Graecos murum ascendere atque arma capere iuberet,
illi autem se contra imperium populi Romani pugnaturos esse
negarent, oppidani autem etiam sua sponte Caesarem recipere
conarentur, desperatis omnibus auxiliis portas aperuit et se atque
oppidum Caesari dedidit incolumisque ab eo conservatus est.

12. Recepto Caesar Orico nulla interposita mora Apolloniam proficiscitur.   Cuius adventu audito L. Staberius, qui ibi
praeerat, aquam comportare in arcem atque eam munire obsidesque ab Apolloniatibus exigere coepit.   Illi vero daturos se negare 2
neque portas consuli praeclusuros neque sibi iudicium sumpturos
contra atque omnis Italia populusque Romanus iudicavisset.
Quorum cognita voluntate clam profugit Apollonia Staberius. 3
Illi ad Caesarem legatos mittunt oppidoque recipiunt.   Hos se- 4
quuntur Bullidenses, Amantini et reliquae finitimae civitates tota-

2. *in Candavia.* Pomp. war nicht
mehr in Thessalonich, sondern bereits der Westküste näher gekommen in den candavischen Gebirgen
in Illyrien.— *iter habebat:* 1. 14, 3.

3. *Graecos = Parthinos.*

4. *contra imperium pop. R.*, da
Cäsar Consul, also der legitime
Vertreter des röm. Volks war; s.
zu c. 1, 1. Beachte das Verhältniss
und die Beziehung des wiederholten
autem.

12. 1. *Recepto Caesar Orico.* Zu
dieser Stellung des Subiects zwischen den Abl. absol., durch welche
die im Part. enthaltene Handlung
als dem Subiect angehörend bezeichnet wird, vergl. c. 62, 1: *quibus ille cognitis — iubet;* zu B. G.
2. 11, 2: *hac re statim Caesar cognita — continuit.* 6. 9, 8: *cognita
Caesar causa reperit.* 7. 1, 4: *Indictis inter se principes Galliae conciliis — queruntur. — Apolloniam*

prof. Er hatte 9 Stunden Wegs von
Or. bis Apoll. — *qui ibi praeerat*
'der daselbst commandirte', *praeesse* ohne einen davon abhängigen
Dativ und mit blosser Angabe des
Orts, wie c. 28, 2: *qui Lissi praeerat.* S. zu c. 89, 2. Sall. Cat. 57,
2: *in agro Piceno praesidebat.* Cic.
p. Sest. 18, 41: *in eo exercitu fratrem praefecerat:* hatte zum Officier
gemacht. Liv. 5. 8, 7.

2. *sibi iudicium sumpturos:* sie
würden sich nicht ein Urtheil anmassen. Vergl. c. 51, 3: *ne imperatorias sibi partes sumpsisse videretur.*

- 3. *oppidoque recipiunt,* das Obiect *Caesarem* aus dem Vorherg. zu
wiederholen, wie c. 21, 4: *eo in Italiam revocato, sibi adiunxit.* 23, 2:
*naves onerarias quasdam nactus in-
cendit.* B. G. 7. 81, 2: *dat signum
suis Vercingetorix atque ex oppido
educit* u. ä.

que Epiros et legatis ad Caesarem missis, quae imperaret, facturos pollicentur.

13. At Pompeius cognitis his rebus, quae erant Orici atque
Apolloniae gestae, Dyrrhachio timens, diurnis eo nocturnisque iti-
2 neribus contendit. Simul Caesar appropinquare dicebatur, tan-
tusque terror incidit eius exercitui, quod properans noctem diei
coniunxerat neque iter intermiserat, ut paene omnes ex Epiro
finitimisque regionibus signa relinquerent, complures arma pro-
3 icerent ac fugae simile iter videretur. Sed cum prope Dyrrhachium
Pompeius constitisset castraque metari iussisset, perterrito etiam
tum exercitu princeps Labienus procedit iuratque se eum non
deserturum eundemque casum subiturum, quemcumque ei for-
4 tuna tribuisset. Hoc idem reliqui iurant legati; tribuni militum
centurionesque sequuntur, atque idem omnis exercitus iurat.
5 Caesar praeoccupato itinere ad Dyrrhachium finem properandi
facit castraque ad flumen Apsum ponit in finibus Apolloniatium, ut castellis vigiliisque bene meritae civitates tutae essent
ibique reliquarum ex Italia legionum adventum exspectare et
6 sub pellibus hiemare constituit. Hoc idem Pompeius fecit et
trans flumen Apsum positis castris eo copias omnes auxiliaque
conduxit.

4. *quae imperaret, facturos
pollicentur*, wie B. G. 7. 90, 2, nach
dem so häufigen Gebrauche des Coniunct. Impf. (und Plusq.) nach einem
historischen Präsens, zumal wenn
er für das Futur. oder Fut. exact.
der directen Rede steht (B. G. 3.
11, 5). Vergl. dagegen oben 1. 15,
2: *quae imperaverit, se facturos
pollicentur*, so wie nach einem Prä-
terit.: *quodcumque imperavisset,
se aequo animo facturos* oben c. 6,
2; aber c. 13, 3: *iurat, se eundem
casum subiturum, quemcumque fortuna tribuisset.* B. G. 7. 66, 7:
*ne tecto recipiatur, qui non bis
per agmen hostium perequitas-
set.* Ebend. 61, 5: *parva manu
missa, quae tantum progrediatur, quantum naves processissent.* — Ueber die Formel *quae
imper. fact. poll.* s. zu 1. 60, 1.

13. 1. *Dyrrhachio timens*, denn
allerdings suchte Cäsar vor Allem
diesen Ort, wo alle Kriegsvorräthe

der Pompeianer vereinigt waren,
zu erreichen.

2. *eius* d. i. Pompei, der auch
Subiect zu *coniunxerat* und *intermiserat* ist. — *quod properans —
intermiserat.* Der Grund des
Schreckens für die Soldaten war,
dass sie ermüdet durch den fortgesetzten Marsch die Ankunft Cäsar's
fürchten mussten.

3. *castra metari* braucht Cäsar
nur hier, wie B. G. 8. 15, 2.

5. *praeoccupato itinere:* a Pompeio. Durch das Zuvorkommen des
Pomp. war Cäsar's Plan vereitelt,
weswegen er anhielt und sich verschanzte. — *vigiliisque*, c. 15, 2:
*praesidiis enim dispositis omnia li-
tora a Caesare tenebantur.* Die *bene
meritae civitates* sind Apollonia und
Oricum. — *sub pellibus hiemare:*
in Zelten, wie in den Sommer-
feldlagern, so dass also keine
Winterlager (*hiberna*) mit den in
denselben gewöhnlichen festeren

14. Calenus legionibus equitibusque Brundisi in naves impositis, ut erat praeceptum a Caesare, quantum navium facultatem habebat, naves solvit paulumque a portu progressus litteras a Caesare accipit, quibus est certior factus, portus litoraque omnia classibus adversariorum teneri. Quo cognito se in portum recipit 2 navesque omnes revocat. Una ex his, quae perseveravit neque imperio Caleni obtemperavit, quod erat sine militibus privatoque consilio administrabatur, delata Oricum atque a Bibulo expugnata est; qui de servis liberisque omnibus ad impuberes supplicium 3 sumit et ad unum interficit. Ita exiguo tempore magnoque casu totius exercitus salus constitit.

15. Bibulus, ut supra demonstratum est, erat cum classe ad Oricum et, sicuti mari portibusque Caesarem prohibebat, ita ipse omni terra earum regionum prohibebatur; praesidiis enim 2 dispositis omnia litora a Caesare tenebantur, neque lignandi atque aquandi neque naves ad terram religandi potestas fiebat. Erat 3 res in magna difficultate, summisque angustiis rerum necessariarum premebantur, adeo ut cogerentur sicuti reliquum commeatum ita ligna atque aquam Corcyra navibus onerariis supportare, atque etiam uno tempore accidit, ut difficilioribus usi tem- 4

Wohnungen (*hibernacula*) bezogen wurden.

14. 1. *Calenus:* c. 8, 2. — *quantum:* in wie weit. — *litteras a Caesare = Caesaris*; c. 36, 6: *litterae sunt consecutae a Favonio.* So oft bei Cicero, wie z. B. ad Fam. 7. 5, 2: *litterae mihi dantur a te.*

3. *ad impuberes*, wie in der gleich folgenden Redensart *ad unum, ad unum omnes:* bis auf die Knaben herab, selbst diese nicht ausgenommen. Vergl. sein grausames Verfahren c. 5, 3. — *magnoque casu:* einem grossen, ganz besonderen Zufall, dass der Brief gerade noch bei der Abfahrt ankam. Vergl. zu B. G. 6. 30, 2: *magno accidit casu.* — *constitit:* 1. 85, 3.

15. 1. *supra demonstr. est*, es ergiebt sich wenigstens aus c. 14, 3, sowie schon c. 5, 4 zeigt, dass er nicht mehr bei Corcyra (c. 7, 1) lag. — *Caesarem proh.* Es ist leicht begreiflich, wie dies zu verstehen ist, da doch Cäsar selbst bereits übergesetzt war. — *omni terra earum regionum:* allem Land in jenen Gegenden.

3. *Erat res in magna difficultate.* S. zu B. G. 7. 35, 1.

4. *uno tempore* heisst gewöhnlich zu einer und derselben Zeit = *uno eodemque tempore;* es könnte auch heissen zu einer einzigen Zeit. Hier hat es keino von beiden Bedeutungen; es heisst vielmehr einmal = *aliquando.* Ebenso ist *unus* gebraucht bei Cic. de or. 1. 29, 132: *de hoc uno minime est facile praecipere non mihi modo, qui sicut unus pater familias his de rebus loquor*, p. Roscio Com. 5, 15: *advocatio ea est, quam propter eximium splendorem ut iudicem unum vereri debeamus*, ad Att. 9. 10, 2: *amens mihi fuisse videor a principio et me una haec res torquet, quod non . . . . Pompeium tamquam unus manipularis secutus sim.* Aehnlich ist auch Caes. B. G. 2. 25, 2: *scuto ab novissimis uni militi detracto.* —

pestatibus ex pellibus, quibus erant tectae naves, nocturnum ex-
5 cipere rorem cogerentur; quas tamen difficultates patienter atque
aequo animo ferebant neque sibi nudanda litora et relinquendos
6 portus existimabant. Sed cum essent in quibus demonstravi
angustiis ac se Libo cum Bibulo coniunxisset, loquuntur ambo
ex navibus cum M'. Acilio et Statio Murco legatis; quorum alter
oppidi muris, alter praesidiis terrestribus praeerat: velle se de
7 maximis rebus cum Caesare loqui, si sibi facultas detur. Huc
addunt pauca rei confirmandae causa, ut de compositione acturi
viderentur. Interim postulant, ut sint indutiae, atque ab iis im-
8 petrant. Magnum enim, quod afferebant, videbatur, et Caesarem
id summe sciebant cupere, et profectum aliquid Vibullii mandatis
existimabatur.

     16. Caesar eo tempore cum legione una profectus ad reci-
piendas ulteriores civitates et rem frumentariam expediendam,
qua anguste utebatur, erat ad Buthrotum, oppositum Corcyrae.
2 Ibi certior ab Acilio et Murco per litteras factus de postulatis
3 Libonis et Bibuli legionem relinquit; ipse Oricum revertitur. Eo
cum venisset, evocantur illi ad colloquium. Prodit Libo atque
excusat Bibulum, quod is iracundia summa erat inimicitiasque
habebat etiam privatas cum Caesare ex aedilitate et praetura conceptas: ob eam causam colloquium vitasse, ne res maximae spei
4 maximaeque utilitatis eius iracundia impedirentur. Summam
suam esse ac fuisse semper voluntatem, ut componeretur atque

difficilioribus usi temp., so dass sie
kein Wasser von Corcyra holen
konnten.

6. *cum essent, in quibus demonstravi, angustiis* d. i. *in iis angustiis,
quas dem.* oder richtiger: *in quibus eos esse demonstravi*, wie B.
Afr. 69, 4: *eadem ratione qua
ante dixi* (näml. *impetum factum
esse), in Caesaris legionarios impetum faciunt.* — *oppidi* d. i. Orici.

8. *sciebant*, nämlich Acilius und
Murcus.

16. 1. *ulteriores:* die entfern-
teren, südlich gelegenen Staaten. —
qua anguste utebatur: 1. 59, 2. B.
G. 5. 24, 1: *frumentum angustius
provenerat.*

3. *excusat:* sein Ausbleiben. —
ex aedilitate et praetura conceptas.
Er war mit Cäsar Aedil und Praetor

gewesen (zu c. 5, 4). Ueber seine
Stellung zu Cäsar während der
Aedilität im J. 65 s. Suet. Caes. 10:
*Venationes ludosque et cum collega
et separatim edidit, quo factum est,
ut communium quoque impensarum
solus gratiam caperet; nec dissi-
mularet collega eius, M. Bibulus,
evenisse sibi, quod Polluci; ut enim
geminis fratribus aedes in foro constituta tantum Castoris vocaretur,
ita suam Caesarisque munificen-
tiam unius Caesaris dici.* Das näher liegende Consulat, in welchem
die Missbelligkeiten zwischen beiden Collegen noch weit grösser waren (Einl. zu B. G. p. 12) erwähnt
Cäsar eigenthümlicher Weise nicht.

4. *suam* nicht *Pompei.* S. den
kritischen Anhang. — *ut componeretur* unpersönlich = ut compo-

ab armis discederetur, sed potestatem eius rei nullam habere, propterea quod de consilii sententia summam belli rerumque omnium Pompeio permiserint. Sed postulatis Caesaris cognitis 5 missuros ad Pompeium, atque illum reliqua per se acturum hortantibus ipsis. Interea manerent indutiae, dum ab illo rediri posset, neve alter alteri noceret. Huc addit pauca de causa et de copiis auxiliisque suis.

17. Quibus rebus neque tum respondendum Caesar existimavit, neque nunc, ut memoriae prodantur, satis causae putamus. Postulabat Caesar, ut legatos sibi ad Pompeium sine periculo 2 mittere liceret, idque ipsi fore reciperent aut acceptos per se ad eum perducerent. Quod ad indutias pertineret, sic belli rationem 3 esse divisam, ut illi classe naves auxiliaque sua impedirent, ipse

sitio (c. 15, 7) fieret. — *sed potestatem – nullam habere:* sie hätten dazu keine Vollmacht, da die oberste Leitung des Kriegs dem Pomp. übertragen sei, an den sie die Forderungen des Caesar melden wollen, während sie für sich um einen Waffenstillstand bitten. — *de consilii sententia. Consilium* kann hier unmöglich 'Kriegsrath' sein, da dieser in der That nicht über die Uebertragung des Oberbefehls zu verfügen hat, sondern es sind die den Pomp. umgebenden Consuln und Senatoren gemeint, die sich den Senat des röm. Volks nannten, welchen Namen natürlich Libo dem Caesar gegenüber nicht brauchen kann (ebensowenig konnte es, wie vorgeschlagen worden ist, *consulum* heissen, näml. Lentulus n. Marcellus, weil die in Epirus versammelten Pompeianer die Consuln des Jahres, Caesar und Servilius, nicht anerkannten, was in einer Anrede an den Consul Caesar sehr ungeschickt gewesen wäre); er wählt daher absichtlich diesen Ausdruck, der, wenn er auch vom Senate häufig, bes. in der Formel *de consilii sententia,* gebraucht wird, doch auch allgemeinere Deutung zulässt und das für Cäsar anstössige *Senatus* vermeidet. Zur Sache vergl. die Anrede des Lentulus bei Lucan. 5. 45: *Vos, quorum finem non est sensura potestas, Consulite in|medium, Patres, Magnumque iubete Esse ducem. Laeto nomen clamore senatus Excipit et Magno fatum patriaeque suumque Imposuit.*

5. *de causa:* über die Streitfrage, die Sache, um die es sich bei dem Kriege handelt.

17. 1. *Quibus rebus – satis causae putamus.* Diese Aeusserung wird dem Cäsar für Uebermuth ausgelegt, während man ihm zugestehen muss, dass hier nicht der Ort war, eine unfruchtbare Verhandlung wieder aufzunehmen. Die W. gehen offenbar auf das zunächst vorhergehende *Huc addit pauca* u. s. w. Auf diese Auseinandersetzung liess Cäsar sich nicht ein, noch hält er es für nöthig, jetzt mitzutheilen, was Libo *de causa et de copiis auxiliisque suis* damals sprach. *Quibus rebus* ist also = auf diese Worte des Libo, und bei *prodantur* ist *eae res* Subject.

2. *reciperent:* auf sich nehmen, dafür stehen. — *per se* mit *perducerent* zu verbinden: er sollte sie entweder unter ihrer Garantie schikken dürfen, oder sie sollten sie 'für sich', d. i. selbst zu Pompeius bringen.

4 ut aqua terraque eos prohiberet. Si hoc sibi remitti vellent,
remitterent ipsi de maritimis custodiis; si illud tenerent, se quoque id retenturum. Nihilo minus tamen agi posse de compositione, ut haec non remitterentur, neque hanc rem esse impedi-
5 menti loco. Ille neque legatos Caesaris recipere neque periculum
praestare eorum, sed totam rem ad Pompeium reicere: unum
6 instare de indutiis vehementissimeque contendere. Quem ubi
Caesar intellexit praesentis periculi atque inopiae vitandae causa
omnem orationem instituisse neque ullam spem aut condicionem
pacis afferre, ad reliquam cogitationem belli sese recepit.

    18. Bibulus multos dies terra prohibitus et graviore morbo
ex frigore ac labore implicitus cum neque curari posset neque
susceptum officium deserere vellet, vim morbi sustinere non
2 potuit. Eo mortuo ad neminem unum summa imperii redit, sed
separatim suam quisque classem ad arbitrium suum administra-
3 bat. Vibullius sedato tumultu, quem repentinus Caesaris adventus concitaverat, ubi primum e re visum est, adhibito Libone
et L. Lucceio et Theophane, quibuscum communicare de maximis

---

3. *aqua terraque:* c. 15, 1.

4. *ut — non remitterentur* concessiv: gesetzt auch, dass nicht.
Madv. § 355.

5. *periculum praestare,* wie wir:
'für die Gefahr stehen', d. i. dafür
bürgen, dass sie nicht eintrete. —
unum instare = urgere, darauf
dringen, dringend verlangen. Zur
Construction vergl. die bei Zumpt
§ 385 angef. Verba. — *de indutiis.*
S. zu 1. 20, 4. 33, 1. 2. 17, 3.

6. *ad reliquam cogitationem belli
se rec.,* wörtl.: er zog sich nach
Aufgebung aller Verhandlungen zurück zu dem übrigen Nachdenken
über den Krieg, er überlegte, statt
an den Frieden zu denken, was weiter in Betreff des Kriegs zu thun,
wie er fortzusetzen sei. Die Verbindung des Adjectivs, das auch zu
belli bezogen werden konnte, nicht
unähnlich der zu 2. 28, 2: *primam
sacramenti memoriam,* besprochenen.

18. 2. *ad neminem unum:* zu
keinem einzelnen, zu Niemandem,
der der einzige, oberste Anführer
geworden wäre, es wurde nicht wieder ein einheitliches Commando errichtet. — *summa imperii redit:* das
Commando gelangt nach seiner Erledigung zu einem, dem es vorbehalten ist, zukommt; s. zu B. G. 6.
11, 3: *principes sunt, — quorum
ab arbitrium iudiciumque summa
omnium rerum consiliorumque redeat.* Vergl. oben zu c. 5. 4. Cass.
Dio 41. 48 nennt in Widerspruch
mit Caesar den Libo als Nachfolger
des Bibulus. 'Seitdem war die Flotte
ohne eine obere Leitung, eine Ver-
kehrtheit, welche auf dieser Seite
nicht befremdet, aber unermessli-
chen Nachtheil brachte; vielleicht
fürchtete Pomp. die Eifersucht der
Optimaten gegeneinander' Drumann
3. p. 487.

3. *L. Lucceio,* Geschichtschreiber, mit dem auch Cicero in freund-
lichem Verkehr stand (ad Fam. 5.
12–15), Mitbewerber Caesar's um
das Consulat für 59. Im Bürgerkriege entschiedener Anhänger des
Pomp. und vertrauter Rathgeber,
wie *Theophanes* aus Mitylene, ebenfalls Geschichtschreiber, den er
während des Mithridatischen Kriegs

rebus Pompeius consueverat, de mandatis Caesaris agere instituit.
Quem ingressum in sermonem Pompeius interpellavit et loqui
plura prohibuit. 'Quid mihi', inquit, 'aut vita aut civitate opus est, 4
quam beneficio Caesaris habere videbor? cuius rei opinio tolli
non poterit, cum in Italiam, ex qua profectus sum, reductus existi-
mabor.' Bello perfecto ab iis Caesar haec facta cognovit, qui ser- 5
moni interfuerunt. Conatus tamen nihilo minus est aliis rationibus [per colloquia] de pace agere.

19. Inter bina castra Pompei atque Caesaris unum flumen
[tantum] intererat Apsus, crebraque inter se colloquia milites habebant, neque ullum interim telum per pactiones loquentium trai-
ciebatur. Mittit P. Vatinium legatum ad ripam ipsam fluminis, 2
qui ea, quae maxime ad pacem pertinere viderentur, ageret et crebro magna voce pronuntiaret, liceretne civibus ad cives de pace
[duo] legatos mittere, quod etiam fugitivis ab saltu Pyrenaeo praedonibusque licuisset, praesertim cum id agerent, ne cives cum

kennen lernte, und *in contione mi-*
litum civitate donavit Cic. p. Arch.
10, 25. Er schrieb eine Geschichte
der Feldzöge des Pomp. *Πολιτικὸς*
ἀνὴρ ὑπῆρξε καὶ Πομπηΐῳ τῷ
Μάγνῳ κατέστη φίλος διὰ τὴν
ἀρετὴν ταύτην Strabo 13. p. 617.
Beide werden öfter von Cic. genannt
als einflussreiche, aber der gemeinsamen Sache nicht eben vortheil-
hafte Wortführer in dem engeren
Rathe des Pomp.; ad Att. 9. 1, 3.
11, 3. — *ingressum in sermonem*
wie 1. 2, 2 *ingressus in eam ora-*
tionem.

5. *Perfecto bello cognovit.* Diese
Stelle gehört zu den Einl. p. 22
Anm. angeführten, welche die Abfassung der Commentare erst nach
Vollendung des ganzen Kriegs beweisen. — *Conatus tamen.* Obgleich
Cäsar erst nach Beendigung des
Kriegs diesen Vorgang erfuhr, er
also jetzt gar keine Antwort auf
seine Vorschläge erhielt und daraus
auf wenig Neigung zum Frieden bei
den Gegnern schliessen musste,
versuchte er doch u. s. w. — *aliis*
rationibus [per colloquia] de pace
agere. Die Worte *per colloquia,* die
man wohl nicht mit Unrecht für in-

terpolirt hält, können nur so einen
Sinn haben, wenn man erklärt:
nachdem die bisherigen Bestrebungen, durch mündliche Verhandlung
den Frieden herbeizuführen, vergeblich waren, sucht er jetzt auf andere
Weise durch Unterredungen, als er
früher gethan hatte, culloquiis aliter
institutis, zum Ziele zu kommen, indem er, wie früher in Spanien (1.
74), die feindlichen Soldaten selbst
in die Verhandlung zieht; als Apposition gefasst sind die W. unnütz
und falsch, da die früheren Verhandlungen auch *colloquia* waren.

19. 1. *Unum flumen Apsus* nur
der einzige Fl. Apsus, sonst nichts.
2. 27, 4: *una valle, non magna in-*
teriecta. B. G. 6. 36, 2: *quas inter et*
castra unus omnino collis intererat.
(*tantum* bei *unus* ist bei Cäsar auffallend).

2. *fugitivis ab saltu Pyrenaeo*
bezieht sich jedenfalls auf die Ueberreste des Sertorianischen Heeres, denen Pompeius nach Besiegung
des Sertorius (72 v. Chr.) die Stadt
Convenü oder Lugdunum Conve-
narum in Aquitanien zuwies. —
praedonibusque, den von Pomp. besiegten cilicischen Seeräubern, 2.

3 civibus armis decertarent? Multa suppliciter locutus est, ut de
sua atque omnium salute debebat, silentioque ab utrisque militibus auditus. Responsum est ab altera parte Aulum Varronem
profiteri se altera die ad colloquium venturum atque eundem vi-
surum, quemadmodum tuto legati venire et quae vellent exponere
4 possent, certumque ei rei tempus constituitur. Quo cum esset
postero die ventum, magna utrimque multitudo convenit, magnaque erat exspectatio eius rei, atque omnium animi intenti esse ad
5 pacem videbantur. Qua ex frequentia Titus Labienus prodit, sed
missa oratione de pace loqui atque altercari cum Vatinio incipit.
6 Quorum mediam orationem interrumpunt subito undique tela immissa; quae ille obtectus armis militum vitavit: vulnerantur tamen
complures, in his Cornelius Balbus, M. Plotius, L. Tiburtius, cen-
7 turiones militesque nonnulli. Tum Labienus: 'Desinite ergo de
compositione loqui: nam nobis nisi Caesaris capite relato pax
esse nulla potest.'

20. Isdem temporibus M. Caelius Rufus praetor causa
debitorum suscepta initio magistratus tribunal suum iuxta C. Treboni, praetoris urbani, sellam collocavit et, si quis appellavisset
de aestimatione et de solutionibus, quae per arbitrum fierent, ut
2 Caesar praesens constituerat, fore auxilio pollicebatur. Sed fiebat
aequitate decreti et humanitate Treboni, qui his temporibus cle-
menter et moderate ius dicendum existimabat, ut reperiri non
3 possent, a quibus initium appellandi nasceretur. Nam fortasse

---

23, 3, und 3. 104, 3: *praedonum
bellum.*

5. *Titus Labienus prodit.* Schon
das Erscheinen dieses von Cäsar
abgefallenen und zu einem heftigen
Gegner gewordenen Legaten konnte
keine grosse Hoffnung erregen. —
*sed missa oratione de pace – inci-
pit:* anstatt vom Frieden zu sprechen, was man erwartet hatte, beginnt er einen Wortwechsel mit dem
Vatinius. [Die Vulg.: *submissa oratione* – was schwerlich zum Character des Labienus und zu *altercari*
passt – *loqui de pace atque alt. inc.*
Die Aenderung ist von Terpstra].

6. *ille:* Vatinius.

7. *ergo:* nach solchen Vorgängen,
aus denen ihr seht, dass eine Ver-
söhnung der Gemüther nicht möglich ist, so lange C. lebt.

20. 1. *M. Caelius Rufus.* S. 1. 2,
4 (nicht zu verwechseln mit dem
Marcius Rufus quaestor 2.43,1,
auf welche Stelle von allen Heraus-
gebern verwiesen wird). Getäusch-
te Hoffnungen (er hatte auf Proscriptionen durch den Dictator gerechnet, um sich von seiner Geldnoth zu befreien: denn *peior illi res
familiaris, quam mens erat* Vellei.
2. 58) und gekränkter Ehrgeiz wendete ihn von Cäsar ab. Es schmerz-
te ihn, dass Cäsar dem C. Trebonius
die ehrenvollere städtische Prätor
verliehen hatte. Daher sein Auftreten gegen Caesar und seine dema-
gogischen Massregeln. — *appellavisset* (von den *arbitris* an den Prätor) *de aestimatione et de solutionibus* u. s. w. s. c. 1, 2.

2. *initium appellandi nasceretur.*

inopiam excusare et calamitatem aut propriam suam aut temporum queri et difficultates auctionandi proponere etiam mediocris est animi; integras vero tenere possessiones, qui se debere fateantur, cuius animi aut cuius impudentiae est? Itaque, hoc qui 4 postularet, reperiebatur nemo. Atque ipsis, ad quorum commodum pertinebat, durior inventus est Caelius. Sed ab hoc profectus initio, ne frustra ingressus turpem causam videretur, legem promulgavit, ut sexenni die sine usuris creditae pecuniae solvantur.

21. Cum resisteret Servilius consul reliquique magistratus, et minus opinione sua efficeret, ad hominum excitanda studia sublata priore lege duas promulgavit; unam, qua mercedes habi-

S. zu 1. 35, 1: *ne initium belli referendi - oriatur.*

3. *inopiam excusare:* die Armuth als Entschuldigungsgrund anführen, sich damit entschuldigen. S. 1. 85, 9: *aetatis excusationem.* — *propriam suam.* So werden oft die Pron. possess. mit *proprius* verbunden. Cic. p. Sull. 3, 9: *mea causa propria.* p. Sest. 7. 15: *suis propriis periculis.* Tusc. 1. 20, 70: *propria puto et sua.* Suus dem *alienus*, *proprius* dem *communis* entgegengesetzt = *praecipuus.* — *difficultates auctionandi:* die Schwierigkeiten der Versteigerung, da man keine Käufer fand. — *etiam mediocris est. animi* (audaciae). Sich mit Unvermögen entschuldigen, wenn man seine Schulden nicht zahlen kann, das kann wohl einer, selbst wenn er nur mässigen Muth besitzt; was für eine Unverschämtheit gehört aber dazu u. s. w. Nach der Bestimmung, die Caesar getroffen, konnte diese Entschuldigungen niemand vorbringen, da der Weg gegeben war, wie man durch die *cessio bonorum* die Schulden abmachen konnte. — *integras tenere possess.*: die Güter unverkürzt, ohne etwas davon an die Gläubiger abzutreten, behalten.

4. *atque ipsis – durior inventus est:* seine Massregel war selbst gegen die, deren Vortheil sie beabsichtigte, härter, indem ihnen dadurch der Vortheil, den sie durch Cäsar's Gesetz hatten, verloren ging und sie nun doch baar bezahlen mussten, während sie auf jene Weise vortheilhafter die Schulden abmachen konnten. — *ipsis, ad quorum —.* Ueber das fehlende *is* bei *ipse*, wenn ein Relativsatz folgt (*iis ipsis, ad quorum —*), führt viele Stellen an Madvig Cic. de Fin. 2. 28, 93, z. B. de Orat. 2. 51, 209: *quod ipsis, qui audiunt, perniciosum sit.* 1. 58, 250: *ipsi, quorum negotium est, deferunt.* — *sexenni die* (wenn diese Vermuthung von Manutius für das handschr, *sexies seni dies* richtig ist): in sechsjähriger Frist, wie Cic. ad Fam. 7. 23, 1, u. ad Att. 12. 3, 2: *annua dies.* — Der Coniunctiv. Präs. *solvantur* nach *promulgavit* als Inhalt des Gesetzvorschlags selbst.

21. 1. *resisteret*, der Singular, wie 1. 2, 8 *intercedit.* Zu dem Wechsel des Subiects bei *resisteret* und *efficeret* vergl. B. G. 1. 25, 2. — *mercedes habitationum annuas cond. donavit.* Die Erlassung des Miethzinses auf Zeit, hier auf ein Jahr, eine sehr häufige demagogische Massregel, schlug im folgenden Jahre Dolabella vor (Cass. Dio 42. 32), und Caes. setzte sie im J. 47 durch. Cass. Dio 42. 51: καὶ τὸ ἐνοίκιον ὅσον ἐς πεντακοσίας δραχμὰς ἦν ἐνιαυτοῦ ἑνὸς ἀφείς.

2 tationum annuas conductoribus donavit, aliam tabularum novarum, impetuque multitudinis in C. Trebonium facto et nonnullis vulneratis eum de tribunali deturbavit. De quibus rebus Servilius consul ad senatum retulit, senatusque Caelium ab republica re-
3 movendum censuit. Hoc decreto eum consul senatu prohibuit et
4 contionari conantem de rostris deduxit. Ille ignominia et dolore permotus palam se proficisci ad Caesarem simulavit; clam nuntiis ad Milonem missis, qui Clodio interfecto eo nomine erat damnatus, atque eo in Italiam evocato, quod magnis muneribus datis gladiatoriae familiae reliquias habebat, sibi coniunxit atque eum
5 in Thurinum ad sollicitandos pastores praemisit. Ipse cum Casilinum venisset, unoque tempore signa eius militaria atque arma Capuae essent comprensa et familia Neapoli missa, quae proditionem oppidi appararet, patefactis consiliis exclusus Capua et periculum veritus, quod conventus arma ceperat atque eum hostis loco habendum existimabat, consilio destitit atque eo itinere sese avertit.

22 Interim Milo dimissis circum municipia litteris, ea, quae

— *aliam* nach *unam* wie B. G. 1. 1, 1. — *novarum tabularum* s. zu c. 1, 3.

2. *impetuque multitudinis* - *deturbavit*. Cass. D. 42. 22: προςθέμενος δὲ συχνοὺς ἐπῆλθε μετ' αὐτῶν τῷ Τρεβωνίῳ, καὶ ἀπέκτεινεν ἂν αὐτόν, εἰ μὴ τήν τε ἐσθῆτα ἠλλάξατο καὶ διέφυγε σφᾶς ἐν τῷ ὄχλῳ. — *ab republica removendum:* von der Theilnahme an den Staatsgeschäften durch Amtsentsetzung entfernen.

3. *de rostris deduxit.* Dio a. a. O.: ἀπὸ τοῦ βήματος βοῶντά τι κατέσπασε, τόν τε δίφρον αὐτοῦ (oben c. 20, 1) συνέτριψεν.

4. *ad Milonem.* Caelius, der schon bei dem Processe gegen Milo als Volkstribun für ihn Partei genommen hatte, wendete sich an Milo, der nach seiner Verbannung in Massilia lebte, weil er bei diesem um so mehr Geneigtheit voraussetzen konnte, einen Aufstand in Italien gegen Caesar zu erregen, da ihn dieser bei der Zurückberufung der Verbannten (o. 1, 4) ausgeschlos-

sen hatte. Cass. Dio 42. 24. — *eo evocato - sibi coniunxit.* Die Satzverbindung, wie die zu 1. 36, 5 besprochene, nur dass das Objectspronomen weggelassen ist, wie B. G. 6. 43, 1: *magno coacto numero - dimittit.* 7. 4, 1: *convocatis suis clientibus facile incendit.* 7. 29, 1. 60, 1: *consilio convocato cohortatus.* Vergl. oben zu c. 12, 3. — *sibi coniunxit atque eum - praemisit.* Der Objectsaccusativ ist beim zweiten Verbum gesetzt, wie B. G. 7. 11, 1: *cum ad oppidum Senonum venisset - oppugnare instituit idque biduo circumvallavit.* — *muneribus:* Gladiatorenspiele, die er vor seiner Verbannung dem Volke gegeben und zu denen er die *gladiatorias familias* gehalten hatte. — *in Thurinum:* ins Thurinische, das Gebiet von Thurii; c. 22, 2: *in agro Thurino.*

5. *proditionem oppidi appararet.* So Cic. pro imp. Cn. Pomp. 12: *bellum,* Liv. 4. 1: *bellum armaque,* B. Alex. 7: *fugam apparare.* — *conventus:* 1. 14, 5.

22. 1. *circum municipia:* 1. 14, 5: *circum familias conventus Cam-*

faceret, iussu atque imperio facere Pompei, quae mandata ad se
per Vibullium delata essent, quos ex aere alieno laborare arbitrabatur, sollicitabat. Apud quos cum proficere nihil posset, qui-2
busdam solutis ergastulis Cosam in agro Thurino oppugnare
coepit. Eo cum a Q. Pedio praetore cum legione …, lapide ictus
ex muro periit. Et Caelius profectus, ut dictitabat, ad Caesarem 3
pervenit Thurios. Ubi cum quosdam eius municipii sollicitaret
equitibusque Caesaris Gallis atque Hispanis, qui eo praesidii causa
missi erant, pecuniam polliceretur, ab his est interfectus. Ita 4
magnarum initia rerum, quae occupatione magistratuum et temporum sollicitam Italiam habebant, celerem et facilem exitum
habuerunt.

paniae distribuit. — *litteris:* 1. 40,
1. — *per Vibullium.* Er hatte sich,
als er von Pomp. nach Spanien geschickt wurde, in Massilia aufgehalten, s. zu 1. 34, 1.

2. *ergastula* sind die gewöhnlich
unterirdischen Zwinger, in welchen
die Sklaven, die die harte Feldarbeit
zu besorgen hatten, eingeschlossen
wurden, *carcer rusticus.* — *Cosam,*
s. den geograph. Index. Ueber den
Verlauf der Verschwörung des Cälius und Milo berichten Dio Cassius,
Velleius und Cäsar verschieden.
Nach Dio Cassius XLII, 24 und 25 hat
Milo in Capua wirklich einen Aufstand erregt und ist nach dessen
Misslingen nach dem Berge Tifata
bei Capua geflohen. Kurz darauf
kam Cälius, welcher Rom unter dem
Vorwande, zu Cäsar reisen zu wollen, in Begleitung eines ihn beauf-
sichtigenden Volkstribunen in Campanien an und sollte nun nach dem
Befehl des Consuls Servilius nach
Rom zurückkehren, entfloh aber, um
sich zu Milo zu begeben. Da aber
Milo inzwischen aus Campanien verdrängt und in Apulien gefallen war,
ging er nach Bruttien und wurde
hier von Cäsarianischen Soldaten
getödtet. Velleius II, 68 begnügt
sich mit der Angabe, dass Cälius um
Thurii, Milo bei der Belagerung von
Compsa im Hirpinerlande umge-
kommen seien. Mit diesen Berichten würde Cäsars Erzählung nicht
in Widerspruch stehen, wenn man
c. 21, 5 in den Worten *signa eius
militaria* unter *eius* Milo verstehen
und nachher c. 22, 2 *Compsam in
agro Hirpino* statt *Cosam in agro
Thurino* lesen wollte; denn *in Thurinum praemisit* kann heissen: Cälius wies Milo an ins Thurinerland
zu gehen, was nicht im Widerspruch
damit steht, dass Milo erst noch den
Aufstand in Capua versuchte und
dann nur bis Compsa kam; dass aber
Milo nach Dio in Apulien gefallen
sein soll, liesse sich daraus erklären,
dass Compsa nahe an der Grenze
von Apulien lag, wogegen der ager
Thurinus weder dem ager Hirpinus
noch Apulien benachbart ist. — *eo
cum – legione.* Hier ist etwas ausgefallen oder die Worte sind auf
andere Weise verdorben (*Eo cum
[2. 19, 1] Q. Pedio praetore missa
legione?*). Cass. Dio 42. 25: ὁ
Σερουίλιος τῷ μὲν Μίλωνι πόλεμον ἐν τῇ βουλῇ ἐπήγγειλε.

3. *equitibus Gallis atque Hispanis:* 2. 40, 1.

4. *occupatione magistratuum:*
durch das Beschäftigtsein, die Abhaltungen der Magistrate, *et temporum,* die Abhaltungen, die in der
Zeit lagen, die die Zeitumstände mit
sich brachten: cum magistratus aliis
rebus occupati essent et tempora
homines occuparent. Denn man wür-

23. Libo profectus ab Orico cum classe, cui praeerat, navium L, Brundisium venit insulamque, quae contra portum Brundisinum est, occupavit, quod praestare arbitrabatur unum locum, qua necessarius nostris erat egressus, quam omnia litora
2 ac portus custodia clausos teneri. Hic repentino adventu naves onerarias quasdam nactus incendit et unam frumento onustam abduxit magnumque nostris terrorem iniecit et noctu militibus ac sagittariis in terram expositis praesidium equitum deiecit et
3 adeo loci opportunitate profecit, uti ad Pompeium litteras mitteret, naves reliquas, si vellet, subduci et refici iuberet: sua classe auxilia sese Caesaris prohibiturum.

24. Erat eo tempore Antonius Brundisii; is virtute militum confisus scaphas navium magnarum circiter LX cratibus pluteisque contexit eoque milites delectos imposuit atque eas in litore pluribus locis separatim disposuit navesque triremes duas, quas Brundisi faciendas curaverat, per causam exercendorum remigum
2 ad fauces portus prodire iussit. Has cum audacius progressas Libo vidisset, sperans intercipi posse quadriremes V ad eas misit. Quae cum navibus nostris appropinquassent, nostri veterani in portum refugiebant: illi studio incitati incautius sequebantur.
3 Iam ex omnibus partibus subito Antonianae scaphae signo dato se in hostes incitaverunt primoque impetu unam ex his quadriremem cum remigibus defensoribusque suis ceperunt, reliquas turpiter
4 refugere coëgerunt. Ad hoc detrimentum accessit, ut equitibus per oram maritimam ab Antonio dispositis aquari prohiberentur. Qua necessitate et ignominia permotus Libo discessit a Brundisio obsessionemque nostrorum omisit.

25. Multi iam menses erant et hiems praecipitaverat, ne-

---

de unter diesen Umständen dem Aufruhr, wenn er nicht gleich im Beginn durch den Tod der Anstifter beseitigt worden wäre, nicht genug haben begegnen können.

23. 1. *ab Orico* und c. 24, 4 *a Brundisio*, wie oft bei dem Absegeln einer Flotte oder dem Abmarsche eines Heers von einem Orte, bei dem es lag; s. 1. 11, 4, zu B. G. 7. 43, 5. — *insulamque, quae — est.* Mela 2. 7, 13: *Brundisio adiacens Pharos*, jetzt *Liesina.* — *locum qua:* 2, 15, 1.

2. *naves nactus incendit:* c. 12, 3. 21, 4. — *deiecit:* vertrieb sie aus ihrem Posten: *loco depulit* c. 52, 2.

24. 1. *is virtute.* Cäsar pflegt, wenn er einen Mann kurz erwähnt und dann zufügt, was dieser gethan hat, den Uebergang nicht mit dem Relativum, sondern mit dem Demonstrativum zu bilden. Vergl. 2. 28, 1; 3. 39, 1; 3. 108, 1. — *eo* = in eas: 1. 49, 2. — *per causam:* unter dem Vorwande, wie immer bei C. von einem fingirten Grunde; s. zu c. 76, 1. 87, 4. B. G. 7. 9, 1. — *fauces:* 1. 25, 5.

25. 1. *Multi iam menses erant:* seit der Abfahrt von Brundisium im Anfang des November (c. 6, 2); jetzt

que Brundisio naves legionesque ad Caesarem veniebant. Ac
nonnullae eius rei praetermissae occasiones Caesari videbantur,
quod certe saepe flaverant venti, quibus necessario committendum existimabat. Quantoque eius amplius processerat temporis, 2
tanto erant alacriores ad custodias, qui classibus praeerant, maioremque fiduciam prohibendi habebant, et crebris Pompei litteris 3
castigabantur, quoniam primo venientem Caesarem non prohibuissent, ut reliquos eius exercitus impedirent, cupidiusque cotidie
tempus, ad transportandum lenioribus ventis, exspectabant. Qui- 4
bus rebus permotus Caesar Brundisium ad suos severius scripsit, nacti idoneum ventum ne occasionem navigandi dimitterent,

war Februar. Dass für ihn die inzwischen verlorene oder, wie er
meinte, unnöthiger Weise versäumte Zeit *multi menses* sind, kann
nicht auffallen. — *praecipitaverat:*
hatte sich schon zu Ende geneigt.
Verglichen wird Cic. ad Fam. 11.28,
5: *aetate praecipitata.* Ovid. Trist.
1.3, 47: *nox praecipitata.* Häufig so
praeceps, bes. bei Livius, z. B. 4. 9,
13: *praecipiti iam die.* 25. 34, 14:
praecipiti iam ad vesperam die. —
— *ac nonnullae — videbantur.* Es
musste ihm daher als eine absichtliche Verzögerung erscheinen. Daher lässt ihn Cass. Dio 41. 46 geradezu an der Treue des Antonius
zweifeln: ὑπώπτευσε σφᾶς μεσεύ-
ειν καὶ ἐφεδρεύειν τοῖς πράγμα-
σιν, οἷά που ἐν ταῖς στάσεσι φι-
λεῖ γενέσθαι. — *necessario committendum. Committere* absolut gebraucht, wie bei Cic. ad Quint. Fr.
3. 4, 2: *aiunt nonnulli, me opor-
tuisse accusare. Ilis ego iudicibus
committerem?* = Vertrauen schenken. So mit *de* Cic. Verr. 3. 60,
137: *negat, se de existimatione sua
cuiquam, nisi suis, commissurum.*
Die obige Wendung hat also mehr
in dem absoluten Gebrauch des Wortes ihren Grund, als in der bei der
Gerundialform allerdings gewöhnlichen Auslassung von *se*, wie c. 46,
5: *ad recipiendum* und B. G. 1. 48,
7: *si quo erat recipiendum.*

2. u. 3. *quantoque eius amplius
processerat temporis — exspectabant.* Cäsar hatte erwartet, dass Antonius noch in der Zeit, wo wegen
der noch ungünstigen Nord- und
Ostwinde die Pompeianer die Flotte
noch nicht erwarteten, die Ueberfahrt bei irgend einer günstigen
Windrichtung (*ac nonnullae — videbantur*), wagen würde. Durch die
lange Zögerung hatte er aber die
Zeit herankommen lassen, wo (vom
Februar an) jene Winde in den
Süd- und Westwind umsetzen, die
Pompeianer also, weil sie die Schiffe
nun erwarten mussten und auch
wegen der weniger stürmischen
Witterung besser die See halten
konnten, auf der Lauer waren und
angefeuert durch Pompeius täglich
begieriger die Zeit erwarteten, wo
die Winde zum Uebersetzen günstiger waren, Antonius also eintreffen
musste, während er früher sie nicht
so bereit gefunden hätte. (Ueber
die Lesart s. den Anhang). — Der
Genit. *temporis* hängt von *amplius*
ab (gewiss nicht von *quanto*), wie B.
G. 6. 9, 7: *si amplius obsidum vellet.* — *classibus:* Pompeianis. S. c.
5. — *crebris litteris,* wie c. 22, 1.
— *castigabantur, ut.* Was 1. 3, 1
besonders ausgedrückt ist — *segniores castigat atque incitat,* ist
hier in dem prägnant gebrauchten
castigabantur mit enthalten, da-

sive ad litora Apolloniatium sive ad Labeatium cursum dirigere
5 atque eo naves eicere possent. Haec a custodiis classium loca
maxime vacabant, quod se longius a portibus committere non
auderent.

her *ut*.

4. *sive ad litora Apolloniatium*.
Kraner hatte mit Nipperdey nach
Hotomannus dafür *si vel in litora
Apolloniatium* gesetzt und diese Lesart so erklärt: 'wenn sie auch nur,
dafern es nicht anders möglich wäre
und sie nicht direct zu ihm, an die
Mündung des Apsus, zu gelangen
vermöchten, an den Küsten von
Apollonia landen könnten. Dies ist
kein Widerspruch mit dem folg.
Haec — auderent, da dieser Ort,
wenn auch die Landung unter den
angegebenen Umständen eher möglich war, doch immerhin ungünstig
sein musste, da der Hafen von den
Feinden besetzt war. Hierzu kommt,
dass ein besonderer Nachdruck auf
naves eicere gelegt werden muss,
wodurch *vel* noch mehr seine Erklärung findet.' Gegen diese Ansicht
Kraners wende ich ein: 1, Apollonia lag sehr nahe beim Apsus, südwärts davon, und war in Cäsars
Besitz; Cäsar stand am südlichen,
Pompeius am nördlichen Ufer dieses
Flusses; da also, wenn die Landung bei Apollonia erfolgt wäre,
eine Vereinigung Cäsars mit Antonius nicht die mindeste Schwierigkeit gehabt hätte, so lässt sich nicht
absehen, warum eine Landung an
der Mündung des Apsus für Cäsar
vortheilhafter gewesen wäre; 2, war
an der Mündung des Apsus kein Hafen; 3, würde sich *vel* durchaus nur
auf das Ufer, keineswegs auf die
Art der Landung beziehen; 4, endlich
gehört das Land an der Mündung
des Apsus zu den *litora Apolloniatium*. Deshalb habe ich diese Lesart verworfen und mit Beibehaltung
der handschriftlichen Lesart nach
Apolloniatium eingeschoben: *sive
ad Labeatium*. Die Hauptflottensta-

tionen der Pompeianer waren Corcyra und Dyrrhachium; von diesen
konnten sie wegen der Winterstürme
sich nicht weit entfernen; also waren am wenigsten bewacht das in
der Mitte zwischen Corcyra und
Dyrrhachium liegende Apolloniati-
sche Ufer, wo Antonius um liebsten
landen wollte, und dann das Ufer
der Labeates nördlich von Dyrrhachium, wo Antonius im Hafen
Nymphaeum jenseits Lissus wirklich
landete. — *naves eicere* von einer
raschen und von der Noth gebote-
nen, daher auch an einer ungünstigen Stelle und nicht in der gewöhnlichen Ordnung vorgenommenen
Landung, wie c. 28, 5 (sonst *naves
eiciuntur* vom Schiffbruche, wie B.
G. 5. 10, 2). Nach App. 2. 59 hatte
C. in seinem Briefe empfohlen κατ-
αίρειν ἀναχθέντας ἐς χωρίον, ἐς
ὅτι ὁ ἄνεμος ἐκφέρῃ, μηδὲν τῶν
νεῶν φειδομένους· οὐ γὰρ νεῶν
χρῄζειν Καίσαρα, ἀλλ' ἀνδρῶν.

5. *se committere*, (auch ohne *audere*): sich wohin wagen; so Cic. in
Verr. 2. 4, 11: *se in conspectum populi Romani committere*; ad Quint.
Fr. 3. 2, 2: *se in senatum*, p. Sest.
54, 116: *se theatro comm*. Die Orts-
angabe (für welche übrigens auch der
Dativ stehen kann) vertritt hier *longius a portibus* = in loca a portibus longius remota.

Wie viel dem Cäsar in seiner ver-
zweifelten Lage daran gelegen war,
dass die noch rückständigen Truppen endlich eintreffen möchten, sieht
man aus dem von ihm selbst nicht
erwähnten verwegenen Entschluss,
auf einem Fischerkahne in der Nacht
bei Sturm durch das adriatische
Meer nach Brundisium zu fahren,
um sie selbst zu holen, was er, so
sehr er auf sein Glück vertraute,

26. Illi adhibita audacia et virtute administrantibus M. Antonio et Fufio Caleno, multum ipsis militibus hortantibus neque ullum periculum pro salute Caesaris recusantibus nacti austrum naves solvunt atque altero die Apolloniam praetervehuntur. Qui cum essent ex continenti visi, Coponius, qui Dyrrhachi 2 classi Rhodiae praeerat, naves ex portu educit, et cum iam nostris remissiore vento appropinquassent, idem auster increbuit nostrisque praesidio fuit. Neque vero ille ob eam causam conatu desi- 3 stebat, sed labore et perseverantia nautarum se vim tempestatis superare posse sperabat, praetervectosque Dyrrhachium magna vi venti nihilo secius sequebatur. Nostri usi fortunae beneficio 4 tamen impetum classis timebant, si forte ventus remisisset. Nacti portum, qui appellatur Nymphaeum, ultra Lissum milia passuum III, eo naves introduxerunt (qui portus ab Africo tegebatur, ab austro non erat tutus) leviusque tempestatis quam classis periculum aestimaverunt. Quo simulatque intro est itum, incre- 5 dibili felicitate auster, qui per biduum flaverat, in Africum se vertit.

27. Hic subitam commutationem fortunae videre licuit. Qui modo sibi timuerant, hos tutissimus portus recipiebat; qui nostris navibus periculum intulerant, de suo timere cogebantur.

doch aufzugeben genöthigt wurde. S. Plut. Caes. 38. Cass. Dio 41. 46. App. 2. 57. Lucan. 5. 500. Flor. 4. 3 (2. 13).

26. 2. *Coponius, qui — praeerat:* c. 5. 3. — *cum nostris remissiore vento appropinquassent.* Die Schiffe des Antonius waren meist Last-, also Segelschiffe, die des Coponius Kriegsschiffe, also zum Ruderdienst eingerichtet, konnten daher auch *remissiore vento* sich den Segelschiffen nähern, die erst durch den sich wieder erhebenden Südwind den feindlichen Schiffen vorauskommen konnten. Τοῖς δὲ, ὡς ἐν γαλήνῃ, δέος ἦν πολὺ, μὴ σφᾶς ἀνατρήσειαν ἢ καταδύσειαν αἱ μακραὶ τοῖς ἐμβόλοις App. 2. 59. — *nostrisque praesidio fuit.* App. a. a. O.: αἱ μὲν δὴ (die Schiffe des Antonius) μεγάλοις αὖθις ἱστίοις ἐξ ἀέλπτου τὸ πνεῦμα ἐδέχοντο καὶ διέπλεον ἀδεῶς.

3. *se vim tempestatis superare posse sperabat:* 'hoc est, remigando se celerius iturum, quam Antoniani

venti magnitudine ferebantur' Nipperdey p. 168.

4. *si forte ventus remisisset,* sie also mit ihren Segelschiffen nicht entkommen, sondern von der feindlichen Flotte erreicht werden konnten. — *ab Africo tegebatur.* S. zu B. G. 8. 9, 4: *ab incidentibus telis tegeretur.* Ueber das Imperf. *tegebatur,* nicht *tectus erat,* s. zu B. G. 1. 38, 4: *oppidum natura loci muniebatur.* — *levius — periculum aestimaverunt* kann erklärt werden wie B. G. 7. 14, 10: *multo illa gravius aestimare,* wo durch das Adverb. die Art der Schätzung, der Massstab, den man bei ihr anlegt, bezeichnet wird, oder *levius* kann als Adiectivum mit *periculum* verbunden werden. — *classis* = impetus classis Pompeianae.

5. *incredibili felicitate.* Das besondere Glück, das seine Unternehmungen begünstigte, hebt Cäsar öfter hervor. Vgl. c. 27, 1, und Curio's Rede 2. 32, 5. B. G. 1. 40, 13.

2 Itaque tempore commutato tempestas et nostros texit et naves
Rhodias afflixit, ita ut ad unam omnes constratae numero xvi
eliderentur et naufragio interirent, et ex magno remigum pro-
pugnatorumque numero pars ad scopulos allisa interficeretur,
pars ab nostris detraheretur; quos omnes conservatos Caesar
domum remisit.

    28. Nostrae naves duae tardius cursu confecto in noctem
coniectae, cum ignorarent, quem locum reliquae cepissent, contra
2 Lissum in ancoris constiterunt. Has scaphis minoribusque navigiis compluribus summissis Otacilius Crassus, qui Lissi praeerat, expugnare parabat: simul de deditione eorum agebat et
3 incolumitatem deditis pollicebatur. Harum altera navis ccxx
e legione tironum sustulerat, altera ex veterana paulo minus
4 cc. Hic cognosci licuit, quantum esset hominibus praesidii in
animi firmitudine. Tirones enim multitudine navium perterriti et salo nauseaque confecti iureiurando accepto, nihil iis no-
cituros hostes, se Otacilio dediderunt; qui omnes ad eum per-
ducti contra religionem iurisiurandi in eius conspectu crudelis-
5 sime interficiuntur. At veteranae legionis milites, item conflictati
et tempestatis et sentinae vitiis, neque ex pristina virtute remit-

---

27. 2. *tempore commutato:* bei
veränderten Umständen. — *afflixit:*
B. G. 5. 10, 2: *omnes naves afflictas
et in litore eiectas. — constratae:*
1. 56, 1. — *propugnatorum = qui
ex navibus propugnabant,* wie 2. 8,
2: *hinc (ex turri) propugnabant* u.
B. G. 5. 9, 6: *ex silvis prop. — detraheretur:* a scopulis.

28. 1. *Nostrae naves duae:* 1.
46, 4. — *in noctem coniectae:* in
die Nacht hineingeworfen, gerathen.
'Conici in noctem dicitur is, quem
post diuturnum itineris errorem nox
tandem opprimit' Morus. B. Afr. 52,
4: *nisi in noctem proelium esset
coniectum. — locum cepissent.* S.
zu 2. 42, 1.

2. *qui Lissi praeerat:* c. 12, 1:
qui ibi praeerat. — deditis wie aufzulösen? sie hatten sich bis jetzt
noch nicht ergeben.

3. *sustulerat:* hatte an Bord genommen, wie B. G. 4, 28, 1. — *legione tironum–veterana.* Antonius
führte eine neugebildete und drei

Veteranenlegionen mit sich. — *minus CC.* kann nach Cäsar's Sprachgebrauch sowohl *ducentos* als *ducentis* sein. S. zu B. G. 1. 15, 5.
Madv. § 303 (Bemerk. p. 82 Anm.).
Zumpt § 485.

5. *vitiis:* die üble Beschaffenheit
(1. 81, 3) und die daraus hervorge-
henden schädlichen Wirkungen,
Nachtheile; der Sturm und das ein-
gedrungene Meerwasser. — *neque
— aliquid putaverunt,* nicht *quicquam. Quisquam* und *ullus* stehen
im negativen Satze, wenn die Negation allgemein ist und sich auf
den ganzen Satz bezieht, *aliquis*
und *quispiam* aber, wenn nur ein
gewisser einzelner affirmativer Begriff, dieser oder jener Gegenstand
einer gedachten Classe negirt werden soll, oder wenn die Negation
nur ein einzelnes Wort im Satze
betrifft, das Pronomen also seine
Affirmativkraft ungeschwächt bei-
behält. S. 1. 85, 5: *neque nunc
se illorum humilitate neque aliqua*

tendum aliquid putaverunt, et tractandis condicionibus et simulatione deditionis extracto primo noctis tempore gubernatorem in terram navem eicere cogunt, ipsi idoneum locum nacti reli- 6 quam noctis partem ibi confecerunt et luce prima missis ad eos ab Otacilio equitibus, qui eam partem orae maritimae asservabant, circiter cccc quique eos armati ex praesidio secuti sunt, se defenderunt et nonnullis eorum interfectis incolumes se ad nostros receperunt.

29. Quo facto conventus civium Romanorum, qui Lissum obtinebant, quod oppidum iis antea Caesar attribuerat muniendumque curaverat, Antonium recipit omnibusque rebus iuvit. Otacilius sibi timens oppido fugit et ad Pompeium pervenit. Expositis omnibus copiis Antonius, quarum erat summa veterana- 2 rum trium legionum uniusque tironum et equitum dccc, plerasque

temporis opportunitate postulare: noch bei irgend einer, dieser oder jener Gelegenheit (*ulla opport.* überhaupt bei keiner.) B. G. 8. 1, 3: *non esse autem alicui civitati sortem incommodi recusandam:* irgend einem, dem oder jenem St. Cic. Tusc. 1. 36, 88: *ne relinqueretur aliquid erroris in verbo:* damit nicht irgend einer, einiger Irrthum im Ausdruck bleibe, *quicquam erroris:* nicht der geringste Irrthum. Cic. p. Sull. 14. 41: *fore, ut aliquando non Torquatus neque Torquati quispiam similis diceret.* de Fin. 2. 27, 87: *neque enim in aliqua* (irgend einem einzelnen) *parte, sed in perpetuitate temporis vita beata dici solet,* wo *ulla* einen ganz anderen Sinn gäbe. — *et* (dem *neque* correspondirend) *tractandis condic.:* Besprechung, Verhandlung über —. *extracto:* 1. 32, 3: *Catone dies extrahente.* B. G. 5. 22, 4.

6. *quique eos - secuti sunt* = iisque (missis) qui eos — sec. sunt. B. G. 7. 31, 5: *cum magno equitum numero et quos ex Aquitania conduxerat.* 7. 55, 5: *interfectis — custodibus, quique eo negotiandi causa convenerant.* — *ex praesidio:* von der Besatzung der Stadt.

29. 1. *oppido.* Bisweilen werden auch solche Verba, die ein Ent-

fernen von einem Orte bezeichnen, welche nicht mit einer Präposition zusammengesetzt sind, mit dem blossen Ablativ verbunden. So hier *fugere,* Cic. p. Mil. 25, 69: *cedere patria* neben Cic. Phil. 10. 4, 8: *cedere e patria* und ebenda *cedere Italia,* ferner *movere* in den bekannten Redensarten *movere senatu, tribu* und Liv. 25. 9, 7: *Hannibalem exercitumque castris non movisse.* Auch *refugere* kommt einmal mit dem blossen Ablativ vor B. civ. 3. 95, 3.

2. *Expositis omnibus copiis Antonius, quarum —.* Ueber die Wortstellung s. zu c. 39, 1. — *quarum erat summa veter. trium legionum,* zwei Genitive verschiedener Art von dem Subst. *summa* abhängig, der des gezählten Gegenstandes (*quarum copiarum*) und der Zahlangabe, Genitivus definitivus (Madv. § 286), wie öfter besonders bei *numerus.* B. G. 4. 12, 1: *quorum erat quisque milium numerus.* Ebend. 15, 3: *cum hostium numerus capitum CCCCXXX milium fuisset.* Vergl. damit die anderen Verbindungsarten B. G. 1. 29, 2: *quarum omnium rerum summa erat capitum Helvetiorum milia CCLXIII* u. s. w., und Liv. 42. 51, 11: *summa totius exercitus triginta novem milia peditum erant;* ähnl.

naves in Italiam remittit ad reliquos milites equitesque transpor-
3 tandos, pontones, quod est genus navium Gallicarum, Lissi relinquit, hoc consilio, ut si forte Pompeius vacuam existimans Italiam eo traiecisset exercitum, quae opinio erat edita in vulgus,
4 aliquam Caesar ad insequendum facultatem haberet, nuntiosque
ad eum celeriter mittit, quibus regionibus exercitum exposuisset
et quid militum transvexisset.

    30. Haec eodem fere tempore Caesar atque Pompeius
cognoscunt. Nam praetervectas Apolloniam Dyrrhachiumque
naves viderant, ipsi iter secundum eas terra direxerant, sed quo
2 essent eae delatae, primis diebus ignorabant. Cognitaque re diversa sibi ambo consilia capiunt: Caesar, ut quam primum se cum
Antonio coniungeret; Pompeius, ut venientibus in itinere se op-
3 poneret, si imprudentes ex insidiis adoriri posset, eodemque die
uterque eorum ex castris stativis a flumine Apso exercitum educunt: Pompeius clam et noctu, Caesar palam atque interdiu.
4 Sed Caesari circuitu maiore iter erat longius adverso flumine, ut
vado transire posset: Pompeius, quia expedito itinere flumen ei
transeundum non erat, magnis itineribus ad Antonium contendit

---

Cäs. B. G. 1. 29, 3: *summa omnium
fuerunt ad milia CCCLXVIII.* —
milites equitesque: 1. 54, 1.

    3. *pontones, quod est genus nav.*
S. zu B. G. 2. 34, 1, oben 1. 18,
1: *Sulmonenses, quod est oppidum.*
Isidor. Or. 19, 1: *Pontonium navigium fluminale tardum et grave,
quod non nisi remigio progredi
potest.*

    30. 1. *secundum eas,* der Rich-
tung der Schiffe folgend, wie B. G.
7. 34, 2: *secundum flumen Elaver*
= längs.

    2 u. 3. *ambo,* unten *uterque eo-
rum,* instructiv für den bekannten
Unterschied zwischen beiden Worten. Das *diversa consilia capere*
kann nicht von jedem von beiden
einzeln (was *uterque* bedeutet) aus-
gesagt werden, sondern nur von beiden zusammen (*ambo*), wohl aber das
exercitum educere. Liv. 28. 9, 9:
*supplicatione amborum nomine et
triumpho utrique decreto.* — *uterque eorum educunt.* Ueber den
Plural s. zu 2. 6, 5; er ist hier um

so auffallender, da durch das hinzugefügte *eorum* der Begriff der Vereinzelung in *uterque* noch mehr hervortritt. 3. 79, 1: *uterque eorum
studebat.* — *si posset:* 1. 5, 5. —
a flumine Apso: c. 19, 1.

    4. *adverso flumine* nicht 'da der
Fluss ihm entgegen, feindlich war',
sondern wie B. G. 7. 60, 3: stromaufwärts. Da an der Mündung des
Apsos keine Furthen waren und eine
Ueberbrückung unthunlich schien,
musste Cäsar, dessen Lager auf dem
südlichen (linken) Ufer des Apsus
lag, einen Umweg (*circuitus*) machen,
und stromaufwärts gehen, um einen
Uebergang auf das rechte Ufer zu
finden, während Pompeius, der nicht
über den Fluss zu gehen brauchte,
da sein Lager auf dem nördlichen
Ufer stand, *expeditum iter* (durch
keine Schwierigkeiten aufgehalten)
hatte. — *quia* braucht Cäsar sonst
nirgends (Hirtius nur 8. 23, 4);
denn unten c. 85, 1 haben die besten
Handschr. *qui — habebat,* nicht
quia. — *ad Antonium contendit.*

atque eum ubi appropinquare cognovit, idoneum locum nactus, 5
ibi copias collocavit suosque omnes in castris continuit ignesque
fieri prohibuit, quo occultior esset eius adventus. Haec ad Anto- 6
nium statim per Graecos deferuntur. Ille missis ad Caesarem
nuntiis unum diem sese castris tenuit; altero die ad eum pervenit Caesar. Cuius adventu cognito Pompeius, ne duobus cir- 7
cumcluderetur exercitibus, ex eo loco discedit omnibusque copiis
ad Asparagium Dyrrhachinorum pervenit atque ibi idoneo loco
castra ponit.

31. His temporibus Scipio detrimentis quibusdam circa
montem Amanum acceptis imperatorem se appellaverat. Quo 2
facto civitatibus tyrannisque magnas imperaverat pecunias. item
ab publicanis suae provinciae debitam biennii pecuniam exegerat
et ab isdem insequentis anni mutuam praeceperat equitesque toti
provinciae imperaverat. Quibus coactis finitimis hostibus Par- 3
this post se relictis, qui paulo ante M. Crassum imperatorem

'Dieser musste eine solche Marschrichtung einschlagen, dass er die Küstenpunkte möglichst vermied, weil dieselben zwischen Lissus und dem Apsus ganz in der Gewalt des Pomp. waren und ihre Besatzungen, insbesondere die von Dyrrhachium, seine Vereinigung mit Cäsar aufhalten konnten. Er zog daher ohne Zweifel von Lissus über Bassania das Thal des Hismo hinauf nach Tyrana, und von da über den Pass des Graba Balkan — in der Nähe des heutigen Ilbessan — auf das linke Ufer des Genusus' Göler die Kämpfe bei Dyrrhachium und Pharsalus p. 10.

5. *ignesque fieri prohibuit*. S. zu B. G. 2. 4, 2. — *eius adventus* nicht *suus*, mit welchem Unterschiede? S. zu 1. 2, 3.

7. *ad Asparagium pervenit*. Weil er fürchtete, von zwei Seiten angegriffen zu werden, vom Süden aus von Cäsar, vom Norden aus von Antonius, wendete er sich auf die Seite, indem er auf dem linken Ufer des Genusus (Uscheomobin, der dem Apsus parallel fliesst) flussabwärts zog. Dadurch näherte er sich zugleich dem für ihn wichtigsten Platz, Dyrrhachium, und hoffte, der Ver

bindung mit demselben sicher zu sein. S. Göler p. 12. Ueber die Lage von Asparagium s. das geographische Register.

Pompeius hatte mit seinem bedeutenden Heere fünf Monate verstreichen lassen, ohne etwas gegen Cäsar zu unternehmen. Er hatte gehofft, das Eintreffen der rückständigen Legionen verhindern und Cäsar's Truppen durch Kälte und Hunger, da die Vorräthe in Illyrien und Epirus erschöpft waren, ohne Schwertstreich vernichten zu können. So zögerte er immer, während Viele im Lager auf eine Schlacht drangen, bis es Cäsar gelang, sich mit Antonius zu vereinigen.

31. 1. *Scipio*, Proconsul in Syrien c. 1. 6, 5. 3. 4, 3. — *detrimentis quibusdam — acceptis imp. se app.* Nur gänzliches Verkennen der treffenden Ironie konnte hier an eine Corruptel glauben lassen (man hat *supplementis* für *detrim.* vorgeschlagen). S. Einl. p. 25. Ueber *imperator* s. zu 2. 26, 1.

2. *tyrannis:* c. 3, 2: *dynastis et tetrarchis.* — *mutuam praeceperat:* als eine Anleihe vorausgenommen; s. c. 32 a. E. und zu c. 3, 2.

3. *M. Crassum*, den im J. 53 bei

ⁱnterfecerant et M. Bibulum in obsidione habuerant, legiones
4 equitesque ex Syria deduxerat. Summamque in sollicitudinem ac
timorem Parthici belli provincia cum venisset, ac nonnullae militum voces cum audirentur, sese, contra hostem si ducerentur,
ituros, contra civem et consulem arma non laturos, deductis
Pergamum atque in locupletissimas urbes in hiberna legionibus
maximas largitiones fecit et confirmandorum militum causa diripiendas his civitates dedit.

32. Interim acerbissime imperatae pecuniae tota provincia
exigebantur. Multa praeterea generatim ad avaritiam excogita-
2 bantur. In capita singula servorum ac liberorum tributum impo-
nebatur; columnaria, ostiaria, frumentum, milites, arma, remiges,
tormenta, vecturae imperabantur; cuius modo rei nomen repe-

den Parthern gefallenen Triumvir.

M. Bibulum im J. 50 Proconsul
in Syrien. S. zu B. G. 8. 54, 1.

4. *provincia*, nämlich seine Provinz Syrien, nicht die erst nachher
c. 32, 1 erwähnte Provinz Asien,
durch welche Scipio seinen Weg
von Syrien aus nach Griechenland
nahm. — *cum audirentur*, die Wiederholung und Stellung der Partikel
wie 1. 26, 2: *ac tametsi magnopere admirabatur — atque ea res
saepe temptata etsi — tardabat.*
Zur Stellung von *cum* nach mehreren Worten des Satzes vergl. c.
47, 7. 90, 1. B. G. 1. 26, 1. 2. 15, 3.
4. 28, 3. 5. 23, 6. 7. 40, 3. — *voces
audirentur, sese — ituros*, ebenso
c. 49, 2. Ueber den unmittelbaren
Anschluss des Acc. c. Inf. an Substantive, ohne ein vermittelndes
Verbum (*dicentium, clamantium*) s.
Nägelsbach. Stil. p. 527.

32. 1. *tota provincia* näml.
Asia, was aus der vorhergehenden
Erwähnung von *Pergamum*, der
Hauptstadt des ehemaligen Perga-
menischen Reichs leicht entnommen
werden kann. — *generatim* = nach
den verschiedenen Classen von Be-
sitzthümern. S. 2. 21, 1. — *ad avaritiam*, Zweck und Ziel = zur Befriedigung der Habsucht. 1. 29, 1.
2. 28, 3: *ad spem*, 3. 11, 1: *mutatis
ad celeritatem iumentis.*

2. *In singula capita* und § 6 *in
singulos conventus*, in distributiver
Bedeutung. S. zu 1. 17, 4. — *columnaria, ostiaria* sc. *tributa:* Säu-
len- und Thürsteuern. Die Provinz
Asien zahlte als Hauptabgabe den
Zehnten (decuma) von den Früchten; die Erhebung dieser Steuer
hatten *publicani* in Pacht und von
diesen entnahm Scipio das Pacht-
geld voraus für das folgende Jahr.
Ausserdem hatte Lucullus im Jahre
70, wie Appian Mithrid. 83 berichtet, τέλη ἐπὶ τοῖς θεράπουσι καὶ
ταῖς οἰκίαις eingerichtet. Die erste
dieser Steuern war eine auf Arme
der dienenden Classe, die unter dem
mindesten Census im Vermügen hatten, gelegte feste Kopfsteuer, die
in der Kaiserzeit im ganzen Reiche
erhoben und *tributum capitis* oder
capitatio genannt wurde. Diese
Steuer wird hier erwähnt mit den
Worten: *in capita—imponebantur;*
sie kommt auch vor bei Cicero ad
Att. 5. 16, 2: *audivimus nihil aliud,
nisi imperata ἐπικεφάλια solvere
non posse, ὠνὰς omnium venditas.*
Die zweite Steuer umfasste wahrscheinlich die hier vorkommenden
columnaria und *ostiaria tributa.*
Beide Steuern werden erwähnt von
Cicero ad fam. 3. 6, 5: *illam acer-
bissimam exactionem capitum atque
ostiorum.* — *vecturae*, wie c. 42, 4:

riri poterat, hoc satis esse ad cogendas pecunias videbatur. Non 3
solum urbibus, sed paene vicis castellisque singulis cum imperio praeficiebantur. Qui horum quid acerbissime crudelissimeque fecerat, is et vir et civis optimus habebatur. Erat plena 4
lictorum et imperiorum provincia, differta praefectis atque ex-
actoribus, qui praeter imperatas pecunias suo etiam privato compendio serviebant: dictitabant enim se domo patriaque expulsos
omnibus necessariis egere rebus, ut honesta praescriptione rem
turpissimam tegerent. Accedebant ad haec gravissimae usurae, 5
quod in bello plerumque accidere consuevit, universis imperatis
pecuniis; quibus in rebus prolationem diei donationem esse dicebant. Itaque aes alienum provinciae eo biennio multiplicatum
est. Neque minus ob eam causam civibus Romanis eius provin- 6

*vecturas frumenti civitatibus de-
scripsit* = Fuhren. — *cuius modo rei
nomen rep. pot.* (nicht *cuiusmodi
rei*, was = *cuiuscumquemodi* sein
soll): wofür sich nur einigermassen
ein Titel finden liess, um eine Steuer
darauf legen zu können. Cic. p.
Flacco 27, 64: *quamquam quis ignorat, qui modo unquam mediocriter
res istas scire curavit.*

3. *vicis castellisque* oft so verbunden; s. Liv. 9. 35. 10. 12. 30. 18.
Ueber *castellum* s. Kriegsw. § 29. —
cum imperio praeficiebantur: wurden 'Leute mit militärischem Commando' vorgesetzt, Militärgouver-
neure gegeben. Die vermeintliche
Nothwendigkeit eines Subiects zu
cum impr. pr. hat das in mehrfacher
Hinsicht unpassende, aber neuer-
dings wieder aufgenommene *singuli*
veranlasst.

4. *imperiorum* für *ii, qui cum
imperio sunt*, das Abstractum für
das Concretum, wie Cic. de legg. III,
3, 9: *imperia, potestates, legationes,
cum senatus creverit populusve
iusserit, ex urbe exeunto, duella
iusta iuste gerunto, sociis parcun-
to*; Val. Max. IX, 12, ext. 1: *in
conspectu summi imperii exoptata
securitate adquievit*; Cic. II Phil. 21,
52: *tum contra te dedit arma hic
ordo consulibus reliquisque imperiis*

et potestatibus. Die Coniectur
Forchhammers, die Kraner angenommen hatte, *plena lictorum et
apparitorum* ist den Schriftzügen
nach wenig wahrscheinlich und dem
Sinne nach unzulässig, weil Cäsar
sagen wollte: die Provinz war voll
von Leuten mit dem Imperium und
deren Amtsdienern, nicht: sie war
voll von Lictoren und anderen Ma-
gistratsdienern. — *differta* nur hier
bei Cäs.: eig. nach allen Seiten hin
vollgestopft, unser: wimmelte von.
— *praeter imperatas pecunias* kurz
= ausserdem, dass sie die ausge-
schriebenen Gelder eintrieben. Vgl.
Liv. 10. 30, 1: *praeter ingentem illatam populationibus agrorum hosti
cladem pugnatum etiam egregie est.*
Sall. Cat. 47, 2: *dissimulantem co-
arguunt praeter literas sermonibus.* — *praescriptione* = nomine,
praetextu, Vorwand.

5. *universis* (Dativ) *imperatis pecuniis.* S. zu 2. 21, 2. Bei der durch
die allgemeine Contribution einge-
tretenen Geldnoth stieg der Zins-
fuss. Aehnlich war der Zustand von
Cilicien, als Cicero diese Provinz
übernahm. Cic. ad fam. 15. 4, 2: *multas civitates acerbissimis tributis et
gravissimis usuris et falso aere alieno liberavi.* — *prolationem diei:* die
Verlängerung der Zahlungsfrist.

ciae, sed in singulos conventus singulasque civitates certae pecuniae imperabantur, mutuasque illas ex senatusconsulto exigi dictitabant; publicanis, ut in Syria fecerant, insequentis anni vectigal promutuum.

33. Praeterea Ephesi a fano Dianae depositas antiquitus pecunias Scipio tolli iubebat. Certaque eius rei die constituta cum in fanum ventum esset abhibitis compluribus senatorii ordinis, quos advocaverat Scipio, litterae ei redduntur a Pompeio, mare transisse cum legionibus Caesarem: properaret ad se cum exer-
2 citu venire omniaque posthaberet. His litteris acceptis, quos advocaverat, dimittit; ipse iter in Macedoniam parare incipit paucisque post diebus est profectus. Haec res Ephesiae pecuniae salutem attulit.

6. *sed in singulos conventus.* *Sed* ist nicht so zu erklären, dass es durch eine Anakoluthie dem *neque minus* entspricht für *neque minus quam*, oder = *non solum, sed etiam* ist, sondern es giebt eine beschränkende Bestimmung zu dem allgemeinen *civibus Rom. eius provincias:* es wurde ebenso den röm. Bürgern Contribution auferlegt, aber (nicht *in singula capita*, wie § 2, sondern) den einzelnen Gemeinden. — *mutuasque illas.* Die Bewilligungen, welche der Senat Pompeius gemacht hatte, giebt am besten Appian B. civ. 2. 34 an: προσέτασσε Πομπηΐῳ τρισκαίδεκα μυριάδας Ἰταλῶν ἀγείρειν καὶ μάλιστα αὐτῶν τοὺς ἐστρατευμένους, ὡς ἐμπειροπολέμους· ξενολογεῖν δὲ καὶ ἐκ τῶν περιοίκων ἐθνῶν ὅσα ἄλκιμα· χρήματα δὲ ἐς τὸν πόλεμον αὐτῷ τά τε κοινὰ πάντα αὐτίκα ἐψηφίζοντο καὶ τὰ ἰδιωτικὰ σφῶν ἐπὶ τοῖς κοινοῖς (εἰ ἐδεήσειεν) εἶναι στρατιωτικά. Vergl. Caes. B. civ. 1. 6 und was der Senat im Mutinensischen Kriege dem Brutus decretirte Cic. Phil. 10. 11, 26: *uti Q. Caepio Brutus pro consule provinciam Macedoniam, Illyricum cunctamque Graeciam tueatur, defendat, custodiat incolumemque conservet, eique exercitui, quem ipse constituit comparavit, praesit, pecuni-amque ad rem militarem, si qua opus sit, quae publica sit et exigi possit, utatur exigat, pecuniasque, a quibus videatur, ad rem militarem mutuas sumat frumentumque imperet operamque det, ut cum suis copiis quam proxime Italiam sit. —* publicanis – promutuum sc. imperabatur; prom.: vorschussweise geliehen. S. c. 31, 2.

33. 1. *a fano tolli:* vom Heiligthum weg; s. c. 105, 1: *pecunias tollere Epheso ex fano Dianae.* — *litterae a Pompeio* u. c. 36, 6: *litteras a Favonio.* S. c. 14, 1.

2. *Haec res Eph. pecuniae salutem attulit.* Wie grossen Werth Cäsar darauf legt, dass er aus der Ferne die Rettung des Tempelschatzes bewirkte, sieht man aus c. 105, 1, wo ein zweiter Fall erwähnt und an den hier erzählten wieder erinnert wird. Ob sich indess die Sache genau so verhielt, dürfte zweifelhaft sein. Wenigstens ist es höchst merkwürdig, dass Scipio durch den Brief des Pomp., nachdem er schon in dem Tempel war, sich habe abhalten lassen, die in der That nicht eben aufhältliche Arbeit des Plünderns noch vorzunehmen, da er nicht etwa sofort abreist (*iter in Mac. parare incipit*), sondern erst nach einigen Tagen aufbricht; so viel Zeit also

34. Caesar Antoni exercitu coniuncto deducta Orico legione, quam tuendae orae maritimae causa posuerat, temptandas sibi provincias longiusque procedendum existimabat et, cum ad eum ex 2 Thessalia Aetoliaque legati venissent, qui praesidio misso pollicerentur earum gentium civitates imperata facturas, L. Cassium Longinum cum legione tironum, quae appellabatur xxvii, atque equitibus cc in Thessaliam, C. Calvisium Sabinum cum cohortibus v paucisque equitibus in Aetoliam misit; maxime eos, quod erant propinquae regiones, de re frumentaria ut providerent hortatus est. Cn. Domitium Calvinum cum legionibus duabus, 3 xi et xii, et equitibus d in Macedoniam proficisci iussit; cuius 4 provinciae ab ea parte, quae libera appellabatur, Menedemus, princeps earum regionum, missus legatus, omnium suorum excellens studium profitebatur.

35. Ex his Calvisius primo adventu summa omnium Aeto-

würde er sich sicherlich noch haben nehmen können. Es scheint fast, als ob Cäsar um die plötzliche ohne seine persönliche Dazwischenkunft bewirkte Rettung des gefährdeten Schatzes recht drastisch zu schildern, die Sache etwas anders dargestellt hat, als sie wohl eigentlich gewesen ist. Vergl. zu 1. 14, 2.

34. 1. *Antoni exercitu coniuncto:* die ausdrückliche Angabe, womit es verbunden wurde (wie 1. 18, 4: *Caesar eas cohortes cum exercitu suo coniunxit*) war entbehrlich. Warum können Stellen wie c. 78, 4: *coniuncto exercitu Caesar Gomphos pervenit* nicht verglichen werden? — *quam — posuerat*, so öfter vom Verlegen von Besatzungstruppen an einen Ort oder Aufstellung von Posten, s. c. 62, 4. 94, 6: *centurionibus, quos in statione ad praetoriam portam posuerat.* B. G. 8. 46, 4: *duas legiones in Turonis posuit.* 2. 5, 6: *ibi praesidium ponit.* Die gewöhnlich dabei stehende Ortsbestimmung ist hier in *tuendae orae maritimae c.* enthalten. — *longiusque procedendum existim.* Cäsar konnte nun, nachdem er die Verstärkung durch Antonius erhalten hatte, seine Ope-

rationen, die sich bisher auf die Meeresküste beschränkten, auf das Binnenland ausdehnen, besonders um Zufuhr zu erhalten.

2. *praesidio misso* in conditionalem Sinne. Es ist nicht mit *pollicerentur*, sondern mit *imperata facturas* zu verbinden. — *L. Cassium Longinum*, den jüngeren Bruder des C. Cassius Longinus, des nachmaligen Mörders Cäsar's. — *C. Calvisius*, im J. 60 Quästor, 55 Volkstribun, 53 Prätor, 39 Consul. — *de re frumentaria ut providerent.* Sonst *prov.* mit Dativ oder Accus. Die Verbindung mit *de* also wie bei *postulare* (1. 32, 4) *cognoscere* und ähnl. B. G. 1. 42, 1.

3. *Cn. Domitium Calvinum*, Legat in Cäsar's Heer, Consul vom J. 54, nach dem Consulat des ambitus angeklagt; wahrscheinlich gehörte er zu den von Cäsar in diesem Jahre aus dem Exil Zurückgerufenen. Bei Pharsalus führte er das mittlere Treffen c. 89, 2. (Er ist nicht zu verwechseln mit dem 2. 42, 3 erwähnten Reiterpräfecten Cn. Domitius). — *Macedonia — quae libera appellabatur.* S. das geograph. Register.

35. 1. *primo adventu:* gleich bei

lorum receptus voluntate, a praesidiis adversariorum Calydone et
2 Naupacto relictis, omni Aetolia potitus est. Cassius in Thessaliam cum legione pervenit. Hic cum essent factiones duae, varia
voluntate civitatum utebatur: Hegesaretos, veteris homo potentiae,
Pompeianis rebus studebat; Petraeus, summae nobilitatis adole-
scens, suis ac suorum opibus Caesarem enixe iuvabat.

36. Eodemque tempore Domitius in Macedoniam venit; et
cum ad eum frequentes civitatum legationes convenire coepissent,
nuntiatum est adesse Scipionem cum legionibus, magna opinione
et fama omnium: nam plerumque in novitate rem fama excedit.
2 Hic nullo in loco Macedoniae moratus magno impetu tetendit ad
Domitium et, cum ab eo milia passuum xx afuisset, subito se ad
3 Cassium Longinum in Thessaliam convertit. Hoc adeo celeriter
fecit, ut simul adesse et venire nuntiaretur, et quo iter expeditius
faceret, M. Favonium ad flumen Aliacmonem, quod Macedoniam
a Thessalia dividit, cum cohortibus viii praesidio impedimentis
4 legionum reliquit castellumque ibi muniri iussit. Eodem tempore
equitatus regis Cotyis ad castra Cassi advolavit, qui circum Thes-

der Ankunft, cum primum advenisset. — *relictis* gehört zu *Calydone
et Naupacto*, nicht zu *praesidiis* =
cum Calydon et Naupactus a praesidiis relictae essent.

2. *varia voluntate civ. utebatur:*
fand die Stimmung getheilt.

36. 1. *nuntiatum est adesse
Scip.* Er rückte von Thessalonike
her auf der egnatischen Strasse
(der Militärstrasse von Dyrrhachium
durch Macedonien und Thracien
nach Byzanz) gegen Domitius an.
— *magna opinione et fama omnium* (Ablat. des begleitenden Neben-
umstands), indem man von dem
Mann und seinen Streitkräften bedeutende Erwartungen hegte, die er
nicht erfüllte, daher *nam plerumque
– rem excedit:* geht über die Sache,
den wahren Thatbestand hinaus, ist
grösser als —. — *in novitate*, bei
einer neuen, unerwarteten Erscheinung, wie die plötzliche und unge-
ahnte Ankunft des Scipio aus Asien
war.

2. *cum afuisset.* Als Scipio noch
20 röm. Meilen entfernt war, änderte er die Richtung seines Mar-

sches und, nachdem er eine Weile
die neue Richtung verfolgt hatte,
wendete er sich plötzlich gegen
Cassius. So erklärt sich das Plusquamperfectum *afuisset.* Etwas anders zu erklären sind die ebenfalls
auffallenden Plusquamperfecta bei
Cic. de fin. 2. 16, 54: *qui, cum praetor quaestionem inter sicarios exer-
cuisset, ita aperte cepit pecunias*
(S. Madvig zu dieser Stelle) und ad
fam. 15, 4, 6: *cum ad Cybistra . . .
quinque dies essem moratus, regem
Ariobarzanem — —. praesentibus
insidiis necopinantem liberavi* (er
hat ihn befreit während seines
Aufenthalts in Cybistra; aber das
Befreien war erst fertig nach Ablauf
der fünftägigen Frist).

3. *ut simul adesse et venire
nuntiaretur:* er führte den von niemandem geahnten Entschluss so
schnell aus, dass die Nachricht, er
sei schon da, mit der, dass er überhaupt im Anzuge sei, zugleich in
Thessalien bekannt wurde. Warum
adesse voran steht, ist leicht begreiflich.

4. *regis Cotyis:* c. 4, 3. — *qui*

saliam esse consuerat. Tum timore perterritus Cassius cognito 5
Scipionis adventu visisque equitibus, quos Scipionis esse arbitrabatur, ad montes se convertit, qui Thessaliam cingunt, atque ex
his locis Ambraciam versus iter facere coepit. At Scipionem 6
properantem sequi litterae sunt consecutae a M. Favonio, Domitium cum legionibus adesse neque se praesidium, ubi constitutus
esset, sine auxilio Scipionis tenere posse. Quibus litteris acce- 7
ptis consilium Scipio iterque commutat; Cassium sequi desistit,
Favonio auxilium ferre contendit. Itaque die ac nocte continuato 8
itinere ad eum pervenit, tam opportuno tempore, ut simul Domitiani exercitus pulvis cerneretur et primi antecursores Scipionis
viderentur. Ita Cassio industria Domitii, Favonio Scipionis celeritas salutem attulit.

37. Scipio biduum in castris stativis moratus ad flumen,
quod inter eum et Domitii castra fluebat, Aliacmonem, tertio die
prima luce exercitum vado traducit et castris positis postero die
mane copias ante frontem castrorum instruit. Domitius tum quo- 2
que sibi dubitandum non putavit, quin productis legionibus proelio
decertaret; sed, cum esset inter bina castra campus circiter milium passuum vi, Domitius castris Scipionis aciem suam subiecit;
ille a vallo non discedere perseveravit. Ac tamen aegre retentis 3
Domitianis militibus est factum, ne proelio contenderetur, et ma-

(equitatus) *circum Thessaliam esse
consuerat:* an verschiedenen Punkten an den Grenzen Thessaliens: 1.
37, 1. B. G. 6. 24, 2: *quae fertilissima
sunt loca circum Hercyniam silvam.*

6. *praesidium* hier ein mit Truppen besetzter fester Platz (c. 45, 2.
B. G. 6. 34, 1), das § 3 erwähnte
castellum.

37. 1. *vado traducit.* S. zu B.
G. 1. 6, 2: *vado transitur.*

2. *tum quoque:* Domitius war
entschlossen gewesen, den Favonius
anzugreifen; er zögerte aber auch
jetzt nicht, wo Scipio unerwarteter Weise angekommen war, die
Schlacht anzunehmen. *Quoque non
= ne – quidem,* wie *etiam nihil* 1.
85, 9. — *dubitandum non putavit.
non dubito* ich trage kein Bedenken hat gewöhnlich den Infinitiv nach sich, findet sich aber auch
häufig mit *quin* verbunden; z. B. b.
Gall. 2. 2, 4; Cic. de imp. Cn. Pom-

pei 23, 68: *nolite dubitare, quin
huic uni credatis omnia,* p. Mil. 23,
63: *arbitrabantur non dubitaturum
fortem virum, quin cederet aequo
animo legibus*; B. G. 2. 2, 4
sinnverwandt mit B. G. 3. 23, 7:
*non cunctandum existimavit, quin
proelio decertaret.* — Ueber *proelio
decertare* s. zu B. G. 1. 50, 2. —
castris Scip. aciem suam subiecit:
rückte nahe unter das Lager des
Scip. heran. So § 3 *rivus subiectus
castris*; c. 56, 1. 84, 2. 85, 1.

3: *Ac tamen* (nicht *attamen*): und
dennoch, obgleich Domitius Alles
that, um eine Schlacht herbeizuführen und seine Soldaten sich kaum
zurückhalten liessen, kam es nicht
dazu. — 'Ubi adiungitur aliquid,
quod superiori contrarium est, ibi
Cicero et alii dicunt aut *et tamen*
aut *ac tamen*' Madvig Cic. de Fin.
2. 17, 85. — *est factum ne –,* wie
1. 19, 4: *id ne fieri posset – oppidi*

xime, quod rivus difficilibus ripis subiectus castris Scipionis pro-
4 gressus nostrorum impediebat. Quorum studium alacritatemque
pugnandi cum cognovisset Scipio, suspicatus fore, ut postero die
aut invitus dimicare cogeretur aut magna cum infamia castris se
contineret, qui magna exspectatione venisset, temere progressus turpem habuit exitum et noctu ne conclamatis quidem vasis
5 flumen transit atque in eandem partem, ex qua venerat, redit
ibique prope flumen edito natura loco castra posuit. Paucis
diebus interpositis noctu insidias equitum collocavit, quo in
loco superioribus fere diebus nostri pabulari consuerant; et cum
cotidiana consuetudine Q. Varus, praefectus equitum Domitii, ve-
6 nisset, subito illi ex insidiis consurrexerunt. Sed nostri fortiter
impetum eorum tulerunt celeriterque ad suos quisque ordines
7 redit, atque ultro universi in hostes impetum fecerunt. Ex his
circiter LXXX interfectis, reliquis in fugam coniectis, duobus amissis in castra se receperunt.

38. His rebus gestis Domitius sperans Scipionem ad pugnam elici posse simulavit sese angustiis rei frumentariae adductum castra movere vasisque militari more conclamatis progressus milia passuum III loco idoneo et occulto omnem exercitum
2 equitatumque collocavit. Scipio ad sequendum paratus equitum
magnam partem ad explorandum iter Domitii et cognoscendum
3 praemisit. Qui cum essent progressi primaeque turmae insidias
intravissent, ex fremitu equorum illata suspicione ad suos se

---

circummunitione fiebat. Cic. in
Verr. 5. 2, 5: *M. Crassi virtute con-
silioque factum, ne – transire possent;* das allgemeine 'bewirken'
geht in den speciellen Begriff des
Verhinderns und Verhütens über. —
difficilibus ripis, wie 1. 68, 2: *valles
maximae ac difficillimas;* zu B. G. 7.
19, 1: *palus difficilis.* Unten c. 75, 4:
flumen, quod ripis erat impeditis,
4. *magna cum infamia castris
se contineret.* Der Nachdruck liegt
auf *magna cum inf.*: er fürchtete,
er werde entweder zum Schlagen
gezwungen werden, oder, zum
Kampfe herausgefordert, nur mit
grosser Schmach sich im Lager zurückhalten, sich dadurch, dass er
sich zurückhielte, grosse Schmach
zuziehen. — *qui magna exspectatione venisset:* er, der doch — gekommen war. S. zu 1. 64, 8: *eos,
qui exissent. — ne conclamatis quidem vasis:* 1. 66, 2. — *habuit —
transit — redit — posuit.* Der so
häufige Wechsel der Tempora, der
je nach den verschiedenen Verb.
verschiedene Gründe haben kann,
häufig aber bei der Uebereinstimmung
des histor. Präs. mit dem Perf. gewiss absichtslos von den Schriftst.
gebraucht worden ist, dient oft dazu, die verschiedenen Handlungen
als mehr oder weniger bedeutend
oder dauernd zu schildern.
5. *Q. Varus,* derselbe Q. Attius
Varus, dessen Tüchtigkeit B. G. 8.
28, 2 gerühmt wird.
6. *ultro:* 1. 79, 5.
38. 1. *vasis militari more concl.:*
c. 37, 4.
3. *illata suspicione* S. zu 1. 5, 3.

recipere coeperunt, quique hos sequebantur celerem eorum receptum conspicati restiterunt. Nostri cognitis insidiis, ne frustra 4 reliquos exspectarent, duas nacti turmas exceperunt, *quarum perpauci fuga se ad suos receperunt*; in his fuit M. Opimius, praefectus equitum. Reliquos omnes earum turmarum aut interfecerunt aut captos ad Domitium deduxerunt.

39. Deductis orae maritimae praesidiis Caesar, ut supra demonstratum est, III cohortes Orici oppidi tuendi causa reliquit isdemque custodiam navium longarum tradidit, quas ex Italia traduxerat. Huic officio oppidoque Manius Acilius legatus praeerat. Is naves nostras interiorem in portum post oppidum redu- 2 xit et ad terram deligavit faucibusque portus navem onerariam submersam obiecit et huic alteram coniunxit; super quas turrim effectam ad ipsum introitum portus opposuit et militibus complevit tuendamque ad omnes repentinos casus tradidit.

40. Quibus cognitis rebus Cn. Pompeius filius, qui classi Aegyptiae praeerat, ad Oricum venit submersamque navim remulco multisque contendens funibus adduxit atque alteram navem, quae erat ad custodiam ab Acilio posita, pluribus aggressus 2 navibus, in quibus ad libram fecerat turres, ut ex superiore pu-

---

4. *cognitis insidiis:* nämlich vom Feinde. Die Ablativi absoluti im Passiv bezeichnen also hier nicht, wie es gewöhnlich geschieht, eine vom Subject des Hauptsatzes ausgehende Handlung. Ebenso ist es b. Gall. 2. 4, 2: *qui patrum nostrorum memoria omni Gallia vexata Teutonos Cimbrosque intra fines suos ingredi prohibuerint;* b. civ. 2. 14, 6: *reliquos infecta re in oppidum repulerunt;* Sall. Jug. 10, 1: *parvum ego, Iugurtha, te amisso patre, sine spe, sine opibus in meum regnum accepi.*

39. 1. *ut supra demonstratum est.* Diese Worte können, da c. 34, 1 nur gesagt ist *deducta Orico legione, quam — posuerat,* nicht, wie es nach der Stellung derselben scheinen könnte, auf das Folgende, sondern nur auf *deductis — praesidiis* gehen, das Hauptsubiect *Caesar* ist also hier, wie es sonst öfter bei Cäsar zwischen die Abl. absol. tritt (s.

c. 12, 1), denselben nahe gerückt und zwischen sie und den dazu gehörigen Relativsatz gesetzt, wie c. 29, 2: *Expositis omnibus copiis Antonius, quarum erat summa —,* c. 76, 3: *quibus impeditis Caesar, quod fore praeviderat, — educit.* B. G. 7. 17, 1: *Castris ad eam partem oppidi positis Caesar, quae aditum angustum habebat.* Vergl. ebend. c. 81, 1.

2. *faucibus portus:* 1. 25, 3. 3. 24, 1. — *super quas* (nicht *s. qua*). *Super* wird in örtlicher Bedeutung in Prosa nur mit dem Accus. verbunden. — *effectam:* 1. 18, 6.

40. 1. *Cn. Pompeius fil.:* c. 5, 3. — *ad Oricum:* 1. 41, 2: *ad Ilerdam.* — *remulco* wie 2. 23, 5. — *adduxit* (nicht *abduxit*) nämlich *ad se.* B. G. 3. 14, 6: *cum funes — comprehensi adductique essent.*

2. *ad libram:* nach der Wage (wie *ad perpendiculum:* B. G. 4. 17, 4), in gleicher Höhe. — *ut - pugnans*

gnans loco integrosque semper defatigatis summittens et reliquis partibus simul ex terra scalis et classe moenia oppidi temptans, uti adversariorum manus diduceret, labore et multitudine telo-
3 rum nostros vicit, deiectisque defensoribus, qui omnes scaphis
4 excepti refugerant, eam navem expugnavit eodemque tempore ex altera parte molem tenuit naturalem obiectam, quae paeninsulam oppidum effecerat, quattuorque biremes subiectis scutulis impulsas vectibus in interiorem portum traduxit. Ita ex utraque parte naves longas aggressus, quae erant deligatae ad terram atque inanes,
5 iiii ex his abduxit, reliquas incendit. Hoc confecto negotio D. Laelium ab Asiatica classe abductum reliquit, qui commeatus Bullide atque Amantia importari in oppidum prohibebat. Ipse Lissum profectus naves onerarias xxx a M. Antonio relictas intra portum
6 aggressus omnes incendit; Lissum expugnare conatus defendentibus civibus Romanis, qui eius conventus erant, militibusque, quos praesidii causa miserat Caesar, triduum moratus paucis in oppugnatione amissis re infecta inde discessit.

41. Caesar, postquam Pompeium ad Asparagium esse co-

= *utpote, quippe.* — *ex superiore loco* d. i. *ex turribus.*

4. *molem tenuit naturalem obiectam – traduxit.* Oricum lag auf dem Ende eines Vorsprungs ins Meer, auf einer Halbinsel, die dem Festland gegenüber sich hinziehend den Hafen bildete und durch einen schmalen Damm (*moles*) mit dem Festlande zusammenhing. Ueber diesen Damm (s. zu 1. 40, 1), der von der Natur gebildet vorlag, wurden die Schiffe in das Innere des Hafens, *in interiorem portum* (denn so ist jedenfalls für *partem* zu schreiben, s. c. 39, 2), mit Maschinen gebracht, und so die Schiffe Cäsar's von zwei Seiten vom Eingange des Hafens aus und hinter der Stadt im Hafen selbst angegriffen. *Moles naturalis* der *manu facta* entgegengesetzt wie b. Alex. 72, 1: *tumulus naturalis veluti manu factus. Tenere,* einen Ort besetzt halten, auch wenn vorher nicht erwähnt ist, dass er eingenommen ist, wie Liv. 30. 35, 2: *multi per patentem circa campum fuga sparsi tenente omnia equitatu passim interierunt. Ob-*

iectam wie Liv. 1. 27, 10: *ab effusa fuga flumen obiectum a tergo arcebat,* 26. 42, 6: *huius in ostio sinus parva insula obiecta ab alto portum ab omnibus ventis praeterquam Africo tutum facit. Effecerat,* das Plusquamperfectum, weil Oricum früher eine Insel gewesen war, die allmählig angesetzter Schlamm mit dem Festlande verbunden hatte; Plin. nat. hist. 2. 89, 91: *Epidaurus et Oricum insulae esse desierunt.* — *subiectis scutulis. Scutulae* müssen dasselbe sein, wie 2. 10, 7 *phalangas:* Walzen, Rollbäume, das griech. σκυτάλη. [*suculis subiectis* ist schwerlich richtig. S. den Anhang].

5. *D. Laelium:* c. 5, 3. — Caesar war durch den Verlust seiner Schiffe vollständig von der See verdrängt, von Italien gänzlich ausgeschlossen und der Möglichkeit von Brundisium Verstärkung zu erhalten beraubt, und die ohnehin schwierige Beschaffung der Subsistenzmittel für seine Armee war noch mehr erschwert.

41. 1. *ad Asparagium:* c. 30, 7.

gnovit, eodem cum exercitu profectus expugnato in itinere oppido Parthinorum, in quo Pompeius praesidium habebat, tertio
die ad Pompeium pervenit iuxtaque eum castra posuit et postridie eductis omnibus copiis acie instructa decernendi potestatem Pompeio fecit. Ubi illum suis locis se tenere animad- 2
vertit, reducto in castra exercitu, aliud sibi consilium capiendum existimavit. Itaque postero die omnibus copiis magno 3
cireuitu difficili angustoque itinere Dyrrhachium profectus est
sperans Pompeium aut Dyrrhachium compelli aut ab eo intercludi posse, quod omnem commeatum totiusque belli apparatum eo
contulisset; ut accidit. Pompeius enim primo ignorans eius con- 4
silium, quod diverso ab ea regione itinere profectum videbat,
angustiis rei frumentariae compulsum discessisse existimabat;
postea per exploratores certior factus postero die castra movit
breviore itinere se occurrere ei posse sperans. Quod fore suspi- 5
catus Caesar militesque adhortatus, ut aequo animo laborem ferrent, parva parte noctis itinere intermisso mane Dyrrhachium
venit, cum primum agmen Pompei procul cerneretur, atque ibi
castra posuit.

— *decernendi potestatem fecit:* er
bot ihm die Entscheidungsschlacht
an; *decernere* sonst gewöhnlich mit
armis, acie, ferro u. ä.

3. *quod – contulisset,* Grund, auf
dem die Hoffnung Cäsar's bei dieser
Operation und die Meinung von der
Zweckmässigkeit derselben beruhte: er hoffte, dass Pomp. genöthigt
würde, nach Dyrrh. sich zurückzuziehen, weil dies sein Stapelplatz
wäre und er von diesem Platze abgeschnitten werden könnte, was für
Cäsar von Wichtigkeit war, *quod
Pomp.–contulisset.* Die Worte *quod
– cont.* sind daher nicht blos auf
das erste, *aut Dyrrh. comp.,* zu beziehen, sondern auch, nur mit etwas
anderer Fassung des Gedankens,
auf das zweite.

4. *quod diverso ab ea regione
itinere prof. videbat.* Cäsar marschirte anfangs, um Pompeius zu täuschen,
anstatt nordwestlich geradeauf Dyrrhachium loszugehen, östlich, so dass
es scheinen konnte, er ziehe aus
Mangel an Lebensmitteln in die rei-

cheren Landstriche im Innern Macedoniens. — *postea per explor.
cert. factus:* 'Als sie gegen Mittag
des folgenden Tags Cäsar's Colonnen die steilen Abhänge des Graba-
Gebirges in nordwestlicher Richtung
erklimmen sahen, war der Marsch
nach Dyrrh. nicht mehr zu verkennen. Die Meldung hiervon konnte
Pompeius jedoch erst im Laufe des
Nachmittags oder gegen Abend erhalten, weil Asparagium wenigstens
8 Stunden von jenem Punkte, wo
Cäsar das Gebirge überschritt, entfernt lag Göler a. a. O. p. 16.

5. *Quod fore suspicatus Caesar,*
da er voraussetzen musste, dass seine
Richtung dem Pompeius nicht gänzlich verborgen bleiben konnte, und
dass dieser Alles thun würde, um
ihm zuvorzukommen. — *Dyrrhachium venit,* wo sonst *ad* steht (s.
c. 40, 1), da Cäsar nicht nach Dyrrh.
selbst kam. Er traf an der Süd-
westseite der Stadt ein, während
Pompeius, der bei Asparagium den
Genusus überschritten hatte, auf

42. Pompeius interclusus Dyrrhachio, ubi propositum tenere non potuit, secundo usus consilio edito loco, qui appellatur
Petra aditumque habet navibus mediocrem atque eas a quibusdam
2 protegit ventis, castra communit. Eo partem navium longarum
convenire, frumentum commeatumque ab Asia atque omnibus
3 regionibus, quas tenebat, comportari imperat. Caesar longius
bellum ductum iri existimans et de Italicis commeatibus desperans, quod tanta diligentia omnia litora a Pompeianis tenebantur,
classesque ipsius, quas hieme in Sicilia, Gallia, Italia fecerat,
morabantur, in Epirum rei frumentariae causa Q. Tillium et L.
4 Canuleium legatum misit, quodque hae regiones aberant longius,

geradem Wege von Porthium (dem
heutigen Cavaja) heranzog. (Güler
p. 17). — *primum agmen:* der Vortrab.

'Cäsar hatte in zwei Tagen und
zwei Nächten, die erste derselben
seinen Marsch aussetzend, Ende
Februars oder Anfang März, also
bei noch ziemlich kurzen Tagen und
auf schlechten Wegen 15—16 Stunden zurückgelegt, Pompeius aber in
einem Nachtmarsche 5½ St., indem
er Dyrrh. nicht ganz erreichte'
Güler a. a. O.

42. 1. *usus:* 1. 56, 1. — *Petra.*
Ueber die Lage des Orts s. das geograph. Register. — *aditumque navibus habebat mediocrem.* 'Cäsar
gelang es Pompeius zu täuschen und
unversehens mit seinen besser marschirenden Truppen sich, ähnlich
wie bei Ilerda, zwischen das feindliche Lager und die Festung Dyrrhachion zu werfen, auf die dieses
sich stützte. Die Kette des Graba
Balkan, die in der Richtung von
Osten nach Westen streichend am
adriatischen Meere in der schmalen
Dyrrhachinischen Landzunge endigt,
entsendet drei Meilen östlich von
Dyrrhachion in südwestlicher Richtung einen Seitenarm, der in bogenförmiger Richtung ebenfalls zum
Meere sich wendet, und der Hauptund der Seitenarm des Gebirges
schliessen zwischen sich eine kleine
um eine Klippe am Meeresstrande
sich ausbreitende Ebene ein. Hier
nahm Pompeius jetzt sein Lager
und, obwohl die cäsarische Armee
ihm den Landweg nach Dyrrhachion
verlegt hielt, blieb er doch mit
Hülfe seiner Flotte fortwährend mit
dieser Stadt in Verbindung und
ward von dort mit allem Nöthigen
reichlich und bequem versehen,
während bei den Cäsarianern trotz
starker Detachirungen in das Hinterland und trotz aller Anstrengungen des Feldherrn, ein geordnetes
Fuhrwesen und damit eine regelmässige Verpflegung in Gang zu
bringen, es doch mehr als knapp
herging und Fleisch, Gerste, ja
Wurzeln sehr häufig die *Stelle* des
gewohnten Weizens vertreten mussten.' Mommsen, röm. Gesch. 3. p. 402.
2. *convenire — comportari imperat.* Der dem *imperat* zunächst
stehende Infin. ist der passive, wie
ihn der stehende Gebrauch der
Sprache verlangt (s. zu 1. 61, 4),
der vorhergehende active Inf. ist
nur durch eine Nachlässigkeit des
Schriftstellers zu erklären, der
iubet setzen wollte und den Uebergang zu *imperat* nicht beachtete.
Ebenso B. Afr. 11, 2: *imperat omnes
egredi* (zu erklären nach Anm. zu
B. G. 7. 60, 3) *atque armatos exspectare.* — *frumentum commeatumque.* S. zu B. G. 1. 39, 3.

locis certis horrea constituit vecturasque frumenti finitimis civitatibus descripsit. Item Lisso Parthinisque et omnibus castellis
quod esset frumenti conquiri iussit. Id erat perexiguum cum 5
ipsius agri natura, quod sunt loca aspera et montuosa, ac plerumque frumento utuntur importato, tum quod Pompeius haec providerat et superioribus diebus praedae loco Parthinos habuerat
frumentumque omne conquisitum spoliatis effossisque eorum
domibus per equites comportarat.

43. Quibus rebus cognitis Caesar consilium capit ex loci
natura. Erant enim circum castra Pompei permulti editi atque
asperi colles. Hos primum praesidiis tenuit castellaque ibi communit. Inde, ut loci cuiusque natura ferebat, ex castello in ca- 2
stellum perducta munitione circumvallare Pompeium instituit,
haec spectans, quod angusta re frumentaria utebatur, quodque
Pompeius multitudine equitum valebat, quo minore periculo
undique frumentum commeatumque exercitui supportare posset,
simul, uti pabulatione Pompeium prohiberet equitatumque eius 3
ad rem gerendam inutilem efficeret, tertio, ut auctoritatem, quâ 4
ille maxime apud exteras nationes niti videbatur, minueret, cum
fama per orbem terrarum percrebuisset illum a Caesare obsideri
neque audere proelio dimicare.

44. Pompeius neque a mari Dyrrhachioque discedere volebat, quod omnem apparatum belli, tela, arma, tormenta ibi
collocaverat frumentumque exercitui navibus supportabat, neque
munitiones Caesaris prohibere poterat, nisi proelio decertare
vellet; quod eo tempore statuerat non esse faciendum. Relinque- 2

4. *vecturas:* c. 32, 2.—*describere:*
bei einer vorgenommenen Eintheilung einem den auf ihn kommenden
Theil zuschreiben, bestimmen und
darnach auferlegen. B. Alex. 51, 3:
*ut pecuniae describerentur atque
imperarentur.* — *Lisso* u. s. w.:
von Lissus her, nicht Dativ von
quod esset abhängig. — *quod esset
frumenti:* 1. 36, 3.

5. *effossisque eorum domibus:*
durchwühlt; die Einwohner hatten
ihr Getreide in ihren Häusern ver-
graben oder in Gruben aufbewahrt.

43. 1. *castella:* S. Kriegsw. § 29.

2. *ferebat:* c. 16, 3. 1. 51, 1.

3. *inutilem efficeret:* c. 9, 6:
neglegentiores effecisset.

4. *ut auctoritatem — proelio di-*

micare. S. c. 56, 2. In diesem
Sinne Dolabella bei Cic. ad Fam.
9. 9, 2: *Animadvertis Cn. Pompeium nec nominis sui, nec rerum
gestarum gloria — esse tutum, et
hoc etiam, quod infimo cuique contigit, isti non posse contingere, ut
honeste effugere possit, pulso Italia,
amissis Hispaniis, capto exercitu
veterano, circumvallato nunc
denique, quod nescio an nulli
umquam nostro acciderit imperatori.*

44. 1. *neque munitiones prohibere poterat, nisi — vellet,* nicht
volebat. Ueber den Coniunct. bei
nisi, si non nach einem ohne Bedingung ausgesprochenen Hauptsatz
(*non potest*), s. Madvig § 348 Anm.

batur, ut extremam rationem belli sequens quam plurimos colles occuparet et quam latissimas regiones praesidiis teneret Caesarisque copias, quam maxime posset, distineret; idque accidit. 3 Castellis enim xxıııı effectis xv milia passuum circuitu amplexus hoc spatio pabulabatur; multaque erant intra eum locum manu 4 sata, quibus interim iumenta pasceret. Atque ut nostri perpetuas munitiones habebant, perductas ex castellis in proxima castella, ne quo loco erumperent Pompeiani ac nostros post tergum adorirentur, ita illi interiore spatio perpetuas munitiones efficiebant, ne quem locum nostri intrare atque ipsos a tergo 5 circumvenire possent. Sed illi operibus vincebant, quod et numero militum praestabant et interiore spatio minorem circui6 tum habebant. Quare cum erant loca Caesari capienda, etsi prohibere Pompeius totis copiis et dimicare non constituerat, tamen suis locis sagittarios funditoresque mittebat, quorum magnum 7 habebat numerum, multique ex nostris vulnerabantur, magnusque incesserat timor sagittarum, atque omnes fere milites aut ex coactis aut ex centonibus aut ex coriis tunicas aut tegimenta fecerant, quibus tela vitarent.

2 und zu Cic. de Fin. 3. 21, 70: *Etenim nec laetitia nec amicitia esse omnino poterunt, nisi ipsae per se expetantur.* Vergl. ebend. 1. 16, 54: *quod si ne ipsarum quidem virtutum laus – reperire potest exitum, nisi dirigatur ad voluptatem.* De Offic. 3. 33, 118: *neque enim bonitas nec liberalitas nec comitas esse potest, si haec per se non expetantur.* ['In his omnibus non simpliciter res duae condicione copulatae mente concipiantur, sed primum quasi absolute affirmatur aut negatur (*non potest* aut *fiet*), tum additur exceptio ad hypothesin prope accedens' Madv. a. a. O.]

2. *extremam rationem belli sequens:* zur äussersten und letzten Art, den Krieg zu führen, schreitend, da keine andere übrig war. 1. 5, 3: *concurritur ad ultimum atque extremum senatus consultum.* 3. 9, 3: *ad extremum auxilium descendunt.* — *praesidiis:* durch vorgeschobene Posten.

3. *manu sata:* Saaten, die zum Futter verwendet werden konnten;

denn dies brauchte er vorzüglich, da er von Dyrrhachium wohl Getreide, aber kein Futter erhalten konnte; s. c. 49, 3. 58, 3.

4. *perpetuas munitiones habebant.* So nur eine minder gute Hdschr., die übrigen ohne Sinn *videbant.* Die verschiedenen Besserungsvorschläge s. im Anhang.

5. *vincebant:* waren im Vortheil, da sie eher fertig wurden, weil sie mehr Arbeitskräfte hatten und nur den inneren, also kleineren Raum zu befestigen hatten.

6. *cum erant loca C. capienda:* wenn (so oft, 1. 79, 3) Cäs. bei dem Vorrücken seiner Linie und zur Herstellung der Verbindung derselben einen Punkt zu gewinnen und zu besetzen hatte —; ein besonderes Beispiel eines bei einer solchen Gelegenheit entstandenen Kampfes s. c. 45, 2. — *suis locis:* an geeigneten Punkten: 1. 61, 3; unten c. 46, 2: *idoneis locis.*

7. *magnus incesserat timor:* 1. 14, 1. 2. 29, 1. — *ex coactis:* aus dichtgewalkter, gefilzter Wolle oder

45. In occupandis praesidiis magna vi uterque nitebatur;
Caesar, ut quam angustissime Pompeium contineret; Pompeius,
ut quam plurimos colles quam maximo circuitu occuparet, crebraque ob eam causam proelia fiebant. In his cum legio Caesaris 2
nona praesidium quoddam occupavisset et munire coepisset, huic
loco propinquum et contrarium collem Pompeius occupavit nostrosque opere prohibere coepit et, cum una ex parte prope ae- 3
quum aditum haberet, primum sagittariis funditoribusque cir-
cumiectis, postea levis armaturae magna multitudine missa tormentisque prolatis munitiones impediebat; neque erat facile
nostris uno tempore propugnare et munire. Caesar cum suos ex 4
omnibus partibus vulnerari videret, recipere se iussit et loco excedere. Erat per declive receptus. Illi autem hoc acrius insta- 5
bant neque regredi nostros patiebantur, quod timore adducti
locum relinquere videbantur. Dicitur eo tempore glorians apud 6
suos Pompeius dixisse: non recusare se, quin nullius usus imperator existimaretur, si sine maximo detrimento legio Caesaris
sese recepisset inde, quo temere esset progressa.

46. Caesar receptui suorum timens crates ad extremum
tumulum contra hostem proferri et adversas locari, intra has mediocri latitudine fossam tectis militibus obduci iussit locumque

---

Haar, Filz, πίλημα (πιλεῖν,) πιλη-
τόν. — centonibus: 2. 9, 3.

45. 1. nitebatur: S. zu B. G. 4.
24, 4.

2. *In his*, näml. *proeliis*, war
auch das folgende, d. i. unter andern, zur Einleitung eines einzelnen
Beispiels der *crebra proelia*. B. G.
2. 25, 1. 5. 53, 6.

3. *levis armaturae magna multitudine*: 2. 34, 3.

6. *non recusare, quin*, wie B. G.
4. 7, 3. Cic. Verr. 2 6, 77; mit *quominus* B. G. 1. 31, 7 (Madv. § 375);
ohne vorausgehende Negation mit
ne c. 82, 5. Cic. de off. 3. 27: *Re-
gulus ne sententiam diceret recu-
savit.* — *nullius usus:* ohne alle
Uebung und Erfahrung. — *legio —
sese recepisset.* Die Handschr. *legiones se recepissent.* Unmöglich
kann durch den Plural 'die Ruhmredigkeit des Pomp. bezeichnet
werden', indem er von mehreren
Legionen spricht, wo nur von einer
die Rede sein kann (§ 2). Eben so
wenig kann aber auch hier der Plural auf alle Legionen vor Dyrrhachium gehen, und Cäsar den Pomp.
'ruhmredig' sagen lassen, dass sie
nicht ohne grossen Nachtheil entkommen würden, da diese Vermuthung in der That eingetroffen ist,
und Cäsar gewiss weit entfernt ist,
den Scharfblick seines Gegners an-
zuerkennen. Es kann daher nur von
der neunten Legion die Rede sein,
die gegen die zuversichtliche Erwartung des Pomp. ihren Rückzug glücklich bewerkstelligte.

46. 1. *crates:* 1. 25, 9. — *ad
extremum tumulum* kann hier unmöglich 'am Fusse des Hügels'
heissen, wie die ganze Beschreibung
genügend zeigt, sondern 'am üussern
Rande des Hügels' gegen den heran-
dringenden Feind hin, um denselben
abzuhalten auf die Anhöhe zu gelangen und die Legion, wenn sie sich
zurückzöge, zu verfolgen. — *lectis*

2 in omnes partes quam maxime impediri. Ipse idoneis locis fun-
3 ditores instruxit, ut praesidio nostris se recipientibus essent. His
rebus comparatis legionem reduci iussit. Pompeiani hoc insolentius atque audacius nostros premere et instare coeperunt crates-
que pro munitione obiectas propulerunt, ut fossas transcenderent.
4 Quod cum animadvertisset Caesar, veritus, ne non reducti, sed
reiecti viderentur, maiusque detrimentum caperetur, a medio fere
spatio suos per Antonium, qui ei legioni praeerat, cohortatus
5 tuba signum dari atque in hostes impetum fieri iussit. Milites
legionis VIIII subito conspirati pila coniecerunt et ex inferiore loco
adversus clivum incitati cursu praecipites Pompeianos egerunt et
terga vertere coëgerunt; quibus ad recipiendum crates disiectae
longuriique obiecti et institutae fossae magno impedimento fue-
6 runt. Nostri vero, qui satis habebant sine detrimento discedere,
compluribus interfectis v omnino suorum amissis quietissime se
receperunt pauloque citra eum locum morati aliis comprehensis
collibus munitiones perfecerunt.

---

militibus nämlich durch die *crates.*
— *impedire:* unzugänglich machen.

3. *His rebus comparatis* für die
handschr. Lesart *completis.* Die
Stellen, wo *complere = absolvere*
ist, sind anderer Art, da es überall
das Mass einer Sache voll und so
dieselbe vollständig machen (συμ-
πληροῦν) heisst, was hier weniger
angemessen ist. Vergl. z. B. Cic.
de Fin. 3. 12, 41 u. 5. 24, 71: *complent ea beatissimam vitam.* Verr.
2. 3, 49: *summam promissi compl.*
Liv. 23. 35, 15: *nocturnum erat sa-
crum, ita ut ante mediam noctem
compleretur.*—*insolentius:* 1. 45, 1.

4. *a medio fere spatio:* von der
Mitte des Raumes, des steilen Ab-
hanges (c. 45, 5: *erat per declive
receptus*) aus, über den sie sich zurückgezogen: 'etwa auf dem halben
Wege'. — *tuba signum dari.* S.
Kriegsw. § 24.

5. *conspirati* nicht – dicht zusammengedrängt, *constipati, conglo-
bati,* was zu dem Kampf mit den
Wurfspiessen schlecht passen würde,
sondern 'einmüthig', *animo conspi-
rantes.* Verglichen wird Iustin. 3.
5, 3: *Lacedaemonii eo conspiratius*

ad arma concurrunt. — *incitati
cursu.* S. zu 1. 79, 4; *cursu* gehört
hier wie dort zu *incitati,* nicht zu
dem folgenden Verb.; die Verbindung *cursu praecipitem agere* ist
unstatthaft. — *ad recipiendum.* S.
zu B. G. 1. 48, 7; oben zu c. 25, 1.
— *crates disiectae* § 3: *crates propulerunt.* — *longurii obiecti:* die
entgegenstehenden Stangen, an denen die *crates* befestigt gewesen
waren. — *institutae fossae:* der
angelegte Graben. Der Plur. *fossae*
wie § 3 von einem Graben in seiner Ausdehnung und seinen verschiedenen Punkten, wie *ripae* (B. G. 1.
37, 3) u. ä.; dagegen natürlich oben
§ 1 *fossam obduci iussit.*

6. *V omnino suorum amissis.*
Die geringe Zahl der Gefallenen
gilt hier, wie auch anderwärts ähnliche Angaben der Verluste, für
wenig wahrscheinlich. S. jedoch
Einl. p. 24. — *pauloque citra eum
locum – perfecerunt.* Obgleich der
Feind zurückgeschlagen war, schien
doch wohl der Hügel nicht vortheilhaft genug gelegen, und Cäsar hielt
es nach der gemachten Erfahrung
für gerathener, einen der Linie des

47. Erat nova et inusitata belli ratio cum tot castellorum numero tantoque spatio et tantis munitionibus et toto obsidionis genere, tum etiam reliquis rebus. Nam quicumque alterum obsi- 2 dere conati sunt, perculsos atque infirmos hostes adorti aut proelio superatos aut aliqua offensione permotos continuerunt, cum ipsi numero equitum militumque praestarent; causa autem obsi- 3 dionis haec fere esse consuevit, ut frumento hostes prohiberent. At tum integras atque incolumes copias Caesar inferiore militum numero continebat, cum illi omnium rerum copia abundarent: cotidie enim magnus undique navium numerus conveniebat, quae 4 commeatum supportarent, neque ullus flare ventus poterat, quin aliqua ex parte secundum cursum haberent. Ipse autem con- 5 sumptis omnibus longe lateque frumentis summis erat in angustiis. Sed tamen haec singulari patientia milites ferebant. Recordabantur enim eadem se superiore anno in Hispania per- 6 pessos labore et patientia maximum bellum confecisse, meminerant ad Alesiam magnam se inopiam perpessos, multo etiam maiorem ad Avaricum maximarum se gentium victores discessisse. Non, illis ordeum cum daretur, non legumina recusabant; 7 pecus vero, cuius rei summa erat ex Epiro copia, magno in honore habebant.

Pomp. weniger nahen Punkt zu besetzen und so die Verbindung seiner Linie herzustellen.

47. 2. *conati sunt – continuerunt.* Es konnten hier, wo von dem, was gewöhnlich geschieht, die Rede ist, auch Praesentia stehen; die Perfecta dienen zur Bezeichnung dessen, was sonst oder bisher immer geschehen ist. Aehnlich 2. 32, 10: *sed tamen sui laboris milites semper eventu belli praemia petiverunt.* — *offensione:* Anstoss, Unfall, πταῖσμα, vergl. oben c. 8, 2 *offendere.* — *continuerunt:* einschliessen. — *equitum militumque.* S. zu 1. 54, 1.

4. *neque ullus flare ventus pot., quin – haberent.* Plut. Pomp. 65: Πομπήιος κατέλαβε χωρία καὶ τόπους ἕδρας τε τοῖς πεζοῖς στρατοπέδοις ὑπεραλκεῖς ἔχοντα, καὶ ναύλοχα καὶ καταύρσεις ἐπιφόρους τοῖς ἐπιφοιτῶσι διὰ θαλάττης, ὥστε πάντα πνεῖν ἄνεμον Πομπηΐῳ σῖτον ἢ στρατιὰν ἢ χρήματα κομίζοντα. Vergl. Plut. Cäs. 39. App. 2. 66.

6. *eadem – in Hispania perpessos.* S. 1. 48 u. 52. — *ad Alesiam.* Die Schilderung der Belagerung von Alesia B. G. 7. 68 u. folg. Von einem Mangel an Lebensmitteln im römischen Heere ist indess dort nirgends die Rede; angedeutet wird er bei Cass. Dio 40. 40 [Bentley hält die W. *meminerant – discessisse* für interpolirt]. — *ad Avaricum:* B. G. 7. 17, 2—8. — *victores discessisse.* Gewöhnlicher ist *superiorem discedere*; indessen wenigstens *victores abire* und *reverti* kommt auch vor bei Livius 34. 19, 2. 7. 17, 5.

7. *cum – daretur.* Ueber den Coniunctiv s. zu 2. 41, 4. B. G. 1. 25, 3. — *pecus vero – magno in honore habebant.* Am empfindlichsten war den Römern der Mangel an Getreide; erst in zweiter Reihe stand das Fleisch: 1. 48, 6: *pecora,*

48. Est etiam genus radicis inventum ab iis, qui fuerant in vallibus, quod appellatur chara, quod admixtum lacte multum inopiam levabat. Id ad similitudinem panis efficiebant. Eius erat magna copia. Ex hoc effectos panes, cum in colloquiis Pompeiani famem nostris obiectarent, vulgo in eos iaciebant, ut spem eorum minuerent.

49. Iamque frumenta maturescere incipiebant, atque ipsa spes inopiam sustentabat, quod celeriter se habituros copiam confidebant; crebraeque voces militum in vigiliis colloquiisque

quod secundum poterat esse inopiae subsidium. B. G. 7. 17, 3: *ut complures dies frumento milites caruerint et pecore ex longinquioribus vicis adacto extremam famem sustentarent.* Daher Tacit. Annal. 14. 24: *Ipse exercitusque — per inopiam et labores fatiscebant, carne pecudum propulsare famem adacti.* Da also Cäsar's Leuten das erste Bedürfniss, das Getreide, gänzlich fehlte, war ihnen das Vieh, das sie aus Epirus leicht bekommen konnten, viel werth. [Wie in den Worten liegen soll: warihnen sehr willkommen, schonten es deshalb, verbrauchten es nicht zu rasch, ist schwer zu begreifen].

48. 1. *qui fuerant in vallibus* nach Nipperdey's Vermuthung für das corrupte *valeribus*. 'Eos milites hanc radicem reperisse apparet, qui Pompeiam munitionibus obsidebant. Valles in his locis commemorantur 49, 4, neque improbabile est, eam huius radicis fuisse naturam, ut maxime locis demissis nasceretur' Nipperdey p. 171. Andere Vermuthungen s. im Anhang. — *quod appellatur chara.* Dies soll nach der Meinung neuerer Botaniker *Crambe Tartarica*, Russischer Meerkohl, sein, dessen dicke süsse Wurzel vorzüglich den Tartaren, auf verschiedene Weise zubereitet, als Nahrungsmittel dient. Nach anderen soll es die Kümmelwurzel, *carum carvi* Linné, sein. Jos. Leunis Synopsis der Pflanzenkunde p. 251.

Plin. H. N. 19. 8, 144: *nec non olus quoque silvestre est trium foliorum Divi Iulii carminibus praecipue iocisque militaribus celebratum. Alternis quippe versibus exprobrasse lapsana se vixisse apud Dyrrhachium, praemiorum parsimoniam cavillantes. Est autem cyma silvestris.* — *admixtum lacte,* nicht *lacti,* der Hauptbestandtheil ist die Wurzel, welcher die Milch zugemischt, die also mit Milch vermischt wird, nicht umgekehrt. Cic. de N. D. 2. 10, 17: *Ille vero (aër) et multo quidem calore admixtus est* von der Zumischung des Wärmestoffs. Plut. Caes. 39: ῥίζαν τινὰ κόπτοντες οἱ στρατιῶται καὶ γάλακτι φυρῶντες προςεφέροντο. — *Id ad similitudinem panis efficiebant:* sie machten, bearbeiteten die Wurzel zur Aehnlichkeit mit dem Brode, machten sie zu etwas dem Brode Aehnlichem, *genus panis ex herba* Sueton Cäs. 68.

2. *vulgo:* 1. 28, 2. Zur Sache vergl. Sueton a. a. O.: *Famem et ceteras necessitates non cum obsiderentur modo, sed et si alios ipsi obsiderent, tanto opere tolerabant, ut Dyrrhachina munitione Pompeius, viso genere panis ex herba, quo sustinebantur, cum feris sibi rem esse dixerit, amoverique ocius nec cuiquam ostendi iusserit, ne patientia et pertinacia hostis animi suorum frangerentur.* Plut. Caes. 39. App. 2. 61.

49. 1. *ipsa spes:* 1. 56, 2.

audiebantur, prius se cortice ex arboribus victuros, quam Pompeium e manibus dimissuros.   Libenter etiam ex perfugis co- 3
gnoscebant equos eorum tolerari, reliqua vero iumenta interisse;
uti autem ipsos valetudine non bona, cum angustiis loci et odore
taetro ex multitudine cadaverum et cotidianis laboribus insuetos
operum, tum aquae summa inopia affectos. Omnia enim flumi- 4
na atque omnes rivos, qui ad mare pertinebant, Caesar aut averterat aut magnis operibus obstruxerat, atque ut erant loca montuosa et ad specus angustiae vallium, has sublicis in terram demissis praesepserat terramque adiecerat, ut aquam contineret.
Itaque illi necessario loca sequi demissa ac palustria et puteos 5
fodere cogebantur atque hunc laborem ad cotidiana opera addebant; qui tamen fontes a quibusdam praesidiis aberant longius et
celeriter aestibus exarescebant. At Caesaris exercitus optima 6
valetudine summaque aquae copia utebatur, tum commeatus o-
mni genere praeter frumentum abundabat, cuius cotidie melius
succedere tempus maioremque spem maturitate frumentorum
proponi videbant.

50. In novo genere belli novae ab utrisque bellandi rationes
reperiebantur. Illi, cum animadvertissent ex ignibus nocte cohor-

3. *tolerari:* würden noch hinge-
bracht, nothdürftig erhalten; c. 58,
4: *his rationibus equitatum tolerare.*
Auch unpersönlich B. G. 7. 71, 4:
*ratione inita se exigue dierum XXX
habere frumentum, sed paulo etiam
longius tolerari posse parcendo.*

4. *ad specus angustiae vallium:*
die Thäler so eng, dass sie durch
die überhängenden und fast zusam-
menstossenden Felsen Schluchten
ähnlich waren: ad specuum similitudinem angustae valles. Zur Sache
bemerkt Göler p. 30: 'Die zahlreichen Gewässer, welche sich von den
Gebirgen des heutigen Albaniens in
das Meer stürzen, haben alle den
Charakter von Torrenten, ihre Thäler sind eng, steil und tief eingeschnitten, nur an wenigen Stellen
erweitern sie sich auf kurze Strek-
ken, häufig unfern der Mündungen,
um Sümpfe und kleine Seen zu bilden'.

5. *loca sequi:* nachgehen (c. 68,
2), aufsuchen.

6. *praeter frumentum.* Wir gebrauchen ausser als Präposition
gewöhnlich nur dann, wenn der Begriff, von dem etwas ausgenommen
wird, im Nominativ oder Accusativ
steht, die Lateiner *praeter* auch
dann, wenn es im Dativ und Ablativ
steht; z. B. Curt. 3. 14, 2: *nulli
promissum eius placebat praeter
ipsum,* Caes. b. civ. 3, 105, 4: *quo
praeter sacerdotes adire fas non
est,* Cic. de fin. 2. 20, 65: *nulla vi coactus praeter fidem.* — *cuius cotidie
melius succedere tempus.* Die Zeit
für das Getreide wurde täglich günstiger und die Hoffnung darauf täglich grösser. *Cuius cotidie melius
tempus* wie Cic. de off. 1. 40, 142:
*tempus actionis opportunum; tem-
pus succedit = excipit, consequitur,*
wie Phil. 11. 15, 30: *nihil enim semper floret; aetas succedit aetati.*

50. 1. *ex ignibus.* 'Da die Feuer
nicht der Erwärmung wegen ange-
zündet sein konnten, indem es hoher Sommer war, und sie auch nach

tes nostras ad munitiones excubare, silentio aggressi universi
intra multitudinem sagittas coniciebant et se confestim ad suos
2 recipiebant. Quibus rebus nostri usu docti haec reperiebant remedia, ut alio loco ignes facerent. . . . .

51. Interim certior factus P. Sulla, quem discedens castris
praefecerat Caesar, auxilio cohorti venit cum legionibus duabus;
2 cuius adventu facile sunt repulsi Pompeiani. Neque vero conspectum aut impetum nostrorum tulerunt, primisque deiectis reliqui
se verterunt et loco cesserunt. Sed insequentes nostros, ne lon-
3 gius prosequerentur, Sulla revocavit. At plerique existimant, si
acrius insequi voluisset, bellum eo die potuisse finire. Cuius
4 consilium reprehendendum non videtur. Aliae enim sunt legati
partes atque imperatoris: alter omnia agere ad praescriptum,
5 alter libere ad summam rerum consulere debet. Sulla a Caesare
castris praefectus liberatis suis hoc fuit contentus neque proelio
decertare voluit, quae res tamen fortasse aliquem reciperet casum,
6 ne imperatorias sibi partes sumpsisse videretur. Pompeianis

solchen Vorfällen nicht ganz unterlassen wurden, so müssen dieselben
wohl einen taktischen Zweck gehabt haben, ohne Zweifel den, im
Fall eines nächtlichen Angriffs die
Communication zwischen den Lagern, woher die Unterstützungen
kommen mussten, und zwischen den
bedrohten Punkten zu erleich-
tern' Güler p. 33. — *silentio aggressi universi* (nicht *universas*) *intra mult. sag. coniciebant;*
sämmtliche Angreifende schossen
ihre Pfeile ab, 'ne Caesariani prio-
ribus telis admoniti ab insequentibus caverent et celerius se expe-
dirent, quam Pompeiani se recepissent' Nipperdey.

2. *ut alio loco ignes facerent.*
Nach diesen Worten ist eine grössere Lücke (zunächst hat man ergänzt: *alio excubarent*). Es fehlt
die auch bei App. 2. 60 ausgefallene
Erzählung von einem vereitelten
Angriff Cäsar's auf Dyrrhachium (ἐκ
Δυρραχίου τινὸς αὐτῷ προσσο-
μένης προδοσίας App.) und einem
von Pomp. während Cäsar's Entfernung gemachten Angriff auf die
feindliche Linie und insbesondere auf

ein Castell, das von einer Cohorte
der 6. Legion, welche nach Suet.
Caes. 68 *quattuor Pompeii legiones
per aliquot horas sustinuit*, vertheidigt wurde, bis Sulla zu Hülfe
kam, womit das nächste Cap. beginnt. Auf die hier ausgefallene
Stelle wird c. 68, 1 verwiesen.

51. 1. *P. Sulla*, derselbe P. Cornelius Sulla, Neffe des Dictators
Sulla, den Cicero vertheidigte. Er
hatte sich im J. 54 von Pomp. und
schon vorher von der senatorischen
Partei losgesagt und focht in den
Bürgerkriegen unter Cäsor. In der
Schlacht bei Pharsalus führte er den
rechten Flügel s. c. 89.

3. *bellum potuisse* (ohne Subiectsaccusativ) *finire*, so nur hier; gewöhnlich *conficere bellum.*

4. *aliae enim sunt legati partes*
u. s. w. S. zu 2. 17, 2. — *libere ad
summam rerum cons.:* selbstständig, nach eigenem Ermessen seine
Beschlüsse nach den Erfordernissen
des Ganzen fassen.

5. *quae tamen res — aliquem reciperet casum.* Ueber den Coniunct.
Imperf., wo wir das Plusquamperf.
erwarten, s. Zumpt § 525. 528.

magnam res ad receptum difficultatem afferebat. Nam ex iniquo
progressi loco in summo constiterant: si per declive sese reci- 7
perent, nostros ex superiore insequentes loco verebantur; neque
multum ad solis occasum temporis supererat: spe enim conficiendi negotii prope in noctem rem duxerant. Ita necessario 8
atque ex tempore capto consilio Pompeius tumulum quendam
occupavit, qui tantum aberat a nostro castello, ut telum tormento
missum adigi non posset. Hoc consedit loco atque eum commu-
nivit omnesque ibi copias continuit.

52. Eodem tempore duobus praeterea locis pugnatum est:
nam plura castella Pompeius pariter distinendae manus causa
temptaverat, ne ex proximis praesidiis succurri posset. Uno 2
loco Volcatius Tullus impetum legionis sustinuit cohortibus III
atque eam loco depulit; altero Germani munitiones nostras
egressi compluribus interfectis sese ad suos incolumes receperunt.

53. Ita uno die VI proeliis factis, tribus ad Dyrrhachium, tribus ad munitiones, cum horum omnium ratio haberetur, ad duo-

Madv. § 347. Anm. 2. Ueber *casum
recipere* s. 1. 78, 4. Es war zu befürchten, dass, wenn Sulla sich zu
einer nachdrücklichen Verfolgung
entschlossen und dies einen schlimmen Ausgang genommen hätte, das
Lager genommen und Cäsar von
Dyrrhachium abgeschnitten würde.

6. *ad receptum difficultatem*,
wie B. G. 7. 10, 1: *magnam haec
res Caesari difficultatem ad consilium capiendum afferebat.* S. zu B.
G. 2. 25, 1.

8. *necessario atque ex tempore:*
wie es die Noth und die Zeit, d. i.
die augenblickliche Lage erforderte.
Cic. ad Att. 9. 2 A, 3: *ex re et ex
tempore consilium capiamus.*

'Pompeius hatte also nunmehr
sein grosses Lager an der Küste
verlassen und stand ganz in der
Nähe von Cäsars Linien, zwischen
dessen Contravallation und seiner
eignen Umschanzung.' v. Göler
p. 38.

52. 1. *pariter* nicht = zugleich,
eodem tempore, wie z. B. öfter bei
Sallust (Iug. 68, 1. 77, 1. 106, 5),

sondern = gleichfalls.

2. *Germani:* c. 4, 4. — *munitiones
nostras egressi*, wie B. G. 1. 44, 7:
*exercitum — Galliae provinciae
fines egressum.* Die Germanen des
Pomp. hatten Cäsar's Linien überschritten; es ist klar, warum die
sonst gewöhnliche Construction von
egredi mit dem blossen Ablat. oder
ex hier nicht anwendbar war; s. 65,
4: *extra munitiones egressum.*

53. 1. *tribus ad Dyrrhachium*,
deren Beschreibung wohl in dem
c. 50 ausgefallenen Stücke enthalten war. — *ratio:* Berechnung nach
den Gefechtsberichten. — *ad duorum milium numero*, eine eigenthümliche Structur, die man in *ad
duo milia* zu verändern schwerlich
berechtigt ist; ausdrücklich führt
sie Nonius p. 80 als von Sisenna gebraucht an: *ad binum milium numero sauciis utrimque factis. Ad* steht,
wie häufig, adverbial = circiter (B.
G. 2. 33, 5: *occisis ad hominum milibus quattuor*); steht nun auch *numero* bei Zahlangaben sonst adverbial (c. 3, 3), so hängt hier dennoch

2 rum milium numero ex Pompeianis cecidisse reperiebamus, evocatos centurionesque complures (in eo fuit numero Valerius
Flaccus, L. filius, eius, qui praetor Asiam obtinuerat); signaque
sunt militaria vi relata. Nostri non amplius xx omnibus sunt
3 proeliis desiderati. Sed in castello nemo fuit omnino militum, quin
vulneraretur, quattuorque ex una cohorte centuriones oculos
4 amiserunt. Et cum laboris sui periculique testimonium afferre
vellent, milia sagittarum circiter xxx in castellum coniecta Caesari
renuntiaverunt, scutoque ad eum relato Scaevae centurionis in-
5 venta sunt in eo foramina cxx. Quem Caesar, ut erat de se meritus et de republica, donatum milibus cc... atque ab octavis ordi-

ausnahmsweise der Genitiv davon
ab, wie wenn wir sagen wollten:
wir fanden, dass von den Pompeianern, d. i. dass Pompeianer gefallen seien an der Zahl von zweitau-
send. — *evocatos.* S. zu 1. 3, 2.

2. *eius, qui praetor Asiam obtinuerat.* Er war unter Cicero's Consulat (63) Prätor gewesen (er ver-
haftete die allobrogischen Gesandten
Sall. Cat. 45) und verwaltete im J.
62 die Prov. Asien; im J. 59 wurde
er wegen Erpressungen angeklagt
und von Cicero vertheidigt in der
noch vorhandenen Rede.

3. *Nostri non ampl. XX.* S. zu
1. 46, 4. B. G. 1. 52, 5. Auch hier
setzt man Zweifel in die Wahrheit
der Angabe. — *in castello,* dem in
der Anm. zu c. 50, 2 erwähnten.

4. *milia – renuntiaverunt.* Da
es nicht anzunehmen ist, dass Cäsar
30,000 Pfeile (nach Suet. Caes. 68
gar 130,000) sich hat vorzählen
lassen; da ferner *renumerare* in der
Bedeutung 'aufzählen' sonst nicht
vorkommt, so habe ich die Lesart
der besten Handschrift *renumeraverunt* mit einigen Handschriften in
renuntiaverunt verändert. — *scuto
– relato – in eo,* die oft dagewesene
Redeweise. S. zu 1. 36, 5. B. G. 4.
21, 6. — *Scaevas.* Er hatte sich
nach Valer. Max. 3. 2, 24 schon im
britannischen Kriege durch eine tapfere That ausgezeichnet, und war

zur Belohnung dafür Centurio geworden. Zur Sache vergl. Suet.
Caes. 68: *Scaeva excusso oculo,
transfixus femore et humero, centum et viginti ictibus scuto perfo-
rato, custodiam portae commissi
castelli retinuit.* Vergl. Plut. Caes.
16. Lucan. 6. 140 u. folg.

5. *ut erat de se meritus,* wofür
auch *de eo* logisch richtig wäre, da
der Satz seiner Form nach (*ut
erat*) als ein selbstständiger Zusatz des Schriftstellers erscheint.
Durch das Pron. refl. tritt der Satz
mehr in die Sphäre des Hauptsatzes
= Caesar de se meritum — pronuntiavit. Vergl. B. G. 6. 9, 2: *quarum* (causarum) *una erat, quod
auxilia contra se Treveris miserant.* Vell. Paterc. 2. 56: *Caesar
omnibus, qui arma contra se tulerant, ignovit.* Cic. Verr. 5. 49,
128: *Daxo hic — non quae privatim sibi eripuisti, sed unicum —
filium flagitat.* p. Rosc. Am. 2, 6:
*hunc sibi scrupulum, qui se dies
noctesque stimulat, ut evellatis, postulat. — donatum milibus CC* nämlich *sestertium.* Die Berechnung
nach Anm. zu 1. 23, 4. — Nach *donatum mil. CC* scheint etwas ausgefallen zu sein, wie etwa *pro contione laudavit. — ab octavis ordinibus ad primipilum.* Er wird aus
einem der Centurionen der 8. Cohorte
der 1. Centurio der 1. Cohorte. S.

nibus ad primipilum se traducere pronuntiavit (eius enim ope
castellum magna ex parte conservatum esse constabat) cohortem- 6
que postea duplici stipendio, frumento, veste, congiariis militari-
busque donis amplissime donavit.

54. Pompeius noctu magnis additis munitionibus reliquis
diebus turres exstruxit et in altitudinem pedum xv effectis operibus vineis eam partem castrorum obtexit et v intermissis diebus 2
alteram noctem subnubilam nactus obstructis omnibus castrorum portis et ad impediendum obiectis tertia inita vigilia silentio
exercitum educit et se in antiquas munitiones recepit.

Kriegsw. § 20. — *eius enim ope*
wie Cic. ad Att. XIV, 14, 6: *omni
ope atque opera enitar . . . ut senatusconsultum fiat*; de nat. deor. III,
30, 74: *ope et consilio tuo furtum
aio factum esse.*

6. *veste, congiariis.* Dass zuweilen auch Kleider den Soldaten als
Belohnung gegeben wurden, erhellt
aus Liv. 7. 37, 2: *milites, qui in
praesidio simul fuerant, duplici
frumento in perpetuum, in praesentia singulis bubus binisque pri-
vis tunicis donati. Congiaria* wurden eigentlich die Geschenke an
Wein, Oel und auch Geld, die dem
Volke gemacht wurden, genannt;
die an die Soldaten gegebenen Geld-
geschenke hiessen dagegen gewöhnlich *donativa.* Suet. Nero 7: *populo
congiarium, militi donativum proposuit.* Dass aber auch diese letztern
congiaria genannt wurden, sehen
wir aus Cic. ad Att. 16, 8, 2: *legiones congiarium ab Antonio accipere
noluerunt.* Cäsar gab also den Soldaten ausser der doppelten Löhnung
noch ein ausserordentliches Geld-
geschenk, wie das auch bei Tri-
umphen üblich war; Liv. 37. 59, 6:
*militibus quini viceni denarii dati,
duplex centurioni, triplex equiti, et
stipendium militare et frumentum
duplex post triumphum datum.* 39,
7, 6: *militibus quadragenos binos
demarios divisit, duplex centurioni,
et stipendium duplex in pedites dedit, triplex in equites. — militari-*

busque donis. Darunter gehören
die unseren militärischen Ehrenzei-
chen entsprechenden *coronae, tor-
ques, armillae, phalerae, hastae
(hastae purae), vexilla.* Tac. Ann.
2. 9: *torquem et coronam aliaque
militaria dona meruerat.*

54. 1. *eam partem* d. i. denjenigen Theil der Verschanzung,
wo die Thürme errichtet waren.
Die *vineae,* die auf dem Walle hinliefen, dienten hier dazu, vor den
Geschossen sicher zu stellen und
die Verbindung von einem Thurme
zum andern herzustellen.

2. *noctem subnubilam nactus:*
er bekam eine trübe Nacht, sie trat
zum Glück für ihn ein, wie 2. 22, 2
nactus turbidam tempestatem. S. 1.
31, 1. Die Nacht, in welcher P.
das Lager befestigt hatte, war auch
trübe gewesen, wie man aus *alteram*
ersieht. — *omnibus castrorum portis:* nachdem alle Thore, wie sich
von selbst versteht, nur die, welche
dem Feinde zugekehrt waren, ver-
rammelt und so dem Feind als Hin-
derniss entgegengesetzt waren. Vgl.
Virg. Aen. IX, 45: *obiiciunt portas
tamen et praecepta facessunt ar-
matique cavis expectant turribus
hostem,* Caes. B. c. 3. 39, 2: *faucibus portus navem*onerariam submersam obiecit. — silentio.* S. zu
1. 66, 2. Pompeius zog sich also
wieder in die alten Verschanzungen
an der Küste auf der Anhöhe Petra
zurück.

55. Aetolia, Acarnania, Amphilochis per Cassium Longinum
et Calvisium Sabinum, ut demonstravimus, receptis temptandam
sibi Achaiam ac paulo longius progrediendum existimabat Caesar.
Itaque eo Calenum misit eique Sabinum et Cassium cum cohor-
2 tibus adiungit.   Quorum cognito adventu Rutilius Lupus, qui
Achaiam missus a Pompeio obtinebat, Isthmum praemunire in-
3 stituit, ut Achaia Fufium prohiberet.   Calenus Delphos, Thebas,
Orchomenum voluntate ipsarum civitatum recepit, nonnullas
urbes per vim expugnavit, reliquas civitates circummissis legationibus amicitia Caesari conciliare studebat.   In his rebus fere
erat Fufius occupatus.

56. Omnibus deinceps diebus Caesar exercitum in aciem
aequum in locum produxit, si Pompeius proelio decertare vellet,
ut paene castris Pompei legiones subiceret; tantumque a vallo

<hr>

55. 1. Dieses Capitel würde, da
es den Zusammenhang unpassend
unterbricht, angemessener nach c.
56 stehen. — *ut demonstravimus*,
weist auf c. 34 zurück, wenn auch
dort die Erzählung nicht bis zu diesem Punkte, der Besitznahme der
genannten Länder, fortgeführt, sondern nur von dem Auftrage, den
Cassius und Calvisius erhielten, die
Rede ist.   Schwerlich haben wir den
Bericht, auf den verwiesen wird,
auch in dem c. 50 ausgefallenen
Stücke zu suchen. — *Achaiam*. S.
zu c. 3, 2. — *Calenum*, der schon
öfter (1. 87, 4. 3. 8, 2. 14, 1. 26, 1)
genannte Legat Q. Fußus Calenus.
Zu ihm, der selbst keine Cohorten
nach Griechenland führte, sollten
Cassius und Calvisius mit 'ihren
Cohorten' stossen und sie ihm übergeben (es ist daher vor *cohortibus*
weder eine Zahl ausgefallen, noch
ein unbestimmtes Pronomen zu denken), näml. 10 Cohorten, die Cassius, und 5 Cohorten, die Calvis.
führte, c. 34, 2; daher Plut. Caes.
43: ἄλλαι δὲ, πεντεκαίδεκα
σπεῖραι μετὰ Καληνοῦ κάθην-
ται περὶ Μέγαρα καὶ Ἀθήνας. —
misit — adiungit: 1. 65, 1. 3. 37, 4.
2. *Rutilius Lupus:* 1. 24, 3. —
Fufium und § 3 *Calenus*, Wechsel

der Namen, wie B. G. 3. 19, 5: *Sic
uno tempore — de Sabini victoria
Caesar certior factus est, civitatas-
que se statim Titurio dediderunt.*
Cic. p. Mur. 21: *quoniam ostendi
disparem fortunam in Murena atque in Sulpicio fuisse, dicam iam
apertius, in quo meus necessarius
fuerit inferior Servius.*
3. *circummissis*. S. zu 1. 14, 5.
— *amicitia*, adverbialer Ablat.: auf
freundschaftlichem, gütlichem Wege,
dem *per vim* entgegengesetzt.
56. 1. *Omnibus deinceps diebus*.
S. zu B. G. 3. 29, 1. — *aequum in
locum*: ebenes Terrain, das, weil
es nach keiner Seite hin ansteigt,
keinem der Gegner einen Vortheil
vor dem andern durch die Stellung
bietet.   'Wenn die Römer ihren
Feind zur Schlacht verleiten wollten,
wie Cäsar den Pompeius, so stellten
sie ihr Heer auf ebenem Terrain in
Schlachtordnung, so dass sie selbst
nicht vom Feinde überhöht wurden,
derselbe aber auch nicht dadurch
vor dem Kampfe zurückschreckte,
dass er von unten nach oben angreifen musste' Göler p. 145. — *subiceret:* c. 37, 2. — *tantum:* nur so
viel; s. c. 2, 1. Cäsar's erstes Treffen stand nur so weit von dem Walle
des Pomp., dass es nur eben ausser

eius prima acies aberat, uti ne telo tormentove adici posset.
Pompeius autem ut famam opinionemque hominum teneret, sic 2
pro castris exercitum constituebat, ut tertia acies vallum contingeret, omnis quidem instructus exercitus telis ex vallo abiectis
protegi posset.

57. Haec cum in Achaia atque apud Dyrrhachium gererentur Scipionemque in Macedoniam venisse constaret, non oblitus
pristini instituti Caesar mittit ad eum A. Clodium, suum atque
illius familiarem, quem ab illo traditum initio et commendatum
in suorum necessariorum numero habere instituerat. Huic dat 2
litteras mandataque ad eum; quorum haec erat summa: Sese
omnia de pace expertum nihil adhuc arbitrari vitio factum eorum,
quos esse auctores eius rei voluisset, quod sua mandata perferre
non opportuno tempore ad Pompeium vererentur. Scipionem 3
ea esse auctoritate, ut non solum libere quae probasset exponere,
sed etiam ex magna parte compellere atque errantem regere posset; praeesse autem suo nomine exercitui, ut praeter auctoritatem vires quoque ad coërcendum haberet. Quod si fecisset, 4
quietem Italiae, pacem provinciarum, salutem imperii uni omnes
acceptam relaturos. Haec ad eum mandata Clodius refert ac 5
primis diebus, ut videbatur, libenter auditus reliquis ad colloquium non admittitur castigato Scipione a Favonio, ut postea

der Schussweite war. — *adici* sc.
ad aciem.

2. *ut famam opinionemque hom.
teneret* = behauptete, sich bewahrte,
wie B. G. 6. 12, 8: *ita — repente
collectam auctoritatem tenebant.*
Zur Sache vergl. c. 43, 4: *ut auctoritatem — proelio dimicare.* Er
stellte also, um seinen Ruf nicht zu
verlieren, ebenfalls sein Heer in
Schlachtordnung auf, aber so nahe
am Lager, dass das letzte Treffen
unmittelbar unter dem Walle stand,
und das ganze in Schlachtordnung
stehende Heer (*instructus exercitus*) durch die Wurfwaffen vom
Walle aus gedeckt war; so kam es
auch diesmal nicht zur Schlacht.

57. 1. *Scipionemque in Maced.
venisse.* S. c. 31 u. folg. — *pristini
instituti*: den Frieden auf gütlichem
Wege herzustellen, durch die im
Vorhergehenden so oft erwähnten
Versuche. Vergl. c. 90, 2. — *tra-

ditum et commendatum* (sc. *sibi*),
der gewöhliche Ausdruck für zuführen, bei Jemandem einführen
(συνιστάναι), empfehlen. B. G. 7.
39, 1. Cic. ad Fam. 7. 17, 2: *sic si
te commendari et tradidi.* Ebend.
7. 5, 3: *totum hominem tibi trado
de manu, ut aiunt, in manum tuam.*
Hor. Sat. 1. 9, 47: *Hunc hominem
velles si tradere.* — *instituerat* =
solebat.

2. *mandata,* mündliche Aufträge.
— *omnia de pace expertum:* in Betreff, wie c. 58, 5: *conandum de
eruptione.* S. zu 1. 20, 4. 33, 1. 2.
17. 3. — *nihil adhuc:* es sei bisher
nur durch das Verschulden derer
nichts erreicht worden. — *non opportuno tempore,* nach der Meinung
der Beauftragten.

3. *praeesse suo nomine exercitui,*
von Pompeius unabhängig. Vergl.
c. 82, 1.

5. *ut postea confecto bello repe-

confecto bello reperiebamus, infectaque re sese ad Caesarem recepit.

58. Caesar, quo facilius equitatum Pompeianum ad Dyrrhachium contineret et pabulatione probiberet, aditus duos, quos esse angustos demonstravimus, magnis operibus praemunivit 2 castellaque his locis posuit. Pompeius, ubi nihil profici equitatu cognovit, paucis intermissis diebus rursum eum navibus ad se 3 intra munitiones recipit. Erat summa inopia pabuli, adeo ut foliis ex arboribus strictis et teneris harundinum radicibus contusis equos alerent (frumenta enim, quae fuerant intra munitiones 4 sata, consumpserant); cogebantur Corcyra atque Acarnania longo interiecto navigationis spatio pabulum supportare, quodque erat eius rei minor copia, hordeo adaugere atque his rationibus equi- 5 tatum tolerare. Sed postquam non modo hordeum pabulumque omnibus locis herbaeque desectae, sed etiam frons ex arboribus deficiebat, corruptis equis macie conandum sibi aliquid Pompeius de eruptione existimavit.

59. Erant apud Caesarem ex equitum numero Allobroges duo fratres, Raucillus et Egus, Adbucilli filii, qui principatum in civitate multis annis obtinuerat, singulari virtute homines, quorum

---

riebamus. S. Einl. p. 22 und zu c. 18, 5.

58. 1. *aditus duos:* nämlich die zur Stadt führenden beiden Defileen, welche sich auf der dortigen Landzunge befinden. 'Es mögen dies die beiden Terrainpunkte sein, wo noch heutigen Tages zwei nahe vor der Stadt sich vereinigende Strassen nach Durazzo führen, die eine aus dem Norden von Alessio — dem alten Lissus — die andere aus dem Süden kommend und längs der Küste hin über Aulona, Fieri, Kerno und Kavaja ziehend' Göler p. 35. Pompeius hatte die Reiterei, die an Futter Mangel litt, auf Schiffen nach Dyrrh. geschickt mit dem Auftrage, die Truppen Cäsar's, der (nach Anm. zu c. 50) gegen die Stadt selbst gezogen war, zu durchbrechen und zu fouragiren, was Cäsar durch seine Massregeln vereitelte. — *quos — demonstravimus,* jedenfalls in dem nach c. 50 ausgefallenen Stücke; denn auf c. 41 kann diese Verwei-

sung nicht gehen.

3. *quae fuerant — sata:* c. 44, 3.

4. *hordeo adaugere* = admiscendo augere. — *tolerare:* c. 49, 3.

5. *postquam — deficiebat.* Ueber das Imperfect. s. zu c. 60, 5. — *de eruptione:* c. 57, 2.

59. 1. *ex equitum numero* mit dem cod. Havn.; die übrigen codd. lassen *ex* weg. Kraner will lesen *cum equitum numero*; denn dass die beiden Allobroger nicht blos 'als Reiter' bei Caes. dienten, sondern als Anführer einer Anzahl Landsleute, die sie dem Caes. zugeführt hatten, sähe man aus § 3: *despiciebant suos stipendiumque equitum fraudabant* und § 4: *falsum ab his equitum numerum deferri, quorum stip. averterent.* Aber auch die B. G. 7. 39, 1 erwähnten Eporedorix und Viridomarus waren nicht gemeine Reiter, und doch heisst es dort: *in equitum numero contenerant nominatim ab eo evocati.* — *multis annis.* S. zu 1. 46, 1.

opera Caesar omnibus Gallicis bellis optima fortissimaque erat
usus. His domi ob has causas amplissimos magistratus manda- 2
verat atque eos extra ordinem in senatum legendos curaverat
agrosque in Gallia ex hostibus captos praemiaque rei pecuniariae
magna tribuerat locupletesque ex egentibus fecerat. Hi propter 3
virtutem non solum apud Caesarem in honore erant, sed etiam
apud exercitum cari habebantur; sed freti amicitia Caesaris et
stulta ac barbara arrogantia elati despiciebant suos stipendiumque
equitum fraudabant et praedam omnem domum avertebant. Qui- 4
bus illi rebus permoti universi Caesarem adierunt palamque de
eorum iniuriis sunt questi et ad cetera addiderunt falsum ab his
equitum numerum deferri, quorum stipendium averterent.

60. Caesar neque tempus illud animadversionis esse existimans et multa virtuti eorum concedens rem totam distulit;
illos secreto castigavit, quod quaestui equites haberent, monuit-
que, ut ex sua amicitia omnia exspectarent et ex praeteritis suis
officiis reliqua sperarent. Magnam tamen haec res illis offen- 2
sionem et contemptionem ad omnes attulit, idque ita esse cum
ex aliorum obiectationibus tum etiam ex domestico iudicio atque
animi conscientia intellegebant. Quo pudore adducti et fortasse 3

2. *in senatum.* S. zu B. G. 2. 5,
1. — *praemia rei pecuniariae:* Belohnungen an Geld (u. Geldeswerth),
wie c. 53, 6 *dona pecuniaria.* Cic.
ep. ad Brut. 1. 18, 5: *inopia rei pecuniariae.* Umschreibung wie *res
frumentaria (copiae rei frumentariae* B. G. 2. 10, 4) *res nummaria
(difficultas rei nummariae* Cic. Verr.
2. 4, 6) u. ä. Ueber den Genitiv s.
zu 1. 42, 3, und vergl. unten c. 83,
5: *de praemiis pecuniae.*

3. *stipendium equitum fraudabant:* unterschlagen, wie § 4 *stipendium avertere;* so c. 60, 5 *fraudata restituere.* Sonst *fraudare
equites stipendio.*

60. 1. *tempus illud animadversionis esse* d. i. tempus illud esse
tempus animadversionis, wie B. G.
6. 4, 3: *quod aestivum tempus instantis belli, non quaestionis esse
arbitratur.* — *concedens* = con-
donans. — *ex praeteritis suis officiis* = nach den ihnen früher von

ihm erwiesenen Diensten. Sie sollten von diesen auf das schliessen,
was sie von ihm noch zu erwarten
hätten, daher nicht nach unredlichem
Gewinn streben.

2. *ad omnes:* bei allen; s. zu B.
G. 4. 16, 7: *nomen et opinionem
eius exercitus – ad ultimas Germanorum nationes.* 3. 9, 3: *quod
nomen ad omnes nationes sanctum
semper fuisset.* — *domestico iudicio:* die Meinung der Seinigen, seiner Umgebung, im Gegensatz zu
aliorum obiectationibus.

3. *quo pudore* = cuius rei pudore;
s. 2. 20, 4: *hoc timore,* u. zu B. G.
5. 19, 2. — *non se liberari:* a poena;
reservari: ad poenam. *Non* gehört
zu *liberari,* nicht zu *se.* Wenn aber
Pronomina zu zwei durch *non – sed*
einander entgegengesetzten Satz-
gliedern gehören, so stehen sie gewöhnlich hinter der Negation. Cic.
ad fam. 5. 2, 10: *non ego oppugnavi
fratrem tuum, sed fratri tuo repu-
gnavi.*

non se liberari, sed in aliud tempus reservari arbitrati discedere
a nobis et novam temptare fortunam novasque amicitias experiri
4 constituerunt.   Et cum paucis collocuti clientibus suis, quibus
tantum facinus committere audebant, primum conati sunt praefectum equitum C. Volusenum interficere, ut postea bello confecto
cognitum est, ut cum munere aliquo perfugisse ad Pompeium
5 viderentur; postquam id difficilius visum est neque facultas perficiendi dabatur, quam maximas potuerunt pecunias mutuati, proinde ac suis satisfacere et fraudata restituere vellent, multis coëm-
ptis equis ad Pompeium transierunt cum iis, quos sui consilii
participes habebant.

61. Quos Pompeius, quod erant honesto loco nati et instructi liberaliter magnoque comitatu et multis iumentis venerant
virique fortes habebantur et in honore apud Caesarem fuerant,
quodque novum et praeter consuetudinem acciderat, omnia sua
2 praesidia circumduxit atque ostentavit.   Nam ante id tempus
nemo aut miles aut eques a Caesare ad Pompeium transierat, cum
paene cotidie a Pompeio ad Caesarem perfugerent, vulgo vero
universi in Epiro atque Aetolia conscripti milites earumque re-
3 gionum omnium, quae a Caesare tenebantur.   Sed hi cognitis
omnibus rebus, seu quid in munitionibus perfectum non erat,
seu quid a peritioribus rei militaris desiderari videbatur, tempo-
ribusque rerum et spatiis locorum et custodiarum varia diligentia animadversa, prout cuiusque eorum, qui negotiis prae-

4. *cum paucis clientibus suis:*
B. G. 1. 52, 5. — *cum munere aliquo:* mit einem Dienste, durch den
sie sich dem Pompeius empfehlen
konnten.

5. *postquam – visum est neque – dabatur*, das Perf. von
einem einzelnen Factum (man sah
ein, dass es schwierig sei), das Imperf. von einem dauernden Zustand:
es war während der ganzen Zeit
keine Gelegenheit dazu da. Ebenso
das Imperf. c. 58, 5: *postquam – deficiebat.* B. G. 7. 67, 5: *postquam
neque aggeres neque fossae vim
hostium retinere poterant.*

61. 1. *magnoque commeatu:* 1.
41, 2. — *novum:* als etwas Neues
und noch nicht Vorgekommenes. —
omnia sua praesidia circumduxit:
er führte sie bei den einzelnen Po-

sten herum, von dem einen zum anderen (über *circum* s. zu 1. 14, 5).
Der doppelte Accus. bei *circumduxit*, wie bei den mit *trans* zusammengesetzten Verb. (*transportare, traicere, traducere* 1. 55, 1.
61, 4. B. G. 1. 12, 2. 2. 5, 4 u. ö.)

2. *perfugerent*, ohne Subiect, (wie
c. 32, 3 *praeficiebantur*) = es kamen
Ueberläufer. — *vulgo vero universi*
den einzelnen Ueberläufern entgegengesetzt: ohne Unterschied in
Massen, durchgehends alle aus jenen Gegenden. — *earumque regionum* sc. milites = *in iisque regionibus omnibus conscripti.*

3. *cognitis omnibus rebus* im
Lager Caesar's. — *temporibus rerum:* quo quidque tempore fieri solebat. — *spatiis locorum:* die Raum-
verhältnisse, die Entfernungen der

erant, aut natura aut studium ferebat, haec ad Pompeium omnia detulerunt.

62. Quibus ille cognitis eruptionisque iam ante capto consilio, ut demonstratum est, tegimenta galeis milites ex viminibus facere atque aggerem iubet comportare. His paratis rebus ma- 2 gnum numerum levis armaturae et sagittariorum aggeremque omnem noctu in scaphas et naves actuarias imponit et de media nocte cohortes LX ex maximis castris praesidiisque deductas ad eam partem munitionum ducit, quae pertinebant ad mare longissimeque a maximis castris Caesaris aberant. Eodem naves, quas 3 demonstravimus aggere et levis armaturae militibus completas, quasque ad Dyrrhachium naves longas habebat, mittit et, quid a quoque fieri velit, praecipit. Ad eas munitiones Caesar Lentulum 4 Marcellinum quaestorem cum legione nona positum habebat. Huic, quod valetudine minus commoda utebatur, Fulvium Postumum adiutorem summiserat.

63. Erat eo loco fossa pedum XV et vallum contra hostem in altitudinem pedum X, tantundemque eius valli agger in latitudinem patebat: ab eo intermisso spatio pedum DC alter 2 conversus in contrariam partem erat vallus humiliore paulo munitione. Hoc enim superioribus diebus timens Caesar, ne navi- 3 bus nostri circumvenirentur, duplicem eo loco fecerat vallum,

einzelnen Punkte. S. zu B. G. 5. 15, 4. — *ferebat:* c. 43, 2. — *haec omnia,* nach *cognitis omnibus rebus* auf die zu 1. 36, 5. B. G. 4. 21, 6 besprochene Redeweise zurückzuführen.

62. 1. *Quibus ille cognitis:* c. 12, 1. — *eruptionis – capto consilio:* c. 58, 5. Er wollte, um sich von der Blokade zu befreien, Caesar's Linien durchbrechen. — *tegimenta – ex viminibus facere.* Den Zweck dieser Massregel s. c. 63, 7. — *aggerem:* Material zum Ausfüllen der feindlichen Gräben.

2. *magnum num. levis armaturae:* 2, 34, 3. — *naves actuarias:* B. G. 5. 1, 3. — *ad eam partem munitionum:* Caesaris. Es ist der linke Flügel gemeint.

63. 1. *fossa pedum XV.* 15 F. breit. — *vallum – in altit. pedum X.* 'Die gewöhnliche Wallhöbe betrug wahrscheinlich ⅔ der oberen Grabenbreite. So erwähnt Cäsar zu

einem Graben von 15 F. Breite eines Walles von 10 F. Höhe, für einen Graben von 18 F. Breite eines Walles von 12 F. Höhe (B. G. 2. 5, 6). Die Breite des Walles mag dann in der Regel der Höhe desselben ungefähr gleich [*tantundemque – patebat*] oder etwas grösser angenommen worden sein' Rüstow p. 87.

2. *conversus in contrariam partem,* also eine Circumvallationslinie (§ 6 *exterior vallus*) nach der Südseite zu, für den Fall, dass Pomp. dort landen, die Cäsarianische Legion also von der Front und zugleich im Rücken (*ancipiti proelio*) angreifen würde. — *vallus,* eigentlich die Pallisade, hier wie nachher § 3, 5 u. 6, und B. Alex. 2, 4 collectiv die Verpallisadirung = *vallum,* d. i. der mit Pallisaden besetzte Wall.

3. *Hoc,* das folg. *ne – circumvenirentur* einleitend.

4 ut, si ancipiti proelio dimicaretur, posset resisti. Sed operum magnitudo et continens omnium dierum labor, quod milia passuum in exercitu XVII erat complexus, perficiendi spatium non 5 dabat. Itaque contra mare transversum vallum, qui has duas munitiones coniungeret, nondum perfecerat. Quae res nota erat Pompeio delata per Allobrogas perfugas, magnumque nostris 6 attulerat incommodum. Nam ut ad mare II cohortes nonae legionis excubuerant, accessere subito prima luce Pompeiani; simul navibus circumvecti milites in exteriorem vallum tela iaciebant, fossaeque aggere complebantur, et legionarii interioris munitionis defensores scalis admotis tormentis cuiusque generis telisque terrebant, magnaque multitudo sagittariorum ab utraque 7 parte circumfundebatur. Multum autem ab ictu lapidum, quod unum nostris erat telum, viminea tegimenta galeis imposita defen- 8 debant. Itaque cum omnibus rebus nostri premerentur atque aegre resisterent, animadversum est vitium munitionis, quod supra demonstratum est, atque inter duos vallos, qua perfectum opus non erat, per mare [navibus expositi] in aversos nostros impetum fecerunt atque ex utraque munitione deiectos terga vertere coëgerunt.

4. *milia passuum XVII.* Man hat diesen Umfang der Postenkette Cäsar's im Vergleich mit der des Pomp. c. 44, 3 (15000 Schr.) für zu gering gehalten; die Richtigkeit des Distanzverhältnisses beider Linien hat Göler p. 49 nachgewiesen. Uebrigens hat Florus 4. 2, 39 16000 Schr., Appian 2. 61 1200 Stadien. — *spatium,* von der Zeit, wie 1. 3, 6. 5, 1. B. G. 7. 42, 1: *nullum sibi ad cognoscendum spatium relinquunt.*

5. *contra mare transversum vallum:* der Querwall, der die beiden Linien gegen das Meer hin verbinden und so den Zugang von der Seeseite aus verhindern sollte.

6. *duae cohortes nonae legionis.* Die Hdschr. *nostrae coh. non. leg.* Dass nicht alle Cohorten der 9. Legion dort waren, sieht man aus c. 64, 1 u. 65, 1. 2 Cohorten auch sonst als Vorposten, in statione. S. B. G. 4. 32, 2. B. Afr. 21, 1 stehen 3 Coh. *in statione propter hostium multitudinem,* also mehr als gewöhnlich. — *accessere:* 1. 51, 5. — *legionarii:* Pompei. Also von drei Seiten griffen die Pompeianer an: die 60 Cohorten, die zu Lande kamen, den nach Norden zu liegenden Wall, die Leichtbewaffneten, die zu Schiffe die Cäsarianer umgangen hatten, den südlichen Wall, endlich eine dritte Schaar, die ebenfalls zu Schiffe gekommen war, den noch nicht ganz fertigen Querwall längs des Meeres.

8. *duas* 'die beiden', wie 2. 37, 4 *duae legiones.* — *per mare impetum fec.:* durchs Meer d. i. von der Seeseite her, während die beiden Wälle vom Lande aus angegriffen wurden. (Ist *expositi* richtig, so steht es substantivisch, wie 1. 18, 6. *missi*) — *animadversum est.* Allerdings war es den Pompeianern schon vorher bekannt, dass der Wall nicht fertig wäre; aber die Stelle, wo die Lücke war, entdeckten sie erst jetzt. — *aversos nostros,* denn die auf dem inneren und äusseren Walle aufgestellten und

64. Hoc tumultu nuntiato Marcellinus .. cohortes subsidio nostris laborantibus summittit ex castris; quae fugientes conspicatae neque illos suo adventu confirmare potuerunt neque ipsae hostium impetum tulerunt. Itaque quodcumque addebatur sub- 2 sidio, id corruptum timore fugientium terrorem et periculum augebat: hominum enim multitudine receptus impediebatur. In 3 eo proelio cum gravi vulnere esset affectus aquilifer et a viribus deficeretur, conspicatus equites nostros, 'Hanc ego', inquit, 'et vivus multos per annos magna diligentia defendi et nunc moriens eadem fide Caesari restituo. Nolite, obsecro, committere, quod 4 ante in exercitu Caesaris non accidit, ut rei militaris dedecus admittatur, incolumemque ad eum deferte'. Hoc casu aquila conservatur omnibus primae cohortis centurionibus interfectis praeter principem priorem.

65. Iamque Pompeiani magna caede nostrorum castris Marcellini appropinquabant non mediocri terrore illato reliquis cohortibus, et M. Antonius, qui proximum locum praesidiorum 2 tenebat, ea re nuntiata cum cohortibus xii descendens ex loco superiore cernebatur. Cuius adventus Pompeianos compressit nostrosque firmavit, ut se ex maximo timore colligerent. Neque 3 multo post Caesar significatione per castella fumo facta, ut erat superioris temporis consuetudo, deductis quibusdam cohortibus ex praesidiis eodem venit. Qui cognito detrimento cum animad- 4 vertisset Pompeium extra munitiones egressum secundum mare, ut libere pabulari posset nec minus aditum navibus haberet, com-

gegen die an beiden Seiten angreifenden Pompeianer gewendeten Truppen kehrten den durch die Lücke des Querwalls zwischen die beiden Hauptwälle plötzlich Eingedrungenen den Rücken zu.

64. 1. *tumultu* = repentino impetu. — *cohortes*. Auch hier scheint die Zahl ausgefallen zu sein.

2. *quodcumque addebatur subsidio:* jede nachgeschickte Unterstützung.

3. *a viribus deficeretur*. Man sagt *vires me deficiunt* die Kräfte verlassen mich, wie c. 99, 4, auch *viribus deficior*, wie Cic. p. Cluent. 65, 183: *mulier abundat audacia, consilio et ratione deficitur*, auch *deficio animo*, ich werde schwach in Ansehung des Muths, werde muthlos,

wie Caes. b. G. 7. 30, 1, auch *deficio* allein mit Auslassung von *viribus* oder *animo*, ich werde matt, muthlos, wie Caes. b. civ. 2. 31, 8. 3. 2, 3. *Deficior a viribus* aber habe ich sonst nirgends gefunden. Es ist entweder mit Cic. ad Att. 3. 15, 2: *ut non modo a mente non deserar* oder mit Cäs. b. civ. 3. 9, 5: *a re frumentaria laborabant* zu vergleichen.

4. *praeter principem priorem:* S. Kriegsw. § 20 und zu 1. 46, 5.

65. 1. *reliquis cohortibus*, die im Lager zurückgeblieben waren.

2. *compressit:* hielt sie auf, zwang sie Halt zu machen. — *se colligerent:* 1. 14, 4.

3. *per castella:* von Castell zu Castell.

4. *extra munitiones egressum*

mutata ratione belli, quoniam propositum non tenuerat, castra
iuxta Pompeium munire iussit.

68. Qua perfecta munitione animadversum est a speculatoribus Caesaris cohortes quasdam, quod instar legionis videretur,
2 esse post silvam et in vetera castra duci. Castrorum hic situs
erat. Superioribus diebus nona Caesaris legio, cum se obiecisset
Pompeianis copiis atque opere, ut demonstravimus, circummu-
3 niret, castra eo loco posuit. Haec silvam quandam contingebant
4 neque longius a mari passibus ccc aberant. Post mutato consilio quibusdam de causis Caesar paulo ultra eum locum castra
transtulit, paucisque intermissis diebus eadem Pompeius occupaverat et, quod eo loco plures erat legiones habiturus, relicto
5 interiore vallo maiorem adiecerat munitionem. Ita minora castra
6 inclusa maioribús castelli atque arcis locum obtinebant. Item ab
angulo castrorum sinistro munitionem ad flumen perduxerat,
circiter passus cccc, quo liberius a periculo milites aquarentur.
Sed is quoque mutato consilio quibusdam de causis, quas com-

---

secundum mare. Wenn auch dem
Vordringen durch das Erscheinen
des Antonius ein Ziel gesetzt war,
so blieb doch die äusserste Schanze
am Meere in den Händen der Pompeianer und die Linie war durchbrochen; Pomp. konnte also, was er
erstrebt hatte (c. 58, 3—5), ungehindert fouragiren, weil er ausserhalb der Linie war, und die Verbindung mit seinen Schiffen unterhalten, weil er die Linie *secundum
mare* durchbrochen hatte. — *quoniam propositum non tenuerat:* den
Plan, Pompeius durch die Blokade
von aller Zufuhr abzuschneiden
(c. 43, 2-4), nicht hatte festhalten,
seine Absicht erreichen können;
vergl. c. 42, 1. 1. 83, 3. — *castra
munire iussit:* 1. 61, 4.

66. 1. *quod instar legionis videretur* = tantum cohortium, quantum (ut) videretur. B. Alex. 19,
3: *cohortium trium instar in terram exposuerat.* Liv. 35. 49, 10:
*videretis vix duarum male plena-
rum legiuncularum instar in castris regis.*

2. *ut demonstravimus:* c. 45 u.
46. — *atque opere circummuniret.*

Das Obiect aus dem vorherg. *Pomp.
copiis* zu nehmen, wie B. G. 7. 81,
3: *dat tuba signum suis atque ex
oppido educit.* Vergl. ebend. 5. 17,
3: *nostri acriter in eos impetu
facto repulerunt.* Aehnlich nach absoluten Ablativen oben c. 21, 4:
eo evocato sibi coniunxit. B. G. 7.
4, 1: *convocatis suis clientibus facile incendit.* 6. 43, 1: *magno coacto numero in omnes partes dimittit.* S. zu c. 67, 1.

4. *eadem:* dasselbe von der
neunten Legion verlassene Lager.
— *relicto interiore vallo.* Er um-
gab das Lager, das nur für die
neunte Legion bestimmt, für ihn,
der mehrere Legionen hinein legen
wollte, zu klein war, mit einem
Wall von grösserem Umfang mit
Beibehaltung (*relicto*) des früheren,
der nun von der äusseren Umwallung eingeschlossen war.

6. *ad flumen:* den Palamnus, der
den südlichen Theil der Postenkette
durchfloss, und, wie man aus dieser
Stelle sieht (*ut liberius aquarentur*)
nicht, wie die übrigen Gewässer
jener Gegend, von Cäsar abgeleitet
worden war (c. 49). — *quibusdam*

memorari necesse non est, eo loco excesserat. Ita complures 7
dies manserant castra; munitiones quidem omnes integrae erant.

67. Eo signo legionis illato speculatores Caesari renuntiarunt. Hoc idem visum ex superioribus quibusdam castellis confirmaverunt. Is locus aberat a novis Pompei castris circiter pas- 2
sus D. Hanc legionem sperans Caesar se opprimere posse et
cupiens eius diei detrimentum sarcire, reliquit in opere cohortes duas, quae speciem munitionis praeberent; ipse diverso iti- 3
nere quam potuit occultissime reliquas cohortes, numero xxxiii,
in quibus erat legio nona multis amissis centurionibus deminutoque
militum numero, ad legionem Pompei castraque minora duplici
acie eduxit. Neque eum prima opinio fefellit. Nam et pervenit 4
prius, quam Pompeius sentire posset, et tametsi erant munitiones

de causis. Dieselbe Wendung wie vorher und überhaupt *quidam* viermal in diesem Cap. wiederholt. — *quas commemorare nec. non est.* Göler bemerkt dazu p. 54 Anm.: 'Es ist beinahe zu vermuthen, dass Cäsar den Grund deshalb nicht gern anführt, weil Pomp. durch das Hinwegziehen seiner Truppen die Aufmerksamkeit der Cäsarianer, namentlich der neunten Legion, von jener Stelle ablenken wollte, um, wie es ihm auch glückte, bei seinem nächtlichen Ueberfall um so unerwarteter zu erscheinen, sich folglich die Cäsarianer täuschen liessen'.

67. 1. *Eo* (in ea castra) *signo leg. illato — renuntiarunt*, das Object des *renuntiare* nach den vorausgehenden Ablat. absol. ausgelassen, wie in den zu c. 66, 2 angeführten Stellen. Es ist daher nicht nöthig, mit Nipperdey *rem nuntiarunt* zu schreiben.

2. *a novis castris*, dem an der Meeresküste errichteten, in dessen Nähe Cäsar das seinige aufgeschlagen hatte, c. 65, 4. — *speciem munitionis*, den Schein, als schanzten sie; denn Cäsar wollte die Feinde glauben machen, seine Befestigungen wären noch nicht fertig, er könne also noch nichts unternehmen. *Munitio* bedeutet ebensowohl das Befestigen,

z. B. 3. 45, 3: *munitiones impediebat*, als die Befestigung, z. B. 3. 47, 1: *tantis munitionibus*, 3. 66, 1: *qua perfecta munitione.*

3. *reliquas cohortes, numero XXXIII*, es waren also mit den genannten beiden Cohorten, die zurückblieben, 35 Cohorten vereinigt. Nun hatte aber Cäsar überhaupt nach Entsendung eines Theils der Armee vor Dyrrhachium wenigstens 5 Legionen (c. 75) oder genauer 57 Cohorten (Nipperdey p. 177), weswegen Nipperdey annimmt, dass oben die Zahlen (u. bes. *duas*) verdorben seien. Indess ist es wahrscheinlicher, dass Cäsar in diesem Lager nicht sein ganzes Heer vereinigt hatte, sondern dass einzelne Punkte der Postenkette noch immer besetzt waren. Dies geht hervor aus c. 73, 1: *Itaque uno tempore praesidiis omnibus deductis et oppugnatione dimissa coactoque in unum locum exercitu* u. s. w. Es sind daher die 35 Coh. nur ein Theil seines gesammten Heeres, während c. 73, 1 und 75, 1 u. 2 alle Truppen vereinigt sind. — *castra minora* d. i. das oben *vetera castra* genannte, von ihm schon einmal besetzte Lager. — *duplici acie*, in zwei Treffen, nicht in der gewöhnlichen Schlachtordnung in drei Treffen, *triplici acie,*

castrorum magnae, tamen sinistro cornu, ubi erat ipse, celeriter
5 aggressus Pompeianos ex vallo deturbavit. Erat obiectus portis
ericius. Hic paulisper est pugnatum, cum irrumpere nostri conarentur, illi castra defenderent, fortissime T. Pulione, cuius opera
proditum exercitum C. Antoni demonstravimus, e loco propu-
6 gnante. Sed tamen nostri virtute vicerunt excisoque ericio primo
in maiora castra, post etiam in castellum, quod erat inclusum
maioribus castris, irruperunt et, quod eo pulsa legio sese receperat, nonnullos ibi repugnantes interfecerunt.

    68. Sed fortuna, quae plurimum potest cum in reliquis re-
bus tum praecipue in bello, parvis momentis magnas rerum com-
2 mutationes efficit; ut tum accidit. Munitionem, quam pertinere
a castris ad flumen supra demonstravimus, dextri Caesaris cornus
cohortes ignorantia loci sunt secutae, cum portam quaererent
3 castrorumque eam munitionem esse arbitrarentur. Quod cum
esset animadversum coniunctam esse flumini, prorutis munitionibus defendente nullo transcenderunt, omnisque noster equitatus
eas cohortes est secutus.

    69. Interim Pompeius hac satis longa interiecta mora et re
nuntiata v legiones ab opere deductas subsidio suis duxit, eodemque tempore equitatus eius nostris equitibus appropinquabat, et
acies instructa a nostris, qui castra occupaverant, cernebatur, o-
2 mniaque sunt subito mutata. Legio Pompeiana celeris spe subsidii
confirmata ab decumana porta resistere conabatur atque ultro in

weil für seinen Zweck, das von den
Feinden besetzte Lager von allen
Seiten anzugreifen und einzu-
schliessen, eine ausgedehnte Front
nothwendiger war, als Tiefe der
Aufstellung. Aehnlich B. G. 3. 24,
1. S. Rüstow p. 119. [Nipperdey erklärt den Ausdruck durch *acie in
duo cornua divisa*, ebenso Göler
p. 55, der überhaupt unter *acies*
selbstständige Corps versteht p. 123
fg.; s. Kriegsw. § 12 Anm. 2].

    5. *ericius:* ein quer vor das Thor
gezogener Balken, aus dem von
allen Seiten eiserne Spitzen hervorragten (daher der Name = Igel),
unser 'spanischer Reiter'. — *demonstravimus* jedenfalls in dem
nach c. 8 ausgefallenen Berichte über
die Niederlage des Antonius bei
Curicta. Pulio ist derselbe, von

dessen Tapferkeit B. G. 5. 44 berichtet wird.

    6. *in castellum:* c. 66, 5.

    68. 1. *Sed fortuna — efficit.*
S. zu 1. 21, 1. — *ut tum accidit:*
1. 80, 1.

    2. *supra:* c. 66, 6. — *sunt se-
cutae:* c. 49, 5.

    3. *quod cum:* 2. 16, 1.

    69. 1. *ab opere:* von der Schanz-
arbeit bei dem Lager am Meere.
— *omniaque sunt subito mutata.*
Beachte den passenden Tempuswechsel nach dem vorhergehenden
Imperf.

    2. *ab decumana porta,* das dem
Feind abgewendete Lagerthor; das
dem Feind zugekehrte hiess *porta
praetoria.* — *ultro:* 1. 78, 5. —
*quod angusto itinere per aggeres
ascendebat.* Die Reiterei war noch

nostros impetum faciebat. Equitatus Caesaris, quod angusto itinere per aggeres ascendebat, receptui suo timens initium fugae
faciebat. Dextrum cornu, quod erat a sinistro seclusum, terrore 3
equitum animadverso, ne intra munitionem opprimeretur, ea
parte, quam proruerat, sese recipiebat, ac plerique ex his, ne in
angustias inciderent, ex x pedum munitione se in fossas praeci-
pitabant, primisque oppressis reliqui per horum corpora salutem sibi atque exitum pariebant. Sinistro cornu milites, cum ex 4
vallo Pompeium adesse et suos fugere cernerent, veriti, ne angustiis intercluderentur, cum extra et intus hostem haberent, eodem, quo venerant, receptu sibi consulebant, omniaque erant tumultus, timoris, fugae plena, adeo ut, cum Caesar signa fugientium manu prenderet et consistere iuberet, alii demissis signis
eundem cursum conficerent, alii ex metu etiam signa dimitterent,
neque quisquam omnino consisteret.

70. His tantis malis haec subsidia succurrebant, quo minus
omnis deleretur exercitus, quod Pompeius insidias timens, credo,
quod haec praeter spem acciderant eius, qui paulo ante ex castris
fugientes suos conspexerat, munitionibus appropinquare aliquamdiu non audebat, equitesque eius angustiis atque his ab Caesaris

damit beschäftigt, durch den engen
Durchstich des Walls über die
Dämme, durch welche der Graben
gangbar war, in die Verschanzung
einzudringen.

3, in *fossas:* c. 46, 3. B. G. 7.
82, 3. Sie mussten also mindestens
19 F. herabspringen, von dem 10 F.
hohen Wall in den 9 F., oder nach
Rüstow p. 84 bei 15 F. Breite 11 F.
tiefen Graben. — *per corpora:*
über ihre Leiber hinweg. B. G. 2.
10, 3.

4. *intercluderentur:* 1. 17, 1. —
eodem, quo venerant, receptu. Eigentlich sollte es heissen *eodem,
quo venerant, itinere se recipientes,* da zu *quo venerant* nicht *receptu,* sondern nur das allgemeinere
itinere passt. Da nun *receptus* ist
= *iter, quo se recipiebant,* so ist
zu *quo venerant* der in *receptus*
mit liegende allgem. Begriff *iter* zu
denken. — *demissis signis — conficerent.* Sie senkten die Feldzeichen, damit sie Cäsar nicht sehen

und sie anhalten könnte. S. den
Anhang.

Plutarch Caes. 39 fügt bei der
Beschreibung der allgemeinen Flucht
noch hinzu: αὐτὸς δὲ παρὰ μικρὸν ἦλθεν ἀποθανεῖν. Ἀνδρὶ
γὰρ μεγάλῳ καὶ ῥωμαλέῳ φεύγοντι παρ' αὐτὸν ἐπιβαλὼν τὴν
χεῖρα μένειν ἐκέλευσε καὶ στρέ-
φεσθαι πρὸς τοὺς πολεμίους· ὁ
δὲ μεστὸς ὢν ταραχῆς παρὰ τὸ
δεινὸν ἐπήρατο τὴν μάχαιραν ὡς
καθιξόμενος, φθάνει δ' ὁ τοῦ
Καίσαρος ὑπασπιστὴς ἀποκόψας
αὐτοῦ τὸν ὦμον. Vergl. App. 2.
62.

70. 1. *angustiis,* wie c. 69, 2
angusto itinere, bezeichnet den Weg,
den die Reiter durch die Durchbre-
chung des vom Lager bis an den
Fluss geführten Walles gefunden
hatten; denn dass von diesem
Theile hier die Rede ist, zeigt auch
§ 2: *munitiones enim* u. s. w. —
atque his wie *isque, et is* und zwar,
und auch dazu: durch den engen

2 militibus occupatis ad insequendum tardabantur. Ita parvae res
magnum in utramque partem momentum habuerunt. Munitiones
enim a castris ad flumen perductae expugnatis iam castris Pompei propriam expeditamque Caesaris victoriam interpellaverunt,
eadem res celeritate insequentium tardata nostris salutem attulit.

71. Duobus his unius diei proeliis Caesar desideravit milites
DCCCCLX et equites . . . ., Tuticanum Gallum, senatoris filium,
notos equites Romanos C. Fleginatem Placentia, A. Granium Puteolis, M. Sacrativirum Capua, tribunos militum et centuriones
2 XXXII; sed horum omnium pars magna in fossis munitionibusque
et fluminis ripis oppressa suorum in terrore ac fuga sine ullo
3 vulnere interiit: signaque sunt militaria amissa XXXII. Pompeius
eo proelio imperator est appellatus. Hoc nomen obtinuit atque
ita se postea salutari passus neque in litteris, quas scribere est
4 solitus, neque in fascibus insignia laureae practulit. At Labienus,
cum ab eo impetravisset, ut sibi captivos tradi ʼiuberet, omnes

und noch dazu von Cäsars Soldaten besetzten Weg. — *ad insequendum tardabantur:* 1. 62, 2. 2. 39, 6: *ad spem morabantur*, zu B. G. 2. 25, 1.

2. *propriam:* einen ihnen bereits gehörenden, gewissen Sieg. B. Afr. 31, 1. 82, 2: *victoriam sibi propriam a dis portendi; expedi-tam:* eig. dem nichts im Wege steht, abgemacht, entschieden, vollständig. Cic. Phil. 14. 1, 1: *confecta victoria.* Vergl. unten c. 73, 5: *partam iam praesentemque victoriam.*

Es ist oft ausgesprochen worden, dass Pompeius bei der allgemeinen Bestürzung und der Flucht der Cä-sarianer dem ganzen Krieg mit einem Schlage hätte ein Ende machen können, wenn er den Sieg besser benutzt hätte. Cäsar giebt hier § 1 selbst die Gründe an, die Pompeius hinderten, ihn mit Nach-druck zu verfolgen: das coopirte Terrain und die Befürchtung eines Hinterhalts. Entschiedener lässt ihn Plut. sich aussprechen Caes. 39: εἶπεν ἄρα πρὸς τοὺς φίλους ἀπι-ὼν ὁ Καῖσαρ ʼΣήμερον ἂν ἡ νίκη παρὰ τοῖς πολεμίοις ἦν, εἰ τὸν νικῶντα εἶχον.ʼ Suet. Caes. 38:

ad *Dyrrhachium — pulsus*, non instante Pompeio, *negavit eum vin-care scire.*

71. 1. *milites – equites:* 1. 54, 1. Nach *equites* ist die Zahl ausge-fallen. Nipperdey vermuthet *ducen-tos*. Plut. giebt übrigens Caes. 41 1000, Pomp. 65 2000, Oros. 6. 15 4000 Gefallene an. — *Placentia, Puteolis, Capua.* S. zu 1. 24, 4.

2. *sed horum omnium — interiit.* Vergl. damit, wie Cäsar diesen Um-stand bei der Beurtheilung des Sie-ges des Pomp. c. 72, 3 benutzt.

3. *imperator est appellatus.* S. zu 2. 26, 1. (Vergl. 3. 31, 1). Man beachte das sehr significante *ita se postea salutari passus.* Cäsar liess sich nach der Schlacht bei Pharsalus nicht Imperator nennen. — *insignia laureae praetulit*, wie sonst immer die siegreichen Feldherren die Briefe mit der Siegesnachricht und die Fasces ihrer Lictoren mit Lorbeer schmückten (*litterae laureatae*). Plin. H. N. 15. 30: *laurus Romanis praecipue laetitiae victoriaequenun-tia additur litteris.* Nach Cass. Dio 45. 52 that er es nicht: δυσχραί-νων ἐπὶ πολίταις τοιοῦτό τι ποιῆσαι.

productos ostentationis, ut videbatur, causa, quo maior perfugae
fides haberetur, commilitones appellans et magna verborum contumelia interrogans, solerentne veterani milites fugere, in omnium
conspectu interfecit.

72. His rebus tantum fiduciae ac spiritus Pompeianis accessit, ut non de ratione belli cogitarent, sed vicisse iam viderentur.
Non illi paucitatem nostrorum militum, non iniquitatem loci at- 2
que angustias praeoccupatis castris et ancipitem terrorem intra
extraque munitiones, non abscisum in duas partes exercitum,
cum altera alteri auxilium ferre non posset, causae fuisse cogitabant. Non ad haec addebant, non concursu acri facto, non proe- 3
lio dimicatum, sibique ipsos multitudine atque angustiis maius
attulisse detrimentum, quam ab hoste accepissent, non denique 4
communis belli casus recordabantur, quam parvulae saepe causae vel falsae suspicionis vel terroris repentini vel obiectae religionis magna detrimenta intulissent, quotiens vel ducis vitio vel

4. *quo maior perfugae fides haberetur.* Er verfährt nach Cäsars
Meinung mit solcher Grausamkeit
gegen seine früheren 'commilitones'
in Gallien, um durch eine augenfäl-
lige Handlung sich im Vertrauen
des Pompeius, das einem 'Ueberläufer' doch immer mit Vorsicht geschenkt wird, vollständig zu befestigen. Ueber seinen Abfall s.
Einl. p. 16.

72. 1. *spiritus* 'Hochmuth', in
welcher Bedeutung bes. häufig der
Plural steht (zu B. G. 1. 33, 5),
während der Singul. hier, abgesehen
von der Verbindung mit *fiduciae*,
nothwendig war, da in diesem Sinne
nur der Nominativ und Accusativ
des Plural, nie *spirituum* und *spi-
ritibus* sich findet. — *de ratione
belli:* wie der Krieg weiter zu
führen sei. Im Lager des Pomp.
rieth man, da man Caesar für
völlig geschlagen hielt, ihn nur
durch die Marinetruppen iu Schach
zu halten (ἐνοχλεῖν θαλασσοκρα-
τοῦντας ἁλωμένῳ καὶ ἀπορούντι,
App. 2. 65) und mit dem Landheere
nach Italien zu gehen und erst,
wenn man dieses nebst Gallien und
Spanien genommen habe, ἐξ οἰκείας

καὶ ἡγεμονίδος γῆς αὖθις ἐπιχει-
ρεῖν Καίσαρι. Man sah sich im
Geiste in Rom im Besitze der früheren Macht. Plut. Pomp. 66: οἱ
δὲ θεράποντας εἰς 'Ρώμην καὶ
φίλους ἔπεμπον οἰκίας προκα-
ταληψομένους ἐγγὺς ἀγορᾶς, ὡς
αὐτίκα μετιόντες ἀρχάς.

3. *multitudine.* In wiefern kann
dies kein Widerspruch sein mit § 1:
paucitatem militum nostrorum?

4. *parvulae causae falsae suspicionis* u. s. w. Genitiv der näheren
Bestimmung (Genit. definitivus):
'kleine Ursachen, die in falschen
Vermuthungen liegen', so dass der
Genitiv die Apposition vertritt
(= kleine Gründe, wie z. B. falsche
Vermuthung etc.). Madv. § 286
Anm. 2. Vergl. Cic. p. Sull. 8, 23:
*pro magnis causis nostras necessi-
tudinis.* De orat. 2. 15, 63: *causae
vel casus vel sapientiae vel temeri-
tatis.* S. zu 1, 42, 3: *munitione
fossae.* 3. 59, 2: *praemia rei pecuniariae.* — *obiectae religionis:* ein
erregtes religiöses oder abergläu-
bisches Bedenken, durch Prodigien,
Augurien oder sonstige Veranlassungen, wie z. B. B. G. 6. 37, 6:
plerique novas sibi ex loco reli-

culpa tribuni in exercitu esset offensum; sed proinde ac si virtute vicissent neque ulla commutatio rerum posset accidere, per orbem terrarum fama ac litteris victoriam eius diei concelebrabant.

73. Caesar a superioribus consiliis depulsus omnem sibi commutandam belli rationem existimavit. Itaque uno tempore praesidiis omnibus deductis et oppugnatione dimissa coactoque in unum locum exercitu contionem apud milites habuit hortatus-
2 que est, ne ea, quae accidissent, graviter ferrent, neve his rebus terrerentur multisque secundis proeliis unum adversum et id me-
3 diocre opponerent. Habendam fortunae gratiam, quod Italiam sine aliquo vulnere cepissent, quod duas Hispanias bellicosissimorum hominum peritissimis atque exercitatissimis ducibus pacavissent, quod finitimas frumentariasque provincias in potestatem redegissent; denique recordari debere, qua felicitate inter medias hostium classes oppletis non solum portibus sed etiam
4 litoribus omnes incolumes essent transportati. Si non omnia caderent secunda, fortunam esse industria sublevandam. Quod

giones fingunt. — offensum: c. 8, 2. — per orbem terrarum – concelebrabant, vergl. c. 79, 4. Plut. Pomp. 66: Πομπήϊος τοῖς μὲν ἔξω βασιλεῦσι καὶ στρατηγοῖς καὶ πόλεσιν ὡς νενικηκὼς ἔγραφε.

73. 1. ab superioribus consiliis depulsus. Cäsar verhohlt die Bedeutung und die entscheidenden Folgen seiner Niederlage nicht. 'Nicht nur hatte Cäsar die empfindlichsten Verluste erlitten und seine Verschanzungen, das Resultat einer viermonatlichen Riesenarbeit auf einen Schlag eingebüsst: er war durch seine letzten Gefechte wieder genau auf den Punkt zurückgeworfen, von welchem er ausgegangen war. — Cäsar's verwegenes Unternehmen gegen einen seemächtigen auf die Flotte gestützten Feind ohne Schiffe offensiv zu operiren war vollständig gescheitert. Auf dem bisherigen Kriegsschauplatz fand er sich einer unbezwinglichen Vertheidigungsstellung gegenüber und unfähig weder gegen Dyrrhachion noch gegen das feindliche Heer einen ernstlichen Schlag auszuführen. — Cäsar war nicht blos taktisch, sondern auch

strategisch geschlagen und erschien weder in seiner gegenwärtigen Stellung sich behaupten, noch dieselbe zweckmässig wechseln zu können. Pompeius hatte gesiegt; an ihm war es die Offensive zu ergreifen, und er war dazu entschlossen' Mommsen Röm. Gesch. 3. p. 405.

3. sine aliquo vulnere. S. dagegen c. 71, 2. 2. 9, 8: sine ullo vulnere. aliquis steht nach sine sonst gewöhnlich nur nach einer vorausgehenden Negation, wo also beide Negationen einander aufheben. Cic. Verr. 5. 5, 11: nihil unquam fecit sine aliquo quaestu: ohne (wenigstens) einigen Gewinn = er hatte immer wenigstens einigen Gewinn; hier ohne vorherg. Negation = ohne einigen Verlust (nicht 'Verwundung', s. 1. 72, 1), sine ullo vuln. ausschliessend = ohne allen, ohne den geringsten Verlust. Vergl. Cic. de Fin. 3. 9, 30: qui mancam fore putaverunt sine aliqua accessione virtutem: ohne einigen Zusatz = nisi aliquid accessisset. — frumentariasque provincias, nämlich Sicilien durch Curio, und Sardinien durch Valerius 1. 30 u. 31.

esset acceptum detrimenti, cuiusvis potius quam suae culpae debere tribui. Locum se aequum ad dimicandum dedisse, potitum 5 esse hostium castris, expulisse ac superasse pugnantes. Sed sive ipsorum perturbatio sive error aliquis sive etiam fortuna partam iam praesentemque victoriam interpellavisset, dandam omnibus operam, ut acceptum incommodum virtute sarciretur; quod si 6 esset factum, detrimentum in bonum verteret, uti ad Gergoviam accidisset, atque ei, qui ante dimicare timuissent, ultro se proelio offerrent.

74. Hac habita contione nonnullos signiferos ignominia notavit ac loco movit. Exercitui quidem omni tantus incessit ex 2 incommodo dolor tantumque studium infamiae sarciendae, ut nemo aut tribuni aut centurionis imperium desideraret, et sibi quisque etiam poenae loco graviores imponeret labores simulque

6. *quod si esset factum* d. i. *si operam dedissent*. — *verteret* — *offerrent*. Es müsste eigentlich stehen *fore ut verteret*, wie auch einige schreiben, vielleicht mit Recht, weil in den besten Handschriften *ut* nach *factum* steht. Indessen Madvig zu Cic. de Fin. 3. 15, 50: *quod si de artibus concedamus, virtutis tamen non sit eadem ratio* für *non esse eandem rationem* hat gezeigt, dass auch bei Cicero ein paar Mal in den Hauptsätzen von Bedingungssätzen in indirecter Rede statt des Acc. c. Inf. der Coniunctiv steht, damit das Bedingungsverhältniss desto besser zu Tage trete. Vergl. de Offic. 1. 44, 158: *quod si omnia vobis suppeditarentur, tum optimo quisque ingenio — totum se in cognitione — collocaret* für *quemque se collocaturum esse*. — *vertere* in neutraler Bedeutung 'sich zum Guten wenden, ausschlagen'. — *ad Gergoviam*: B. G. 7. 51 f.

Klug und geschickt in der Behandlung seiner Soldaten nach der erlittenen Niederlage (wie auch bei anderen ähnlichen Gelegenheiten, B. G. 5. 52. 6. 42. 7. 52. 53) sucht er den schlimmen Eindruck, den der Unfall auf die zum Theil erst jüngst gebildeten Truppen machen musste, zu verwischen, indem er den Vorfall als einen an sich geringfügigen (*mediocre proelium*), der noch dazu vielleicht nur durch eine augenblickliche Verwirrung oder ein Missverständniss (*error*) herbeigeführt sei, darstellt und um den Muth der Truppen wieder zu heben, ihnen alle Vorwürfe erspart und Aussicht eröffnet, das Geschehene wieder gut zu machen.

74. 1. *nonnullos signiferos ignominia notavit*. Er konnte nach altem Herkommen Feigheit und Ungehorsam durch Decimiren, und die Fahnenträger, die ihre Fahnen preisgegeben hatten, sämmtlich mit dem Tode bestrafen. Um wenigstens einigermassen der militärischen Disciplin zu genügen, belegte er diese mit der *ignominia*, die in schimpflicher Ausstellung auf dem freien Platze vor dem Feldherrnzelte (*principia*), Verkürzung des Soldes, Degradation u. dergl. bestand. Er erreichte durch diese wohlberechnete Milde, was er wollte. Suet. Caes. 68: *poenam in se ultro depoposcerunt, ut consolandos eos magis, quam puniendos habuerit*. Vergl. App. 2. 63.

2. *Exercitui incessit dolor*: 2.29,1. — *imperium desideraret*: vermisste oder verlangte; auch ohne Befehl der Officiere unterzogen sie sich

omnes arderent cupiditate pugnandi, cum superioris etiam ordinis nonnulli ratione permoti manendum eo loco et rem proelio
3 committendam existimarent. Contra ea Caesar neque satis militibus perterritis confidebat spatiumque interponendum ad recreandos animos putabat, et relictis munitionibus magnopere rei frumentariae timebat.

75. Itaque nulla interposita mora sauciorum modo et aegrorum habita ratione impedimenta omnia silentio prima nocte ex castris Apolloniam praemisit. Haec conquiescere ante iter
2 confectum vetuit. His una legio missa praesidio est. Ilis explicitis rebus duas in castris legiones retinuit, reliquas de quarta vigilia compluribus portis eductas eodem itinere praemisit parvoque spatio intermisso, ut et militare institutum servaretur et quam serissime eius profectio cognosceretur, conclamari iussit statim-

den schwierigsten Diensten. — *superioris ordinis nonnulli ratione permoti*, nicht *oratione*. Während die grosse Masse nur kämpfen wollte, um die Schmach zu tilgen, hielten es auch einige 'Officiere höheren Ranges', wie Legaten und Tribunen (nicht *superiorum ordinum*) aus strategischen Gründen für angemessen zu bleiben. App. 2. 64: ὅϑεν αὐτὸν οἱ μὲν φίλοι παρεκάλουν ἀποχρήσασϑαι τοιῷδε μετανοίᾳ καὶ προϑυμίᾳ στρατοῦ.
3. *Contra ea* wie B. G. 5. 29, 1: *contra ea Titurius — clamitabat*, selten bei früheren Schriftstellern (Sall. Iug. 57, 5. 85, 2), bei Cicero nie, häufig bei Livius und Nepos adverbial für das einfache *contra* (wie *postea*, *praeterea*), während hier *ea* seine pronominale Bedeutung behält. Dem Vorschlag, zu bleiben und eine Schlacht zu liefern, setzt Cäsar seine Ansicht gegenüber und zwar dem letzteren *neque satis — putabat*, dem ersteren *et relictis — timebat*; denn es entsprechen sich hier nicht *neque — que*, sondern *neque — et*, und die Worte *spatiumque — putabat* werden als zu dem ersten Grunde gehörig passend durch das enclitische *que* angeknüpft, durch *et — timebat* ein zweites Moment gegenübergestellt. — *re-*

lictis munitionibus. Er fürchtete, dass, nachdem seine den Pomp. einschliessende Linie (denn dies bez. hier *munitiones*) von diesem durchbrochen, und von ihm verlassen wäre, die Verproviantirung schwierig würde, da er von der frei herumschweifenden Reiterei daran verbindert werden konnte.
75. 2. *explicitis:* geordnet, expeditis. S. zu 1. 78, 3. — *ut militare institutum — concl. iussit.* Erst als das heimlich ausgezogene Hauptcorps einen gehörigen Vorsprung hatte, liess er die herkömmlichen Signale geben, um einestheils 'den Kriegsbrauch zu beobachten', anderntheils aber auch so spät als möglich seinen Abzug bekannt werden zu lassen, d. h. als der grösste Theil schon fort und die beiden Legionen bereits marschfertig waren, so dass sie nach den Signalen sofort abziehen konnten (*statim egressus*), während sonst die Abbrechung eines Lagers nach den einzelnen Signalen (S. zu 1. 66, 2. und 1. 67, 2.) längere Zeit in Anspruch nahm. So wurde der Feind getäuscht und Cäsar schien doch nicht heimlich, also schimpflich (c. 37, 4), abzuziehen. — *serissime* wird nur noch aus Plinius angeführt. — *eius prof.:* 1. 2, 3.

que egressus et novissimum agmen consecutus celeriter ex conspectu castrorum discessit. Neque vero Pompeius cognito consi- 3 lio eius moram ullam ad insequendum intulit, sed eodem spectans, si itinere impeditos perterritos deprehendere posset, exercitum e castris eduxit equitatumque praemisit ad novissimum agmen demorandum neque consequi potuit, quod multum expedito itinere antecesserat Caesar. Sed cum ventum esset ad flumen Genusum, 4 quod ripis erat impeditis, consecutus equitatus novissimos proelio detinebat. Huic suos Caesar equites opposuit expeditosque ante- 5 signanos admiscuit cccc; qui tantum profecerunt, ut equestri proelio commisso pellerent omnes compluresque interficerent ipsique incolumes se ad agmen reciperent.

76. Confecto iusto itinere eius diei, quod proposuerat Caesar, traductoque exercitu flumen Genusum veteribus suis in castris contra Asparagium consedit militesque omnes intra vallum

---

3. *moram ad insequendum:* 2. 39, 6. — *intulit:* liess eintreten; c. 77, 3 *mora illata.* S. zu 1. 5, 3. — *eodem spectans:* ebendahin, wohin C. seinen Marsch richtete, d. i. nach Apollonia. Ebenso ist *spectare* gebraucht Cic. ad Att. viii, 16, 1: *illuc autem, quo spectat animus et quo ros vocat, qua veniam? — si itinere.* Si ob, auch ohne dass ein Verbum versuchen, abwarten vorhergeht, z. B. Caes. b. G. vi. 29, 5: *L. Minucium Basilum cum omni equitatu praemittit, si quid celeritate itineris atque opportunitate temporis proficere possit;* auch bei Cicero ad Att. xi, 9, 2: *delatus est ad me fasciculus; solvi, si quid ad me esset litterarum;* xvi, 11, 7: *publice tamen scripsi, si uti vellet eis Valerius.* — *itinere impeditos perterritos* d. i. perterritos eo, quod *itin. impediti essent;* die Verbindung der beiden Participia also wie die zu 1. 30, 5 u. zu B. G. 2. 11, 5 besprochene.

4. *detinebat* = morabatur. B. G. 7. 37, 3.

5. *expeditos antesignanos admiscuit.* S. zu 1. 43, 3. Vgl. Rüstow p. 19 u. 20.

76. 1. *iustum iter* ist der normale Tagesmarsch (1. 23, 5. B. G. 8. 39, 4; *magnis itineribus:* in forcirten Märschen) durchschnittlich höchstens 5 Stunden Weges, was der Entfernung von Dyrrhachium und Asparagium entspricht. Die falsche Erklärung von § 3: *duplicato eius diei itinere — procedit* hat die verkehrte Meinung veranlasst, dass *iustum iter* ein Tagesmarsch von 4000 Schritt sei (also nur $\frac{1}{4}$ deutsche Meilen an einem Tage!), während diese Worte offenbar nichts weiter bedeuten, als dass er an diesem Tage, nachdem er schon den gewöhnlichen Marsch vollendet hatte, noch einen zweiten machte und zu dem bereits zurückgelegten Wege noch weitere 8000 Schritt von Aspar. aus zurücklegte, so dass also unmöglich *iustum iter* die Hälfte jener 8000 Schritt sein kann. Er legte am Vormittag 4—5 Stunden, nach Mittag $2\frac{1}{2}$ St. zurück. — *quod proposuerat* ohne *sibi;* s. zu B. G. 7. 47, 1. — *Caesar.* Die Stellung des Subiects zwischen den beiden Participialsätzen wie B. G. 7. 77, 14. 81, 1; oben 2. 35, 7. Vergl. zu 3. 12, 1. 39, 1. — *in veteribus suis*

castrorum continuit equitatumque per causam pabulandi emis-
2 sum confestim decumana porta in castra se recipere iussit. Simili ratione Pompeius confecto eiusdem diei itinere in suis veteribus castris ad Asparagium consedit. Eius milites, quod ab
opere integris munitionibus vacabant, alii lignandi pabulandique
causa longius progrediebantur, alii, quod subito consilium profectionis ceperant, magna parte impedimentorum et sarcinarum
relicta, ad haec repetenda invitati propinquitate superiorum ca-
3 strorum depositis in contubernio armis vallum relinquebant. Quibus ad sequendum impeditis Caesar, quod fore providerat, meridiano fere tempore signo profectionis dato exercitum educit duplicatoque eius diei itinere viii milia passuum ex eo loco procedit; quod facere Pompeius discessu militum non potuit.

77. Postero die Caesar similiter praemissis prima nocte
impedimentis de quarta vigilia ipse egreditur, ut, si qua esset
imposita dimicandi necessitas, subitum casum expedito exercitu
2 subiret. Hoc idem reliquis fecit diebus. Quibus rebus perfectum
est, ut altissimis fluminibus atque impeditissimis itineribus nul-
3 lum acciperet incommodum. Pompeius primi diei mora illata
et reliquorum dierum frustra labore suscepto cum se magnis

castris e. Asp. S. c. 30, 7. 41, 1. —
per causam pabulandi, wie c. 24, 1
u. immer von einem vorgegebenen
Grunde; denn Cäsar schickt die
Reiterei nur zum Scheine aus, als
ob sie fouragiren sollte, damit die
Feinde glaubten, dass er an diesem
Tage nicht weiter gehen werde, lässt
sie aber auf der vom Feinde abge-
wandten *porta decumana* wieder
ins Lager. Da nun der Feind getäuscht sich zerstreut, bricht er
plötzlich auf und gewinnt so einen
Vorsprung.

2. *ab opere — vacabant*, weil sie,
da die Verschanzung noch erhalten
war, keine Schanzarbeiten hatten,
wie sonst gewöhnlich am Ende eines
Marsches. — *quod - ceperant*, der
Grund zu *magna parte - relicta*.
— *repetere*: nachholen. — *in contubernio*. Hier heisst cont. das von
einer Zeltgenossenschaft bewohnte
Zelt.

3. *Quibus — impeditis Caesar,
quod fore prov.* Ueber die Stellung

des Subiects *Caesar* s. zu c. 39, 1.
Hier ist zu bemerken, dass diese
Wortstellung angewandt ist, ob-
gleich bei Auflösung der absol. Abl.
Caesar nicht Subiect wird. — *dis-
cessu* causal, s. zu 1. 18, 5.

77. 2. *Quibus rebus perfectum
est, ut — incommodum*. 'Er legte
in drei Tagen etwa 18 Stunden
Wegs zurück und hatte auf seinem
Marsche den Carbonates, den Ergent
oder Apsus, die Roscovitza und die
Glenitza passirt' Güler p. 66. Der
glücklich durchgeführte Rückzug
des geschlagenen, vom Feinde ver-
folgten Heeres ist ebenso ein Beweis für die Tüchtigkeit des Anführers, wie für die Ausdauer und
Marschirfähigkeit der Truppen, hinter denen die des Pomp. in dieser
Hinsicht weit zurückstanden.

3. *cum se magnis itineribus extenderet*, hier nicht 'sich anstrengen',
(wie *supra vires se extendere* Liv.
34. 4, 15), sondern in der eigentlichen räumlichen Bedeutung, von

itineribus extenderet et praegressos consequi cuperet, quarto die
finem sequendi fecit atque aliud sibi consilium capiendum existimavit.

78. Caesari ad saucios deponendos, stipendium exercitui
dandum, socios confirmandos, praesidium urbibus relinquendum
necesse erat adire Apolloniam. Sed his rebus tantum temporis 2
tribuit, quantum erat properanti necesse: timens Domitio, ne adventu Pompei praeoccuparetur, ad eum omni celeritate et studio
incitatus ferebatur. Totius autem rei consilium his rationibus 3
explicabat, ut, si Pompeius eodem contenderet, abductum illum
a mari atque ab iis copiis, quasDyrrhachii comparaverat, frumento
ac commeatu abstractum pari conditione belli secum decertare
cogeret, si in Italiam transiret, coniuncto exercitu cum Domitio 4

der Ausdehnung in die Weite, zu
fassen: sich in forcirten Märschen
ausdehnen, indem man einen
weiten Weg zurücklegt, = magnis
itineribus progredi, so dass auf die
Person bezogen ist, was von der
Sache gesagt sein sollte: *sua itinera extendere*, wie Liv. 38. 19, 1:
itineribus extentis. (Verg. Aen. 12.
909 *cursus ext.*). Held vergleicht
Plin. Ep. 7. 9: *epistola se extendere*,
neben *epistolam extendere* 3. 5.

78. 2. *tantum:* nur so viel, s. c.
2, 2. — *quantum erat properanti
necesse:* als es bei seiner Eile (da
er sich beeilen musste), unumgänglich nöthig war. 'Das Partic. prop.,
welches erst in den Relativsatz gestellt ist, um unmittelbar neben
dem *necesse erat* einen kräftigen
Contrast zu bilden, enthält für den
ganzen Gedanken einen sehr wesentlichen Begriff. Cäsar hatte grosse
Eile und deswegen wendet er auf
diese Dinge nur so viel Zeit, als
unumgänglich nöthig war' Held. —
Domitio in Macedonien c. 36. Er
stand auf der egnatischen Strasse
bei Herakleia Lynkestis (c. 79, 2)
zwischen Scipio und Pompeius, und,
nachdem sich Cäsar nach Apollonia
zurückgezogen hatte, von diesem
entfernter als von Pompeius. —
ferebatur. S. zu 2. 12, 2. *Ferri*
eigentlich fortgetrieben werden, wie

von einer äusseren bewegenden
Kraft (*vento, flumine* 1. 40, 4 u. ä.),
so von innerem Drange, Leidenschaft, Verlangen angetrieben eilen;
s. B. Alex. 20, 2: *studio spectandi
ferebatur; omni celeritate* ist als
adverbialer Ablativ mit *ferebatur*,
nicht mit *incitatus* zu verbinden;
studio incitatus wie c. 24, 2 und
1. 45, 6. Die Verbindung wie c. 79,
6: *seu pristina sua consuetudine,
seu gloria elati — docuerunt.*

3. *consilium his rationibus explicabat:* er entwickelte, legte sich
den Kriegsplan zurecht nach der Berechnung aller möglicher Weise
eintretenden Umstände (*si – si – si*),
so dass für jeden Fall klar war, was
er zu thun hatte. Etwas anders 1.
78, 3: *ibi se reliquum consilium explicaturos confidebant.* — *eodem:*
nach Macedonien. — *copiis:* Vorräthe. — *abductum – abstractum,*
das letztere ist die Folge des ersteren; vergl. c. 75, 2: *impeditos perterritos.* — *frumento ac commeatu,*
wie c. 42, 2. — *ac* vor c wie 1. 48,
5. B. G. 1. 44, 3. — *pari condicione,*
indem auch Pomp. von seinen De-
pots entfernt sei.

4. *si in Italiam transiret,* was
seine Freunde verlangten. S. zu c.
72, 1. — *coniuncto exercitu cum
Domitio,* vollständiger 2. 17, 3: *copias Petreii cum exercitu Afra-*

per Illyricum Italiae subsidio proficisceretur; si Apolloniam Ori-
cumque oppugnare et se omni maritima ora excludere conaretur,
obsesso Scipione necessario illum suis auxilium ferre cogeret.
5 Itaque praemissis nuntiis ad Cn. Domitium Caesar scripsit et,
quid fieri vellet, ostendit praesidioque Apolleniae cohortibus IIII,
Lissi I, III Orici relictis quique erant ex vulneribus aegri depositis
6 per Epirum atque Athamaniam iter facere coepit. Pompeius
quoque de Caesaris consilio coniectura iudicans ad Scipionem
properandum sibi existimabat: si Caesar iter illo haberet, ut subsidium Scipioni ferret; si ab ora maritima Oricoque discedere
nollet, quod legiones equitatumque ex Italia exspectaret, ipse ut
omnibus copiis Domitium aggrederetur.

79. His de causis uterque eorum celeritati studebat, et suis
ut esset auxilio, et ad opprimendos adversarios ne occasioni tem-
2 poris deesset. Sed Caesarem Apollonia a directo itinere averterat;
Pompeius per Candaviam iter in Macedoniam expeditum habebat.
3 Accessit etiam ex improviso aliud incommodum, quod Domitius,
qui dies complures castris Scipionis castra collata habuisset, rei
frumentariae causa ab eo discesserat et Heracliam, quae est sub-

nil esse coniunctas. — obsesso Scipione: c. 30.

5. et quid fieri vellet, ost., s. zu
B. G. 5. 2, 3. — quique erant aegri,
depositis. S. B. G. 7. 31, 3: qui refugerant, armandos curat, u. ebend.
§ 5: cum magno equitum suorum
numero et quos ex Aquitania conduxerat.

6. iter haberet: 1. 14, 3. — Oricoque, als dem passendsten Landungsplatz. — legiones exspectaret,
es waren noch zwei Legionen unter
Q. Cornificius in Italien zurück.

79. 1. occasioni temporis: die
günstige Gelegenheit, welche die
Zeit bietet, der günstige Moment,
der durch Zuvorkommen gewonnen
wird; vergl. c. 9, 6: occasionem
meridiani temporis. — ne deesset:
um nicht zu versäumen. S. 1. 1, 2.
3. 93, 2. Liv. 22. 39, 21: neque
occasioni tuae desis, neque suam
occasionem hosti des.

2. Apollonia d. i. sein Marsch
nach Apollonia, c. 78, 1. Nicht unähnlich B. G. 4. 22, 2: neque has
tantularum rerum occupationes

Britanniae anteponendas iudicabat. — per Candaviam iter expeditum hab.: er zog auf der egnatischen Strasse über Lichnydos u.
Pylon nach Heraclea, östlich von
Candavia, während Cäsar nur auf
einem schwierigen Umwege von
Apollonia aus zu Domitius gelangen
konnte.

3. qui — habuisset, wie 1. 64, 8:
eos, qui exissent, der Coniunctiv,
weil der Relativsatz nicht blos eine
thatsächliche Erläuterung giebt,
sondern ein subiectives Urtheil des
Schriftstellers enthält, indem er
eben darin eine besondere Einwir-
kung des 'Glückes selbst' erkennt,
dass Domitius, 'der doch längere
Zeit sein Lager in der Nähe des
Scipio gehabt hatte', und wenn er
länger dort geblieben wäre, nicht
in Gefahr gekommen wäre, dem
Pomp. in die Hände zu fallen,
gerade damals fortziehen und so
dem Pomp. nahe kommen musste. —
castra castris conferre, wie B. G.
8. 9, 2: castris castra confert = e
regione ponit. — subiecta Canda-

iecta Candaviae, iter fecerat, ut ipsa fortuna illum obicere Pompeio
videretur. Haec ad id tempus Caesar ignorabat. Simul a Pom- 4
peio litteris per omnes provincias civitatesque dimissis proelio
ad Dyrrhachium facto latius inflatiusque multo, quam res erat
gesta, fama percrebuerat: pulsum fugere Caesarem paene omnibus
copiis amissis. Haec itinera infesta reddiderat, haec civitates
nonnullas ab eius amicitia avertebat. Quibus accidit rebus, ut 5
pluribus dimissi itineribus a Caesare ad Domitium et a Domitio
ad Caesarem nulla ratione iter conficere possent. Sed Allobroges, 6
Raucilli atque Egi familiares, quos perfugisse ad Pompeium demonstravimus, conspicati in itinere exploratores Domitii, seu
pristina sua consuetudine, quod una in Gallia bella gesserant, seu
gloria elati cuncta, ut erant acta, exposuerunt et Caesaris profectionem, adventum Pompei docuerunt. A quibus Domitius 7
certior factus vix iiii horarum spatio antecedens hostium beneficio periculum vitavit et ad Aeginium, quod est obiectum [op-
positumque] Thessaliae, Caesari venienti occurrit.

80. Coniuncto exercitu Caesar Gomphos pervenit, quod est
oppidum primum Thessaliae venientibus ab Epiro; quae gens
paucis ante mensibus ultro ad Caesarem legatos miserat, ut suis
omnibus facultatibus uteretur, praesidiumque ab eo militum pe-
tierat. Sed eo fama iam praecurrerat, quam supra docuimus, de 2

---

riae als einem Gebirgsland.

4. *latius inflatiusque:* 2. 17, 3.
39, 4; die Worte können nach der
Wortstellung nicht mit *litteris dimissis* verbunden werden, sondern
sie gehören zu *fama percrebuerat;*
passt auch *inflatius* weniger zu diesen Worten, als an der angef. St.
zu *perscribere* und *commemorare,*
wo also ein persönliches Subiect
vorhanden ist, so ist doch zu be-
rücksichtigen, dass hier von einem
absichtlich verbreiteten übertriebe-
nen Gerüchte die Rede ist. — *avertebat.* Beachte das Imperfectum
nach dem vorausgegangenen *reddiderat.* Vergl. c. 63, 5.

6. *quod – demonstravimus:* c.
59 u. 60. — *seu pristina consuetudine – seu gloria elati.* S. zu c.
78, 2. — *gloria elati:* 'aus Ruhmsucht,' oder 'aus Ruhmredigkeit.' S.
Nipperdey zu Tac. Ann. 1. 43: *cum*

*militibus, quos iam pudor et gloria
intrat,* und Nägelsbach Stil. p. 136,
der unter andern vergleicht Cic.
Tuscul. 2, 27, 65: *neque enim illum
(dolorem) ratione aut sapientia tulerunt, sed studio potius et gloria,*
und de harusp. resp. 8. 17: *si me
efferret aliquando ad gloriam in
refutandis maledictis hominum improborum animi quidam dolor.*

7. *Caesari venienti occurrit.* Cäsar
war durch das Thal des Aoos herauf-
gezogen und gelangte nach Ueberschreitung der Bergkette, die Epirus
von Thessalien trennt, an den Pe-
neios, in der Nähe von dessen Quelle
Aeginium lag.

80. 1. *venientibus,* der Dativ bei
Localangaben, bes. häufig im Griechischen = für die, welche von Epirus her kommen, d. i. wenn man von
Epirus kommt. Liv. 32. 4, 3: *Thau-
maci a Pylis – per Lamiam eunti*

3 proelio Dyrrhachino, quod multis auxerat partibus. Itaque Androsthenes, praetor Thessaliae, cum se victoriae Pompei comitem esse mallet quam socium Caesaris in rebus adversis, omnem ex agris multitudinem servorum ac liberorum in oppidum cogit portasque praecludit et ad Scipionem Pompeiumque nuntios mittit, ut sibi subsidio veniant: se confidere munitionibus oppidi, si celeriter succurratur; longinquam oppugnationem sustinere
4 non posse. Scipio discessu exercituum ab Dyrrhachio cognito Larisam legiones adduxerat; Pompeius nondum Thessaliae appropinquabat. Caesar castris munitis scalas musculosque ad
5 repentinam oppugnationem fieri et crates parari iussit. Quibus rebus effectis cohortatus milites docuit, quantum usum haberet ad sublevandam omnium rerum inopiam potiri oppido pleno atque opulento, simul reliquis civitatibus huius urbis exemplo inferre terrorem et id fieri celeriter, priusquam auxilia concurre-
6 rent. Itaque usus singulari militum studio eodem, quo venerat, die post horam nonam oppidum altissimis moenibus oppugnare aggressus ante solis occasum expugnavit et ad diripiendum militibus concessit statimque ab oppido castra movit et Metropolim venit, sic ut nuntios expugnati oppidi famamque antecederet.

81. Metropolitae primum eodem usi consilio isdem permoti rumoribus portas clauserunt murosque armatis compleverunt; sed postea casu civitatis Gomphensis cognito ex captivis, quos Caesar ad murum producendos curaverat, portas aperuerunt.
2 Quibus diligentissime conservatis collata fortuna Metropolitum

---

loco alto siti sunt. S. Xen. Anab. 6. 2 (4), 1: Θρᾴκη αὕτη ἐστὶν ἐπὶ δεξιὰ εἰς τὸν Πόντον εἰ σπλέοντι.

2. *multis partibus:* in vielen Beziehungen, s. c. 84, 3. B. G. 5. 15, 1.

3. *praetor Thessaliae.* Die Thessalier hatten also noch jetzt in Kriegsfällen einen gemeinschaftlichen Anführer, wie in früherer Zeit den ταγός (Xen. Hell. 6. 4, 28); *praetor* von dem Kriegsobersten, στρατηγός. (Ascon. zu Cic. Verr. 1, 14: *Veteres omnes magistratus, quibus pareret exercitus, praetores appellaverunt*). Nep. Miltiad. 4, 4: *domi creant decem praetores, qui exercitui praeessent. — se comitem esse mallet.* Madvig § 359 Anm. 4. Zumpt § 610. — *longinquus* von der

Zeitdauer, wie B. G. 1. 47, 4 *longinqua consuetudine.*

4. *Larisam leg. adduxerat* vom Haliacmon aus durch die Pässe des Olymp.

5. *potiri oppido, – inferre terrorem, — id fieri,* Subiecte zu *haberet.*

6. *ad diripiendum mil. concessit.* S. zu B. G. 6. 37, 3. — *nuntios expugnati oppidi:* die Eroberung der Stadt. Ueber das Part. Perf. als Substantivirung der vollbrachten Handlung s. Madv. § 426. Zumpt § 637, und zu B. G. 3. 10, 1: *iniuriae retentorum equitum. — Metropolim,* das etwa 5 Stunden südöstlich von Gomphi lag.

81. 2. *Metropolitum,* über diese Genitivform in der 1. Declin. s. Madv. § 34 Anm. 3. Zumpt § 45

cum casu Gomphensium nulla Thessaliae fuit civitas praeter La-
risaeos, qui magnis exercitibus Scipionis tenebantur, quin Caesari
parerent atque imperata facerent. Ille idoneum locum in agris 3
nactus plenis frumentorum, quae prope iam matura erant, ibi
adventum exspectare Pompei eoque omnem belli rationem conferre constituit.

82. Pompeius paucis post diebus in Thessaliam pervenit
contionatusque apud cunctum exercitum suis agit gratias, Scipionis milites cohortatur, ut parta iam victoria praedae ac praemiorum velint esse participes, receptisque omnibus in una castra
legionibus suum cum Scipione honorem partitur classicumque
apud eum cani et alterum illi iubet praetorium tendi. Auctis co- 2

Anm. 3. — *magnis exercitibus* ist
auffallend und vielleicht verdorben,
da Scipio doch nur ein Heer hatte,
wenn man nicht den Plural von
Heeresmassen oder Heerestheilen
verstehen will, wozu verglichen
werden kann, c. 25, 3, wo es von dem
in Italien zurückgebliebenen Rest
des Caesarianischen Heeres heisst:
*crebris Pompei litteris castigantur,
quoniam venientem Caesarem non
prohibuissent, ut reliquos eius
exercitus impedirent.* — *quin parerent – facerent.* Der Plural findet hier seine Erklärung nicht durch
das Collectivum *civitas* (wie B. G.
1. 2, 1: *persuasit civitati, ut exirent*), sondern weil nach *nulla fuit
civitas* in dem von *quin* abhängigen
Satze der Gedanke, dass alle Staaten gehorchten, hervortritt. So las
man früher, an sich richtig, aber gegen die besten Quellen 1. 79, 5: *quorum nulli ex itinere excedere licebat, quin ab equitatu Caesaris ex-
ciperentur,* und ebend. c. 69, 3:
*nemo erat adeo tardus aut fugiens
laboris, quin statim – occurrendum
putarent.* — *imperata facerent:*
1. 60, 1.

3. *Ille* kann nur auf Scipio, nicht,
wie man gemeint hat, auf Caesar gehen, wie schon das Pronomen selbst
zeigt. Auch war Cäsar in Betreff der
Verpflegung der Armee durchaus
nicht in günstiger Lage. S. App. 2.

66: *Καῖσαρ δὲ μόνον εἶχεν ὅτι
μόλις εὕροι καὶ λάβοι κακοπαθῶν,*
und weiter unten: *οὔτε γῆς εὐπό-
ρου κρατοῦντας* u. s. w. Unten c.
85, 2 will er aufbrechen, *ut commodiore re frumentaria uteretur.*
— *plenis frumentorum* (s. das Ver-
zeichn. der Lesarten), wie 2. 37, 6.
— *quae prope iam matura erant.* In
Thessalien findet die Ernte Anfang
Juni statt. — *eoque omnem belli rationem conferre:* dahin, in diese Gegend die ganze Kriegsführung zu
verlegen, die Gegend zum Kriegsschauplatz zu machen.

82. 1. *Pomp. — in Thessaliam
venit.* 'wie es scheint, die egnatische
Chaussee bis Pella verfolgend und
dann die grosse Strasse nach Süden
einschlagend' Mommsen p. 408. —
apud cunctum exerc.: 1. 7, 1. —
receptis in castr. leg.: 1. 35, 5. —
classicum apud eum cani. Classicum ist ein Zeichen, welches der
Feldherr mit der tuba zu verschiedenen Zwecken geben lässt. Sind
zwei Ober-Feldherren im Lager, so
muss jedes solches Zeichen zweimal
gegeben werden. Das war so sehr
Sitte, dass nicht einmal der Consul
Nero davon abwich, als er sich vor
der Schlacht bei Sena heimlich mit
seinem Collegen Livius vereinigt
hatte, obwohl ihm sehr viel darauf
ankam, den Feind über seine Anwesenheit zu täuschen. Vergl. Li-

piis Pompei duobusque magnis exercitibus coniunctis pristina
omnium confirmatur opinio, et spes victoriae augetur, adeo ut,
quidquid intercederet temporis, id morari reditum in Italiam
3 videretur, et si quando quid Pompeius tardius aut consideratius
faceret, unius esse negotium diei, sed illum delectari imperio et
consulares praetoriosque servorum habere numero dicerent.
4 Iamque inter se palam de praemiis ac sacerdotiis contendebant
in annosque consulatum definiebant, alii domos bonaque eorum,
5 qui in castris erant Caesaris, petebant; magnaque inter eos in
consilio fuit controversia, oporteretne Lucili Hirri, quod is a Pompeio ad Parthos missus esset, proximis comitiis praetoriis absentis rationem haberi, cum eius necessarii fidem implorarent
Pompei, praestaret, quod proficiscenti recepisset, ne per eius

vius 27. 47, 5: *Illud veterem ducem
(Hasdrubalem) adsuetumque Romano hosti movit, quod semel in praetoriis castris signum, bis in consularibus referebant cecinisse. Duos
profecto consules esse et quonam
modo alter ab Hannibale abscessis-
set cura angebat.* 'Um die eifer-
süchtigen Optimaten zu beschwich-
tigen, bewilligte er ihm die Ehre des
Oberbefehls; Scipio bildete in demselben Lager ein besonderes Hauptquartier, er war demnach befugt, die
Anführer und Soldaten zu versammeln und anzureden, dem Heere
Zeichen zu geben und das Losungs-
wort —; die Einheit hörte auf, wenn
der neue Befehlshaber sich seiner
Rechte überhob. Man findet zwar
nicht, dass er seinem Schwiegersohne
in jener Eigenschaft hinderlich
wurde, übrigens duldete auch er
keinen Verzug, weil man dadurch
an sich selbst zu freveln schien'
Drumann 3. p. 506.

2. u. 3. *ut quidquid – videretur*
ganz s. 2. 39, 5. Die Hast, mit der
den Pomp. seine höheren Officiere
und Begleiter, die übermütbig gemacht durch den Erfolg bei Dyrrhachium, den Sieg für unzweifelhaft
hielten und durch die Bedenklich-
keiten des Oberfeldherrn in ihrer
Hoffnung, die Früchte des Sieges in
Rom zu geniessen, sich hingehalten sahen, zu der entscheidenden
Schlacht drängten, schildern auch
Plut. Pomp. 67. Caes. 41 Cass. Dio
42. 5. App. 2. 67. Pomp. dagegen
hoffte noch immer, den Krieg in die
Länge zu ziehen und so Caesar's Heer
durch Hunger und Entbehrung auf-
reiben zu können (App. a. a. O.) —
servorum numero: 2. 44, 1.

4. *in annos*, 'auf Jahre hinaus',
Zumpt § 315. — *alii domos – petebant.* Cic. ad Att. 11. 6, 2: *me
discessisse ab armis numquam pae-
nituit; tanta erat in illis crudelitas
– ut non nominatim, sed generatim proscriptio esset informata, ut
iam omnium iudicio constitutum
esset omnium vestrum bona praedam esse illius victoriae;* u. § 6: *L.
vero Lentulus Hortensii domum sibi
et Caesaris hortos et Baias despon-
derat.*

5. *Lucili Hirri.* S. 1. 15, 5. Er
war zu dem König der Parther, Orodes, geschickt worden, um, wie von
anderen auswärtigen Fürsten (c. 3,
4) Hülfe von ihm zu verlangen. Dieser forderte dafür, dass ihm Syrien
abgetreten würde, und als ihm dies
nicht bewilligt wurde, warf er den
Gesandten ins Gefängniss. — *proximis comitiis.* Ueber den Ablat. als
Zeitbestimmung s. Zumpt § 475
Anm. — *proficiscenti recepisset:*
für ihn auf sich genommen, ihm ga-

auctoritatem deceptus videretur, reliqui, in labore pari ac periculo
ne unus omnes antecederet, recusarent.

83. Iam de sacerdotio Caesaris Domitius, Scipio Spintherque Lentulus cotidianis contentionibus ad gravissimas verborum
contumelias palam descenderunt, cum Lentulus aetatis honorem
ostentaret, Domitius urbanam gratiam dignitatemque iactaret,
Scipio affinitate Pompei confideret. Postulavit etiam L. Afranium 2
proditionis exercitus Acutius Rufus apud Pompeium, quod gestum
in Hispania diceret. Et L. Domitius in consilio dixit placere sibi 3
bello confecto ternas tabellas dari ad iudicandum iis, qui ordinis
essent senatorii belloque una cum ipsis interfuissent, sententiasque de singulis ferrent, qui Romae remansissent quique intra
praesidia Pompei fuissent neque operam in re militari praestitissent: unam fore tabellam, qui liberandos omni periculo cen- 4

rantirt hätte; c. 17, 2. — *per eius
auctoritatem.* S. zu B. G. 1. 46, 3:
per fidem deceptos (8. 49, 3), oben
c. 85, 3: *per colloquium deceptos.* —
in labore pari ac periculo: bei gleicher Mühe und Gefahr. — *ne – antecederet, recusarent:* sich dagegen
erklärten, es nicht zugeben wollten,
dass — 'sich gegen die ausschliessliche Bevorzugung eines einzelnen
erklärten' Nägelsbach Stil. p. 112.

83. 1. *De sacerdotio Caes.:* er
war seit 63 Pontifex maximus. —
Domitius, der oben öfter (1. 6, 5.
15, 6. 22 u. 23 u. ö.) genannte L.
Domitius Ahenobarbus, 'der Held von
Corfinium'. — *Spinther Lentulus:*
1. 15, 3. 22, 1. Ueber die Stellung
der Namen s. zu 2. 33, 4.

2. *postulavit Afranium prod.
exerc.* S. 1. 85, 1. Wie er auf den
Vorwurf der Bestechung antwortete
s. Plut. Pomp. 67. Caes. 41: Ἀφράνιος δὲ διαβαλλόμενος ἐπὶ χρήμασι προδοῦναι τὸν στρατὸν ἠρώτα, διὰ τί πρὸς τὸν ἔμπορον οὐ
μάχονται τὸν ἐωνημένον παρ' αὐτοῦ τὰς ἐπαρχίας. Die Anklage
bezweckte die Ausschliessung des
Afranius von einem zweiten Consulate. — *quod gestum in Hisp. diceret. Quod* bezieht sich etwas locker
auf den Inhalt des Hauptsatzes, auf

das *prodere.* Der ganze Satz ist
für unächt gehalten worden; nöthig
freilich ist der auch eigenthümlich
gefasste Zusatz nicht. Aehnlich und
eben so verdächtigt Liv. 5. 21, 16:
*captae deinde urbis Romanae, quod
post paucos accidit annos,
cladem.* — Der Coniunctiv *diceret,*
wie 1. 20, 3: *eam oppidi partem,
quae munitissima videretur.*

3. *sententiasque – ferrent,* Wechsel der Structur nach *placere,* wie
B. G. 2. 10, 4: *constituerunt optimum esse, domum suam quemque
reverti et — undique convenirent.* —
qui Romae remansissent. Suet. Nero 2: *Consultante autem Cn. Pompeio de mediis ac neutram partem
sequentibus, solus* (Domitius) *censuit hostium numero habendos.*
Vgl. dens. Caes. 75. Cic. ad Att. 11.
6, 6: *omnes enim, qui in Italia manserant, hostium numero habebantur.*
S. Einl. p. 19. — *quique – praestitissent.* Auf diese Weise konnte bei
der allgemeinen Jagd nach Ehrenstellen noch mancher Nebenbuhler
beseitigt werden.

4. *tabellam, qui censerent* d. i.
eorum (oder *iis:* für die, welche)
qui cens. Die Auslassung des pron.
demonstr. ist dann für uns auffallend,
wenn es in einem anderen Casus

serent; alteram, qui capitis damnarent; tertiam, qui pecunia mul-
5 tarent. Postremo omnes aut de honoribus suis aut de praemiis
pecuniae aut de persequendis inimicitiis agebant nec, quibus
rationibus superare possent, sed, quemadmodum uti victoria deberent, cogitabant.

84. Re frumentaria praeparata confirmatisque militibus et
satis longo spatio temporis a Dyrrhachinis proeliis intermisso,
quo satis perspectum habere militum animum videretur, tem-
ptandum Caesar existimavit, quidnam Pompeius propositi aut
2 voluntatis ad dimicandum haberet. Itaque ex castris exercitum
eduxit aciemque instruxit, primo suis locis pauloque a castris
Pompei longius, continentibus vero diebus, ut progrederetur a
castris suis collibusque Pompeianis aciem subiceret. Quae res
3 in dies confirmatiorem eius exercitum efficiebat. Superius tamen
institutum in equitibus, quod demonstravimus, servabat, ut, quoniam numero multis partibus esset inferior, adulescentes atque
expeditos ex antesignanis electis ad pernicitatem armis inter
equites proeliari iuberet, qui cotidiana consuetudine usum quoque
4 eius generis proeliorum perciperent. His erat rebus effectum,
ut equitum mille etiam apertioribus locis septem milium Pompeianorum impetum, cum adesset usus, sustinere auderent neque
5 magnopere eorum multitudine terrerentur. Namque etiam per eos
dies proelium secundum equestre fecit atque unum Allobrogem
ex duobus, quos perfugisse ad Pompeium supra docuimus, cum
quibusdam interfecit.

steht, als das Relativum; so c. 78, 5.
B. G. 7. 31, 2, und zu 4. 7, 3. Vgl.
besonders die Ellipse des Dativs in
Gesetzformeln, wie Cic. de Legg. 2.
8, 21: *quique non paruerit, capital
esto.*

5. *Postremo:* überhaupt, kurz. —
de praemiis pecuniae, wie c. 58, 2
praemia rei pecuniariae.

84. 1. *quo – videretur:* so lange
Zeit, dass er in derselben —. — *militum animum:* 2. 34, 6.

2. *suis locis:* auf seinem, von ihm
gewählten und beherrschten, also
für ihn günstigen Terrain vor seinem Lager; erst nach und nach
rückte er dem auf der Höhe stehenden Pomp. näher, daher im Folg. *ut*
(ita ut) *progr. a castris suis collibusque Pomp. ac. subiceret* und c. 85,

1: *exspectans, si iniquis locis C. se
subiceret.* S. zu 1. 61, 3. 3. 44, 6.
— *a castris Pompei.* Nach App. 2.
65 war das Lager des Pomp. 30 Stadien von dem Cäsars entfernt. —
confirmatiorem. Das Heer gewann
an Selbstvertrauen, weil man meinte,
dass Pomp. den Kampf nicht wage.
(Sammlung comparirter Participia
bei Nägelsb. Stil. p. 190).

3. *Superius institutum:* c. 75, 5.
— *multis partibus:* c. 80. 2. — *ad
pernicitatem* ist mit *electis* zu verbinden; sie kämpften mit leichteren
für sie gewählten Schutzwaffen, damit sie behender wären.

4. *equitum mille.* S. zu B. G. 1.
25, 5. — *cum adesset usus:* Bedürfniss, Nothwendigkeit. S. zu B. G.
7. 80, 1: *si usus veniat.*

5. *supra:* c. 59.

85. Pompeius, qui castra in colle habebat, ad infimas radices
montis aciem instruebat semper, ut videbatur, exspectans, si iniquis locis Caesar se subiceret. Caesar nulla ratione ad pugnam 2
elici posse Pompeium existimans, hanc sibi commodissimam belli
rationem iudicavit, uti castra ex eo loco moveret, semperque esset
in itineribus, haec spectans, ut movendis castris pluribus adeundis
locis commodiore re frumentaria uteretur, simulque in itinere
ut aliquam occasionem dimicandi nancisceretur et insolitum ad
laborem Pompei exercitum cotidianis itineribus defatigaret. His 3
constitutis rebus, signo iam profectionis dato tabernaculisque
detensis animadversum est paulo ante extra cotidianam consuetudinem longius a vallo esse aciem Pompei progressam, ut non
iniquo loco posse dimicari videretur. Tunc Caesar apud suos, 4
cum iam esset agmen in portis, 'Differendum est', inquit, 'iter in
praesentia nobis et de proelio cogitandum, sicut semper de-
poposcimus. Animo simus ad dimicandum parati: non facile
occasionem postea reperiemus', confestimque expeditas copias
educit.

86. Pompeius quoque, ut postea cognitum est, suorum
omnium hortatu statuerat proelio decertare. Namque etiam in
consilio superioribus diebus dixerat, priusquam concurrerent
acies, fore uti exercitus Caesaris pelleretur. Id cum essent ple- 2
rique admirati, 'Scio me', inquit, 'paene incredibilem rem polliceri; sed rationem consilii mei accipite, quo firmiore animo in
proelium prodeatis. Persuasi equitibus nostris (idque mihi fa- 3

---

85. 1. *iniquis locis se subiceret*,
da die Stellung des Pompeius, so
lange er nicht ganz von der Höhe
herabgerückt war, diesem Vortheile
gewährte, weswegen eben Cäsar
nicht angriff, bis jener die Ebene
betreten hatte, *ut non iniquo loco
posse dimicari videretur* § 3. S. zu
c. 56, 1.

2. *commodiore re frumentaria
uteretur*. Lucan 7. 236: *ad segetum
raptus maturus signa*. — *insolitum
ad laborem*, wie 1. 78, 2: *corpora
insueta ad onera portanda*; sonst,
wie *insuetus*, mit dem Genitiv. Wie
sehr die Soldaten des Pomp. denen
Cäsar's an Marschirfähigkeit nach-
standen, hatte der Marsch von Dyrrhachium aus hinlänglich gezeigt.

3. *profectionis*. Plut. Pomp. 68.
Caes. 43: ὡς ἐπὶ Σκοτούσσης
ὁδεύων ἀνεζεύγνυεν. — *detensis*
vom Abbrechen der aufgespanoten
Zelte (*tendere* B. G. 6. 37, 2); so
Liv. 41. 3, 1: *nautici tabernacula
detendunt*.

4. *animo parati*. S. zu 2. 34, 6.
Plut Pomp. 68: ὁ οὖν Καῖσαρ εἰ-
πὼν τὴν προσδοκωμένην ἥκειν
ἡμέραν, ἐν ᾗ πρὸς ἄνδρας, οὐ πρὸς
λιμὸν οὐδὲ πενίαν μαχοῦνται, κατὰ τάχος πρὸ τῆς σκηνῆς ἐκέλευσε
προθεῖναι τὸν φοινικοῦν χιτῶνα·
τοῦτο γὰρ μάχης Ῥωμαίοις ἐστὶ
σύμβολον. Οἱ δὲ στρατιῶται θεα-
σάμενοι μετὰ βοῆς καὶ χαρᾶς τὰς
σκηνὰς ἀφέντες ἐφέροντο πρὸς
τὰ ὅπλα.

cturos confirmaverunt) ut, cum propius sit accessum, dextrum
Caesaris cornu ab latere aperto aggrederentur et circumventa ab
tergo acie prius perturbatum exercitum pellerent, quam a nobis
4 telum in hostem iaceretur. Ita sine periculo legionum et paene
sine vulnere bellum conficiemus. Id autem difficile non est,
5 cum tantum equitatu valeamus'. Simul denuntiavit, ut essent
animo parati in posterum et, quoniam fieret dimicandi potestas,
ut saepe cogitavissent, ne usu manuque reliquorum opinionem
fallerent.

87. Hunc Labienus excepit et, cum Caesaris copias despi-
2 ceret, Pompei consilium summis laudibus efferret, 'Noli', inquit,
'existimare, Pompei, hunc esse exercitum, qui Galliam Germaniamque devicerit. Omnibus interfui proeliis neque temere in-
3 cognitam rem pronuntio. Perexigua pars illius exercitus superest;
magna pars deperiit, quod accidere tot proeliis fuit necesse, multos autumni pestilentia in Italia consumpsit, multi domum dis-
4 cesserunt, multi sunt relicti in continenti. An non audistis ex iis,
qui per causam valetudinis remanserunt, cohortes esse Brundisi
5 factas? Hae copiae, quas videtis, ex delectibus horum annorum
in citeriore Gallia sunt refectae, et plerique sunt ex coloniis Trans-
padanis. Ac tamen quod fuit roboris duobus proeliis Dyrrha-
6 chinis interiit'. Haec cum dixisset, iuravit se nisi victorem in
castra non reversurum reliquosque, ut idem facerent, hortatus
est. Hoc laudans Pompeius idem iuravit; nec vero ex reliquis
7 fuit quisquam, qui iurare dubitaret. Haec cum facta sunt in con-

---

86. 3. *ab latere aperto* (B. G. 1.
25, 6): auf der durch das Terrain
nicht gedeckten Flanke, die zersprengt und dann im Rücken angegriffen werden sollte, während Cäsar's linker Flügel sich an den Enipeus lehnte und so gedeckt war.

5. *ut saepe cogitavissent* (wofür,
da man es für matt hielt, *agitavis-
sent*, *rogitavissent*, *flagitavissent*,
optavissent vorgeschlagen worden
ist) bildet einen passenden Gegensatz zu *usu manuque*: sie sollten,
da es nun zum Kampfe komme, wie
sie schon oft gedacht, mit dem sie
sich schon oft im Geiste beschäftigt
hätten, nun auch durch die praktische Ausführung ihres Gedankens
('cum ventum est ad rem, cum manibus utendum, facto opus est' Mo-

rus) der Erwartung der Uebrigen,
d. i. der beim Kriegsrathe (§ 1 u. c.
87, 7) nicht gegenwärtigen Soldaten
(des übrigen Heeres) entsprechen.
Die Erklärung von *usu* 'Kriegserfahrung' ist hier unpassend.

87. 1. *Lab. excepit:* auf ihn
folgte Lab. S. 2. 7, 3. B. G. 7. 88,
2. — *despiceret:* sich verächtlich
äusserte über —.

3. *autumni pestilentia – consumpsit.* S. c. 2, 3.

4. *per causam valetudinis.* - S. c.
24, 1: aus denen, die angeblich wegen Krankheit zurückgeblieben waren, wurden ganze Cohorten gebildet.

5. *horum annorum:* der beiden
letzten Jahre. — *ac tamen:* und
hätte er auch (im Gegensatz zu der

silio, magna spe et laetitia omnium discessum est; ac iam animo victoriam praecipiebant, quod de re tanta et a tam perito imperatore nihil frustra confirmari videbatur.

88. Caesar, cum Pompei castris appropinquasset, ad hunc modum aciem eius instructam animadvertit. Erant in sinistro cornu legiones duae traditae a Caesare initio dissensionis ex senatusconsulto; quarum una prima, altera tertia appellabatur. In eo loco ipse erat Pompeius. Mediam aciem Scipio cum legionibus Syriacis tenebat. Ciliciensis legio coniuncta cum cohortibus Hispanis, quas traductas ab Afranio docuimus, in dextro cornu erant collocatae. Has firmissimas se habere Pompeius existimabat. Reliquas inter aciem mediam cornuaque interiecerat numeroque cohortes ex expleverat. Haec erant milia xlv, evocatorum circiter duo, quae ex beneficiariis superiorum exercituum ad eum convenerant; quae tota acie disperserat. Reliquas cohortis vii in castris propinquisque castellis praesidio disposuerat. Dextrum cornu eius rivus quidam impeditis ripis muniebat; quam ob causam cunctum equitatum, sagittarios funditoresque omnes in sinistro cornu obiecerat.

vorhergehenden Bemerkung, dass die Truppen zumeist neu geworben seien) noch alte Kerntruppen, so sind diese doch bei Dyrrhachium zu Grunde gegangen. Ueber *ac tamen* s. zu c. 37, 3.

88. 1. Die Schlacht bei Pharsalus am 9. Aug. Cäsar giebt keine näheren, zur Bestimmung des Schlachtfelds dienenden Andeutungen; nicht einmal der Name Pharsalus wird genannt. 'Cäsar's Schlachten haben keine Namen' Napoleon. S. das geograph. Register unter Pharsalus. — *legiones duae traditae a Caesare.* S. 1. 2, 3. Einl. p. 11. — *In eo loco ipse erat Pompeius.* Unter ihm commandirte den linken Flügel Domitius Ahenobarbus. Plut. Caes. 44. App. 2. 76.

2. *Ciliciensis legio:* c. 4, 1. — *quas traductas ab Afranio docuimus.* Die Ankunft der Afranianischen Cohorten wird nirgends erwähnt. Wahrscheinlich ist es geschehen in dem nach c. 50. ausgefallenen Stücke. S. Nipperdey p. 161. — *in dextro*

cornu, wo Lentulus commandirte. App. 2. 76.

4. *Haec erant milia XLV.* Pomp. hatte nach c. 4, 1 neun Legionen. Dazu kamen ausser den 2000 Evocaten die 15 Cohorten des Antonius (c. 4, 2); ferner die Cohorten des Afranius, deren Anzahl nicht angegeben wird, und die beiden Legionen des Scipio. Von dieser Gesammtmasse standen also 110 Coh. in der Schlacht; 7 waren im Lager und den Redouten, und 18 Coh. unter Cato's Commando in Dyrrhachium geblieben. Die Truppen, die Cäsar entgegenzusetzen hatte, s. c. 89, 2. — *evocatorum.* S. zu 1. 3, 3. *Beneficiarii.* S. zu 1. 75, 2. — *quae tota acie disperserat.* Cäsar erwähnt dies ausdrücklich, weil er selbst einen anderen Grundsatz befolgte, und die Evocati als eine geschlossene Truppe zusammenhielt.

5. *rivus quidam,* nach Frontin u. Appian der Enipeus. S. das geogr. Register unter Pharsalus. — *quam ob causam – obiecerat.* Eben weil

89. Caesar superius institutum servans decimam legionem in dextro cornu, nonam in sinistro collocaverat, tametsi erat Dyrrhachinis proeliis vehementer attenuata et huic sic adiunxit octavam, ut paene unam ex duabus efficeret, atque alteram alteri 2 praesidio esse iusserat.*Cohortes in acie lxxx constitutas habebat, quae summa erat milium xxii; cohortes ii castris praesidio reliquerat. Sinistro cornu Antonium, dextro P. Sullam, media acie Cn. Domitium praeposuerat. Ipse contra Pompeium constitit. 3 Simul his rebus animadversis, quas demonstravimus, timens, ne a multitudine equitum dextrum cornu circumveniretur, celeriter

sein rechter Flügel (und der linke Caesar's) sich an den Bach lehnte und von diesem gedeckt war, brauchte er hier keine Reiterei, sondern hatte sie auf dem linken Flügel concentrirt, c. 86, 3.

89. 2. *Cohortes in acie LXXX const. habebat.* Cäsar hatte nach Antonius Ankunft in Griechenland 11 Legionen (c. 29). Von diesen liess er, als er die Belagerung von Dyrrhachium aufgab, 4 Cohorten in Apollonia, 1 in Lissus, 3 in Oricum (c. 78) und hatte schon vorher 15 Cohorten entsendet (c. 34), mit denen Fufius Calenus Achaja angreifen sollte (c. 55). Diese Truppen fehlten ihm nachweislich bei Pharsalus; er hätte hier also 87 Cohorten haben müssen. Dass er selbst nur 82 Cohorten als hier zu seiner Verfügung stehend angiebt, kann auf verschiedene Weise erklärt werden. Heller, Philol. xix, p. 527 meint, die II cohortes Lagerbesatzung wären in vii zu verwandeln, denn niemals hätte Cäsar so wenige Mannschaft zur Deckung des Lagers zurückgelassen (vergl. b. Gall. i, 24; ii, 8; v, 9; vi, 7; vii, 49, 51; vii, 60; vii, 69; b. civ. i. 41; i. 80); er hätte auch noch hinzufügen können, dass Appian b. civ. ii. 74 ausdrücklich sagt, Cäsar hätte das Lager mit 2000 Kerntruppen besetzt gehalten, was, da Cäsars Cohorten damals ungefähr 275 Mann stark waren, gerade 7 Cohorten ausmacht. Dies scheint mir die einfachste Lösung der

Schwierigkeit zu sein. Man könnte aber auch annehmen, Cäsar hätte entweder 5 Cohorten zur Besetzung der kurz vor der Schlacht eingenommenen thessalischen Städte verwendet, oder er hätte dem Fufius Calenus, der gar keine eigenen Truppen bekam (c. 55), 5 Cohorten mitgegeben, so dass er im Ganzen 2 Legionen gehabt hätte, was, wenn man die Thätigkeit des Calenus in Achaja verfolgt, (vergl. c. 106 u. b. Alex.) sehr wahrscheinlich erscheint. Uebrigens sind von den 8 Legionen, die Cäsar bei Pharsalus in Schlachtordnung hatte, die Nummern von 6 noch zu ermitteln; es waren die vi (b. civ. iii, 106, b. Alex. 69), viii, ix, x, (c. 89) xi u. die xii, (c. 34). — *milium XXII.* Dieselbe Angabe hat Plut. Caes. 42. Pomp. 69. App. 2. 70. Oros. 6. 15 hat 80 Coh. u. 30000 M. — *P. Sullam:* c. 51, 1. — *Cn. Domitium* (Calvinum), mit dem er sich c. 79, 7 vereinigt hatte. Er hatte also im Centrum seinen früheren Gegner Scipio sich gegenüber. — *Sinistro cornu* - *media acie praeposuerat,* absolut = hatte im Centrum zum Anführer gemacht, ganz wie c. 12, 1; *ibi praeerat* u. 28, 2: *Lissi praeerat.* — *Ipse contra Pomp. constitit,* also auf dem rechten Flügel, dem linken des Pomp. gegenüber, bei der vom gallischen Kriege her bewährten zehnten Legion, die er hier, wo der stärkste Angriff zu erwarten war, aufgestellt hatte. Αὐτὸς δ' ἐπικαίρως συνετάσσετο

ex tertia acie singulas cohortes detraxit atque ex his quartam
instituit equitatuique opposuit et, quid fieri vellet, ostendit mo-
nuitque eius diei victoriam in earum cohortium virtute constare.
Simul tertiae aciei totique exercitui imperavit, ne iniussu suo 4
concurreret: se, cum id fieri vellet, vexillo signum daturum.

90. Exercitum cum militari more ad pugnam cohortaretur
suaque in eum perpetui temporis officia praedicaret, imprimis
commemoravit: Testibus se militibus uti posse, quanto studio 2
pacem petisset; quae per Vatinium in colloquiis, quae per A. Clodium cum Scipione egisset, quibus modis ad Oricum cum Libone
de mittendis legatis contendisset. Neque se umquam abuti mili- 3
tum sanguine neque rempublicam alterutro exercitu privare voluisse. Hac habita oratione exposcentibus militibus et studio 4
pugnae ardentibus tuba signum dedit.

91. Erat Crastinus evocatus in exercitu Caesaris, qui superiore anno apud eum primum pilum in legione x duxerat, vir singulari virtute. Hic signo dato, 'Sequimini me', inquit, 'manipulares mei qui fuistis, et vestro imperatori quam constituistis operam
date. Unum hoc proelium superest; quo confecto et ille suam 2
dignitatem et nos nostram libertatem recuperabimus'. Simul re- 3
spiciens Caesarem, 'Faciam', inquit, hodie, 'imperator, ut aut vivo
mihi aut mortuo gratias agas'. Haec cum dixisset, primus ex

τῷ δεκάτῳ τέλει, καθάπερ ἦν
ἔθος αὐτῷ App. 2. 76.

3. *ex tertia acie singulas coh. detraxit.* Nach c. 93, 4 bestand dieses
vierte Treffen aus 6 Cohorten. Da
nun *singulas cohortes detraxit* nicht
wohl etwas anderes bedeuten kann,
als: er entnahm jeder in der tertia
acies aufgestellten Legion eine Cohorte, so ist anzunehmen, dass der
neunten und achten Legion, weil sie
zu sehr geschwächt waren, keine
Cohorten entzogen sind. Frontin.
2. 3, 22: *Sex* (cohortes) *dextro latere conversas in obliquum,
unde equitatum hostium exspectabat, collocavit.* Lucan. 7. 521: *Caesar
metuens, ne frons sibi prima labo-
ret Incursu, tenet obliquas post
signa cohortes.* — in *earum cohortium virtute constare:* 1. 85, 3. 3.
11, 3. B. G. 7. 21, 3.

4. *vexillo,* mit einer purpurnen
Fahne ward, wie bei Beginn der
Schlacht, so hier während des Kampfes das Signal zum Angriff einzelner Heeresabtheilungen gegeben.

90. 1. *suaque in eum officia.* S.
zu 1. 34, 3. B. G. 5. 54, 2. — *perpetui temporis:* 1. 7, 1: *omnium
temporum iniurias inimicorum.*

2. *per Vatinium:* c. 19, 2; *per
Clodium:* c. 57, 1; *cum Libone:* c.
16 und 17.

91. 1. *qui fuistis,* als ich euer
Primipilus war. S. Kriegsw. § 20.

3. *primus ex dextro cornu procucurrit.* Der Angriff erfolgt also
zunächst von dem rechten Flügel
(Offensivflügel), während der andere
sich zuvörderst beobachtend verhält und gewissermassen als Reserve aufgespart wird (rechte
schiefe Schlachtordnung).S.Kriegsw.
§ 15. (Köchly u. Rüstow Gesch.
des griech. Kriegswesens p. 179 u.
folg.). Welcher Flügel die Schlacht
beginnt, hängt von den Umständen

dextro cornu procucurrit, atque eum electi milites circiter cxx voluntarii eiusdem centuriae sunt prosecuti.

92. Inter duas acies tantum erat relictum spatii, ut satis esset ad concursum utriusque exercitus. Sed Pompeius suis praedixerat, ut Caesaris impetum exciperent neve se loco moverent aciemque eius distrahi paterentur; idque admonitu C. Triarii fecisse dicebatur, ut primus excursus visque militum infringeretur aciesque distenderetur atque in suis ordinibus dispositi dispersos adorirentur; leviusque casura pila sperabat in loco retentis militibus, quam si ipsi immissis telis occucurrissent, simul fore, ut duplicato cursu Caesaris milites exanimarentur et lassitudine conficerentur. Quod nobis quidem nulla ratione factum a Pompeio videtur, propterea quod est quaedam animi incitatio atque alacritas naturaliter innata omnibus, quae studio pugnae incenditur. Hanc non reprimere, sed augere imperatores debent; neque

ab; Cäsar scheint, wenn keine besonderen Gründe das Gegentheil nöthig machten, immer mit dem rechten zuerst angegriffen zu haben, weswegen hier auch immer die tüchtigsten Legionen, wie die zehnte, standen. — *CXX eiusdem centuriae sunt prosec.* Ueber die Stärke der ersten Centurie s. Kriegsw. §12. Anm. 3. [Rüstow p. 30 lässt die ganze Truppe, der der Evocat Crastinus vorsteht, aus Evocaten bestehen, und meint, dass er zwar den Pilanenmanipel der 10. Legion aus seiner Truppe heraus anrede, dass aber nicht dieser, sondern eine Abtheilung jener Evocatentruppe ihm gefolgt sei. Was soll aber dann *eiusdem centuriae* heissen? Göler p. 96 liest: *atque eum electi milites circiter centum, et viginti voluntarii eiusdem centuriae sunt prosecuti*].

92. 1. *ut exciperent neve — moverent aciemque — paterentur.* Ueber das Verhältniss dieser Sätze zu einander s. zu B. G. 2. 21, 2: *ut pristinae virtutis memoriam retinerent neu perturbarentur animo hostiumque impetum fortiter sustinerent.* — *aciem distrahi.* Pomp. wollte, dass die Linien der Feinde durch den Anlauf sich lockern und seine Leute dann in guter Ordnung (*in suis ordinibus dispositi* § 2.) in die weniger geschlossenen Reihen der Feinde einfallen sollten.

2. *C. Triarii:* c. 5, 3. — *leviusque casura pila:* mit geringerer Kraft auffallen. B. G. 3. 14, 4: *ut tela — missa ab Gallis gravius acciderent.* (S. Rüstow p. 51). — *duplicato cursu,* da sie den ganzen Zwischenraum zwischen den beiden Linien zu durchlaufen hätten, indem ihnen die Pompeianer nicht, wie sonst bei dem gegenseitigen Anlauf, auf halbem Wege entgegenkämen. Wie die kampfgewohnten Truppen sich dagegen verhielten, s. c. 93, 1.

3. *nulla ratione:* imprudenter, inconsulte, weil ohne Berücksichtigung der Natur des Menschen, auf die der Feldherr zu achten hat. — *naturaliter,* das man für unclassisch gehalten hat, Cic. de Div. 1. 60, 113: *animus hominis naturaliter divinat.* Die pleonastische Ausdrucksweise *nat. innata* haben wir auch. Zur Sache vergl. App. 2. 79. Plut. Caes. 44: Καῖσαρ δὲ καὶ περὶ τοῦτο διαμαρτεῖν φησιν αὐτὸν ἀγνοήσαντα τὴν μετὰ δρόμου καὶ φορᾶς ἐν ἀρχῇ γινομένην σύρραξιν, ὡς ἔν τε ταῖς πληγαῖς βίαν προστίθησι καὶ συνεκκαίει τὸν θυμὸν ἐκ πάντων ἀναρριπιζόμενον. —

frustra antiquitus institutum est, ut signa undique concinerent clamoremque universi tollerent; quibus rebus et hostes terreri et suos incitari existimaverunt.

93. Sed nostri milites dato signo cum infestis pilis procucurrissent atque animadvertissent non concurri a Pompeianis, usu periti ac superioribus pugnis exercitati sua sponte cursum represserunt et ad medium fere spatium constiterunt, ne consumptis viribus appropinquarent, parvoque intermisso temporis spatio ac rursus renovato cursu pila miserunt celeriterque, ut erat praeceptum a Caesare, gladios strinxerunt. Neque vero 2 Pompeiani huic rei defuerunt. Nam et tela missa exceperunt et impetum legionum tulerunt et ordines conservaverunt pilisque missis ad gladios redierunt. Eodem tempore equites ab sinistro 3 Pompei cornu, ut erat imperatum, universi procucurrerunt, omnisque multitudo sagittariorum se profudit. Quorum impetum noster equitatus non tulit, sed paulatim loco motus cessit, equitesque Pompei hoc acrius instare et se turmatim explicare aciemque nostram a latere aperto circumire coeperunt. Quod ubi 4 Caesar animadvertit, quartae aciei, quam instituerat sex cohortium, dedit signum. Illi celeriter procucurrerunt infestisque signis 5 tanta vi in Pompei equites impetum fecerunt, ut eorum nemo consisteret omnesque conversi non solum loco excederent, sed protinus incitati fuga montes altissimos peterent. Quibus sum-

---

signa concinerent: ertönen; *signa* ist Nominativ (nicht Accusativ von *concinerent,* näml. *tubicines,* abhängig, wie Sall. Iug. 99, 1: *tubicines, signa canere iussit);* so *signa, tubae canunt;* Liv. 9. 32, 6. 30. 5. 2: *ubi signa concinuissent.*

93. 2. *infestis pilis,* indem sie die pila wurfbereit erhoben halten. Vergl. das häufige *infestis signis* (§ 5, B. G. 6. 8, 6 u. ö.) von dem in Schlachtordnung auf den Feind losgehenden, gefechtsbereiten Heere.

2. *huic rei defuerunt:* c. 79, 1. — *ad gladios redierunt,* als zu dem letzten Act, der, nachdem die Wurfgeschosse verbraucht sind, übrig war; vergl. das bekannte *res ad triarios redit.* Die tapfere Gegenwehr des feindlichen Flügels, der den Stoss tapfer aushielt und die Schlacht zum Stehen brachte, lässt

die Massregel nicht als so verfehlt erscheinen, wie sie Cäsar darstellt, der nur den psychologischen Grund hervorhebt. App. 2. 79: καὶ τόδε τινὲς αὐτοῦ (Πομπηΐου) τὸ στρατήγημα ἐπαινοῦσιν ὡς ἄριστον ἐν περικυκλώσει ὁ δὲ Καῖσαρ ἐν ταῖς ἐπιστολαῖς καταμέμφεται.

3. *equites – procucurrerunt,* unter Anführung des Labienus, der seinen Schwur (c. 87, 6) bei der allgemeinen Flucht der Reiter bald vergessen sollte. — *turmatim se explicare:* sich schwadronenweis zu entwickeln, d. i. ihre Schwadronen auszudehnen, indem sie sich durch eine Schwenkung nach der offenen Flanke der Feinde wendeten, wo sie von der *quarta acies* (c. 89, 3) empfangen wurden.

5. *incitati fuga m. alt. peterent,* wie c. 46, 5 u. I. 79, 5 *incitati cursu*

motis omnes sagittarii funditoresque destituti inermes sine prae-
6 sidio interfecti sunt. Eodem impetu cohortes sinistrum cornu
pugnantibus etiam tum ac resistentibus in acie Pompeianis cir-
cumierunt eosque a tergo sunt adorti.

94. Eodem tempore tertiam aciem Caesar, quae quieta
2 fuerat et se ad id tempus loco tenuerat, procurrere iussit. Ita
cum recentes atque integri defessis successissent, alii autem a
tergo adorirentur, sustinere Pompeiani non potuerunt atque uni-
3 versi terga verterunt. Neque vero Caesarem fefellit, quin ab iis
cohortibus, quae contra equitatum in quarta acie collocatae essent,
initium victoriae oriretur, ut ipse in cohortandis militibus pro-
4 nuntiaverat. Ab his enim primum equitatus est pulsus, ab isdem
factae caedes sagittariorum ac funditorum, ab isdem acies Pompeiana a sinistra parte circumita atque initium fugae factum.

= in eiliger Flucht, denn auch *fuga*
scheint richtiger zu *incitati* bezogen
zu werden, wiewohl *fuga locum petere* ein sehr gewöhnlicher Ausdruck
ist. — *destituti*, da die Reiter flohen. — *inermes*, gewiss nicht 'weil
sie die Waffen weggeworfen hatten',
sondern 'wehrlos', da sie, nur zum
Kampf aus der Ferne bestimmt, weder Schutzwaffen noch Waffen zum
Gefecht in der Nähe hatten. So also
von der Reiterei verlassen und wehrlos waren sie *sine praesidio*: s. zu
2. 6, 3. (Man hat *sine praesidio*
für ein Glossem gehalten.)

Nach Plut. Pomp. 69. 71. Caes.
45. App. 2. 76. Flor. 4. 2 (2. 13)
befahl Cäsar den Cohorten, die Pila
nicht abzuwerfen, sondern sie als
Speere zu brauchen, um den Reitern
besser beikommen zu können, wie
Plut. meint, damit die Reiter, οἱ
καλοὶ καὶ ἄνθηροι πυῤῥιχίσται,
aus Furcht vor Wunden im Gesichte in die Flucht getrieben würden. S. darüber Mommsen 3. p. 411.
Anm. 3. Ausg.

94. 1. *quieta fuerat:* c. 89, 4. —
procurrere iussit. Das dritte Treffen geht durch die Intervalle der
beiden vorderen Treffen und stürzt
sich auf den noch Stand haltenden
Feind.

2. *sustinere*, absolut, wie 1. 64, 5.

3. *Neque Caes. fefellit, quin* —
kurz für *neque C. fefellit, quin intellegeret, ab his coh. — oriri.* Ebenso B. Alex. 22, 2: *neque eum suum
consilium fefellit, quin hostes nihil
iam de bello essent cogitaturi.* Terent. Hec. 5. 1, 2: *nec me multum
fallit, quin — sit, quod velit.* Cic.
ad Fam. 8. 14, 3: *illud te non arbitror fugere, quin — debeant hone-
stiorem sequi partem.* Aehnl. B. G.
7. 44, 4: *nec iam aliter sentire, quin
paene circumvallati viderentur.* —
ut ipse — pronuntiaverat: c. 89, 3.

4. *initium fugae factum*, indem
sie die Flucht der Pompeianer bewirkten; sonst wird der Ausdruck
von denen gebraucht, die selbst zuerst fliehen, wie c. 69, 2. 96, 4. B.
G. 1. 18, 10: *initium eius fugae
factum a Dumnorige.* Die Verbindung gestattet nicht, die Worte, um
sie auf den gewöhnlichen Gebrauch
zurückzuführen, auf die Pompeianer
zu beziehen: *init. f. factum a Pompeianis.* [Die Worte *ab his — factum* hält Bentley für einen fremden
Zusatz. Sie könnten allerdings als
eine nach der vorhergehenden Erzählung ziemlich überflüssige Reca-
pitulation erscheinen, wenn man
nicht annehmen müsste, dass Cäsar
hier mit einer gewissen Genugthuung
das Zutreffen seiner klugen Berech-

Sed Pompeius, ut equitatum suum pulsum vidit atque eam par- 5
tem, cui maxime confidebat, perterritam animadvertit, aliis quoque
diffisus acie excessit protinusque se in castra equo contulit et iis 6
centurionibus, quos in statione ad praetoriam portam posuerat,
clare, ut milites exaudirent, 'Tuemini', inquit, 'castra et defendite
diligenter, si quid durius acciderit. Ego reliquas portas circumeo
et castrorum praesidia confirmo'. Haec cum dixisset, se in 7
praetorium contulit, summae rei diffidens et tamen eventum exspectans.

95. Caesar Pompeianis ex fuga intra vallum compulsis nullum spatium perterritis dare oportere existimans milites cohortatus est, ut beneficio fortunae uterentur castraque oppugnarent.
Qui, etsi magno aestu (nam ad meridiem res erat perducta),
tamen ad omnem laborem animo parati imperio paruerunt.
Castra a cohortibus, quae ibi praesidio erant relictae, industrie 2
defendebantur, multo etiam acrius a Thracibus barbarisque

nung hervorheben will].

Florus 4. 2, 48 (2, 13) schreibt
die Entscheidung der Schlacht den
germanischen Cohorten zu. Horkel:
Geschichtschreiber der deutschen
Vorzeit 1. p. 237 meint, dass Caesar wie manches andere, diese Waf-
fenthat der Germanen absichtlich
verschwiegen habe, indem er nicht
sagt, woher die 6 Cohorten stamm-
ten. Wenn er c. 89, 3 die Wahrheit
gesagt hat, woran man nicht zweifeln kann, dass er die 6 Cohorten
aus dem letzten Treffen der Legionen genommen habe, ist die Frage
nach der Abstammung dieser Cohorten ziemlich müssig.

5. *cui maxime confidebat*, nicht,
wie man erwarten könnte, *confisus
erat*. Wie ist das Imperf. zu erklären? Vergl. zu B. G. 5. 54, 5: *haud
scio, mirandumne sit, – quod ei,
qui virtute belli omnibus gentibus
praeferebantur, tantum se eius
opinionis deperdidisse gravissime
dolebant*. B. Alex. 19, 3: *iamque
eos, qui praesidio eum locum tenebant, tormentis depulerunt*. Ueber
cui confidebat und *aliis* (partibus)
diffisus s. zu 1. 12, 2 u. 42, 3.

6. *praetoriam portam*. S. zu 69, 2.

— *Ego circumeo, confirmo*. Ganz
so brauchen auch wir das Präsens
von einer sofort eintretenden Handlung für das Futurum.

7. *in praetorium:* S. Kriegsw. §
29. — *summae rei:* Es kann zweifelhaft sein, ob der Nominativ *summa res* oder *summa rei* ist, wie 1.
67, 5: *summa exercitus*, 1. 82, 3:
summa victoriae. Dass Caes. sonst
summa rerum sagt, beweist wenigstens nichts gegen das Letztere, da
der Plural *rerum* z. B. c. 51, 4 u.
B. G. 6. 11, 3 einen ganz anderen
Sinn, und oben 1. 21, 6 bei ähnlicher
Bedeutung, wie hier, in dem darauf
folgenden seinen guten Grund hat.
Summa rei würde sein: die letzte
Entscheidung, der Ausgang der Sache, des Kampfes, *summa res* 'die
Sache auf den Gipfelpunkt ihrer
Entscheidung getrieben; *diffidere
summae rei:* nicht hoffen, dass die
Sache, jetzt auf den Punkt ihrer
Entscheidung erhoben, eine günstige
Wendung nehmen werde' Held.

Ueber die klägliche Flucht des
Pomp. vergl. Plut. Pomp. 72. Caes.
45. App. 2. 81.

95. 2. *a Thracibus barbarisque*.
Auch die Thracier waren *barbara*

3 auxiliis. Nam qui acie refugerant milites, et animo perterriti et
lassitudine confecti, missis plerique armis signisque militaribus
magis de reliqua fuga quam de castrorum defensione cogitabant.
4 Neque vero diutius, qui in vallo constiterant, multitudinem telorum
sustinere potuerunt, sed confecti vulneribus locum reliquerunt
protinusque omnes ducibus usi centurionibus tribunisque militum in altissimos montes, qui ad castra pertinebant, confugerunt.

96. In castris Pompei videre licuit trichilas structas, magnum argenti pondus expositum, recentibus cespitibus tabernacula constrata, Lucii etiam Lentuli et nonnullorum tabernacula
protecta edera multaque praeterea, quae nimiam luxuriam et victoriae fiduciam designarent, ut facile existimari posset nihil eos
de eventu eius diei timuisse, qui non necessarias conquirerent
2 voluptates. At hi miserrimo ac patientissimo exercitu Caesaris
luxuriem obiciebant, cui semper omnia ad necessarium usum de-
fuissent. Pompeius, iam cum intra vallum nostri versarentur,
equum nactus detractis insignibus imperatoris decumana porta

---

auxilia: wie also zu übersetzen?

3. *acie.* S. zu c. 29, 1.

4. *in altissimos montes,* die Anhöhen von Krannon und Skotussa.

96. 1. *trichila:* 'e ramis frondea
facta casa' Ovid. Fast. 3. 528:
Laubhütten, σκιάδες, umbracula.—
*magnum argenti pondus exposi-
tum* Plut. Pomp. 72: πᾶσα σκηνή
— ἤσκητο τραπέζαις ἐκπωμάτων
μεσταῖς καὶ κρατῆρες οἴνου προῦ-
κειντο u. s. w. — *Lentuli et nonnullorum tab.* wir 'und einiger anderer.' B. G. 6. 24, 2: *Eratostheni et
quibusdam Graecis.* So wird *alius*
besonders bei *cum – tum, et – et*
häufig weggelassen. Cic. p. Cluent.
51, 140: *cum multorum, tum L.
Crassi auctoritatem sequor;* in
Verr. 4. 66, 147: *cum multa, tum
etiam hoc me memini dicere.* —con-
quirerent, nicht *conquisivissent,* wie
in directer Rede *conquirebant* stehen würde. B. G. 1. 40, 5: *factum
etiam servili tumultu, quos tamen
aliquid usus ac disciplina sublevarent.* 5. 10, 2: *venerunt, qui nuntiarent – prope omnes naves in litore eiectas esse, quod neque ancorae funesque subsisterent,* ne-
*que gubernatores vim tempestatis
pati possent.*

2. *At hi – obiciebant.* Es scheint
dieser Vorwurf der Aristokratie im
Lager des Pomp. auf das freiere Gebahren und den äusseren Glanz,
den er seinen Leuten gönnte, zu gehen, wovon Suet. Caes. 67 spricht:
*Ac nonnunquam post magnam pu-
gnam atque victoriam, remisso of-
ficiorum munere, licentiam omnem
passim lasciviendi permittebat, iactare solitus, milites suos etiam un-
guentatos bene pugnare posse —
habebatque tam cultos, ut argento
et auro politis armis ornaret, simul
et ad speciem, et quo tenaciores eorum in proelio essent metu damni.*

3. *iam cum intra vallum nostri
versarentur.* App. 2. 81. Plut. Pomp.
72. Caes. 45: ἄφθογγος ᾤχετο
ἀπιὼν ἐπὶ τὴν σκηνὴν καὶ καθε-
ζόμενος ἐκαρπδόκει τὸ μέλλον,
ἄχρι οὗ τροπῆς ἁπάντων γενομένης ἐπέβαινον οἱ πολέμιοι τοῦ
χάρακος. Τότε δὲ ὥσπερ ἔννους
γενόμενος καὶ ταύτην μόνην, ὥς
φασι, φωνὴν ἀφείς· 'Οὐκοῦν καὶ
ἐπὶ τὴν παρεμβολήν'; ἀπεδύσατο
μὲν τὴν ἐναγώνιον καὶ στρατη-

se ex castris eiecit protinusque equo citato Larisam contendit.
Neque ibi constitit, sed eadem celeritate paucos suos ex fuga 4
nactus nocturno itinere non intermisso comitatu equitum triginta
ad mare pervenit navemque frumentariam conscendit saepe, ut
dicebatur, querens tantum se opinionem fefellisse, ut, a quo genere hominum victoriam sperasset, ab eo initio fugae facto paene
proditus videretur.

97. Caesar castris potitus a militibus contendit, ne in praeda
occupati reliqui negotii gerendi facultatem dimitterent. Qua re 2
impetrata montem opere circummunire instituit. Pompeiani,
quod is mons erat sine aqua, diffisi ei loco relicto monte universi
iugis eius Larisam versus se recipere coeperunt. Qua re anim- 3
adversa Caesar copias suas divisit partemque legionum in castris
Pompei remanere iussit, partem in sua castra remisit, quattuor
secum legiones duxit commodioreque itinere Pompeianis occurrere coepit et progressus milia passuum vi aciem instruxit. Qua 4
re animadversa Pompeiani in quodam monte constiterunt. Hunc
montem flumen subluebat. Caesar milites cohortatus, etsi totius
diei continenti labore erant confecti noxque iam suberat, tamen
munitione flumen a monte seclusit, ne noctu aquari Pompeiani
possent. Quo perfecto opere illi de deditione missis legatis agere 5
coeperunt. Pauci ordinis senatorii, qui se cum iis coniunxerant,
nocte fuga salutem petiverunt.

98. Caesar prima luce omnes eos, qui in monte consederant,
ex superioribus locis in planiciem descendere atque arma proicere iussit. Quod ubi sine recusatione fecerunt passisque palmis 2
proiecti ad terram flentes ab eo salutem petiverunt, consolatus
consurgere iussit et pauca apud eos de lenitate sua locutus, quo
minore essent timore, omnes conservavit militibusque suis com-

---

γικὴν ἐσϑῆτα, φεύγοντι δὲ προ-
πουσαν μεταλαβὼν ὑπεξῆλϑεν.

4. *paucos suos:* 1. 19, 2. u. ö. S.
zu B. G. 1. 52, 5. — *ad mare pervenit.* Die Reise des Pomp. ausführlich geschildert bei Plut. Pomp. 73.

97. 1. *contendit:* verlangte dringend. Cic. ad Fam. 13. 9, 3: *non
erat causa, cur a te hoc tempore
aliquid contenderem.* pro Quint.
24. 77: *quum a me peteret et
summe contenderet.* — *iugis
eius:* über die Höhen hin. S. 1.
70, 4. 40, 1.

3. *partemque legionum.* Auch die-

se Stelle zeigt, dass Cäsar 8 Legionen in der Schlacht gehabt hat; denn
offenbar theilte Cäsar seine Streitkräfte in zwei gleiche Theile, die
sich ablösen sollten.

4. *flumen,* nicht, wie man gemeint
hat, der Enipeus, an den sie auf dem
Marsch nach Larissa nicht gelangen
konnten, sondern wahrscheinlich,
wie Göler p. 94 meint, der sich in
den See Boebeis (Karlas) ergiessende
Fluss Onchestos (Sarliki).

98. 2. *passisque palmis.* S. zu
B. G. 1. 51, 3.

mendavit, ne qui eorum violaretur, neu quid sui desiderarent.
3 Hac adhibita diligentia ex castris sibi legiones alias occurrere et
eas, quas secum duxerat, in vicem requiescere atque in castra
reverti iussit eodemque die Larisam pervenit.

99. In eo proelio non amplius cc milites desideravit,
sed centuriones, fortes viros, circiter xxx amisit. Interfectus est
etiam fortissime pugnans Crastinus, cuius mentionem supra fe-
2 cimus, gladio in os adversum coniecto. Neque id fuit falsum,
quod ille in pugnam proficiscens dixerat. Sic enim Caesar existimabat, eo proelio excellentissimam virtutem Crastini fuisse
3 optimeque eum de se meritum iudicabat. Ex Pompeiano exercitu
circiter milia xv cecidisse videbantur, sed in deditionem venerunt
amplius milia xxiiii (namque etiam cohortes, quae praesidio in
castellis fuerant, sese Sullae dediderunt), multi praeterea in finiti-
4 mas civitates refugerunt; signaque militaria ex proelio ad Caesarem sunt relata clxxx et aquilae viiii. L. Domitius ex castris in
montem refugiens, cum vires eum lassitudine defecissent, ab
equitibus est interfectus.

100. Eodem tempore D. Laelius cum classe ad Brundisium
venit eademque ratione, qua factum a Libone antea demonstravi-

3. *omnes conservavit.* Wie er
schou bei dem Siege darauf bedacht
war, nicht unnütz Blut zu vergiessen (*miles, parce civibus* Flor. 4. 2
(2. 13), so verfuhr er auch nach der
Schlacht mit der ihm natürlichen
Menschlichkeit. Vellei. 2. 52: *Nihil
in illa victoria mirabilius, magni-
ficentius, clarius fuit, quam quod
neminem nisi acie consumptum civem patria desideravit.* Cic. p. Deiot. 12, 34: *Solus es, inquam, C.
Caesar, cuius in victoria ceciderit
nemo nisi armatus.* Nach Cass. Dio
41. 61 wurden die Senatoren und
Ritter, die schon einmal begnadigt
worden waren, hingerichtet. Als ein
besonderer Act der Humanität wird
gerühmt, dass er die Briefe, die unter Pompeius Papieren gefunden
worden waren, verbrannte, ohne sie
zu lesen: *gratissimum putavit genus
veniae, nescire, quid quisque pecas-
set* Seneca de ira 2. 23. Cass. Dio
41. 63.

99. 1. *non amplius CC milites
desideravit.* S. Einl. p. 24. App. 2.
82: ἀπέθανον — ὁπλῖται διακόσιοι, ἢ ὡς ἑτέροις δοκεῖ, χίλιοι καὶ
διακόσιοι. — *in os adversum.* B.
G. 5. 35, 8: *ordines adhortans in
adversum os funda vulneratur.*

2. *optime de se meritum iudicat;*
App. 2. 82: ἐπεὶ δὲ ζητούμενος ἐν
τοῖς νεκροῖς εὑρέθη, τὰ ἀριστεῖα
ὁ Καῖσαρ αὐτῷ περιέθηκε καὶ
συνέθαψε, καὶ τάφον ἐξαίρετον
ἀνέστησεν ἐγγὺς τοῦ πολυανδρίου.

3. *circiter mil. XV.* Nach App. a.
a. O. behauptete Asinius Polio, dass
nur 6000 gefallen seien.

4. *L. Domitius — ab equitibus
est interfectus.* Cic. Phil. 2. 29, 71
sagt von M. Antonius: *L. Domitium,
clarissimum et nobilissimum virum
occideras, multosque praeterea,
quos Caesar, ut nonnullos, fortasse
servasset, crudelissime persecutus
trucidaras.*

100. 1. *D. Laelius:* c. 5, 3. —
a Libone: c. 23, 1.

mus, insulam obiectam portui Brundisino tenuit. Similiter Va- 2
tinius, qui Brundisio praeerat, tectis instructisque scaphis elicuit
naves Laelianas atque ex his longius productam unam quinque-
remem et minores duas in angustiis portus cepit, itemque per
equites dispositos aqua prohibere classiarios instituit. Sed Lae- 3
lius tempore anni commodiore usus ad navigandum onerariis
navibus Corcyra Dyrrhachioque aquam suis supportabat neque
a proposito deterrebatur neque ante proelium in Thessalia factum 4
cognitum aut ignominia amissarum navium aut necessariarum
rerum inopia ex portu insulaque expelli potuit.

101. Isdem fere temporibus Cassius cum classe Syrorum
et Phoenicum et Cilicum in Siciliam venit, et cum esset Caesaris
classis divisa in duas partes, dimidiae parti praeesset P. Sulpicius
praetor Vibone ad fretum, dimidiae M. Pomponius ad Messanam,
prius Cassius ad Messanam navibus advolavit, quam Pomponius
de eius adventu cognosceret, perturbatumque eum nactus nullis 2
custodiis neque ordinibus certis magno vento et secundo completas onerarias naves taeda et pice et stupa reliquisque rebus,
quae sunt ad incendia, in Pomponianam classem immisit atque
omnes naves incendit xxxv; e quibus erant xx constratae. Tan- 3
tusque eo facto timor incessit, ut, cum esset legio praesidio Mes-
sanae, vix oppidum defenderetur, et nisi eo ipso tempore quidam
nuntii de Caesaris victoria per dispositos equites essent allati,

2. *Similiter*: ähnlich, wie es Antonius machte, c. 24. Der Legat P.
Vatinius (oben c. 19, 2) war nach
Brundisium entsendet worden, um
den Rest der Truppen nachzuholen.
— *tectis*: 1. 56, 1. — *instructis*
näml. armamentis: ausgerüstet. c.
111, 3. B. G. 5. 2, 2.

3. *neque deterrebatur*. S. zu 1.
44, 4.

4. *ante proelium in Th. factum
cognitum*. Da *in Th. factum* Apposition ist, hat die Verbindung *factum cognitum* nichts Auffallendes
und ist nicht zu vergl. mit Stellen,
wie B. G. 8. 13, 2: *paucis resistentibus interfectis*, oder ebend. 20, 2:
paucis atque his vulneratis receptis.

101. 1. *Cassius*: c. 5, 3. — *de
adventu cognosceret*. S. zu B. G.
1. 42, 1.

2. *nullis custodiis neque ordinibus* sind absolute Abl. und enthalten
den Grund des *perturbatum*. B. G.
5. 42, 3: *nulla ferramentorum copia
— gladiis caespites circumcidere nitebantur*. — *neque ordinibus certis*, da sie nicht in einer bestimmten
Ordnung standen, um einen plötzlichen Angriff aufnehmen zu können.
— *magno vento et secundo*, wie 1.
25, 6 *altiore aqua*, 50, 3: *rapidissimo flumine*. — *quae sunt ad incendia*: brennbare Stoffe; *esse ad* =
dienen zu etwas, ad Zweck und Bestimmung. Vergl. Cic. ep. ad Att.
III, 7, 2: *reliqua tempora sunt non
tam ad medicinam quam ad finem
doloris*. Ebenso εἶναι εἴς τι. Plat.
Alc. 1. p. 126 A: τί δέ, ἢν οὐ λέ-
γεις εὐβουλίαν, εἰς τί ἐστιν; Die
interpolirten Handschr. fügen *aptae*
hinzu. — *constratae*: 1. 56, 1.

3. *timor incessit*: 2. 29, 1.

4 existimabant plerique futurum fuisse, uti amitteretur. Sed opportunissime nuntiis allatis oppidum est defensum; Cassiusque ad
5 Sulpicianam inde classem profectus est Vibonem, applicatisque nostris ad terram navibus propter eundem timorem pari atque antea egerat ratione secundum nactus ventum onerarias naves [circiter XL] praeparatas ad incendium immisit, et flamma ab utro-
6 que cornu comprensa naves sunt combustae quinque. Cumque ignis magnitudine venti latius serperet, milites, qui ex veteribus legionibus erant relicti praesidio navibus ex numero aegrorum, ignominiam non tulerunt, sed sua sponte naves conscenderunt et a terra solverunt impetuque facto in Cassianam classem quinqueremis duas, in quarum altera erat Cassius, ceperunt; sed Cassius exceptus scapha refugit; praeterea duae sunt deprensae
7 triremes. Neque multo post de proelio facto in Thessalia cognitum est, ut ipsis Pompeianis fides fieret; nam ante id tempus fingi a legatis amicisque Caesaris arbitrabantur. Quibus rebus cognitis ex his locis Cassius cum classe discessit.

102. Caesar omnibus rebus relictis persequendum sibi Pompeium existimavit, quascumque in partes se ex fuga recepisset, ne rursus copias comparare alias et bellum renovare posset, et quantumcumque itineris equitatu efficere poterat cotidie progrediebatur legionemque unam minoribus itineribus subsequi
2 iussit. Erat edictum Pompei nomine Amphipoli propositum, uti omnes eius provinciae iuniores, Graeci civesque Romani, iurandi
3 causa convenirent. Sed utrum avertendae suspicionis causa Pom-

---

5. *propter eundem timorem*. Die Besatzung von Messana hatte sich feig gezeigt; dieselbe Feigheit veranlasste die Flottenmannschaft des Sulpicius, ihre Schiffe bei Annäherung des Feindes rasch ans Land zu bringen unter den Schutz der Besatzung von Vibo. Allerdings sorgte sie dadurch schlecht für die Schiffe, aber sie war nur auf ihre Sicherheit bedacht. — *circiter XL* steht in den Handschriften hinter *onerarias naves*, so dass die Zahl der Brander 40 gewesen wäre, was unglaublich ist, da vierzig Brander gegen eine ungefähr gleiche Zahl von Schiffen ein eigenthümliches und sehr kostspieliges Manöver gewesen wären. Deshalb setzt Nipperdey die Worte mit Recht nach *navibus*. Forchhammer nimmt an, dass sie als ungefähre Angabe der andern Hälfte der Flotte (Pomponius hatte 35 gehabt) beigeschrieben und so in den Text an die falsche Stelle gekommen sind. — *praeparatas ad incendium:* zu Brandern eingerichtet. — *flamma ab utroque cornu comprensa.* Vergl. B. G. 5. 43, 2: *Ilae (casae) celeriter ignem comprehenderunt;* dagegen 8. 43, 3: *celeriter opera flamma comprehensa partim restinguunt, partim interscindunt.*

6. *fides fieret:* 2. 37, 1.

102. 1. *relictis* = posthabitis. — *efficere poterat,* wie B. G. 4. 35, 3: *tanto spatio secuti, quantum cursu et viribus efficere potuerunt* = zurücklegen.

peius proposuisset, ut quam diutissime longioris fugae consilium
occultaret, an novis delectibus, si nemo premeret, Macedoniam
tenere conaretur, existimari non poterat. Ipse ad ancoram una 4
nocte constitit et vocatis ad se Amphipoli hospitibus et pecunia
ad necessarios sumptus corrogata cognito Caesaris adventu ex
eo loco discessit et Mytilenas paucis diebus venit. Biduum tem- 5
pestate retentus navibusque aliis additis actuariis in Ciliciam atque
inde Cyprum pervenit. Ibi cognoscit consensu omnium Antio- 6
chensium civiumque Romanorum, qui illic negotiarentur, arcem
captam esse excludendi sui causa nuntiosque dimissos ad eos,
qui se ex fuga in finitimas civitates recepisse dicerentur, ne An-
tiochiam adirent: id si fecissent, magno eorum capitis periculo
futurum. Idem hoc L. Lentulo, qui superiore anno consul fuerat, 7
et P. Lentulo consulari ac nonnullis aliis acciderat Rhodi; qui
cum ex fuga Pompeium sequerentur atque in insulam venissent,
oppido ac portu recepti non erant missisque ad eos nuntiis, ut
ex his locis discederent, contra voluntatem suam naves solverunt.
Iamque de Caesaris adventu fama ad civitates perferebatur.   8

103. Quibus cognitis rebus Pompeius deposito adeundae
Syriae consilio pecunia societatis sublata et a quibusdam privatis
sumpta et aeris magno pondere ad militarem usum in naves imposito duobusque milibus hominum armatis, partim quos ex fa-

3. *existimari:* beurtheilt, entschieden werden. Sall. Iug. 85, 14:
*Nunc vos existumate, facta an dicta
pluris sint.* Liv. 22. 59, 14: *qui
utrum avarior an crudelior sit, vix
existimari potest.* 23. 47, 8: *quam
vera sit* (res), *communis existimatio
est.*

4. *ad ancoram constitit:* c. 28, 1:
in ancoris constiterunt. B. G. 4. 23,
4: *in ancoris exspectavit.* — *Mytilenas venit.* Dorthin hatte er bei
Beginn des Krieges seine Gemahlin
Cornelia mit dem jüngeren Sohne
Sextus geschickt. Er landete daselbst nicht, sondern liess sie, die
nichts von der Niederlage ahnete,
auf das Schiff kommen. S. die
Schilderung bei Plut. Pomp. 74.
u. 75.

5. *Cyprum.* Madvig § 232. Anm.
3. Bemerk. p. 23 Anm.

6. *magno capitis periculo* ist
Abl. B. G. 7. 1, 5. 14, 7.

7. *L. Lentulo:* 1. 1, 2 u. ö. —
P. Lentulus Spinther 1. 15, 3.

103. 1. *societatis:* c. 3, 2. —
sublata: erhoben: *magnam pecuniam societates sibi numerare
coëgerat* a. a. O. — *partim quos,*
nicht quos partim = theils solchen, die
(*quorum pars constabat iis, quos*);
das nach dem zweiten *partim* weg-
gelassene Relativum steht B. G. 2.
1, 3: *quod ab nonnullis Gallis sollicitarentur, partim qui — moleste
ferebant, partim qui — novis imperiis studebant.* — *familiis* = servis. — *Pelusium pervenit.* Bei der
in Syedra in Cilicien (Lucan. 8. 259)
oder wie Plut. Pomp. 77 sagt, zu
Cyprus mit seinen Freunden, die ihm
gefolgt waren (nach Plut. Pomp. 76
waren 60 Senatoren bei ihm), ge-
pflogenen Berathung, wohin er sich
wenden solle, war Pomp. dafür,
nach Parthien zu gehen, dessen König Orodes er schon früher um Hülfe

miliis societatum delegerat, partim a negotiatoribus coëgerat, quosque ex suis quisque ad hanc rem idoneos existimabat, Pelu-

2 sium pervenit. Ibi casu rex erat Ptolemaeus, puer aetate, magnis copiis cum sorore Cleopatra bellum gerens, quam paucis ante mensibus per suos propinquos atque amicos regno expulerat: castraque Cleopatrae non longo spatio ab eius castris distabant.

3 Ad eum Pompeius misit, ut pro hospitio atque amicitia patris Alexandria reciperetur atque illius opibus in calamitate tegeretur.

4 Sed qui ab eo missi erant, confecto legationis officio, liberius cum militibus regis colloqui coeperunt eosque hortari, ut suum offi-

5 cium Pompeio praestarent neve eius fortunam despicerent. In hoc erant numero complures Pompei milites, quos ex eius exercitu acceptos in Syria Gabinius Alexandriam traduxerat belloque confecto apud Ptolemaeum, patrem pueri, reliquerat.

104. Iis tunc cognitis rebus amici regis, qui propter aetatem eius in curatione erant regni, sive timore adducti, ut postea praedicabant, sollicitato exercitu regio ne Pompeius Alexandriam Aegyptumque occuparet, sive despecta eius fortuna, ut plerumque in calamitate ex amicis inimici existunt, his, qui erant ab eo missi,

gebeten hatte, (s. zu c. 82, 5). Andere schlugen Numidien vor, dessen König Juba Curio's Legionen vernichtet hatte. Den verhängnissvollen Rath, nach Aegypten zu gehen, gab sein Günstling Theophanes (s. zu c. 18, 3), da die Lage und die Hülfsmittel des Landes die Möglichkeit gewährten, den Krieg wieder zu beginnen, in dem Heere viele seiner alten Soldaten dienten, und der König, dessen Vater ihm seine Herstellung verdankte, ein treuer Bundesgenosse schien. Plut. Pomp. 76. App. 2. 83. Vellei. 2. 53.

2. *Ptolemaeus – bellum gerens.* Der im J. 51 gestorbene König Ptolemaeus Auletes hatte in seinem Testamente bestimmt, dass seine Kinder, die sechzehnjährige Cleopatra und der zehnjährige Ptolemaeus Dionysus mit einander vermählt gemeinschaftlich regieren sollten. Aber der Bruder oder vielmehr sein Vormund Pothinus (c. 108, 1. 112, 11) vertrieb die Cleopatra, die nach Syrien floh, und von dort ihr väterliches Reich wieder in Besitz zu

nehmen suchte. Um die Ostgrenze Aegyptens gegen sie zu decken, standen eben Ptolemaeus und Pothinus bei dem casischen Vorgebirge, östlich von Pelusium, als Pomp. dort ankam. — *non longo spatio distabant.* S. zu 2. 38, 3. B. G. 1. 41, 5.

3. *Alexandria reciperetur.* S. zu B. G. 7. 55, 4: *Bibracti reciperetur,* und zu b. civ. 1. 35,5.

5. *Gabinius:* c. 4, 4.

104. 1. *amici regis,* namentlich der Eunuch Pothinus (Ποθεινός), der Anführer der Truppen Achillas, und der Rhetor Theodotus aus Chios, der Lehrer des jungen Königs. Dieser war es besonders, der die Ermordung des Pompeius rieth: ἀπέφηνε δεξαμένους μὲν ἕξειν Καίσαρα πολέμιον καὶ δεσπότην Πομπήϊον, ἀπωσαμένους δὲ Πομπηΐῳ τῆς ἐκβολῆς ὑπαιτίους ἔσεσθαι καὶ Καίσαρι τῆς διώξεως –. Προςεῖπε δὲ διαμειδιάσας, ὅτι νεκρὸς οὐ δάκνει Plut. Pomp. 77. App. 2. 84. — *in curatione erant regni* und c. 108, 1 *in procuratione,* wie in im-

palam liberaliter responderunt eumque ad regem venire iusserunt;
ipsi clam consilio inito Achillam, praefectum regium, singulari 2
hominem audacia, et L. Septimium, tribunum militum, ad interficiendum Pompeium miserunt. Ab his liberaliter ipse appellatus 3
et quadam notitia Septimii productus, quod bello praedonum
apud eum ordinem duxerat, naviculam parvulam conscendit cum
paucis suis: ibi ab Achilla et Septimio interficitur. Item L. Lentulus comprehenditur ab rege et in custodia necatur.

105. Caesar, cum in Asiam venisset, reperiebat T. Ampium
conatum esse pecunias tollere Epheso ex fano Dianae eiusque rei
causa senatores omnes ex provincia evocasse, ut his testibus in
summa pecuniae uteretur, sed interpellatum adventu Caesaris
profugisse. Ita duobus temporibus Ephesiae pecuniae Caesar auxilium tulit.... Item constabat Elide in templo Minervae repetitis 2

perio esse, ἐν ἀρχῇ εἶναι u. ähnl. —
liberaliter: gütig, freundlich. B. G.
2. 5, 1. 4. 18, 3. Zu *liberaliter appellatus* § 3 vergl. Plut. Pomp. 78:
ὁ Σεπτίμιος ἐξανέστη καὶ 'Ρωμα-
ϊστὶ τὸν Πομπήϊον αὐτοκράτορα
προσηγόρευσεν.

3. *productus:* veranlasst, 'hervor'
zu geben, sein Schiff zu verlassen.
— *praedonum bello:* 2. 23, 3. 3. 19,
2. — *ordinem duxerat:* S. Kriegsw.
§ 20. — *naviculam parvulam.* Die
Verbindung von Deminutiven, um
die Kleinheit und damit zugleich das
Unwürdige des ganzen Empfangs
hervorzuheben, wie es auch die Umgebung des Pomp. fühlte, die nach
Plut. a. a. O. schnell zu fliehen rieth,
da die Art des Empfanges nichts Gutes ahnen liess. — *ibi – interficitur.* S. Einl. p. 23. Pompeius fiel
am 28. September 48, am Tage vor
seinem 58. Geburtstage, 'an demselben Tage, an dem er dreizehn Jahre
zuvor über Mithradates triumphi-
rend in die Hauptstadt eingezogen
war' Mommsen 3. p. 420.

105. 1. *cum in Asiam venisset.*
Er war vom Schlachtfelde aus durch
Thracien nach Kleinasien geeilt.
Beim Uebersetzen über den Helles-
pont auf einigen kleinen Fahrzeugen
begegnete ihm C. Cassius, sein nach-
maliger Mörder, mit 10 Pompeianischen Kriegsschiffen, der durch die
Kühnheit, mit der ihm Caesar entgegentrat und seine Unterwerfung
forderte, so bestürzt wurde, dass er
sich sofort ergab. Suet. Caes. 63.
App. 2. 88. Cass. Dio 42. 6. — *T.
Ampium* (Balbum), erbitterter Gegner Caesar's (Cic. ad Att. 2. 11 B.).
Er wurde später von ihm begnadigt.
— *Epheso* hängt von *tollere* ab; s.
zu 1. 34, 1. — *in summa pecuniae.*
Er wollte sie zu Zeugen haben bei
der Summe des Geldes, die er angeblich später zurückerstatten wollte. Ebenso nahm Scipio c. 33, 1 Senatoren dazu. — *ita duobus temporibus – aux. tulit.* S. zu c. 33, 2.

2. *Item constabat* u. s. w. Die
durch wunderbares Zusammentreffen zum zweiten Male bewirkte Rettung des Tempelschatzes, durch welche er sich als Beschützer der Gottheit darstellt, bringt ihn darauf,
gerade hier von den Wundererscheinungen vor der Schlacht bei Pharsalus, durch welche die Götter ihre
Theilnahme an seinem Siege gezeigt
haben sollen, zu berichten. Schwerlich aber können diese, wenn auch
durch Caesar's Ideenverbindung einander nahegerückten, doch immerhin sehr verschiedenen Dinge durch
Item constabat verbunden werden.

atque enumeratis diebus, quo die proelium secundum Caesar fecisset, simulacrum Victoriae, quod ante ipsam Minervam collocatum esset et ante ad simulacrum Minervae spectavisset, ad
3 valvas se templi limenque convertisse. Eodemque die Antiochiae in Syria bis tantus exercitus clamor et signorum sonus exauditus
4 est, ut in muris armata civitas discurreret. Hoc idem Ptolemaide accidit. Pergami in occultis ac reconditis templi, quo praeter sacerdotes adire fas non est, quae Graeci ἄδυτα appellant, tym-
5 pana sonuerunt. Item Trallibus in templo Victoriae, ubi Caesaris statuam consecraverant, palma per eos dies inter coagmenta lapidum ex pavimento exstitisse ostendebatur.

106. Caesar paucos dies in Asia moratus cum audisset Pompeium Cypri visum, coniectans eum Aegyptum iter habere propter necessitudines regni reliquasque eius loci opportunitates, cum legione una, quam se ex Thessalia sequi iusserat, et altera, quam ex Achaia a Q. Fufio legato evocaverat, equitibusque DCCC et navibus longis Rhodiis X et Asiaticis paucis Alexandriam pervenit.
2 In his erant legionibus hominum milia tria CC; reliqui vulneribus ex proeliis et labore ac magnitudine itineris confecti consequi
3 non potuerant. Sed Caesar confisus fama rerum gestarum in-

Sehr wahrscheinlich nimmt daher Otto an, dass hier eine Lücke und die Erzählung von anderen Wundererscheinungen, wie sie Plut. Caes. 47. Pomp. 78. Lucan. 7. 172—204 u. a. berichten, ausgefallen sei, an die sich passend *item constabat* anschloss. — *repetitis atque enumeratis diebus:* indem man die Tage zurückrechnete und abzählte bis zurück zu dem Tage der Schlacht.

3. *in occultis ac reconditis templi.* So häufiger bei Späteren und bei Dichtern das substantivirte Neutrum der Adiectiva mit dem Genitiv, hier gewählt als entsprechende Form zu ἄδυτα. [Die W. *quae – appellant* hat man für Glosse gehalten]. — *templi:* ψόφον ἐκ τοῦ Διονυσίου ἀρθέντα διὰ πάσης τῆς πόλεως χωρῆσαι Cass. Dio 41. 61.

5. *palma – exstitisse ostendebatur.* Dasselbe erzählt Valer. Max. 1. 6, 12. Plut. Caes. 47: Ἐν ἱερῷ Νίκης ἀνδριὰς εἱστήκει Καίσαρος, καὶ τὸ περὶ αὐτῷ χωρίον αὐτό τε στερεὸν φύσει καὶ λίθῳ σκληρῷ κατεστρωμένον ἦν ἄνωθεν· ἐκ τούτου λέγουσιν ἀνατεῖλαι φοίνικα παρὰ τὴν βάσιν τοῦ ἀνδριάντος. [Verkehrt steht in den Handschr. *in tecto* vor *inter coagmenta.*]

106. 1. *Cypri:* 1. 34, 2. — *Aegyptum.* Die griechischen Ländernamen auf *us,* aber auch nur diese, werden nicht selten wie Städtenamen behandelt. Madvig § 232. Anm. 4. Bemerk. p. 22. (Es kann daher weder c. 41, 1 mit fast allen Handschr. *Macedoniam,* noch 1. 31, 1 mit einigen *Africam* geschrieben werden). — *iter habere:* 1. 14, 3. — *propter necessitudines regni:* c. 103, 3: *pro hospitio atque amicitia patris* (Ptolemaei). — *a Q. Fufio* (Caleno): c. 55, 1.

2. *consequi:* 1. 15, 3.

3. *confisus fama – existimans,* eine von den Stellen, in welchen sich sein Selbstgefühl am unverhohlensten ausspricht.

firmis auxiliis proficisci non dubitaverat aeque omnem sibi locum tutum fore existimans. Alexandriae de Pompei morte cognoscit 4 atque ibi primum e nave egrediens clamorem militum audit, quos rex in oppido praesidii causa reliquerat, et concursum ad se fieri videt, quod fasces anteferrentur. In hoc omnis multitudo maiestatem regiam minui praedicabat. Hoc sedato tumultu crebrae 5 continuis diebus ex concursu multitudinis concitationes fiebant compluresque milites huius urbis omnibus partibus interficiebantur.

107. Quibus rebus animadversis legiones sibi alias ex Asia adduci iussit, quas ex Pompeianis militibus confecerat. Ipse enim necessario etesiis tenebatur, qui navigantibus Alexandria sunt adversissimi venti. Interim controversias regum ad populum 2 Romanum et ad se, quod esset consul, pertinere existimans atque eo magis officio suo convenire, quod superiore consulatu cum

---

4. *de Pomp. morte cognoscit.* Ehe er landete, brachte ihm Theodotos den Kopf und Siegelring des Pomp. Plut. Caes. 48. Pomp. 80. Uebrigens kam Caes. zu Anfang des October nach Alexandria. — *quod fasces anteferrentur.* Der Einzug des römischen Consuls in die Königsburg (c. 112, 8) mit den Lictoren, also mit dem vollen Gepränge des Machthabers, erregte Verstimmung und Verdacht der leicht erregbaren, ihrem Königshause ergebenen Alexandriner und verletzte ihr nationales Selbstgefühl, zumal da sie sich erinnern mussten, dass Caesar schon im J. 65 darauf angetragen hatte, Aegypten zu einer römischen Provinz zu machen. Vergl. Drumann 3. p. 533. Mommsen 3. p. 422. — Der Coniunctiv *anteferrentur* als Grund in der Seele derer, die den Auflauf machten. S. 1. 20, 3. — *In hoc* zu vergleichen mit 1. 22, 5: *in ea re.*

107. 1. *necessario etesiis tenebatur,* durch die in dieser Zeit herrschenden Nordwestwinde. Gewiss war dies nicht der einzige Grund seines Bleibens. So sehr er die Gefahr erkannte, die ihm bei der Stimmung der Bevölkerung und seinen geringen Streitkräften drohte, so war es doch für ihn ebenso bedenklich als seinem ganzen Wesen zuwider, unverrichteter Sache fortzugehen. Er wollte vorher die aegyptische Erbfolge ordnen und die noch rückständige Hälfte der Schuld des verstorbenen Königs (ursprünglich 6000 Talente = 10 Mill. Thaler) eintreiben, von der er jedoch nur 10 Mill. Denare, gegen 3 Mill. Thaler, verlangte.

2. *regum:* des Königs und der Königin, wie B. Alex. 33, 3 oder 'der königlichen Familie'; s. Weissenborn zu Liv. 1. 39, 2. — *quod — societas erat facta.* Als Ptolemaeus Auletes wegen des Testaments seines Oheims Alexander I., nach dem die Römer Aegypten erben sollten, für seinen Thron fürchtete, wendete er sich an Pomp., der es von Caesar bei dem Verhältnisse, in dem er damals (i. J. 59) zu ihm stand, erlangte, dass Ptolemaeus durch Senats- und Volksbeschluss als Freund und Bundesgenosse anerkannt und so bestätigt wurde. Suet. Caes. 53: *Societates atque regna pretio dedit, ut qui uni Ptolemaeo prope sex milia talentorum suo atque Pompei nomine abstulerit.*

patre Ptolemaeo et lege et senatusconsulto societas erat facta, ostendit sibi placere regem Ptolemaeum atque eius sororem Cleopatram exercitus, quos haberent, dimittere et de controversiis iure apud se potius quam inter se armis disceptare.

108. Erat in procuratione regni propter aetatem pueri nutricius eius, eunuchus nomine Pothinus. Is primum inter suos queri atque indignari coepit regem ad causam dicendam evocari;
2 deinde adiutores quosdam consilii sui nactus ex regis amicis exercitum a Pelusio clam Alexandriam evocavit atque eundem Achillam, cuius supra meminimus, omnibus copiis praefecit. Hunc [incitatum] suis et regis inflatum pollicitationibus, quae fieri vellet,
3 litteris nuntiisque edocuit. In testamento Ptolemaei patris heredes erant scripti ex duobus filiis maior et ex duabus filiabus ea, quae aetate antecedebat. Haec uti fierent, per omnes deos perque foedera, quae Romae fecisset, eodem testamento Ptolemaeus po-
4 pulum Romanum obtestabatur. Tabulae testamenti unae per legatos eius Romam erant allatae, ut in aerario ponerentur (hae, cum propter publicas occupationes poni non potuissent, apud Pompeium sunt depositae), alterae eodem exemplo relictae atque obsignatae Alexandriae proferebantur.

109. De his rebus cum ageretur apud Caesarem, isque maxime vellet pro communi amico atque arbitro controversias regum componere, subito exercitus regius equitatusque omnis venire
2 Alexandriam nuntiatur. Caesaris copiae nequaquam erant tantae, ut eis, extra oppidum si esset dimicandum, confideret. Relinquebatur, ut se suis locis oppido teneret consiliumque Achillae co-
3 gnosceret. Milites tamen omnes in armis esse iussit regemque

108. 1. *in procuratione:* c. 104, 1. — *propter aetatem:* zu c. 103, 2.

2. *meminimus:* erwöhnt haben, so selten.

3. *ex duobus filiis;* der andere Sohn war Ptolemaeus der jüngere, die andere Tochter Arsinoe.

4. *Tabulae unae — alterae.* S. zu B. G. 1. 53, 4. *duae filiae, harum altera occisa, altera capta est.* — *propter publicas occupationes,* die Unruhen im Staate. — *eodem exemplo. Exemplum litterarum* ist das Concept eines Briefes, z. B. Cic. ad fam. 9, 26, 1: *accubueram hora nona, cum ad te harum exemplum in codicillis exaravi,* oder auch eine Abschrift, z. B. Cic. ad fam. 6. 8, 3: *earum litterarum exemplum infra scriptum est. Binae litterae eodem exemplo* sind zwei Briefe desselben Inhalts, denen dasselbe Concept zu Grunde liegt, z. B. Cic. ad fam. 10. 5, 1: *binas a te accepi litteras eodem exemplo.*

109. 1. *pro communi amico atque arbitro:* 'als', in der Person eines gemeinschaftlichen Freundes und Vermittlers. S. zu 2. 8, 1; so § 5 *pro occiso sublatus;* B. G. 5. 7, 7: *nihil hunc se absente pro sano facturum.* — *venire Alexandriam* von Pelusium c. 103, 1.

2. *suis locis:* c. 84, 2. 44, 6. — *se oppido teneret:* B. G. 6. 36, 1.

hortatus est, ut ex suis necessariis, quos haberet maximae auctoritatis legatos ad Achillam mitteret et, quid esset suae voluntatis,
ostenderet. A quo missi Dioscorides et Serapion, qui ambo le- 4
gati Romae fuerant magnamque apud patrem Ptolemaeum auctoritatem habuerant, ad Achillam pervenerunt. Quos ille, cum in 5
conspectum eius venissent, priusquam audiret aut, cuius rei causa
missi essent, cognosceret, corripi atque interfici iussit; quorum
alter accepto vulnere occupatus per suos pro occiso sublatus, 6
alter interfectus est. Quo facto regem ut in sua potestate haberet,
Caesar efficit magnam regium nomen apud suos auctoritatem habere existimans et ut potius privato paucorum et latronum quam
regio consilio susceptum bellum videretur.

110. Erant cum Achilla copiae, ut neque numero neque
genere hominum neque usu rei militaris contemnendae viderentur.
Milia enim xx in armis habebat. Haec constabant ex Gabinianis 2
militibus, qui iam in consuetudinem Alexandrinae vitae ac li-
centiae venerant et nomen disciplinamque populi Romani dedi-
dicerant uxoresque duxerant, ex quibus plerique liberos habebant.
Huc accedebant collecti ex praedonibus latronibusque Syriae Ci- 3
liciaeque provinciae finitimarumque regionum. Multi praeterea
capitis damnati exulesque convenerant: fugitivis omnibus nostris 4
certus erat Alexandriae receptus certaque vitae condicio, ut dato
nomine militum essent numero; si quis a domino prehenderetur,

3. *quid esset suae voluntatis.* S.
zu B. G. 1. 21, 2: *quid sui consilii
sit.* Zumpt § 448.

5. *occupatus per suos:* schnell
ergriffen, sobald er verwundet worden war, um ihn noch zu retten, gewiss nicht 'vulnere occupatus, mit
seiner Wunde beschäftigt, durch sie
verhindert, sich zu vertheidigen'.

6. *regem ut in sua potestate haberet, efficit.* Er hatte ihn (mit dem
Pothinus) bei sich in der Burg, und
liess ihn, wenn auch dem Namen nach
frei und mit aller dem König gebüh-
renden Rücksicht behandelt, genau
bewachen, *obside quo pacis Pellaea
tutus in aula Caesar erat* Lucan. 10,
55. — *apud suos:* Aegyptios. Dadurch, dass er den König bei sich
hatte, sollte der Krieg nur als ein
Werk des aufrührerischen Heeres

erscheinen, ohne Betheiligung des
Königs, was nach seiner Meinung
auf das Volk bei dem Ansehen, in
dem das Königthum stand, wirken
musste.

110. 1. *Erant copiae, ut* d. i.
der Art, dass —, 1. 44, 1: *genus
erat pugnae, ut —*.

2. *Gabinianis militibus:* c. 103, 5
und c. 4, 4. — *uxoresque duxerant,*
näml. *Aegyptias,* wodurch sie völlig
ihrer Nationalität entfremdet wurden; denn dies ist es, was hier Cäsar zu ihrer Charakteristik anführt,
nicht, dass sie überhaupt 'im Lager
und im Felde Weiber genommen
hatten, was verboten war'.

4. *fugitivis:* flüchtige Sklaven.—
dato nomine: wenn sie sich in die
Liste der Soldaten hatten eintragen
lassen, Dienste genommen hatten.—
si quis prehenderetur — eripieba-

consensu militum eripiebatur, qui vim suorum, quod in simili
5 culpa versabantur, ipsi pro suo periculo defendebant. Hi regum
amicos ad mortem deposcere, hi bona locupletum diripere, sti-
pendii augendi causa regis domum obsidere, regno expellere, alios
arcessere vetere quodam Alexandrini exercitus instituto con-
6 suerant. Erant praeterea equitum milia duo. Inveteraverant hi
omnes compluribus Alexandriae bellis; Ptolemaeum patrem in
regnum reduxerant, Bibuli filios duos interfecerant, bella cum
Aegyptiis gesserant. Hunc usum rei militaris habebant.

    111. His copiis fidens Achillas paucitatemque militum Cae-
saris despiciens occupabat Alexandriam praeter eam oppidi partem, quam Caesar cum militibus tenebat, primo impetu domum
2 eius irrumpere conatus; sed Caesar dispositis per vias cohortibus
impetum eius sustinuit. Eodemque tempore pugnatum est ad
portum ac longe maximam ea res attulit dimicationem. Simul
enim diductis copiis pluribus viis pugnabatur, et magna multitu-
3 dine navis longas occupare hostes conabantur; quarum erant L
auxilio missae ad Pompeium proelioque in Thessalia facto domum
redierant, illae triremes omnes et quinqueremes aptae instructaeque omnibus rebus ad navigandum, praeter has xxii, quae prae-
4 sidii causa Alexandriae esse consuerant, constratae omnes; quas
si occupavissent, classe Caesari erepta portum ac mare totum in
sua potestate haberent, commeatu auxiliisque Caesarem prohibe-
5 rent. Itaque tanta est contentione actum, quanta agi debuit, cum
illi celerem in ea re victoriam, hi salutem suam consistere viderent.

tur. Ueber den Coniunctiv s. zu B.
G. 1. 25, 3, oben 2. 41, 4. 3. 47, 7.
— *vim suorum* = sois illatam, wie
1. 7, 7: *imperatoris sui — iniurias.*
B. G. 1. 30, 3. 7. 36, 10. — *pro suo
periculo*, wie ihre eigene Gefahr.
Liv. 2. 7, 3: *ita certe inde abiere
Romani, ut victores, Etrusci pro
victis.*

  6. *Bibuli filios duos interfecerant.* Im J. 50. Bibulus hatte sie
als Proconsul von Syrien nach Alexandria geschickt, vielleicht um
Hülfe gegen die Parther zu erhalten; die Gabinianer tödteten sie,
wahrscheinlich weil sie wussten,
dass Bibulus während seines Consulats der Wiedereinsetzung des Ptolemaeus durch Pompeius entgegen gewesen war. Drumann 2. p. 105.

  111. 1. *praeter eam opp. partem — tenebat.* Cäsar hatte sich in
dem östlichen bis zum Meere rei-
chenden Quartiere Brucheion, in
der Burg und dem Theater, ver-
schanzt. — *domum eius irrumpere:*
1. 27, 3.

  3. *triremes omnes:* lauter Tri-
remen; s. zu B. G. 7. 29, 3. — *aptae
instructaeque:* 1. 20, 5: *apta et parata.* Liv. 30. 10, 3: *nautico instrumento aptae classi.*

  4. *si occupavissent — haberent —
prohiberent.* Die Imperf. nach dem
Plusquamp, weil die Handlung 'nicht
als vor der anderen geschlossen und
geschehen, sondern als sie begleitend und neben ihr dauernd gedacht
wird' Madvig §347. Anm. 2. Zumpt
§ 525.

Sed rem obtinuit Caesar omnesque eas naves et reliquas, quae
erant in navalibus, incendit, quod tam late tueri parva manu non
poterat, confestimque ad Pharum navibus milites exposuit.

112. Pharus est in insula turris magna altitudine, mirificis
operibus exstructa; quae nomen ab insula accepit. Haec insula 2
obiecta Alexandriae portum efficit; sed a superioribus regionibus
in longitudinem passuum nongentorum in mare iactis molibus angusto itinere et ponte cum oppido coniungitur. In hac sunt insula 3
domicilia Aegyptiorum et vicus oppidi magnitudine; quaeque ibi
cumque naves imprudentia aut tempestate paulum suo cursu de-
cesserunt, has more praedonum diripere consuerunt. Iis autem 4
invitis, a quibus Pharus tenetur, non potest esse propter angustias navibus introitus in portum. Hoc tum veritus Caesar ho- 5
stibus in pugna occupatis militibus expositis Pharum prehen-
dit atque ibi praesidium posuit. Quibus est rebus effectum, ut 6
tuto frumentum auxiliaque navibus ad eum supportari possent.
Dimisit enim circum omnes propinquas provincias atque inde
auxilia evocavit. Reliquis oppidi partibus sic est pugnatum, ut 7
aequo proelio discederetur et neutri pellerentur (id efficiebant
angustiae loci), paucisque utrimque interfectis Caesar loca maxime necessaria complexus noctu praemunit. In hoc tractu oppidi 8
pars erat regiae exigua, in quam ipse habitandi causa initio erat

6. *naves – incendit*, nach B. Alex.
12, 3 im Ganzen 110 Schiffe. C.
hatte dadurch wenigstens so viel
gewonnen, dass er, da er selbst eine
Flotte von 34 Schiffen besass, die
Häfen und die See behaupten und
Zufuhr und Verstärkung herbeischaffen kounte. Bei dem Brande
der Schiffe wurde übrigens auch die
berühmte alexandrinische Bibliothek
in Asche gelegt. Einl. p. 23. —
tam late tueri: weil seine Truppen
nicht hinreichten, in so weiter Ausdehnung zu schützen, Schutz zu gewähren, um sie zu behaupten. Ueber
tueri ohne Obiect s. zu 2. 20, 5. —
Pharum. S. das geograph. Register
unter Alexandria.

112. 2. *a superioribus regionibus* heisst hier wohl schwerlich 'von
einer höher gelegenen Seite aus'
(noch weniger kann *moles* das Material zu dem Damme sein, das sie ex
superioribus (montuosis) regionibus
convexerant!), sondern 'von dem
oberen Stadttheile aus', d. i. von
dem Theile der Stadt, der den Namen Rhacotis führte, und von welchem das Heptastadion nach der
Leuchtthurminsel geführt war. S.
das geogr. Reg. unter Alexandria.
(Unnöthig und unpassend hat man *a
superioribus regibus* geschrieben.)

3. *quaeque ibi cumque.* Ueber
die Tmesis s. Madvig § 87.

5. *hostibus occupatis militibus
expositis.* S. zu 1. 30, 5.

6. *dimisit circum omnes provincias.* Ueber *dimisit* ohne Obiect s.
zu 2. 20, 5. Zu *circum* vergl. c. 22,
1: *dimissis circum municipia litteris*, und 1. 14, 5: *gladiatores circum
familias distribuit.* Zur Sache vergl.
den Anfang des B. Alex.

7. *sic est pugnatum.* Ueber die
Art dieses Strassenkampfes s. B.
Alex. 1.

inductus, et theatrum coniunctum domui, quod arcis tenebat locum aditusque habebat ad portum et ad reliqua navalia. Has munitiones insequentibus auxit diebus, ut pro muro obiectas
9 haberet neu dimicare invitus cogeretur. Interim filia minor Ptolemaei regis vacuam possessionem regni sperans ad Achillam sese
10 ex regia traiecit unaque bellum administrare coepit. Sed celeriter est inter eos de principatu controversia orta; quae res apud milites largitiones auxit, magnis enim iacturis sibi quisque eorum
11 animos conciliabat. Haec dum apud hostes geruntur, Pothinus (nutricius pueri et procurator regni, in parte Caesaris), cum ad

8. *In hoc tractu oppidi* wie Cic. pro Plancio 9, 22: *tractus ille celeberrimus Venafranus . . . . se huius honore ornari . . . . arbitrabatur.* — *arcis tenebat locum*: die Stelle einer Burg, Citadelle vertrat. — *et ad reliqua navalia* d. i. reliqua loca, quibus naves excipiuntur, in der Nähe des Hafens, c. 111, 6.

9. *filia minor Ptolemaei:* die Arsinoe. Sie benutzte die günstige Gelegenheit, da der König in Caesar's Gewalt war, sich an die Spitze des Aufstands zu stellen und floh, unterstützt durch ihren Günstling, den Eunuchen Ganymedes, aus der Burg. B. Alex. 4. 1. Cass. Dio 42. 39.

10. *inter eos:* zwischen Arsinoe (oder in Wirklichkeit dem Ganymedes) und Achillas. B. Alex. 4, 1: *Interim dissensione orta inter Achillam, qui veterano exercitui praeerat, et Arsinoen, — cum uterque utrique insidiaretur et summam imperii obtinere vellet, praeoccupat Arsinoe per Ganymedem eunuchum, nutricium suum, atque Achillam interficit* (Plut. Pomp. 80 lässt ihn fälschlich von Caesar getödtet werden). Die Uneinigkeit im feindlichen Lager und die Ermordung des Anführers förderte Caesar's Sache nicht, da Ganymedes tüchtiger war, als Achillas. — *magnis iacturis:* 'Opfer', die sie bringen mussten, um die Truppen zu gewinnen. B. G. 6. 12, 2: *eosque ad se magnis iacturis pollicitationibusque perduxerunt.*

11. *in parte Caesaris* wird von den meisten Erkl. local genommen: 'in dem Theile der Stadt, in dem Caes. war', mit Vergleichung von B. Alex. 6, 1: *hanc fundere in partem Caesaris* und 32, 4: *Caesar in suam partem oppidi venit.* Indess ist dieser Ausdruck hier sicherlich weniger angemessen, als an den angef. St., wo es sich ganz eigentlich um die Bezeichnung des Stadttheils handelt, während hier nichts gesagt werden soll, als dass er ihn bei sich hatte (so wie er c. 109, 6 den König *in sua habebat potestate*); dies würde daher Cäsar wohl anders ausgedrückt haben. Andere erklären *in parte:* auf der Seite Caesar's; 'Pothinus simulabat se in partibus esse Caesaris Oudendorp, der vergleicht B. Alex. 7, 2: *erat magna multitudo oppidanorum in parte Caesaris,* wo offenbar *in parte* nicht anders zu nehmen ist, als an den beiden angef. Stellen, wie auch das Folgende zeigt; ebenso Herzog mit Vergleichung von Liv. 21. 5, 3: *ea gens in parte magis, quam in dicione Carthaginiensium erat,* wo *in parte* ebenfalls local zu fassen ist (s. Weissenborn z. d. St.). Unmöglich konnte Caesar von einem so offenbaren Gegner, der ihm selbst nach dem Leben getrachtet hatte (Plut. 40), einen so schielenden Ausdruck brauchen. Sind die Worte

Achillam nuntios mitteret hortareturque, ne negotio desisteret
neve animo deficeret, indicatis deprehensisque internuntiis a Caesare est interfectus. Haec initia belli Alexandrini fuerunt.

ächt, so würde die erstere Erklärung immer noch vorzuziehen sein.
Doch liegt die Vermuthung *in potestate Caesaris* nahe, wie c. 109, 6.
Indess scheinen die sämmtlichen
eingeklammerten Worte interpolirt,
da es kaum wahrscheinlich ist, dass
Caesar nach c. 108, 1. *Erat in procuratione regni – nutricius eius –
Pothinus*, hier noch einmal die nähere Bestimmung für nöthig gehalten haben sollte.

GEOGRAPHISCHES REGISTER.

A.

Acarnania 3. 55. 58 (3. 78, 5 ist jetzt für *Acarnaniam Athamaniam* hergestellt), die westlichste Landschaft von Hellas, im S. u. W. an das ionische Meer, im N. an den ambrakischen Meerbusen und Epirus, im Osten an Aetolien grenzend.

Achaia im engeren Sinne ist das nördliche Küstenland des Peloponnes (urspr. *Aegialos, Aegialēa*), im weiteren Sinne, wie es C. braucht, Griechenland (mit Ausnahme Thessaliens) als römische Provinz. 3. 3. 55. 57. 106.

Adrumētum (Hadrumetum, *Ἀδρύμη, Ἀδρούμητος*), unter der röm. Herrschaft Hauptst. der regio Byzacena, der östlichsten Landschaft in Africa propria, von den Phöniciern an einer Bucht erbaut, später carthagisch; jetzt *Hamamet* in Tunis, nach Anderen *Susa*. 2. 23.

Aeginium, Grenzfeste an der Nordwestgrenze von Thessalien. 3. 79.

Aetolia, Landschaft von Hellas, gegen N. an Thessalien u. Epirus, gegen O. an Locris und Doris, gegen S. an den corinthischen Meerbusen, gegen W. an Acarnanien grenzend. 3. 34. 35.

Alba (Fucentia, Fucentis oder Alba Marsorum) im Lande der Marser, nordwestlich vom See Fucinus (*Lago di Celano*) auf einem hohen Felsen. Die Bewohner *Albenses*, zum Unterschied von *Albani*, den Bewohnern anderer gleichnamiger Städte, jetzt *Albe* im Königr. Neapel. 1. 15.

Albici, *Ἀλβιεῖς*, ein kriegerisches Gebirgsvolk nördlich · von Massilia, *qui montes supra Massiliam incolebant* 1. 34. *Μετὰ δὲ τοὺς Σάλυας Ἀλβιεῖς καὶ Ἀλβίοικοι καὶ Οὐοκόντιοι νέμονται τὰ προςάρκτια μέρη τῶν ὀρῶν* Strabo 4. p. 203.

Alexandria, die berühmte Hauptstadt von Aegypten, auf der Landzunge zwischen dem mittelländischen Meere im Norden und dem See Mareotis im Süden bis zum Nilkanal von Canopus, in einer Ausdehnung von 30 Stadien ($\frac{3}{4}$ M.) Länge — von Osten nach Westen — und 7–8 Stad. Breite. Al. hatte zur Zeit seiner Blüthe 300000 freie Einwohner (Diod. Sic. 17. 52.). Es zerfiel in zwei Haupttheile (B. Alex. 1, 5), das *Bruchcion*, die königliche Burg und die Masse der zur königl. Residenz gehörigen Gebäude, die den 4. oder 5. Theil der Stadt ausmachten, und *Rhacotis*. Der Hafen wurde gebildet durch die Landspitze *Lochias* und die nördlich von Alex. gelegene Insel *Pharus*, die durch einen Damm (*moles* 3. 112, 2) von 7 Stadien, daher Heptastadion, mit dem Stadttheile Rhacotis verbunden war. Durch diesen Damm wurde der Hafen in eine östliche (den grossen Hafen) und eine westliche Hälfte (den Ennostos) getheilt, die durch zwei Bogenöffnungen des Dammes mit einander verbunden waren. Auf der Nordostspitze der Insel stand der berühmte Leuchtthurm Pharus (3. 112), unter Ptolemaeus vom Sostratus aus Cnidos erbaut.

Aliacmon (Haliacmon) einer der bedeutendsten Flüsse Macedoniens (nicht genau bei C. 3. 36 Grenzfl. zwischen Macedonien und Thessalien). Er entspringt auf den tymphäischen Bergen zwischen Epirus und Illyrien, und ergiesst sich in den thermäischen Meerbusen; jetzt *Jndsche* (nicht *Jadsche*) *Karasu*.

Amantia Stadt und Landschaft im griechischen Illyrien. 3. 12. 40.

Amānus 3. 31, Gebirg in Asien, ein Theil des Taurus, trennt Syrien von Cilicien: *Syriam a Cilicia aquarum divortio dividit* Cic. ad Att. 5. 20, 3.

Ambracia in Thesprotia im südlichen Epirus, 80 Stadien oberhalb des ambracischen Meerbusens, jetzt *Arta* 3. 38.

Amphilochi, Bewohner der Landschaft *Amphilochia* im nordöstlichen Acarnanien, am Ost-Ende des ombracischen Meerbusens. 3.55.

Amphipolis in Macedonien, von zwei Armen des Strymon unweit der Mündung desselben umfasst; daher der Name (Thuc. 4. 102: ἐν ἀμφότερα περιῤῥέοντος τοῦ Στρυμόνος) 3. 102.

Anas, einer der Hauptströme Hispaniens, bildete die Grenze zwischen Baetica und Lusitania (s. unter Hispania), jetzt *Guadiana* (*Guadi*, aus dem arabischen *Wadi* = Fluss). 1. 38.

Ancōna (Ancon, Ἀγκών) St. in Picenum am adriatischen Meere, das heutige *Ancona*. 1. 11.

Antiochia in Syrien am Orontes, jetzt *Antakia*. 3. 102. 105.

Apollonia St. im griechischen Illyrien, ⅔ St. vom adriatischen Meere entfernt, unweit der Mündung des *Aous* (*Viosa* oder *Vojussa*), südl. von Dyrrhachium; jetzt Ruinen von *Polina*. 3. 6 u. öfter im 3. B.

Apsus Fl. in Illyrien zwischen dem Genusus (nördlich) und dem Aous (südlich), entspringt auf der Grenze von Macedonien und ergiesst sich ins adriatische Meer; jetzt *Crevasta* nach der gewöhnl. Angabe, nach Anderen *Ergent* od. *Beratino*. 3. 13. 19. 30.

Apulia in Unteritalien, vom Fl. Frento bis an den tarentinischen Meerbusen. 1. 14. 24. 3. 2.

Anquilaria (so nach Handschriften mit Hoffmann für *Aquilaria*) St. unweit des carthagischen Meerbusens, südwestlich vom Promontorium Mercurii. (Cap Bon.) 2. 23.

Arelāte im südl. Gallien, jetzt *Arles* im Departement *des Bouches-du-Rhone*. 1. 36.

Arimīnum St. in Umbrien am adriatischen Meere, jetzt *Rimini*. 1. 8.

Arretium in Etrurien, jetzt *Arezzo* in Toscana. 1. 11.

Asculum Picenum (es gab auch noch ein *Asculum* in Apulien) Hauptst. in Picenum, jetzt *Ascoli* im Kirchenstaate. 1. 15.

Asparagium 3. 30. 41. 76, südl. von Dyrrhachium und zum Gebiete desselben gehörig (*Asparagium Dyrrhachinorum* 3. 30, 7), am Genusus. 'Nach den strategischen Verhältnissen kann Aspar. trotz mehrseitiger widersprechender Behauptung nur am Fl. Genusus (jetzt *Uschkombin*) gelegen haben, und zwar, wie aus 3. 75 hervorgeht, auf dem linken Ufer desselben. Denn nach jenem Capitel musste Caesar von Dyrrhachium, also von Macedonien kommend, den Genusus überschreiten, um nach Asparagium zu gelangen, und ich werde mich schwerlich irren, wenn ich es für das heutige *Kerno* halte. Jedenfalls lag es dieser Stadt ganz nahe. — Die Annahme von Mannert [der es 7. 398 an den Apsus versetzt], Reichardt, Körcher, Baumstark, als sei das heutige *Iskarpar* jenes Asparagium gewesen, erweist sich als irrthümlich; denn Iskarpar kann es schon deshalb nicht sein, weil diese Stadt von Dyrrhachium 24 Stunden entfernt liegt, während Asparagium vom linken Flügel der Linien Cae-

sar's bei Dyrrhachium nur 4 Stunden entfernt war'. Göler p. 106. Vergl. auch Drumann 3. p. 492.

A t h a m a n i a 3. 78 (wo die Handschr. *Acarnaniam* haben; s. Drumann 3. p. 501 Anm. 47), Landschaft des südlichen Epirus, Grenzland von Epirus und Thessalien auf der Westseite des Pindus.

A u s e t a n i hispanisches Volk im heutigen Catalonien. 1. 60.

A u x i m u m St. in Picenum, jetzt *Osimo* im Kirchenstaate. 1. 13. 15. 31.

B.

B a g r a d a (*Βαγράδας*) Fl. in Africa (Zeugitana) im Gebiete von Carthago, fliesst von SW. nach NO. und fällt zwischen Carthago und Utica ins Meer, jetzt *Medscherda* (oder *Magreda*) in Tunis. 2. 24. 26. 39.

B e s s i 3. 4, Volk im nordöstl. Thracien, auf der linken Seite des Strymon, in der Gegend des heutigen Philippopoli in der europäischen Türkei.

B i t h y n i a, Landschaft Kleinasiens, im S. an Galatien und Phrygien, im W. an Mysien, im N. an die Propontis, den thracischen Bosporus und den Pontus Euxinus, im O. an Paphlagonien grenzend. 3. 3.

B r u n d i s i u m (*Βρεντέσιον*), St. in Calabrien an einer Bucht des adriatischen Meeres mit einem vortrefflichen Hafen. Von hier war

die gewöhnliche Ueberfahrt nach Griechenland und dem Orient (weswegen die appische Strasse bis dahin verlängert wurde), von Dyrrhachium, dem gewöhnlichen Landungsplatze in Griechenland 30 geograph. Meilen entfernt, jetzt *Brindisi* in der neapolitanischen Provinz *Terra d'Otranto*. 1. 24. 25–27. 3. 2. 6. 23. 100.

B r u t t i u m, die Südspitze Italiens, jetzt *Calabria ulteriore*. 1. 30.

B u l l i s im südl. Illyrien, nicht weit von Apollonia, 3. 40, Einwohner *Bullidenses* 3. 12, bei Cic. in Pison. 40, 96 *Bullienses*; an beiden Stellen bei Caes. in Verbindung mit *Amantia* und *Amantini* genannt.

B u t h r ö t u m, St. in Epirus, auf der Küste von Thesprotien, der Insel *Corcyra* gegenüber, jetzt *Butrinto* in Albanien. 3. 16.

C.

C a l a g u r r i t a n i, 1. 60, Bewohner von *Calagurris*, im nordöstlichen Hispanien, nördlich vom Iberus, bei *Jaca*, zu unterscheiden von *Calagurris Nassica*, dem heutigen *Calahorra*. S. H. Kiepert hist. Geograph. Atlas der alten Welt § 165.

C a l y d o n, St. im südlichen Aeto-

lien am Euenos, jetzt Aidon. 3. 35.

C a m e r i n u m in Umbrien, am Fuss der Apenninen; jetzt *Camerino* im Kirchenstaate. 1. 15.

C a m p a n i a, Landschaft in Mittelitalien am Mare inferum oder Tuscum 1. 14.

C a n d a v i a, das Illyrien von Macedonien trennende rauhe Gebirgsland, östlich von Dyrrhachium, durch welches die Via Egnatia führte; jetzt *Monte-Crasta* in Albanien. 3. 11.

Cantabri an der Nordküste Spaniens im heutigen Biscaya. 1. 38.

Canusium, St. in Apulien, jetzt *Canosa*. 1. 24.

Capua in Campanien 1. 10. 14. 3. 21. 71. Die Ruinen dieser einst bedeutenden Stadt in *S. Maria di Capua.*

Caralitani, Bewohner von *Caralis*, der Hauptst. von Sardinien, jetzt *Cagliari*. 1. 30.

Carmona (Carmo, Carmonenses), St. in *Hispania Baetica*, jetzt *Carmone* in Andalusien. 2. 19.

Casilinum, St. in Campanien, an der Stelle des heutigen *Capua* gelegen, drei Millien vom alten Capua entfernt, am Volturnus. 3. 21.

Castra Cornelia, Corneliana, zwischen Utica und dem Fl. Bagrada; s. Anm. zu 2. 24, 2.

Castulonensis saltus (von *Castulo*, einer hispan. Stadt am oberen Baetis (*Guadalquivir*) und der Grenze von Baetica, jetzt *Cazlona*), eine am Baetis nördlich sich hinziehende Bergkette zwischen Castulo und Sisapo. Die W. 1. 38 *a saltu Castulonensi ad Anam* bezeichnen die Provinz *Baetica*. S. unter *Hispania.*

Celtibēri, der gemeinschaftliche Name der aus den vom Norden her eingewanderten Celten und den ursprünglichen Bewohnern, den Iberern, gemischten Stämme des inneren Hochlandes von Hispanien, der Vaccäer, Pelendoner, Arevaker, Lusoner — des südwestl. Arragon, Cuenza, Soria —, mit den Städten Clunia, Numantia, Segontia, Segobriga, u. a.; das tapferste Volk Hispaniens. 1. 38. 61.

Cilicia, das südöstlichste Küstenland Kleinasiens, südlich von Kappadocien und Lycien. 3. 3. 102. 110.

Cinga, Fl. in Hispania Tarrac., entspringt in den Pyrenäen, fällt mit dem Sicoris in den Iberus; jetzt *Cinca*. 1. 48.

Cingulum, St. in Picenum, jetzt *Cingoli.*

Clupēa (Clypea, Uebersetzung des griech. Ἀσπίς, von der schildförmigen Gestalt der Landspitze, auf der es lag), St. auf der Ostseite der in das Promontorium Mercurii auslaufenden Landspitze an der nördlichen Küste von Africa, die erste africanische Stadt, die die Römer nach ihrer Landung im ersten punischen Kriege eroberten, angelegt von dem sicil. Tyrannen Agathokles in seinen Kriegen mit den Carthagern; jetzt *Kalibia*. 2. 23.

Corcȳra, die Insel Corfu im adriatischen Meere. 3. 3. 7. 8. 58. 100. — 3. 10, 6 ist im Texte für *ad Corcyram*, worunter *Corcyra nigra*, Κέρκυρα ἡ μέλαινα, so genannt, wie man meint, von den dichten und hohen Waldungen (jetzt *Curzola*) zu verstehen sein würde, *ad Curictam* geschrieben.

Cordūba, Hauptstadt in Hispania Baetica; erste Colonie der Römer in Hispanien, Sitz eines Proprätors (Geburtsort der beiden Seneca und des Dichters Lucanus); jetzt *Cordoba*. 2. 19.

Corfinium, Hauptstadt der Peligner in Samnium, unweit des Aternus, jetzt Ruinen bei der Kirche *Santo-Perino* bei *Popoli* in *Abruzzo citeriore*, Königreich Neapel. 1. 16–22.

Cosa, St. in Etrurien mit einem guten Hafen, *Portus Herculis*. 1. 34: in *Cosano*. Von diesem ist das 3. 22, 2 erwähnte *Cosa*, wo Milo fiel, zu unterscheiden, was in den Ausgaben gewöhnlich nicht geschieht, trotzdem dass ausdrücklich dabeisteht *in agro Thurino*, und c. 21, 4 *in Thurinum*, also in Lucanien. Es sind daher zwei *Cosa* anzunehmen, wie auch Liv. Epit. 14 und Vellei. 1. 14 ein von dem etrurischen verschiedenes ohne genauere Angabe der Lage nennen. Cluver. Ital. antiqu. 2. p. 1205 meint, dass an der obigen Stelle *Cosam* corrupt und *Cassanum* zu schreiben sei, das in jenem Gebiete gelegen habe, jetzt *Cassano*. Plin. H. N. 2. 56, 57 lässt den Milo *ad castellum Carissanum* umkommen, Vellei. 2. 68 *ad Compsam in Hirpinis* (Cass. Dio 42. 25 in Apulien). Dafür will Cluverius bei Plin. *castellum Cassanum* schreiben, Sillig dagegen schreibt *Compsanum* nach Vellei. a. a. O. Ruhnken zu Vell. 1. 14 hält *Cosa* und *Compsa* für gleich, wogegen freilich der Zusatz *in Hirpinis* (in Samnium) spricht, was man dadurch zu beseitigen sucht, dass man annimmt, dass die Grenzen der Lucaner, Hirpiner und Apulier (Cass. Dio a. a. O.) nicht immer dieselben oder nicht genau unterschieden waren (Strabo 5. p. 253).

Cremōna in Gallia Transpadana, das heutige *Cremona* in der Lombardei. 1. 24.

Curicta (Ceryctīce). So ist 3. 10, 6 für *Corcyra* geschrieben, da das dort Erwähnte nach anderen Zeugnissen bei jener Insel vorgefallen ist (s. d. Anm. zu d. St. Drumann 1. p. 524. 3. p. 453. Mommsen 3. p. 387 2. Ausg.) und die Corruptel leicht möglich war. *Curicta* ist eine kleine Insel im adriatischen Meere, im *sinus Flanaticus* (Golf von *Quarnero*), der liburnischen Küste gegenüber (mit zwei Städten *Fulfinium* und *Curicum*); jetzt *Veglia;* der slavische Name — nach Kiepert's Mittheilung — nicht *Karek*, wie in der ersten Ausgabe stand, sondern *Krk*, mit dem den slav. Sprachen eigenthümlichen vokalischen r, also gesprochen etwa *Krik*.

Cyrēnae (Cyrene), eine der 5 Hauptstädte von *Cyrenaica* (*Pentapolitana regio*) an der Nordküste von Africa. 3. 5.

D.

Dalmatae, illyrische Völkerschaft zwischen den Fl. *Titius* (*Kerka*) und *Drinus* (*Drino bianco*) längs der Küste des adriatischen Meeres. 3. 9.

Dardani, Volk im Süden von Moesia superior, dem heutigen Serbien. 3. 4.

Dyrrhachium, der alte Name war *Epidamnos*, der angeblich von den Römern wegen der üblen Vorbedeutung, da sie an *damnum* dachten (Plaut. Men. 1. 1, 38: *propterea huic urbi nomen Epidamno inditum est, quia nemo ferme huc sine damno divortitur*), verändert worden sein soll, wiewohl auch *Dyrrhachium* (von δύς und ῥαχία = Brandung) nicht eben eine gute Vorbedeutung enthält. Es liegt am adriatischen Meere auf einer schmalen Landzunge, in welche das von Osten nach Westen streichende Graba-Balkangebirge endigt. Die Stadt, früher zum Gebiete der parthinischen Illyrier gehörend, wurde jetzt zur Provinz Macedonien gerechnet. (Cass. Dio 41. 49: τὸ δὲ Δυῤῥάχιον ἐν τῇ γῇ τῇ πρότερον μὲν Ἰλλυριῶν τῶν Παρθινῶν, νῦν δὲ καὶ τότε γε ἤδη Μακεδονίας νενομισμένῃ κεῖται). Es war der gewöhnliche Landungsplatz der von Brundisium nach Griechenland übersetzenden Römer, und von hier aus begann die in den Anmerk. öfter erwähnte egnatische Strasse. Die gewöhnliche Ansicht, dass das Lager des Pompeius und Caesar, so wie der ganze Schauplatz des Kampfes nördlich von Dyrrhachium gewesen sei, die besonders auf der falschen Bestimmung der Lage von Petra (s. d. Artikel) beruht, hat Göler: die Kämpfe bei Dyrrhachium und Pharsalos p. 110 u. f. hinlänglich widerlegt und gezeigt, dass Caes. den Pomp., so weit es das Meer nicht hinderte, von allen Seiten halbkreisförmig, nicht nur im Norden und Osten, sondern auch im Süden eingeschlossen habe.

E.

Elis, Hauptstadt der Landschaft Elis im Peloponnes. 3. 105.

Ephesus, ionische Zwölfstadt in Kleinasien an der Mündung des Kaystros, mit dem berühmten Tempel der Artemis. 3. 33. 105.

Epirus, westliche Landschaft Nordgriechenlands, im Westen an das ionische Meer, im O. an Thessalien, im N. an Illyrien, im Süden an den Meerbusen von Ambrakia, Acarnanien und Aetolien grenzend. 3. 4. 12. 61. 78.

F.

Fanum (Fortunae τὸ ἱερὸν τῆς Τύχης). St. an der Küste von Umbrien; jetzt *Fano* im Kirchenstaate. 1. 11.

Firmum in Picēnum am adriatischen Meere zwischen Auximum und Asculum; jetzt *Fermo*. 1. 16.

Frentani in Samnium, an der Küste des adriatischen Meeres. 1. 23.

G.

Gades (phönicisch Gadir, Γάδειρα, jetzt *Cadix*), St. in Hispania Baetica, von den Phöniciern auf der nordwestlichen Seite der gleichnamigen Insel (dem alten *Erytheia*, jetzt *Leon*) gegründet. Die Insel ist durch eine Brücke über den an der schmalsten Stelle nur 1 Stadium breiten Meeresarm mit dem Festland verbunden, auf dem die Hafenstadt lag. Die Stadt kam nach dem ersten pun. Kriege in die Gewalt der Karthager, im zweiten ergab sie sich freiwillig den Römern; sie bekam daher keinen röm. Präfecten; Caesar schenkte ihr das Bürgerrecht; später führte sie den Namen *Augusta urbs Iulia Gaditanorum*. 2. 21 werden die Gaditaner von den Hispaniern (wegen ihres phönicischen Ursprungs?) getrennt genannt. 2. 18. 20.

Gallograecia (Galatia) 3. 4. Landschaft in Kleinasien, im O. an Pontos, im W. an Phrygien, im N. an Bithynien und Paphlagonien, im S. an Lycaonien und Kappadocien grenzend. Die Einwohner waren eingewanderte Celten, *Galatae*, *Galli* (3. 4, 3), wegen ihrer Vermischung mit Griechen *Gallo-Graeci* genannt. Sie behielten auch in Asien ihre Eintheilung in drei Völkerschaften bei, von denen jede in 4 Gaue getheilt wurde, die Tetrarchien hiessen, und denen ein Tetrarch (s. zu 3. 3, 2) vorstand.

Genūsus, Fl. in Illyrien, dem Apsus parallel und nördlich von ihm (nicht, wie Herzog angiebt, südlich), zwischen diesem und Dyrrhachium fliessend, j. *Uschkomobin*. 5. 75. 76.

Germinii s. zu 3. 6, 2.

Graeci = Parthini 3. 11.

Gomphi, die erste Stadt Thessaliens, wenn man von Epirus (Athamanien) kommt 3. 80, an dem nicht weit von dieser Stadt im Pindus entspringenden Penēus.

H.

Haliacmon, s. *Aliacmon*.

Helvii 1. 36, celtisches Volk in der Provincia. S. B. G. p. 382.

Heraclia (Heraclēa) St. in der macedonischen Landschaft *Lyncestis*, an der Grenze von Candavia (an der egnatischen Strasse). 3. 79.

Hibērus, der Ebro in Spanien 1. 60–73.

Hispalis in Hispania Baetica; jetzt *Sevilla*. 2. 18.

Hispania wurde gleich nach

der Eroberung (im J. 205) in 2 Provinzen getheilt: *Hispania citerior*, die Ostküste und das innere Land, mit der Hauptstadt *Tarraco* (daher später *Hispania Tarraconensis* genannt) und *Hispania ulterior*, die Süd- und Westküste; daher *Hispaniae, duae Hispaniae* (1. 10. 29. 85. 2. 18. 32. 3. 10. 73), die Pompeius zusammen als Proconsul verwaltete. *Hispania ulterior* wurde später von Augustus in 2 Provinzen getheilt: *Baetica*, vom Hauptflusse *Baetis* (*Guadalquivir*) mit der Hauptstadt *Corduba*, und *Lusitania*, von dem bedeutendsten Volke genannt, mit der Hauptstadt *Augusta emerita*.

Diese Eintheilung scheint jedoch, wenn auch nicht politisch recipirt, doch durch die geographischen Verhältnisse gegeben, schon zu Caesar's Zeit bestanden zu haben, wenigstens entspricht 1. 38, 1 die Vertheilung der Verwaltung der Provinzen an die drei stellvertretenden Legaten des Pompeius, Afranius, Petreius und Varro: '*quorum unus Hispaniam citeriorem, alter ulteriorem a saltu Castulonensi ad Anam, tertius ab Ana Vettonum agrum Lusitaniamque — obtinebat*' genau jener Eintheilung. S. unter *Castulonensis saltus.*

I.

Iacetani, Volk im nordöstlichen Theile von Hisp. ulterior am Fusse der Pyrenäen, im heutigen Catalonien. 1. 60.

Igilium (Aegilia) kleine Insel im Tyrrhenischen Meere an der Küste von Etrurien, Cosa gegenüber; jetzt *Giglio*. 1. 34.

Iguvium, St. in Umbrien, jetzt *Gubbio*. 1. 12.

Ilerda, jetzt *Lerida*, St. in Hispania citerior, im Lande der Ilergeten 'vier Meilen nördlich vom Ebro, an dem rechten Ufer eines Nebenflusses desselben, des Sicoris (*Segre*), über den nur eine einzige solide Brücke unmittelbar bei Ilerda führte. Südlich von Ilerda treten die das linke Ufer begleitenden Gebirge ziemlich nahe an die Stadt hinan; nordwärts erstreckt sich zu beiden Seiten des Sicoris ebenes Land, das von dem Hügel, auf dem die Stadt gebaut ist, beherrscht wird. Für eine Armee, die sich musste belagern lassen, war es eine vortreffliche Stellung' Mommsen 3. p. 376 2. Ausg. Dies ist die *loci opportunitas* 1. 38, 4. Lucan 4. 261: *alta*, 144 *celsa Ilerda.*

Illurgavonenses (Ilurgaones, Ilergaones) im Osten von Hisp. citerior. 1. 60.

Illyricum (Ἰλλυρίς, Ἰλλυρία).

Unter diesem Namen wurden alle östlichen Küstenländer des adriatischen Meeres und die dahinter liegenden Gebirgslandschaften zusammengefasst, also alles Land, welches sich von den Alpen, Italien und Rhätien aus östlich bis zum Ausfluss der Donau, südlich am adriatischen Meere bis nach Epirus hinzieht. Der nördliche Theil dieses Landstrichs vom Flusse Arsia oder von Istria an bis zum Flusse Drilon (*Drino*) hiess *Illyris barbara* oder *Romana* (er umfasste die *Iapodes, Liburnii, Dalmatae*), wozu auch die Inseln längs der Küste gehörten, der südliche Theil, der sich vom Drilon bis nach Epirus hinabzieht und im Osten an Macedonien grenzt, hiess *Illyris graeca*, der grösste Theil des heutigen Albanien. Wann das Land römische Provinz wurde, ist ungewiss; sichere Beweise dafür lassen sich erst in den letzten Zeiten der Republik geben; Caesar erhielt sie im Jahre 59 mit Gallien.

Issa, dalmatische Insel; jetzt *Lissa*. 3. 8.

Isthmus, die Landenge von Corinth. 3. 55.

Italica, hispanische Stadt auf dem rechten Ufer des Baetis (Ruinen zu *Santiponce* bei *Sevilla*). 2. 20.

L.

Larinates, Einwohner von *Larinum* in Samnium zwischen den Flüssen *Frento* und *Tifernus;* jetzt *Larino* im Neapolitanischen. 1. 25.

Larisa in Thessalien, am südl. Ufer des Penëus, noch jetzt *Larissa*, türkisch *Jenischehr*. 3. 80. 96.

Leptitani, Bewohner von *Leptis minor*, St. in Byzacium, an der Küste von Africa zwischen Adrumetum und Thapsus. 2. 38.

Lissus im griechischen Illyrien am Drilon (Drino) und nicht weit von der Mündung desselben; jetzt *Alessio* (*Lesch*). 3. 26. 28. 29. 40. 42. 78.

Lucania in Unteritalien, östlich von Apulia, südlich von Bruttium, westlich vom mare inferum, nördlich von Samnium begrenzt. 1. 30.

Luceria, Stadt in Apulien, jetzt *Lucera* in der neapolitanischen Provinz Basilicata. 1. 24.

Lusitania s. *Hispania*.

M.

Macedonia libera, der westliche, an Illyrien und Epirus angrenzende Theil Macedoniens. Strabo 7. p. 326: καὶ δὴ τὰ περὶ Λυγκεστὶν καὶ Πελαγονίαν καὶ Ὀρεστιάδα καὶ Ἐλίμειαν τὴν ἄνω Μακεδονίαν ἐκάλουν, οἱ δὲ ὕστερον καὶ ἐλευθέραν. Plin. H. N. 4. 10, 35. nennt die *Amantini, Orestae, Scotussaei liberi*. Auch Dyrrhachium und Amphipolis besassen die *libertas*. 3. 34.

Marrucini an der östlichen Küste Mittelitaliens, am rechten Ufer des Aternus, mit der Stadt *Teate*. 3. 34.

Marsi, alte sabellische Völkerschaft in Mittelitalien, um den *Lacus Fucinus* (*Lago di Celano*) herum, zwischen den Flüssen Liris und Aternus. Hauptst. *Marruvium*. 1. 13. 20. 2. 29.

Massilia, Marseille, eine im 6. Jahrhundert von Phokäern gegründete Colonie ('von jenen einst so zahlreichen freien und seemächtigen Städten der alten ionischen Schiffernation die von der Heimath am weitesten entfernte und fast die letzte, in der das hellenische Seefahrerleben noch rein und frisch sich erhalten hatte, wie sie denn auch die letzte griechische Stadt gewesen ist, die zur See geschlagen hat 'Mommsen röm. Gesch. 3. p. 380) am Sinus Gallicus auf einem halbinselartigen Vorgebirge, auf drei Seiten vom Meere umgeben (im Süden der Hafen Lakȳdon, der durch amphitheatralisch sich herumziehende, zum Theil sehr hohe Felsen und eine schmale Oeffnung gegen das Meer hin geschützt war), während die vierte Seite durch einen 1500 Schritt breiten, durch eine starke Mauer befestigten Isthmus mit dem Festlande zusammenhing. Im Norden grenzte das massilische Gebiet an das Land der *Sallyes* (*Salluvii*), eines ligurischen Stammes, welches nach 1. 35, 4 Pompeius den Massiliern zugetheilt hatte. 1. 34—36. 56—58. 2. 1—22. Ueber die dem Hafen gegenüberliegende Insel s. zu 1. 56, 3. (Ein Plan der Stadt findet sich in den Vorlesungen über Kriegsgeschichte von J. v. H. Stuttgart 1852. 1. p. 125.) Oestlich von Massilia an der Küste lag *Tauröis* (Ταυρόεις, Ταυρεέντιον, bei Strabo 4. 180 u. 184) *Taurentum, Tauroentum*. Es wird an verschiedenen Stellen gesucht; Ukert Geogr. der Gr. u. röm. 2. 2. p. 427 u. A. halten es für das heutige *Tarento* bei *la Ciotat* östlich von Marseille. 2. 4.

Mauritania, das westlichste Land der Nordküste Afrikas, im W. an den atlantischen Ocean, im O. an

Numidien, im N. an das Mittelmeer, im S. an Gätulien grenzend, jetzt *Fez* und *Marokko*. 1. 6.

Messäna, St. in Sicilien, jetzt *Messina* 2. 3.

Metropolis, St. in Thessalien, an der Grenze von Epirus (Athamania) südlich vom Penëus und Gomphi, und zwischen dieser Stadt

und Pharsalus. 3. 80. Eine andere Stadt gleiches Namens lag im Norden des Peneus und der Stadt Larisa, die hier nicht gemeint sein kann.

Mytilēnae (Mytilene, Mitylene), grösste Stadt der Insel Lesbos auf der Ostseite; jetzt *Metelin*. 3. 102.

N.

Narbo, St. der *Volcae Arecomici* in der Provinz Gallien 1. 37. S. B. G. p. 354.

Naupactus, St. der ozolischen Lokrer an der Nordseite des corinthischen Meerbusens, unter Philipp von Macedonien zu Aetolien geschlagen, unter den Römern wieder zu Lokris gerechnet; jetzt *Lepanto*. 3. 35.

Neapolis, Neapel 3. 21.

Noricum (Noreia), Neumarkt

in Steiermark. 1. 18. S. B. G. p. 384.

Nymphaeum, Vorgebirge und Hafenort an der illyrischen Küste, nördlich von Lissus, nicht zu verwechseln mit einem andern *Nymphaeum* bei Apollonia am Aous. Jetzt *St. Juan de Medua*, nach Anderen *Cabo di Redoni*. 3. 26. (Vergl. Elberling Observatt. critt. p. 123).

O.

Octogēsa, St. in *Hispania citerior* am Einfluss des *Sicoris* in den *Iberus;* nach Ukert *La Granja* auf dem linken, nach Anderen *Mequinensa* auf dem rechten Ufer des *Sicoris*, nach Göler das heutige *Almatret*, das am linken Ebroufer und am Fuss des hohen Berges Manca montana liegt. 1. 61.

Orchomenos, St. in Böotien. 3. 55.

Oricum ('Ωριχὸν und 'Ωριχός), Seestadt in Epirus nova am Anfange der Landzunge, welche in das Vorgebirge Acroceraunia ausläuft; jetzt *Ericho* (*Eriko*). 3. 7. 8. 11. 39. 78. Ueber die Lage und den Hafen s. zu 3. 40, 4.

Oscenses, Osca, im nordöstlichen Theile von Hispania citerior; jetzt *Huesca*. 1. 60.

P.

Palaeste in Epirus, wo Cäsar landete 3. 6, südlich von Oricum, jetzt *Paleassa*. Lucan. 5. 460.

Parthīni, Volk in Illyris graeca, südlich von Dyrrhachium. 3. 11.

Peligni, sabinisches Volk in Mittelitalien zwischen den Marsern, Marrucinern und Frentanern, mit den Städten *Corfinium* und *Sulmo*. 1. 15. 2. 29.

Pelusium, St. Unterägyptens an der östlichen Nilmündung, die

nach ihr genannt wird. Als Schlüssel Aegyptens von Osten her stark befestigt; jetzt *Tineh*. 3. 103.

Pergamum (Pergamus) Hauptstadt von Mysien in Kleinasien am Fl. Caïcus; jetzt *Pergamo*. 3. 31. 105.

Petra 2. 42., ein hochgelegener Punkt nahe an der Küste, südlich von Dyrrhachium, nicht, wie gewöhnlich angenommen wird, nördlich. Es zeigt dies Cäsar's Erzählung deutlich, da Pompeius auf seinem Marsche von Asparagium, also vom Süden herauf, nach Dyrrhachium, als er sich durch Cäsar's geschicktes Manöver von dieser Stadt abgeschnitten sah, nicht nördlich, sondern unterhalb Dyrrhachium sein Lager aufschlagen musste. Vergl. Göler p. 21 u. 112, wo nachgewiesen wird, dass dieses *Petra* mit einem kleinen Fischerdorfe, das 5 Stunden nördlich von Dyrrhachium liegt, verwechselt worden ist. Damit stimmt überein die Darstellung bei Drumann 3. p. 493. Mommsen 3. p. 399: 'Die Kette des *Graba Balkan*, der in der Richtung von Osten nach Westen streichend am adriatischen Meere in der schmalen dyrrhachinischen Landzunge endigt, entsendet drei Meilen östlich von Dyrrhachium in südwestlicher Richtung einen Seitenarm, der in bogenförmiger Richtung ebenfalls zum Meere sich wendet, und der Haupt- und der Seitenarm des Gebirges schliessen zwischen sich eine kleine um eine Klippe am Meeresstrand sich ausbreitende Ebene ein. Hier nahm Pompeius jetzt sein Lager'.

Pharus s. *Alexandria.*

Pharsalus wird von C. selbst nicht genannt; es lag in der thessalischen Landschaft Thessaliotis, unweit der Grenze von Phthiotis. Die Alten unterscheiden zwischen Altpharsalus (Palaepharsalus, Strabo 9 p. 431. Liv. 32. 13. 44. 1) und Neupharsalos, und lassen bei dem ersteren die Schlacht vorgefallen sein. Orosius 6. 15. Hirtius B. Alex. 48. Beide Orte lagen nach der gewöhnlichen Meinung auf dem linken (westlichen) Ufer des Enipeus, der ἀπὸ τοῦ Ὄθρυος παρὰ τὸν Φάρσαλον ῥυεὶς εἰς τὸν Ἀπιδανὸν παραβάλλει Strab. a. a. O. Göler dagegen p. 73 u. 136 f. trennt beide Orte und lässt Palaepharsalus auf dem rechten (nördlichen) Ufer des Apidanos, an der Stelle des heutigen Dorfes *Subaschi*, eine Stunde vom Flusse entfernt liegen, Neupharsalus aber südlicher auf dem linken Ufer dieses Flusses. Schwer zu ermitteln ist auch das Schlachtfeld selbst, über das bei C. keine nähere Andeutung vorhanden ist, als dass es zwischen Metropolis im Südwesten, woher er kam, und Larissa im Nordosten, von wo aus Pomp. südlich zog, um mit C. zusammenzutreffen, gewesen sei. Die einzige specielle locale Andeutung, die er giebt, ist, dass sich Pompeius' rechter Flügel an einen Bach lehnte 3. 68, 5: *dextrum cornu eius rivus quidam impeditis ripis muniebat*, der nach ausdrücklichem Zeugniss des Frontin 2. 3, 22 der Enipeus war: *dextro latere sexcentos equites propter flumen Enipea — locavit*, wie auch App. 2. 75 sagt: παρέτασσε τοὺς λοιποὺς ἐς τὸ μεταξὺ Φαρσάλου τε πόλεως καὶ Ἐνιπέως ποταμοῦ. Gewiss ist, dass Pompeius' Front nach Süden gewendet nördlich von Cäsar stand, ebenso scheint unzweifelhaft, dass das Lager des Pomp. auf dem rechten Ufer, nicht auf dem linken des Baches gestanden habe, da er dem Cäs., als er nach Scotussa, also nördlich von Pharsalos, aufbrechen wollte (s. 3. 85, 3), den Weg verlegte und nach der Schlacht aus seinem Lager durch die *porta decumana* nach Larissa, also nördlich floh, wohin auch die Truppen ihren Rückzug nahmen. Daher meint u. A. Göler a. a. O., dass die Schlacht nicht auf dem südlichen Ufer des Enipeus, sondern auf dem nördlichen Ufer des Apidanos geschlagen worden sei, und dass der oben erwähnte Bach, an den der rechte Flügel des Pomp. sich lehnte, nicht der Enipeus gewesen sei, sondern ein Bach, der von Kynoskephalae im Norden herabfliessend im Westen von Pharsalos sich in den Apidanos ergoss. Mommsen 3. p. 406 Anm. 2. Ausg.

sucht dagegen die Schwierigkeit dadurch zu lösen, dass er annimmt, dass die Pompeianer am rechten Ufer des Enipeus (jetzt *Fersaliti*) ihr Lager schlugen, und den Fluss passirten, sowohl um am linken zu schlagen, als um nach der Schlacht wieder in ihr Lager zu gelangen, von wo sie sodann sich die Abhänge von Krannon und Skotussa hinaufzogen, die über dem letzteren Orte zu den Höhen von Kynoskephalae sich gipfeln. Unmöglich war dies nicht. Der Enipeus ist ein schmaler langsam fliessender Bach, den Leake im November zwei Fuss tief fand und der in der heissen Jahreszeit ganz trocken liegt (Leake *Northern Greece* 1, 448 und 4, 472; vgl. Lucan. 6. 373) und die Schlacht ward im Hochsommer geschlagen. Ferner standen die Heere vor der Schlacht drei Viertelmeilen auseinander (Appian b. c. 2, 65); so dass die Pompeianer alle Vorbereitungen treffen konnten und auch der Rückzug wenigstens ihres Centrums und ihres rechten Flügels ward nicht in allzugrosser Hast bewerkstelligt.

Cäsar und seine Anschreiber verschweigen die Ueberschreitung des Flusses, weil dieselbe die übrigens aus der ganzen Erzählung hervorgehende Kampfbegierde der Pompeianer zu deutlich ins Licht stellen würde.

Picēnum, ager Picenus, ag. Picens, Landschaft in Mittelitalien, an Umbrien, das Land der Sabiner und Marser und das adriatische Meer grenzend, das Gebiet des heutigen Ancona. 1. 13. 15.

Pisaurum, St. in Umbrien, *Pesaro*, am Fl. Pisaurus (jetzt *Foglia*). 1. 11.

Placentia, St. am Padus in Gallia cisalpina, jetzt *Piacenza*. 3. 51.

Pontus, das nordöstlichste Land Kleinasiens, an Paphlagonien, Kappadocien, Galatien und dem Pontus Euxinus grenzend. 3. 3. 4.

Ptolemais in Phönicien, sonst Ake, südlich von Tyrus, jetzt *St. Jean d'Acre*. 3. 105.

Puteoli, St. in Campanien, jetzt *Pozzuoli*. 3. 71.

R.

Ravenna, Hafenstadt am adriatischen Meere in Gallia cisalpina 1. 5.

Rutēni, celtisches Volk zum Theil zur Provincia gehörig. 1. 51. S. B. G. p. 416.

S.

Sallyes 1. 35, s. unter *Massilia*.

Salōnae (Salona), wichtige Hafenstadt an der Küste von Dalmatien, an dem noch jetzt so genannten Meerbusen von *Salona* in der Nähe des heutigen *Spalatro*. 3. 8. 9.

Sicöris, Fl. in Hispania citerior, von Nordosten her fliessend, Nebenfluss des Iberus; jetzt *Segre*. 1. 39. 49. 61.

Sulmo, St. der Peligner, 7 Mill. von *Corfinium*, jetzt *Sulmona*. 1. 18.

T.

Tarracina (Anxur) in Latium (im Lande der Volsker), nicht weit von der Küste; jetzt *Terracina* 1. 24.

Tarraco in Hisp. citerior, das später davon *H. Tarraconensis* genannt wurde, an der Ostküste, jetzt *Tarragona*. 1. 60.

Taurois s. *Massilia*.

Thebae in Boeotien. 3. 55.

Thurii — ager Thurinus. 2. 21 — in Lucanien, in der Nähe des zerstörten Sybaris im J. 443 v. Chr. erbaut.

Tralles, St. in Lydien. 3. 105.

U.

Utica (Ἰτύκη) in Nordafrica, am Meere gelegen, unfern des Promontorium Apollinis, 4—5 M. von Karthago. 2. 24. 25. 26. 36.

V.

Varus, Fl. in Gallia transalpina, an der südöstl. Grenze der Provincia, jetzt *Var.* 1. 86. 87.

Vettones, Volk im Nordwesten von Hispania ulterior (Lusitania) zwischen dem *Tagus* (*Tajo*) und *Durius* (*Duero*) im heutigen Salamanca und Estremadura. 1. 38.

Vibo (ad fretum), Hippo, Ἱππώνιον, bedeutende Hafenstadt an der Westküste von Bruttium, an der Südseite des nach ihr benannten *Sinus Hipponiates* (*Viboniensis,* Golf von *S. Eufemia*), nördlich vom fretum Siculum; jetzt *Bivona* 3. 101.

Volcae Arecomici in G. Provincia, von Narbo bis an den Rhodanus. (S. B. G. p. 387.) 1. 35.

KRITISCHER ANHANG.

ABWEICHUNGEN VOM NIPPERDEY'SCHEN TEXTE.

I. 1, 3. Die von Th. Mommsen vorgeschlagene Verbesserung durch
Tilgung des W. *Caesaris* habe ich beibehalten, da mir dieselbe angemessener scheint, als die Aenderung Heller's (Philologus XI. p. 783. XIII.
p. 379): *habere se quoque ad Caesaris gratiam et amicitiam respectum.*
Heller (Philologus XIX, p. 514) erklärt seine Lesart so: wenn sie aber
auf Cäsar Rücksicht nähmen und sich von ihrem guten Einvernehmen mit
ihm bestimmen liessen, so werde er einen Entschluss für sich fassen und
dem Gutachten des Senats nicht Folge leisten: auch er nehme trotz dessen,
was er zum Wohl des Staats beantrage, Rücksicht auf sein gutes Einvernehmen und seine Freundschaft mit Cäsar. — Die gewöhnliche Lesart wird
vertheidigt von Endler (Quaestionum Caesarionarum Specimen. Nürnberg
1859).

c. 2, 1: Pompeiusque aderat Nipperdey und die Handschriften; dass
aberat zu lesen ist, habe ich gezeigt in meiner Abhandlung, Hofmann de
origine belli civilis Caesariani commentarius p. 113.

c. 3, 3: Completur urbs et [ius] comitium tribunis u. s. w. In Ermangelung einer sicheren Emendation habe ich das sinnlose *ius*, woraus man das
geschmacklose *urbs et eius comitium* gemacht hat, durch Klammern getrennt stehen lassen. Die Vermuthung Nipperdey's: *compl. urbs militibus, comitium tribunis* habe ich nicht wieder aufgenommen, weil mir die
Vertheilung der Soldaten in die Stadt, der Tribunen u. s. w. in das Comitium nicht passend schien; eher glaube ich, dass nach *comitium militibus* ausgefallen ist. Hug (Philol. XI. p. 671) schreibt: *urbs et ipsum comitium*, Heller (Philol. XIX, p. 514) *urbs, campus Martius, comitium*,
Koch (Rheinisches Museum XVII, p. 627) *urbs et circus Flaminius.*

c. 5, 3: toto denique emenso spatio suarum actionum für octavo denique mense suarum actionum; die Handschr. octo denique menses variarum
actionum. Die Vulgatlesart und die gewöhnliche Erklärung derselben habe
ich immer für absurd gehalten. Der ganze Gedanke und die genaue Berechnung, wann die früheren Tribunen anfingen, für ihr Heil zu fürchten,
näml. im 8. Monate ihrer Amtsführung, in den die Wahl der neuen Consuln, denen sie einst würden Rechenschaft zu geben haben, fiel, ist fast
scurril und widerspricht ausserdem den Worten Cäsar's, der nicht von der
Rechenschaft der Tribunen überhaupt, sondern von der Lebensgefahr (*de salute sua cogitare*) der *turbulentissimi superioribus
temporibus tribuni* spricht. Der Gedanke und der Gegensatz kann nur
sein: die Lebensgefahr begann für diese Tribunen schon am siebenten

Tage nach dem Amtsantritte, für jene Tribunen erst mit und nach Niederlegung ihres Amtes. Diese Ansicht von dem Sinn der Stelle theilt auch Th.
Mommsen, und die aufgenommene Aenderung, welche von der handschr.
Lesart nicht allzusehr abweicht, ist von ihm. Mögen sich auch formell andere Emendationen denken lassen, der Sinn wenigstens scheint nothwendig.
Hoffmann schreibt *ultimo denique mense.* — Ebend. § 3. habe ich *patrum*
geschrieben statt der handschriftlichen Lesart *latorum.* Kraner *in desperatione omnium illata sceleratorum audacia* mit Koch (Rhein. Museum XI.
p. 635). Nipperdey: *paucorum audacia.*

c. 6, 1 X mit den Handschriften; Nipperdey und Kraner IX; s.
meine Anmerk. — Ebend. § 5 Philippus et Cotta. Darüber urtheilt Kraner, der *Paullus et Marcellus* hatte drucken lassen, so: Nipperdey will *Consules* näml. die Consuln des J. 49, Lentulus und C. Marcellus, lesen. Dass
die handschr. Lesart verdorben ist, hat Nipperdey p. 128 hinlänglich gezeigt.
Doch kann ich auch seinen Vorschlag *consules* nicht für richtig halten, da
die regierenden Consuln bei der Vertheilung der sofort anzutretenden Provinzen nicht in Frage kommen konnten. Ausserdem waren diese Consuln
erklärte Gegner Cäsar's, so dass man nicht einsieht, warum er hier, wo er
von ungerechten, gegen ihn gerichteten Massregeln spricht, der Wahl des
Scipio und Domitius gegenüber hervorheben soll, dass seine beiden Gegner
privato consilio übergangen wurden. Nach Cäsar's Meinung, der das Gesetz vom J. 53 ignorirt, mussten die Consuln des vorhergehenden Jahres
C. Claudius Marcellus und L. Aemilius Paullus (ein Anhänger Cäsar's)
Provinzen erhalten, wie er ausdrücklich 1. 85, 9 sagt: *in se iura magistratuum commutari, ne ex praetura et ex consulatu, ut semper, sed
per paucos probati et electi in provincias mittantur;* statt dieser also, die
sofort nach ihrem Amtsjahre hätten antreten sollen, seien *privati* gewählt
worden und dies ist die Abnormität der Massregel, die er als gegen sich
gerichtet betrachtet. Ich habe daher, was der Sinn zu verlangen schien,
statt der verderbten Namen *Paullus et Marcellus* aufgenommen, was auch
Terpstra (*Miscellanea philologa* Utrecht 1854 p. 38) vorschlägt. Die Vermuthung Oehlers *Philippus et consules* ist aus mehreren Gründen unbrauchbar. Hug a. a. O. p. 671 will *prioris anni consules* lesen. — Ebend.
§ 6 halte ich die Worte: in reliquas provincias praetorii mittuntor und quod
superioribus annis acciderat nicht für interpolirt. S. Mommsen die
Rechtsfrage zwischen Cäsar und dem Senat p. 30 u. 32.

c. 7, § 4: dono. Die Handschriften donn. Die Befugnisse des Tribunats kann niemand *dona* nennen, am wenigsten Cäsar, dem es darum zu
thun ist, ihre Rechtmässigkeit und Heiligkeit hervorzuheben. Deshalb hat
Kraner dies Wort in Klammern eingeschlossen und Nipperdey hat nicht
nur dies Wort, sondern auch die folgenden *etiam quae ante habuerint* gestrichen. Ich glaube, dass *dono* zu lesen ist. Wie Terenz Eunuch. 1, 2,
55 sagt *emit virginem dono mihi* und Tac. Ann. 15, 27 *regnum dono accipere,* so kann man auch sagen: *amissa restituit dono mihi,* und dadurch
wird gerade das, was Caesar will, bezeichnet, nämlich dass Pompeius sich
brüstete, mit der Wiederherstellung der tribunicischen Gewalt dem römischen Volke ein Geschenk gemacht zu haben.

c. 11, 2: Kraner schreibt: si peracto consilio non profectus esset und
bemerkt hierüber Folgendes: Die besten Handschr. peracto cons̄. Die
Vulg. *peracto consulatu Caesaris* ist unbrauchbar, da unmöglich hier von
dem Consulat die Rede sein kann, um das sich Cäs. erst bewerben will,
noch auch *consulatus* für *proconsulatus* steht. *Caesaris* ist, nachdem con-

sulatu geschrieben war, hinzugefügt worden, wie auch sonst *Pompeius* vor *profectus* stand. Hoffmann schreibt: *si peracto postulatu Caesar profectus esset* (*non* fehlt in zwei Handsch.), was ich aus mehreren Gründen nicht für passend halte.

c. 13, 1: habeat rationem posteritatis et periculi sui. So die Handschriften und auch Nipperdey. Die Aenderung Hellers Philol. XIX, p. 518) *posteri status* scheint mir unnöthig; s. mgine Anmerkung. Kraner hat zu dieser Stelle bemerkt: habeat rationem, dum potestas sit, periculi sui mit Jurinius für hab. rat. posteritatis et p. sui. Die Hinweisung auf 'den Ruf bei der Nachwelt' scheint mir hier und in dieser Verbindung durchaus verkehrt. Durch Hoffmann's *in posterum* wird nichts gebessert.

c. 16, 1: Die Lesart der Handschriften *Recepto Firmo* wird von Kraner so vertheidigt: Dass *Firmo* aus der in der Aom. angeführten Stelle Cicero's hierhergekommen sei und *Asculo* verdrängt habe (Nipperdey p. 46), ist mir durchaus unwahrscheinlich. Cap. 15, 3 heisst es nur *Asculum Picenum proficiscitur*, nicht *pervenit*, und Lentulus war geflohen, als er Cäsar's Annäherung erfuhr (*adventu cognito*). Daher kann hier wohl die Einnahme von Firmum bei seinem Zuge von Auximum nach Asculum mit erwähnt werden, obgleich Firmum selbst vorher nicht genannt ist. Da bei *expulsoque Lentulo* nach c. 15 kein Zweifel sein kann, von wo Lentulus vertrieben war, habe ich das früher von mir aufgenommene *recepto Firmo Asculoque expulso Lentulo* nicht für nöthig gehalten (s. Heller Philol. XIII. p. 381). Hoffmann höchst unwahrscheinlich: *rec. Firmo ex itinere pulsoque Lentulo.*

c. 21, 3: in iis operibus mit Forchhammer (Quaestiones criticae p. 74) und Heller a. a. O. p. 377, da die Präposition bei *disponere* schwerlich fehlen kann. So ist auch jetzt B. G. 8. 43, 2 *in murisque disponunt* geschrieben worden.

c. 23, 2: Erant quinque ordinis senatorii für das corrupte quinquaginta ordines. Darauf, dass L. Vibullius Rufus, der nach 3. 10, 1. praefectus war, nicht hierher gehört, bin ich durch Mommsen aufmerksam gemacht worden. Auch wenn er nach Manutius zu Cic. ad Fam. 2. 17. p. 201 praefectus fabrum war, kann er nicht *senatorii ordinis* gewesen sein. Unten c. 34, 1 sagt er von ihm: *quem paucis ante diebus Corfinio captum dimiserat* (ohne Beziehung auf unsere Stelle), und erst 3. 10, 1: *demonstravimus L. Vibullium Rufum — bis esse dimissum* u. s. w. Auch ist der Name erst durch Aldus und Scaliger hier eingeführt worden, die Handschr. haben verworren: *L. Caecilius Spinther*. Ein *Q. Caecilius Q. F.* wird bei Cic. ad Fam. 8. 8, 5 unter den Redacteuren eines dem C. feindlichen Senatsbeschlusses genannt; vielleicht ist dieser Name für Vibullius zu setzen, während Nipperdey meint, dass er aus jener Stelle des Cic. fälschlich eingeschoben, die ächte Lesart verdrängt habe.

c. 30, 2: cum legionibus II mit Hoffmann für IIII. S. die Anm.

c. 34, 1: in Hispaniam, die von Aldus eingeführte Vulgatlesart, streicht Nipperdey (s. p. 166) mit den Hdschr. Ich sehe nicht, wie diese W. hier fehlen können, da es gleich darauf c. 38, 1 ausdrücklich heisst: *L. Vibullii Rufi, quem a Pompeio missum in Hispaniam demonstratum est.* Wenn er nach 3. 22, 1 Aufträge an den in Massilia lebenden Milo hatte, so beweist dies eben nur, dass er sich auf dem Wege nach Hispanien in Massilia aufgehalten hat.

c. 35, 3: discernere nach den Handschr., Nipperdey mit Gronov: *decernere*.

c. 37, 1: hiemandi causa hält Kraner für unächt. Auch Ciacconius nahm Anstoss und wollte für Narbone nach B. G. 7. 90, 7 Cabillone (Cabilloni) lesen. Vergl. meine Anmerk.

c. 38, 1: quorum unus Hisp. citeriorem trib. legionibus, alter ulteriorem a saltu u. s. w. Nipperdey für tribus legionibus Hisp. citeriorem, alter a saltu. — Becker Ztschr. f. d. AW. 1851. Nr. 56 mit anderer Wortstellung: trib. legionibus Hisp. citeriorem, ulteriorem alter a saltu u. s. w.

c. 39. In dem vielfach verdorbenen § 2. dieses Cap. bin ich Nipperdey's Auffassung gefolgt, die bei der Unsicherheit des lückenhaften Textes vor allen anderen Erklärungsversuchen den Vorzug verdient. Abweichend im Einzelnen Terpstra a. a. O. p. 41—43. Dass vor *Audierat* eine Lücke anzunehmen ist, scheint mir unzweifelhaft. *Hinc*, wofür ich *huc* geschrieben habe mit Ergänzung von *adiecerat*, lässt sich schwerlich vertheidigen, am wenigsten mit Queck und Hoffmann in der Bedeutung: 'von hier (Gallien) aus', 'von hier weiter'; auch zu *hominum* halte ich eine bestimmte Zahlangabe für nothwendig. Ob *quam ipse pacaverat* richtig ist, ist zweifelhaft; die Vulg: *quem ipse paraverat*, wofür *quem nuper paraverat* vorgeschlagen worden ist.

c. 40, 3 haben die Handschriften congressae, Nipperdey mit Jurinius egressae. Kraner vertheidigt congressae so: wenn B. G. 7. 39, 1 *in equitum numero convenerant* heisst: sie waren mitgekommen, kann wohl auch hier *congressae* bedeuten: 'zugleich mit den pabulatores und den Reitern ausgezogen, sie begleitend', zumal in Verbindung mit *pabulatoribus praesidio.*' Ich habe *congressis* emendirt, weil in den vorhergehenden Tagen nur Reitertreffen Statt gefunden hatten, die Legionen also keineswegs *cotidiana consuetudine* ausrückten. — Weiterhin haben die besten Handschriften *proprio relegiones*, re unterpunktirt. Hierfür hat Kraner *priores legiones*, Hoffmann *prope priores legiones* gesetzt. Ich habe Nipperdey's Aenderung *propiore ponte legiones* den Vorzug gegeben, weil *priores legiones* mir unverständlich ist und weil die spätere Erwähnung des *ulterior pons* voraussetzt, dass vorher der *pons prior* erwähnt ist.

c. 44, 2: cum Lusitanis reliquisque barbaris barbaro genere quodam pugnae assuefacti für genere quodam pugnae assuefacti. Da die Kampfart im Vorhergeh. näher geschildert wird, ist das blose *genere quodam* unmöglich, und die Bemühung Held's (und Endler's a. a. O. p. 7) *quodam* zu erklären scheint wenig gelungen. (Trotz der vorausgeschickten Beschreibung ist für Queck *genus quoddam pugnae* = eine bestimmte, dem Cäs. wohlbekannte, aber nicht näher bezeichnete Kampfart). Morus wollte *eodem* für *quodam*. Heller a. a. O. p. 351, dem die Stellung von *quodam* missfällt, will *cum Lusitanis reliquisque barbaro quodam genere* schreiben. Mir gefällt weder *reliquisque*, noch halte ich die Versetzung von *quodam* für nöthig und, da diese Wortstellung schwerlich ein Abschreiber geändert haben würde, für thunlich.

Ebend. § 4 haben die Handschriften, wie im Text steht, *censuerant oportere*. Nipperdey hat dies geändert in *consuerant oportere* und diesen Vorschlag hat Kraner angenommen und so zu rechtfertigen versucht: *censuerant* ist unzulässig, weil *censuerant oportere servare* ohne *se* grammatisch falsch ist. Ausserdem ist das Plusquamperfectum unpassend, das man erklärt 'sie waren von jeher der Meinung gewesen' oder 'sie wa-

ren der Meinung gewesen und daher in Verwirrung gerathen', wie denn
überhaupt hier, wo die römische Art zu kämpfen der barbarischen entgegengesetzt wird, von einer Meinung, die die Soldaten damals hatten,
nicht die Rede sein kann. *Dimitti consuerant oportere* heisst: sie waren
daran (an den Gedanken) gewöhnt, dass man seinen Platz nicht aufgeben
(c. 25, 4) dürfe, wie man sagt *adducor hoc ita esse = ut hoc ita esse cre-
dam* (Cic. Legg. 2, 3, 6: *videor adduci hanc esse patriam*); ähnlich Tac.
Ann. 1, 58: *conducere probabam* = billigte die Ansicht, dass —. Ist die
Wendung bei Cäsar auffallend, so ist zu bedenken, dass er nur durch das
vorhergehende *servare* und *discedere* (sc. *consuerant*) hier sich so auszudrücken veranlasst worden ist. S. darüber meine Anmerkung. Vrgl. auch
Heller Philologus XIX. p. 518.

    c. 46, 3: summa in iugum virtute mit Forchhammer p. 63 für *sum-
mum in iugum*. Die Pariser und Kopenhagener Hdschr. *summam iugum*.

    c. 45, 5 ist die Lesart der Handschriften und Nipperdey's in biber-
nis, Manutius hat vorgeschlagen *in horbis*, Kraner *in horreis*, ich habe
geändert *in acerris*.

    c. 52, 3: ist die gewöhnliche Lesart: et tam paucis diebus magna erat
rerum facta commutatio. Mit diesen Worten wird nicht zu den vorhergehenden Momenten 'iamque — annona pervenerat et — deminuerat atque
— augebantur' ein neues entsprechendes hinzugefügt, sondern sie enthalten offenbar ein zusammenfassendes Endurtheil über die gesammte Lage.
Dazu passt aber die überaus matte Verbindung durch *et tam paucis* u. s. w.
nicht, sondern der Gedanke muss asyndetisch hinzutreten. Ich habe daher
et eingeschlossen. Früher *angebantur etiam; paucis diebus* u. s. w. Heller (a. a. O. p. 381), der dies tadelt, findet in *et tam* vor *paucis* den Ausdruck von Cäsar's eigenem Erstaunen. Vielleicht ist *ita* für *et* zu lesen.

    c. 53, 2: multa rumor affingebat nach Stephanus, worauf die Ueber-
lieferung der besseren Hdschr. zu führen scheint. Nipperdey: multa rumore adfingebantur.

    c. 58, 1: impetusque eorum non excipiebant. Die Hdschr. *imp. eorum
excipiebant*. Nipp.: *decipiebant*, woran man mit Recht Anstoss genommen
hat. Terpstra: *effugiebant*, Hoffmann: *exciebant*.

    c. 61, 2: *locis excedere* die Hdschr. Nipp. *his* sonst *iis*. Das Prono-
men ist nicht nöthig. — Ebend. § 3 Sertorio für L. Sertorio. Nipperdey Addend. p. 792. — Ebend. § 4 aberat XXX nach Göler, Nipperdey XX. Göler, Bürgerkrieg zwischen Cäsar und Pompeius p. 46 bemerkt
dazu: 'Da der Lerida am nächsten liegende Punkt des Ebre, das heutige
Mequinenza schon 27 römische Milien oder 9 Stunden Wegs von Lerida
entfernt liegt, so kann die Zahl XX nicht richtig sein und wir müssen XXX
lesen, wodurch wir für Octogesa das heutige Almatrét erhalten, dessen
Lage der Relation der nachfolgenden Operationen vollkommen entspricht.'
Nach meiner Ansicht wird sowohl durch Gölers als durch Nipperdeys Lesart zu weit von den Handschriften abgewichen. Nipperdeys beste Handschrift hat: *id erat oppidum positum ad Iliberum milia V passuum a
castris aberat XX*, die übrigen Handschriften weichen davon nur so ab,
dass sie aberant vor *a castris* setzen. Vielleicht könnte man also lesen:
id erat oppidum positum ab Ilibero milia V passuum, a castris aberat XX.
Die Angaben der Entfernungen würden dann ziemlich stimmen und der
Einwand, dass dann die Schiffe nicht nach Octogesa hätten gebracht werden können, ist nicht sehr erheblich, da der Punkt des Flusses, wohin sie
gebracht worden, natürlich durch die zunächst gelegene Ortschaft be-

stimmt wurde; auch könnte vor *Octogesam* nach *et* die Präposition *ad* ausgefallen sein, zumal da die Handschriften hier *et totogesma* statt *et Octogesam* haben.

c. 64, 1: sustinere. Kraner will lesen sustineri und bemerkt dazu Folgendes: „ac nonnunquam sustineri extr. agm. atque interrumpi für sustinere (Handschr.) atque inrumpi (Nipperdey). *Sustinere* ‘Stand halten, impetum equitum excipere ac perferre*’* kann ich in Verbindung mit *inrumpi* ebenso wenig für passend halten, wie mit *interrumpi*, da nach dem Zusammenhange nur von einem passiven Zustande die Rede sein kann, in dem sich das *extremum agmen* bei dem Angriff der Reiterei befindet, während *sustinere* ein freiwilliges Stehenbleiben bedeutet. Ich habe daher, was schon Herzog, ohne es festzuhalten, vorgeschlagen hatte, *sustineri* (= aufgehalten werden; die Cäsarianische Reiterei wollte *morari atque iter impedire* c. 63, 3) geschrieben und *interrumpi* beibehalten. Ciacconius wollte *distineri*; Terpstra p. 46 *subsistere*, wodurch im Wesentlichen nichts gewonnen wird. Forchhammer p. 81 will lesen *sustinere extr. agmen atque iter interrumpi*. Die von mir gegebene Lesart ist die der Handschriften. Nipperdey will lesen: *atque inrumpi*; aber man kann kaum sagen *irrumpere agmen*, viel weniger *irrumpitur agmen*. Forchhammer schlägt vor *sustinere agmen extremum atque iter interrumpi*, aber der Marsch wird ebenso und noch mehr unterbrochen, wenn die ganze Armee Kehrt macht. Kraner hat gegeben: *sustineri extremum agmen atque interrumpi*, und vertheidigt *sustinere* in der Bedeutung aufhalten mit Liv. 10, 43, 10 D 25, 36, 5; aber der Nachtrab wird immer im Marsche aufgehalten und *interrumpere* bedeutet: ein Ding in zwei Stücke zerreissen, nicht: eins von dem anderen trennen, wie es hier heissen musste: den Nachtrab von dem Gros der Armee trennen. — Ebend. § 3: necessario longius die Mehrzahl der Handschr. Nipp. *non necessario longius*. — Ebend. § 8: ad vadum steht in den Handschr. nach *addito*. Die Tilgung schlägt Forchhammer p. 90 vor.

c. 67, 3: consuerit. Die meisten Hdschr. consuevit. Nipperdey: consueverit nach dem Paris. II.

c. 72, 5: *in* montibus. Nipperdey nach den meisten Hdschr. montibus. S. zu c. 26, 3. Forchhammer p. 74.

c. 76, 1: neu se, neu [Pompeium] imp. suum adversariis ad supplicium tradant. *Pompeium* halte ich mit Terpstra p. 47 für eine absurde Interpolation, die in dem von Nipperdey getilgten Zusatz der meisten Handschr. *Pomp. absentem* noch deutlicher hervortritt. Auf diesen passt *ne ad supplicium tradant* gewiss nicht. Petreius musste den Afranius mit erwähnen.

c. 80, 4: relictis impedimentis subsequitur, praesidio paucis cohortis reliquit, die Handschr. relictis legionibus subsequitur, praesidio impedimentis p. c. rel. Dass *relictis legionibus* unpassend ist, hat Nipperdey hinlänglich gezeigt, wiewohl es trotzdem die neueren Ausgaben beibehalten haben; auch Terpstra p. 49 vertheidigt es mit Oudendorp (ebenso Endlera. a. O. p. 9), aber mit wenig Glück. Die verschiedenen Verbesserungsversuche sind verfehlt. Muret wollte *ex iis munitionibus*, Faërni *eductis*. Oehler *cunctis*, Becker, Forchhammer, Hoffmann *refectis*, was ich hier für ganz unnütz halte. Dem Sinn am besten entsprechend ist Nipperdey's *expeditis legionibus*, wozu ganz gut das folg. *praesidio impedimentis p. coh. rel.* passt. Indess ist die Aenderung doch sehr abweichend. Mir schien es am wahrscheinlichsten, dass *impedimentis* ausgefallen war und beigeschrieben an die falsche Stelle nach *praesidio* gekommen ist, worauf zu *relictis* ein Substantiv nöthig wurde; ich habe daher *relictis impedimentis subs.*, *praesidio paucas coh. rel.* geschrieben. Dass *praesidio* nach *rel. impedimentis* keines Zusatzes bedurfte, ist an sich klar, auch wenn es nicht 1. 69, 4 ganz ähnlich hiesse: *conclamatur ad arma atque omnes copiae paucis praesidio* (nämlich castris) *relictis cohortibus exeunt.* Heller a. a. O. p. 380, der meine Aenderung für angemessen hält, zieht doch vor: *reliquis legionibus* zu lesen, in Beziehung auf das folgende *paucas cohortes*, und erklärt: 'paucas cohortes relinquit, cum [dies hätte Caes. jedenfalls gesetzt s. unten zu 2. 19, 1] reliquis legionibus et reliqua parte eius legionis, ex qua cohortes illae detractae erant, subsequitur', was ich durchaus nicht für annehmbar halte.

c. 82, 1: impediendae reliquae munitionis causa mit Forchhammer p. 97. Die Handschr. *imped. rei quae munitionis causa fiebat* oder *fiebat causa.* Nipperdey tilgt *quae munitionis fiebat.*

II. 3, 2: navem ex navalibus eorum deducit, für das gewöhnl. ex navalibus eorum unam. s. d. Anm. Die gewöhnliche Erkl. der Vulg., nach welcher aus *navalibus* zu *unam navem* gedacht werden soll, ist sehr hart, und die dafür verglichenen Beispiele B. G. 1. 40, 5 und Cic. de Fin. 5. 6, 16 sind anderer Art.

c. 4, 4 *invisis [latitatis] atque incognitis rebus* Nipperdey; *improvisis atque incognitis rebus* nach Freudenberg, Jahnsche Jahrbücher 1862, B. 85, p. 224.

c. 5, 2: haben die beiden besten Handschr. uxoribus publicis custodiisque aut muro. Nipperdey setzt *custodiis* nach oppido und *supplicis ex* vor muro. Kraner hat aus der handschr. Lesart *excubiis custodiisque* gemacht und diese Worte, welche beigeschrieben an die falsche Stelle gekommen sind, nach *oppido* gesetzt. Ich habe *aut in muro* für *aut muro* gesetzt und *publicis custodiisque* weggelassen. Wahrscheinlich war zur Erläuterung von *in muro* an den Rand geschrieben *ex excubiis custodiisque* und diese Worte kamen dann verderbt und an der unrechten Stelle in den Text.

c. 6, 2: et artificio gubernatorum *et* mobilitati navium. Das zweite *et* nach Hoffmann hinzugefügt, das erste vor *artificio* tilgt Nipperdey, der *diductis navibus* mit *artificio gubernatorum* verbindet.

c. 9, 2: Hanc super contignationem mit Nipperdey für hanc insuper contign. *Insuper* braucht Cäsar nicht als Präpos. und als Adverb. ist es hier unpassend, da die Abhängigkeit des Accus. *hanc contignationem* von *adstruxerunt* keinen rechten Sinn giebt.

Ebend. § 6 ist die gewöhnliche Lesart suspendere ac tollere coeperant, ubi — tantum elevabant. Diese Worte scheinen mir nach *suspendere ac tollere coeperunt* ungeschickt und schleppend, wie man auch *ubi* erklären und übersetzen mag ('und dort hoben sie es so weit in die Höhe', oder 'wo sie dann jedesmal u. s. w., so dass wir folgende Gedanken erhielten: sie fingen an, das Dach in die Höhe zu heben, wo sie dann jedesmal — in die Höhe hoben). Ich habe mit *Ubi* einen neuen Satz begonnen und *Ubi — tantum elevarant — exstruebant* geschrieben, was für die Schilderung des stufenweise fortschreitenden Baues angemessener schien. Daran, dass drei Sätze mit *ubi* beginnen, kann Niemand Anstoss nehmen, der Caesar's Schreibart kennt.

c. 10, 4: fastigate atque ordinatim structo tecto, Nipperdey: fastigato atque ordinatim structo musculo, die Ausgaben: fastigato atque ordinatim structo absolut. S. die Anm. (*tecto* hat Oudendorp ergänzt).

c. 11, 3: non datur libera — facultas hat Kraner mit Nipperdey in Klammern eingeschlossen und darüber bemerkt: Die Worte, nach dem Vorhergehenden unnütz, matt und schleppend, haben ganz den Anschein eines Glossems, zumal da *datur libera facultas* ganz ungeschickt erscheinen muss, 'quasi eam hosti in defendendo concedere cuiquam in mentem venire posset' Nipperdey. Doch kann auch etwas in den Worten verdorben sein. Vergl. auch Heller Philologus XIX, p. 521.

c. 16, 1: aut telis militibus aut igni operibus mit Forchhammer p. 63 für *aut vi militibus*. Die Handschr. statt *vi eis* oder *ab eis*. — Ebend. § 2: circumiri habe ich beibehalten; Nipperdey circommuniri. S. d. Anm.

c. 17, 2: neque se ignorare — obtineret. Dass hier etwas verdorben ist, scheint mir unzweifelhaft. Der in der ersten Aufl. gemachte Vorschlag, die Worte *quod esset officium legati qui — obtineret* nach *teneri obstrictum fide* zu setzen, hat seine Bedenken, besonders da *teneri obstrictum fide* nicht wohl ein *officium* genannt werden kann. S. Hug Philol. XI. p. 669. Annehmbarer scheint die Vermutbung meiner Collegen Heinichen und Hultsch, die mit Beibehaltung der gewöhnlichen Stellung die Worte vorschlagen: *neque se ignorare, quod esset — obtineret, neque* (sc. se ignorare) *quae vires suae*. Dadurch würde eine doppelte Gedankenreihe für und wider das Beharren bei Pomp. und den Uebergang zu Caes. entstehen: 1) er sei dem Pomp. als praeoccupatus legatione Treue schuldig, doch auch dem Caes. befreundet; 2) er kenne recht wohl die durch das Wesen seines Amtes bedingte Pflicht (das anvertraute Heer ihm zu bewahren), aber er kenne auch seine Schwäche und die Stimmung der Provinz für Caesar, wodurch die Durchführung seiner Verpflichtung unmöglich werde, auf welche Weise das Schwanken des Varro sehr passend bezeichnet wird. Hug hält die Worte *non quod — obtineret* für interpolirt. Die Vertheidigung Endler's, der *fiduciaria opera* hier nur darauf bezieht, dass Pomp. ihm sein Amt wieder nehmen könne, ist unstatthaft, da dann nicht hätte folgen können *quod esset officium legati*, sondern *quae esset ratio, condicio legationis* = die Stellung des Legaten zum Feldherrn.

c. 19, 1: cum nc equitibus, Nipperdey nach Handschr. ohne cum. Ich habe die Präpos., die sich übrigens auch im Havniensis findet, wieder aufgenommen, weil sich bei Caes. keine Stelle findet, wo bei einer bestimmten Truppenzahl und bestimmten Truppentheilen der blose Ablat. von begleitender Kriegsmacht bei den Verb. der Bewegung steht; er findet sich nur bei allgemeinen Angaben, wie *magno exercitu, omnibus copiis* und ähnl. (s. zu 1. 41, 2); und so wie man nicht sagt *legione* oder *legionibus venit* ohne Attribut, so auch Caes. nie mit Zahlworten *duabus legionibus proficiscitur, sexcentis equitibus venit*, sondern allemal cum. Die Grammatiker trennen diesen Ablat. nicht genug von dem eigentlich instrumentalen, wie z. B. Krüger § 350 neben *ingenti exercitu profectus* und *egressus omnibus copiis* anführt: *his viginti cohortibus conflixit* u. *eodem decem navibus venit*, wo der Ablat. eben so instrumental ist, wie B. C. 1. 36, 1: *Domitius navibus Massiliam pervenit*.

c. 20, 3: sua sponte mit Heller, Philologus XIX, p. 522; Kraner mit Nipperdey *sponte sua*.

c. 23, 1: Anquilaria mit Hoffmann nach den Hdschr. für Aquilaria.

c. 25, 6: traduxisset mit den besten Handschr. beibehalten für *vela direxisset*.

c. 28, 3: contumelia mit den besten Handschriften; cum contumelia Nipperdey nach Conjectur.

c. 29, 1: omnium incessit timor animis. Is —. So mit Vossius. Die Handschr. omnium incessit timor; nam is —. Nipperdey: omnium incessit timor. [nam] Is —. Man kann wohl absolut *timor incedit* (*invadit*, s. zu 1. 14, 1) sagen, aber nicht *omnium timor incedit*. An dem Dativ *animis* nehme ich nach dem in der Anm. angeführten Beispiele aus Cicero keinen Anstoss (die Anführungen aus Livius und Sallust konnte sich Forchhammer ersparen, da sie auch Nipperdey wohl bekannt waren, s. Addend. p. 791), ebensowenig an der Wortstellung. Vgl. B. G. 2. 21, 6: *quam quisque ab opere in partem*. 7. 36, 4: *quid in quoque esset animi et virtutis suorum*. 5. 4, 4: *id tulit factum graviter Indutiomarus*. B. C. 1. 81, 5: *his eos supplices malis habere Caesarem*, und ähnl. Forchhammer p. 85 versetzt daher unnöthig: *magnus omnium animis incessit timor*. — Ebend. § 3 u. 4. Die Emendation der vielfach verdorbenen Stelle ist auf sehr verschiedene Weise versucht worden; am wahrscheinlichsten ist, dass sie durch Lücken entstellt ist. S. Nipperdey p. 150 u. f. In die W. *nam – offerrentur* legt Nipperdey folgenden Sinn: licet illae legiones a Caesare beneficium accepissent, quod eos conservasset, tamen hoc consuetudine belli civilis mutatum esse, qua iis, qui ad alteram partem transirent, ultro praemia offerrentur, und für *neque enim* u. s. w. schreibt er: *aeque enim – veniebant, atque qui – perfugerant*. Unter den neuesten Versuchen, den Sinn der Stelle herzustellen, erwähne ich Terpatra p. 52 u. f.: nam etiam Caesaris beneficium mutaverat consuetudo, qua conferretur in municipia etiam diversis partibus coniuncta; namque ex Marsis Pelignisque veniebant ii, qui superiore nocte perfugerant; centurionesque nonnulli graviores sermones militum in contuberniis vulgo durius accipiebant. Hoffmann schreibt: nam etiam Caesaris beneficium mutaverat munerum consuetudo, quae offerrentur: municipia etiam diversis partibus coniuncta (namque – veniebant ii, qui superiore nocte profugerant): haec in contuberniis commilites (!) querebantur; nonnulli graviora proferebant u. s. w. Heller, Philol. xix, p. 524 sagt über diese Stelle: 'Man fasse *omnium* als Neutrum und als objectiven Genitiv (statt *omnium rerum*); dann braucht man *animis* nicht und kann *nam* beibehalten, sobald man nur das folgende *is* nicht auf *timor omnium*, sondern blos auf *timor* bezieht, das zu dem Zweck von *omnium* absichtlich getrennt ist: „im Lager Curio's brach eine grosse Furcht vor allem herein; denn Furcht (wo sie einmal vorhanden ist) wird durch die mannichfaltigen Reden der Leute schnell vermehrt (d. h. auch auf die Dinge ausgedehnt, welche sonst nicht Anlass dazu bieten, — mit einem Worte auf alles); es ist eine allgemeine Sentenz, wie sie ganz ähnlich b. G. 7. 84, 5 vorkommt'. Die weiterhin folgende verzweifelte Stelle lautet nach den besten Handschriften so: *civile bellum, genus hominum, quod liceret, (licere Par.) libere facere et sequi quod vellet, legiones eae, quae paulo ante apud adversarios fuerant (nam etiam Caesaris beneficium mutaverat consuetudo, qua offerentur), municipia etiam diversis partibus coniuncta, neque enim ex Marsis Pelignisque veniebant, ut qui superiore nocte in contuberniis commilitesque nonnulli graviora, sermones militum dubia durius accipiebantur, nonnulli etiam ab his, qui diligentiores videri volebant, fingebantur*. Diese unverständlichen Worte will Heller a. a. O. theilweise mit Benutzung von Conjecturen Schneiders (loci Caesaris de bello civ. comm. nonnulli explic. et emend. p. 41 seqq.) und Kraners so umgestalten: *Perhibebatur civile bellum; genus hominum, cui liceret libere facere et sequi quod vellet; legiones eae, quae paulo ante apud adversarios fuerant (nam etiam Caesaris beneficium mutaverat con-*

*suetudo, qua offerretur); municipia etiam adversis partibus coniuncta,
plerique enim ex Marsis Pelignisque veniebant, ut qui superiore nocte
perfugerant. In contuberniis centuriones militesque nonnulli graviora
proferebant, sermones militum dubii durius accipiebantur, nonnulli etiam
ab iis, qui diligentiores videri volebant, fingebantur.*

c. 32, 12: oneratas mit den Hdschr. beibehalten für onerarias.

c. 34, 5: pridie sibi confirmasset. Nipperdey lässt mit der Paris.
Handschr. *sibi* weg. — Ebendaselbst § 6 multis mit Hoffmann aufgenommen.

c. 35, 6: ac multis vulneratis, Nipperdey *ac ... vulneratis.* S. die
Anm.

c. 39, 5: homines equique Nipperdey, die Hdschr. *equitesque,* was
Hug a. a. O. p. 670 wieder herstellen will nach Liv. 21. 27, 1: equites virique (s. Weissenborn). Auch diese Stelle beweisst nicht, dass man sagen kann *homines equitesque.* — Ebend. § 6: *Ne haec quidem – morabantur* Nipperdey. Besser, da der Plural hier nicht passend ist, die
Vulg. *Ne haec quidem res morabatur.* S. Forchhammer p. 32.

III. 4, 4: ex servis pastoribusque suis suorumque für ex servis suis pa-
storumque suorum mit Nipperdey p. 158.

c. 7, 1: Erat nach Hdschr. Nipperdey *Erant.*

c. 9, 6: quos nuper liberaverant. Die Handschr. schieben *maximi*
nach *nuper* ein, welches Wort Nipperdey in Klammern eingeschlossen hat.
Koch a. a. O. p. 630 will lesen: *quos tempore extremo liberaverant.* —
Ebend. § 8: [Hic fuit oppugnationis exitus] mit Forchhammer p. 100 als
nicht hierher gehörig eingeschlossen.

c. 10, 5: detrimento Africani exercitus tanto mit den Handschr.
Kraner, der *Antoni* für *tanto* liest, sagt darüber: *Tanto* ist, da das ganze
Heer aufgerieben wurde, matt, und auch die Verbindung *militumque* wenig passend. Die Erwähnung des Antonius schien mir nöthig und der Name konnte, da der Bericht über den Vorfall nach c. 8 ausgefallen ist, um
so leichter corrumpirt werden. — Ebend. ad Curictam mit Mommsen für
ad Corcyram. S. d. Anm. und das geogr. Register. — Ebend. § 10: terrestres naviumque copias habe ich in Ermangelung einer sichern Emendation
beibehalten, obgleich gegründete Bedenken dagegen erhoben werden können; *urbiumque copias* ist trotz der versuchten Erklärungen absurd.
Hug a. a. O. p. 665 fg. hat gezeigt, dass die Stelle auch sonst noch verdächtig ist, da nach § 9: *si uterque iuravisset, se triduo proximo exercitum
dimissurum,* es unmöglich ist, dass Caesar sich bereit erklärt, seine Truppen (allein? und vorher?) entlassen zu wollen – *quo haec – Pompeio pro-
bari possent!*

c. 11, 1: Corcyrae nach expositis nach den Handschr., Kraner u.
Nipp. streichen es.

Ebend.: antequam de mandatis agi inciperetur mit Nipp. statt *inciperet.* Kraner will lesen *quam de mandatis agi.* Er sagt darüber: Der Sinn
ist: 'er hielt es für nicht weniger nothwendig, dass Caesar's Ankunft gemeldet
würde, damit Pomp. seine Massregeln darnach treffen könnte, bevor über
die Aufträge verhandelt würde'. Hätte Cäsar einen von seinen Leuten mit den Aufträgen geschickt und seine Ankunft verheimlichen lassen,
so konnte es von Wichtigkeit sein, dass ein dem Pomp. Befreundeter eilte,
ihm die Ankunft zu melden, bevor er unterhandelte; so aber ist Vibullius
selbst der Ueberbringer der Aufträge; er braucht daher selbstverständlich
nicht deswegen so sehr zu eilen, damit Pomp. die Ankunft Cäsar's erführe,

bevor er sich in Unterhandlungen einliesse (er durfte ja nur, wie er auch wirklich gethan hat, erst die Ankunft melden — *et adesse Caesarem nuntiavit* — mit den Anträgen konnte er hervortreten, wann er wollte, und dass er damit nicht eilte, sieht man aus c. 18, 3), sondern er eilte, weil er es für nicht weniger wichtig hielt, den Pomp. so bald als möglich von Caesar's Ankunft zu benachrichtigen, damit er darnach seine Massregeln ergreifen könnte, als die aussichtslosen Aufträge zu überbringen; diese würden ihn zu solcher Eile nicht angetrieben haben. Ich habe daher *quam de mandatis agi* geschrieben. Die Interpolation ist veranlasst worden durch das vorhergeh. *ut ad id consilium capere posset*, worauf ein *antequam* u. s. w. passend schien. Vielleicht erklärt sich aus derselben auch das unlateinische *agi inciperet*, wofür Nipperdey *inciperetur* geschrieben hat. — Ebend. omnibus oppidis mit Lipsius; die Handschriften *omnibus copiis*; Nipperdey und Kraner haben die Worte gestrichen.

c. 12, 1: comportare in arcem, Nipp. mit 2 Hdschr. *in arce;* mit denselben Hdschr. quae sunt gesta für gestae.

c. 16, 4: Summam suam esse, wofür Nipperdey Pompei summam esse geschrieben hat. — Dass *Pompei* falsch sei, hat schon Elberling p. 115 gezeigt. Abgesehen von der Absurdität der Versicherung, dass Pompeius stets zum Frieden geneigt gewesen sei, wovon Caesar zu gut das Gegentheil wusste, zeigt auch der Zusammenhang deutlich, dass es nicht heissen konnte: Pompeius habe immer friedliche Gesinnung gehabt; aber sie hätten keine Vollmacht zu dieser Sache, weil dem Pompeius die oberste Leitung aller Angelegenheiten übertragen sei; aber sie würden dem Pompeius Caesar's Forderungen melden und dieser würde nach seiner Machtvollkommenheit darüber entscheiden und zwar *hortantibus ipsis.* Die Worte *sed potestatem — nullam habere* zeigen offenbar, dass vorher nicht von der Gesinnung des Pompeius die Rede sein könne, sondern nur von ihrer eigenen. Libo und Bibulus handeln und sprechen nur von sich und für sich; sie wollen einen Waffenstillstand, um ihre Kranken auszusetzen u. s. w., deswegen sprechen sie von ihrer Gesinnung, nicht der des Pompeius. Daher bricht Caesar, als er ihre Absicht merkt, und Libo nicht einmal den Gesandten sicheres Geleit garantiren will (c. 17, 5), was schlecht zu der Versicherung der friedlichen Gesinnung des Pompeius stimmt, die Verhandlungen ab. Ich habe daher *Summam suam esse —* geschrieben. So findet auch die wohl häufige, aber hier wegen des Wechsels des Subiects, wenn man *Pompei* liest, harte Weglassung des Subiectsaccusativs *se* ihre Erklärung. *Suam* ist nach *summam* weggefallen und dann ungeschickt *Pompei* ergänzt worden. (Früher *suam summam;* der Ausfall ist noch wahrscheinlicher, wenn *suam* nachstand.) Forchhammer nach Lipsius nur *suam.*

c. 19, 1: [tantum] nach *unum* ist gegen Cäsar's Sprachgebrauch. — Ebend. § 2 de pace [duo]. Dass *duo* (oder *duos*) beigeschrieben worden sei, ist nicht wahrscheinlich; auch *de pace* scheint verdorben, wenigstens ist es sehr überflüssig, da *praesertim cum — decertarent* folgt. — Ebend. § 5: sed missa oratione de pace loqui atque altercari mit Terpstra (Heller a. a. O. p. 379) für *summissa oratione loqui de pace.*

c. 21, 5: missa, quae proditionem oppidi appararet. Die besten Hdschr. *visaque proditione opp. apparere.* Nipperdey: *vis atque proditio oppidi appareret.* Koch (*Rh. Mus.* XI, p. 638): *et fam. Neapoli visa esset proditionem opp. apparare.* Kraner: *et familia Neapoli, visa proditionem oppidi apparare.*

c. 22, 2: perit mit Forchhammer p. 66 für *perüt*.

c. 24, 1: is virtute mit demselben p. 76. Nipp. ergänzt *qui*.

c. 25, 3: cupidiusque cotidie — exspectabant. Die Hdschr.: *duriusque*. Nipperdey: *ad transp. len. ventis non spectabat* (Koch a. a. O. *vix spectabat*), ein offenbar sehr geschraubter Ausdruck. Die Belehrung Heller's (a. a. O. p. 381) über die Winde in jener Gegend und Jahreszeit nehme ich an, kann aber unmöglich glauben, dass Caes. *durius tempus* gesagt hat in dem Sinne: sie erwarteten eine Zeit *schwerer Anstrengung*, indem die Winde für das Uebersetzen aus It. geeigneter würden, was in den ganzen Zusammenhang nicht passt. Ich habe mit Beibehaltung der Erklärung desselben *cupidiusque* geschrieben, weil ich nach *tanto erant alacriores* und *maiorem fiduciam habebant* wenigstens diesen Gedanken für nothwendig halte. Terpstra will die Worte nach *committendum existimabat*, Hoffmann, der *duriusque* in *dubiisque* ändert, nach *ad Caesarem veniebant* setzen. — Ebend. §. 4: sive ad littora Apolloniatium die Handschriften; *si vel ad littora Apolloniatium* Kraner und Nipperdey nach Hotomannus. Ich habe dafür gesetzt: *sive ad littora Apolloniatium sive ad Labeatium.*

c. 26, 3: se vim — superare mit Heller, Philologus XIX. p. 522; et vim — superari Nipperdey mit den besten Handschriften. Hierüber sagt Heller a. a. O.: 'Man wird *et* vor *vim*, das hauptsächlich nur wegen des mehrmals vorher wiederholten *et* irrthümlich dahin gekommen zu sein scheint, streichen müssen, nicht etwa, weil bei Cäsar *et — que* ungebräuchlich wäre, sondern weil die Verbindung der beiden Sätze durch irgend welche Partikeln dieser Art nicht in Ordnung ist; *sequebatur* ist die Folge von *sperabat: cum speraret, sequebatur;* aber hier, wie oft, überlässt es Cäsar dem Leser, aus der Coordination der Sätze sich die Subordination derselben herzustellen. Nach Elberling hat der Havniensis statt *et — superari* die Lesart *se — superare:* dies halte ich für das richtige; in andern Handschriften ist durch Verschreiben *se* in *et* übergegangen und dann wegen des fehlenden *se* das Activum insPassivum verwandelt worden.' Ich bemerke hierzu nur, dass in Betreff der Lesart des Havniensis Heller sich versehen haben muss; denn dieser hat nach Elberling *et — superari.*

c. 29, 1: oppido fugit mit den Handschriften: Nipperdey *ex oppido* fugit.

c. 35, 1: die offenbar verderbte Lesart der Handschriften: *praesidiis adversariorum Calydone et Naupacto relictis* ändert Nipperdey so, dass er *a* vor *praesidiis* einschiebt; ich habe es vorgezogen *deiectis* für *relictis* mit Ciacconius zu schreiben.

c. 36, 3: ut simul adesse et venire nuntiaretur. Ich habe mich nicht entschliessen können, die beim ersten Blick sehr ansprechende Coniectur Haupt's, *obisse*, mit Nipperdey aufzunehmen. Dass in Macedonien Scipio's Ankunft schon verkündet war, ist vorher gesagt § 1: *nuntiatum est adesse Scipionem;* auf diese bezieht sich daher *venire nuntiaretur* gewiss nicht, sondern vielmehr auf sein plötzliches Erscheinen in Thessalien. Nach seiner bisherigen Marschrichtung schien es, dass er auf Domitius losgehe; plötzlich wandte er sich südwärts nach Thessalien, um zunächst den Cassius Longinus anzugreifen; hier konnte man also seine Ankunft nicht ahnen; er kam aber so schnell, dass man zu gleicher Zeit hörte, dass er schon da sei, und dass er überhaupt im Anzuge sei.

c. 37, 1: Nipperdey mit den Handschriften *castris; in* vorgesetzt nach Forchhammer p. 74.

c. 38, 4: *nostri cognitis* [*hostium*] *insidiis, ne frustra reliquos expectarent, duas nacti turmas exceperunt* (*in his fuit M. Opimius, praefectus equitum*), *reliquos omnes earum turmarum aut interfecerunt aut captos ad Domitium deduxerunt* Nipperdey; *hostium* ist weggelassen nach Oudendorp, *quarum perpauci fuga se ad suos receperunt* zugefügt nach Freudenberg, Jahn'sche Jahrbücher 1862, B. 85, p. 225.

c. 40, 4: *molem tenuit — traduxit* habe ich die handschriftliche Lesart beibehalten, nur dass ich *paeninsulam* statt *paene insulam* geschrieben habe und nachher mit Heller Philologus XIX, p. 522 *quattuorque* statt IIII. Kraner hat mit Nipperdey in den Text aufgenommen *mole tenui naturaliter obiecta* und ausserdem noch, was dieser auch billigt, *efficiebat* statt *effecerat*.

Ebend. *subiectis scutulis* hat Kraner wieder aufgenommen, weil es ihm sicherer schien, als das von Nipperdey recipirte *suculis. Sucula* ist nach den Stellen des Vitruv ein Haspel, oder auch bei der Presse das cylindrische Holz, das durch eingesteckte Stangen gedreht wird. Dazu passt nun *subiectis* gewiss nicht. Auch hat Ciacconius, der zuerst *suculis* vorgeschlagen hat, nicht so schreiben wollen, sondern: *phalangis subiectis* (s. 2. 10, 7) *suculis impulsas et vectibus*, in welcher Verbindung *suculis* allerdings ganz passend sein würde. Da das griech. σκυτάλη ganz entspricht und ebenso gebraucht wird, bedarf es wohl keiner Aenderung von *scutulis. —* Ebend.: *in interiorem portum* für *partem* wie c. 39, 2.

c. 41, 1: *in Macedoniam*, was die Handschriften nach *tertio* die haben, erklärt Forchhammer p. 101 mit Recht für unächt, da, wenn auch das Gebiet von Dyrrhachium und Apollonia zur Provinz Macedonien geschlagen war, Caesar doch dasselbe nicht schlechtbin Macedonien nennen kann, da er c. 11, 2 sagt: *iter ex Macedonia Apolloniam Dyrrhachiumque habebat* und c. 72, 2 Pompeius aus diesen Gegenden *iter in Macedoniam habebat.*

c. 44, 4: *ut nostri perp. mun. videbant* ist gewiss falsch und kann durch die Erklärung Dähne's und Dübner's = *providebant, curabant*, mit Vergleichung von Cic. ad Fam. 7. 20: *sed valebis meaque negotia videbis* sicherlich nicht geschützt werden. Gegen die Coniectur Münscher's *nostris videbant* spricht auch der Umstand, dass, wenn schon *videbant* auf die Pompeianer geht, Caesar nachher nicht sagen konnte: *ita illi efficiebant*, welcher Gegensatz voraussetzen lässt, dass vorher *nostri* stand. Die Stelle gehört zu denen, wo, da der Sinn klar ist, es leicht ist, Verschiedenes zu conjiciren, was denn auch reichlich geschehen ist. Ich habe bei dieser Ungewissheit das aufgenommen, was wenigstens eine handschr. Auctorität für sich hat und verstanden werden kann, *habebant*, wiewohl das Bedenken gegründet ist, dass die Verschanzung noch nicht fertig war. Hoffmann will *reddebant*, Heller *nitebantur* oder *nitebantur habere*, Endler *volebant* schreiben, Koch *perductas ex castellis in proxima castella* als aus c. 43, 2 interpolirt streichen und *perpetua munitione providebant ne —* lesen. *Timebant* nach *adorirentur* habe ich mit Anderen gestrichen.

Ebend. § 6: *quae cum erant loca C. capienda.* Dass *loca* die von Caesar zu besetzenden Punkte sind, und nicht von der Munition des Pompeius verstanden werden können, ist klar, aber *quae loca* hat nichts im Vorhergehenden, worauf es sich beziehen kann. Ich habe mit Terpstra p. 48 *quare* geschrieben; Bentley vermuthete *quaecunque erant loca*.

c. 46, 3: His rebus comparatis mit Hoffmann für *completis*. — Ebend. § 5: crates disiectae für directae, das man erklärt: 'gerade gerichtet, d. i. der Länge nach über den Weg hingestreckt liegend', gewiss eine höchst eigenthümliche Bedeutung von *directus*. Lattmann (N. Jahrb. 74. p. 225), der diese Erklärung auch missbilligt, übersetzt: 'die in einer Linie liegenden Faschinen'. Heller a. a. O. p. 381: 'in gerader Linie hingepflanzt, was die Faschinen auch blieben, nachdem sie umgeworfen waren', was denn doch sehr zu bezweifeln sein dürfte, so wie man auch nicht sieht, warum eben in gerader Linie hingepflanzte Faschinen besondere Schwierigkeiten machten.

c. 48, 1: Die Emendation des sinnlos verderbten qui fuerant valeribus wird immer unsicher bleiben. Früher schrieb man *cum Valerio* oder suchte den Namen einer Stadt darin. Sehr unwahrscheinlich Terpstra p. 68 *cum pabulatoribus*, Hoffmann: *qui fuerant versati in oleribus!* Endler: *qui studebant oleribus*, Heller: *qui fuerant valetudinarii ex vulneribus;* Koch, Mützell's Jahrb. p. 359: *qui fuerant vacui ab operibus*. Das aufgenommene *in vallibus* von Nipperdey ist auch nicht ohne Bedenken.

c. 49, 6: cuius cotidie melius succedere tempus. Die Handschriften *quibus c. m. subterere t.*, Nipperdey *quod sibi c. m. subgerere t.*, Kraner *atque id sibi c. m. subgerere tempus*, Koch Rhein. M. XVII. p. 630: *cuius cotidie melius suppetere genus*.

c. 51, 5: castris praefectus mit Forchhammer p. 75 für *e. relictus*, s. § 1.

c. 53, 4: renuntiaverunt. Kraner mit Nipperdey *renumeraverunt*. — Ebend. § 5. Die Lücke nach milibus CC nach Elberling, der *pro contione laudavit* ergänzt, wie es auch nachher heisst: *atque — se traducere pronuntiavit*, nicht *traduxit*. Hoffmann: *donavit numum mil. CC.* — *eius enim ope* nach Forchhammer p. 37; Nipperdey *eius enim opera*. — Ebend. § 6 die Hdschr.: frumento vespeciariis oder frumentove speciariis. Ich habe dafür gesetzt *frumento, veste, congiariis*, Kraner *frumentoque et pecuniariis* mit Koch a. a. O. p. 639. Heller p. 384: *frumentoque et pecuariis — donis*, van Gent (Mnemos. 1853 p. 390): *frumento, veste et variis mil. don.* Oehler: *frumento atque cibariis*. Endler: *frumento, veste, cibariis*. Am unwahrscheinlichsten Hoffmann: *frumentoque, virtute spectatiores militaribus quemque donis*.

c. 54, 2: obstructis omnibus castrorum portis et ad impediendum obiectis. Nipperdey schiebt *rebus* ein vor *castrorum portis*. Kraner, der in der ersten Auflage ihm gefolgt war, hat in der zweiten nach dem Vorgang von Ciacconius *fossis* hinter *et* eingeschoben, weil Caesar nur die Construction *obstruere aliquid aliqua re* kennt. Freudenberg a. a. O. p. 226 will *et ad impediendum obiectis ericiis* lesen.

c. 59, 1: ex equitum numero mit dem Cod. Havn. Kraner: *cum equitum numero*. Nipperdey: *equ. numero*. S. d. Anm.

c. 61, 3: et custodiarum varia; die besten Handschriften *in custodiarum viria*; Nipperdey: *custodiarum varia*.

c. 63, 4: munitiones nach circuitu und § 6 exercitus adventus (exercitus novusque eorum adventus) exstitit mit Nipperdey getilgt. — Ebend. II cohortes Forchhammer p. 66 für *nostrae*. 'Nostrae coh. legionis nonae tum demum cohortes illae dici poterant, si etiam Pompeianae eiusdem legionis essent cohortes, aut fortasse si omnes cohortes eius legionis in statione fuisse auctor significasset'. S. d. Anm. Der Cod. Scal. hat n. coh.; es ist nicht unwahrscheinlich, dass aus der für eine Abbreviatur gehaltenen Ziffer *nostrae* entstanden ist.

Ebend. § 8: per mare navibus expositi. Diese Verbindung scheint mir (so auch Held) unstatthaft, und ich halte *nav. exp.* für eine Glosse zu *per mare* (nicht umgekehrt, wie Held meint). Auch die Erklärung von *per mare*, 'das Meer entlang', halte ich nicht für angemessen.

c. 64, 1 scheint vor cohortes die Zahl ausgefallen zu sein. Forchhammer a. a. O.

c. 65, 4: egressum secundum mare. Die Handschr.: castra sec. mare, welche W. Nipperdey vor *iuxta Pompeium* setzt, Forchhammer p. 87 und Heller nur *castra*. Hoffmann verbindet *sec. mare* mit *ut — posset*.

c. 67, 1: Eo signo leg. illato speculatores Caesaris renuntiarunt scheint mir nicht härter, als manches Aehnliche bei Caes., weswegen ich Nipperdey's Aenderung *rem nuntiarunt* nicht für nöthig halte. Freudenberg, Jahn's Jahrb. 1862. B. 85, p. 227 will *eo signa legionis illata* lesen, weil Caesar *signum* meist mit *dare* nur von dem Zeichen zum Angriff gebraucht, zur Bezeichnung der verschiedenen Bewegungen des Heeres aber sich immer des Plurals bedient; z. B. *signa inferre, tollere, convertere*.

Ebend. § 2 u. 3 hält Nipperdey cohortes duas und auch xxxiii für verdorben. S. d. Anm. Dass zwei Cohorten im Stande waren, den Schein zu erregen, dass das Heer noch im Lager sei und an der Befestigung arbeite, möchte ich nicht bezweifeln. — Ebend. § 3 will Hug a. a. O. p. 664 *minora* nach *castraque* tilgen.

c. 69, 4: demissis signis mit Oehler; dimissis equis eundem cursum confugerent die Handschr. Dass Reiter, die schnell entkommen wollen, nicht von den Pferden springen und diese laufen lassen, ist so natürlich, und dass hier überhaupt nicht von Pferden die Rede sein könne, (weswegen auch *admissis equis* unbrauchbar ist) so bestimmt von Nipperdey nachgewiesen, dass man nicht begreift, wie diese Lesart noch Beifall finden konnte. Doch glaube ich auch nicht, dass mit dem blosen Streichen der W. die Sache abgethan ist; ich vermisse dann in dem Satze etwas Bestimmtes, was mehr sagt, als blos, dass sie flohen, was ja alle thaten, damit der Gegensatz von *alii — alii* sich besser hebt. Auch kann ich *eundem cursum coniungerent*, wie Nipperdey für *confugerent* schreibt, nicht für passend halten, da man wohl *cursum coniungere*=den Lauf fortsetzen, aber schwerlich *eundem cursum coniungere* sagen kann. Bähr (Heidelberg. Jahrb. 1854 p. 408): *dimissis armis*, was in diesem Zusammenhange gar nicht passt. Jagenlös Haupt im Philologus 1846 p. 586: *alii nihilo sequius eundem cursum conficerent*, da, sobald aus *sequius* einmal *equis* geworden war, *dimissis* aus dem folgenden *dimitterent* sich von selbst eingefunden habe. v. Göler Bürgerkrieg zwischen Cäsar und Pomp. p. 69 will lesen *equis similes* anstatt *equis dimissis*. Er sagt: 'An jeder Pferdeweide können wir sehen, dass frei fliehende Pferde ein ziemlich gleiches Tempo im Laufe einhalten und in einem Trupp beisammen bleiben. Cäsar gebraucht daher hier ein recht lebendiges und treffendes Bild für die Flucht jener Cohorten, indem er sagt: dass die einen Pferden ähnlich den gleichen Lauf gemeinschaftlich (oder beisammen bleibend) fortsetzten, andere aber aus Furcht sogar ihre Feldzeichen im Stiche liessen (also auseinanderstoben)'. Heller a. a. O. p. 385: *alii, emensi equis eundem cursum, confugerent*, was mir in mehrfacher Hinsicht verfehlt scheint. Vielleicht ist für das handschr. *cursum confugerent* zu schreiben *cursu continenti fugerent*, wie B. G. 7, 28, 2 *continenti impetu*, und für *dimissis equis: demptis ei signis*, so dass die einen dem Caes. die von ihm ergriffenen signa entrissen, die anderen sie fahren liessen.

c. 72, 4: ducis vitio vel culpa tribuni die Hdschr. Nipperdey: *culpa ducis vel tribuni vitio*. S. Forchhammer p. 38 und Hoffmann.

c. 74, 2: exercitui omni. Nipperdey: exercitu omni. S. zu 2. 29, 1.

c. 75, 3: Die Handschriften haben *eadem spectans*; Nipperdey schreibt *id spectans*, weil Pompeius nicht Mehreres erstrebte und auch nicht dasselbe, was Cäsar; Kraner verwirft Nipperdey's Emendation und hält die Worte für eine unnütze Ergänzung zu *si – posset*, was ohne Verbum verständlich ist; ich habe *eadem* in *eodem* geändert. S. d. Anm. Heller Philologus xix, p. 524 schlägt vor *eo iam spectans* 'es schon darauf absehend', so dass *iam* die Präsumtion des Pompeius schildern würde.

c. 76, 1: veteribus suis in castris. S. Hoffmann u. Forchhammer p. 33. Mit demselben ebend.: intra vallum castrorum. Nipp.: *intra castrorum munitionem*. Paris. sec. hat nur *castrorum*, dazu ist in zwei Handschr. *munitionem* ergänzt, die übrigen haben *vallum*, in drei Handschr. fehlt *castrorum*.

c. 79, 7: quod est obiectum [oppositumque]. Da es nicht wahrscheinlich ist, dass C. für das einfache Verhältniss zwei synonyme Ausdrücke gebraucht habe, hat Nipperdey *quod est oppidum oppositum* geschrieben. Das zweite scheint vielmehr Erklärung des ersteren.

c. 81, 3: Ille idoneum locum in agris nactus – quae. Mit Recht statuirt hier Nipperdey eine Lücke, und meint, dass *copia frumentorum* ausgefallen sein könne. Noch passender schien mir die Ergänzung von Kergel — Zeitschr. f. d. östreich. Gymnasien 1854 p. 455 — *plenis frumentorum*, wie 2. 37, 6. Die verschiedenen Vermuthungen, die meist auf der Vulgatlesart *segetis* vor *idoneum* basirt sind, sind schon insofern haltlos, als die besten Handschr. *segetis* gar nicht haben.

c. 89, 2 lxxx mit den Handschr., Nipperdey lxxv.

c. 95, 3: acie refugerant mit den Handschriften; Nipperdey ex acio refugerant.

c. 101, 5: egerat. Die Handschriften *egerunt* oder *egerunt Cassius* nach *ratione*. Nipperdey streicht das Wort. — Ueber *circiter XL* s. d. Anm.

c. 105, 2: Dass vor Item eine Lücke anzunehmen ist hat Otto in der Zeitschr. für die Alterthumsw. 1850 p. 311 überzeugend nachgewiesen.

Ebend. §. 5: mit Nipperdey in tecto getilgt. Vgl. C. F. Hermann, Philologus 1847, p. 311, Forchhammer p. 71.

c. 108, 2. Die Handschr. incitatum suis et regis inflatum poll. Dass eines der beiden Participia verdächtig ist, da C. schwerlich den Achillas von den Versprechungen des Pothinus *incitatus* und denen des Königs *inflatus* sein lässt, hat Forchhammer p. 95 gezeigt; dieser streicht *inflatus*, während ich eher glaube, dass *incitatus* beigeschrieben und dann in den Text aufgenommen worden ist, wenn man nicht versetzen und *incitatus et inflatus* verbinden will, wie B. G. 8. 12, 6: *inflantur et incitantur*.

c. 112, 8: praemunit. In hoc tractu oppidi nach Faërni und nach den Spuren der Handschr., die *praemuniti nec, praemuniri nec, praemuni-*

tum nec haben. S. Forchhammer p. 64. Nipperdey: *praemuniit. Haec
tractu oppidi pars erat* u. s. w. Was bei dieser Lesart *tractu oppidi* heissen
soll, gestehe ich nicht zu begreifen. Doberenz und Queck übersetzen:
'bei der Ausdehnung der Stadt in die Länge' 'wegen oder bei der Längen-
ausdehnung', was weder im Worte liegt, noch hier einen erträglichen Sinn
giebt. Kraner hält die Worte, die zum vorhergehenden keine passende
Beziehung haben, für eine alte Interpolation. *Pars erat regiae exigua* u. *et
theatrum coniunctum domui* schliesst sich passend an *loca maxime necessaria* an. Hoffmann schreibt: *nec tractus oppidi pars erat regia exigua* und streicht *quod* nach *domus.* — Ebend. halte ich *nutricius pueri —
in parte Caesaris* für unächt und aus c. 108, 1 hier beigeschrieben. Selbst
wenn Caes. es für nöthig gefunden hätte, den Pothinus noch einmal näher
zu bezeichnen, würde er hier, wo von Ptolemaeus nicht die Rede ist, nicht
gesagt haben: *nutricius pueri,* was ungeschickt genug aus der obigen Stelle
beibehalten worden ist.

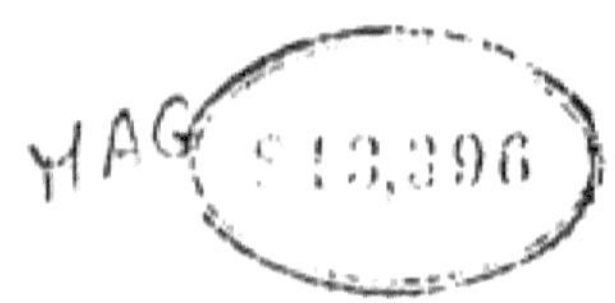

Verlag der Weidmannschen Buchhandlung (J. Reimer) in Berlin.

Druck von Carl Schultze in Berlin, Kommandantenstraße 72.

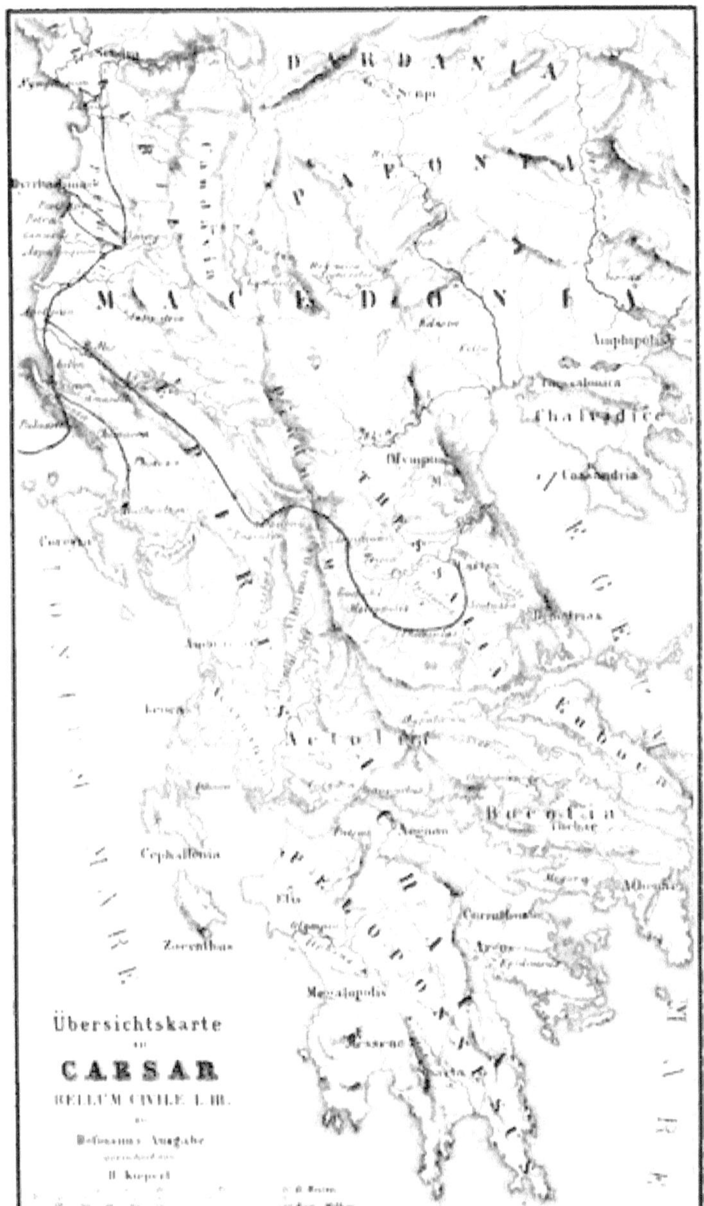

DARDANIA
Scupi
PAEONIA
MACEDONIA
Amphipolis
Thessalonica
Chalcidice
Cassandria
Olympus
Demetrias
Euboea
Aetolia
Boeotia
Thebae
Cephallenia
Elis
Megara
Athenae
Corinthus
Argos
Zacynthus
Megalopolis
Messene
Sparta
PELOPONNESUS
Übersichtskarte
zu
CAESAR
BELLUM CIVILE I. III.
zu
Hofmanns Ausgabe
gezeichnet von
H. Kiepert
Verlag der Weidmannschen Buchhandlung Berlin 1864